Inhaltsverzei

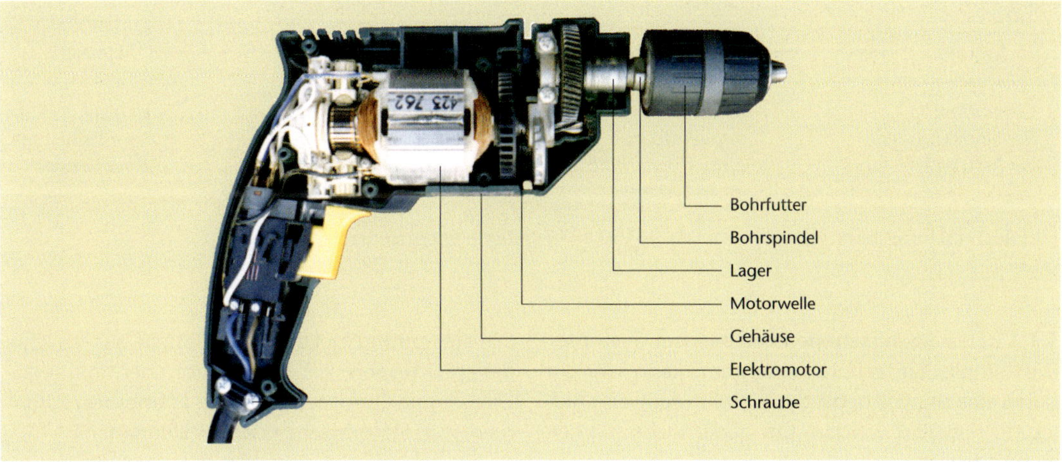

9.1 Schnittbild einer elektrischen Handbohrmaschine

1 Analysieren von Funktionszusammenhängen in mechatronischen Systemen

1.1 Technische Systeme

Die Handbohrmaschine in Abb. 9.1 ist aus vielen unterschiedlichen Teilen aufgebaut. Man erkennt einen Elektromotor, eine Motorwelle, eine Bohrspindel oder das Gehäuse. Diese Teile wiederum setzen sich aus einer großen Zahl von einzelnen Elementen zusammen.
Alle Anlagenteile und Elemente erfüllen bestimmte Aufgaben und ergeben im geordneten Zusammenwirken die Funktionsweise der Bohrmaschine. Derartige Anordnungen werden als **technisches System** bezeichnet.

Technische Systeme sind Anordnungen von Anlagenteilen, die in sich geschlossen eine Funktion erfüllen.

Ein technisches System hat folgende Eigenschaften:
- Es hat **Eingangs-** und **Ausgangsgrößen**,
- es erfüllt eine **Funktion**, die die Eingangs- und Ausgangsgrößen verknüpft,
- es hat eine **Gesamtaufgabe**, die im Vordergrund steht und
- ist nach außen **abgegrenzt**.

Damit ist ein Walzwerk oder eine Maschinenfabrik ebenso wie die Bohrmaschine oder ein Automobil ein technisches System.

Betrachtet man die Eingangs- und Ausgangsgrößen, dann ergibt sich in Abb. 9.2 für die Bohrmaschine folgender Zusammenhang:

9.2 Bohrmaschine als technisches System

Allgemein kommen in technischen Systemen folgende Eingangsgrößen und Ausgangsgrößen einzeln oder zusammen vor:
- **Energie**
- **Stoff** und
- **Information**

Unter Vernachlässigung des inneren Aufbaus wird ein technisches System durch ein Rechteck dargestellt (Abb. 9.3). Dabei kennzeichnen Pfeile die Eingangs- und die Ausgangsgrößen.

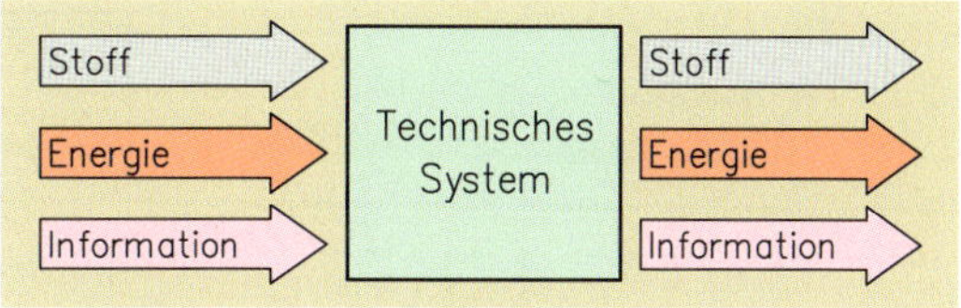

9.3 Allgemeine Systemdarstellung

System	Einrichtung	Gruppe	Element
Gesamtheit der Einrichtungen zur Auftragserfüllung	selbstständig verwendbare Einheit ***innerhalb eines Systems***	noch nicht selbstständig verwendbare Einheit ***innerhalb einer Einrichtung***	kleinste, unteilbare Einheit ***in einer Gruppe***

10.1 Technische Systeme werden nach DIN 40150 in Teilsysteme untergliedert

1.1.1 Betrachtungsebenen technischer Systeme

Die Komplexität technischer Systeme kann sehr gut durch eine sinnvoll gegliederte und stufenweise Auflösung reduziert werden, um gedankliche Klarheit zu schaffen.
Abb. 10.1 zeigt die Gliederung.

Das System Handbohrmaschine besteht nach Abb. 10.2 aus verschiedenen **Einrichtungen**, z. B. dem Elektromotor, dem Schalter oder dem Gehäuse.

Die Einrichtung Elektromotor besteht aus verschiedenen **Gruppen**, z. B. dem Stator oder dem Anker. Die Gruppe Stator setzt sich aus **Elementen** zusammen, z. B. Statorbleche oder Wicklungen.

1.1.2 Haupt-, Teil- und Grundfunktion

Hauptfunktion

Bei der Handbohrmaschine gehen elektrische Energie über das Netzkabel und Schaltsignale, d. h.,

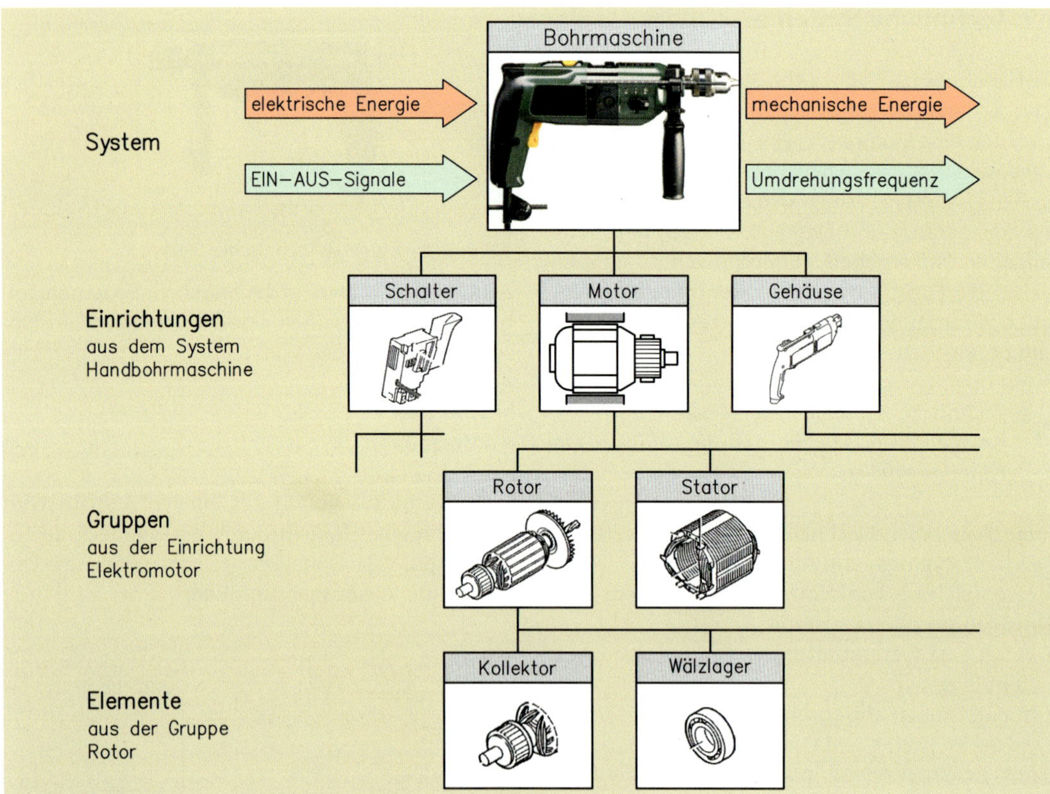

10.2 Betrachtungsebenen innerhalb eines hierarchischen Aufbaus

Informationen, über den Drehzahltaster in das System hinein; sie sind die **Eingangsgrößen**.
Aus der Bohrmaschine kommen mechanische Energie und die eingestelle Drehzahl heraus; sie sind die **Ausgangsgrößen** (Abb. 11.1).

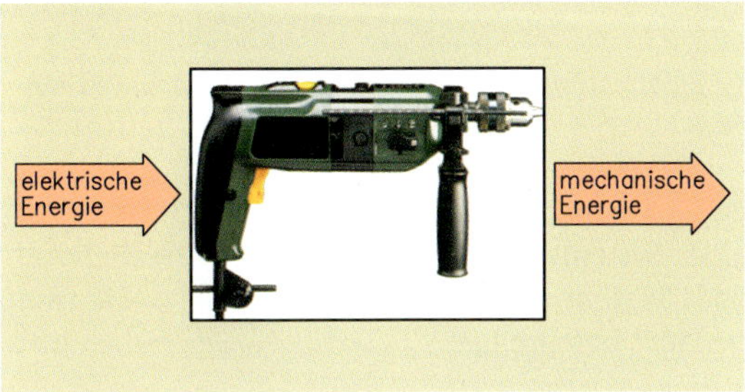

11.1 Elektrische Energie wird in mechanische Energie umgesetzt

Die Änderung der Eingangsgrößen in Ausgangsgrößen wird als **Umsetzung** bezeichnet.

In technischen Systemen finden Umsetzungen statt.

Im System „Handbohrmaschine" findet somit eine Energie- und eine Informationsumsetzung statt. Durch die Energieumwandlung im Elektromotor kann die Bohrmaschine die Funktion erfüllen, für die sie gebaut ist: als **Werkzeugmaschine bohren**.
Bohren ist die **Hauptfunktion** des Systems Bohrmaschine.

Die Hauptfunktion unterteilt Maschinen, Geräte und Anlagen in
- ***Energie umsetzende Systeme***
- ***Stoff umsetzende Systeme und***
- ***informationsumsetzende Systeme***

Da beim Bohren Stoff umgesetzt wird, zählt die Bohrmaschine zu den **Stoff umsetzenden** Systemen.

Am Beispiel der Handbohrmaschine wird der Zusammenhang zwischen **Hauptfunktion**, **Teil-** und **Grundfunktionen** deutlich. Sie sind in Abb. 11.2 dargestellt.

Das Zerlegen in Teilsysteme ergibt ein genaueres Verständnis der Teilfunktionen des Gesamtsystems.

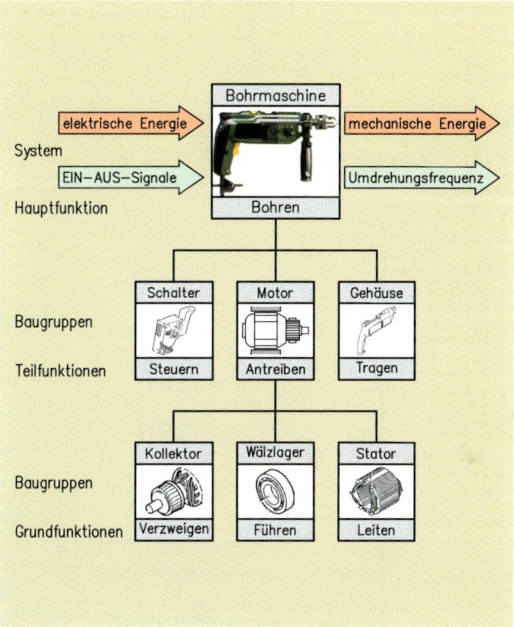

11.2 Die Hauptfunktion lässt sich untergliedern

Die Hauptfunktion eines Systems wird durch das Zusammenwirken der Teilfunktionen erreicht.

Teil- und Grundfunktionen
Bei der Handbohrmaschine wird die **Hauptfunktion Bohren** durch **Teilfunktionen** wie
- Antreiben,
- Steuern oder
- Tragen

von **funktionalen Einrichtungen** erreicht.

Die einzelnen Teilfunktionen lassen sich durch **Grundfunktionen** wie
- *Führen* oder
- *Leiten*

von **Funktionsgruppen** verwirklichen.

Funktionale Einrichtungen und Funktionsgruppen werden als **Funktionseinheiten** bezeichnet, deren Abgrenzung nach Aufgabe und Wirkung erfolgt.

Funktionseinheiten sind abgrenzbare Teilsysteme innerhalb eines Gesamtsystems.

Neben den Funktioneinheiten gibt es auch **Baueinheiten**, wie Abb. 12.1 am Beispiel der Bohrmaschine zeigt.

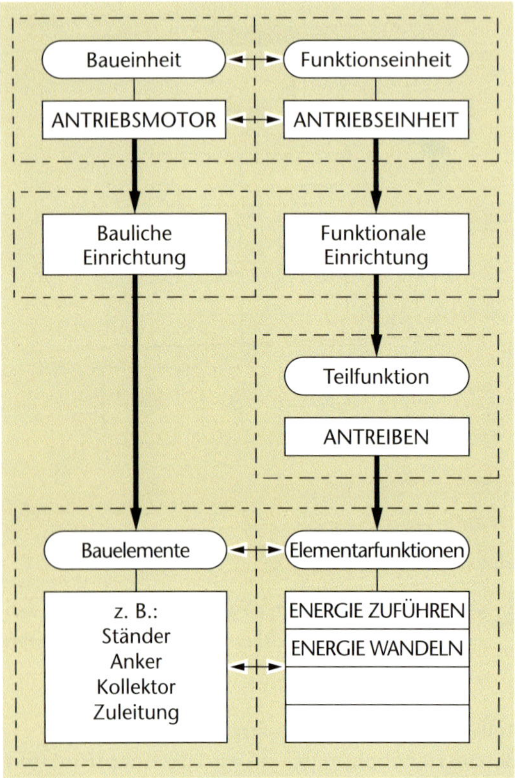

12.1 Systeme lassen sich vom Aufbau oder der Funktion her betrachten

1.1.3 Funktions- und Baueinheiten

Die funktionale Betrachtung der Bohrvorrichtung führt zu Haupt-, Teil- und Grundfunktionen.
Aber auch eine bauliche Betrachtung ist neben der funktionalen Betrachtung nach Tabelle 12.2 möglich.

Betrachtungskriterium	
Funktionseinheit	**Baueinheit**
Betrachtungseinheit, deren Abgrenzung nach Aufgabe oder Wirkung erfolgt	Betrachtungseinheit, deren Abgrenzung nach Aufbau oder Zusammensetzung erfolgt

12.2 Betrachtung eines Systems nach Aufgabe und Aufbau

Beide Betrachtungskriterien lassen sich innerhalb eines Systems entsprechend des hierachischen Aufbaus **System** ⇒ **Einrichtung** ⇒ **Gruppe** ⇒ **Element** genauer beschreiben.

Sie führen jeweils zu den Begriffen in Tabelle 12.3.

Betrachtungskriterium / Betrachtungsebenen	Funktionseinheit	Baueinheit
System	Funktional abgegrenztes System	Baulich abgegrenztes System
Einrichtung	Funktionale Einrichtung	Bauliche Einrichtung
Gruppe	Funktionsgruppe	Baugruppe
Element	Funktionselement	Bauelement

12.3. Betrachtung eines Systems nach Betrachtungskriterien und Betrachtungsebenen

In den Tabellen 12.4 sind Beispiele für Funktions- und Baueinheiten zusammengefasst.

Funkt. abgegrenztes System	Funktionale Einrichtung	Funktionsgruppe	Funktionselement
Bohrmaschine	Drehmomentübertragung	Drehzahlübersetzung	Energieweiterleitung
Stromversorgung	Spannungsstabilisierung	Konstantspannungsquelle	Gleichrichter
Klimagerät	Temperaturregelung	Temperaturmessung	Temperaturaufnahme

Baulich abgegrenztes System	Bauliche Einrichtung	Baugruppe	Bauelement
Bohrmaschine	Getriebe	Zahnräder	Welle
Netzteil	Konstantspannungsquelle	Festspannungsregler	Diode
Klimagerät	Temperaturregeleinrichtung	Thermoelement	Thermopaar

12.4 Gegenüberstellung von Funktions- und Baueinheiten

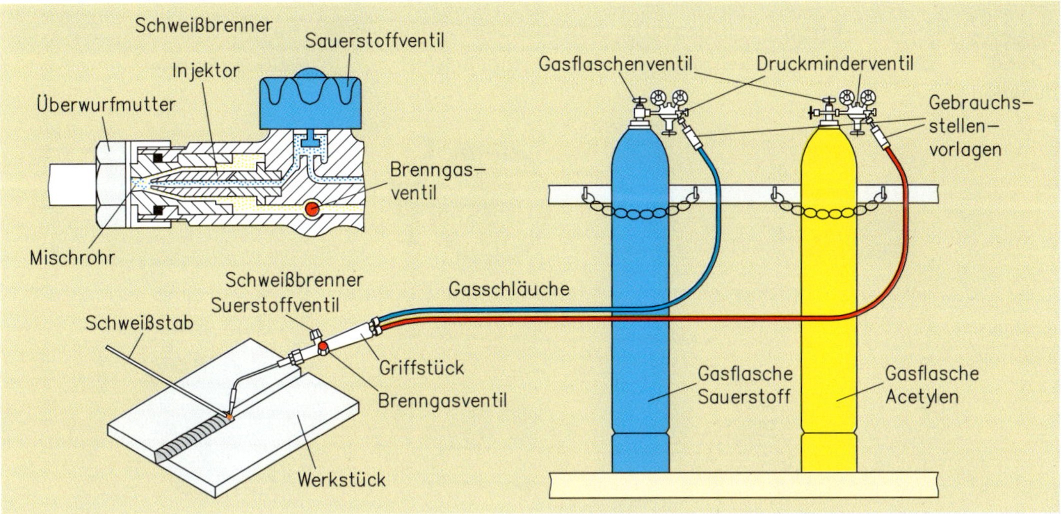

13.1 Gasschweißanlage zur Herstellung von Schweißverbindungen als stoffschlüssige, unlösbare Verbindung

Aufgaben

1 *In allen Bereichen der Technik wird geschweißt: Schweißen ist das Vereinigen oder Beschichten von Werkstoffen unter Anwendung von Wärme. Untersuchen Sie das technische System „Gasschweißanlage" aus Abb. 13.1.*

a) Zeichnen Sie die Gasschweißanlage
- *in Blockdarstellung und*
- *geben Sie die Eingangs- und Ausgangsgrößen an!*

b) Erstellen Sie für die Anlage eine Struktur entsprechend der Betrachtungsebenen: System ⇒ Einrichtungen ⇒ Gruppen ⇒ Elemente!

c) Bestimmen Sie die Hauptfunktion der Gasschweißanlage!

d) Die Gasschweißanlage lässt sich u. a. in die folgenden Funktionseinheiten gliedern:

Schweißbrenner	Gasschläuche
Gasflaschen	Sauerstoff-/Gasventil
Druckminderer	Gasflaschenventile

- *Bestimmen Sie mithilfe der Tabellen auf den Seiten 14 u. 15 die Grundfunktionen der genannten Funktionseinheiten.*
- *Ergänzen Sie die nachfolgende Tabelle.*

Betrachtungskriterium / Betrachtungsebenen	**Funktionseinheit**	**Baueinheit**
System	Gasschweißanlage	Gasschweißanlage
Einrichtung		
Gruppe		
Element		

2 *Ein Wecker ist wie folgt aufgebaut:*

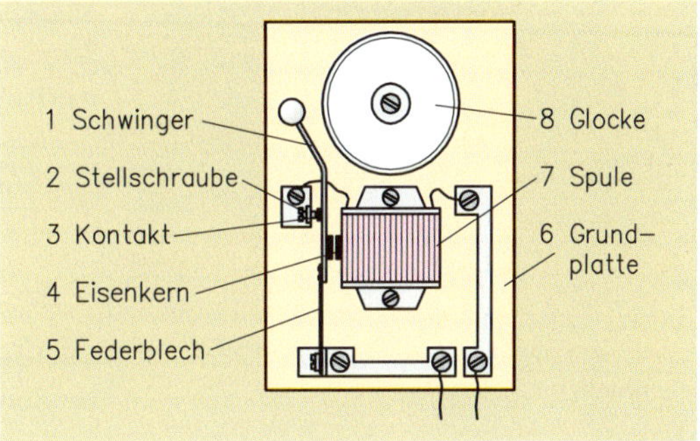

13.2 Die Wecker wird mit Gleichspannung betrieben.

a) Beschreiben Sie die Funktion des Weckers, wenn Gleichspannung anliegt!

b) Erläutern Sie die Teilfunktionen der Bauelemente 1 bis 8!

ÜBERBLICK Grundfunktionen

Grundfunktion	Elektrotechnisches Beispiel	Mechanisches Beispiel	Weiteres Beispiel
Leiten, Isolieren	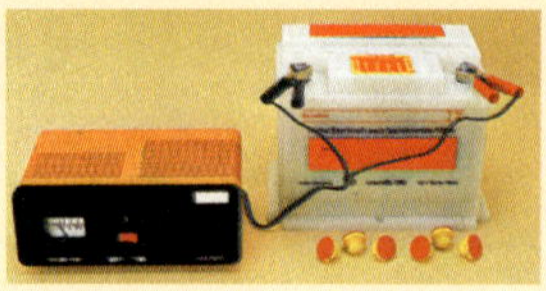 Elektr. Strom wird über Leitungen zum Akkumulator geleitet	 Drehmoment wird über Kette auf das Hinterrad geleitet	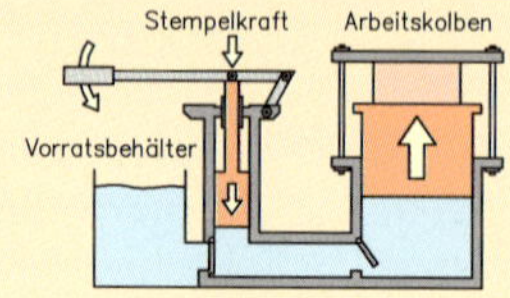 Druck wird durch die Kolbenflüssigkeit geleitet
	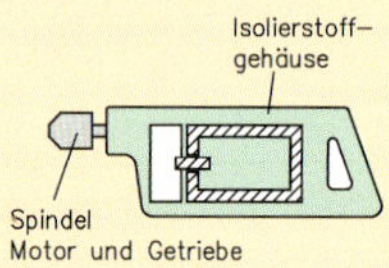 Die Bohrmaschine ist elektrisch isoliert	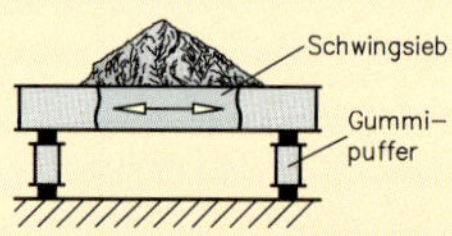 Gummipuffer dämmen die mechanischen Schwingungen	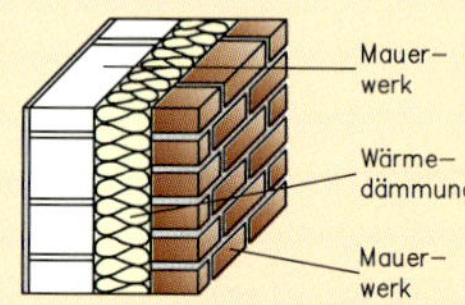 Dämmstoffe dämmen die Wand gegen Wärmeabgabe
Führen	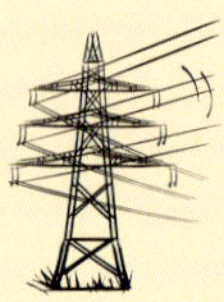 Freileitungen führen elektrische Leistung	 Der Werkzeugschlitten einer Drehmaschine wird geführt	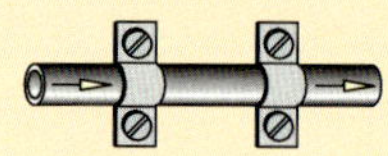 Druckluft wird in einer Rohrleitung geführt
Wandeln	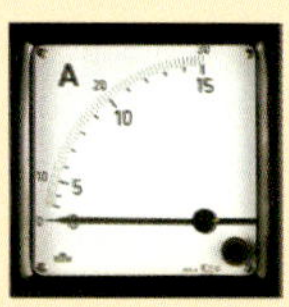 Strom erzeugt im Strommesser eine mechanische Bewegung	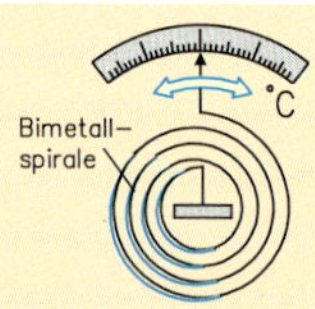 Bimetallthermometer wandeln Temperaturänderungen in mechanische Bewegungen	 Windräder wandeln mechanische in elektrische Energie
Sammeln, Verzweigen	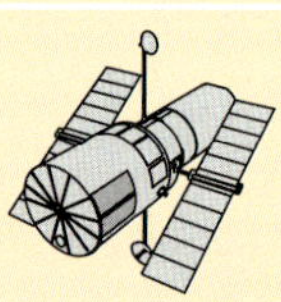 Satelliten sammeln Telefongespräche	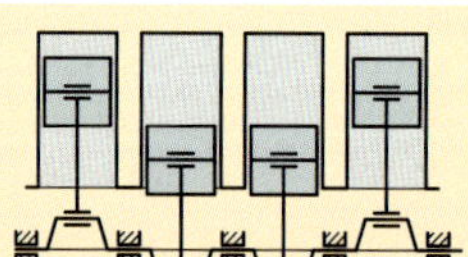 Mechanische Energie wird an der Kurbelwelle gesammelt	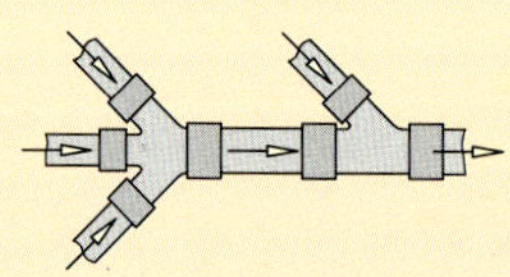 Abwasser wird in einem Rohrleitungssystem gesammelt
	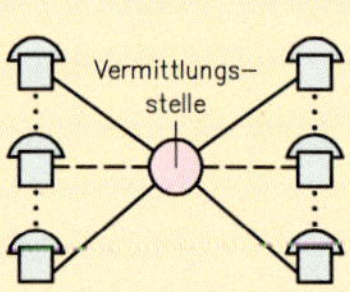 Die Vermittlungsstelle verzweigt Telefongespräche	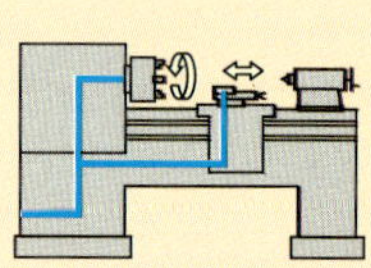 Verzweigen des Energieflusses an einer Drehmaschine	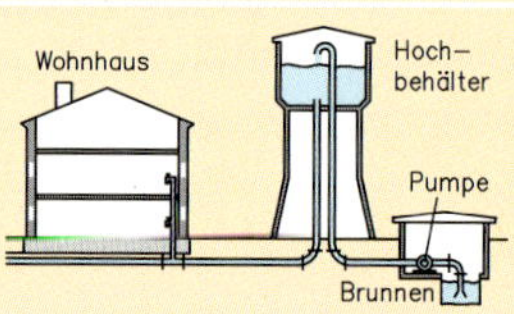 Zentrale Wasserleitungen verzweigen Wasser in Wohnhäuser

ÜBERBLICK Grundfunktionen

Grundfunktion	Elektrotechnisches Beispiel	Mechanisches Beispiel	Weiteres Beispiel
Vergrößern, Verkleinern	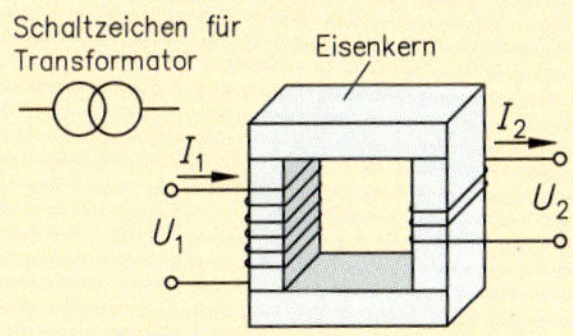 Spannungen werden vergrößert oder verkleinert. Die Ströme verhalten sich umgekehrt	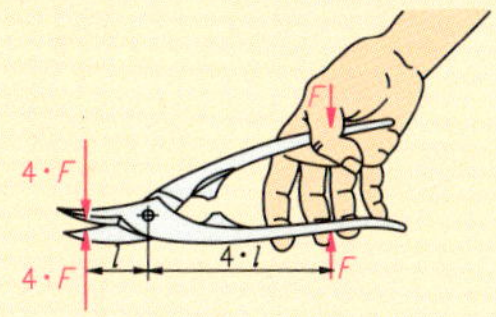 Vergrößern der Kraft an den Schneiden der Handschere	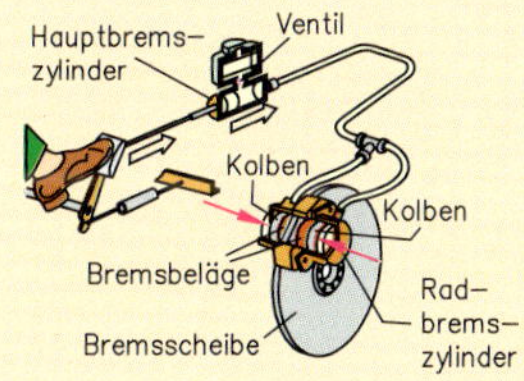 Größere Querschnitte vergrößern die Kraft und verkleinern den Weg
Koppeln, Unterbrechen	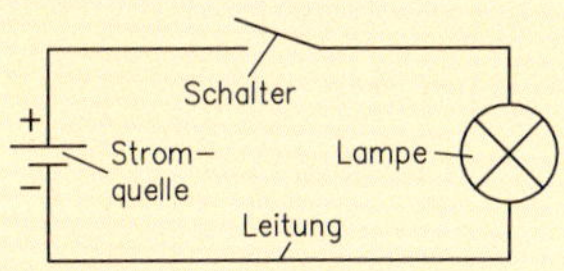 Schalter unterbrechen oder schließen den Stromkreis	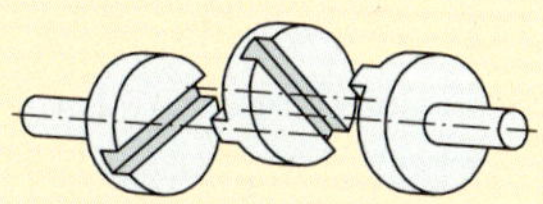 Die Kreuzscheibenkupplung unterbricht oder koppelt den Energiefluss	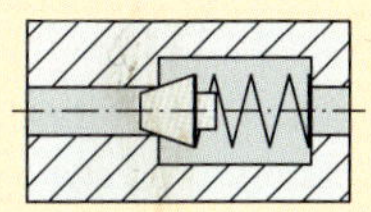 Ventile koppeln oder unterbrechen
Verbinden, Trennen		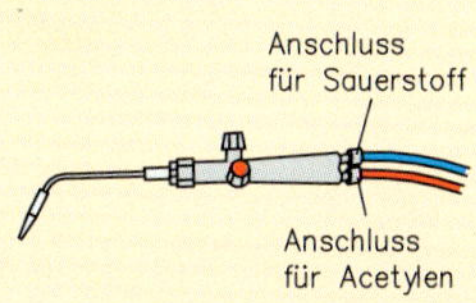 Sauerstoff und Acetylen werden im Schweißbrenner gemischt	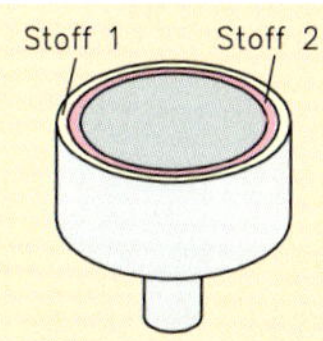 Trennen durch Zentrifugieren
Richten, Oszillieren	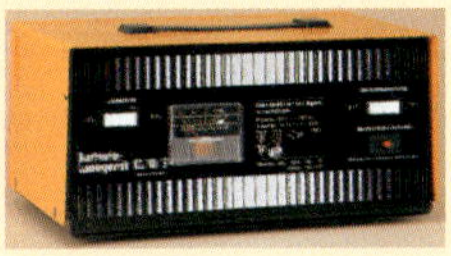 Batterieladegeräte erzeugen Gleichspannungen durch Richten der Wechselspannung	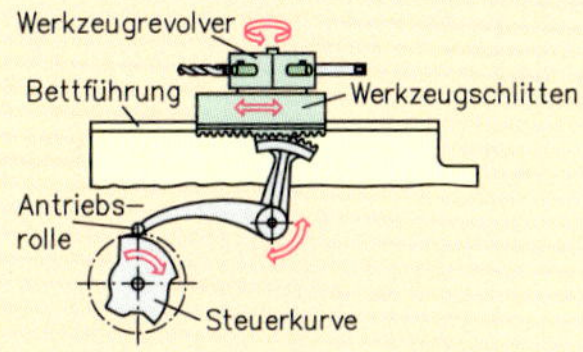 Eine Drehbewegung wird in eine Rechts- und Linksbewegung gerichtet	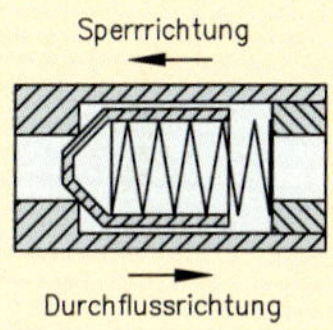 Rückschlagventile richten den Ölstrom
	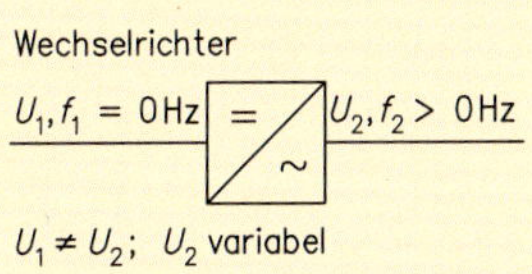 Aus einer Gleichspannung wird eine oszillierende Spannung (Wechselspannung) erzeugt	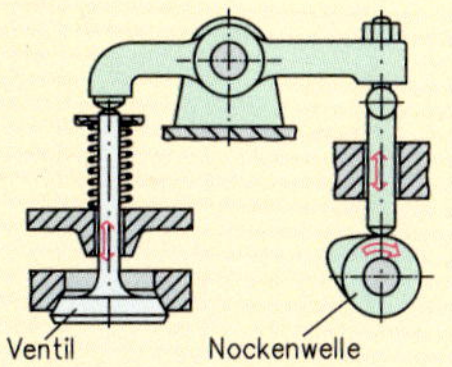 Änderung einer Drehbewegung in eine oszillierende Bewegung	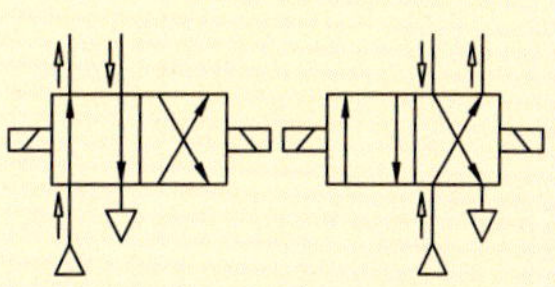 Hin- und herströmender Ölstrom durch Umschalten

1.1.4 Systemgrenzen

Über die Eingänge und Ausgänge steht die Handbohrmaschine mit anderen Systemen in Verbindung:

- Über das Stromkabel mit dem Stromnetz,
- über die Bedienung oder Wartung mit den Menschen oder
- durch Schallabgabe mit der Umwelt.

Die Systeme sind untereinander durch eine Systemgrenze getrennt.

Unter Systemgrenze versteht man die Abgrenzung zwischen einem betrachteten System und seiner Umgebung, seiner „Umwelt".

Die „Umwelt" wird nach Abb. 16.1 durch andere Systeme außerhalb der Systemgrenze gebildet. Systemgrenzen sind in der Regel offen, d. h., die „Umwelt" beeinflusst die jeweiligen Systeme und umgekehrt. Wo Systemgrenzen festgelegt werden, hängt auch davon ab, wo es sinnvoll ist, eine Systemgrenze zu definieren.
Mit dieser Betrachtungsweise sind durch Systemgrenzen Systeme beliebig festlegbar.

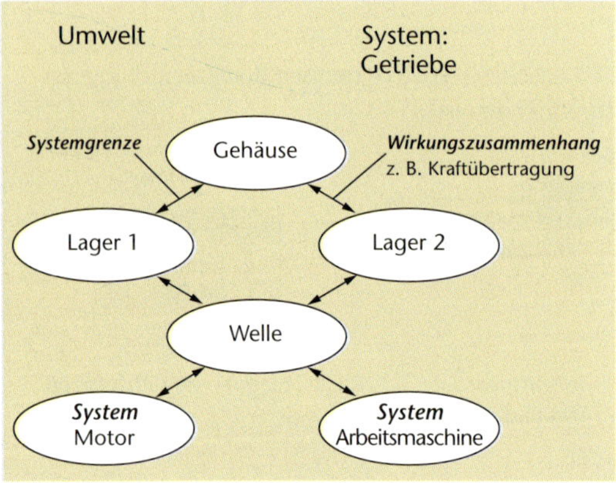

16.1 Abgrenzung des Systems Getriebe von anderen Systemen, d. h. von seiner „Umwelt"

Die Struktur eines Systems ergibt sich aus der Anordnung und Verknüpfung der Teilsysteme.

Jedes Teilsystem kann wiederum als System betrachtet werden (Abb. 16.2). In diesem Fall bezeichnet man ein System, das aus einem Teilsystem abgeleitet wurde, als **Untersystem**.

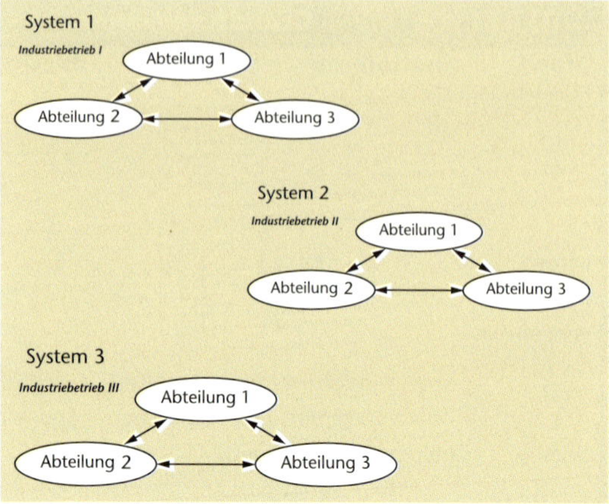

16.2 Die Abteilung 3 ist ein Untersystem

1.1.5 Denken in Systemen

Ziele des Systemdenkens

Das Denken in gradlinigen Ursachenketten zum Verständnis von komplexen Sachverhalten ist nicht immer angemessen. Zur Suche oder Vermeidung von Fehlern ist das Denken in Systemen erforderlich. Durch unterschiedliche Betrachtungsebenen oder modellhafte Abbildungen werden Systeme und komplexe Zusammenhänge veranschaulicht. Dies ermöglicht dann eine ganzheitliche Betrachtung.

Ganzheitlich bedeutet zu erkennen,

- in welchem Umfang Systeme durch ihre Umwelt beeinflusst werden oder welchen Einfluss sie umgekehrt auf ihre Umwelt ausüben und
- wie sich innerhalb eines Systems Wechselwirkungen, z. B. in Form von Rückkopplungen, auswirken.

Beispiele zeigt Tabelle 16.3.

System	Teilsystem	Beziehung
Ausbildungsabteilung	• Ausbilder • Auszubildende	• Wissensvermittlung • Wissensaufnahme
Bohrmaschine	• Motor • Getriebe • Gehäuse • Bohrfutter	• Wirkungszusammenhänge • Übertragung von Kräften und Bewegungen

16.3 Die Beziehungen im System Ausbildungsabteilung sind im Wesentlichen „Informationsflüsse", bei der Bohrmaschine „Wirkungszusammenhänge"

Wirkungsorientierte Betrachtungsweise
Jedes System steht unter dem Einfluss seiner Umwelt. Die Einwirkung der Umwelt auf ein System wird als **Input** bezeichnet.
Das System reagiert auf die Umwelt: Diese Auswirkungen bezeichnet man als **Output**.
Wenn die Vorgänge innerhalb des Systems nicht von Interesse sind, wird das System als **Blackbox** betrachtet (Abb. 17.1).

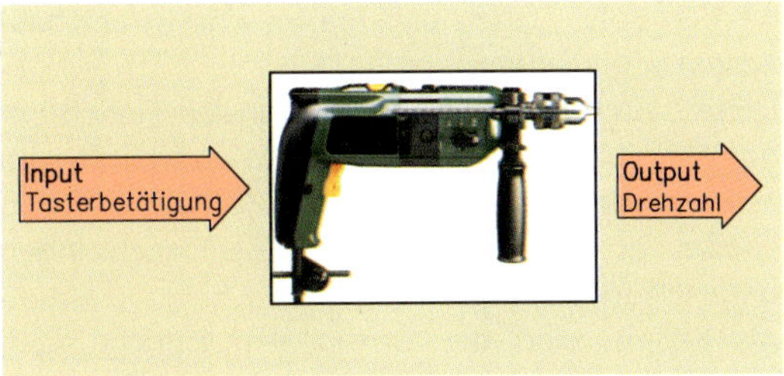

17.1 Wirkungsorientierte Betrachtungsweise

Auf die Betätigung des Tasters (Input) erfolgt der Output in Form der Drehbewegung des Bohrfutters. Der Bedienende weiß nichts über das Innere des Systems. Das System wird somit zur Blackbox, über deren Funktionsweise nichts bekannt ist.

Aus dem Input wird durch die innere Funktionsweise der Output. Er unterscheidet sich nach Größe, Art oder Zeitverhalten vom Input.
Dieser Sachverhalt wird als **wirkungsorientierte Betrachtungsweise** bezeichnet.

Bei der wirkungsorientierten Betrachtungsweise wird aus dem Input durch die innere Funktionsweise des Systems der Output.

Strukturorientierte Betrachtungsweise
Bei der **strukturorientierten Betrachtung** wird der innere Aufbau des Systems betrachtet. Das heißt, es wird gefragt, in welcher Art und Weise die Elemente des Systems zusammenwirken, welche Wirkungsmechanismen bestehen und welche Abläufe interessieren. Es wird **geklärt**, wie aus dem Input der Output wird.

Die Darstellung des Systems mit seinen Funktionseinheiten wird in einem Blockschaltbild dargestellt. Inputs und Outputs werden durch Pfeile symbolisiert.
Abb. 17.2 zeigt die strukturorientierte Betrachtungsweise am Beispiel der Bohrmaschine.

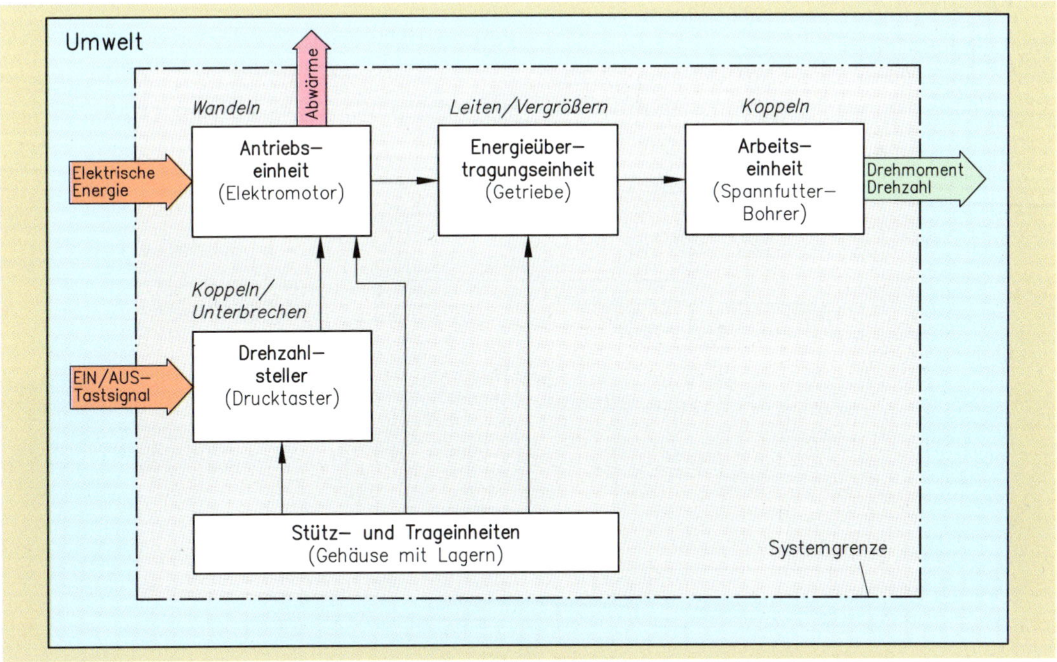

17.2 Die Darstellung zeigt in einem Wirkschaltplan das Zusammenwirken einzelner Funktionseinheiten

1.2 Hauptfunktionen technischer Systeme

1.2.1 Stoff umsetzende Systeme

Wie die Bohrmaschine zählen alle Maschinen und Anlagen, die die **Hauptfunktion Stoffumsetzung** haben, zu den Stoff umsetzenden Systemen. Dabei kann ein System nach Tabelle 18.1 den Stoff unterschiedlich umsetzen.

Stoffumsetzung	Art der Umsetzung	System
Stoff**umwandlung**	Verändern des Stoffes in der Zusammensetzung oder im Aufbau	Verfahrenstechnische Anlagen wie Raffinerie, Hochofen
Stoff**umformung**	Verändern des Stoffes in der äußeren Form	Werkzeugmaschinen, Pressen
Stoff**transport**	Verändern des Ortes oder der Lage des Stoffes	Pumpen, Gebläse, Förderanlagen
Stoff**speicherung**	Zeitlich begrenzte Lagerung des Stoffes	Tanks, Lager

18.1 Einteilung der Stoffumsetzung in technischen Systemen

Werkzeugmaschinen

Werkzeugmaschinen dienen zur Fertigung von Bauteilen und Fertigprodukten. Sie müssen Arbeit verrichten und werden deshalb von Energiemaschinen (z. B. Elektromotor) angetrieben.

Entsprechend den Fertigungsverfahren werden sie eingeteilt in Maschinen zum

- **Urformen** (Druckgussmaschinen, Pressen)
- **Umformen** (Biegemaschinen)
- **Trennen** (Bohr-, Fräs-, Drehmaschine) und
- **Fügen** (Schweißanlagen).

Von den Maschinen zum Trennen durch Spanen werden Bohr-, Dreh- und Fräsmaschinen am häufigsten angewendet.

Diese Maschinen sind aus funktionalen Einrichtungen aufgebaut, die in allen anderen Maschinen zum Spanen ebenfalls vertreten sind. Je nach Art und Größe der Maschine können diese Einrichtungen unterschiedlich aufgebaut sein.

Als Beispiel sind die funktionalen Einrichtungen einer Drehmaschine in Abb. 18.2 dargestellt.

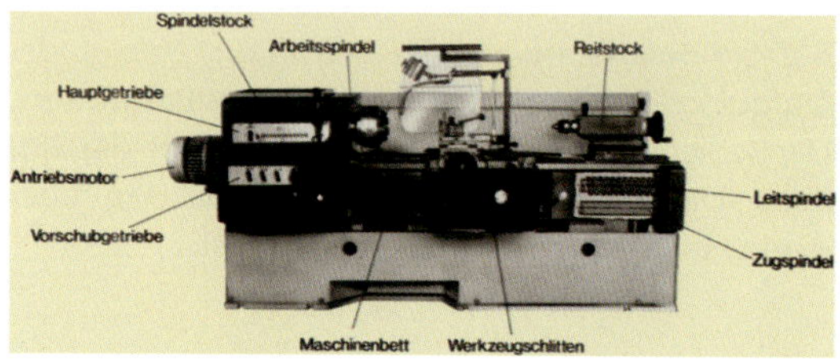

18.2 Die Drehmaschine besitzt eine Aufnahme für ein Zerspanungswerkzeug und für ein Werkstück

Als Wirkschaltplan ergibt sich Abb. 18.3.

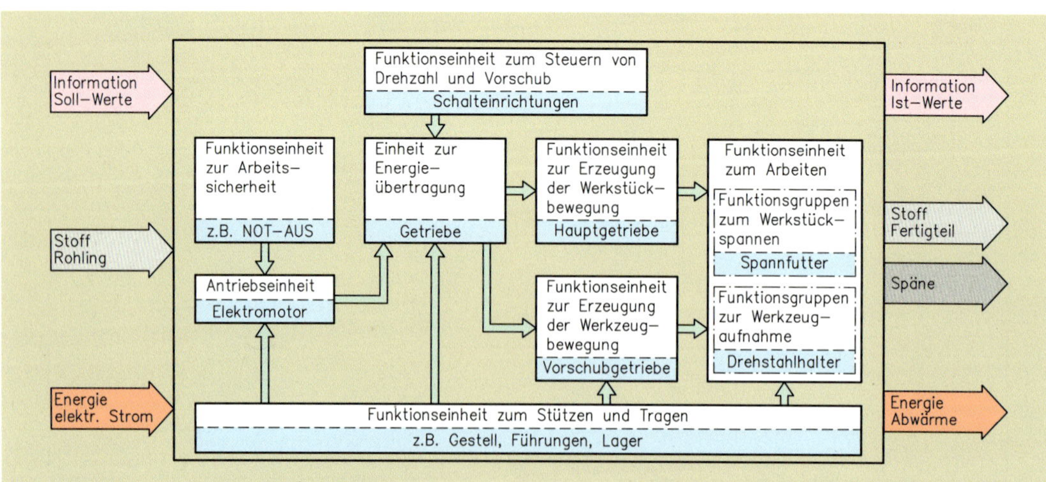

18.3 Wichtige Funktionseinheiten an Maschinen zum Trennen durch Spanen sind die zur Bewegungserzeugung

Die Drehmaschine besitzt als Funktionsgruppe zum Arbeiten eine Aufnahme für ein Zerspanungswerkzeug und eine Werkstückaufnahme, damit die Form des Halbzeugs verändert werden kann.

Je nach Art der Maschine werden entweder das Werkzeug oder das Werkstück oder beide so gegeneinander bewegt, dass eine Spanabnahme erfolgen kann.

Das Input-Output-Verhalten ergibt folgenden Zusammenhang:

Eingangsgrößen:
- **Stoff:** Als Stoff wird der Drehmaschine ein Halbzeug aus einem bestimmten Werkstoff zugeführt, der umgesetzt wird.
- **Energie:** Der Transport und das Einspannen des Halbzeugs erfordert Energie. Sie wird bei nicht automatischen Drehmaschinen vom Menschen aufgebracht. Für die Stoffumsetzung ist Energieumsetzung notwendig: Ein Elektromotor als Antriebseinrichtung wandelt dazu elektrische Energie in mechanische Energie um. Sie wird über das Hauptgetriebe und das Vorschubgetriebe zum Werkzeug (Wirkstelle) transportiert.
- **Information:** Schaltsignale schalten die Maschine ein, legen die Umdrehungsfrequenz fest und bestimmen den Vorschub. Die Einstellung des Zerspanungswerkzeugs ist für die Form des Fertigteils verantwortlich.

Ausgangsgrößen:
- **Energie:** Die mechanische Energie treibt das Zerspanungswerkzeug mit einer bestimmten Geschwindigkeit, der Schnittgeschwindigkeit an. Es verrichtet an der Wirkstelle Zerspanungsarbeit. Das Ausspannen und der Transport des Fertigteils erfordern auch Energie. Die beim Zerspanen des Halbzeugs entstehende Wärme wird abgeleitet.
- **Stoff:** Der Werkstoff wird zerspant und ein Fertigteil entsteht. Die beim Spanen anfallenden Späne fallen in eine Späneschublade.
- **Information:** Die Informationsumsetzung steuert die Energieumsetzung in der Maschine und legt die Form des Werkstücks fest. Entsprechend den Einstellungen werden die Abmessungen des Fertigteils bestimmt. Schalterstellungen und Anzeigen dokumentieren den Betriebszustand der Maschine.

Transportsysteme

Abb. 19.1 zeigt einen Hängeförderer, wie er z. B. in Montagehallen der Autoindustrie eingesetzt wird. Mit ihm werden Halbzeuge, Rohteile oder Fertigteile, d. h. Stoffe, **transportiert**.

19.1. Hängeförderer werden in flexiblen Fertigungssystemen benötigt

Dem Hängeförderer muss zum Transport Energie zugeführt werden, um die Arbeit zu verrichten. Da seine Hauptfunktion aber die Lageänderung von Stoff ist, zählt der Hängeförderer zu den **Stoff umsetzenden Systemen**.

Maschinen, die Stoffe transportieren, zählen zu den Stoff umsetzenden Systemen.

Andere Transportsysteme sind in Tabelle 19.2 beispielhaft zusammengefasst:

Transportsystem	Einsatzbereich
Förderbänder Förderschnecken	Transport von Werkstücken mit geringen Gewichten
Flurfördermittel	Gabelstabler für Transportwege in kleinen Systemen FahrerloseTransportfahrzeuge in größeren Systemen
Pneumatische u. hydraulische Fördermittel	Pumpen/Verdichter/Gebläse zum Transport von Flüssigkeiten und Gasen

19.2. Die Auswahl eines Transportsystems hängt von Verlauf und Länge der Transportwege ab

Eine Besonderheit ist der Stofffluss innerhalb flexibler Fertigungssysteme. Er geschieht durch

- Transportieren
- Lagern
- Handhaben

Dabei ist **Handhaben** das gerichtete Bewegen von Werkstücken oder Werkzeugen innerhalb eines abgegrenzten Arbeitsraumes.

Werkzeuge werden z. B. mit einem Handhabungssystem, das aus einem Magazin und Greifersystem besteht, gelagert und positioniert.

Abb. 20.1 zeigt eine Werkstückpositionierung, die über ein Handhabungssystem erfolgt:

Der Roboter greift ein Werkstück, fährt eine bestimmte Position an und positioniert das Werkstück auf einer Palette. Die Palette kann dann automatisch gelagert, transportiert oder in einer Werkzeugmaschine als Spannvorrichtung eingesetzt werden.

20.1 Roboter positionieren Werkstücke durch geradlinige Bewegungen oder Drehbewegungen

1.2.2 Energie umsetzende Systeme

Kraftmaschinen

Abb. 20.2 zeigt das Schnittbild eines Viertaktmotors (Ottomotor). Der Motor ist eine **Verbrennungskraftmaschine**, die chemische Energie in Bewegungsenergie umwandelt.

20.2. Otto-Motoren gehören zu den **Energie umsetzenden Systemen**

Energie umsetzende Maschinen erzeugen die erforderliche Energiemenge und Energieform für einen Arbeitsprozess. Energiemaschinen, die unter Beteiligung mechanischer Energie Energie umwandeln, werden als **Kraftmaschinen** bezeichnet.

Kraftmaschinen stellen als Hauptfunktion mechanische Energie zum Antreiben von Maschinen, Fahrzeugen oder Geräten bereit.

Der Wirkschaltplan eines Viertakt-Ottomotors ist in Abb. 20.3 dargestellt.

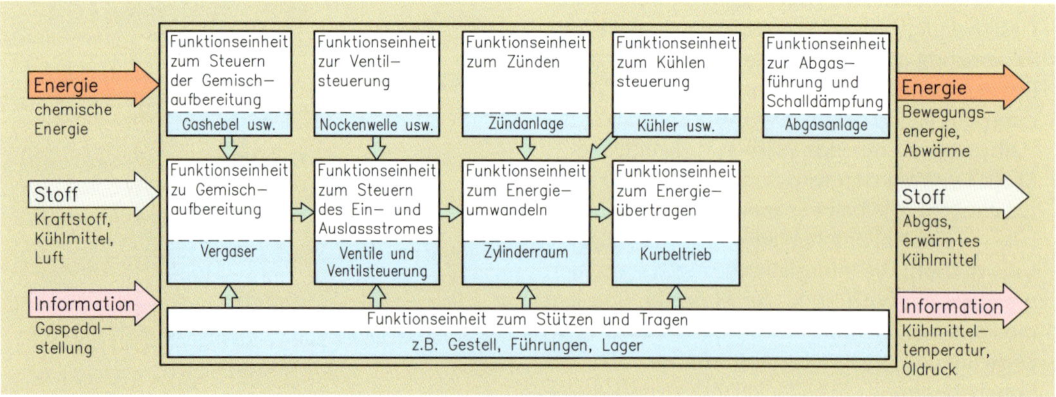

20.3 Insbesondere bei Verbrennungskraftmaschinen wird die Hauptfunktion erst durch Kenntnis des Zusammenwirkens der Teilfunktionen verständlich

Aufgrund des Wirkschaltplans ergibt sich folgendes Input-Output-Verhalten:

Eingangsgrößen:

- **Energie:** Die notwendige Energie zur Energieumsetzung wird als chemische Energie mit dem Kraftstoff zugeführt. Diese wird zunächst in Wärmeenergie, dann in Druckenergie umgewandelt.
- **Stoff:** Neben dem Kraftstoff saugt der Motor den für eine Verbrennung notwendigen Sauerstoff mit der Luft an. Das Kraftstoff-Luftgemisch wird verbrannt. Die Erwärmung des Motors wird durch Luft, die ihn von außen umströmt, und durch ein Kühlmittel reguliert.
- **Information:** Durch Informationsumsetzung wird über das Gaspedal die Energiewandlung bestimmt.

Ausgangsgrößen:

- **Energie:** Die zugeführte chemische Energie wird zu etwa 25 Prozent in Bewegungsenergie umgesetzt. 75 Prozent ist Wärmeenergie.
- **Stoff:** Nach der Stoffumsetzung während der Verbrennung wird ein Teil des Brennstoffes als Abgas – wie die erwärmte Luft und das erwärmte Kühlwasser – an die Umwelt abgegeben.
- **Information:** Als Kontrollgrößen werden die Umdrehungsfrequenz, die Geschwindigkeit, die Kühlmitteltemperatur oder der Öldruck angezeigt.

In Tabelle 21.1 sind Beispiele für andere Kraftmaschinen zusammengefasst:

Kraftmaschine	Beispiel
Wärmekraftmaschine	Verbrennungsmaschinen
Elektrische Maschine	Elektromotor
Strömungsmaschine	Gasturbine
Windkraftmaschine	Windrad
Wasserkraftmaschine	Wasserturbinen

21.1 Einteilung von Kraftmaschinen

Energie umsetzende Anlagen

Bei Heizungssystemen (Abb. 21.2) wird die Energie direkt in Wärmeenergie umgewandelt.

Energie umsetzende Anlagen wandeln die zugeführte Energie direkt um.

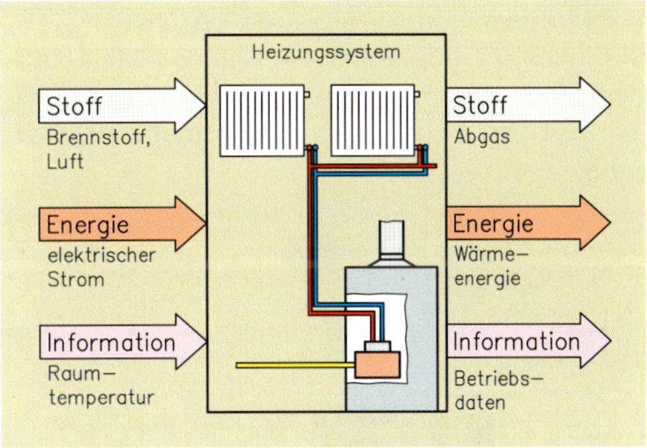

21.2 In diesem System ist mechanische Energie bei der Energieumwandlung nicht beteiligt

Funktionsbeschreibung:
Zur Energieumsetzung wird der Brennstoff über Rohrsysteme zum Brenner transportiert. Durch die Verbrennung wird die im Brennstoff gespeicherte Energie in Wärmeenergie umgewandelt. Der Heizkessel überträgt die Wärmeenergie auf das Wasser, das im Heizungssystem zirkuliert. In Abhängigkeit von der Raumtemperatur wird die Wärmeenergie des Wassers über die Heizkörper an die Raumluft abgegeben.

Bei Maschinen und Anlagen, die die **Hauptfunktion Energieumsetzung** haben, kann das System nach Tabelle 21.3 Energie unterschiedlich umsetzen.

Energieumsetzung	Art der Umsetzung	System
Energie-**umwandlung**	Verändern der Energieart	Ottomotor Elektromotor Heizungsanlage
Energie-**umformung**	Verändern der Energie unter Beibehaltung der Energieart	Transformator mechanische Getriebe
Energie-**transport**	Verändern des Ortes oder der Lage des Energie	elektrische Leitungen Rohre
Energie-**speicherung**	Zeitlich begrenzte Lagerung der Energie	Batterien Gasflaschen Tanks

21.3 Einteilung der Energieumsetzung in technischen Systemen

1.2.3 Informationsumsetzende Systeme

Die in Abb. 22.1 dargestellte Maschine prüft komplizierte Werkstücke auf Maßtoleranzen. Sie ist ein System mit der Hauptfunktion **Informationsumsetzung**.

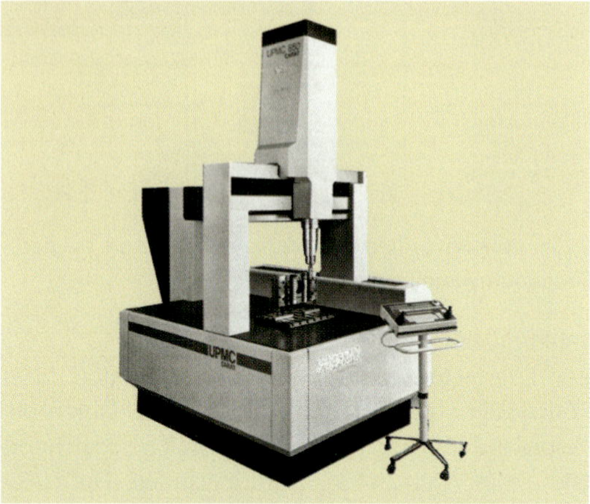

22.1 Die Messmaschine ist ein Informationssystem

Funktionsbeschreibung:
Ein Taststift ist über eine gefederte Knickstelle mit einem schaltenden Tastkopf verbunden. Bei Werkstückkontakt registriert ein eingebauter elektronischer Sensor die Auslenkung. Die Messwerte werden an einen Rechner übergeben, ausgewertet und angezeigt.
Damit sind **Messgeräte** Informationssysteme, die eine physikalische Größe aufnehmen, umwandeln, verarbeiten und als Messwert ausgeben.

Abb. 22.2 zeigt das Blockschaltbild.

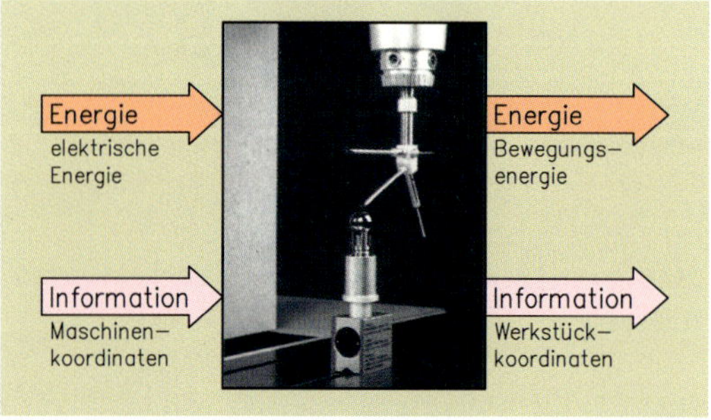

22.2 Blockdarstellung der Messmaschine

Bei Geräten oder Anlagen mit der **Hauptfunktion Informationsumsetzung** lassen sich verschiedene Arten der Informationsumsetzung nach Tabelle 22.3

Informations-umsetzung	Art der Umsetzung	System
Informations-**umwandlung**	Verändern der Informationsstruktur; neue Informationen entstehen durch Kombination	Computer Taschenrechner
Informations-**umformung**	Ein anderer physikalischer Träger verändert die Informationsart unter Beibehaltung des Inhalts	Mikrofon Lautsprecher Lichtorgel
Informations-**transport**	Verändern des Ortes der Information	Leitungen
Informations-**speicherung**	Aufbewahren von Informationen	CD-ROM Festplatte

22.3. Einteilung der Informationsumsetzung

Systeme mit der Hauptfunktion Informationsumsetzung transportieren, wandeln, speichern oder formen Informationen um.

Häufig verwendete informationsumsetzende Systeme sind **Messgeräte**, **Steuer**- und **Regeleinrichtungen** und **Datenverarbeitungsanlagen**.

In der industriellen Fertigung werden komplexe Informationssysteme nach Abb. 22.4 eingesetzt.
Es besteht aus zwei Teilsystemen: Ein Teilsystem plant und steuert den Fertigungsablauf, das andere kontrolliert ihn. Dadurch wird der Betriebsablauf während der Fertigung wirtschaftlich optimal gestaltet.

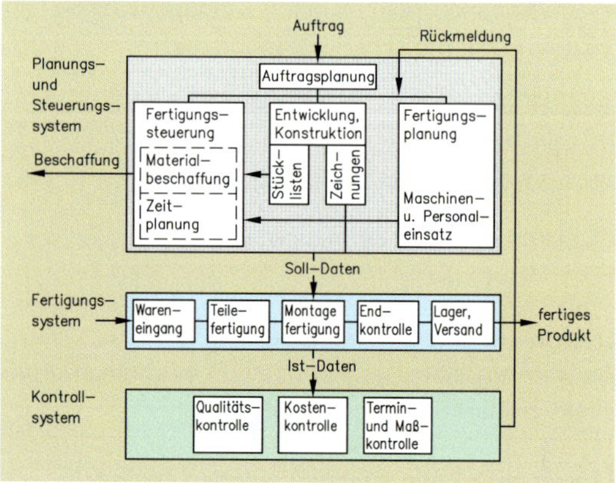

22.4. Informationsfluss in Fertigungen

Aufgaben

1 *Nennen Sie drei Grundfunktionen bei Maschinen und ordnen Sie ihnen jeweils die verwendeten Bauelemente zu!*

2 *Ordnen Sie der Diskette, der Batterie, dem Transformator und dem Härteofen entsprechend dem Beispiel die jeweilige Umsetzungsart zu!*
Hebekran ⇒ Stoffumsetzung ⇒ Stofftransport
Diskette ⇒ ...

3 *Die Hauptfunktion eines Pkw's ist der Transport von Personen.*

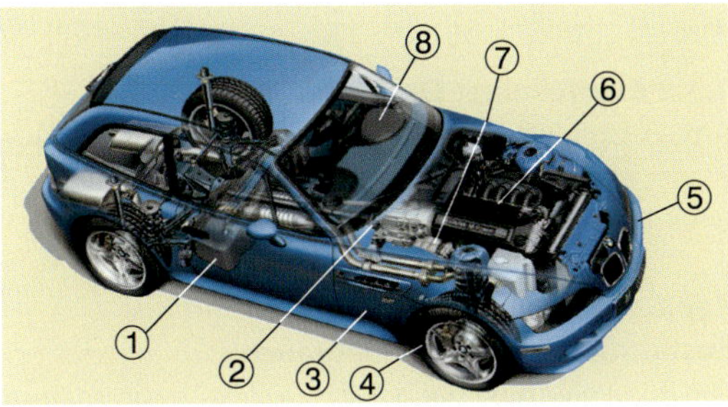

23.1 Zentrale Funktionseinheiten eines PKW's

- *Welche Grundfunktionen verwirklichen folgende Funktionselemente: Keilriemen, Luftfilter, Kupplung, Verkleidung, Kurbelwelle, Wasserbehälter?*
- *Ordnen Sie den Baueinheiten 1 bis 8 die entsprechenden Funktionseinheiten zu!*

1	Tank	Speichereinheit
2	Kardanwelle	
3	Karosserie	
4	Räder	
5	Stoßfänger	
6	Motor	
7	Batterie	
8	Instrumente	

4 *Zum Schweißen muss der hohe Gasduck in Gasflaschen durch Druckminderer reduziert werden.*

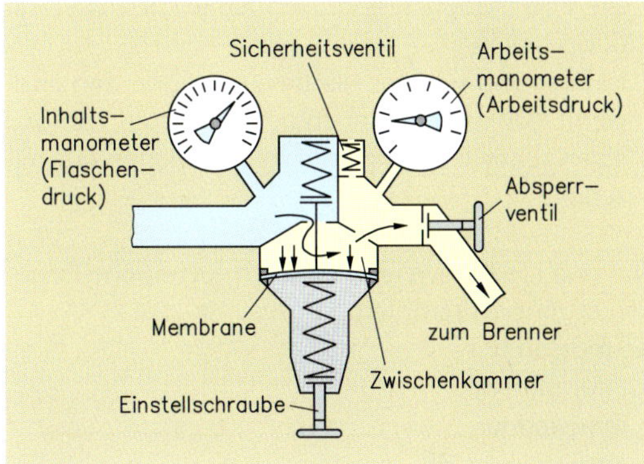

23.2 Der eingestellte Druck wird vom Arbeitsmanometer angezeigt

- *Geben Sie jeweils die Teil- und Grundfunktionen an, die die Funktionseinheit „Druckminderer verwirklicht!*
- *Entwerfen Sie einen Wirkschaltplan für den Druckminderer!*

5 *Ermitteln Sie aus dem Technologieschema (Abb. 23.3) die Funktionseinheiten und entwerfen Sie einen wirkungsorientierten Plan!*

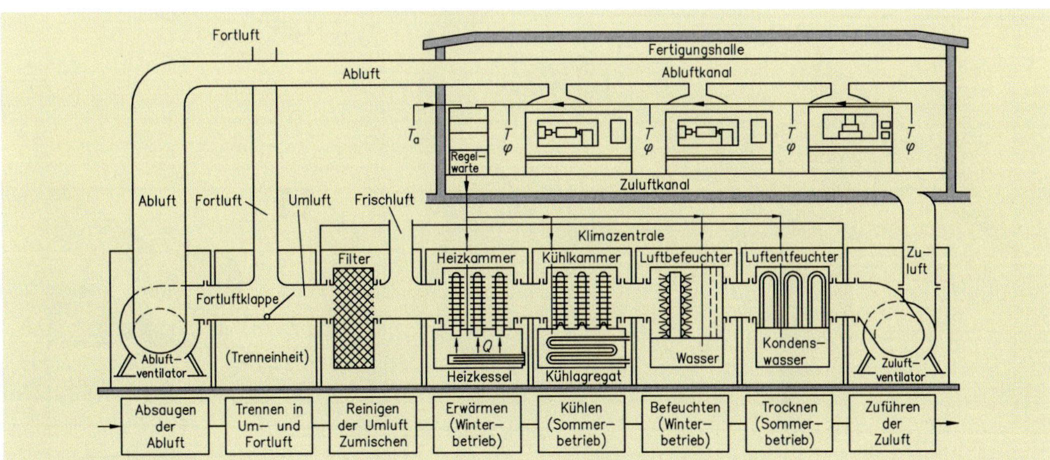

23.3 Struktur einer Klimaanlage, die für ein angenehmes und gesundes Raumklima sorgt

1.3 Technische Dokumentation

1.3.1 Aufgaben einer Dokumentation

Technische Dokumentationen haben anspruchsvolle Aufgaben, die in Abb. 24.1 zusammengefasst sind.

Diese Aufgaben werden nur dann erfüllt, wenn Dokumentationen

- alle Informationen lese- und lernleicht zur Verfügung stellen,
- leichtes und sicheres Handeln gewährleisten und
- wenn Dokumentationen durch ihren Aufbau einen schnellen Zugriff auf Informationen ermöglichen.

Nur durch die Anwender erhalten technische Dokumentationen ihren Wert.

Sie müssen u. a.

- informieren,
- motivieren,
- anregen,
- vor unsachgemäßem Gebrauch warnen und
- angeben, was nach unsachgemäßem Einsatz zu tun ist.

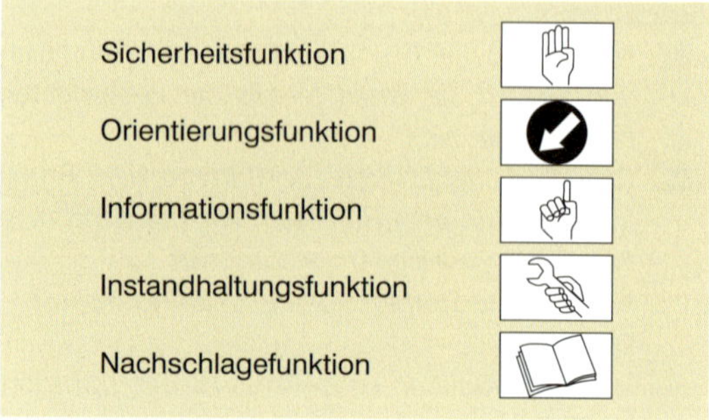

24.1 Die Hauptanforderungen für technische Anleitungen

1.3.2 Kapitel einer Dokumentation

Am Beispiel der Bohrmaschine werden auszugsweise einzelne Kapitel (siehe Überblick Seite 27) einer Dokumentation verdeutlicht:

Kapitel: Technische Daten

Bestimmungsmäßiger Gebrauch:

Die Bohrmaschine nach Abb. 24.2 ist bestimmt zum Schlagbohren in Ziegel und Beton, zum Bohren sowie Schrauben in Holz, Metall und Kunststoff. Die zugehörigen Gerätekenndaten zeigt Tabelle 25.1.

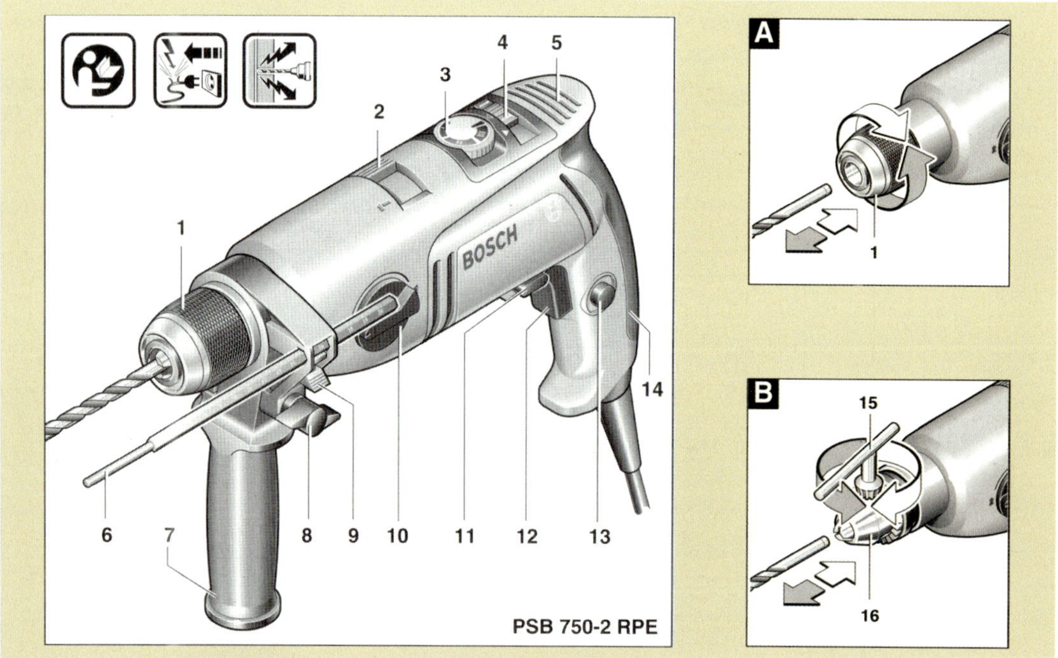

24.2 Die Nummerierungen kennzeichnen die einzelnen Geräteelemente

Gerätekennwerte

Schlagbohrmaschine	PSB 750-2 RE	PSB 750-2 RE	PSB 750-2 RPE
Bestellnummer	0 603 162 5..	0 603 162 6..	0 603 162 8..
Nennaufnahme	750 W	750 W	750 W
Abgabeleistung	380 W	380 W	380 W
Leerlaufdrehzahl:			
1. Gang	0–1000 min^{-1}	0–1000 min^{-1}	0–1000 min^{-1}
2. Gang	0–3000 min^{-1}	0–3000 min^{-1}	0–3000 min^{-1}
Max. Schlagzahl	48 000 /min	48 000 /min	48 000 /min
Drehzahlvorwahl	•	•	–
Power Control	–	–	•
AutoLock	•	•	•
Zweigangschaltung	•	•	•
Zahnkranzbohrfutter	•	–	–
Schnellspannbohrfutter	–	•	•
Vibrationsdämpfung	•	•	•
Bohrfutterspannbereich (max.)	13 mm	13 mm	13 mm
Bohr-Ø Stahl (max.)	13 mm	13 mm	13 mm
Bohr-Ø Holz (max.)	40 mm	40 mm	40 mm
Bohr-Ø Beton (max.)	20 mm	20 mm	20 mm
Gewicht (ca.)	2,2 kg	2,2 kg	2,2 kg
Schutzklasse	⧈/II	⧈/II	⧈/II

Geräteelemente

1 Schnellspannbohrfutter
2 Umschalter „Bohren/Schlagbohren"
3 Stellrad Power Control (PSB 750-2 RPE)
4 Umschalter „Bohren/Schrauben" (PSB 750-2 RPE)
5 Lüftungsschlitze
6 Tiefenanschlag
7 Zusatzgriff
8 Flügelschraube für Zusatzgriffverstellung
9 Taste für Tiefenanschlagverstellung
10 Gangwahlschalter
11 Drehrichtungsumschalter
12 Ein-/Ausschalter
13 Feststellknopf
14 Vibrationsdämpfung
15 Bohrfutterschlüssel
16 Zahnkranzbohrfutter

25.1 Die Gerätekennwerte kennzeichnen die Leistungsfähigkeit der Maschine

Kapitel: Sicherheit

⚠ Gefahrloses Arbeiten mit dem Gerät ist nur möglich, wenn Sie die Bedienungsanleitung und die Sicherheitshinweise vollständig lesen und die darin enthaltenen Anweisungen strikt befolgen. Zusätzlich müssen die allgemeinen Sicherheitshinweise befolgt werden.

Wird bei der Arbeit das Netzkabel beschädigt oder durchtrennt, Kabel nicht berühren, sondern sofort den Netzstecker ziehen. Gerät niemals mit beschädigtem Kabel benutzen.

Vorsicht vor verdeckt liegenden elektrischen Leitungen, Gas- und Wasserrohren. Den Arbeitsbereich überprüfen.

Bei langen Haaren Haarschutz tragen. Nur mit eng anliegender Kleidung arbeiten.

- Geräte, die im Freien verwendet werden, über einen Fehlerstrom-Schutzschalter mit maximal 30 mA Auslösestrom anschließen.
- Kabel immer nach hinten vom Gerät wegführen.
- Vorsicht beim Eindrehen langer Schrauben: Abrutschgefahr.
- Beim Schrauben mit kleiner Drehzahl arbeiten.
- Wenn das Bohrwerkzeug unerwartet blockiert, führt die große Kraft des Gerätes zu einer ruckartigen gefährlichen Reaktion, in diesem Fall Gerät sofort ausschalten.
- Gerät vor dem Ablegen immer ausschalten und auslaufen lassen.
- usw.

Kapitel: Inbetriebnahme

Netzspannung beachten: Die Spannung der Stromquelle muss mit den Angaben auf dem Typenschild des Gerätes übereinstimmen. Mit 230 V beschriftete Geräte können auch an 220 V betrieben werden.

Ein-Aus-Schalter Momentschaltung

- Einschalten: Ein-Aus-Schalter **12** drücken.
- Ausschalten: Ein-Aus-Schalter **12** loslassen.

Dauerschaltung

- Einschalten: Ein-Aus-Schalter **12** drücken und in gedrücktem Zustand mit Feststellknopf **13** arretieren.
- Ausschalten: Ein-Aus-Schalter **12** drücken und loslassen

Stufenlose Drehzahlregulierung

Leichter Druck auf den Ein-Aus-Schalter **12** bewirkt eine kleine Drehzahl und macht somit einen sanften, kontrollierten Anlauf möglich.

Mit zunehmendem Druck wird die Drehzahl erhöht.

Drehzahlvorwahl
Mit dem Stellrad **19** (Abb. 26.1) lässt sich die benötigte Enddrehzahl (auch während des Laufes) vorwählen.

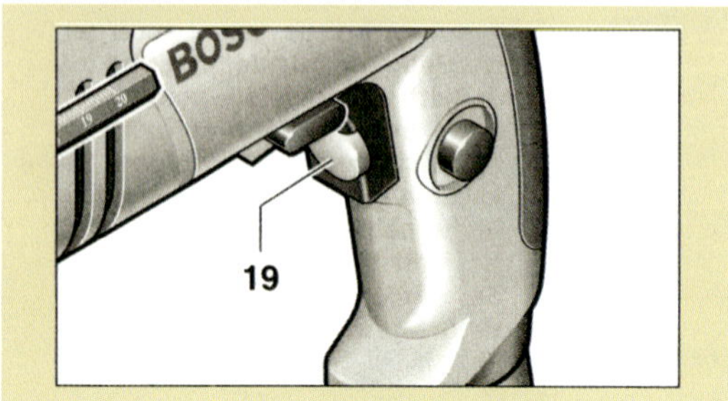

26.1 Detailerklärungen ermöglichen ein gezieltes Handeln in der Handhabung

Nach längerem Arbeiten mit kleiner Drehzahl, die Maschine zur Abkühlung zirka 3 Minuten lang mit maximaler Drehzahl im Leerlauf drehen.

Gangwahl (mechanisch)
Mit dem Gangwahlschalter **10** können zwei Drehzahlbereiche vorgewählt werden:
- Gang I: Niederer Drehzahlbereich
- Gang II: Hoher Drehzahlbereich

Die Gänge können bei laufender Maschine umgeschaltet werden.

Kapitel: Betrieb
Umschaltung der Drehrichtung
Mit dem Drehrichtungsumschalter **11** (Abb. 26.2) kann die Drehrichtung der Maschine umgeschaltet werden. (Bei betätigtem Ein-Aus-Schalter 12 ist der Drehrichtungsumschalter 11 verriegelt.)

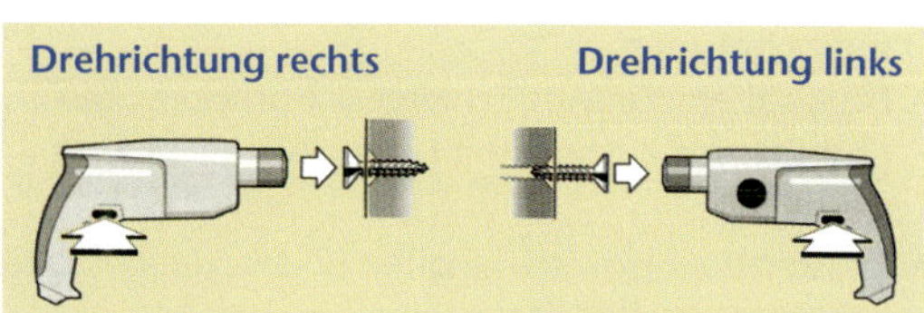

26.2 Eindrehen und Lösen von Schrauben

Rechts: Drehrichtungsumschalter nach links bis zum Anschlag schieben. Die Drehrichtung wird dabei durch ein eingeprägtes „R" signalisiert.
Links: Drehrichtungsumschalter nach rechts bis zum Anschlag durchdrücken.

⚠ **Drehrichtung nur im Stillstand umschalten**

Bohren und Schlagbohren

Bohren und Schrauben
Den Umschalter **2** nach rechts schieben.

Schlagbohren:
Den Umschalter **2** nach links schieben.

Der Umschalter 2 rastet ein und kann bei laufender Maschine betätigt werden.

Kapitel: Instandhaltung
Vor allen Arbeiten am Gerät Netzstecker ziehen.
- Gerät und Lüftungsschlitze **5** sauber halten.
- Sollte das Gerät einmal ausfallen, ist die Reparatur von einer autorisierten Kundendienststelle ausführen zu lassen.
- Bei allen Rückfragen und Ersatzteilbestellungen bitte die 10-stellige Bestellnummer laut Typenschild des Gerätes angeben.

Hinweise zu technischen Dokumentationen
Dokumentationen können je nach Anwendungsbereich unterschiedlich aufgebaut sein. Tabelle 26.3 zeigt einen Überblick:

Bereich	Inhalt
Anlagen/ Geräte mit Computersteuerung	• Vollständigkeit von Hard- und Software sicherstellen • Testroutinen zur Hardware-Prüfung Sichere Wartbarkeit von Hard- und Software • Verfahren und Ausrüstung für Fehlersuche
Großprojekte/ Anlagen	Hier empfehlen sich einzelne Handbücher, z. B. für • Anwender/Nutzer • Programmierer • Monteure/Instandhalter
Zusätzlich bei komplexen Geräten/ Maschinen vorsehen	• Sachwortregister • Fachwort-Verzeichnis • Erklärung von Symbolen/Zeichen • Was tue ich, wenn ...? • Wer liefert Ersatzteile?

26.3 Dokumentationen sind für den Anwender

ÜBERBLICK Aufbau und Kapitel einer Betriebsanleitung

Betriebsanleitungen (BA) sind nach einem Baukastensystem aufgebaut und beinhalten elf Kapitel: Ein „auftragsgebundenes" Kapitel, das ständigen Änderungen unterliegt und zehn eigenständige „auftragsungebundene" Kapitel, die keinen, seltenen oder häufigen Änderungen unterliegen.

- Auftragsgebundenes Kapitel:
  Das auftragsgebundene Kapitel ist das Kapitel „Technische Daten". Es wird für jeden Auftrag neu erstellt und enthält alle kunden-, größen- oder typenspezifischen Daten.
- Auftragsungebundene Kapitel:
  Die restlichen zehn Kapitel sind eigenständige Kapitel. Sie bekommen durch Querverweise auf das Kapitel „Technische Daten" auftragsungebundene Inhalte. Nur bei konstruktiven Änderungen müssen die entsprechenden Kapitel geändert werden.

Kapitel	Inhalt
Technische Daten	• Kenndaten einer Maschine oder einer Anlage • Material- und spezielle Maschinendaten • Einsatzbereich und bestimmungsgemäße Verwendung Text des vertraglich vereinbarten Einsatzbereichs und der bestimmungsgemäßen Verwendung, um späteren Auseinandersetzungen mit Kunden vorzubeugen. Hier wird auch die „bestimmungsgemäße Verwendung" erfüllt, die der Gesetzgeber im Gesetz über technische Arbeitsmittel fordert.
Sicherheit	Zunächst werden verwendete Zeichen und Symbole erklärt. Weiter werden Arbeitssicherheits-Hinweise konzentriert aufgelistet, die in den nachfolgenden Kapiteln jeweils aufgeführt sind. Hervorzuheben sind das **Arbeitssicherheits-Symbol** und der **Achtungs-Hinweis**. ⚠ Das Warnzeichen steht in der BA bei allen Arbeitssicherheits-Hinweisen, bei denen auf Gefahr für Leib und Leben von Personen hingewiesen wird. **Achtung!** Der Hinweis steht für die Einhaltung von Richtlinien, Vorschriften, den richtigen Ablauf von Arbeiten oder Vermeidung von Beschädigungen. Weitere Sicherheitshinweise sind den einschlägigen Vorschriften zu entnehmen: Zum Beispiel: • Gesetz über technische Arbeitsmittel § 3 (Gerätesicherheitsgesetz) • DIN 31 000/VDE 1000 Richtlinien für sicherheitsgerechtes Gestalten techn. Erzeugnisse • DIN 31 001 Schutzeinrichtungen • DIN 31 004 Begriffe der Sicherheitstechnik • VGB 1; VGB 4; VGB 7a • Produkt-Haftungsgesetz und Unfall-Verhütungsvorschriften
Allgemeines	1. Einleitung (hier wird folgender Standardtext benutzt): • „Die BA muss vom zuständigen Bedienungspersonal gelesen, verstanden und beachtet werden." • „Wir weisen darauf hin, dass wir für Schäden und Betriebsstörungen, die sich aus der Nichtbeachtung der BA ergeben, keine Haftung übernehmen." • „Hinweis: Gegenüber Darstellungen und Angaben dieser BA sind technische Änderungen, die zur Verbesserung notwendig werden, vorbehalten." 2. Hinweis auf vertraglichen Einsatzbereich und Gewährleistung 3. Bezug auf Urheberrecht der BA-Texte, Zeichnungen usw.
Transport	Hier wird u. a. hingewiesen auf Verpackungsart, angebrachte Bildzeichen, Empfindlichkeitsgrad der zu transportierenden Teile, erforderliche Maßnahmen bei Zwischenlagerung oder Kontrolle des Lieferumfanges und Meldung bei Transportschäden.

ÜBERBLICK	Aufbau und Kapitel einer Betriebsanleitung
Aufbau und Wirkungsweise	• Konstruktiver Aufbau der Maschine/Anlage in der Reihenfolge, in der die Baugruppen in der Stückliste aufgeführt sind, einschließlich der Beschreibung der einzelnen Baugruppen mit Baugruppenzeichnung • Erläuterung der Wirkungsweise und/oder Funktionsweise der Maschine/Anlage mithilfe von Text und Diagrammen
Montage	• Aufstellungsbedingungen für die Maschine/Anlage. Dabei sind die Abmaße eine wichtige Information. • Eine Montagebeschreibung, die in der Reihenfolge der Baugruppenmontage erfolgt und durch Zeichnungen, Skizzen oder Fotos prägnant unterstützt werden soll
Inbetriebnahme	In diesem Kapitel wird nach Einführungshinweisen die Reihenfolge der Inbetriebnahme-Arbeiten beschrieben: • Spezielle Sicherheitsvorkehrungen bei den einzelnen Phasen; stets Warnen vor Nichtzulässigem • Chronologisches Aufführen - was wo einzuschalten oder zu tun ist, - was wo ingangzusetzen ist und - was zu prüfen, zu überwachen, zu regulieren, zu korrigieren ist.
Betrieb	• Normaler Betrieb (das Ingangsetzen/Betreiben durch den Kunden) • Stillsetzen in der erforderlichen Reihenfolge • Verhaltensweisen bei Störungen mit Störungsabhilfe. Hier werden in Tabellenform Anzeichen und Ursachen der häufigsten Störungen sowie die Maßnahmen zu ihrer Beseitigung beschrieben.
Instandhaltung	• In Tabellenform werden Wartungs- und Inspektionsintervalle, die Kontrollstellen – einschließlich der Erkennungsmerkmale von Verschleißteilen – und die Wartungshinweise genannt • Die Instandhaltungsanleitungen gliedern sich in - elektrische, hydraul.-pneumatische und mechanische Teile und in - einzelne Arbeitsschritte und Funktionseinheiten Empfehlenswerte Arbeitshilfen: DIN 31 051; DIN 1319; DIN 11 042; DIN 24 420; DIN 25 419; DIN 31 052; DIN 33 400; DIN 40 150; DIN EN 60 617; VDE 0 113
Ersatzteilhaltung und Kundendienst	• Angaben über die zur Ersatzteilbestellung notwendigen Daten mit Bezugsquelle • Angaben über Kundendienst- und Serviceleistungen • Anlaufstelle für eventuelle Rückfragen/Hotline • Adressenangaben des in- und ausländischen Ersatzteilvertriebs und Kundendienstes
Anhang	• Erforderliche Unterlagen für Instandsetzungsarbeiten, zur Erläuterung der Arbeitsweise • Formulare wie Garantiebedingungen, Kundendienstvertrag, Haftpflichterklärung oder Konformitäts-Bescheinigung aus EG-Richtlinien • Auflistung der Dokumentationen der Zulieferfirmen • Sachwortverzeichnis („Wo finde ich was?"); Register („Was tue ich, wenn...?")

29.1 Mechatronisches System: Schranke

2 Herstellen mechanischer Teilsysteme

Der mechanische Teil des mechatronischen Gesamtsystems Schranke umfasst alle Teile, die Bewegungen ausführen, z. B. Zahnräder in einem Getriebe und Bauteile, die die sich bewegenden Teile in ihrer Lage halten, z. B. Lager, oder umschließen, z. B. Gehäuse.

Bewegungen werden durch **Kräfte** verursacht, die auf diese Bauteile einwirken. Die Bauteile müssen diesen Kräften standhalten. Daher ist es wichtig, die Eigenschaften der verwendeten Materialien zu kennen.
Diese Werkstoffeigenschaften haben auch Einfluss auf die Verfahren zur Herstellung und Bearbeitung von mechanischen Bauteilen.

2.1 Werkstoffe

Zur Herstellung der Schranke werden **Metalle** und **Nichtmetalle** verwendet:

- Metalle für Zahnräder, Antriebswelle, Schlagbaum und Gehäuseteile
- Nichtmetalle für Gehäuseteile und Kabelisolierungen

Die Auswahl von Werkstoffen richtet sich nach den Anforderungen, die das Bauteil erfüllen muss sowie nach ihrer Herstellbarkeit und Verarbeitbarkeit. Geringer Energieeinsatz bei der Herstellung und gute Wiederverwertbarkeit sind neben Ungiftigkeit und Korrosionsbeständigkeit weitere Auswahlkriterien.

EXKURS Kräfte

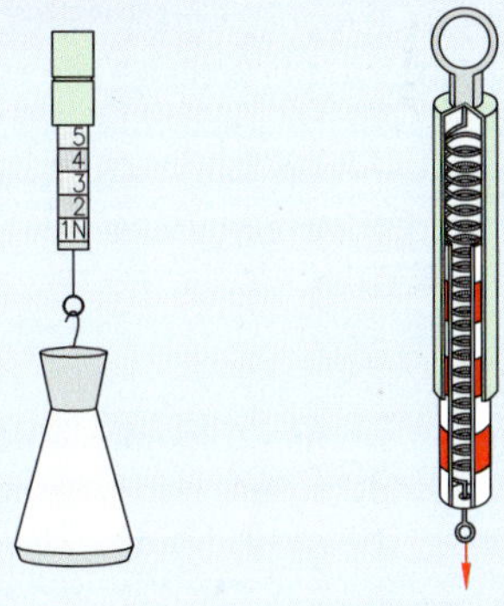

Die Feder des Kraftmessers wird durch das Gewicht gedehnt. Die Erdanziehung bewirkt diese Dehnung. Die auf die Feder ausgeübte Gewichtskraft lässt sich an der Skala ablesen. Sie beträgt hier 5 N.

Die Maßeinheit für die Kraft ist das Newton (N).
Die Kraft hat das Formelzeichen F.

Die Gewichtskraft ist abhängig von der Erdbeschleunigung, die in unseren Breiten 9,81 m/s^2 beträgt, und der Masse des Körpers.

$$F = m \cdot g$$

F Kraft in N
m Masse in kg
g Erdbeschleunigung in m/s^2

Metalle		Verbundwerkstoffe		Nichtmetalle	
Eisenmetalle		Sinterwerkstoffe (Hartmetalle, Oxidkeramik)	Werkzeugschneiden, Maschinenteile	Holz, Leder, Silizium	Hilfsstoffe, elektronische Bauteile
Stahl	Bleche, Wellen, Zahnräder				
Gusseisen	Maschinengehäuse, Hebel				
Nichteisenmetalle		Faserverstärkte Kunststoffe (GFK, CFK)	Behälter, Rohre, Gehäuse	Kunststoffe (PA, PVC, PC, PE, PMMA, PTFE, PS)	Isolierungen, Dichtungen, Rohre, Gehäuse, Verpackungen
Aluminium (Leichtmetall)	Gehäuseteile, Profile				
Titan (Leichtmetall)	Leichtbauteile f. Flugzeuge				
Kupfer (Schwermetall)	Kabel, Bleche, Rohre	Schichtverbundwerkstoffe	beschichtete Werkstoffe	Keramik	Isolatoren, Beschichtungen
Zink (Schwermetall)	Beschichtungen				

30.1 Einteilung der Werkstoffe

2.1.1 Metalle

Das Getriebe der Schranke besteht aus Zahnrädern, Zugmittel (Kette) und Wellen, die Kräfte vom Antriebsmotor zum Schlagbaum übertragen. Diese Kräfte können sehr groß sein. Deshalb werden hier metallische Werkstoffe eingesetzt, die diese hohe Festigkeiten aufweisen.

Eisenmetalle

An das Zahnrad werden folgende Anforderungen gestellt: Verschleißfestigkeit, Härte, Festigkeit gegen Verformungen, Zähigkeit, gute Zerspanbarkeit, geringe Wärmedehnung. Das Zahnrad besteht hier aus Stahl.

Stahl ist eine Legierung aus Eisen und Kohlenstoff mit einem max. Kohlenstoffgehalt von 2,06 Prozent.

Stahl kann mit weiteren verschiedenen Elementen legiert werden, um die Eigenschaften zu verbessern.

Durch Wärmebehandlungsverfahren (vgl. Exkurs) können Härte, Festigkeit und Zähigkeit verändert werden.
Stähle lassen sich somit den entsprechenden Anforderungen gemäß herstellen, sind zudem recht kostengünstig und lassen sich wieder verwerten.

Wird Eisen mit mehr als 2,06 Prozent Kohlenstoff legiert, so spricht man von **Gusseisen**. Werkstücke mit

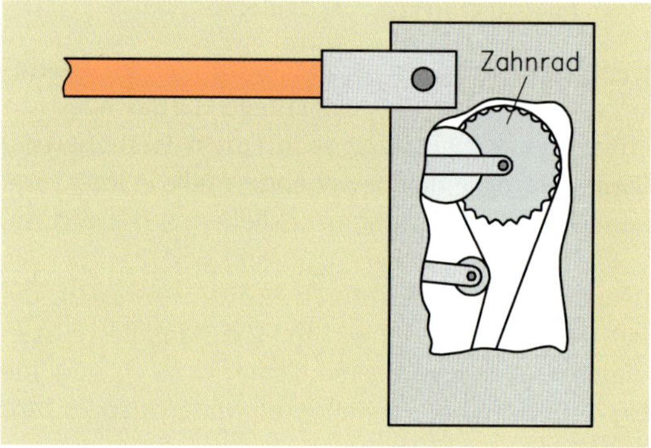

30.2 Zahnrad

komplizierten Formen (z. B. das Gehäuse des Elektromotors) lassen sich durch Eingießen von flüssigem Gusseisen in eine entsprechende Form herstellen. Der höhere Kohlenstoffgehalt senkt die Schmelztemperatur. Der flüssige Werkstoff lässt sich besser in der Form verteilen.

- hohe Festigkeit und Zähigkeit
- meist gute plastische Verformbarkeit
- gute elektrische Leitfähigkeit
- gute Wärmeleitfähigkeit
- fester Aggregatzustand bei Raumtemperatur (Ausnahme: Quecksilber)
- unterschiedliche Dichte
- glänzende Oberfläche

30.3 Eigenschaften von Metallen

S 235 JR

Stahlgruppe	Hauptsymbol Eigenschaft	Zusatzsymbol Kerbschlagarbeit
Stahl f. Stahlbau	Streckgrenze 235N/mm²	27 J bei 20 °C

X 45 CrSi 9–3

hochleg. Stahl	Kohlenstoffgehalt [1/100 %]	Legierungselemente	Gehalte der Legierungselemente
	0,45 % C	Chrom Silizium	9 % Cr 3 % Si

21 NiCrMo 2–2

Kohlenstoffgehalt [1/100 %]	Legierungselemente	Gehalte der Legierungselemente
0,21 % C	Nickel, Chrom, Molybdän	0,5 % Ni 0,5 % Cr

CuZn 15

Grundbestandteil und Legierungselement		Anteil des Legierungselements
Kupfer	Zink	15 % Zink Rest (85 %) Kupfer

31.1 Kennzeichnung von Stählen (DIN EN 10027-1) und Nichteisenmetallen (für Kupfer: ISO 1190-1)

EXKURS Wärmebehandlungsverfahren

Stahl hat in verschiedenen Termperaturbereichen unterschiedliche Gefüge und Gitterstrukturen (vgl. Tabellenbuch: Eisen-Kohlenstoff-Diagramm). Diese Eigenschaften macht man sich bei verschiedenen Wärmebehandlungsverfahren zu Nutze, um die Eigenschaften von Stählen den Anforderungen entsprechend umzuwandeln. Bei allen Verfahren wird der Werkstoff oder das Werkstück erwärmt und anschließend unterschiedlich schnell abgekühlt.

Glühen

Glühverfahren dienen der Wiederherstellung oder der Verbesserung der Stahleigenschaften. Bei allen Glühverfahren wird das Werkstück auf eine bestimmte Temperatur erwärmt, die Temperatur wird eine bestimmte Zeit gehalten, danach wird langsam abgekühlt. Man unterscheidet:

Rekristallisationsglühen zur Wiederherstellung des Gefüges nach einer Kaltverfestigung;

Spannungsarmglühen zum Abbau von inneren Spannungen nach dem Gießen, Schmieden, Schweißen;

Weichglühen zur Verbesserung der Spanbarkeit;

Normalglühen zur Herstellung eines Feinkorngefüges;

Diffusionsglühen zum Ausgleich von Seigerungen in Gusswerkstücken.

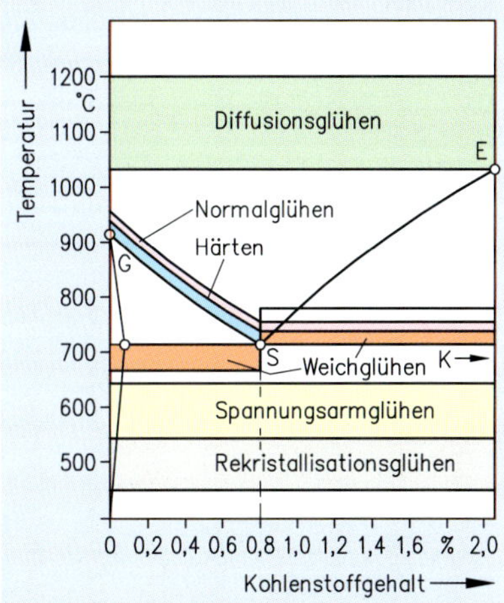

Härten

Durch das Härten werden Härte und Verschleißfestigkeit des Werkstoffs/Werkstücks erhöht. Das Werkstück wird so weit erwärmt, dass eine Gitterumwandlung erfolgt (vgl. Diagramm). Anschließend wird schnell abgekühlt, abgeschreckt. Dabei entstehende Gitterverzerrungen bewirken die Zunahme der Härte. Stähle ab 0,2 Prozent C können gehärtet werden. Im Anschluss an das Härten kann das Werkstück bei niederen Temperaturen (um 200 °C) **angelassen** werden, um einen Abbau der Verspannungen zu erreichen.

Vergüten

Vergüten wird angewendet, um harte, verschleißfeste und zähe Werkstoffe herzustellen. Vergüten ist Härten mit anschließendem Anlassen bei höheren Temperaturen (500 bis 700 °C). Maschinenteile wie Wellen oder Zahnräder werden häufig vergütet.

Nichteisenmetalle

Der Schlagbaum sowie einzelne Verstrebungen und Halterungen sind aus Aluminium, einem **Leichtmetall**, hergestellt, das bei einer Dichte von 2,7 kg/dm³ eine ausreichende Festigkeit besitzt.

$$\rho = \frac{m}{V}$$

ρ Dichte in kg/dm³
m Masse in kg
V Volumen in dm³

Darüber hinaus ist Aluminium, wie andere Nichteisenmetalle auch, durch die Bildung einer Oxidschicht an der Oberfläche korrosionsbeständig.
Für elektrische Leiter wird häufig Kupfer verwendet, da Kupfer einen geringen spezifischen Widerstand aufweist.
Zink wird häufig zum Beschichten von Stahl verwendet, da es den Stahl vor Korrosion schützt.
Die in der Technik am häufigsten eingesetzten Nichteisenmetalle sind Aluminium, Kupfer, Zink, Zinn, Titan, Magnesium und Nickel sowie Legierungen hieraus.

2.1.2 Nichtmetalle

Die größte Gruppe der in der Technik verwendeten Nichtmetalle sind die Kunststoffe. Daneben werden noch natürliche oder veränderte natürliche Stoffe wie Holz, Glas, Keramik, Leder oder tierische und pflanzliche Fasern verwendet.

Kunststoffe

Die Isolierungen der in der Schranke verwendeten Kabel sind aus einem Kunststoff (Polyvenylchlorid – PVC).
Kunststoffe sind synthetische Stoffe, deren Grundbestandteil aus organischen Verbindungen (Kohlenstoffverbindungen) besteht, die aus Kohle, Erdöl oder Erdgas hergestellt werden.
Dabei werden die Einzelmoleküle der Ausgangsstoffe zu Kettenmolekülen verbunden. Die Art der Vernetzung dieser Molekülketten gibt den Kunststoffen die für sie typischen Eigenschaften.

EXKURS Werkstoffprüfung, Werkstoffkennwerte

Zugversuch für metallische Werkstoffe **DIN EN 10 002**

Um Kennwerte der mechanischen Eigenschaften eines metallischen Werkstoffes zu bestimmen, wird dieser meist in Form eines Proportionalitätsstabes durch eine gleichförmige Zugbeanspruchung bis zum Bruch gedehnt. Aus den gemessenen Werten werden wichtige Werkstoffgrößen, wie zum Beispiel die Dehnung, die Brucheinschnürung, die Zugfestigkeit, die Streckgrenze und das Elastizitätsmodul ermittelt.

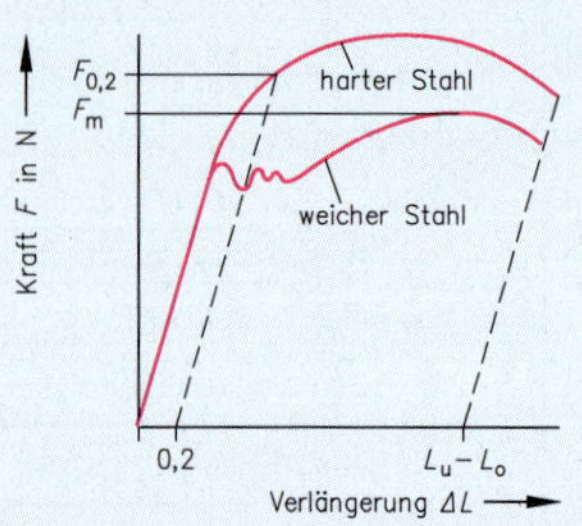

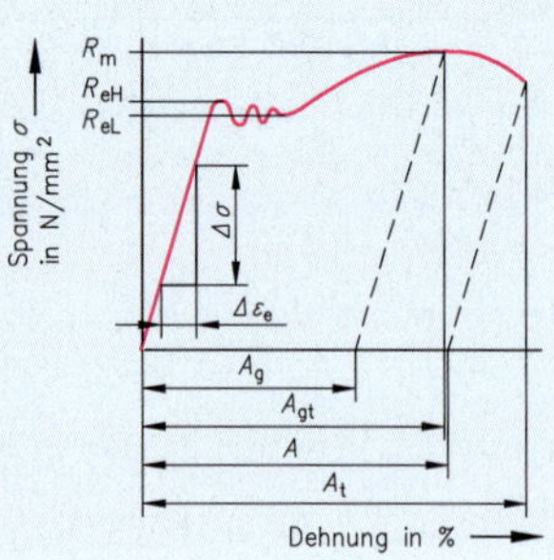

$$A = \frac{L_U - L_0}{L_0} \cdot 100\,\%$$

$$Z = \frac{S_0 - S_U}{S_0} \cdot 100\,\%$$

$$S_0 = \frac{\pi}{4} \cdot d_0^2$$

$$R_m = \frac{F_m}{S_0}$$

$$R_{p0,2} = \frac{F_{(\text{bei } 0{,}2\,\%\,A)}}{S_0}$$

$$\sigma_z = \frac{F}{S_0}$$

$$\varepsilon_e = \frac{\Delta F}{L_0}$$

Hooke'sches Gesetz:

$$\sigma_z = E \cdot \varepsilon_e$$

gültig nur im elastischen Bereich

$$E = \frac{\Delta\sigma}{\Delta\varepsilon}$$

Messgrößen:

L_0	Anfangsmesslänge
L_U	Messlänge nach dem Bruch
L_C	Versuchslänge der Probe
ΔL	Längenänderung
d_0	Probendurchmesser
F	Zugkraft
F_m	Höchstzugkraft

Ermittelte Größen:

S_0	Anfangsquerschnitt
S_U	Kleinster Querschnitt n. d. B.
Z	Brucheinschnürung
ε_e	Elastische Dehnung
A	Bruchdehnung
A_g	Gleichmaßdehnung
A_{gt}	Gesamte Dehnung bei F_m
A_t	Gesamte Dehnung bei Bruch
σ_z	Nennspannung
R_m	Zugfestigkeit
R_{eH}	Obere Streckgrenze
R_{eL}	Untere Streckgrenze
$R_{p0,01}$	Tech. Elastizitätsgrenze
$R_{p0,2}$	0,2-%-Dehngrenze
E	Elastizitätsmodul

Kunststoffe werden nach den Eigenschaften in drei Gruppen unterteilt:

- **Thermoplaste**, warm umformbar und schweißbar (Polyethylen PE, Polyvenylchlorid PVC u. a.)
- **Duroplaste**, hart und spröde, nach Aushärtung nicht veränderbar (Epoxidharz EP, Polyurethanharz PUR u. a.)
- **Elastomere**, gummielastisch, nach Aushärtung nicht veränderbar (Polyurethanschaum PUR u. a.)

- geringe Dichte
- beständig gegen Säuren und Laugen
- elektrisch- und wärmeisolierend
- hohe Festigkeiten als Verbundwerkstoffe mit Glas oder Kohlefasern
- Umweltbelastung durch nicht recyclebare Kunststoffe

33.1 Eigenschaften von Kunststoffen

EXKURS Messen von Längen und Winkeln

Werkstücke werden vor, während und nach der Fertigung geprüft. Das kann durch eine Sichtkontrolle oder mit Hilfe von Prüfmitteln geschehen. Dabei wird immer der Ist-Zustand mit dem vorgegebenen Soll-Zustand verglichen. Beim Messen von Längen und Winkeln wird die zu messende Größe mit einem Skalenwert auf dem Messgerät verglichen. Das Messergebnis setzt sich immer aus einem **Zahlenwert** und einer **Einheit** zusammen.
Die Längeneinheit ist das **Meter** (m).
1 m = 0,001 **Kilo**meter = 0,001 km = 10^{-3} km
1 m = 10 **Dezi**meter = 10 dm = 10^1 dm
1 m = 100 **Zenti**meter = 100 cm = 10^2 cm
1 m = 1000 **Milli**meter = 1000 mm = 10^3 mm
1 m = 1 000 000 **Mikro**meter = 1 000 000 µm = 10^6 µm

In angelsächsischen Ländern ist **Zoll (inch)** die gebräuchliche Längeneinheit.
1″ = 1 Zoll (inch) = 25,4 mm

Die Winkeleinheit ist das **Grad** (°).
1° = 60 Minuten = 60′
1′ = 60 Sekunden = 60″
360° = Vollkreis

Das Messen von Längen und Winkeln erfolgt mit **Maßverkörperungen** oder mit **anzeigenden Messgeräten**.

Maßverkörperungen

Stahl- oder **Gliedermessstäbe** bilden Maße durch den Abstand von Teilstrichen ab. Der kleinste Abstand beträgt bei diesen Messgeräten 0,5 mm bzw. 1 mm und gibt die Ablesegenauigkeit wieder. Sie werden an das Werkstück angelegt und der Messwert wird an der Strichskala abgelesen.

Die genauesten Maßverkörperungen stellen **Parallelendmaße** aus gehärtetem Stahl oder Hartmetall mit sehr genau bearbeiteten parallelen Messflächen dar. Die Messflächen einzelner Endmaße werden aneinander geschoben und stellen so das geforderte Maß dar.

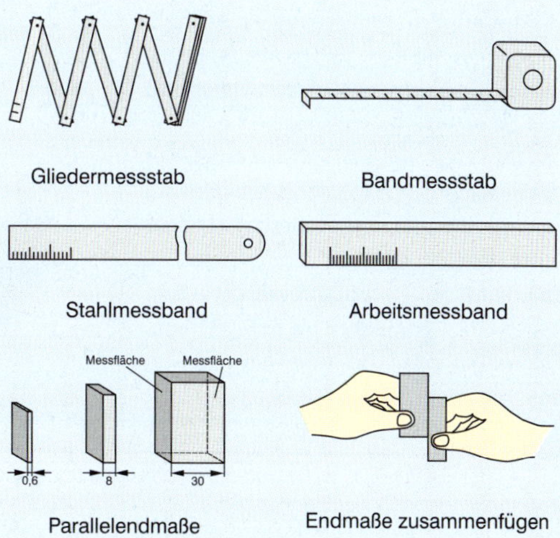

EXKURS Messen von Längen und Winkeln (Fortsetzung)

Auch zur Winkelmessung stehen **Winkelendmaße** als Maßverkörperungen zur Verfügung. Hierbei liegt zwischen den gegenüberliegenden Flächen ein bestimmter Winkel.

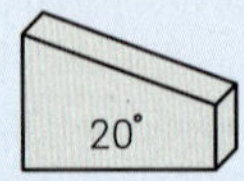

Winkelendmaß

Anzeigende Messgeräte

Als anzeigende Messgeräte werden häufig **Messschieber** und **Messschrauben** verwendet.
Ein Universalmessschieber wird für Außen-, Innen- und Tiefenmessungen eingesetzt. Mit dem **1/10-Nonius** sind Ablesegenauigkeiten von 1/10 mm möglich.
Während am oder unmittelbar vor dem Nullstrich des Nonius die ganzen Millimeter abgelesen werden, zeigt der Teilstrich des Nonius, der sich mit einem Teilstrich der Skala deckt, die Zehntelmillimeter an.
Es werden auch **Messschieber mit Rundskala** mit einer Ablesegenauigkeit bis zu 0,02 mm oder **Messschieber mit Digitalanzeige** mit einer Genauigkeit von 0,01 mm eingesetzt.

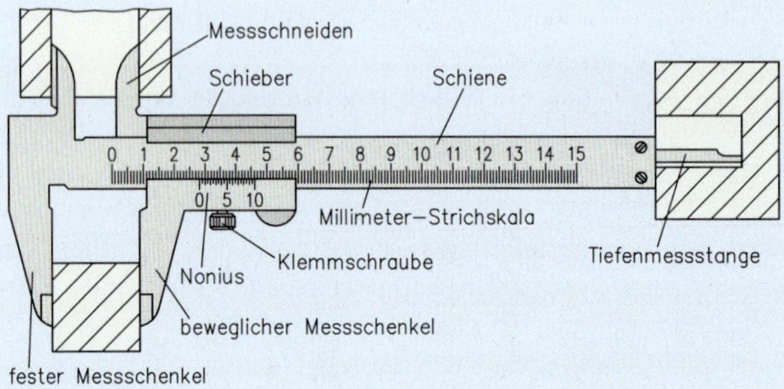

Nonius	Einstellung	Ergebnis
1/10	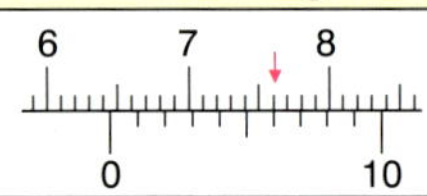	64,6 mm

Bei **Bügelmessschrauben** werden die Messflächen über eine Spindel zugestellt. Bei einer Spindelsteigung von 0,5 mm beträgt die Ablesegenauigkeit 0,01 mm.
Das Zustellen der Messspindel muss sehr vorsichtig geschehen, um Messfehler zu vermeiden. Eine eingebaute „Gefühls"-Ratsche verhindert zu große Anpresskräfte. 50 Teilstriche auf der Messtrommel teilen jeweils einen halben Millimeter. Der Wert auf der Messtrommel, der dem waagerechten Skalenstrich gegenübersteht, muss dem ablesbaren Wert hinzu gezählt werden.
Elektronische Bügelmessschrauben haben eine Genauigkeit bis zu 0,001 mm.
Für Innen- oder Tiefenmessungen werden geeignete Messschrauben eingesetzt (z. B. **Tiefenmessschraube**).

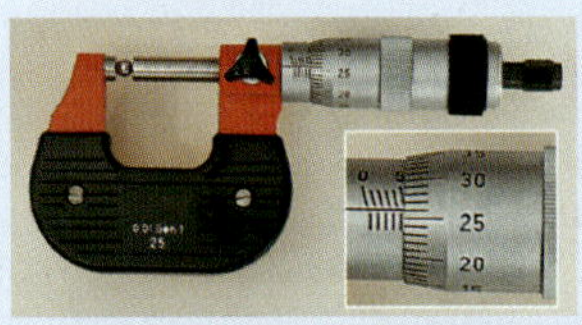

Bügelmessschraube

z.B.: 6,5 mm

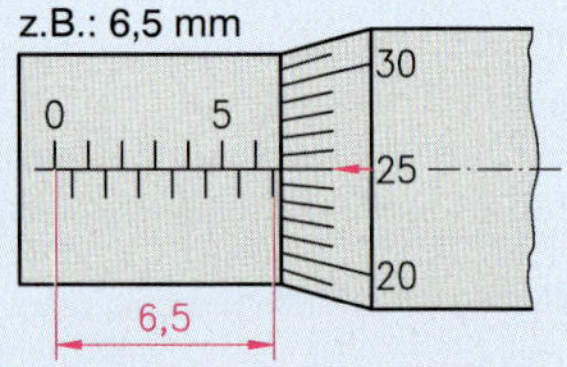

6,5 mm + 0,25 mm = 6,75 mm

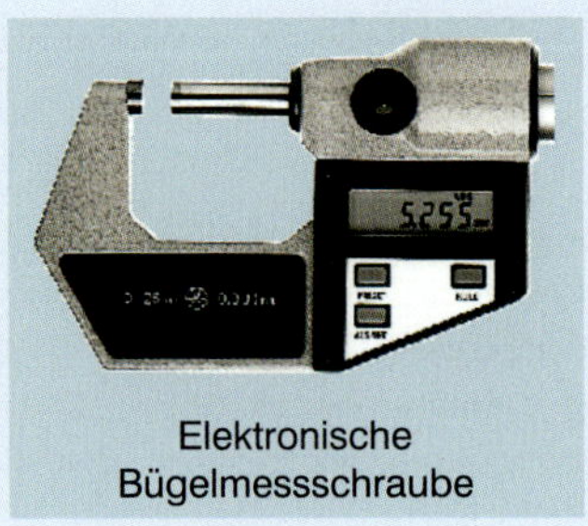
Elektronische Bügelmessschraube

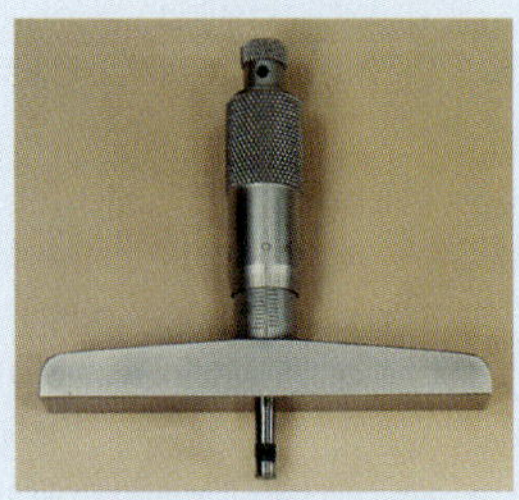
Tiefenmessschraube

EXKURS Messen von Längen und Winkeln (Fortsetzung)

Einfache Winkelmesser besitzen eine Skala von 1° bis 180° bei einer Ablesegenauigkeit von 1°.
Häufig muss bei Winkelmessungen die Differenz zwischen 90° oder 180° und dem Ablesewert ermittelt werden.
In dem Beispiel ist der Winkel zwischen den Messschenkeln kleiner als 90°. Der ermittelte Differenzwinkel δ muss von 90° abgezogen werden, um den gewünschten Messwert zu erhalten
Universalwinkelmesser haben eine Ablesegenauigkeit von 5'. Dazu dient ein Minuten-Nonius, vergleichbar dem eines Messschiebers. Der feststehende und der bewegliche Messschenkel werden an das Werkstück angelegt und die Feststellschraube wird angezogen. An der Hauptskala werden die ganzen Winkelgrade vom Ausgangspunkt der Messung (0° oder 90°) bis zum Nullstrich des Nonius abgelesen. In **gleicher Ableserichtung** werden die Winkelminuten auf der Noniusskala bis zu dem Teilstrich, der sich mit der Hauptskala deckt, abgelesen.
Je nach zu messenden Winkeln kann die Ableserichtung rechts- oder linksherum sein.

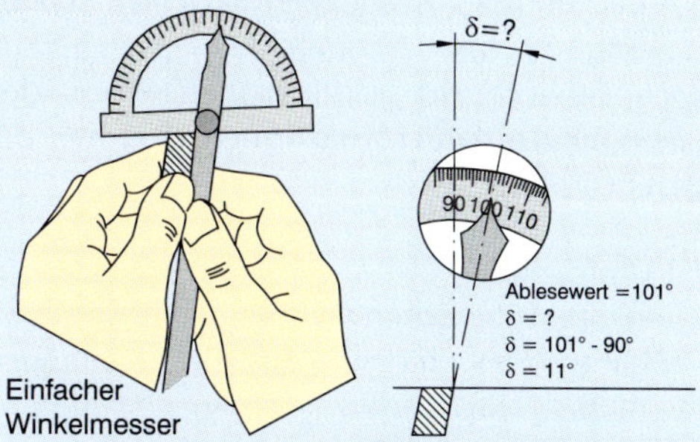

Einfacher Winkelmesser

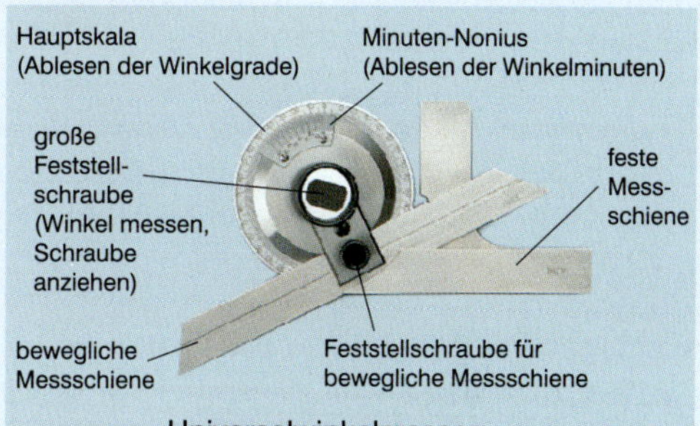

Universalwinkelmesser

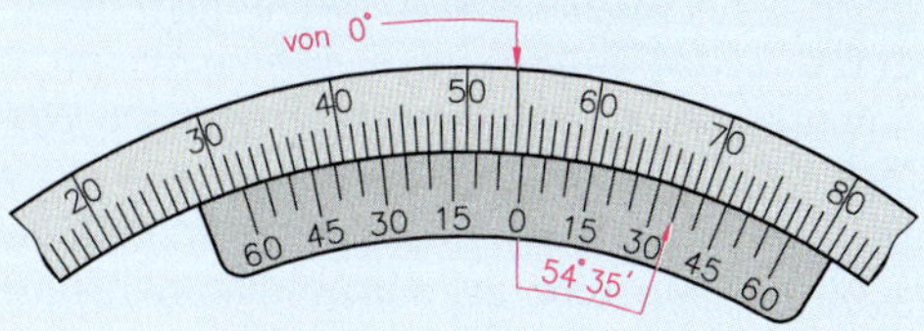

Messfehler

Messfehler können durch Fehler an den Messgeräten (**systematische Fehler**) und durch **zufällige Fehler** bei der einzelnen Messung auftreten.
Systematische Fehler sind nur durch Veränderungen am Messgerät oder durch Austausch zu beheben.
Abweichungen von der Bezugstemperatur von 20 °C führen ebenfalls zu systematischen Fehlern.
Zufällige Fehler durch **Unsauberkeiten** an Messgeräten und Werkstückoberflächen, durch schräges Ablesen der Messwerte **(Parallaxenfehler), Verkanten** von Messgerät und Werkstück und **Kippfehler** durch zu hohe Anpresskräfte lassen sich durch wiederholtes Prüfen erkennen und ausschließen.

Aufgaben

1 *Nennen Sie Gründe für die Werkstoffauswahl des Schlagbaums!*

2 *Bis zu welcher Temperatur muss ein Werkstoff mit einem Kohlenstoffgehalt von 0,6 % (z. B. C 60) erwärmt werden, damit er gehärtet werden kann?*

3 *Warum ist es besser, in der Werkstoffbezeichnung S235JR die Streckgrenze anzugeben als die Zugfestigkeit (St37)?*

4 *In zunehmendem Maße werden heute Kunststoffe eingesetzt. Nennen Sie Vor- und Nachteile dieser Werkstoffe gegenüber dem Einsatz von Metallen!*

5 *Erstellen Sie für den Bolzen in Abb. 47.1 einen Prüfplan für alle Maße mit Angabe der benötigten Messgeräte!*

6 *Messungen mit einer hohen Genauigkeit sollen bei einer Temperatur von 20 °C durchgeführt werden. Erklären Sie diese Aussage!*

2.2 Fertigungsverfahren

Die Arbeit an mechatronischen Systemen schließt die Fertigung oder Veränderung mechanischer Komponenten mit ein. Hierfür werden insbesondere die Fertigungsverfahren **Umformen**, **Trennen** und **Fügen** benötigt.

2.2.1 Umformen

Die Verbindung zwischen Schlagbaum und Antrieb, ein Bügel aus 6 mm dickem korrosionsbeständigem Stahl, muss erneuert werden. Der Bügel wird durch Umformen hergestellt. Der Flachstahl wird dazu an zwei Stellen um insgesamt 90° gebogen.

Umformen ist das dauerhafte Verändern der Form durch eine äußere Kraft ohne den Zusammenhalt der Stoffteilchen aufzuheben (vgl. DIN 8580).

Um die Form eines Werkstücks dauerhaft (plastisch) zu verändern, muss die äußere Kraft so groß sein, dass die Streckgrenze R_e bzw. Dehngrenze $R_{p0,2}$ des Werkstoffs (vgl. Exkurs: Werkstoffprüfung/Werkstoffkennwerte) überschritten wird. Dabei werden die Spannungen im Werkstoff so groß, dass die Werkstoffteilchen aus ihrer ursprünglichen Lage heraus bewegt werden und eine neue Position einnehmen. Bei weiterer Steigerung der äußeren Kräfte nehmen die Spannungen im Werkstoff weiter zu bis der Werkstoff Risse zeigt und bricht. Jetzt ist die Zugfestigkeit R_m des Werkstoffs überschritten.

ÜBERBLICK	Werkstoffeigenschaften
Elastizität	Werkstoffverhalten, bei dem der Werkstoff nach der Wegnahme der äußeren Kraft seine vorherige Gestalt annimmt
Plastizität	Eigenschaft des Werkstoffs, durch Einwirken einer äußeren Kraft die Form dauerhaft zu ändern
Festigkeit	Innerer Widerstand eines Werkstoffs gegen Verformung durch äußere Kräfte
Zähigkeit	Verformbarkeit eines Werkstoffs ohne Rissbildung
Sprödigkeit	Eigenschaft eines Werkstoffs, ohne große Verformung durch eine äußere Kraft zu brechen

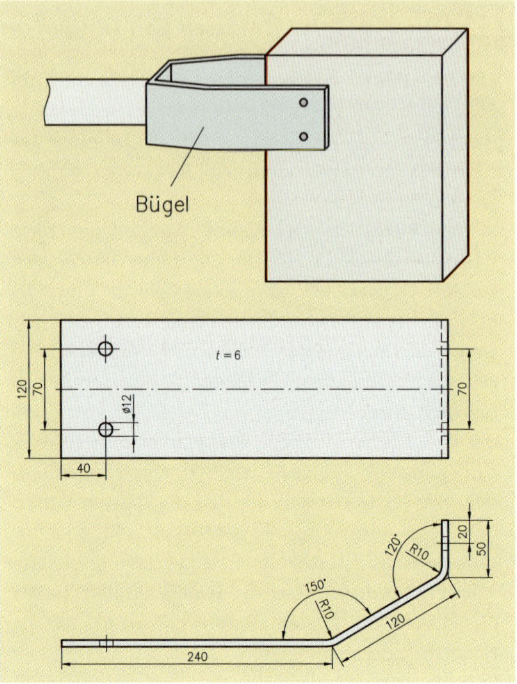

36.1 Bügel

Die Umformbarkeit eines Werkstoffs hängt von dessen Gefüge ab. Kohlenstoffreiche Stähle (Werkzeugstähle) und Grauguss sind hart und spröde und lassen sich meist gar nicht umformen. Unlegierter kohlenstoffarmer Stahl (S235JR) und einige Nichteisenmetalle wie Aluminium und Kupfer lassen sich dagegen sehr gut umformen.

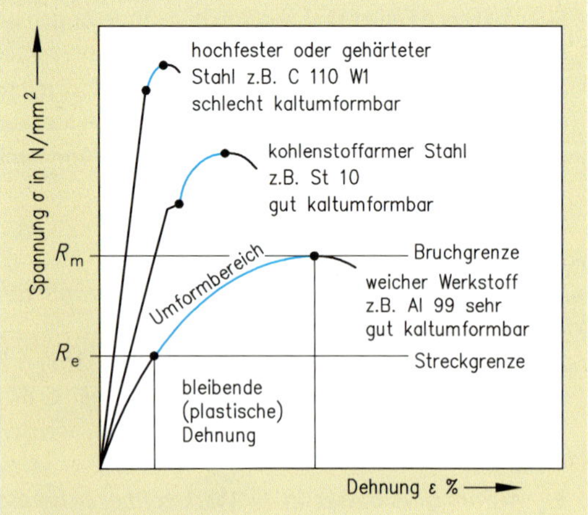

36.2 Spannungs-Dehnungs-Diagramme verschiedener Werkstoffe

Der Bügel für den Schlagbaum wird ohne zusätzliche Erwärmung umgeformt. Diese Art des Umformens bezeichnet man als **Kaltumformen**. Es ist die häufigste Art des Umformens.
Beim Kaltumformen entstehen je nach Grad der Verformung durch die Verschiebung der Teilchen erhebliche Spannungen und Versetzungen, die zu einer Zunahme von Härte und Festigkeit, der **Kaltverfestigung**, führen. Wird der Werkstoff anschließend weiter kalt verformt, kann er schnell brechen, da die Zähigkeit des Werkstoff abnimmt. Die Kaltverfestigung von Werkstücken ist häufig gewünscht, da sich hierdurch auf einfache Art eine Festigkeitssteigerung erreichen lässt.
Die Kaltverfestigung lässt sich durch Rekristallisationsglühen (vgl. Exkurs: Wärmebehandlungsverfahren) rückgängig machen.

Werden Umformvorgänge oberhalb der Rekristallisationstemperatur durchgeführt, so spricht man vom **Warmumformen**. Der Kraftaufwand ist geringer, da sich die Beweglichkeit der Werkstoffteilchen mit zunehmender Temperatur erhöht.

Biegeumformen

Das häufigste im Werkstatt- und Reparaturbetrieb angewendete Umformverfahren ist das Biegeumformen (vgl. Überblick: Umformverfahren).

Wird der Flachstahl für den Bügel an den gekennzeichneten Stellen an einer Kantbank gebogen, so wird er an der Außenseite gestreckt und an der Innenseite gestaucht. Dabei treten außen Zug- und innen Druckspannungen im Werkstoff auf.
Zwischen diesen beiden liegt etwa in der Mitte des Querschnitts die **neutrale Faser** als spannungsfreie Zone.

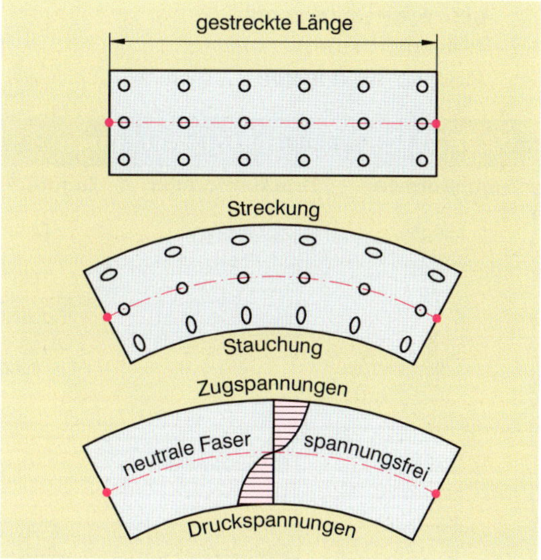

37.1 Spannungen beim Biegeumformen

ÜBERBLICK	Arbeitshinweise zum Biegeumformen
Mindestbiegeradius	In Abhängigkeit vom Werkstoff, von der Dicke des Werkstoffs und vom Biegewinkel ist der vorgeschriebene **Mindestbiegeradius** (Tabellenbuch), gemessen an der Innenseite, einzuhalten, um Risse zu vermeiden.
Rückfederung	Werkstücke müssen über den erforderlichen Biegewinkel hinaus gebogen werden, da durch das elastische Verhalten der Werkstoffe nach Wegnahme der Kraft eine **Rückfederung** eintritt.
Einschnürung und Stauchung	Der Querschnitt des Werkstücks an der Biegestelle verändert sich bei größeren Werkstückdicken und Biegewinkeln stark und muss nötigenfalls nachgearbeitet werden.
Biegen von Blechen	Beim Biegen von Blechen muss auf die Walzrichtung des Blechs geachtet werden. Die Biegekante soll nicht parallel zur **Walzrichtung** verlaufen, da aufgrund der Ausrichtung der Stoffteilchen durch das Walzen hierbei eher Risse entstehen können. Die Biegekante soll daher senkrecht oder zumindest schräg zur Walzrichtung verlaufen.
Biegen von Rohren	Die Querschnittsveränderung an der Biegestelle führt beim Biegen von Rohren zu einer starken **Einschnürung** oder zum **Knicken**. Rohre sind daher mithilfe von **Biegevorrichtungen** zu biegen oder sie müssen vor dem Biegen z. B. mit Sand gefüllt werden.

Da sich die Länge des Bügels beim Biegen verändert, sind die Abmessungen (**gestreckte Länge**) des Halbzeugs aus den Fertigmaßen zu berechnen. Die gestreckte Länge des Flachstahls ergibt sich aus den Teillängen und einem Ausgleichswert für jede Biegestelle.

$$L = l_1 + l_2 - v$$

L gestreckte Länge in mm
l_1, l_2 Teillängen in mm
v Ausgleichswert in mm

Für die Biegestellen am Bügel gilt (bei einem Öffnungswinkel β zwischen 90° und 165°):

$$v = 2 \cdot (r + t) \cdot \tan\frac{180° - \beta}{2} - \pi \cdot \left(\frac{180° - \beta}{180°}\right) \cdot \left(r + \frac{t}{2} \cdot k\right)$$

v Ausgleichswert in mm
r Biegeradius (innen) in mm
t Blechdicke in mm
β Öffnungswinkel in Grad
k Korrekturfaktor (Tabellenbuch)

ÜBERBLICK **Umformverfahren**

Zugumformen	Druckumformen	Zugdruckumformen	Biegeumformen	Schubumformen
Längen 	Walzen 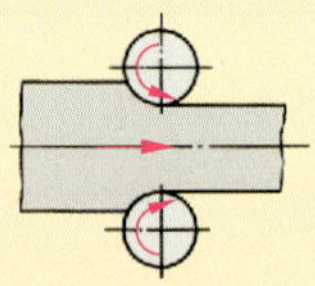	Durchziehen 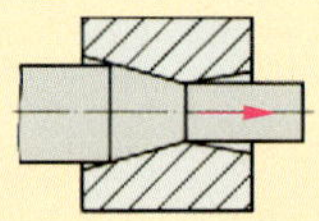	Gesenkbiegen 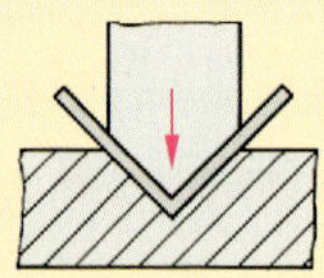	Absetzen 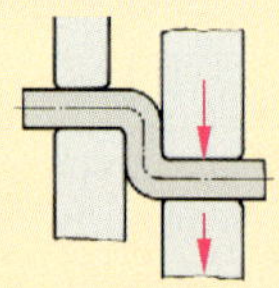
Weiten 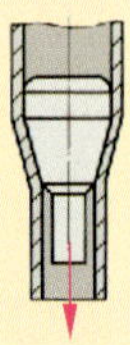	Gesenkformen 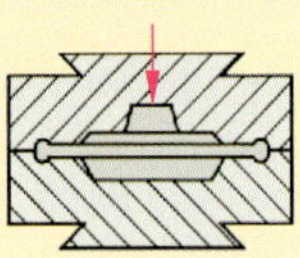	Tiefziehen 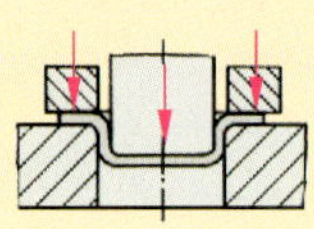	Walzrunden 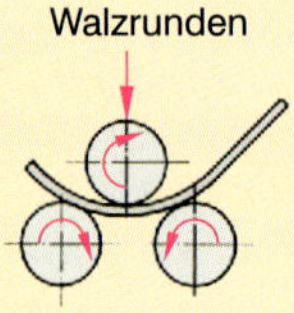	Durchsetzen 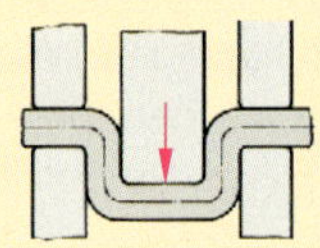
Tiefen 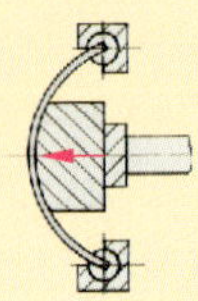	Eindrücken 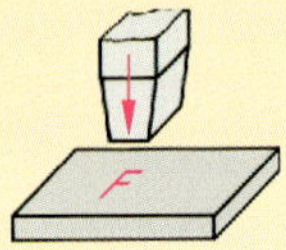	Drücken 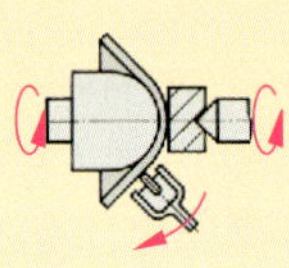	Schwenkbiegen 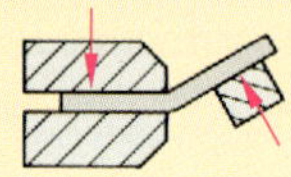	Verdrehen 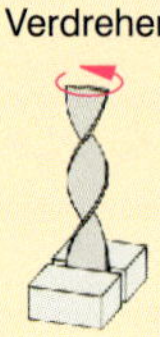

Aufgaben

1 *Welche Werkstoffe eignen sich gut zum Umformen?*

2 *Beschreiben Sie die Vorgänge in einem Werkstück, das durch äußere Kräfte bis zur Streckgrenze belastet wird, sowie in einem Werkstück, das über die Streckgrenze hinaus belastet wird!*

3 *Ein kalt verformtes Werkstück soll weiter umgeformt werden. Nennen Sie Möglichkeiten, weitere Verformungen ohne Rissbildung oder Bruch durchzuführen!*

4 *Welche Beanspruchungsarten und Verformungen treten an Außen- und Innenseite eines durch Biegeumformen hergestellten Blechs auf?*

5 *Berechnen Sie die gestreckte Länge des oben abgebildeten Bügels mit der genannten Formel!*

6 *Nennen Sie Möglichkeiten, Querschnittsänderungen beim Biegen von Rohren zu verhindern!*

7 *Was ist beim Biegen von dicken Blechen mit kleinen Biegeradien zu beachten?*

8 *Nennen Sie Beispiele für die Umformverfahren Walzen und Gesenkbiegen!*

EXKURS Der Keil als Werkzeugschneide

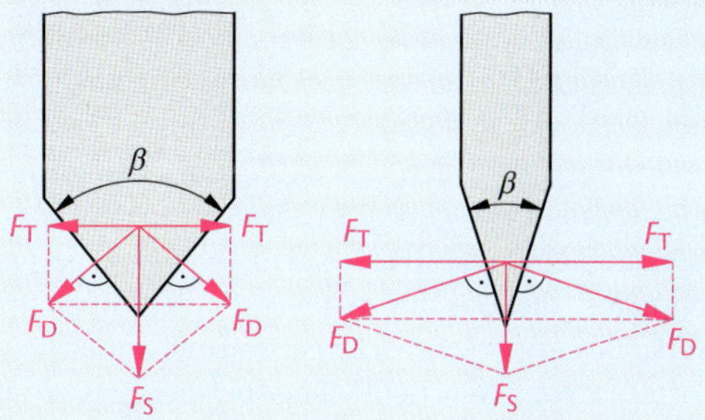

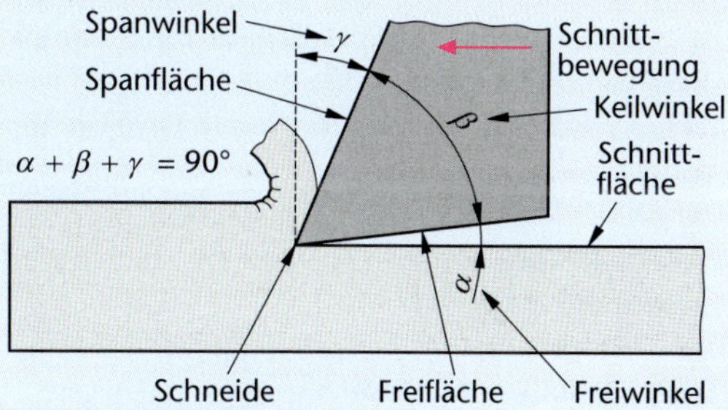

Kräftezerlegung

Die einwirkende **Schneidkraft F_s** lässt sich zunächst in **Druckkräfte F_D** senkrecht zu den Keilflächen zerlegen. Jede Druckkraft F_D teilt sich in eine senkrechte Kraft $F_s/2$ und in eine waagerecht wirkende **Trennkraft F_T** auf.

Die jeweils wirkenden Kräfte lassen sich zeichnerisch mithilfe eines Kräfteparallelogramms nach der Festlegung eines Kräftemaßstabs (z. B.: 1 cm = 20 N) ermitteln oder nach den folgenden Formeln berechnen:

$$F_D = \frac{\frac{F_s}{2}}{\sin\frac{\beta}{2}}$$

$$F_T = F_D \cdot \cos\frac{\beta}{2}$$

F_D Druckkraft in N
F_T Trennkraft in N
F_S Schneidkraft in N
β Keilwinkel in Grad

Winkel am Schneidkeil

Der **Freiwinkel** α wird zwischen der Schnittfläche des Werkstücks und der Freifläche des Schneidkeils gemessen. Er muss so groß sein, dass möglichst wenig Reibung zwischen diesen beiden Flächen auftritt.

Der **Keilwinkel** β liegt zwischen der Spanfläche und der Freifläche des Schneidkeils. Die erforderliche Schneidkraft wird auch von der Größe des Keilwinkels bestimmt. Andererseits muss der Schneidkeil eine ausreichende Stabilität zur Bearbeitung des jeweiligen Werkstoffs aufweisen. Die Größe des Keilwinkels wird daher durch den zu bearbeitenden Werkstoff bestimmt.

Der **Spanwinkel** γ zwischen Spanfläche und einem rechten Winkel zur Werkstückoberfläche bestimmt die Spanbildung.

Man spricht von **geometrisch bestimmten Schneiden**, wenn sich die Größe dieser Winkel bestimmen lässt.

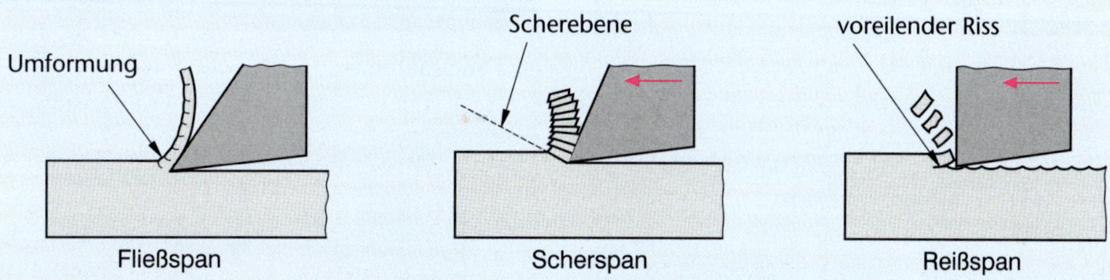

Spanbildung

Die Spanart und -form hängt vom Werkstoff und vom Spanwinkel des Schneidkeils ab. Bei einem großen Spanwinkel gleiten die gestauchten Späne auf der Spanfläche ab, ohne abzuscheren. Es entsteht ein **Fließspan**, der sehr lang werden kann. Bei kleinerem Spanwinkel nimmt die Stauchung zu und es entstehen kürzere Segmente zusammenhängender Späne, die als **Scherspäne** bezeichnet werden. Wird der Spanwinkel sehr klein oder negativ, erfolgt eine starke Stauchung, wodurch einzelne kurze Späne herausgebrochen werden. Es entstehen **Reißspäne**, die eine raue Oberfläche hinterlassen.

2.2.2 Trennen

Beim Bau der Schranke werden eine Reihe von trennenden Verfahren eingesetzt:

- Der Schlagbaum wird durch **Sägen** auf die geforderte Länge gebracht;
- Wellen für den Antrieb werden durch **Drehen** hergestellt;
- Zahnräder kann man durch **Fräsen** herstellen;
- Bleche für das Gehäuse werden durch **Scheren** zugeschnitten;
- zur Nachbearbeitung von Bauteilen werden **Schleifverfahren** eingesetzt.

Bei allen genannten Verfahren werden Werkzeuge mit einer keilförmigen Schneide eingesetzt.

Beim Trennen wird die Form eines Werkstücks geändert, wobei der Zusammenhalt der Stoffteilchen an der Trennstelle aufgehoben wird (vgl. DIN 8580).

Bei den meisten Verfahren werden an der Trennstelle kleine Werkstoffteilchen, Späne, abgetrennt. Man bezeichnet diese Verfahren daher als **spanende** Verfahren.
Werden größere Werkstückteile abgetrennt, ohne dass Späne abfallen, z. B. beim Scheren von Blechen, dann spricht man vom **Zerteilen**.

Scheren

Ausschnitte in Blechen, wie die Öffnung für den Schließzylinder in der Revisionstür des Schrankengehäuses, werden **gelocht**. Lochen ist ein Scherschneidverfahren mit einer geschlossenen Schnittlinie.

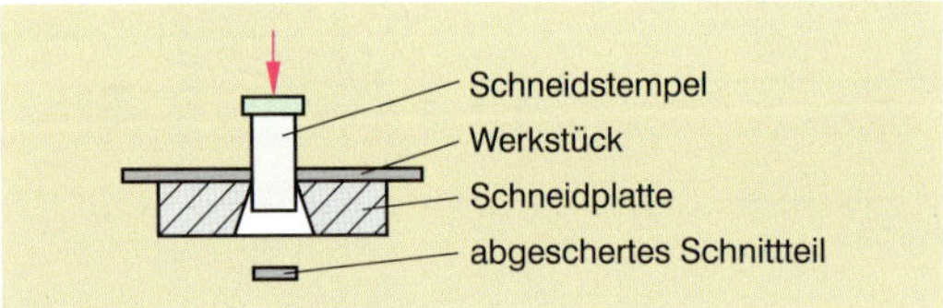

40.1 Lochen eines Blechs

Beim Scheren eines Blechs dringt die keilförmige Schneide durch die aufgebrachte Kraft in den Werkstoff ein. Die Stoffteilchen werden voneinander getrennt, indem sie senkrecht zur Schnittrichtung und senkrecht zur Schneidenfläche weggedrückt werden. Schließlich bricht das Blech auseinander.

Die Größe des Keilwinkels hat für die Größe der Schneidkraft entscheidende Bedeutung: Je kleiner der Keilwinkel, desto kleiner ist die erforderliche Schneidkraft und umso größer sind die Trennkräfte (vgl. Exkurs: Der Keil als Werkzeugschneide).
Die Größe des Keilwinkels hängt von der Festigkeit des zu bearbeitenden Werkstoffs ab; er beträgt bei Scheren etwa zwischen 75° und 85°.
Beim Lochen besitzt das Scherschneidwerkzeug eine Schneide, die der herzustellenden Form an dem Werkstück entspricht. Schneidstempel und Schneidplatte entsprechen den Messern einer Schere. Das Werkstück wird in einem Schnitt geschert.
Stanzautomaten mit Scherschneidwerkzeugen schneiden größere Blechteile auch in mehreren Schnitten bei hohen Geschwindigkeiten (vgl. Abb. 40.2).
Beim Scheren von Blechen entstehen durch die Verformung und den Bruch immer scharfe Kanten, die nachgearbeitet werden müssen.

Beim Schneiden und Transportieren von Blechen immer Schutzhandschuhe tragen!

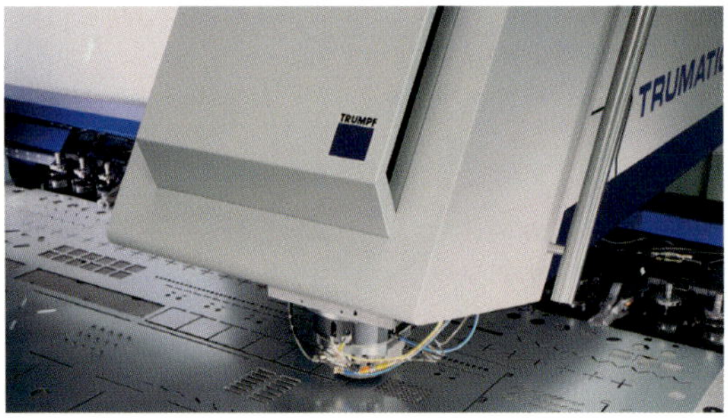

40.2 Stanzautomat

40.3 Tafelschere

Schneidspalt
Der Schneidspalt zwischen den Schneiden von Blechscheren, der die Reibung zwischen den Schneiden verhindert, darf nicht zu groß werden, da sonst das Blech verkanten kann (1/20 der Blechdicke).

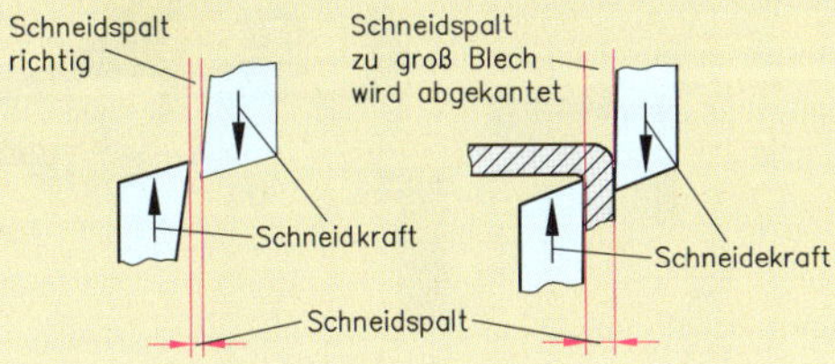

Niederhalter
Der Niederhalter an Hebelscheren verhindert das Drehen des Blechs und muss daher vor dem Schneidvorgang auf das Blech gesetzt werden.
Bei Maschinenscheren geschieht dies automatisch.

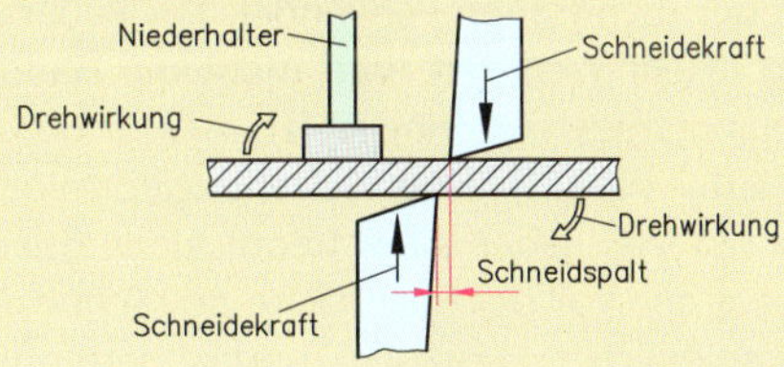

41.1 Arbeitshinweise zum Scheren

ÜBERBLICK Thermisches Trennen

Laserschneiden

Laserstrahlung ist eine sehr intensive und scharf gebündelte Lichtstrahlung. Lasermedien (häufig ein Helium-Kohlenstoff-Stickstoff-Gemisch – CO_2-Laser) verstärken durch elektrische Anregung das Licht auf eine so hohe Energiedichte, dass Werkstoffe zum Schmelzen gebracht werden können. Schneidgas bläst den flüssigen Werkstoff aus der Schnittfuge.

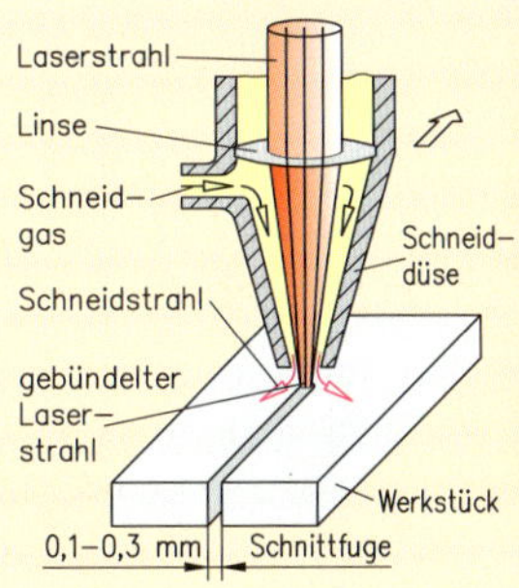

Autogenes Brennschneiden

Beim autogenen Brennschneiden wird das vorgewärmte metallische Werkstück durch Sauerstoffzufuhr oxidiert, und der Werkstoff verbrennt durch die Reaktionswärme. Die Vorwärmung erfolgt durch eine Brenngas-Sauerstoffflamme (vgl. Gaschmelzschweißen). Der Schneidsauerstoff wird unter Druck zugeführt und bläst dadurch den flüssigen Werkstoff aus der Schnittfuge.

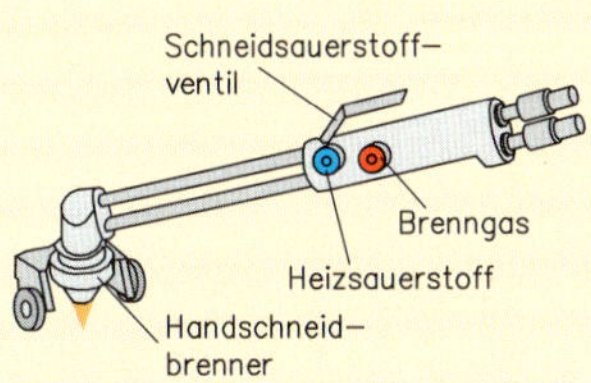

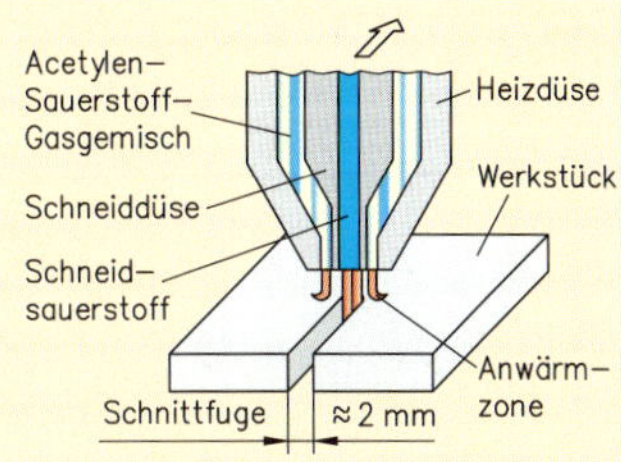

Aufgaben

1 *Ermitteln Sie zeichnerisch und rechnerisch die Trennkräfte an Werkzeugkeilen mit $\beta_1 = 75°$, $\beta_2 = 60°$ und $\beta_3 = 45°$ bei einer gleich bleibenden Schneidkraft F_S von 400 N! Wählen Sie für die zeichnerische Lösung einen geeigneten Kräftemaßstab!*

2 *Erläutern Sie den Einfluss des Spanwinkels auf die Spanbildung!*

3 *Wie lässt sich die Reibung zwischen Schneidkeil und Werkstück verringern?*

4 *Handblechscheren und Hebelscheren sind in Werkstätten gebräuchlich. Nennen Sie sinnvolle Anwendungen für diese Werkzeuge!*

5 *Erklären Sie die Bedeutung des Schneidspalts beim Scheren von Blechen!*

6 *Wozu dient der Schneidsauerstoff beim Brennschneiden?*

Sägen

Für den Schlagbaum wird ein Rohr aus einer Aluminium-Knetlegierung als Normteil nach DIN EN 754-7 verwendet, das auf die erforderliche Länge abgetrennt werden muss. Das Rohr wird gesägt.

In der industriellen Fertigung werden dazu Maschinenkreis- oder -bandsägen verwendet. Für Reparaturarbeiten in der Werkstatt wird meist die Hand- oder Maschinenbügelsäge eingesetzt.

Die Sägeblätter besitzen eine Vielzahl keilförmiger Schneiden (Zähne). Jeder Zahn trennt einen Span ab. Dabei werden vor der Spanfläche des Schneidkeils Werkstoffteilchen gestaucht und abgetrennt. Größe und Form der so entstehenden Späne sind abhängig vom zu bearbeitenden Werkstoff wie von der Form des Schneidkeils (vgl. Exkurs: Der Keil als Werkzeugschneide).

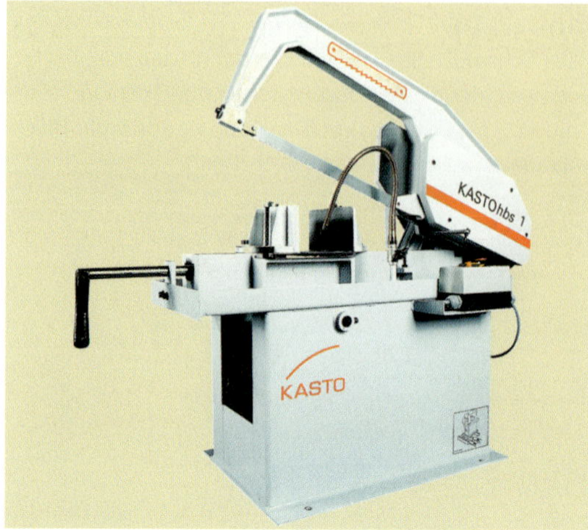

42.1 Maschinenbügelsäge

Freischnitt	Um ein Festklemmen des Sägeblattes durch Wärmedehnung zu verhindern, muss es freischneiden, d. h. die Schnittfuge muss breiter werden als das Sägeblatt. Die Form des Sägeblattes bzw. der Zähne bestimmt den Freischnitt. 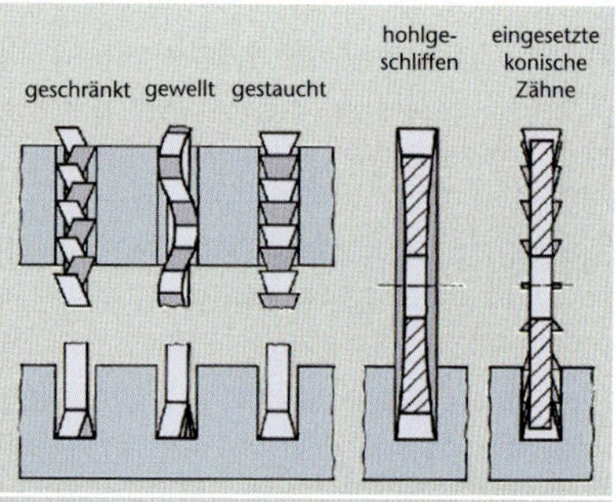
Winkel und Zahnteilung	Sägeblätter sind entsprechend dem zu bearbeitenden Werkstück auszuwählen. So ist beispielsweise ein Sägeblatt mit einer feinen Zahnteilung für die Bearbeitung von dünnwandigen Aluminium- oder Kupferrohren zu wählen, obwohl es sich um weichere Werkstoffe handelt.

Anwendungen und Werkstoffe	**Winkel**			**Zahnteilung**
	α	β	γ	
Große Eingriffslänge; Aluminium, Kunststoffe	40°	45°	5°	grob 18 Zähne/inch
Allg. Werkstattgebrauch; Stahl	40°	45°–50°	0°–5°	mittel 22 Zähne/inch
Kleine Eingriffslänge, dünnwandige Werkstücke; Werkzeugstahl	40°	50°	0°	fein 32 Zähne/inch

42.2 Freischnitt und Zahnteilung

Aufgaben

1. *Welches Sägeblatt ist zur Bearbeitung des Aluminiumrohres auf einer Maschinenbügelsäge geeignet? Begründen Sie Ihre Antwort unter Einbeziehung des Zusammenhangs zwischen der Eingriffslänge und der Zahnteilung eines Sägeblattes!*
2. *Nennen Sie Ursachen für das Klemmen eines Sägeblattes in der Schnittfuge!*
3. *Welche Gründe gibt es, am Meißel wird nur die Schneide zu härten?*
4. *Nennen Sie Unfallverhütungsmaßnahmen für das Meißeln!*
5. *Wählen Sie Feilenart und Feilenhieb zum Schlichten eines Werkstücks aus einem legierten Stahl!*
6. *Nennen Sie Anwendungsbeispiele für das Schaben!*

ÜBERBLICK Spanen von Hand

Meißeln

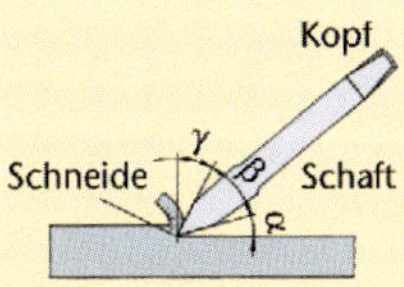

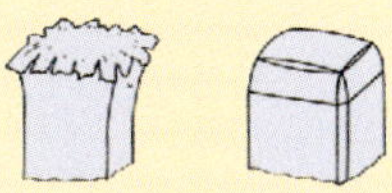

Meißeln ist ein Verfahren zum Trennen von Werkstücken. Durch Hammerschläge wird die erforderliche Kraft erbracht. Je nach Werkstoff wird der entsprechende Keilwinkel gewählt. Span- und Freiwinkel ergeben sich aus der Haltung des Meißels. Meißel werden aus Werkzeugstahl hergestellt und an der Schneide gehärtet. Die am Kopf entstehenden Grate sind abzuschleifen.

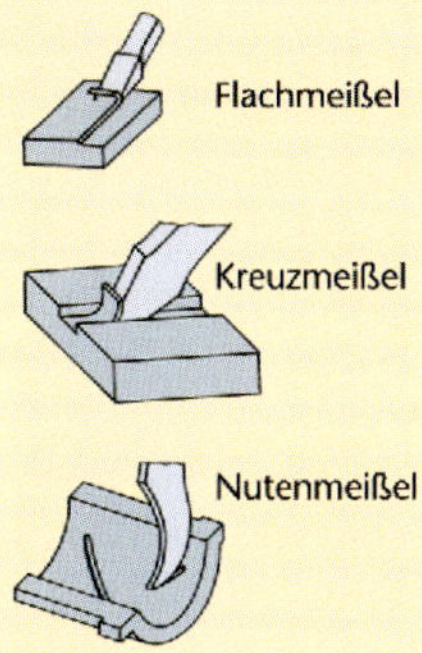

Flachmeißel mit breiter, gerader Schneide werden für die Flächenbearbeitung eingesetzt.

Kreuzmeißel mit kurzer Querschneide und Freischnitt für die Herstellung gerader Nuten oder schmaler Absätze.

Nutenmeißel mit halbrunder Schneide für Schmiernuten in Lagerschalen oder an gekrümmten Flächen.

Feilen

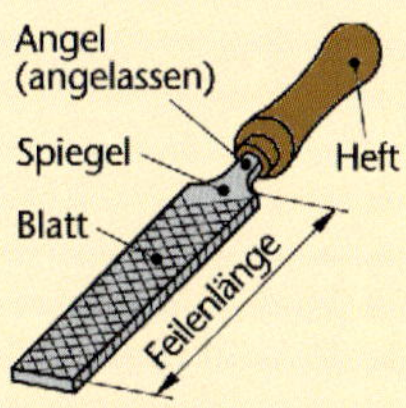

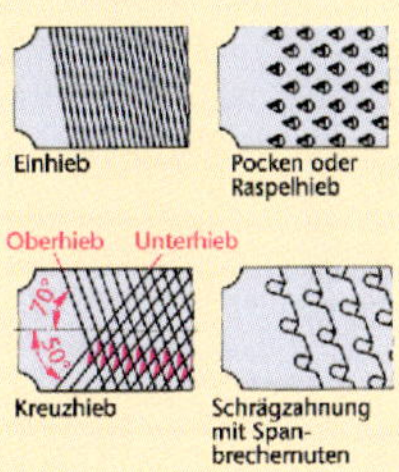

Die Feile besteht aus dem Feilenblatt mit gehauenen oder gefrästen Zähnen (Hieb), dem ungehauenen Spiegel und der Feilenangel, auf die das Heft aufgebracht wird. Die Feilengröße richtet sich nach der Länge des Feilenblattes.
Kreuzhiebfeilen werden für harte Werkstoffe eingesetzt (Stahl, Grauguss).
Einhiebige Feilen werden meist für weiche Metalle verwendet (Aluminium, Zink, Kupfer).
Raspelhieb oder **Schrägzahnung mit Spanbrecher** für weiche Werkstoffe (Holz, Gummi).

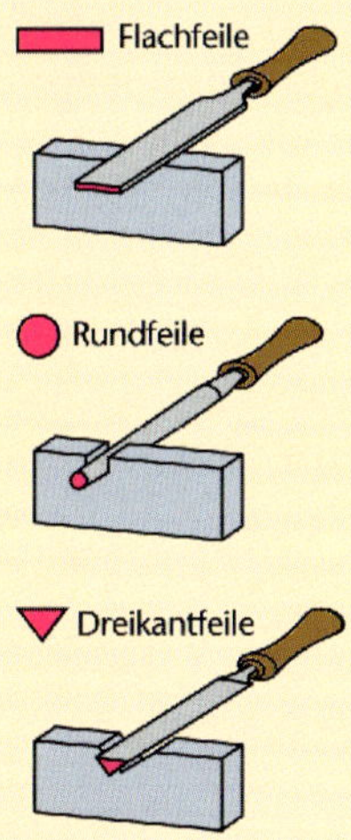

Je nach Verwendungszweck sind Feilen unterschiedlicher Größe, Form und Hiebzahl zu benutzen. Die Größe variiert von Nadelfeilen bis zu Armfeilen.
Die Abbildung zeigt die Auswahl der wichtigsten Feilenformen und ihre exemplarische Verwendung.
Feilen mit Hieb 1 und 2 werden zum Schruppen verwendet. Dabei beträgt die Zähnezahl 4 bis 25 Zähne je cm^2.
Feilen mit Hieb 3 sind Schlichtfeilen mit 30 bis 80 Zähnen je cm^2 für bessere Oberflächen.

Schaben

Durch Schaben werden die Riefenspitzen vorangegangener Bearbeitungen abgetragen und der Traganteil sowie die Oberflächengüte des Werkstückes verbessert. Die Oberflächengüte (Tragbild) eines geschabten Teiles wird auf der Tuschierplatte mit Tuschierpaste ermittelt.

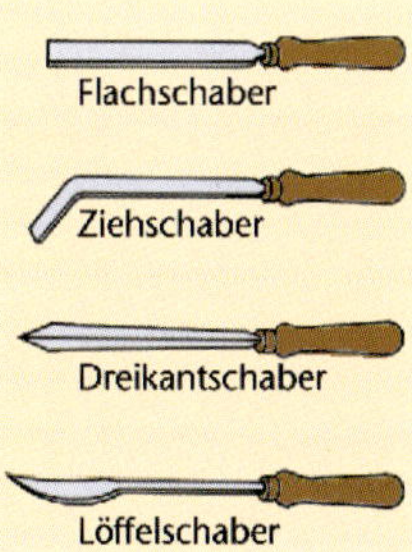

Die Schaber werden je nach Verwendung in verschiedenen Formen gefertigt. Die beim Schaben abgetragene Spanmenge ist sehr gering. Schaber werden meist aus legierten Werkzeugstählen gefertigt. In der Maschinentechnik werden Schaber häufig zur Nachbearbeitung von Gleitlagerschalen verwendet.

Bohren

Der Bügel für den Schlagbaum ist gebogen und muss jetzt gebohrt werden. Dazu müssen vier Durchgangslöcher mit einem Durchmesser von 12 mm in den 6 mm dicken Flachstahl aus korrosionsbeständigem Stahl gebohrt werden.
Hierzu werden in der Werkstatt und in der Industrie Ständer- oder Säulenbohrmaschinen verwendet, während auf der Baustelle Handbohrmaschinen zum Einsatz kommen.

Beim Bohren führt das Werkzeug eine kreisförmige Schnittbewegung durch. Diese wird von einer geradlinigen Bewegung, dem Vorschub, überlagert, um bei jeder neuen Umdrehung des Bohrers weitere Späne abnehmen zu können. Der Bohrer besitzt an seiner Spitze in der Regel zwei keilförmige Schneiden (vgl. Exkurs: Der Keil als Werkzeugschneide). Die abgetrennten Späne werden durch die wendelförmigen Spannuten aus der Bohrung heraus gefördert.

Für den Bohrvorgang sind die richtige **Wahl des Bohrers** sowie die Bestimmung und **Einstellung der Schnittgrößen** wichtig. Beide hängen vom zu bearbeitenden Werkstoff und von der Größe der Bohrung ab. Es stehen grundsätzlich drei **Bohrertypen** und zwei Werkstoffgruppen für **Bohrerwerkstoffe** zur Auswahl:

Bohrertypen:
- Typ W für weichere, zähe Werkstoffe
- Typ N für Werkstoffe mittlerer Festigkeit
- Typ H für harte Werkstoffe

Bohrerwerkstoffe:
- Schnellarbeitsstahl (hochlegierter Werkzeugstahl)
- Hartmetall (Sintermetall aus Wolframcarbid)

Darüber hinaus kann jeder Bohrertyp unterschiedliche Spitzenwinkel besitzen. Sie dienen zur Stabilisierung der Bohrerspitze und verändern die Schneidenlänge. Lange Schneiden verbessern die Wärmeabfuhr.
Zum Bohren des Bügels kann ein Bohrer aus Schnellarbeitsstahl vom Typ N mit einem Spitzenwinkel von 140° gewählt werden.
Bohrer mit Hartmetallschneiden oder aus Voll-Hartmetall werden überwiegend in der industriellen Fertigung eingesetzt, da sich die Fertigungszeiten hiermit erheblich verringern lassen.

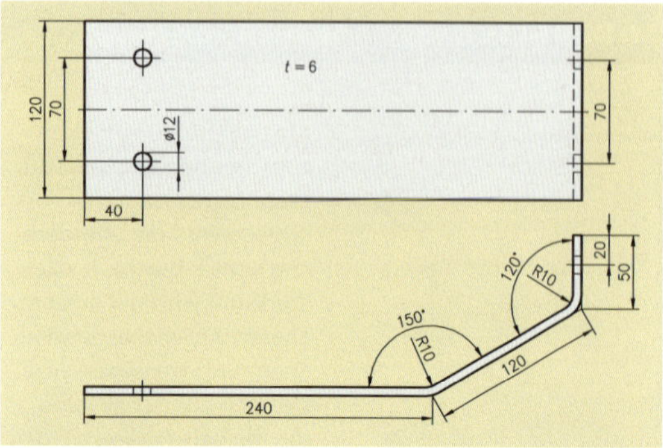

44.1 Bügel

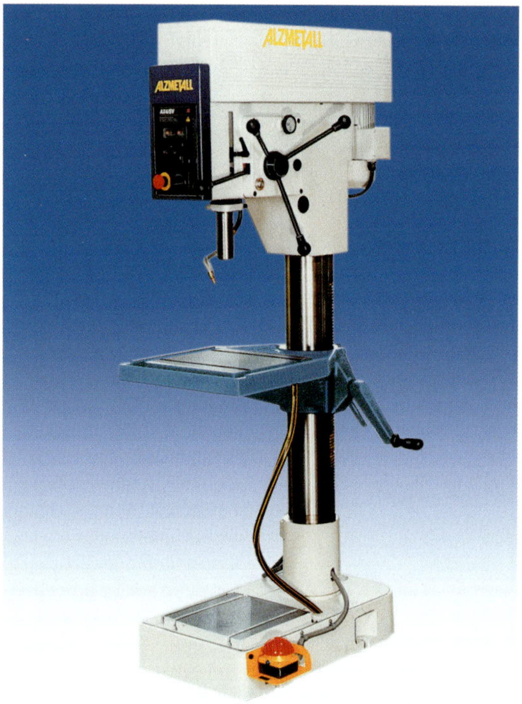

44.2 Säulenbohrmaschine

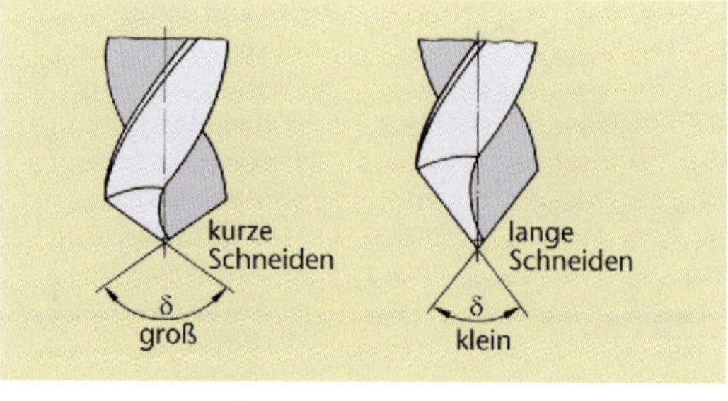

44.3 Spitzenwinkel und Schneidenlänge

Bohrertyp	Seitenspanwinkel	Spitzenwinkel σ	Anwendung
N 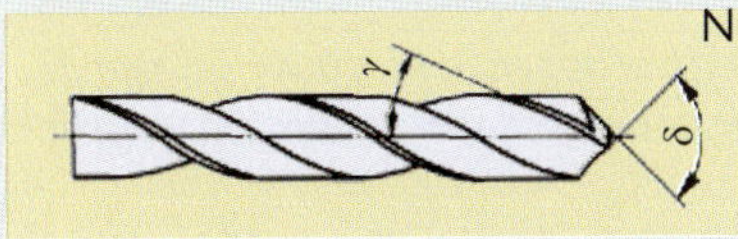	16° bis 30° (nimmt von innen nach außen zu)	118°	Stahl und Stahlguss bis R_m = 700 N/mm^2; Grauguss; Temperguss; Nickel; CuNiZn-Legierungen; spröde CuZn-Legierungen
		130°	Stahl und Stahlguss bis R_m = 700 N/mm^2
		140°	Nicht rostender Stahl; Kupfer d > 30 mm; spröde Aluminiumlegierung
		80°	Schichtpressstoffe; Marmor; Kohle; Hartgummi
H 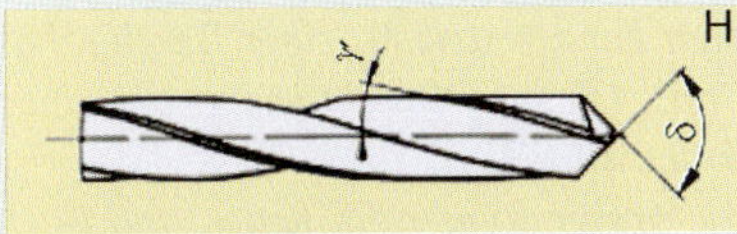	10° bis 13°	118°	Weiche CuZn-Legierung
		140°	Austenitische Stähle; Magnesiumlegierungen
		80°	Pressstoffe
W 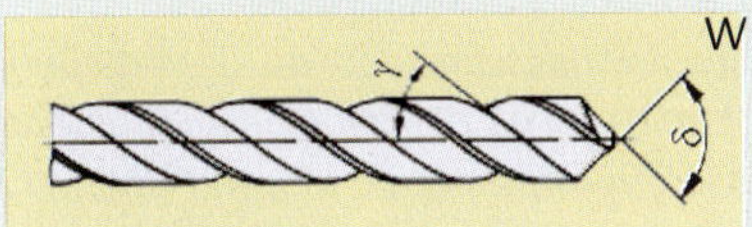	35° bis 40°	118°	Lagermetall; Zinklegierungen
		130°	Kupfer d < 30 mm; Aluminium; weiche Aluminiumlegierungen; Celluloid

45.1 Bohrertypen

Die Bohrungen in dem Bügel sind mit 12 mm Durchmesser zu groß, um sie in einem Arbeitsgang bohren zu können. Jeder Bohrer besitzt an seiner Spitze eine so genannte **Querschneide**, die die erforderliche Vorschubkraft erhöht. Die Größe der Querschneide nimmt mit dem Bohrerdurchmesser zu. Sie lässt sich zwar durch geeigneten Anschliff verkleinern, womit aber die Bohrerspitze geschwächt wird.
Daher ist es sinnvoll, Bohrungen ab 8 bis 10 mm Durchmesser mit einem kleineren Bohrer vorzubohren.

Für die Bohrungen an dem Bügel kommen deshalb zwei Bohrer zum Einsatz:
- ∅ 5 mm
- ∅ 12 mm

Die **Drehzahl** des Bohrers richtet sich nach dem Werkstoff des Werkstücks und des Werkzeugs wie nach dem Bohrerdurchmesser. Grundlage für die Bestimmung der Drehzahl sind Diagramme und Richtwerte, die sich in Tabellenbüchern finden. Darin werden allerdings die **Schnittgeschwindigkeiten** und nicht die Drehzahlen für die Bearbeitung mit Werkzeugen aus Schnellarbeitsstahl und aus Hartmetall in Abhängigkeit von der Festigkeit des zu bearbeitenden Werkstoffs angegeben.

Da an der Bohrmaschine meist nur die Drehzahl eingestellt werden kann, muss sie nach der folgenden Formel ermittelt werden.

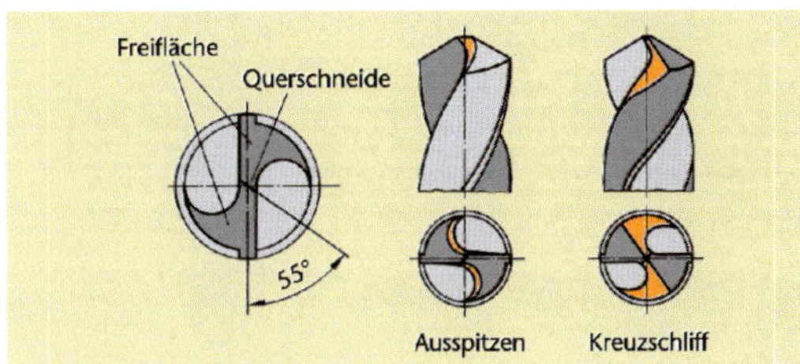

45.2 Querschneide

$$v_c = d \cdot \pi \cdot n \Rightarrow n = \frac{v_c}{d \cdot \pi}$$

v_c Schnittgeschwindigkeit in m/min
d Bohrerdurchmesser in mm
n Drehzahl in 1/min

Für die Bearbeitung des Bügels kann eine Schnittgeschwindigkeit von etwa 10 m/min gewählt werden, woraus sich für den 5-mm-Bohrer eine Drehzahl von etwa 637 Umdrehungen/min und für den 12-mm-Bohrer eine Drehzahl von etwa 265 Umdrehungen/min ergibt. Lässt sich diese Drehzahl an der Bohrmaschine nicht einstellen, so ist die nächstniedrige Drehzahl zu wählen.
Der **Vorschub** lässt sich mit einer Handbohrmaschine nicht festlegen. Er ist bei dieser Bearbeitung nur gefühlsmäßig so zu bestimmen, dass der Bohrer nicht zu heiß wird. In der industriellen Fertigung werden auch hierzu Richtwerte aus Tabellen entnommen.

Senken

Im Anschluss an das Bohren werden die Durchgangslöcher entgratet, um Schnittverletzungen zu vermeiden und um eine saubere Auflagefläche für Unterlegscheiben und Schrauben zu schaffen. Hierzu wird ein Kegelsenker oder ein Entgrater verwendet.

Senkungen sind auch dann erforderlich, wenn Schrauben- oder Nietköpfe versenkt werden sollen, damit die Oberfläche des Werkstücks eben ist. Hierzu werden je nach Schrauben- oder Nietkopf Flach- oder Kegelsenker mit verschiedenen Durchmessern verwendet.

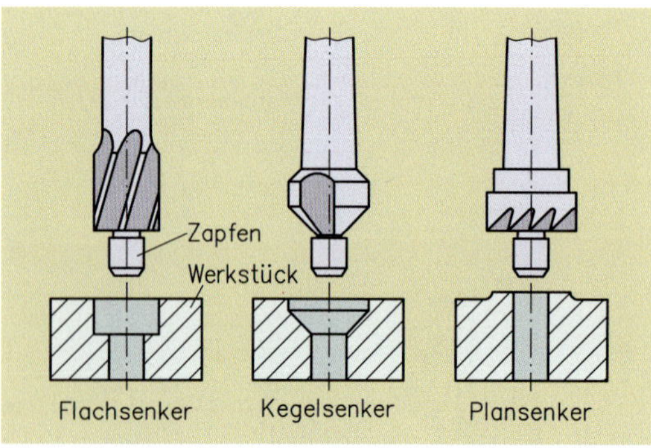

46.1 Senker mit Führungszapfen

Aufgaben

1. *Wodurch unterscheiden sich die einzelnen Bohrertypen?*
2. *Welche Vorteile haben Bohrer aus Hartmetall?*
3. *Warum muss bei größeren Bohrungen vorgebohrt werden?*
4. *Kunststoffe sind schlechte Wärmeleiter. Welchen Einfluss hat das auf die Auswahl der Bohrer?*
5. *Erstellen Sie einen Arbeitsplan mit Angabe aller Schnittdaten zur Herstellung einer Durchgangsbohrung mit 14 mm Durchmesser bei einem Werkstück aus AlMg3!*
6. *Nennen Sie Anwendungen für Kegel- und Flachsenker!*
7. *Zum Innengewindeschneiden muss vorgebohrt werden. Ermitteln Sie die erforderlichen Bohrerdurchmesser für die Gewinde M5, M8 und M12, wenn der Bohrerdurchmesser geringfügig größer sein soll als der Kerndurchmesser D_1 des Gewindes!*
8. *Begründen Sie den Einsatz von drei unterschiedlichen Handgewindebohrern zur Herstellung eines Innengewindes!*
9. *Wann müssen Bohrungen gerieben werden?*
10. *Mit welchem Bohrerdurchmesser muss eine Bohrung von 12 mm Durchmesser, die gerieben werden soll, gebohrt werden?*

ÜBERBLICK Gewindeschneiden und Reiben

Gewindeschneiden, Innengewinde

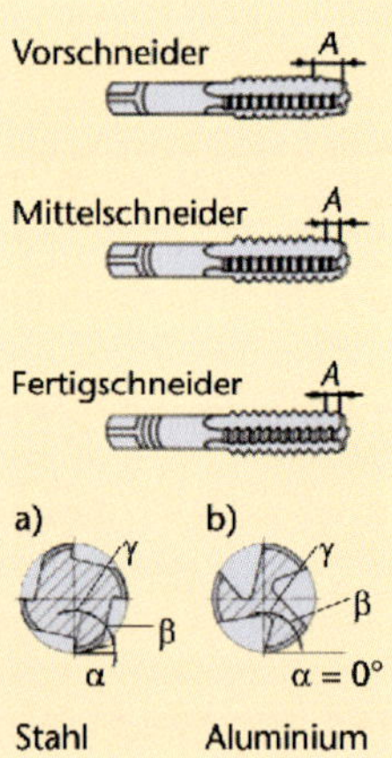

Handgewindebohrer werden je nach Werkstoff und Gewindetiefe (Steigung) als zwei- oder dreiteilige Sätze geliefert. Der Vorschneider mit einem Markierungsring nimmt den größten Werkstoffanteil ab. Der Fertigungsschneider den geringsten. Der lange Anschnitt *A* erleichtert das Ansetzen. Gewindebohrer für weiche Werkstoffe (b) besitzen weniger Schneiden und haben größere Spanwinkel und Spanräume als Gewindebohrer für Stahl (a).

Gewindeschneiden, Außengewinde

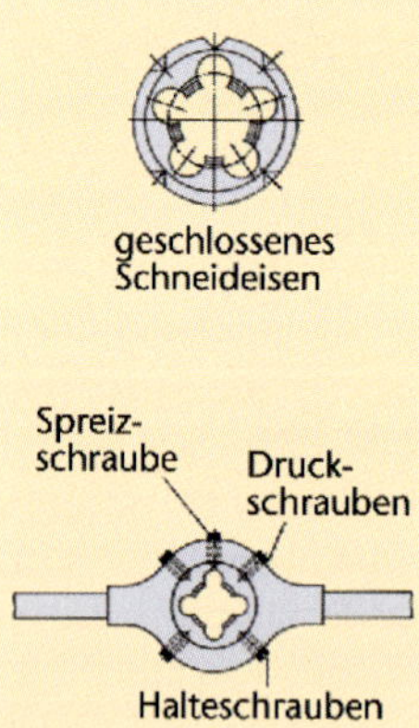

Außengewinde werden mit Schneideisen geschnitten. Mit geschlossenen Schneideisen werden genaue Gewindemaße erzielt. Schneideisen werden in Schneideisenhalter eingesetzt. Mit Spreiz- und Druckschrauben lassen sich die Gewindemaße bei geschlitzten Schneideisen in geringem Umfang verändern. Damit ein Schneideisen gut angesetzt werden kann, muss der Bolzen auf Kerndurchmesser angefast sein.

Zum maschinellen Gewindeschneiden werden Zusatzeinrichtungen benötigt, um die Drehzahl in Abhängigkeit vom Vorschub einstellen und die Drehrichtung ändern zu können. Hierzu wird ein Maschinengewindebohrer verwendet, der ein Innengewinde in einem Arbeitsgang schneidet.
Außengewinde lassen sich gut auf Drehmaschinen fertigen.

ÜBERBLICK Gewindeschneiden und Reiben (Fortsetzung)

Reiben

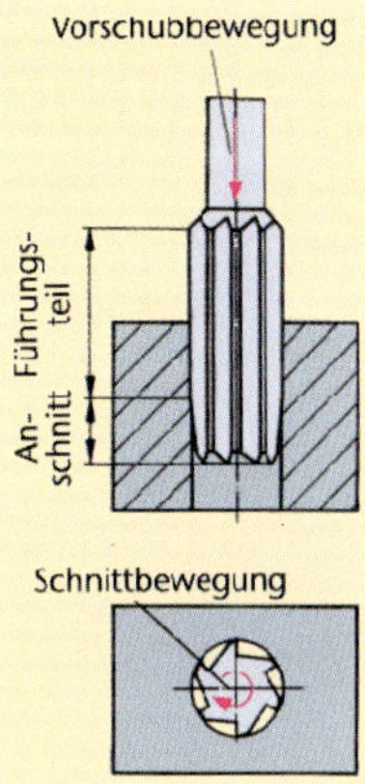

Durch Reiben werden maß- und formgenaue Bohrungen mit hoher Oberflächengüte hergestellt. Die Bohrung wird je nach Größe mit 0,1 bis 0,8 mm Untermaß gebohrt. Die Verjüngung des Anschnittes zentriert und führt die Reibahle.
Der Spanwinkel beträgt 0°. Bei Reibahlen für Bohrungen mit Nuten sind die Schneiden linksgewendelt, um ein Einhaken der Reibahle in der Nut und das Hineinziehen in die Bohrung zu verhindern.

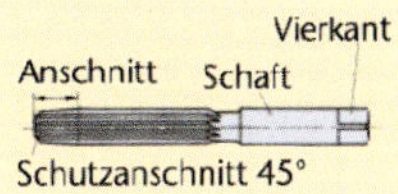

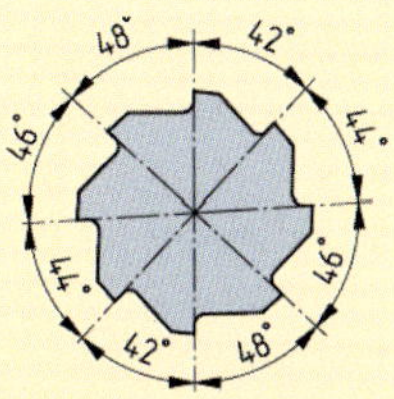

Der lange Anschnitt der Handreibahle erleichtert das Ansetzen der Reibahle. Der Vierkant wird zum Antrieb benötigt.
Reibahlen (6 bis 12 Schneiden) haben meist eine gerade Anzahl von Schneiden (gegenüberliegende Schneiden). Bei ungleicher Zahnteilung wird ein Verlaufen der Reibahle verhindert und die Ratterneigung gemindert.

Reibahlen mit verstellbarem Durchmesser werden für Zwischenmaße benötigt.

Bearbeitungszugaben

Bohrungsdurchmesser	**Bearbeitungszugabe**
< 10mm	0,1 bis 0,2 mm
10 mm bis 20 mm	0,15 bis 0,35 mm
20 mm bis 30 mm	0,3 bis 0,5 mm
30 mm bis 50 mm	0,4 bis 0,8 mm

Drehen

Der nebenstehende Bolzen aus E 295 muss nachgefertigt werden. Da es sich um ein zylindrisches Werkstück handelt, wird dieser Bolzen durch das Fertigungsverfahren Drehen hergestellt. Es kommen vorwiegend Leit- und Zugspindeldrehmaschinen und CNC-gesteuerte Drehmaschinen und -automaten zum Einsatz. Als Werkzeuge werden Drehmeißel aus Schnellarbeitsstahl oder Werkzeugträger mit Hartmetallschneiden verwendet. Zur Herstellung des Bolzens werden verschiedene Drehverfahren eingesetzt.

Längsrunddrehen – Das Halbzeug wird auf den gewünschten Durchmesser gedreht, wobei eine zylindrische Außenfläche entsteht. Der Vorschub des Drehmeißels erfolgt parallel zur Drehachse des Werkstücks. Die Zustellbewegung erfolgt schrittweise um das Maß a_p (Schnitttiefe) in Richtung der Werkstückdrehachse.

Querplandrehen – Die Stirnseite des Werkstücks wird gedreht, wobei eine Planfläche entsteht. Die Vorschubbewegung ist auf die Drehachse des Werkstücks gerichtet. Die Zustellbewegung erfolgt parallel zur Werkstückdrehachse. Die gewünschte Länge

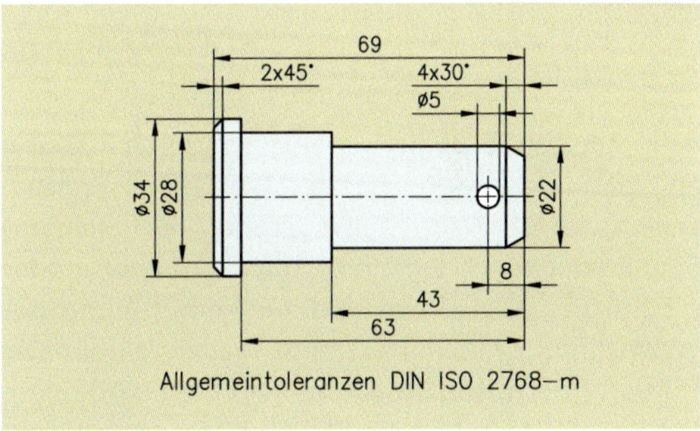

47.1 Bolzen

des Werkstücks sowie die zweite Planfläche entstehen durch das **Abstechen**, das auch zum Querplandrehen zählt. Mit einem Abstechdrehmeißel wird das fertig gestellte Werkstück vom Halbzeug abgedreht.

Die Auswahl des Werkzeugs richtet sich nach dem Drehverfahren und den zu drehenden Flächen, nach dem Werkstoff des Werkstücks sowie nach der geforderten Oberflächenbeschaffenheit.

Für die entsprechenden Bearbeitungsaufgaben sind Drehmeißel, Werkzeughalter und Hartmetallschneidplatten genormt (vgl. Tabellenbuch). Wird zum Drehen des Bolzens ein Drehmeißel aus Schnellarbeitsstahl oder mit aufgelöteten Hartmetallschneiden gewählt, so kommt ein **gerader rechter Drehmeißel** nach DIN 4971/ISO 1 zum Runddrehen und ein **abgesetzter rechter Stirndrehmeißel** DIN 4977/ISO 5 zum Drehen der Stirnfläche zum Einsatz. Ein **Stechdrehmeißel** DIN 4981/ISO 7 wird zum Abstechen verwendet.
Bei der Verwendung von Werkzeughalter und Hartmetall(wende-)schneidplatten lohnt sich der Einsatz von Schneidplatten, die sich sowohl zum Rund- als auch zum Plandrehen eignen.

48.2 Drehmaschine

Der Bolzen wird mit einem Schnellarbeitsstahl HS 10-4-3-10 (vgl. Abb. 48.1) mit folgenden Schnittdaten geschruppt:

- Schnittgeschwindigkeit $v_c = 30$ m/min
- Schnitttiefe $a_p = 3$ mm
- Vorschub $f = 0{,}5$ mm

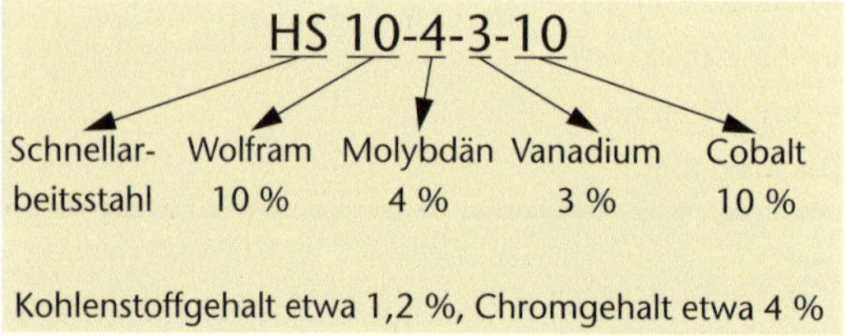

48.1 Bezeichnung von Schnellarbeitsstählen

Beim Zerspanungsvorgang entsteht durch Reibung an Span- und Freifläche des Werkzeugs Wärme. Daher werden zur Verringerung der Reibung Schmiermittel, Mineralöle mit tierischen oder pflanzlichen Ölzusätzen und zur Verbesserung der Wärmeabfuhr Kühlmittel, meist Wasser, eingesetzt. **Kühlschmiermittel** bestehen meist aus Emulsionen, bei denen Öle in feinster Verteilung im Wasser vorkommen. Es werden auch vollsynthetische Kühlschmiermittel eingesetzt.
Die Zusammensetzung des Kühlschmiermittels richtet sich nach der Bearbeitungsaufgabe und kann Tabellenbüchern entnommen werden.

Kühlschmiermittel können Hautreizungen verursachen und müssen zur Wiederaufbereitung entsorgt werden!

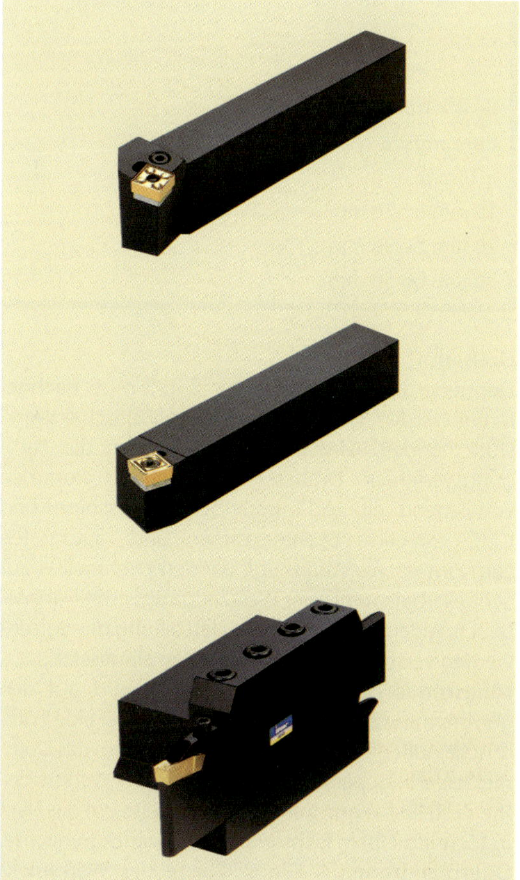

48.3 Drehwerkzeuge mit Hartmetallschneidplatten zum Rund-, Plandrehen und Abstechen

EXKURS Schnittgrößen

Schnittgeschwindigkeit

Die Schnittbewegung ist die Bewegung zur Spanabnahme zwischen Werkstück und Werkzeug. Sie kann geradlinig (Sägen mit Band- oder Bügelsäge) oder kreisförmig (Bohren, Drehen, Fräsen, Schleifen) sein.
Die Schnittgeschwindigkeit gibt den zurückgelegten Weg zwischen Werkzeug und Werkstück pro Zeiteinheit an.

Schnittgeschwindigkeit für die geradlinige Bewegung: $v_c = \frac{s}{t}$

v_c Schnittgeschwindigkeit in m/min
s Weg in mm oder m
t Zeit in s oder min

Schnittgeschwindigkeit für die kreisförmige Bewegung: $v_c = d \cdot \pi \cdot n$

v_c Schnittgeschwindigkeit in m/min
d Durchmesser des Werkstücks/Werkzeugs in mm
n Drehzahl in 1/min

Die Schnittgeschwindigkeit richtet sich nach der Festigkeit des Werkstoffs des Werkstücks und dem Werkstoff des Werkzeugs (Schnellarbeitsstahl, Hartmetall, Schneidkeramik). Eine höhere Schnittgeschwindigkeit führt zu einer besseren Oberflächenbeschaffenheit (geringere Rautiefe R_z). Erfahrungswerte sind den Angaben der Werkzeughersteller oder Tabellenbüchern zu entnehmen.

Vorschub und Vorschubgeschwindigkeit

Die Vorschubbewegung zwischen Werkstück und Werkzeug bewirkt zusammen mit der Schnittbewegung die dauerhafte Spanabnahme. Die Vorschubbewegung ist eine geradlinige Bewegung.
Der Vorschub wird bei einer kreisförmigen Schnittbewegung pro Umdrehung (Bohren, Drehen) oder pro Zahn (Fräsen) angegeben, bei einer unstetigen geradlinigen Schnittbewegung pro Hub (Stoßen).
Die Vorschubgeschwindigkeit gibt den Vorschub pro Zeiteinheit an.

Vorschubgeschwindigkeit beim Bohren, Drehen: $v_f = n \cdot f$

v_f Vorschubgeschwindigkeit in mm/min
n Drehzahl in 1/min
f Vorschub in mm je Umdrehung

Vorschubgeschwindigkeit beim Fräsen: $v_f = n \cdot f_z \cdot z$

v_f Vorschubgeschwindigkeit in mm/min
n Drehzahl in 1/min
f_z Vorschub in mm je Zahn
z Zähnezahl des Fräsers

Die Größe des Vorschubs oder der Vorschubgeschwindigkeit hängt ebenfalls von den Werkstoffpaarungen ab und bestimmt wesentlich die Oberflächenbeschaffenheit des Werkstücks. Ein geringer Vorschub verbessert die Oberflächenbeschaffenheit.

Schnitttiefe

Die Schnitttiefe a_p ergibt sich aus der Größe der Zustellbewegung. Sie ist vor Beginn des Zerspanungsvorgangs festzulegen. Sie kann beim Schruppen mehrere Millimeter, beim Schlichten einige Zehntelmillimeter betragen. Die Schnitttiefe richtet sich nach dem Spanungsvolumen, der Maschinenleistung, der Werkstoffpaarung sowie der Oberflächenbeschaffenheit des fertig gestellten Werkstücks.

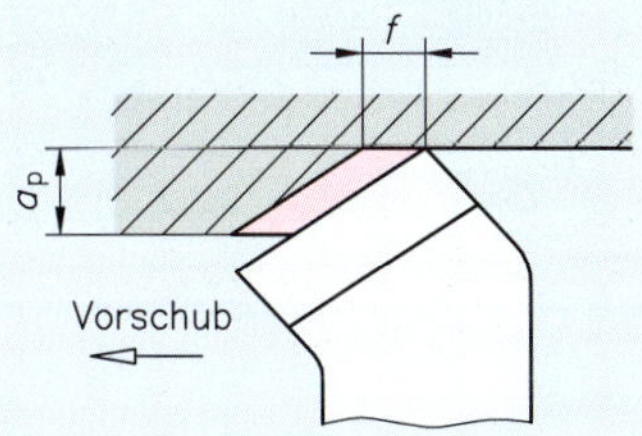

ÜBERBLICK Spanen mit Werkzeugmaschinen

Fräsen

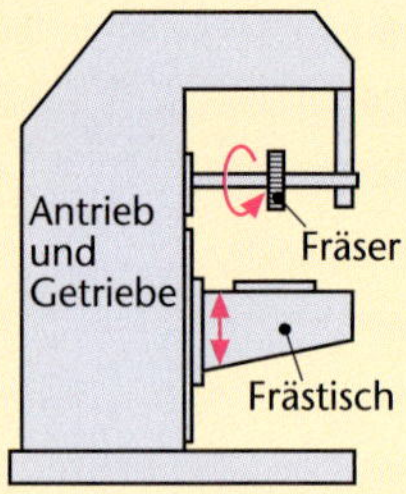

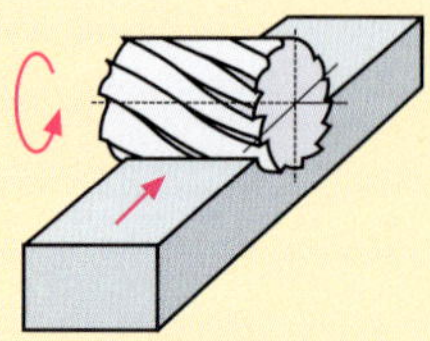

Umfangfräsen

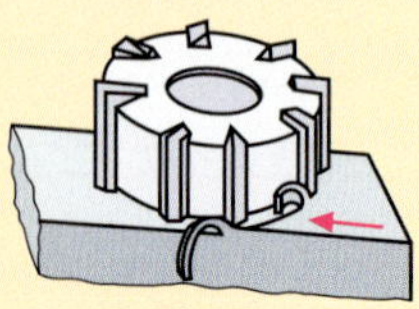

Stirnfräsen

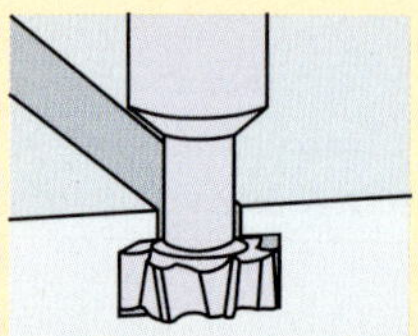

Nutenfräsen

Fräsmaschinen können durch Umbau des Fräskopfes mit vertikaler oder horizontaler Spindel betrieben werden. Das auf dem Frästisch aufgespannte Werkstück führt Vorschub und Zustellbewegung aus, während der auf die Spindel aufgespannte Fräser die Schnittbewegung übernimmt. Beim Umfangfräsen mit Walzenfräsern erfolgt die Drehung des Werkzeuges meist in die Richtung der Werkstückbewegung (Gleichlauffräsen), um eine bessere Oberfläche zu erreichen.

Beim Nutenfräsen liegt gleichzeitig Gleich- und Gegenlauffräsen vor.

Formfräser sind in vielen Variationen erhältlich:

- T-Nutenfräser,
- Schaftfräser
- Langlochfräser usw.

Mit entsprechender Zusatzausstattung und speziellen Fräsern lassen sich Rundteile, Gewinde und Zahnräder fertigen. Für größere Durchmesser werden Messerköpfe mit eingesetzten Hartmetallschneiden verwendet.

Schleifen

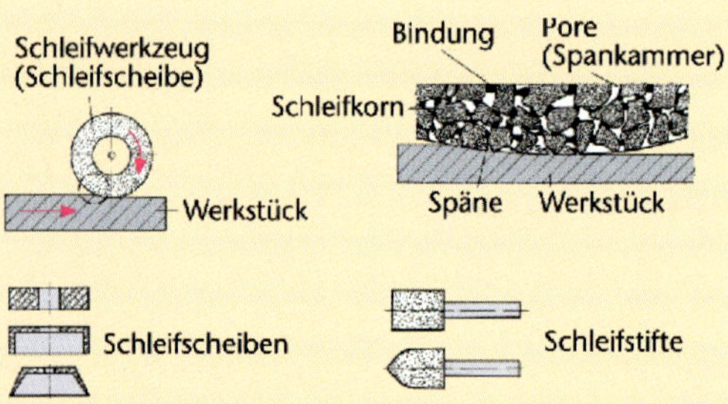

Schleifwerkzeuge bestehen aus Schleifkörnern und Schleifmittelträger. Die Körner aus Korund, Siliziumcarbid, Bornitrid oder Diamant haben keine geometrisch bestimmten Schneiden (vgl. Exkurs: Der Keil als Werkzeugschneide). Die Korngröße bestimmt die erreichbare Oberflächengüte. Schleifen dient überwiegend der Nachbearbeitung von Oberflächen oder Dichtflächen zur Herstellung hoher Maßgenauigkeit und Oberflächengüte. Häufig wird das Schleifen zum Trennen von Werkstücken eingesetzt (Trennschleifen).

Honen

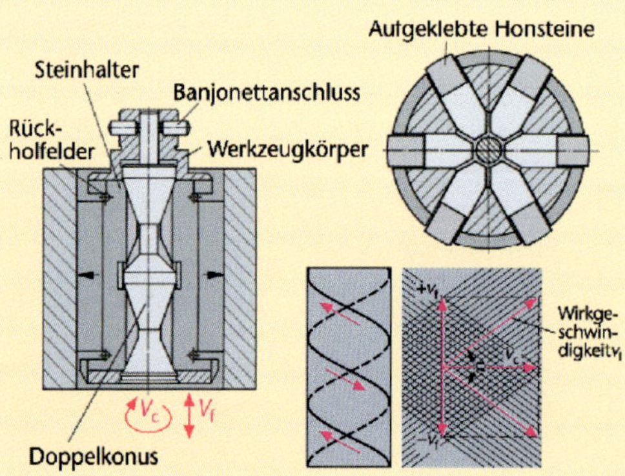

Honen ist ein Feinbearbeitungsverfahren für Bohrungen und Außenflächen. Zylinderlaufbuchsen, Pleuelgrundbohrungen oder Hydraulikzylinder werden gehont.

Die auf den Steinhalter aufgeklebten und in die Honahle eingesetzten Honsteine sind während der Bearbeitung ständig in Kontakt zum Werkstück. Entstehende Wärme wird mit Kühlschmierstoff abgeführt.

Das Honwerkzeug führt eine **Drehbewegung** und eine hin- und hergehende **Längsbewegung** aus.

Dadurch entstehen die gekreuzten Honspuren, deren Winkel 60 bis 90° betragen soll.

Die Bearbeitungszugabe beträgt 0,05 bis 0,07 mm. Die Umfangsgeschwindigkeit v_c beträgt 20 bis 50 m/min.

ÜBERBLICK	Auswahl von spanenden Bearbeitungsverfahren			
Werkstück/Bearbeitungsaufgabe	**Bohren**	**Drehen**	**Fräsen**	**Schleifen**
Grundloch, Durchgangsbohrung	geeignetes Verfahren für alle Bohraufgaben	auf Drehmaschinen möglich	für Langlöcher geeignet	Ausschleifen (Nachbearbeitung) bei größeren Bohrungen möglich
Welle	zur Herstellung des Werkstücks nicht geeignet	geeignet zur Bearbeitung aller rotationssymmetrischen Werkstücke	zur Herstellung des Werkstücks nicht geeignet	zur Oberflächenbearbeitung geeignet
Polygonprofil	zur Herstellung des Werkstücks nicht geeignet	Runddrehen von Polygonprofilen möglich; Herstellen von Polygonprofilen nur mit Nachformeinrichtung	mit Teilapparat zur Herstellung von Polygonprofilen geeignet	Oberflächenbearbeitung mit Teilapparat möglich
prismatisches Werkstück	zur Herstellung des Werkstücks nicht geeignet	zur Herstellung des Werkstücks nicht geeignet	zur Herstellung flächiger Werkstücke geeignet	zur Oberflächenbearbeitung geeignet
Nuten u. a. Formen	zur Herstellung des Werkstücks nicht geeignet	zur Herstellung des Werkstücks nicht geeignet	zur Herstellung von Nuten u. a. Formen mit Formfräsern geeignet	zur Oberflächenbearbeitung geeignet

Aufgaben

1 *Erstellen Sie eine Tabelle zu Ausführung und Richtung der Wirkbewegungen beim Drehen (Schnittbewegung, Vorschubbewegung, Zustellbewegung)!*

2 *Nennen Sie alle Eingangsgrößen (Schnittdaten, Werkzeuge) zur Fertigung des Bolzens, die vor Beginn der Bearbeitung festgelegt werden müssen!*

3 *Entschlüsseln Sie die Bezeichnung des Schnellarbeitsstahls HS 18-1-2-10!*

4 *Woraus setzen sich Kühlschmiermittel zusammen?*

5 *Erstellen Sie einen Arbeitsplan mit Arbeitsschritten und eingesetzten Werkzeugen zur Fertigung des Bolzens!*

6 *Zum Spannen der Werkstücke beim Drehen werden häufig Dreibackenfutter verwendet. Welche der folgenden Werkstücke lassen sich nicht mit einem Dreibackenfutter spannen: Rundstahl, Vierkantstahl, Achtkantstahl, Sechskantstahl?*

7 *Ermitteln Sie Schnittgeschwindigkeit und Vorschub zum Drehen des Bolzens mit einem Werkzeug aus Hartmetall! Mit welcher Drehzahl wird gearbeitet?*

8 *Berechnen Sie Drehzahl und Vorschubgeschwindigkeit für das Drehen eines Werkstücks mit d = 65 mm aus Automatenstahl mit einem Schnellarbeitsstahl HS 10-4-3-10?*

9 *Wovon hängt die Einstellung der Schnitttiefe beim Drehen ab?*

10 *Vergleichen Sie die Wirkbewegungen beim Drehen und Fräsen!*

11 *Nennen Sie Bearbeitungsaufgaben für das Fräsen!*

12 *Mit einem Scheibenfräser aus Schnellarbeitsstahl von 125 mm Durchmesser wird eine Nut mit 6 mm Breite in ein Werkstück aus S235JR gefräst. Ermitteln Sie Schnittgeschwindigkeit, Drehzahl, Vorschub und Vorschubgeschwindigkeit!*

13 *Beim Schleifen werden Werkzeuge mit geometrisch unbestimmten Schneiden eingesetzt. Erläutern Sie diese Aussage!*

14 *Welche Schleifmittel werden für Schleifscheiben verwendet?*

15 *Nennen Sie Anwendungen für das Fertigungsverfahren Honen!*

2.2.3 Fügen

Anlagen und Maschinen werden aus Einzelteilen und Baugruppen zusammengesetzt. Dazu können verschiedene Fügeverfahren eingesetzt werden.
Die rechts abgebildeten Bauteile des Elektromotors werden **lösbar** miteinander verbunden, damit sie zur Instandsetzung demontiert werden können, ohne dabei beschädigt zu werden.
Die Anschlüsse der Ständerwicklung sind gelötet, sie können nur durch die Zerstörung der Lötstelle gelöst werden; es handelt sich daher um eine **unlösbare** Verbindung.

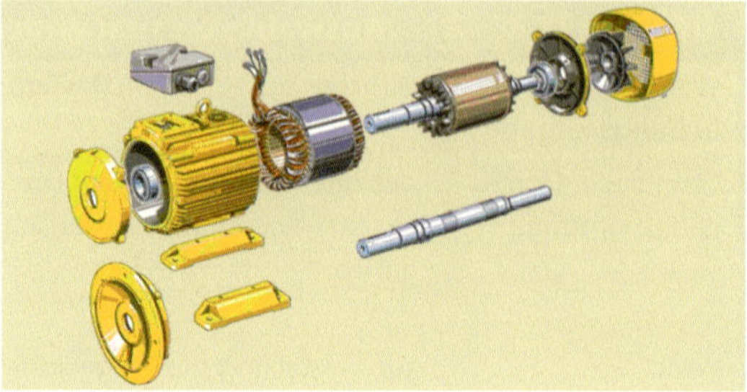

52.1 Bauteile eines Elektromotors

Schraubenverbindungen

Die Gehäuseteile des Elektromotors werden miteinander verschraubt. Zur Befestigung des Elektromotors auf einem Untergestell werden Sechskantschrauben und -muttern verwendet, die mit Unterleg- und Federscheiben zusammen angezogen werden. Schraubenverbindungen sind lösbare Verbindungen.
Durch das Anziehen von Schraube und Mutter wird durch das Gewinde die Drehbewegung in eine Längsbewegung umgewandelt, die dazu führt, dass der Motor mit einer Vorspannkraft F_V auf das Untergestell gezogen wird. Zwischen diesen Bauteilen entsteht Reibung, die proportional zur Vorspannkraft zunimmt (vgl. Exkurs: Reibung). Schraubenverbindungen sind überwiegend **kraftschlüssige Verbindungen**, der Zusammenhalt der Teile entsteht durch Reibungskräfte F_R.

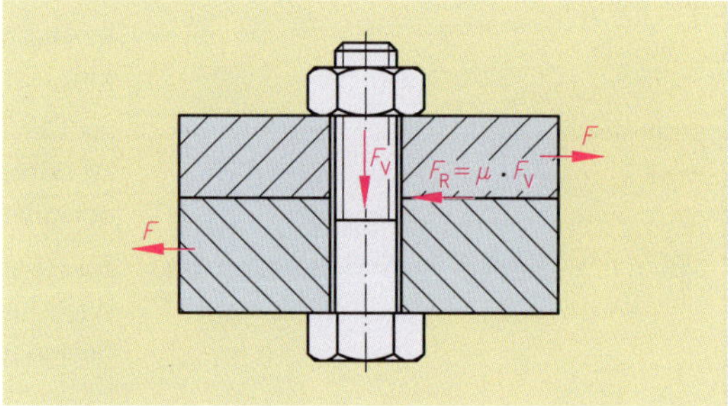

52.2 Reibungskraft in einer Schraubenverbindung

ÜBERBLICK Verbindungsarten

Lösbare Verbindungen

Lösbar sind alle Verbindungen, bei denen das verbindende Element beim Trennen nicht zerstört wird.
Lösbare Verbindungen werden eingesetzt, wenn Bauteile wiederholt ausgetauscht werden müssen.

Lösbare Verbindungen sind
- Schraubenverbindung
- Welle-Nabe-Verbindung
- Stift-/Bolzenverbindung
- Klemmverbindung

Unlösbare Verbindungen

Bei unlösbaren Verbindungen wird das verbindende Element beim Trennen zerstört.
Unlösbare Verbindungen werden bei Bauteilen verwendet, bei denen eine Trennung nicht vorgesehen ist.

Unlösbare Verbindungen sind
- Nietverbindung
- Löt- u. Schweißverbindung
- Klebverbindung

Kraftschlüssige Verbindungen

Bei kraftschlüssigen Verbindungen entsteht der Zusammenhalt durch Reibungskräfte zwischen den Bauteilen.

Kraftschlüssige Verbindungen sind
- Schraubenverbindung
- Klemmverbindung
- Keilverbindung
- Nietverbindung (warm)

Formschlüssige Verbindungen

Bei formschlüssigen Verbindungen entsteht der Zusammenhalt durch die Form der Verbindungselemente.

Formschlüssige Verbindungen sind
- Passschraubenverbindung
- Stift-/Bolzenverbindung
- Passfederverbindung
- Polygon-/Keilwellenprofil
- Nietverbindung (kalt)

Stoffschlüssige Verbindungen

Bei stoffschlüssigen Verbindungen wird der Zusammenhalt durch einen zusätzlichen Werkstoff hergestellt.

Stoffschlüssige Verbindungen sind
- Lötverbindung
- Schweißverbindung
- Klebverbindung

EXKURS Reibung

Bewegen sich zwei aneinander liegende Flächen gegeneinander, so entsteht zwischen ihnen Reibung. In einem kleinen Experiment lässt sich auch etwas zur Größe dieser Reibung feststellen.

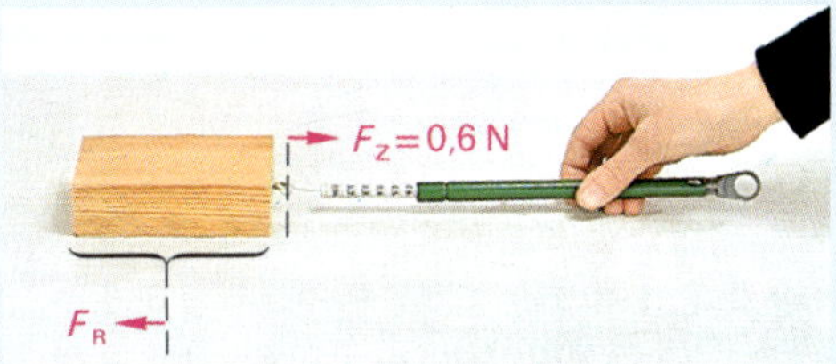

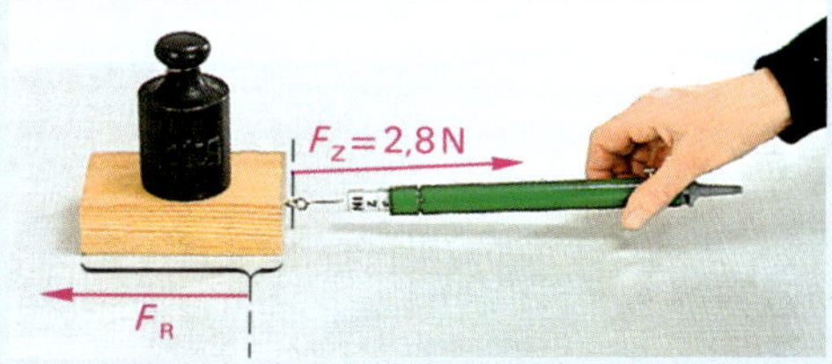

Die Zugkraft F_Z, die erforderlich ist, um den Gegenstand zu ziehen, nimmt zu, wenn die Gewichtskraft des Gegenstands zunimmt. Die Zugkraft muss die Reibungskraft zwischen dem Gegenstand und der Unterlage überwinden. Da die Gewichtskraft senkrecht auf die Unterlage gerichtet ist, lässt sie sich durch die Normalkraft F_N ersetzen. Daraus ergibt sich: **Die Reibungskraft F_R ist abhängig von der Normalkraft F_N.**
Führt man dieses Experiment auf verschiedenen Unterlagen durch, verändern sich Zug- und Reibungskraft immer proportional zur Normalkraft. Die Beschaffenheit der Berührungsflächen beeinflusst die Reibungskraft. Die Größe der Berührungsflächen hat keine Bedeutung. Alle Einflüsse werden in einem experimentell ermittelten Beiwert zusammengefasst, der **Reibungszahl** μ.

Die Reibungskraft ergibt sich demnach aus

$$F_R = \mu \cdot F_N$$

F_R Reibungskraft in N
F_N Normalkraft in N
μ Reibungszahl

Die Reibungszahl μ ist abhängig von der Werkstoffpaarung, der Oberflächenbeschaffenheit und der Reibungsart. Es werden die Reibungsarten **Haft-, Gleit- und Rollreibung** unterschieden. Trockene oder geschmierte Oberflächen ergeben unterschiedliche Reibungszahlen (vgl. Tabellenbuch).

Die Gewinde der verwendeten Sechskantschrauben sind **Befestigungsgewinde**. Hier werden **metrische Regel- oder Feingewinde** verwendet. Die Steigung *P* dieser Gewinde ist so gering, dass diese Schrauben selbsthemmend sind, d. h., sie lösen sich durch die Vorspannkraft allein nicht. Das ist bei einem Steigungswinkel $\alpha < 5°$ der Fall. **Trapez-** oder **Sägengewinde** sind **Bewegungsgewinde** (z. B. Schraubstockspindel) und haben größere Steigungen.
Beim Anziehen von Schraube und Mutter mit einem Schraubenschlüssel muss ein bestimmtes **Drehmoment *M*** aufgebracht werden, um die Bauteile mit der erforderlichen Vorspannkraft zusammen zu ziehen. Dieses Drehmonent ergibt sich aus der Handkraft F_H und der Länge des Schraubenschlüssels *l* oder wird bei Maschinenschraubern eingestellt. Das gleiche Drehmoment wirkt im Gewinde und erzeugt dort eine **Umfangskraft F_U**. Bei gleicher Umfangskraft wird die **Vorspannkraft F_V** umso größer, je geringer die **Steigung *P*** des Gewindes ist.

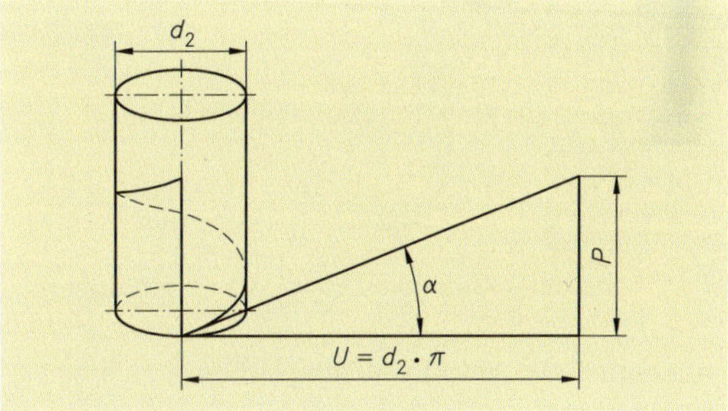

53.1 Abwicklung eines Gewindegangs

$$M = F_H \cdot l = F_U \cdot \frac{d_2}{2}$$

M Anzugsmoment in Nm
F_H Handkraft in N
F_U Umfangkraft in N
l Länge des Hebelarms in m oder mm
d_2 Flankendurchmesser in mm

Da es sich bei dem Krafteck und dem abgewickelten Gewindegang um ähnliche Dreiecke handelt, ergibt sich ohne Berücksichtigung der Reibung an den Gewindeflanken und an den Auflageflächen von Schraubenkopf und Mutter folgender Zusammenhang:

$$\frac{P}{d_2 \cdot \pi} = \frac{F_U}{F_V} \Rightarrow M = \frac{F_V \cdot P}{2 \cdot \pi}$$

P Gewindesteigung in mm
M Anzugsmoment in Nm
F_V Vorspannkraft in N
F_U Umfangkraft in N
d_2 Flankendurchmesser in mm

Die Vorspannkraft muss so gewählt werden, dass die Reibungskraft zwischen den gefügten Bauteilen immer größer ist als die belastenden Kräfte, um ein Verschieben der Bauteile gegeneinander zu verhindern.

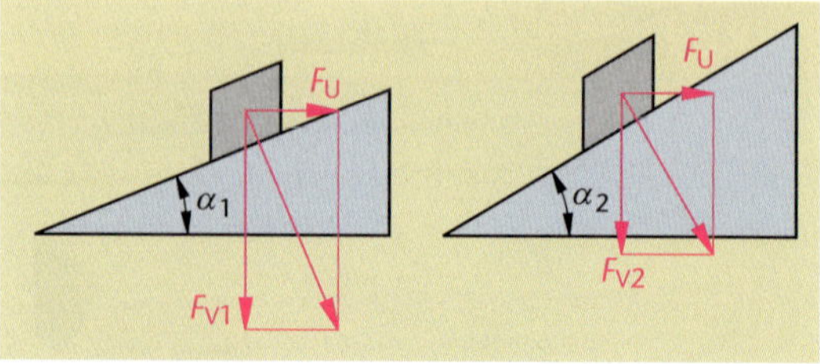

54.1 Kräftezerlegung im Gewinde

Die Reibung an den Gewindeflanken und an den Auflageflächen von Schraubenkopf und Mutter lässt sich allgemein nicht erfassen, da Werkstoffpaarungen und Oberflächenbeschaffenheit unterschiedlich sein können. Für metrische Regel- und Feingewinde lässt sich das Anzugsmoment jedoch nach folgender Faustformel ausreichend genau bestimmen:

$$M \approx 0{,}2 \cdot F_V \cdot d_2$$

EXKURS Hebel und Drehmoment

Um große Kräfte aufzubringen, wird das **Hebelgesetz** angewendet. So können z. B. bei Schraubenverbindungen durch geringe Handkräfte F_1, die an einem langen Hebelarm l_1 angreifen, große Umfangskräfte F_2 an einem kurzen Hebelarm l_2 erzeugt werden. Dabei gilt folgender Zusammenhang:

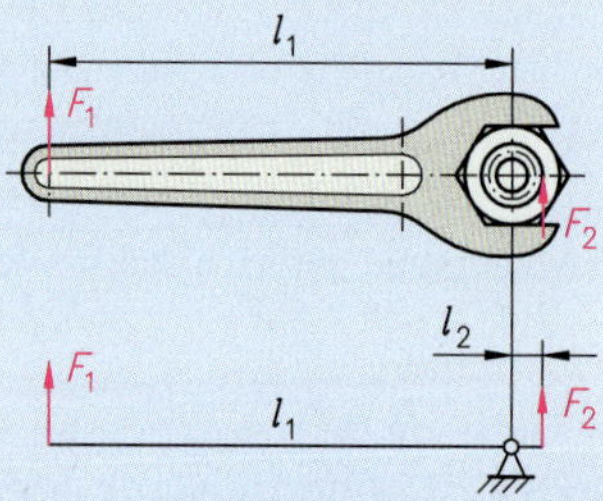

$$F_1 \cdot l_1 = F_2 \cdot l_2$$

F_1 einwirkende Kraft in N
F_2 wirksame Kraft in N
l_1 Abstand der Kraft F_1 vom Drehpunkt in mm
l_2 Abstand der Kraft F_2 vom Drehpunkt in mm

Das Produkt aus Kraft und zugehörigem Hebelarm wird als **Drehmoment *M*** bezeichnet.

$$M = F \cdot l$$

M Drehmoment in Nm
F Kraft in N
l Abstand der Kraft vom Drehpunkt in mm oder m

Aus dem Hebelgesetz bei Kräftegleichgewicht ergibt sich unter Berücksichtigung der Drehrichtung:

$$M_L = M_R$$

M_L Drehmoment in linker Drehrichtung
M_R Drehmoment in rechter Drehrichtung

Wirken mehrere Kräfte mit unterschiedlichen Hebelarmen, dann werden die einzelnen Drehmomente mit gleicher Drehrichtung zusammengezählt:

$$\Sigma M_L = \Sigma M_R$$

ΣM_L Summe aller Drehmomente in linker Drehrichtung
ΣM_R Summe aller Drehmomente in rechter Drehrichtung

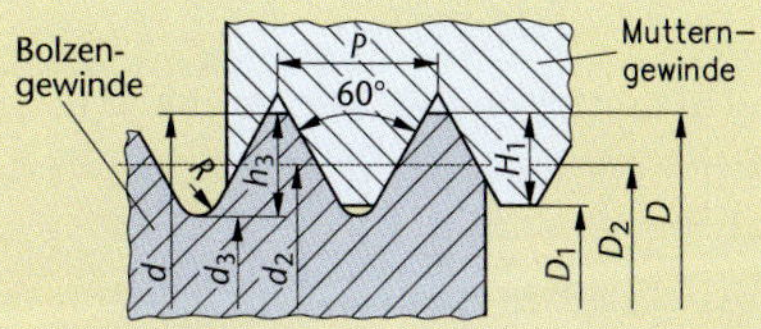

Bezeichnungen	Bolzen	Mutter
Nenndurchmesser	d	D
Flankendurchmesser	d_2	D_2
Kerndurchmesser	d_3	D_1
Gewindetiefe	h_3	H_1
Steigung	P	
Rundung	R	
Flankenwinkel	60°	

55.1 Bezeichnungen am Beispiel des metrischen ISO-Gewindes

Zur Befestigung des Motors werden Sechskantschrauben mit **M8-Gewinde**, einem metrischen ISO-Gewinde, Nenndurchmesser 8 mm, verwendet. Die Benennung von Gewinden erfolgt nach der Gewindeart, dem Nenndurchmesser und bei einigen Gewinden zusätzlich nach der Gewindesteigung.
Die Belastbarkeit von Schrauben und Muttern hängt von ihrem Werkstoff ab und wird durch die Streckgrenze und die Mindestzugfestigkeit angegeben. Kennzahlen auf dem Schraubenkopf und der Mutter geben diese Festigkeitswerte an. Die Kennzeichnung 8.8 auf dem Schraubenkopf bezeichnet die **Festigkeitsklassse**.
Aus der ersten Zahl lässt sich die Mindestzugfestigkeit ermitteln:

$$\mathbf{8} \cdot 100 \frac{\text{N}}{\text{mm}^2} = 800 \frac{\text{N}}{\text{mm}^2} \Rightarrow \text{Mindestzugfestigkeit}$$

Aus der Multiplikation beider Kennzahlen wird die Streckgrenze ermittelt:

$$\mathbf{8} \cdot \mathbf{8} \cdot 10 \frac{\text{N}}{\text{mm}^2} = 640 \frac{\text{N}}{\text{mm}^2} \Rightarrow \text{Streckgrenze}$$

Bei Muttern wird nur die Mindestzugfestigkeit angegeben. Schraube und Mutter sollen die gleiche Festigkeitsklasse besitzen.

3.6	4.6	4.8	5.6	5.8	6.8	8.8	10.9	12.9	14.9

55.2 Festigkeitsklassen von Schrauben

3	4	5	6	8	10	12	14

55.3 Festigkeitsklassen von Muttern

Zur Berechnung der maximalen Zugkraft in der Schraube ist der **Spannungsquerschnitt** (vgl. Tabellenbuch) heranzuziehen.

$$\sigma_z = \frac{F_Z}{A_S}$$

σ_z Zugspannung in N/mm²
F_z Zugkraft in N
A_s Spannungsquerschnitt in mm²

ÜBERBLICK Gewindearten

Gewindeart	Gewindeprofil	Kennbuchstabe	Norm	Bezeichnungsbeispiel	Nenngrößenbereich	Anwendung
Metrisches ISO-Gewinde	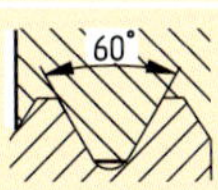	M	DIN 13-1 DIN 13-2 bis 11	M 16 M 24×1	1 bis 68 mm 1 bis 1000 mm	Regelgewinde Feingewinde
Metrisches ISO-Trapezgewinde	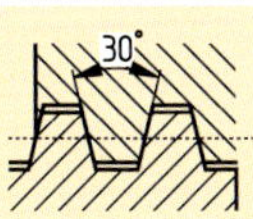	Tr	DIN 103-1 bis 8	Tr 40×7	8 bis 300 mm	Bewegungsgewinde
Sägengewinde	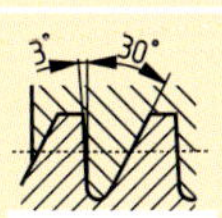	S	DIN 513-1 bis 3	S 32×6	10 bis 640 mm	Bewegungsgewinde für große Kraftaufnahme
Stahlpanzerrohrgewinde	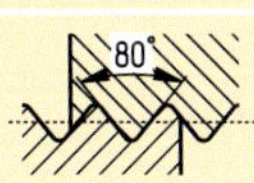	Pg	DIN 40430	Pg 21	Pg 7 bis Pg 48	Elektrotechnik

ÜBERBLICK Schraubenarten

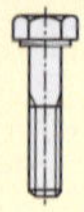
Sechskantschraube
DIN EN 24014
DIN EN 24016
DIN EN 28765

Sechskantschraube
DIN EN 24014
DIN EN 24018
DIN EN 28676

Sechskant-Passschraube für Stahlkonstruktionen
DIN 7968, DIN 7999

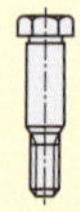
Sechskant-Passschraube
DIN 609

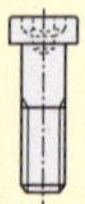
Zylinderschraube mit Innensechskant
DIN 6912

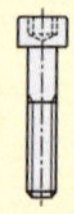
Zylinderschraube mit Innensechskant
DIN EN ISO 4762, DIN 7984

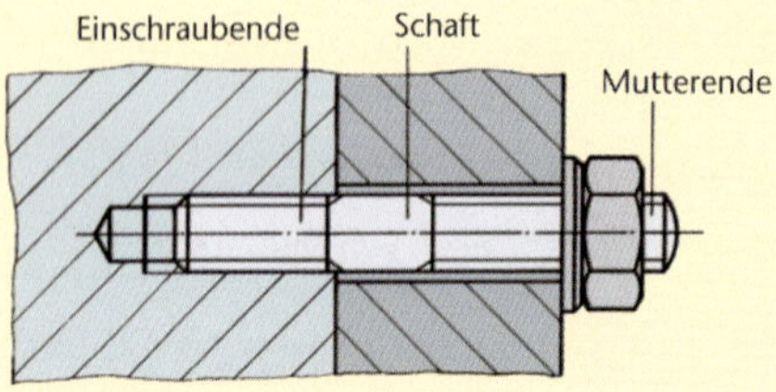

Gewindestifte mit Schlitz u. Kegelkuppe
DIN EN 24766

Gewindestifte mit Schlitz und Spitze
DIN EN 24434

Gewindestifte mit Innensechskant und Zapfen
DIN 915

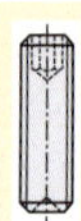
Gewindestifte mit Innensechskant und Ringscheibe
DIN 916

Sechskantschrauben werden mit Maul-, Ring- oder Steckschlüssel angezogen. Sie sollen keine Scherkräfte aufnehmen.

Passschrauben sollen die Lage zweier Teile zueinander sichern und können Scherkräfte aufnehmen. Die Bohrung muss gerieben sein. Durch Verwendung von Passschrauben kann auf Passstifte verzichtet werden.

Zylinderschrauben mit Innensechskant werden verwendet, wenn der Schraubenkopf versenkt werden soll oder nicht genügend Platz für Schraubenschlüssel vorhanden ist. Statt des Innensechskants werden auch **Torx**, **Vielzahn-** oder **Keilnutenprofile** verwendet.

Stiftschrauben (DIN 835, DIN 938, DIN 939) haben keinen Schraubenkopf. Sie werden mit einem Ende in ein Bauteil geschraubt, während eine Mutter auf dem anderen Ende das zweite Bauteil fügt. Stiftschrauben werden im Maschinenbau eingesetzt, häufig um Maschinengehäusedeckel zu verschrauben.

Gewindestifte haben ein durchgehendes Gewinde und einen Schlitz oder Innensechskant. Sie dienen vorwiegend zur Sicherung der Lage von gefügten Bauteilen, z. B. bei Welle-Nabe-Verbindungen. Die Klemmseite von Gewindestiften wird als Spitze, Kegelkuppe, Zapfen oder Ringschneide ausgeführt.

ÜBERBLICK Mutternarten

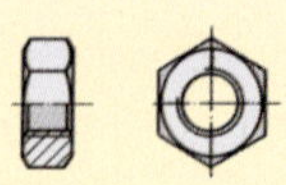
Sechskantmutter

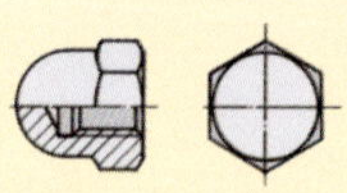
Hutmutter

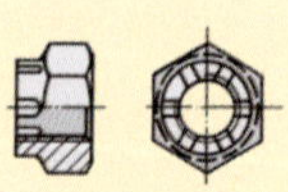
Kronenmutter

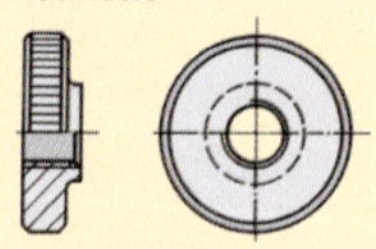
Rändelmutter

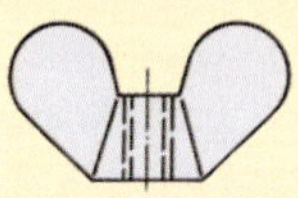
Flügelmutter

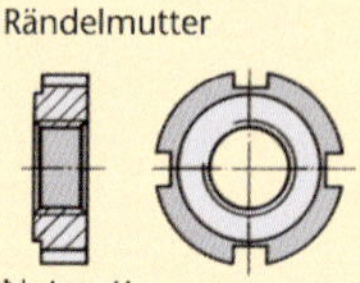
Nutmutter

Sechskantmuttern und **Vierkantmuttern** sind die gebräuchlichsten Mutterformen.
Hutmuttern schützen vor Verletzungen durch Schraubenenden und das Schraubenende vor Beschädigung. Meist werden sie aber aus optischen Gründen verwendet. Es gibt zwei verschiedene Formen.
Kronenmuttern werden verwendet, wenn sie mit einem Splint gegen Verdrehen gesichert werden sollen.
Flügelmuttern und **Rändelmuttern** können von Hand leicht angezogen werden. Sie werden häufig auch als Einstellmuttern an Gestängen verwendet.
Nutmuttern werden zum Einstellen des axialen Spiels bei Lagern verwendet. An Winkelschleifern werden Nutmuttern in abgewandelter Form zum Spannen der Schleifscheiben auf der Antriebswelle verwendet. Es werden Spezialschlüssel (Haken- oder Zapfenschlüssel) benötigt.

Zwischen Mutter und Auflagefläche wird eine **Federscheibe** als **Schraubensicherung** gelegt, die ein selbsttätiges Lockern der Verbindung durch Schwingungen, Stöße, Lastwechsel oder Temperaturschwankungen verhindern soll. Schraubensicherungen werden nach den bekannten Wirkprinzipien in kraft-, form- und stoffschlüssige Sicherungen unterschieden.

Zur Befestigung des Elektromotors werden demnach folgende Einzelteile benötigt:

4	Stck.	Federring	DIN 128-A8	
4	Stck.	Skt.-Mutter	ISO 4032 M8	8
4	Stck	Skt.-Schraube	ISO 4014 M8x40	8.8
Menge	Einh.	Benennung	Norm-Kurzbez.	Werkstoff

57.1 Stückliste

ÜBERBLICK Schraubensicherungen

Kraftschlüssige Schraubensicherungen

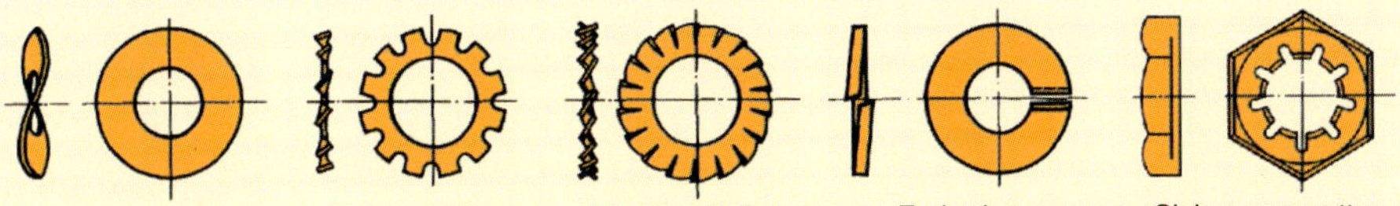

Federscheibe · Zahnscheibe · Fächerscheibe · Federring · Sicherungsmutter

Formschlüssige Schraubensicherungen

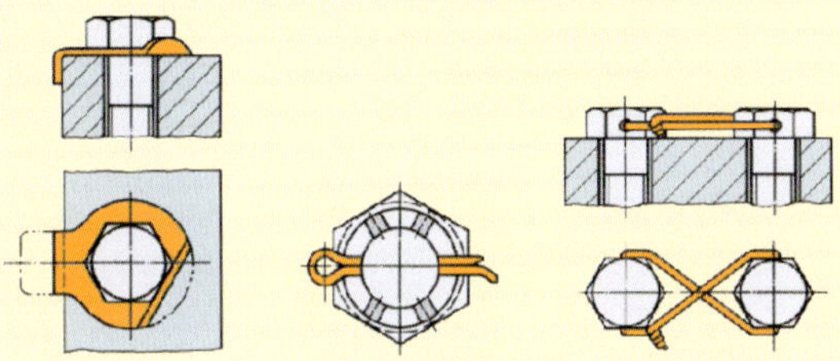

Sicherungsblech mit Lappen · Kronenmutter mit Splint · Sicherung mit Draht

Stoffschlüssige Schraubensicherung

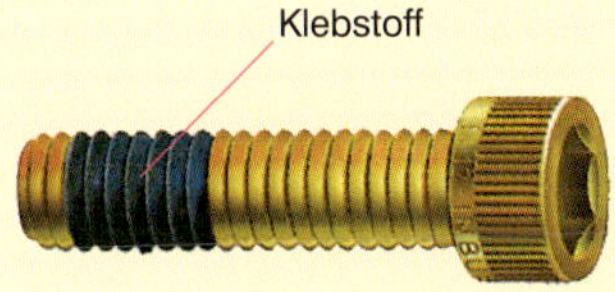

Aufgaben

1 *Erläutern Sie das Wirkungsprinzip von Schraubenverbindungen!*

2 *Warum werden metrische ISO-Gewinde als Befestigungsgewinde eingesetzt?*

3 *Erläutern Sie das Prinzip der Selbsthemmung mit Hilfe der schiefen Ebene!*

4 *Erstellen Sie eine Tabelle für die Haft- und Gleitreibungszahlen μ_H und μ_G, trocken und geschmiert, für folgende Werkstoffpaarungen: Stahl/Stahl, Stahl/Grauguss, Stahl/Bronze (CuSn), Stahl/Polyamid (PA)!*

5 *Berechnen Sie das erforderliche Anzugsmoment ohne Reibung und überschlägig mit Reibung für die Befestigungsschrauben des Elektromotors bei einer Vorspannkraft $F_V = 12\,000$ N!*
Welche Handkraft F_H in N ist erforderlich, wenn der verwendete Schraubenschlüssel eine wirksame Hebellänge von 20 cm hat?

6 *Welche Zugspannung σ_Z entsteht im Schraubenquerschnitt bei der genannten Vorspannkraft? Wird die Streckgrenze der Schraube dabei überschritten?*

7 *Ermitteln Sie Streckgrenze und Mindestzugfestigkeit einer Schraube der Festigkeitsklasse 10.9!*

8 *Bei welcher Schraubenart wird die Verbindung durch Kraft- und Formschluss hergestellt?*

9 *Nennen Sie Anwendungsbeispiele für den Einsatz von Stiftschrauben?*

10 *Welchen Vorteil bieten formschlüssige gegenüber kraftschlüssigen Schraubensicherungen?*

11 *Warum können stoffschlüssige Schraubensicherungen mit mikroverkapseltem Klebstoff nur einmal verwendet werden?*

12 *Fertigen Sie eine technische Zeichnung einer Schraubenverbindung zur Befestigung des Elektromotors mit Schraube, Federscheibe und Mutter im Vollschnitt!*

Nietverbindungen

Das Leistungsschild am Gehäuse des Elektromotors ist genietet, da es nicht vom Gehäuse getrennt werden darf. Nietverbindungen sind unlösbare Verbindungen.

Das Leistungsschild wird **kalt genietet**, d. h., der Aluminiumniet wird im kalten Zustand gezogen und geformt. Der Niet liegt mit dem vorhandenen Kopf an einem Bauteil an, während der Schaft gestaucht wird, sodass die Bohrung ausgefüllt ist und sich die beiden Bauteile nicht gegeneinander verschieben können. Anschließend wird der zweite Nietkopf mit einem Werkzeug geformt. Dadurch entsteht eine **formschlüssige Verbindung**.

Werden Bauteile **warm genietet**, so schrumpft der Niet beim Abkühlen und presst die Bauteile zusammen, wodurch eine **kraftschlüssige Verbindung** entsteht. Durch Warmnieten können auch dichte Verbindungen, z. B. im Behälterbau, hergestellt werden.

Als Nietwerkstoffe werden Stahl, Aluminium, Kupfer und Kupferlegierungen verwendet. Niete und Bauteile sollen aus dem gleichen Werkstoff sein, um Schäden durch elektrochemische Korrosion zu verhindern.

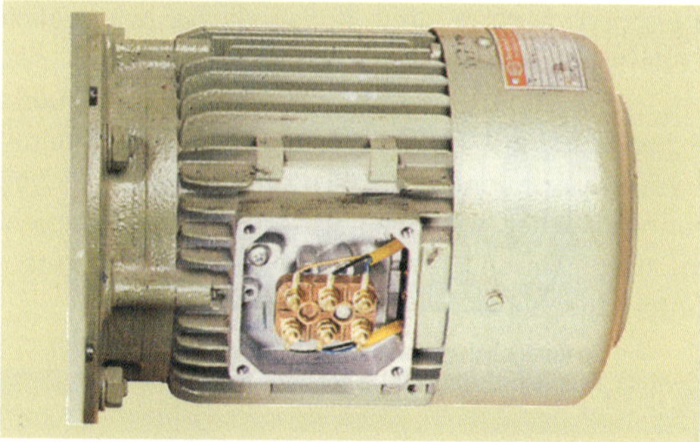

58.1 Genietetes Leistungsschild am Elektromotor

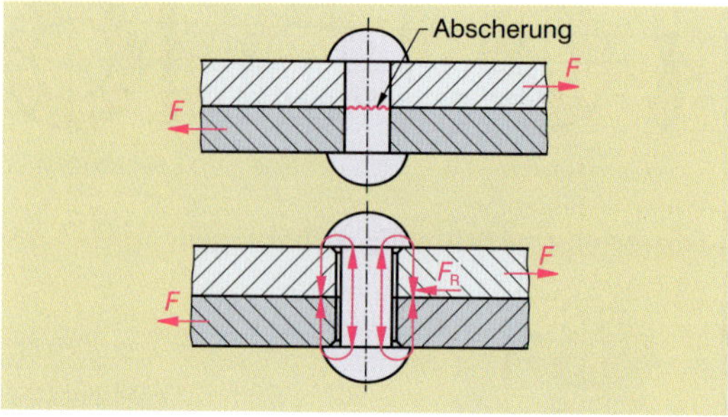

58.2 Kaltnietung (oben) und Warmnietung (unten)

Welle-Nabe-Verbindungen

Der Läufer des Elektromotors muss mit der Welle lösbar verbunden sein. Das geschieht hier mit **Passfederverbindungen**.

Die Passfeder liegt auf der einen Seite in einer Wellennut während die andere Seite in eine Nut des entsprechenden Bauteils greift. Die Verbindung zwischen Welle und Läufer wird durch die Form der Passfeder hergestellt. Passfederverbindungen **sind formschlüssige Verbindungen** und **lösbar**.

Passfederverbindungen sichern den Läufer allerdings nicht in axialer Richtung. Hierzu können **Keilverbindungen** verwendet werden, die eine Verbindung durch **Kraftschluss** herstellen.

Die Welle des Elektromotors wird durch Wälzlager gelagert. Der Innenring eines Wälzlagers wird durch eine **Pressverbindung** auf der Welle gehalten. Der Innendurchmesser des Innenrings ist kleiner als der Außendurchmesser der Welle. Welle und Bohrung haben so genannte Passmaße (vgl. Exkurs: Passungen). Der Außenring des Lagers wird ebenfalls durch eine Pressverbindung im Gehäuse gehalten.

Pressverbindungen sind **kraftschlüssige Verbin-**

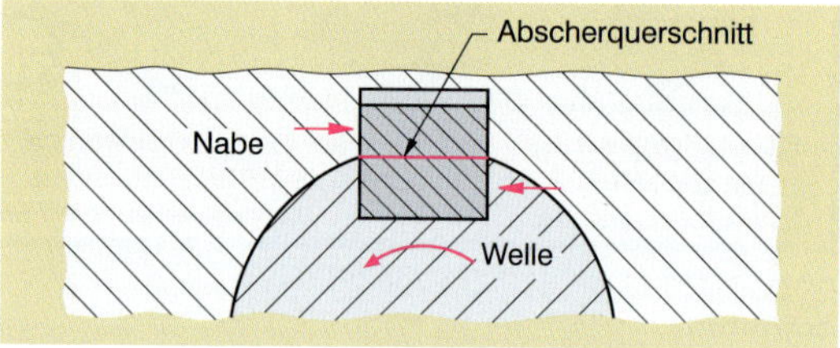

58.3 Passfederverbindung

Pressen	Der Innenring wird mithilfe einer Hülse durch Hammerschläge auf die Welle getrieben. Dabei darf das Lager durch Schläge niemals beschädigt werden!
Schrumpfen	Das Wälzlager wird erwärmt und dehnt sich aus. Dann lässt es sich auf die Welle schieben, wo es abkühlt und schrumpft. Dieses Verfahren wird häufig angewendet.
Dehnen	Der Durchmesser der Welle wird durch Abkühlen in flüssigem Stickstoff verringert, bis sich das Lager aufschieben lässt. Die Welle dehnt sich anschließend wieder aus.

58.4 Lagermontage durch Pressverbindungen

ÜBERBLICK Welle-Nabe-Verbindungen

Keilverbindungen

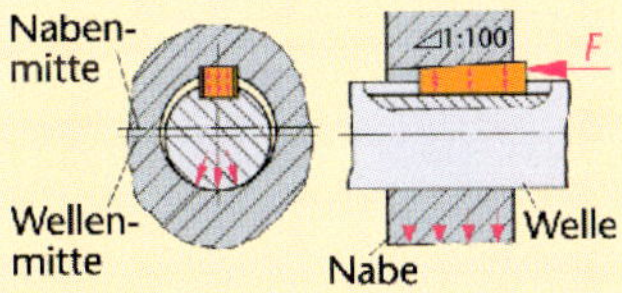

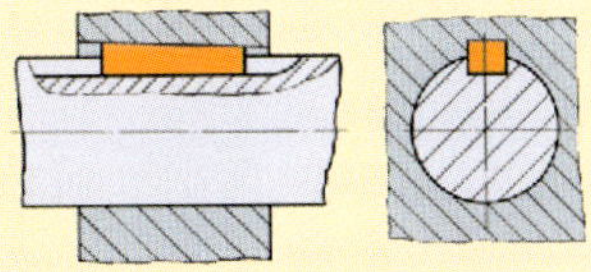

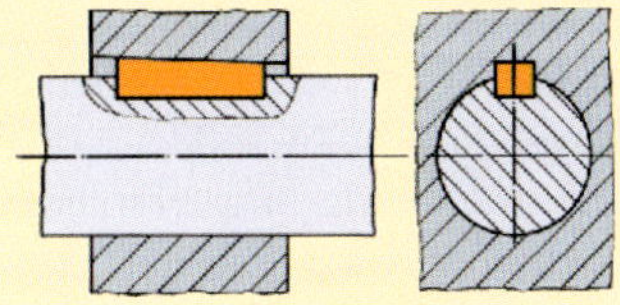

Kräfte an der Keilverbindung
Der Keil mit einer Neigung von 1 : 100 wird mit der Kraft *F* eingepresst. Welle und Nabe werden gegeneinander verspannt.
Unrunder Lauf dadurch möglich.

Treibkeil
Er ist geradstirnig. Die Nut, in die er eingetrieben wird, muss doppelt so lang sein wie der Keil. Die Nut in der Welle kann mit einem Scheibenfräser hergestellt werden.

Einlegekeil
Er ist rundstirnig und wird in die Welle eingelegt, dann die Nabe aufgetrieben. Der Einlegkeil wird verwendet, wenn für das Eintreiben des Keils kein Platz ist.

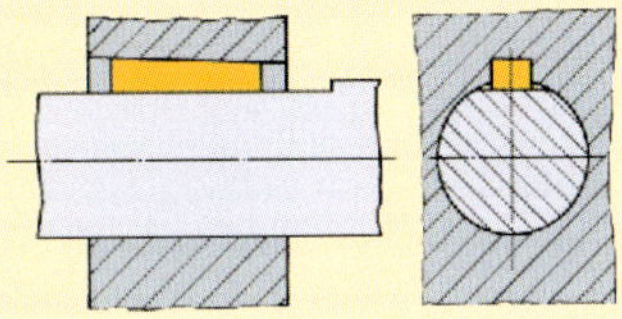

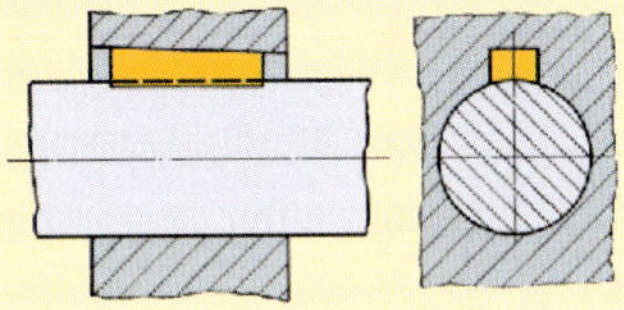

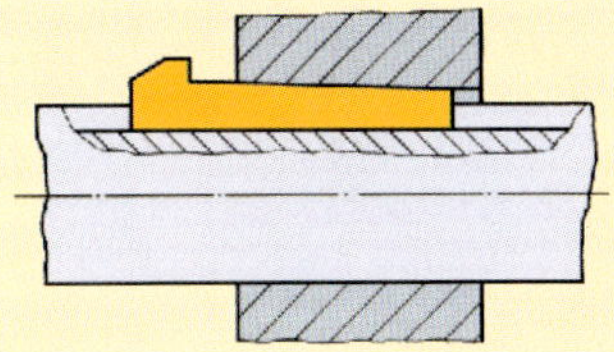

Flachkeil
Er wird auf das abgeflachte Wellenende ohne Nut aufgetrieben. Er ist nur für geringe Drehmomente geeignet.

Hohlkeil
Für Wellen ohne Nut oder Abflachung. Hohlkeile sind in der Form an die Wellenrundung angepasst. Nur geringe Drehmomente möglich.

Nasenkeil
Für nur einseitig zugängliche Verbindungen. Die Nase dient dem Austreiben. Sie stellt eine Unwucht und Unfallgefahr dar.

Keilwelle

Kerbverzahnungen, **Keilwellen-** oder **Polygonprofile** sind **formschlüssige Verbindungen**. Die Übertragung des Drehmoments geschieht an mehreren Stellen gleichmäßig am Umfang verteilt.
Die Nabe kann auf der Welle axial verschoben werden.

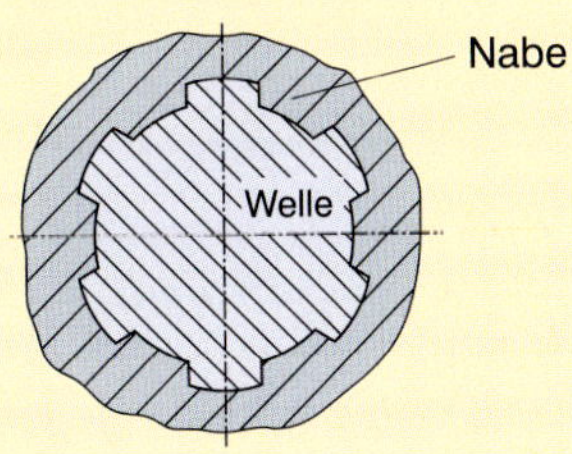

Klemmverbindung

Klemmverbindungen sind **kraftschlüssige Verbindungen**. Durch die Schraubenverbindung wird die Nabe auf die Welle gespannt.

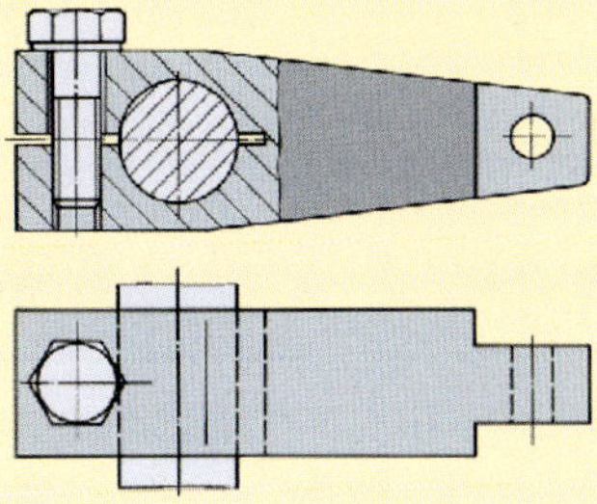

Spannelemente

Bei Spannelementverbindungen (**kraftschlüssig**) werden kegelige Ringe durch Spannschrauben übereinander gezogen. Welle und Nabe werden gleichmäßig am gesamten Umfang gegeneinder verspannt.

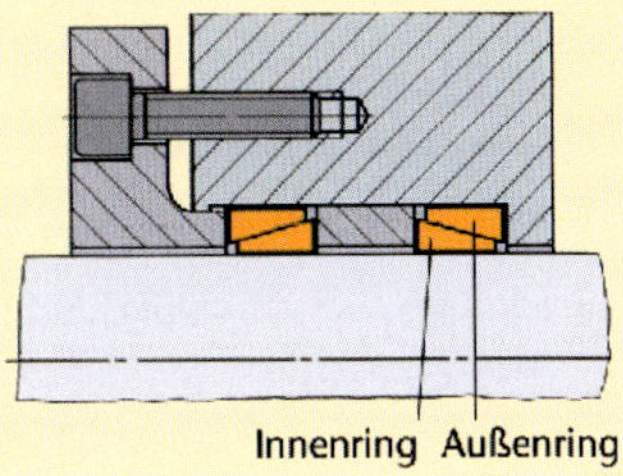

Bolzen- und Stiftverbindungen

Das nebenstehende Kegelrad auf der Abtriebswelle eines Getriebes wird durch eine **Stiftverbindung** auf der Welle gehalten. Ein **Zylinderstift** wird in eine gemeinsam gebohrte und geriebene Bohrung in Kegelrad und Welle getrieben. Stift und Bohrung besitzen Passmaße, sodass der Stift kraftschlüssig in der Bohrung sitzt. Die Verbindung wird durch die Form des Stiftes hergestellt. Stiftverbindungen sind **formschlüssig** und **lösbar**.

Der Zylinderstift erfüllt hier die Funktion als **Abscherstift**. Wird die Belastung an der Abtriebswelle größer als der berechnete zulässige Wert, so schert der Stift ab, um weiteren Schaden an Antrieb und Getriebe zu verhindern.

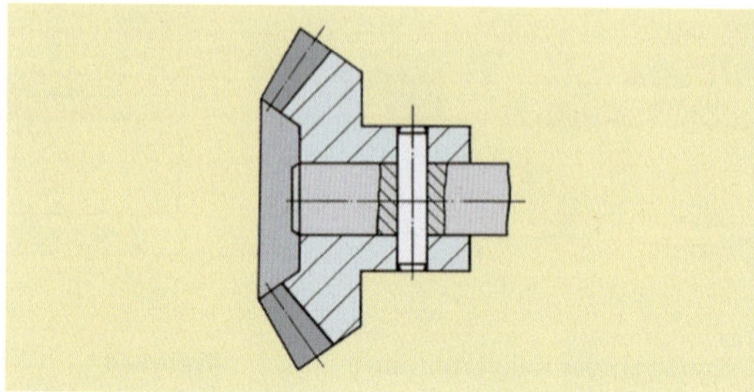

60.1 Stiftverbindung

ÜBERBLICK Stifte und Bolzen

Zylinderstifte		Kegelstift
 ungehärtet DIN EN ISO 2338	 gehärtet DIN EN 28734	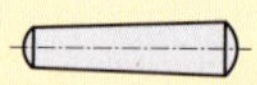 ungehärtet DIN EN 22339
Spannstift		
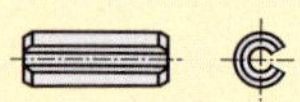 geschlitzt DIN EN ISO 8752, DIN EN ISO 13337		
Kerbstifte		
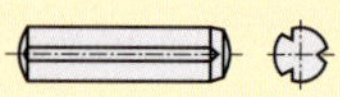 Zylinderkerbstift DIN EN 28740	 Kegelkerbstift DIN EN 28744	
Bolzen		
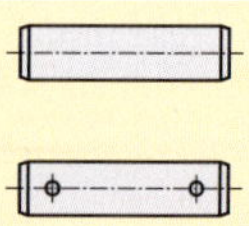 Bolzen ohne Kopf DIN EN 22340	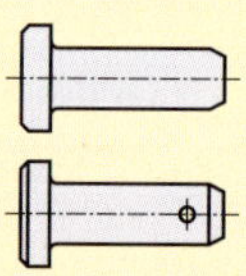 Bolzen mit Kopf DIN EN 22341	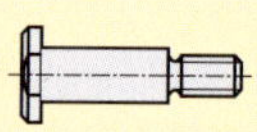 Bolzen mit Kopf und Gewindezapfen DIN 1445

Zylinderstifte werden als Pass-, Befestigungs- oder Abscherstifte eingesetzt. Die Passungen werden in den Toleranzfeldern m6 oder h8 ausgeführt.

Kegelstifte werden als Befestigungsstifte verwendet und haben eine Kegelverjüngung von 1:50 (1 mm Durchmesserabnahme auf 50 mm Länge).

Spannstifte sind geschlitzte Hülsen aus Federstahl. Sie haben ein Übermaß von 0,2 bis 0,5 mm und werden in der Bohrung zusammengedrückt, um ein Verschieben der Bauteile gegeneinander zu verhindern.

Kerbstifte sind Befestigungsstifte und verformen sich beim Einschlagen in die Bohrung. Sie sitzen sehr fest und eignen sich daher nicht für häufiges Lösen. Die Bohrung braucht nicht gerieben zu werden.

Bolzen werden meistens für bewegliche Verbindungen (Gelenke) verwendet (Toleranzfeld h11). Sie können gegen Verschieben durch Splinte, Scheiben oder durch Verschrauben gesichert werden.

Aufgaben

1 *Erklären Sie die kraftschlüssige Wirkung einer warm genieteten Verbindung! Fertigen Sie dazu eine Skizze an mit den auftretenden Kräften!*

2 *Vergleichen Sie Passfeder- mit Keilverbindungen! Unterscheiden Sie dabei die Wirkprinzipien und nennen Sie Vor- und Nachteile!*

3 *Erläutern Sie die verschiedenen Möglichkeiten, Pressverbindungen zwischen Wälzlager und Welle herzustellen!*

4 *Nennen Sie Anwendungen für Zylinderstifte und Spannstifte!*

5 *Fertigen Sie eine technische Zeichung für ein Verbindungsbeispiel mit einem Bolzen!*

Lötverbindungen

Elektrische, elektronische Bauteile und Kabelanschlüsse wie die am Stator des Elektromotors werden gelötet. Dabei werden metallische Bauteile durch einen Zusatzwerkstoff **stoffschlüssig** und **unlösbar** verbunden.
Der metallische Zusatzwerkstoff, das **Lot**, wird dabei aufgeschmolzen und dringt in den Zwischenraum zwischen den Bauteilen, den **Lötspalt**, ein oder umschließt die Kontaktstellen elektrischer Bauteile. Die Bauteile werden nur erwärmt, nicht aufgeschmolzen.

Zuvor müssen die Lötstellen an den Bauteilen gereinigt werden, um die einwandfreie Benetzung der Lötstelle durch das Lot zu erreichen. Nur dadurch ist sichergestellt, dass Moleküle des Lots an den Kontaktflächen in den Grundwerkstoff diffundieren und dort eine Legierung bilden können. Der Einsatz eines **Flussmittels** erhöht die Reinigungswirkung und schützt die Kontaktflächen vor erneuter Oxidation.

Flussmittel sind ätzend, daher immer Schutzkleidung und Schutzbrille tragen!
Hautkontakt mit Flussmittel ist zu vermeiden!
Lötstelle nach dem Löten von Flussmittelrückständen reinigen!
Für ausreichende Belüftung am Arbeitsplatz sorgen!

Werden Bleche, Rohre oder Werkzeuge gelötet, sollte der Lötspalt zwischen den Bauteilen etwa 0,05 bis 0,2 mm betragen, damit sich das flüssige Lot durch die **Kapillarwirkung** in den Spalt ziehen kann.

Weichlöten wird in der Elektrotechnik eingesetzt, da hier keine großen Belastungen der Lötstelle auftreten. Weichlöten wird bei Temperaturen unter 450 °C mit Lötkolben oder -flamme durchgeführt.

Hartmetallschneiden werden in Werkzeuge hartgelötet. **Hartlöten** wird bei Arbeitstemperaturen oberhalb von 450 °C mit dem Schweißbrenner durchgeführt. Hart gelötete Verbindungen haben eine hohe Festigkeit und Wärmebeständigkeit.

Die Auswahl von Loten und Flussmitteln richtet sich nach den zu verlötenden Werkstoffen und nach dem Verwendungszweck. Sie sind Tabellenbüchern zu entnehmen.

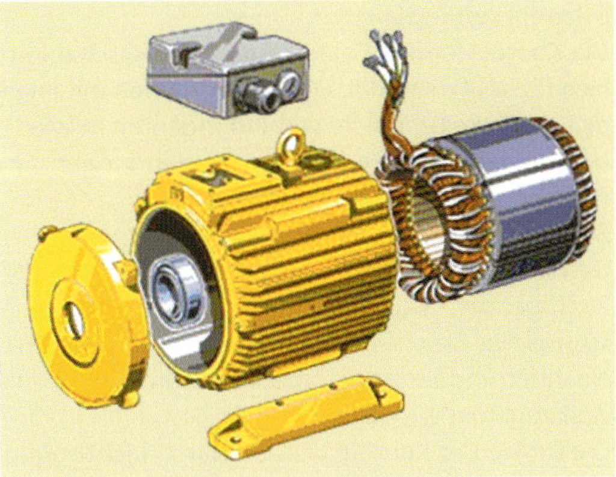

61.1 Gelötete Kabelverbindungen

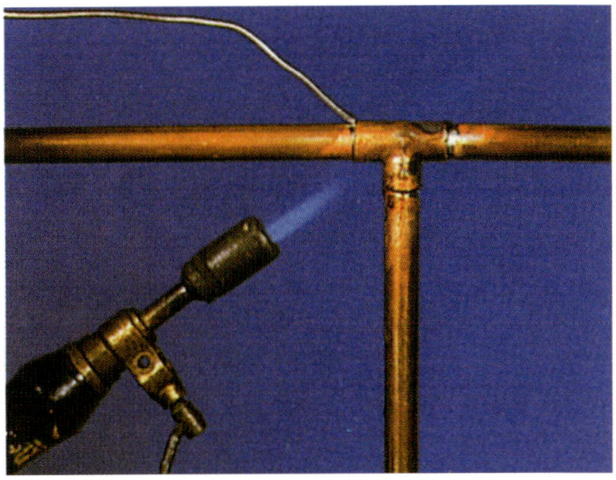

61.2 Löten von Rohrleitungen

- Geeignete Weich- oder Hartlote und Flussmittel auswählen.
- Zu verbindende Lötstellen metallisch blank bürsten oder schleifen.
- Flussmittel auftragen.
- Werkstücke mit richtigem Lötspalt zueinander positionieren oder spannen.
- Werkstücke auf Arbeitstemperatur erwärmen. Sie liegt oberhalb der Schmelztemperatur des Lotes (vgl. Tabellenbuch). Bei zu hoher Arbeitstemperatur verbrennt das Flussmittel.
- Lot zugeben und dabei weiterhin die Bauteile erwärmen. Das Lot soll durch die Wärme der Bauteile aufschmelzen und in den Lötspalt fließen.
- Lot erkalten lassen und Lötstelle von Flussmittel reinigen.

61.3 Arbeitshinweise zum Löten

Schweißverbindungen

Die Konsole für den Elektromotor wird aus Stahlprofilen (S235JR) gefertigt. Die Profile werden miteinander verschweißt, da die Verbindungen nicht wieder gelöst werden müssen. Schweißverbindungen sind **stoffschlüssig** und **unlösbar**.

Beim Schweißen wird durch eine Gasflamme, einen Lichtbogen oder einen Laserstrahl der Werkstoff der zu fügenden Bauteile an der Fügestelle aufgeschmolzen. Das flüssige Metall verbindet sich miteinander und erstarrt. Dabei kann ein Zusatzwerkstoff zugefügt werden.

Die Profile der Konsole werden durch **Lichtbogenschmelzschweißen** gefügt. Durch einen starken Strom entsteht zwischen einer **Stabelektrode** und dem Werkstück ein Lichtbogen, der Grundwerkstoff und Elektrode aufschmilzt.

Durch die abschmelzende Elektrode wird einerseits Zusatzwerkstoff zugeführt, und gleichzeitig dient die Umhüllung dazu, den Lichtbogen zu stabilisieren und die glühende Schweißnaht mit Schlacke abzudecken, die sich aus der schmelzenden Umhüllung bildet.

Die Elektrode soll die gleichen Werkstoffeigenschaften besitzen wie der Grundwerkstoff. Die Umhüllung ist häufig aus dem mineralischen Stoff **Rutil**. Hier werden Stabelektroden mit der Bezeichnung EN 499-E 35 R 3 verwendet (vgl. Tabellenbuch).

Die **Form der Schweißnaht** ergibt sich aus der **Stoßart** der zu fügenden Bauteile. An der Konsole sind Stumpfstöße zwischen den Profilen und T-Stöße zwischen der Aufhängung und den Profilen vorhanden. Dementsprechend sind I-Nähte und Kehlnähte herzustellen.

Die **Nahtdicke** ergibt sich aus Festigkeitsberechnungen für die entsprechenden Bauteile. Die Schweißnähte an der Konsole haben eine Nahtdicke von 3 mm und 4 mm.

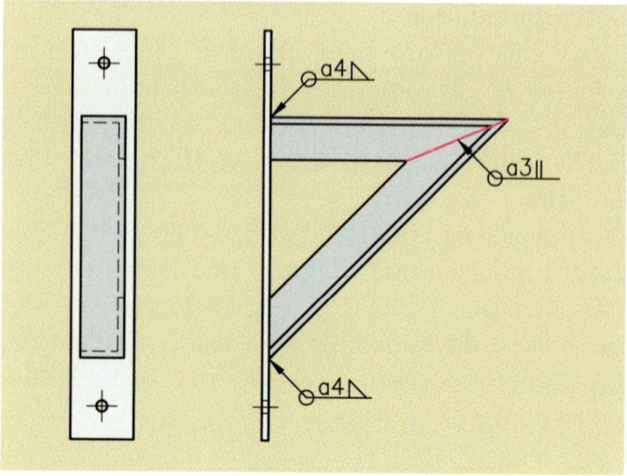

62.1 Schweißverbindungen

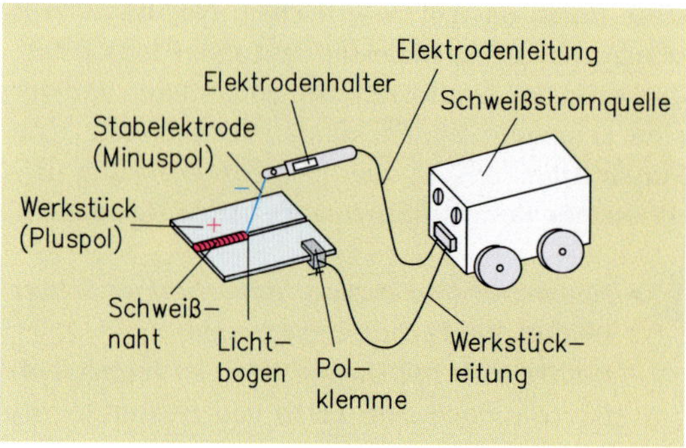

62.2 Lichtbogenschmelzschweißen

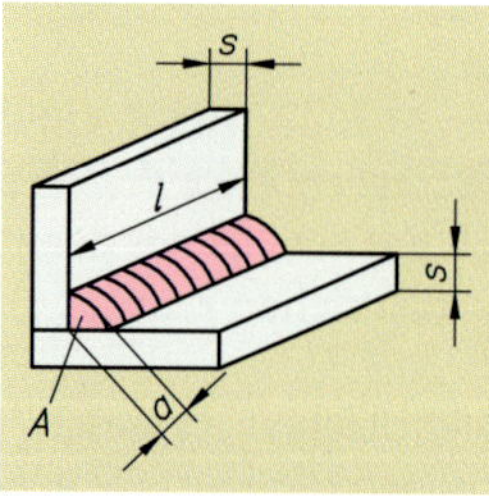

62.3 Nahtabmessungen

a Nahtdicke in mm
A Nahtquerschnitt in mm²
l Nahtlänge in mm
s Blechdicke in mm

ÜBERBLICK Schweißstromquellen

Schweißtransformator	Schweißgleichrichter	Schweißgenerator (Umformer)
Transformiert Netzspannung (230 V/ 400 V) in geringe Schweißspannung (< 80 V) und hohen **Wechselstrom**.	Wandelt Wechselstrom aus dem Netz in **Gleichstrom** (Schweißspannung 100 V)	Erzeugt über einen eigenen Generator **Gleichstrom**. Mit Verbrennungsmotor netzunabhängiger Betrieb möglich.
Schweißströme sind stufenlos einstellbar		
unruhiger Lichtbogen, zufriedenstellende Schweißeigenschaften	ruhiger Lichtbogen, gute Schweißeigenschaften	

ÜBERBLICK Stoßarten und Nahtarten

Stoßarten

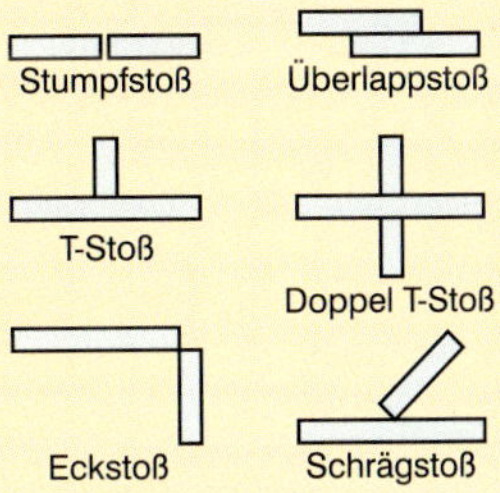

Nahtarten

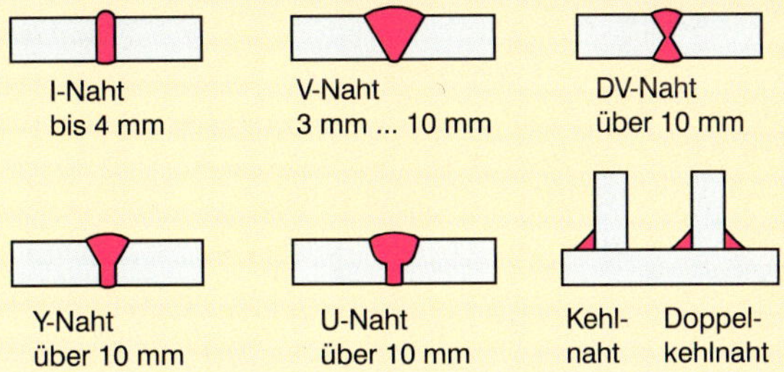

In der industriellen Fertigung und zum Schweißen von legierten Stählen und Nichteisenmetallen werden **Schutzgasschweißverfahren** eingesetzt. Hierbei werden Lichtbogen und Schmelze von bestimmten Gasen umströmt, die entweder aktiv am Schweißprozess beteiligt sind (Aktivgas) oder die Schmelze vor Umgebungseinflüssen schützen (Inertgas). Schutzgasschweißverfahen werden nach der Elektrodenart und dem verwendeten Schutzgas unterteilt.

ÜBERBLICK Schweißverfahren

Metallschutzgasschweißen

Wolfram-Schutzgasschweißverfahren (WSG)

- Wolfram-Intergas-Schweißen (WIG)
- (Wolfram-)Plasmaschweißen (WP)
- Wolfram-Wasserstoff-Schweißen (WHG)

Metall-Schutzgasschweißen (MSG)

- Metall-Inertgas-Schweißen (MIG)
- Metall-Aktivgas-Schweißen (MAG)

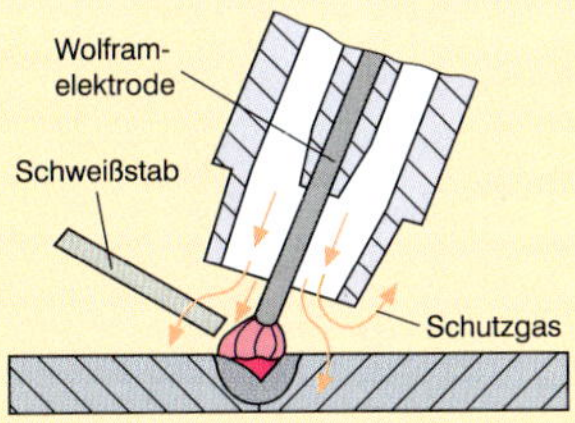

Wolfram-Inertgas-Schweißen

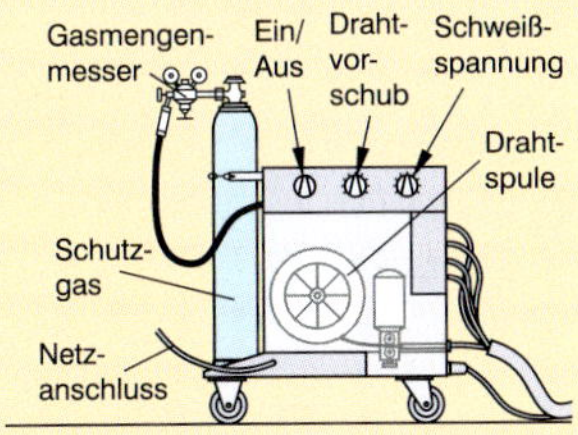

MIG/MAG-Schweißanlage

Schutzgasschweißverfahren

Die Bennenung der einzelnen Schutzgasschweißverfahren ist in der DIN 1910 geregelt.

Beim **Wolfram-Inertgas-Schweißen (WIG)**, für Edelstähle, Aluminium- und Kupferlegierungen geeignet, wird eine Wolfram-Dauerelelktrode zur Zündung des Lichtbogens verwendet.

Der **Zusatzwerkstoff** wird **von Hand** zugegeben und Argon als Schutzgas verwendet.

Bei **MIG**- und **MAG-Schweißverfahren** wird der Zusatzwerkstoff durch einen Vorschub automatisch von einer Rolle zugeführt und dient gleichzeitig als Elektrode. Als Schutzgase werden Argon beim MIG-Verfahren und **CO_2** oder **Mischgase** beim MAG-Verfahren verwendet.

Gasschmelzschweißen

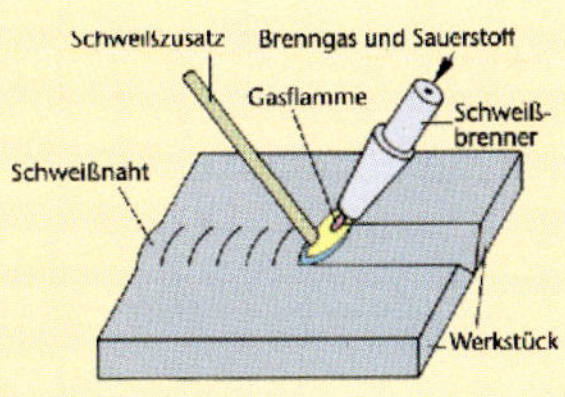

Gasschmelzschweißen

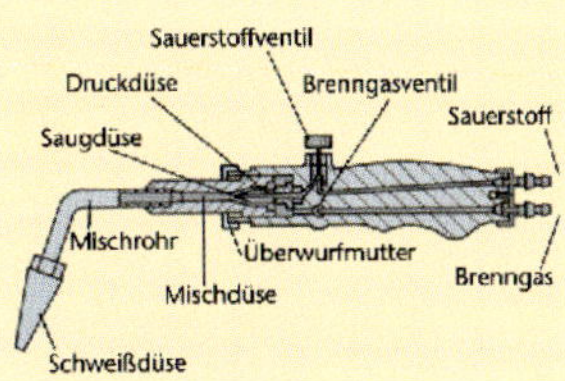

Schweißbrenner

Gasschmelzschweißen ist das älteste Schweißverfahren und wird in der Praxis auch Autogenschweißen genannt.

Mit einer **Gas-Sauerstoffflamme** wird der Werkstoff zum Schmelzen gebracht. Der Zusatzwerkstoff wird getrennt zugeführt. Als Brenngas wird wegen der hohen **Flammtemperatur** hauptsächlich **Acetylen** verwendet.

ÜBERBLICK Schweißverfahren (Fortsetzung)

Gasschmelzschweißen (Fortsetzung)

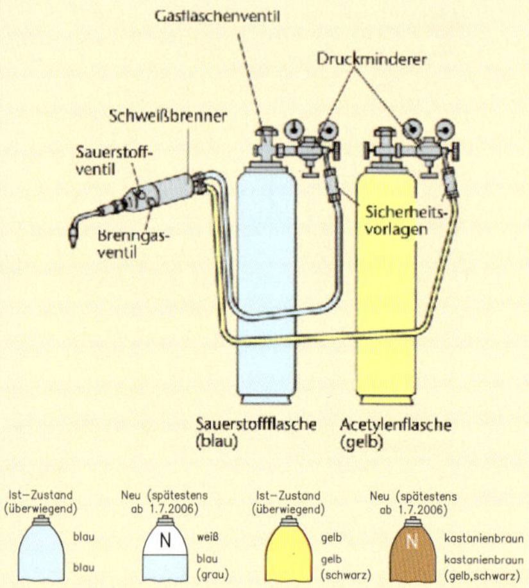

Gasschmelzschweißanlage

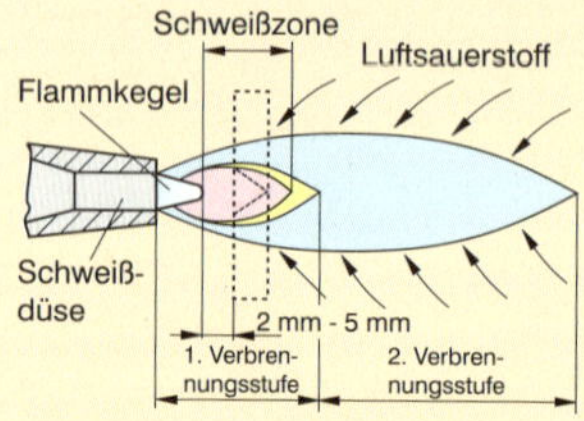

Acetylen-Sauerstoff-Flamme

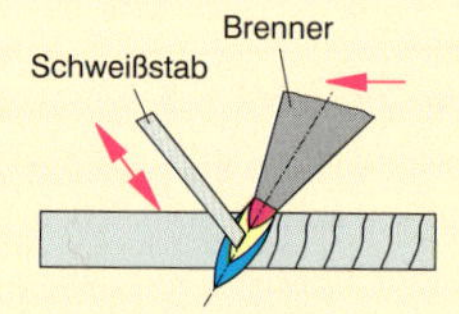

geradlinige Brennerführung bei Blechdicken bis 1,5 mm

Nachlinksschweißen

Zur Versorgung des Schweißbrenners mit den Gasen werden Schlauchleitungen an die Druckminderer angeschlossen. Sauerstoff wird in blauen Stahlflaschen verschiedener Größe mit einem Druck von bis zu 200 bar geliefert und mit dem Druckminderer auf den Arbeitsdruck von 2,5 bar reduziert. Eine 50-l-Flasche mit 200 bar enthält 10 000 l Sauerstoff. Acetylen, in gelben Flaschen mit einem Fülldruck bis 19 bar, wird auf 0,5 bar Arbeitsdruck gemindert. Im Brenner wird durch die Ventile die Gasmischung eingestellt. Die Brennerdüse wird nach der Blechdicke gewählt. Bei richtiger Brennereinstellung bildet sich ein scharfer Flammkegel (neutrale Flamme). Blechdicken bis zu 3mm werden nach links geschweißt.

Beim Schweißen treten Gefahren durch den **elektrischen Strom**, die **optische Strahlung** und durch **Schadstoffe** auf.

Die Spannung der Schweißstromquellen ist im Normalfall schon begrenzt (s. o.) und muss bei erhöhter elektrischer Gefährdung bei Wechselstrom auf 48 V begrenzt werden.
Schutzkleidung nach Norm (DIN 4841, 4843) erhöht den Schutz.

Die Wirkung der optischen Strahlung wird häufig unterschätzt. Ein „Sonnenbrand“ an ungeschützten Körperstellen gilt als das kleinere Übel. Blenden oder „Verblitzen“ der Augen kann dauerhafte Schäden zur Folge haben. Das Tragen von geschlossenen Schweißeranzügen (DIN 31771), Lederschürzen und Stulpenhandschuhen schützt gegen Strahlung und Spritzer. Ein Schweißerschutzschirm mit Schutzfilter (DIN 4647) schützt die Augen gegen die optische Strahlung.

Schadstoffe entstehen bei der Verbrennung von Metallbeschichtungen (Fette, Farbe, Zink, Reinigungsmittel) und beim Schmelzen der Elektrodenumhüllung. Beschichtungen sind, so weit möglich, zu entfernen. Zusätzlich soll der Rauch an der Arbeitsstelle abgesaugt werden und ausreichend Frischluft zugeführt werden.
Arbeitsschutzhinweise geben die Berufsgenossenschaften, der Deutsche Verband für Schweißtechnik (DVS) und die Bundesanstalt für Arbeitsschutz (BAS) heraus.

- Schutzkleidung tragen
- Schutzbrille oder Schweißerschutzschirm mit Schutzfilter tragen
- Arbeitsplatz absichern und für Belüftung sorgen
- Brennbare Stoffe an der Arbeitsstelle entfernen oder feuerhemmend abdecken
- Je nach Arbeitsplatz (z. B. Behälter) besondere Sicherheitsvorkehrungen treffen
- Kennzeichnung von Gasflaschen beachten
- Gasflaschen gegen Umfallen sichern
- Acetylenflaschen im Gebrauch nicht hinlegen
- Anschlüsse an Sauerstoffflaschen fettfrei halten
- Schutzkappe beim Flaschentransport aufschrauben
- Kabel und Anschlüsse auf schadhafte Stellen untersuchen

64.1 Sicherheitshinweise zum Schweißen

ÜBERBLICK Stoffschlüssige Fügeverfahren

Schweißen von Kunststoffen

Thermoplastische Kunststoffe sind warm umformbar und können daher auch geschweißt werden. Bei etwa 200 bis 300°C wird der Kunststoff in den plastischen Zustand gebracht.

Beim **Warmgasschweißen** erwärmt warme Luft Grund- und Zusatzwerkstoff. Der Zusatzwerkstoff wird dabei in die Schweißfuge gedrückt.

Beim **Heizelementschweißen** werden die zu fügenden Bauteile an einem Heizelement erwärmt und anschließend zusammengedrückt. Hierzu ist kein Zusatzwerkstoff erforderlich.

Die erforderliche Wärmeenergie wird in der industriellen Fertigung zunehmend durch **Laser** aufgebracht. Auch **Ultraschallschweißverfahren** werden verwendet.

Klebeverbindungen

Zum Fügen wärmeempfindlicher Bauteile eignen sich besonders Klebeverbindungen. Hierbei wird ein auf die zu fügenden Werkstoffe abgestimmter Klebstoff meistens kalt auf die Fügeflächen aufgetragen und härtet aus.

Klebeverbindungen sind **stoffschlüssig** und **unlösbar**.

Die Verbindung zwischen Werkstück und Klebstoff beruht auf **Adhäsionskräften**. Die Klebeflächen müssen daher sauber und fettfrei sein, um den Zusammenhalt herzustellen.

Im Klebstoff selbst wirken **Kohäsionskräfte**. Der Klebstoffauftrag muss möglichst dünn sein, wenn der Zusammenhalt im Klebstoff erhalten bleiben soll.

Härtet der Klebstoff durch Verdunsten von Lösungsmitteln oder durch Abkühlen aus, so spricht man von **physikalisch abbindenden Klebstoffen**. Reagieren verschiedene Bestandteile des Klebstoffs an der Klebestelle miteinander, dann spricht man von **chemisch abbindenden Klebstoffen** (Zweikomponentenkleber).

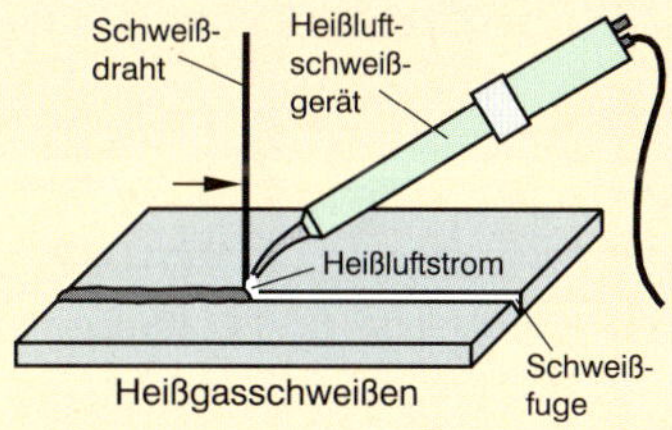

Heißgasschweißen

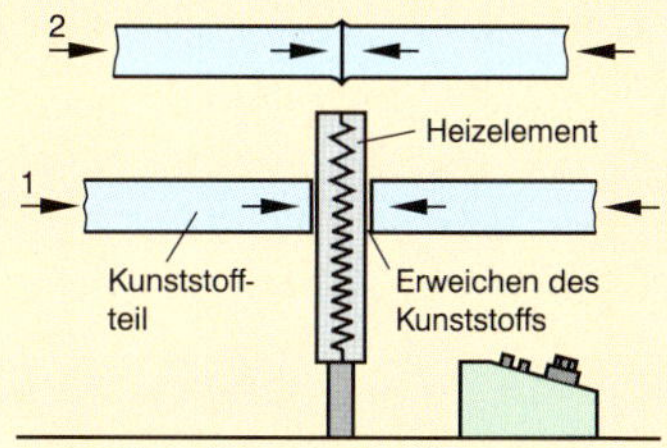

Heizelementschweißen

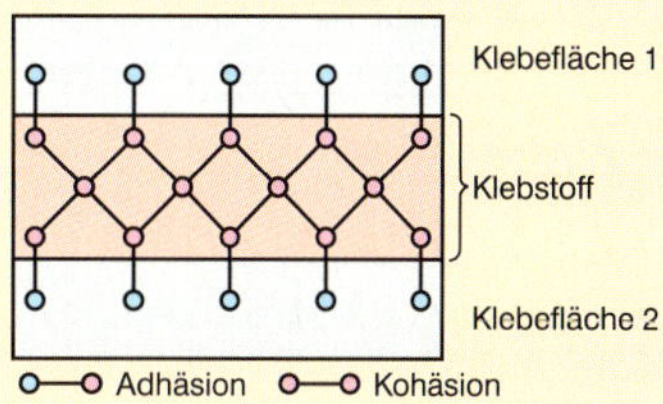

Wirkungsweise von Klebeverbindungen

Schutzmaßnahmen:
- Einatmen der Lösungsmitteldämpfe vermeiden
- Hautkontakt vermeiden

Aufgaben

1. *Wodurch entsteht beim Löten der Zusammenhalt zwischen Grundwerkstoff und Lot?*
2. *Erstellen Sie eine Liste mit Arbeitsschritten für das Löten!*
3. *Worin bestehen die Unterschiede zwischen Hart- und Weichlöten?*
4. *Was versteht man unter Kapillarwirkung?*
5. *Nennen Sie die grundlegenden Unterschiede zwischen den Verfahren Löten und Schweißen!*
6. *Erklären Sie die Verfahrensmerkmale des Lichtbogenschmelzschweißens!*
7. *Bei welchen Stoßarten wird eine V-Naht und eine Kehlnaht geschweißt?*
8. *Wodurch wird die Schmelze beim Lichtbogenschmelzschweißen und beim Schutzgasschweißen vor Luftsauerstoff geschützt?*
9. *Woran lassen sich Sauerstoff- und Acetylenflaschen erkennen?*
10. *Zählen Sie Schutzmaßnahmen gegen elektrischen Strom, optische Strahlung und Schadstoffe auf!*
11. *Welche Kunststoffe können geschweißt werden (vgl. Kapitel 2.1.2)?*
12. *Vergleichen Sie das Fügen eines PVC-Rohres durch Schweißen oder Kleben!*
13. *Welche Schutzmaßnahmen sind beim Umgang mit Klebstoffen zu beachten?*

3 Installieren elektrischer Betriebsmittel unter Beachtung sicherheitstechnischer Aspekte

3.1 Zusammenhänge in Stromkreisen

Abb. 66.1 zeigt einen NOT-AUS-Schalter für eine elektrische Anlage. Bei Betätigung des Schalters wird die elektrische Anlage abgeschaltet und in einen gefahrlosen Zustand gebracht. Eine Meldeleuchte macht dem Personal diesen Zustand der Anlage deutlich. Beim Testen dieser Funktion wird festgestellt, dass die Lampe aufgrund eines Fehlers nicht leuchtet. Abb. 66.2 zeigt den Ausschnitt des Stromlaufplans der Anlage mit dieser Meldeleuchte.

3.1.1 Der elektrische Stromkreis

Die Meldeleuchte und der NOT-AUS-Schalter bilden einen eigenen Stromkreis. In Abb. 66.3 ist dieser Stromkreis vereinfacht dargestellt. Der Schalter ist dabei im betätigten Zustand gezeichnet. Der Fehler im Stromkreis könnte durch ein defektes Betriebsmittel entstanden sein.

Betriebsmittel im Stromkreis

Der Stromkreis mit der Meldeleuchte hat folgende Betriebsmittel:

- NOT-AUS-Schalter Q1
- Lampe E1 als Verbraucher
- Elektrische Leitungen
- Spannungsquelle

Abb. 66.4 zeigt Erläuterungen zu den Betriebsmitteln. Der Schalter Q1 hat einen Schließer-Kontakt und einen Öffner-Kontakt. Seine Betätigung hat folgende Auswirkungen:

- Der Stromkreis mit dem Öffnerkontakt wird unterbrochen.
- Der Stromkreis mit dem Schließerkontakt wird geschlossen.

Der Stromkreis mit der Meldeleuchte wird folglich bei Betätigung von Q1 geschlossen, und E1 leuchtet, wenn kein Fehler vorliegt.

Nur in einem geschlossenen Stromkreis fließt ein elektrischer Strom.

Bei näherer Betrachtung wird festgestellt, dass der Glühfaden der Lampe E1 unterbrochen ist. Die Lampe ist defekt und wird ersetzt. Danach leuchtet sie bei Betätigung von Q1. Es fließt ein Strom.

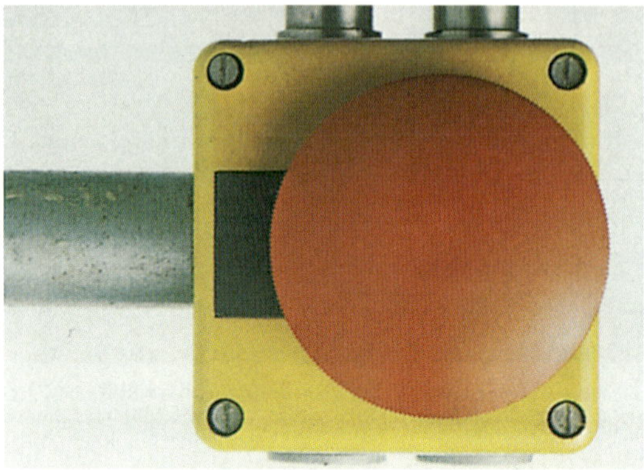

66.1 NOT-AUS-Schalter

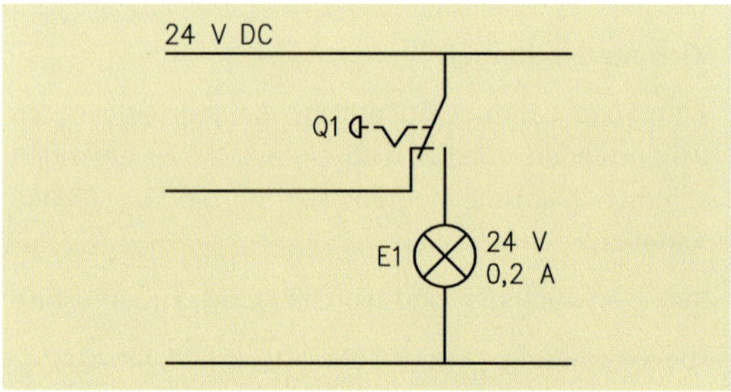

66.2 Ausschnitt aus dem Stromlaufplan

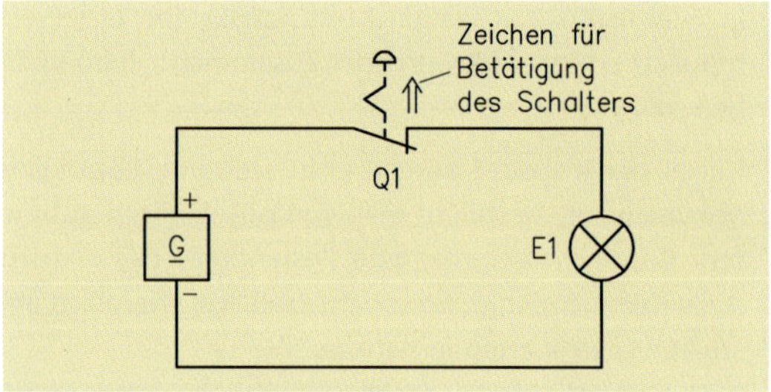

66.3 Vereinfachter Plan für die Meldeleuchte

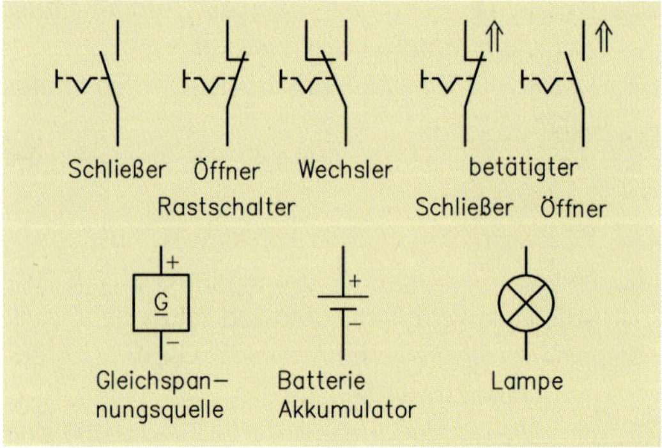

66.4 Erläuterungen zu den Betriebsmitteln

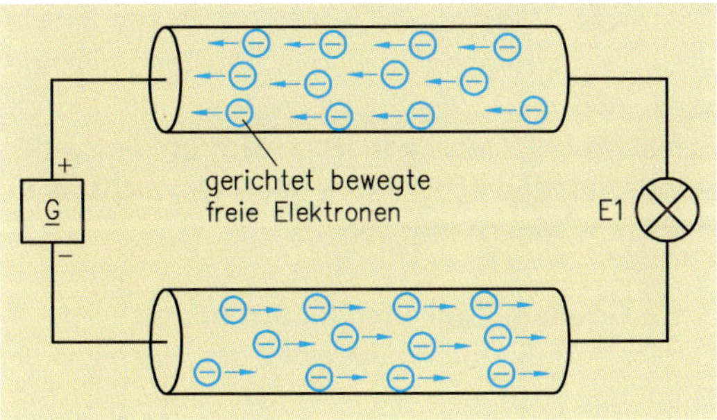

67.1 Elektronenstrom im Leiter

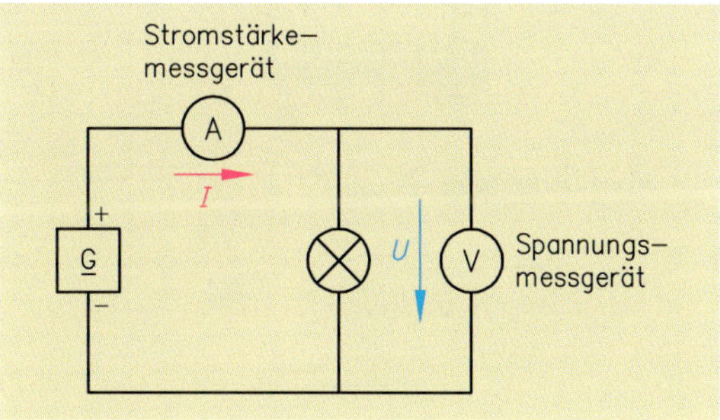

67.2 Stromkreis mit Messgeräten

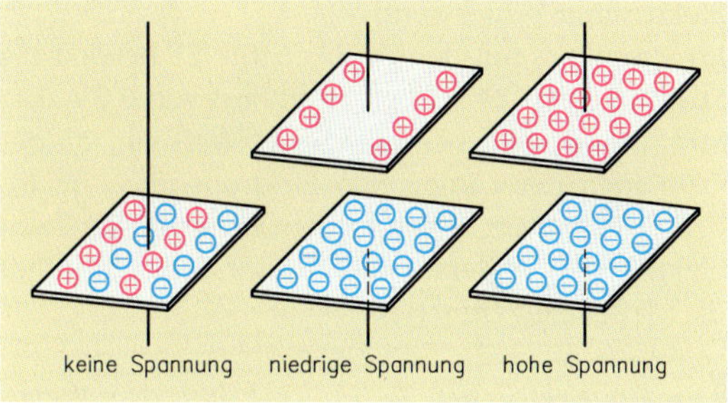

67.3 Spannung entsteht durch Ladungstrennung

Elektrischer Strom

Abb. 67.1 macht den Stromfluss in der Leitung deutlich. Elektronen bewegen sich in eine Richtung. Sie sind negativ geladen.

Der elektrische Strom ist die gerichtete Bewegung von Ladungsträgern.

Dabei fließen die Elektronen vom Minuspol zum Pluspol. Dieses bezeichnet man als physikalische Stromrichtung. In der Technik wurde die Stromrichtung jedoch anders festgelegt. Dabei ging man von der Bewegung von positiven Ladungen aus und legte die Stromrichtung außerhalb der Spannungsquelle vom Plus- zum Minuspol fest. Sie wird als **technische Stromrichtung** bezeichnet und ist in Abb. 67.2 mit einem Messgerät zur Strommessung eingetragen.

Zum Strom finden wir in Abb. 66.2 an der Lampe die Angabe 0,2 A. Sie bezieht sich auf die Stromstärke I, die beim Leuchten der Lampe fließt. Je mehr Elektronen je Sekunde durch den Leiterquerschnitt fließen, desto höher ist die Stromstärke.

Die elektrische Stromstärke I ist die Ladungsmenge, die je Sekunde durch einen Leiterquerschnitt fließt.

Die Maßeinheit für die Stromstärke ist **Ampere (A)**. Bei 1 A passieren $6{,}25 \cdot 10^{18}$ Elektronen den Leiterquerschnitt in einer Sekunde.

Fließt der Strom ständig in die gleiche Richtung, wie beim Stromkreis mit der NOT-AUS-Leuchte, dann wird er als **Gleichstrom** (auch **DC** für Direct Current) bezeichnet. Wechselt er periodisch die Richtung, nennt man ihn **Wechselstrom** (auch **AC** für Alternating Current).

Elektrische Spannung

Ein elektrischer Strom kann nur fließen, wenn eine Spannungsquelle vorhanden ist. Sie liefert die elektrische Spannung.

Die elektrische Spannung U bewirkt im Stromkreis das Fließen des Stroms.

Sie kann als Antrieb des Stroms angesehen werden und entsteht durch Ladungstrennung, wie das Abb. 67.3 deutlich macht. Nach der Trennung haben die unterschiedlichen Ladungen das Bestreben, sich wieder auszugleichen. Für die Lampe ist in Abb. 66.2 angegeben: 24 V. Diese Angabe bezieht sich auf die Spannungshöhe. Die Maßeinheit ist **Volt (V)**. Spannungen werden in Schaltplänen durch einen Spannungspfeil vom Plus- zum Minuspol gekennzeichnet. Pfeil und Spannungsmessgerät sind im Schaltplan in Abb. 67.2 dargestellt. Da die Polarität der hier verwendeten Spannung ständig gleich bleibt, bezeichnet man die Spannung als 24 V **Gleichspannung** oder 24 V **DC**. Bei wechselnder Polarität der Spannung wird **AC** für Wechselspannung angegeben. Beim Wechseln der Lampe muss die Spannungsangabe berücksichtigt werden.

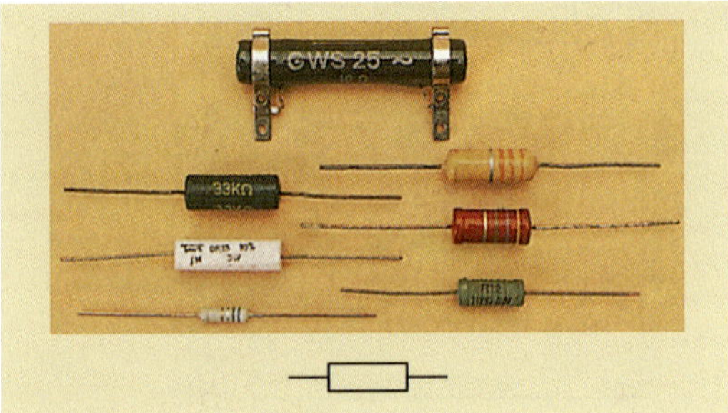

68.1. Elektrische Widerstände

Elektrischer Widerstand

Im Stromkreis mit der Meldeleuchte E1 bewirkt die Spannung von 24 V einen Stromfluss von 0,2 A. Die Stromstärke stellt sich auf diesen Wert ein, da der Glühfaden der Lampe den Elektronenfluss behindert. Die Lampe begrenzt den Strom durch ihren **elektrischen Widerstand *R*.** Dieser Widerstand hat die Maßeinheit Ohm (Ω).

Ein elektrischer Verbraucher hat den Widerstandswert von 1 Ohm, wenn bei einer Spannung von 1 Volt ein Strom von 1 A fließt.

Elektrische Widerstände werden auch als Bauelemente zur Strombegrenzung in Schaltungen eingesetzt. Abb. 68.1 zeigt einige Widerstände und das Schaltsymbol. Dabei handelt es sich um Festwiderstände, das sind Widerstände mit einem nicht veränderbarem Widerstandswert.

3.1.2 Gesetzmäßigkeiten im Stromkreis

Die Stromstärke im Stromkreis ist zum einen von der Höhe der Spannung, zum anderen aber auch von der Größe des Widerstandswertes des Verbrauchers abhängig. Die Stromstärke I steigt

- mit zunehmender Spannung U
- mit abnehmendem Widerstandswert R.

Dieser Zusammenhang wird auch in folgender Berechnungsformel deutlich, die als Ohm'sches Gesetz bezeichnet wird.

$$I = \frac{U}{R}$$

I Stromstärke in A
U Spannung in V
R Widerstand in Ω

EXKURS **Ohm'sches Gesetz**

Messschaltung:

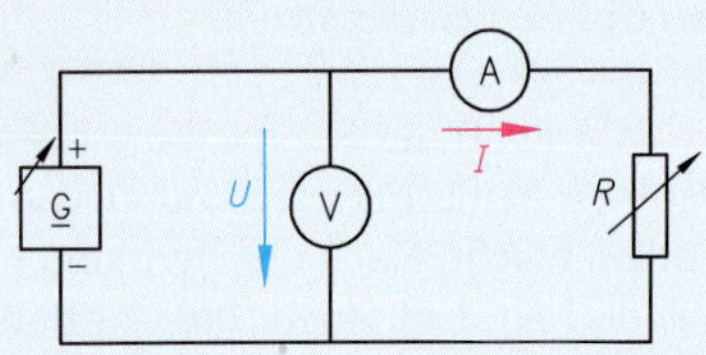

Spannungsquelle mit veränderbarer Spannung von 0 bis 12 V

Widerstand mit veränderbarem Widerstandswert

Aus den Messergebnissen und der Festlegung des Widerstandswertes von 1 Ω folgt: $I = \frac{U}{R}$

Messergebnisse:

U in V	*I* in mA
3	10
6	20
9	30
12	40

$I \sim U$

R in Ω	*I* in mA
300	40
200	60
100	120
50	240

$I \approx \frac{1}{R}$

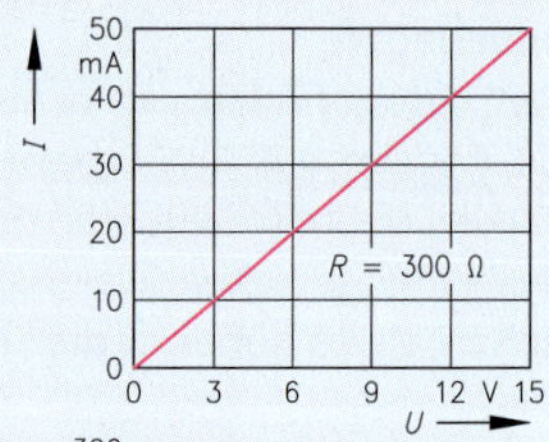

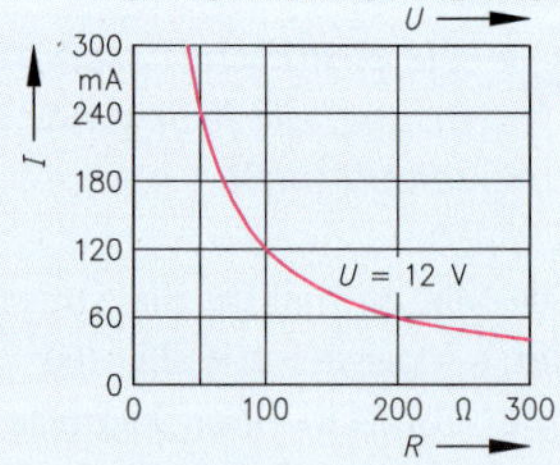

Aufgaben

1 *Welche Betriebsmittel sind für einen Stromkreis erforderlich?*

2 *Wie ist die technische Stromrichtung festgelegt?*

3 *Die Spannung an einer Lampe wird verringert. Wie ändert sich die Stromstärke?*

4 *Durch eine Lampe fließt an einer Spannung von 24 V ein Strom von 0,2 A. Wie groß ist der Widerstandswert der Lampe?*

5 *An einen Widerstand von 330 Ω wird eine Spannung von 12 V gelegt. Wie hoch ist die Stromstärke, die durch ihn fließt?*

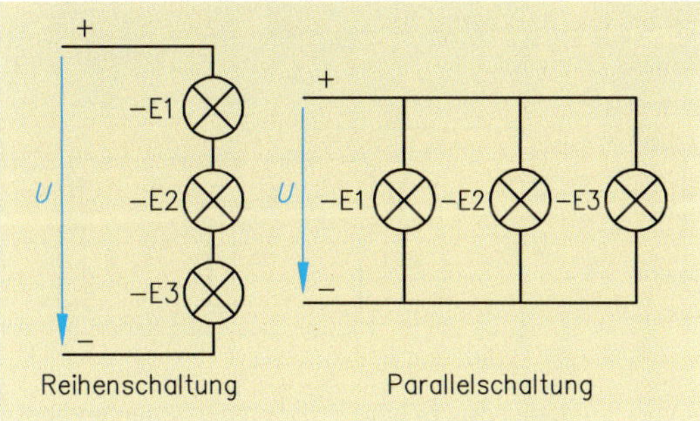

69.1 Reihen- und Parallelschaltung der Lampen

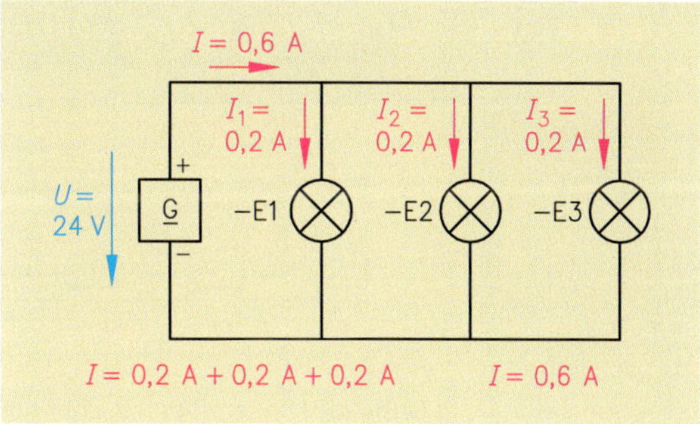

69.2 Parallelschaltung der Lampen

3.1.3 Schaltungen von Verbrauchern

Der NOT-AUS-Betriebszustand in einer elektrischen Anlage soll an mehreren Stellen durch entsprechende Meldeleuchten angezeigt werden. Bisher erfolgte diese Anzeige nur durch eine Leuchte E1 (24 V DC; 0,2 A).

In Abb. 69.1 werden zwei Möglichkeiten gezeigt, zwei weitere Leuchten E2 und E3 dazuzuschalten.

- Werden Verbraucher hintereinander geschaltet, bezeichnet man dieses als **Reihenschaltung.**
- Sind Verbraucher nebeneinander geschaltet, dann ist dies eine **Parallelschaltung.**

In unserem Fall sollen **für** die weiteren Leuchten die gleichen Lampentypen (24 V; 0,2 A) verwendet werden. Daher kommt nur die Parallelschaltung infrage.

Bei der Parallelschaltung ist die Spannung an allen Verbrauchern gleich groß.

Aus diesem Grund werden die meisten Verbraucher in elektrischen Anlagen parallel an das vorhandene Versorgungsnetz geschaltet.

Ströme in der Parallelschaltung

Abb. 69.2 zeigt die Parallelschaltung der Lampen. Es wird deutlich, dass die Spannungsquelle durch das Zuschalten der Lampen E2 und E3 einen höheren Strom liefern muss, da jede Lampe 0,2 A benötigt. Die Gesamtstromstärke ergibt sich aus der Summe der Teilstromstärken. Es gilt:

$$I = I_1 + I_2 + I_3$$

I Gesamtstromstärke in A
$I_{1,2,3}$ Teilstromstärken in A

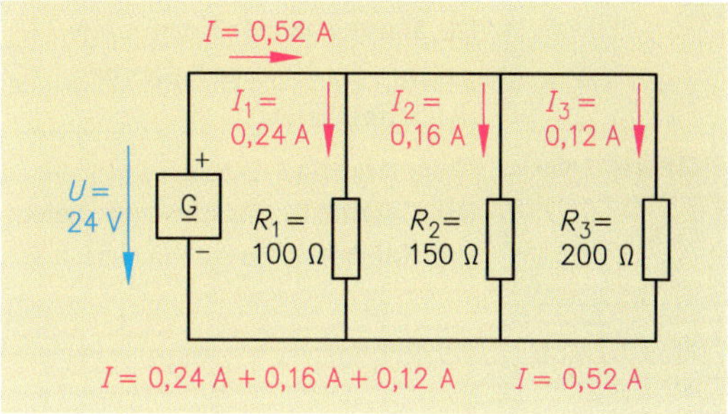

69.3 Parallelschaltung von Widerständen

Ersatzwiderstand bei der Parallelschaltung

In Abb. 69.3 ist eine Parallelschaltung mit Widerständen dargestellt. Sollen die drei Widerstände durch einen ersetzt werden, erhält man bei einem Gesamtstrom von 0,52 A nach dem Ohm'schen Gesetz:

$$R = \frac{U}{I} \Rightarrow R = \frac{24\ \text{V}}{0{,}52\ \text{A}} \Rightarrow R = 46{,}2\ \Omega$$

Der Ersatzwiderstand ist geringer als der kleinste Einzelwiderstand von 100 Ω.

In der Parallelschaltung hat der Ersatzwiderstand einen kleineren Wert als der kleinste Teilwiderstand.

Der Ersatzwiderstand kann auch direkt mithilfe der Teilwiderstandswerte berechnet werden. Durch Einsetzen und Umstellen der bisherigen Formeln erhält man dafür:

$$\frac{1}{R} = \frac{1}{R_1} + \frac{1}{R_2} + \frac{1}{R_3}$$

R Ersatzwiderstand in Ω
$R_{1,2,3}$ Teilwiderstände in Ω

ÜBERBLICK Reihen- und Parallelschaltung

	Reihenschaltung	Parallelschaltung
Schaltung	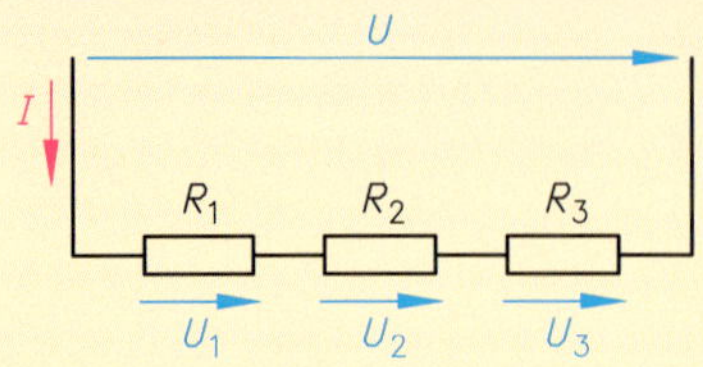	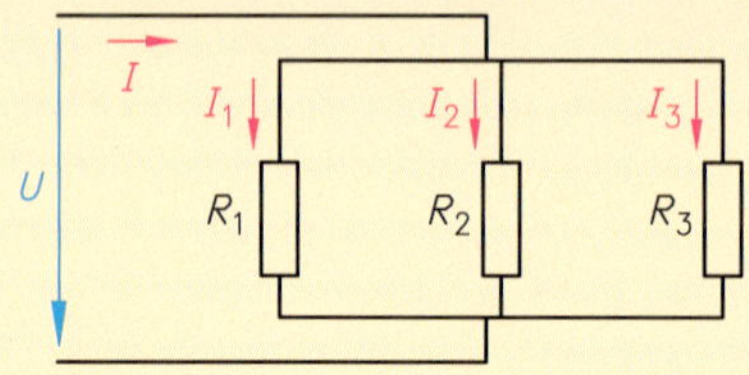
Merkmale	In Reihe geschaltete Verbraucher werden von demselben Strom durchflossen.	Parallel geschaltete Verbraucher liegen an derselben Spannung.
Spannungen	$U = U_1 + U_2 + U_3 + \dots U_n$	$U = U_1 = U_2 = U_3 = \dots U_n$
	Die Summe aller Teilspannungen U_1 bis U_n ist gleich der Gesamtspannung (2. Kirchhoff'sches Gesetz).	Die Gesamtspannung U ist gleich den Teilspannungen U_1 bis U_n.
Stromstärke	$I = I_1 = I_2 = I_3 = \dots = I_n$	$I = I_1 + I_2 + I_3 + \dots + I_n$
	Die Gesamtstromstärke I ist gleich den Teilstromstärken I_1 bis I_n.	Die Gesamtstromstärke I ist gleich der Summe der Teilstromstärken I_1 bis I_n (1. Kirchhoff'sches Gesetz).
Widerstände	$R = R_1 + R_2 + R_3 + \dots R_n$	$\frac{1}{R} = \frac{1}{R_1} + \frac{1}{R_2} + \frac{1}{R_3}$
	Der Ersatzwiderstand R ist gleich der Summe der Teilwiderstände R_1 bis R_n.	Der Ersatzwiderstand R ist kleiner als der kleinste Teilwiderstand.

3.1.4 Elektrische Leistung und Arbeit

Eine der Meldeleuchten für den NOT-AUS-Betriebszustand einer elektrischen Anlage soll zur besseren Wahrnehmung durch das Personal heller leuchten als die bisher installierten. Bei Verwendung des gleichen Lampentyps ist die Helligkeit von der Leistung der Lampe abhängig. Je höher die Leistung, desto heller leuchtet die Lampe. Die Leistung der installierten Lampen beträgt 4,8 W (Watt). Sie ergibt sich aus der Spannung und der Stromstärke.

Die elektrische Leistung P ist das Produkt aus Spannung U und Stromstärke I.

Zur Erhöhung der Helligkeit wird eine Lampe mit einer Leistung von 10 W eingebaut. Durch die größere Leistung steigt auch der Verbrauch an elektrischer Energie, die vom Elektrizitätswerk geliefert wird. Diese Energie wird auch als elektrische Arbeit W bezeichnet. Sie ist abhängig von

- der Leistung P des Betriebsmittels
- der Einschaltzeit t des Betriebsmittels.

Aus diesem Zusammenhang ergeben sich folgende Formeln:

$P = U \cdot I \qquad W = P \cdot t \qquad W = U \cdot I \cdot t$

P Leistung in W — U Spannung in V
I Stromstärke in A — t Zeit in s (oder h)
W Arbeit (Energie) in Ws (oder Wh)

Für die Arbeit W werden als Maßeinheiten verwendet: Ws, Wh und kWh. Es gilt:
1 kWh = 3 600 000 Ws; 1 Wh = 3 600 Ws

Aufgaben

1. *Wie unterscheidet sich eine Reihenschaltung von Verbrauchern von einer Parallelschaltung?*
2. *Zwei Widerstände von je 50 Ω sind zunächst in einer Reihenschaltung an 12 V angeschlossen. Anschließend werden sie in Parallelschaltung an 12 V angeschlossen. Berechnen Sie für beide Schaltungen den Ersatzwiderstand, den Gesamtstrom und die Gesamtleistung.*
3. *Eine Notbeleuchtung in einer Lagerhalle ist ständig eingeschaltet. Sie besteht aus 24 Lampen mit einer Leistung von je 60 W. Welche Kosten entstehen durch diese Beleuchtung im Monat (30 Tage), wenn 1 kWh mit 0,15 DM abgerechnet wird?*
4. *Gegeben sind 330 Ω Widerstände. Benötigt wird ein Widerstand von 110 Ω. Entwerfen Sie eine Schaltung!*

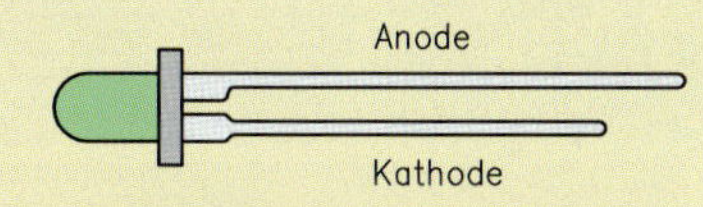

LED in 5 mm Gehäuse **V312 P**
Farbe: Grün Abstrahlwinkel: 12°
Durchlassstrom I_F: typ. 20 mA; max. 30 mA
Durchlassspannung U_F: typ. 2,7 V; max. 3,2 V
Wellenlänge: 560 nm Lichtstärke: typ. 40 mcd

71.1 Datenblatt einer Leuchtdiode (LED)

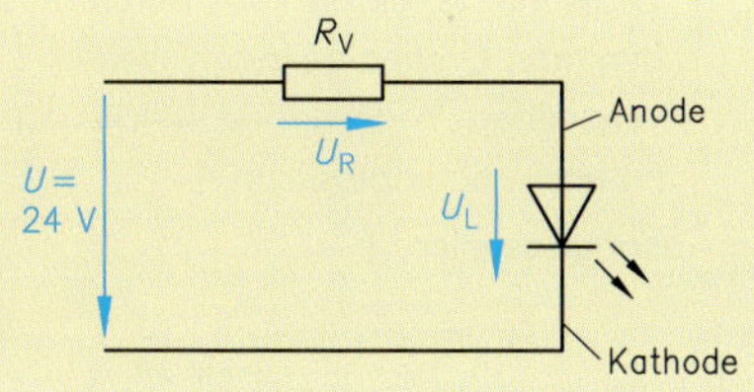

71.2 Schaltung mit Vorwiderstand

3.2 Bauelemente im Gleichstromkreis

3.2.1 Elektrische Widerstände

Die Leuchtdiode mit den Daten in Abb. 71.1 soll einen Anlagenzustand anzeigen. Dazu steht eine Spannung von 24 V DC zur Verfügung. Den Daten der Leuchtdiode wird entnommen, dass sie zum Leuchten eine Spannung von nur 2,7 V benötigt und dann ein Strom von 20 mA fließt. Ein direktes Anschließen an 24 V würde zur Zerstörung führen.

Vorwiderstände

Um die Leuchtdiode an 24 V zu betreiben, wird die Schaltung entsprechend Abb. 71.2 verwendet. Der Widerstand R_V wird vor die Leuchtdiode geschaltet und reduziert die Spannung. Er wird als Vorwiderstand bezeichnet.

Durch Vorwiderstände können Spannungen an elektrischen Bauelementen verringert werden.

Die Größe des Widerstandswertes von R_V erhält man nach dem Ohm'schen Gesetz. Da bei 24 V Gesamtspannung 2,7 V an der Leuchtdiode anliegen sollen, muss die Spannung U_R am Widerstand 21,3 V betragen. Dann ergibt sich bei einer Stromstärke von 20 mA für R_V:

$$R_V = \frac{U_R}{I} \Rightarrow R_V = \frac{21{,}3\ \text{V}}{0{,}02\ \text{A}} \Rightarrow R_V = 1056\ \Omega$$

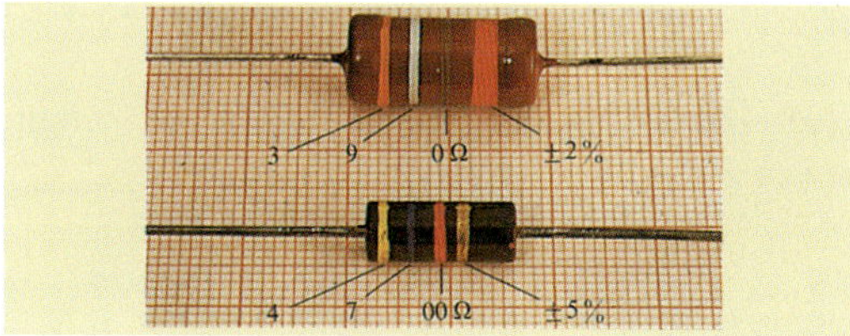

71.3 Festwiderstände mit Farbcode

Da die Spannung an der Leuchtdiode auch geringfügig überschritten werden kann, wird ein Festwiderstand mit einem Wert von 1 kΩ gewählt.
Festwiderstände haben einen festen Widerstandswert. Sie bestehen aus einem nicht leitenden zylinderförmigen Körper, auf den der Widerstandswerkstoff in Form einer Schicht oder Wicklung aufgebracht wird. Die Höhe des Widerstandes wird bestimmt durch

- die Länge des Widerstandsleiters
- den Querschnitt des Leiters
- dem Werkstoff des Leiters.

Bei kleineren Widerständen wird der Wert meistens in Form eines Farbcodes mit Farbringen angegeben (s. Abb. 71.3).

EXKURS **Widerstand elektrischer Leiter**

- Der spezifische Widerstand ρ ist der Widerstand eines Leiters von 1 m Länge und 1 mm^2 Querschnitt bei einer Temperatur von 20 °C.
- Die Leitfähigkeit γ ist der Kehrwert des spezifischen Widerstandes ρ.
- $\rho_{Cu} = 0{,}0178\ \Omega \cdot mm^2/m$
  $\rho_{Al} = 0{,}0278\ \Omega \cdot mm^2/m$
  $\rho_{Kohle} = 65\ \Omega \cdot mm^2/m$
  $\rho_{Konstantan} = 0{,}49\ \Omega \cdot mm^2/m$

$$R = \frac{\rho \cdot l}{A} \qquad R = \frac{l}{\gamma \cdot A} \qquad \gamma = \frac{1}{\rho}$$

R Widerstandswert in Ω
l Leiterlänge in m
A Leiterquerschnitt in mm^2
ρ spezifischer Widerstand in $\Omega \cdot mm^2/m$
γ Leitfähigkeit in $m/\Omega \cdot mm^2$

ÜBERBLICK Widerstände

	Festwiderstände		Verstellbare Widerstände
Bild, Schaltzeichen	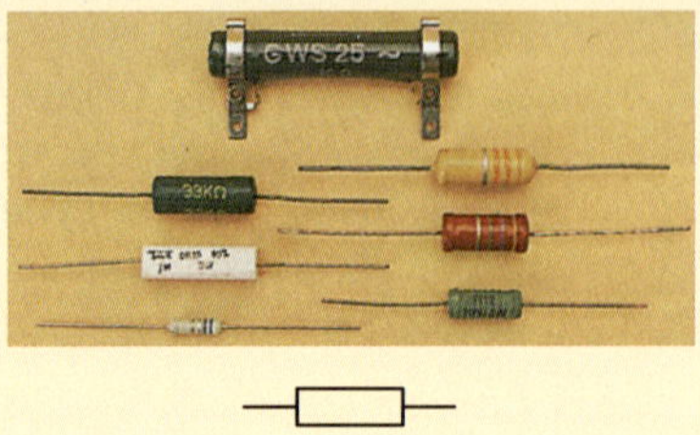		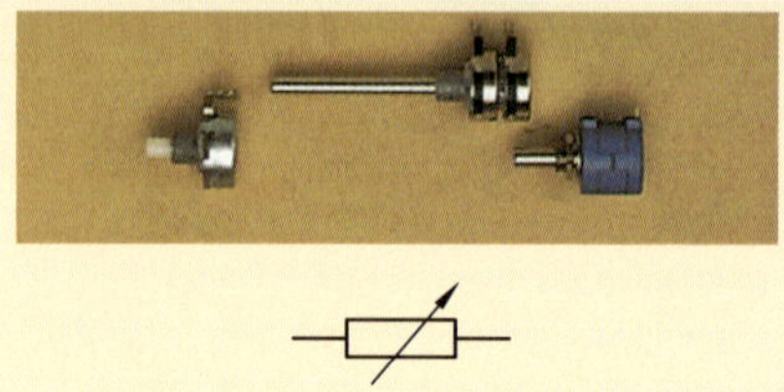
Erläuterungen	• Widerstände mit festem Widerstandswert. • Kennzeichnung durch Farbringe oder RKM-Code. Z. B. R47 für 0,47 Ω; 47K für 47 kΩ; 4M7 für 4,7 MΩ.		• Widerstände, deren Wert durch Verschieben oder Drehen geändert werden kann. • Verstellbare Widerstände werden auch als Potenziometer bezeichnet.
Anwendung	Vorwiderstand 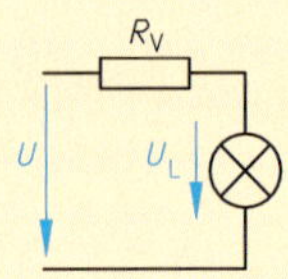	Spannungsteiler 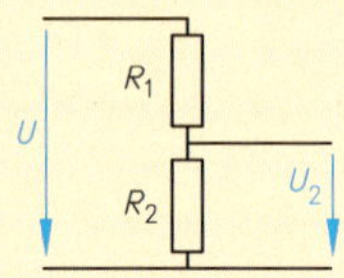	Spannungsteiler 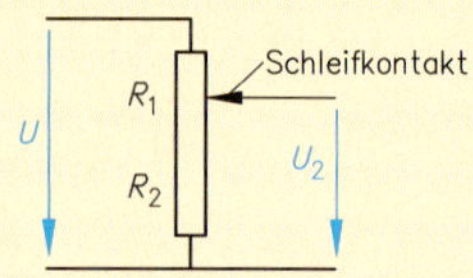
Formeln, Erläuterung	$R_V = \frac{U - U_L}{I_L}$	$U_2 = \frac{U \cdot R_2}{R_1 + R_2}$	$U_2 = \frac{U \cdot R_2}{R_1 + R_2}$
	Die Daten des Verbrauchers müssen bekannt sein.	Feste Spannungsteilung durch R_1 und R_2.	Es ist eine stetige Spannungseinstellung zwischen 0 V und U möglich.
	An allen Widerständen wird die elektrische Leistung $P = U \cdot I$ in Wärme umgewandelt.		

3.2.2 Spule und Kondensator

Abb. 72.1 zeigt den Ausschnitt eines Stromlaufplans einer elektrischen Steuerung. Außer dem Rastschalter S1 ist ein weiteres Betriebsmittel vorhanden. Es ist mit K1 bezeichnet. Dabei handelt es sich um ein Relais.

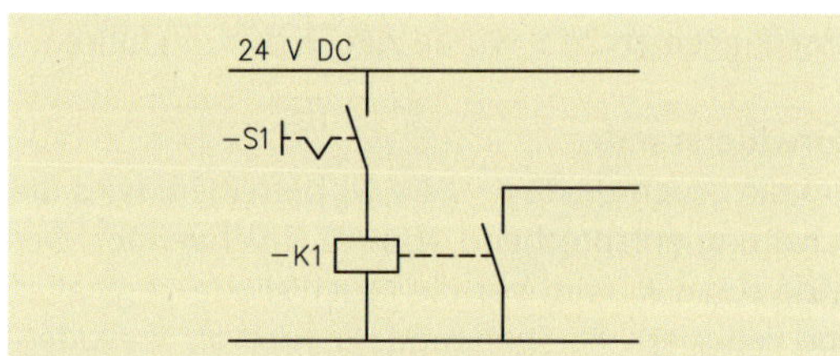

72.1 Ausschnitt aus einem Stromlaufplan

Aufbau und Funktion des Relais

Aus Abb. 72.2 geht der Aufbau des Relais hervor. Es besteht aus einer Spule mit einem Eisenkern und Kontakten, die bei einem Stromfluss durch die Spule durch ihre Anziehungskraft geschlossen werden.

Eine stromdurchflossene Spule verhält sich wie ein Magnet.

Der Eisenkern in der Spule verstärkt bei einem Stromfluss das Magnetfeld. Er ist aus weichmagnetischem Werkstoff, sodass er den Magnetismus beim Wegfall des Stromflusses in der Spule gleich wieder verliert. Der Klappanker hat die gleichen magnetischen Eigenschaften.

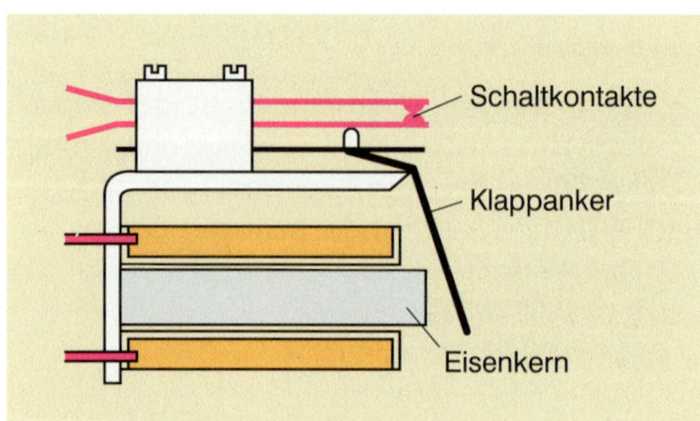

72.2 Prinzipieller Aufbau des Relais

Dadurch ist gewährleistet, dass
- beim Schließen von S1 K1 sofort anzieht und
- beim Öffnen von S1 K1 sofort abfällt.

Aus sicherheitstechnischen Gründen soll der Kontakt von K1 nach dem Ausschalten von S1 nicht sofort, sondern um einige Sekunden zeitverzögert abschalten. Eine mögliche Lösung besteht darin, zu der Spule des Relais einen Kondensator zu schalten.

Aufbau und Funktion des Kondensators

Abb. 73.1 zeigt den grundsätzlichen Aufbau eines Kondensators. Er besteht aus zwei leitenden Platten, die durch einen Isolierstoff, dem Dielektrikum, voneinander getrennt sind. Abb. 73.2 macht die grundsätzliche Funktion deutlich. Legt man eine Spannung an die Platten, dann laden sich die Platten durch einen kurzen Stromfluss unterschiedlich auf.

Ein Kondensator speichert elektrische Ladungen.

Ist der Kondensator aufgeladen, dann liegt eine Spannung an seinen Polen. Verbindet man die Pole, dann gleichen sich die Ladungen durch einen kurzen Stromfluss wieder aus.

Zeitverzögerte Schaltung

Entsprechend Abb. 73.3 wird der Kondensator parallel zur Spule des Relais geschaltet. Dieses hat folgende Auswirkungen.
- Beim Schließen von S1 zieht K1 sofort an und der Kondensator lädt sich auf.
- Beim Öffnen von S1 entlädt sich der Kondensator über die Relaisspule. Durch sie fließt kurzzeitig ein Strom, K1 fällt verzögert ab.

Reicht die Verzögerungszeit nicht aus, dann muss ein Kondensator mit größerem Fassungsvermögen verwendet werden.

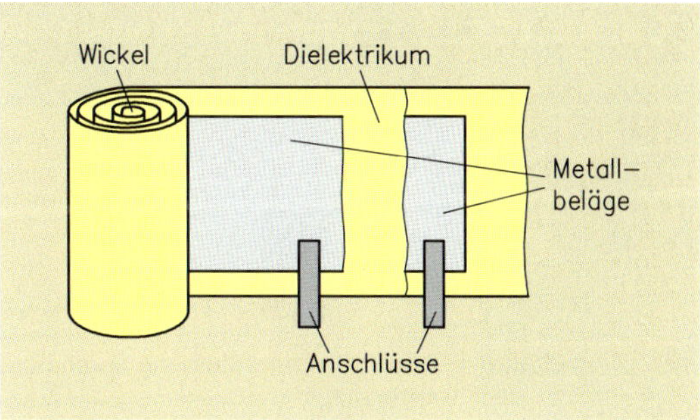

73.1 Aufbau eines Kondensators

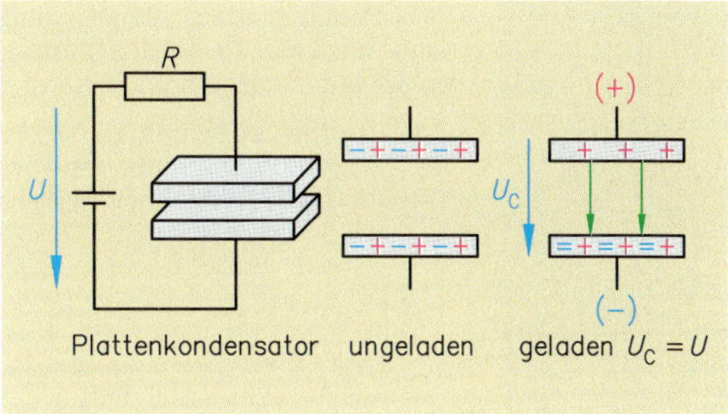

73.2 Ungeladener und geladener Kondensator

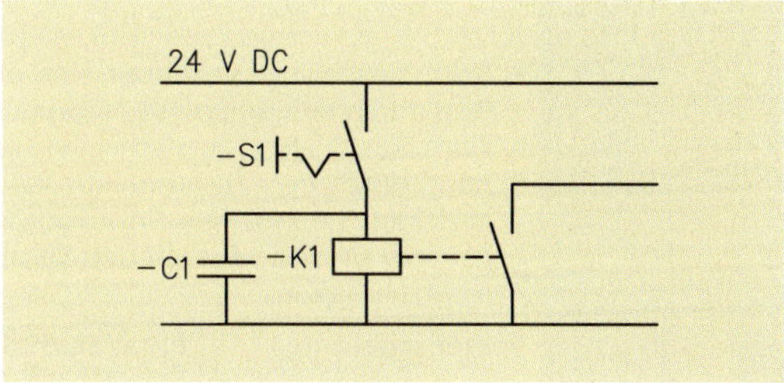

73.3 Zeitverzögerte Schaltung

Das Fassungsvermögen eines Kondensators wird als Kapazität C bezeichnet.

EXKURS **Magnetisches und elektrisches Feld**

Magnetisches Feld
- Magnetische Felder sind Räume, in denen magnetische Kräfte wirken.
- Jede zeitliche Änderung des magnetischen Feldes erzeugt in einem Leiter eine Spannung, die so genannte Induktionsspannung.

Elektrisches Feld
- Elektrische Felder sind Räume, in denen auf elektrische Ladungen Kräfte wirken.
- Jede zeitliche Änderung des elektrischen Feldes ist auf Stromflüsse zurückzuführen.

ÜBERBLICK Spule und Kondensator im Gleichstromkreis

	Spule	Kondensator
Bild, Schaltzeichen	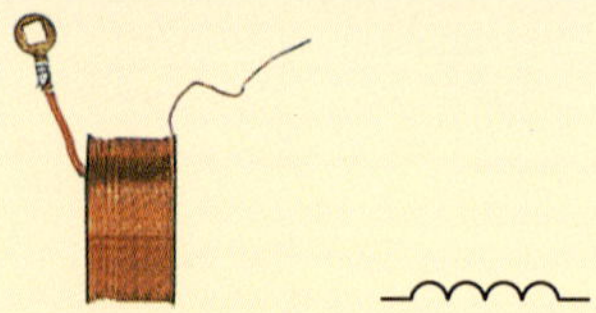	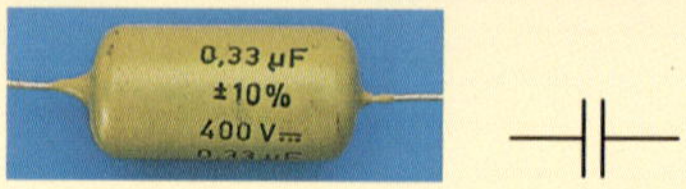
Eigenschaften	• Eine stromdurchflossene Spule baut ein Magnetfeld auf. • Ideale Spulen haben im Gleichstromkreis keinen Widerstand. Real haben Spulen durch ihre Wicklungen auch einen Widerstand *R*. Das Ersatzschaltbild einer Spule besteht daher aus einer Reihenschaltung einer idealen Spule *L* mit einem Widerstand *R*.	• Ein geladener Kondensator baut ein elektrisches Feld auf. • Ideale Kondensatoren haben im Gleichstromkreis einen unendlich großen Widerstand. Nur beim Auf- und Entladen fließt kurzzeitig ein Strom. • Bei Elektrolytkondensatoren muss die Polarität beachtet werden.
Größe Maßeinheit	Ein Maß für die Größe und Stärke des Magnetfeldes, das eine Spule aufbauen kann, ist ihre Induktivität *L*. Die Maßeinheit ist Henry (H).	Ein Maß für die Ladungsmenge, die ein Kondensator aufnehmen kann, ist die Kapazität *C*. Die Maßeinheit ist Farad (F). Üblich sind Kondensatoren im Bereich pF, nF und µF.
Ein- uns Ausschaltvorgang	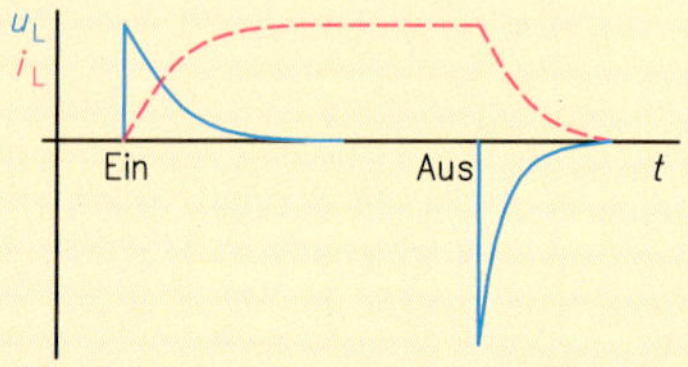 • Beim Einschalten verzögert sich der Stromfluss durch den Aufbau des Magnetfeldes. • Beim Ausschalten entsteht eine hohe Spannung durch den Zusammenbruch des Magnetfeldes. Sie wird Selbstinduktionsspannung genannt und sie versucht den Stromfluss aufrechtzuerhalten.	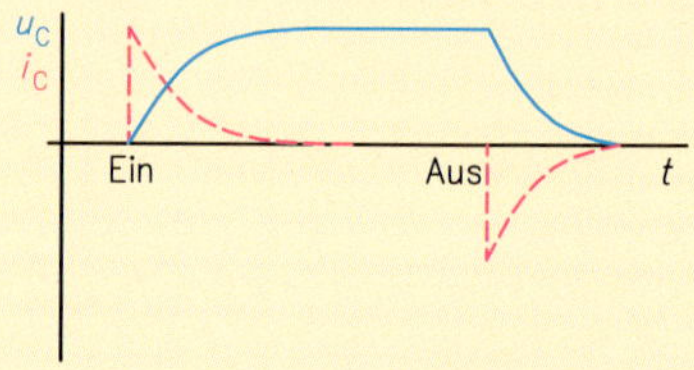 • Beim Ein- und Ausschalten fließt zunächst ein hoher Strom, der mit der Zeit gegen 0 geht. • Lade- und Entladezeit sind proportional zur Kapazität *C* und zum Widerstand *R*.
Schaltungen	**Reihenschaltung** 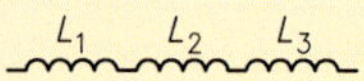 $L = L_1 + L_2 + L_3$ **Parallelschaltung** 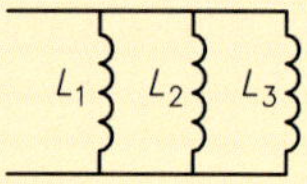 $\frac{1}{L} = \frac{1}{L_1} + \frac{1}{L_2} + \frac{1}{L_3}$	**Reihenschaltung** 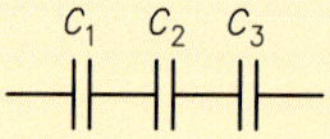 $\frac{1}{C} = \frac{1}{C_1} + \frac{1}{C_2} + \frac{1}{C_3}$ **Parallelschaltung** 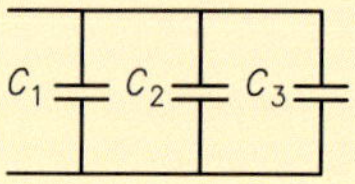 $C = C_1 + C_2 + C_3$

Aufgaben

1 *Eine Glühlampe mit den Daten: 9 V, 100 mA soll an 12 V betrieben werden. Bestimmen Sie den Widerstandswert des Vorwiderstandes.*

2 *Ein Heizwiderstand mit* $\rho = 1{,}5\ \Omega \cdot mm^2/m$ *hat eine Drahtlänge von 15 m und einen Drahtquerschnitt von 0,74* mm^2*. Wie hoch ist sein Widerstandswert?*

3 *Bei einem Spannungsteiler beträgt* $R_1 = 110\ \Omega$, $R_2 = 220\ \Omega$, $U = 18\ V$*. Wie groß ist* U_2*?*

4 *Wodurch entsteht die Anziehungskraft beim Schalten eines Relais?*

5 *Wie verhält sich ein aufgeladener Kondensator im Gleichstromkreis?*

6 *Zwei Kondensatoren haben jeweils eine Kapazität von 220 µF. Wie groß ist die Gesamtkapazität bei a) Parallelschaltung, b) Reihenschaltung?*

7 *Warum entsteht beim Ausschalten eines Stromkreises mit einer Spule mit großer Induktivität Funkenüberschlag am Schaltkontakt?*

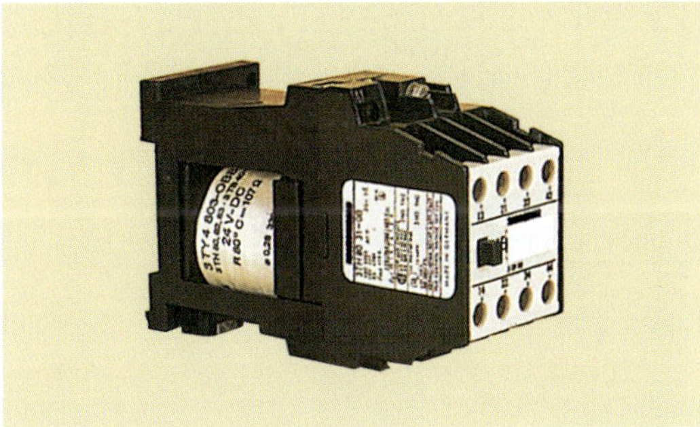

75.1 Schaltschütz für 24 V DC

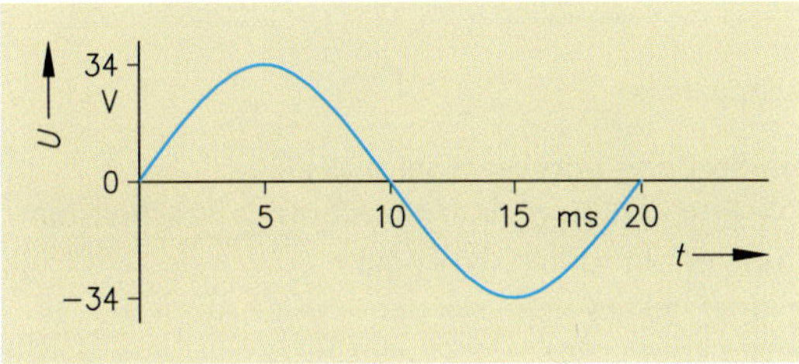

75.2 Sinusförmige Wechselspannung

3.3 Bauelemente im Wechselstromkreis

In einer Steuerung muss ein Schütz ausgewechselt werden. Die Steuerung arbeitet mit 24 V Wechselspannung (AC). Es ist ein Schütz für 24 V Gleichspannung (s. Abb. 75.1) vorhanden. Das Schütz besteht wie ein Relais aus einer Spule mit Eisenkern, durch die bei einem Stromfluss Kontakte betätigt werden. Der Versuch, das 24-V-DC-Schütz an 24 V AC zu betreiben zeigt, dass es an Wechselspannung nicht funktioniert. Die Anziehungskraft der stromdurchflossenen Spule ist zu gering.

Spulen zeigen an Wechselspannung ein anderes Verhalten als an Gleichspannung. Dieses gilt auch für Kondensatoren.

Die hier verwendete Wechselspannung ist, wie auch die Wechselspannungen zur Energieversorgung, sinusförmig.

3.3.1 Sinusförmige Wechselspannung

Abb. 75.2 zeigt eine sinusförmige Wechselspannung als Liniendiagramm. Man erkennt, dass die Spannung ständig ihren Wert entsprechend der Sinusfunktion ändert. Dabei wechselt periodisch auch die Polarität der Spannung.

Momentan- und Maximalwert
Man unterscheidet bei der Spannung zwischen Momentanwert und Maximalwert.

- Der **Momentanwert** u ist der Wert einer Spannung zu einem bestimmten Zeitpunkt.
- Der **Maximalwert** $\hat{u}$ ist der höchste Wert der Spannung.

Der Momentanwert der in Abb. 75.2 dargestellten Spannung beträgt 2,5 ms nach dem Nulldurchgang 24 V, der Maximalwert beträgt 34 V.

Periodendauer und Frequenz
Dem Liniendiagramm kann außerdem entnommen werden, dass die Spannung nach 20 ms eine vollständige Periode durchlaufen hat. Diese Zeit bezeichnet man als **Periodendauer** T. Als Kenngröße einer Wechselspannung wird jedoch nicht die Periodendauer T, sondern die Frequenz der Spannung angegeben.

Die Frequenz f einer Wechselspannung ist die Anzahl der Perioden je Sekunde.

Man kann die Frequenz aus der Periodendauer berechnen:

$$f = \frac{1}{T}$$

f Frequenz in 1/s bzw. Hz (Hertz)
T Periodendauer in s

Benennung		Hz	kHz	MHz	GHz
Hertz	1 Hz =	1	10^{-3}	10^{-6}	10^{-9}
Kilohertz	1 kHz =	10^{3}	1	10^{-3}	10^{-6}
Megaertz	1 MHz =	10^{6}	10^{3}	1	10^{-3}
Gigahertz	1 GHz =	10^{9}	10^{6}	10^{3}	1

75.3 Vielfache von Frequenzen

Für die Spannung in Abb. 75.2 erhält man eine Frequenz von 50 Hz. Abb. 75.3 gibt einen Überblick über Vielfache der Einheit für die Frequenz. Folgende Frequenzen werden u. a. verwendet:

- Energieversorgung: 50 Hz
- Bundesbahn: 16 2/3 Hz
- Tonfrequenz: 15 Hz ... 20 kHz
- Rundfunk und Fernsehen: 47 MHz ... 606 MHz

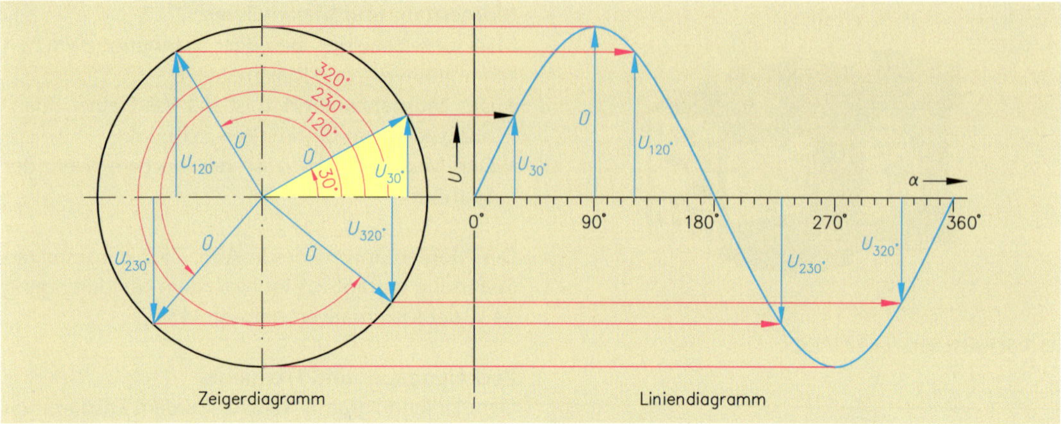

76.1 Zeiger- und Liniendiagramm einer sinusförmigen Wechselspannung

Effektivwert

Die Spannung zur Steuerung der Schütze wurde mit 24 V AC angegeben. Dieser Wert ist der so genannte Effektivwert der Wechselspannung.

Der Effektivwert U ist der Wechselspannungswert, der die gleiche Leistung bewirkt wie eine Gleichspannung mit diesem Wert.

Eine Glühlampe leuchtet z. B. an 24 V Gleichspannung genauso hell wie an 24 V Wechselspannung. Der Effektivwert wird als Kenngröße einer Spannung angegeben und auch beim Messen von Vielfachmessgeräten angezeigt. Die in Abb. 75.2 dargestellte Spannung hat einen Effektivwert von 24 V. Man entnimmt der Darstellung einen Maximalwert von 34 V. Bei sinusförmigen Spannungen und Strömen gilt:

$$U = \frac{\hat{u}}{\sqrt{2}} \qquad I = \frac{\hat{i}}{\sqrt{2}}$$

U Effektivwert der Spannung in V
$\hat{u}$ Maximalwert der Spannung in V
I Effektivwert des Stromes in A
$\hat{i}$ Maximalwert des Stromes in A

Folgende Werte (Effektivwerte) für Wechselspannungen werden u. a. verwendet:

- Energieversorgung: 230 V, 400 V
- Energieübertragung: 400 V, 10 kV, 20 kV, 110 kV, 220 kV, 380 kV
- Bundesbahn: 15 kV
- Steuerstromkreise: 230 V, 24 V

Darstellung von Wechselgrößen

Die Beschreibung einer sinusförmige Wechselspannung erfolgt durch die Angabe

- des Effektivwertes mit dem Zusatz AC und
- der Frequenz.

Grafisch kann eine sinusförmige Wechselspannung dargestellt werden als

- Liniendiagramm oder als
- Zeigerdiagramm.

Abb. 76.1 zeigt diese Darstellungsmöglichkeiten. Die Darstellung als Zeigerdiagramm ist weniger aufwendig. Den Zeiger stellt man sich dabei linksdrehend vor. Den Momentanwerten kann dabei ein Winkel zwischen 0 und 360° zugeordnet werden. Es gelten folgende Vereinbarungen:

- Die Zeigerlänge entspricht der Größe des Maximalwertes.
- Die Drehzahl des rotierenden Zeigers entspricht der Frequenz der Spannung.

Häufig zeichnet man die Zeigerlänge auch entsprechend dem Effektivwert.

Aufgaben

1 *Wie unterscheidet sich eine Wechselspannung von einer Gleichspannung?*

2 *Welchen Maximalwert hat eine Wechselspannung von 230 V?*

3 *Wie groß ist die Periodendauer einer Spannung von 16 2/3 Hz?*

4 *Zu welchen Zeiten nach dem Nulldurchgang entspricht der Momentanwert einer Spannung von 50 Hz dem positiven Maximalwert?*

5 *Wie oft wechselt der Stromrichtung eines Wechselstromes von 50 Hz in einer Sekunde seine Richtung?*

3.3.2 Spule im Wechselstromkreis

Wird die Spule des 24-V-DC-Schaltschützes an 24 Volt Gleichspannung gelegt, fließt ein Strom von 280 mA, legt man sie an 24 V Wechselspannung, dann fließt nur ein Strom von 28 mA. An Gleichspannung wird der Strom nur durch den Leiterwiderstand der Wicklung begrenzt, bei Wechselspannung wird ein zusätzlicher Widerstand wirksam.

Blindwiderstand X_L

Den Widerstand, der zusätzlich durch den Wechselstrom wirksam wird, nennt man den induktiven Blindwiderstand.

Im Wechselstromkreis hat eine Spule außer dem Leiterwiderstand R einen induktiven Blindwiderstand X_L.

Das Ersatzschaltbild einer realen Spule besteht daher aus einer Reihenschaltung von

- dem Leiterwiderstand *R*
- dem induktiven Blindwiderstand X_L.

Der Blindwiderstand entsteht durch das wechselnde Magnetfeld, das der Wechselstrom in der Spule verursacht. Er steigt

- proportional mit der Frequenz *f*
- proportional mit der Induktivität *L* der Spule.

Er kann berechnet werden mit

$$X_L = 2 \cdot \pi \cdot f \cdot L$$

X_L Induktiver Blindwiderstand in Ω
f Frequenz in Hz *L* Induktivität in H

Kann der Leiterwiderstand *R* vernachlässigt werden, dann bezeicnet man die Spule als ideale Spule und der Strom wird nur durch den Blindwiderstand begrenzt. Dann gilt entsprechend dem Ohm'schen Gesetz:

$$I = \frac{U}{X_L}$$

I Stromstärke in A *U* Spannung in V
X_L Induktiver Blindwiderstand in Ω

Leistung einer idealen Spule

Abb. 77.1 zeigt den Verlauf von Stromstärke und Spannung bei einer idealen Spule als Linien- und Zeigerdiagramm. Spannungs- und Stromverlauf

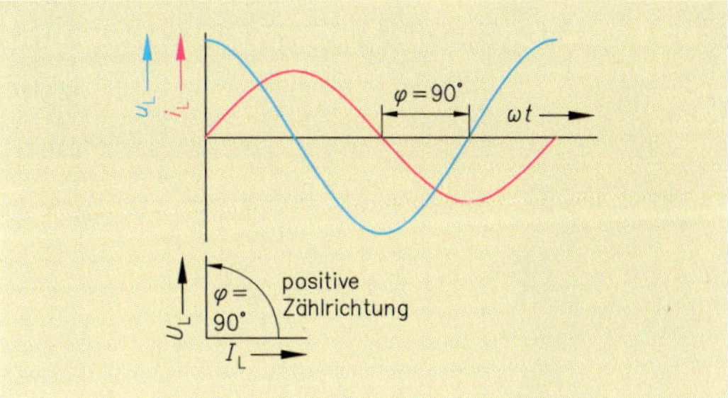

77.1 Spannung und Strom bei einer idealen Spule

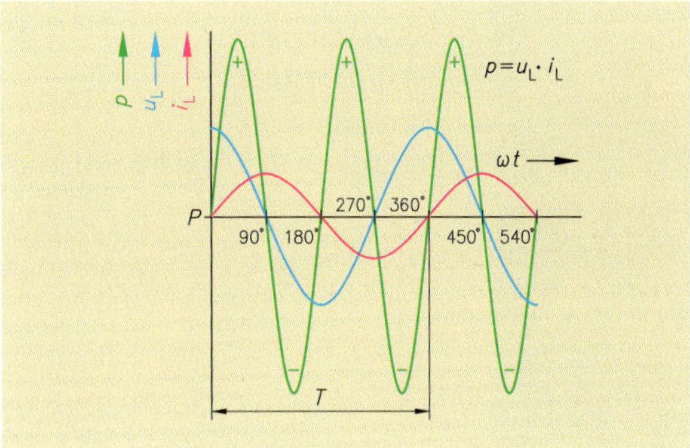

77.2 Leistungsverlauf an einer idealen Spule

sind gegeneinander verschoben. Es besteht eine Phasenverschiebung von 90°.

Die Spannung *U* eilt dem Strom *I* um 90° voraus. Aus dem Spannungs- und Stromverlauf kann durch Multiplikation von Spannung *u* und Stromstärke *i* die Leistung ermittelt werden. Abb. 77.2 zeigt den Verlauf der Leistung. Man erkennt, dass sich gleich große positive und negative Leistungsflächen ergeben. Die positive Fläche besagt, dass Leistung der Spannungsquelle entnommen wird, die negative, dass Leistung zurückgegeben wird. Der Mittelwert ergibt eine Wirkleistung von *P* = 0 W. Die Leistung, die aufgenommen und wieder abgegeben wird, bezeichnet man als induktive Blindleistung *Q*.

An einer idealen Spule entsteht nur eine Blindleistung Q. Die Wirkleistung P ist 0.

Leistung einer realen Spule

Da der Leiterwiderstand *R* einer Spule meistens nicht vernachlässigt werden kann, entstehen an einer realen Spule an Wechselspannung eine

- Wirkleistung durch den Wirkwiderstand *R* und
- Blindleistung durch den induktiven Blindwiderstand X_L.

ÜBERBLICK **Widerstand, Spule und Kondensator im Wechselstromkreis**

Widerstand	Wirkwiderstand R	Induktiver Blindwiderstand X_L (Ideale Spule)	Kapazitiver Blindwiderstand X_C (Kondensator)
Schaltung	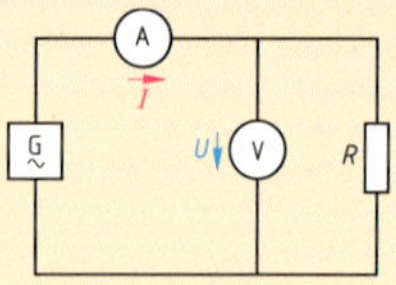	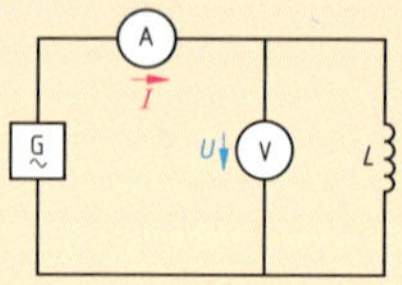	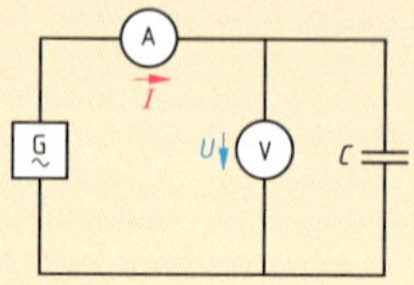
Widerstandswert	$R = \frac{U}{I}$	$X_L = \frac{U}{I}$ $X_L = 2 \cdot \pi \cdot f \cdot L$	$X_C = \frac{U}{I}$ $X_C = \frac{1}{2 \cdot \pi \cdot f \cdot C}$
	R Widerstand in Ω U Spannung in V I Stromstärke in A X_L Induktiver Blindwiderstand in Ω	X_C Kapazitiver Blindwiderstand in Ω f Frequenz in Hz L Induktivität in H C Kapazität in F	
Frequenzabhängigkeit	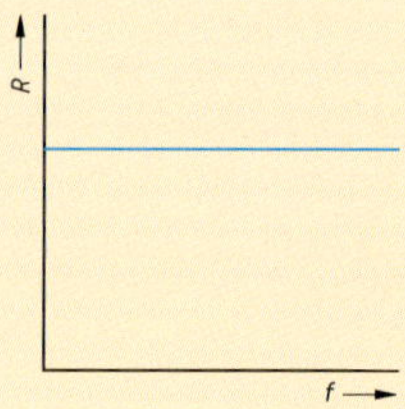	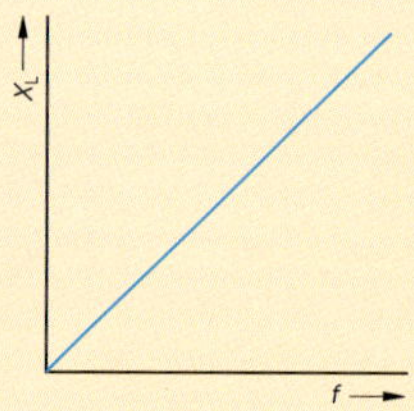	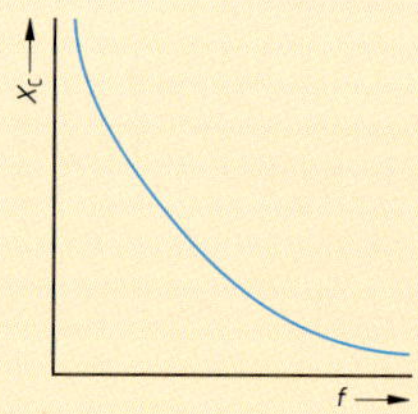
Phasenverschiebung	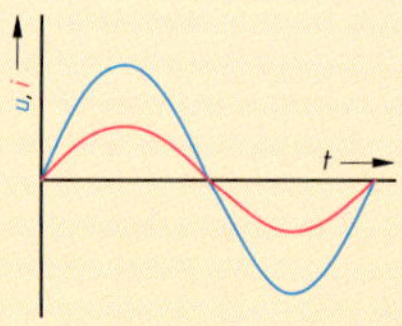 keine	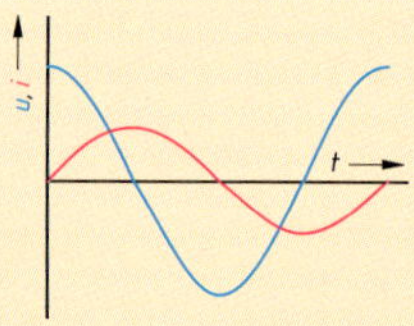 U eilt I um 90° voraus	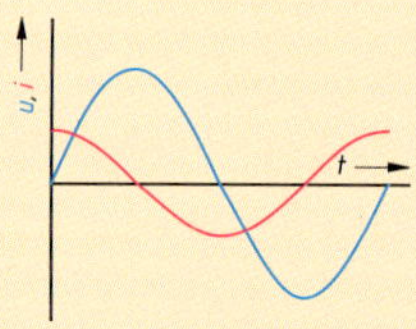 U eilt I um 90° nach
Leistung	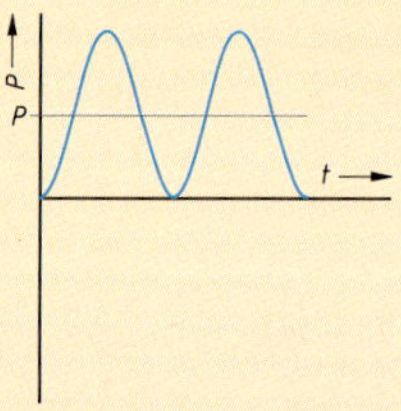 Es wird Wirkleistung entsprechend $P = U \cdot I$ aufgenommen.	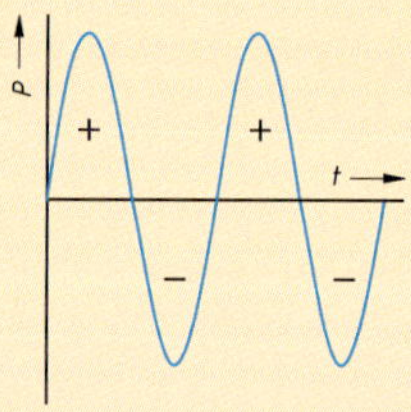 Die Leistung wird aufgenommen und wieder abgegeben. Es entsteht nur Blindleistung.	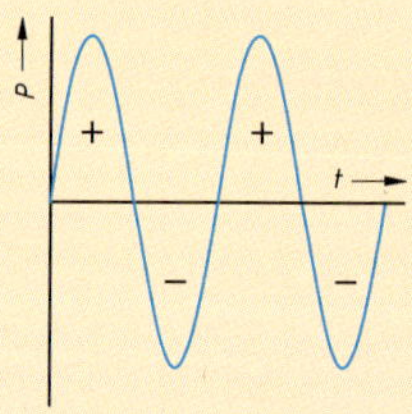 Die Leistung wird aufgenommen und wieder abgegeben. Es entsteht nur Blindleistung.

Aufgaben

1 *Warum funktioniert ein Schütz mit einer Spule für 24 V DC nicht an 24 V AC?*

2 *Ein Kondensator hat eine Kapazität von 100 µF. Wie hoch ist die Stromstärke an einer Spannung von 24 V AC, 50 Hz?*

3 *Welcher Unterschied besteht beim Betrieb eines Kondensators an Gleichspannung gegenüber Wechselspannung?*

4 *Wie groß ist der Phasenverschiebungswinkel zwischen Stromstärke und Spannung bei einem Wirkwiderstand im Wechselstromkreis?*

Daten:
230 V/24V
50 Hz
250 VA

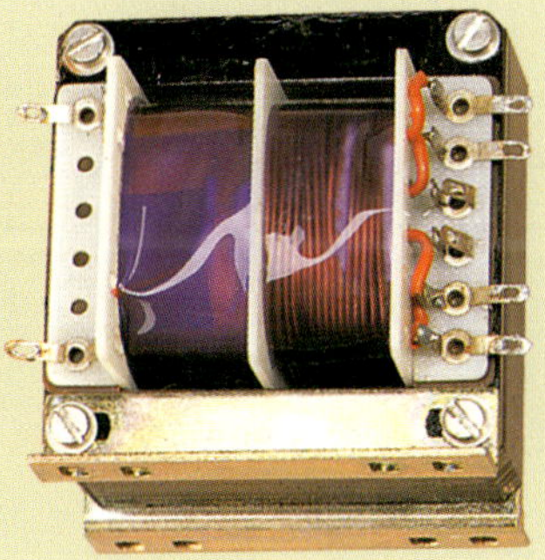

79.1 Transformator mit seinen Daten

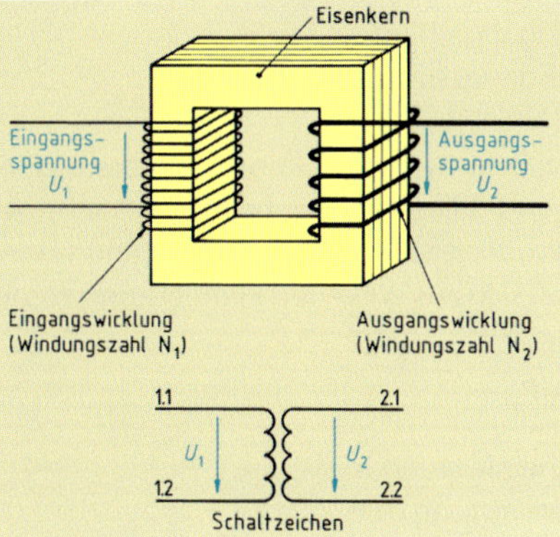

79.2 Prinzipieller Aufbau eines Transformators

3.3.3 Transformator

Abb. 79.1 zeigt einen Transformator mit seinen Daten, der zur Versorgung von 24-V-Baugruppen angeschlossen werden soll. Den Daten kann entnommen werden, dass er die Versorgungsspannung von 230 V AC in die gewünschte Spannung von 24 V AC transformiert.

Transformatoren transformieren Wechselspannungen auf größere oder kleinere Werte.

Für die Spannungen stehen jeweils zwei Anschlüsse am Transformator zur Verfügung. Beim Anschließen dürfen sie nicht verwechselt werden.

Aufbau des Transformators

Aus Abb. 79.1 geht der Aufbau hervor. Man erkennt zwei nebeneinander liegende Wicklungen auf einem Kunststoffkörper und einen Eisenkern, der die Spulen durchdringt und umfasst.

Ein Transformator besteht aus Wicklungen und einem geschlossenen Eisenkern.

Die Wicklungen haben unterschiedliche Drahtdurchmesser und Windungszahlen. Der prinzipielle Aufbau mit Bezeichnungen und dem Schaltzeichen ist in Abb. 79.2 dargestellt.
Man unterscheidet zwischen
- **Eingangswicklung** zum Anschluss der vorhandenen Eingangsspannung und
- **Ausgangswicklung** zum Anschluss der benötigten Ausgangsspannung.

Beim Transformator von Abb. 97.1 wird die Eingangswicklung an 230 V AC und die Ausgangswicklung an 24 V AC angeschlossen.

Spannungsübersetzung

Abb. 79.1 kann entnommen werden, dass die Ausgangswicklung einen größeren Drahtdurchmesser und damit auch weniger Windungen hat als die Ausgangswicklung. Offensichtlich gibt es einen Zusammenhang zwischen Spannungswerten und den Windungszahlen. Dabei verhalten sich die Spannungen wie die Windungszahlen der zugehörigen Wicklungen. Es gilt:

$$\frac{U_1}{U_2} = \frac{N_1}{N_2}$$

U_1 Eingangsspannung in V
U_2 Ausgangsspannung in V
N_1 Windungszahl der Eingangswicklung
N_2 Windungszahl der Ausgangswicklung

Dieses Verhältnis wird auch als **Übersetzungsverhältnis** $ü$ eines Transformators bezeichnet.

Prinzipielle Funktion

Bei gegebener Windungszahl N_1 kann durch die Anzahl der Windungen N_2 die Höhe der Ausgangsspannung festgelegt werden. Dieses hat folgende Ursache:
- Fließt in der Eingangswicklung ein Wechselstrom, dann entsteht im Eisenkern ein wechselndes Magnetfeld.
- Das wechselnde Magnetfeld erzeugt nach dem Induktionsgesetz in jeder einzelnen Windung der Ausgangswicklung eine Spannung.
- Die Ausgangsspannung steigt folglich mit der Anzahl der Windungen N_2.

Da nur bei einem wechselnden Magnetfeld eine Spannung erzeugt wird, funktioniert der Transformator nicht an Gleichspannung.

Stromstärke und Leistung

Wird an den Transformator ein Wirkwiderstand entsprechend Abb. 80.1 angeschlossen, dann wird er belastet und es fließt in beiden Wicklungen ein elektrischer Strom. Vernachlässigt man die Verluste des Transformators, dann muss die Leistung am Ausgang des Transformators P_2 genauso groß sein wie die Leistung am Eingang P_1. Aus $P_1 = P_2$ erhält man durch Einsetzen $U_1 \cdot I_1 = U_2 \cdot I_2$ und durch Umstellen:

$$\frac{U_1}{U_2} = \frac{I_2}{I_1} \qquad \frac{I_1}{I_2} = \frac{N_2}{N_1}$$

U_1 Eingangsspannung in V
U_2 Ausgangsspannung in V
I_1 Eingangsstromstärke in A
I_2 Ausgangsstromstärke in A
N_1 Windungszahl der Eingangswicklung
N_2 Windungszahl der Ausgangswicklung

Die Stromstärken verhalten sich demnach umgekehrt wie die Windungszahlen. Daher hat die Ausgangswicklung vom Transformator im Abb. 79.1 einen größeren Querschnitt als die Eingangswicklung.

Bemessungsleistung

Die Leistung, die ein Transformator ohne unzulässige Erwärmung über längere Zeit am Ausgang abgeben kann, ist seine Bemessungs- oder Nennleistung.

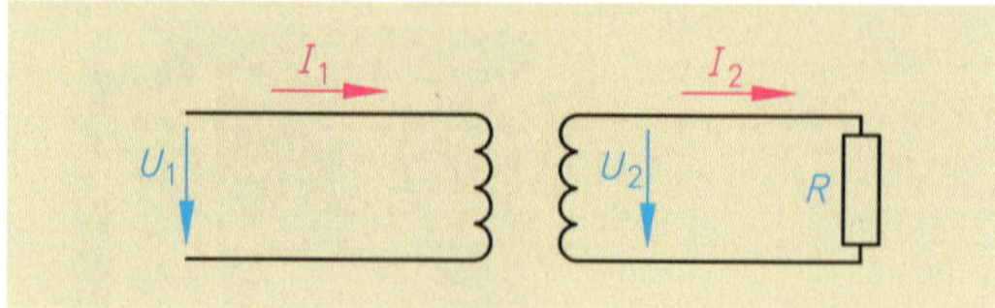

80.1 Belasteter Transformator

Sie wird ermittelt nach:

$$S_N = U_2 \cdot I_2$$

S_N Bemessungsleistung in VA (Scheinleistung)
U_2 Ausgangsspannung in V
I_2 Ausgangsstromstärke in A

Da die Belastung des Transformators aus Wirkleistung und Blindleistung bestehen kann, wird die Bemessungsleistung als Scheinleistung angegeben. Sie setzt sich aus Wirk- und Blindleistung zusammen.

$$S = \sqrt{P^2 + Q^2}$$

S Scheinleistung in VA
P Wirkleistung in W
Q Blindleistung in var

Die Bemessungsleistung dεs Transformators in Abb. 79.1 beträgt 250 VA. Sie kann ihm am Ausgang über längere Zeit entnommen werden.

EXKURS **Leistung im Wechselstromkreis**

Wirkleistung P	Blindleistung Q	Scheinleistung S
Leistung, durch die an Wirkwiderständen elektrische Energie umgewandelt wird.	Leistung, die an Blindwiderständen aufgenommen und wieder abgegeben wird.	Setzt sich aus P und Q zusammen. 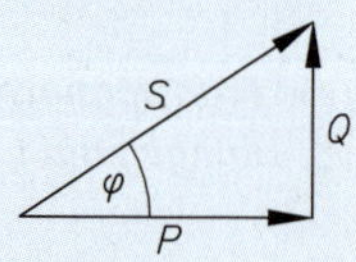
$P = U \cdot I \cdot \cos\varphi$ $\quad P = S \cdot \cos\varphi$	$Q = U \cdot I \cdot \sin\varphi$ $\quad Q = S \cdot \sin\varphi$	$S = U \cdot I$ $\quad S = \sqrt{P^2 + Q^2}$
P Wirkleistung in W (Watt) U Spannung in V $\cos\varphi$ Leistungsfaktor (Wirkleistungsfaktor)	Q Blindleistung in var (Volt Ampere reaktiv) I Stromstärke in A $\sin\varphi$ Blindleistungsfaktor	S Scheinleistung in VA (Volt Ampere) φ Phasenverschiebungswinkel zwischen U und I

Aufgaben

1 *Wie sind Transformatoren aufgebaut?*

2 *Wie hoch ist die Stromstärke, die dem Transformator von Abb. 79.1 über längere Zeit am Ausgang entnommen werden darf?*

3 *Ein Transformator hat folgende Daten: $N_1 = 1200$; $N_2 = 85$; $U_1 = 230$ V. Wie groß ist die Ausgangsspannung? Wie hoch ist der Strom in der Eingangswicklung, wenn am Ausgang 12 A fließen?*

4 *Was versteht man unter der Bemessungsleistung?*

3.3.4 Gleichrichter

Die elektrische Steuerung einer Anlage arbeitet mit 24 V Gleichspannung. Sie wird von einer Stromversorgungsbaugruppe geliefert. Abb. 81.1 zeigt die Schaltung. Die Umwandlung der 230 V Wechselspannung in 24 V Gleichspannung erfolgt in folgenden Stufen

- Transformieren der 230 V Wechselspannung in eine Kleinspannung durch einen Transformator
- Gleichrichten der Wechselspannung durch einen Gleichrichter
- Glätten der Spannung durch einen Kondensator.

In vielen Fällen wird die Spannung anschließend noch durch eine elektronische Schaltung stabilisiert. Abb. 81.1 kann entnommen werden, dass das Gleichrichten durch Dioden erfolgt.

Dioden

Abb. 81.2 zeigt Dioden und ihre Anschlussbezeichnungen. Sie bestehen aus Halbleiterwerkstoffen (z. B. Silizium). In Abb. 81.3 ist die Kennlinie dargestellt. Übersteigt die Spannung U_F eine Spannung von etwa 0,7 V, dann steigt die Stromstärke. Die Diode wird durchlässig. Wird eine entgegengesetzte Spannung angelegt, sperrt sie.

Dioden haben Ventilwirkung. Sie lassen den Strom ab einer geringen Spannung nur in einer Richtung passieren.

Zur Gleichrichtung wurden vier Dioden entsprechend Abb. 81.1 zusammengeschaltet. Man bezeichnet diese Schaltung als Brückenschaltung.

Gleichrichter-Brückenschaltung

Die Wirkungsweise der Gleichrichtung geht aus Abb. 81.4 hervor.

- Bei der positiven Halbperiode der Wechselspannung werden die Dioden V1 und V4 leitend, durch den Widerstand fließt ein Strom.
- Bei der negativen Halbperiode werden V2 und V3 leitend, durch den Widerstand fließt wiederum ein Strom in gleicher Richtung.

Je Periode entstehen zwei Pulse am Ausgang. Die Schaltung wird daher auch als Zweipuls-Brückenschaltung (B2) bezeichnet.

Bei der Zweipuls-Brückenschaltung werden beide Halbperioden zur Gleichrichtung genutzt.

Ohne Glättung ist die Gleichspannung stark pulsierend und so meistens nicht zu verwenden.

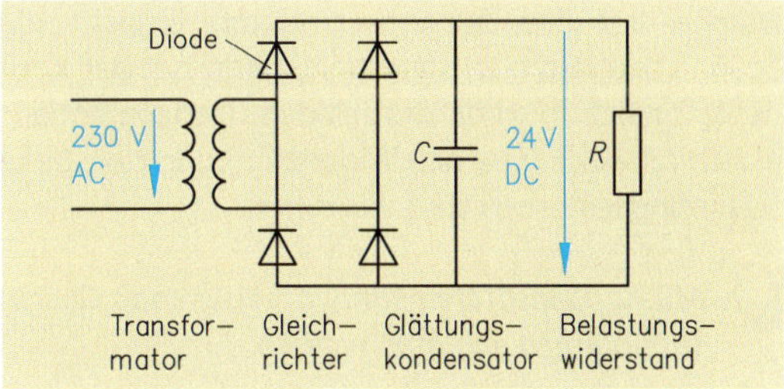

81.1 Schaltung einer Stromversorgungsbaugruppe

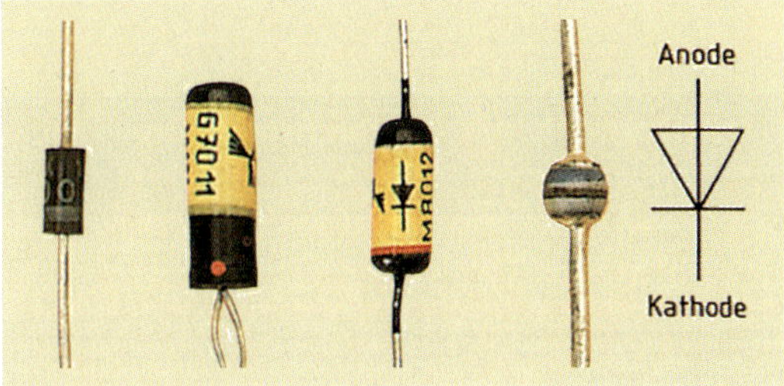

81.2 Dioden mit Kennzeichnungen

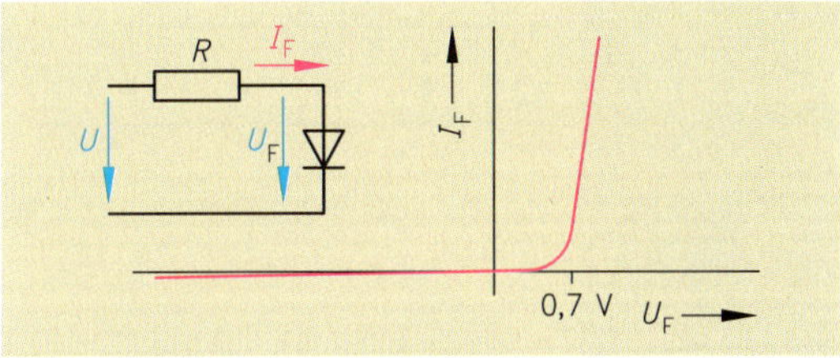

81.3 Kennlinie einer Siliziumdiode

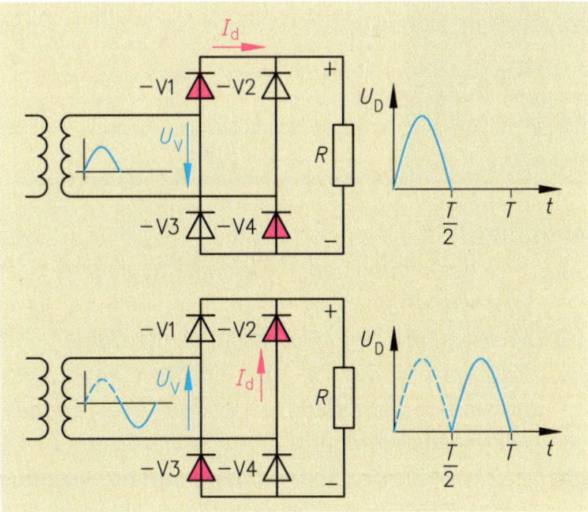

81.4 Zustände bei unterschiedlicher Polarität

Durch Einsatz eines Kondensators entsprechend Abb. 81.1 kann die stark pulsierende Gleichspannung geglättet werden. Abb. 82.1 zeigt die Auswirkungen auf den Spannungsverlauf. Erreicht die Spannung ihren höchsten Wert, dann hat der Kondensator sich maximal aufgeladen. Danach entlädt er sich teilweise über den Widerstand und der starke Spannungseinbruch wird verringert.

Mit Kondensatoren können pulsierende Gleichspannungen geglättet werden.

Die Wirksamkeit der Glä/tttung ist von der Kapazität des Kondensators und der Belastung abhängig.

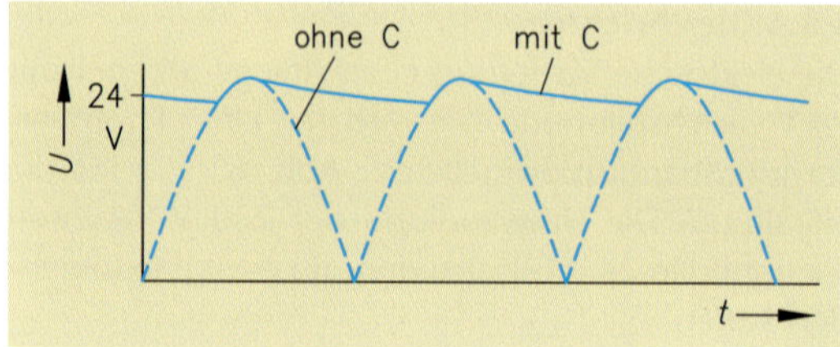

82.1 Spannungsverlauf mit und ohne C

Sie erhöht sich mit
- der Vergrößerung der Kapazität des Glättungskondensators
- der Verringerung der Stromstärke durch geringere Belastung.

ÜBERBLICK Gleichrichtung

Begriffe			
U_V Effektivwert der Wechselspannung in V C Glättungskondensator		U_d arithmetischer Mittelwert der gleichgerichteten Spannung in V	
Gleichrichterschaltungen			
Bezeichnung	Einpuls-Mittelpunkt-Schaltung M1	Zweipuls-Mittelpunkt-Schaltung M2	Zweipuls-Brücken-Schaltung B2
Schaltung	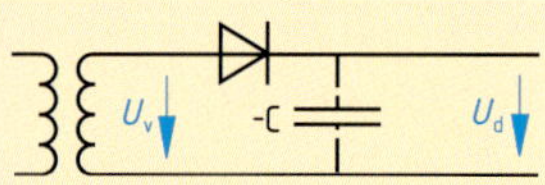	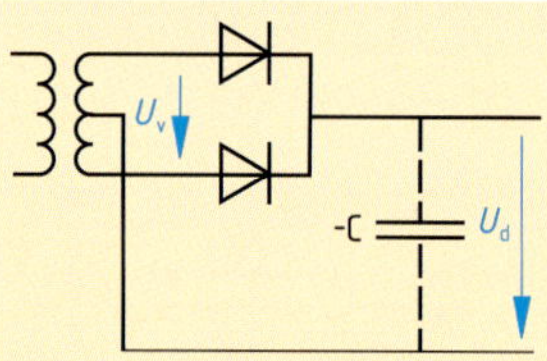	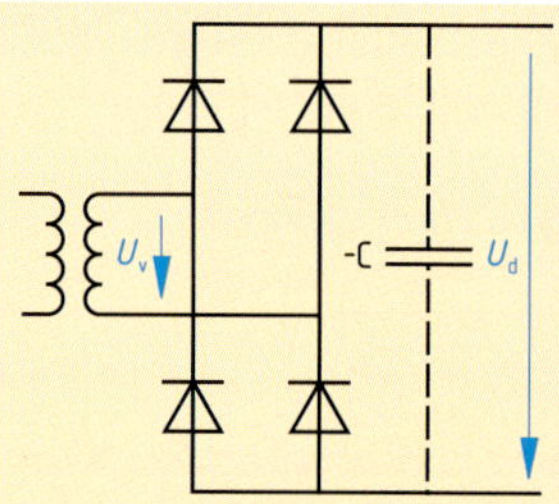
Spannungsverlauf	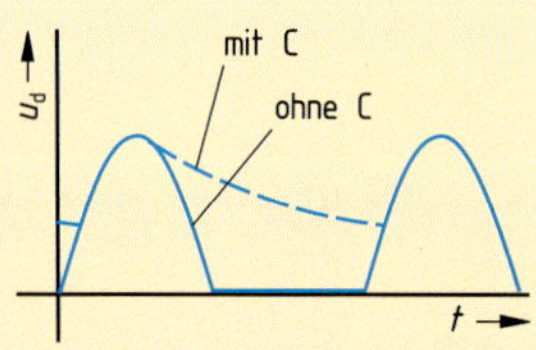	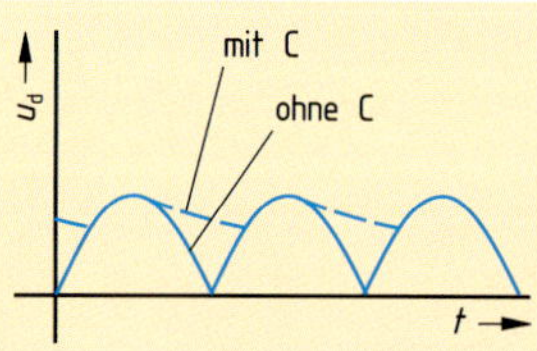	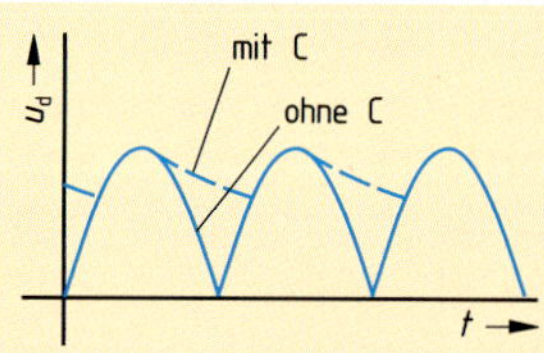

Aufgaben

1 *Welche Aufgabe haben Gleichrichter in einer elektrischen Schaltung?*

2 *Welches sind die Eigenschaften einer Diode?*

3 *Welches sind die Vor- und Nachteile einer Zweipuls-Brückenschaltung gegenüber einer Einpuls-Mittelpunktschaltung?*

4 *Zeichnen Sie den Spannungsverlauf am Ausgang einer Zweipuls-Brückenschaltung für den Fall, dass die Anschlüsse einer Diode versehentlich vertauscht wurden.*

5 *Beschreiben Sie die Funktion des Glättungskondensators bei einer Einpuls-Mittelpunktschaltung.*

3.4 Messen elektrischer Größen

Abb. 83.1 zeigt den Schaltschrank einer Steuerung, in der ein Fehler aufgetreten ist. Ein Schaltschütz,

das entsprechend dem Prozessablauf erregt sein müsste, zieht nicht an. Die Ursachen können sein:
- Die Zuleitung zur Schützspule liefert nicht die erforderliche Spannung.
- Das Schütz ist defekt.

Um den Fehler festzustellen, wird zunächst die Spannung an der Schützspule gemessen.

3.4.1 Spannungsmessung

Es wird ein Vielfachmessgerät gemäß Abb. 83.2 gewählt. Vor dem Messen
- wird der Messbereichswahlschalter auf den zutreffenden Bereich eingestellt,
- werden die Messleitungen in die vorgesehenen Messbuchsen gesteckt.

Da es sich bei der Steuerspannung um 24 V Gleichspannung handelt, wird der Wahlschalter in den Bereich 1000 V DC geschaltet. Dabei wählt man zum Schutz vor Überlastung des Messgerätes zunächst immer den größten Bereich. Die Messleitungen werden mit den Anschlüssen **V** und **COM** verbunden. Anschließend erfolgt die Messung wie in Abb. 83.3.

Spannungsmesser werden immer parallel zum Messobjekt geschaltet.

Der Messbereichswahlschalter wird, wenn es der Messwert erlaubt, auf einen kleineren Bereich gestellt. Bei der Messung der Spannung an der Schützspule zeigt das Messgerät 24 V DC an. Der Messbereich wurde auf 200 V DC gestellt.

3.4.2 Widerstandsmessung

Aufgrund der Messung der Spannung von 24 V DC an der Schützspule wird festgestellt, dass der Fehler in der Steuerung auf das Schütz zurückzuführen ist. Um herauszufinden, ob die Spule des Schützes defekt ist, soll ihr Widerstand gemessen werden. Dazu wird das Schütz abgeklemmt und ausgebaut.

Widerstandsmessungen erfolgen immer an abgeklemmten Betriebsmitteln.

Abb. 83.4 zeigt die Schaltung zur Widerstandsmessung. Der Messbereichswahlschalter wird auf die **OHM**-Bereiche eingestellt. In allen Bereichen wird ein unendlich hoher Wert angezeigt. Die Fehlerursache ist folglich eine Unterbrechung in der Schützspule.

83.1 Fehlersuche am Schaltschrank

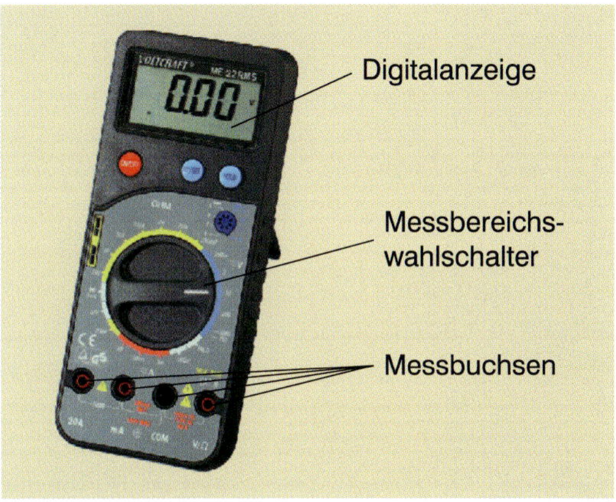

83.2 Digitalmultimeter

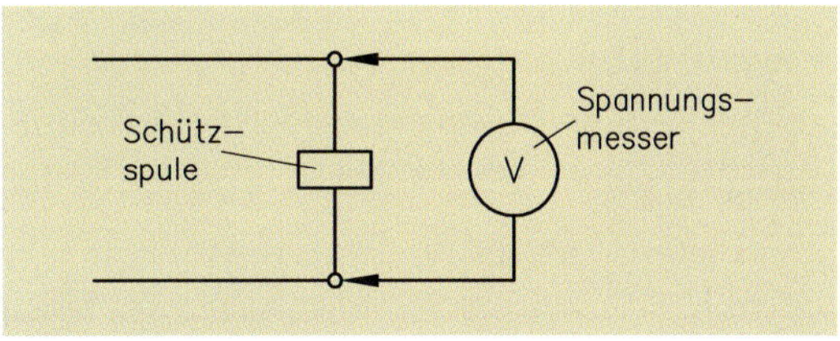

83.3 Spannungsmessung an der Spule

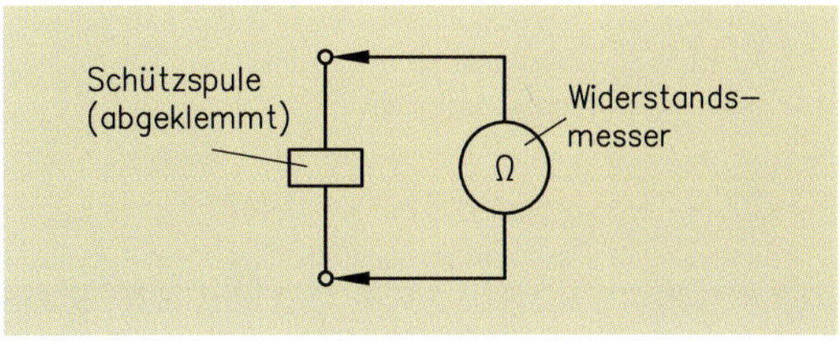

83.4 Schaltung zur Widerstandsmessung

EXKURS Elektrische Messgeräte

Messgerät	Analoge Messgeräte	Digitale Messgeräte
Bild		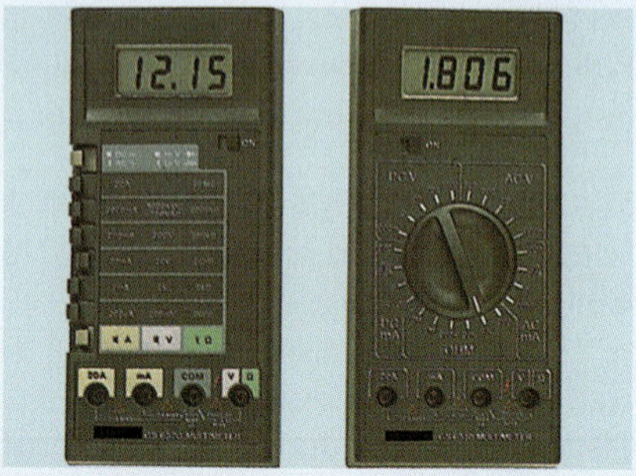
Messprinzip	Drehmomentbildung im Drehspulmesswerk durch elektromagnetische Kräfte  Drehmomentbildung im Dreheisenmesswerk durch magnetische Kräfte 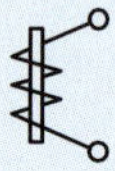	Das analoge Messsignal wird ständig mit einem AD-Umsetzer (Analog-Digital-Umsetzer) in einen digitalen Wert umgewandelt und gespeichert, wozu der AD-Umsetzer eine bestimmte Zeit benötigt (z. B. 0,5 s). Der gespeicherte Wert wird angezeigt und nach jeder neuen AD-Umwandlung überschrieben.
Anzeige	Im DC-Bereich wird der arithmetische Mittelwert (AV von average value) angezeigt, z. B. U_{AV} oder I_{AV}.	
	• Im AC-Bereich wird bei Drehspulmesswerken mit Gleichrichter nur bei sinusförmigen Spannungen der Effektivwert (RMS) U_{RMS} oder I_{RMS} angezeigt. • Im AC-Bereich wird bei Dreheisenmesswerken bei allen Wechselgrößen der Effektivwert angezeigt, allerdings ist der Frequenzbereich bei Dreheisenmesswerken stark eingeschränkt. • Die Anzeige erfogt durch Zeigerausschlag über einer Skala.	• Im AC-Bereich zeigen nur **Echt-Effektivwert**-Messgeräte (meistens mit dem Zusatz RMS, von Root Mean Square) den Effektivwert U_{RMS} oder I_{RMS} auch bei Wechselgrößen, die nicht sinusförmig sind, an. • Alle anderen Geräte zeigen im AC-Bereich nur bei sinusförmigen Wechselgrößen den Effektivwert an. • Die Anzeige erfolgt als Ziffer, häufig mit der Maßeinheit.
Genauigkeit	Angabe der Genauigkeitsklasse (z. B. 1,5): Zulässige Abweichung in % des Messbereichsendwertes Beispiel: Genauigkeitsklasse des Messgerätes: 1,5 Eingestellter Messbereich: 30 V Angezeigter Wert: 18,3 V Fehler: 1,5 % von 30 V: 0,45 V Ergebnis: 18,3 V ± 0,45 V	Angabe der zulässigen Abweichung in % des Messwertes und der Abweichungen der letzten Ziffern, z. B. ± (0,5 % v. MW + 3 digits) Beispiel: Messgerätefehler: ± 0,5 % v. MW + 3 digits Messbereich: 20 V, Auflösung 10 mV (1 digit) Angezeigter Wert: 15,58 V Fehler: 0,078 V + 3 · 0,01V = 0,108 V Ergebnis: 15,58 V ± 0,108 V
Eigenschaften	Für den Einsatz bei sich ständig ändernden Messwerten geeignet.	Durch die Ziffernanzeige keine Ablesefehler.

ÜBERBLICK **Messen elektrischer Größen mit dem Vielfachmessgerät (Multimeter)**

Messgröße	Spannung	Stromstärke	Widerstand
Einstellung und Anschluss des Messgerätes	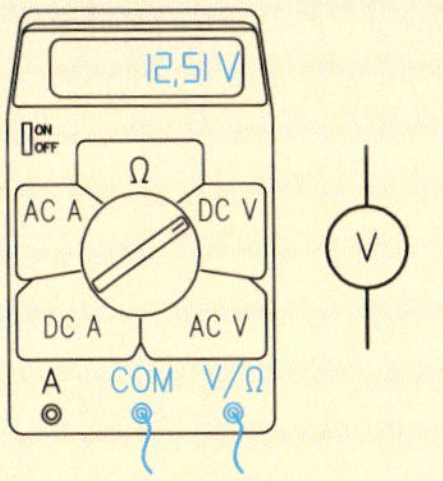	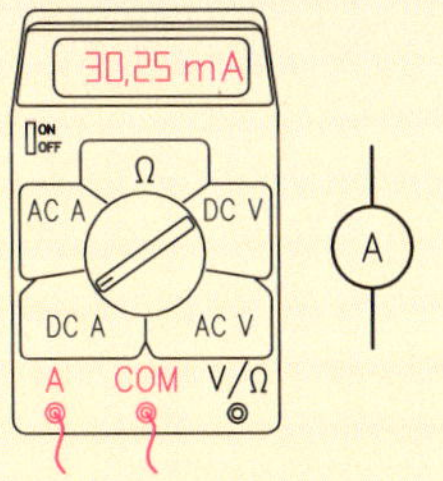	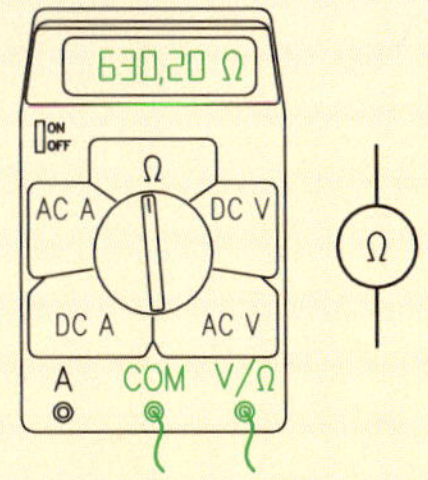
Schaltung	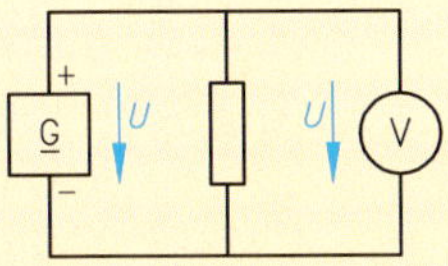	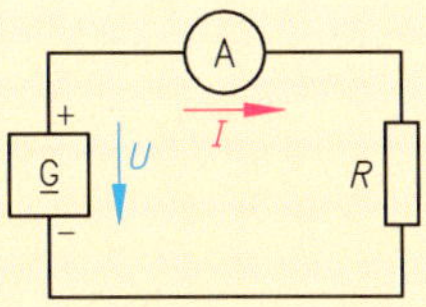	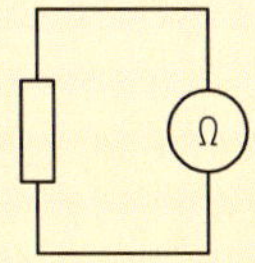
Erläuterungen	• Den Messbereichsschalter auf den höchsten Messbereich der Messgröße **V DC** (bei Gleichspannung) oder **V AC** (bei Wechselspannung) stellen. • Der Spannungsmesser wird parallel zum Messobjekt angeschlossen. • Die Spannungsmessung kann ohne Veränderung der bestehenden Schaltung erfolgen, durch sie wird die Schaltung nicht beeinflusst.	• Vor der Strommessung muss der Stromkreis ausgeschaltet und unterbrochen werden, um den Strommesser einzubauen. • Den Messbereichsschalter auf den höchsten Messbereich der Messgröße **A DC** (bei Gleichstrom) oder **A AC** (bei Wechselstrom) stellen. • Der Strommesser wird in Reihe zum Messobjekt geschaltet. Eine Parallelschaltung des Strommessers führt zur Schädigung des Messgerätes!	• Vor der Widerstandsmessung muss das Betriebsmittel ausgeschaltet und abgeklemmt werden. Bei einem spannungslos geschaltetes. Betriebsmittel, das nicht abgeklemmt wurde, kann der Messwert durch andere Verbraucher verfälscht werden. • Den Messbereichsschalter auf den **OHM**-Bereich stellen und je nach Anzeige umstellen. • Der Widerstandsmesser wird parallel zum abgeklemmten Verbraucher geschaltet.

3.4.3 Messungen mit dem Oszilloskop

Mit dem Messgerät in Abb. 85.1 kann neben den üblichen Messungen von Spannung, Stromstärke und Widerstand mit digitaler Anzeige wie beim Digitalmultimeter auch der Verlauf von Spannungen dargestellt und gespeichert werden. Dadurch ist es möglich, z. B. Spannungsspitzen bei Schaltvorgängen auszuwerten oder auch im Langzeitmodus die Schwankungen von Spannungen aufzuzeichnen. Das Gerät wird als Scopmeter oder auch grafisches Multimeter bezeichnet und ist eine Kombination aus

- einem Digitalmultimeter mit Ziffernanzeige und
- einem digitalen Speicheroszilloskop mit grafischer Anzeige auf einem Bildschirm.

- Echteffektiv-Multimeter
- Digitales Speicher-Oszilloskop
- Langzeitmessungen mit Zeit- und Datumsangabe
- Schnittstelle für Kommunikation mit einem PC oder Drucker

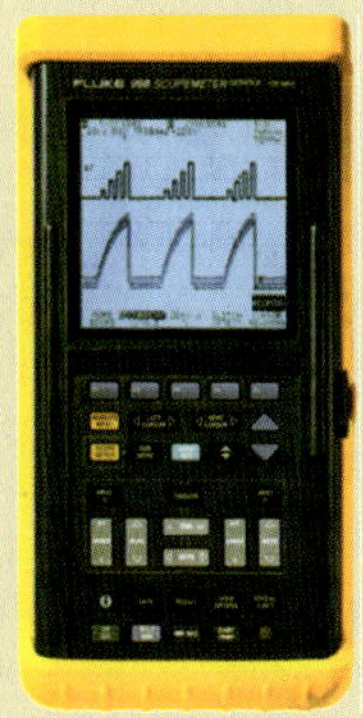

85.1 Grafisches Multimeter

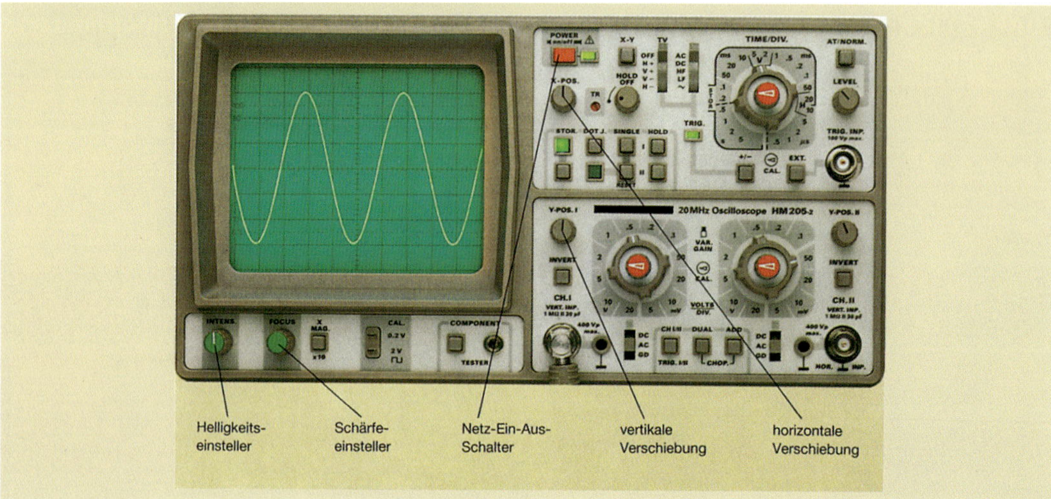

86.1 Oszilloskop mit Anzeige einer Wechselspannung

Das grafische Multimeter eignet sich durch seine kompakte Bauweise, Handhabbarkeit und die vielfältigen Funktionen für den Einsatz bei der Fehlersuche in elektrischen Anlagen. In Elektrowerkstätten und Elektrolaboratorien werden Oszilloskope häufig als eigenständige Geräte eingesetzt. Abb. 86.1 zeigt ein Oszilloskop mit Elektronenstrahlröhre. Das Bild auf seinem Schirm entsteht durch einen Elektronenstrahl, der in waagerechter und senkrechter Richtung abgelenkt wird. Die waagerechte Ablenkung stellt die Zeitablenkung dar, die senkrechte Ablenkung wird durch die angelegte Spannung hervorgerufen. Elektronenstrahloszilloskope gibt es auch als **Speicheroszilloskope** mit der Möglichkeit, den Kurvenverlauf digital zu speichern. Dadurch ergeben sich zusätzliche Einsatzmöglichkeiten, wie sie auch das grafische Multimeter bietet.

Mit Speicheroszilloskopen können auch einmalig ablaufende Vorgänge sowie langsame Vorgänge aufgezeichnet und ausgewertet werden.

Spannungsmessung mit dem Oszilloskop

Die unbekannte Spannung wird gemäß Abb. 86.2 an den Eingang des Oszilloskops gelegt. Zeiteinsteller (TIME/DIV) und Amplitudeneinsteller (VOLTS/DIV) werden danach so eingestellt, dass auf dem Bildschirm eine übersichtliche Darstellung des Spannungsverlaufs zu sehen ist. Mit den Drehknöpfen zur vertikalen Verschiebung (Y-POS.) und horizontalen Verschiebung (X-POS.) kann der Kurvenverlauf positioniert werden.

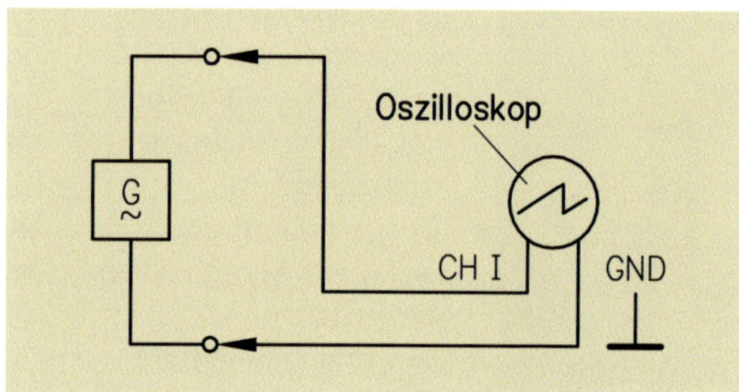

86.2 Spannungsmessung mit dem Oszilloskop

Abb. 86.1 zeigt den Spannungsverlauf, er ist sinusförmig. Daraus werden anschließend Spannungswerte und Frequenz bestimmt. Der Amplitudensteller wurde auf 0,5 VOLTS/DIV eingestellt, das heißt, die Spannung je Teilstrich (DIV) beträgt 0,5 V. Daraus lässt sich zunächst der Spitzenwert $\hat{u}$ der Spannung bestimmen. Er entspricht einer Höhe von 3 DIV auf dem Bildschirm. Damit erhält man:

$$\hat{u} = 3\text{DIV} \cdot 0{,}5\frac{\text{V}}{\text{DIV}} \Rightarrow \hat{u} = 1{,}5\text{V}$$

Da die Spannung sinusförmig ist, kann aus dem Spitzenwert der Effektivwert U berechnet werden:

$$U = \frac{1{,}5\text{V}}{\sqrt{2}} \Rightarrow U = 1{,}1\ \text{V}$$

Der Effektivwert der Spannung beträgt 1,1 V.

Frequenzmessung mit dem Oszilloskop

Der Spannungsverlauf auf dem Bildschirm kann auch zur Frequenzbestimmung verwendet werden. Man entnimmt Abb. 86.1, dass die Periodendauer einem Abstand von 4 Teilstrichen (DIV) entspricht. Der Zeiteinsteller (TIME/DIV) ist auf 5 ms/DIV eingestellt. Aus diesen Werten erhält man für die Periodendauer T:

$$T = 4\text{DIV} \cdot 5\frac{\text{ms}}{\text{DIV}} \Rightarrow \text{T} = 20\ \text{ms}$$

Die Frequenz f ergibt sich dann aus:

$$f = \frac{1}{T} \Rightarrow f = \frac{1}{0{,}02\text{s}} \Rightarrow f = 50\ \text{Hz}$$

ÜBERBLICK **Messungen mit dem Oszilloskop**

Benennung	Beschreibung	Benennung	Beschreibung
Power	Netzschalter	Focus	Schärfeeinstellung
Intens.	Helligkeitseinstellung	TIME/DIV	Zeitmaßstab
X-POS.	Verschiebung der x-Achse	Y-POS.	Verschiebung der y-Achse
CH I (Channel I)	Eingang für Kanal 1	CH II (Channel II)	Eingang für Kanal 2
GND	Massebuchse	INVERT	Invertierung (Signalumkehrung)
VOLTS/DIV	Spannungsmaßstab	X-MAG. x 10	Dehnung der x-Achse

Spannungsmessung

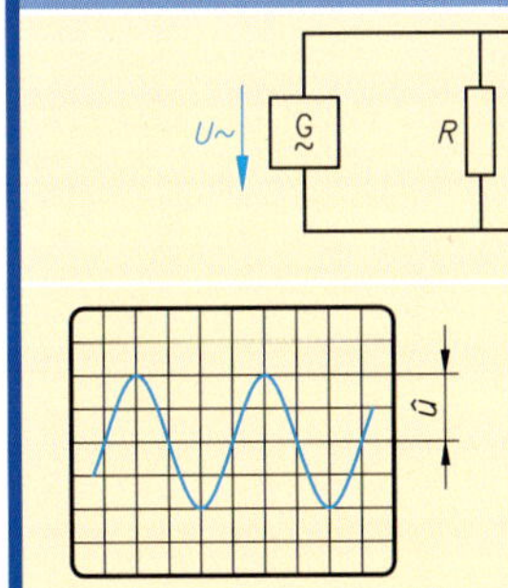

- Messspannung an CH I oder CH II
- Mit Zeit- und Amplitudeneinsteller übersichtliches Bild einstellen
- Spannungswerte ergeben sich aus der Multiplikation der Anzahl der Teilstriche (DIV) mit dem eingestellten Spannungsmaßstab (VOLTS/DIV).

Frequenzmessung

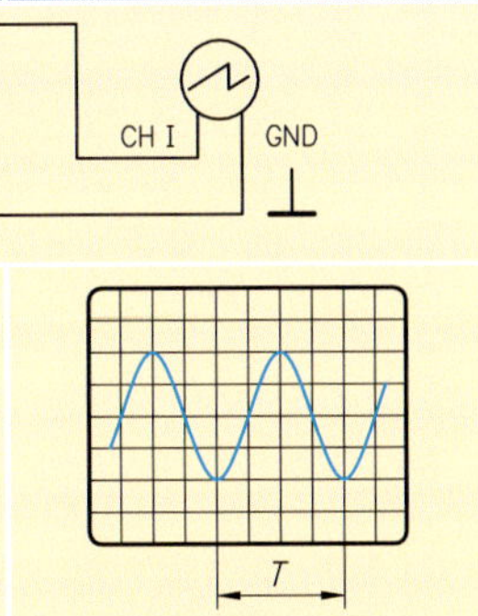

- Einstellungen wie bei der Spannungsmessung
- Die Periodendauer ergibt sich aus der Multiplikation der Anzahl der Teilstriche (DIV) mit dem eingestellten Zeitmaßstab (TIME/DIV).
- Die Frequenz ergibt sich aus dem Kehrwert der Periodendauer.

Strommessung

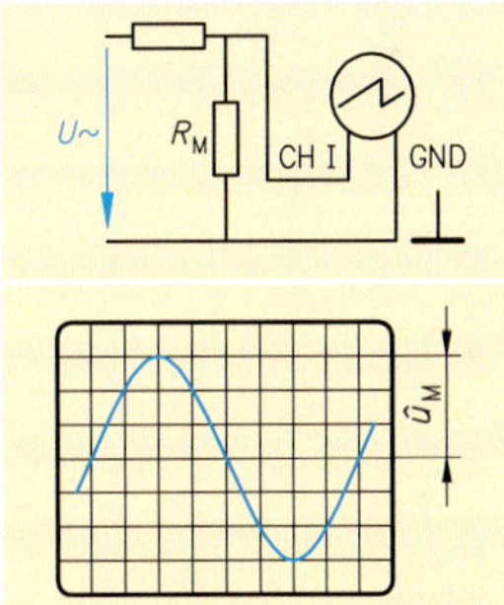

- Direkte Strommessung nicht möglich, daher wird die Spannung an einem Messwiderstand R_M gemessen.
- Berechnung des Stromes mit dem Ohm'schen Gesetz durch Division des Messwiderstandes durch die angezeigte Spannung.

Phasenverschiebung

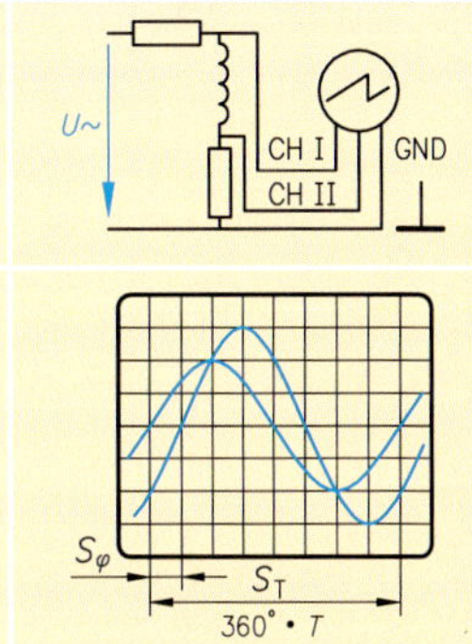

- Oszilloskop arbeitet im Zweikanalbetrieb.
- Die Spannungen werden an CH I und CH II angeschlossen.
- Der Phasenverschiebungswinkel φ ergibt sich aus

$$\varphi = \frac{\text{Teilstr.} S_\varphi}{\text{Teistr. } S_T} \cdot 360°$$

Aufgaben

1 *Die Spannung einer Gleichspannungsquelle soll mit einem Vielfachmessgerät bestimmt werden. Geben Sie an, wie Sie dabei vorgehen.*

2 *Welche Unterschiede bestehen zwischen einer Spannungs- und Stromstärkemessung?*

3 *Bei einem Oszilloskop ist der Zeiteinsteller auf 0,5 ms/DIV eingestellt. Eine Periode der angezeigten Wechselspannung entspricht zwei Teilstrichen (DIV). Wie groß ist die Frequenz?*

4 *Wie können Stromstärken mit einem Oszilloskop gemessen werden?*

88.1 Freischalten durch Entfernen der Sicherungen

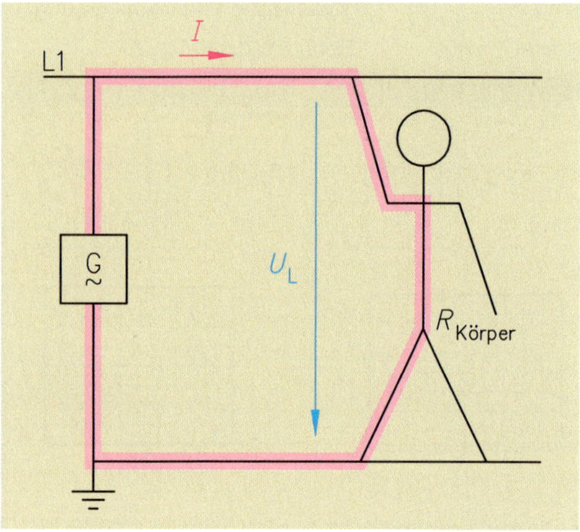

88.2 Durch Berühren fließt ein Strom durch den Körper

3.5 Schutz vor elektrischem Schlag

In der Maschinenhalle eines Industriebetriebes muss eine Baugruppe zur Stromversorgung am 230 V-Netz ausgewechselt werden.
Entsprechend den Vorschriften wird der Anlageteil durch Herausdrehen der Sicherung gemäß Abb. 88.1 freigeschaltet. Diese Maßnahme ist notwendig, da sonst für die dort tätigen Menschen Lebensgefahr besteht.

3.5.1 Gefahren des elektrischen Stroms

Gefahr besteht dann, wenn wie in Abb. 88.2 durch die Berührung eines spannungsführenden Leiters ein Strom durch den Körper fließt. Maßgebend für die Verletzungsgefahr sind dabei

- die Höhe der Stromstärke
- der Stromweg durch den Körper
- die Einwirkdauer des Stroms.

Abb. 88.3 zeigt die Gefährdung in Abhängigkeit von Zeit und Stromstärke bei Wechselstrom (50 Hz) und einem Stromweg von der linken Hand zu beiden Füßen bei einem Erwachsenen. Während im Bereich 1 keine Wahrnehmung erfolgt und im Bereich 2 trotz einer Wahrnehmung noch keine Gefahr besteht, können im Bereich 3 Unregelmäßigkeiten beim Herzschlag und Muskelverkrampfungen auftreten. Im Bereich 4 ist Herzkammerflimmern und Herzstillstand möglich.

Wechselströme ab 50 mA sind lebensgefährlich.

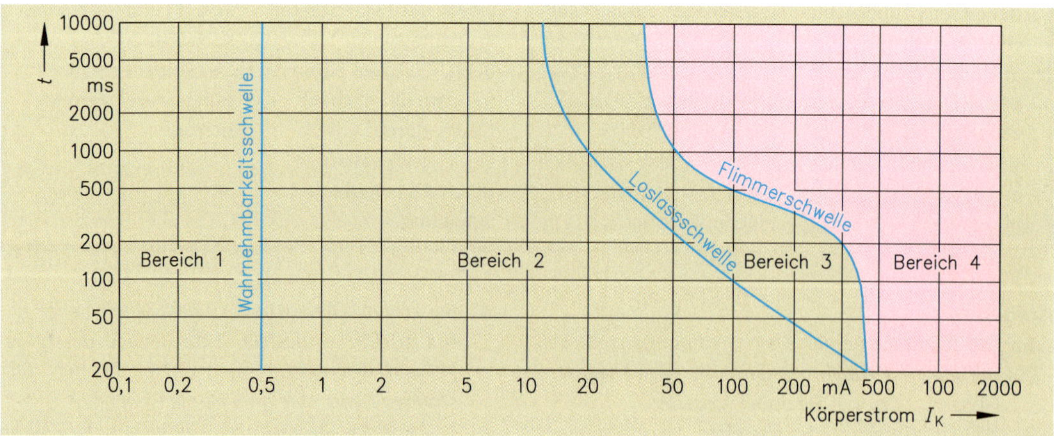

88.3 Wirkungen des Wechselstroms auf Erwachsene

Gefährliche Spannungen

Von den gefährlichen Strömen kann man auf die Höhe der gefährlichen Spannungen schließen. Da der Körperinnenwiderstand beim Menschen von der Hand zu den Füßen im ungünstigsten Fall 1000 Ω beträgt, erhält man nach dem Ohm'schen Gesetz bei einem Strom von 50 mA eine Spannung von 50 V. Für Gleichspannung gilt ein höherer Wert.

Wechselspannungen ab 50 V und Gleichspannungen ab 120 V sind lebensgefährlich.

3.5.2 Die fünf Sicherheitregeln

Beim Auswechseln der Stromversorgungsbaugruppe am 230-V-Netz in der Maschinenhalle eines Industriebetriebes müssen zur Vermeidung eines elektrischen Unfalls fünf Sicherheitsregeln beachten werden. Dabei kommt es auch auf die richtige Reihenfolge an.

Freischalten

Die 230-V-Zuleitung zur Stromversorgungsbaugruppe muss zuerst abgeschaltet werden. Dieses geschieht hier durch Entfernen einer Sicherung (s. Abb. 88.1). In anderen Fällen kann dies auch durch Betätigen von Schaltern oder Ziehen von Steckverbindern erfolgen.

Gegen Wiedereinschalten sichern

Um zu vermeiden, dass der Anlageteil versehentlich durch eine andere Person wieder eingeschaltet wird, muss ein Wiedereinschalten vor Abschluss der Arbeiten verhindert werden. Dazu wird ein Verbotsschild gegen Wiedereinschalten angebracht (s. Abb. 89.1). Außerdem können abschließbare Sperrelemente anstelle der Sicherungen eingesetzt werden oder Leitungsschutzschalter abgeklebt werden.

89.1 Durch dieses Warnschild soll ein Wiedereinschalten während der Arbeiten verhindert werden

Spannungsfreiheit feststellen

An der Arbeitsstelle wird mit einem zweipoligen Spannungsprüfer oder einem Messgerät geprüft, ob noch Spannung gegen Erde vorhanden ist. Erst nachdem die Spannungsfreiheit festgestellt wurde, darf mit den Arbeiten begonnen werden.

Erden und Kurzschließen

In Anlagen mit Bemessungsspannungen bis 1000 V ohne Freileitungen kann auf diese Maßnahme verzichtet werden. Beim Wechsel der Stromversorgungsbaugruppe ist daher kein Erden und Kurzschließen erforderlich. Bei der Durchführung dieser Maßnahme ist darauf zu achten, dass zuerst zu erden und dann kurzzuschließen ist. Das Erden und Kurzschließen erfolgt mit dazu geeigneten Leitungen und Leitungsanschlüssen (Abb. 89.2).

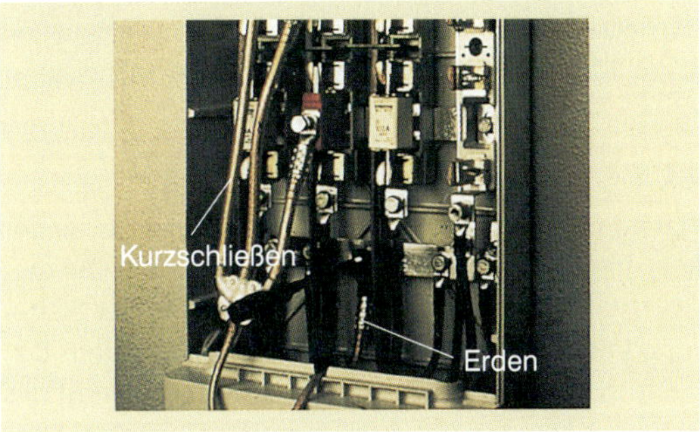

89.2 Geerdeter und kurzgeschlossener Anlageteil

Benachbarte, unter Spannung stehende Teile abdecken oder abschranken

Diese Maßnahme ist dann erforderlich, wenn benachbarte unter Spannung stehende Anlagenteile aus zwingenden Gründen nicht abgeschaltet werden können. Diese Anlagenteile sind dann durch hinreichend feste und zuverlässig angebrachte isolierende Abdeckungen gegen zufälliges Berühren zu sichern.

Aufgaben

1 *Welche Einflussgrößen sind für die Auswirkungen eines elektrischen Schlages maßgebend?*

2 *Begründen Sie die Reihenfolge der fünf Sicherheitsregeln!*

3 *Warum ist es unbedingt notwendig, nach dem Freischalten und dem Sichern gegen Wiedereinschalten trotzdem die Spannungsfreiheit festzustellen?*

EXKURS **Sofortmaßnahmen beim Elektrounfall**

1. Stromkreis sofort unterbrechen!

Dieses kann durch
- Betätigung des Not-Aus-Schalters,
- Steckerziehen,
- Herausnehmen der Sicherung

geschehen. Ist das nicht möglich, dann muss der Verletzte mit einem nicht leitenden Gegenstand, z. B. mit einer Holzlatte, von der Spannung getrennt werden. Dabei darf der Helfer den Verletzten auf keinen Fall berühren, um sich nicht selbst zu gefährden.

2. Verletzungen feststellen!

Atmet der Verunglückte nicht, dann ist sofort mit Atemspende zu beginnen. Ist außerdem kein Puls fühlbar, dann ist zusätzlich eine äußere Herzmassage durchzuführen (nur durch ausgebildeten Helfer). Bei Anzeichen eines Schocks durch schwankenden Puls, Blässe, kalter Haut und Schweiß auf der Stirn sollte der Verletzte in die Schocklage gebracht werden (Beine hochlegen). Liegt kein Atem-, Kreislaufstillstand oder Schock vor, dann wird er in die stabile Seitenlage gebracht.

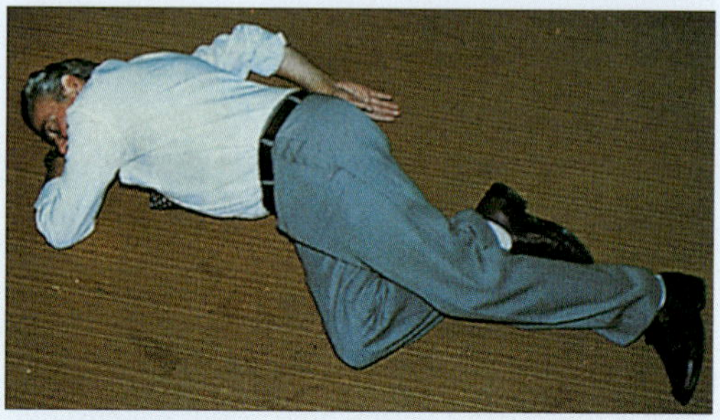

3. Arzt oder Rettungsdienst rufen!

Möglichst noch vor einer Wiederbelebung sollte ein Arzt benachrichtigt werden. Eine bereits begonnene Wiederbelebung darf jedoch nicht unterbrochen werden.

3.5.3 Schutz gegen direktes Berühren

Nachdem die Stromversorgungsbaugruppe in der Maschinenhalle eines Industriebetriebes ausgewechselt wurde, kann sie durch Einsetzen der Sicherung wieder am 230-V-Netz betrieben werden. Dabei muss gewährleistet sein, dass auch während des Betriebes keine spannungsführenden Teile direkt berührt werden können (s. Abb. 90.1). Dieser sogenannte Basisschutz wird durch folgende Maßnahmen erreicht
- Schutz durch Isolierung von spannungsführenden (aktiven) Teilen
- Schutz durch Abdeckungen oder Umhüllungen.

Abb. 90.2 zeigt als Beispiel die Isolierung einer elektrischen Leitung und den Schutz durch Umhüllung bei einer Verteilerdose.

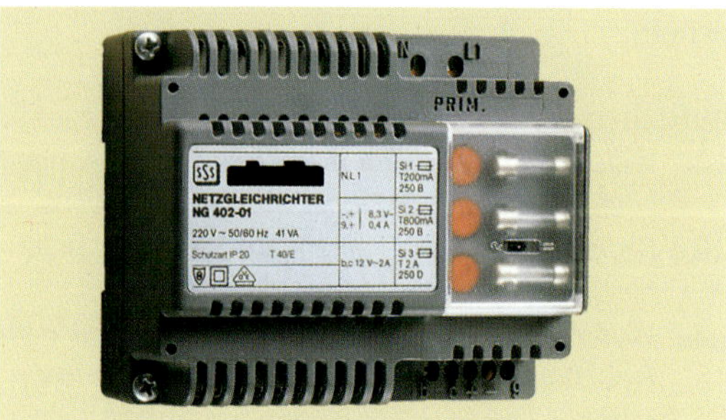

90.1 Stromversorgungsbaugruppe 230 V AC/12 V DC

Isolierungen und Umhüllungen müssen die aktiven Teile so umgeben, dass ein direktes Berühren ausgeschlossen ist.

Im Gegensatz zu Schutzmaßnahmen, die bei auftretenden Fehlern schützen, wird diese Maßnahme auch als „Schutz gegen elektrischen Schlag unter normalen Bedingungen“ bezeichnet. Als zusätzlicher Schutz gegen direktes Berühren können auch RCDs (Fehlerstromschutzeinrichtungen) mit Bemessungsdifferenzströmen von 30 mA oder 10 mA eingesetzt werden. Fließt bei Berührung eines spannungsführenden Teiles ein entsprechender Strom über eine Person zur Erde, dann unterbricht die Einrichtung zum Schutz den Stromkreis. Die Verwendung von RCDs als alleiniger Schutz gegen direktes Berühren ist nicht zulässig, der Schutz ist als Ergänzung anzusehen und wird in besonders gefährdeten Bereichen eingesetzt.

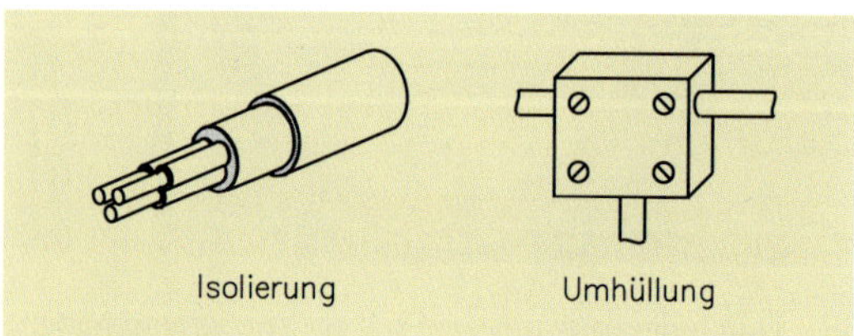

90.2 Beispiele für den Schutz vor direktem Berühren

3.5.4 Schutz bei indirektem Berühren

Auf dem Stromversorgungsgerät (s. Abb. 90.1) ist unter anderem ein Doppelquadrat als Kennzeichen zu sehen. Es bezieht sich auf den Schutz bei indirektem Berühren. Darunter versteht man einen Schutz vor einem elekrischen Schlag, der durch einen Fehler am Gerät oder in der Anlage auftritt. Ein häufig auftretender Fehler ist ein Körperschluss. Er entsteht durch eine leitende Verbindung zwischen einem spannungsführenden Teil (aktivem Teil) und dem Gehäuse (Körper) eines Gerätes.

Jedes Gerät muss so ausgeführt sein, dass bei einem Körperschluss keine Gefahren für Menschen und Tiere ausgehen.

Die Stromversorgungsbaugruppe hat dazu ein Gehäuse aus verstärkter Isolierung. Solche Geräte werden als schutzisolierte Geräte oder Geräte der Schutzklasse II bezeichnet. Sie sind wie das Stromversorgungsgerät durch ein Doppelquadrat gekennzeichnet.

ÜBERBLICK **Schutzklassen (DIN VDE 0106-1)**

Jedes Gerät muss so ausgestattet sein, dass auch bei einem auftretenden Fehler, wie z. B. einem Körperschluss, der Personenschutz gewährleistet ist. Für diesen Schutz gibt es je nach Ausführung und Funktion drei verschiedene Schutzklassen. Alle elektrischen Betriebsmittel müssen eine von diesen Schutzklassen besitzen. Die Schutzklassen sind durch besondere Symbole gekennzeichnet.

Schutzklasse	I	II	III
Kennzeichen	 Anschlusszeichen für den Schutzleiter	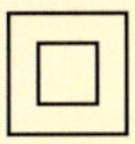 Doppelquadrat auf dem Gehäuse	
Ausführung	Ein Schutzleiter (grün-gelb) wird über den Schutzleiteranschluss mit dem leitenden Gehäuse des Gerätes verbunden.	Das Gerät wird mit einer zusätzlichen Isolierung ausgestattet. Diese Isolierung bildet entweder das Gehäuse oder ist als Zwischenisolierung im Gerät angebracht.	Das Gerät wird mit Spannungen betrieben, die ungefährlich sind. Das sind Spannungen bis 50 V AC und 120 V DC beim Menschen und 25 V AC und 60 V DC bei Tieren.
Funktion	Durch den Schutzleiter wird bewirkt, dass das Gerät abgeschaltet wird, wenn das Gehäuse gefährliche Spannungen annimmt (z. B. bei einem Körperschluss).	Durch die Isolierung kann das Gehäuse des Gerätes auch bei einem Fehler nicht unter Spannung stehen.	Sowohl bei einem Fehler als auch bei direkter Berührung spannungsführender Teile besteht keine Gefahr, da die Spannung zu gering und damit ungefährlich ist.
Anwendungen, Beispiele	Betriebsmittel mit Metallgehäuse, z. B. Elektromotor, Bügeleisen, Durchlauferhitzer, Lötkolben	Betriebsmittel mit Kunststoffgehäuse, z. B. Handbohrmaschine, Rundfunkgeräte, Küchengeräte	Bei besonderer Gefährdung und wo Kleinspannung möglich ist, z. B. Handleuchten, Kinderspielzeug
Besondere Merkmale	Es ist auf eine zuverlässige Schutzleiterverbindung zu achten, da sonst die Schutzmaßnahme nicht mehr wirksam ist.	Ein Schutzleiteranschluss ist nicht zulässig. Es ist darauf zu achten, dass das isolierende Gehäuse nicht beschädigt ist.	Ein Schutzleiteranschluss ist nicht zulässig. In besonderen Fällen sind nur Spannungen bis 25 V zulässig, z. B. bei Kinderspielzeug.

Aufgaben

1 *Was versteht man unter Schutz gegen direktes Berühren im Gegensatz zu Schutz bei indirektem Berühren?*

2 *Welche Gefahr besteht, wenn bei einem Gerät der Schutzklasse I der Schutzleiter aufgrund eines Fehlers unterbrochen ist?*

3 *Was versteht man unter einem Körperschluss?*

3.5.5 Schutzarten durch Gehäuse

Auf dem Gehäuse der Stromversorgungsbaugruppe ist außer dem Zeichen für die Schutzklasse noch angegeben „Schutzart IP 20" (s. Abb. 90.1). Damit wird angegeben, in welchem Maße das Gehäuse einen Schutz gegen das Eindringen von Fremdkörpern und Wasser gewährleistet. Dabei steht

- IP für International Protection
- die erste Ziffer für den Fremdkörper- und Personenschutz
- die zweite Ziffer für den Wasserschutz.

Die „2" als erste Ziffer besagt:

- Personen sind durch das Gehäuse gegen den Zugang mit dem Finger geschützt und
- das Gerät ist durch das Gehäuse gegen feste Fremdkörper mit einem Durchmesser von ≥ 12,5 mm geschützt.

Die „0" als zweite Ziffer gibt an, dass das Gehäuse keinen Wasserschutz hat. Wasserschutz ist erforderlich, wenn elektrische Betriebsmittel im Freien oder in feuchten Räumen betrieben werden. So müssen z. B. Betriebsmittel in ungeschützten Anlagen im Freien als zweite Kennzeiffer mindestens eine 3 haben, das heißt, die Gehäuse müssen vor Sprühwasser schützen. Häufig wird der Wasserschutz auch als Symbol auf Betriebsmitteln angegeben. Das Symbol für Sprüh- oder Regenwasser ist ein Tropfen in einem Quadrat.

ÜBERBLICK IP-Schutzarten durch Gehäuse (DIN VDE 0470-1)

1. Kennziffer	Schutzgrad Personenschutz	Fremdkörperschutz	2. Kennziffer	Schutzgrad Wasserschutz
0	Nicht geschützt	Nicht geschützt	0	Nicht geschützt
	Geschützt gegen den Zugang	Geschützt gegen feste Fremdkörper mit einem		Geschützt gegen
1	• mit dem Handrücken,	• Ø ≥ 50 mm,	1	• Tropfwasser
2	• mit einem Finger,	• Ø ≥ 12,5 mm,	2	• Tropfwasser bis zu 15° Neigung des Gehäuses
3	• mit einem Werkzeug,	• Ø ≥ 2,5 mm,	3	• Sprühwasser
4	• mit einem Draht,	• Ø ≥ 1,0 mm.	4	• Spritzwassser
5	• mit einem Draht,	Staubgeschützt	5	• Strahlwasser
6	• mit einem Draht.	Staubdicht	6	• starkes Strahlwasser
X	keine Angabe des Schutzgrades (gilt auch für die zweite Kennziffer)		7	• zeitweiliges Untertauchen
			8	• dauerndes Untertauchen in Wasser

Symbole für Schutzarten

	tropfwassergeschützt, entspr. etwa IPX1		wasserdicht, entspricht etwa IPX7
	regengeschützt, entspricht etwa IPX3	 ... bar	druckwasserdicht, entspricht etwa IPX8
	spritzwassergeschützt, entspr. etwa IPX4		staubgeschützt, entspricht etwa IP5X
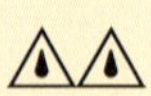	strahlwassergeschützt, entspr. etwa IPX5		staubdicht, entspricht etwa IP6X

Aufgaben

1 *In landwirtschaftlichen Anwesen ist für elektrische Betriebsmittel mindestens die Schutzart IP 44 vorgeschrieben. Erläutern Sie diese Angabe!*

2 *Welches Symbol und welche IP-Kennziffer muss eine spritzwassergeschützte Leuchte mindestens haben?*

3 *Warum genügt es, dass für den Personenschutz und Fremdkörperschutz nur eine Ziffer angegeben wird? Erläutern Sie dieses an der Kennziffer „2".*

4 *Geben Sie den Unterschied der Bezeichnung IP X2 und IP 2X an.*

3.5.6 Schutz durch Kleinspannung

Der Stromversorgungsbaugruppe (s. Abb. 90.1) wird am Ausgang eine Spannung von 12 V DC entnommen. Diese Spannung wird u. a. zur Versorgung von elektronischen Baugruppen verwendet. Die Anforderungen an die Isolierung dieser Betriebsmittel sind nicht so hoch wie bei Geräten, die z. B. mit 230 V betrieben werden, da durch die Spannungshöhe von 12 V keine Gefahr bei direkter Berührung entsteht.

Spannungen bis 50 V AC und 120 V DC sind Kleinspannungen. Durch sie besteht auch ein Schutz bei direktem Berühren.

Auf der Stromversorgungsbaugruppe ist links neben dem Zeichen für die Schutzisolierung (Doppelquadrat) ein Zeichen für die Eigenschaft des eingebauten Transformators angegeben. Es besagt, dass es sich um einen Sicherheitstransformator handelt. Er hat eine besonders sichere Isolierung zwischen der Eingangs- und Ausgangswicklung des Transformators. Sicherheitstransformatoren sind vorgeschrieben, wenn man zum Schutz

- Schutzkleinspannung oder
- Funktionskleinspannung mit sicherer Trennung (wie Schutzkleinspannung, jedoch mit Erdung eines Leiters) verwendet.

ÜBERBLICK **Schutzkleinspannung (SELV) und Funktionskleinspannung (PELV, FELV) (DIN VDE 0100-410,470)**

Schutzkleinspannung (SELV)

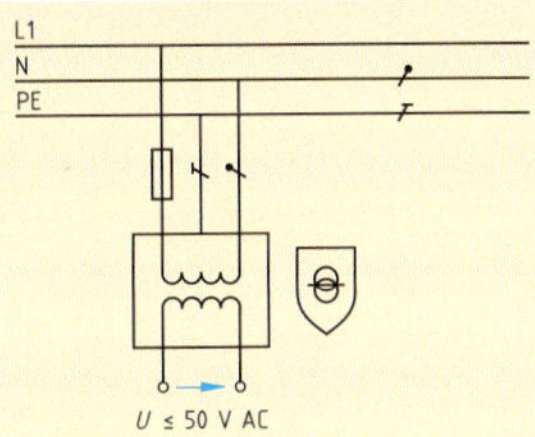

- Verwendung von Spannungen, die 50 V Wechsel- bzw. 120 V Gleichspannung nicht überschreiten, wobei die Stromkreise keine Verbindung zur Erde oder zum Schutzleiter haben dürfen.
- Stromquellen müssen sein:
  Sicherheitstransformatoren nach VDE 0551, Motorgeneratoren mit getrennten Wicklungen, elektrochemische Spannungsquellen oder elektronische Geräte mit Spannungsbegrenzung.
- Bei Überschreitung von 25 V Wechsel- oder 60 V Gleichspannung muss der Schutz gegen direktes Berühren durch Schutzart IP 2X sichergestellt sein.

Funktionskleinspannung mit sicherer Trennung (PELV)

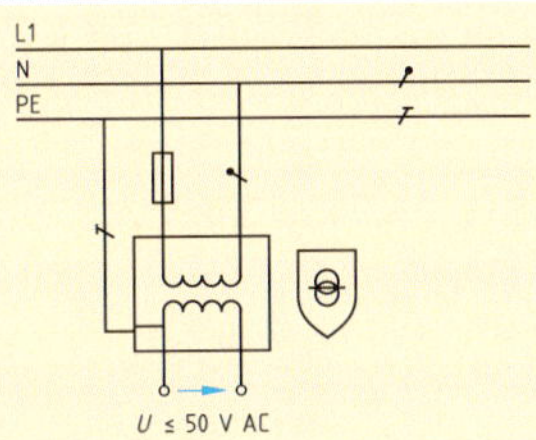

- Verwendung von Spannungen, die 50 V Wechsel- bzw. 120 V Gleichspannung nicht überschreiten
- Bei der Funktionskleinspannung ist aus Funktionsgründen (z. B. bei Steuerstromkreisen) im Gegensatz zur Schutzkleinspannung ein Leiter des Kleinspannungsnetzes geerdet.
- Stromquellen müssen den gleichen Anforderungen genügen wie bei der Schutzkleinspannung.

Funktionskleinspannung ohne sichere Trennung (FELV)

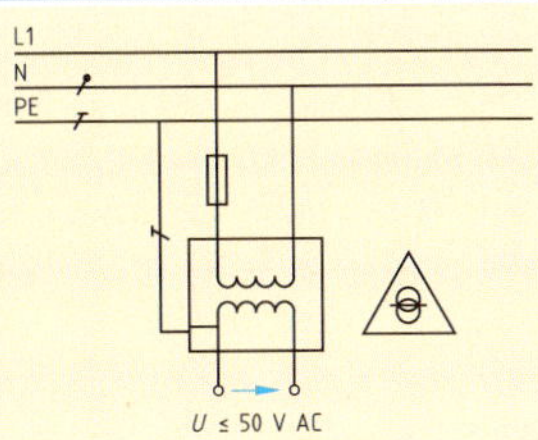

- Verwendung von Spannungen, die 50 V Wechsel- oder 120 V Gleichspannung nicht überschreiten.
- Bei der Funktionskleinspannung ohne sichere Trennung genügt ein Transformator mit normaler Isolierung zwischen Eingangs- und Ausgangswicklung (nach VDE 0550).
- Zum Schutz unter Fehlerbedingungen (z. B. Körperschluss) müssen die Gehäuse der FELV-Stromkreise mit dem Schutzleiter PE verbunden werden.

Aufgaben

1 *Welche Schutzklasse haben die Betriebsmittel, die mit einer Schutzkleinspannung versorgt werden?*

2 *Worin bestehen die Unterschiede zwischen SELV- und PELV-Stromkreisen?*

3 *In besonders gefahrenträchtigen Umgebungen ist SELV vorgeschrieben. Begründen Sie dies!*

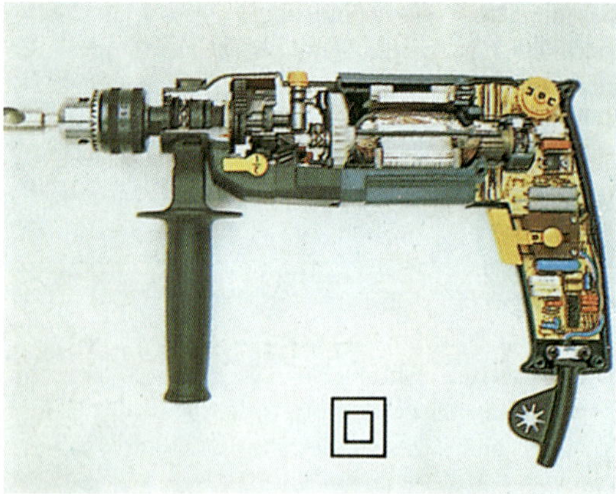

94.1 Handbohrmaschine mit Schutzklasse II

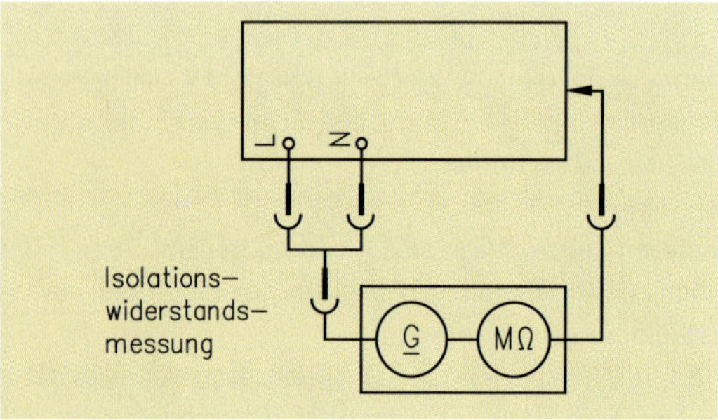

94.2 Schaltung zur Isolationswiderstandsmessung

3.5.7 Prüfungen elektrischer Geräte zum Schutz vor elektrischem Schlag

Um den Schutz vor elektrischem Schlag bei Elektrogeräten zu gewährleisten, sind bestimmte Prüfungen vorgeschrieben. Für elektrische Gebrauchs- und Arbeitsgeräte gibt es

- Prüfungen nach Instandsetzung oder Änderung elektrischer Geräte
- Wiederholungsprüfungen an elektrischen Geräten in bestimmten Zeitabständen.

Bei der Handbohrmaschine (s. Abb. 94.1) wurde der defekte Schalter ersetzt. Nach der Instandsetzung ist daher eine entsprechende Prüfung durchzuführen. Dabei ist in folgender Reihenfolge vorzugehen:

- Besichtigung
- Prüfung des Schutzleiters (nur bei Schutzklasse I)
- Messung des Isolationswiderstandes
- Funktionsprüfung.

Danach ist zu entscheiden, ob das Gerät in diesem Zustand eingesetzt werden darf oder nicht. Diese Vorgehensweise ist auch bei einer Wiederholungsprüfung vorgesehen.

Besichtigung

An der instand gesetzten Bohrmaschine wird zunächst die Sichtprüfung durchgeführt. Dabei ist insbesondere darauf zu achten, ob

- Beschädigungen am Gehäuse vorhanden sind, die die Sicherheit beeinflussen,
- die Geräteanschlussleitung einschließlich der Zugentlastung in Ordnung ist,
- die Steckverbindung fest und unbeschädigt ist,
- Sicherungen die geforderten Kennwerte haben.

Wurde bei der Sichtprüfung kein Mangel festgestellt, dann ist als Nächstes die Prüfung des Schutzleiters durchzuführen. Da die Bohrmaschine ein Gerät der Schutzklasse II ist, entfällt diese Prüfung.

Messung des Isolationswiderstandes

Mit dieser Messung wird überprüft, ob die Isolierung zwischen den spannungsführenden Teilen und dem Gehäuse noch in Ordnung ist. Zur Messung ist ein Prüfgerät erforderlich, das eine Ausgangsspannung von mindestens 500 V DC liefert. Abb. 94.2 zeigt die Messschaltung. Ein Pol wird mit den Steckerstiften der Anschlussleitung verbunden, der andere wird an verschiedenen Stellen des Gehäuses der Bohrmaschine gehalten. Der gemessene Wert wird am Messgerät angezeigt. Während der Messung ist das Gerät einzuschalten.

Bei Geräten der Schutzklasse II darf der Isolationswiderstand nicht geringer als 2 MΩ sein.

Das Messgerät zeigt bei der Bohrmaschine einen wesentlich höheren Wert an, was bei intakten Geräten der Schutzklasse II meistens der Fall ist.

Funktionsprüfung

Anschließend wird die Funktion des Gerätes geprüft. Auch dies dient zum Feststellen von Sicherheitsmängeln. Dabei kann mit entsprechenden Prüfgeräten auch die aufgenommene Stromstärke gemessen und überprüft werden. Die Handbohrmaschine funktioniert einwandfrei und kann daher wieder im Betrieb eingesetzt werden.

Wiederholungsprüfungen

Auch wenn ein Gerät wie die Handbohrmaschine einwandfrei funktioniert, ist nach einer bestimmten Zeit eine Prüfung aufgrund der Unfallverhütungsvorschriften erforderlich. Die Fristen richten sich nach den Geräten und der Umgebung.

Die Wiederholungsprüfung ist eine Prüfung in bestimmten Zeitabständen.

Für eine Handbohrmaschine als ortsveränderliches Gerät ist in Werkstätten und auf Baustellen bei Normalbedingungen eine Prüffrist von zwölf Monaten vorgesehen. Dies gilt auch für andere ortsveränderliche elektrische Werkzeugmaschinen wie Stichsägen, Lötkolben usw. Die Fristen sind z. B. auf sechs Monate zu verkürzen, wenn besonders starke Beanspruchungen der Geräte zu erwarten sind. Bei Geräten in Büroräumen wie Computer oder Tischleuchten genügt eine Prüffrist von zwei Jahren. Die Ergebnisse der Wiederholungsprüfung sind protokollarisch festzuhalten. Die Dokumentation muss enthalten:

- Bezeichnung des Betriebsmittels
- Prüfergebnis
- Datum der Prüfung und nächster Termin.

ÜBERBLICK **Prüfung elektrischer Geräte nach Instandsetzung oder Änderung und Wiederholungsprüfung**

Anwendungsbereich (DIN VDE 0701-1/240, DIN VDE 0702-1)

Zu den Geräten gehören Gebrauchs- und Arbeitsgeräte wie elektrische Werkzeuge, Wärmegeräte, Motorgeräte, Leuchten, elektronische Geräte (z. B. der Unterhaltungselektronik), Geräte der Informationstechnik einschließlich Fernmeldegeräte und elektrische Büromaschinen.

Prüfung instand gesetzter oder geänderter Geräte

- Die Bestimmungen gelten nicht, wenn Teile entsprechend der Gebrauchsanweisung vom Benutzer ausgewechselt werden, wie das Wechseln von Lampen oder Sicherungen.
- Sind bei der Instandsetzung oder Änderung von Geräten elektrische Teile beeinflusst worden, dann sind folgende Prüfungen durchzuführen:

Wiederholungsprüfung

- Die Wiederholungsprüfung ist eine Prüfung in bestimmten Zeitabständen.
- Die Prüfung dient dem Nachweis, dass der Schutz gegen direktes und indirektes Berühren wirksam ist. Werden die Bedingungen nicht erfüllt, dann darf das Gerät nicht weiter betrieben werden.

Besichtigung

- Die zur Sicherheit beitragenden Teile dürfen weder beschädigt noch ungeeignet sein.
- Insbesondere sind Geräteanschlussleitungen und ordnungsgemäße Zugentlastung zu überprüfen.
- Sicherungen sind hinsichtlich der geforderten Kennwerte zu überprüfen.
- Aufschriften zur Sicherheit müssen vorhanden und lesbar sein.

Prüfung des Schutzleiters

- Bei Geräten mit Netzanschlussleitung und Stecker ist der Schutzleiterwiderstand zwischen Gehäuse und Schutzkontakt des Steckers zu messen. Während der Messung ist die Anschlussleitung zu bewegen.
- Der Widerstandswert des Schutzleiters muss niederohmig sein; dazu zählen Werte bis etwa 1 Ω. Für die Wiederholungsprüfung wird angegeben, dass der Widerstandswert bei Geräten mit Anschlussleitungen bis 5 m Länge $\leq 0{,}3\ \Omega$ sein muss. Bei längeren Anschlussleitungen ist zuzüglich mit 0,1 Ω je weitere 7,5 m zu rechnen.
- Für die Prüfung nach Instandsetzung oder Änderung gilt: Bei handgeführten Elektrowerkzeugen muss der Messstrom zur Widerstandsbestimmung mindestens 10 A betragen.

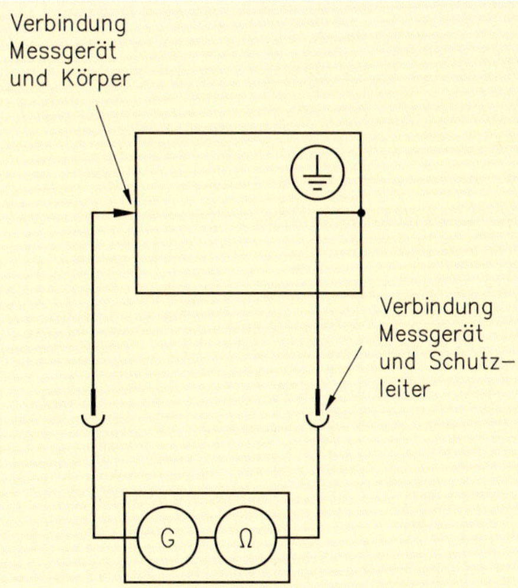

ÜBERBLICK Prüfung elektrischer Geräte nach Instandsetzung oder Änderung und Wiederholungsprüfung

Messung des Isolationswiderstandes und des Ersatz-Ableitstromes

- Der Isolationswiderstand ist zwischen betriebsmäßig unter Spannung stehenden Teilen und dem Gehäuse zu messen. Bei Geräten der Schutzklasse I ist die Messung zwischen betriebsmäßig unter Spannung stehenden Teilen und dem Schutzleiteranschluss durchzuführen.
- Bei der Messung sind alle Schalter, Temperaturregler usw. zu schließen. Die Ausgangsgleichspannung des Isolationsmessgerätes muss bei einer Last von 0,5 MΩ mindestens 500 V DC betragen.
- Der Isolationswiderstand darf nicht kleiner sein als
  - 0,5 MΩ bei Geräten der Schutzklasse I,
  - 2,0 MΩ bei Geräten der Schutzklasse II,
  - 250 kΩ bei Geräten der Schutzklasse III.
- Wird bei Geräten der Schutzklasse I mit Heizkörpern oder Entstörkondensatoren der Widerstandswert nicht erreicht, dann ist eine Ersatz-Ableitstrommessung durchzuführen.
- Für die Ersatz-Ableitstrommessung ist der Messstromkreis vom Netz galvanisch zu trennen.
- Die Ersatz-Ableitstrommessung ist mit einer Leerlaufspannung zwischen 25 V und 250 V (AC 50 Hz) durchzuführen.
- Das verwendete Messgerät zur Ersatz-Ableitstrommessung muss den Stromwert anzeigen, der sich bei 1,06facher Nennspannung einstellen würde.
- Die angezeigte Stromstärke darf 7 mA,
  - bei Geräten mit einer Heizleistung ≥ 6 kW 15 mA,
  - bei Geräten mit zusätzlichem Potenzialausgleich und festem Netzanschluss 1 mA je kW nicht überschreiten.

Geräte der Schutzklasse I

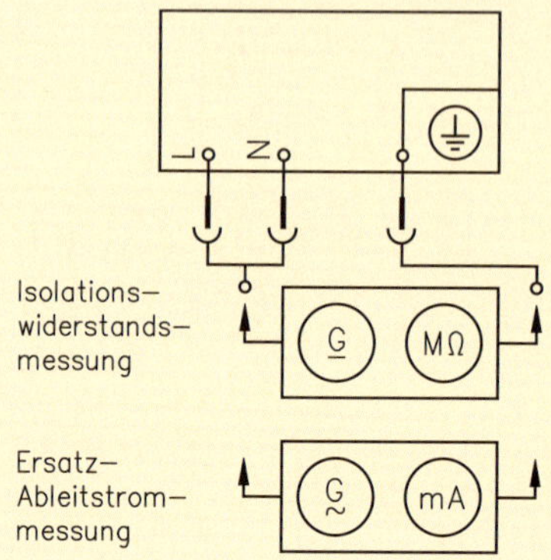

Geräte der Schutzklasse II und III

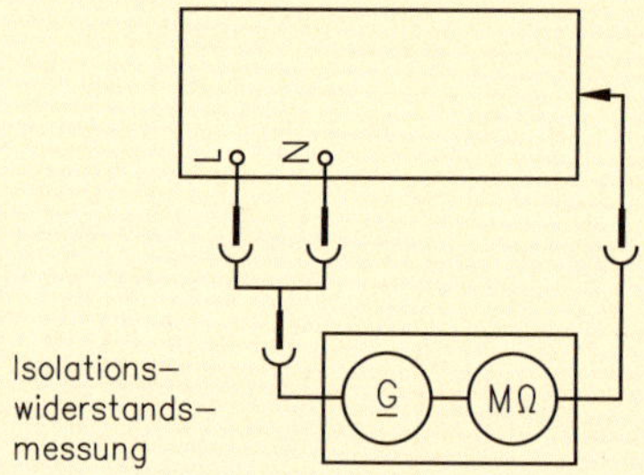

Funktionsprüfung

- Nach der Reparatur oder Änderung eines Gerätes und nach einer Wiederholungsprüfung ist eine Funktionsprüfung durchzuführen. Dabei soll nachgewiesen werden, dass beim Gebrauch entsprechend der Herstellerangaben keine Sicherheitsmängel bestehen.
- Bei handgeführten Elektrowerkzeugen sind zum Nachweis der Betriebssicherheit folgende Funktionen zu prüfen:
  - Schalt- und Regeleinrichtungen,
  - Schutzeinrichtungen und richtiger Drehsinn.

Aufgaben

1 *Welche Gefahr besteht, wenn bei einem Elektrogerät die Zugentlastung der Anschlussleitung nicht in Ordnung ist?*

2 *Eine Verlängerungsleitung von 50 m wird einer Wiederholungsprüfung unterzogen. Wie hoch darf der Schutzleiterwiderstand höchstens sein?*

3 *Weshalb sind die Prüffristen für Computer und Leuchten in einem Büro länger als für Elektrowerkzeuge auf Baustellen?*

4 *Bei der Wiederholungsprüfung eines Lötkolbens mit einer Anschlussleitung von 3 m werden folgende Werte gemessen:*
Schutzleiterwiderstand 0,5 Ω,
Isolationswiderstand 1,5 MΩ
Beurteilen Sie diese Ergebnisse!

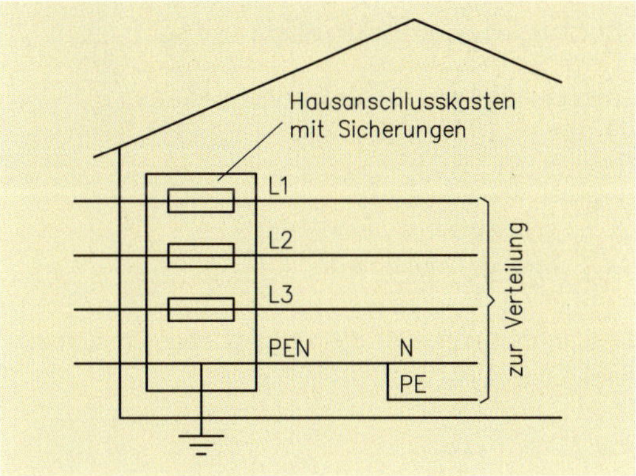

97.1 Die Montagehalle wird mit Drehstrom versorgt

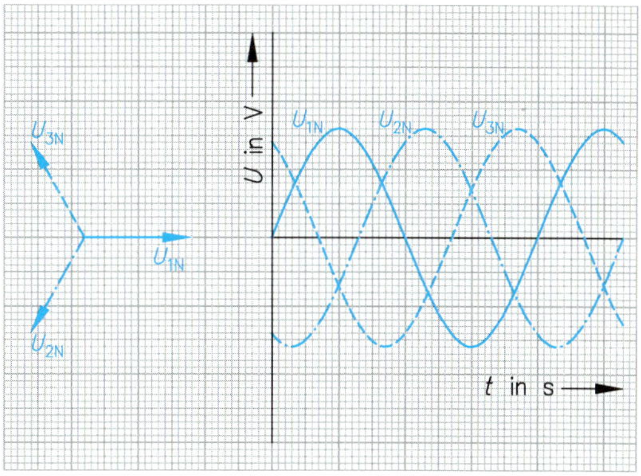

97.2 Zeiger- und Liniendiagramm vom Drehstrom

3.6 Elektrische Netze zur Energieversorgung

Die elekrische Energieversorgung der Montagehalle eines Industriebetriebes erfolgt, wie Abb. 97.1 zeigt, über vier Leitungen. Dies ist erforderlich, da Dreiphasenwechselspannung, auch Drehstrom genannt, eingesetzt wurde.

Zur Energieübertragung wird Dreiphasenwechselspannung verwendet.

3.6.1 Dreiphasenwechselspannung

Es gibt folgende Gründe für den Einsatz von Drehstrom:

- Es wird bei der Übertragung gleicher Leistungen Leitungsmaterial eingespart.
- Drehstrom wird für den Betrieb von leistungsstärkeren Elektromotoren benötigt.

Grundsätzlich besteht Dreiphasenwechselspannung aus drei Wechselspannungen, die miteinander verkettet sind. Abb. 97.2 zeigt den Verlauf der Spannungen.

Dreiphasenwechselspannung besteht aus drei gleich großen um 120° phasenverschobenen Wechselspannungen gleicher Frequenz.

Die Erzeugung von Drehstrom mit einem Generator geht aus Abb. 97.3 hervor. Abb. 97.4 macht deutlich, dass zur Übertragung der drei Spannungen nur vier Leitungen benötigt werden. Die Leitungen L1, L2 und L3 werden Außenleiter, die Leitung N wird Neutralleiter genannt. Die Schaltung in Abb. 97.4 wird wegen der sternförmigen Form auch als Sternschaltung bezeichnet.

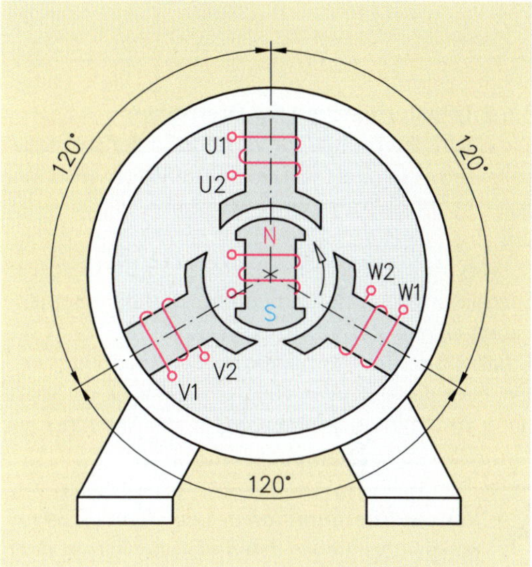

97.3 Modell eines Drehstromgenerators

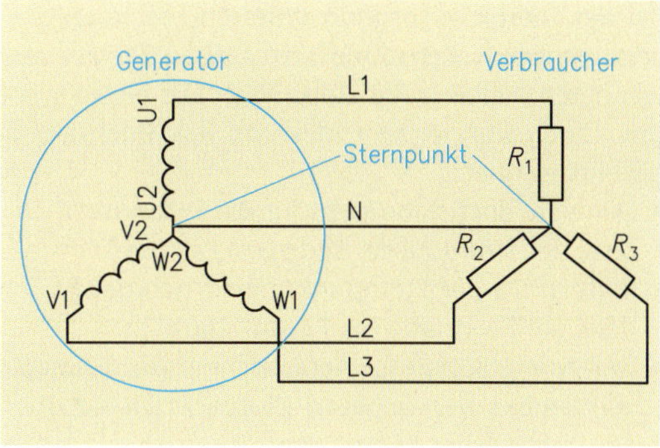

97.4 Die Spannungen sind sternförmig verkettet

EXKURS **Spannungen und Leistung bei Dreiphasenwechselspannung**

Man unterscheidet bei Drehstrom zwischen Leiterspannungen und Strangspannungen.

- Die Leiterspannungen sind die Spannungen zwischen den Außenleitern.
- Die Strangspannungen sind die Spannungen zwischen Außenleitern und Neutralleiter.

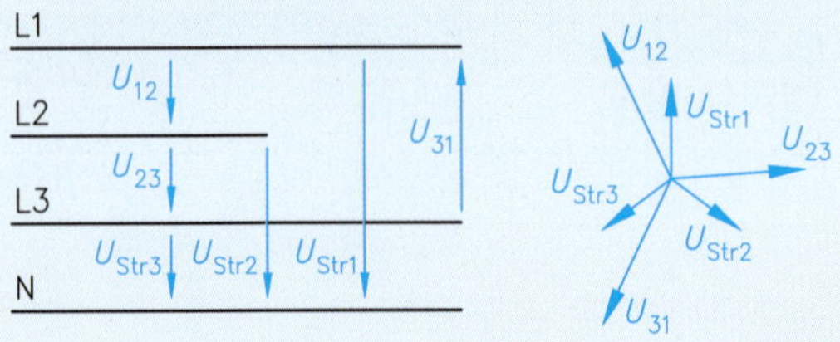

Berechnungsformel für die Spannungen:

$$U = \sqrt{3} \cdot U_{Str}$$

U	Leiterspannung in V
U_{Str}	Strangspannung in V

Berechnungsformel für die Leistung eines Drehstromverbrauchers:

$$P = \sqrt{3} \cdot U \cdot I \cdot \cos\varphi$$

P	Gesamtleistung in W
U	Leiterspannung in V
I	Leiterstrom in A
$\cos\varphi$	Leistungsfaktor

3.6.2 Transformatoren für Drehstrom

Die elektrische Energie zur Versorgung der Montagehalle wird nicht direkt von einem Drehstromgenerator geliefert, sondern über einen Transformator. Da es sich um einen kleineren Industriebetrieb handelt, erfolgt die Versorgung durch einen Verteilertransformator des Energieversorgungsunternehmens. Größere Betriebe haben eigene Transformatoren. Abb. 98.1 zeigt das Schaltbild des Transformators mit den Spannungswerten. Er wandelt 20 kV in 400 V um. Da auch die Spannung von 230 V benötigt wird, ist der Anschluss des Neutralleiters am Sternpunkt erforderlich.

Verteilertransformatoren zur Energieversorgung haben neben den drei Außenleitern einen Neutralleiteranschluss.

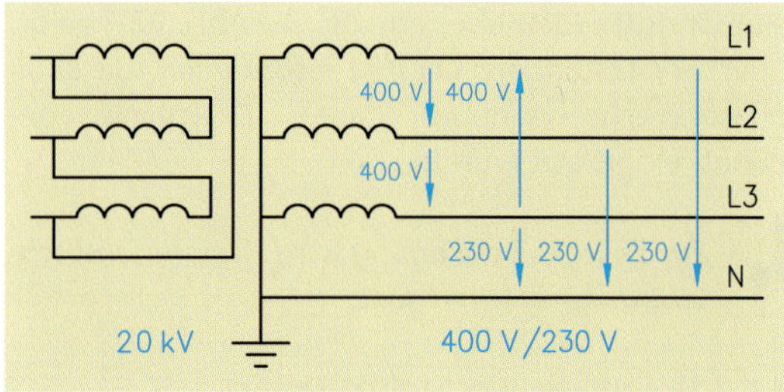

98.1. Drehstromtransformator für das 400 V/230 V-Netz

3.6.3 Netzsysteme

Bei der Energieversorgung unterscheidet man drei verschiedene Netzsysteme. Den Aufbau des hier verwendeten Netzes zeigt Abb. 98.2. Die Netze werden durch Kurzzeichen in Form von Buchstaben gekennzeichnet.

- Der erste Buchstabe steht für die Erdungsverhältnisse der Stromquelle, in diesem Fall des Transformators. Da der Sternpunkt direkt geerdet ist, ist der erste Buchstabe ein T (von „Terre").
- Der zweite Buchstabe kennzeichnet die Erdungsverhältnisse der Gehäuse (Körper). Da sie über den Schutzleiter PE mit dem N-Leiter verbunden sind, ist der zweite Buchstabe ein N.

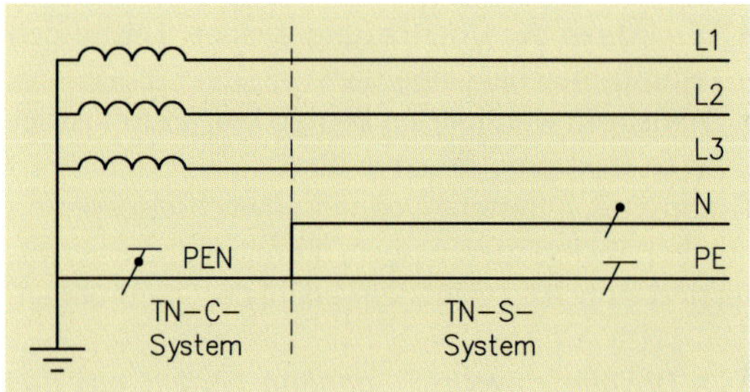

98.2. Prinzipdarstellung des verwendeten Netzes

- Der weitere oder die weiteren Buchstaben geben an, ob in dem TN-Netz der Schutzleiter PE getrennt oder kombiniert als PEN-Leiter geführt wird. Da er in diesem Netz zum Teil kombiniert (**C** von „Combined") und zum Teil getrennt geführt wird (**S** von „Separated"), ist die Buchstabenfolge C-S.

Das hier verwendete Netz ist daher ein **TN-C-S**-System.

ÜBERBLICK Netzsysteme (DIN VDE 100-300)

Bedeutung der Kurzzeichen

Erster Buchstabe	Zweiter Buchstabe	Weitere Buchstaben
Erdungsverhältnisse der Stromquelle	Erdungsverhältnisse der Körper (Gehäuse)	Anordnung von Neutralleiter und Schutzleiter im TN-System
T direkte Erdung I Isolierung gegenüber Erde	T Betriebsmittel geerdet N Betriebsmittel mit dem Betriebserder verbunden	S N- und PE-Leiter getrennt C N- und PE-Leiter kombiniert (PEN-Leiter)

TN-System

TN-S-System

Getrennte Neutralleiter und Schutzleiter im gesamten System

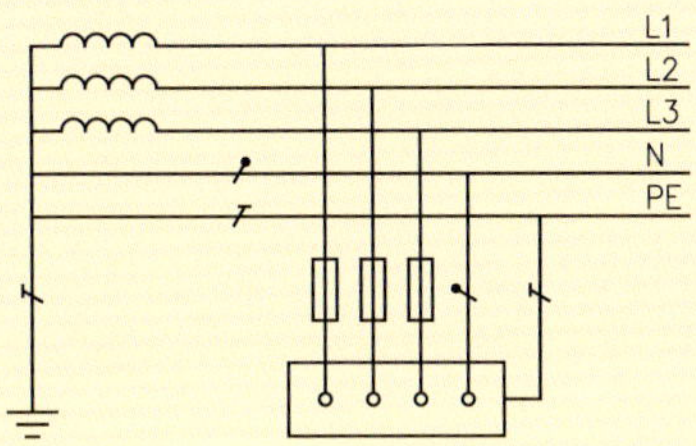

TN-C-System

Neutral- und Schutzleiterfunktion sind im gesamten System im PEN-Leiter zusammengefasst.

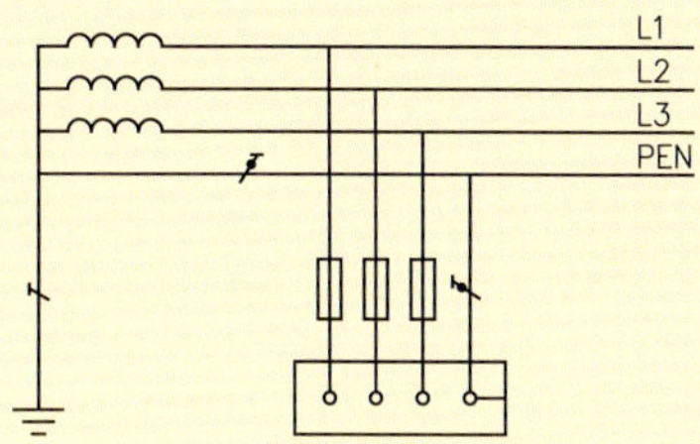

TN-C-S-System

Neutral- und Schutzleiterfunktion sind in einem Teil des Systems zusammengefasst.

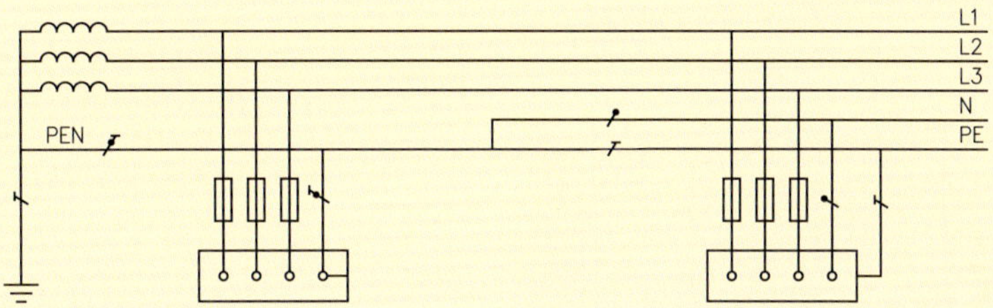

TT-System

Schutzleiter mit Erde verbunden, aber vom N-Leiter getrennt

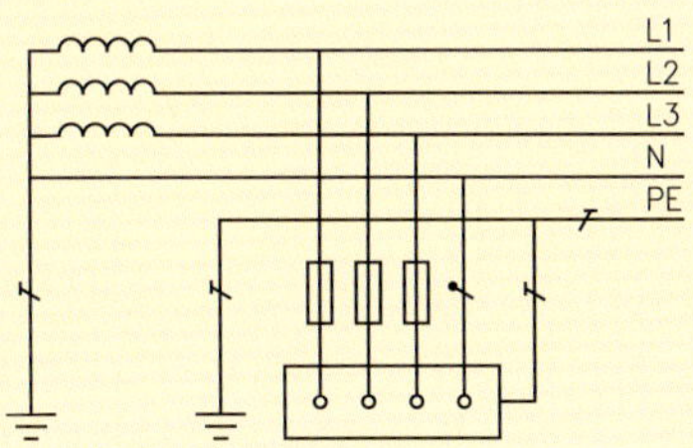

IT-System

Keine Spannung der aktiven Leiter gegenüber Erde

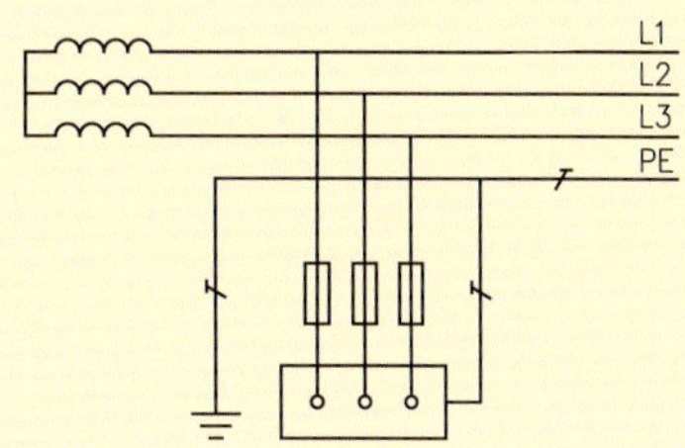

Aufgaben

1 *Erläutern Sie den Unterschied zwischen einem TN- und einem TT-System!*

2 *Welches Kurzzeichen hat ein Netz, bei dem der Sternpunkt nicht geerdet ist?*

3 *Welchen Vorteil hat Drehstrom gegenüber einphasigem Wechselstrom bei der Energieübertragung?*

4 *Zwischen welchen Leitern im TN-System werden Strangspannungen gemessen?*

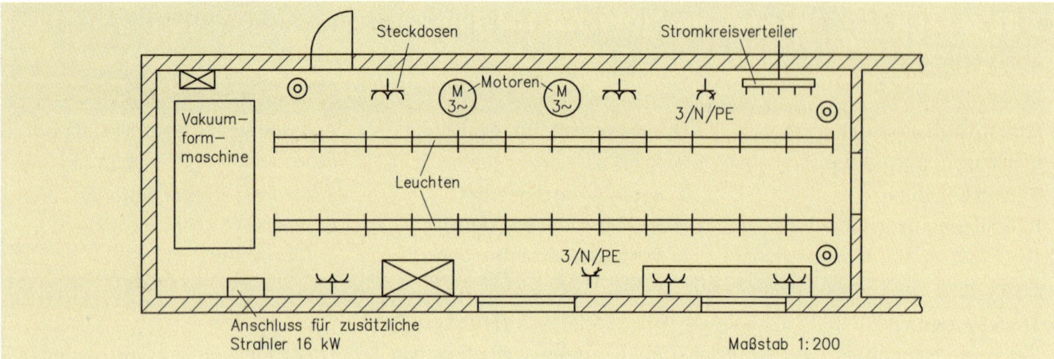

100.1 Installationsplan einer Produktionshalle zur Fertigung von Kunststoffteilen

3.7 Auswahl und Schutz von Leitungen

In der Produktionshalle eines Industriebetriebes werden mit einer Vakuumformmaschine Kunststoffteile tiefgezogen. Es wird festgestellt, dass zur Erwärmung der Platten noch zusätzliche Heizstrahler erforderlich sind. Die Heizstrahler haben eine Leistung von 16 kW und benötigen dadurch an 400/230 V eine Stromstärke von 23 A. Dafür soll entsprechend dem Installationsplan in Abb. 100.1 eine Leitung von der Verteilung zur gegenüber liegenden Raumecke verlegt werden.

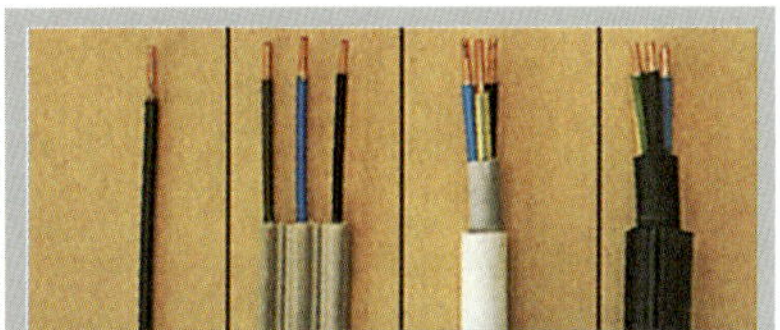

Kennzeichnung	H07V-U	NYIF NYIFY	NYM	NYY
Bezeichnung	PVC-Aderleitung	Stegleitung	Mantelleitung	Kunststoffkabel
Verlegeform	fest	fest	fest	fest
in trockenen Räumen	in Rohr auf, unter Putz*	in, unter Putz	in, auf, unter Putz	X
in feuchten und in nassen Räumen	in Kunststoffrohr auf, unter Putz**	–	in, auf, unter Putz	X
im Freien	–	–	X	X
im Erdreich	–	–	–	X
im Wasser	–	–	–	X

* In Bade- und Duschräumen nur in Kunststoffrohr.
** Verlegung so, dass sich kein Wasser im Kunststoffrohr sammeln kann.

100.2 Häufig verwendete Leitungen

3.7.1 Auswahl der Leitungsart

Für die Leitung ist feste Verlegung vorgesehen. Abb. 100.2 zeigt eine Auswahl. Es wird eine Mantelleitung NYM gewählt, die in einem Elektroinstallationskanal auf der Wand verlegt werden soll. Sie muss 5-adrig sein:

- 3 spannungsführende Leiter L1, L2, L3
- 1 Neutralleiter
- 1 Schutzleiter PE (grün-gelb).

3.7.2 Bestimmung des Leiterquerschnitts

Zur Querschnittsbestimmung sind nach DIN VDE folgende Kriterien maßgebend:

- die mechanische Festigkeit der Leitung
- die Strombelastbarkeit
- der Spannungsfall, der sich bei einem durch die Leitung fließenden Strom ergibt.

Außerdem muss überprüft werden, ob durch die Erweiterung die Abschaltbedingungen für die gewählte Schutzmaßnahme noch erfüllt sind.

Mechanische Festigkeit

Für feste Verlegung sind Mindestquerschnitte vorgeschrieben.

Damit eine ausreichende Festigkeit der Leitung gewährleistet ist, muss der Aderquerschnitt bei fester, geschützter Verlegung von Kupferleitungen mindestens 1,5 mm^2 betragen.

Strombelastbarkeit

Wird die zulässige Strombelastbarkeit einer Leitung überschritten, dann erwärmt sich die Leitung unzulässig. Die Isolierung wird zerstört, es besteht Brandgefahr.

Die Strombelastbarkeit einer Leitung ist abhängig von
- ***der Verlegeart,***
- ***der Umgebungstemperatur,***
- ***der Anzahl der belasteten Adern,***
- ***dem Querschnitt der Leiteradern.***

Mit der Tabelle in Abb. 101.1 kann die Verlegeart für die Leitung ermittelt werden. Für eine mehradrige Leitung in einem Installationskanal ist danach die Verlegeart B2 zutreffend. Sind Verlegeart, Umgebungstemperatur, Anzahl der belasteten Adern und die Stromstärke in den Adern bekannt, dann kann der Querschnitt aus der Tabelle zur Strombelastbarkeit ermittelt werden. Für die zu verlegende Leitung gilt:
- Verlegeart B2
- Umgebungstemperatur 25 °C, da in der Produktionshalle von normalen Umgebungstemperaturen ausgegangen werden kann
- Anzahl der belasteten Adern: 3
- Stromstärke in jeder Ader: 23 A

Entsprechend der Tabelle 101.2 wird ein Mindestquerschnitt von 4 mm^2 gewählt. Bei höheren Temperaturen und bei einer Häufung von Leitungen, die z. B. durch Leitungsbündelung in einem Kanal entstehen kann, müssten noch weitere Faktoren berücksichtigt werden.

Die Strombelastbarkeit verringert sich durch
- ***gebündelte Verlegung,***
- ***eine höhere Zahl belasteter Adern und***
- ***eine erhöhte Umgebungstemperatur.***

Da dies hier nicht zutrifft, kann von einer Strombelastbarkeit von $I_Z = 29$ A ausgegangen werden. Um den Spannungsfall zu prüfen, wird jedoch nicht die Strombelastbarkeit, sondern der Bemessungsstrom des vorgeschalteten Überstromschutzorgans zugrunde gelegt. Daher wird zunächst das Überstromschutzorgan ausgewählt.

3.7.3 Auswahl des Überstromschutzorgans

Als Überstromschutzorgane werden entweder Schmelzsicherungen oder Leitungsschutzschalter (LS-Schalter) eingesetzt. LS-Schalter haben gegenüber den Schmelzsicherungen den Vorteil, dass sie nach dem Auslösen wieder eingeschaltet werden können.

Überstromschutzorgane schützen die Leitungen vor Beschädigung durch Überstrom.

Verlegeart		Verlegebedingungen
In Wärme dämmenden Wänden		
A2	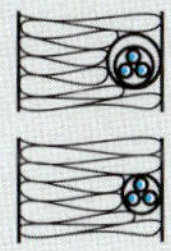	• Mehradrige Leitung in der Wand • Mehradrige Leitung im Elektroinstallationsrohr
Auf oder in Wänden oder unter Putz		
B1		• Aderleitungen oder mehradrige Leitung im Elektroinstallationsrohr im Mauerwerk • Aderleitungen im Elektroinstallationsrohr oder -kanal auf der Wand
B2	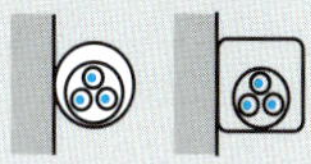	• Mehradrige Leitung im Elektroinstallationsrohr oder -kanal auf der Wand oder dem Fußboden
C	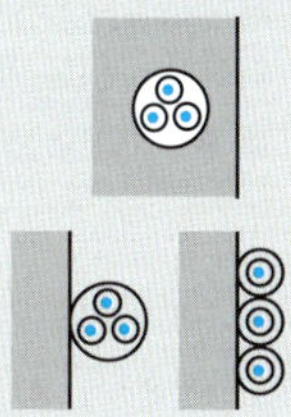	Direkt verlegte • mehradrige Leitungen oder Stegleitungen in der Wand oder unter Putz • mehradrige Leitungen und einadrige Mantelanleitungen auf der Wand oder dem Fußboden

101.1 Auszug aus der Tabelle der Verlegearten

Strombelastbarkeit von Leitungen für feste Verlegung, einer Umgebungstemperatur von 25 °C und PVC als Isolierwerkstoff ($\vartheta_{zul} = 70$ °C)

q_N (Cu) in mm^2	A2		B1		B2		C	
	Anzahl der belasteten Adern							
	2	3	2	3	2	3	2	3
1,5	16,5	14	18,5	16,5	17,5	16	21	18,5
2,5	19,5	18,5	25	22	24	21	29	25
4	27	24	34	30	32	29	38	34
6	34	31	43	38	40	36	49	43
10	46	41	60	53	55	49	67	63
16	60	55	81	72	73	66	90	81
25	80	72	107	94	95	85	119	102
35	98	88	133	117	118	105	146	126
50	117	105	160	142	141	125	178	153
70	147	133	204	181	178	158	226	195
95	177	159	246	219	213	190	273	236
120	204	185	285	253	246	218	317	275

101.2 Auszug aus der Tabelle zur Strombelastbarkeit

Überströme entstehen entweder durch
- Überlastung oder durch
- einen Kurzschluss.

Bei Kurzschluss fließt ein sehr hoher Strom, und das Schutzorgan muss im Gegensatz zur Überlastung sehr schnell abschalten.

Bedingungen zum Leitungsschutz

Zum Schutz der Leitung vor Überstrom müssen folgende Bedingungen erfüllt sein:

$$I_b \leq I_n \leq I_z$$

I_b Betriebsstromstärke in A
I_n Bemessungsstrom (Nennstrom) des Überstromschutzorgans
I_z Zulässige Strombelastbarkeit der Leitung

Die zulässige Strombelastbarkeit der Leitung beträgt in unserem Fall 29 A. Der Bemessungsstrom des Überstromschutzorganes muss kleiner oder gleich 29 A sein. Entsprechend dieser Bedingung werden geeignete LS-Schalter gewählt.

Leitungsschutzschalter

Leitungsschutzschalter unterscheiden sich
- in der Höhe des Bemessungsstromes I_n
- in der Bemessungsspannung
- im Auslöseverhalten (Charakteristik)
- im Bemessungsschaltvermögen.

Abb. 102.1 zeigt LS-Schalter, in Abb. 102.2 sind die Kennlinien mit B und C-Charakteristik dargestellt. LS-Schalter mit C-Charakteristik lösen erst bei höheren Stromstärken aus und werden dann eingesetzt, wenn die Verbraucher beim Einschalten Stromspitzen verursachen. Dieses kann z. B. bei Werkzeugmaschinen mit Elektromotoren der Fall sein. Für den Stromkreis mit den Heizstrahlern wird ein LS-Schalter mit B-Charakteristik gewählt. Aus der Kennlinie geht hervor, dass der Schalter bei hohen Kurzschlussströmen unverzögert und bei Überlastströmen verzögert schaltet.

LS-Schalter schützen gegen Überlast durch eine thermische und gegen Kurzschluss durch eine elektromagnetische Auslösung.

In Abb. 102.3 sind die Bemessungsströme für LS-Schalter für 230/400 V Wechselspannung, B- und C-Charakteristik angegeben. Da der Strom kleiner als 29 A sein muss, wird ein Schalter mit I_n = 25 A gewählt. Damit ist die Bedingung zum Leitungsschutz vollständig erfüllt, da die Betriebsstromstärke I_b mit 23 A kleiner ist als der Bemessungsstrom I_n mit 25 A und dieser wiederum kleiner ist als die zulässige Strombelastbarkeit I_z mit 29 A. Das Bemessungsschaltvermögen des LS-Schalter gibt an, wie hoch der Kurzschlussstrom sein darf.

Beträgt das Schaltvermögen 6000, dann kann der LS-Schalter Kurzschlussströme bis 6000 A schalten.

LS-Schalter in Stromkreisverteilern müssen mindestens ein Schaltvermögen von 6000 haben.

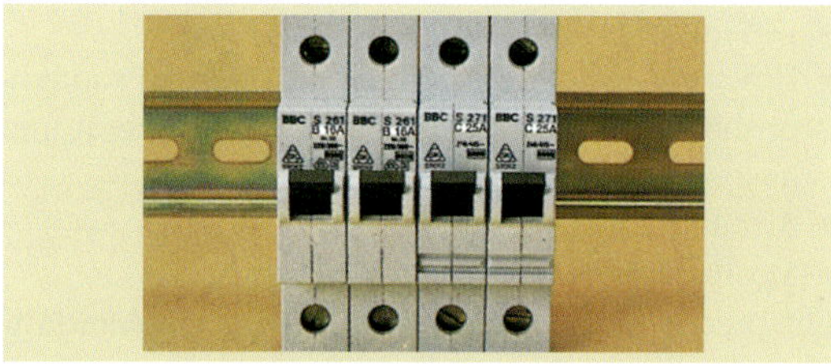

102.1 Leitungsschutzschalter

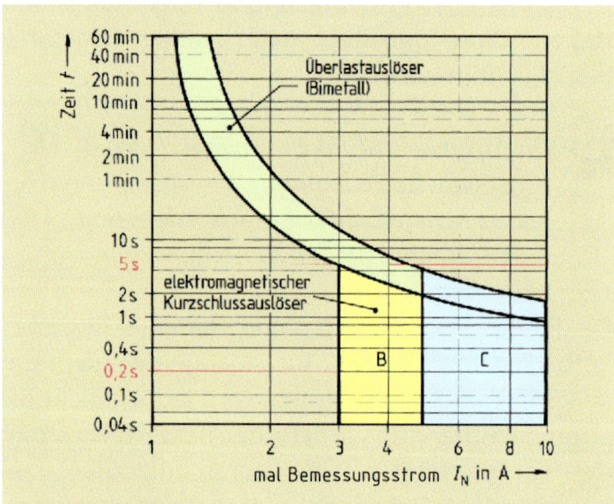

102.2 Kennlinien von LS-Schaltern

Auslöse charakteristik	Bemessungsströme I_n in A	Bemessungsschaltvermögen
B	6; 10; 13; 16; 20; 25; 32; 40; 50; 63	6 kA; 10 kA; 25 kA
C	0,5; 1; 1,6; 2; 3; 4; 6; 8; 10; 13; 16; 20; 25; 32; 40; 50; 63	

102.3 Kenndaten von LS-Schaltern

EXKURS Überstromschutzorgane

Leitungsschutzschalter (LS-Schalter)

B- und C-Charakteristik

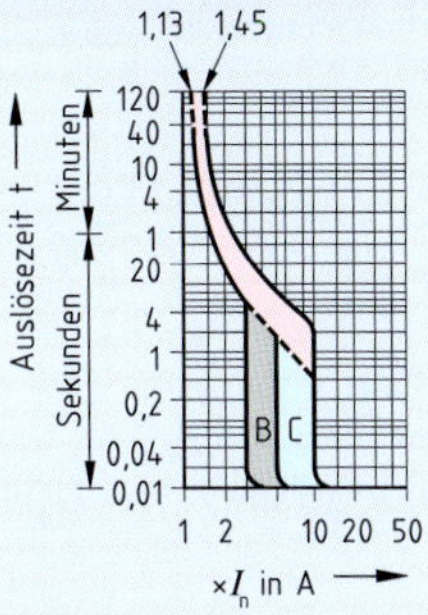

Einsatzbereich:
Für den Überstromschutz von Leitungen, z. B. bei Beleuchtungsstromkreisen

Einsatzbereich C-Ch.:
Für den Überstromschutz von Leitungen, für Stromkreise, wo Verbrauchsmittel betriebsmäßig Stromspitzen verursachen.

K- und Z-Charakteristik

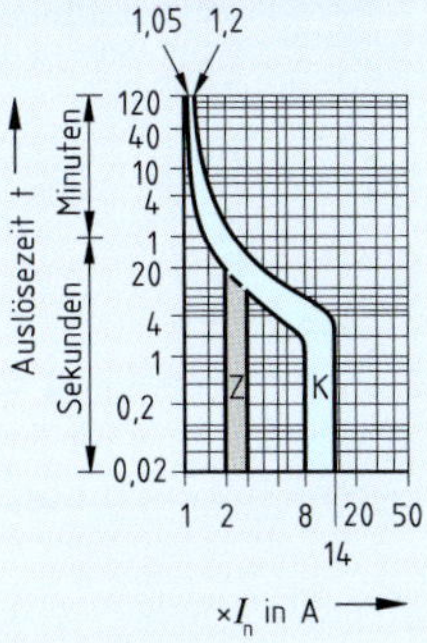

Einsatzbereich K-Ch.:
Für Kraftstromkreise, Motoren, Transformatoren

Einsatzbereich Z-Ch.:
Für den Schutz von Halbleitern und Messkreisen mit Wandlern und in Steuerstromkreisen

Auslöseverhalten von LS-Schaltern

Charakteristik	unverzögerte Auslösung bei
B	3 bis 5 x I_n
C	5 bis 10 x I_n
K	8 bis 14 x I_n
Z	2 bis 3 x I_n

Niederspannungssicherungen (Schmelzsicherungen)

D-Sicherungssystem

Diazed-Sicherungssystem (Schraubsicherung)

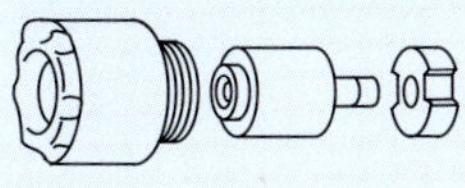

bis 500 V AC und 100 A

D0-Sicherungssystem

Neozed-Sicherungssystem (Schraubsicherung) kleinere Bauform als D

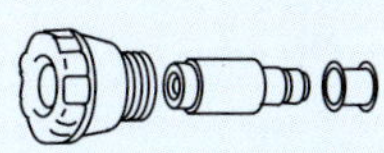

bis 400 V AC und 100 A

Kennfarben von Diazed- und Neozed-Sicherungen

I_n in A	Kennfarbe	I_n in A	Kennfarbe
2	Rosa	16	Grau
4	Braun	20	Blau
6	Grün	25	Gelb
10	Rot	35	Schwarz

NH-Sicherungssystem

Niederspannungs-Hochleistungs-Sicherungssystem (Sicherung mit Messerkontaktstücken)

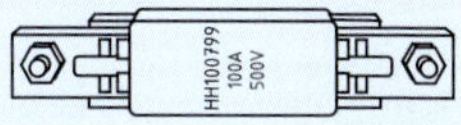

bis 500 V AC und von 6 A bis 1250 A

Betriebsklassen von Schmelzsicherungen

Betriebskl.	Einsatzbereich
gL	Kabel und Leitungen (Ganzbereich)
gTr	Transformatoren (Ganzbereich)
aR	Halbleiter (Teilbereich)

Aufgaben

1 *Für einen Drehstrommotor wurde eine Zuleitung NYY 4 x 6 mm² im Beton verlegt. Wählen Sie für diese Leitung geeignete LS-Schalter, die die Bedingungen zum Leitungsschutz erfüllen. Wie viele LS-Schalter sind erforderlich?*

2 *Bei welcher Stromstärke löst ein LS-Schalter mit einem Bemessungsstrom von 16 A und B-Charakteristik unverzögert aus?*

3 *Für einen Wechselstromverbraucher wurde eine Leitung NYM 3 x 1,5 mm² direkt auf einer Wand verlegt. Die Leitung soll durch eine D0-Sicherung geschützt werden, Welche Kennfarbe muss die Sicherung haben?*

4 *Eine elektrische Leitung ist mit einem Leitungsschutzschalter 16 A, C-Charakteristik geschützt. Aufgrund von Überlastung fließt in der Leitung ein Strom von 24 A. Nach welcher Zeit löst der LS-Schalter spätestens aus?*

5 *Welche Betriebsklasse müssen Schmelzsicherungen, die elektrische Leitungen im gesamten Bereich vor Überstrom schützen, haben?*

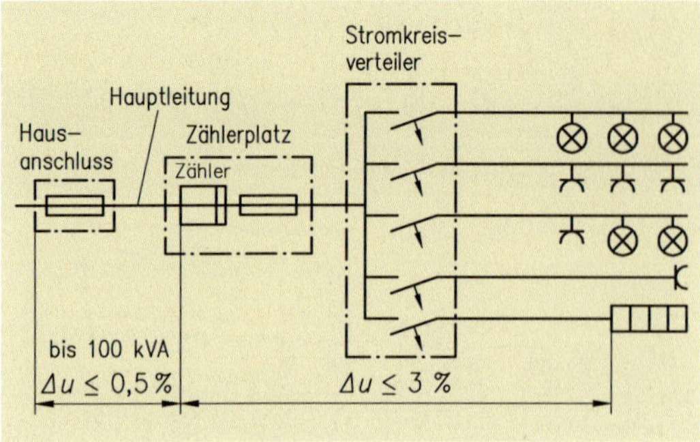

104.1 Maximal zulässiger Spannungsfall

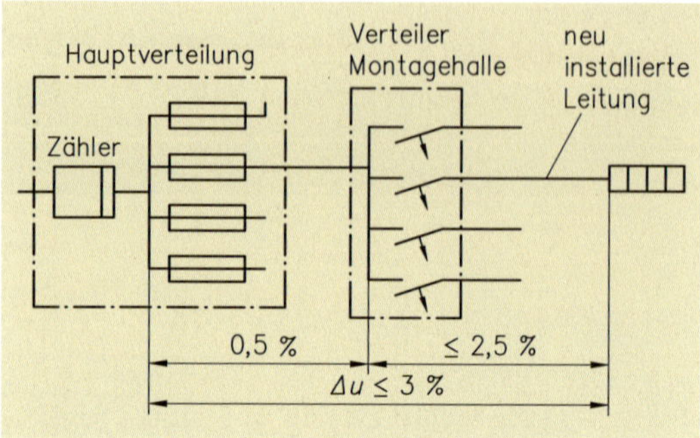

104.2 Stromverteilung vom Zähler zu den Strahlern

3.7.4 Überprüfung des Spannungsfalls

Nach der Auswahl des Leiterquerschnitts und des Überstromschutzorgans muss der Spannungsfall überprüft werden. Er entsteht bei einem Stromfluss, da jede Leitungsader einen elektrischen Widerstand hat. Durch diesen Spannungsfall sinkt die Spannung am Verbraucher. Deshalb darf er nicht zu hoch sein. Vom EVU (Elektrizitätsversorgungsunternehmen) sind daher Grenzwerte für den maximal zulässigen Spannungsfall vorgeschrieben. Aus Abb. 104.1 gehen diese Werte für Anschlussleistungen bis 100 kVA hervor.

Zwischen dem Zähler und dem Verbraucher darf der Spannungsfall 3 % der Bemessungsspannung nicht überschreiten.

Im vorliegenden Fall muss überprüft werden, ob der Spannungsfall bei der gewählten Leitung und beim Fließen des zulässigen Stroms von 25 A 3 % der Bemessungsspannung von 400 V nicht überschreitet. Kann dieser Wert nicht eingehalten werden, dann ist eine Leitung mit größerem Querschnitt erforderlich. Abb. 104.2 zeigt die Leitungsverbindung zwischen der Hauptverteilung mit Zähler und den neu installierten Heizstrahlern. Sie besteht aus

- der Leitung von der Hauptverteilung zum Stromkreisverteiler in der Montagehalle
- der neu installierten Leitung zu den Strahlern.

Da die Leitung zwischen dem Zähler und dem Stromkreisverteiler in der Produktionshalle bereits einen Spannungsfall von 0,5 % verursacht, muss dieser von den 3 % abgezogen werden. Folglich darf der Spannungsfall auf der Leitung vom Verteiler zum Anschlusskasten der Heizstrahler bei einem Stromfluss von 25 A nicht höher als 2,5 % sein.

Die Berechnung dieses Spannungsfalls in Volt ergibt:

$$\Delta U = U \cdot 2{,}5\ \%$$
$$\Delta U = 400\ \text{V} \cdot 2{,}5\ \%$$
$$\Delta U = 10\ \text{V}$$

Zur Überprüfung dieses Wertes muss noch die Leitungslänge aus dem Installationsplan ermittelt werden. Sie beträgt etwa 35 m.

Die Berechnung erfolgt mit der Formel für den Drehstromkreis:

$$\Delta U = \frac{\sqrt{3} \cdot I \cdot l \cdot \cos\varphi}{A \cdot \gamma}$$

ΔU	Spannungsfall in V
I	Stromstärke in A
l	Leitungslänge in m
$\cos\varphi$	Leistungsfaktor
A	Leiterquerschnitt in mm²
γ	Leitfähigkeit in m/Ω·mm²

Für $\cos\varphi$ wird 1 eingesetzt, da man vom ungünstigsten Belastungsfall ausgehen muss. Die Rechnung ergibt:

$$\Delta U = \frac{\sqrt{3} \cdot 25\text{A} \cdot 35\text{m} \cdot 1 \cdot \Omega\text{mm}^2}{4\text{mm}^2 \cdot 56\text{m}}$$
$$\Delta U = 6{,}77\ \text{V}$$

Der Spannungsfall zwischen dem Zähler und den Heizstrahlern ist beim Fließen des Stroms von 25 A geringer als 10 V. Der Querschnitt von 4 mm² ist folglich ausreichend.

ÜBERBLICK **Spannungsfall auf Leitungen**

Gleichstrom	Wechselstrom	Drehstrom
$\Delta U = \dfrac{2 \cdot I \cdot l}{\gamma \cdot A}$	$\Delta U = \dfrac{2 \cdot I \cdot l \cdot \cos\varphi}{\gamma \cdot A}$	$\Delta U = \dfrac{\sqrt{3} \cdot I \cdot l \cdot \cos\varphi}{A \cdot \gamma}$
ΔU Spannungsfall in V	l Leitungslänge in m	I Stromstärke in A
$\cos\varphi$ Leistungsfaktor	A Leiterquerschnitt in mm²	γ Leitfähigkeit in m/Ωmm²

Maximale Leitungslängen für einen Spannungsfall von 3 % der Bemessungsspannung und $\cos\varphi = 1$

A in mm² Cu	I_n in A	Wechsel- oder Gleichspannung 230 V	Dreiphasenwechselspannung 400 V	A in mm² Cu	I_n in A	Wechsel- oder Gleichspannung 230 V	Dreiphasenwechselspannung 400 V
1,5	10	29,0 m	58,3 m	2,5	16	30,2 m	60,7 m
	16	18,1 m	36,4 m		20	24,2 m	48,6 m
	20	14,5 m	29,1 m		25	19,3 m	38,8 m
4	16	48,3 m	97,1 m	6	20	57,9 m	116,5 m
	20	38,7 m	77,7 m		25	46,4 m	93,2 m
	25	30,9 m	62,2 m		32	36,2 m	72,8 m
	32	24,2 m	48,6 m		35	33,1 m	66,6 m
	35	22,1 m	44,4 m		50	23,2 m	46,6 m

3.7.5 Leitungsbezeichnung

Für die Erweiterung wird damit folgende Leitung von etwa 40 m Länge gewählt:

Mantelleitung NYM-J 5 x 4mm².

Durch J wird gekennzeichnet, dass die Leitung eine grün-gelbe Ader hat, die als Schutzleiter verwendet wird. Eine Leitung ohne PE erhält den Zusatz O oder X.

3.7.6 Überprüfung der Schutzmaßnahme

In jeder elektrischen Anlage sind Schutzmaßnahmen vorzusehen, die beim Auftreten von Fehlern Personen vor elektrischen Schlägen schützen. Bevor eine Anlage in Betrieb geht, wird die Wirksamkeit dieser Schutzmaßnahmen überprüft. Dies gilt auch bei Erweiterungen.

Nach der Erweiterung einer elektrischen Anlage muss geprüft werden, ob die Schutzmaßnahme auch für die Erweiterung wirksam ist.

In der beschriebenen Anlage erfolgt der Schutz vor elektrischem Schlag im Fehlerfall durch die Abschaltung durch das Überstromschutzorgan im TN-Netz. Es muss folglich geprüft werden, ob die Abschaltbedingung auch für den neu installierten Stromkreis erfüllt ist. Dies kann z. B. durch Messung der Schleifenimpedanz am Anschlusskasten für die zusätzlich installierten Heizstrahler erfolgen.

Die Überprüfung ergibt, dass die Bedingung erfüllt wird. Damit kann der neu installierte Stromkreis mit den Heizstrahlern in Betrieb genommen werden.

Aufgaben

1. *Eine elektrische Leitung versorgt einen 230 V Wechselstromverbraucher. Wie hoch darf der Spannungsfall in Volt zwischen Zähler und Verbraucher höchstens sein?*
2. *Die Leitung zu einer Wechselstromsteckdose (230 V) ist 25 m lang, hat einen Querschnitt von 1,5 mm² und ist mit einem 16 A Leitungsschutzschalter abgesichert. Berechnen Sie den Spannungsfall in V und prüfen Sie, ob der zulässige Wert überschritten wird!*
3. *Welche Maßnahmen können ergriffen werden, wenn der zulässige Spannungsfall überschritten wird?*
4. *Welche Bemessungsstromstärke darf ein Leitungsschutzschalter höchstens haben, wenn im 400/230-V-Netz eine Drehstromleitung 80 m lang ist und einen Leiterquerschnitt von 6 mm² hat?*
5. *Welches ist die maximale Leitungslänge für eine Zuleitung mit 4 mm² Querschnitt für eine 32-A-Drehstromsteckdose 230/400V?*
6. *Welcher Leiterquerschnitt müsste mindestens verlegt werden, damit der höchstzulässige Spannungsfall bei einer Wechselstromleitung von 24 m Länge für eine 16-A-Steckdose nicht überschritten wird?*

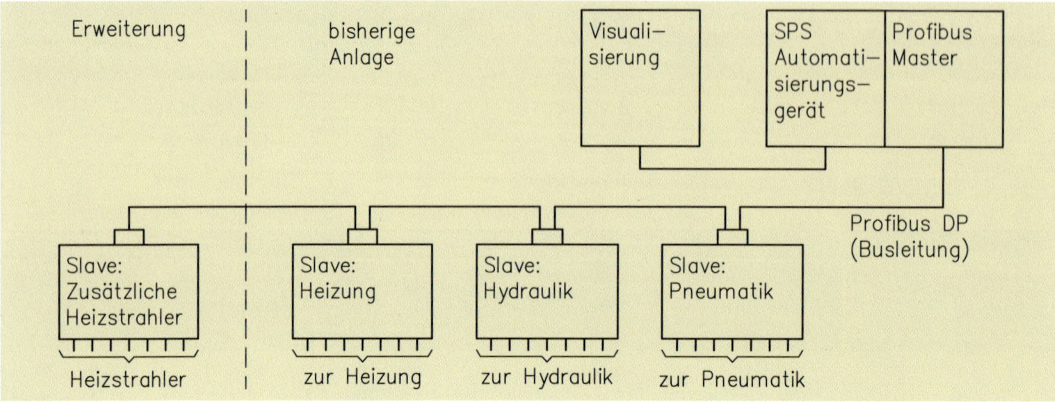

106.1 Durch den Einsatz des Feldbusses werden viele parallele Leitungen durch eine Zweidrahtleitung ersetzt

3.7.7 Leitungen für die Steuersignale

Die Leitungen zur Energieversorgung für die zusätzlich installierten Heizstrahler für die Vakuumformmaschine in der Produktionshalle eines Industriebetriebes sind bereits verlegt. Die Steuerung der Vakuumformmaschine erfolgt durch das Programm einer SPS (Speicherprogrammierbare Steuerung). Wie Abb. 106.1 zeigt, werden die Betriebsmittel zur Pneumatik und Hydraulik bereits über ein Bussystem angesteuert. Dabei werden die Eingangs- und Ausgangssignale der SPS seriell über eine Busleitung übertragen.

Durch den Einsatz von Bussystemen in der Automatisierungstechnik verringert sich der Installationsaufwand.

Die Datenaufbereitung und -übertragung erfolgt durch eine Masterbaugruppe an der SPS, die seriellen Daten werden in den Slaves wieder umgewandelt und zu den angeschlossenen Betriebsmitteln übertragen. Das Schalten und Steuern der 20 Heizstrahler soll ebenfalls vom Automatisierungsgerät dieser speicherprogrammierbaren Steuerung erfolgen. Dazu müssen eine Busleitung und ein Slave für die Betriebsmittel der Heizstrahler installiert werden.

Auswahl der Busleitung

Für den Profibus werden bestimmte Leitungen verwendet. Tabelle 106.2 zeigt eine Auswahl. Die Leitungen 1 und 2 sind Twisted-Pair-Leitungen für verschiedene Anforderungen. Abb. 106.3 zeigt den Aufbau. Bei Twisted-Pair-Leitungen sind zwei oder mehrpaarige Kupferadern paarweise verdrillt. Die dritte Leitung ist ein Lichtwellenleiter. Zur Umwandlung der elektrischen in optische Signale und umgekehrt werden zusätzlich besondere Baugruppen benötigt. Der Aufwand ist daher gegenüber den anderen Leitungen sehr hoch.

Nr. Art	Bezeichnung/ Daten	Erläuterung
1. Twisted Pair	Standard 02YY(St) 1 x 2 x 0,64 ≤100 V; 150 Ω	universell einsetzbar, abgeschirmt 2 Adern mit Ø 0,64 mm^2
2. Twisted Pair	Robust 02YSY(St) 1 x 2 x 0,64 ≤100 V; 150 Ω	chemisch u. mechanisch beanspruchte Umgebung, abgeschirmt 2 Adern mit Ø 0,64 mm
3. LWL	AT-VYY 2G 62,5/125	Lichtwellenleiter, 2 Adern, Glas; Kern Ø 62,5 mm, Mantel Ø 125 mm

106.2 Leitungsauswahl für den Profibus

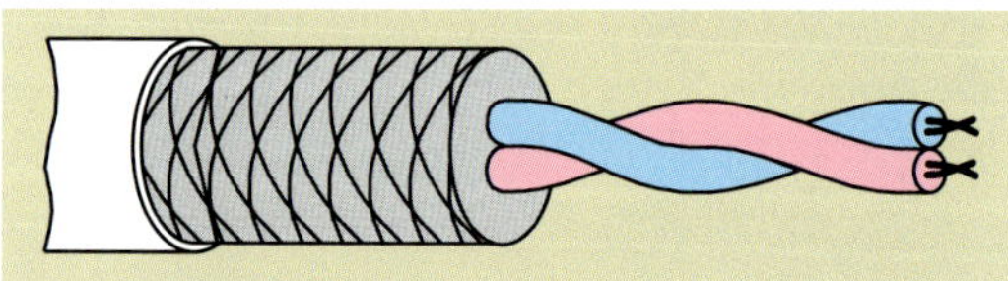

106.3 Aufbau der Twisted Pair Leitung

Lichtwellenleiter erlauben sehr hohe Datenübertragungsraten und sind störunanfällig gegenüber elektromagnetischer Strahlung.

Sie werden daher häufig in stark störempfindlicher Umgebung und bei großen Entfernungen eingesetzt. Aufgrund der Umgebungsbedingungen in der Produktionshalle genügt für den Profibus der Standard-Typ von der Twisted-Pair-Leitung. Die Spannungen, mit denen die Busleitung betrieben wird, sind Kleinspannungen, die Isolierung der ausgewählten Leitung ist maximal für 100 V ausgelegt. Die Abschirmung dient zur Verbesserung der elektromagnetischen Verträglichkeit.

3.7.8 Leitungsanschluss und -verlegung

Der Anschluss der Leitung erfolgt über einen 9-poligen Sub-D-Steckverbinder für die RS 485 Schnittstelle. Die Übertragungsrate kann zwischen 9,6 kbits/s und 12 Mbits/s betragen. Das Busleitungsende muss mit einem Busabschluss versehen werden. Dieses wird in dafür vorgesehenen Steckern realisiert, in denen der Busabschluss zuschaltbar ist. Die Leitung darf nicht direkt neben einer 230 V bzw. 400 V-Leitung zur Energieversorgung liegen, da die Isolierung nur für maximal 100 V ausgelegt ist.

Busleitungen für Kleinspannungen dürfen mit Leitungen mit Niederspannung nur dann nebeneinander verlegt werden, wenn die Busleitung mit einer Isolierung versehen ist, die der Niederspannung entspricht.

Ist das nicht der Fall, dann müssen die Leitungen in einer Kabelwanne mit Trennung oder in getrennten Kabelkanälen verlegt werden.

ÜBERBLICK — Leitungen zur Informationsübertragung

Leitungsart	Kupferaderleitung	Koaxialleitung	Lichtwellenleiter
Aufbau	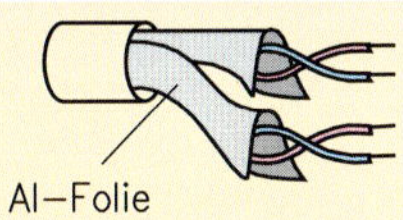 Meist verdrillte, isolierte Kupferadern im Kabelmantel mit zwei oder mehreren Adern	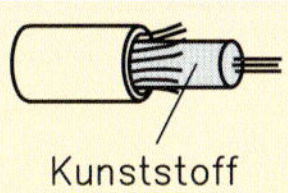 Koaxial angeordnete Kupferader als innerer Leiter, Drahtgeflecht als äußerer Leiter, der zur Abschirmung dient.	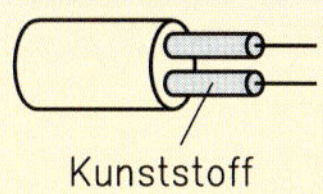 Eine oder mehrere Glas- oder Kunststofffasern, die von verschiedenen Schichten ummantelt sind.
Eigenschaften	• mit Abschirmung mittlere Empfindlichkeit gegen Störeinflüsse • geringer Aufwand, einfache Verlegung • einfache Anschlüsse	• gute Abschirmung gegen Störeinflüsse • mittlerer Aufwand • für Antennensignale geeignet	• hohe Datenübertragungsrate • unempfindlich gegen elektromagnetische Störungen • hoher Aufwand
Anwendungen	• In Telekommunikations-, Melde- u. Signalanlagen (meist 4- u. mehradrig) • Als Twisted Pair zur Datenübertragung bei Feldbussystemen und in Computernetzwerken	• In Antennenanlagen • Zur Datenübertragung in Computernetzwerken, allerdings nur noch bei Busstrukturen des Netzes	• Zur Datenübertragung bei besonders starker störender elektromagnetischer Strahlung und großen Entfernungen • Zur Datenübertragung bei hoher Rate

Aufgaben

1 *Welche Vorteile hat der Einsatz eines Feldbussystems?*

2 *Welche Unterschiede bestehen zwischen Twisted-Pair- und Koaxialleitungen?*

3 *Was ist bei der Leitungsverlegung von Busleitungen zu beachten?*

4 *Vergleichen Sie die Eigenschaften von Lichtwellenleitern mit Twisted-Pair-Leitungen.*

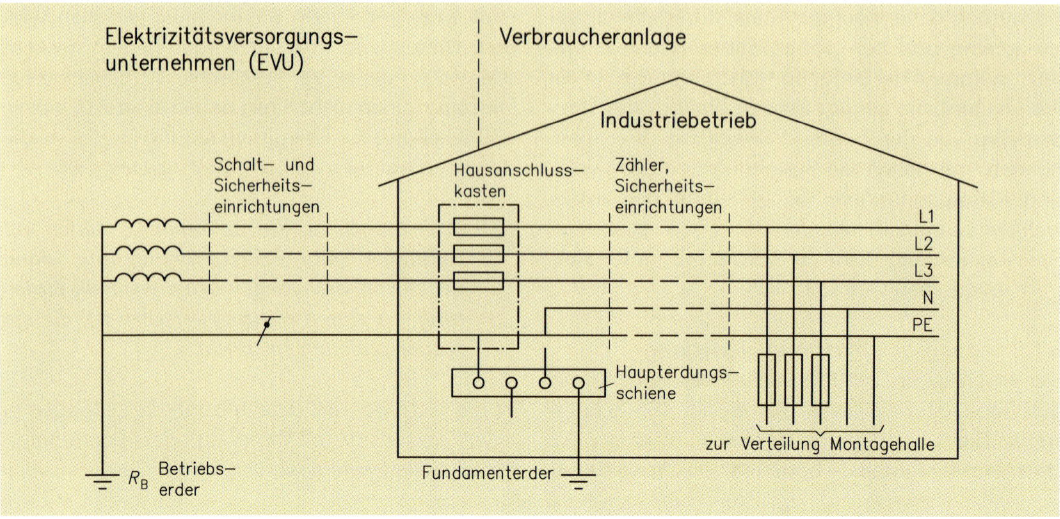

108.1 Die Energieversorgung des Betriebes erfolgt durch den Transformator des Versorgungsunternehmens

3.8 Schutzmaßnahmen in Energieverteilungsnetzen

Die Installationsarbeiten zur Energieversorgung der Montagehalle in einem kleinen Industriebetrieb sind abgeschlossen. Bevor die Anlage in Betrieb genommen wird, müssen die Schutzmaßnahmen überprüft werden. Die vorgesehenen Schutzmaßnahmen richten sich nach der Art des vorhandenen Energieverteilungsnetzes. Aus Abb. 108.1 geht das hier verwendete Netzsystem hervor. Der Sternpunkt des Transformators ist direkt geerdet, innerhalb der Verbraucheranlage werden der Schutzleiter PE und der Neutralleiter getrennt. Es handelt sich daher um ein **TN-C-S-System**. Für den Schutz gegen elektrischen Schlag unter Fehlerbedingungen wurden folgende Maßnahmen vorgesehen:

- Hauptpotenzialausgleich
- Schutz durch automatische Abschaltung.

3.8.1 Hauptpotenzialausgleich

Der Hauptpotenzialausgleich ist eine Schutzmaßnahme, die in jedem Gebäude mit elektrischer Anlage durchgeführt werden muss.

Man erkennt in Abb. 108.1 in der Nähe des Hausanschlusskastens eine Erdungsschiene, auch Potenzialausgleichsschiene genannt. Sie dient dem Hauptpotenzialausgleich. Aus Abb. 108.2 geht hervor, dass

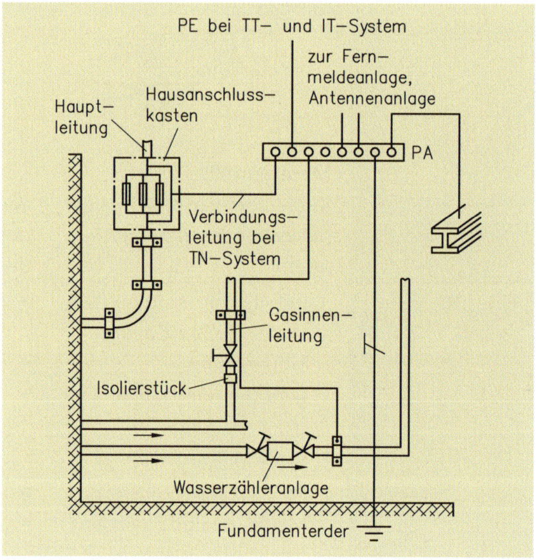

108.2 Hauptpotenzialausgleich im TN-System

folgende leitfähige Teile an der Haupterdungsschiene angeschlossen sind:

- Hauptschutzleiter vom Hausanschlusskasten
- Haupterdungsleitung vom Fundamenterder
- metallene Rohrleitungen wie Wasser-, Gas- und Heizungsrohre
- metallische Umhüllungen der Fernmeldeanlage
- Metallteile der Gebäudekonstruktion.

Die Verbindung von der Schiene zum PEN-Leiter im Hausanschlusskasten wird nur in TN-Netzen hergestellt. In anderen Netzsystemen wird dafür der Schutzleiter PE an die Erdungsschiene angeschlossen. Metallteile der Gebäudekonstruktionen sollten, so weit möglich, in den Potenzialausgleich mit einbezogen werden. Durch diese Verbindungen werden alle angeschlossenen Teile auf Erdpotenzial gelegt. Dadurch können diese Teile keine gefährlichen Spannungen gegenüber Erde annehmen.

Durch den Hauptpotenzialausgleich werden leitfähige Teile miteinander verbunden, sodass keine gefährlichen Berührungsspannungen zwischen diesen entstehen können.

Leiter für den Potenzialausgleich

Alle Leiter für den Potenzialausgleich müssen grüngelb sein, da sie Schutzfunktion haben. Der Querschnitt der Hauptpotenzialausgleichsleiter ist verhältnismäßig hoch, er beträgt bei der Anlage des Industriebetriebes 10 mm². Er ist abhängig vom verwendeten Hauptschutzleiter in der Anlage.

Der Querschnitt vom Hauptpotenzialausgleichsleiter
- muss halb so groß sein wie der Querschnitt des Hauptschutzleiters,
- muss mindestens 6 mm² groß sein,
- braucht bei Kupfer höchstens 25 mm² zu betragen.

Als größter Schutzleiter kann dabei der vom Hauptverteiler abgehende Schutzleiter angenommen werden. Er hat hier einen Querschnitt von 16 mm². Folglich musste für den Hauptpotenzialausgleich ein Querschnitt von 10 mm² gewählt werden. Durch den verhältnismäßig großen Querschnitt ist gewährleistet, dass auch bei großen Fehlerströmen aufgrund des geringen Widerstandes der Leitung keine gefährlichen Spannungen entstehen können.

Aufgaben

1. *In welchen Fällen ist ein Hauptpotenzialausgleich vorgeschrieben?*
2. *Welche Teile werden beim Hauptpotenzialausgleich an die Erdungsschiene angeschlossen?*
3. *Was bewirkt der Hauptpotenzialausgleich in einer Anlage?*
4. *Der Querschnitt des Hauptschutzleiters in einer elektrischen Anlage beträgt 25 mm². Welchen Querschnitt und welche Farbe muss der Hauptpotenzialausgleichsleiter in dieser Anlage haben?*

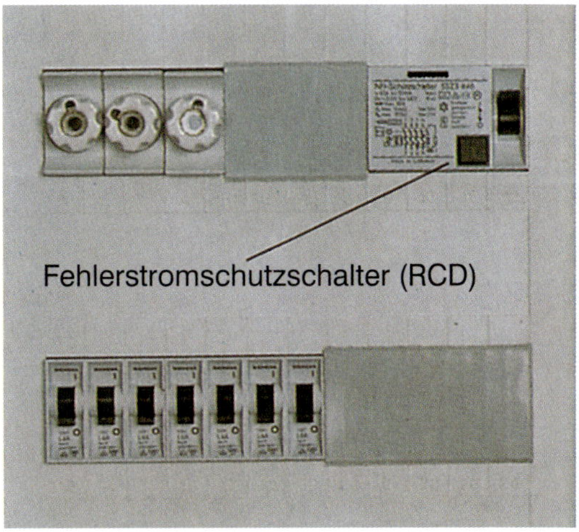

109.1 Verwendete Betriebsmittel in der Verteilung

3.8.2 Schutz durch Abschaltung

Abb. 109.1 zeigt die Betriebsmittel, die im Stromkreisverteiler für die Montagehalle eingesetzt wurden:
- Schraubsicherungen (Schmelzsicherungen)
- Leitungsschutzschalter (LS-Schalter)
- RCD (Fehlerstromschutzschalter).

Tritt an einem Elektrogerät in der Montagehalle ein Fehler, z. B. ein Körperschluss, auf, dann muss dieses Gerät automatisch abgeschaltet werden.

Das automatische Abschalten im Fehlerfall übernehmen im TN-System Überstrom-Schutzorgane (Sicherungen, LS-Schalter) oder RCDs.

Abb. 109.2 zeigt einen RCD mit seinem Schaltsymbol für die einpolige Darstellung.

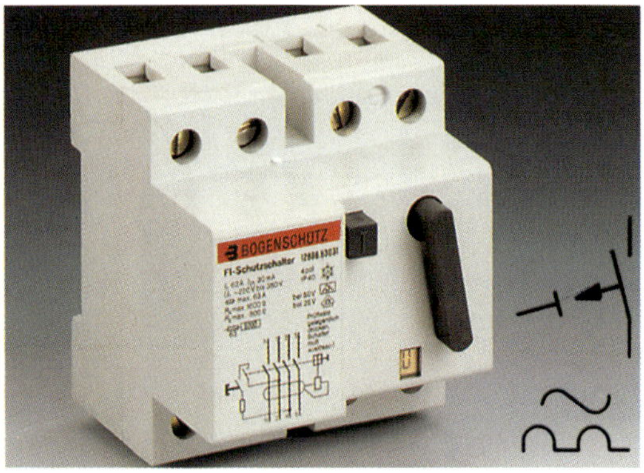

109.2 RCD oder Fehlerstromschutzschalter

EXKURS RCD (Fehlerstrom-Schutzeinrichtung)

- Ein RCD (residual current device) oder eine Fehlerstrom-Schutzeinrichtung ist eine Schutzeinrichtung, die auslöst, wenn der Fehlerstrom (Differenzstrom) einen bestimmten Wert überschreitet. Dazu vergleicht er den zum Verbraucher hinfließenden mit dem zurückfließenden Strom.
- Der Bemessungsdifferenzstrom $I_{\Delta n}$ (auch Nennfehlerstrom) ist der Fehlerstrom, bei dem die Einrichtung spätestens nach 200 ms auslöst. Typische Werte für $I_{\Delta n}$: 10 mA, 30 mA, 100 mA, 300 mA, 500 mA.
- Die Bemessungsstromstärke I_n (auch Nennstrom) ist die zulässige Stromstärke für diesen Schalter. Typische Werte für I_n: 16 A, 25 A, 40 A, 63 A, 125 A, 160 A.

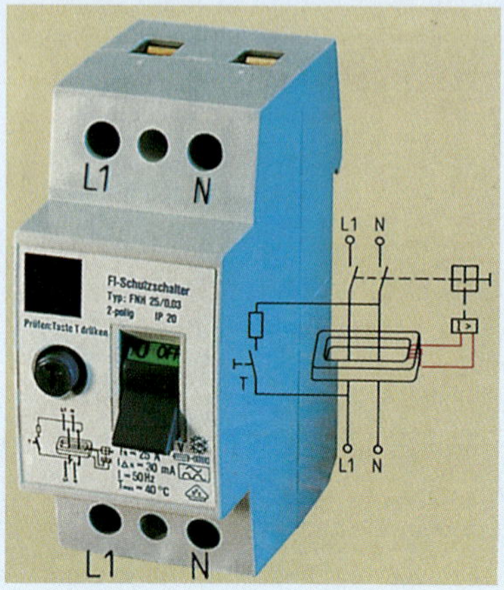

2 poliger RCD

Abschaltung durch Überstrom-Schutzeinrichtungen

Abb. 110.1 zeigt einen Ausschnitt aus dem Übersichtsschaltplan des Stromkreisverteilers der Montagehalle. In dieser Verteilung wurde kein RCD eingesetzt, die Stromkreise sind durch Schmelzsicherungen oder LS-Schalter abgesichert. In Abb. 110.2 ist die Verbindung von der Verteilung zu einer Schutzkontaktsteckdose zu sehen. An dieser ist ein Lötkolben angeschlossen. Er ist ein Gerät der Schutzklasse I, sein Gehäuse ist daher mit dem Schutzleiter verbunden. Tritt an ihm ein Körperschluss auf, dann entsteht eine leitende Verbindung zwischen dem Außenleiter L1 und dem Schutzleiter und damit auch mit dem Neutralleiter.

Ein Körperschluss wird im TN-System zu einem Kurzschluss, wodurch das Überstromschutzorgan abschaltet.

Das Abschalten muss ohne Verzögerung erfolgen. Bei Spannungen gegenüber der Erde von 230 V beträgt in TN-Systemen die Mindestabschaltzeit für Steckdosenstromkreise 0,4 s. Die vorgeschalteten LS-Schalter mit B-Charakteristik schalten bei 5fachem Bemessungsstrom innerhalb dieser Zeit ab. Der Abschaltstrom dieser LS-Schalter beträgt:

$$I_a = 5 \cdot I_n \Rightarrow I_a = 5 \cdot 16\ \text{A} \Rightarrow I_a = 80\ \text{A}$$

I_n Bemessungsstrom des LS-Schalters
I_a Abschaltstrom für unmittelbares Auslösen

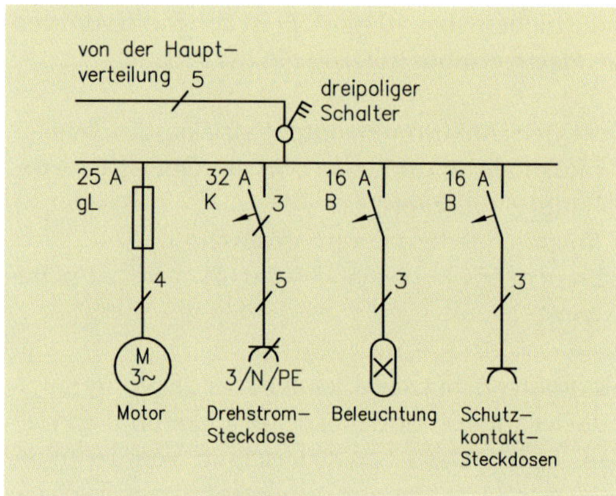

110.1 Übersichtsschaltplan in einpoliger Darstellung

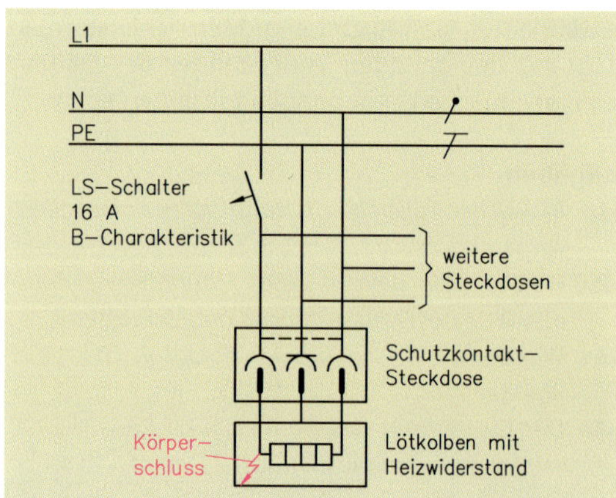

110.2 Stromlaufplan des Steckdosenstromkreises

Es muss folglich mindestens ein Strom von 80 A fließen. Daher darf der gesamte Widerstand des betreffenden Stromkreises nicht zu hoch sein (s. Abb. 111.1). Als **Abschaltbedingung** gilt:

$$Z_S \leq \frac{U_0}{I_a}$$

Z_S Scheinwiderstand der Fehlerschleife (Schleifenwiderstand) in Ω
U_0 Nennspannung gegen Erde in V
I_a Abschaltstromstärke in A

Diese Bedingung muss für alle Stromkreise dieser Anlage erfüllt sein. Für den Stromkreis der Steckdose darf der Scheinwiderstand zwischen Außenleiter und Schutzleiter nicht größer als 2,88 Ω sein. Die Überprüfung erfolgt meistens durch Messung. Wird der Wert nicht erreicht, gibt es folgende Möglichkeiten:

- Einsatz einer Leitung mit größerem Querschnitt oder eines anderen LS-Schalters
- Verwendung eines RCDs.

Abschaltung durch RCD
Abb. 111.2 zeigt eine Unterverteilung des Stromkreisverteilers, der einen Sozialraum neben der Montagehalle versorgt. Die Stromkreise führen hier über einen RCD, auch Fehlerstromschutzschalter oder kurz FI-Schutzschalter genannt. Er hat einen Bemessungsdifferenzstrom $I_{\Delta n}$ von 30 mA, das heißt, er löst bei diesem Fehlerstrom aus. In Abb. 111.3 ist der Fehlerstrom eingezeichnet, der bei einem Körperschluss einer Leuchte an einer Steckdose fließt. Das Abschalten erfolgt durch den RCD.

Durch den Einsatz von RCDs erfolgt das Abschalten im Fehlerfall bei wesentlich kleineren Fehlerströmen als bei LS-Schaltern.

Die Abschaltbedingung ist die gleiche wie bei LS-Schaltern. Anstelle des Abschaltstromes I_a wird jedoch der Bemessungsdifferenzstrom $I_{\Delta n}$ des RCDs eingesetzt. Dadurch erhält man wesentlich größere Scheinwiderstände der Leiterschleifen, sodass auf eine Überprüfung des Scheinwiderstandes verzichtet werden kann. Der Einsatz eines 30-mA-RCDs hat außerdem den Vorteil, dass bei direkter Berührung ein zusätzlicher Personenschutz gewährleistet ist. RCDs mit $I_{\Delta n}$ = 10 mA und 30 mA werden daher in besonders gefährdeten Bereichen eingesetzt.

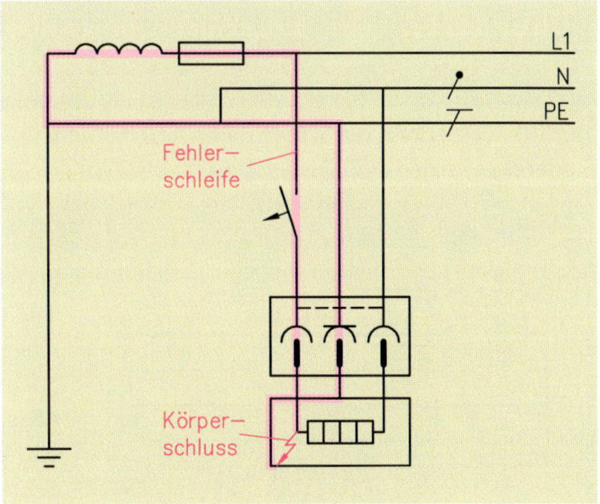

111.1 Der Fehlerstrom führt zur Auslösung

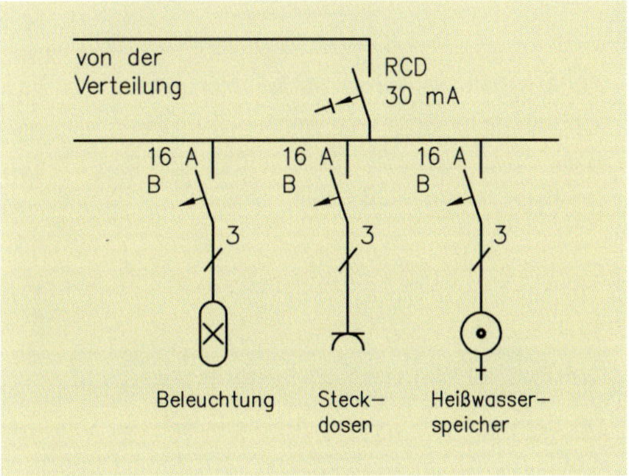

111.2 Unterverteilung für einen Sozialraum

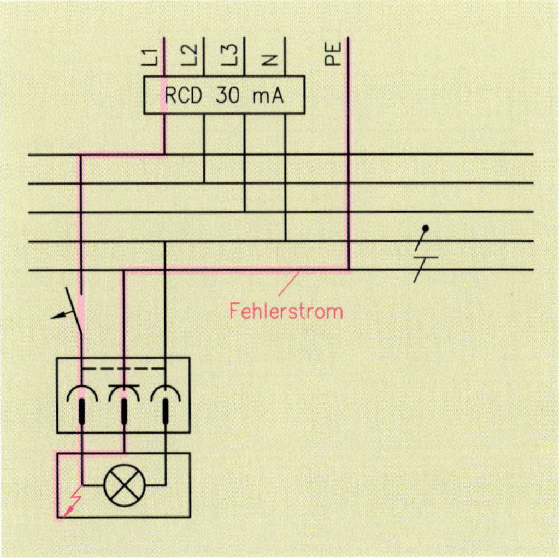

111.3 Der Fehlerstrom fließt nicht über den RCD

ÜBERBLICK Schutzmaßnahmen durch automatische Abschaltung (DIN VDE 0100-410)

Schutzmaßnahmen im TN-System

Im TN-Netz erfolgt der Schutz durch Abschaltung. Das Abschalten erfolgt durch Überstrom-Schutzeinrichtungen oder durch einen RCD (Fehlerstromschutzschalter).

Schaltung

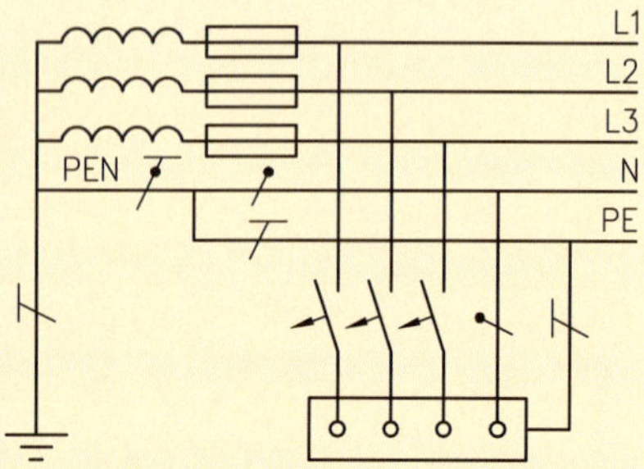

Zur Abschaltung werden auch Fehlerstromschutzschalter eingesetzt werden. Zum Beispiel dann, wenn die Abschaltbedingung mit LS-Schaltern nicht erfüllt wird.

Erläuterungen

- Bei einem Körperschluss (z. B. Verbindung zwischen L1 und dem leitenden Gehäuse eines Elektrogerätes) entsteht ein Kurzschluss, und die Überstromschutzeinrichtung (z. B. LS-Schalter oder Sicherung) löst aus.
- **Abschaltbedingung.** Schutzeinrichtungen und Leiterquerschnitte sind so auszuwählen, dass die Abschaltung innerhalb der festgelegten Zeit erfolgt. Dabei gilt:

$Z_S \cdot I_a \leq U_0$

Z_S Scheinwiderstand (Impedanz) der Fehlerschleife in Ω

U_0 Nennspannung gegen geerdeten Leiter in V

I_a Abschaltstromstärke in A (z. B. innerhalb von 0,4 s bei ortsveränderlichen Betriebsmitteln und Steckdosenstromkreisen, in dieser Zeit schalten LS-Schalter vom Typ B bei 5facher, vom Typ C bei 10facher, vom Typ K bei 14facher Bemessungsstromstärke ab. Schmelzsicherungen vom Typ gL schalten etwa bei 8facher Bemessungsstromstärke ab. Beim Einsatz eines RCDs wird für I_a der Bemessungsdifferenzstrom $I_{\Delta n}$ des RCDs eingesetzt).

Schutzmaßnahmen im TT-System

Die Betriebsmittel werden direkt geerdet. Der Schutz erfolgt durch Abschaltung durch RCDs (Fehlerstrom-Schutzeinrichtungen), in besonderen Fällen durch Überstrom-Schutzeinrichtungen.

Schaltung

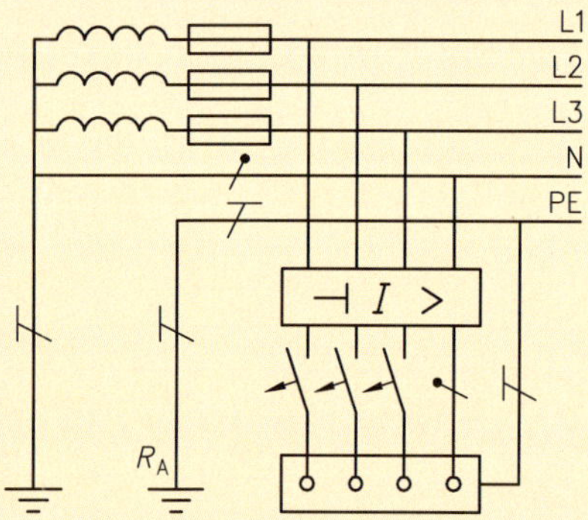

Die Verwendung dieser Schutzmaßnahme ohne RCD ist problematisch, da der Erdungswiderstand sehr gering sein muss.

Erläuterungen

- Bei einem Körperschluss (z. B. Verbindung zwischen L1 und dem leitenden Gehäuse eines Elektrogerätes) fließt ein Fehlerstrom zur Erde, wodurch der RCD (Fehlerstrom-Schutzschalter) abschaltet.
- **Abschaltbedingung.** Betriebsmittel sind so zu wählen, dass folgende Bedingung gilt:

mit RCD: $R_A \cdot I_{\Delta n} \leq 50\text{ V}$

ohne RCD: $R_A \cdot I_a \leq 50\text{ V}$

R_A Erdungswiderstand der Erder der Körper in Ω

$I_{\Delta n}$ Bemessungsdifferenzstrom des RCD in A (z. B. 0,030 A), der das Abschalten unverzögert oder innerhalb 5 s bewirkt. RCDs lösen beim entsprechenden Fehlerstrom bereits innerhalb 200 ms aus.

I_a Strom, der das automatische Abschalten des Überstromschutzorgans unverzögert oder innerhalb 5 s bewirkt.

ÜBERBLICK Schutzmaßnahmen durch automatische Abschaltung (Fortsetzung)

Schutzmaßnahmen im IT-System

Im IT-Netz ist die Stromquelle nicht geerdet. Die Betriebsmittel sind direkt geerdet. Ein IT-Netz wird verwendet, wenn beim ersten Fehler, z. B. bei einem Körperschluss noch keine Abschaltung erfolgen darf (z. B. in Operationsräumen in Krankenhäusern oder bei bestimmten Produktionsprozessen).

Schaltung

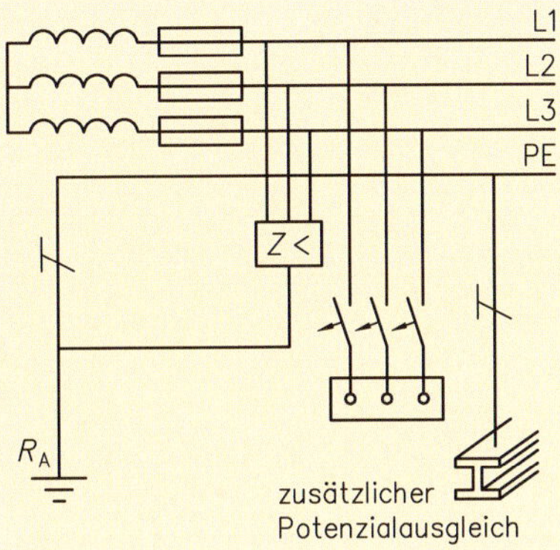

Erläuterungen

- Bei einem einzigen Körperschluss (z. B. Verbindung zwischen L1 und dem leitenden Gehäuse eines Elektrogerätes) entsteht keine gefährliche Berührungsspannung.
- Durch die Isolationsüberwachungseinrichtung muss beim ersten Fehler eine akustische oder optische Meldung ausgelöst werden.
- Als Schutzeinrichtung können Überstromschutzorgane oder RCDs eingesetzt werden.
- Bei einem zweiten Fehler erfolgt eine Abschaltung.
- Der Erdungswiderstand muss so gering sein, dass gilt:

$R_A \cdot I_d \leq 50\ V$

R_A Erdungswiderstand aller geerdeten Körper in Ω

I_d Fehlerstrom im Falle des ersten Fehlers in A. Der Strom berücksichtigt Ableitströme gegen Erde und ist normalerweise sehr gering.

Schutztrennung

Bei der Schutztrennung besteht, wie im IT-System, keine Spannung des Außenleiters gegenüber der Erde. Dieses erreicht man durch Einsatz eines Trenntransformators im TN- oder TT-System. Bei **einem** Körperschluss erfolgt noch keine Abschaltung, erst bei einem zweiten Fehler wird abgeschaltet.

Schaltung

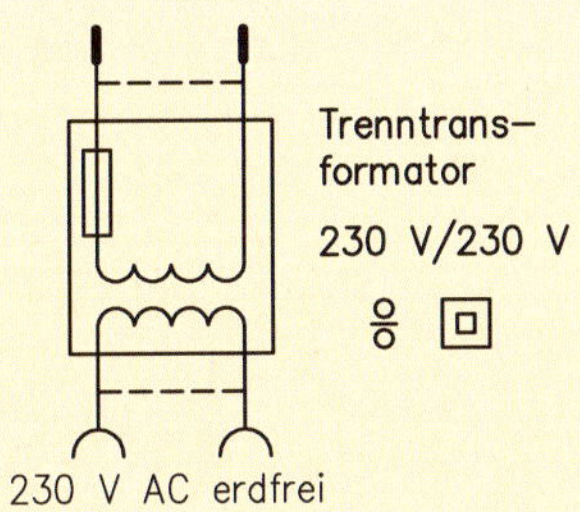

Erläuterungen

- Bei einem einzigen Körperschluss (z. B. Verbindung zwischen L1 und dem leitenden Gehäuse eines Elektrogerätes) entsteht keine gefährliche Berührungsspannung.
- Es dürfen nur Trenntransformatoren eingesetzt werden, die ortsveränderlich schutzisoliert sein müssen.
- Die Schutztrennung wird z. B. für Handgeräte oder Werkzeuge eingesetzt, bei denen besondere Gefährdung vorliegt.
- Mehrere Geräte dürfen nur dann an den gleichen Transformator angeschlossen werden, wenn keine besondere Gefährdung vorliegt und wenn deren Gehäuse mit einem ungeerdeten Potenzialausgleichsleiter verbunden werden.

Aufgaben

1 *Welche Betriebsmittel werden zur Abschaltung von Stromkreisen beim Auftreten eines Körperschlusses eingesetzt?*

2 *Auf einem RCD steht unter anderem: 40/0,03 A. Erläutern Sie diese Angabe!*

3 *An einem Gerät (Schutzklasse I) in einem TN-System ohne RCDs tritt ein Körperschluss auf. Beschreiben Sie die Folgen!*

4 *Warum erfolgt in einem IT-System bei einem Körperschluss keine Abschaltung?*

5 *In einem TN-System mit Abschaltung im Fehlerfall durch Leitungschutzschalter wird ein Stromkreis mit einem LS-Schalter 20 A, C-Charakteristik abgesichert. Wie hoch darf der Scheinwiderstand zwischen Außenleiter und Schutzleiter in diesem Stromkreis höchstens sein?*

6 *Wie hoch darf der Erdungswiderstand in einem TT-System höchstens sein, wenn ein RCD mit 300 mA eingesetzt wurde?*

Übergabebericht + Prüfprotokoll

Prüfprotokoll-Nr. 163330

Prüfung durchgeführt nach ☒ nach DIN VDE 0100 T. 610 ☐ ____

Grund der Prüfung: ☒ Neuanlage ☐ Erweiterung ☐ Änderung

Besichtigung:
- ☒ Richtige Auswahl der Betriebsmittel
- ☐ Schäden an Betriebsmitteln
- ☒ Schutz gegen direktes Berühren
- ☐ Sicherheits-Einrichtungen
- ☐ Brandschottung
- ☐ Hauptpotenzialausgleich
- ☒ Zusätzlicher (örtlicher) Potenzialausgleich
- ☒ Schutzmaßnahmen mit Schutzleiter
- ☐ Schutzisolierung
- ☐ ____

Erprobung: Bemerkungen:
- ☐ Funktion der Schutz-, Sicherheits- und Überwachungseinrichtungen
- ☒ Funktion der elektrischen Anlage
- ☒ Rechtsdrehfelder der Drehstrom-Steckdosen
- ☐ Drehrichtung der Motoren

Messungen: Erdungswiderstand 20 Ω ☒ Zuverl. Verbindung Schutzleiter

114.1 Auszug aus dem Prüfprotokoll

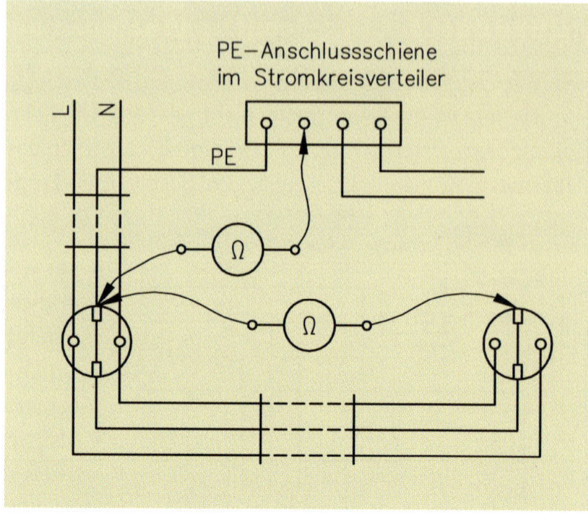

114.2 Prüfung der Durchgängigkeit der Schutzleiters

3.8.3 Prüfung der Schutzmaßnahmen

Die Überprüfung der Schutzmaßnahmen erfolgt mit einem dafür vorgesehenen Prüfprotokoll entsprechend Abb. 114.1. Sie wird im TN-System der Montagehalle ebenso wie in TT- und IT-Systemen in folgender Reihenfolge durchgeführt:

- Besichtigen
- Erproben und Messen.

Besichtigen

Die Besichtigung wird bei abgeschalteter Anlage durchgeführt. Bereits bei der Installation der Anlage erfolgt die visuelle Überprüfung der eingesetzten Betriebsmittel. Im Einzelnen wird überprüft, ob

- die richtige Auswahl der Betriebsmittel unter Berücksichtigung der Umgebung und Einflüsse getroffen wurde. Dazu gehören auch die installierten elektrischen Leitungen und Schutzeinrichtungen.
- die Betriebsmittel unbeschädigt sind und dadurch der Schutz vor direktem Berühren gewährleistet ist.
- die Leitungsverlegung fachgerecht durchgeführt wurde.
- der Hauptpotenzialausgleich unter Berücksichtigung der Leitungen mit den entsprechenden Querschnitten ordnungsgemäß durchgeführt wurde.
- eine Maßnahme zum Schutz gegen elektrischen Schlag im Fehlerfall vorgesehen wurde.

Wurden keine Mängel gesichtet, dann erfolgen die weiteren Prüfungen und Messungen.

Messung und Prüfung der Durchgängigkeit der Schutzleiter

Die Durchgängigkeit der Schutzleiter und Potenzialausgleichsleiter muss durch Messung geprüft werden. Mit einem Widerstandsmessgerät werden die Widerstände gemessen von

- Schutzleitern zwischen Schutzleiteranschlussklemmen von Steckdosen oder Gehäusen und der PE-Anschlussschiene im Stromkreisverteiler (s. Abb. 114.2),
- Verbindungen des Hauptpotenzialausgleichs, einschließlich der Verbindung zum Erder.

Die in der Anlage gemessenen Werte liegen im Bereich zwischen 0,6 Ω und 1 Ω. Diese Werte sind üblich und erfüllen die Bedingungen.

Schutzleiter und Potenzialausgleichsleiter müssen niederohmig sein. Dieses ist durch Messung nachzuweisen.

Messung des Isolationswiderstandes

Die Isolierwerkstoffe in Leitungen, Verteilern und anderen Betriebsmitteln sorgen dafür, dass zwischen den unter Spannung stehenden Teilen und den Gehäusen und dem Schutzleiter keine elektrische Verbindung besteht. Solche Verbindungen hätten Fehlerströme zur Folge, die zu gefährlichen Berührungsspannungen oder auch Brandschäden führen können. Da es keine 100 %igen Isolatoren gibt, wurden Mindestwerte festgelegt.

Isolationswiderstände in einer Anlage müssen festgelegte Mindestwerte haben.

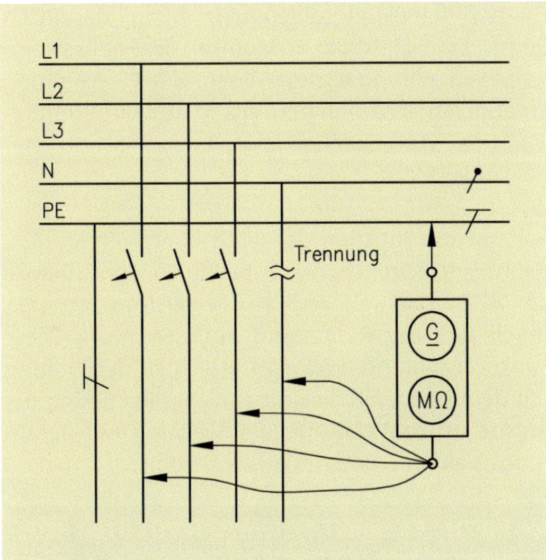

115.1 Messung des Isolationswiderstandes

Vor der Messung des Isolationswiderstandes wird die Anlage einschließlich des Neutralleiters vom Netz getrennt. Die Messung erfolgt wie in Abb. 115.1. zwischen den aktiven Leitern (L1, L2, L3, N) und der Erde, wobei auch der geerdete Schutzleiter (PE, PEN) als Erde betrachtet werden darf. Die aktiven Leiter können bei der Messung auch alle miteinander verbunden werden, dadurch verringert sich der Messaufwand. Das Messgerät zeigt bei der Isolationswiderstandsmessung in der beschriebenen Anlage einen Wert von 90 MΩ an.

Der Isolationswiderstand R_{iso} im 230 V/400 V-Netz muss mindestens 0,5 MΩ betragen.

Damit wird der geforderte Wert weit überschritten. Die Messung erfolgte mit einem dafür vorgesehenen Prüfgerät. Es muss bei einer Messspannung von 500 V DC noch einen Messstrom von 1 mA liefern.

Prüfung der Abschaltbedingung

Da in der Montagehalle der Schutz durch Abschaltung durch Überstromschutzorgane erfolgt, ist eine Überprüfung der Abschaltbedingung erforderlich. Dazu wird der Schleifenwiderstand in den Stromkreisen an den entferntesten Stellen von der Verteilung gemessen. Aus Abb. 115.2 geht das Messprinzip hervor. Für die Abschaltbedingung des Steckdosenstromkreises, der mit einem LS-Schalter 16 A, Charakteristik B, abgesichert ist, gilt:

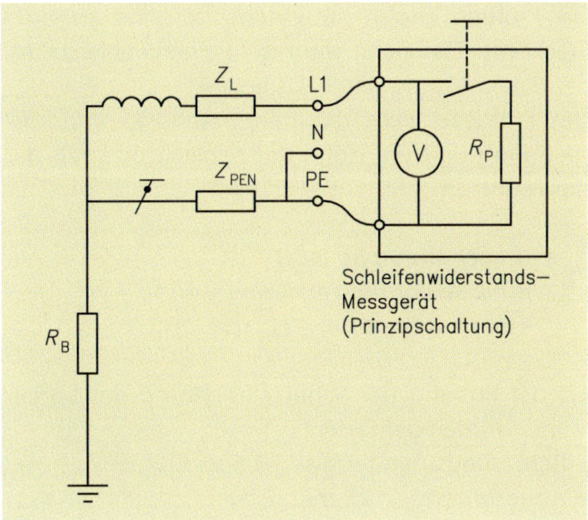

115.2 Messung des Schleifenwiderstands

$$Z_S \leq \frac{U_0}{I_a} \Rightarrow Z_S \leq \frac{230V}{80A} \Rightarrow Z_S \leq 2{,}88\ \Omega$$

Z_S Schleifenwiderstand in Ω
U_0 Nennspannung gegen geerdeten Leiter in V (in der Anlage 230 V)
I_a Abschaltstromstärke in A (hier für eine Auslösung innerhalb von 0,4 s, das heißt für den eingesetzten LS-Schalter 80 A)

Die Schleifenwiderstandsmessung des Steckdosenstromkreises muss daher unter Berücksichtigung des Messfehlers des Messgerätes einen Wert ≤ 2,88 Ω ergeben. Sie erfolgt mit dem Schleifenwiderstandsmessgerät an der von der Verteilung am weitesten entfernten Steckdose. Das Messgerät zeigt 1,1 Ω an. Die Abschaltbedingung ist erfüllt. Diese Prüfung wird in jedem Stromkreis wiederholt.

Prüfung der Fehlerstrom-Schutzeinrichtung

Im benachbarten Sozialraum erfolgt die Abschaltung durch einen RCD mit einem Bemessungsdifferenzstrom von $I_{\Delta n}$ = 30 mA. Durch die geringe Stromstärke $I_{\Delta n}$ ergeben sich sehr große Schleifenwiderstandswerte. Eine Überprüfung der Schleifenwiderstände ist daher beim Einsatz von RCDs nicht erforderlich. Die Fehlerstrom-Schutzeinrichtung muss jedoch geprüft werden.

Beim Einsatz von Fehlerstrom-Schutzeinrichtungen muss die Wirksamkeit der RCDs bei allen Netzsystemen geprüft werden.

Die Prüfung erfolgt mit einem Prüfgerät an einer Steckdose. Das Gerät verursacht einen Fehlerstrom, der die Auslösung des RCDs bewirkt.
Das Prüfgerät zeigt die aufgetretene Berührungsspannung und die Höhe des Fehlerstroms bei der Auslösung an.

Bei der Auslösung muss
- ***die Berührungsspannung ≤ 50 V,***
- ***der Auslösestrom $\leq I_{\Delta n}$ sein.***

Bei der Prüfung der Schutzeinrichtung des Sozialraums wurden gemessen:
- Berührungsspannung U_L: 4,5 V,
- Auslösestrom ΔI: 22 mA.

Da der Bemessungsdifferenzstrom $I_{\Delta n}$ des RCDs 30 mA beträgt, ist die Wirksamkeit der Fehlerstromschutzeinrichtung nachgewiesen. Eine Überprüfung an anderen Stellen in der Anlage ist nicht erforderlich, da die Durchgängigkeit der Schutzleiter gewährleistet ist.

Soll nur die Funktion des RCDs überprüft werden, dann geschieht das durch Betätigen der Prüftaste am RCD. Dadurch wird ein Fehlerstrom erzeugt, durch den der RCD sofort auslösen muss. Diese Funktionsprüfung erfolgt zusätzlich zu der Prüfung mit dem Prüfgerät. Sie ersetzt nicht die Prüfung der Anlage im Fehlerfall mit der Messung der Berührungsspannung und des Auslösestroms.

ÜBERBLICK Prüfung der Schutzmaßnahmen im TN-, TT- und IT-System (DIN VDE 0100-610)

<table>
<tr><th>Netzsystem</th><th>TN-System</th><th>TT-System</th><th>IT-System</th></tr>
<tr><td>Besichtigen</td><td colspan="3">Visuelle Überprüfung der Anlage unter besonderer Berücksichtigung der
• richtigen Auswahl der Betriebsmittel einschließlich der elektrischen Leitungen,
• fachgerechten Leitungsverlegung und ordnungsgemäßen Leitungsverbindungen.</td></tr>
<tr><td rowspan="4">Erproben und Messen</td><td colspan="3">• Messung der Durchgängigkeit des Schutzleiters und Potenzialausgleichs. Die Verbindungen müssen niederohmig sein. Übliche Werte sind 0,6 Ω bis 1 Ω.
• Messung des Isolationswiderstandes zwischen den Leitern und der Erde. Bei Stromkreisen
– mit Schutzkleinspannung (SELV) und Funktionskleinspannung mit sicherer Trennung (PELV) muss der Isolationswiderstand ≥ 0,25 MΩ sein (Messspannung 250 V DC).
– bis 500 V, außer SELV und PELV, muss er ≥ 0,5 MΩ sein (Messspannung 500 V DC).
– über 500 V muss der Isolationswiderstand ≥ 1,0 MΩ sein (Messspannung 1000 V DC).</td></tr>
<tr><td colspan="2">• Bei Verwendung von Fehlerstromschutzeinrichtungen ist die Wirksamkeit durch Messung des Auslösestroms und der Berührungsspannung bei Auslösung zu prüfen. Die Funktion des FI-Schutzschalters kann durch die Betätigung der Prüftaste überprüft werden.</td><td>• Messung des Erdungswiderstandes R_A oder des Spannungsfalls an R_A nach Erdung eines Außenleiters.</td></tr>
<tr><td>• Bei Verwendung von Überstrom-Schutzeinrichtungen muss die Schleifenimpedanz gemessen werden.</td><td>• Bei Verwendung von Überstromschutzeinrichtungen muss der Erdungswiderstand gemessen werden.</td><td>• Prüfung der Isolationsüberwachungseinrichtung</td></tr>
<tr><td colspan="3">• Die Drehfeldrichtung von Drehstrom-Steckdosen ist, falls vorhanden, zu überprüfen. Die Kontaktbuchsen jeder Drehstrom-Steckdose müssen ein Rechtsdrehfeld aufweisen.</td></tr>
</table>

Aufgaben

1 *Welche Prüfungen müssen in allen drei Netzsystemen durchgeführt werden?*

2 *Beschreiben Sie die Vorgehensweise bei der Überprüfung der Durchgängigkeit der Schutzleiter!*

3 *Warum muss bei der Isolationswiderstandsmessung im TN-System der Neutralleiter vom Netz getrennt werden?*

4 *In einem TN-System ohne RCD wird ein Stromkreis mit einem LS-Schalter, B-Charakteristik 10 A, abgesichert. Wie hoch darf der Schleifenwiderstand in diesem Stromkreis höchstens sein?*

5 *Warum ist eine Überprüfung der Schleifenwiderstände im TN-System nicht erforderlich, wenn RCDs zum Schutz durch Abschaltung eingesetzt werden?*

4 Energie und Informationsflüsse in pneumatischen, elektrischen und hydraulischen Baugruppen

117.1 Automatische Verschließeinrichtung

In automatisierten Systemen arbeiten pneumatische, elektrische und hydraulische Baugruppen zusammen. In dem in Abb. 117.1 gezeigten Teilsystem **Verschließeinrichtung** einer Abfüllstation sind dies pneumatische Zylinder mit Wegeventilen sowie elektrische Motoren mit Schützen. Das System Abfüllstation wird in Teilsysteme untergliedert. Eines davon ist die Verschließeinrichtung (Abb. 117.2).

4.1 Steuerungstechnik

4.1.1 Wirkungsplan

Die Steuerung der Verschließeinrichtung kann in einem Wirkungsplan dargestellt werden. Wirkungspläne zeigen die signalmäßigen Zusammenhänge, unabhängig davon wie sie technisch realisiert sind.

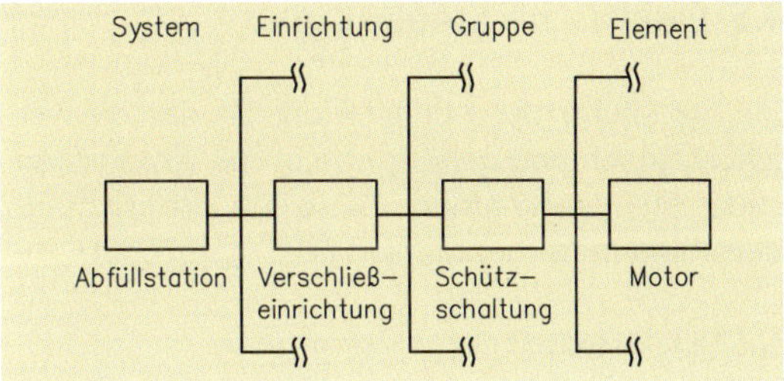

117.2 System Abfüllstation (Ausschnitt)

Die Abb. 117.3 zeigt den vereinfachten Wirkungsplan der Verschließeinrichtung. Man erkennt den offenen Wirkungsablauf zwischen der Steuereinrichtung und der Steuerstrecke. Eine Rückkopplung von Steuerstrecke zur Steuereinrichtung findet nicht statt. Ein solcher Wirkungsablauf wird auch als **Steuerkette** bezeichnet.

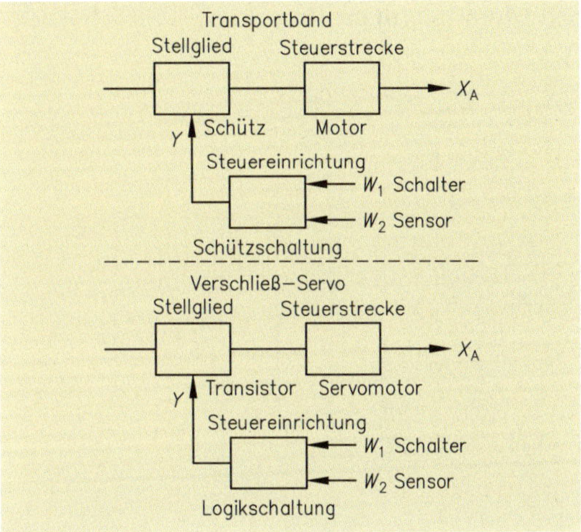

117.3 Wirkungsplan der Verschließeinrichtung

ÜBERBLICK	Begriffe und Größen der Steuerungstechnik
Steuerkette	Ist eine Anordnung von Systemen, die in Reihenstruktur aufeinander einwirken.
Steuerstrecke	Ist der zu beeinflussende Teil der Steuerung.
Steuereinrichtung	Bewirkt aufgrund der Eingangsgrößen und vorgegebener Gesetzmäßigkeit die Beeinflussung der Steuerstrecke.
Stellglied	Beeinflusst den Energie- und Massefluss.
Aufgabengröße x_A	Ist die Größe, die nach den Regeln der Steuerung beeinflusst werden soll.
Führungsgröße w	Ist eine von außen zugeführte Größe, der die Aufgabengröße folgen soll.
Stellgröße y	Sie überträgt die Wirkung der Steuereinrichtung auf die Steuerstrecke.
Störgröße z	Wirkt von außen auf die Steuerung und beeinträchtigt die Aufgabengröße.

4.2 Elektrische Steuerungen

Die Steuerung der Abfüllstation, zu der die Verschließeinrichtung gehört, erfolgt mit einer elektrischen Steuereinrichtung. Diese Steuereinrichtung ist verbindungsprogrammiert (VPS) aufgebaut.

4.2.1 Elektrische Energieversorgung

Die Versorgung der gesamten Abfüllstation mit elektrischer Energie erfolgt aus dem Niederspannungsnetz. Für die Einspeisung werden nur die Außenleiter L1, L2, L3 mit der Spannung 400 V und der Schutzleiter PE benutzt. Der N-Leiter wird nicht verwendet, da er nicht in allen Verteilungssystemen vorhanden ist. Für die Erzeugung der Steuerspannung von 230 V muss ein Steuertransformator eingebaut werden. Der Steuerstromkreis wird an einem Punkt mit PE verbunden (geerdet). Abb. 118.1 zeigt den Stromlaufplan der Einspeisung.

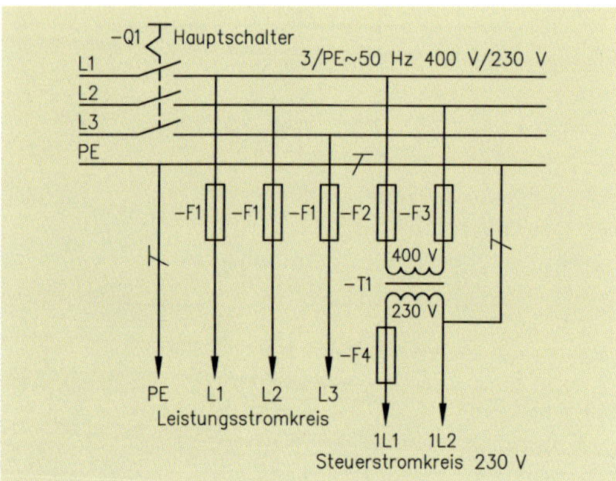

118.1 Stromlaufplan der Einspeisung

Wird vom Betreiber ein erdfreier Steuerstromkreis gewünscht, so ist die Verbindung der Ausgangsspannung mit dem PE zu entfernen. In diesem Fall muss zusätzlich eine Isolationsüberwachungseinrichtung eingebaut werden, um vor Gefahren durch Erdschlüsse zu warnen (vgl. IT-System). Erdschlüsse können ein unbeabsichtigtes Anlaufen zur Folge haben oder das Ausschalten der Anlage verhindern. Eine Gefahr durch elektrischen Schlag besteht nicht. Angezeigte Isolationsfehler müssen unverzüglich beseitigt werden.

4.2.2 Schutzeinrichtungen

Die Einspeisung ist mit einem Hauptschalter ausgerüstet sowie mit Neozed-Schmelzsicherungen der Betriebsklasse gL vor Schäden durch Überlastung und Kurzschluss abgesichert. Die Schleifenimpedanz des PE-Leiters ist im TN-CS-Verteilungssystem so klein, dass die Überstromschutzeinrichtungen den Menschen auch vor Gefahren durch elektrischen Schlag schützen. Bei zu großen Schleifenimpedanzen oder zu großen Erdungswiderständen in einem TT-Verteilungssystem muss zusätzlich eine Fehlerstrom-Schutzeinrichtung RCD (**R**esidual **C**urrent **D**evice) eingebaut werden. Die Hauptsicherungen in der Einspeisung können nicht alle Stromkreise der Abfüllstation schützen, sodass noch weitere Überstromschutzeinrichtungen hinter den Hauptsicherungen eingebaut werden. Bei der Auswahl der weiteren Überstromschutzeinrichtungen ist, neben der Zuordnung zu den Leiterquerschnitten und Verlegearten, auch die Selektivität zu beachten. Motoren können aufgrund der groben Abstufung nicht durch Überstromschutzeinrichtungen geschützt werden. Motorschutzschalter oder Motorschutzrelais bieten einen ausreichenden Schutz vor Überlastung.

EXKURS **Steuertransformatoren**

Kennzeichen:

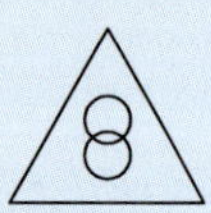

Typische Werte	
Nennleistung S1	Kurzzeitleistung S6
0,16 kVA	0,49 kVA
0,63 kVA	2,6 kVA
1,6 kVA	5,1 kVA

Steuertransformatoren sind Einphasen-Transformatoren mit galvanisch getrennten Wicklungen, deren Ausgangsspannung maximal 250 V betragen darf. Vorzugswerte für Ausgangsspannungen sind 230 V, 110 V, 42 V und 24 V. Die Kurzzeitleistung S6 (Durchlaufbetrieb mit Aussetzbelastung) muss bei einem Steuertransformator viel größer als die Nennleistung S1 (Dauerbetrieb) sein, weil die Magnetspulen von Schützen, Magnetventilen u. Ä. eine sehr große Einschaltstromstärke benötigen. Die Ausgangsspannung darf dabei um höchstens 5 % absinken. Bei stärkeren Spannungseinbrüchen ist ein zuverlässiges Schalten nicht mehr gewährleistet. Steuertransformatoren für die Erzeugung einer Funktionskleinspannung mit sicherer Trennung (PELV) müssen zusätzlich den Anforderungen für Sicherheitstransformatoren entsprechen.

EXKURS Schaltungsunterlagen in der Elektrotechnik

Stromlaufpläne (DIN EN 61082-2):

Stromlaufplan in zusammenhängender Darstellung	**Stromlaufplan in halbzusammenhängender Darstellung**	**Stromlaufplan in aufgelöster Darstellung**
Beispiel: 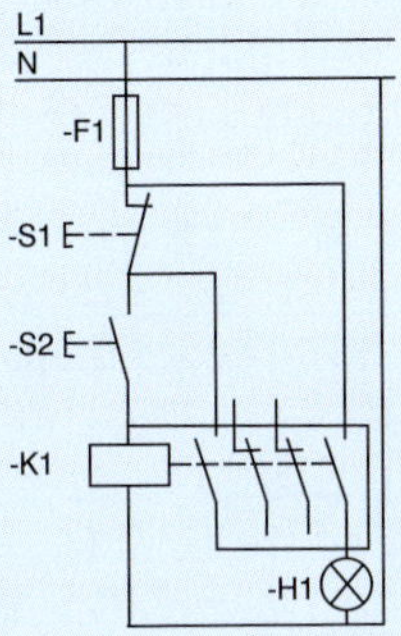	Beispiel: 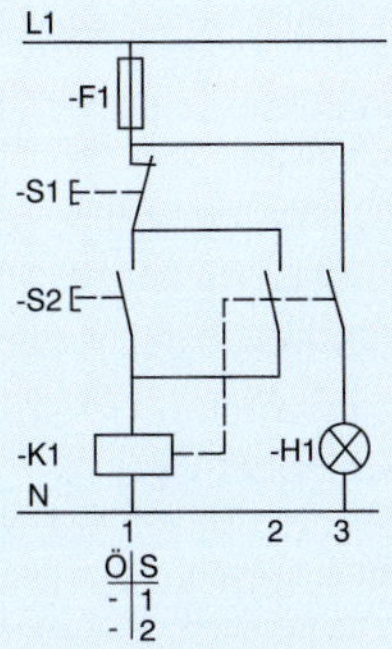	Beispiel: 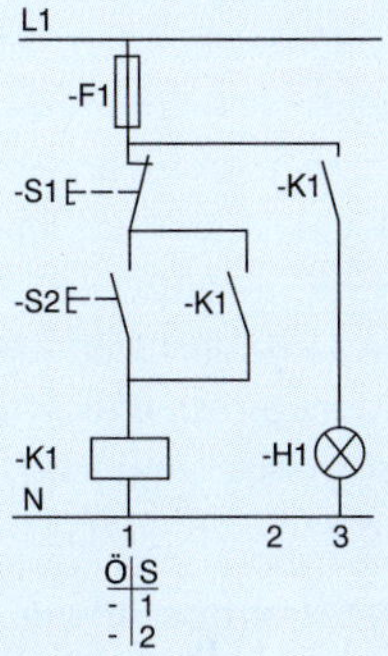
Im Stromlaufplan in zusammenhängender Darstellung werden alle Teile eines Betriebsmittels zusammenhängend gezeichnet. Mechanische Verbindungen werden durch eine gestrichelte Linie gekennzeichnet. Die Betriebsmittel sind jedoch nicht entsprechend ihrer tatsächlichen Anordnung dargestellt.	Der Stromlaufplan in halbzusammenhängender Darstellung verzichtet auf die zusammenhängende Darstellung eines Betriebsmittels. Die mechanischen Wirkverbindungen werden jedoch durch eine gestrichelte Linie gekennzeichnet.	Im Stromlaufplan in aufgelöster Darstellung wird die Schaltung in Stromwege, Planabschnitte oder Planquadrate aufgelöst und ohne Rücksicht auf die räumliche Lage oder auf räumliche Zusammenhänge der Betriebsmittel dargestellt. Um die Übersichtlichkeit zu vergrößern, verlaufen die Stromwege senkrecht und sollen ohne Kreuzungen gezeichnet werden.

Kennzeichnung elektrischer Betriebsmittel

Die Kennzeichnung erfolgt in den Blöcken 1 bis 4 mit Vorzeichen zur besseren Unterscheidung. Bevorzugte Reihenfolge einer vollständigen Kennzeichnung ist Block **1**, **2**, **3A**, **3B**, **3C**, **4**.

1 Anlage Vorzeichen =	**2** Ort Vorzeichen +	**3A** Art, **3B** Zählnummer, **3C** Funktion Vorzeichen –	**4** Anschluss Vorzeichen :
Übergeordnete Zuordnung. Gibt die Beziehung zu anderen Teilen der Anlage im Hinblick auf die Funktion bzw. den Ort an.	Gibt den Ort des Betriebsmittels an.	Identifiziert das Betriebsmittel mit Art, Zählnummer und Funktion. Zur Identifizierung eines Betriebsmittels reicht meist der Kennzeichnungsblock 3 aus; 1, 2 und 4 sind nicht unbedingt erforderlich. Zulässige Kombinationen: 3A, 3B, 3C oder 3A, 3B oder 3B, 3C oder 3B.	Gibt die Leiter- und Anschlussbezeichnungen an.

Beispiel einer Betriebsmittelkennzeichnung mit funktionaler Bedeutung

Betriebsmittelkennzeichnung	**Darstellung im Stromlaufplan**
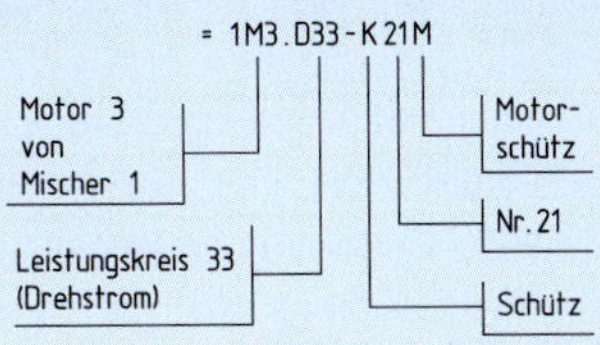	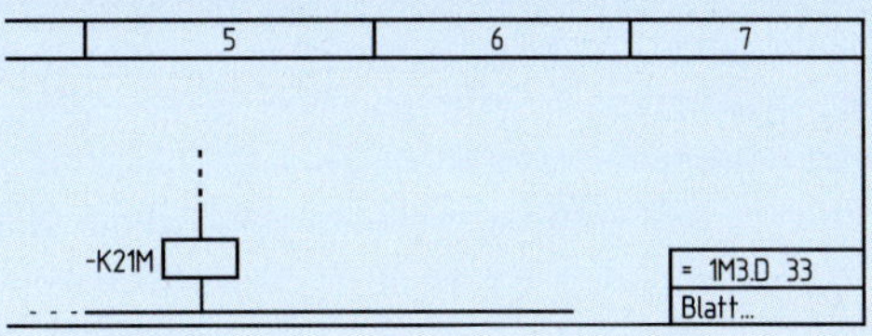

EXKURS Schaltungsunterlagen in der Elektrotechnik (Fortsetzung)

Verdrahtungsplan (DIN EN 61082-3)

Regeln

- Betriebsmittel und Bauteile lagerichtig anordnen. Anschlussstellen der Betriebsmittel mit vollständiger Bezeichnung darstellen.
- Verbindungsleitungen einzeln oder zusammengefasst zeichnen. Bei Zusammenfassung Anschlussstellen und Zielbezeichnungen angeben.
- Anschlüsse zum Netz und zu externen Betriebsmitteln angeben.
- Der Verdrahtungsplan kann in Geräteverdrahtungsplan, Verbindungsplan und Anschlussplan unterteilt werden.
- Verdrahtungspläne geben in der Regel keinen Aufschluss über die Wirkungsweise.

Beispiel

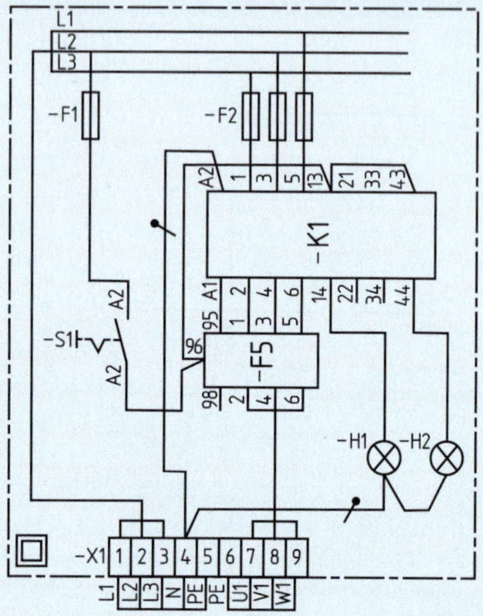

Geräteverdrahtungspläne

geben die Innenverbindungen von Geräten und Gerätekombinationen an.

Hinweise zu äußeren Verbindungen können hinzugefügt werden. Dies ist auch in Form von Geräteverdrahtungstabellen möglich.

Anschlusspläne

geben die inneren und die äußeren Verbindungen z. B. an Klemmleisten an.

Hinweise auf Stromlauf- und Anordnungspläne können angefügt werden. Sie können auch in Tabellenform dargestellt werden.

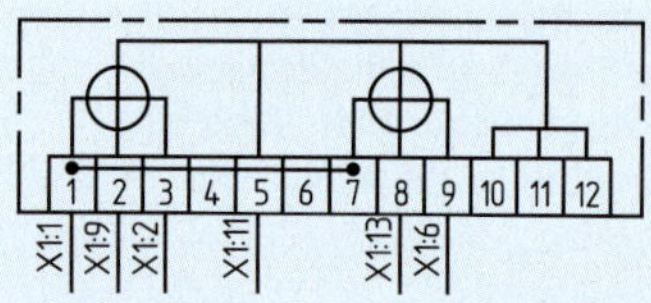

Verbindungspläne

stellen die Verbindungen zwischen Geräten und Baugruppen ohne interne Verbindungen dar und können mit Hinweisen auf Stromlaufpläne versehen werden. Verbindungspläne können durch Tabellen ergänzt oder ersetzt werden.

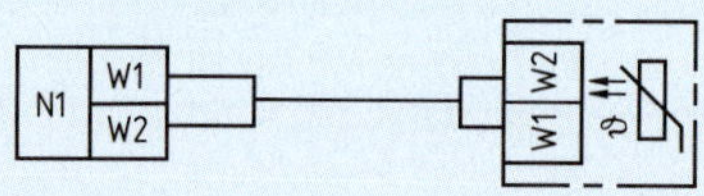

Anordnungsplan

Regeln

Die Betriebsmittel werden vereinfacht, bildhaft in ihrer richtigen Anordnung dargestellt.

Eine maßstabsgerechte Darstellung ist nicht erforderlich.

Maßangaben können entfallen.

Normgerechte Kennzeichnung aller Betriebsmittel.

Zusätzliche Kennzeichnungen der Betriebsmittel sind zulässig.

Der Anordnungsplan kann durch eine Liste oder Tabelle ergänzt oder ersetzt werden.

Beispiel

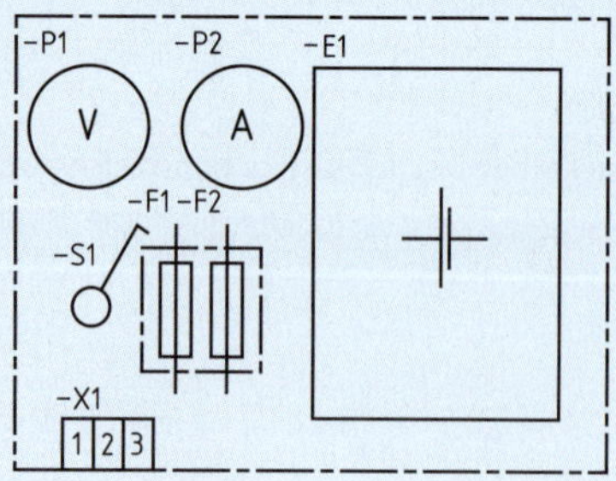

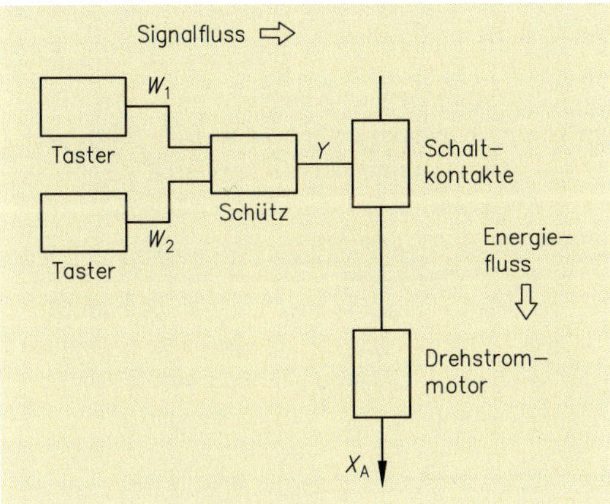

121.1 Teilsystem Transportband

4.2.3 Schützschaltung Transportbandantrieb

Im Teilsystem Transportband (Abb. 121.1) der Verschließeinrichtung in der Abfüllstation wird ein Drehstrom-Asynchronmotor mit Käfigläufer als Antriebselement eingesetzt. In der Steuereinrichtung werden zum Schalten des Drehstrom-Asynchronmotors Schütze verwendet (Abb. 121.2).

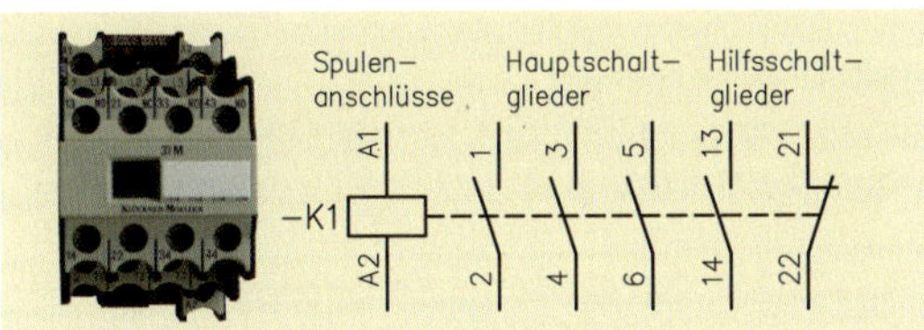

121.2 Bild und Schaltzeichen eines Hauptschützes

Schütze sind elektromagnetische Schaltgeräte, die in Hilfs- und Hauptschütze unterschieden werden. Hilfsschütze besitzen Öffner NC (**N**ormaly **CL**osed) und Schließer NO (**N**ormaly **O**pen), aber keine Kontakte zum Schalten von Verbrauchern. Hauptschütze besitzen in der Regel zusätzlich zu den Hilfskontakten drei Schließer, die, entsprechend der Gebrauchskategorie, Verbraucher schalten können. Schützschaltungen werden überwiegend als Stromlaufplan in aufgelöster Darstellung gezeichnet und in Haupt- und Steuerstromkreis unterteilt. Eine einfache Schützschaltung zum Ein- und Ausschalten zeigen die Abbildungen 121.3 und 121.4.

Funktionsbeschreibung. Nach Betätigung des Tasters S2 zieht das Schütz K1 an und hält sich über den Schließer in Planabschnitt 3 selbst. Der Motor M1 ist eingeschaltet. Durch Betätigung von S1 oder durch

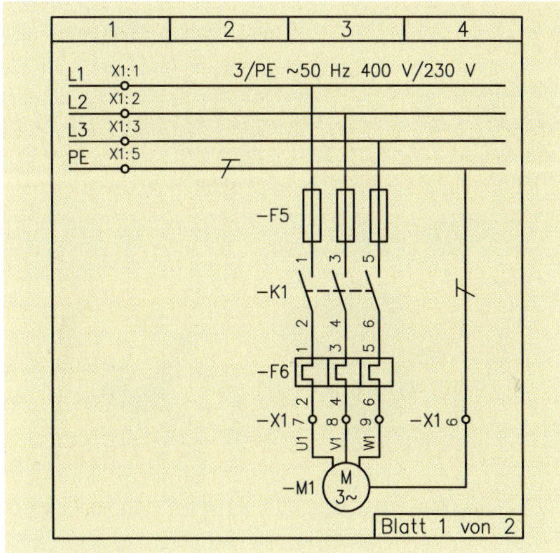

121.3 Hauptstromkreis mit Drehstrom-Motor

Auslösen von F6 fällt das Schütz K1 ab und schaltet den Motor M1 aus. Die Schmelzsicherungen F5 übernehmen den Kurzschlussschutz im Hauptstromkreis. Das Motorschutzrelais F6 schützt den Motor vor Überlastung und wird im Normalfall auf den Bemessungsstrom des Motors M1 eingestellt. Die Schmelzsicherung F7 schützt den Steuerstromkreis vor Überlastung und Kurzschluss.

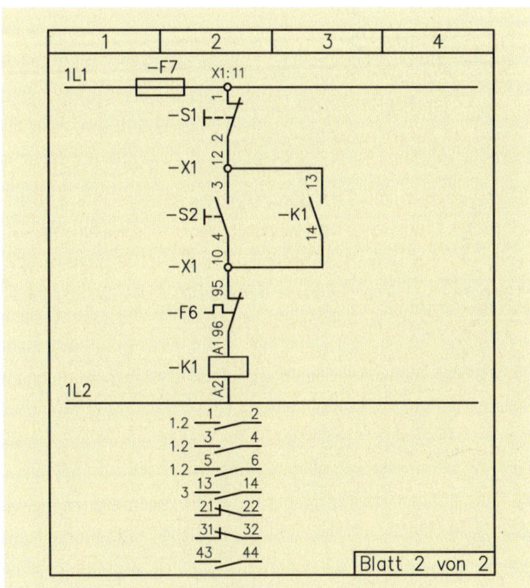

121.4 Steuerstromkreis zur Abbildung 121.3

EXKURS Elektrische Motore

Elektrische Motore werden in einer Vielzahl von Ausführungen für das Antreiben von Maschinen oder für das Positionieren (Servomotor) hergestellt. Am häufigsten wird der Drehstrom-Asynchronmotor mit Käfigläufer eingesetzt. Ein weiterer wichtiger Motor ist in der Automatisierungstechnik der Gleichstrom-Nebenschlussmotor. In Fahrzeugen mit elektromotorischem Antrieb wird der Gleichstrom- oder Wechselstrom-Reihenschlussmotor eingesetzt.

Drehstrom-Asynchronmotor mit Käfigläufer

Der Drehstrom-Asynchronmotor hat im Ständer (Stator) eine dreisträngige Wicklung, die beim Anschluss am Dreiphasen-Wechselstromnetz ein magnetisches Drehfeld erzeugt, dass im Läufer (Rotor) einen Strom induziert und somit ein Drehmoment erzeugt. Der Läufer besteht aus einem kurzgeschlossenen Käfig aus Aluminiumstäben, die in einem Blechpaket eingegossen sind. Die Drehzahl des Drehfeldes ist von der Frequenz des Ständerstromes und der Polpaarzahl der Ständerwicklung abhängig. Der Läufer dreht sich etwas langsamer als das Drehfeld (asynchron), der Drehzahlunterschied wird als Schlupf bezeichnet und beträgt etwa 3 bis 5 % der Drehfelddrehzahl.

$$s = \frac{n_s}{n_d} \quad \text{oder} \quad s = \frac{n_d - n}{n_d}$$

s	Schlupf
n_s	Schlupfdrehzahl in min^{-1}
n_d	Drehfelddrehzahl in min^{-1}
n	Läuferdrehzahl in min^{-1}

Die Drehzahl des Drehstrom-Asynchronmotors ändert sich bei Belastung nur wenig. Die Stromaufnahme ist von der Belastung abhängig. Im Einschaltaugenblick kann eine Spitze bis zum 10fachen Wert der Bemessungsstromstärke erreicht werden.

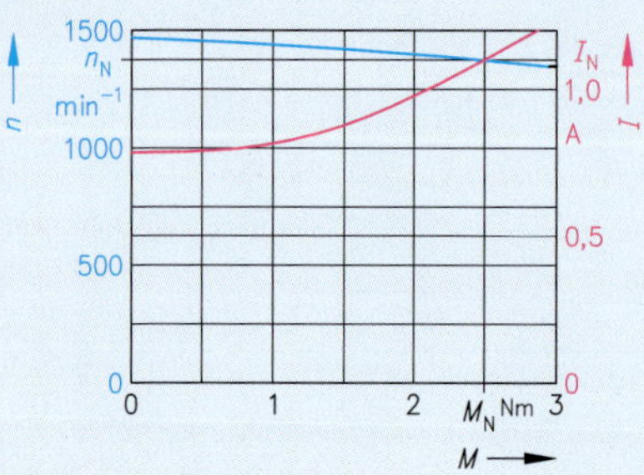

Die Ständerwicklungen können im Stern oder im Dreieck verschaltet werden. Bei Sternschaltung liegt an jeder Wicklung die Strangspannung von 230 V, bei Dreieckschaltung liegen an den Wicklungen 400 V.

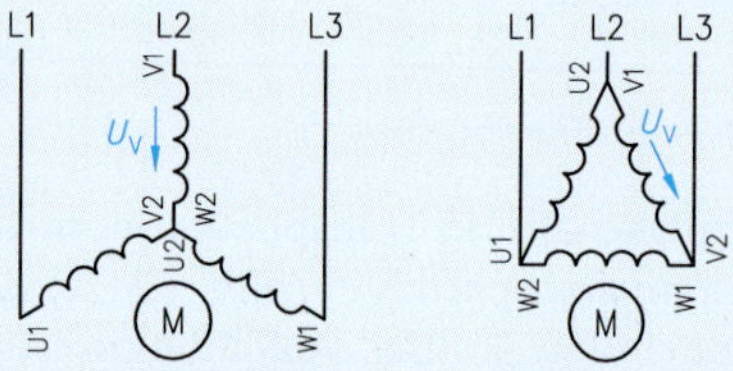

Beim Anschluss der Wicklungen U1, V1, W1 an die drei Phasen L1, L2, L3 hat der Drehstrom-Asynchronmotor Rechtslauf, zur Umkehr der Drehrichtung müssen zwei Phasen getauscht werden.

Stern-Dreieck-Anlauf

Zur Verringerung der Einschaltstromspitze kann ein Motor, dessen Wicklungen für 400 V bemessen sind und im Dreieck geschaltet werden müssen, in Sternschaltung eingeschaltet werden. Nachdem der Motor hochgelaufen ist, werden die Motorwicklungen in Dreieckschaltung umgeschaltet. Im Sternanlauf verringert sich die Einschaltstromspitze auf etwa ⅓ gegenüber dem direkten Einschalten im Dreieck. Der Nachteil einer Stern-Dreieck-Anlaufschaltung ist, dass sich das Anlaufdrehmoment und die Leistung ebenfalls auf etwa ⅓ der Bemessungswerte verringern. Ein Anlauf unter Volllast ist mit einem Stern-Dreieck-Anlauf nicht möglich.

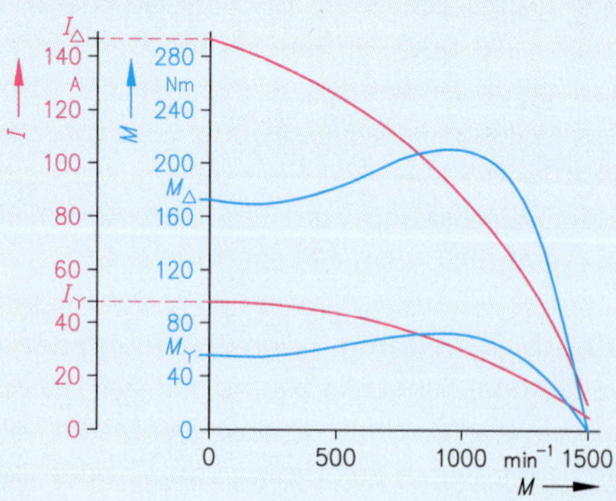

EXKURS

Elektrische Motore (Fortsetzung)

Gleichstrommotore eignen sich gut für drehzahlveränderliche Antriebe, weil die Drehzahl von der Höhe der Ankerspannung abhängig ist und diese mit einem gesteuerten Gleichrichter leicht verändert werden kann.

Gleichstrom-Nebenschlussmotor

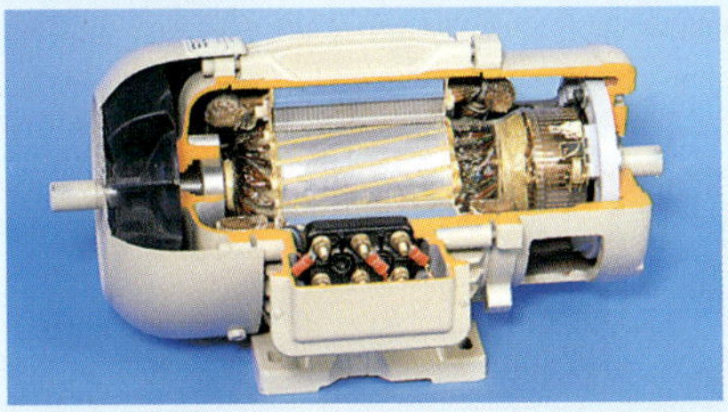

Der Gleichstrom-Nebenschlussmotor hat im Ständer eine Erregerwicklung oder bei kleinen Servomotoren einen Dauermagnet. Der Anker (Rotor) besitzt eine Wicklung, die an einen Stromwender (Kollektor) angeschlossen ist. Über Kohlebürsten, die auf dem Stromwender schleifen, wird der Ankerstrom zugeführt. Dieses System ist aufwendiger und verschleißanfälliger als beim Drehstrom-Asynchronmotor, wo der Läuferstrom durch Induktion erzeugt wird. Die Kraftwirkung zweier Magnetfelder erzeugt im Anker ein Drehmoment, dessen Stärke vom Ankerstrom und vom Erregermagnetfeld abhängig ist.

Die Drehzahl ist bei konstantem Erregermagnetfeld von der Höhe der Ankerspannung abhängig. Da diese sehr leicht mit einem gesteuerten Gleichrichter (Stromrichter) verändert werden kann, eignet sich der Gleichstrom-Nebenschlussmotor sehr gut für Antriebe, dessen Drehzahl in einem großen Bereich veränderbar sein muss.

Die Drehzahl des Gleichstrom-Nebenschlussmotors ändert sich bei Belastung nur wenig. Die Stromaufnahme ist von der Belastung abhängig. Im Einschaltaugenblick kann eine Spitze bis zum 10fachen Wert der Bemessungsstromstärke erreicht werden.

Die Drehrichtung wird durch Umpolen der Ankerspannung geändert.

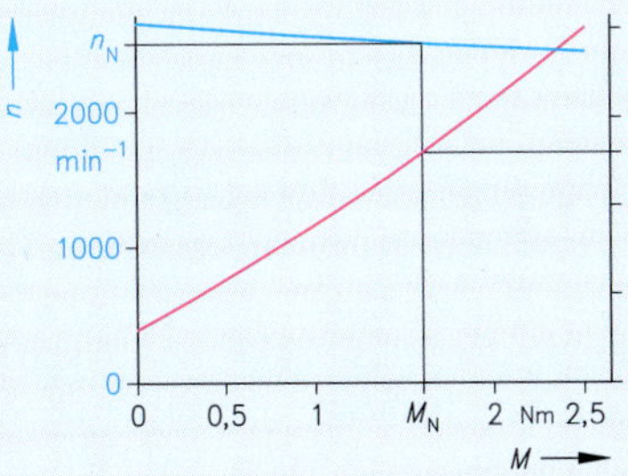

Gleichstrom-Reihenschlussmotor

Gleichstrom-Reihenschlussmotore haben im Gegensatz zum Gleichstrom-Nebenschluss- und zum Drehstrom-Asynchronmotor ein großes Anlaufdrehmoment. Ihre Drehzahl sinkt aber bei Belastung sehr stark ab. Ohne Belastung (Leerlauf) kann die Drehzahl eines Reihenschlussmotors so groß werden, dass der Motor aufgrund der Fliehkräfte mechanisch zerstört wird (Der Motor geht durch). Eine Kraftübertragung mit einem Riemen ist deshalb nur mit einer Überwachung der Motordrehzahl möglich.

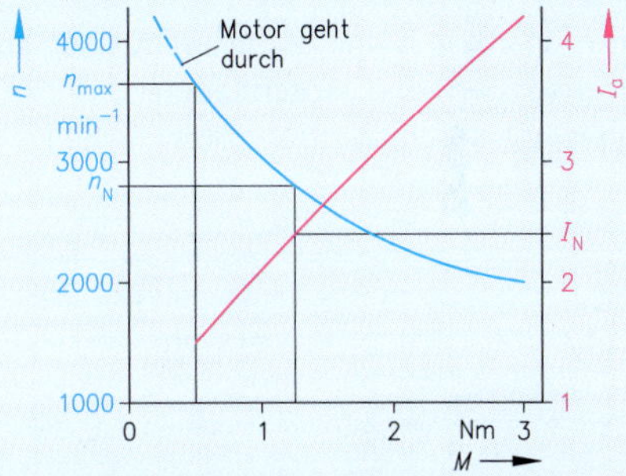

Die Höhe der Drehzahl ist auch beim Gleichstrom-Reihenschlussmotor von der Höhe der Ankerspannung abhängig und die Drehrichtung kann durch Umpolen der Ankerspannung umgekehrt werden.

Einphasenwechselstrom-Reihenschlussmotor

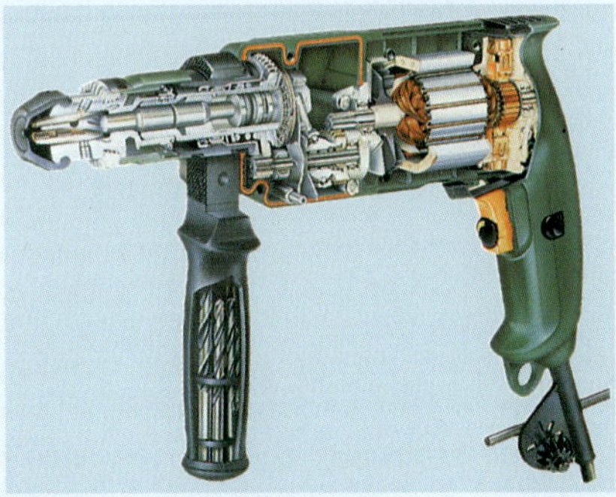

Reihenschlussmotore werden auch für Einphasen-Wechselspannung gebaut. Solche Motore werden Universalmotore genannt, weil ihr Betriebsverhalten den Gleichstrom-Reihenschlussmotoren entspricht und unter bestimmten Voraussetzungen ($I \leq I_N$) auch ein Betrieb an Gleichspannung möglich ist. Wegen des großen Drehmomentes werden sie als Antriebsmotor in elektrisch betriebenen Handwerkzeugen eingesetzt.

EXKURS Auswahl von Schützen

Bei der Auswahl der Schütze muss nicht nur die Art (Öffner NC/Schließer NO) und die Anzahl der Kontakte beachtet werden. Das Schütz muss auch nach der Stromart (AC/DC) und der Leistung des Verbrauchers, entsprechend der erforderlichen Gebrauchskategorie, ausgewählt werden. Die Gebrauchskategorien berücksichtigen die typischen Belastungen durch Ein- und Ausschaltstromstärken der jeweiligen Verbraucher. Eine zu kleine Gebrauchskategorie kann die Lebensdauer der Hauptkontakte stark verringern.

Gebrauchskategorien: (Auswahl)	
AC-1	Nicht induktive Last (Widerstandsöfen)
AC-2	Anlassen und Ausschalten von Schleifringläufermotoren
AC-3	Anlassen und Ausschalten von Käfigläufermotoren
AC-4	Tippen, Reversieren und Gegenstrombremsen von Käfigläufermotoren
DC-3	Schalten von Nebenschlussmotoren

Wendeschützschaltung

Wenn das Transportband wahlweise vor- oder rückwärts laufen soll, muss der Motor in der Drehrichtung umschaltbar sein (Wendeschützschaltung). Dazu müssen an den Anschlüssen U V W zwei Außenleiter getauscht werden (Abb. 124.1).

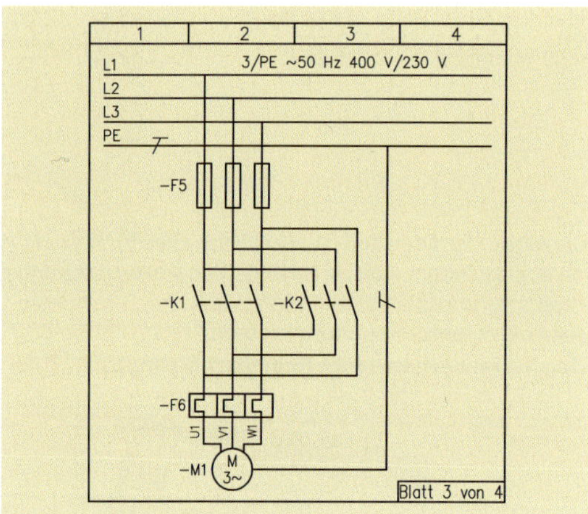

124.1 Hauptstromkreis für 2 Drehrichtungen

Verriegelungen

Beim Schalten von Motoren entstehen große Einschaltstromspitzen, die die Kontakte der Schütze verschweißen können. Sind aufgrund eines solchen Defektes beide Schütze erregt, gibt es einen Kurzschluss. Mit einer Schützverriegelung im Steuerstromkreis kann ein solcher Kurzschluss verhindert werden. Schützverriegelungen sind auch erforderlich, wenn die Motorschütze von einer elektronischen oder speicherprogrammierten Steuereinrichtung angesteuert werden. Eine Tasterverriegelung sorgt dafür, dass bei gleichzeitiger Betätigung der Ein-Taster der Motor nicht anläuft (Abb. 124.2).

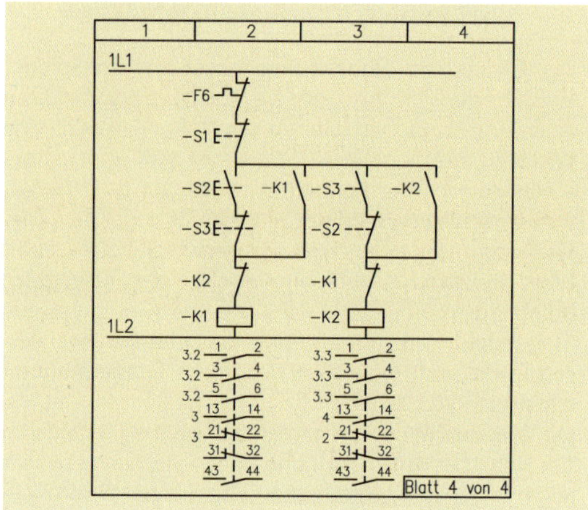

124.2 Steuerstromkreis der Wendeschaltung

Funktionsbeschreibung. Wird der Taster S2 betätigt, zieht das Schütz K1 an und hält sich über den Schließer in Planabschnitt 2 selbst. Der Öffner von K1 im Planabschnitt 3 öffnet (verriegelt) den Stromkreis zu K2. Der Motor M1 läuft im Rechtslauf. Ein Umschalten in den Linkslauf mit S3 ist erst nach Ausschalten mit S1 möglich (Nullzwang). Die Öffner der Taster sorgen dafür, dass bei gleichzeitiger Betätigung von S2 und S3 kein Schütz anzieht (Tasterverriegelung).

Bei gegenläufigen Bewegungen müssen die Motorschütze gegeneinander verriegelt werden.

Die Anordnung der Selbsthaltekontakte von K1 und K2 bestimmt den Nullzwang. Werden sie vor die Öffner der Taster geschaltet, ist ein direktes Umschalten (Reversieren) möglich. Beim Reversieren entstehen hohe Schaltstromspitzen, die die Kontakte der Motorschütze stark belasten.

Zeitverzögertes Schalten

Beim direkten Umschalten (Reversieren) entstehen höhere Schaltstromspitzen und das Transportband wird mechanisch stark belastet. Das Gleiche kann auch bei der Schaltung nach Abb. 124.2 passieren, wenn der Bediener sehr schnell nach dem Ausschalten die umgekehrte Drehrichtung wieder einschaltet. Mit einem Zeitrelais kann eine Mindestschaltpause festgelegt werden (Abb. 125.1).

Funktionsbeschreibung. Das Transportband wurde mit dem Taster S2 im Vorwärtslauf eingeschaltet. Wenn jetzt mit Taster S1 ausgeschaltet wird, zieht das Zeitrelais K3T an und verriegelt die Schütze K1 und K2. Erst wenn die Zeit abgelaufen ist, kann mit S2 oder S3 das Transportband wieder eingeschaltet werden. Ein direktes Umschalten (Reversieren) ist durch die zeitabhängige Verriegelung nicht mehr möglich.

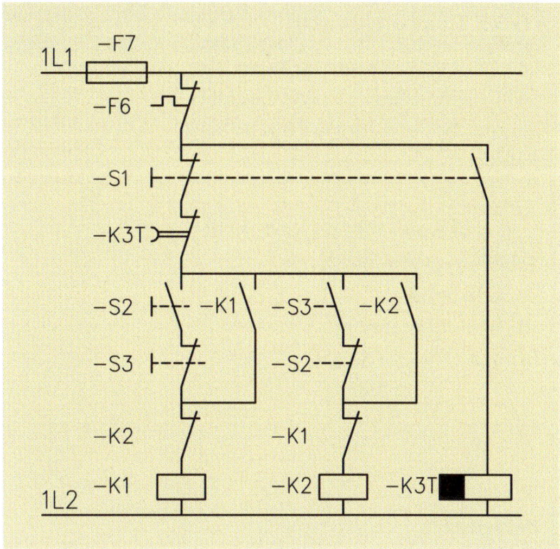

125.1 Zeitverzögertes Umschalten

ÜBERBLICK **Zeit- und Multifunktionsrelais**

Abfallverzögerung	Anzugverzögerung	Multifunktionen
Schaltzeichen: 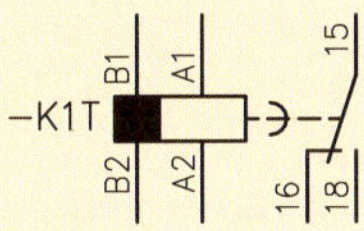	Schaltzeichen: 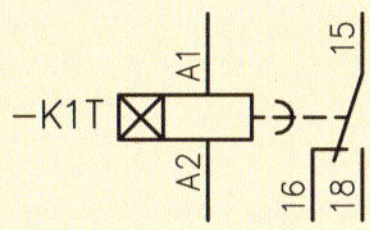	Das Schaltzeichen wird entsprechend der programmierten Funktion gewählt. Beispiel: 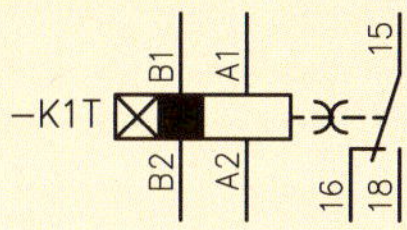
Das Relais wird an Betriebsspannung gelegt (A1–A2). Wenn der Steueranschluss B1 – B2 (potenzialfreier Kontakt) geschlossen wird, schaltet der Kontakt 15–16–18 um. Wird B1–B2 wieder geöffnet, schaltet der Kontakt 15–16–18 erst nach der eingestellten Zeit wieder zurück. Anstelle eines potenzialfreien Kontaktes werden manche Relaistypen auch durch Aufschalten einer Spannung an B1 gesteuert.	Nachdem das Relais an Betriebsspannung gelegt wird (A1–A2), schaltet der Kontakt 15–16–18 erst nach der eingestellten Zeit um. Anzugsverzögerte Relais können immer über Aufschalten der Betriebsspannung gesteuert werden, bei manchen Typen ist eine Steuerung über einen potenzialfreien Kontakt ebenfalls möglich.	Multifunktionsrelais können wahlweise anzug- oder abfallverzögert, sowie taktend arbeiten. Darüber hinaus sind je nach Typ noch weitere Funktionen programmierbar. Anzugverzögerung und Taktbetrieb sind über Aufschalten der Betriebsspannung an A1–A2 steuerbar, Abfallverzögerungen müssen über die jeweiligen Steuerkontakte B1–B2 ausgelöst werden.

Aufgaben

1 *Was versteht man unter dem Begriff Steuerkette?*

2 *Die Energieversorgung unterscheidet verschiedene Verteilungssysteme. Welche Verteilungssysteme gibt es und wie werden sie bezeichnet?*

3 *Die elektrische Ausrüstung von Maschinen muss mit einem Steuertransformator ausgestattet sein. Welche Anschlussmöglichkeiten gibt es, und was ist dabei jeweils zu beachten?*

4 *Wonach müssen Hauptschütze ausgewählt werden?*

5 *Welche Gefahr kann bei Wendeschützschaltungen auftreten?*

6 *Welche Aufgabe haben in Schützschaltungen Verriegelungen?*

7 *Worin unterscheidet sich die Ansteuerung von abfallverzögerten und anzugverzögerten Zeitrelais?*

ÜBERBLICK **Einsatz von Motorschutzeinrichtungen**

Die Motorschutzeinrichtungen bieten allein oder in Kombination Schutz für die unterschiedlichen Betriebs- und Störungsfälle.	Sicherung	Sicherung und Motorschutzrelais, bzw. Motorschutzschalter	Sicherung und Motorvollschutz	Sicherung, Motorschutzrelais und Motorvollschutz
Der erzielbare Schutz wird in der Tabelle symbolisiert durch: ⇓ kein Schutz ⇒ bedingter Schutz ⇑ vollständiger Schutz Beispiele		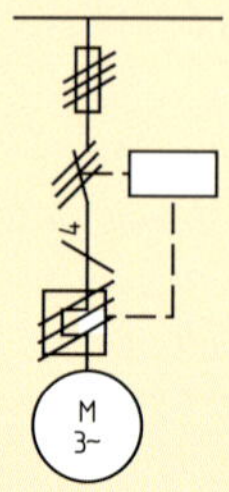	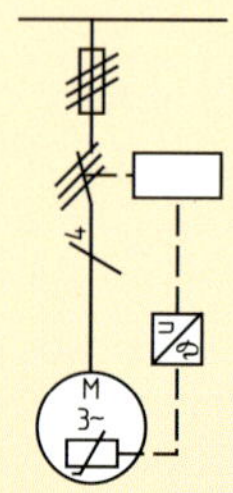	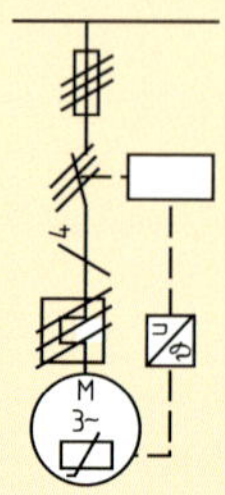
Betriebsfälle:				
Überlastung im Dauerbetrieb	⇓	⇑	⇑	⇑
Zu lange Anlauf-, Bremsvorgänge	⇒	⇒	⇑	⇑
Zu hohe Schalthäufigkeit	⇓	⇓	⇑	⇑
Störungsfälle:				
Ausfall einer Phase	⇓	⇑	⇑	⇑
Spannungs-, Frequenzschwankung	⇓	⇑	⇑	⇑
Blockieren des Läufers	⇒	⇑	⇑	⇑
Behinderung der Kühlung:				
Erhöhte Umgebungstemperatur	⇓	⇓	⇑	⇑
Behinderung des Kühlmittelflusses	⇓	⇓	⇑	⇑

4.2.4 Schutz des Transportbandmotors

Die Tabelle 126.1 beschreibt Motorschutzeinrichtungen, für den Motor des Transportbandes der Verschließeinrichtung in der Abfüllstation wird die Kombination Motorschutzrelais (Überstrom-, Überlastrelais) und Schütz angewendet. Das Motorschutzrelais überwacht die Temperatur der Motorwicklungen indirekt über den Motorstrom, der im Motorschutzrelais über Bimetalle geleitet wird. Bis zur eingestellten Stromstärke ist die Erwärmung so gering, dass sich die Bimetalle nicht verbiegen. Übersteigt die Stromstärke den eingestellten Wert, erwärmen sich die Bimetalle und verbiegen sich, dabei lösen sie die Steuerkontakte aus. Der Öffner ist so in den Steuerstromkreis geschaltet, dass das Schütz abfällt und den Motor abschaltet (Abb. 121.4). Der Schließer kann zur Störungsmeldung durch einen Leuchtmelder genutzt werden. Bimetallauslöser sind wegen ihrer Trägheit für eine rechtzeitige Abschaltung bei Kurzschlüssen nicht geeignet. Den Kurzschlussschutz übernehmen in unserer Anlage die Schmelzsicherungen F1.

Motorschutzschalter	Motorschutzrelais	Motorvollschutz
Sind mit einstellbaren Überstrom- und festeingestellten Kurzschlussauslösern ausgerüstet. Erfüllen Hauptschalteranforderungen.	Sind nur mit einstellbaren Überstromauslösern und einem Hilfsschalter ausgerüstet, der über ein Schütz den Motor abschaltet.	Überwachen über Kaltleiter-Temperaturfühler in den Wicklungen direkt die Motortemperatur und schalten über ein Schütz den Motor bei zu hoher Temperatur ab.
Einstellung auf den Bemessungsstrom des Motors.		

126.1 Motorschutzeinrichtungen

Aufgaben

1 *Wie ist in der Schützschaltung in Bild 124.1 der Überlast- und Kurzschlussschutz realisiert?*

2 *Welche Auslöser können bei einem Motorschutzschalter eingestellt werden und, wonach richtet sich diese Einstellung?*

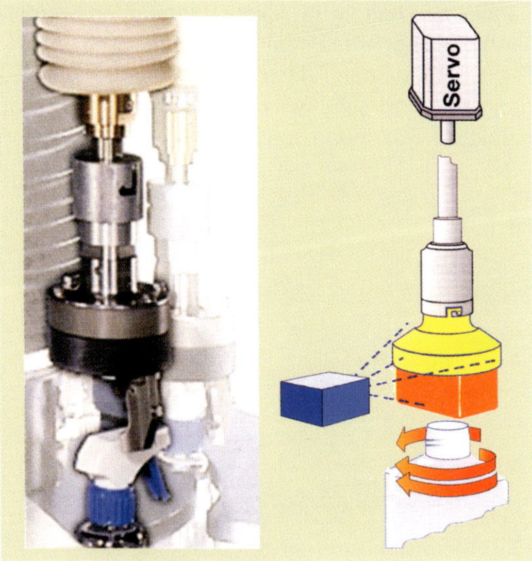

127.1 Verschließeinrichtung

4.2.5 Die Verschließeinrichtung

In der Verschließeinrichtung wird der Verschluss durch einen Gleichstrom-Servomotor mit Dauermagnet-Erregung aufgedreht. Dazu muss der Servomotor auf den Behälter abgesenkt werden. Ein Sensor B11 erkennt den Behälter und startet den Verschließvorgang. Um den Gewindeanfang gut zu treffen, dreht die Spindel zunächst kurz in entgegengesetzter Richtung.

Die Erzeugung der Gleichspannung

Für den Servomotor und die dazugehörige Ansteuerschaltung wird eine 24-V-Gleichspannung benötigt. Dazu sind ein weiterer Steuertransformator und eine Netzteil-Baugruppe erforderlich.

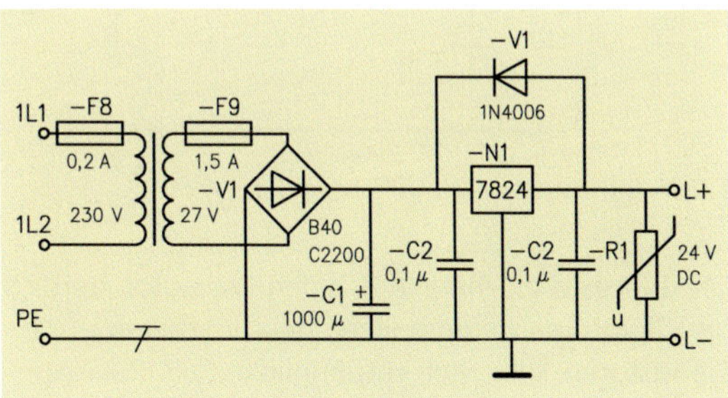

127.2 Schaltplan der Netzteil-Baugruppe

Funktionsbeschreibung. Der Steuertransformator der Netzteil-Baugruppe (Abb. 127.2) liefert eine Wechselspannung von 27 V, die mit dem Brückengleichrichter V1 gleichgerichtet und mit dem Ladekondensator C1 geglättet wird. Diese Spannung wird mithilfe des integrierten Spannungsreglers N1 auf 24 V DC konstant gehalten. Der Spannungsregler beinhaltet eine thermische Überlastsicherung und einen Kurzschlussschutz, sodass eine Absicherung des Ausgangs nicht notwendig ist. Die Kondensatoren C2 und C3 sollen ein Schwingen des Spannungsreglers verhindern. Die Diode V2 schützt den Spannungsregler N1 vor Fremdspannung am Ausgang, der VDR-Widerstand schützt vor Spannungsspitzen, die beim Schalten induktiver Verbraucher auftreten können.

Schutz gegen elektrischen Schlag

Als Schutzmaßnahme gegen elektrischen Schlag wurde für die 24-V-Stromkreise die Funktionskleinspannung mit sicherer Trennung PELV (**P**rotection **E**xtra **L**ow **V**oltage) gewählt, bei der die Kleinspannung geerdet werden kann. Die Erdung verringert die Gefahr von Störeinflüssen und erhöht somit die Betriebssicherheit der Abfüllstation. Die Schutzmaßnahme Schutzkleinspannung SELV (**S**afety **E**xtra **L**ow **V**oltage) darf nur erdfrei betrieben werden und ist für Anwendungen in besonders gefahrenträchtiger Umgebung vorgesehen. SELV ist für diese Anlage nicht geeignet.

Aufgaben:

1 *Welche Anforderungen muss der Steuertransformator der Netzteil-Baugruppe erfüllen?*

2 *Beschreiben Sie die Wirkungsweise der gewählten Schutzmaßnahme gegen Gefahren durch elektrischen Schlag!*

3 *Auf einem Bauteil der Netzteil-Baugruppe befindet sich die Bezeichnung B40 C 2200–1500. Beschreiben Sie die Bedeutung dieser Bezeichnung!*

4 *Für welche Spannung muss der Ladekondensator C1 der Netzteilbaugruppe mindestens bemessen sein?*

5 *Warum kann bei der Verwendung des Festspannungsreglers N1 auf eine Sicherung am Ausgang der Netzteil-Baugruppe verzichtet werden?*

6 *Beschreiben Sie das Verhalten eines VDR-Widerstandes beim Auftreten von Spannungsspitzen!*

7 *Wie kann man den Wechselspannungsanteil in der Ausgangsspannung der Netzteil-Baugruppe ermitteln?*

Steller für den Servomotor

Der Servomotor der Verschließeinrichtung ist ein Gleichstrommotor mit Dauermagneterregung (Abb. 128.1). Seine Betriebsspannung beträgt 24 V DC. Solche Servomotore können mit Relais oder mit Transistoren gesteuert werden. Durch die Dauermagneterregung haben Servomotoren nur die zwei Anschlüsse des Rotors. Diese müssen zur Drehrichtungsumkehr umgepolt werden.

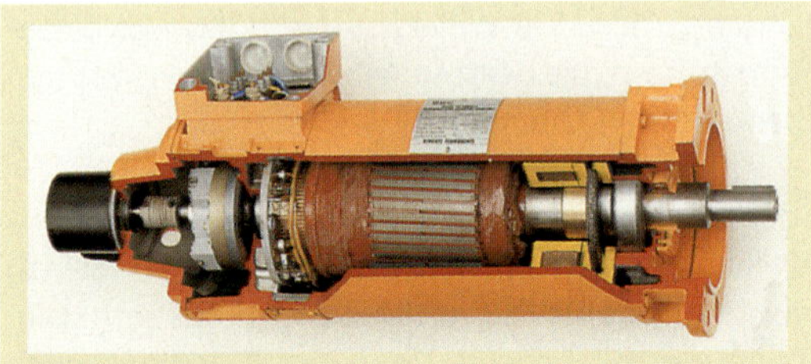

128.1 Servomotor der Verschließeinrichtung

Relaisschaltung

Relais sind elektromagnetische Schaltgeräte für kleine Leistungen und für Steuerungsaufgaben. Sie sind üblicherweise mit Wechslerkontaktfedern ausgerüstet, können aber auch Schließer und/oder Öffner enthalten.

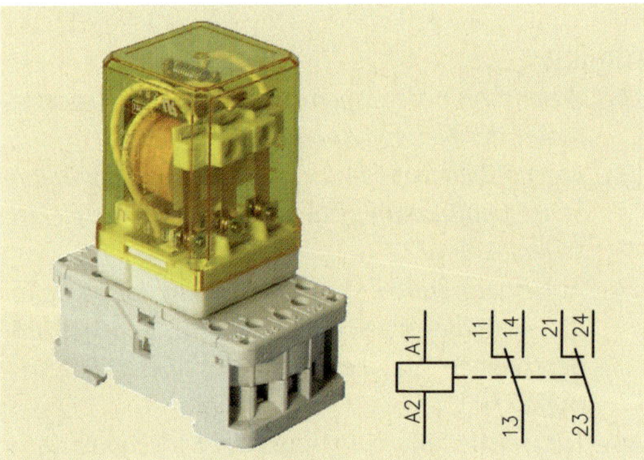

128.2 Relais

Für die Drehrichtungsumkehr-Steuerung des Servomotors benötigt man zwei Relais (Abb. 128.3). Eine Verriegelung der Relais ist bei dieser Drehrichtungsumkehrschaltung im Gegensatz zur Wendeschützschaltung des Transportbandes (Abb. 124.1) nicht erforderlich, da beim gleichzeitigen Anziehen der Relais K1 und K2 kein Kurzschluss entstehen kann. Die Relaiskontakte unterliegen beim Schalten des Servomotors einem Kontaktverschleiß, der durch parallel geschaltete RC-Glieder vermindert werden kann. Die Lebensdauer der Relais wird so verlängert. Die Freilaufdioden, die den Relaisspulen parallel geschaltet sind, schützen die Ansteuerschaltung vor induktiven Spannungsspitzen.

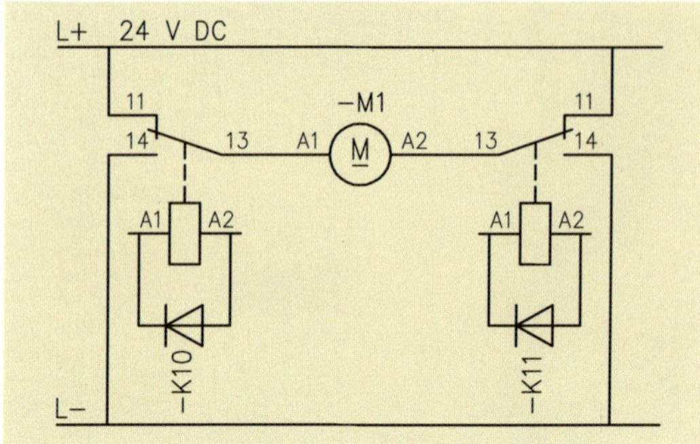

128.3 Motorstromkreis der Relaisschaltung

Transistorschaltung

Die Nachteile der Relaisschaltung, wie Kontaktverschleiß, geringe Schaltgeschwindigkeit und Schaltgeräusche, können mit einer Transistorschaltung vermieden werden (Abb. 128.4). Bei dieser Transistor-Brückenschaltung dürfen die Transistoren V1 und V3 sowie V2 und V4 nicht gleichzeitig angesteuert werden (Kurzschluss).

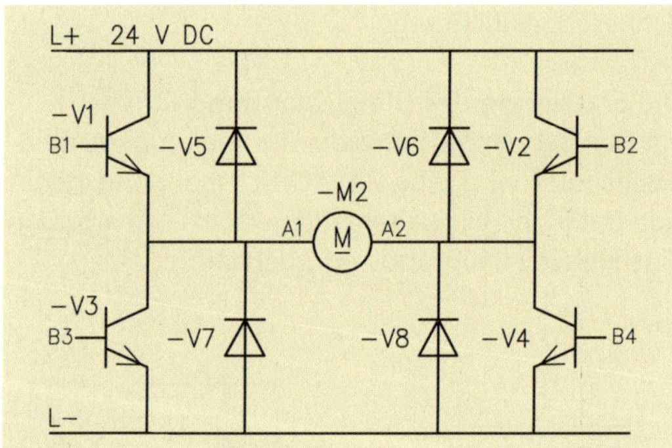

128.4 Transistorschaltung für den Servomotor

Die Transistoren müssen mit den Freilaufdioden V5 bis V8 vor Spannungsspitzen geschützt werden, da Transistoren sehr viel empfindlicher als Relaiskontakte sind und auch durch kurzzeitige Spannungsspitzen zerstört werden können. Ein ausreichender Schutz vor zu großen Stromstärken kann nur mit super- oder ultraflinken Sicherungen erreicht werden.

EXKURS Transistor als Schalter

Transistoren sind Sperrschicht-Halbleiterbauelemente, die aus drei abwechselnd angeordneten P- und N-Schichten bestehen. Sie werden als NPN- und PNP-Transistoren hergestellt. Die Schichtenfolge hat keinen Einfluss auf das prinzipielle Verhalten, sie bestimmt aber die Polarität der Spannungen U_{CE} und U_{BE}.

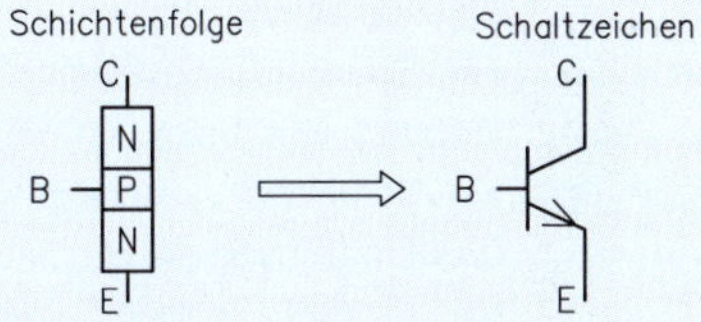

Funktionsprinzip:
Das Funktionsprinzip wird am Beispiel des Schaltverstärkers mit NPN-Transistor erläutert.

Schaltverstärker mit NPN-Transistor

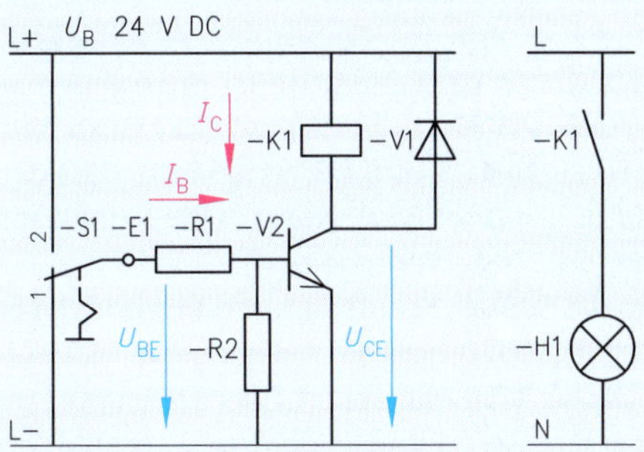

Nach dem Anlegen der Betriebsspannung U_b beträgt die Basis-Emitterspannung U_{BE} zunächst 0 V (Schalter S1 in Stellung 1) und der Basisstrom I_B ist 0 A. Die Spannung U_{RL} am Lastwiderstand R_L (hier K1) beträgt 0 V, der Verbraucher ist ausgeschaltet. Die PN-Schicht zwischen Basis und Emitter ist hochohmig, der Transistor sperrt. Der Kollektorstrom I_C beträgt praktisch 0 A. Der Transistor wird jetzt im Arbeitspunkt A_1 betrieben. In der Ausgangskennlinie ist zu erkennen, dass die Spannung $U_{CE} \approx U_b$ ist. Wird jetzt S1 in Stellung 2 geschaltet, liegt an der Basis die Spannung U_{BE} und es fließt der Basisstrom I_B = 10 mA. Die Schaltung wird jetzt im Arbeitspunkt A_2 betrieben. In der Ausgangskennlinie ist zu erkennen, dass die Spannung U_{CE} auf einen Wert unter 1 V abgesunken und der Kollektorstrom auf I_C = 100 mA angestiegen ist. Der Transistor ist niederohmig, er hat durchgeschaltet. Am Widerstand R_L liegt jetzt fast die volle Betriebsspannung U_b, das Relais K1 ist eingeschaltet.

Ausgangskennlinie

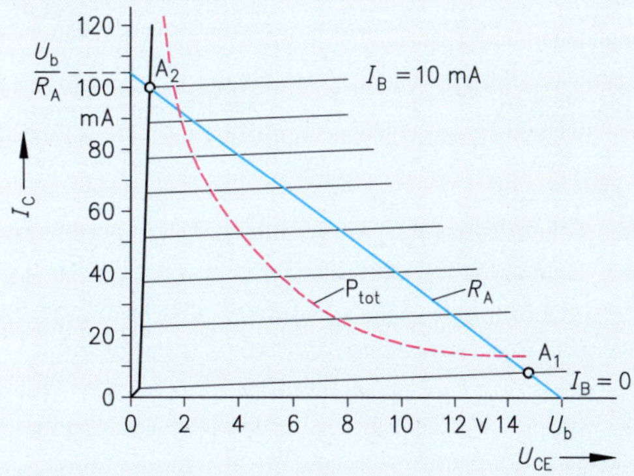

Das Verhältnis zwischen I_B und I_C wird als Stromverstärkung B bezeichnet.

$$B = \frac{I_C}{I_B}$$

B Stromverstärkung (ohne Einheit)
I_C Kollektorstrom in A
I_B Basisstrom in A

Im Schalterbetrieb wird der Transistor nur in den Arbeitspunkten A_1 (hochohmig) und A_2 (niederohmig) betrieben.
In der Schaltung mit NPN-Transisitor wird der Verbraucher zum L– geschaltet, während L+ ständig am Verbraucher anliegt. In der Steuerungstechnik muss häufig L+ zum Verbraucher geschaltet werden. Dieses wird erreicht, indem der Schaltverstärker mit einem PNP-Transistor aufgebaut wird.

Schaltverstärker mit PNP-Transistor

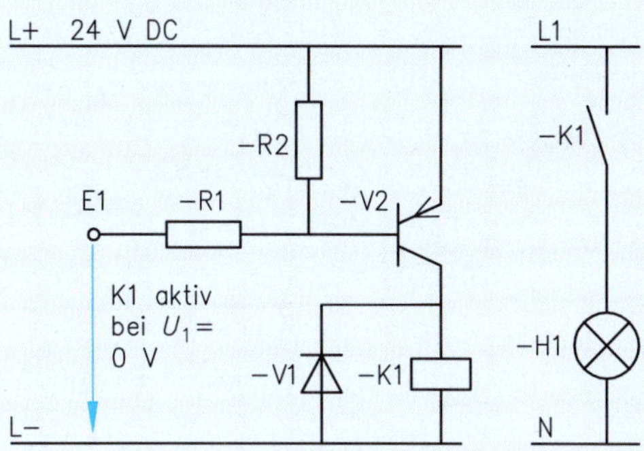

ÜBERBLICK **Schalt-Transistoren**

Bipolarer Transistor	MOS-Feldeffekttransistor IGFET	Insulate Gate bipolar Transistor IGBT
Schaltzeichen NPN-Transistor 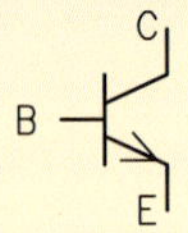	Schaltzeichen N-Kanal-IGFET Verarmungstyp 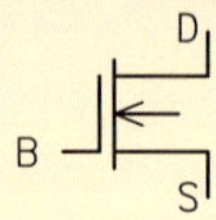	Schaltzeichen IGBT 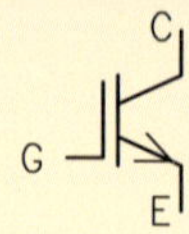
Eigenschaften: Der Kollektorstrom I_C kann durch den Basisstrom I_B und die Basis-Emitterspannung U_{BE} gesteuert werden. Zum Ansteuern wird die Steuerleistung $P = U_{BE} \cdot I_B$ benötigt. Ist $I_B = 0$, ist der Transistor zwischen Kollektor und Emitter hochohmig und $I_C = 0$ A.	Eigenschaften: Der Drainstrom I_D wird durch die Gate-Source-Spannung U_{DS} leistungslos gesteuert. Das Gate ist hochohmig ($I_G = 0$ A). Man unterscheidet Verarmungstyp (ohne Ansteuerung niederohmig) und Anreicherungstyp (mit Ansteuerung niederohmig).	Eigenschaften: Ein Spannungsgesteuerter MOS-Eingang wie beim MOS-FET und ein Verhalten zwischen Kollektor und Emitter wie ein bipolarer Transistor. IGBTs haben eine kleine Durchlassspannung und ermöglichen große Schaltgeschwindigkeiten. Eine Steuerleistung wird nicht benötigt.

Ansteuerlogik für die Transistorschaltung

Die Transistoren in der Brückenschaltung für den Servomotor werden als Schalter betrieben, das heißt, sie sind entweder ganz hochohmig (keine Ansteuerung = Low-Pegel an der Basis = logisch 0) oder ganz niederohmig (volle Ansteuerung = High-Pegel an der Basis = logisch 1). Die für die Ansteuerung erforderlichen High- und Low-Pegel können mit einer digitalen Logikschaltung erzeugt werden. Die Abb. 130.1 zeigt die logischen Verknüpfungen für die Ansteuerung der Transistoren V1 bis V4 (Basisanschlüsse B1 bis B4).

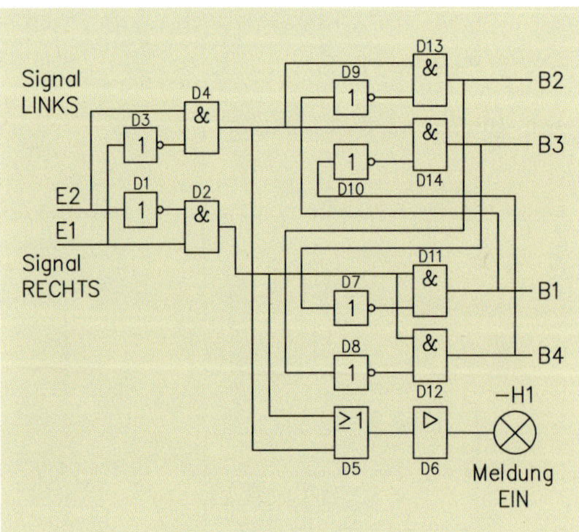

130.1 Ansteuerlogik für den Servomotor

Funktionsbeschreibung:

Der Servomotor des Teilsystems Verschließeinrichtung wird von der Gesamtsteuerung mit den Signalen „Rechts" (E1) oder „Links" (E2) gestartet. Die NICHT-Glieder D1 und D3 verhindern, dass der Servomotor gestartet wird, wenn beide Signale logisch 1 sind (vgl. Tasterverriegelung).

Wenn das Signal „Rechts" logisch 1 ist und das Signal „Links" logisch 0, liegt am Ausgang von D2 ein 1-Signal. Dieses 1-Signal steuert über D11 und D12 die Basisanschlüsse B1 und B4 der Transistoren V1 und V4 nur an, wenn die Ausgänge von D13 und D14 ein 0-Signal ausgeben. Diese Verriegelung wird durch die NICHT-Glieder D7 und D8 erreicht (vgl. Schützverriegelung). Die Transistoren V1 und V4 steuern durch, und der Servomotor läuft im Rechtslauf.

Um den Servomotor in den Linkslauf zu steuern, müssen die Ausgänge von D11 und D12 ein 0-Signal führen. Wird jetzt das Signal „Links" logisch 1, liegt an den Eingängen der UND-Glieder D13 und D14 ein 1-Signal. Die Ausgänge liefern ebenfalls ein 1-Signal, dass die Basisanschlüsse B2 und B3 der Transistoren V2 und V3 ansteuert. Die Transistoren V2 und V3 steuern durch, und der Servomotor läuft im Linkslauf.

Sowie eines der Signale „Rechts" oder „Links" ein 1-Signal führt, liefert der Ausgang des ODER-Gliedes D5 ein 1-Signal, das über den Treiberbaustein D6 den Leuchtmelder H1 ansteuert. Der Leuchtmelder H1 signalisiert, dass der Servomotor der Verschließeinrichtung angesteuert wird.

ÜBERBLICK Logische Grundverknüpfungen

Funktion	Schaltzeichen DIN	Schaltzeichen ASA	Funktionstabelle	Gleichung	Kontaktschaltung
NICHT INVERTER Negation	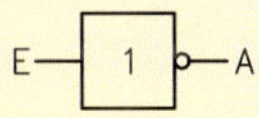	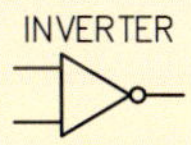	E A 0 1 1 0	$A = E$ $A = \neg E$	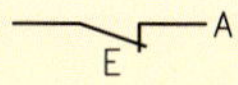
UND AND Konjunktion	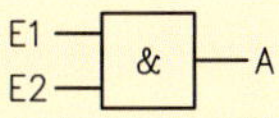	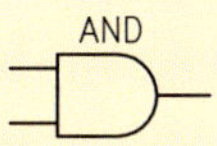	E2 E1 A 0 0 0 0 1 0 1 0 0 1 1 1	$A = E1 \wedge E2$	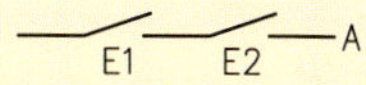
ODER OR Disjunktion	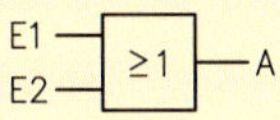	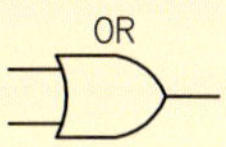	E2 E1 A 0 0 0 0 1 1 1 0 1 1 1 1	$A = E1 \vee E2$	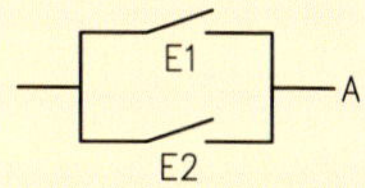
NAND Not-AND Nicht-Und	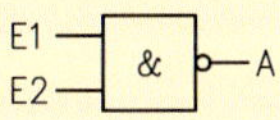	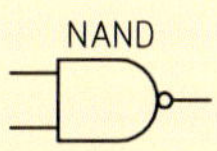	E2 E1 A 0 0 1 0 1 1 1 0 1 1 1 0	$A = E1 \wedge E2$ $A = \overline{E1 \wedge E2}$ $A = \overline{E1} \vee \overline{E2}$	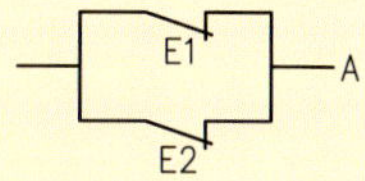
NOR Not-OR Nicht-Oder	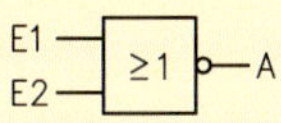	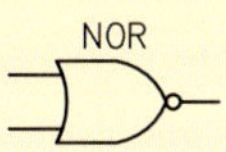	E2 E1 A 0 0 1 0 1 0 1 0 0 1 1 0	$A = E1 \mathbin{\overline{\vee}} E2$ $A = \overline{E1 \vee E2}$ $A = \overline{E1} \wedge \overline{E2}$	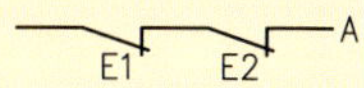
EX-NOR Exklusiv-NOR Äquivalenz	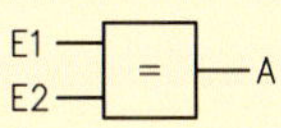	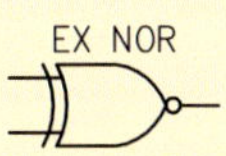	E2 E1 A 0 0 1 0 1 0 1 0 0 1 1 1	$A = E1 \leftrightarrow E2$ $A = (E1 \wedge E2)$ $\vee\ (\overline{E1} \wedge \overline{E2})$	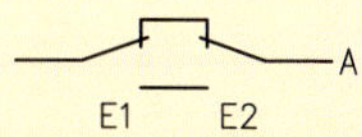
EX-OR Exklusiv-Oder Antivalenz	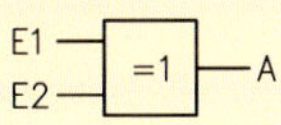	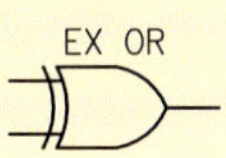	E2 E1 A 0 0 0 0 1 1 1 0 1 1 1 0	$A = E1 \not\leftrightarrow E2$ $A = (\overline{E1} \wedge E2)$ $\wedge\ (E1 \wedge \overline{E2})$	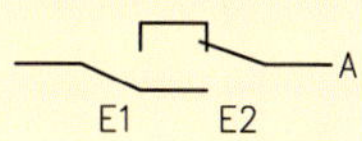

Aufgaben

1 *Beschreiben Sie den Unterschied zwischen Schützen und Relais!*

2 *Beim Ausschalten von Relaisspulen entstehen induktive Spannungsspitzen. Wie können empfindliche Bauteile vor diesen Spannungsspitzen geschützt werden?*

3 *Beschreiben Sie den Unterschied zwischen bipolaren Transistoren und Feldeffekttransistoren hinsichtlich der Ansteuerung!*

4 *Wie müssen Transistoren im Schalterbetrieb angesteuert werden?*

5 *Nennen Sie die Beschreibungsmöglichkeiten von logischen Verknüpfungen!*

6 *Worin liegt der Unterschied zwischen einer logischen ODER- und einer EX-OR-Verknüpfung?*

7 *Entwerfen und zeichnen Sie eine logische Schaltung, die zusätzlich zur Anzeige H1 in Abb. 130.1 auch die jeweilige Drehrichtung des Servomotors anzeigt!*

4.3 Pneumatische Steuerungstechnik

Zum Aufdrehen der Verschlusskappen muss der Servomotor abgesenkt werden. Diese Bewegung lässt sich sehr gut mit einem Pneumatikzylinder realisieren (Abb. 127.1). Bei der pneumatischen Steuerungstechnik überträgt Druckluft die Signale und betätigt die Arbeitselemente. Die pneumatische Steuerungstechnik hat gegenüber der elektrischen Vor- und Nachteile:
Vorteile:
- Keine Funkenbildung beim Betrieb (Explosionssicherheit)
- Einfache Realisierung linearer Bewegungen mit Zylindern
- Erzeugung großer Kräfte

Nachteile:
- Aufbau einer Druckluftversorgung mit mindestens 5 bar und maximal 10 bar
- Starke Geräuschentwicklung
- Geschwindigkeiten sind schwierig einzustellen und belastungsabhängig
- Geringe Schaltgeschwindigkeit

Die pneumatische Steuerungeinrichtung besteht aus Energieteil, Wartungsteil (Wartungseinheit), Signal- und Steuerteil (Wegeventile) und Arbeitsteil (Zylinder). Der Energieteil umfasst die Druckluftversorgung und muss beim Betreiber der Abfüllstation vorhanden sein. Diese Druckluftversorgung wird an die Wartungseinheit der Abfüllstation angeschlossen (Abb. 132.1).

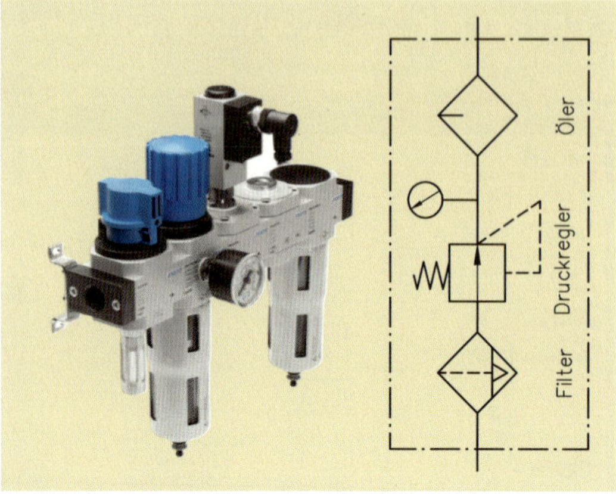

132.1 Wartungseinheit

4.3.1 Die Wartungseinheit

Mit der Druckluft, die einer Druckluftversorgung entnommen wird, kann eine pneumatische Anlage nicht betriebssicher arbeiten. Ihr Druck ist nicht konstant genug und sie enthält Staub- und Rostteilchen sowie Wasseranteile. Diese Teile müssen herausgefiltert werden. **Druckluftfilter** mit einem **Wasserabscheider** (Kondensatabscheider) übernehmen diese Aufgabe. Die Staub- und Wasserteilchen sammeln sich unten im Filtergehäuse. Der Filtereinsatz fängt die kleineren Staubteile aus. Der Wasserabscheider muss regelmäßig entleert und der Filtereinsatz erneuert werden.

ÜBERBLICK Bildzeichen und Kennzeichnung von fluidtechnischen Bauteilen

Bildzeichen	Benennung	Kennzeichen	Beispiel
	Pumpe	P	Kompressor zur Drucklufterzeugung (Hydraulikpumpe)
	Motor	M	Pneumatikmotor (Hydromotor)
	Antrieb	A	Schwenkantrieb (Arbeitszylinder)
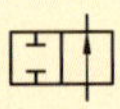	Ventil	V	Wegeventil (2/2-Wegeventil, Druckbegrenzungsventil)
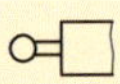	Signalgeber	S	Endschalter (Sensor, Druckschalter)
–	frei	Z	für andere, nicht festgelegte Bauteile
—	Leitung	P = Druckversorgung; T = Rücklauf, L = Leckagenleitung (nur Hydraulik)	

Aufbau der Kennzeichnung:

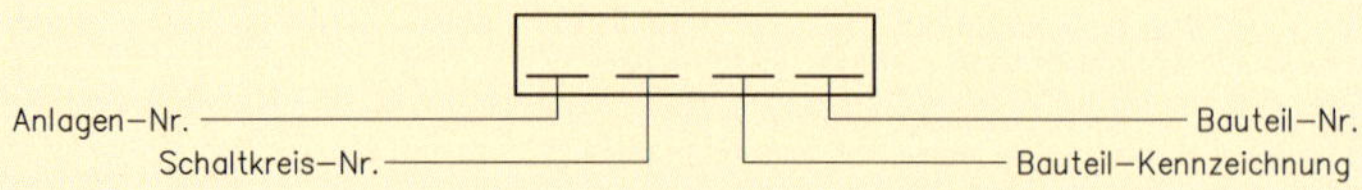

EXKURS

Druckluftversorgungsanlage (Energieteil)

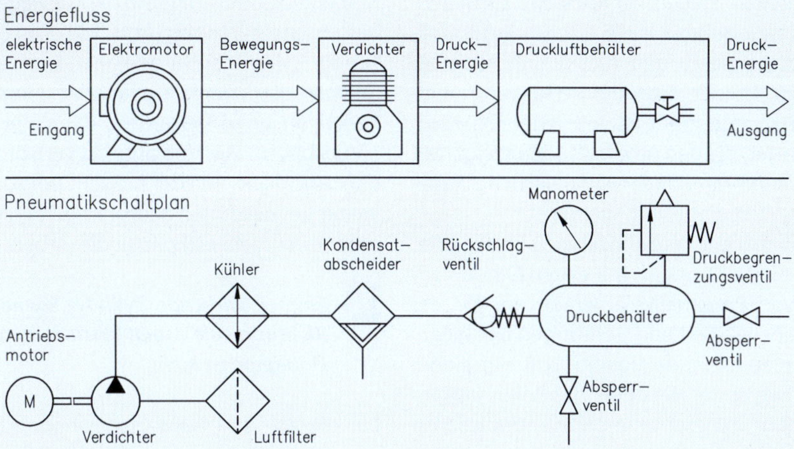

Pneumatische Anlagen stellen hauptsächlich drei Anforderungen an die Druckluft:

- Frei von Staub- und Fremdkörpern
- Trockenheit (frei von Wasserteilchen)
- Gleichbleibender Druck

Um diese Anforderung zu erfüllen muss, die Druckluft nicht nur verdichtet, sondern anschließend noch gekühlt, gefiltert und großvolumig gespeichert sowie getrocknet werden.

Druckluftverdichter (Kompressor)

Es gibt verschiedene Verdichterbauarten. Für die Auswahl des Verdichters sind im Wesentlichen die Menge und der Druck ausschlaggebend. Für die meisten Anwendungsfälle werden **Hubkolbenverdichter** verwendet. Sie sind robust und können einen großen Druck erzeugen. Außerdem werden noch Vielzellen-Rotationsverdichter und Membranverdichter eingesetzt. **Vielzellen-Rotationsverdichter** sind kleiner und können die Luft gleichmäßiger fördern als Hubkolbenverdichter. **Membranverdichter** werden in der Chemie- und Lebensmittelindustrie eingesetzt, weil sie sehr saubere Druckluft erzeugen können.

Kühler und Trockner

Bei der Erzeugung der Druckluft wird die mechanische Energie im Verdichter in Druck und Wärme umgewandelt, als Folge davon steigt die Temperatur der Druckluft an. Mit der Erwärmung steigt auch das Wasseraufnahmevermögen der Luft.

Die Luft wird mit einer relativen Luftfeuchtigkeit von 50 % bis 90 % angesaugt und verdichtet. Auf Grund der Erwärmung fällt im Verdichter kein Wasser an. Bei der Abkühlung der Druckluft im Speicher und im Rohrleitungssystem fällt jedoch Wasser (Kondensat) an, das die Betriebssicherheit von pneumatischen Bauelementen stark beeinträchtigen würde. Zum Trocknen der Luft werden Kältetrockner und Adsorptionstrockner eingesetzt.

Kältetrockner setzen die Temperatur der Druckluft auf etwa 0 °C herab. Bei dieser Temperatur nimmt die Luft kaum Wasser auf, sodass die Wasserteilchen mit kondensierten Öldampfteilchen ausgeschieden werden können. Anschließend wird die Druckluft wieder auf Raumtemperatur erwärmt. Sie hat dann nur noch eine relative Feuchte von etwa 20 %.

Adsorptionstrockner entziehen der Druckluft die Feuchtigkeit mit Hilfe von Trocknungsmitteln, die regelmäßig ersetzt werden müssen (etwa alle zwei Jahre). Man erreicht sehr trockene Druckluft, mit Taupunkten bis –100° C. Die Adsorptionstrocknung wird bevorzugt eingesetzt, wenn die Druckluft über außen liegende Leitungen bei Frost geführt werden muss. Das Trocknungsmittel muss mit einem vorgeschalteten Ölabscheider geschützt werden.

Druckluftverteilung

Druckluftnetze werden als Ring- oder Verbundleitungen aufgebaut. Die Rohrdurchmesser sollen möglichst groß sein, um einen Druckabfall zu vermeiden (< 0,1 bar). Die Rohrleitungen sind mit 1 % bis 2 % Gefälle zu verlegen und sollen an der tiefsten Stelle einen Kondensatableiter haben.

Das **Druckregelventil** (Druckminderer) in der Wartungseinheit hat die Aufgabe, den Arbeitsdruck in der pneumatischen Steuerung konstant zu halten. Es regelt einen zu hohen Druck auf den erforderlichen Arbeitsdruck herab und hält diesen auch bei Schwankungen in der Druckluftversorgung konstant. Das Druckregelventil ist mit einer Druckanzeige ausgestattet, die den Arbeitsdruck anzeigt. Mit einer Stellschraube kann dieser Arbeitsdruck auf den erforderlichen Wert eingestellt werden.
Ein weiteres Bauteil der Wartungseinheit ist der **Öler**. Der Öler reichert die Druckluft mit einem Ölnebel zur Schmierung von Pneumatikelementen an. Da der Ölnebel die feinen Düsen und Bohrungen der Wegeventile verstopfen kann, darf geölte Luft nur eingesetzt werden, wenn der Hersteller der Pneumatikanlage dies verlangt. In bestimmten Anwendungsfällen (z. B. Lebensmittelindustrie) darf geölte Luft nicht eingesetzt werden! Aus diesen Gründen sind Wartungseinheiten nicht immer mit einem Öler ausgerüstet.

4.3.2 Die pneumatische Steuerung

Die Steuerung der Druckluft zu den Arbeitsgliedern übernehmen Wegeventile. Sie werden im Pneumatikschaltplan im unbetätigten Zustand (Ruhestellung) dargestellt. Die Auswahl der Wegeventile wird durch die Art der Arbeitsglieder (Zylinder) und die Art der Ansteuerung bestimmt.

Zylinder Arbeitsglieder

Zylinder führen durch Wandlung pneumatischer Energie in mechanische Energie eine geradlinige Bewegung aus.

$$F = p_e \cdot A_K$$

F Kraftwirkung des Kolbens in N
p_e Druck der Druckluft in Pa (1 Pa = 1 N/m²)
A_K Wirksame Kolbenfläche in m²

Umrechnung:

1 bar = 10 N / cm²
10 bar = 1 MPa
1 bar = 0,0689 psi

Einfach wirkende Zylinder haben nur einen Zuluftanschluss, sie werden einseitig mit Druckluft beaufschlagt und können daher nur in einer Richtung Arbeit verrichten. Beim Aufschalten der Druckluft fährt der Kolben immer bis zu seiner Endstellung aus. Nach Abschalten der Druckluftzufuhr fährt die eingebaute Kolbenfeder den Kolben in die Ruhelage zurück. In der Verschließeinrichtung (Abb. 132.1) ist ein einfach wirkender Zylinder nicht geeignet, weil zum Heben des Servomotors ebenfalls eine Kraft erforderlich ist. Die Federkraft ist so bemessen, das sie nur den Kolben zurückbringt. Die Hublänge ist verhältnismäßig kurz, denn die Rückstellfeder braucht um so mehr Kraft, je weiter sie zusammen gedrückt werden muss. Es bleibt immer weniger Restkraft für den Arbeitsprozess übrig.

Einfach wirkende Zylinder können nur in einer Richtung eine Arbeit verrichten, die erreichbare Hublänge ist klein.

Für die Ab- und Aufwärtsbewegung des Servomotors muss ein doppelt wirkender Zylinder eingebaut werden.
Doppelt wirkende Zylinder haben Anschlüsse zum Aus- und Einfahren. Strömt Druckluft durch den Anschluss A, wird der Kolben nur ausfahren können, wenn die Luft aus dem Kolbenstangenraum über den Anschluss B entweichen kann. Die Endstellung erfasst der Sensor B11 und startet den Verschlussvorgang mit dem Servomotor (Abb. 127.1). Zum Einfahren des Kolbens muss der Anschluss B mit Druckluft beaufschlagt werden, und die Luft aus dem Kolben muss über den Anschluss A entweichen können. Somit kann beim Vor- und Rücklauf die notwendige Kraft erzeugt werden.

Doppelt wirkende Zylinder können in beiden Richtungen eine Arbeit verrichten, die erreichbare Hublänge ist nicht begrenzt.

ÜBERBLICK Pneumatikzylinder

Einfach wirkend	Doppelt wirkend
Bildzeichen: 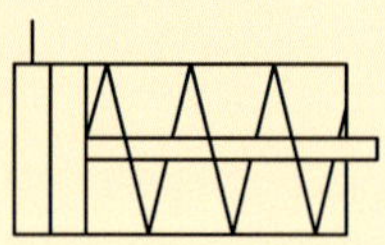	Bildzeichen: 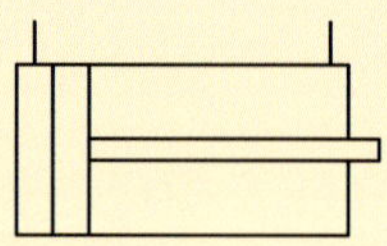
Kraftwirkung nur in einer Richtung, Hublänge begrenzt (etwa 200 mm)	Kraftwirkung in beiden Richtungen, Hublänge unbegrenzt
Anwendung: Heben, Spannen, Auswerfen, Stempeln u. Ä.	Anwendung: Heben und Senken, Verschieben, Öffnen und Schließen u. Ä.

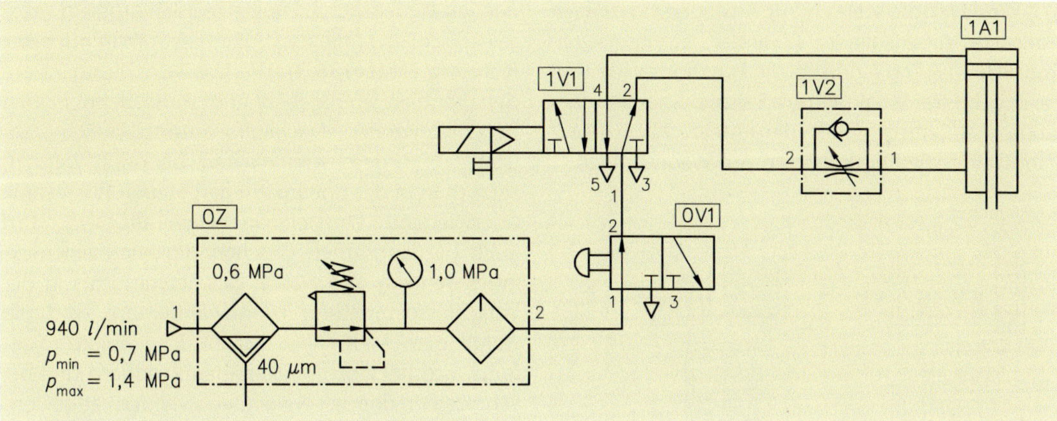

135.1 Pneumatikschaltplan der Verschlusseinrichtung

Wegeventil-Stellglieder

In der Verschließeinrichtung der Abfüllstation wird zum Senken und Heben des Servomotors ein doppelt wirkender Zylinder mit einem elektromagnetisch angesteuerten 5/2-Wegeventil eingesetzt (Abb. 135.1). Die Rückstellung des 5/2-Wegeventils erfolgt mit Federkraft. Solche Wegeventile werden auch als Magnetventile bezeichnet. Um bei Ausfall der elektrischen Energie die Zylinder noch steuern zu können, sind elektromagnetisch betätigte Wegeventile noch mit einer Handhilfsbetätigung ausgestattet.

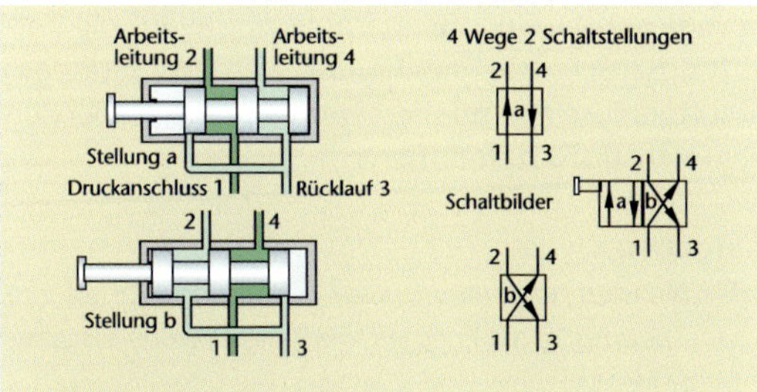

Anschlussbezeichnungen:

Druckluftzufuhr	1 oder P
Arbeits-/Zylinderzuleitungen	4; 2 oder A; B
Entlüftungen/Auslasse	5; 3 oder R; S
Steuerleitungen	14; 12 oder Z; Y

135.2 Darstellung von Wegeventilen

4/2- und 5/2-Wegeventile unterscheiden sich nur durch die Art der Entlüftungsanschlüsse. Beim 4/2-Wegeventil werden die beiden Arbeitsanschlüsse A und B des Zylinders über den gemeinsamen Auslass R entlüftet. Das 5/2-Wegeventil hat für jeden Arbeitsanschluss des Zylinders einen eigenen Entlüftungsanschluss (Abb. 135.3). Aus diesem Grund werden doppelt wirkende Zylinder meistens mit 5/2-Wegeventilen gesteuert. Das Abb. 135.4 zeigt das Funktionsprinzip und den Schaltplan eines doppelt wirkenden Zylinders mit einem 5/2-Wegeventil.

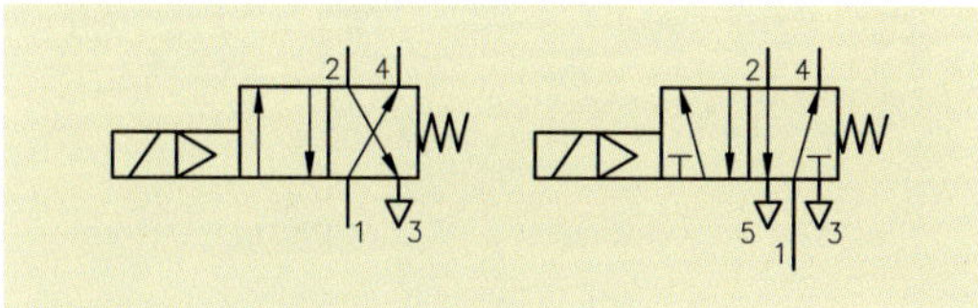

135.3 4/2- und 5/2-Wegeventil

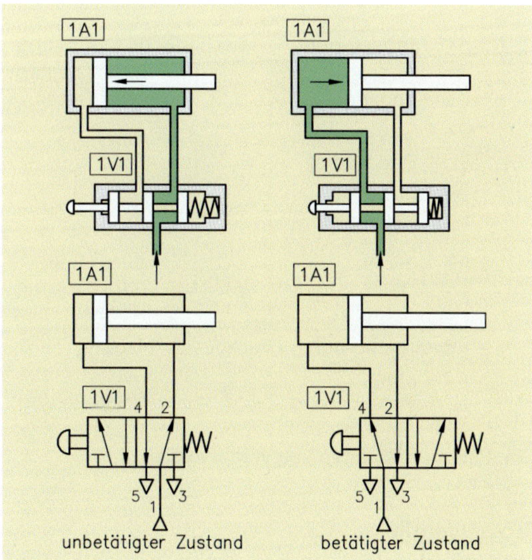

135.4 Handbetätigtes 5/2-Wegeventil mit doppelt wirkendem Zylinder

3/2-Wegeventile werden zur Ansteuerung einfach wirkender Arbeitsglieder (Zylinder) eingesetzt. In Abb. 136.1 sind die prinzipielle Funktionsweise und der zugehörige Schaltplan am Beispiel eines handbetätigten 3/2-Wegeventils dargestellt. Abb. 136.2 zeigt weitere Betätigungsarten von Wegeventilen.

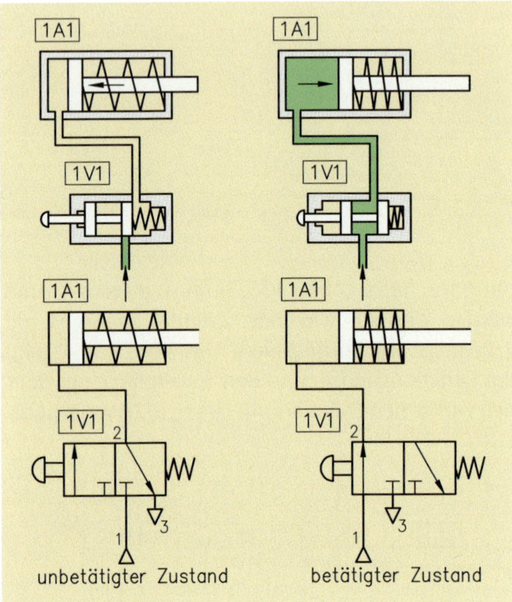

136.1 Handbetätigtes 3/2-Wegeventil mit einfach wirkendem Zylinder

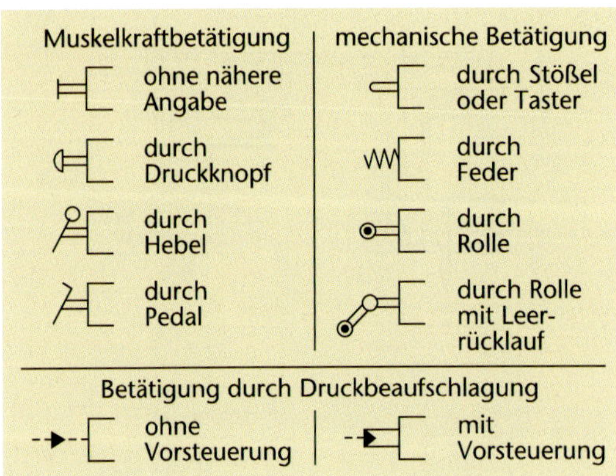

136.2 Betätigungsarten von Wegeventilen

Drosselventile

Mit Drosselventilen und Drosselrückschlagventilen kann der Volumenstrom und damit die Ein- und Ausfahrgeschwindigkeit der Zylinder eingestellt werden. Im Gegensatz zu Drosselventilen drosseln Drosselrückschlagventile den Volumenstrom in nur einer Richtung (Abb. 136.3). Die Drosselrichtung ist auf den Ventilen angegeben und muss beim Einbau beachtet werden. Da häufig unterschiedliche Ein- und Ausfahrgeschwindigkeiten benötigt werden, setzt man in der pneumatischen Steuerungstechnik überwiegend Drosselrückschlagventile ein. Um auch bei langsamen Geschwindigkeiten ein ruckfreies Senken- und Heben des Servomotors in der Verschlusseinrichtung zu gewährleisten, wird die Abluft gedrosselt (Abb. 135.1). Eine Zuluftdrosselung wird bei einfach wirkenden Zylindern und bei sehr kleinen doppelt wirkenden Zylindern angewendet.

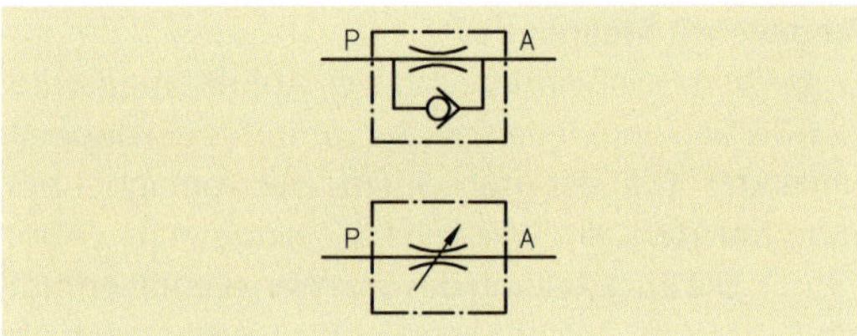

136.3 Drosselrückschlag- und Stromregelventil

Geräuschdämpfung

Der Geräuschpegel von pneumatischen Anlagen wird hauptsächlich durch die Abluftgeräusche bestimmt. Mit Geräuschdämpfern, die auf die Entlüftungsanschlüsse geschraubt werden, kann das Abluftgeräusch vermindert werden, ohne dabei den Volumenstrom zu reduzieren.

Aufgaben

1. *Nennen und begründen Sie einen Vorteil der Pneumatik als Energieträger gegenüber der Elektrik!*
2. *Aus welchen Teilen ist der Energieteil (Drucklufterzeugung) einer Pneumatikanlage aufgebaut?*
3. *Welche Aufgaben haben die einzelnen Komponenten der Wartungseinheit?*
4. *Beschreiben Sie den Unterschied zwischen einfach und doppelt wirkenden Arbeitsgliedern!*
5. *Erläutern Sie die Bezeichnung 3/2-Wegeventil!*
6. *Nennen Sie typische Anwendungsfälle von 3/2-Wegeventilen!*
7. *Für welche Arbeitsglieder müssen 4/2-Wegeventile eingesetzt werden?*
8. *Beschreiben Sie den Unterschied zwischen 4/2-Wegeventilen und 5/2-Wegeventilen!*

ÜBERBLICK Pneumatik-Ventile

3/2-Wegeventil magnetbetätigt	5/2-Wegeventil magnetbetätigt	5/3-Wegeventil magnetbetätigt	Drosselrück-schlagventil	Wechselventil	Zweidruckventil
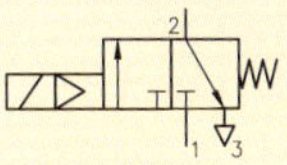	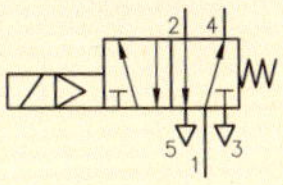	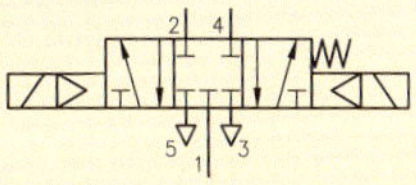	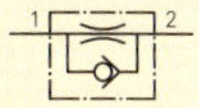	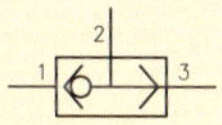	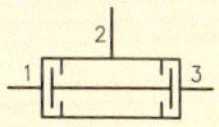
Elektromagnetisch betätigtes Ventil zur Ansteuerung einfach wirkender Zylinder. (Federrückstellung)	Elektromagnetisch betätigtes Ventil zur Ansteuerung doppelt wirkender Zylinder. (Federrückstellung)	Elektromagnetisch betätigtes Ventil mit gesperrter Ruhestellung in der Mitte. (Federzentriert)	Ein Drosselrückschlagventil drosselt den Luftstrom in einer Richtung. (Geschwindigkeitseinstellung)	Das Wechselventil stellt eine logische ODER-Verknüpfung dar. $E1 \vee E2 = A$	Das Zweidruckventil stellt eine logische UND-Verknüpfung dar. $E1 \wedge E2 = A$

4.3.3 Bewegungsdiagramm

Das Zusammenspiel aller Komponenten des Teilsystems Verschließeinrichtung kann in einem Bewegungsdiagramm sehr übersichtlich dargestellt werden (Abb. 137.1).

Funktionsbeschreibung:

Wenn ein Behälter die Position erreicht, löst der Positionsschalter S11 den Senkvorgang aus, und der Zylinder 1A fährt aus. Erreicht der Zylinder die untere Endstellung, startet der Sensor B11 den Verschließvorgang mit dem Servomotor M2. Ist der Behälter verschlossen, fährt der Zylinder 1A wieder ein, und der Vorgang kann von neuem beginnen. Im Bewegungsdiagramm erkennt man, dass zwischen den einzelnen Arbeitsvorgängen keine Schaltpausen eingefügt worden sind, dies könnte zu Überschneidungen und damit zu Störungen im Ablauf führen.

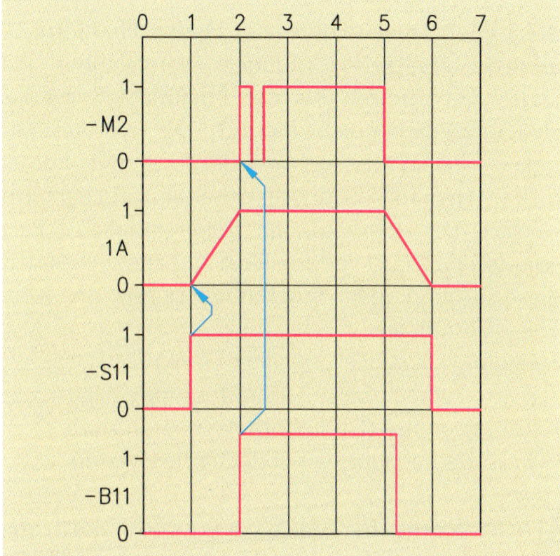

137.1 Bewegungsdiagramm (ohne Schaltpausen)

4.3.4 Überprüfung der Hubkraft

Vor einem Wechsel des Verschließwerkzeuges soll überprüft werden, ob die Kraftwirkung des Zylinders 1A auch für das neue Werkzeug ausreichend ist. Dazu müssen der Arbeitsdruck und die Kolbenfläche bekannt sein.

$F = p_e \cdot A_K \Rightarrow F = 6 \cdot 10^5 \text{ Pa} \cdot 3{,}14 \cdot 10^{-4} \text{ m}^2$
$\mathbf{F = 188{,}4\ N}$

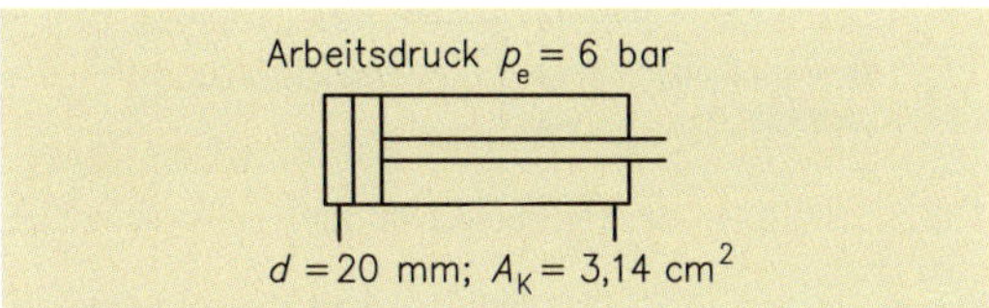

137.2 Technische Daten

Aufgaben

1 *Das Bewegungsdiagramm in Abb. 137.1 beinhaltet keine Schaltpausen, auch ist das Wegeventil nicht dargestellt. Zeichnen Sie das vollständige Bewegungsdiagramm der Verschließeinrichtung entsprechend der Schaltung in Abb. 135.1 und fügen Sie sinnvolle Schaltpausen ein!*

2 *Ein doppelt wirkender Pneumatikzylinder hat die folgenden Abmessungen:*
Kolbendurchmesser d = 35 mm
Kolbenstangendurchmesser d_S = 10 mm
Der Zylinder wird mit einem Arbeitsdruck von 8 bar betrieben.
Berechnen Sie die Kraft beim Ausfahren und die Kraft beim Einfahren des Zylinders!

4.4 Elektro-hydraulische Scherenhebebühne

138.1 Elektro-hydraulische Scherenhebebühne

An der Steuerung für die Scherenhebebühne für Kraftfahrzeuge im Abb. 138.1 werden die Gemeinsamkeiten und die Unterschiede zur Pneumatik deutlich. Da hydraulische Anlagen nach ähnlichen Prinzipien wie pneumatische Anlagen arbeiten, werden sie unter dem Oberbegriff **Fluidtechnik** zusammengefasst. Trotz vieler Gemeinsamkeiten gibt es jedoch auch gravierende Unterschiede. Pneumatische Anlagen können keine großen Kräfte entwickeln. Flüssigkeiten sind aber nahezu inkompressibel und können ohne nennenswerte Volumenänderung in hydraulischen Anlagen sehr große Drücke übertragen.

4.4.1 Energieversorgung der Hydraulikanlage

Zentrale Energieversorgungen, vergleichbar mit Druckluftrohrnetzen bei der Pneumatik, sind bei Hydraulikanlagen nicht möglich. Die Hydraulikflüssigkeit wird im Kreislauf gefördert und muss immer in den Hydraulikflüssigkeitsbehälter zurückgeführt werden. Die Rohrleitungen sollen möglichst kurz sein, um die Druckverluste klein zu halten. Die Energieversorgung der Scherenhebebühne in Abb. 138.2 besteht aus:

- Hydraulikflüssigkeitsbehälter (Tank)
- Hydropumpe (meist Zahnradpumpe)
- Antriebsmotor (Drehstrom-Asynchronmotor)
- Druckbegrenzungsventil (Sicherheitsventil)

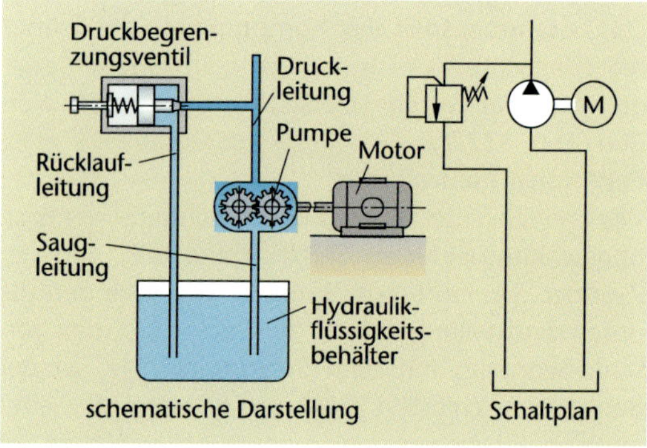

138.2 Energieversorgung der Hydraulikanlage

In jedem Hydrauliksystem muss nach der Hydropumpe ein Druckbegrenzungsventil eingebaut und auf den maximal zulässigen Druck eingestellt werden, um Beschädigungen und Unfälle durch Drucküberlastung zu vermeiden.

4.4.2 Die hydraulische Steuerung

Als Arbeitselemente sind in der Scherenhebebühne zwei doppelt wirkende Zylinder eingesetzt. Sie müssen gleichzeitig und ruckfrei aus- und einfahren, auch bei ungleichmäßig verteiltem Gewicht. Zum einwandfreien und ruckfreien Fahren der Hydraulikzylinder ist es bei der Inbetriebnahme einer Hydraulikanlage erforderlich, die in den Rohrleitungen mitgeführte Luft zu beseitigen (entlüften). Die Luft sammelt sich am höchsten Punkt des Rohrleitungssystems, dort muss der Entlüftungsanschluss eingebaut sein. Zum Entlüften ist so lange Hydraulikflüssigkeit abzulassen, bis es schaum- und blasenfrei austritt.

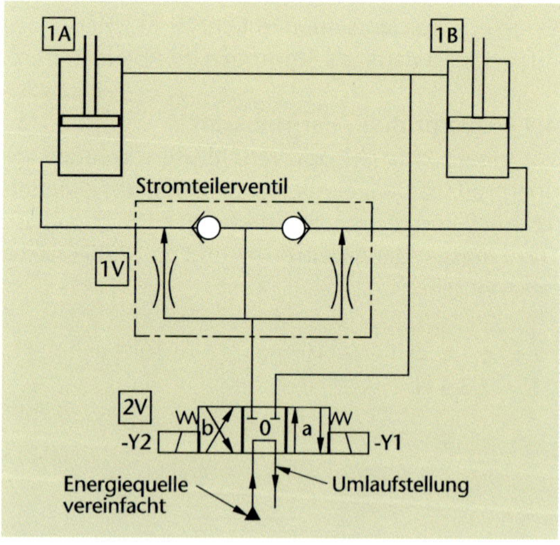

138.3 Schaltplan der Hydraulikzylinder

Die austretende Hydraulikflüssigkeit muss aufgefangen werden und darf nicht in die Umwelt gelangen.

Direkte oder indirekte Steuerung

Die Bildzeichen für Zylinder und Wegeventile im Schaltplan der hydraulischen Steuerung in Abb. 138.3 entsprechen den Bildzeichen in Pneumatikschaltplänen. In Hydraulikschaltplänen werden zusätzlich die Rücklaufleitungen eingezeichnet.

Für das gleichzeitige Aus- und Einfahren sorgt bei der Scherenhebebühne ein Stromverteilerventil, das den Flüssigkeitsstrom in zwei gleiche Teile teilt. Das 4/3-Wegeventil erfüllt die drei Anforderungen an die Zylinder:

- Druckaufbau (Hebebühne heben)
- Druck halten (Hebebühne oben halten)
- Druckabbau (Hebebühne senken)

Zur Steuerung der Zylinder wird ein 4/3-Wegeventil eingesetzt, das elektromagnetisch betätigt wird und eine federzentrierte Umlaufstellung hat.

Die Umlaufstellung spart Energie, da die Pumpe nicht Druck aufbaut bis das Druckbegrenzungsventil öffnet, sondern direkt in den Tank fördert.

Die Schaltstellung a bewirkt den gedrosselten Druckaufbau zum Heben, die Sperrstellung 0 entspricht der Druckhaltephase, in Schaltstellung b kommt es zum ungedrosselten schnellen Absenken der Hebebühne.

Betätigung des 4/3-Wegeventils

Abb. 139.1 zeigt die direkte und indirekte Steuerung von Magnetventilen. Die einfachste Betätigung von Magnetventilen ist die direkte Steuerung, bei der die elektrischen Schaltelemente direkt die Magnetspulen der Wegeventile an die Steuerspannung legen. Die Schaltelemente müssen hierbei die volle Stromstärke der Magnetspulen schalten. Verlustärmer und mit geringerem Kontaktverschleiß lassen sich gerade große Stromstärken mit der indirekten Steuerung schalten, bei der die Schaltelemente nur den kleinen Steuerstrom der Relais schalten müssen, während die Magnetspulen über die Kontakte der Relais geschaltet werden. Abb. 139.2 zeigt den elektrischen Schaltplan der Steuerung für die Scherenhebebühne. Das 4/3-Wegeventil der Scherenhebebühne wird über Federkraft in die Nullstellung zurückgestellt. Für ein kontinuierliches Heben mit Taster S2 und Senken mit Taster S3 der Hebebühne sorgen die Selbsthaltungen der Relais K1 und K2. Der jeweilige Arbeitsvorgang kann mit dem Austaster S1 gestoppt werden. Die Endschalter S4 (oben) und S5 (unten) schalten am Ende des jeweiligen Arbeitsvorganges das 4/3-Wegeventil in die Sperrstellung (0).

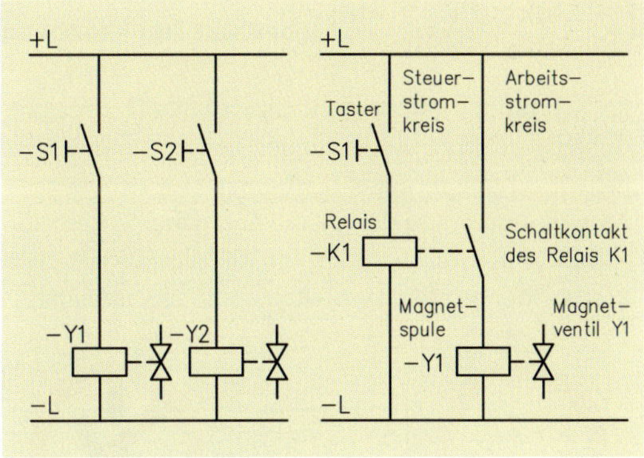

139.1 Direkte und indirekte Steuerung

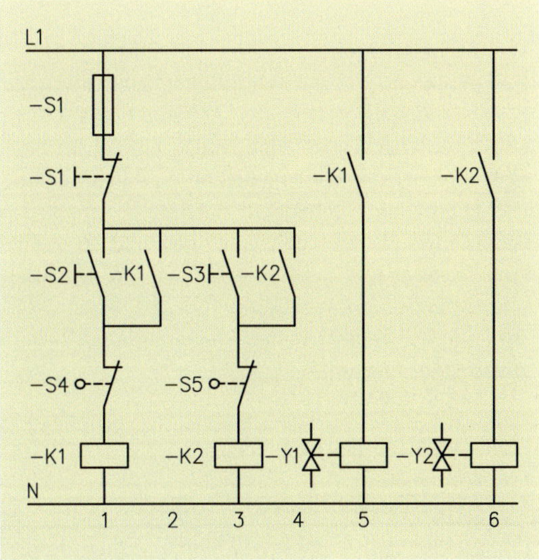

139.2 Elektrischer Schaltplan der Scherenhebebühne

Aufgaben

1 *Welcher Oberbegriff wird für Pneumatik- und Hydraulikanlagen verwendet?*

2 *Nennen Sie einen Vorteil der Hydraulik gegenüber der Pneumatik!*

3 *Was geschieht mit dem Übertragungsmedium nach verrichteter Arbeit bei Pneumatik- und bei Hydraulikanlagen?*

4 *Warum ist eine zentrale Energieversorgung bei Hydraulikanlagen nicht sinnvoll?*

5 *Welche Aufgabe hat das Druckbegrenzungsventil?*

6 *Welchen Vorteil hat die indirekte Steuerung gegenüber der direkten Steuerung von elektromagnetisch betätigten Wegeventilen?*

EXKURS Sicherheit bei Wartungs- und Instandhaltungsarbeiten an mechatro-

Bei Wartungs- und Instandhaltungsarbeiten müssen Gehäuse geöffnet, Abdeckungen entfernt und Sicherheitseinrichtungen außer Kraft gesetzt werden. Je nach Art und Ausführung der Anlage sind dabei Sicherheitsvorkehrungen zu beachten, um Unfallgefahren sowie Beschädigungen und Umweltgefahren zu vermeiden.

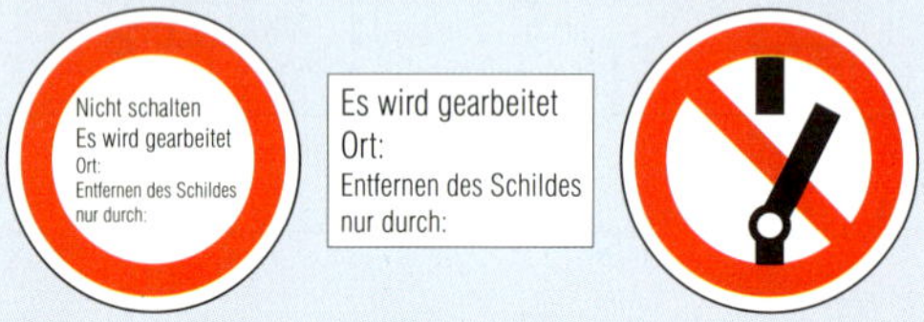

Elektrische Anlagen

Eine Berührung mit spannungsführenden Teilen kann bei Spannungen größer 50 V AC und 120 V DC zu einem tödlichen elektrischen Schlag führen. Im Normalbetrieb wird eine solche Berührung durch Gehäuse und Abdeckungen verhindert. Auch der Anschluss des Schutzleiters PE verhindert einen gefährlichen elektrischen Schlag. Das gefahrlose Öffnen von Gehäusen und Entfernen von Abdeckungen ist aus diesen Gründen nur bei abgeschalteter, spannungsloser Anlage zulässig (Freischalten).

Die fünf Sicherheitsregeln:

1. **Freischalten**
2. **Gegen Wiedereinschalten sichern**
3. **Spannungsfreiheit feststellen**
4. **Erden und Kurzschließen**
5. **Benachbarte spannungsführende Teile abdecken oder abschranken**

Die **fünf Sicherheitsregeln** sind immer in der vorgegebenen Reihenfolge anzuwenden. Lediglich die Sicherheitsregel 4 kann entfallen, wenn der spannungsfreie Zustand der Anlage für die Dauer der Arbeit garantiert werden kann.

Eine sichere Methode bieten abschließbare Wartungsschalter in der Einspeisung der Anlage. Wartungsschalter haben einen Lastabwurfkontakt, der bei Betätigung die Verbraucher abschaltet. Durch Einhängen seines Vorhängeschlosses kann sich jeder Mitarbeiter vor unbefugtem Einschalten schützen.

Wenn bei Instandhaltungsarbeiten die Schutzleiterverbindung unterbrochen werden muss, sind alle betroffenen Anlagen und Anlagenteile außer Betrieb zu nehmen und spannungslos zu schalten, weil der Schutz vor elektrischem Schlag nicht mehr gegeben ist.

Nur wenn die elektrische Anlage freigeschaltet ist und der spannungsfreie Zustand für die Dauer der Arbeiten gewährleistet ist, kann an elektrischen Einrichtungen gefahrlos gearbeitet werden!

Vor dem Wiederinbetriebnehmen von elektrischen Anlagen müssen alle Schutzleiterverbindungen wiederhergestellt sein sowie alle Abdeckungen und Sicherheitseinrichtungen wieder montiert und auf ihre Funktionsfähigkeit überprüft sein.

Pneumatische Anlagen

Vor dem Lösen von Rohr- und Schlauchverbindungen sind pneumatische Anlagen immer drucklos zu schalten. Das Entlüften sollte dabei nicht schlagartig erfolgen, da der Luftstrom oder umherschleudernde Schlauchenden zu Verletzungen führen können. Bei der Inbetriebnahme sind die Rohr- und Schlauchverbindungen fest zu verschrauben und auf Dichtheit zu prüfen. Schlauchleitungen dürfen nicht geknickt verlegt werden.

Hydraulische Anlagen

Die Unfallgefahr ist bei hydraulischen Anlagen aufgrund der großen Drücke wesentlich größer als bei pneumatischen Anlagen, deshalb darf nur bei abgeschalteter Hydropumpe an der Hydraulik gearbeitet werden. Vor dem Öffnen der Verbindungen ist zu bedenken, dass in der Sperrstellung der Scherenhebebühne die Zylinder noch unter Druck stehen können. Ein gefahrloses Arbeiten ist nur möglich, wenn die gesamte Hydraulikanlage drucklos ist. Beim Öffnen der Verbindungen treten immer Restmengen von Hydraulikflüssigkeit aus, die aufgefangen werden müssen. Als Hydraulikflüssigkeit werden meist Mineralöle verwendet, die in der Umwelt und im Abwasser zu erheblichen Verschmutzungen führen können. Kontaminierte Reinigungstücher dürfen nicht in den normalen Hausmüll gelangen, sie müssen in feuersicheren Behältern gesammelt und fachgerecht entsorgt werden.

An fluidtechnischen Anlagen darf nur im drucklosen Zustand gearbeitet werden!

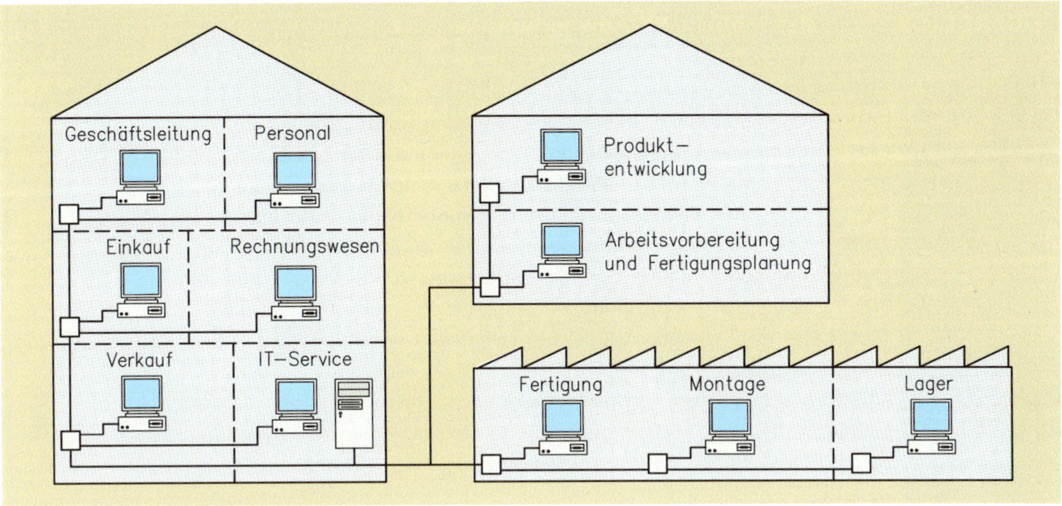

141.1 Organisationseinheiten eines Unternehmens

5 Kommunizieren mithilfe von Datenverarbeitungssystemen

5.1 PC im Unternehmen

Abb. 141.1 zeigt anhand eines Beispiels die Organisationseinheiten in einem Unternehmen, das elektrische Installationsartikel wie Schalter, Steckdosen usw. produziert.

In der oberen Etage des Verwaltungsgebäudes befinden sich die Geschäftsleitung und die Organisationseinheit Personal. In der Etage darunter sind die Einheiten Einkauf und Rechnungswesen angesiedelt. Im Erdgeschoss befinden sich der Verkauf und die IT-Serviceabteilung.

In einem weiteren Gebäude werden die Produktentwicklung und die Arbeitsvorbereitung und Fertigungsplanung durchgeführt.

Die Fertigung der erforderlichen Einzelteile und die Montage der Lichtschalter, Steckdosen usw. erfolgt in einer entsprechenden Halle mit einem angegliederten Lager.

In den einzelnen Organisationseinheiten sind die Arbeitsplätze mit vernetzten Personalcomputern, kurz PC genannt, ausgestattet. Welche Funktion haben sie?

5.1.1 Funktionen des PC

PC-Systeme werden heute praktisch in allen betrieblichen Organisationseinheiten eingesetzt. Das gilt sowohl für die kaufmännischen wie auch für die produktionstechnischen Bereiche.

Fertigung und Montage

In der Fertigung und Montage werden CNC-Maschinen, z. B. zur Erstellung von Werkzeugen zum Stanzen von Bauteilen für Lichtschalter, eingesetzt. **CNC** steht für **C**omputer **N**umeric **C**ontrol: computergesteuerte Werkzeugmaschine.

Dabei wird der PC eingesetzt, um Programme zur Steuerung von Dreh- und Fräsmaschinen zu erstellen. Zum Testen bietet der PC Simulationsprogramme, mit deren Hilfe simulierte Probeläufe ohne Gefährdung der realen Dreh- und Fräsmaschinen durchgeführt werden können.

Ein weiteres Beispiel bietet die SPS. **SPS** steht für **s**peicher**p**rogrammierte **S**teuerung. Diese wird z. B. zur Steuerung der automatisierten Montage der Lichtschalter eingesetzt. Dabei dient der PC u. a. zur Erweiterung oder Änderung der Steueraufgabe, die oft durch eine geringfügige Programmänderung realisiert werden kann.

Der Überblick „Betriebliche PC-Anwendungen" enthält weitere PC-Funktionen.

ÜBERBLICK Betriebliche PC-Anwendungen

Organisationseinheit	**PC-gestützte Funktion**	
Produktentwicklung	**CAD**	Computer **A**ided **D**esign: Computerunterstütztes Zeichnen und Planen
	CAE	Computer **A**ided **E**ngineering: Computergestütztes Konstruieren und Entwickeln
Arbeitsvorbereitung und Fertigungsplanung	**PPS**	(Computergestützte) **P**roduktionsplanung und **P**roduktions**s**teuerung
	CAP	Computer **A**ided **P**lanning: Computerunterstützte Produktionsprozessplanung
	CAM	Computer **A**ided **M**anifacturing: Computerunterstützte Produktion
Fertigung und Montage	**CNC**	Computer **N**umeric **C**ontrol: Computergesteuerte Werkzeugmaschine
	BDE	**B**etriebs**d**aten**e**rfassung
Einkauf	Textverarbeitung, Angebotsvergleiche, Lieferantenverwaltung, Druck und Bearbeitung von Bestellungen, Terminkontrollen	
Lager	Artikelverwaltung, Druck von Bedarfsmeldungen, Lagerbuchführung, Lagerstatistik	
Verkauf	Auftragsbearbeitung, Rechnungsschreibung, Statistik, Grafische Auswertung, Kalkulation	
Rechnungswesen	Debitorenverwaltung und Kreditorenverwaltung, Finanzbuchhaltung, Kostenrechnung, Mahnwesen	
Personal	Personalverwaltung, Lohn- und Gehaltsabrechnung, Druck von Verdienstbescheinigungen, Urlaubsplanung und Urlaubslisten, Stellenplanung	

5.1.2 Vernetzte Informationsverarbeitung

Viele Unternehmen sind heute dezentral strukturiert. Das bedeutet: Die Verantwortung für die Arbeitsabläufe liegt in den einzelnen Organisationseinheiten, verteilt auf die Mitarbeiterinnen und Mitarbeiter.

Informationen für die Auftragsbearbeitung

So benötigt z. B. eine Sachbearbeiterin im Verkauf bei einem telefonisch eingehenden Kundenauftrag noch während des Gesprächs mit dem Kunden Informationen darüber, ob

- der Kunde bereits erfasst ist,
- ein bereits bestehender Auftrag des Kunden berührt wird,
- die gewünschten Artikel am Lager sind,
- bestellte Artikel von den Lieferanten termingerecht geliefert werden können.

Um diese Informationen zu erhalten, ist der PC der Sachbearbeiterin an das Computernetz angeschlossen. Die Vernetzung beschränkt sich nicht nur auf die jeweilige Organisationseinheit. Vielmehr sind die Abteilungen untereinander und somit alle im Unternehmen betriebenen PC vernetzt.

Aufgrund der vernetzten Struktur ist es für die Mitarbeiterinnen und Mitarbeiter in allen Unternehmensbereichen möglich, wichtige Informationen aktuell zu erhalten.

Dabei ist der Zugriff auf bestimmte Informationen durch mehrere Organisationseinheiten zeitgleich möglich. Beispielsweise können die Artikeldaten außer vom Verkauf auch zur gleichen Zeit vom Einkauf, Lager und Rechnungswesen angefordert werden.

IT-Serviceabteilung

IT steht für **I**nformations- und **T**elekommunikationstechnik. Die Aufgabe der IT-Serviceabteilung ist es unter anderem,

- IT-Systeme aufzubauen und in Betrieb zu setzen,
- Programme zu installieren und zu pflegen,
- Probleme des Fachpersonals beim Umgang mit den Anwenderprogrammen zu lösen,
- Hardwarekomponenten auszutauschen,
- Schulungen durchzuführen.

Auf diese Weise hat die IT-Serviceabteilung zahlreiche Dienstleistungen für die unterschiedlichen Fachabteilungen zu erfüllen.

Aufgaben

1 *Erläutern Sie, für welche Aufgaben der Computer in den Organisationseinheiten Einkauf und Lager eingesetzt wird!*

2 *Beschreiben Sie, welche Funktion die Vernetzung der Computer in einem Unternehmen hat!*

3 *Erläutern Sie die Funktion der IT-Serviceabteilung innerhalb eines Unternehmens?*

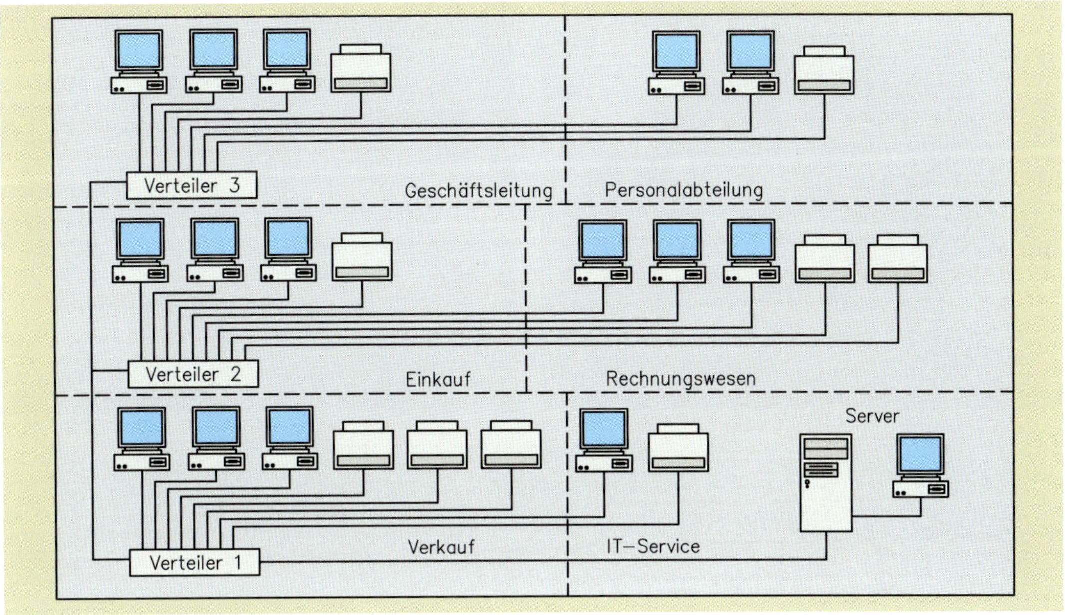

143.1 Vernetzung mehrerer Räume

5.2 Vernetzung

Abb. 143.1 zeigt die Vernetzung der Büros im Verwaltungsgebäude (Abb. 141.1). Danach können z. B. die PC im Verkauf untereinander ebenso wie mit jedem anderen PC kommunizieren, der an das Netz angeschlossen ist.

5.2.1 Lokales Netzwerk

Ein lokales Netzwerk wird kurz als LAN bezeichnet. **LAN** steht für **L**ocal **A**rea **N**etwork.

Unter einem LAN versteht man einen betriebsinternen Verbund mehrerer Arbeitsplatzcomputer zu einem vernetzten, kommunikationsfähigen System.

Die Kommunikationsfähigkeit bezieht sich dabei auf den Austausch von Informationen in Form von Sprache, Bild, Text oder Daten zwischen Mensch und Maschinen (MMK: Mensch-Maschine-Kommunikation).

Client-Server-System

In dem oben aufgezeigten Netz werden die PC auch als **Clients** bezeichnet. Sie können eigenständig oder im Netzbetrieb arbeiten.

Alle Clients sind über Verteiler mit einem **Server** verbunden. Der Server ist der zentrale Computer im Netzwerk. In der Regel handelt es sich dabei um einen besonders leistungsstarken PC mit einer großen Festplattenkapazität. Die Hauptaufgabe des Servers ist es, den Clients Programme und Datenbestände zur Verfügung zu stellen.

Will z. B. ein Client im Einkauf ein Textverarbeitungsprogramm nutzen, so fordert er es vom Server an. Dieser sendet das Programm bzw. alle notwendigen Programmteile zum Client. Somit steht dem Client das gewünschte Textverarbeitungsprogramm lokal zur Verfügung.

Verteiler

Als Verteiler (Abb. 143.1) dienen **Hubs** oder **Switches**. Grundsätzlich gilt:

Hubs und Switches sind zentrale Verteiler im Netz, an die jeweils mehrere PC angeschlossen werden können.

Ein Hub enthält je nach Ausführung z. B. 8 oder 16 Anschlüsse, so genannte Ports. Ein Datenpaket, das an einem Port ankommt, wird an alle anderen Ports weitergeleitet und gelangt so an alle angeschlosse-

144.1 Netzwerkkarte

144.2 Hub mit Patchfeld und Patchkabel

nen Computer. Diese überprüfen die Adresse des Datenpakets mit der eigenen Adresse. Nur der PC, bei dem Übereinstimmung besteht, übernimmt die Daten und verarbeitet sie weiter.

Ein Switch stellt die komfortablere Lösung dar. Mit ihm können u. a. mehrere Verbindungen zwischen jeweils zwei Computern (Punkt-zu-Punkt-Verbindungen) gleichzeitig bestehen.

Netzwerkkarte
Damit ein PC an das Netz angeschlossen werden kann, muss er mit einer Netzwerkkarte erweitert werden (Abb. 144.1).

Eine Netzwerkkarte wird auch als **NIC** bezeichnet: **N**etwork **I**nterface **C**ard. Sie setzt die Daten in das für die Übertragung erforderliche Format um. Dazu benötigt die Karte eine entsprechende Software.

Leitungen
Zum Anschluss des PC an den Hub bzw. Switch dient ein Twisted-Pair-Kabel (verdrilltes Kupferkabel). Fest installiert verbindet es die Netzwerk-Anschlussdose mit dem Patchfeld, als Patchkabel verbindet es den PC mit der Anschlussdose und das Patchfeld mit dem Hub (Abb. 144.2). Unter einem Patchkabel versteht man ein Twisted-Pair-Kabel mit RJ-45-Steckern.

Aufgrund der Kabelbezeichnung spricht man von einer Twisted-Pair-Ethernet-Verkabelungstechnik.

Mit **Ethernet** bezeichnet man eine Anschluss- und Verkabelungstechnik für lokale Netzwerke, die nach der Bus-Topologie (Überblick Netztopologien) aufgebaut sind.

Die Verbindung der Hubs oder Switches untereinander und mit dem Server erfolgt mit Lichtwellenleitern (LWL), auch Glasfaserleitungen genannt. Im Unterschied zu Kupferleitungen werden mit LWL erheblich höhere Datenübertragungsraten realisiert. Außerdem sind LWL nicht anfällig gegen elektromagnetische Störungen.

Vernetzung der weiteren Gebäude
Die weiteren zu dem Unternehmen nach Abb. 141.1 gehörenden Gebäude werden in der beschriebenen Weise mithilfe von Verteilern vernetzt.

Die aufgezeigte Netzwerkkonfiguration kann nicht unbegrenzt erweitert werden. Das gilt sowohl für die Zahl der anschließbaren PC wie für die räumliche Ausdehnung des Netzwerkes. Allerdings gibt es die Möglichkeit, lokale Netze oder Teilnetze miteinander zu verbinden. Zur Verfügung stehen dazu so genannte Bridges (Brücken) oder Router, die zwei Netzwerke miteinander verbinden.

5.2.2 Weltweite Kommunikation
Aus dem lokalen Netzwerk heraus ist eine weltweite Kommunikation durch die Kopplung über WAN wie ISDN oder Internet möglich.

ÜBERBLICK Netztopologien

Stern	Ring	Bus	Baum
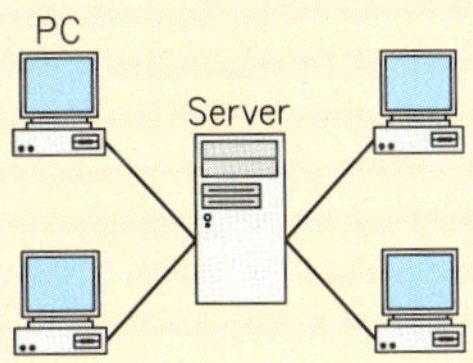	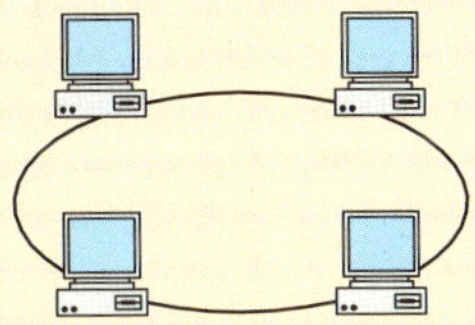	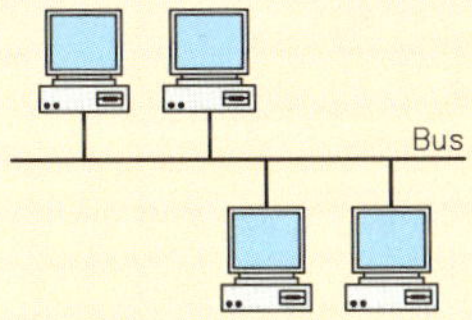	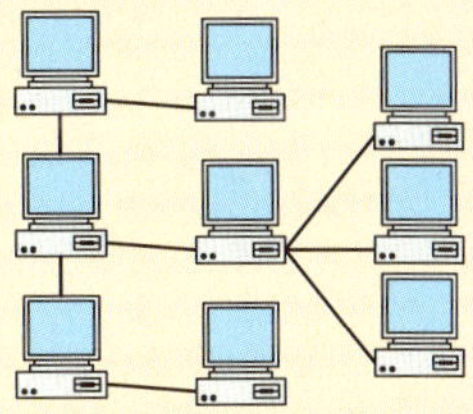
Jeder PC ist sternförmig direkt an einen zentralen PC (Server) angeschlossen. Der Datenaustausch erfolgt ausschließlich über den Server.	Alle PC sind zu einem Ring verbunden. Die Daten werden in einer Richtung von PC zu PC weitergeleitet. Jeder Teilnehmer prüft, ob die Daten für ihn bestimmt sind.	Alle PC sind an einem Kabelstrang, den Bus, angeschlossen. Der Datenaustausch zwischen den Teilnehmern erfolgt in beiden Richtungen direkt.	Eine Baumstruktur kann verschiedene Topologien enthalten. Alle PC sind über Verzweigungen miteinander verbunden. Der Datenaustausch zwischen den Teilnehmern erfolgt direkt.
Vorteile: • Einfacher Netzaufbau • Zentrale Sicherungs- und Kontrollmaßnahmen gut möglich	**Vorteile:** • Geringer Verkabelungsaufwand • Keine Vermittlungsstelle, alle PC sind gleichrangig	**Vorteile:** • Schnelle Datenübertragung • Hohe Ausfallsicherheit • Geringer Verkabelungsaufwand	**Vorteile:** • Leicht zu erweitern • Besonders geeignet für komplexe Netze • Hohe Ausfallsicherheit
Nachteile: • Bei Ausfall des Servers ist kein Datenaustausch mehr möglich • Hoher Verkabelungsaufwand	**Nachteile:** • Lange Übertragungsdauer bei vielen Teilnehmern • Bei Ausfall eines PC fällt das gesamte Netz aus	**Nachteile:** • Jeder PC muss um seine Zugriffsrechte „kämpfen" • Bei hoher Netzauslastung nehmen Datenkollisionen zu	**Nachteil:** • Die Lokalisierung von Fehlern kann schwierig sein

WAN

WAN steht für **W**ide **A**rea **N**etwork (weitflächiges Datennetz). Solche Netze werden z. B. von der Telekom betrieben. Für kleine Datenmengen verwendet man – bei kleinen Übertragungsgeschwindigkeiten – das Telefonnetz in Verbindung mit Modems.

ISDN

ISDN ist die Abkürzung für **I**ntegrated **S**ervices **D**igital **N**etwork (Integrierte Dienste im digitalen Netz). Mit diesem Netz werden – bei höheren Übertragungsgeschwindigkeiten – Daten, Sprache und Bilder übertragen.

Internet

Internet, genau gesagt **Inter**national **Net**work, ist die Bezeichnung für ein weltumspannendes Netzwerk: **W**orld **W**ide **W**eb, kurz **WWW**.

Das Internet bildet mit seinen vielfältigen Möglichkeiten der Informationsbeschaffung und Informationsbereitstellung sowie des Kommunikationsaustausches das größte globale Kommunikationsmedium.

Entsprechend Abb. 146.1 können z. B. Unternehmen über das Internet – weltweit – Informationen austauschen. Weitere Möglichkeiten für Unternehmen sind unter anderem:

- Präsentation und Imagepflege im Markt über eigene Web-Sites
- Kaufangebote für Kunden
- Bezugsquellenrecherchen
- Online-Kundenservice
- Versand von Auftragsbestätigungen und Rechnungen

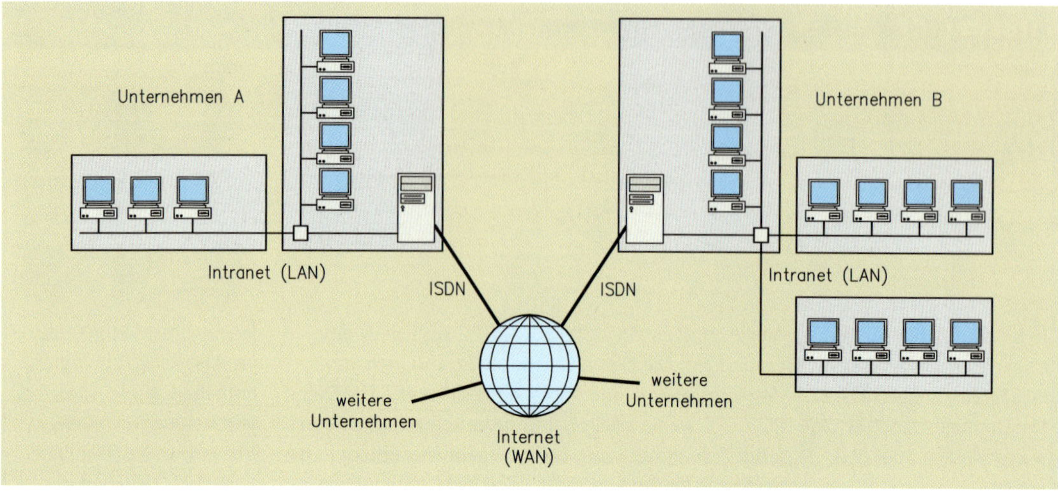

146.1 Internet und Intranet

Intranet
Das Intranet ist die Anwendung der Internettechnologie für den betriebsinternen Gebrauch mit einer zentralen Verfügbarkeit der für die Abwicklung der Geschäftsprozesse erforderlichen Informationen.

Auf diese Weise können Informationen, die sich innerhalb kürzerer Zeit ändern, wie z.B. Liefertermine, Anbieter oder Preise, von allen berechtigten Mitarbeitern über ein Intranet aktuell abgerufen werden.

Typische Anwendungen sind u.a.:

- Suchen und Abrufen von Unternehmensdaten (z.B. Mitarbeiter- und Telefonverzeichnis)
- Textkommunikation (innerbetriebliches E-Mailing, Nachrichtenaustausch)
- Terminkoordination (Terminkalender, Zeitplanung und -kontrolle bei Projekten)
- Informationszentrale (Vorschriften, Hinweise, Bedienungsanleitungen, News)
- Nutzung von Archiven (Protokolle, Dokumente)
- Ausbildung und Fortbildung (multimediales Lernen)

Intranets können firmenintern über ein vorhandenes LAN mit oder ohne Zugang zum Internet organisiert werden.

E-Mail
E-Mail steht für **E**lectronic **Mail**: elektronische Post. Sie ermöglicht die Übertragung von Informationen zu einem anderen Anwender, der ebenfalls an das Internet oder Intranet angeschlossen ist.
Jeder Anwender hat Zugang zu einer Mailbox, in der die eingehenden E-Mails gespeichert werden. Die Mailbox erspart dem Anwender, ständig online sein zu müssen. Eingehende Post wird von einem Mailserver angenommen und im zuständigen „Postfach" abgelegt.

So können z.B. Texte oder Zeichnungen vom Empfänger weiterverarbeitet werden und gegebenenfalls wieder zurückgesendet werden.

Aufgaben

1 *Erläutern Sie, was in der Netzwerktechnik mit dem Begriff LAN gemeint ist!*

2 *Beschreiben Sie den Aufbau eines Client-Server-Systems!*

3 *Welche Funktion haben Hubs oder Switches in einem Netzwerk?*

4 *Erläutern Sie den Kommunikationsverlauf in den Netzwerktopologien Stern und Bus!*

5 *Wodurch unterscheidet sich ein WAN von einem LAN?*

6 *Erläutern Sie, wodurch sich das Intranet vom Internet unterscheidet!*

7 *Beschreiben Sie Beispiele für die innerbetriebliche Anwendung der E-Mail!*

8 *Erläutern Sie anhand einiger Beispiele, wie Internet und Intranet in der Berufsausbildung genutzt werden können!*

147.1 PC-System

5.3 Aufbau eines PC

Die in den Büros, aber auch in der Produktentwicklung, der Arbeitsvorbereitung und teilweise in der Fertigung und Montage verwendeten Computer werden als PC bezeichnet. PC steht für **P**ersonal-**C**omputer oder **P**ersönlicher **C**omputer.

Gemeint ist damit ein Computer, mit dem meist nur eine einzige Person arbeitet – im Gegensatz zu einem Großrechner (Host-Rechner), der von mehreren Personen benutzt wird. Was gehört zu einem PC?

5.3.1 PC-System

Abb. 147.1 zeigt ein PC-System. Es enthält

- zur Eingabe von Daten eine Tastatur, eine Maus und einen Scanner,
- zur Verarbeitung den „eigentlichen" PC und
- zur Ausgabe der Daten einen Bildschirm und einen Drucker.

EVA-Prinzip

Das Zusammenwirken von **E**ingabe, **V**erarbeitung und **A**usgabe bezeichnet man als **EVA**-Prinzip. Es beschreibt die grundsätzliche Funktion eines Computersystems: Informationen werden an den Computer übergeben, im Computer – nach einem vorgegebenen Programm – verarbeitet und wieder ausgegeben.

Hardware

Die einzelnen Geräte, die zum PC-System, z. B. entsprechend Abb. 147.1, gehören, bezeichnet man als Hardware. Allgemein gilt:

Unter Hardware versteht man die gerätetechnische Ausstattung eines Computersystems.

Die Hardware bestimmt den technischen Stand eines Computers. Dazu gehören neben den in der Abbildung aufgezeigten Eingabe- und Ausgabegeräten unter anderem der Prozessor, die Taktfrequenz, mit der der Prozessor arbeitet, die Kapazität des Arbeitsspeichers usw.

Software

Soll mit dem Computer eine Rechnung erstellt oder ein SPS-Programm geschrieben werden, so ist jeweils ein spezielles Programm erforderlich. Programme werden allgemein als Software bezeichnet.

Unter Software versteht man die zu einem Computersystem gehörenden Programme mit den zugehörigen Dokumentationen.

Zu jedem Programm gehört eine Programmdokumentation. Sie beschreibt z. B. in Form eines Handbuches, wie der Computer bei der Anwendung des Programms, z. B. bei der Rechnungserstellung, bedient werden muss.

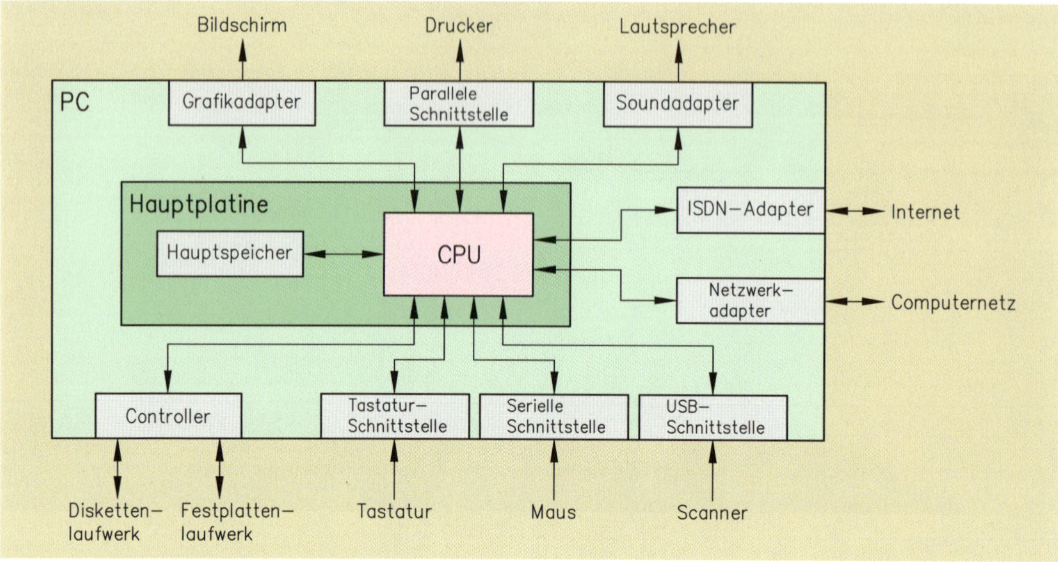

148.1 Funktionseinheiten eines PC

5.3.2 Hauptplatine

Zur Eingabe, Verarbeitung und Ausgabe der Daten sind unterschiedliche Funktionseinheiten erforderlich. Diese wirken z. B. entsprechend Abb. 148.1 zusammen.

Die Hauptplatine, auch **Mainboard** oder **Motherboard** genannt, ist die zentrale Platine des PC. Als wesentliche Komponenten enthält sie die CPU und den Hauptspeicher.

CPU

CPU steht für **C**entral **P**rocessing **U**nit (zentrale Verarbeitungseinheit). Statt CPU wird häufig der Begriff Prozessor verwendet. Befindet dieser sich in einem einzigen IC (Integrierter Schaltkreis), spricht man von einem Mikroprozessor (Abb. 148.2). Ein Computer mit einem Mikroprozessor wird daher Mikrocomputer genannt.

In der CPU wird die Datenverarbeitung durchgeführt. Dazu liest die CPU Daten aus dem Speicher, bearbeitet diese in der durch das Programm vorgegebenen Weise und speichert anschließend das Ergebnis ab.

Für diese Aufgaben enthält die CPU zwei wesentliche Komponenten: eine **ALU** (**A**rithmetical and **L**ogical **U**nit: arithmetisch logische Einheit) und eine **CU** (**C**ontrol **U**nit: Steuereinheit). Die ALU führt alle arithmetischen und logischen Verknüpfungen durch, die CU sorgt für den sicheren Ablauf der Verarbeitung.

148.2 Mikroprozessor

Hauptspeicher

Der Hauptspeicher dient der CPU zum Abspeichern und Lesen von Programmen oder von Zwischenergebnissen, die für die Datenverarbeitung benötigt werden.

Die Größe des Hauptspeichers hat starken Einfluss auf die Schnelligkeit des Systems. Reicht die Kapazität des Speichers nicht aus, alle benötigten Daten und Programme aufzunehmen, muss die CPU auch auf Daten und Programme zugreifen, die auf der

Festplatte abgelegt sind. Dadurch verringert sich die Arbeitsgeschwindigkeit erheblich.

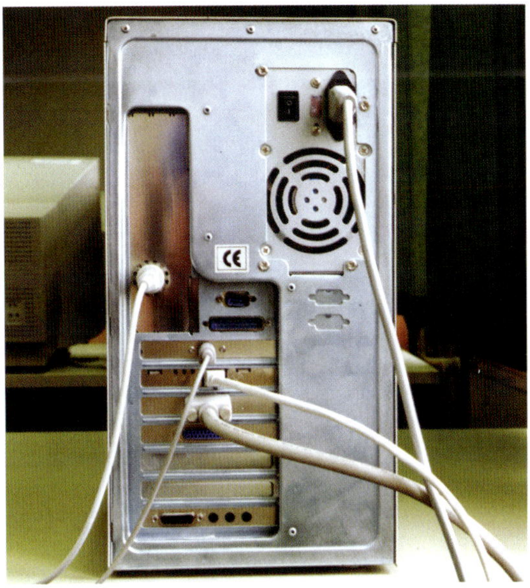

149.1 PC-Anschlüsse für Peripheriegeräte

5.3.3 Schnittstellen

Alle an den PC angeschlossenen Eingabe- und Ausgabegeräte und alle externen Speicher (Diskettenlaufwerk, Festplattenlaufwerk usw.) werden als Peripheriegeräte bezeichnet. Die Verbindung der Peripheriegeräte mit der Hauptplatine erfolgt über unterschiedliche Schnittstellen. Abb. 149.1 zeigt mögliche Schnittstellenanschlüsse für Peripheriegeräte auf der Rückseite eines PC-Gehäuses.

Zum Anschluss der Tastatur besitzt der PC eine **Tastaturschnittstelle.** Die Übergabe der Daten von der Maus an die CPU erfolgt über die **serielle Schnittstelle.** Der Scanner wird an die **parallele Schnittstelle** oder – wie in Abb. 148.1 – an die **USB-Schnittstelle** angeschlossen.

Die Anzeige der eingegebenen wie der verarbeiteten Daten erfolgt auf dem Bildschirm. Dazu werden die von der CPU ausgegebenen Daten vom **Grafikadapter** so aufbereitet, dass sie auf dem Bildschirm angezeigt werden können. Zum Anschluss eines Druckers besitzt der PC eine parallele Schnittstelle. Sollen über einen Lautsprecher Sprache und Musik ausgegeben werden, ist ein **Soundadapter** erforderlich.

Der Datenaustausch mit Disketten- und Festplatten erfolgt über einen **Controller**, mit dem mehrere Laufwerke externe Speicher gesteuert werden können.

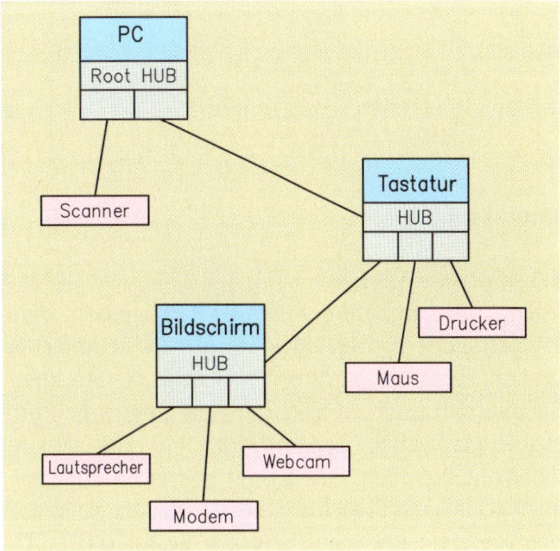

149.2 Mögliche USB-Struktur

Damit der PC an das Computernetz angeschlossen werden kann, muss er mit einem **Netzwerkadapter** ausgestattet sein. Über einen **ISDN-Adapter** erfolgt der Zugang zum Internet über eine ISDN-Leitung.

Eingabe- und Ausgabegeräte wie Tastatur, Maus, Scanner usw. können gemeinsam über eine USB-Schnittstelle angeschlossen werden.

USB-Schnittstelle

USB steht für **U**niversal **S**erial **B**us. Dabei handelt es sich um ein Bussystem zum vereinfachten Anschluss von Peripheriegeräten.

Voraussetzungen für die USB-Anwendung sind ein PC, der USB unterstützt, und Peripheriegeräte mit USB-Schnittstellen. Ein solcher PC ist mit einem Root Hub ausgestattet, der die Quelle oder „Wurzel" (Root) aller weiteren angeschlossenen Geräte und Hubs (Verteiler) ist.

Abb. 149.2 zeigt ein Beispiel. An den Root Hub sind ein Scanner und eine Tastatur mit integriertem Hub angeschlossen. An diesen Hub wiederum sind die Maus, ein Drucker und der Bildschirm mit einem weiteren Hub angeschlossen.

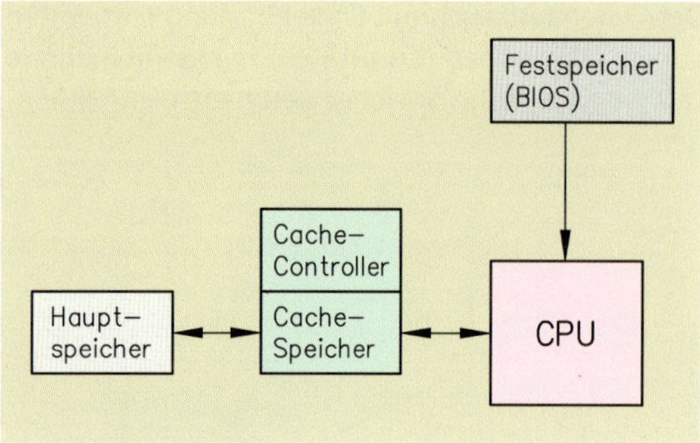

150.1 Interne Speicher

5.3.4 Interne Speicher

Auf der Hauptplatine befinden sich neben dem Hauptspeicher weitere Speicher: ein Cache-Speicher und ein Festspeicher. Abb. 150.1 zeigt die Struktur. Bei den dargestellten Speichern handelt es sich um Halbleiterspeicher, also um Speicher, die sich in einem IC befinden. Bezeichnet werden diese Speicher als interne Speicher – im Gegensatz zu externen Speichen, wie z. B. Disketten-, Festplatten-, CD-ROM-Laufwerke usw.

Hauptspeicher

Der Hauptspeicher, der auch als **Arbeitsspeicher** bezeichnet wird, besteht aus **DRAM**-Bausteinen. Das D steht für **D**ynamisch, RAM für **R**andom **A**ccess **M**emory (Speicher mit wahlfreiem Zugriff). In einen RAM können Daten geschrieben, dort verändert und wieder gelesen werden. Man nennt den Speicher daher auch Schreib-Lese-Speicher. Somit gilt:

RAM ist die Kurzbezeichnung für einen Arbeitsspeicher. Sein Inhalt kann verändert werden.

Wird die Versorgungsspannung der Speicherbausteine abgeschaltet, geht der Inhalt verloren. Speicher mit diesem Verhalten werden als **flüchtige Speicher** bezeichnet.

Im DRAM werden die Informationen in Kondensatoren gespeichert. Da diese sich selbstständig langsam wieder entladen, gehen auch die gespeicherten Informationen verloren. Also müssen diese von Zeit zu Zeit – daher dynamisch – nachgeladen oder aufgefrischt werden. Diesen Vorgang bezeichnet man als Refreshing. Während des Auffrischens kann auf den DRAM nicht zugegriffen werden. Das wirkt sich negativ auf die Datenübertragungsrate aus.

Cache-Speicher

Schneller als mit DRAM-Bausteinen lässt sich mit dem **SRAM** (**S**tatisches **RAM**) arbeiten. Hier wird die Information in einer logischen Schaltung gespeichert. Da sich der jeweilige Speicherzustand von selbst nicht verändert, also statisch ist, müssen SRAM nicht aufgefrischt werden. Wegen der sich so ergebenden kürzeren Zugriffszeit werden SRAM z. B. in Cache-Speichern eingesetzt.
Der Cache-Speicher befindet sich entsprechend Abb. 150.1 zwischen CPU und Hauptspeicher. Er besitzt eine deutlich kleinere Kapazität als der Hauptspeicher. Im Cache werden nur Daten gespeichert, die die CPU häufig anfordert.
Will die CPU Daten aus dem Hauptspeicher lesen, so prüft der Cache-Controller, ob diese Daten bereits im Cache-Speicher gespeichert sind. Ist das der Fall, übergibt der Cache-Controller die Daten direkt an die CPU, anderenfalls holt er sie aus dem Hauptspeicher.
Beim Speichern von Daten im Hauptspeicher werden die Daten zunächst sehr schnell aus der CPU in den Cache-Speicher geschrieben und anschließend in den Hauptspeicher übertragen. Welche Daten im Cache gehalten werden, bestimmt der Cache-Controller.

Festspeicher

Neben dem flüchtigen Speicher RAM enthält der PC einen Speicher, der die gespeicherten Daten auch ohne Versorgungsspannung behält. Dieser Speicher wird als ROM oder auch als Festspeicher bezeichnet. **ROM** steht für **R**ead **O**nly **M**emory (Nur-Lese-Speicher).

ROM ist die Kurzbezeichnung für einen Festspeicher. Sein Inhalt kann nur gelesen werden.

Festspeicher gibt es in unterschiedlichen Ausführungen (Überblick Festspeicher). So sind die Ausführungen ROM und PROM nicht löschbar. Das EPROM kann mit UV-Licht gelöscht und mit einem speziellen Programmiergerät erneut programmiert werden. EEPROM und FEEPROM lassen sich im Gerät verbleibend löschen und programmieren.

Das NVRAM bildet eine Kombination aus flüchtigem und nicht flüchtigem Speicher. Einsatz findet es u. a. dort, wo bei einem Ausfall der Versorgungsspannung die im RAM vorliegenden Daten nicht verloren gehen dürfen. Sie werden dann in das EEPROM geschrieben.

ÜBERBLICK Festspeicher

Bez.	Bedeutung	Löschen	Programmieren
ROM	**R**ead **O**nly **M**emory: Nur-Lese-Speicher	nicht	bei der Herstellung
PROM	**P**rogrammable **R**ead **O**nly **M**emory: Programmierbarer Nur-Lese-Speicher	möglich	elektrisch
EPROM	**E**rasable **PROM**: Löschbarer und programmierbarer Nur-Lese-Speicher	UV-Licht; gesamter Speicher	
EEPROM	**E**lectrically **E**rasable **PROM**: Elektrisch löschbarer und programmierbarer Nur-Lese-Speicher	elektrisch; bit-, byteweise oder insgesamt	
FEEPROM	**F**lash **EEPROM**: „Blitzschnell" elektrisch löschbarer und programmierbarer Nur-Lese-Speicher	elektrisch	
NVRAM	**N**on **V**olatile **RAM**: Kombination aus SRAM und EEPROM. Daten können vom SRAM in das EEPROM kopiert werden und umgekehrt.		

Ein PC enthält als Festspeicher meist ein FEEPROM, in dem das **BIOS** (**B**asic **I**nput **O**utput **S**ystem) gespeichert ist, das nach dem Einschalten zuerst abgearbeitet wird.
Das BIOS enthält die Programme und Daten, die der Computer nach dem Einschalten u. a. zum Ansprechen der Tastatur und der Grafikkarte benötigt. Ein wichtiges Programm ist der Urlader, der den Systemstart steuert.

5.3.5 Bussystem

Damit die CPU mit den anderen Funktionseinheiten, wie z. B. dem Hauptspeicher oder der Grafikkarte, Daten austauschen kann, sind alle Einheiten über ein Leitungssystem miteinander verbunden. Diese parallel verlaufenden Leitungen werden als Bussystem bezeichnet.

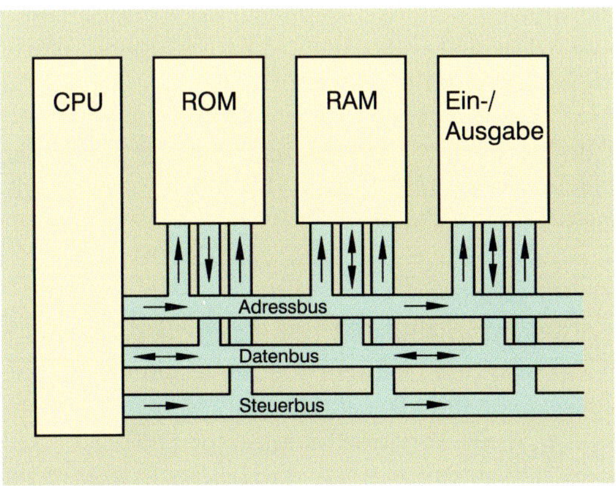

151.1 Bussystem

Entsprechend Abb. 151.1 werden dabei drei Busarten unterschieden:

- der **Datenbus**, auf dem die zu verarbeitenden Daten z. B. von der Eingabe-Funktionseinheit in die CPU übertragen werden,
- der **Adressbuss**, über den die Adressierung der Speicherplätze und der Ein-/ Ausgabeschnittstellen erfolgt,
- der **Steuerbus**, über den die Zugriffe auf die unterschiedlichen Funktionseinheiten des Computers gesteuert werden.

Moderne Bussysteme sind so ausgelegt, dass sie im Zeit-Multiplexverfahren abwechselnd als Daten- oder Adressbus genutzt werden.
Ein Beispiel ist der PCI-Bus (Peripheral Component Interconnect). Hier stehen je nach Version z.B. 64 Leitungen zur Übertragung von Daten zur Verfügung. 32 dieser Leitungen werden ebenfalls zur Übertragung von Adressen genutzt.

Aufgaben

1 *Welche Eingabe- und Ausgabegeräte gehören zur Minimalausstattung eines PC-Systems?*

2 *Was wird mit den Begriffen Hardware und Software ausgesagt?*

3 *Beschreiben Sie anhand einiger Beispiele die Funktion der Schnittstellen eines PC!*

4 *Erläutern Sie, wodurch sich die USB-Schnittstelle von den „klassischen" Schnittstellen eines PC unterscheidet!*

5 *Erläutern Sie die Funktion des Cache-Speichers!*

6 *Welche Funktion hat das Bussystem?*

152.1 Busleitungen

5.4 Verarbeitung von Daten

Bei der Erstellung einer Rechnung mit dem PC werden z. B. die über die Tastatur eingegebenen Stückzahlen einer Bestellung mit den bereits gespeicherten Stückpreisen berechnet. Dazu müssen die Zahlenwerte in einer Form vorliegen, in der sie mit den elektronischen Schaltkreisen der CPU verarbeitet werden können.

5.4.1 Binäre Signale

Innerhalb des PC werden die zu verarbeitenden Daten über die Leitungen des Bussystems übertragen (Abb. 152.2). Damit eine sichere Übertragung und Verarbeitung der Daten gewährleistet ist, dürfen die Leitungen nur zwei Zustände aufweisen. Vereinfacht gesagt sind das die Zustände „keine Spannung" (0 V) und „Spannung vorhanden" (5 V). Diese zweiwertigen Signale nennt man binäre Signale.a

Bit und Byte

Der Informationsgehalt eines binären Signals wird als **Bit** (**Bi**nary digi**t**) bezeichnet. Ein Bit kann den logischen Zustand 0 (0 V) oder den logischen Zustand 1 (5 V) annehmen.

Durch die Zusammenfassung mehrerer Bit entsteht gemäß Abb. 152.2 ein mehrwertiges Signal. Dabei gilt:

Die Zusammenfassung von acht Bit nennt man ein Byte.

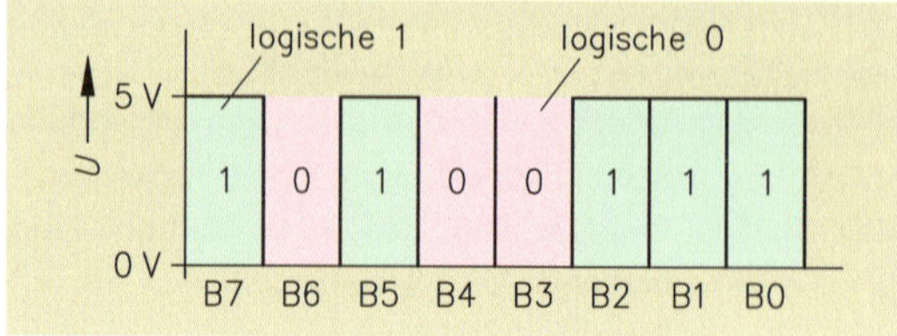

152.2 Binäre Signale, Byte

Mit einem Byte (8 Bit) lassen sich entsprechend Abb. 152.3 insgesamt 256 unterschiedliche Kombinationen aus Nullen und Einsen bilden. Und zwar von der Kombination 0000 0000 bis zur Kombination 1111 1111. Jeder Kombination kann ein Zahlenwert zugeordnet werden.

Das bedeutet: Mit einem Byte lassen sich 256 Zahlen von 0 bis 255 verschlüsseln. Wie erfolgt die Verschlüsselung?

$\boldsymbol{X = 2^n}$

X Anzahl der Kombinationsmöglichkeiten

n Anzahl der Bit

Beispiel: Wie viele unterschiedliche Bit-Kombinationen (Zahlen) lassen sich mit 8 Bit bilden?

Lösung: Geg.: $n = 8$, ges.: X

$X = 2^n$

$X = 2^8$

$\boldsymbol{X = 256}$

152.3 Berechnung der verschlüsselbaren Zahlen

5.4.2 Duales Zahlensystem

Im dualen Zahlensystem lassen sich Dezimalzahlen mit den logischen Zuständen 0 und 1 verschlüsseln. Entsprechend stehen im dualen Zahlensystem auch nur die beiden Ziffern 0 und 1 zur Verfügung. Wie ist das Zahlensystem aufgebaut?

Zum besseren Verständnis wird zunächst der Aufbau des im alltäglichen Leben genutzten dezimalen Zahlensystems analysiert.

Dezimalzahlen

Entsprechend Abb. 153.1 lässt sich die Zahl 4265 in 4000 + 200 + 60 + 5 zerlegen. Dabei nimmt jede Ziffer eine von ihrer Position abhängige Stelle ein. Jeder Stelle ist ein Vervielfachungsfaktor (10^3, 10^2, 10^1 und 10^0) zugeordnet. Die Basis dieses Faktors ist die Basiszahl.

$$4265 = 4000 + 200 + 60 + 5$$

$$4265 = 4 \cdot 1000 + 2 \cdot 100 + 6 \cdot 10 + 5 \cdot 1$$

$$4265 = 4 \cdot 10^3 + 2 \cdot 10^2 + 6 \cdot 10^1 + 5 \cdot 10^0$$

153.1 Dezimales Zahlensystem

Die **Basiszahl** kennzeichnet ein Zahlensystem. Im dezimalen Zahlensystem stehen die Ziffern 0 bis 9 zur Verfügung. Das sind 10 Ziffern. Die Basiszahl hat daher den Wert 10.

Mit der Formel in Abb. 153.2 wird der Aufbau des dezimalen Zahlensystems allgemein dargestellt. Dabei wird die Basis mit *b* bezeichnet und die Ziffern entsprechend ihren Stellen a_0, a_1, a_2 usw. Die Formel gilt auch für das duale Zahlensystem.

$$Z = a_{n-1} \cdot b^{n-1} + a_2 \cdot b^2 + a_1 \cdot b^1 + a_0 \cdot b^0$$

Z	Zahl
$a_{n-1}...a_0$	Ziffernfolge als Zahl
n	Anzahl der Ziffern der Zahl
$b^{n-1}...b^0$	Vervielfachungsfaktoren
b	Basiszahl

153.2 Allgemeine Darstellung der Zahlensysteme

Dualzahlen

Im dualen Zahlensystem wird jede Stelle einer Zahl durch die Ziffern 0 oder 1 dargestellt. Dadurch ergibt sich die Basiszahl 2. Statt Stelle wird häufig der Begriff Bit verwendet.

Wie Abb. 153.3 zeigt, entspricht die Dualzahl 1001 der Dezimalzahl 9. Zur Verschlüsselung werden vier Bit benötigt. Üblicherweise stehen ein oder zwei Byte (acht oder sechzehn Bit) zur Verfügung. Auf ein Byte bezogen lautet die der Dezimalzahl 9 entsprechende Dualzahl 0000 1001.

Umrechnung: Dezimalzahlen in Dualzahlen

Abb. 153.4 zeigt ein Verfahren für die Umrechnung ganzer positiver Dezimalzahlen in Dualzahlen. Dabei wird die Dezimalzahl durch die Basiszahl 2 dividiert. Das Ergebnis wird als ganze Zahl mit dem Rest aufgeschrieben. Auch der Rest 0 wird notiert.

$$Z = a_3 \cdot b^3 + a_2 \cdot b^2 + a_1 \cdot b^1 + a_0 \cdot b^0$$

$$1001 = 1 \cdot 2^3 + 0 \cdot 2^2 + 0 \cdot 2^1 + 1 \cdot 2^0$$

$$1001 = 1 \cdot 8 + 0 \cdot 4 + 0 \cdot 2 + 1 \cdot 1$$

$$1001 = 8 + 0 + 0 + 1$$

$$1001_2 = 9_{10}$$

153.3 Duales Zahlensystem

Die sich durch die Division ergebende ganze Zahl wird im nächsten Schritt wieder durch 2 geteilt und der Rest notiert usw.

Die Umrechnung ist erst dann beendet, wenn die ganze Zahl des Divisionsergebnisses 0 geworden ist. Die sich ergebenden Reste bilden die umgerechnete Dualzahl.

Der zuerst gebildete Rest ist das **LSB** (**L**east **S**ignificant **B**it: niederwertigstes Bit) der Dualzahl, der zuletzt gebildete Rest das **MSB** (**M**ost **S**ignificant **B**it: höchstwertigstes Bit).

Wie Abb. 153.4 zeigt, wird die Dezimalzahl 114 durch die Dualzahl 0111 0010 gebildet. Es zeigt sich, dass Dualzahlen unübersichtlich sind, vor allem wenn es sich um lange Ziffernfolgen handelt. Deshalb wird zur übersichtlicheren Darstellung und besseren Lesbarkeit längerer Dualzahlen das sedezimale Zahlensystem verwendet.

Beispiel: 114_{10} wird in eine Dualzahl umgerechnet:

114 : 2 = 57 Rest 0 LSB
57 : 2 = 28 Rest 1
28 : 2 = 14 Rest 0
14 : 2 = 7 Rest 0
7 : 2 = 3 Rest 1
3 : 2 = 1 Rest 1
1 : 2 = 0 Rest 1 MSB

$$\mathbf{114_{10} = 1110010_2}$$

153.4 Umrechnung: Dezimalzahl in Dualzahl

$$Z = a_3 \cdot b^3 + a_2 \cdot b^2 + a_1 \cdot b^1 + a_0 \cdot b^0$$

$$10A9 = 1 \cdot 16^3 + 0 \cdot 16^2 + A \cdot 16^1 + 9 \cdot 16^0$$

$$10A9 = 1 \cdot 4096 + 0 \cdot 256 + A \cdot 16 + 9 \cdot 1$$

$$10A9 = 4096 + 0 + 160 + 9$$

$$10A9_{16} = 4265_{16}$$

154.1 Sedezimales Zahlensystem

5.4.3 Sedezimales Zahlensystem

Abb. 154.1 verdeutlicht das Sedezimalsystem. Es wird auch als **Hexadezimales Zahlensystem** bezeichnet. Zusätzlich zu den Ziffern 0 bis 9 werden die Buchstaben A bis F verwendet. Dabei entspricht der Buchstabe A der Zahl 10 und der Buchstabe F der Zahl 15. Somit stehen insgesamt 16 Zeichen (10 Ziffern und 6 Buchstaben) zur Verfügung. Die Basiszahl hat also den Wert 16.

Nach Abb. 154.1 entspricht die Dezimalzahl 4265 der Sedezimalzahl 10A9. Bei der Verwendung verschiedener Zahlensysteme werden zur eindeutigen Unterscheidung z. B. die Basiszahlen angegeben:

- 10_{16} kennzeichnet 10 als Sedezimalzahl,
- 10_{10} eine Dezimalzahl und
- 10_2 eine Dualzahl.

Dualzahl				Dezimal-zahl	Sedezimal-zahl
2^3	2^2	2^1	2^0		
0	0	0	0	0	0
0	0	0	1	1	1
0	0	1	0	2	2
0	0	1	1	3	3
0	1	0	0	4	4
0	1	0	1	5	5
0	1	1	0	6	6
0	1	1	1	7	7
1	0	0	0	8	8
1	0	0	1	9	9
1	0	1	0	10	A
1	0	1	1	11	B
1	1	0	0	12	C
1	1	0	1	13	D
1	1	1	0	14	E
1	1	1	1	15	F

154.2 Gegenüberstellung der Zahlensysteme

Abb. 154.2 zeigt alle mit vier Bit darstellbaren Dualzahlen. Sie lassen sich mit dem Zeichenvorrat 0 bis F des sedezimalen Zahlensystems verschlüsseln.

Umrechnung: Dualzahlen in Sedezimalzahlen
Dualzahlen mit mehr als vier Bit werden, bei dem niederwertigsten Bit (rechts) beginnend, in 4-Bit-Blöcke aufgeteilt. Ein 4-Bit-Block wird auch als **Tetrade** bezeichnet. Jeder Tetrade wird gemäß Abb. 154.2 das entsprechende Sedezimalzeichen zugeordnet.

Dualzahl:	1011	0101	1111	1000
Sedezimalzahl:	B	5	F	8

Die Dualzahl 1011010111111000_2 entspricht der Sedezimalzahl $B5F8_{16}$.

Mit dem dezimalen Zahlensystem ist eine solche Zuordnung nicht möglich, da mit dem Zeichenvorrat 0 bis 9 nur 10 der insgesamt mit vier Bit darstellbaren 16 Dualzahlen verschlüsselt werden können (Abb. 154.2).

Umrechnung: Sedezimalzahlen in Dualzahlen
Jeder Sedezimalziffer wird die entsprechende Dualzahl – vierstellig – zugeordnet.

Sedezimalzahl:	1	0	A	9
Dualzahl:	0001	0000	1010	1001

Somit entspricht die Sedezimalzahl $10A9_{16}$ der Dualzahl 1000010101001_2.

Aufgaben

1. *Wie viele dezimale Zahlen lassen sich mit 12, 14 und 16 Bit verschlüsseln?*
2. *Rechnen Sie die folgenden Dualzahlen in Dezimalzahlen um: 10110; 110101; 11110101101!*
3. *Rechnen Sie die folgenden Dezimalzahlen in Dualzahlen um: 100; 255; 1024; 5000!*
4. *Rechnen Sie die folgenden Dualzahlen in Sedezimalzahlen um: 10110; 1010001100; 1011101011111111!*
5. *Rechnen Sie die folgenden Sedezimalzahlen in Dualzahlen um: B8; ABC; BAD; F84A!*
6. *Rechnen Sie die folgenden Sedezimalzahlen in Dezimalzahlen um: C9; 800; FFFF!*

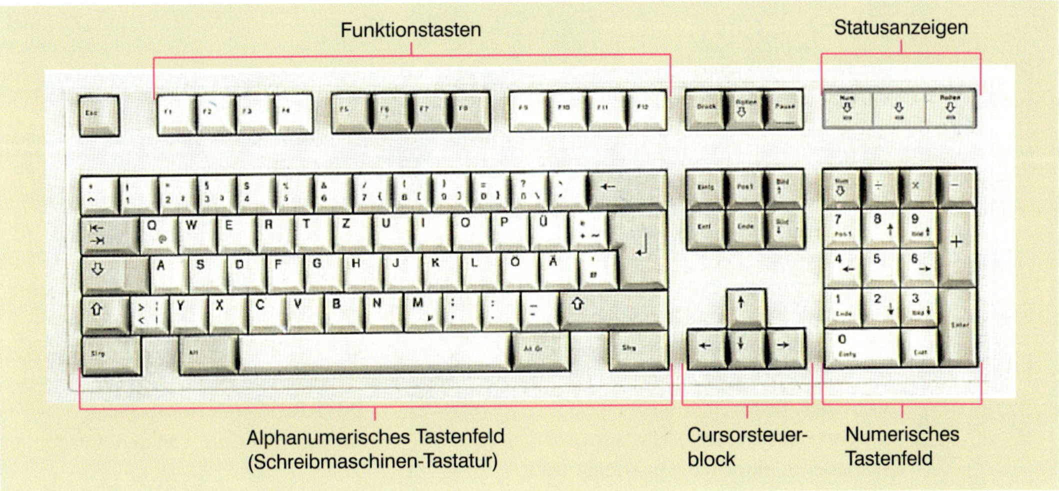

155.1 Tastatur eines Personalcomputers

5.5 Eingabe- und Ausgabegeräte

5.5.1 Tastatur

Die Tastatur ist das wichtigste Eingabegerät für den PC. Mit ihr werden Kommandos an das Betriebssystem und die Anwendungssoftware erteilt. Vor allem aber werden Daten in Form von Buchstaben, Ziffern und Sonderzeichen eingegeben. Abb. 155.1 zeigt eine PC-Standardtastatur. Sie lässt sich in fünf Funktionsgruppen aufteilen:

- Alphanumerisches Tastenfeld
- Numerisches Tastenfeld
- Tasten zur Cursorsteuerung
- Kommando- und Sondertasten
- Funktionstasten

Alphanumerisches Tastenfeld

Dieses Tastenfeld enthält die Tasten für Buchstaben, Ziffern und Sonderzeichen. Die Belegung der Tasten entspricht weitgehend der einer Schreibmaschinentastatur.

Lautet die erste Buchstabenreihe von links beginnend QWERTZ, handelt es sich um eine deutsche Normtastatur (DIN 2137). Bei englischen und amerikanischen Tastaturen befindet sich anstelle der Z-Taste die Y-Taste (QWERTY-Tastatur). Die Buchstaben Ä, Ö, Ü und ß gibt es nur auf deutschsprachigen Tastaturen.

Die meisten Tastaturen besitzen eine Dauerfunktion, d. h., das Zeichen wird so lange wiederholt, wie die Taste betätigt wird.

Numerisches Tastenfeld

Dieser Ziffernblock dient vorwiegend der schnellen Eingabe von Zahlen. Die Anordnung der Tasten entspricht etwa der Tastatur einer Rechenmaschine oder eines Taschenrechners.

Die Tasten des numerischen Tastenfeldes sind zweifach belegt. Zum einen mit den Ziffern 0 bis 9 und dem Komma, zum andern mit den Cursorsteuerfunktionen. Über die Num-Taste erfolgt die Umschaltung. Ist die numerische Funktion gewählt, leuchtet im Feld der Statusanzeigen über dem Tastenfeld die Num-Anzeige auf.

Tasten zur Cursorsteuerung

Über diese Tasten erfolgt die Steuerung des Cursors. Als Cursor wird die blinkende Markierung auf dem Bildschirm bezeichnet, an der das nächste über die Tastatur einzugebende Zeichen angezeigt wird.

Kommando- und Sondertasten

Mit diesen Tasten werden programmgesteuerte Verarbeitungsvorgänge aufgerufen, wie z. B. das Speichern einer Textdatei durch das gleichzeitige Betätigen der Tasten Strg + S.

Funktionstasten

Dieses Feld besteht aus mindestens 12 Tasten, die abhängig vom Programm mit bestimmten Funktionen belegt werden können. So ist z. B. die Taste F1 häufig als Hilfe-Taste ausgelegt.

ÜBERBLICK Tastenfunktionen

Taste	Bezeichnung und Wirkung	Taste	Bezeichnung und Wirkung
↵ Enter	**Eingabe-Taste**, auch **Return** oder **Enter**, dient zur Bestätigung von Eingaben, z. B. der zuvor geschriebenen Zeile. (carrige return: Wagenrücklauf, to enter: eintreten)	↑ ← ↓ →	**Cursor-Tasten** bewegen den Cursor über den Bildschirm. Die Bewegungsrichtung ist auf den Tasten angegeben.
⇧ Shift	**Shift-Taste** bewirkt bei gleichzeitigem Drücken einer Buchstabentaste, dass der Buchstabe großgeschrieben wird. (to shift: verschieben)	⇤ ⇥	**Tab-Taste** bewegt den Cursor in die nächste Tabulatorposition. (Tab.: Tabulator)
⇩	**CapsLock-Taste** schaltet dauernd von Klein- auf Großschreibung. Rückstellung erfolgt mit der Shift-Taste. (Capitals locked: Großbuchstaben eingeschaltet)	Pos 1	**Pos1-Taste** oder **Home-Taste** bewegt den Cursor an den Anfang der Zeile.
(Leertaste)	**Space-Taste** oder **Leer-Taste** bewirkt einen Leerschritt.	Ende	**Ende-Taste** bewegt den Cursor zum Zeilenende.
Esc	**Esc-Taste** dient zum Löschen der letzten Befehlszeile oder zur Programmunterbrechung. (Escape: flüchten)	Num ⇩	**Num-Taste** schaltet auf das numerische Tastenfeld um. (Numeral locked: Ziffer eingeschaltet)
Entf	**Entf-Taste oder Del-Taste** löscht das Zeichen vor dem Cursor. Alle nachfolgenden Zeichen werden um eine Stelle nach links gerückt. (Ent.: entfernen, to delete: löschen)	Strg	**Strg-Taste** ermöglicht bei gleichzeitiger Betätigung anderer Tasten die Eingabe von Steuerbefehlen. (Strg: Steuerung)
←	**Rück-Taste** oder **Back Space-Taste** stellt den Cursor eine Position zurück und löscht dabei das überfahrene Zeichen. (Back Space: Rückwärtsschritt)	Alt	**Alt-Taste** schaltet bei gleichzeitiger Betätigung einer anderen Taste deren alternative Funktion ein. (Alternative: Auswahl)
Einfg	**Einfg-Taste** oder **Ins-Taste** schaltet den Einfügemodus ein und aus. Im Einfügemodus können Zeichen eingefügt werden. (Einf.: einfügen, to insert: einfügen)	Alt Gr	**Alt Gr-Taste** schaltet bei gleichzeitiger Betätigung einer anderen Taste deren dritte Funktion ein.
Druck S-Abf	**Druck-Taste** bewirkt den Ausdruck der aktuellen Bildschirmanzeige.	 Strg + Cursor →	**Beispiele für Steuertastenkombinationen:** Bewegt den Cursor an den Anfang des nächsten Wortes.
Bild ↑ Bild ↓	**Bild-Tasten** ermöglichen in vielen Programmen das Blättern von einer Bildschirmseite nach oben (Bild ↑) oder nach unten (Bild ↓).	Strg + Entf Alt Gr + Q Strg + Alt + Entf	Löscht den hinter dem Cursor stehenden Teil eines Wortes. Schreibt das Zeichen @. Startet den Computer neu.

157.1 Maus

5.5.2 Maus

Die Computermaus (Abb. 157.1) ist neben der Tastatur sicherlich das zweitwichtigste Eingabegerät. Während die Tastatur vorwiegend zur Eingabe von Texten und Zahlen dient, erleichtert die Maus – quasi als verlängerter Finger – die Bedienung des Computers.

Aufbau

Die Maus besteht aus einem etwa handgroßen Gehäuse, in dem sich eine Gummikugel befindet, die aus einer Öffnung an der Unterseite aus dem Gehäuse herausragt. Durch Bewegung der Maus auf einer Unterlage wird die Kugel gedreht. Die Drehbewegung der Kugel wird mithilfe elektrischer Impulse auf den Bildschirm übertragen. Auf diese Weise folgt der Mauszeiger (Cursor) präzise der Handbewegung.

Mausfunktionen

Bei der Arbeit mit der Maus lassen sich drei Funktionen unterscheiden: Zeigen, Klicken und Ziehen.

Beim **Zeigen** wird der Mauszeiger durch Bewegen der Maus auf dem Bildschirm verschoben. Dabei erscheint der Zeiger z. B. in Grafikprogrammen als Pfeil und bei der Textverarbeitung als blinkender vertikaler oder horizontaler Strich.
Beim **Klicken** wird eine der Maustasten gedrückt und sofort wieder losgelassen. Auf diese Weise lassen sich Programmfunktionen über Bildsymbole auswählen oder aufrufen.

Von **Ziehen** spricht man, wenn Mausbewegung und Tastenbetätigung kombiniert werden. Damit lassen sich Bildschirmbereiche wie Zeilen oder Textabschnitte markieren und als gesamtes Objekt weiterverarbeiten.

5.5.3 Scanner

Scanner sind optische Lesegeräte, die Bilder oder Texte abtasten und im Computer speichern. Vereinfacht gesagt „fotokopiert" der Scanner die Vorlage in den PC-Speicher.

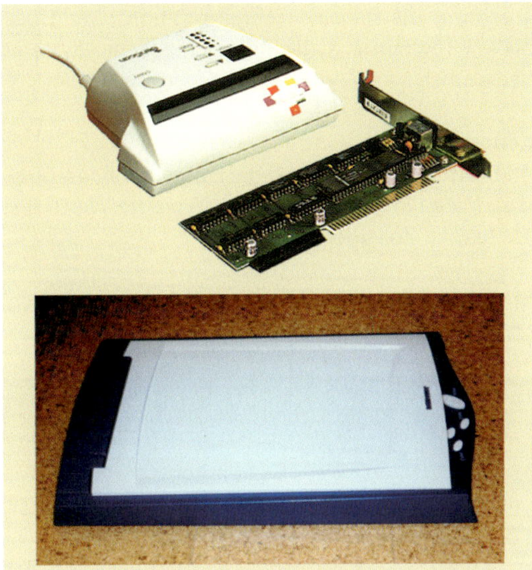

157.2 Hand- und Flachbettscanner

Scanner gibt es entsprechend Abb. 157.2 als Hand- oder Flachbettscanner. Flachbettscanner werden vorwiegend zur Abtastung im A4-Format eingesetzt. Für einfache Anwendungen dienen Handscanner, die mit der Hand über die Vorlage geführt werden.

Im PC können die eingescannten Bilder oder Texte mit entsprechender Software weiterverarbeitet werden. Die Genauigkeit, mit der eine Vorlage eingescannt werden kann, hängt von der Auflösung ab. Sie wird in **dpi** (**d**ots **p**er **i**nch: Punkte pro Zoll; 1 Zoll = 2,54 cm) angegeben. Typische Werte sind für Handscanner 300 bis 500 dpi und für Flachbettscanner 300 bis 3000 dpi.

Da eingescannte Bilder viel Speicherplatz belegen, sollte immer nur der tatsächlich interessierende Bildbereich gescannt werden.

5.5.4 Bildschirm

Der Bildschirm ist das wichtigste Ausgabegerät bei einem PC. Er dient zur vorübergehenden Darstellung von Daten aller Art (Text, Grafik, Foto). Man bezeichnet den Bildschirm auch als Monitor, Display oder Datensichtgerät. Abb. 158.1 zeigt einen TFT-Monitor.

Bildschirme werden in Verbindung mit Tastatur und Maus als Dialoggeräte eingesetzt. Alle Eingaben werden unmittelbar auf dem Bildschirm angezeigt. Der blinkende Cursor markiert z. B. bei der Textverarbeitung die nächste Schreibposition. Der Überblick Bildschirme stellt unterschiedliche Systeme gegenüber.

158.1 TFT-Display

Kenngrößen

Als **Bildschirmgröße** wird die Länge der Bildschirmdiagonalen in Zoll angegeben. Typische Werte sind 15 Zoll, 17 Zoll oder 20 Zoll.

Mit der **Auflösung** wird die Anzahl der waagerechten und der senkrechten Pixel angegeben.

Für die unterschiedlichen Bildschirmgrößen werden folgende Auflösungen empfohlen:

- 15 Zoll: 800 x 600 Pixel
- 17 Zoll: 1024 x 768 Pixel
- 20 Zoll: 1280 x 1024 Pixel

ÜBERBLICK Bildschirme

System	CRT-Monitore	LCD-Display	TFT-Display
Prinzip, Anwendung	Der **CRT-Monitor** (**C**athode **R**ay **T**ube: Katodenstrahlmonitor) ist technisch mit einem Fernsehbildschirm vergleichbar. Allerdings sind die technischen Leistungsmerkmale an die Darstellungsform von Computerdaten angepasst.	Passive **LCD-Anzeigen** (**L**iquid **C**rystal **D**isplay: Flüssigkristallanzeige) sind mit der Anzeige von Digitaluhren vergleichbar. Sie werden u. a. in Palmtops (Electronic Organizer), Notepads (Pen-PC) und Taschenrechnern eingesetzt.	**TFT-Display (TFT: Thin Film Transistor)** sind aktive LCD-Displays. Eingesetzt werden sie vorwiegend als „Flachbildschirme" (auch TFT-Monitore genannt) oder in Laptops oder Notebooks.
Bildqualität	• kein Qualitätsverlust bei unterschiedlichen Auflösungen • flimmerfreies Bild bei Bildwiederholfrequenz f > 75 Hz • Verzerrungen an den Bildrändern	• nur bei einer Auflösung ohne Qualitätsverlust einsetzbar • völlig flimmerfrei, jedoch relativ träge • keine Verzerrungen	• völlig flimmerfrei • keine Verzerrungen
Betrachtungswinkel	groß	klein	mittel
Weitere technische Kennwerte	• großer Platzbedarf (Bildröhre) • großes Gewicht • hohe Leistungsaufnahme • geringe Röntgenstrahlung	• geringer Platzbedarf durch flache Bauweise • geringes Gewicht • ca. 20 % Leistungsaufnahme eines CRT-Monitors • keine Röntgenstrahlung	

EXKURS **Umweltverträglichkeit von CRT-Monitoren**

Jeder Elektronenstrahl-Bildschirm hat eine unerwünschte Nebenwirkung: die elektromagnetische Strahlung. Da zu große elektromagnetische Strahlungen zu gesundheitlichen Problemen führen können, wurden Grenzwerte festgelegt.

Richtungsweisend ist dabei der schwedische Gewerkschaftsbund **TCO** (**T**jänstemännens **C**entral **O**rganisation: Zentralorganisation für Angestellte und Beamte). In den Normen TCO 92, TCO 95 und – seit 1999 – TCO 99 werden über die Festlegung von Grenzwerten für elektromagnetische Felder hinaus Anforderungen an den Computer bezüglich der Ergonomie, der ökologischen Verträglichkeit und des Herstellungsprozesses gestellt. Unter anderem gilt:

- Bei der Produktion ist der Gebrauch von FCKW und anderen ozonschädigenden Substanzen und chlorierten Lösungsmitteln verboten.
- Gehäuse dürfen keine Stoffe enthalten, die bei der Verbrennung Dioxine oder Furane bilden können.
- Bildschirme müssen mit einer Stromspareinrichtung ausgestattet sein, die den Bildschirm automatisch abschaltet, wenn er nicht benutzt wird.

Die letztgenannte Maßnahme verringert den Energieverbrauch erheblich, da ein Bildschirm im Betrieb bis zu 100 W (Watt), im Stand-by-Betrieb dagegen nur bis zu 10 W aufnimmt.

Aufgrund der rasanten Entwicklung in der Computerwelt ist die Gebrauchsdauer dieser Geräte entsprechend kurz. Daraus wiederum resultiert eine enorme Zunahme an Elektronikabfällen. Zu ihnen gehören neben wiederverwertbaren Stoffen wie Kunststoff, Glas, Kupfer, Aluminium und Eisen auch Schadstoffe, die entsorgt werden müssen. So enthalten z. B. Bildschirme umweltgefährdende Schwermetalle wie Blei, Cadmium und Barium.

Bei der Entsorgung werden die wiederverwertbaren Stoffe sortiert und zur Weiterverarbeitung gesammelt. Bauteile aus Verbundmaterialien, die manuell nicht trennbar sind, werden vor dem Material-Recycling durch mechanische – z. B. Schreddern – oder chemische Trennverfahren aufgeschlüsselt. Schadstoffhaltigen Bildröhren aus Fernsehern und Computerbildschirmen lassen sich in bariumhaltiges Schirmglas und bleihaltiges Konusglas trennen. Von dem Schirmglas wird die Leuchtschicht entfernt. Es kann in einer Glashütte weiterverarbeitet werden. Das Konusglas kann ohne weitere Behandlung in der Buntmetallverhüttung verwertet werden.

5.5.5 Drucker

Drucker wie in Abb. 159.1 dienen dazu, die im Computer verarbeiteten oder gespeicherten Daten als Texte, Grafiken oder Bilder auf Papier auszugeben. Die Auswahl eines geeigneten Druckers ist nicht immer einfach, da unterschiedliche Druckersysteme und ein breites Leistungs- und Preisspektrum das Angebot kennzeichnen. Der Überblick Drucker stellt unterschiedliche Drucker-Systeme gegenüber.

159.1 Drucker

Kenngrößen

Die **Auflösung** ist eine wichtige Kenngröße von Druckern. Sie wird in dpi (dots per inch: Punkte pro Zoll, 1 Zoll = 2,54 cm) angegeben.

Der **Druckmodus** legt die Ausrichtung (Hoch- oder Querformat), die Druckqualität und die Größe des Ausdrucks fest. Dabei werden die **Druckqualitäten Draft** (Entwurf), **NLQ** (**N**ear **L**etter **Q**ualität: nahezu Briefqualität) und **LQ** (**L**etter **Q**ualität: Briefqualität) unterschieden.

Unter **Postscript** versteht man eine Seitenbeschreibungssprache, die bewirkt, dass z. B. ein Text auf jedem postscriptfähigen Drucker mit dem gleichen Ausdruck ausgegeben wird.

ÜBERBLICK Drucker

System	Nadeldrucker	Tintenstrahldrucker	Laserdrucker
Prinzip	Anschlagdrucker (Impact-Drucker). Die Zeichen werden aus einzelnen Punkten zusammengesetzt, die von elektromagnetisch angetriebenen Nadeln mithilfe eines Farbbandes erzeugt werden. Druckköpfe besitzen z. B. 9, 18, 24 oder 48 Nadeln mit 0,2 bis 0,3 mm Durchmesser.	Anschlagfreier (non impact) Drucker. Die Zeichen werden aus einzelnen Tintenpunkten zusammengesetzt. Dazu werden mikrofeine Tintentropfen unter sehr hohem Druck auf das Papier gesprüht. Druckköpfe besitzen z. B. 24, 48 oder 64 Düsen.	Anschlagfreier Seitendrucker, der ähnlich wie ein Fotokopiergerät arbeitet. Ein Laserstrahl bringt die Zeichen auf eine lichtempfindliche Bildtrommel. An den belichteten Stellen bleibt ein schwarzes Pulver (Toner) haften, das auf das Papier übertragen wird.
Geschwindigkeit	bis etwa 4 Seiten pro Minute	bis etwa 10 Seiten pro Minute	bis etwa 32 Seiten pro Minute
Auflösung (typisch)	bis etwa 300 dpi	bis etwa 720 dpi	bis etwa 720 dpi Hochleistungsgeräte bis 2400 dpi
Anwendungen	Geringe Anforderungen: Konzeptausdrucke, Texte, einfache Grafik	Mittlere bis hohe Anforderungen: Texte, hochwertige Grafiken	hohe bis sehr hohe Anforderungen: Texte, Grafiken, fotorealistische Bilder
Vorteile	• niedrige Betriebskosten • dokumentenechter Druck • kann Durchschläge erstellen • kann Endlospapier verwenden • Farbband ist umweltfreundlich	• geringe Betriebskosten nur bei Textdruck • geräuscharmes Drucken • Tintenpatronen sind umweltfreundlich	• hohe Druckqualität • sehr leises Drucken • dokumentenechter Druck
Nachteile	• sehr lautes Drucken • geringe Druckgeschwindigkeit	• Drucke sind nicht licht- und wasserfest • hohe Folgekosten bei großflächiger Färbung • hohe Druckqualität erfordert Spezialpapier	• bei Farbdruckern hoher Anschaffungspreis • Tonerkartusche muss entsorgt werden
Betriebskosten	• Farbband	• Tintenpatrone • ggf. Spezialpapier	• Tonerkartusche • Bildtrommel

Aufgaben

1. *Erläutern Sie Möglichkeiten der Großschreibung mithilfe der Tastatur!*
2. *Welche Funktionen haben die Steuertasten Strg, Alt und Alt Gr?*
3. *Mit welcher Tastenkombination lässt sich das Zeichen „\" (Backslash) schreiben?*
4. *Beschreiben Sie die Mausfunktionen „Klicken" und „Ziehen"!*
5. *Wodurch unterscheidet sich ein Flachbettscanner von einem Handscanner?*
6. *Stellen Sie Vor- und Nachteile der unterschiedlichen Monitorsysteme gegenüber!*
7. *Geben Sie an, welche Schadstoffe CRT-Monitoren enthalten!*
8. *Erläutern Sie die Bedeutung des Stand-by-Modus bei einem Monitor!*
9. *Welches Drucksystem eignet sich besonders gut für den Einsatz in Büros mit hohem Druckaufkommen? Begründen Sie Ihre Wahl!*
10. *Wovon sind bei einem Tintenstrahldrucker die Betriebskosten abhängig?*

161.1 Diskette

161.2 Festplattenlaufwerk

5.6 Externe Speicher

Beim Ausschalten des Computers oder beim Verlassen des Anwenderprogramms gehen die im Arbeitsspeicher gespeicherten Daten verloren. Um dies zu verhindern, müssen die Daten dauerhaft und wieder aufrufbar gespeichert werden.

Diese Aufgabe übernehmen externe Speicher. Abhängig von der Art, wie die Daten gespeichert werden, unterscheidet man zwischen magnetischen und optischen Speichern.

5.6.1 Magnetische Speicher

Wesentliche Speichermedien für einen PC sind die Diskette und die Festplatte.

Diskette

Eine Diskette ist eine runde Kunststoffscheibe mit einer Eisenoxid-Beschichtung, auf der Daten magnetisch gespeichert werden können. Geschützt wird sie durch ein Gehäuse gemäß Abb. 161.1.

Zum Lesen und Beschreiben einer Diskette besitzt der Computer ein Diskettenlaufwerk (Disk Drive), in das die Diskette geschoben wird. Ein kleiner Schieber im Gehäuse schützt gegen versehentliches Beschreiben.

Die Diskette muss zur Aufnahme von Daten formatiert sein. Die Formatierung erfolgt mit einem Programm, das vom Betriebssystem zur Verfügung gestellt wird. Die im Handel erhältlichen Disketten sind i. d. R. bereits formatiert.

Der Durchmesser einer Diskette beträgt 3,5 Zoll (etwa 9 cm). In der Ausführung als HD-Diskette verfügen sie über eine Speicherkapazität von 1,44 MB. **HD** steht für **H**igh **D**ensity (hohe Schreibdichte), **MB** für **M**ega **B**yte.
Weiterhin gibt es Disketten in der Ausführung **ED** (**E**xtra **D**ensity). Diese verfügen über eine Speicherkapazität von 2,88 MB.

Festplatte

Die Festplatte wird auch als Hard Drive (HD) bezeichnet. Entsprechend Abb. 161.2 besteht sie i. d. R. aus mehreren mit einer Magnetschicht überzogenen Aluminiumscheiben. Im Unterschied zur Diskette ist die Festplatte staubdicht verschlossen in einem Laufwerk fest eingebaut.

Als Sonderbauform gibt es die Wechselfestplatte, die sich durch einen Einbaurahmen mitsamt Gehäuse austauschen und transportieren lässt.

Die Speicherkapazität der Festplatte ist gegenüber der Diskette um ein Vielfaches größer, z. B. 40 GB oder 60 GB. **GB** steht für **G**iga **B**yte. Neben der Diskette und der Festplatte gibt es weitere magnetische Speicher: ZIP-Diskette und Cartridge.

ZIP-Diskette

Die ZIP-Diskette ist eine wechselbare 3,5-Zoll-Diskette mit einer Speicherkapazität von 100 MB oder 250 MB. Allerdings ist diese Diskette nicht mit der konventionellen 3,5-Zoll-Diskette kompatibel; sie benötigt ein spezielles ZIP-Laufwerk.

ÜBERBLICK Optische Speicher

CD-ROM	CD-R	CD-RW	DVD
Compact **D**isc **R**ead **O**nly **M**emory (Nur-Lese-Speicher)	**C**ompact **D**isc **R**ecordable (einmal beschreibbare CD)	**C**ompact **D**isc **R**e**W**ritable (wieder beschreibbare CD)	**D**igital **V**ersatile **D**isc (vielseitige digitale Disk, auch: „Digital Video Disk" genannt)
CD kann nur gelesen, aber nicht beschrieben werden. Die Beschreibung erfolgt bei der Herstellung.	CD wird mit einem CD-Recorder („CD-Brenner") einmal beschrieben und kann auf einem CD-ROM-Laufwerk beliebig oft gelesen werden.	CD kann mehrfach beschrieben und beliebig oft gelesen werden. Beschrieben wird die CD mit einem CD-Rewriter.	DVD gibt es in den Versionen • DVD-ROM • DVD-R • DVD-RW
Speicherkapazität: etwa 640 MB	Speicherkapazität: etwa 640 MB	Speicherkapazität: etwa 640 MB	Speicherkapazität: bis zu 17 GB

Cartridge
Ein Cartridge ist mit einer Musik-Kassette vergleichbar. Die Speicherung der Daten erfolgt auf einem magnetischen, mit Eisenoxid beschichteten dünnen Kunststoffstreifen.

Das in einer Kassette befindliche Magnetband wird mit einem Bandlaufwerk, dem sogenannten **Streamer** beschrieben und gelesen. Die Speicherkapazität beträgt z. B. 4 GB.

5.6.2 Optische Speicher

Der heute bekannteste optische Speicher wird als CD-ROM bezeichnet. Neben dem Disketten- und Festplattenlaufwerk besitzt praktisch jeder PC ein CD-ROM-Laufwerk (Abb. 162.1).

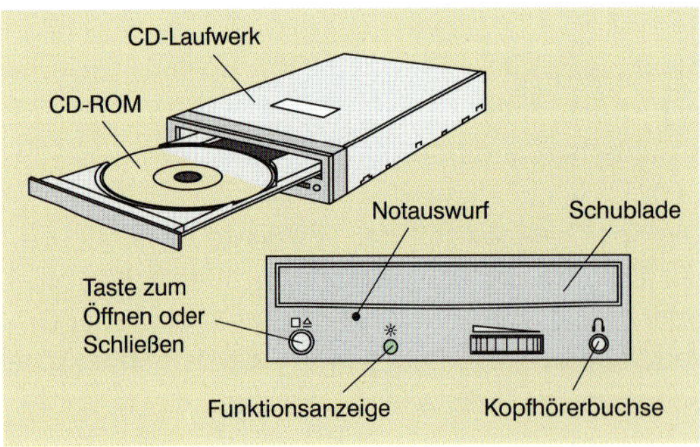

162.1 CD-ROM

CD steht für **C**ompact **D**isk. **ROM** für **R**ead **O**nly **M**emory: Nur-Lese-Speicher. Vergleichbar ist dieser optische Speicher mit der Musik-CD. Die CD besteht aus einer Kunststoffscheibe, die einseitig mit einer hauchdünnen Aluminiumschicht überzogen ist. In diese Schicht werden die Informationen eingebrannt. Gelesen werden sie berührungslos mit einem Laserstrahl.

Neben dem beschriebenen optischen Speicher gibt es weitere Varianten. Der Überblick Optische Speicher stellt sie vor.

Die DVD zeichnet sich gegenüber der CD durch eine wesentlich höhere Speicherkapazität aus, die unter anderem durch weiterentwickelte Verfahren zur Aufzeichnung von Daten und ein Kompressionsverfahren erreicht wird.

Wesentliche Vorteile optischer Speicher sind – gegenüber magnetischen Speichern – die hohe Datensicherheit aufgrund der langen Haltbarkeit und die große Speicherkapazität.

Aufgaben

1. *Beschreiben Sie die Funktion von externen Speichern!*
2. *Erläutern Sie, wodurch sich die Diskette von der Festplatte unterscheidet!*
3. *Nennen Sie Anwendungsbeispiele für eine ZIP-Diskette!*
4. *Beschreiben Sie Vor- und Nachteile des Cartridges gegenüber der Diskette.*
5. *Wodurch unterscheiden sich die im Überblick aufgezeigten optischen Speicher?*
6. *Was versteht man unter einem optischen Speicher mit der Bezeichnung DVD-RW?*
7. *Ordnen Sie anhand einer Tabelle den unterschiedlichen Speichermedien Anwendungsbeispiele zu!*

EXKURS

Ergonomischer Computerarbeitsplatz

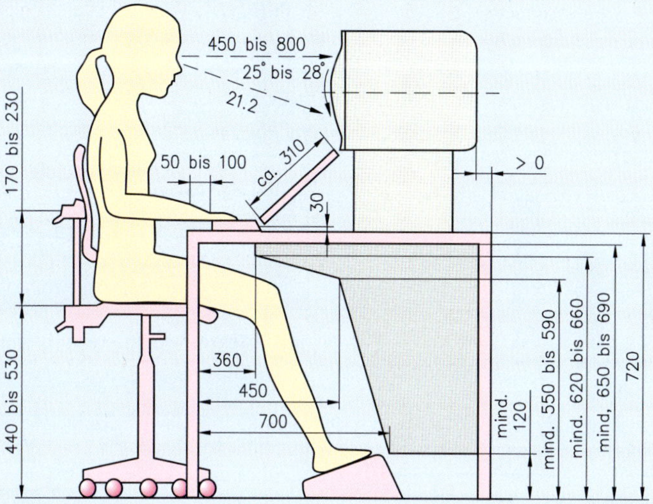

Damit bei der Arbeit mit dem PC die Gesundheit nicht gefährdet wird, muss der Computerarbeitsplatz unter ergonomischen Gesichtspunkten gestaltet werden.

Ein ergonomischer Arbeitsplatz ist ein an die Fähigkeiten und Bedürfnisse des Menschen angepasster Arbeitsplatz.

Auf einen Computerarbeitsplatz bezogen bedeutet das: Neben dem Computer müssen auch der Arbeitstisch und Arbeitsstuhl angepasst sein.

Der **Arbeitstisch** muss eine reflexionsarme Oberfläche besitzen und so groß sein, dass Bildschirm, Tastatur, Schreibgut und weitere Arbeitsmittel flexibel angeordnet werden können.

Die Höhe nicht verstellbarer Tische muss 72 cm betragen. Ideal sind in der Höhe von 65 cm bis 79 cm verstellbare Tische, damit die Arbeitshöhe der Sitzhöhe oder der Körpergröße angepasst werden kann. Die folgende Tabelle zeigt typische Werte.

Körpergröße	159 cm	171 cm	175 cm	187 cm
Tischhöhe	65 cm	71 cm	73 cm	79 cm

Der **Arbeitsstuhl** kann die Ursache für eine falsche Sitzhaltung sein und zu Rückenschmerzen, verspannten Muskeln und Ermüdungserscheinungen führen. Optimal ist eine Sitzhöhe, bei der die Fußsohlen ganzflächig auf dem Boden oder auf einer Fußstütze aufgestellt werden können. Deshalb muss bei Arbeitsstühlen die Sitzhöhe verstellbar sein.

Die Arbeit am **Bildschirm** kann zu starker Belastung der Augen führen. Um das weitgehend zu vermeiden, muss der Blick auf den Schirm etwa um 25° bis 28° gegen die Horizontale geneigt sein. Dabei soll sich die oberste Bildschirmzeile höchstens in Augenhöhe befinden.

Der Bildschirm selbst muss ausreichend groß sein: bei der Textverarbeitung mindestens 15 Zoll, für die Arbeit mit Konstruktionsprogrammen 17 Zoll oder 20 Zoll. Die günstigste Entfernung zum Bildschirm liegt – abhängig von seiner Größe – bei 45 cm bis 80 cm.

Um ein flimmerfreies Bild zu gewährleisten, sollte die Bildwiederholfrequenz mindestens 72 Hz betragen. Zu helle oder zu dunkle Einstellungen wirken ebenso ermüdend wie Blendungen oder Spiegelungen. Außerdem muss der Bildschirm zur Anpassung an die individuellen Bedürfnisse des Benutzers frei, leicht drehbar und neigbar sein.

Damit die **Tastatur** eine bequeme Haltung des Benutzers ermöglicht und durch sie vermieden wird, dass Arme und Hände nicht einschlafen, muss sie geneigt, vom Bildschirm getrennt und genügend groß sein.

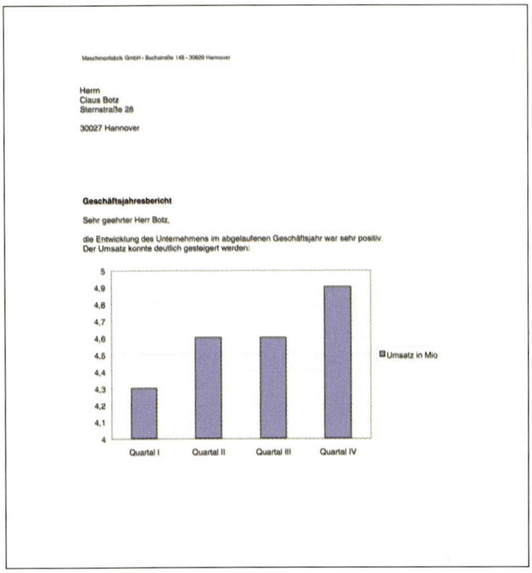
Maschinenfabrik GmbH · Buchstraße 148 · 30629 Hannover

Herrn
Claus Botz
Sternstraße 28

30027 Hannover

Geschäftsjahresbericht

Sehr geehrter Herr Botz,

die Entwicklung des Unternehmens im abgelaufenen Geschäftsjahr war sehr positiv.
Der Umsatz konnte deutlich gesteigert werden:

164.1 Mit dem PC erstellter Brief

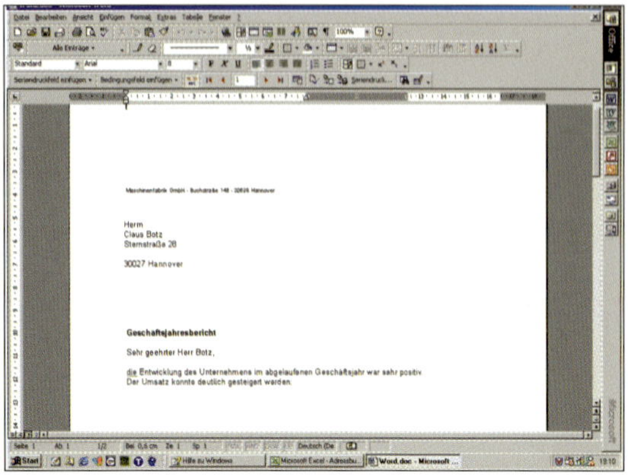

164.2 Textverarbeitungsprogramm

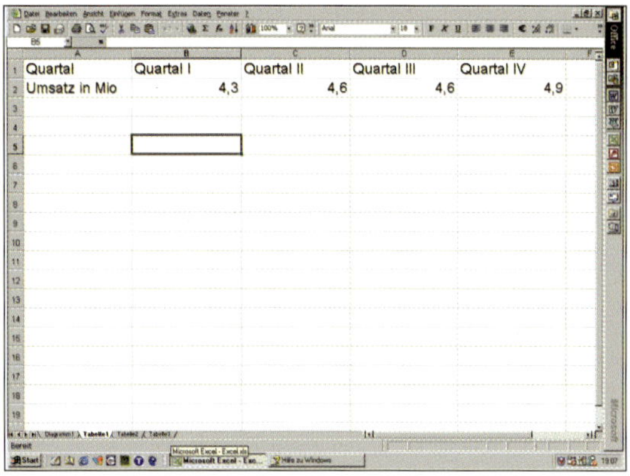

164.3 Tabellenkalkulationsprogramm

5.7 Software

5.7.1 Anwendersoftware, Programmiersprachen

Abb. 164.1 zeigt einen Brief, der im Sekretariat der Geschäftsleitung mit dem Computer erstellt wurde. Dazu waren folgende Arbeitsschritte erforderlich:

- Die Anschrift wurde einer Datenbank (Kartei mit Anschriften) entnommen.
- Der Text wurde erfasst und bearbeitet.
- Die Daten wurden errechnet.
- Die Daten wurden grafisch dargestellt.

Für diese Arbeiten stehen fertige Programme, so genannte Anwenderprogramme, zur Verfügung.

Datenverwaltung (Datenbank)

Programme zur Datenverwaltung ersetzen die Kartei und die Karteikarten. Die Daten werden mit dem Computer erfasst, verarbeitet und in Dateien gespeichert. Dabei kann es sich z. B. um Kunden-, Lieferanten- oder Artikeldateien in einem Betrieb, aber auch um Telefon- oder Adressdateien handeln. Gewünschte Daten können abgerufen und z. B. zum Drucken von Adressaufklebern, Listen oder Tabellen zusammengestellt werden. Des Weiteren lassen sich Daten nach unterschiedlichen Gesichtspunkten wie Namen, Vornamen oder Postleitzahlen sortieren. Jederzeit können Daten hinzugefügt, geändert oder gelöscht werden.

Textverarbeitung

Textverarbeitungsprogramme (Abb. 164.2) erleichtern wesentlich das Erfassen und Bearbeiten von Einzeltexten und Rundschreiben. Durch Überschreiben, Löschen, Ersetzen oder Einfügen können Texte verändert werden. In bereits vorhandene Texte können neue eingesetzt werden. Mehrere Dateien können zu einem neuen Text verknüpft werden.

Tabellenkalkulation (Rechenblatt)

Mit diesen Programmen können z. B. Kostenvoranschläge erstellt werden. Außerdem werden Kalkulationsprogramme z. B. bei der Haushaltsplanung oder bei statistischen Auswertungen angewandt (Abb. 164.3).

Grafik

Grafikprogramme können z. B. die mit einem Tabellenkalkulationsprogramm erstellten Daten übersichtlich in Flächen-, Balken-, Linien- oder Kreisdiagrammen darstellen.

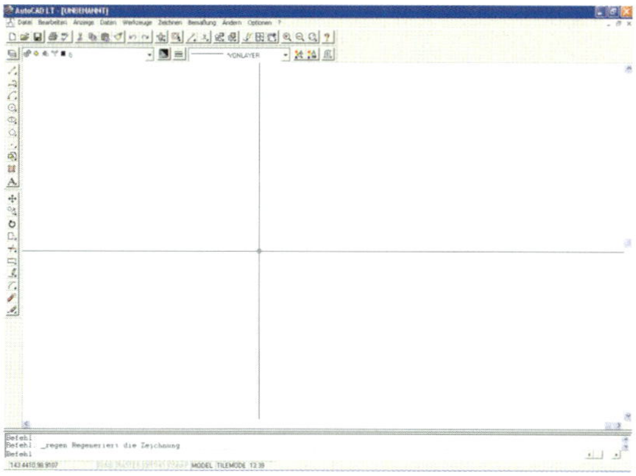

165.1 CAD

Die vorgestellten Programme sind einzeln erhältlich. Werden sie gemeinsam für eine Arbeit wie in Abb. 164.1 eingesetzt, stehen so genannte Office-Pakete zur Verfügung. Ein Office-Paket (Office: Büro) besteht aus den für die Büroarbeit erforderlichen Programmen und ermöglicht einen problemlosen Datenaustausch von einem Programm zu einem anderen Programm des Paketes. Office-Pakete enthalten neben den aufgezeigten Programmen oft weitere, z. B. für die Erstellung von Präsentationen oder für die Projekt- oder Terminplanung.
Anwenderprogramme gibt es nicht nur für Tätigkeiten in Büros, sondern auch für technische Anwendungen, z. B. in der Produktentwicklung.

CAD

Die Bezeichnung **CAD** steht für **C**omputer **A**ided **D**esign (computerunterstütztes Zeichnen und Planen). Diese Programme ermöglichen computerunterstütztes Entwerfen, Konstruieren und Entwickeln in Maschinenbau, Elektrotechnik, Architektur usw. Zeichnungen werden auf dem Bildschirm entworfen und beschriftet, können vergrößert, verkleinert oder gedreht werden. Linien können gelöscht werden, mehrere gespeicherte Zeichnungen zu einer einzigen zusammengefügt werden.

CAE

Der Begriff **CAE** steht für **C**omputer **A**ided **E**ngineering (computerunterstütztes Entwickeln). CAE-Software dient z. B. zur Entwicklung von Leiterplatten, d. h. von der Zeichnung des Stromlaufplans über den Entwurf der Platine und der Entflechtung und Zeichnung der Leiterbahnen bis zur fertigungsbezogenen Unterlage für die Platinenproduktion.

Nicht für alle Aufgaben, die in einem Betrieb auftreten können, gibt es fertige Anwenderprogramme. Sollen z. B. die Widerstände unterschiedlicher Leitungen berechnet werden, muss ein entsprechendes Programm erstellt werden. Dazu gibt es verschiedene Programmiersprachen.

Programmiersprachen

Ebenso wie sich die Sprache eines Kaufmannes vor der eines Technikers unterscheidet, gibt es kaufmännisch und technisch ausgerichtete Programmiersprachen und solche, die beides vereinigen. Abb. 165.2 gibt einen Überblick.
Die problemorientierten Sprachen werden auch als höhere Programmiersprachen bezeichnet. Sie sind der menschlichen Ausdrucksweise angepasst, besitzen nur einen begrenzten Vorrat an Wörtern und sind bestimmten Sprachregeln unterworfen.

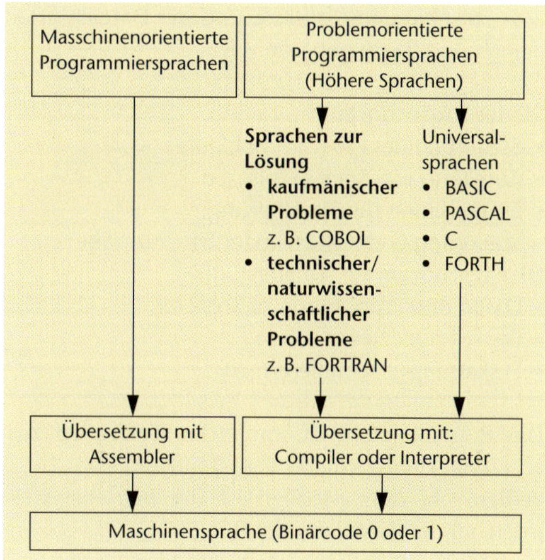

165.2 Programmiersprachen

Da der Computer selbst nur eine aus Nullen und Einsen bestehende Maschinensprache umsetzen kann, müssen alle in einer anderen Programmiersprache geschriebenen Programme übersetzt werden. Das gilt auch für die maschinenorientierten Programmiersprachen, die auf den Computer zugeschnitten sind und daher der Maschinensprache sehr nahe stehen.

Im technischen Bereich wurden z. B. für Speicherprogrammierbare Steuerungen oder zur Steuerung von Robotern spezielle Programmiersprachen entwickelt.

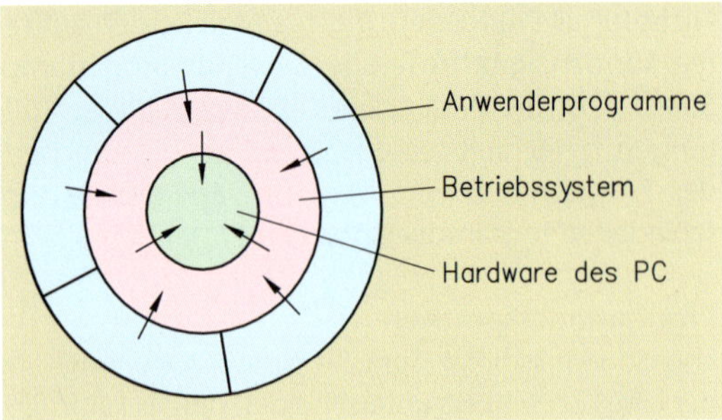

166.1 Zusammenwirken von Soft- und Hardware

5.7.2 Betriebssystem

Das Betriebssystem könnte man auch als „Manager" des Computers bezeichnen. Es steuert u. a. bei der Arbeit mit Anwenderprogrammen die Vorgänge innerhalb des Computers. Dazu besteht das Betriebssystem aus einer Sammlung von Programmen, die zur Steuerung und Verwaltung der Hardware, der Programmabläufe und der Dateien erforderlich sind. Dazu gehören z. B.:

Steuerungsprogramme zur
- Steuerung des Programmablaufs
- Zuteilung von Speicherplätzen
- Organisation der Speicherung
- Steuerung und Kontrolle der Ein-/Ausgabe

Dienstprogramme (Utilities), um
- Daten und Programme zu kopieren
- Datenträger zu verwalten
- Disketten zu formatieren

Das Betriebssystem ist somit das Bindeglied zwischen der Hardware und dem Benutzer. Abb. 166.1 verdeutlicht das. Installiert ist das Betriebssystem i. d. R. auf der Festplatte des PC.

5.7.3 Datensicherung und Datenschutz

Durch den Einsatz der EDV (Elektronische Datenverarbeitung) in privaten, betrieblichen sowie öffentlichen Bereichen ergeben sich zunehmend Daten, die gesichert und vor unberechtigtem Zugriff geschützt werden müssen.
Besonders durch die steigende Verbreitung lokaler und öffentlicher Netzwerke können unterschiedliche Benutzer direkt auf vorhandene Daten zugreifen. Diese lassen sich grundsätzlich unterscheiden in:
- Daten, die von allgemeinem Interesse sind und möglichst vielen Benutzern zur Verfügung stehen sollen,
- Daten, die z. B. personenbezogen sind oder betriebsinterne Informationen enthalten und deshalb besonderen Schutz- und Sicherungsansprüchen unterliegen.

Die **Datensicherung** dient dem Schutz von Daten und Programmen vor ungewollter oder gewollter Veränderung bzw. Verfälschung, Zerstörung, Verlust, unberechtigtem Zugriff und Diebstahl.

Maßnahmen zur Datensicherung sind
- **technische Maßnahmen**, z. B. Brand- und Blitzschutz, Notstromaggregate, Türsicherungen und Schlüsselschalter
- **organisatorische Maßnahmen**, z. B. Sicherungskopien (Backups) und Zutrittskontrollen
- **programmtechnische Maßnahmen**, z. B. Passwort-Kontrolle, Software-Schreibschutz und Virenscanner

Der **Datenschutz** dient laut Bundesdatenschutzgesetz dem Schutz des Einzelnen vor missbräuchlicher Verwendung seiner personenbezogenen Daten. Dazu gehören Angaben über
- **persönliche Verhältnisse**, wie Anschrift, Alter, Beruf, Krankheiten, Zeugnisnoten usw. und
- **sachliche Verhältnisse**, wie Gehalt, Vermögen, Hausbesitz, Schulden usw.

Maßnahmen zum Datenschutz sind alle Maßnahmen gegen unerlaubtes Lesen, Weitergeben und Verändern der personenbezogenen Daten.

Um Daten und Programme in einem lokalen Netz vor Angriffen aus dem Internet zu schützen, wird eine **Firewall** (Brandschutzmauer) an der Schnittstelle zwischen beiden Netzen installiert. Firewalls werden durch Hard- und Softwarelösungen realisiert, die nur die zugelassenen Aktivitäten oder Dienste durchlassen und den Datentransfer in beide Richtungen kontrollieren.

Aufgaben

1 *Was versteht man unter einem Office-Paket?*

2 *Wodurch unterscheiden sich höhere Programmiersprachen von der Maschinensprache?*

3 *Erläutern Sie die Funktion des Betriebssystems!*

4 *Beschreiben Sie anhand von Beispielen Maßnahmen zur Datensicherung!*

5 *Erläutern Sie, was man unter personenbezogenen Daten versteht!*

6 Planen und Organisieren von Arbeitsabläufen

In einem Unternehmen fragt der Vertrieb telefonisch bei der Ausbildungswerkstatt an, ob sie Bolzen für Roboter fertigen kann.

6.1 Kundenbeziehungen

Die **Anfrage** ist die häufigste Form der Kontaktaufnahme eines Kunden. Sie dient in erster Linie der Information über das Produkt und ist an keine Form gebunden. Die Anfrage kann schriftlich, mündlich, fernschriftlich, telefonisch oder elektronisch (Internet) erfolgen (Abb. 167.1).

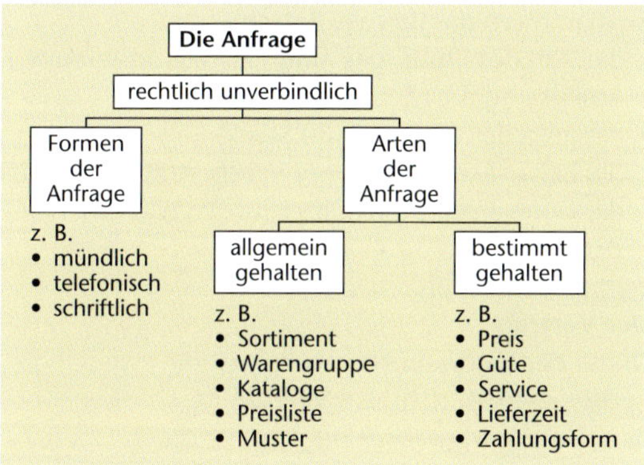

167.1 Eine Anfrage ist rechtlich unverbindlich und verpflichtet nicht zum Kauf

Kommt ein Vertrag zustande, dann bezieht die Abteilung „Vertrieb" eine Leistung von der Abteilung „Ausbildung": Die belieferte Abteilung ist somit ein **interner Kunde**; die Ausbildung ein **interner Lieferant.**

In diesem Sinne ist beinahe jeder im Betrieb Kunde und Lieferant zugleich. Da Unternehmen Gewinne erwirtschaften müssen, müssen externe Kunden Produkte/Dienstleistungen anfordern.

Auf Kunden – extern und intern – müssen alle Anstrengungen konzentriert werden, um Kosten und Qualitätsverluste zu vermeiden.

Kundenorientierung
Konsequente Kundenorientierung setzt voraus, dass die Mitarbeiter aller Abteilungen (Abb. 167.2) reibungslos zusammenarbeiten, um die Bolzen herzustellen.

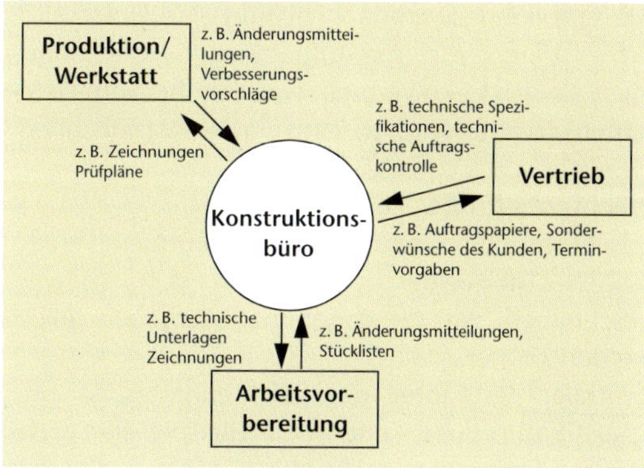

167.2 Mangelhafte Informationsflüsse lassen Kosten- und Qualitätsverluste entstehen

Das Weitergeben von Informationen gehört ebenso zur Selbstverständlichkeit wie das Einholen von Informationen:
Der Vertrieb hat eine **Bringschuld**: Er sagt der Ausbildung, was er als Kunde verlangt und liefert ein Lastenheft.

Lastenheft oder Anforderungsheft
Die Arbeitsgrundlage für einen Fertigungsauftrag ist das Lastenheft. Es legt fest, **was** der Kunde **wofür** (Zweck) will. Im Beispiel sind es Bolzen für Roboter. Im Lastenheft steht eine detaillierte Beschreibung der Forderungen an das Produkt aus der Sicht des Auftraggebers wie Funktionalität, Ergonomie und Qualitätsangaben. Ergänzt werden können Umweltbedingungen, Verkaufspreise usw.

Inhalt (auszugsweise):
- Zielkosten
- Schwachstellenanalyse (Kundensicht)
- Qualitätsanforderungen
- Serviceanforderungen
- Bedienungsanforderung
- Lösungsneutrale Anforderungsliste

Im Lastenheft wird festgelegt, was für eine Aufgabe zu lösen ist. Diese Forderungen sollen quantifiziert und prüfbar sein.

Es wird nicht beschrieben, wie die geforderten Funktionen technisch zu lösen sind. Das Lastenheft wird nach seiner Verabschiedung nicht mehr geändert.

Die Ausbildungswerkstatt hat nun eine **Holschuld**: Um zu klären, **wie** eine Aufgabe zu lösen ist, informiert sie sich beim Vertrieb, was von ihr (vom Lieferanten) erwartet wird. So kann ein Vertrag entstehen.

Pflichtenheft oder Lösungskonzept

Das Pflichtenheft übersetzt die Forderungen des Lastenheftes in technische Lösungen, d. h., es wird beschrieben, **wie** die gegebenen Aufgaben gelöst werden können.

Zentraler Bestandteil des Pflichtenheftes ist eine **Spezifikationsliste** – oder wie im Beispiel eine **technische Zeichnung** nach Abb. 168.1 – die sich geordnet nach der Funktionsstruktur des Produktes aus den Anforderungen des Lastenheftes ergibt.

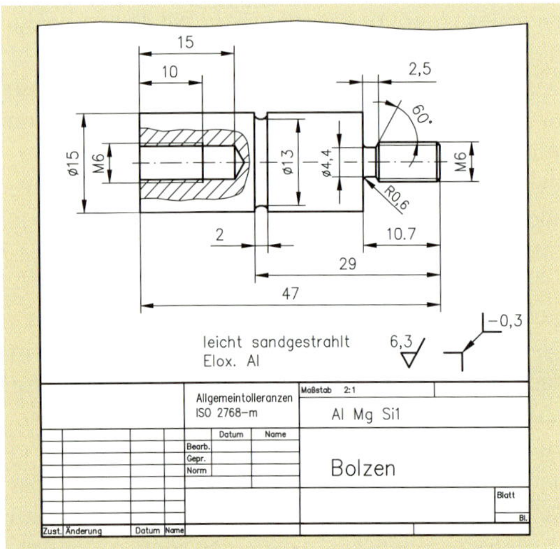

168.1 Aus der Anfrage und dem Lastenheft entsteht die technische Zeichnung

Im Pflichtenheft werden den Anforderungen des Lastenheftes entsprechend technische Lösungen dargestellt.

Ergänzt wird das Pflichtenheft durch Risikoanalysen, Produkt-/Projektkosten sowie Liefervereinbarungen.

Inhalt (auszugsweise)

- Anforderungen aus Lastenheft
- Funktionsbedingte Anforderungen
- Normen, Richtlinien, Sicherheitsvorschriften
- Beschreibung möglicher Lösungsalternativen
- Begründung für Lösungsauswahl
- Anlagenstruktur
- Komponentenbeschreibung
- Termine, Kosten, technisches Risiko
- Zielkosten
- Begriffe und Definitionen
- Gesetze, Normen, Richtlinien
- Konstruktionsrichtlinien
- Berechnungen, Zeichnungen

Änderungen des Auftrags/der Vereinbarungen erscheinen nur im Pflichtenheft.

6.2 Der Auftrag

Ein Auftrag ist eine schriftliche oder mündliche Aufforderung, eine bestimmte Aufgabe durchzuführen. Zum Inhalt eines Auftrages gehören im Allgemeinen (in Klammern das Beispiel Bolzen):

- die Art des Auftrages und der auszuführenden Arbeitsaufgabe (Zeichnung)
- die geforderte Menge (50 Stück)
- die Zeitangabe/Termine (2 Wochen/20.02.) und
- die Gütevorschriften (Güteklasse m nach DIN ISO 2768).

Der Vertrag

Durch den Auftrag (Abb. 168.2) ist ein zweiseitiges Rechtsgeschäft, d. h., ein **Vertrag** geschlossen worden. Der Vertragsabschluss kommt durch Übereinstimmung von Antrag (Willenserklärung des Vertriebs) und Annahme (Willenserklärung der Ausbildungswerkstatt) zustande.

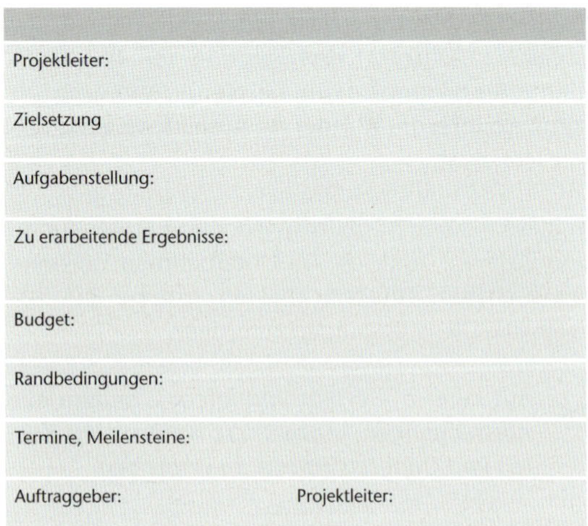

168.2 Ein Angebot und ein Vertrag sind rechtlich verbindliche Aussagen

Eindeutigkeit der Aufträge

Im Auftrag finden die Klärungen der Aufgabenvereinbarung ihren formalen Ausdruck. Mündliche Absprachen haben keine Bedeutung; in Streitfällen ist immer der schriftliche Auftrag Grundlage der Verpflichtungen. Daher ist die Klärung aller Fragen vor Auftragserteilung wichtig (Abb. 169.1).

169.1 So werden falsche Interpretationen vermieden

Die Checkliste in 169.2 hilft, die Eindeutigkeit und den Umfang von Leistungen zu bestimmen.

- Was ist das Auftragsziel?
  ⇒ zu erbringende Leistung, vorgegebener Kostenrahmen, Terminplan, Personen
- Gibt es Teilziele?
  ⇒ Gewünschtes Ergebnis, Darstellungsart
- Was ist unklar?
  ⇒ Wo besteht Klärungsbedarf? Mit wem?
- Existieren Verträge/Absprachen?
- Sollen andere Abteilungen/Bereiche einbezogen werden?
  ⇒ Fachwissen, Zeichnungen, usw.
- Welche Bearbeitungsschritte sind aufwendig?
  ⇒ Art, Umfang, Probleme
- Welche Bearbeitungsschritte sind fachlich kritisch?
- Ist die Mitarbeit von externen Experten notwendig?
  ⇒ Für welche Aufgaben?
- Welche Informationsquellen sind wichtig? ⇒ Studien, Literatur, EDV usw.
- Kann auf abgeschlossene Projekte zurückgegriffen werden?

169.2 Die gewissenhafte Klärung der zu erbringenden Leistungen schafft eine reale Einschätzung

6.3 Umgang mit dem Auftrageber

Kooperation, d. h. Zusammenarbeit, und eine gute Kommunikation sind mitentscheidend, ob Aufträge erteilt, Produkte oder Dienstleitungen verkauft werden.

Nach Tabelle 169.3 ist zu beachten, dass in der Diskussion – insbesondere mit dem Kunden – „Killerphrasen" vermieden werden. Kundenorientierte Formulierungen oder Denkanstöße sind im Gespräch sinnvoll.

Killerphrasen	• Geht nicht ... • Haben wir schon versucht ... • Haben wir noch nie/immer so gemacht. • Wenn Sie erst einmal so lange im Unternehmen sind wie ich, dann ... • Bei uns ist das ganz anders ... • Das bringt doch nichts ... • Haben Sie da schon Erfahrungen gesammelt? • Keine Zeit ... • Ist doch gegen die Vorschriften • Jetzt beruhigen Sie sich doch!
Denkanstöße	• Warum eigentlich nicht? • Was lässt sich kombinieren? • Was spricht dafür/dagegen? • Was kann ich verändern? • Was kann weglassen oder hinzugefügt werden? • Wo ist es einzusetzen? • Kann ich die Anordnung so oder so ändern? • Was kann ich anpassen? • Ich sehe, Sie sind bestens informiert! • Da haben Sie Recht!

169.3 Killerphrasen stören oder verhindern die Kommunikation

6.4 Aspekte der Teamarbeit

Nach der Auftragserteilung vereinbaren die Auszubildenden ein **arbeitsteiliges** Vorgehen, d. h. **Teamarbeit.**

Eine Arbeitsgruppe zusammengewürfelter Mitarbeiter stellt noch kein Team dar. Es dauert zunächst eine gewisse Zeit, bis Misstrauen und Zurückhaltung der Mitglieder abgebaut, Grundsätze und Regeln festgelegt und diese von den Einzelnen auch beachtet werden. Wie wichtig Regeln der Teamarbeit sind, weiß jeder, der die ersten Sitzungen einer Arbeitsgruppe miterlebt hat.

6.4.1 Teamregeln

Der Wirkungsgrad der Teamarbeit ist hauptsächlich davon abhängig, in welchem Umfang der Prozess der Teambildung stattgefunden hat. Sie lässt sich unter Einhaltung bestimmter Grundsätze und Spielregeln erreichen.

Ein reifes Team akzeptiert die in Liste 170.1 aufgezählten Spielregeln der Gruppenarbeit.

- Jeder erkennt jeden als vollwertiges Gruppenmitglied an.
- Eine Diskussion im Team ist hierrarchiefrei durchzuführen: Der Status außerhalb des Teams darf sich nicht auswirken.
- Jedes Teammitglied muss seine Meinung offen vertreten und sie nicht verschleiern.
- Zur Teamarbeit gehört die Kooperationsbereitschaft des Einzelnen.
- Jeder Teammitarbeiter ist berechtigt, positive Kritik zu üben, muss jedoch auch sachliche Kritik entgegennehmen.
- Das Team repräsentiert sich nach außen als Gesamtheit.
- Kein Teammitglied darf die noch nicht gemeinsam abgestimmten Ergebnisse der Teamarbeit an Außenstehende weitergeben.
- Innerhalb des Teams muss ein vollständiger Informationsaustausch erfolgen. Keiner darf Informationen zurückhalten.
- Die aktive Einbeziehung in den Meinungsbildungsprozess motiviert jeden.

170.1 Spielregeln der Gruppenarbeit

Es ist nicht zu erwarten, dass diese Regeln von Anfang an akzeptiert werden. Gründe dafür sind:

- Altersunterschiede, die zu unterschiedlichen Vorstellungen und vielleicht zu verschiedenartigen Arbeitsrhythmen führen
- Unterschiedliche Hierarchiestufen der Mitglieder im Unternehmen
- Mitarbeiter aus kooperativ oder autoritär geführten Bereichen des Unternehmens

Die Überwindung der Gegensätze kostet Zeit. Es hat sich bewährt, wenn die Regeln auf einem Flipchart an die Wand gehängt werden. Es gilt jedoch:

Verstöße gegen die Regeln sind unmittelbar mit dem Teammitglied zu besprechen.

Teamzusammensetzung

Die erforderliche Teamgröße hängt vom Umfang der zu bewältigenden Aufgaben ab. Ideale Teammitglieder haben in die in Liste 170.2 angegebenen Persönlichkeitsmerkmale.

- Ausreichende Fachkompetenz
- Anerkannt sein als jemand, der „den Durchblick hat" und den „Mund aufmacht"
- Die Fähigkeit zum Gliedern und zur Strukturierung besitzen
- Engagement aufweisen
- Motivationsfähigkeit gegenüber Teamkollegen und Anwendern haben
- Standfestigkeit in seinen Auffassungen beweisen
- Physisch und psychisch belastbar

170.2 Die Zusammensetzung bestimmt, ob im Team produktiv gearbeitet wird

Positive Aspekte der Teamarbeit sind:

- Wissenstand und Erfahrung sind im Team größer.
- Teamarbeit zwingt zu klaren Formulierungen und einer Ergebnisorientierung.
- Teamarbeit erlaubt den Einsatz von Verfahren zur Ideenfindung.
- Extremmeinungen werden im Team geglättet.
- Abgestimmte Teamergebnisse sind praxisnäher.
- Teamarbeit hilft über „tote" Punkte und entwickelt Ideen von Teammitgliedern weiter.

Es zeigt sich jedoch, dass die Teameffizienz nicht proportional zum Teamumfang ansteigt (Tab. 170.3). Zu kleine Teams sind nachteilig, weil es ihnen an Kreativität, Vielfalt und Zeit mangelt.

Teamgröße	Zweiergruppe	Dreiergruppe	Vierergruppe	Fünfergruppe
Eigenschaften	• gut für parnerschaftliche Arbeit • gegenseitiger Gedankenaustausch • Gefahr der Rivalisierung	• gute und zielstrebige Arbeitsgruppe • kein Teammitglied kann sich zurückhalten	• Vorteile zwischen Dreier- und Fünfergruppe • Gefahr einer Pattsituation • Trennung bei Detailarbeit nötig	• hohe Kreativität • gut für fundierte Entscheidungen • Trennung bei Detailarbeit nötig • hohe Teamkosten!

170.3 Eigenschaften verschiedener Teamgrößen

6.4.2 Arbeitstechniken

Der Wirkungsgrad der Teamarbeit hängt neben der Zusammensetzung und der Beachtung gesetzter Regeln stark von einer systematischen und durchdachten Vorgehensweise und der Kenntnis und Anwendung ergebnisorientierter Arbeitstechniken ab. Dabei spielt der Teamleiter eine wichtige Rolle.

Vom ihm wird erwartet, dass er sich nicht als derjenige versteht, der sagt, was richtig und zu tun ist. Er muss vielmehr das Wissen, die Vorstellungen und Ideen der Gruppe in die Entscheidungen einbeziehen.

Einige der Aufgaben beschreibt Liste 171.1.

Der Teamleiter

- eröffnet und schließt die Sitzung und steuert die Tagesordnungspunkte
- sorgt für ein konstruktives und positives Sitzungsklima
- fördert die Konsensbildung durch Zusammenfassungen und wirkt mit bei der Bildung tragfähiger Kompromisse
- stimuliert die Teilnehmer zu sachlicher Kritik
- behandelt alle positiven und negativen Gesichtspunkte einer Tagesordnung

171.1 Ein Teamleiter weiß nicht alles und schon gar nicht alles besser

Vorgehensweise (Methode)

Um Aufgaben im Team zu lösen, muss eine konkrete **Methode** (Vorgehensweise) vereinbart werden. Sie ist durch das Grundverständnis geprägt, dass das Team eigenverantwortlich arbeitet und damit Lösungen für seine Fragen selbst findet. Dies wird durch den Leiter, **den Moderator**, sichergestellt.

Die bekannteste Methode zur Ideenfindung ist das „**Brainstorming**". Es hat vier Grundregeln:

- Freies Äußern von Gedanken, auch von außergewöhnlichen Ideen („Spinnen"!)
- Aufgreifen und Verfolgen der Ideen anderer
- Viele Ideen ohne Rücksicht auf deren Qualität (Quantität vor Qualität)
- Kein Kritisieren eigener und fremder Gedanken

In Liste 171.2 sind einige Aspekte des Brainstormings zusammengefasst.

Anwendungsbereich (wozu?)	Finden vieler Ideen in kurzer Zeit
Vorgehensweise (wie?)	Die Fragestellung, z. B. eine auf der Pinnwand visualisierte Aufgabe, wird unter Beachtung der Grundregeln in Form einer „Abfrage auf Zuruf" bearbeitet. Nach der Ideensammlung wird das Ergebnis ausgewertet.
Zeitpunkt (wann?)	Wenn Themen/Ideen gesammelt werden müssen

171.2 Hinweise zum Brainstorming

Moderationsschritte

Die Erarbeitung eines Themas in einer Gruppe hat einen klassischen Verlauf (Abb. 171.3):

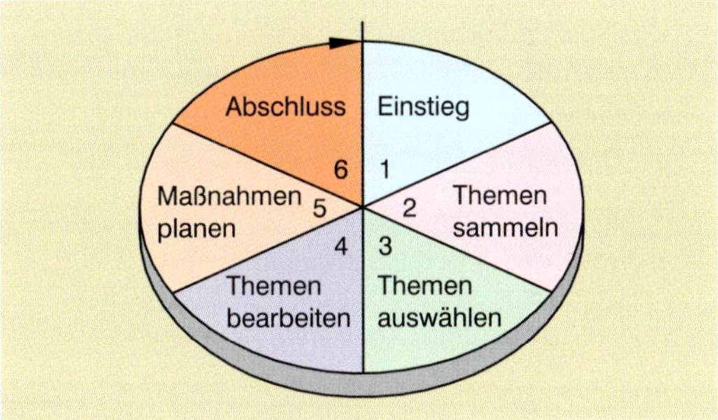

171.3 Schritte der Moderation

Die einzelnen Schritte werden am Beispiel der Fertigung der Bolzen dargestellt.

Moderationsschritt 1: Einstieg/Orientierung

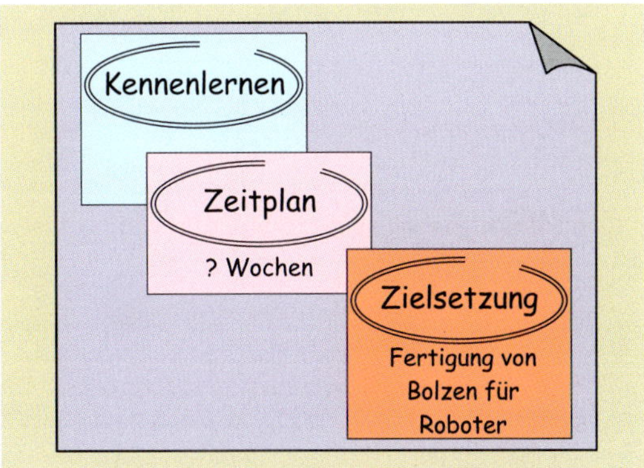

171.4 Die Teammitglieder kommen ins Gespräch

Geht es im ersten Moderationsschritt darum, die Sitzung zu eröffnen, ein positives Arbeitsklima zu schaffen und Orientierung für die gemeinsame Arbeit zu geben, dann wird in den folgenden Schritten das Planen im Vordergrund stehen.

Planen und systematisches Handeln

Das eigenständige Planen und systematische Handeln der im Brainstorming aufgeworfenen Arbeitsideen ist Voraussetzung für eine erfolgreiche Zusammenarbeit unterschiedlicher Mitarbeiter zur Zielerreichung.

Planen hat nach Tabelle 172.1 einen Inhalt und eine Strategie:

Inhalt	Strategie
• Systematisches Suchen und Festlegen von Zielen • Gedankliches Vorbereiten von Arbeitsschritten und deren Durchführung zum Erreichen der festgelegten Ziele	• Ergebnis der Planung • Sollvorgabe (Ziel) • Festlegung der einzelnen Schritte zur Erreichung des Ziels • Festlegung der Ressourcen

172.1 Wer nicht plant, muss improvisieren

Planungskompetenz ist erforderlich von der Festlegung einfacher Arbeitsfolgen bis zur Erstellung einer komplexen Planung von Projektaufträgen für eine Gruppe. Planen ist ein Bestandteil des systematischen Handelns nach Abb. 172.2.

Planungsfragen

Planen ist der zweite von sechs Schritten einer vollständigen Handlung. Es lässt sich selbst wiederum anhand von sechs Schlüsselfragen strukturieren:

- Welches Ziel soll erreicht werden?
  ⇒ **Ziel bestimmen**
- Welche Informationen, Erfahrungen und Daten liegen vor?
  ⇒ **informieren**
- Welche Lösungsansätze und -möglichkeiten gibt es?
  ⇒ **ordnen**
- Welche Vor- und Nachteile haben die verschiedenen Lösungsmöglichkeiten?
  ⇒ **vergleichen**
- Welche Lösung ist die beste?
  ⇒ **bewerten**
- Werden mit der ausgewählten Alternative die gesetzten Ziele erreicht?
  ⇒ **kontrollieren**

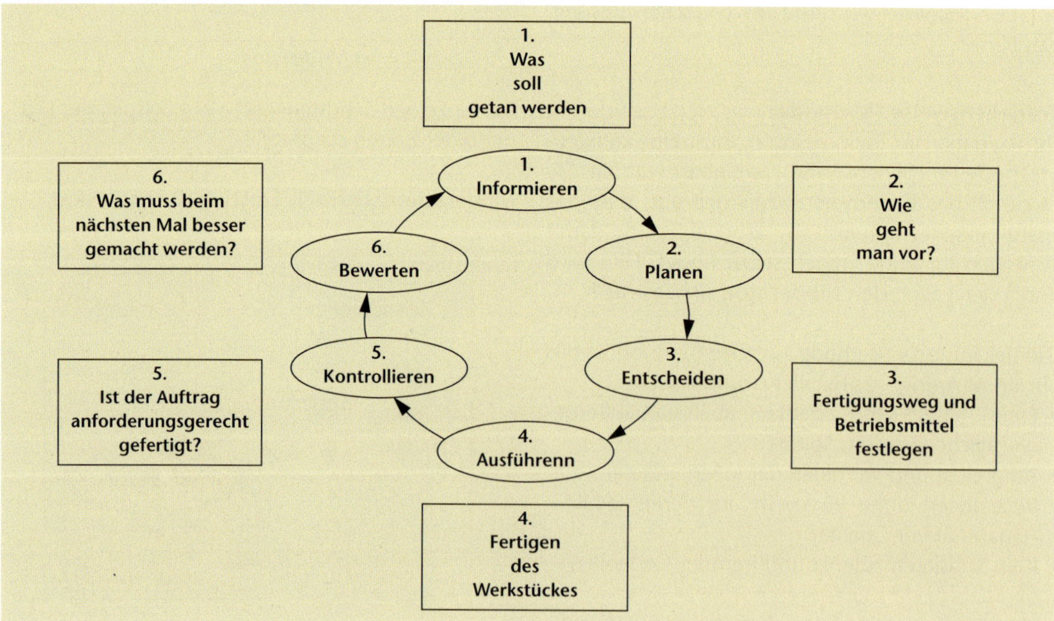

172.2 Sechs Handlungslemente bilden den Kreis einer vollständigen und systematischen Handlung

Durch die Schlüsselfragen wird es einfacher, die einzelnen Schritte eines Planungsprozesses systematisch zu beachten und grafisch darzustellen.

Dies führt zur „**Planungsspinne**“ nach Abb. 173.1. Sie kann als **Planungsinstrument** eingesetzt werden.

Moderationsschritt 2: Themen sammeln

Das Sammeln von Themen ist der erste **inhaltliche** Arbeitsschritt. Der Ablauf könnte folgende Struktur haben:

- Überblick durch Themenfestlegung gewinnen und Transparenz schaffen
- inhaltliche Schwerpunkte finden
- Formulierung von Fragestellungen und Visualisierungsaspekten
- Themensammlung durch Kartenabfrage oder Zuruf
- Schwerpunkte als Grundlage zur Weiterarbeit festlegen

Eine Strukturierung erfolgt nach Abb. 173.2 auf einem Flipchart und dient als Themenspeicher.
Das Team sammelt zu jeder Fragestellung der Planungsspinne einzelne Gesichtspunkte oder Antworten und stellt sie zusammen.
Für die Fertigung der Bolzen ergeben sich aufgrund gestellter Fragen die in Abb. 173.3 formulierten Antworten.

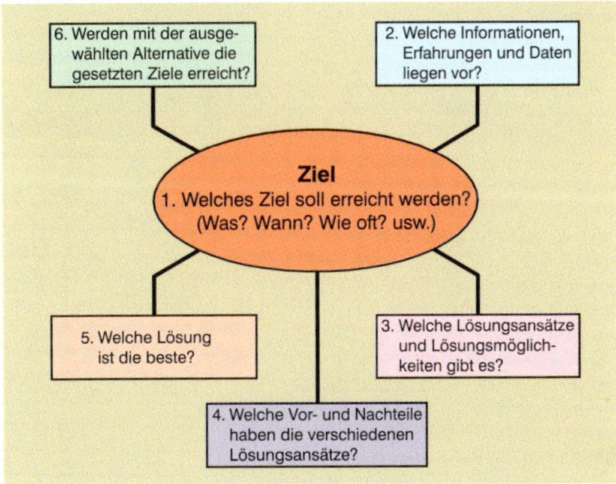

173.1 Die Planungsspinne als Planungsinstrument

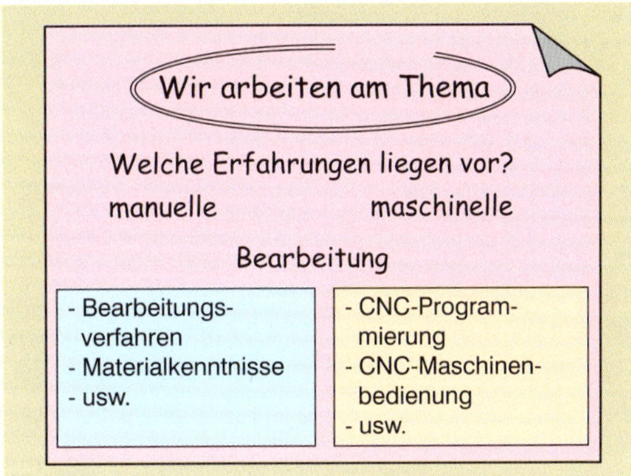

173.2 Die Strukturierung verschafft einen Überblick

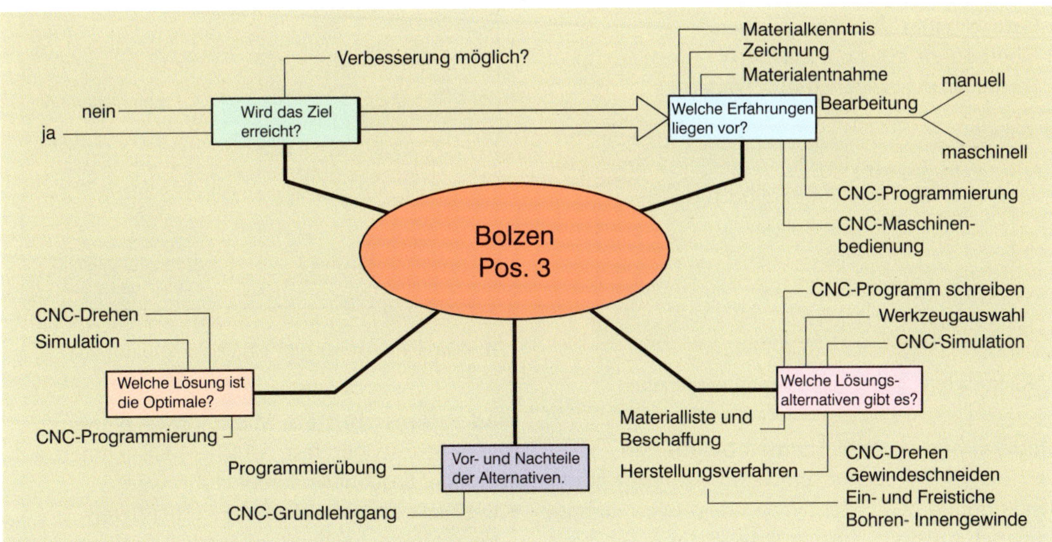

173.3 Die Planungsspinne erinnert an eine „Mindmap“

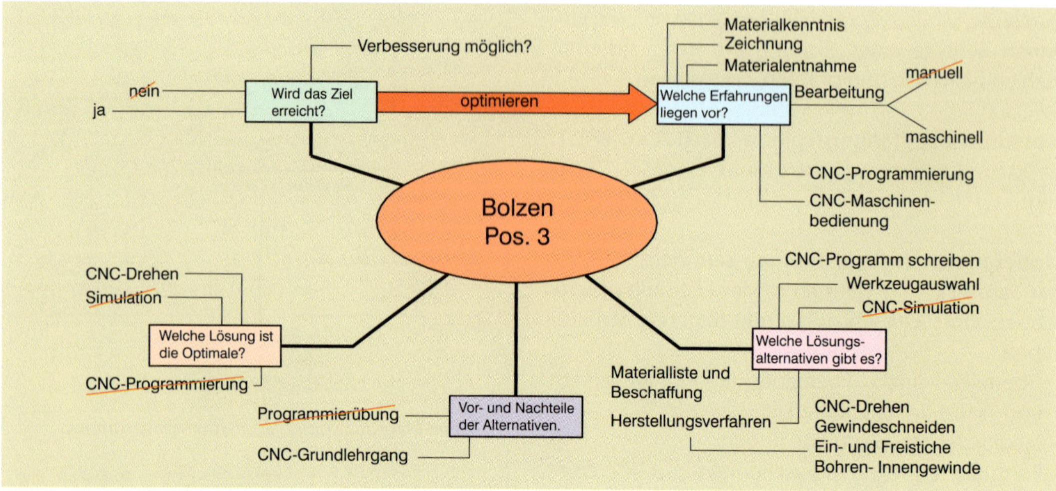

174.1 Die bereinigte Planungsspinne

Moderationsschritt 3: Themen auswählen
Es werden die Angaben und Antworten dahingehend untersucht, welche Planungsschritte sich eignen und welche nicht, um die Aufgabe/das Ziel zu erreichen. Durch Auswahl und Reduzierung einzelner Gesichtspunkte (Abb. 174.1) auf das Notwendige und Machbare werden eine Steigerung der Qualität sowie eine Senkung der Kosten erreicht.

Es wird nun festzulegt, welches Thema (Abb. 174.2) oder in welcher Reihenfolge die einzelnen Themenbereiche bearbeitet werden soll(en):
- Erstellen eines „Themenspeichers“
- Oberbegriffe erfassbar machen
- Formulierung zielgerichteter Fragen

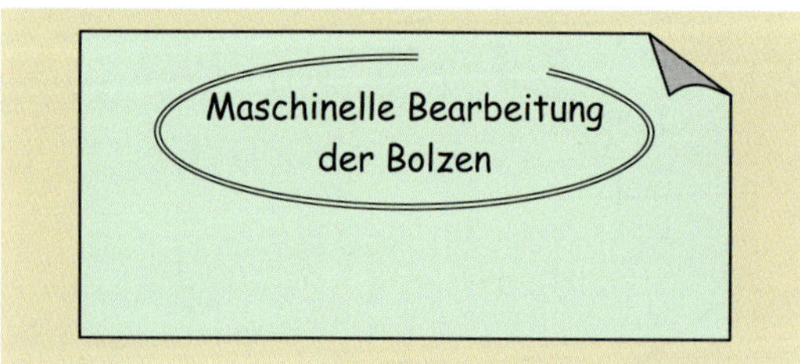

174.2 Im Schritt 3 wird eine Priorität vorgegeben

Moderationsschritt 4: Themen bearbeiten
Die Themen werden entsprechend der festgelegten Rangordnung bearbeitet. Neben dem Informationsaustausch und der Problemanalyse wird in dieser Phase eine Entscheidung der Vorgehensweise vorbereitet.

Daher die
- geeignete Vorgehensweise vorschlagen (z. B.: Arbeiten mit einem Fadenkreuz nach Abb. 174.3),
- effiziente Themenbearbeitung sicherstellen und
- die Aufmerksamkeit der Gruppenmitglieder auf die Zielsetzung konzentrieren.

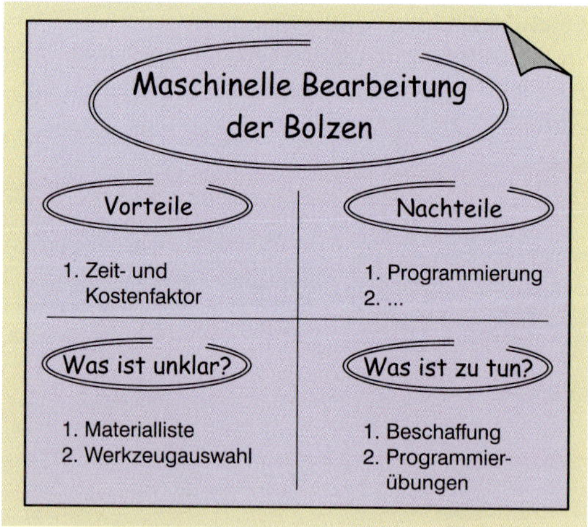

174.3 Das Fadenkreuz gibt eine klare Struktur vor

Moderationsschrittt 5: Maßnahmen planen
Dieser Schritt legt fest, welche Maßnahmen aufgrund der Ergebnisse durchgeführt werden:
- Die Maßnahmen sichtbar dokumentieren
- Verantwortlichkeiten und Termine festlegen
- Ggf. Kontrollen vereinbaren

Einen Maßnahmenkatalog zeigt Abb. 175.1.

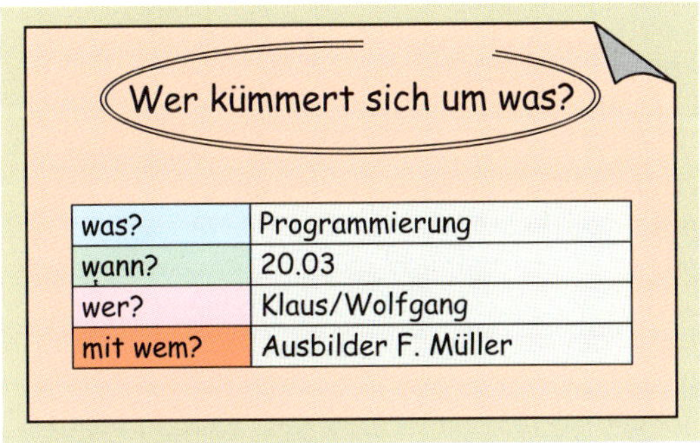

175.1 Der Maßnahmenkatalog verpflichtet die Teilnehmer zu konkreten Aktivitäten

Moderationsschritt 6: Abschluss

Die inhaltliche Arbeit ist nun beendet. Es bietet sich an, jetzt den Gruppenprozess zu reflektieren, d. h. folgende Fragen zu besprechen:

- Bin ich mit dem Ergebnis zufrieden?
- War die Arbeit effektiv?
- Wurden meine Erwartungen erfüllt?

Eine solche Reflexion kann auch dann sinnvoll sein, wenn z. B.

- die Teammitglieder unzufrieden sind,
- die Arbeit nicht weitergeht oder
- durch Pausen unterbrochen ist.

Aufgaben

1 *Nennen Sie in Stichworten die Anforderungen, die Kunden an das Produkt oder die Dienstleistung Ihres Unternehmens richten!*

2 *Finden Sie für die folgenden Aussagen, die Sie im Umgang mit dem Kunden nicht verwenden sollten, kundenorientierte Formulierungen:*

- *„Ich will es versuchen!"*
- *„Sie haben mich falsch verstanden!"*
- *„Kann ich Sie mal unterbrechen?"*
- *„Ob ich das in der kurzen Zeit hinkriege? Ich kann das nicht versprechen!"*
- *„Da sind Sie der Erste, der mir sagt, dass das System nicht funktioniert!"*

3 *Der innerbetriebliche Informationsfluss ist für eine reibungslose Zusammenarbeit wichtig.*
Welche Informationen geben die einzelnen Abteilungen Ihres Unternehmens an andere weiter und welche holen sie ein?

- *Vertrieb ⇔ Technik*
- *Vertrieb ⇔ Verwaltung*
- *Technik ⇔ Verwaltung*
- *Verwaltung ⇔ Produktion*

4 *Sie gehören zu einer Raumfahrergruppe. Sie hatten den Auftrag, sich mit einem anderen Raumschiff auf der beleuchteten Mondoberfläche zu treffen. Wegen eines technischen Defekts sind Sie 200 km entfernt gelandet. Bei der Landung ist viel zerstört worden, sodass Ihr Überleben davon abhängt, ob Sie das andere Raumschiff zu Fuß erreichen.*
Sie dürfen nur das Notwendigste mitnehmen, um die Strecke zu bewältigen. Folgende Gegenstände sind unzerstört geblieben:

- *Schachtel Streichhölzer*
- *20 m Nylonseil*
- *tragbarer Kocher*
- *20 l Wasser*
- *2 Sauerstofftanks*
- *Erste-Hilfe-Koffer*
- *Magnetkompass*
- *Dose Lebensmittelkonzentrat*
- *2 Pistolen 7,65*
- *30 m^2 Fallschirmseide*
- *3 kg Trockenmilch*
- *1 Schlauchboot mit CO_2-Flaschen*
- *FM-Empfänger mit Solarzellen*
- *Signalpatronen*
- *Sternenkarte*

Legen Sie eine Rangordnung der aufgezählten Gegenstände fest, die für die Mitnahme zum anderen Raumschiff mehr oder weniger wichtig sind!
Diskutieren Sie Ihre Entscheidung mit Ihren Mitschülern unter Beachtung der folgenden Hinweise:

- *Vermeiden Sie, Ihre persönliche Auffassung den anderen aufzuzwingen!*
- *Begründen Sie Ihre Entscheidung!*
- *Vermeiden Sie nachzugeben, bloß um Einstimmigkeit zu erzielen oder Konflikten auszuweichen!*
- *Unterstützen Sie nur andere Ansichten, wenn diese mit Ihren wenigstens teilweise übereinstimmen!*
- *Vermeiden Sie Konfliktsituationen wie Mehrheitswahl oder Kuhhandel (Wenn du mir, dann ich dir!)*
- *Betrachten Sie abweichende Meinungen eher als einen konstruktiven Beitrag!*

Erstellen Sie vor der Diskussion Regeln und Richtlinien für die Art und Weise, wie Sie zu einstimmigen Ergebnissen kommen wollen!

EXKURS **Moderationsmethoden**

Wozu?	Wie?
„Erwartungs-Abfrage" zum Schritt "Einstieg"	
• Kennenlernen von Erwartungen und ggf. Vorbehalte oder Ängste in Bezug auf die gemeinsame Arbeit abbauen • Vorhandene Spannungen werden dadurch abgebaut, dass sie ausgesprochen werden können • Vertrauen und Offenheit fördern	• Satzergänzung: Ein vorbereitetes Plakat mit einem visualisierten Satzanfang wird vorgestellt. Die Teilnehmer müssen diesen Satz ergänzen. Die Nennungen werden durch den Moderator (auf Zuruf) oder durch die Teilnehmer visualisiert. • Ein-Punkt-Abfrage Der Moderator stellt ein Plakat vor, auf dem eine Skala von Erwartungen abgebildet ist. Er fordert die Teilnehmer auf, mittels Klebepunkten ein Votum abzugeben.
„Karten-Abfrage" zum Schritt „Themen sammeln" (Situativ in jedem Moderationsschritt)	
• Zur Sammlung von Themen, Fragen, Ideen, Lösungsansätzen ist die Kartenabfrage die Methode schlechthin	• Der Moderator stellt eine auf einer Pinnwand visualisierte Frage. Die Beantwortung dieser Frage soll in schriftlicher Form auf Moderationskarten geschehen. Diese haben eine einheitliche Farbe, damit nicht Einzelkarten schon aufgrund ihrer Farbe hervortreten. • Nach dem Einsammeln erfolgt das Anpinnen der Karten an der Pinnwand. Dabei ist darauf zu achten, dass die offene Kartenabfrage möglichst anonym ablaufen soll. • Nach dem Anpinnen einiger Karten werden die folgenden Karten durch die Gruppe bereits angepinnten Karten zugeordnet. • Wenn alle Karten angeheftet worden sind, überprüft die Gruppe die Zuordnungen der Karten nochmals und überschreibt die einzelnen Kartengruppen (Sinneinheiten) mit jeweils einem passenden Oberbegriff.
„Zwei-Felder-Tafel" zum Schritt „Themen bearbeien"	
• Beleuchten von Unterthemen • Herausarbeiten möglicher Konflikte • Entwickeln erster Lösungsansätze	• Eine „Zwei-Felder-Tafel" wird vorgestellt. Die Benennung der einzelnen Felder hängt von dem zu bearbeitenden Thema und der jeweiligen Zielsetzung der Gruppenarbeit ab. Wichtig ist, dass die Teilnehmer zu möglichst konkreten Antworten angehalten werden. • Die Teilnehmer beantworten die Frage des jeweiligen Feldes auf Zuruf, die Antwort wird auf dem Plakat festgehalten.
„Ursachen-Wirkungs-Diagramm" zum Schritt „Themen bearbeiten"	
• Systematische Analyse der Ursachen eines Problems, vor allem im quantitativen (messbaren) Bereich • Vorstrukturierung einer Problemlandschaft	• Vorgabe der Grobstruktur eines Flussdiagramme nach dem Fischgrätmuster (Ursachen-Wirkungs-Diagramm) • Am „Kopfende" wird das zu untersuchende Problem eingetragen. • Die vier Hauptarme werden mit den Begriffen „Mensch", „Maschine", „Methode" und „Material" beschriftet. • Die Problemursachen werden in das Schema eingetragen.
„Maßnahmenplan" zum Schritt : „Maßnahmen planen"	
• Gewährleistung von Ergebnissen • Abschluss konkreter Vorhaben • Vereinbarung konkreter Maßnahmen	• Eine Tabelle wird vorgestellt, deren Spaltenüberschriften bereits visualisiert sind. • Es wird festgelegt, wer, was, mit welchem Ziel (wozu) . . bis/ab wann tut und • wie die Ausführung kontrolliert werden soll, bzw. auf welche Art die anderen Rückmeldung über deren Erledigung erhalten.

6.5 Planen von Arbeitsabläufen

Das Team plant nun den Fertigungsprozess der Bolzen mithilfe eines Projektmanagements.

Projektmanagement

Die Fertigung in der Ausbildungswerkstatt kann als **Projekt** bezeichnet werden. Projekte unterscheiden sich von Routinetätigkeiten dadurch, dass die Aufgabe eine gewisse „Einmaligkeit" besitzt. Darüber hinaus gilt:

- Die Anforderungen sind eindeutig beschrieben und definiert ⇒ **spezifisch**
- Ein eindeutiger Zeitrahmen ist gesetzt ⇒ **terminiert**
- Die angestrebten Ziele sind erreichbar ⇒ **realistisch**
- Es ist klar, woran und wie die Zielerreichung gemessen wird ⇒ **messbar**
- Das Projekt fordert u. U. eine spezifische Organisation (Teamarbeit) ⇒ **akzeptiert**

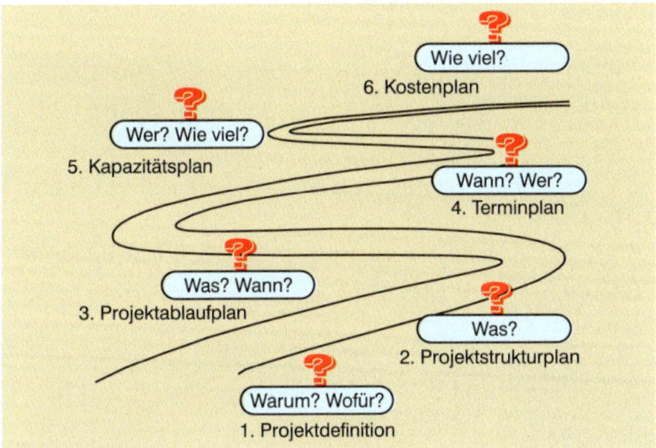

177.1 Leitfaden zur Projektplanung

Sind Projekte definfiert, dann müssen sie "gemanagt" werden. Projektmanagement ist eine Arbeitsmethode, um Projekte erfolgreich abzuwickeln.

Dazu wird entsprechend Abb. 177.1 der Projektverlauf auf der Grundlage des Pflichtenheftes in **sechs Projektphasen** aufgeteilt.

So ist sichergestellt, dass das Ziel nicht aus den Augen verloren geht und zu jeder Zeit die Zusammenhänge erkennbar bleiben.

Ablaufstruktur

Um die Bolzen für die Roboter zu fertigen, wird zunächst festgelegt, in welcher Reihenfolge die einzelnen Arbeitsschritte erfolgen sollen.
Die Aneinanderreihung der Schritte aus der Planungsspinne führt zu der dargestellten Ablaufstruktur (Tab. 177.2).

Es ist klar, dass es z. B. keinen Sinn hat, die CNC-Maschine zu rüsten, bevor nicht die Arbeitspläne vorliegen oder das Programm erstellt wurde.

Größere Projekte als die der Bolzenfertigung werden in mehreren Schritten strukturiert:

- Schritt 1: Zerlegen des Gesamtprojektes in **überschaubare** und **abgrenzbare** Aufgaben
- Schritt 2: Ordnen der Teilaufgaben in die Gesamtaufgabe
- Schritt 3: Bearbeitung der Teilaufgaben mit Planungsspinnen
- Schritt 4: Aneinanderreihung aller Aufgabenteile in eine Ablaufstruktur

Projekt: *Roboter*	Bauelement: *Bolzen*					Besprechung: *15.02.*					Termin: *28.02.*
Tätigkeiten	Abfolge:										Bemerkungen
	1	2	3	4	5	6	7	8	9	10	
Zeichnung lesen	✓										
Material erfassen		✓									Material bestellen
Arbeitspläne festlegen			✓								
Kosten berechnen				✓							
Lieferzeit des Materials					✓						Verzögerung beachten
Arbeitskräfte einweisen						✓					Ausbilder fragen
Arbeit ausführen							✓				
NC-Programm erstellen								✓			evt. Hilfen erforderlich
NC-Maschine rüsten									✓		

177.2 Geplante Schritte zur Fertigung der Bolzen in sachlogischer Abfolge

Zur besseren Übersicht werden die in der Ablaufstruktur geordneten Aktivitäten in einem **Projektstrukturplan** zusammengeführt.

Projektstrukturplan

Er setzt sich nach Abb. 178.1 zusammen aus der Beschreibung
- der **Hauptaufgabe** (Bolzen),
- den **Teilaufgaben** (Material, Maschine usw.)
- den **Arbeitspaketen** (Kosten usw.).

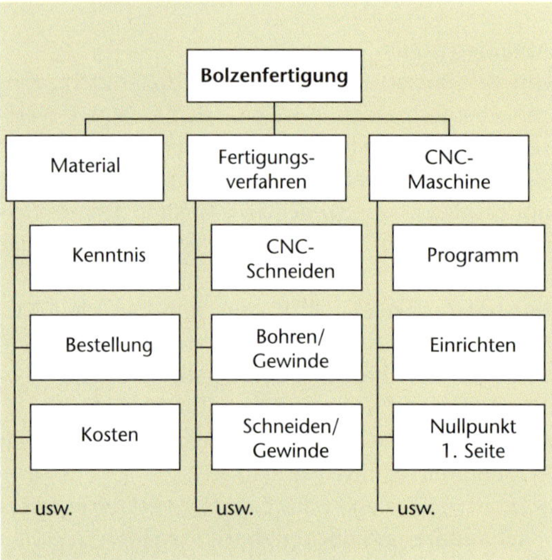

178.1 Der Strukturplan ist die Basis für die Planung, Steuerung und Überwachung des Projektes

Der Projektstrukturplan ist ein Übersichtsplan aller Projektaktivitäten, der beschreibt, was und nicht wie etwas zu tun ist.

Der Projektstrukturplan beinhaltet sowohl objektbezogene (Material) und funktionsorientierte Aufgaben (Fertigungsverfahren). Bei den objetbezogenen Aufgaben wird eine Struktur, bei den funktionsorientierten eine funktionsorientierte Darstellung angegeben.

Er kann auch nur objektbezogen oder nur funktionsorientiert erstellt werden.

Arbeitspakete

Arbeitspakete sind konkrete und klar definierte Aufgabenbeschreibungen. Sie beschreiben
- **was**, aber nicht **wie** etwas zu tun ist und
- **welches Ergebnis** erzielt werden soll.

Aus Arbeitspaketen werden z. B. Aktivitätslisten. Folgende Fragen prüfen den Projektstrukturplan auf Vollständigkeit und Durchführbarkeit:
- Führt die Abarbeitung der Arbeitspakete zum fertigen Projekt?
- Ist jedes Arbeitspaket hinsichtlich zu erbringender Leistung, Terminen und Kosten eindeutig definiert?
- Kann eine Zuordnung der Arbeitspakete zu einzelnen Mitgliedern der Gruppe getroffen werden?

Meilensteine

Ein Meilenstein beschreibt ein erreichtes Ergebnis zu einem bestimmten Zeitpunkt. Sie sind der Abschluss wichtiger Arbeitsschritte bzw. Arbeitspakete. Meilensteine werden zu so genannten Meilensteinplänen zusammengefasst (Tab. 178.2).

Wichtigste Meilensteine sind die Übergänge von einer Projektphase in die nächste; sie verschaffen so einen Überblick über den Projektverlauf.

Meilenstein Nr.	Meilensteinbeschreibung	Plantermin	Abnahme Team
1. Auftrag	Auftrag liegt schriftlich vor	15.02.	
2. Entwurf	Die Ablaufstruktur liegt vor	18.02.	20.02.
3. Ablaufplan	Der Projektablaufplan/die Arbeitspakete sind erstellt und abgestimmt	22.02.	
4.			

178.2 Meilensteine ergeben sich aus der Projektstruktur, d. h. aus Teilzielen, Phasen und Aufgaben

6.6 Organisieren von Arbeitabläufen

Nachdem festgelegt wurde, **was** alles gemacht werden muss, ist nun die Reihenfolge der Abarbeitung der Arbeitspakete (**was, wann**) zu bestimmen.
Das bedeutet den Übergang von der Arbeitspaketbeschreibung zur Ablaufplanung: Der Projektstrukturplan wird in eine Ablauforganisation überführt und legt damit die Zeitachse für die Projektbearbeitung fest. Dies ermöglicht auch eine grobe Zeiteinschätzung.

Projektablaufplan (PAP)

Um den Projektablaufplan aufzustellen, werden folgende Fragen beantwortet:

- In welcher logischen Reihenfolge sind die Arbeitspakete auszuführen?
- Welche Arbeitspakete können parallel bearbeitet werden?
- Welcher Kapazitäts- und Zeitbedarf ist für die Bearbeitung der einzelnen Arbeitspakete notwendig?

Das Bolzenfertigung hat folgenden Ablaufplan (Abb. 179.1).

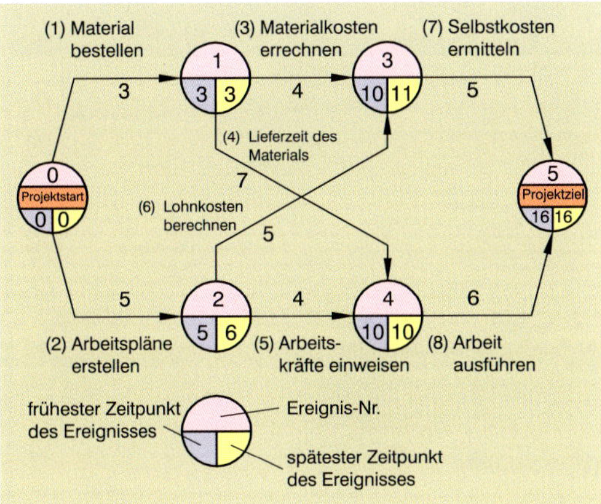

179.1 Einzelne Vorgänge/Arbeitspakete werden als Pfeile im Plan dargestellt

Der Plan zeigt die Ablaufstruktur der Teilaufgaben in ihrer logischen und zeitlichen Abfolge. Es ist ein Netzplan, der sich aus „Knoten" und „Pfeilen" zusammensetzt. Knoten sind Verknüpfungspunkte, Pfeile sind Verbindungen dazwischen.

Links unten in den Knoten wird der früheste Anfangszeitpunkt für den nächsten Arbeitsschritt dargestellt, rechts daneben der späteste. Aus der Differenz lassen sich die so genannten „Pufferzeiten" ermitteln, die ein Vorgang länger als geplant dauern darf, ohne dass die Projektdauer gefährdet ist.

Projektterminplan

Der Terminplan gibt Auskunft, **wann wer** welche Arbeitsergebnisse vorzulegen hat. Er verknüpft somit die im Projektablaufplan angegebenen Zeiten mit den Beteiligten.

Es wird dazu für jedes Arbeitspaket ermittelt:

- der Anfangs- und Endtermin
- die Verantwortlichen und Beteiligten

Die Termin- und damit die Zeitplanung baut entweder auf Schätzwerten auf, oder errechnet die erwartete Vorgangsdauer T_E mit der Formel:

$$T_E = \frac{A + 4 \cdot M + B}{6}$$

T_E erwartete Vorgangsdauer
A optimistische Vorgangsdauer
B pessimistische Vorgangsdauer
M wahrscheinlichste Vorgangsdauer

Tabellarische Liste

Sind Zeiten ermittelt, dann werden die Arbeitspakete in der Reihenfolge der Abarbeitung mit den Terminen und den Beteiligten aufgeführt. Für einfache Projekte ist die Liste nach Tabelle 179.2 ein ausreichendes Instrument.

Arbeitspaket	Verantwortlich	Termin	
1	Klaus	10.03.	13.03.
2	Wolfgang	10.03.	15./16.03.
3	Hans	13.03.	17.03.
4	Klaus	19.03.	17.03.
5	Wolfgang	16.03.	20.03.
6	Hans	15./16.03.	20./21.03.
7	Hans	20./21.03.	25./26.03.
8	Klaus/Wolfg.	20.03.	26.03.

179.2 Tabellarische Liste als Terminplan

Balkendiagramm

Im Balkendiagramm (Abb. 179.3) werden die Arbeitspakete als Balken über eine Zeitachse dargestellt. Sie geben damit einen optisch klaren Überblick über die Dauer der einzelnen Arbeitspakete sowie des Gesamtprojektes.

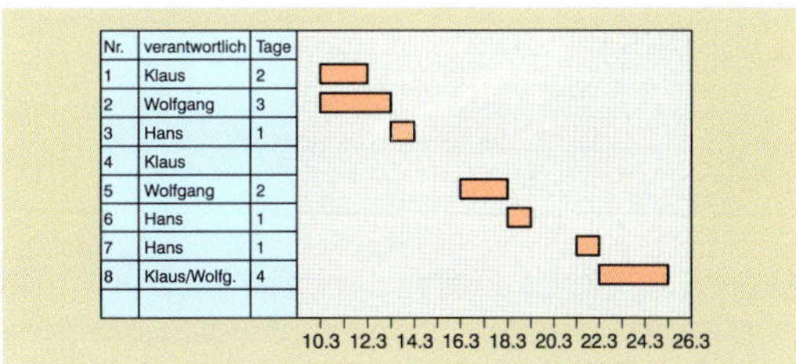

179.3 Der Terminplan ist übersichtlich aufgebaut

Kapazitätsplanung

Die Kapazitätsplanung (**wer, wie viel**) bezieht sich auf die Mitarbeiter, Maschinen und Anlagen. Aus der Kapazitätsplanung wird ersichtlich, wie viel personelle Kapazität und Betriebsmittel benötigt werden.

Das Ergebnis ist eine Gesamtübersicht aller erforderlichen Kapazitäten zu geplanten Terminen während der Projektlaufzeit. Sie sind in Abb. 180.1 zusammengefasst.

Die Informationen aus der Kapazitätsplanung benötigen alle Projektbeteiligten.

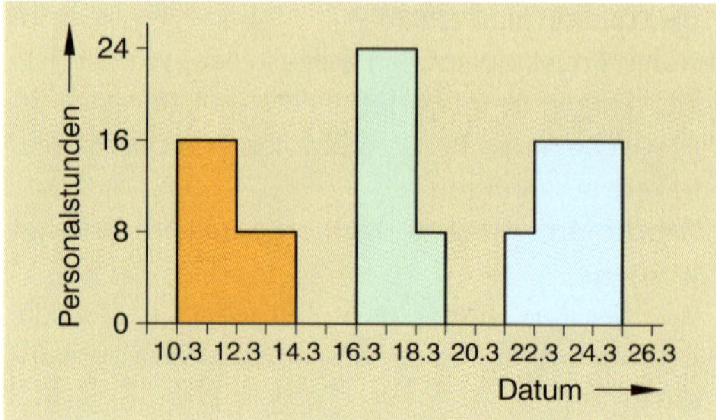

180.1 Der Bearbeitungsaufwand und die Auslastung müssen von den Beteiligten geplant werden

ÜBERBLICK Listen zur Arbeitsvorbereitung und -durchführung

Arbeitsplan:

Leitliste 3: Arbeitsplan

Projekt: | Name: | Kontroll-Nr.:

Zeichnungs-Nr.: | Teil-Nr.: | Datum: | Blatt-Nr.:

Lfd. Nr.:	Pos. Nr.:	① Was ist zu tun?	② Wie sind die Arbeitsschritte durchzuführen?	③ Womit ist die Arbeit durchzuführen (Werkzeuge, Hilfmittel, Prüfmittel, Geräte, Maschinen)?	④ Warum muss die Arbeit so ausgeführt werden (Funktion, Verwendungszweck)?

Bereitstellung der Arbeitsmittel:

MANNESMANN

Checkliste — Bereitstellung der Ausbildungsmittel

Lfd. Nr.:	Prüfauftrag	Hinweis	verantwortlich
1	Sind genügend Handlungsanleitungen und Vordrucke vorhanden?		
2	Ist die Normensammlung auf dem neuesten Stand?		
3	Stehen alle notwendigen Fachbücher und Tabellen bereit?		
4	Stehen Arbeitsplätze zum Planen und Kontrollieren zur Verfügung		
5	Muss die Belegung der Ausbildungsplätze vorgeplant werden?		
6	Können Schwierigkeuten bei der Materialbeschaffung auftreten?		
7	Müssen spezielle Werkzeuge und Werkstücke extern beschafft werden?		
8	Müssen bestimmte Werkstücke vorgefertigt werden?		

Materialbeschaffungsliste:

Leitliste 2: Materialbeschaffung

Projekt: | Name: | Kontroll-Nr.:

Zeichnungs-Nr.: | Teil-Nr.: | Datum: | Blatt-Nr.:

Lfd. Nr.:	Pos. Nr.:	① Wie wurde das Teil bezeichnet?	② Welche Werkstoffe und Abmessungen müssen die Roh-/Normteile haben?	③ Warum werden der Werkstoff und die Abmessungen so gewählt?	④ Welche Bezugsquelle?

Aktivitätenliste:

		Tätigkeit	wer? (verantwortlich)	mit wem?	von wem bis wann?	Kontroll-Kriterium
1.						
2.						
3.						
4.						

Zeitbedarfsermittlungliste:

Lfd. Nr.:	Arbeitsaufgabe	Arbeitsschritte (Unterteilung der Arbeitsaufgabe)	Geschätzter Zeitbedarf je Arbeitsschritte	Summe der Arbeitsschrittzeiten

Kontrollliste:

Leitliste 4: Kontrolle

Projekt: | Name: | Kontroll-Nr.:

Zeichnungs-Nr.: | Teil-Nr.: | Datum: | Blatt-Nr.:

Lfd. Nr.:	Pos. Nr.:	① Was ist zu prüfen (Maße, Geometrie, Oberfläche und Funktion, Größe, zulässige Abweichungen)?	② Wie ist die Prüfung durchgeführt?	③ Womit wird die Prüfung durchgeführt?	④ Warum wurde die Prüfung durchgeführt?

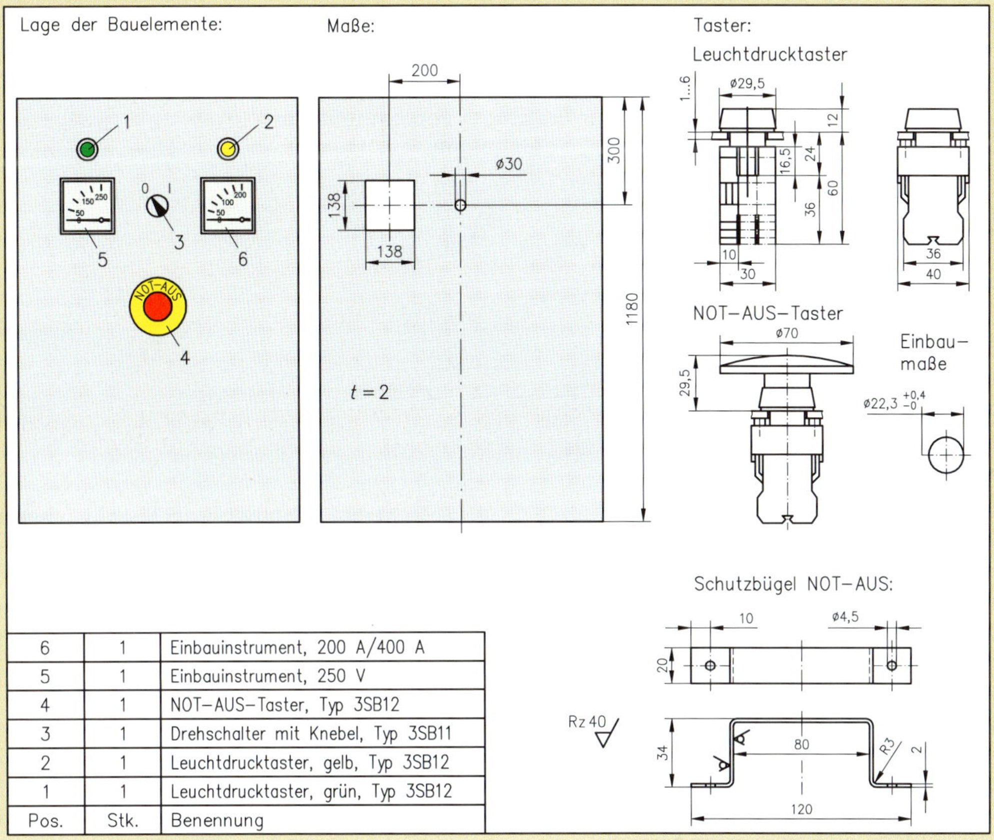

Pos.	Stk.	Benennung
6	1	Einbauinstrument, 200 A/400 A
5	1	Einbauinstrument, 250 V
4	1	NOT–AUS–Taster, Typ 3SB12
3	1	Drehschalter mit Knebel, Typ 3SB11
2	1	Leuchtdrucktaster, gelb, Typ 3SB12
1	1	Leuchtdrucktaster, grün, Typ 3SB12

181.1 Der Drehschalter in Pos. 3 hat die gleichen Maße wie der Leuchtdrucktaster

Aufgaben

Die Tür eines Schaltschranks ist zu fertigen!
Als Projektbeschreibung erhalten Sie die Unterlagen nach Abb. 181.1.

1 *Zeichnen Sie auf einem DIN-A4-Blatt die Schaltschranktür und bemaßen Sie die noch in die Zeichnung einzutragenden Bauelemente normgerecht. Wählen Sie einen geeigneten Maßstab für Ihre Zeichnung!*

a) Symmetrisch zum linken Durchbruch für den Spannungsmesser soll auf der rechten Seite ein Durchbruch für einen Strommesser mit den gleichen Abmessungen gefertigt werden!

b) Oberhalb der beiden Messinstrumente soll jeweils in der Mitte der Messinstrumente ein Leuchtdrucktaster eingebaut werden!

c) In der Mitte des Schaltschrankes muss ein Loch für einen NOT-AUS-Taster vorgesehen werden!

d) Damit der NOT-AUS-Taster nicht durch zufällige Berührung ausgelöst werden kann, wird ein Schutzbügel vorgesehen. Der Bügel wird aus Messing hergestellt.

2 *Die Fertigung der Tür des Schaltschrankes soll projektbezogen geplant werden:*

a) Erstellen Sie mit den Schlüsselfragen der Planungsspinne eine Ablaufstruktur der Fertigung!

b) Legen Sie Meilensteine entsprechend der Tab. 178.2 fest.

c) Ermitteln Sie mit der Ablaufstruktur einen Projektablaufplan. Nutzen Sie die Liste zur Zeitbedarfsermittlung. (Bestimmen des Zeitaufwands mit der Formel auf Seite 179)

d) Erstellen Sie entsprechend der Liste einen Arbeitsplan und die Kontrollliste!

e) Nehmen Sie eine Aufgabenverteilung vor, wenn drei Mitarbeiter zur Verfügung stehen!

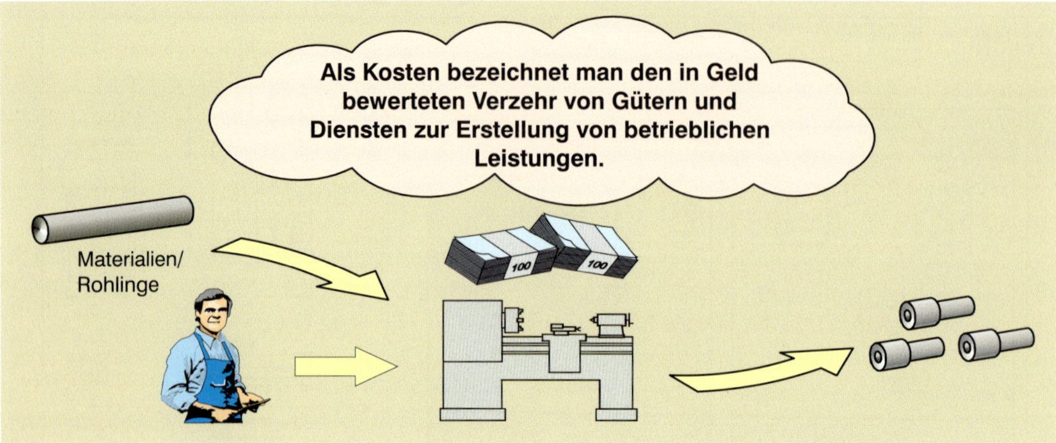

182.1 Kostenbewusstes Handeln setzt voraus, welche Kosten verursacht und wie sie verrechnet werden

6.7 Kostenermittlung

Bei jedem Auftrag entstehen nach Abb. 182.1 Kosten für **Material, Eigen-/Fremdleistungen, Abschreibungen** usw., die gedeckt sein müssen. Die Kosten sind für den Auftraggeber zu ermitteln und ggf. als Gesamtübersicht über die Laufzeit des Auftrages/Projektes darzustellen.

Kosten werden entweder für eine Zeitdauer oder eine Mengeneinheit berechnet und sind durch drei Merkmale bestimmt:

- **Güter-** oder **Diensteverzehr**, d. h. der Einsatz menschlicher Arbeitskraft oder der Verbrauch von Werkstoffen.
- Dieser Verbrauch muss bei der Erstellung **betrieblicher Leistungen** entstanden sein.
- Der Verbrauch muss mit **Geld bewertet** sein, z. B. der Einsatz menschlicher Arbeitskraft mit Lohn oder der Verbrauch von Werkstoffen mit Preisen.

6.7.1 Kosten

Kunden erwarten höchste **Qualität**, besten **Service** und ein sehr gutes **Preis-Leistungs-Verhältnis.**
Das ist aber nur zu erreichen, wenn Kosten durch kostenbewusstes Handeln von jedem Mitarbeiter gering gehalten werden. Kostenbewusstes Handeln setzt voraus, dass Mitarbeiter wissen, welche Kosten verursacht werden.
Abb. 182.2 zeigt einen Überblick der Kosten.

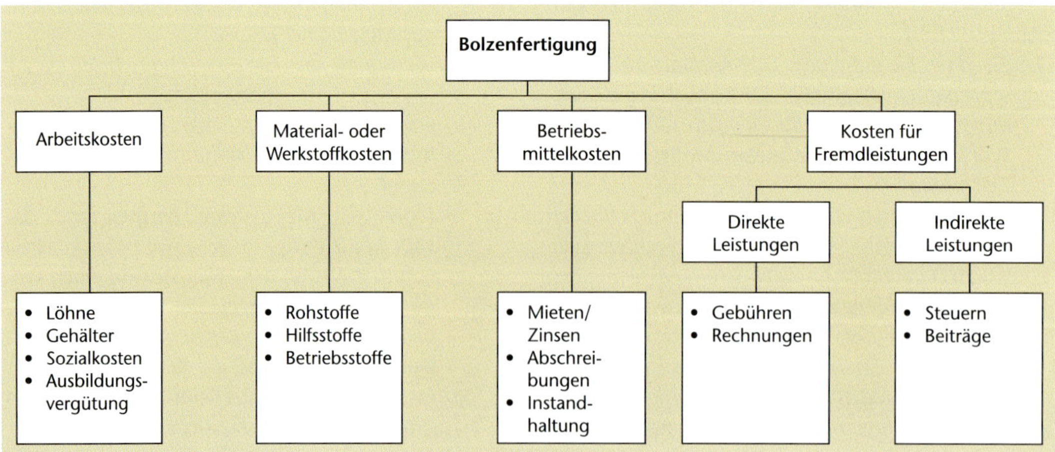

182.2 Die im Betrieb entstehenden Kosten werden nach Art der verzehrten Güter untergliedert

Für das gewählte Beispiel ergibt sich als erste vereinfachte Übersicht in Tabelle 183.1 die Berechnung der Selbstkosten von einem Bolzen.

Kostenschema			
Lfd Nr	**Kostenarten**	**Rechnung**	**Kosten in EUR**
1	Materialkosten	Gewicht x Preis/kg	20,00
2	Fertigungskosten	%-Anteil Ausbildungsvergütung	400,00
3	Herstellungskosten	Summe 1+2	**420,00**
4	Verwaltungskosten	+ 10 %	42,00
5	Selbstkosten		**462,00**

183.1 Vereinfachte Kostenrechnung

Die Berechnung der Selbstkosten berücksichtigt nicht alle für die Produktion der Bolzen anfallenden Kosten. Im Folgenden sind zusätzliche Kosten erläutert.

Materialkosten

Die Materialeinzelkosten (Tab. 183.2) ergeben sich als Produkt der Menge des verbrauchten Materials für die Fertigung von Produkten (z. B. 50 Bolzen) und aus des Wertes des Materials je Mengeneinheit.

Einzelkostenberechnung	
Materialverbrauchsmenge	50 Stück
Geldwert des Materials je Mengeneinheit	20,00 EUR/Stück
Materialeinzelkosten	1000,00 EUR
Materialgemeinkosten 10 %	100,00 EUR
Materialkosten	**1100,00** EUR

183.2 Die Materialkosten ergeben sich aus der Summe der Einzelkosten und der Gemeinkosten

Da das zu bearbeitende Material bestellt, gelagert und verwaltet werden muss, entstehen zusätzliche Kosten: die **Materialgemeinkosten**.

Hilfs- und Betriebsstoffe

Weitere Kosten entstehen durch die Hilfs- und Betriebsstoffe. Sie werden dem Produkt oder der Dienstleistung mit *prozentualen Zuschlägen* zugerechnet.

- **Hilfsstoffe**: (Farben, Leim, Nägel, Schrauben, Schleifmittel) sind alle Materialarten, die in das Produkt oder die Dienstleistung eingehen, deren Anzahl oder Wert jedoch so gering ist, dass eine direkte Zuordnung z. B. auf einen Auftrag nicht sinnvoll ist.
- **Betriebsstoffe:** (Reinigungsmaterial, Öl, Putz- und Schmiermittel) sind die Materialarten, die nicht in das Produkt oder die Dienstleistung eingehen. Sie dienen der Aufrechterhaltung des Betriebes.

Betriebsmittelkosten

Betriebsmittel sind nach Abb. 183.3 u. a. Maschinen und Werkzeuge.

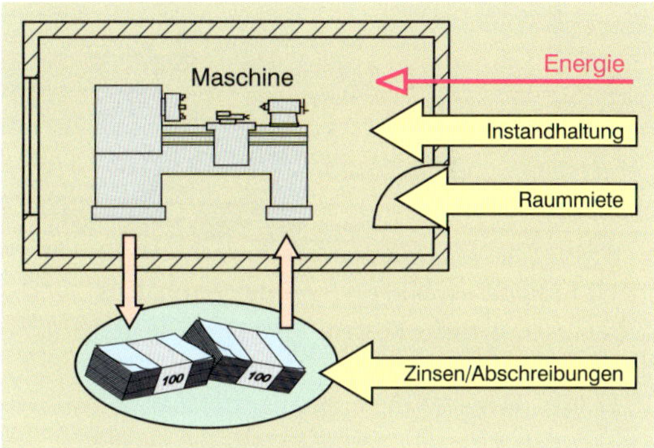

183.3 Werkzeuge verursachen Kosten

Die Kosten für Betriebsmittel werden beeinflusst durch die Lebens- und Nutzungsdauer (Zinsen, Abschreibungen), die Instandhaltung, die Energie und die Stellfläche oder den Raumbedarf.

Arbeitskosten

Die Arbeitskosten z. B. eines Auszubildenden setzen sich aus der Ausbildungsvergütung, den Sozialleistungen sowie aus freiwilligen betrieblichen Zusatzzahlungen zusammen.

6.7.2 Aufteilung der anfallenden Kosten

Um zu wissen, was z. B. der Bolzen (ein einzelnes Produkt) wirklich kostet, bedarf es einer genauen Erfassung, Zuordnung und Auswertung aller betrieblichen Kosten. Dies geschieht in der **Kostenrechnung**.

Das Ziel der Kostenrechnung ist es, alle entstandenen Kosten möglichst verursachergerecht zuzuordnen.

Zur Kostenrechnung werden folgende Fragen gestellt:

1. Frage: „**Welche** Kosten sind angefallen?“

Die Beantwortung dieser Frage führt zu den **Kostenarten**. In der Tabelle 184.1 sind einige zusammengefasst:

Kostenarten	
Fertigungsmaterial	
Lohn- und Gehaltskosten	
Instandhaltungskosten	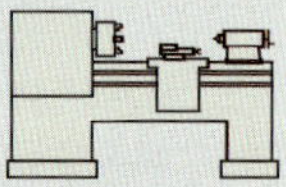
Abschreibungs- und Zinskosten	

184.1 Kostenarten sind nach Art des Verbrauchs (Verzehrs) unterteilte Kosten

2. Frage „**Wo** sind die Kosten angefallen?“

Die Beantwortung führt zu den **Kostenstellen**. In der Tabelle 184.2 sind einige Kostenstellen zusammengefasst:

Kostenstellen	
Werkstatt Fertigungsstraße Maschinen	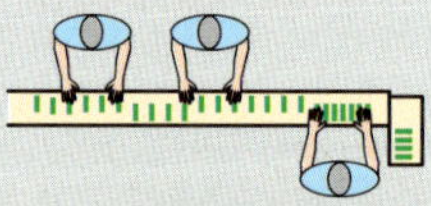
einzelne Arbeitsplätze	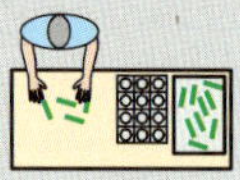
Abteilungen, die abgrenzbar sind	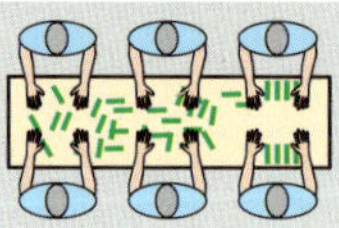

184.2 Kostenstellen sind betriebliche Bereiche

3. Frage: „Wofür sind die Kosten angefallen?“

Die Beantwortung führt zu den **Kostenträgern**. In der Tabelle 184.3 sind einige zusammengefasst:

Kostenträger	
Produkte	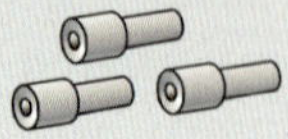
Dienstleistungen	
Reststoffe (Umweltschutz)	

184.3 Kostenträger sind betriebliche Leistungen

6.7.3 Kostenverteilung und -ermittlung

Einzelkosten

Einige der entstandenen Kosten wie Fertigungslöhne oder Fertigungsmaterial können ohne weiteres direkt den Kostenträgern (Produkten) zugeordnet werden: Sie werden als Einzelkosten bezeichnet.

Gemeinkosten

Andere Kosten wie die für Energie können nicht direkt zugeordnet werden, da sie von mehreren Produkten in Anspruch genommen werden. Diese Kosten heißen Gemeinkosten.

Die Abbildung 184.4 zeigt die Zuordnung beider Kosten:

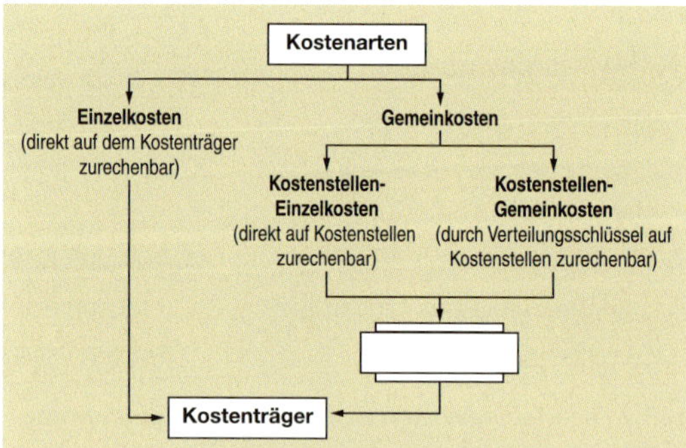

184.4 Aufschlüsselung der Gemeinkosten

Um Gemeinkosten zuordnen zu können, werden diese zunächst auf Kostenstellen verteilt. In Abhängigkeit von der Inanspruchnahme durch verschiedene Produkte (Kostenträger) werden sie dann dem Produkt zugeordnet.

Auf diesem Umweg erfolgt eine verursachergerechte Zuordnung.

Kostenermittlung

Sie geht im Wesentlichen in drei Schritten vor:

- Erfassen von Kosten nach Kostenarten
  Kosten: Fertigungsmaterial, Arbeitskosten, Lohn/Gehalt, Sozialkosten, Betriebsmittelkosten, Instandhaltungskosten, Raumkosten
- Verteilen der Kosten auf Kostenstellen
  Abteilungen: Materialeinkauf, Fertigungsstellen, Werbung, Verkauf usw.
- Verrechnen der Kosten auf Kostenträger
  Produkte: Bolzen, Rohre, Einzel-/Gesamtanlagen, Kommunikationssysteme

Die Verteilung der nicht direkt zuzuordnenden Kosten (Gemeinkosten) auf die Kostenstellen erfolgt mit dem **Betriebsabrechnungsbogen (BAB)**.

Aufbau des BAB

Der Betriebsabrechnungsbogen nach Tabelle 185.1 ist in den Zeilen nach **Kostenarten** (Gemeinkosten) und in den Spalten nach **Kostenstellen** (zur Vereinfachung: 4 Bereiche) gegliedert. Sein Aufbau ist von der Organisationsstruktur bzw. Kostenstellengliederung des Betriebes abhängig.

Beispiel zur Kostenermittlung

Für die Produktion aller Kostenträger (so auch der Bolzen) sind Gemeinkosten im gesamten Betrieb angefallen, die auf die Orte ihrer Entstehung direkt oder indirekt (Verteilungsschlüssel) verteilt werden. Die Summe der Gemeinkosten einer Kostenstelle wird prozentual in einer Zuschlagsgrundlage ausgedrückt (Zuschlagssatz). Es wird dabei vereinfacht unterstellt, dass die jeweilige Zuschlagsgrundlage (z. B. Fertigungsmaterial) und die dazugehörigen Gemeinkosten (z. B. Materialgemeinkosten) sich proportional zueinander verhalten.

Ausgehend von 20,00 EUR Fertigungsmaterial für einen Bolzen und den Daten des BAB werden die Selbstkosten des Kostenträgers Bolzen nach Tabelle 185.2 ermittelt.

Kostenträgerstückrechnung	
Fertigungsmaterial lt. Materialschein	20,00 EUR
+ 10 % MGK (Materialgemeinkosten)	2,00 EUR
Materialkosten	*22,00 EUR*
Fertigungslöhne	10,00 EUR
+ 110 % FGK (Fertigungsgemeinkosten)	11,00 EUR
Fertigungskosten	*21,00 EUR*
Herstellkosten des Umsatzes (Materialkosten + Fertigungskosten)	43,00 EUR
+ 8,86 % VwGK (Verwaltungsgemeinkosten)	3,81 EUR
+ 5,06 % VtGK (Vertriebsgemeinkosten)	2,18 EUR
Selbstkosten des Umsatzes	***48,99 EUR***

185.2 Kostenträgerrechnung für den Bolzen

	Erfassungsgrunglage	**Verteilung**	**Zu verrechnende Kosten**	**Material in EUR**	**Fertigung in EUR**	**Verwaltung in EUR**	**Vertrieb in EUR**
Gemeinkosten	Materialscheine	direkt	4 000,00 EUR	300	3500	200	0
Energiekosten	Rechnungen	Verbrauch	12 000,00 EUR	1 200	7 500	2 000	1 300
Hilfslöhne	Lohnscheine	direkt	16 000,00 EUR	3 000	11 000	500	1 500
Gehälter	Gehaltsliste	Tätigkeitsschlüssel	20 000,00 EUR	3 000	4 000	9 000	4 000
Sozialkosten	Lohn-/Gehaltsliste	Proport. Lohn-/Gehaltskosten	10 000,00 EUR	1 500	4 000	3 000	1 500
Fremdinstandhaltung	Rechnungen	direkt	5 000,00 EUR	100	3 000	1 000	900
Steuern, Beiträge, ...	Rechnungen	untersch. Schlüssel	7 000,00 EUR	500	2 500	3 000	1 000
Mietkosten	Rechnungen	Genutzte Fläche	8 000,00 EUR	1 000	5 000	1 000	1 000
Abschreibung/Zinsen	Jahrestabellen	Restwerte u. a.	18 000,00 EUR	1 400	14 500	1 300	800
Summe GMK			100 000,00 EUR	12 000	55 000	21 000	12 000
				MGK	FGK	VwGK	VtGK
Zuschlagsgröße	Fertigungsmaterial FG	Fertigungslohn FL		Herstellkosten des Umsatzes HU			
	120 000,00 EUR	50 000,00 EUR		237 000,00 EUR		237 000,00 EUR	
Zuschlagssätze	FG/ MGK = 10 %	FL/FGK = 110 %		HU/VwGK = 8,86 %		HU/VtGK = 5,06 %	

185.1 Die eingetragenen Kosten sind angenommene Werte eines fiktiven Betriebes

6.8 Projektsteuerung

Neben der Planung von Aufgaben und Projekten ist die Steuerung eines Projekts von großer Bedeutung. Planung ist ohne nachfolgende Kontrolle wertlos.

Projektsteuerung vergleicht das Geplante mit dem Tatsächlichen, um das Ziel zu erreichen.

Generell besteht eine Projektsteuerung nach Abb. 186.1 aus drei Phasen:

- **Erfassung** (Kontrolle) des IST-Standes
- **Analyse** und Interpretation von Soll-Abweichungen
- **Steuerung** durch Korrekturmaßnahmen

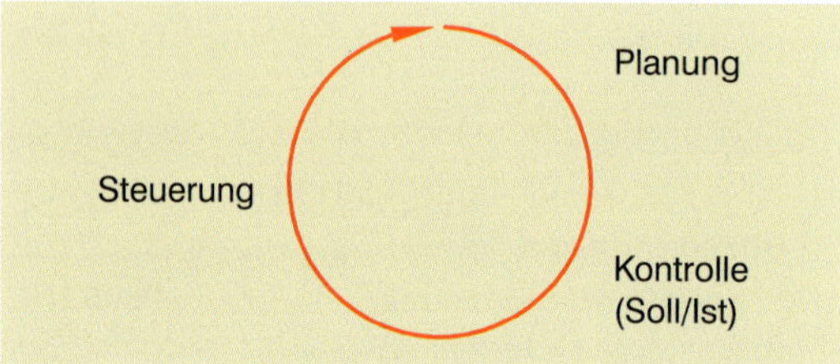

186.1 Wirkungsmodell einer Projektsteuerung

Projektplanung richtet sich stets auf zukünftiges Handeln aus; die Projektsteuerung ist eine **laufende Überwachung** des Projektfortschritts, um die Planung ständig zu verbessern und das Ziel „step by step" zu erreichen. Die Projektkontrolle ist mit einfachen Mitteln durchzuführen.

Einige Steuerungsmaßstäbe und -elemente sind in Tabelle 186.2 zusammengefasst.

Steuerungsmaßstäbe	Steuerungselemente
• Zeitaufwand und Termine • Mitarbeiter • Kosten • Leistungen und Produktqualität	• Überwachen • Erkennen • Untersuchen • Beheben

186.2 Die Steuerung bezieht sich auf die gegenwärtige Umsetzung eines Plans

Neben den aufgeführten Steuerungsmaßstäben sind auch die Arbeitsbedingungen, die Motivation der Mitarbeiter oder das Führungsverhalten der Projektleiter zu erfassen und zu bewerten.

Verfahren der Projektüberwachung

Für kleine Projekte reicht ein Balkendiagramm nach Abb. 186.3 mit einer Soll-Ist-Gegenüberstellung von Aufwand und Terminen aus. Es verdeutlicht den Zeitmehrverbrauch übersichtlich. (Die Werte sind der Tabelle 186.4 entnommen.)

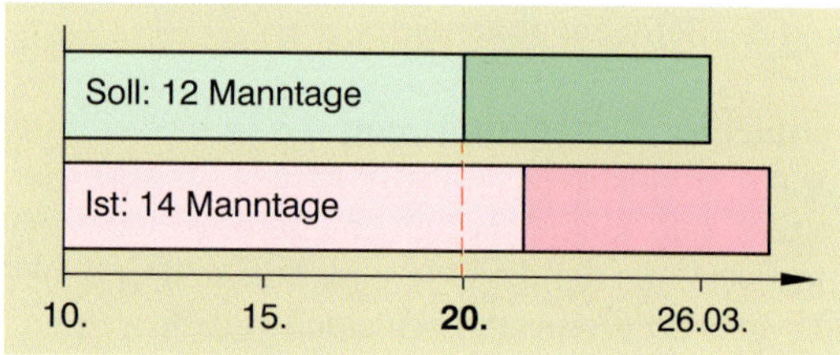

186.3 Das Projekt verzögert sich um 2 Tage

Eine detailliertere Darstellung zeigt das tabellarische Kontrollblatt nach Tabelle 186.4. Der Tabelle ist zu entnehmen, dass durch die Krankheit von Wolfgang der Terminplan nicht einzuhalten ist.

Projektkontrollblatt	**Projekt-bezeichnung:**		**Fertigung Roboterbein**		**Mitarbeiter:**	**Klaus (Kl) Wolfgang (Wo) Hans (Ha)**			**Datum: 20.03. Bearbeiter: Ausbilder Fr**
Projektabschnitt	**Soll-Aufwand**		**Soll-Termin**		**Ist-Aufwand**		**Ist-Termin**		**Bemerkung**
	Mitarbeiter	**Manntage**	**Beginn**	**Ende**	**Verbrauch**	**Abweichung**	**Beginn**	**Ende**	
Material bestellen	Kl	3	10.03.	13.03.	3		10.03.	13.03.	
Arbeitspläne aufst.	Wo	5	10.03.	15.03.	7	2	10.03.	17.03.	Krankheit
Materialkosten erm.	Ha	3	13.03.	17.03.	3		13.03.	17.03.	
Lieferzeit Material	Kl	1	13.03.	20.03.	1		10.03.	17.03.	
Arbeitskräfte einw.	Wo	4	16.03.	20.03.	4		18.03.		Verzöger. Pk. 2
Lohnkosten erm.	Ha	5	15.03.	20.03.	1	1	15.03.		
Selbstkosten erm.	Ha	5	20.03.	25.03.					
Arbeit ausführen	Kl/Wo	12	20.03.	26.03.					

186.4 Die Projektsteuerung ergibt sich durch den Soll-Ist-Vergleich im Projektkontrollblatt

Verantwortung

Die Steuerung eines Projekts liegt in den Händen der jeweils Verantwortlichen:

- Der **Auftraggeber** innerhalb eines Unternehmens ist verantwortlich für die Einbettung des Projekts in das Gesamtunternehmen,
- der **Projektleiter** für das Projekt,
- die **Teammitglieder** für die Arbeitspakete.

Der Projektleiter muss alle abgeleiteten Korrekturmaßnahmen auf ihre mehrdimensionalen Auswirkungen bezüglich der Zielvorgaben prüfen. Dazu wird ein Informationssystem nach Abb. 187.1 benötigt.

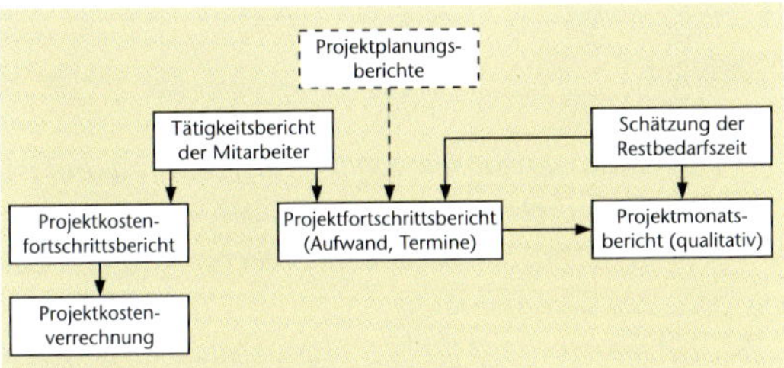

187.1 Bausteine eines Projektüberwachungssystems

Ein wichtiger Baustein innerhalb des Kontrollsystems ist der Tätigkeitsbericht von jedem Mitarbeiter, dessen Aufbau Abb. 187.2 zeigt.

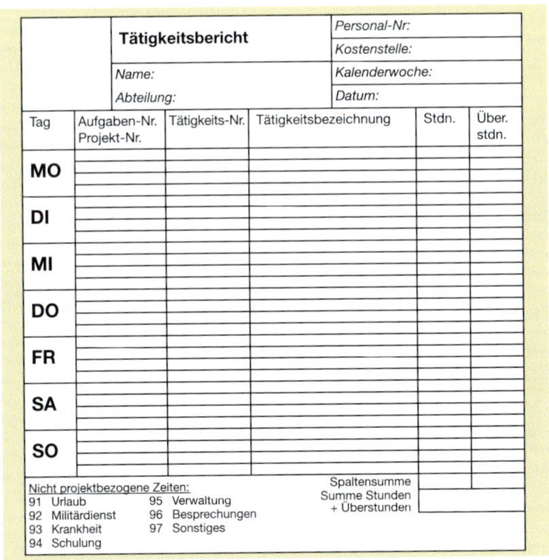

Tätigkeitsbericht

Personal-Nr:
Kostenstelle:
Name:
Kalenderwoche:
Abteilung:
Datum:

Tag	Aufgaben-Nr. Projekt-Nr.	Tätigkeits-Nr.	Tätigkeitsbezeichnung	Stdn.	Über. stdn.
MO					
DI					
MI					
DO					
FR					
SA					
SO					

Nicht projektbezogene Zeiten:
91 Urlaub
92 Militärdienst
93 Krankheit
94 Schulung
95 Verwaltung
96 Besprechungen
97 Sonstiges

Spaltensumme
Summe Stunden + Überstunden

187.2 Der Tätigkeitsbericht bildet den Nachweis der durchgeführten Tätigkeiten im Berichtszeitraum

Die Organisation der Information und Kommunikation zeigt Tabelle 187.3.

Organisation	mögliche Inhalte
Turnusmäßig	Ist-Meldungen, Statusberichte, Terminberichte, Aktivitätenrückmeldung
Ergebnisorientiert	Abnahmesitzung, Meilensteinsitzung, Fertigstellung von Ist-Werten
Ereignisorientiert	Krisensitzung, Mängelbericht, Abweichungen von der Planung, Personalprobleme

187.3 Geeignete Informations- und Kommunikationsgremien begleiten den Projektverlauf

Steuerungsmöglichkeiten

Da die Projektsteuerung eine *kontinuierliche* Aufgabe ist, ist sie während der *gesamten* Projektlaufzeit durchzuführen. Je früher aber Abweichungen zwischen geplantem und tatsächlichem Verlauf festgestellt werden ist, desto einfacher und kostengünstiger lassen sie sich beheben.

Insbesondere bei großen Projekten sind spätestens nach einzelnen Meilensteinen oder Arbeitspaketen die Ergebnisse danach zu beurteilen, ob

- das Ziel wirtschaftlich sinnvoll erreicht wird,
- mit abgeänderter Zielsetzung weitergearbeitet wird oder
- das Projekt ganz abgebrochen wird.

Folgende Möglichkeiten der Steuerung sind bei Soll-Ist-Abweichungen vorhanden:

- **Maßnahmen der Leistungsreduzierung**
  Leistungsumfang und Qualität mit dem Auftraggeber diskutieren und die Ziele neu definieren
- **Maßnahmen zur Aufwandsreduzierung**
  Suche nach technischen Alternativen, Zukauf von Teilprodukten, andere Werkzeuge
- **Maßnahmen zur Kapazitätserhöhung**
  Anzahl der Mitarbeiter erhöhen, Überstunden, Nutzung externer Kapazitäten
- **Maßnahmen zur Produktivitätserhöhung**
  Motivation der Mitarbeiter durch z. B. Geldanreize erhöhen, Austausch der Mitarbeiter
- **Maßnahmen zur Durchlaufzeitverkürzung**
  Arbeitsplätze zusammenlegen, Produktivität erhöhen

Kann das Projektziel nicht erreicht werden, ist es sinnvoll, das Projekt abzubrechen. So werden Investitionen vermieden, die das Unternehmen und die Projektbeteiligten unnötig belasten.

	Projekt-kontrollblatt	*Projekt-bezeichnung:* Kundenauftragsabwicklung *Projekt-leiter:* Gruppe (OP)		*Mitarbeiter:* Kern (AP) Fiedler (OP)				*P. Nr.:* *Datum:* *Blatt:* *Bearb.:*	
Projektabschnitt	Sollaufwand Mitarbeiter	Mannwoche	Soll-Termin (Wo.) Beginn	Soll-Termin (Wo.) Ende	Ist-Aufwand (Manntage) Verbrauch	Ist-Aufwand (Manntage) Abweichung	Ist-Termin Beginn	Ist-Termin Ende	Bemerkungen
Grobkonzeption	OP KO	2 2	1	2	4	–	1	2	
Feinkonzeption	OP KO	6 6	3	8	12	–	4	9	Krankheit H. Fiedler
Programmvorgabe	OP AP	3 3	9	11	6	–	10	12	
Programmierung	OP AP	10 10	12	21	24	4	13	24	Erhöhter Testaufwand
Benutzerorganisation	KO OP	4 1	9	12	5	–	10	13	
Benutzerschulung	KO	6	13	19	6	–	14	20	
Systemeinführung	KO OP	2 1	22	23	3	1	25	27	
Projektüberwachung	OP	1*)	1	23	1		1	27	
Summenwerte				23		5		27	

188.1 Kontrollblatt zur Überwachung des Aufwands und der Termine

Aufgaben

1 *Unterscheiden Sie zwischen*
- *Kostenbereichen und Kostenstellen!*
- *Einzel- und Gemeinkosten!*

2 *Nennen Sie wichtige Kostenarten aus Ihrem betrieblichen Umfeld:*
- *Fertigungsmaterialverbrauch*
- *Arbeitskosten*
- *Betriebsmittelkosten*
- *Fremdleistungskosten*

3 *Nennen Sie Produkte, Dienstleistungen und Reststoffe, für die in Ihrer Firma Kosten angefallen sind!*

4 *Gegeben ist ein Protokollkontrollblatt entsprechend Tabelle 188.1.*

a) Ergänzen Sie die Spalten ***Abweichung*** *und* ***Ist-Termine****!*

b) Erstellen Sie in einem Balkendiagramm den zeitlichen Ablauf!

5 *Ein Betrieb weist für den Monat Mai u. a. folgende Kosten aus:*
- *Fertigungsmaterial 49.600,00 EUR*
- *Fertigungslöhne 61.000,00 EUR*

a) Berechnen Sie die Herstellungskosten des Umsatzes HU!

b) Berechnen Sie mithilfe des BAB die vier Gemeinkostenzuschlagssätze (Tab. 188.2)!

c) Kalkulieren Sie den Angebotspreis für ein Stück: FM: 56,00 EUR; FL: 70,00 EUR!

Kostenart	**I Material**	**II Fertigung**	**III Verwaltung**	**IV Vertrieb**
Hilfsstoffe	200,00	10 700,00	–	600,00
Betribsstoffe	240,00	1 820,00	360,00	180,00
Hilfslöhne	1 390,00	15 730,00	280,00	600,00
Gehälter	1 600,00	5 400,00	15 300,00	10 500,00
Sozialkosten	650,00	10 550,00	5 940,00	2 360,00
Abschreibung	860,00	5 160,00	1 720,00	860,00
Betriebssteuern	–	3 300,00	1 100,00	–
Sonstige Aufwendungen	1 260,00	2 240,00	5 300,00	1 900,00
	MGK	FGK	VwGK	VtGK
Zuschlagssatz:	FM	FL	HK d. U.	HK d. U.

188.2 Vereinfachter Betriebsabrechnungsbogen

ÜBERBLICK Checklisten für Projektplanung und -durchführung

Projektziele	ja	nein
schriftlich fixiert	☐	☐
klar und nachvollziehbar	☐	☐
messbar	☐	☐
vollständig	☐	☐
widerspruchsfrei	☐	☐
realisierbar	☐	☐
allen Beteiligten bekannt	☐	☐
akzeptiert von allen Betroffenen	☐	☐

Projektorganisation	ja	nein
Ist der Projektleiter benannt?	☐	☐
Sind Kompetenzen, Verantwortung und Aufgaben des Projektleiters geklärt?	☐	☐
Ist festgelegt, wie Entscheidungen im Rahmen des Projektes fallen?	☐	☐
Ist die Zusammensetzung des Projektteams geklärt?	☐	☐
Ist bekannt, wer in welcher Form am Projekt beteiligt ist?	☐	☐
Ist deutlich, wer vom Projekt in welcher Form betroffen sein wird?	☐	☐
Ist das notwendige Know-how im Projektteam vorhanden?	☐	☐
Haben die Projektmitarbeiter ausreichend Zeitkapazitäten für das Projekt zur Verfügung?	☐	☐

Projektstart	ja	nein
Leistungen, Termine, Kostenziele und Rahmenbedingungen sind definiert?	☐	☐
Es liegt eine auf das Projekt bezogene Organisation vor?	☐	☐
Das Berichtswesen bzgl. Berichtsform, -inhalt, -wege und -häufigkeit ist festgelegt?	☐	☐
Die Form, die Intervalle und die Arbeitsweise der Teamsitzungen sind abgestimmt?	☐	☐
Büros, Sitzungszimmer, technische Hilfsmittel und Unterstützungsmittel sind bereitgestellt?	☐	☐
Die Projektanforderungen sind im Lastenheft ausreichend konkretisiert worden?	☐	☐

Projektplanung	ja	nein
Das Pflichtenheft enthält ausreichende Anforderungen?	☐	☐
Ziele, Vorgaben und Rahmenbedingungen sind bekannt?	☐	☐
Projektphasen und überschaubare Arbeitspakete liegen vor?	☐	☐
Das Projekt ist in Phasen strukturiert?	☐	☐
Verantwortliche sind benannt?	☐	☐
Es liegt ein Projektterminplan vor?	☐	☐
Die Reihenfolge der Arbeitspakete in ihrer zeitlichen und logischen Abhängigkeit festgelegt?	☐	☐
Das Berichtswesen zur Überwachung und Steuerung von Leistungen,Terminen und		
Kosten bekannt?	☐	☐

Projektsteuerung	ja	nein
Regelmäßige Teambesprechungen finden statt?	☐	☐
Der Verantwortliche meldet den aktuellen Bearbeitungsstand?	☐	☐
Aktuelle und absehbare Probleme und Schwierigkeiten werden der Projektleitung mitgeteilt?	☐	☐
Der Projektfortschritt wird ermittelt?	☐	☐
Bei Planabweichungen werden Lösungsalternativen entwickelt?	☐	☐
Bei Planabweichungen entscheidet das Projektteam gemeinsam über zu ergreifende Maßnahmen?	☐	☐

Teamcheck	ja	nein
Rollen, Zuständigkeiten und Vollmachten sind geklärt?	☐	☐
Es werden klare Vereinbarungen getroffen und eingehalten?	☐	☐
Die Teammitglieder kennen ihre Aufgaben und akzeptieren sie?	☐	☐
Das Team hat Spielregeln für die Arbeit/den Konfliktfall festgelegt?	☐	☐
Die Projektmitglieder sind bereit, am Projektziel mitzuarbeiten?	☐	☐
Meinungsverschiedenheiten werden restlos geklärt?	☐	☐
Konflikte werden offen angesprochen, nicht persönlich ausgetragen?	☐	☐

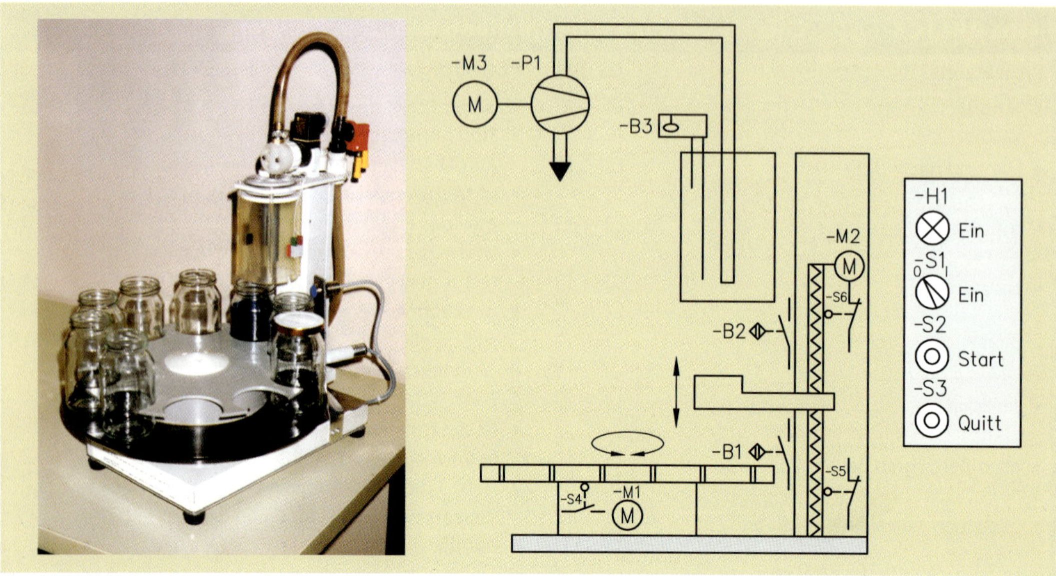

190.1 Probenautomat

7 Realisieren mechatronischer Teilsysteme

7.1 Speicherprogrammierte Steuerung

Der in Abb. 190.1 gezeigte Probenautomat soll von einer Speicherprogrammierten Steuerung (SPS) gesteuert werden. Für die Entwicklung des SPS-Programms ist es wichtig, den Arbeitsablauf des Probenautomaten zu kennen. Dieser Arbeitsablauf kann auf verschiedene Art beschrieben werden:

- Funktionsbeschreibung (verbal)
- Funktionsplan (prozessorientiert)
- Funktionsdiagramm (Bewegungsdiagramm)

Ein Technologieschema (Abb. 190.1) veranschaulicht den mechanischen und elektrischen Aufbau des Probenautomaten.

7.1.1 Funktionsbeschreibung

Aus der laufenden Produktion werden stichprobenartig gefüllte Gläser entnommen und geöffnet auf den Drehtisch gestellt. Der Drehtisch stoppt, wenn ein geöffnetes Glas die Position über dem Hebearm erreicht hat. Das Glas wird angehoben, und das Tauchrohr taucht in die Flüssigkeit ein. Eine Pumpe saugt von einem gefüllten Glas jetzt eine kleine Probe ab. Mithilfe eines Füllstandssensors wird verhindert, dass die minimale Füllmenge unterschritten wird. Danach fährt der Hebearm wieder herab, und der Drehtisch dreht sich bis zum nächsten Glas weiter.

7.1.2 Funktionsplan

Die Abb. 190.2 zeigt den Funktionsplan des Probenautomaten. Dieser Funktionsplan ist noch sehr grob strukturiert. Im Verlauf der Entwicklung der Steuerung kann der Funktionsplan immer detaillierter ausgeführt werden.

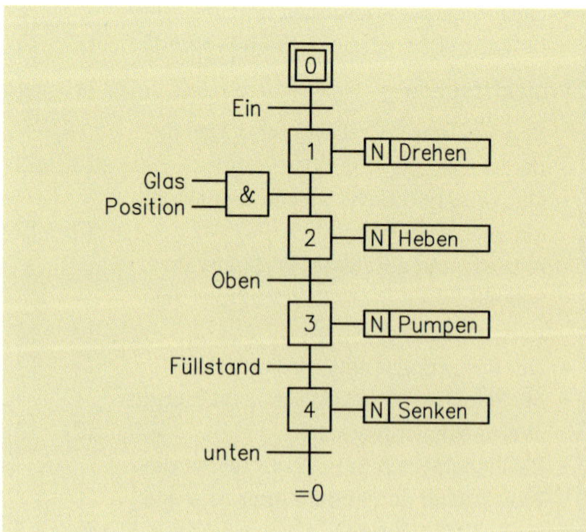

190.2 Funktionsplan des Probenautomaten

Der prozessorientierte Funktionsplan nach DIN 40 719 eignet sich gut für die Darstellung von Ablaufsteuerungen. Die tatsächliche technische Realisierung wird im Funktionsplan nicht berücksichtigt. Im Funktionsplan ist zu erkennen, welche Bedingungen zum Auslösen einer Aktion erfüllt sein müssen oder welche Signalgeber betätigt sein müssen. Ob die Signalgeber bei Betätigung ein 1-Signal (Schließerfunktion) oder ein 0-Signal (Öffnerfunktion) liefern, ist dem Funktionsplan nicht zu entnehmen.

ÜBERBLICK Funktionsplan (DIN 40 719)

Symbol	Bezeichnung	Symbol	Bezeichnung
	**Schritt.** Wird durch ein Rechteck mit der Angabe der Schrittnummer dargestellt. Gesetzt dargestellte Schritte werden zusätzlich mit einem Punkt gekennzeichnet.	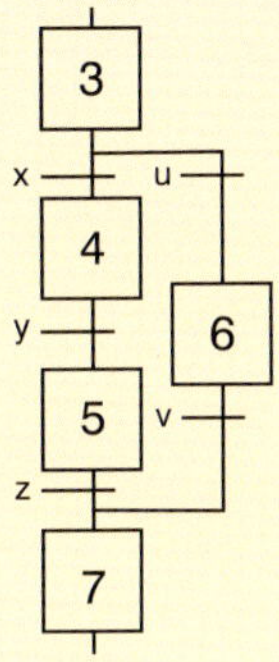	**Ablaufverzweigung (Alternative Abläufe).** Wird durch so viele Übergangsbedingungen unter der waagerechten Linie dargestellt, wie Abläufe möglich sind. Bei Verzweigung ist oberhalb der waagerechten Linie keine gemeinsame Übergangsbedingung zulässig, die Zusammenführung unterhalb. **Ablaufzusammenführung (Alternative Abläufe).** Wird durch so viele Übergänge dargestellt, wie Abläufe zusammenzuführen sind.
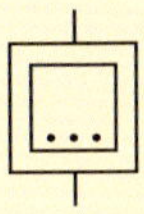	**Anfangsschritt.** Der Anfangsschritt wird zu Beginn des Vorgangs per Definition gesetzt. Muss mindestens einmal vorhanden sein.		
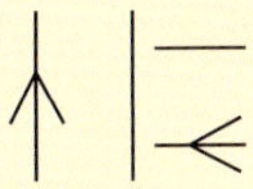	**Wirkverbindung.** Waagerechter oder senkrechter Verlauf von oben nach unten oder in der Richtung des angegebenen Pfeiles.		
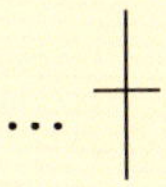	**Übergang.** Immer waagerecht zur Wirkverbindung mit Kennzeichnung der Übergangsbedingung durch Text, Symbol oder boolescher Algebra.	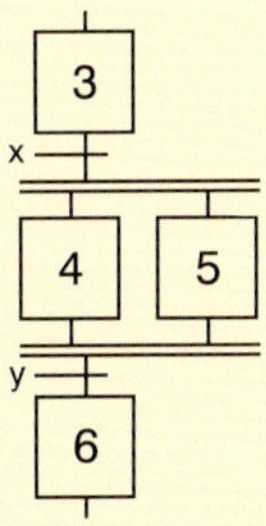	**Gleichzeitige Abläufe (Parallelbetrieb).** Führt durch Auslösen eines Überganges zu mehreren gleichzeitigen Abläufen. **Ablaufsammlung (Parallelbetrieb).** Der Schritt unter der Synchronisationsdoppellinie wird nur gesetzt, wenn alle Schritte oberhalb der Doppellinie gesetzt sind und die gemeinsame Übergangsbedingung erfüllt ist.
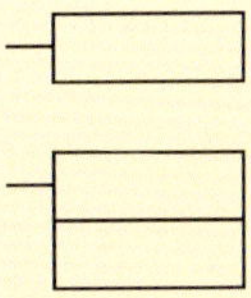	**Befehl (Aktion).** Wird durch ein beliebig großes Rechteck mit der Kennzeichnung des Befehls durch Text oder durch ein Symbol dargestellt. Hat ein Schritt mehrere Aktionen, können diese aneinander gereiht werden.		
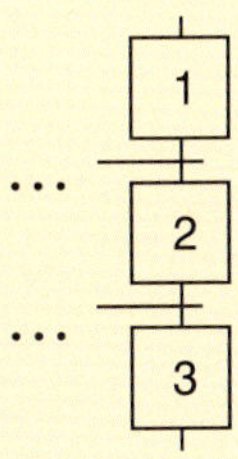	**Ablaufkette.** Besteht aus einer Reihe von Schritten. Jedem Schritt folgt ein Übergang, jeder Übergang wird einen Schritt freigeben. Ist gleichzeitig auch die Bedingung zum nächsten Schritt erfüllt, wird dieser nicht gesetzt. Bei gleichzeitigem Setzen und Rücksetzen hat Setzen Vorrang.	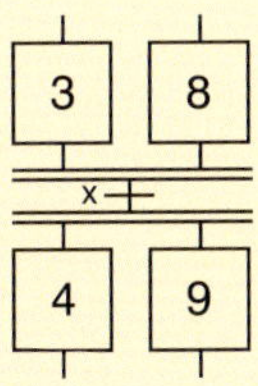	**Synchrones Auslösen von Übergängen.** Wird durch eine Doppellinie gekennzeichnet. Ist dies zur Erzielung eines übersichtlichen Planes nicht möglich, kann zur Kennzeichnung der Schritt auch mit einem Stern und einer eindeutigen Beschreibung versehen werden.

Kennzeichnung von Befehlen (Aktionen)

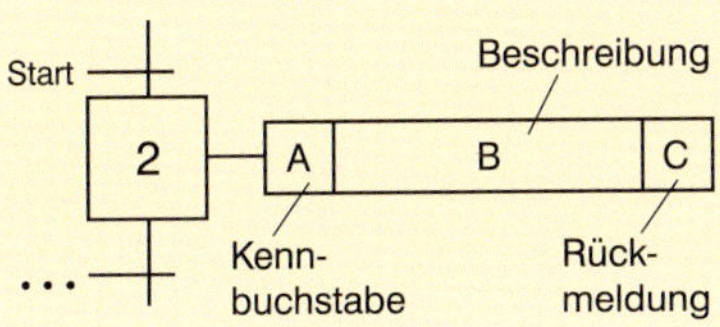

Kennbuchstabe

N	Nicht gespeichert	L	Zeitlich begrenzt
S	Gespeichert	P	Pulsförmig
D	Verzögert	C	Bedingt

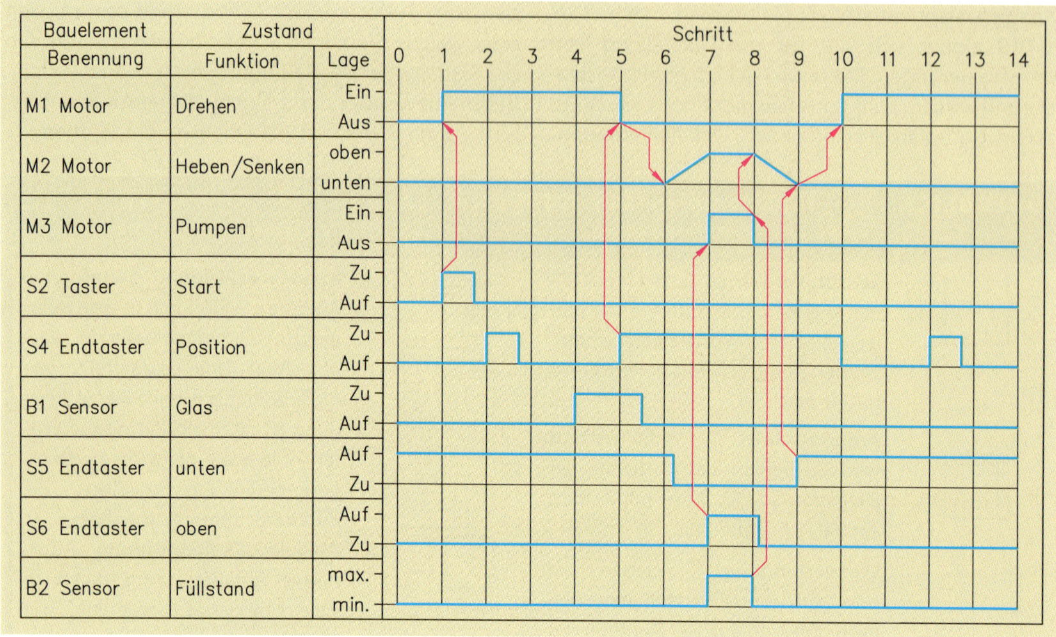

192.1 Funktionsdiagramm des Probenautomaten (Grundfunktion für eine Probenentnahme)

7.1.3 Funktionsdiagramm

Das Funktionsdiagramm des Probenautomaten in Abb. 192.1 beinhaltet die wesentlichen Bauelemente und zeigt den Bewegungsablauf und das Zusammenspiel der verschiedenen Sensoren und Aktoren. Das Bewegungsdiagramm im rechten Teil des Funktionsdiagramms stellt den Zustand der Aktoren in jedem Schritt der Steuerung dar (Weg-Schritt-Diagramm). Signallinien zeigen die Lage der Sensoren und welche Bewegung der Aktoren sie nach ihrer Betätigung auslösen. Die Bewegungsabläufe, wie Heben und Senken, werden durch an- und absteigende Geraden dargestellt, wobei die Steilheit eine Aussage über die Zeitdauer der Bewegung machen kann. Bei zeitabhängigen Abläufen kann die waagerechte Achse des Bewegungsdiagramms anstatt in Schritte auch in Zeitabstände eingeteilt werden (Weg-Zeit-Diagramm).

Aufgaben

1 *Entwickeln Sie anhand der folgenden Funktionsbeschreibung einen prozessorientierten Funktionsplan! Funktionsbeschreibung:*
Eine Paketförderanlage soll anlaufen, wenn der START-Taster betätigt wird. Nach einer Hochlaufzeit von zehn Sekunden läuft die Paketförderanlage nur weiter, wenn der Bandwächter keine Blockierung meldet. Eine Betätigung des STOPP-Tasters schaltet die Paketfördereinrichtung sofort ab. Eine Störung (Bandwächter oder Motorschutzrelais) schaltet das Band ab und muss mit einem Taster quittiert werden. Die Zustände „Band steht" und „Band läuft" sowie „Band gestört" werden durch Leuchtmelder angezeigt.

2 *Die Abb. 192.2 zeigt den prozessorientierten Funktionsplan einer Spann- und Biegevorrichtung. Zeichnen Sie das zugehörige Funktionsdiagramm.*

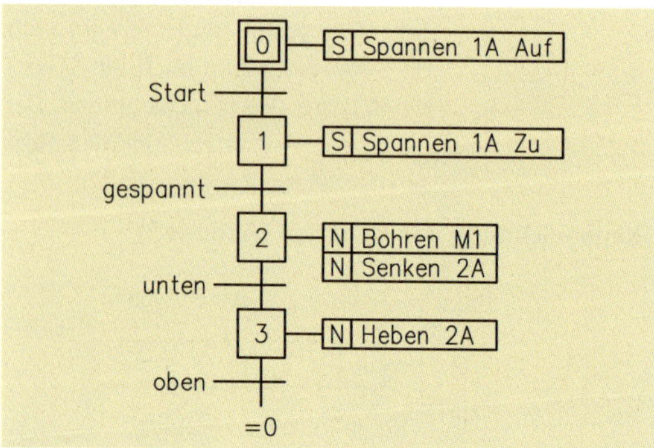

192.2 Prozessorientierter Funktionsplan

7.2 Aufbau der Steuerung

Bevor mit dem Aufbau der Steuerung für den Probenautomat begonnen werden kann, sind noch einige Planungsarbeiten zu erledigen. Anhand von Technologieschema und prozessorientiertem Funktionsplan müssen folgende Festlegungen getroffen werden

- Auswahl der Steuerung
- Zuordnen von Ein- und Ausgängen
- Entwickeln des Anschlussplanes
- Festlegen der elektrischen Spannungen

Nach dem Anschlussplan wird die Steuerung aufgebaut und verdrahtet. Parallel dazu kann das SPS-Programm entwickelt werden.

7.2.1 Auswahl der Steuerung

Auswahlkriterien für die Hardware (Automatisierungsgerät oder AG) der Speicherprogrammierten Steuerung des Probenautomaten sind

- Anzahl der Sensoren (Eingänge)
- Anzahl der Aktoren (Ausgänge)
- Art der Ausgänge
- Art und Anzahl von Zähl- und Zeitfunktionen

Weitere Auswahlkriterien, wie Zykluszeit, Speicherausbau, Erweiterbarkeit, analoge Ein-/Ausgänge, komplexe Funktionsbausteine, Feldbuskompatibilität u. Ä., brauchen für die einfache Steuerung des Probenautomaten nicht berücksichtigt zu werden. Die Anforderungen an das Automatisierungsgerät für den Probenautomat sind in der Tabelle 193.1 zusammengefasst.

Funktion	Anzahl	Ausführung
Eingang	9	digital 24 V DC
Ausgang	5	digital 24 V / 0,5 A DC
Zeitfunktion	2	Anzugverzögerung TON
Zählfunktion	1	Vorwärtszähler CTU
Merker	ca. 50	nichtremanent

193.1 Steuerungsanfordeungen

Für den Probenautomaten wählen wir ein Automatisierungsgerät vom Typ S7–214. Es handelt sich hierbei um ein Kompakt-SPS-System. Dieses Automatisierungsgerät ist kostengünstiger als eine modular aufgebaute Steuerung, aber nicht so flexibel. Zukünftige Erweiterungen, die den Leistungsumfang des ausgewählten Automatisierungsgerätes übersteigen könnten, sind bei dem Probenautomaten jedoch nicht zu erwarten.

ÜBERBLICK **Technische Ausführung von Automatisierungsgeräten (Auswahl)**

Merkmal	Kompakte SPS-Systeme		Modulare SPS-Systeme	
	S5–90[1)]	S7–214[1)]	S5–103[2)]	S7–314[2)]
Eingänge DE	10	14	max.448	max. 512
Ausgänge DA	6 (Relais)	10 (Relais)		
Analog Eingänge AE	–	– (12)[1]	max. 16	max. 64
Analog Ausgänge AA	–	– (4)[1]		
Merker	1024	256	2048	2048
Zeitfunktionen	32	128	128	128
Zählfunktionen	32	128	128	64
Echtzeituhr	nein	ja	ja	ja
Zykluszeit (1024 Binäranweisungen)	2 ms	0,8 ms	1,6 ms	0,3 ms
Programmspeicher	4 KByte ≈ 2K Anweisungen	4 KByte ≈ 2K Anweisungen	20 KByte ≈ 10K Anweisungen	24 KByte ≈ 8K Anweisungen
Speicherpufferung	≈ 1 Jahr Batterie	≈ 190 h (Kondensator)	≈ 1 Jahr Batterie	≈ 1 Jahr Batterie
Fließpunktarithmetik	nein	ja	ja	ja
PID-Regelfunktion	nein	nein	ja	ja
Betriebsspannung	230 V AC	230 V AC	24 V DC	24 V DC

[1)] durch Erweiterungsmodule ausbaufähig; [2)] von der Zusammenstellung der Module abhängig

7.2.2 Zuordnungsliste

In der Zuordnungsliste bestimmen wir die Operanden und legen damit die Belegung der Eingänge I (E) und Ausgänge Q (A) für den Probenautomaten fest. Bei der ausgewählten SPS vom Typ S7–214 stehen uns die Eingänge I0.0 bis I0.7 sowie I1.0 bis I1.5 und die Ausgänge Q0.0 bis Q0.7 sowie Q1.0 bis Q1.1 zur Verfügung. Für die Verdrahtung der Steuerung muss nur die Belegung der Ein- und Ausgänge festliegen, deshalb fehlen in der Zuordnungsliste des Probenautomaten in Abb. 194.1 die Merker sowie die Zähl- und Zeitfunktionen. Zur vollständigen Dokumention des Probenautomaten gehört eine Zuordnungsliste, die alle verwendeten Operanden enthält, auch die Merker sowie die Zähl- und Zeitfunktionen.

7.2.3 Der Anschlussplan

Nach dem Anschlussplan in Abb. 194.2 kann die SPS für den Probenautomaten verdrahtet werden. Die Servomotoren für den Drehtisch und den Hebearm werden mit 24 V DC betrieben und über die Relais K1 bis K3 geschaltet. Da es bei der verwendeten Schaltung nicht zu Kurzschlüssen beim Umschalten der Drehrichtung kommen kann, ist eine Verriegelung der Relais nicht erforderlich (vgl. Abb. 128.3). Die Pumpe wird ebenfalls mit 24 V DC betrieben und über das Relais K4 geschaltet.

Bauteil	Operand	Bemerkung
-S1	I0.0	EIN-Schalter
-S2	I0.1	Start-Taster
-S3	I0.2	Quittierungs-Taster
-S4	I0.3	Positionschalter TISCH
-S5	I0.4	Positionsschalter UNTEN
-S6	I0.5	Postionsschalter OBEN
-B1	I0.6	Sensor GLAS
-B2	I0.7	Sensor DECKEL
-B3	I1.0	Sensor FÜLLSTAND
-	I1.1 bis I1.5	frei
-K1	Q0.0	Relais M1 DREHEN
-K2	Q0.1	Relais M2 HEBEN
-K3	Q0.2	Relais M2 SENKEN
-K4	Q0.3	Relais M3 PUMPEN
-	Q0.4 bis Q0.7	frei
-H1	Q1.0	Leuchtmelder H1
-	Q1.1	frei

194.1 Zuordnungsliste für den Probenautomat

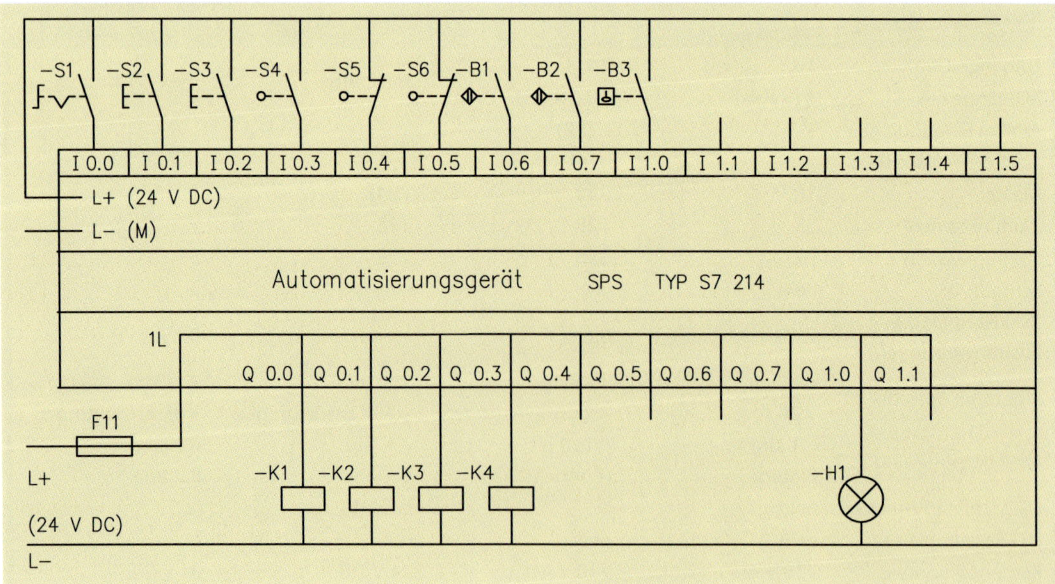

194.2 Anschlussplan der SPS des Probenautomaten

ÜBERBLICK Anschluss und Verdrahtung von Automatisierungsgeräten (SPS)

NOT-AUS-Funktion

Bei Betätigen des NOT-AUS müssen alle gefahrbringenden Ausgänge vom speisenden Netz getrennt werden. Hierzu verwendet man am besten Hilfsschütze. Außerdem müssen die zugehörigen Ausgänge deaktiviert werden. Ausgänge, die zum Vermeiden einer Gefahr notwendig sind, sowie alle Ausgänge mit Meldungen dürfen nicht abgeschaltet werden. Beim Entriegeln der NOT-AUS-Einrichtung darf die Anlage nicht automatisch weiterarbeiten oder ohne START-Befehl erneut anlaufen.

Drahtbruchsicherheit

Ein Drahtbruch darf eine Anlage nicht in Betriebsetzen oder deren Stillsetzen verhindern. Dies wird erreicht, indem alle AUS-Funktionen durch Öffner-Funktion (NC) und alle EIN-Funktionen durch Schließer-Funktion (NO) ausgelöst werden.

Verriegelungen

Werden zur Vermeidung von Gefahren Verriegelungen verlangt (z. B. Wendefunktion bei Motoren), müssen diese an den Ausgängen der SPS durch Kontakte (hardwaremäßig) realisiert werden. In diesem Beispiel sind die Schütze K1 und K2 gegeneinander verriegelt.

Folgekontakte

Funktionen, die vom Schaltzustand von Schützen abhängen, müssen mit Kontakten der Schütze am Eingang der SPS ausgelöst werden. Im Beispiel wird der Schaltzustand vom Schütz K3 mit einem Folgekontakt überwacht.

Ausführungsbeispiel für NOT-AUS und Drahtbruchsicherheit

Nur geeignet für normale Steuerfunktionen. Bei Funktionen, die der Sicherheit dienen, müssen Sicherheitskombinationen eingesetzt werden, die auch bei Bauteilfehlern die Sicherheit gewährleisten!

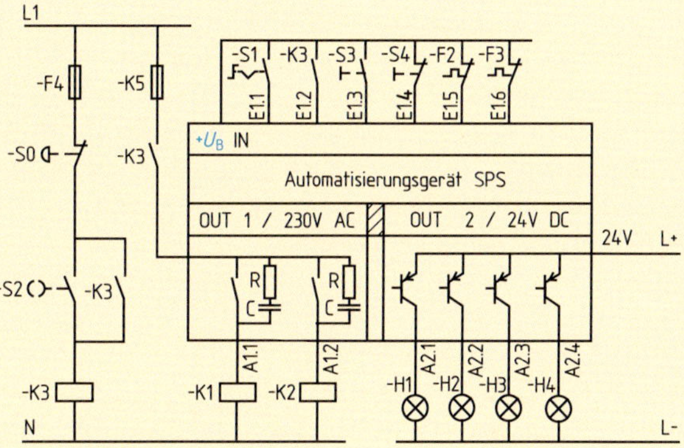

Ausführungsbeispiel für Verriegelungen und Folgekontakte

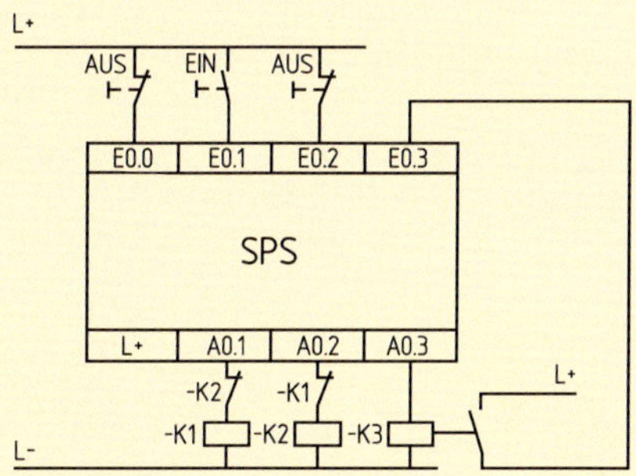

Aufgaben

1 *Beschreiben Sie anhand des Anschlussplanes in Abb. 194.2 die Auswirkungen auf den Probenautomat, wenn die Relais K2 und K3 aufgrund eines Programmierfehlers von der SPS gleichzeitig angesteuert werden. Der Servomotor ist nach dem Stromlaufplan in Abb. 128.3 geschaltet.*

2 *Welche Sensoren (Signalgeber) des Probenautomaten müssen zur Erlangung der Drahtbruchsicherheit als Öffner (NC) und welche als Schließer (NO) ausgeführt werden?*

3 *Wie kann erreicht werden, dass bei einer SPS-gesteuerten Anlage bei Betätigung des NOT-AUS-Tasters die Leuchtmelder nicht abgeschaltet werden?*

4 *Automatisierungsgeräte werden als Kompakt-Systeme oder als Modular-Systeme angeboten. Beschreiben Sie den Unterschied zwischen diesen Systemen und nennen Sie jeweils Vor- und Nachteile!*

5 *Beschreiben Sie zwei Möglichkeiten, mit denen erreicht werden kann, dass bei einem Ausfall der Versorgungsspannung das SPS-Programm in einem Automatisierungsgerät erhalten bleibt!*

6 *Ein Automatisierungsgerät ist mit Relaisausgängen ausgestattet. Aus dem Schaltplan entnehmen Sie, dass den Relaiskontakten RC-Glieder parallel geschaltet sind. Beschreiben Sie den Zweck dieser Schaltung!*

7.3 Der Probenautomat

Die technische Realisierung des Probenautomaten hat auch Einfluss auf das Automatisierungsgerät.

7.3.1 Die Signalgeber und Sensoren

In der Tabelle 196.1 sind die Eigenschaften der Signalgeber und Sensoren des Probenautomaten zusammengefasst. Diese Signalgeber und Sensoren werden an die Eingänge des Automatisierungsgeräts (AG) angeschlossen. Während Signalgeber mit Kontakten meistens keine Probleme im Zusammenspiel mit dem AG bereiten, müssen kontaktlos arbeitende 2-Draht-Sensoren auf die Eingänge des AG abgestimmt sein, damit im leitenden Zustand, dass das AG sicher 1-Signal erkennt.

7.3.2 Die Aktoren

Die Aktoren des Probenautomaten sind Relais und Leuchtmelder für 24 V DC. Sie stellen keine besonderen Anforderungen an die Transistorausgänge des Automatisierungsgerätes. Bei der Beschaltung der Ausgänge darf die maximale Belastbarkeit von 0,75 A je Ausgang nicht überschritten werden.

Bauteil	Art	Funktion
S1	Drehschalter	Schließerkontakt NO
S2, S3	Drucktaster	Schließerkontakt NO
S4	Positionsschalter	Schließerkontakt NO
S5, S6	Positionsschalter	Öffnerkontakt NC
B1	Kapazitiver Näherungsschalter	3-Draht-Sensor, bei Annäherung H-Pegel
B2	Induktiver Näherungsschalter	2-Draht-Sensor, bei Annäherung leitend
B3	Füllstandssensor	3-Draht-Sensor, bei Erreichen des Füllstandes H-Pegel

196.1 Sensoren des Probenautomaten

Die Ausgänge müssen durch eine externe Überstromschutzeinrichtung vor den Folgen einer Überlastung oder eines Kurzschlusses geschützt werden (vgl. Abb. 194.2).

Aufgaben

1 *Welchen Vorteil haben kontaktlos arbeitende Sensoren gegenüber Positionsschaltern?*

2 *Warum müssen die Positionsschalter S5 und S6 mit einem Öffnerkontakt ausgerüstet sein?*

ÜBERBLICK Wegfühler und Signalgeber zur Erfassung von Gegenständen und Endlagen

Signalgeber (Wegfühler)	Funktionsprinzip	Erfassung von Gegenständen			Ausgangssignal
		Material	Abstand	Prinzip	
Positionsschalter (Endschalter)	mechanische Betätigung	alle festen Stoffe	0 mm	direkte Berührung	binär (schaltend)
Induktiver Näherungsschalter	Verändern eines magnetischen Feldes	alle metallischen Stoffe	≤ 60 mm bei Stahl	berührungslose Annäherung	binär
Kapazitiver Näherungsschalter	Verändern eines elektrischen Feldes	alle Stoffe, Abgleich erforderlich	≤ 35 mm bei Stahl	berührungslose Annäherung	binär
Optischer Reflexschalter	Reflexion eines Infrarotstrahles	helle, reflektierende Stoffe oder mit Reflektor als Lichtschranke	≤ 50 mm	berührungslose Annäherung	binär
Ultraschall Näherungsschalter (als Schalter oder zur Entfernungsmessung)	Laufzeitmessung getakteter Ultraschallwellen	feste, pulverförmige und flüssige Stoffe, nicht Schall schluckend	≤ 6 m	berührungslose Annäherung	binär, digital (8-Bit- oder BCD-Code) oder analog (0 bis 10 V)
Optischer Sensor	vereinfachte Bilderfassung mit Fotodioden	feste Stoffe	≤ 0,5 m	berührungslose Annäherung	digital (8-Bit- oder BCD-Code)

EXKURS Näherungsschalter

Näherungsschalter arbeiten im Gegensatz zu Positionsschaltern (Endschalter) berührungs- und kontaktlos. Sie unterliegen dadurch weder einem mechanischen Verschleiß, der bei einem ständigen Anstoßen auftritt, noch einem Kontaktverschleiß. Dreidraht-Näherungsschalter benötigen eine Betriebsspannung und liefern am Ausgang einen definierten logischen H-Pegel oder L-Pegel. Zweidraht-Näherungsschalter werden wie ein Schaltkontakt in den Stromkreis geschaltet und verändern die Leitfähigkeit zwischen den zwei Anschlüssen, sie unterbrechen aber nicht den Stromkreis. Explosionsgeschützte Näherungsschalter nach NAMUR[1] sind Zweidraht-Näherungsschalter ohne Schaltausgang, sie benötigen ein Nachschaltgerät. Diese Nachschaltgeräte erzeugen entsprechend der Stromaufnahme der Sensoren (< 1 mA bedämpft; > 3 mA entdämpft) ein Schaltsignal. Die Explosions-Zündschutzart der Näherungsschalter richtet sich nach der jeweiligen Zündschutzart des Nachschaltgerätes.

Näherungsschalter können nach den folgenden Kriterien ausgewählt werden:

- Material des zu erkennenden Werkstückes
- Zwei- oder Dreidraht-Ausführung
- Betriebs- bzw. Schaltspannung
- Schaltabstand
- Explosionsschutz

Induktive Näherungsschalter

Induktive Näherungsschalter arbeiten berührungslos und verschleißfrei. Sie reagieren bei der Annäherung von metallischen Werkstoffen.

Einsatz: Wenn hohe Anforderungen an die Schaltpunktgenauigkeit, Zuverlässigkeit, Lebensdauer, Schalthäufigkeit und Betätigungsgeschwindigkeit gestellt werden.

Es stehen verschiedene Ausführungen je nach den Anforderungen zur Verfügung.

Für normale Anforderungen:

Spannungsbereich 10 bis 30 V DC
Ausgang 3-Leiter mit 1NO oder 1NC
NPN bis 300 mA oder PNP bis 200 mA
Schaltabstand 1 bis 20 mm (je nach ∅)

Für erhöhte Anforderungen:

Spannungsbereich 10 bis 65 V (3-Leiter)
20 bis 265 V (2-Leiter)
Ausgang 3-Leiter mit 1NC oder 1NO NPN bis 0,5 A
2-Leiter mit 1NC oder 1NO bis 0,5 A
Schaltabstand 10 % besser als „Normal"

Für erhöhte Schaltabstände:

Schaltabstand liegt über dem 3fachen der Normalausführung. Dadurch kann eine kleinere Bauform gewählt werden.

Für SPS optimiert:

Spannungsbereich 10 bis 30 V DC
Ausgang 2-Leiter 1NO bis 25 mA, Reststrom und Spannungsfall passend für SPS-Eingänge
Versorgungsspannung aus dem SPS-Eingang

Explosionsgeschützt nach NAMUR[1]:

2-Leiter-Schaltung für geeignete explosionsgeschützte Nachschaltgeräte

[1] Normenausschuss für Mess- und Regelungstechnik

Schaltungsbeispiele von induktiven und kapazitiven Näherungsschaltern

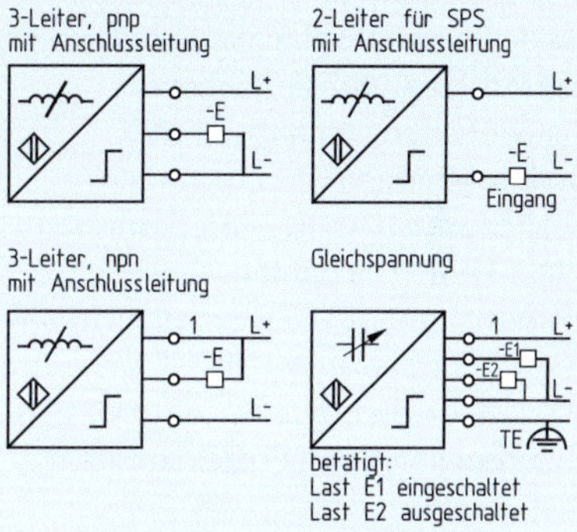

Kapazitive Näherungsschalter

Einsatz: Kapazitive Näherungsschalter können elektrisch leitende oder nicht leitende Stoffe im festen, pulverförmigen und flüssigen Zustand berührungslos erfassen.

Hinweis: Der Schaltabstand ist abhängig von der Dielektrizitätskonstanten des zu erfassenden Materials. Verschmutzung der aktiven Fläche führt zur Veränderung des Schaltabstandes.

Technische Daten:

Gleichspannungsausführung 3-Leiteranschluss für 10 bis 60 V (NPN- oder PNP-Ausgang)
Wechselspannungsausführung 2-Leiteranschluss für 20 bis 250 V (Last in Reihe)

Ultraschall-Näherungsschalter

Funktionsprinzip: Kernstück ist ein piezokeramischer Wandler, der Ultraschallimpulse aussendet. Werden diese Impulse von einem Objekt reflektiert, kann der Wandler das Echo empfangen und in ein Signal umsetzen.

Reichweite: Sie kann 6 bis 600 cm betragen.

Objekte: Das Material kann vielfältig beschaffen sein, muss aber in der Lage sein, die Ultraschallwellen zu reflektieren. Die Objekte können aus jeder beliebigen Richtung in die Schallkeule geführt werden.

Hinweis: Die Schalllaufzeit ist abhängig von der Lufttemperatur und der Luftfeuchtigkeit.

7.4 Die Programmierung

Für die Entwicklung des Programms für den Probenautomaten sind alle notwendigen Vorarbeiten erledigt. Das Automatisierungsgerät wurde ausgewählt, die elektrischen Versorgungen festgelegt und die Ein- und Ausgangszuordnung ist vorgenommen worden.

7.4.1 Die Programmstruktur

Der Probenautomat soll mit einer Ablaufsteuerung betrieben werden. Der prozessorientierte Funktionsplan in Abb. 190.2 ist für die Programmentwicklung zu grob strukturiert. Für eine betriebssichere Funktion muss der Funktionsplan weiterentwickelt und in folgenden Punkten präzisiert werden:

- Einschaltverhalten (Anfangsschritt)
- Sicherheitsabfragen (Verriegelungen)
- Umschaltpausen (Drehen – Heben)
- Durchlauf-Ende (Glaszähler)
- STOPP-Verhalten

Abb. 198.1 zeigt den detailierten prozessorientierten Funktionsplan für den Probenautomat.

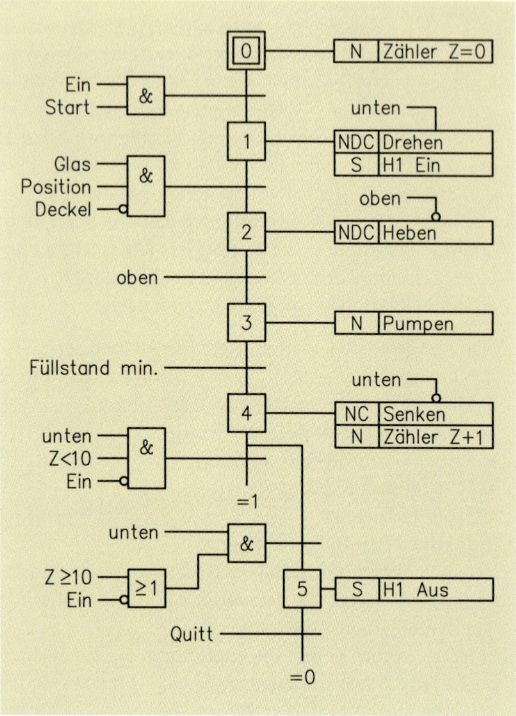

198.1 Detailierter prozessorientierter Funktionsplan

Anfangsschritt

Der Anfangsschritt (Initialschritt) wird mit Doppellinien gekennzeichnet und muss beim Starten des Programms gesetzt werden. Das Automatisierungsgerät S7–214 stellt für diese Aufgabe den Sonder-Merker SM0.1 bereit, der nur im ersten Zyklus ein 1-Signal hat und danach zurückgesetzt werden muss. Ist ein solcher Systemmerker nicht vorhanden, so kann mit dem Unterprogramm in Abb. 198.2 ein solcher „Richtimpulsmerker" ausgeführt werden.

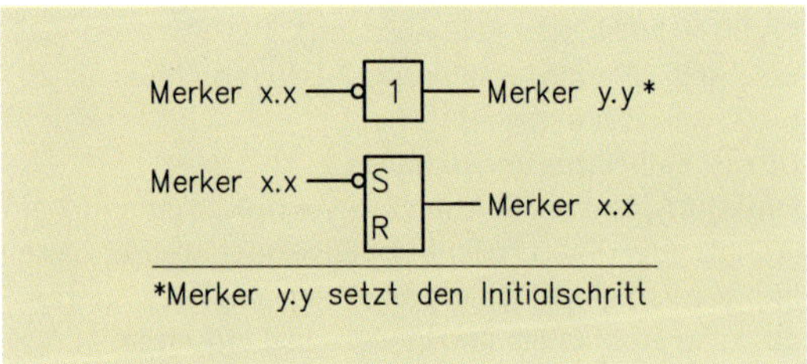

198.2 Erzeugung eines „Richtimpulses"

Sicherheitsabfragen

Für ein störungsfreies Arbeiten des Probenautomaten sind einige Sicherheitsabfragen sinnvoll. Da von dem Probenautomaten keine Gefahr für den Bediener ausgeht, können die Sicherheitsabfragen softwaremäßig realisiert werden.

Bei dem Probenautomaten wird mit dem Sensor B2 abgefragt, ob der Deckel entfernt worden ist. Andernfalls darf das Glas nicht angehoben werden, denn das Tauchrohr würde beschädigt werden.

Sicherheitsbedingungen und Verrriegelungen zum Schutz vor Gefahren für den Menschen müssen immer durch eine entsprechende Hardware realisiert werden! (vgl. Überblick S. 195).

Umschaltpausen

Zwischen den Bewegungen Drehen und Heben sowie Senken und Drehen sind Umschaltpausen erforderlich, um ein Verkanten des Glases zu verhindern. Dies würde zu Betriebsstörungen führen.

Durchlauf-Ende

Auf den Drehtisch passen zehn Gläser. Nachdem zehn Proben entnommen worden sind, muss der Probenautomat stoppen, damit die Gläser ausgetauscht werden können.

STOPP-Verhalten

Der Probenautomat kann am Bedienfeld mit dem STOPP-Taster jederzeit angehalten werden. Nach Betätigung des Quittierungstasters fährt der Probenautomat danach wieder in die Grundstellung (Anfangsschritt).

Der Funktionsplan nach DIN 40 719 beschreibt den Ablauf prozessorientiert (Bedingung erfüllt ja/nein). Ob die Bedingungen mit 1- oder 0-Signal erfüllt sind, hängt von der technischen Realisierung der Signalgeber (Schließer/Öffner) ab.

7.4.2 Das Programm nach IEC1131

Damit der Probenautomat entsprechend den Kundenwünschen auch mit anderen Automatisierungsgeräten ausgestattet werden kann, wird für die Programmierung eine herstellerunabhängige Software nach der IEC 1131 (DIN EN 61 131) gewählt. Ein Programm nach IEC 1131 kann ohne großen Aufwand an die unterschiedlichen Automatisierungsgeräte angepasst werden. Für die Programmierung des Probenautomaten stehen folgende Programmiersprachen zur Auswahl

- Anweisungsliste AWL (Instruction List IL)
- Kontaktplan KOP (Ladder Diagramm LD)
- Funktionsbaustein-Sprache FBS (Function Block Diagramm FBD)
- Strukturierter Text ST (Structured Text ST)
- Ablaufsprache AS (Sequential Function Chart SFC)

Das Programm für den Probenautomat wird in der Funktionsbaustein-Sprache FBS entwickelt.

Doch zunächst müssen die Variablen deklariert werden.

ÜBERBLICK **Programmiersprachen nach IEC 1131 (DIN EN 61 131)**

Bezeichnung	Merkmale/Eigenschaften	Beispiel (ODER-Verknüpfung)
Strukturierter Text **ST** (Structured Text ST)	Textuelle Programmiersprache, die Zuweisungen, Steuerung von Unterprogrammen, Wiederholungs- und Auswahlbefehle verwendet, um ein Anwendungsprogramm für eine SPS darzustellen.	allgemein: OUT1 := IN1 OR IN2; oder mit Angabe der Variablentypen: %QX1 := %IX1 OR %IX2;
Anweisungsliste **AWL** (Instruction List IL)	Textuelle Programmiersprache, die ein Anwendungsprogramm für eine Speicherprogrammierte Steuerung darstellt.	START: (Marke) LD %IX1 (Input Bit 1) OR %IX2 (Input Bit 2) ST %QX1 (Output Bit 1)
Kontaktplan **KOP** (Ladder Diagramm LD)	Grafische Programmiersprache, die den Kontaktplan zur Darstellung eines Anwendungsprogramms für eine Speicherprogrammierte Steuerung verwendet.	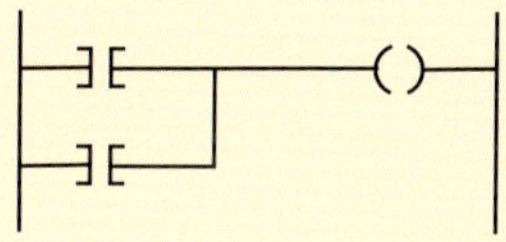
Funktionsbaustein-Sprache **FBS** (Function Block Diagramm FBD)	Grafische Programmiersprache, die den Funktionsplan benutzt, um das Anwendungsprogramm für eine Speicherprogrammierte Steuerung darzustellen.	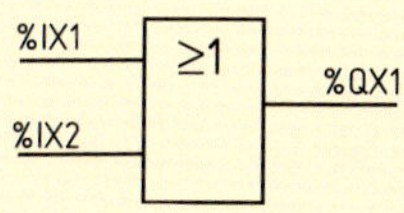
Ablaufsprache **AS** (Sequential Function Chart SFC)	Grafische Programmiersprache für die Darstellung eines sequenziellen Programms, bestehend aus Schritten, Aktionen und Verbindungen mit Transitionsbedingungen (Ablaufsteuerungen), aber mit Änderungen gegenüber der Darstellung nach DIN 40 719–6. (Im Beispiel Transition in Sprache ST angegeben.)	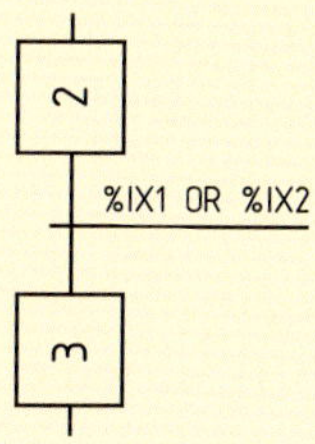

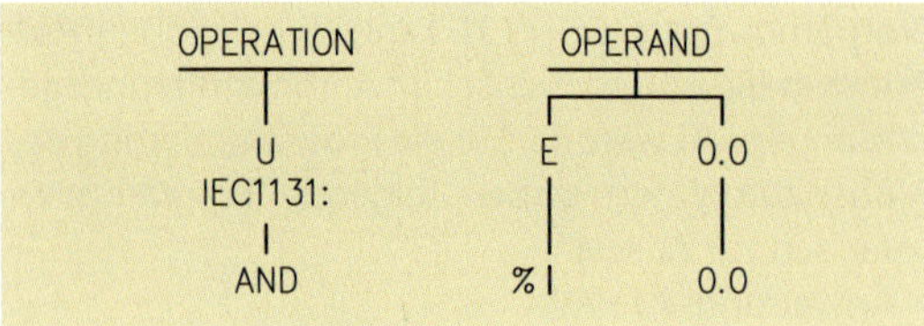

200.1 Aufbau einer Anweisung

Die Variablendeklaration

Eine Anweisung für eine SPS besteht aus Operanden und Operationen (Abb. 200.1). Die Operanden können direkt (absolut) oder symbolisch (variabel) adressiert werden. Direkte Adressen bestimmen genau den Speicherort der Operanden und werden mit % gekennzeichnet. Beispiele:

%QX0.0 ⇒ Ausgangsbit Q 0.0
%SMB28 ⇒ Merkerbyte SM28

Flexibler ist die Programmierung mit symbolischen Operanden (Variablen). Die Operanden werden mit einem Text bezeichnet, in einer Deklarationstabelle werden den Texten die Adressen und die Datentypen (Abb. 200.2) zugeordnet. Wenn Merkern keine direkten Adressen zugewiesen werden, sucht sich die Software die nächste geeignete Speicherstelle im Automatisierungsgerät. Aus diesem Grund muss vor der Programmerstellung das richtige Automatisierungsgerät angewählt werden.

Die Deklarationstabelle für den Probenautomaten zeigt die Abb. 200.3, sie wurde mithilfe der Zuordnungsliste (Abb. 194.1) erstellt.

Datentypen (Auswahl)	Eigenschaften direkt dargestellter Variablen
BOOL Boole'sche Daten 1 Bit (0 oder 1) **INT** ganze Zahl (integer) 16 Bits **REAL** reelle Zahl 32 Bits	**I (E)** Speicherort Eingang **Q (A)** Speicherort Ausgang **M** Speicherort Merker
STRING variabel-lange Zeichenfolge **BYTE** Bit-Folge mit 8 Bits **WORD** Bit-Folge mit 16 Bits **TIME** Zeitdauer	**X** Bit-Größe (ohne Angabe auch Bit-Größe) **B** Byte-Größe (8 Bit) **W** Wort-Größe (16 Bit) **D** Doppelwort-Größe (32 Bit)
Direkte Darstellung einer Einzelelement-Variable wird durch % gekennzeichnet (z. B. %QX2)	

200.2 Datentypen nach IEC 1131

Bauteil	Variable	Adresse	Datentyp
-S1	Einschalter	%IX0.0	BOOL
-S2	Start	%IX0.1	BOOL
-S3	Quitt	%IX0.2	BOOL
-S4	Position	%IX0.3	BOOL
-S5	Unten	%IX0.4	BOOL
-S6	Oben	%IX0.5	BOOL
_B1	Glas	%IX0.6	BOOL
-B2	Deckel	%IX0.7	BOOL
-B3	Voll	%IX1.0	BOOL
-K1	Drehen	%QX0.0	BOOL
-K2	Heben	%QX0.1	BOOL
-K3	Senken	%QX0.2	BOOL
-K4	Pumpe	%QX0.3	BOOL
-H1	Melder	%QX1.0	BOOL
–	Merker_0	–	BOOL
–	Merker_1	–	BOOL
–	Merker_2	–	BOOL
–	Merker_3	–	BOOL
–	Merker_4	–	BOOL
–	Merker_5	–	BOOL
–	Schritt_0	–	RS
–	Schritt_1	–	RS
–	Schritt_2	–	RS
–	Schritt_3	–	RS
–	Schritt_4	–	RS
–	Schritt_5	–	RS
–	Halt	–	RS
–	S_Befehl_H1	–	RS
–	Pause	–	BOOL
–	Glas_Zahl	–	BOOL
–	T32	–	TON
–	Zaehler	–	CTU

200.3 Deklarationstabelle für den Probenautomat

Bistabile Elemente (RS), Zeitfunktionen (TON) und Zählfunktionen (CTU) werden als Kopien (Instanzen) der Standardfunktionsbausteine programmiert. Solche Instanzen müssen ebenfalls deklariert, dem entsprechenem Datentyp zugeordnet und jeweils mit einem neuen Namen benannt werden.

ÜBERBLICK Grundfunktionen

Logische Funktionen

Funktion	AWL[1]	AWL[2]	FBS[2]	KOP[2]
UND	UE 0.1 UE 0.2 =A 1.0	LD %IX0.1 AND %IX0.2 ST %QX1.0	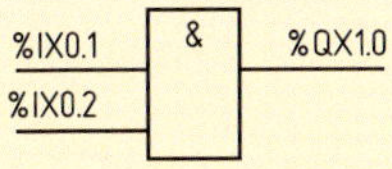	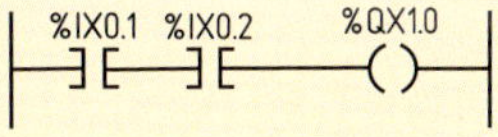
ODER	UE 0.1 OE 0.2 =A 1.0	LD %IX0.1 OR %IX0.2 ST %QX1.0	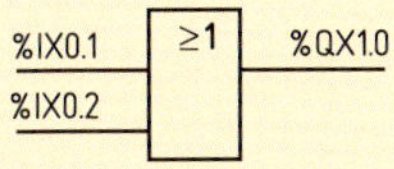	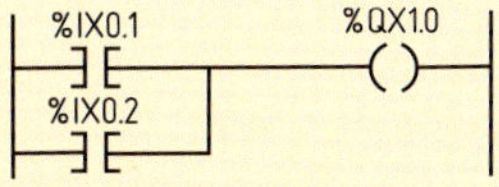
NICHT	UNE 0.1 =A 1.0	LDN %IX0.1 ST %QX1.0	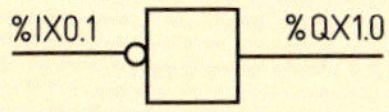	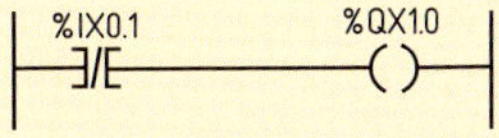

[1] Herstellerangaben; [2] DIN EN 61 131–3 (IEC 1 131)

Bistabile Elemente (DIN EN 61 131–3)

Funktionsbaustein	Grafische Darstellung	Funktionsbaustein Rumpf
Vorrangig Setzen	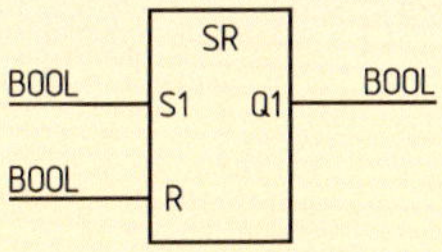	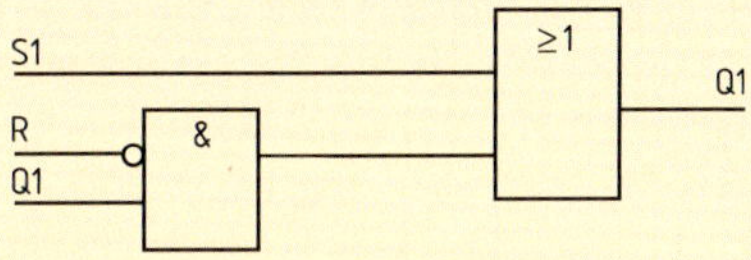
Vorrangig Rücksetzen	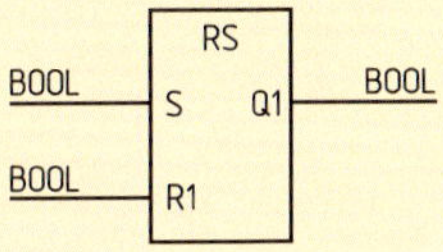	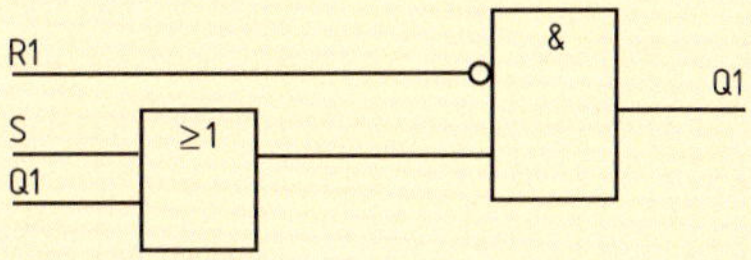

Zeitgeber (DIN EN 61 131–3)

Darstellung	Beschreibung	Zeitdiagramm einer Einschaltverzögerung (TON)
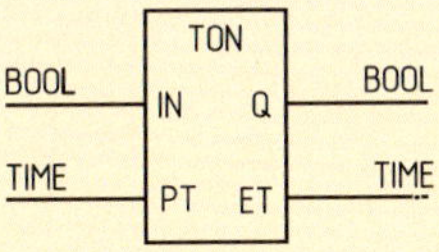	TON oder T – 0 Einschaltverzögerung weitere: TP Puls TOF oder 0 – T Ausschaltverzögerung	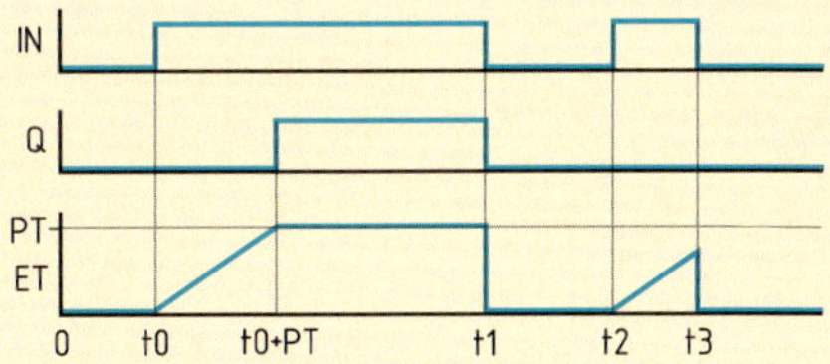

Zähler (DIN EN 61 131–3)

Aufwärtszähler (UP)	Abwärtszähler (DOWN)	Definition in Textsprache ST
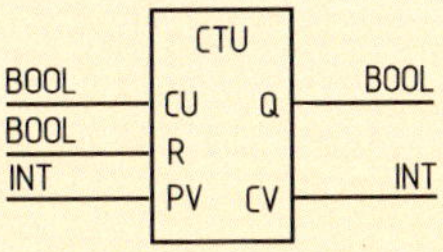	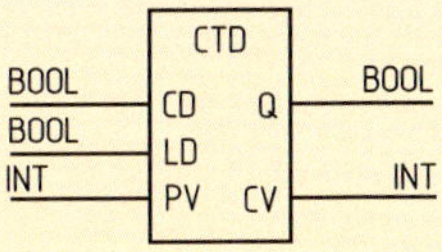	**CTU:** IF R THEN CV :=0 ; ELSIF CU AND (CV < Pvmax) THEN CV := CV+1 ; END_IF ; Q := (CV >= PV) ; **CTD:** IF LD THEN CV := PV ; ELSIF CD AND (CV > Pvmin) THEN CV := CV -1 ; END_IF ; Q := (CV <= 0) ;

Programm-Bestandteile
Das Programm für den Probenautomat besteht aus logischen Verknüpfungen, bistabilen Elementen sowie Zeit- und Zählfunktionen.

Bistabile Elemente
Die Schritte der Ablaufsteuerung werden im Programm durch RS-Funktionsbausteine realisiert. Die Setzbedingung ergibt sich aus Vorgängerschritt UND Übergangsbedingung. Bei mehreren Vorgängerschritten werden diese über eine ODER-Verknüpfung zusammengeführt.
Rückgesetzt wird immer vom Nachfolgerschritt. Der Ausgang des RS-Funktionsbausteins geht auf einen Schrittmerker (Abb. 202.1). Gibt es aufgrund einer Verzweigung mehrere Nachfolgerschritte, werden diese über eine ODER-Verknüpfung zusammengeführt.
Eine Besonderheit stellt der Anfangsschritt 0 dar. Hier wird über eine ODER-Verknüpfung zusätzlich im ersten Zyklus der Schrittmerker über den Sondermerker SM000_1 gesetzt. Dieser Merker hat nur im ersten Zyklus ein 1-Signal. (Abb. 202.2)

Zeitfunktion TON
Für die ND-Aktionen in den Schritten 1 und 2 werden zusätzliche Zeitverzögerungen benötigt. Dafür eignen sich die anzugverzögerten Funktionsbausteine TON. Ausgewählt wird die Zeitfunktion T32 der S7–214. Der Zeitwert PT ist als Konstante von zwei Sekunden angegeben. Es wäre auch die Angabe mit einer Variablen möglich gewesen. Bei einer Ansteuerung am Eingang IN läuft die Zeit. Nach Ablauf der Zeit hat der Merker Pause ein 1-Signal (Abb. 202.3).

Zählfunktion CTU
Mit dem Funktionsbaustein CTU stellt uns das Automatisierungsgerät einen Vorwärtszähler zur Verfügung, der für die Ermittlung des Durchlaufendes gebraucht wird. Auf den Drehtisch passen zehn Gläser. Wenn von allen Gläsern die Proben entnommen worden sind, muss der Probenautomat stoppen, damit die Gläser ausgetauscht werden können. Nach der Quittierung kann der Probenautomat neu gestartet werden. Der Zählwert ist am Eingang PV als Konstante 10 angegeben. Mit dem RESET-Eingang wird der Zählstand mit dem Anfangsschritt auf 0 gesetzt. Bei Ansteuerung des Eingangs CU wird der Zählstand jeweils um 1 erhöht. Erreicht der Zählstand den Wert 10 (PV), bekommt der Merker GLAS_ZAHL am Ausgang Q ein 1-Signal (Abb. 202.4).

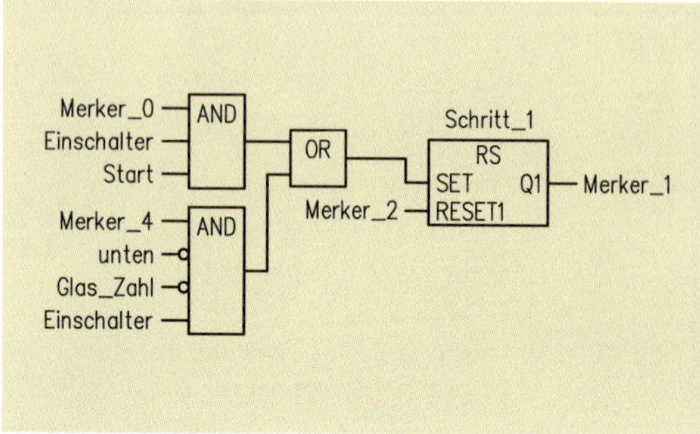

202.1 RS-Funktionsbaustein Schrittmerker 1

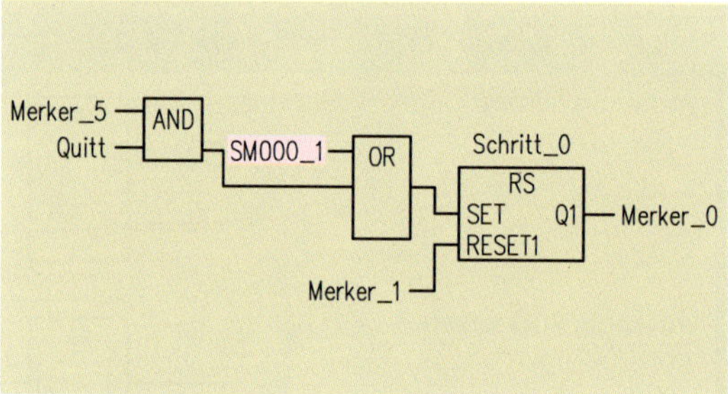

202.2 Anfangsschritt mit Sondermerker SM000_1

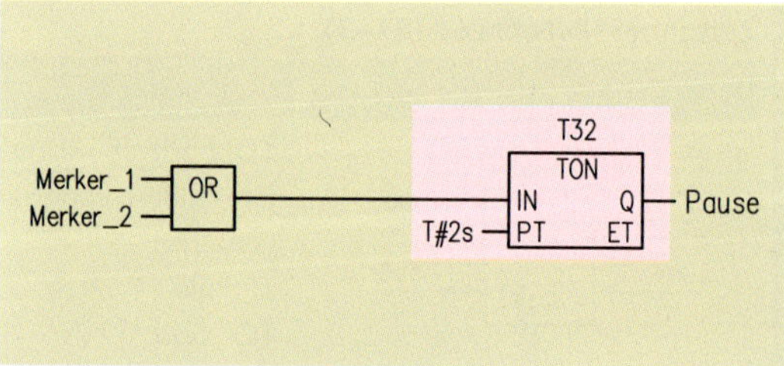

202.3 Funktionsbaustein TON

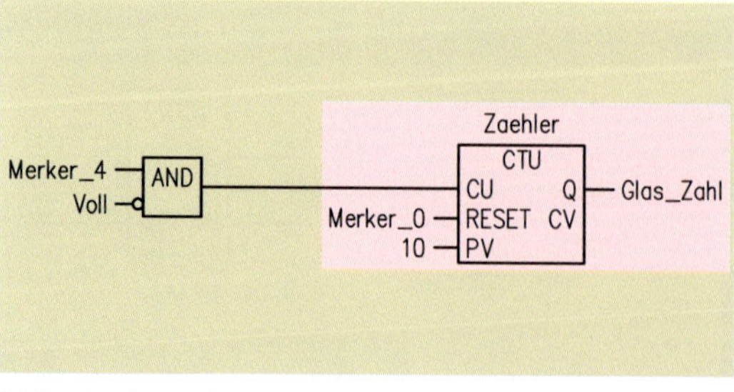

202.4 Funktionsbaustein CTU

Das vollständige Programm

Das Programm in den Abbildungen 203.1 und 204.1 für den Probenautomat gliedert sich in

- Schrittkette mit den Schrittmerkern und den zugehörigen Übergangsbedingungen
- Befehlsausgabe der zu den Schritten gehörenden Aktionen

In den Netzwerken 0001 bis 0006 sind nur die Schrittmerker programmiert. Die Befehlsausgabe mit der Programmierung der Aktionen folgt in den Netzwerken 0007 bis 0013. Durch diese Anordnung ist das Programm entsprechend dem prozessorientierten Funktionsplan gegliedert und bleibt somit übersichtlich.

Bei den programmierten Negationen ist jetzt die prozessorientierte Darstellung in die signalorientierte Programmierung umgesetzt worden. Auswirkungen hat dies auf alle Öffner-Funktionen.

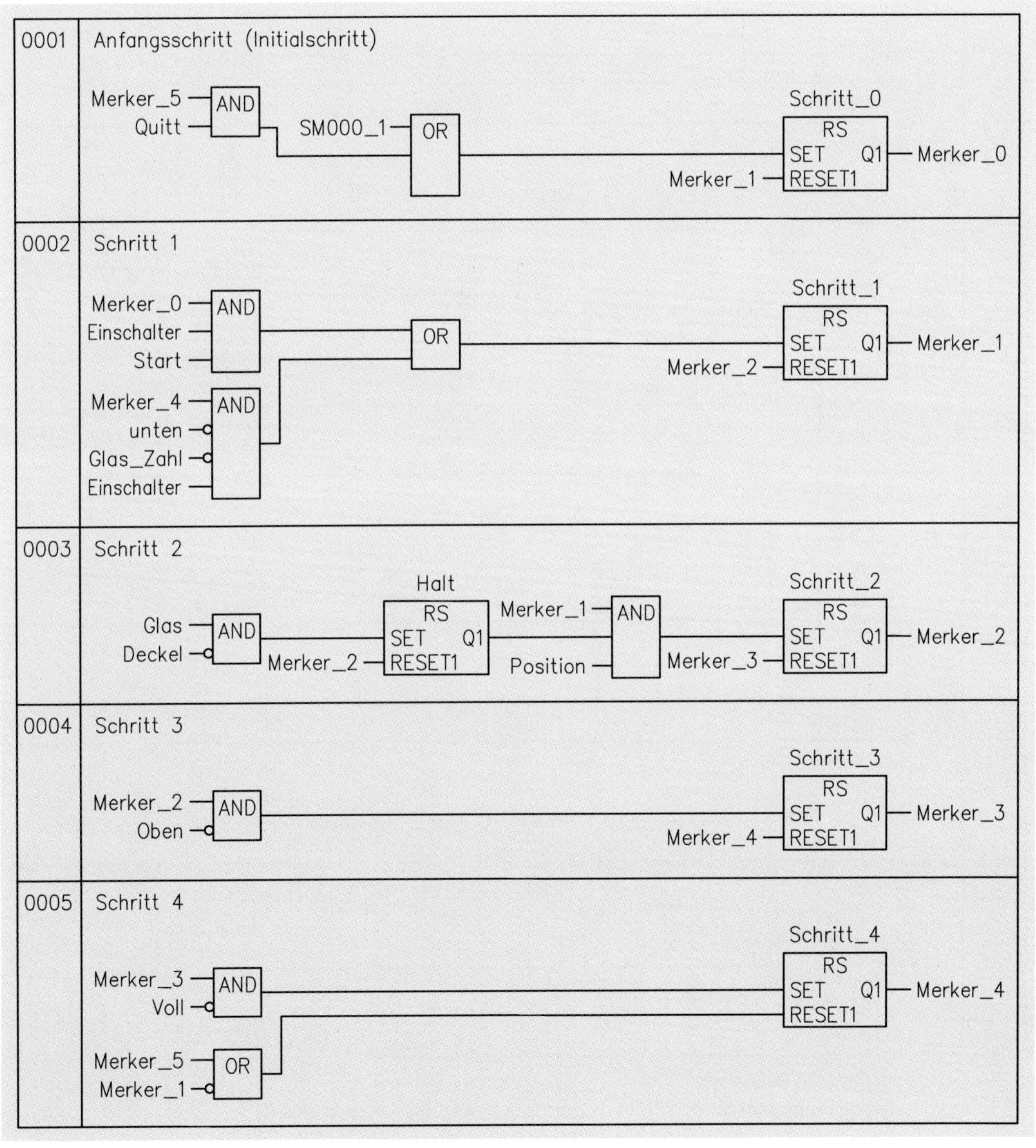

203.1 Das vollständige Programm für den Probenautomaten

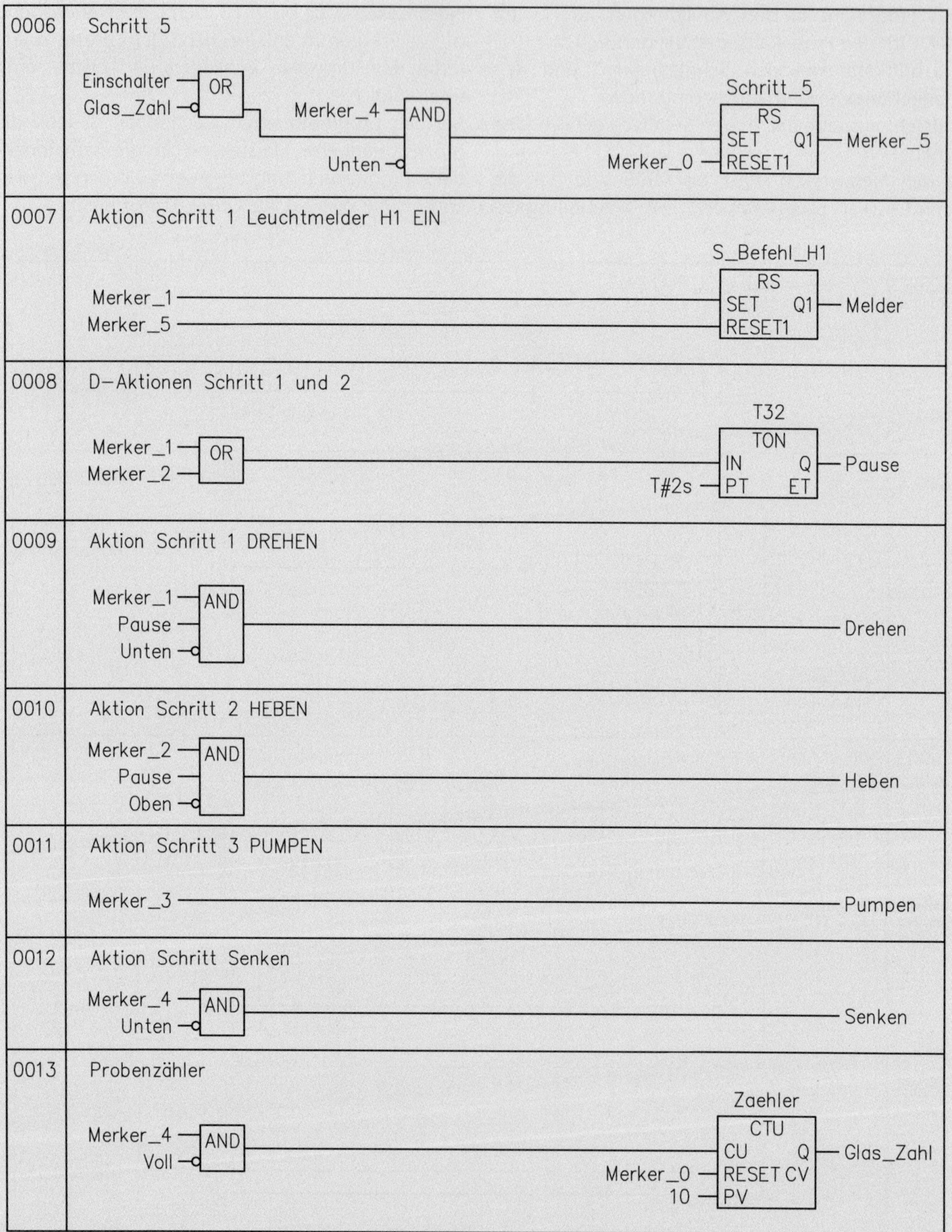

204.1 Das vollständige Programm für den Probenautomat (Fortsetzung von Abb. 203.1)

7.4.3 Der Programmtest

Die Funktion des Programms kann anhand des Funktionsdiagramms (Abb. 192.1) getestet werden. Manche Programmiersoftware lässt auch einen Test in Form einer Offline-Simulation zu. Der Vorteil einer Offline-Simulation besteht darin, dass Programmfehler nicht zu einer Beschädigung des Probenautomaten führen können.
Beim Test des Programms wird festgestellt, dass im Schritt 2 keine Umschaltpause zwischen DREHEN und HEBEN auftritt. Ohne Umschaltpause kann sich im Probenautomaten ein Glas verkanten.

Fehleranalyse

Die Analyse der programmierten Zeitfunktion TON ergibt,

- die Zeit TON läuft bei Ansteuerung mit Merker_1 richtig ab,
- die Zeit TON wird beim Weiterschalten auf Merker_2 nicht zurückgesetzt, der Ausgang behält ein 1-Signal.

Ursache für die Fehlfunktion ist die Ansteuerung des Funktionsbausteins T32 über die ODER-Verknüpfung mit Merker_1 oder Merker_2 im Netzwerk 0008, weil beim Weiterschalten von Schritt 1 nach Schritt 2 Merker_1 und Merker_2 ohne Unterbrechung jeweils ein 1-Signal führen (Abb. 205.1). Für die richtige Funktion muss für Schritt 2 ein zweiter Funktionsbaustein TON programmiert werden.

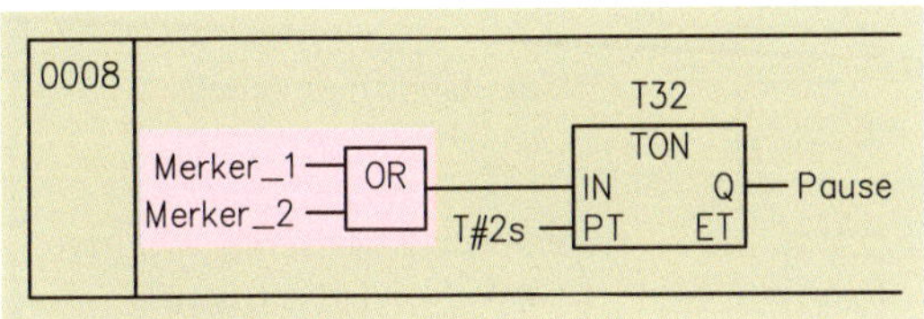

205.1 Netzwerk 0008

Die Programmänderung

Im Netzwerk 0008 wird die ODER-Verknüpfung entfernt, und Merker_1 steuert direkt den Funktionsbaustein T32 an. Es wird ein neues Netzwerk eingefügt, in dem mit Merker_2 der neue Funktionsbaustein T33 angesteuert wird (Abb. 205.3). Der Ausgang wird als Pause2 deklariert. Der neue Funktionsbaustein muss ebenfalls in die Deklarationstabelle aufgenommen werden (Abb. 205.2). Im Netzwerk 0011 (alt 0010) wird der Eingang Pause in Pause2 geändert. Nach diesen Änderungen funktioniert der Probenautomat einwandfrei.

Operand (Variable)	Adresse	Datentyp
Pause2	–	BOOL
T33	–	TON

205.2 Ergänzung der Deklarationstabelle

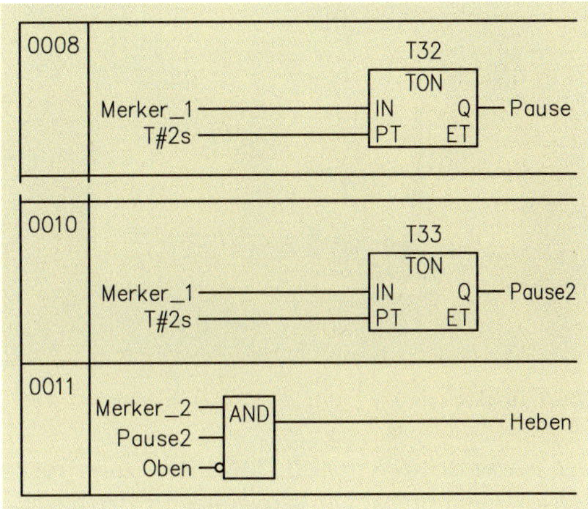

205.3 Programmänderungen

Aufgaben

1 *Ein Lagerraum soll mit drei Brandmeldern überwacht werden, die folgende Aktionen auslösen sollen*
- *Wenn zwei von drei Brandmeldern ansprechen, wird ein Alarm ausgelöst.*
- *Der Alarm kann quittiert werden, wenn alle Brandmelder in Ruhestellung sind.*
- *Wenn alle drei Brandmelder ansprechen, wird die Brandabschottung mit einem einfach wirkenden Zylinder durch die Federkraft geschlossen.*

Fertigen Sie den Anschlussplan an und entwickeln Sie das SPS-Programm.

2 *Entwickeln Sie für die Spann- und Bohrvorrichtung in Abb. 192.2 das SPS-Programm. Fertigen Sie eine vollständige Dokumentation für die Spann- und Bohrvorrichtung an. Überlegen Sie, wie Sie einen Kunden in die Anlage einweisen können.*

3 *Auf der Seite 125 ist in Abb. 125.1 der Stromlaufplan einer Wendeschützschaltung für ein Transportband dargestellt. Dieses Transportband soll mit einem Automatisierungsgerät betrieben werden. Zeichnen Sie den Anschlussplan für das AG und entwickeln Sie ein SPS-Programm, das die gleiche Funktion wie die Schützschaltung hat.*

7.5 Eine Temperaturregelung

206.1 Trockenschrank

Der Trockenschrank in Abb. 206.1 wird zum Trocknen von Laborpräparaten verwendet. Um ein gleichmäßiges Trocknen zu erreichen und das Überhitzen der Proben zu verhindern, wird der Trockenschrank mit einer Temperaturregelung nachgerüstet.

7.5.1 Der Regelkreis

Im Gegensatz zum Wirkungsplan der Steuerung der Verschließeinrichtung in Bild 117.2 bildet die Regelung des Trockenschranks einen geschlossenen Wirkungsablauf, den **Regelkreis** (Abb. 206.2).

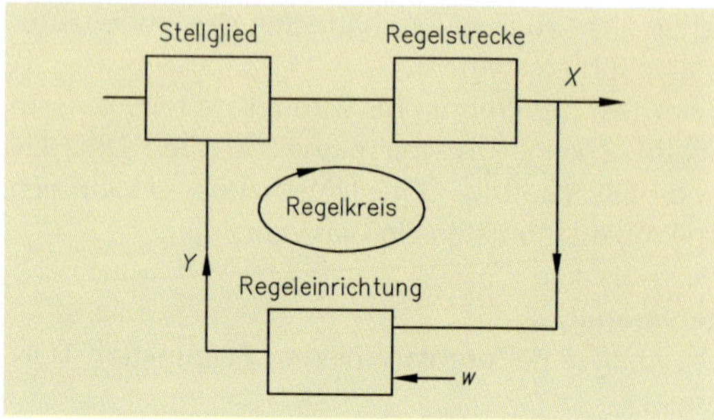

206.2 Wirkungsplan vom Trockenschrank

Der Regelkreis besteht aus der
- Heizung im Trockenschrank (Regelstrecke),
- Innen-Temperaturmessung (Messeinrichtung),
- Temperatureinstellung (Führungsgrößeneinsteller),
- 2-Punkt-Regelung (Regeleinrichtung).

ÜBERBLICK **Symbole und Kennbuchstaben für die Prozessleittechnik (DIN 19 227)**

Basissymbol	Benennung	Beispiel	
	Ausgeber	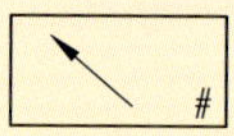	Anzeiger, digital
	Aufnehmer	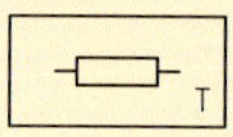	Widerstandsthermometer
	Anpasser	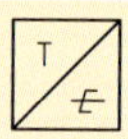	Temperatur-Messumformer mit elektrischem Einheitssignal
	Bediengerät	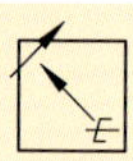	Einsteller für elektrisches Einheitssignal mit Anzeiger
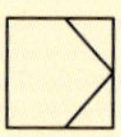	Regler	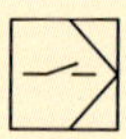	Zweipunktregler mit Schaltausgang
	Stellgerät		Ventilstellgerät mit Membranantrieb, federkraftöffnend
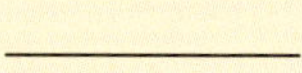	Leitungsverbindung	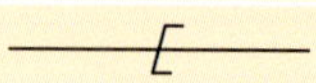	Einheitsignalleitung elektrisch
		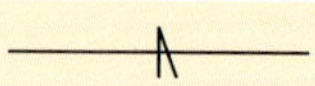	Einheitssignalleitung pneumatisch

Der Wirkungsplan in Abb. 206.2 zeigt nicht die einzelnen Baugruppen der Temperaturregelung. In dem detaillierten Plan für die Aufgaben der Prozessleittechnik sind in Abb. 207.1 alle wesentlichen Baugruppen dargestellt.

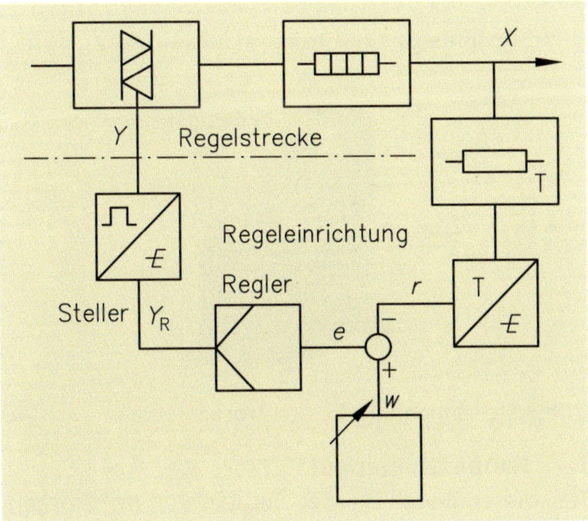

207.1 Regelkreis im Trockenschrank

Die Baugruppen des Regelkreises im Trockenschrank müssen von ihrer Funktionsweise und ihren technischen Daten aufeinander abgestimmt sein. Bei der Auswahl wird von der Regelstrecke, der vorhandenen Heizung im Trockenschrank ausgegangen.

7.5.2 Die Regelstrecke

Die Regelstrecke hat die Aufgabe, die gewünschte physikalische Größe zu erzeugen. In diesem Fall ist das die Innentemperatur im Trockenschrank. Aus Abb. 207.1 ist zu ersehen, dass das Stellglied ebenfalls zur Regelstrecke gehört. Im Trockenschrank wird die Regelstrecke aus Heizwiderstand und Zweirichtungsthyristor (Triac) gebildet.

Nenntemperatur 250 °C	Betriebsart S1
Bemessungsspannung 230 V / 50 HZ	
Heizleistung 0,81 kW / cos φ = 1	
Stromaufnahme 3,68 A	Schutzart IP 20

207.2 Technische Daten vom Trockenschrank

Der Heizwiderstand

In der Regelstrecke „Heizwiderstand" wird die gewünschte Regelgröße „Innen-Temperatur" erzeugt. Der Heizwiderstand wandelt elektrische Energie in Wärmeenergie um. Für die Bemessung des Triac sind Stromstärke und Spannung maßgebend, die der Triac als Stellglied schalten muss.

ÜBERBLICK — Begriffe und Größen der Regelungstechnik (DIN 19226) (Auswahl)

Regeleinrichtung. Sie bewirkt die aufgabengemäße Beeinflussung der Strecke über das Stellglied.
Regler. Er ist eine Funktionseinheit, die aus Vergleichsglied und Regelglied besteht.
Vergleichsglied. Es bildet aus der Führungsgröße *w* und der Rückführgröße *r* die Regeldifferenz *e*.
Regelglied. Das Regelglied bildet aus der Regeldifferenz *e* die Ausgangsgröße y_R des Reglers.
Stelleinrichtung. Ist eine aus Steller und Stellglied bestehende Funktionseinheit.
Steller. Er bildet die zur Ansteuerung des Stellgliedes erforderliche Stellgröße *y*.
Stellglied. Es gehört zur Regelstrecke und beeinflusst im Regelkreis den Massen- oder Energiestrom.
Regelstrecke. Ist der zu beeinflussende Teil des Systems. Eingangsgröße ist die Stellgröße *y*, Ausgangsgröße ist die Regelgröße *x*. Störgrößen *z* wirken ebenfalls auf die Regelstrecke.
Messeinrichtung. Sie dient dem Aufnehmen, Anpassen, Weitergeben und Ausgeben von Größen.

Größe	Erläuterung
u	**Eingangsgröße.** Ist die zugeführte Größe, die nicht von der Regelung beeinflusst wird.
w	**Führungsgröße.** Dieser Größe soll die Ausgangsgröße *x* der Regelung folgen.
r	**Rückführgröße.** Ist eine aus der Messung der Regelgröße *x* hervorgegangene, dem Vergleichsglied zurückgeführte Größe. Ihre Größe entspricht der Größe der Regelgröße *x*.
e	**Regeldifferenz.** Ist die Differenz aus Führungsgröße *w* und Rückführgröße *r*; $e = w - r$.
y_R	**Reglerausgangsgröße.** Sie wird dem Eingang der Stelleinrichtung zugeführt.
y	**Stellgröße.** Ist die Ausgangsgröße der Regeleinrichtung und Eingangsgröße der Strecke.
z	**Störgröße.** Sie wirkt von außen auf die Regelung ein und beeinträchtigt das Ergebnis.
x	**Regelgröße.** Sie wird zum Zwecke des Regelns erfasst und der Regeleinrichtung zugeführt.

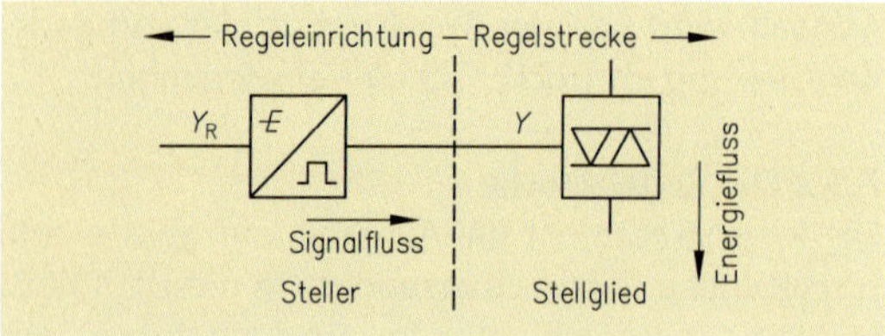

208.1 Stelleinrichtung im Trockenschrank

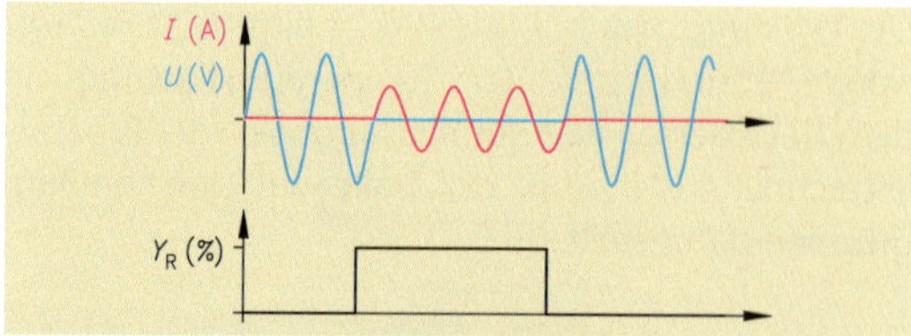

208.2 Spannungs- und Stromverlauf am Triac

Die Stelleinrichtung

Der Heizwiderstand erzeugt nur dann Wärmeenergie, wenn der Triac vom Steller angesteuert wird. Während das Stellglied zur Regelstrecke gehört, ist der Steller Bestandteil der Regeleinrichtung. Die Stelleinrichtung in Abb. 208.1 besteht aus Steller und Stellglied und arbeitet als **Nullspannungsschalter**. Bei dieser Schaltung wird der Triac im eingeschalteten Zustand (y_R = 100 %) immer beim Nulldurchgang der Netzspannungs-Sinuskurve mit einem Impuls angesteuert. Der Heizwiderstand wird somit immer im Nulldurchgang von Spannung und Strom geschaltet (Abb. 208.2). Im ausgeschalteten Zustand (y_R = 0 %) wird der Triac nicht angesteuert, er bleibt hochohmig, und die Stromstärke durch den Heizwiderstand ist 0 A. Der Triac muss entsprechend den technischen Daten in Abb. 207.2 für eine Stromstärke von mindestens I_F = 3,68 A und für eine Spannung von mindestens U_{rrm} = 230 V x 1,414 ⇒ U_{rrm} = 325 V (Spitzenwert) bemessen werden. Abb. 208.3 zeigt die komplette Stelleinrichtung für den Trockenschrank.

208.3 Stelleinrichtung für den Trockenschrank

Der Temperaturverlauf

Bei dieser Regelung der Temperatur im Trockenschrank heizt der Heizwiderstand entweder mit 100 % oder gar nicht (0 %). Beim Aufheizen wird die Temperatur *x* im Trockenschrank auch bei 100 % Heizleistung erst mit einer kleinen Verzögerung ansteigen und bei einer bestimmten Temperatur verharren. Bei diesem Beharrungswert ist die zugeführte Wärmeenergie genauso groß wie die Abstrahlwärme des Trockenschranks. Abb. 209.1 zeigt den Temperaturverlauf *x* bei sprunghafter Änderung der Stellgröße *y* von 0 % auf 100 %.

ÜBERBLICK **Steuerbare Thyristoren (Auswahl)**

Schaltzeichen	Kennlinie	Eigenschaften	Anwendung, Kennwerte
Rückwärtssperrende Thyristortriode (SCR Silicon Controlled Rectifier) 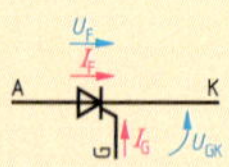	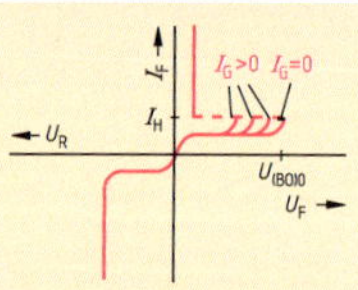	Thyristor, der in Durchlassrichtung (Forward) durch positive Zündströme I_G vom Sperrzustand in den Durchlasszustand schaltet und bis zum Unterschreiten des Haltestroms I_H leitend bleibt.	Zum Stellen von Spannung und Stromstärke in Stromrichterschaltungen für Gleichstrommotoren oder zum Stellen sehr großer Leistungen. U_{rrm} ≈ 100 bis 4 000 V I_F ≈ 0,1 bis 2 000 A
Zweirichtungsthyristor (TRIAC Triode Alternating Current Switch) 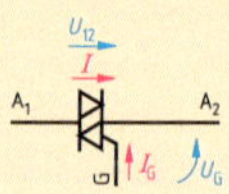	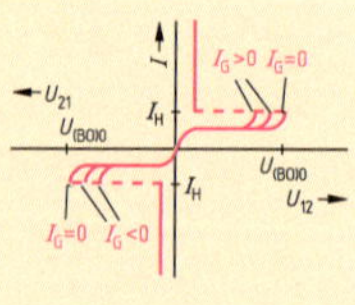	Thyristor, der durch positive und/oder negative Zündströme I_G vom Sperrzustand in den Durchlasszustand schaltet und bis zum Unterschreiten des Haltestroms I_H leitend bleibt.	Als kontaktloser Schalter anstelle von Relais oder Schützen zum Stellen von kleinen und mittleren Leistungen im Wechselstromkreis. U_{rrm} ≈ 100 bis 1 000 V I_F ≈ 1 bis 100 A

ÜBERBLICK Elekronische Lastrelais (Solid State Relay)

Elektronische Lastrelais (ELR oder SSR) schalten die Last über einen Zweirichtungs-Thyristor (Triac), der galvanisch getrennt durch Opto-Koppler angesteuert wird. Elektronische Lastrelais werden als Verbindungsglied zwischen Elektronik und Belastung eingesetzt und haben gegenüber Relais mit Kontakten folgende Vorteile:

- eine hohe Schalthäufigkeit, schnelles Schalten, Schalten mit definiertem Schaltpunkt,
- geräuschloses Schalten,
- funkenfreies und prellfreies Schalten sowie verschleißfreies Schalten,
- hohe Stoß- und Vibrationsfestigkeit, Beständigkeit gegen extreme Umgebungsbedingungen.

Zur Verfügung stehen die unterschiedlichen Ausführungen			Technische Daten (typische Werte)
Nullspannungsschalter	**Momentanschalter**	**Spitzenspannungsschalter**	
Nach Ansteuerung schaltet das ELR die Last immer erst im Nulldurchgang der Betriebsspannung ein und erst im Stromnulldurchgang wieder aus. Anwendung bei ohmscher und schwach induktiver Belastung.	Der Momentanschalter schaltet sofort nach der Ansteuerung die Last ein. Er schaltet auf jedem Punkt der Sinuskurve ein, aber erst im Stromnulldurchgang wieder aus. Anwendung bei kleinen Transformatoren und kleinen Motoren.	Nach Ansteuerung schaltet das ELR die Last immer erst beim Durchlaufen des Spitzenwertes der Betriebsspannung ein. Ausgeschaltet wird die Last im Stromnulldurchgang. Anwendung bei großen Transformatoren und großen Induktivitäten.	Isolationsspannung $U_i = 4$ kV Schaltspannung $U = 60$ bis 440 V Nennschaltstrom $I = 2$ bis 50 A Minimaler Laststrom I » 10 mA Steuerspannung: $U_a = 3$ bis 30 V bei $I_a < 20$ mA

Die Sprungantwort

Der Temperaturverlauf im Trockenschrank (Abb. 209.1) ist die Sprungantwort der Regelgröße x am Ausgang der Regelstrecke bei schlagartiger Veränderung der Stellgröße y am Eingang. Regelstrecken, die einen Beharrungswert erreichen, werden als **Regelstrecken mit Ausgleich** bezeichnet. Bei solchen Regelstrecken können durch Anlegen einer Tangente an den Wendepunkt der Kurve die Verzugszeit T_u und die Ausgleichszeit T_g ermittelt werden (Abb. 209.1).

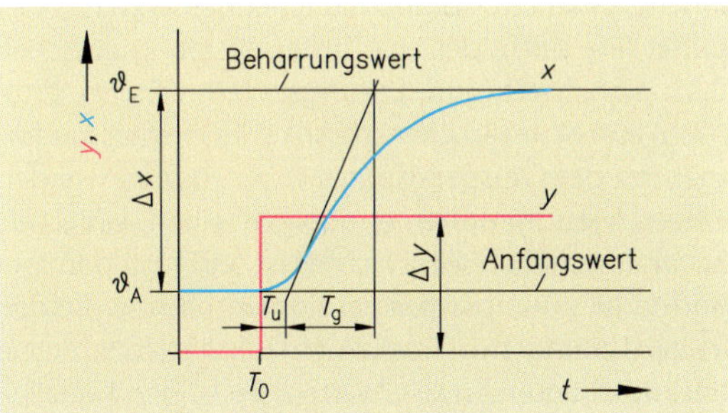

209.1 Auswertung der Sprungantwort

Das Verhältnis von T_g zu T_u einer Regelstrecke gibt Hinweise auf die Regelbarkeit einer Regelstrecke:

- T_g / $T_u > 10$; Strecke ist gut regelbar
- T_g / $T_u < 3$; Strecke ist schwer regelbar

Auch die Einstellungen von Regeleinrichtungen können mithilfe von Ausgleichszeit T_g und Verzugszeit T_u vorgenommen werden.

Aufgaben

1. *Beschreiben Sie den prinzipiellen Unterschied zwischen einer Temperatur-Steuerung und einer Temperatur-Regelung!*
2. *Mit welchen Funktionseinheiten muss ein Regelkreis mindestens aufgebaut sein?*
3. *Welche Aufgabe hat die Regelstrecke im Regelkreis? Nennen Sie weitere Beispiele für Regelstrecken.*
4. *Nennen Sie einige Störgrößen, die beim Betreiben des Trockenschranks auftreten können, und beschreiben Sie jeweils die Auswirkungen auf die Regelgröße!*
5. *Aus welchen Teilen besteht die Stelleinrichtung, und welche Aufgabe hat sie im Regelkreis?*
6. *Welchen Nachteil haben Kontaktstellglieder gegenüber kontaktlosen Stellgliedern?*
7. *Welche Leitfähigkeitszustände kann der Triac in der Stelleinrichtung des Trockenschranks annehmen?*
8. *Ermitteln Sie in Abb. 209.1 die Zeiten T_g und T_u und machen Sie eine Aussage über die Regelbarkeit des Trockenschranks! (1cm ≙ 10 min)*

7.5.3 Die Messeinrichtung

Um die Temperatur im Trockenschrank regeln zu können, muss sie gemessen und der Regeleinrichtung zugeführt werden. Die Auswahl der Messeinrichtung richtet sich nach dem erforderlichen Messbereich. Im Trockenschrank soll eine maximale Temperatur von 200 °C eingestellt werden können. Die Temperatur (Regelgröße *x*) wird im Trockenschrank von einem Temperatursensor PT 100 erfasst und im Messumformer in die Rückführgröße *r* mit dem elektrischen Einheitssignal 0 bis 10 V DC (0 bis 100 %) umgeformt. Solche Messeinrichtungen werden auch als Widerstandsthermometer bezeichnet (Abb. 210.1).

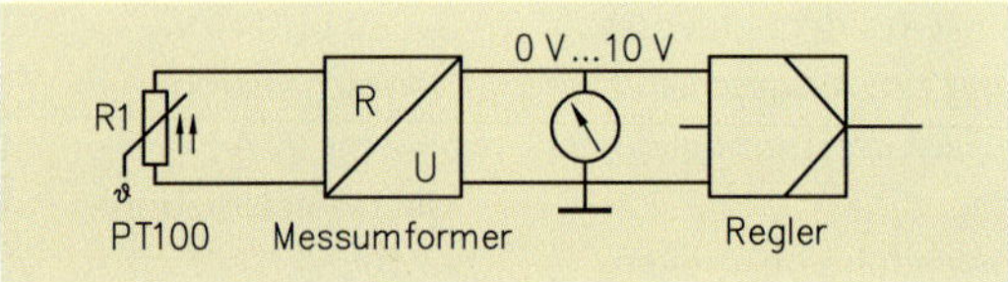

210.1 Widerstandsthermometer

Der Temperatursensor PT 100

Der eingebaute Temperatursensor PT 100 ist ein passiver Sensor, dessen Widerstand temperaturabhängig ist. Der Messwiderstand PT 100 besteht aus einem Platindraht in einem Glas- oder Keramikgehäuse und hat bei 0 °C einen Widerstand von 100 Ω. Im Gegensatz zu anderen temperaturabhängigen Widerständen ist der Kennlinienverlauf annähernd linear (Abb. 210.2). Mit einem PT 100 können Temperaturen von −200 °C bis +870 °C gemessen werden, wobei ab Messspannen > 200 °C eine Verfälschung des Messergebnisses durch die leichte Krümmung der Kennlinie auftritt.

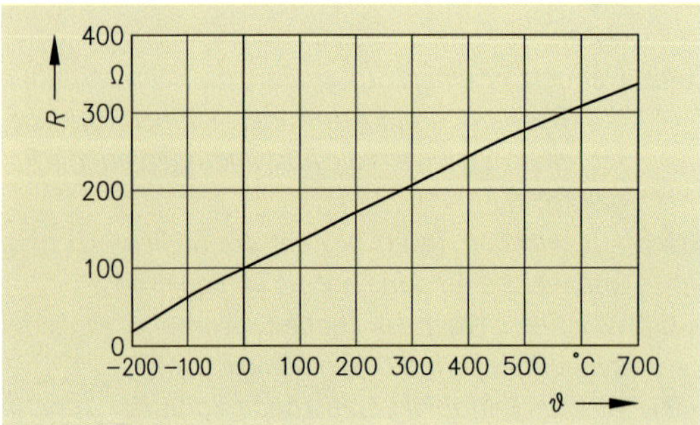

210.2 Kennlinie vom PT 100

Im Trockenschrank wird ein „nackter" PT 100 eingebaut. Bei dieser Anordnung wird der PT 100 an einer Stelle, an der eine mechanische Beschädigung nicht möglich ist, ohne Schutzrohr eingebaut. An Einbauorten, wo eine mechanische Beschädigung nicht ausgeschlossen werden kann, wird der PT 100 mit einem Schutzrohr eingebaut. Im Anschlusskopf sind entweder die Anschlüsse des PT 100 auf Klemmen geführt oder ein Messumformer integriert, der ein elektrisches Einheitssignal zur Messwertübertragung ausgibt (Abb. 210.3). Durch das Schutzrohr verlängert sich die Ansprechzeit der Messeinrichtung, sodass kurze und schnelle Temperaturwechsel unter Umständen nicht erkannt werden können.

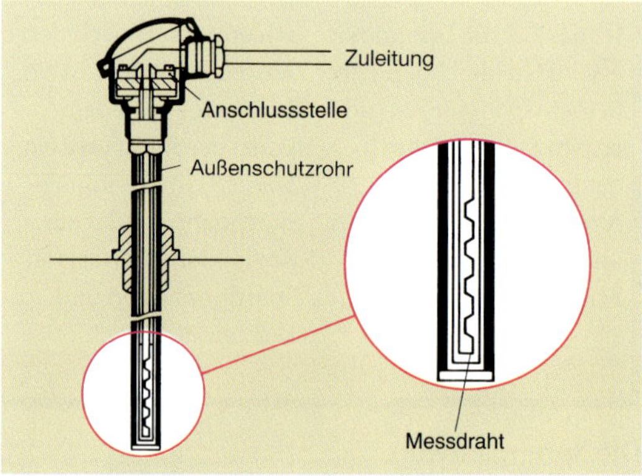

210.3 Einbau eines PT 100 im Schutzrohr

Der Messumformer

Der Messumformer im Trockenschrank muss aus der temperaturabhängigen Widerstandsänderung des PT 100 ein elektrisches Einheitssignal bilden, das der Regeleinrichtung als Rückführgröße *r* zugeführt werden kann. Die Regeleinrichtung im Trockenschrank kann sowohl das eingeprägte Spannungssignal 0 bis 10 V wie auch das eingeprägte Stromsignal 4 bis 20 mA verarbeiten. Das Stromsignal hat einen „lebenden" Nullpunkt (life zero), der eine Unterscheidung zwischen 0 % Signalwert und Leitungsunterbrechung (Störung) zulässt. Im Trockenschrank wird ein Messumformer mit dem Ausgangssignal 0 bis 10 V verwendet. Dieser Messumformer ermöglicht einen einfachen Schaltungsaufbau. Ein Nachteil ist sein hochohmiger und damit störungsanfälliger Signalstromkreis. Bei den kurzen Leitungen im Trockenschrank sind jedoch keine Beeinträchtigungen zu erwarten. Bei langen Signalleitungen sind Messumformer mit niederohmigen eingeprägten Stromsignalen, wie 4 bis 20 mA, störungsunempfindlicher. Allerdings müssen alle Signalempfänger in Reihe geschaltet werden, und der Gesamtwiderstand im Signalstromkreis darf den maximal zulässigen Wert (Bürde) nicht übersteigen.

ÜBERBLICK Elektrische Thermometer

Mess-Aufnehmer (Sensoren)		Bereich	Messspanne	Empfindlichkeit	Ansprechzeit	Genauigkeit
PT 100	nackt	–200 bis 870 °C	< 200 K	groß	klein	hoch
	im Schutzrohr				groß	
Thermo-element	nackt	–270 bis 1770 °C	> 1000 K	gering	sehr klein	klein
	im Schutzrohr				groß	

Messumformer für Widerstandsthermometer (PT 100)

Schaltungsprinzip	Beschreibung
Wheatstone-2-Leiterschaltung 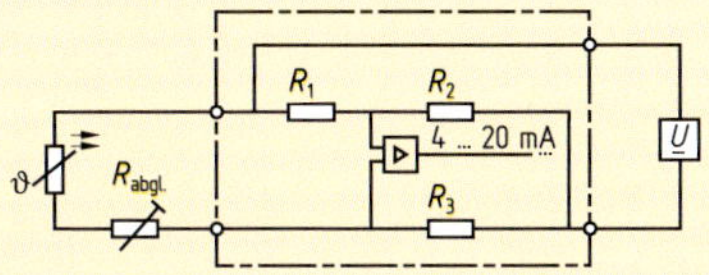	Einfache Wheatstone-Brückenschaltung, bei der der Widerstand des PT 100 gemessen und in °C als Temperatur angezeigt oder übertragen wird. Weil der Leitungswiderstand zum PT 100 das Messergebnis verfälscht, muss ein Leitungsabgleich durchgeführt werden (auf 4 Ω, 10 Ω oder 20 Ω).
Wheatstone-3-Leiterschaltung 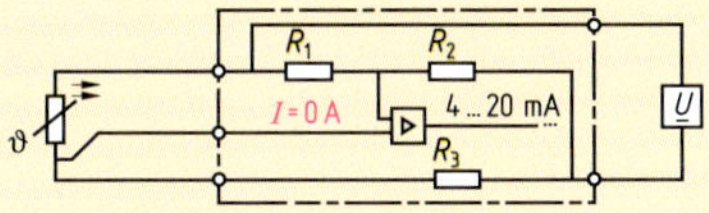	Diese Schaltung behebt den Einfluss der Leitungen zum PT 100, indem der Leitungswiderstand in beiden Brückenzweigen liegt und Auswirkungen des Leitungswiderstandes sich somit aufheben. Erforderlich ist nur ein Nullabgleich.
Konstantstrom-2-Leiterschaltung 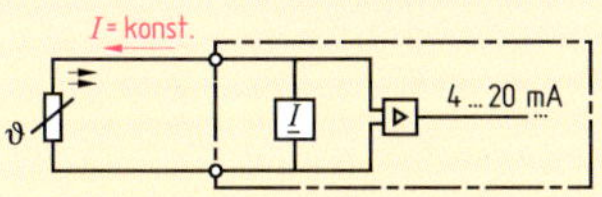	Der Mess-Aufnehmer (PT 100) wird mit einem konstanten Strom gespeist. Die Spannung der Konstantstromquelle entspricht der Messspannung und damit der Temperatur. Bei kurzen Entfernungen ist kein Leitungsabgleich erforderlich.
Konstantstrom-4-Leiterschaltung 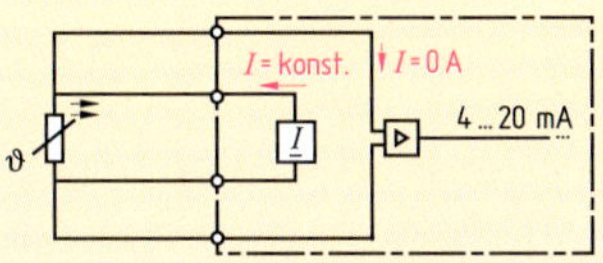	Der Mess-Aufnehmer (PT 100) wird mit einem konstanten Strom gespeist. Die Messspannung ist hier nur vom Widerstand des Messaufnehmers abhängig. Der Leitungswiderstand beeinflusst das Messergebnis nicht; kein Abgleich erforderlich.

Messumformer für Thermoelemente

Schaltungsprinzip	Beschreibung
Ohne Vergleichsstelle 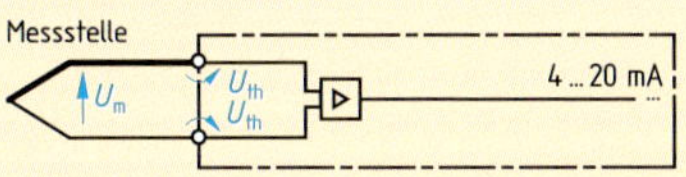	Die Anschlussstellen des Thermoelementes bilden ebenfalls Thermopaare, deren Thermospannungen bei Änderung der Temperatur an den Anschlussstellen das Messergebnis verfälschen.
Mit Vergleichsstelle 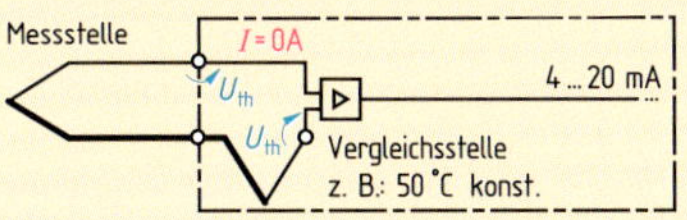	Das Thermoelement wird über Ausgleichsleitungen an den Messumformer angeschlossen. Durch die konstante Vergleichsstelle heben sich die Thermospannungen der Anschlussstellen auf. Gemessen wird die Differenz zur Messstelle.
Mit Kompensation 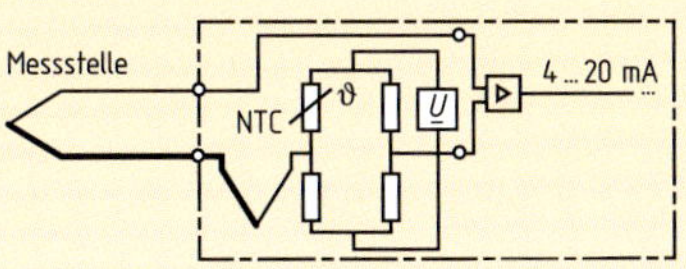	Auch hier wird das Thermoelement über Ausgleichsleitungen angeschlossen. Die Vergleichsstelle ist nicht konstant temperiert. Die veränderlichen Thermospannungen an den Anschlüssen heben sich aber in der Brückenschaltung auf.

ÜBERBLICK Pneumatische und elektrische Einheitssignale

Pneumatische Signale

Pneumatische Signalverarbeitungseinrichtungen arbeiten mit trockener, ölfreier und gereinigter Druckluft. Signalverarbeitungseinrichtungen benötigen einen Betriebsdruck von 1,4 bar. Stelleinrichtungen mit Membranantrieb arbeiten mit 3 bis 6 bar; Stellzylinder benötigen z. T. auch Drücke > 6 bar.

Pneumatisches Einheitssignal	Umrechnung
Für analoge Druckluftsignale ist der Bereich von 0,2 bis 1,0 bar entsprechend 0 bis 100 % genormt. **Vorteile**: Robust, keine Explosionsschutzmaßnahmen erforderlich (Chemieanlagen o. Ä.) **Nachteile**: Übertragungsstrecken max. 200 m, keine schnellen Signaländerungen übertragbar	Signaldruck 0,2 bis 1,0 bar in 0 bis 100 % 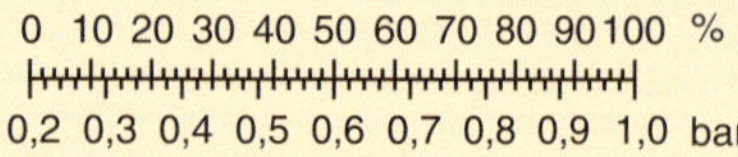

Life Zero. Der **lebende Nullpunkt** von 0,2 bar ist erforderlich, weil ein Druck von 0,0 bar für den Signalwert 0 % nicht eindeutig einstellbar ist; gleichzeitig kann der Signalwert 0 % von einer Störung (0 bar) unterschieden und eine Störung erkannt werden.

Elektrische Signale

Ein einziges, genormtes elektrisches Einheitssignal, vergleichbar mit dem pneumatischen Einheitssignal (0,2 bis 1,0 bar) gibt es nicht. Für die analoge Signalverarbeitung und Signalübertragung werden Gleichspannungssignale (z. B. 0 bis 10 V) oder Gleichstromsignale (z. B. 4 bis 20 mA) eingesetzt.

Gleichstromsignal	Umrechnung
Eingeprägte Gleichströme benutzt man zur Signalübertragung über längere Entfernungen, z. B. vom Feld zur Messwarte. Häufig wird der Signalbereich von 4 bis 20 mA, seltener 0 bis 20 mA entsprechend dem Signalwert 0 bis 100 % eingesetzt. **Vorteile**: Niederohmiger, störungssicherer Signalstromkreis ($R_{ges} \leqq 500\ \Omega$); explosionsgeschützte, eigensichere Ausführung möglich **Nachteile**: Alle Einrichtungen in Reihe geschaltet, bei Änderungen o. ä. muß der Signalstromkreis aufgetrennt werden; Bürde $\leqq 500\ \Omega$	Signal 4 bis 20 mA in 0 bis 100 % Signal 0 bis 20 mA in 0 bis 100 % 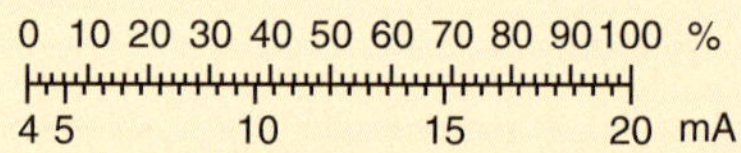 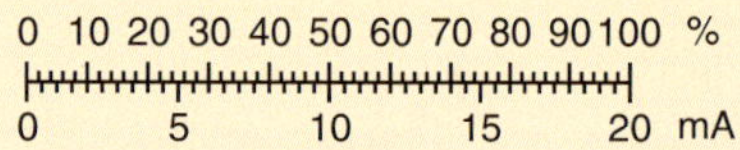

Gleichspannungssignal	Umrechnung
Eingeprägte Gleichspannungen (0 bis 10 V; 2 bis 10 V) werden bei kurzen Übertragungsstrecken eingesetzt. **Vorteile**: Einfache Handhabung, alle Einrichtungen sind parallel geschaltet; 0 bis 10 V Signal kann einfach in 0 bis 100 % umgerechnet werden **Nachteile**: Hochohmiger, störungsanfälliger Signalstromkreis; kurze Übertragungsstrecken	Signal 2 bis 10 V in 0 bis 100 % 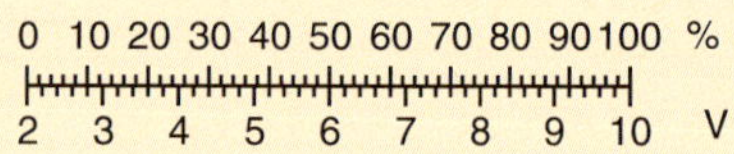

Life Zero. Der **lebende Nullpunkt** von 4 mA (bzw. 2 V) hat den Vorteil, dass der Signalwert 0 % von einer Störung (0 mA bzw. 0 V) unterschieden und eine Störung erkannt werden kann.

Aufgaben

1 *Beschreiben Sie Vor- und Nachteile von elektrischen Signalen gegenüber pneumatischen Signalen!*

2 *Welchen Vorteil hat ein Signal mit lebendem Nullpunkt?*

3 *Was bedeutet die Bezeichnung PT 100 auf einem Bauteil? Ist es ein aktiver oder ein passiver Sensor?*

4 *Welche Aufgabe hat die Messeinrichtung in einem Regelkreis?*

5 *Welche Aufgabe haben Messumformer?*

7.5.4 Die Regeleinrichtung

Im Trockenschrank ist eine Zweipunkt-Regeleinrichtung eingebaut. Diese Regeleinrichtung gehört zu den unstetigen Reglern, bei denen die Reglerausgangsgröße y_R nur feste Werte annehmen kann. Bei stetigen Regeleinrichtungen kann die Reglerausgangsgröße y_R jeden beliebigen Wert im Stellbereich annehmen (Abb. 213.1).

Unstetige Regler	Stetige Regler
Bei unstetigen Reglern kann die Stellgröße nur feste, vorgegebene Werte annehmen. Zweipunktregler haben die Schaltzustände EIN und AUS, entsprechend 100 % und 0 % Leistung. Dreipunktregler haben 2 Schaltpunkte als Ausgang und ermöglichen Heizen/Kühlen.	Bei stetigen Regeleinrichtungen kann die Stellgröße jeden Wert zwischen 0 % und 100 % im Stellbereich annehmen. Stetige Regler ermöglichen schnelle Stellzeiten und eine optimale Anpassung an die Regelstrecke durch die Wahl des geeigneten Verhaltens (P-, PI-, PD-, PID-Regler).

213.1 Regeleinrichtungen

Aus dem Wirkungsplan vom Trockenschrank in Abb. 207.1 erkennt man, dass die Regeleinrichtung aus Steller und Regler besteht, der Steller aber wiederum zur Stelleinrichtung (Abb. 208.1) gezählt wird. Der Regler im Trockenschrank besteht aus dem Vergleicher und dem Zweipunkt-Regelglied.

Der Vergleicher

Der Vergleicher (Vergleichsglied) bildet die Regeldifferenz e aus Rückführgröße r und Führungsgröße w, die am Temperatureinsteller (Führungsgrößeneinsteller) eingestellt wird (Abb. 213.2).

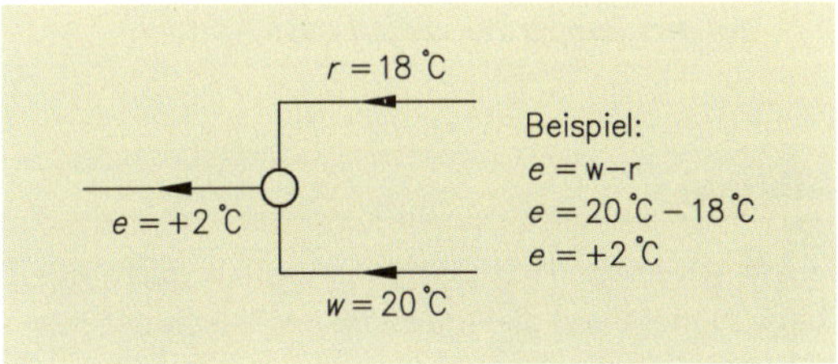

213.2 Vergleich der Temperaturregeleinrichtung

Die Regeldifferenz e ist die Eingangsgröße des Zweipunkt-Reglers im Trockenschrank.

Der Zweipunkt-Regler

213.3 Der Zweipunkt-Regler

Das Regelglied im Zweipunkt-Regler des Trockenschranks muss die Heizung bei zu kleiner Temperatur einschalten und bei Erreichen der eingestellten Temperatur ausschalten. Die Schaltpunkte für das Ein- und Ausschalten werden von der Regeldifferenz bestimmt:

- Temperatur zu klein ⇒ Regeldifferenz $e = w - r$ ein positiver Wert zwischen 0 und +10 V
- Temperatur erreicht ⇒ Regeldifferenz $e = w - r$ gleich 0 V
- Temperatur zu groß ⇒ Regeldifferenz $e = w - r$ ein negativer Wert zwischen 0 und −10 V

Das Zweipunkt-Regelglied im Trockenschrank schaltet bei einer Eingangsspannung $e \geq +0{,}5$ V die Reglerausgangsgröße y_R auf 10 V. Dadurch wird die Heizung über die Stelleinrichtung auf 100 % eingeschaltet. Bei einer Eingangsspannung von $e \geq -0{,}5$ V schaltet das Regelglied die Reglerausgangsgröße y_R auf 0 V und die Heizung damit aus (0 %). Diese Schaltdifferenz von 1 V ist notwendig, damit der Regler definierte Ein- und Ausschaltpunkte hat und nicht schwingt (Abb. 213.4).

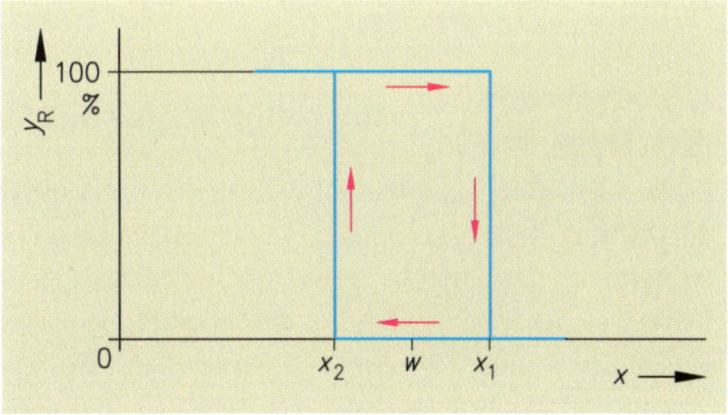

213.4 Schaltverhalten des Regelgliedes

Infolge der Schaltdifferenz ergibt sich kein konstanter Temperaturverlauf im Trockenschrank. In Abb. 214.1 ist zu erkennen, dass die Temperatur x um den Wert der Führungsgröße w (Sollwert) schwankt. Diese Temperaturschwankung ist aufgrund der Trägheit der Regelstrecke (T_u / T_g) größer als die Schaltdifferenz U_{SD} des Zweipunkt-Reglers.

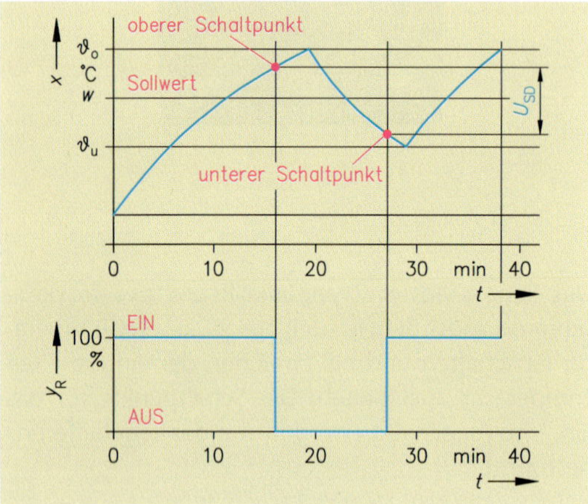

214.1 Schaltdifferenz und Temperaturverlauf

Die Höhe der Amplitude und die Schwingungsdauer der Temperatur werden mit dem Verhältnis T_u / T_g der Regelstrecke und der Schaltdifferenz U_{SD} des Zweipunkt-Reglers größer. Eine Verkleinerung der Schaltdifferenz U_{SD} führt aber nicht nur zu einer kleineren und kürzeren Temperaturschwingung, sondern hat auch eine Vergrößerung der Schaltfrequenz des Stellgliedes im Zweipunkt-Regler zur Folge. Kontaktlose Stellglieder wie im Trockenschrank können mit sehr großen Schaltfrequenzen betrieben werden. Bei kontaktbehafteten Stellgliedern, wie Relais und Schütze, führt eine Vergrößerung der Schaltfrequenz zu einem großen Kontaktverschleiß und kann zur Zerstörung des Stellgliedes führen.

Die Regelung

Durch den Einbau des Reglers werden im Trockenschrank die gewünschten und eingestellten Temperaturen sicher eingehalten (Führungsverhalten). Außerdem wird der Einfluss von Störgrößen, wie Schwankungen der Heizleistung oder der Umgebungstemperatur, ausgeglichen (Störverhalten). Die Genauigkeit reicht trotz der systembedingten Schwankungen der Temperatur für den Trockenschrank aus. Für präzisere Regelungen werden keine unstetigen Regler, sondern meist stetige PID-Regler eingesetzt.

Aufgaben

1. *Welche Funktion hat das Vergleichsglied einer Regeleinrichtung?*
2. *Beschreiben Sie den prinzipiellen Unterschied zwischen unstetigen und stetigen Regeleinrichtungen!*
3. *Beschreiben Sie den Wirkungsablauf der Zweipunkt-Regelung, wenn der Sollwert (Führungsgröße) für die Temperatur im Trockenschrank von 100 °C auf 180 °C erhöht wird!*
4. *Welche Auswirkungen hat die Vergrößerung der Schaltdifferenz auf die Schalthäufigkeit des Stellgliedes und auf den Temperaturverlauf?*
5. *Ergänzen Sie in dem Wirkungsplan eines Regelkreises die fehlenden Bezeichnungen!*

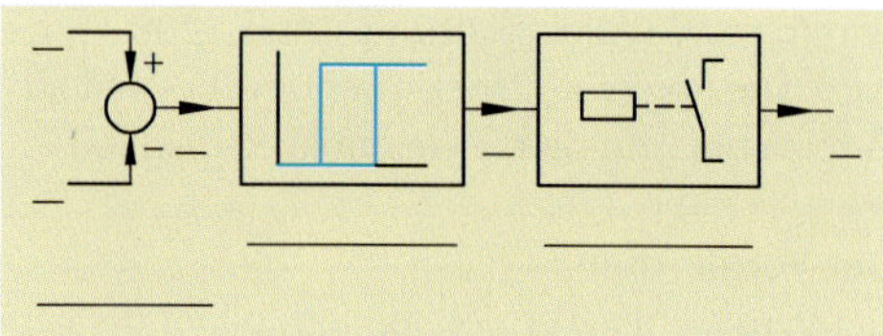

6. *Zweipunkt-Temperaturregler werden häufig aus Kostengründen mit Relais-Stellgliedern ausgerüstet. Wie wirkt sich dies auf die Schaltfrequenz und auf den Temperaturverlauf aus?*

EXKURS **Unstetige Regler mit Rückführung**

Bei Regelstrecken mit größeren Verzugszeiten T_u kann man das Regelverhalten von Zweipunkt-Reglern durch eine Rückführung verbessern, durch die die Schaltfrequenz des Reglers erhöht und die Amplitude der Regelgröße verkleinert wird. Das Ergebnis ist von der Art des Stellgliedes abhängig.
Bei Relais oder Schützen beträgt die Schaltfrequenz etwa ein bis fünf Schaltungen pro Minute.
Bei Transistor- und Thyristor-Stellgliedern kann die Schaltfrequenz so weit erhöht werden, dass am Ausgang der Regelstrecke keine Schaltimpulse mehr feststellbar sind und man ein stetigähnliches Regelverhalten erzielt (P-, PI-, PD-, PID-Regelungen mit unstetigen Reglern).

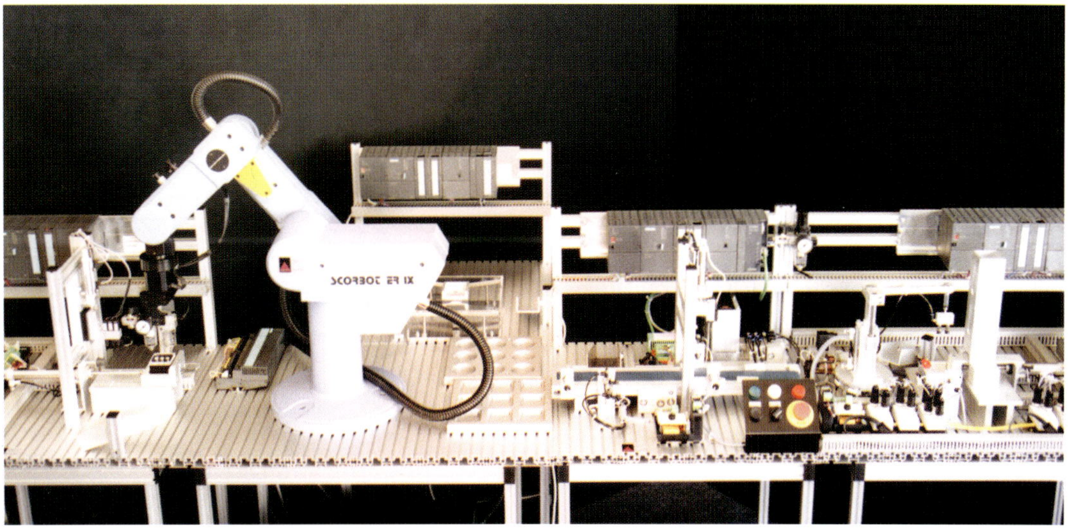

215.1 Das System Fertigungsstraße zur Qualitätskontrolle eines Werkstückes

8 Design und Erstellen mechatronischer Systeme

Die Fertigungsstraße in Abb. 215.1 bildet ein mechatronisches System, das aus einzelnen selbstständigen Einrichtungen besteht. Die Einrichtungen bilden abgeschlossene bauliche und funktionale Einheiten. Ihre mechanischen und elektrischen Schnittstellen sind so ausgeführt, dass in der komplexen Anlage ein kontinuierlicher Energie- und Informationsfluss erzielt wird, der zu einem optimalen Fertigungsablauf führt.

Das Anlagenlayout in Abb. 215.2 zeigt die fünf Einrichtungen der Fertigungsstraße.

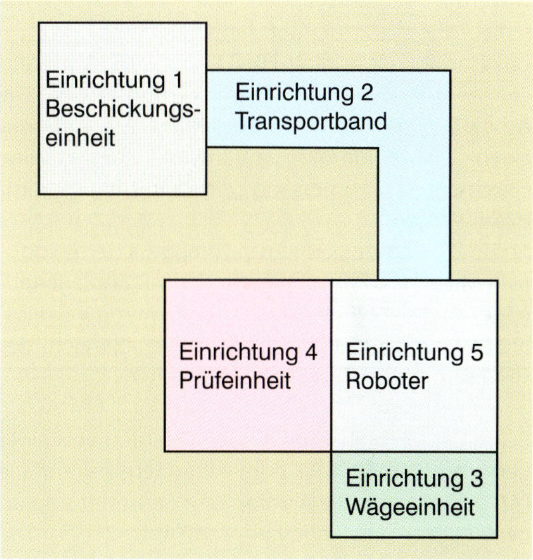

215.2 Das System Fertigungsstraße mit den 5 Einrichtungen

8.1 Prozessfunktionen des Systems

Auf der Fertigungsstraße werden Werkstücke einer Qualitätskontrolle unterzogen und anschließend nach Qualitätsklassen sortiert. Die fünf mechatronischen Einrichtungen sind so zusammengesetzt, dass ein kontinuierlicher Fertigungsablauf erfolgt.

Die Einrichtung **1** ist die **Beschickungseinheit**. Ein Handhabungsgerät (Gruppe 2) dieser Einrichtung legt das Werkstück aus dem Stapelmagazin (Gruppe 1) auf das **Transportband 2**, auf dem eine Dickenmessung erfolgt. Der **Knickarmroboter 5** fördert das Teil auf das **Wägesystem 3** und anschließend zur Funktionskontrolle auf das **Prüfsystem 4**. Aus den aufgenommenen Messdaten sortiert der Roboter die Werkstücke in die vorgegebenen **Palettenfächer** als Gruppe der Einrichtung **5**.

8.2 Funktion der Systemeinrichtungen

Durch die Zerlegung des mechatronischen Systems in Einrichtungen und Gruppen wird die Anlage überschaubar. Die Anlagenwartung, eine Fehlersuche oder eine Änderung der Anlagenkonfiguration sind einfacher zu händeln. Einrichtungen und Gruppen sind mechanisch leichter auszutauschen, die Programmstruktur ist nach den Einrichtungen geordnet, sodass bei Störungen die Fehlerquelle leichter zu orten ist.
Die Einrichtungen mit ihren unterschiedlichen Hardwarekomponenten bilden für ihre Prozessfunktionen abgeschlossene Einheiten. Sie können wiederum untergeordnete Gruppen und Elemente besitzen.

216.1 Stapelmagazin als Gruppe 1

Beschickungseinheit
Sie besteht aus zwei Gruppen, dem **Stapelmagazin** und dem **Handhabungsgerät**. Das Stapelmagazin in Abb. 216.1 besitzt eine abnehmbare Fallröhre zur Aufnahme quaderförmiger Werkstücke. Der doppelt wirkende Ausfahrzylinder mit Rückschlagventil schiebt das Werkstück auf den Ablagetisch.
Das Handhabungsgerät HHG (Abb. 216.2) besteht aus zwei Achsen und einem Vakuumgreifer. Die Achse 1 ist als Drehteller ausgeführt. Sie wird von einem DC-Servomotor angetrieben, besitzt eine inkrementale Wegmessung und kann frei programmiert werden.
Achse 2 besteht aus einem verdrehgesicherten doppelt wirkenden Pneumatikzylinder mit Endlagenabfrage, an dessen Ende ein Schwenkarm mit Vakuumgreifer angebracht ist. Der Schwenkbereich des HHG ist mit zwei Endschaltern gesichert.

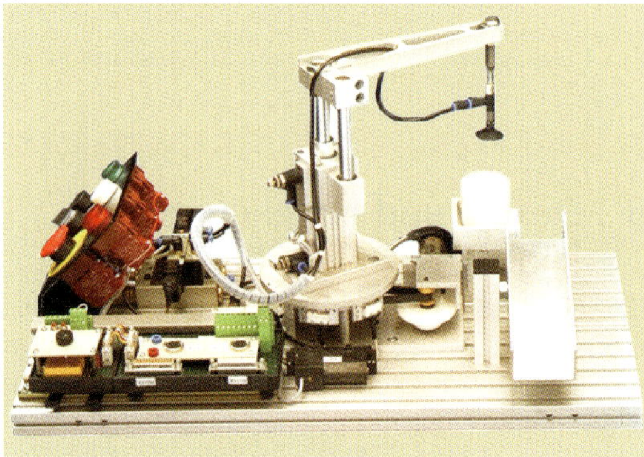

216.2 Handhabungsgerät als Gruppe 2

Beide Gruppen als Einrichtung 1 werden von einer gemeinsamen SPS mit dem Aktor-Sensor-Interface (AS-I) gesteuert. Alle Aktoren und Sensoren sind an dem AS-Interface angeschlossen (Abb. 216.3). Die Komponenten sind über eine Zweidrahtleitung mit der SPS verbunden.
Das AS-Interface arbeitet nach dem Master-Slave-Prinzip. Hierbei befindet sich in der SPS das Master-Bauelement. Die über die AS-Interface-Leitung angeschlossenen Sensoren/Aktoren werden als Slave von dem Master angesteuert.
Die Spannungsversorgung für das Aktoren-Interface erfolgt über ein AS-I-Netzteil. Das Sensoren-Interface benötigt keine Spannung.

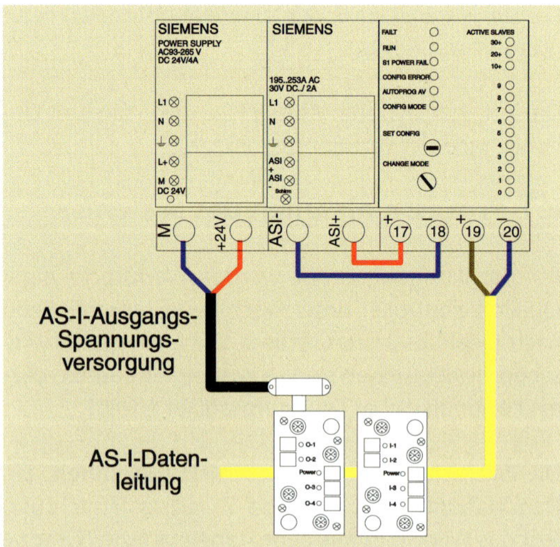

216.3 Verdrahtung über ein AS-Interface

Transportband

Das einspurige Transportband (Abb. 217.1) dient der Verbindung zwischen der Beschickungseinheit und dem Roboter. Es besitzt zusätzlich eine Dickenmessung, um das Werkstück zu klassifizieren.

Das Transportband besteht aus einem Gurtband mit einer Spur, einem elektrischen Antrieb und einem optischen Sensor zur Werkstückerkennung am Bandende. Die Dickenmessung erfolgt mit einem doppelt wirkenden Pneumatikzylinder, an dessen Achse ein Linearpotenziometer angebracht ist.

Funktionsprüfung

Die Funktionsprüfung ist ein wichtiger Teil der Qualitätskontrolle. An einem realen Werkstück, z. B. einem elektrischen Spannungs- und Durchgangsprüfer, wird eine elektrische Funktionsprüfung durchgeführt.

Mit einem doppelt wirkenden Einzug- und Spannzylinder wird das Werkstück unter den Prüfkopf verfahren. Den Prüfkopf mit drei Messanschlüssen verfährt ein doppelt wirkender Zylinder zu den Werkstückmessbuchsen (Abb. 217.2).

Die Verdrahtung erfolgt über eine **INTERBUS-S**-Verdrahtung mit einer digitalen und analogen Signalverarbeitung.

Knickarmroboter

Der 5-achsige Knickarmroboter (Abb. 217.3) fährt in seinem Arbeitsraum jede Position an. Seine effektive Geschwindigkeit über alle Achsen beträgt 1,5 m/s. Positionen werden mit einer Wiederholgenauigkeit von $\pm$ 0,09 mm angefahren.

Als Antrieb arbeitet ein DC-Servomotor mit Getriebe. Das Wegmesssystem besteht aus einem elektronischen Drehgeber.

Der Roboter besitzt eine RS-232-Schnittstelle.

Programmiert wird er mit einer Programmiersprache für Industrieroboter.

Kommunikation

Alle Systemeinrichtungen besitzen eine speicherprogrammierbare Steuerung SPS, die miteinander über den Profibus vernetzt sind.

Auf der Aktor-Sensor-Ebene besitzen diese Einrichtungen unterschiedliche Verdrahtungen wie das AS-Interface, den INTERBUS-S, den Profibus oder eine konventionelle Verdrahtung der SPS.

Die Kommunikationsstruktur dieser unterschiedlichen Einrichtungen zeigt Abb. 217.4.

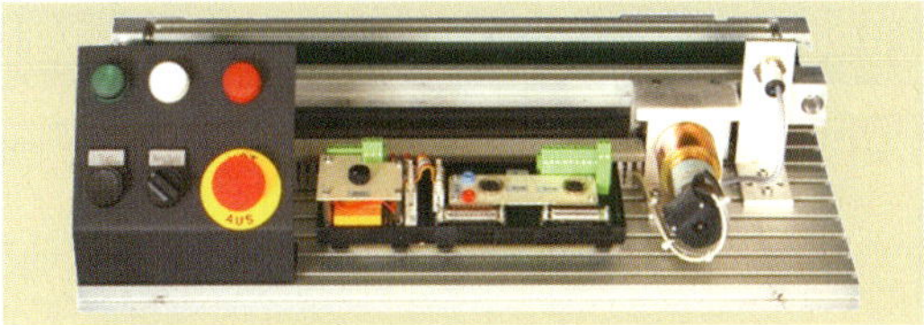

217.1 Transportband

217.2 Funktionskontrolle

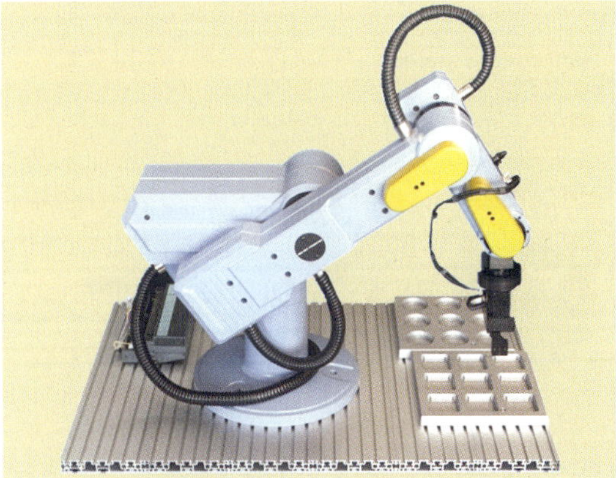

217.3 Roboter mit der Gruppe 1 Palettenfächer

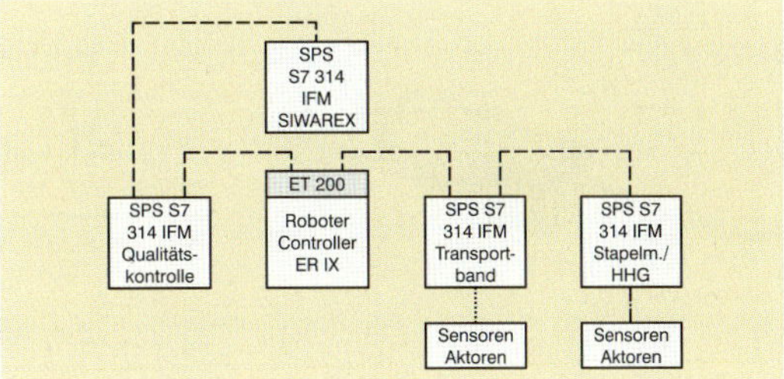

217.4 Kommunikationsebene

ÜBERBLICK Elemente des Systems Fertigungsstraße

Mechanische Mikroschalter

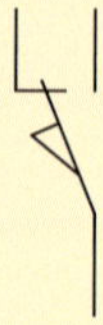

Mikroschalter sind mechanische Schalter und werden als Sicherheitsendschalter, bei elektrisch betriebenen Linearachsen oder zur Positionierung der Linearachsen und der Rundtische eingesetzt. Mikroschalter sind binäre Schaltelemente. Es gibt sie mit einem Schließkontakt, einem Öffnerkontakt oder mit Wechselkontakten.

Je nach Ausführung ist die Schalterbetätigungskraft ≤ 0,5 N (linker Schalter) oder 1,5 bis 2,5 N (rechter Schalter). Die Schalterleistung ist max. 5 A/250 VAC.

Reedkontakt

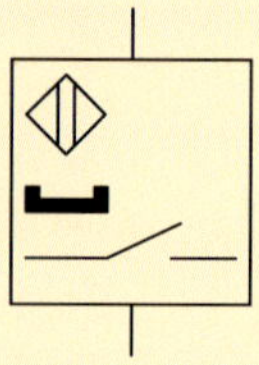

Der Schaltkontakt eines Reedschalters wird von einem Permanentmagneten betätigt, wenn dieser über dem Kontakt steht.

Reedschalter für Schienenmontage werden zur Positionsabfrage von Pneumatikzylindern und Linearachsen eingesetzt. Beim Pneumatikzylinder sitzt der Permanentmagnet auf dem Kolben.

Die Schaltansprechzeit beträgt etwa 1,2 msec, die maximale Stromstärke 5 bis 40 mA bei 24 VDC.

Näherungsschalter

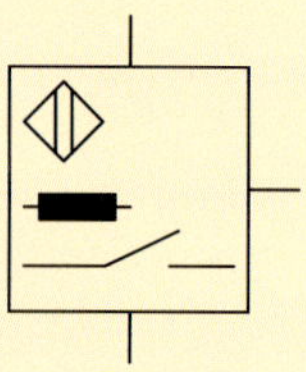

Näherungsschalter bestehen aus einem Abstandssensor (induktiv, kapazitiv, optisch, akustisch) und der Auswahlelektronik, die ein Binärsignal liefert. Diese Schalter werden gegenüber mechanischen Schaltern bevorzugt eingesetzt, da sie keinem Verschleiß unterliegen und durch die berührungslose Arbeitsweise keine Störungen verursachen.

Induktive Näherungsschalter erkennen metallische Werkstoffe bei kleinem Schaltabstand.

Linearpotenziometer

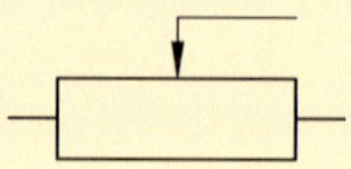

Linearpotenziometer sind Wegtaster mit Widerstands- und Kollektorbahn aus leitendem Kunststoff. Sie werden eingesetzt zur Positionsermittlung feststehender Messobjekte, zu Toleranzmessungen oder zur stetigen Konturabtastung.

Ihre elektrisch nutzbare Länge liegt bei 25 bis 100 mm, die Linearität ist besser als ± 0,2 % vom Anschlusswiderstand.

Die Wegauflösung beträgt 0,002 mm.

ÜBERBLICK Der Feldbus als Gruppe des Systems Fertigungsstraße

PROFIBUS

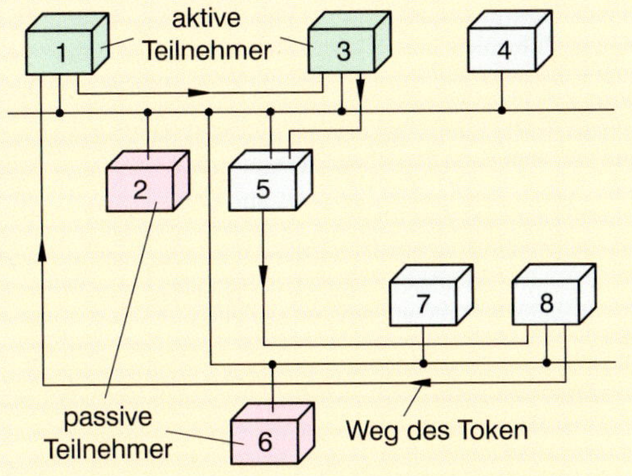

Der PROFIBUS (Process Field Bus) ist ein offener Feldbusstandard nach der Norm EN 50 170. Man unterscheidet zwischen dem Master-Gerät (aktiver Teilnehmer) und dem Slave-Gerät (passiver Teilnehmer). Ein Master darf ohne externe Aufforderung senden, wenn er buszugriffsberechtigt ist.

Slave-Geräte erhalten keine Buszugriffsberechtigung. Sie dürfen nur empfangene Nachrichten quittieren oder auf Anfrage eines Masters an diesen Nachrichten übermitteln.

Typische Slave-Geräte sind Schalter, Sensoren, Ventile, Antriebe und Messumformer.

Zur Übertragung wird eine 2-adrige Leitung oder ein Lichtwellenleiter eingesetzt. Ohne Repeater können 32 aktive Teilnehmer angeschlossen werden.

INTERBUS-S

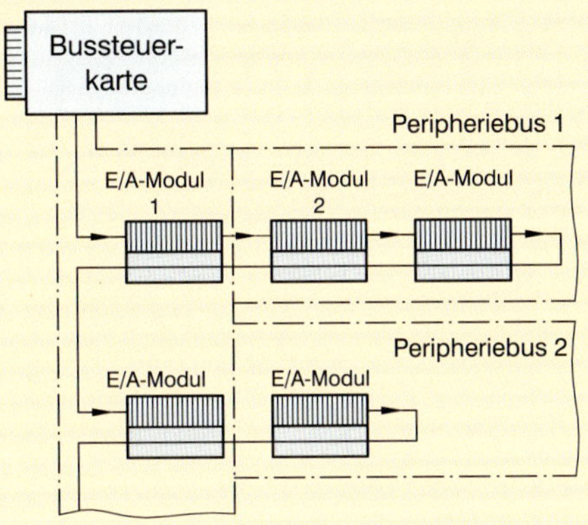

Der INTERBUS-S besteht aus einem Fernbus mit der Bussteuerkarte (Master) und dem Peripheriebus mit den Anschaltelementen (Slaves) als E/A-Modulen. Die Anschaltelemente im Peripheriebus werden mit einer 14-adrigen Leitung verbunden.

Von der Bussteuerkarte werden die Nachrichten seriell durch alle E/A-Module geschoben, bis sie wieder beim Master ankommen. Während dieses Rundlaufs werden die Signalwerte ausgetauscht.

Wenn ein E/A-Modul in der Schleife gestört ist, wird diese Schleife an dem defekten Modul gebrückt, sodass der Busbetrieb weiterläuft, allerdings ohne alle Module hinter dem defekten.

CAN-Bus

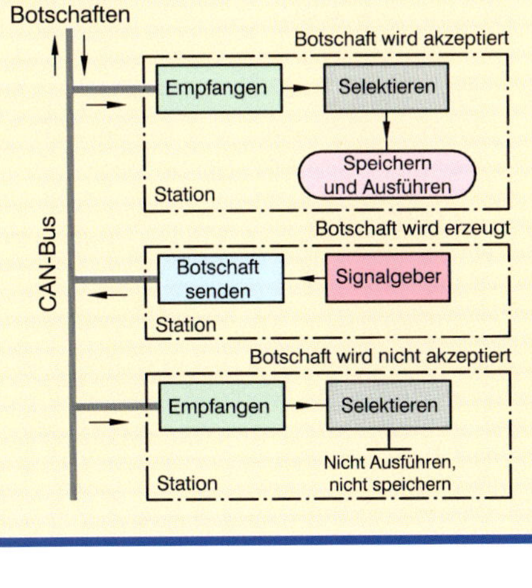

Der CAN-Bus ist ein robuster Feldbus, der ursprünglich für die Steuerung im Kraftfahrzeug entwickelt wurde. Beim CAN-Bus sind mehrere Stationen oder Teilnehmer gleichberechtigte Steuereinheiten. Die Adressierung der Übertragungsdaten ist botschaftsbezogen und nicht stationsbezogen. Jede Station empfängt alle Daten, speichert jedoch nur diejenigen, die an sie gerichtet sind.

Die Buszuteilung ist durch Prioritäten festgelegt, die Anzahl der Stationen ist unbegrenzt und die Übertragungssicherheit ist sehr hoch. Zur Übertragung wird eine Zweidrahtverbindung oder ein Lichtwellenleiter eingesetzt.

ÜBERBLICK Der Feldbus als Gruppe des Systems Fertigungsstraße (Fortsetzung)

AS-Interface

Anschlusstechnik mit Steckverbindern

Anschluss mit der AS-I-Durchdringungstechnik

Der Begriff AS-I steht für Aktor-Sensor-Interface. Er bezeichnet die Schnittstelle zwischen Aktoren, Sensoren und der SPS. Diese Busstruktur ist eine Vernetzung auf dem untersten Feldbereich der Automatisierungsebene oder der Prozessebene.

AS-I verknüpft binäre Aktoren und Sensoren wie Schalter, Taster, BERO-Sensoren, Schütze und Magnetventile mit der ersten Steuerungsebene und ersetzt so Kabelbäume, Verteilerkästen und Klemmleisten. Intelligente Aktoren und Sensoren besitzen ein integriertes AS-Interface, mit dem auch analoge Signale übertragen werden.

AS-I ist leicht zu handhaben. Die Aktoren und Sensoren werden über einfache Steckverbindungen angeschlossen. Eine weitere Anschlusstechnik ist die Schneidklemmtechnik, bei der ein ungeschirmtes 2-Leiter-Flachkabel geklemmt wird. Das nebenstehende Bild zeigt diese Technik, wobei das gelbe Flachkabel die Sensoren und das schwarze die Aktoren verbindet.

Das AS-Interface wird standardisiert und zertifiziert, sodass die Komponenten verschiedener Hersteller kompatibel eingesetzt werden.

Aufgaben

1 *Welchen Vorteil bietet die Zerlegung eines mechatronischen Gesamtsystems in Einrichtungen und Gruppen?*

2 *Welche Eigenschaften besitzen die Systemeinrichtungen?*

3 *Die Einrichtung 1 besitzt ein Handhabungsgerät. Beschreiben Sie seine Funktion und vergleichen Sie diese mit dem Knickarmroboter.*

4 *Nach welchem Prinzip werden die Systemeinrichtungen mechanisch zusammengesetzt?*

5 *Erläutern Sie die Kommunikationsstrukturen zwischen den Einrichtungen 1 bis 5.*

6 *Welcher Unterschied besteht zwischen einem mechanischen Mikroschalter und einem Reedkontakt?*

7 *Beschreiben Sie einige Vorteile der Näherungsschalter gegenüber mechanischen Mikroschaltern!*

8 *Erläutern Sie an einem Beispiel den Einsatz von Linearpotenziometer und beschreiben Sie ihre Funktion und ihre Messgenauigkeit!*

9 *Die Signal- und Datenvernetzung innerhalb eines mechatronischen Systems erfolgt über die Feldbusebene.*
Beschreiben Sie dafür verschiedene Busstrukturen und erläutern Sie ihre Vor- und Nachteile.

10 *Erläutern Sie den Begriff AS-Interface.*

11 *Beschreiben Sie die Anschlusstechnik für das AS-Interface.*

12 *Wie werden beim AS-Interface die Signal- und die Datenleitung unterschieden?*

8.3 Programmstruktur der Fertigungsstraße

Der Bearbeitungsablauf für die Werkstücke ist durch den mechanischen Aufbau der Gesamtanlage vorgegeben. Diesem Ablauf entspricht der Programmablaufplan PAP als Grundstruktur für das Steuerprogramm. Damit eine Übersichtlichkeit bei der Fertigungskontrolle oder im Fehlerfall gegeben ist, wird das Steuerprogramm in Teilprogramme zerlegt, die der Anlagenstruktur entsprechen. Ein solcher Programmaufbau wird als strukturiertes Programm bezeichnet.

Ein strukturiertes Programm besitzt einen Programmaufbau, der der Anlagenstruktur entspricht.

Dieses Prinzip verdeutlicht der Programmablaufplan in Abb. 221.1. Nach der Grundstellung wird die Einrichtung 1 (Beschickungseinheit) bearbeitet. Anschließend folgen die weiteren Einrichtungen.

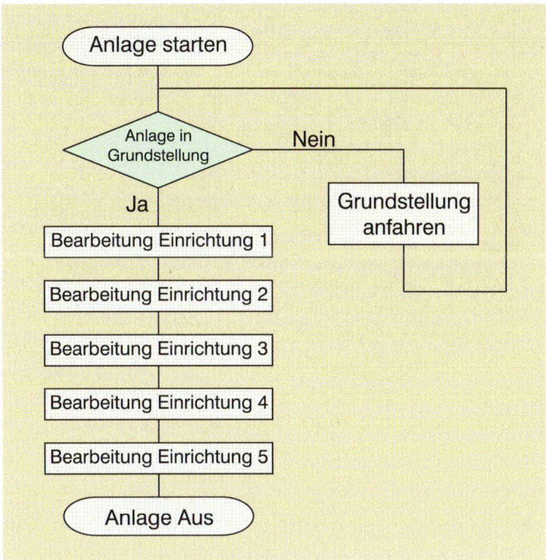

221.1 Programmablaufplan PAP

Konfiguration der Gesamtanlage

Alle Systemeinrichtumgen besitzen eine eigene SPS und bilden **dezentrale Steuereinheiten**. Sie sind über einen Bus, den Profibus-DP, miteinander gekoppelt. Die Steuerkonfiguration (Abb. 221.2) zeigt eine Einrichtung als **DP-Master**, während die restlichen als **DP-Slave** arbeiten. Der Slave bearbeitet die dezentralen Steueraufgaben, während der Master zusätzlich die Organisation des gesamten Fertigungsablaufs mit allen Überwachungs- und Meldefunktionen sowie den Datentransfer zur Produktionsplanung übernimmt. Die gesamte Anlage ist über den PC steuerbar. Der Knickarmroboter wird als Slave an den Profibus angeschlossen.

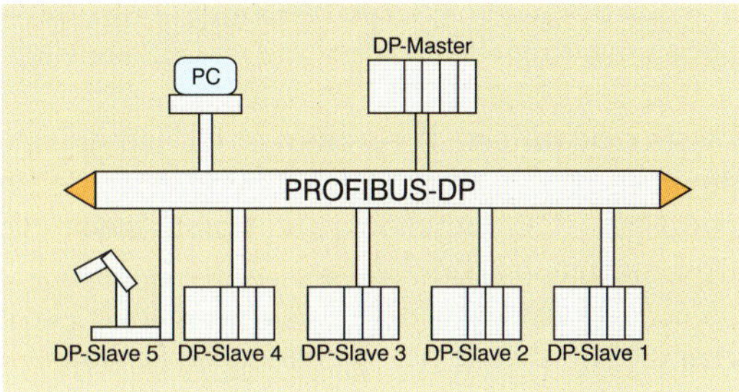

221.2 Steuerungskonfiguration

8.3.1 Struktur des Steuerprogramms

Das Steuerprogramm wird nach dem Programmablaufplan entworfen. Es besitzt eine Gliederung, nach der alle Teilfunktionen in einer übersichtlichen Baumstruktur (Abb. 221.3) geordnet sind.

Das SPS-Programm wurde nach der Norm EN 61 131–3 geschrieben. Danach beinhaltet der Ordner *Programm Fertigungsstraße* alle weiteren **Programm-Organisations-Elemente POE**.

Die Organisation des Steuerprogramms übernimmt der OB1. Zu Beginn eines jeden Bearbeitungszyklus wird das PROGRAMM PG10 aufgerufen, um die Datums- und Zeitbearbeitung zu aktivieren.

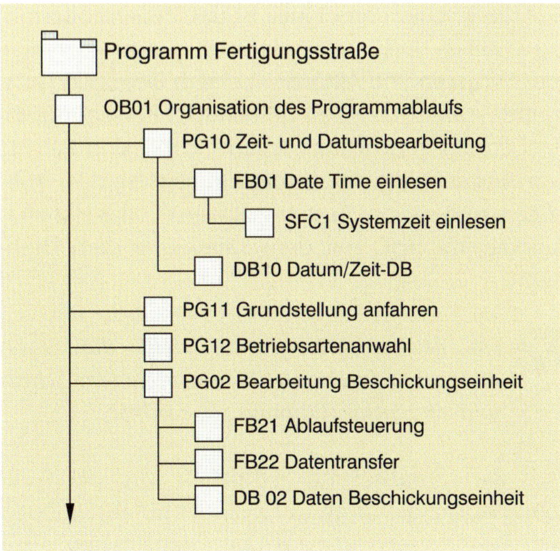

221.3 Baumstruktur für das Steuerprogramm

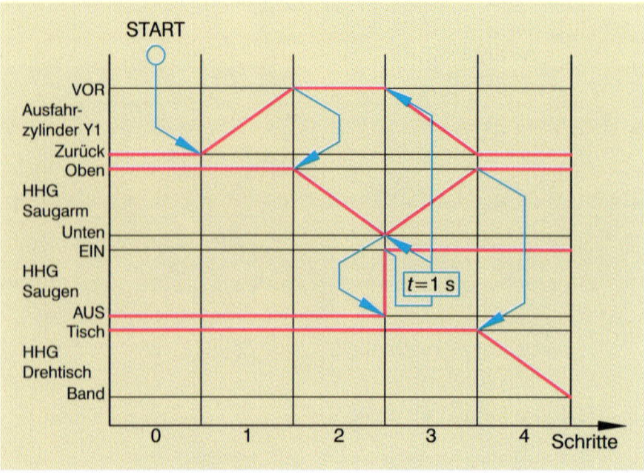

222.1 Bewegungsdiagramm Beschickungseinheit

In dem Programm PG2 ist die Steuerung der Beschickungseinheit (Einrichtung 1) programmiert. Als Unterprogramme dienen FB21 für die Ablaufsteuerung des Stapelmagazins und des Handhabungsgerätes HHG. Der Datentransfer über den Profibus ist im FB22 programmiert. Die benötigten Anfahrpositionen sowie die Meldedaten sind im DB2 abgelegt.

Dieses **strukturierte Programm** ist für den Anwender übersichtlich. Programmänderungen werden in nur einer POE vorgenommen. Damit bleibt die Dokumentation überschaubar.
Im Störungsfall können im Steuerprogramm einfacher die Signalwerte der mechanischen Fehlfunktionen verfolgt werden.

8.3.2 Steuerprogramm Beschickungseinheit

Für die Beschickungseinheit ist das Steuerprogramm zu erstellen. Dafür wird die Betätigungsreihenfolge der Sensoren und Aktoren in einem Bewegungsdiagramm (Abb. 222.1) dargestellt. Der Bewegungsablauf erfolgt in Schritten. Jedem Schritt sind Befehle zur Ansteuerung der Aktoren zugewiesen. In Abb. 222.1 sind das der Ausfahrzylinder Y1, das Handhabungsgerät HHG mit dem Saug- und dem Drehtisch.

Ein Bewegungsdiagramm stellt die Bewegungsabläufe übersichtlich dar. Jedem Schritt sind eindeutige Aktionen zugeordnet.

Aus der Grundstellung (Schritt 0) wird der Fertigungsablauf gestartet. Der Zylinder Y1 fährt vor und schiebt ein Werkstück aus dem Stapelmagazin auf den Ablagetisch. Nach dem Erreichen der Abholposition ist der Schritt 1 abgeschlossen, das Signal (Y1-VOR) aktiviert den Schritt 2. Der Saugarm fährt hinunter, um im Schritt 3 das Werkstück anzusaugen. Nach einer Zeitverzögerung von einer Sekunde fährt der Saugarm hoch und der Ausfahrzylinder Y1 in seine Grundstellung zurück. Der Endschalter „Saugarm oben" aktiviert Schritt 4, durch dessen Befehl der Drehtisch zum Band der Einrichtung 2 verfährt. In den weiteren Schritten erfolgen das Ablegen des Werkstückes auf das Transportband und das Zurückfahren des Saugarms und des Drehtisches in die Grundstellung.
Nachdem alle Schritte durchlaufen sind und das Werkstück an die Einrichtung 2 übergeben wurde, springt die Programmbearbeitung für eine neue Werkstückbeschickung zum Schritt 1 zurück.

8.3.3 Programm als Ablaufsteuerung

Aus dem Bewegungsdiagramm wird die Ablaufsteuerung in der Ablaufsprache AS programmiert. Sie ist in Abb. 222.2 als **lineare Schrittkette** dargestellt. Der Anfangsschritt ist der Initialschritt INIT. Danach sind alle weiteren Schritte als Kette angeordnet. Nach dem letzten Schritt springt die Bearbeitung in den Schritt 1 zurück (Befehl JUMP Schritt1).

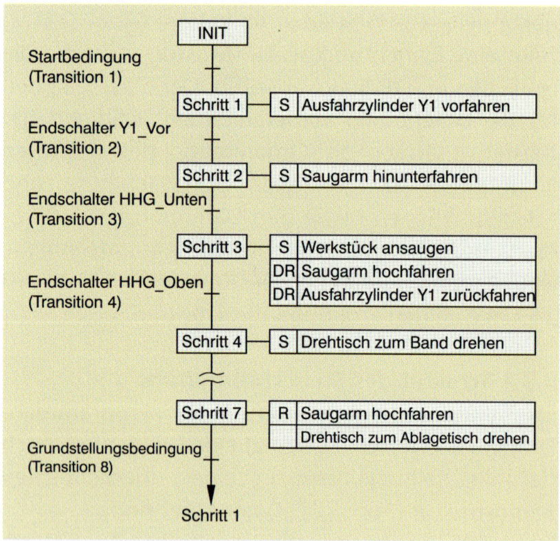

222.2 Schrittkette der Ablaufsteuerung

In der linearen Schrittkette ist immer nur ein Schritt aktiv. Im ersten Programmzyklus nach dem Programmstart wird der Initialschritt aktiviert. Danach verläuft die Programmbearbeitung nach dem Prinzip der Ablaufsteuerung.

Der vorhergehende Schritt und die Transition aktivieren den nachfolgenden Schritt. Der aktivierte Schritt setzt den vorhergehenden inaktiv.

Das Prinzip dieser Schrittfolge zeigt Abb. 223.1 als Funktionsplan. Das aktive Signal Schritt 1 (als Aktivschritt blau gekennzeichnet) und die erfüllte Transition 2, Ausfahrzylinder Y1 hat den Endschalter ESY1_Vor betätigt, setzen über die UND-Verknüpfung den SR-Speicher als Schritt 2 aktiv. Der folgende Schritt 3 setzt den SR-Speicher Schritt 2 über R inaktiv.

Ein Schritt gibt Befehle an die Aktoren der Anlage. Im Bewegungsdiagramm (Abb. 222.1) sind für den Schritt 3 verschiedene Aktionen aufgeführt. Das Ansaugen des Werkstückes, das verzögerte Hochfahren des Saugarmes und das verzögerte Zurückfahren des Zylinders Y1. Diese Aktionen werden durch **Befehle** mit den **Befehlsfeldern** und deren **Befehlsarten** (Abb. 223.2) dargestellt.

In den Befehlsfeldern stehen Befehle, die von den Aktoren auszuführen sind. Wie sie ausgeführt werden, gibt die Befehlsart an. Das Ansaugen des Werkstückes ist ein gespeicherter Befehl (Befehlsart S). Der Befehl steht über mehrere Schritte an. Die beiden anderen Befehle sind zeitverzögerte Rücksetzbefehle, Befehlsart DR.

Programm der Befehle

Während die Schrittkette in der Ablaufsprache AS programmiert ist, sollen die Befehle in der Programmiersprache FUP erstellt werden.

Jeder Schritt besitzt eine Befehlsprogrammierung, die z. B. durch Mausklick auf das Schrittsymbol aufgerufen wird. Für die Befehle des Schrittes 3 zeigt Abb. 223.3 das Programm. Es ist in Netzwerken gegliedert und mit erklärenden Netzwerkkommentaren versehen.

Aufgaben

1. *Wie ist ein **strukturiertes Programm** gegliedert?*
2. *Erläutern Sie, weshalb der Bearbeitungsablauf in der Beschickungseinheit als Ablaufsteuerung programmiert wurde!*
3. *Beschreiben Sie die Bedingungen zur Aktivierung eines Schrittes!*
4. *Was bedeutet die Befehlsart DR für die Befehle?*
5. *Beschreiben Sie die Bedingungen zur Deaktivierung eines Schrittes!*

Netzwerk 3

Im Netzwerk 3 wird der Schritt 2 aktiviert.
Der vorherige Schritt 1 und die Transition ESY1_Vor setzen den SR-Speicher als Schritt 2.
Der nachfolgende Schritt 3 setzt den SR-Speicher zurück.

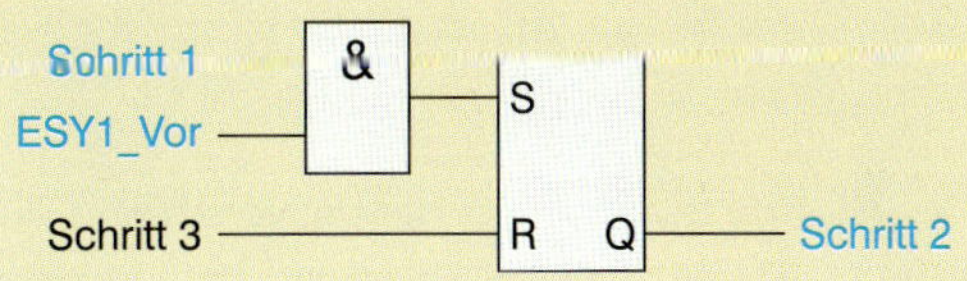

223.1 Prinzip der Schrittfolge

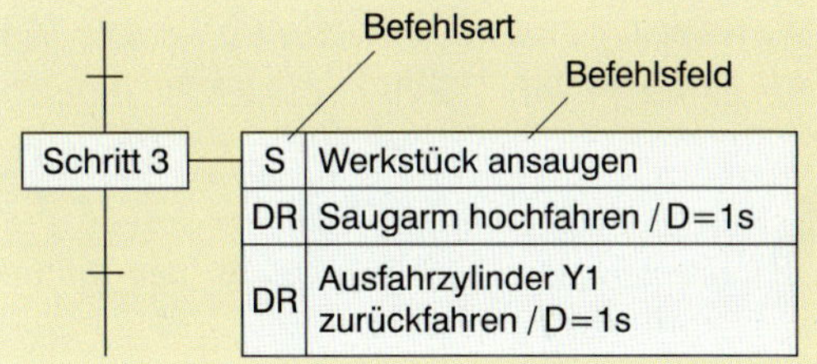

223.2 Schritt mit Befehlen oder Aktionen

Netzwerk 1

Wenn der Schritt 3 aktiv (TRUE) ist, dann wird das Pneumatikventil Vakuum EIN als Speicherbefehl S gesetzt.

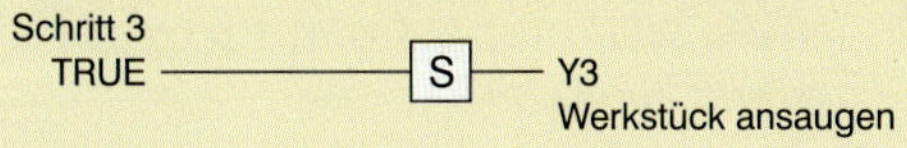

Netzwerk 2

Der aktive Schritt 3 initiiert das Zeitglied TON. Nach einer Sekunde Einschaltverzögerung wird das Ventil Y2 zurückgesetzt. Der Saugarm fährt durch die Rückstellfeder des 5/2-Wegeventils hoch.

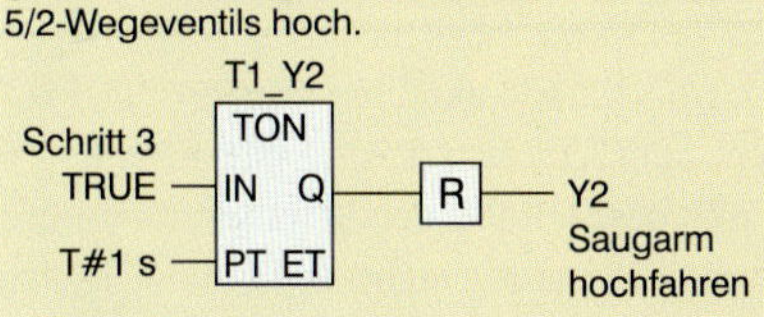

Netzwerk 3

Der aktive Schritt 3 initiiert das Zeitglied TON. Nach einer Sekunde Einschaltverzögerung wird das Ventil Y1 zurückgesetzt. Der Ausfahrzylinder fährt durch die Rückstellfeder des 5/2-Wegeventils zurück.

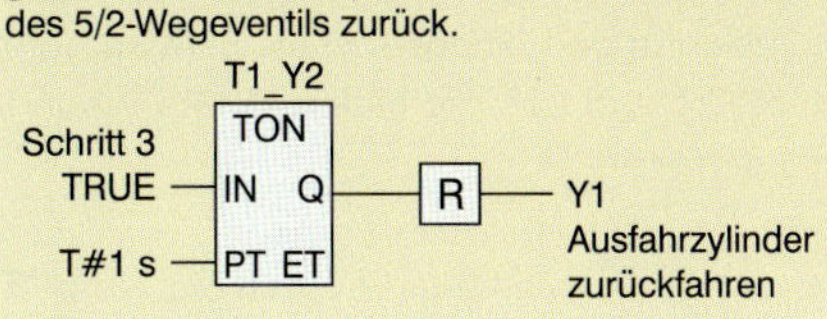

223.3 Befehle des Schrittes 3

EXKURS Ablaufsteuerung

Lineare Ablaufsteuerung

Eine Ablaufsteuerung muss nicht in der Programmiersprache AS erstellt werden. Die Programmierung kann auch in den Sprachen FUP, KOP, AWL oder ST erfolgen. Die Abbildung zeigt die Schrittkette in FUP. Den grafischen Symbolen der Schrittkette ist rechts für jedes Schrittsymbol das FUP-Programm zugeordnet.

Der Initialschritt INIT wird bei jedem Neustart des Programms aktiviert. In den Netzwerken 1 bis 3 ist dieser Schritt programmiert. Der zyklische Programmablauf erzeugt im 1. Programmzyklus durch die nicht remanente Variable EM1 den Richtimpuls, der im Netzwerk 3 den Schritt INIT setzt. Im Netzwerk 2 wird die Variable EM1 gesetzt, sodass im 2. Programmzyklus und allen weiteren der Richtimpuls ein 0-Signal hat.

Beim Programmstart aktiviert im 1. Programmzyklus der Richtimpuls den Initialschritt INIT.

Das Programm für Schritt 1 ist im Netzwerk 4 dargestellt. Der SR-Speicher besitzt am Setzeingang die UND-Operation mit dem Initialschritt und der Transition 1 als Eingänge.

Der Initialschritt und die Transition 1 aktivieren den Schritt 1. Der Schritt 1 setzt den Initialschritt zurück.

Diesem Prinzip der Ablaufsteuerung unterliegen alle folgenden Schritte, wie der programmierte Schritt 2 im Netzwerk 5 zeigt.

Den Schritten sind Steueraktionen zugeordnet, die in Befehlsfeldern oder Aktionen dargestellt werden. In der Abbildung gibt der Schritt 2 den Befehl an den Antrieb 1, zeitverzögert in Richtung rechts zu fahren. Gleichzeitig ergeht ein Befehl an den Antrieb 2, hochzufahren. Wie die Befehle ausgeführt werden sollen, beschreibt die Angabe in dem Feld a. Für den Antrieb 1 ein nicht gespeicherter, zeitverzögerter Befehl. Im Feld c steht die Rückmeldung der Aktion, z. B. die Betätigung der Endschalter ES1 und ES3. Sie bilden die Transition für den folgenden Schritt 3.

Die unterschiedlichen Befehlsarten nach der Norm EN 61 131-3 sind in der Tabelle aufgeführt.

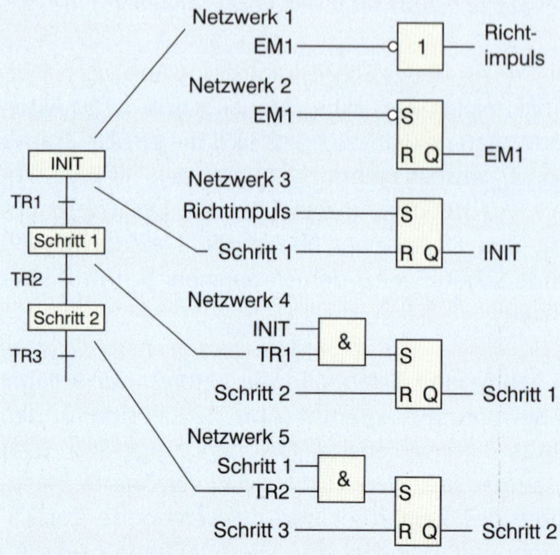

Schrittkette in FUP programmiert

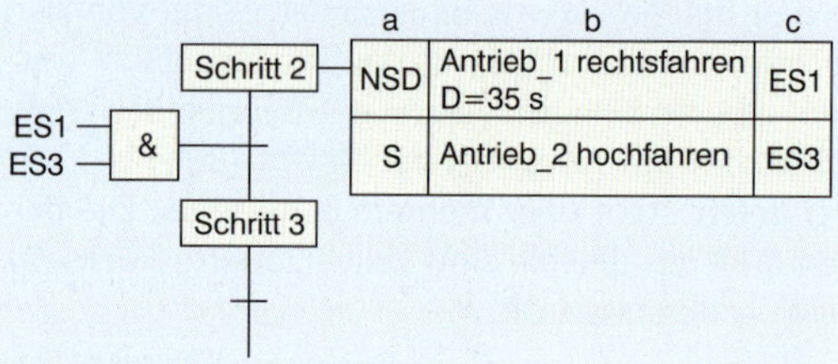

a) Befehlsart (Bestimmungszeichen)
b) Befehl (Aktion)
c) Rückkopplung

Schritt mit Befehlen

Befehlsart	Erläuterung
kein	Nicht gespeichert (kein Zeichen)
N	Nicht gespeichert
R	Vorrangig rücksetzen
S	Setzen (gespeichert)
L	Zeitbegrenzt
D	Zeitverzögert
P	Impuls (Flanke)
SD	Gespeichert und zeitverzögert
DS	Verzögert und gespeichert
SL	Gespeichert und zeitbegrenzt
C	Bedingt (Zusatzbedingung DIN)

Befehlsarten nach EN 61 131-3 und DIN 40 719

EXKURS **Ablaufsteuerung**

Verzweigte Ablaufsteuerungen

Nebenstehende Abbildung zeigt eine verzweigte Ablaufsteuerung. Die **Parallelzweige** aus STEP1, STEP2, und STEP3, STEP4 hängen an der gemeinsamen Transition TR1. Jeder Zweig stellt eine lineare Kette dar mit ihren eigenen Transitionen. Durch die Transition TR1 wird in den parallelen Zweigen der erste Schritt aktiviert. Danach läuft das Programm in jedem Zweig selbstständig ab. An der Transition TR4, an der die Parallelzweige wieder zusammenkommen, werden sie synchronisiert.

Eine Ablaufsteuerung mit Parallelzweigen besitzt mehrere parallele Zweige, die gleichzeitig durchlaufen werden.

Die Ablaufsteuerung mit **Alternativzweigen** hat jeweils eigene Transitionen am Anfang der Verzweigung.
An der Verzweigungsstelle werden die Transitionen der einzelnen Zweige alternativ geprüft. Der Zweig, dessen Transition schalten kann, wird durchlaufen. Deshalb kann bei einer Ablaufsteuerung mit linearen Alternativzweigen nur immer ein Zweig aktiv sein.

Eine Ablaufsteuerung mit Alternativzweigen besitzt mehrere parallele Zweige, von denen nur ein Zweig durchlaufen wird.

Als Beispiel für eine Ablaufsteuerung mit Alternativzweigen ist für die Fertigungsstraße der Betriebsartenteil programmiert. Die Betriebsarten **Einrichtbetrieb, Handbetrieb** oder **Automatikbetrieb** sind alternative Programmabläufe.

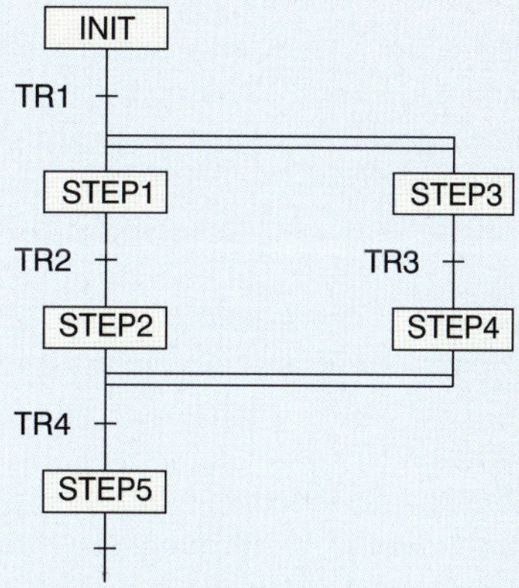

Ablaufsteuerung mit Parallelzweigen

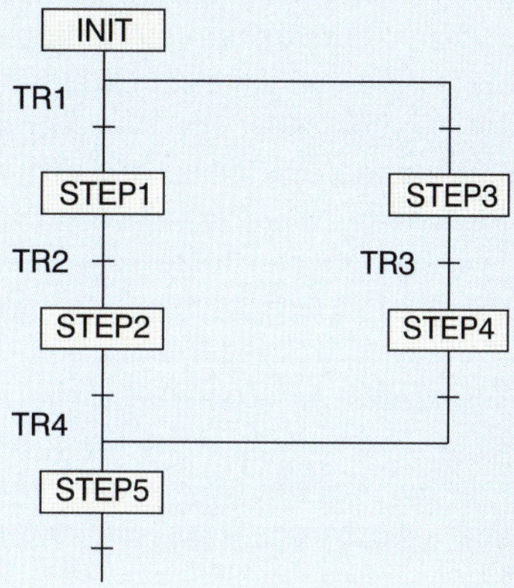

Ablaufsteuerung mit Alternativzweigen

8.4 Sicherheitsanforderungen

Die **mechanischen Anlagenteile** müssen entsprechend ihren Anforderungen gesichert sein. Es ist anhand der Konstruktionsunterlagen zu überprüfen, ob die vorgesehenen Sicherheitselemente wie Splint, Keil oder selbstsichernde Schrauben eingesetzt wurden.

Trennende Schutzeinrichtung

Der Arbeitsbereich des Roboters ist durch trennende Schutzeinrichtungen (Verkleidungen, Verdeckungen, Umzäunungen) abzusichern.

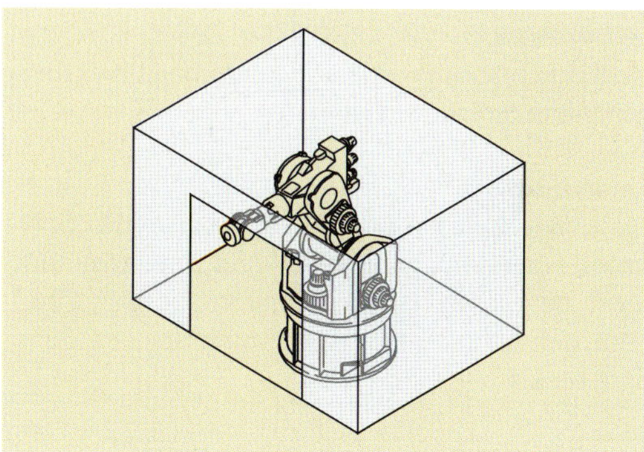

225.1 Schutzraum für den Roboterbetrieb

Abb. 225.1 zeigt die Abtrennung des Gefahrenbereiches durch einen Schutzraum.

Pneumatische Sicherheitsanforderungen

Für die pneumatischen Betriebsteile ist die Druckluftqualität zu gewährleisten. Die Druckluft ist so aufzubereiten, dass sie

- frei von dampfförmigen, flüssigen und festen Stoffen ist,
- einen konstanten Druck besitzt
- und die vorgesehenen Anforderungen nach schmiermittelhaltigen oder schmiermittelfreien Stoffen erfüllt.

Für den Druckbehälter sind die Sicherheitsbestimmungen nach den Unfallverhütungsvorschriften der Berufsgenossenschaft zu beachten.

Elektrische Sicherheitsanforderungen

Die elektrischen Sicherheitsanforderungen erfordern für eine komplexe Anlage eine eigene Netzeinspeisung mit Hauptschalter. Die Systemeinrichtungen und ihre einzelnen Maschinenantriebe besitzen separat abgesicherte Hauptstromkreise. Die Auslösung der Schutzorgane sollte den selektiven Abschaltbedingungen entsprechen.

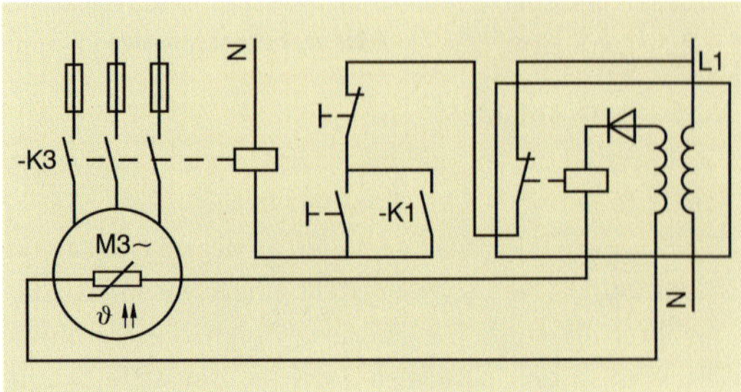

226.1 Einsatz von Motorschutzeinrichtungen

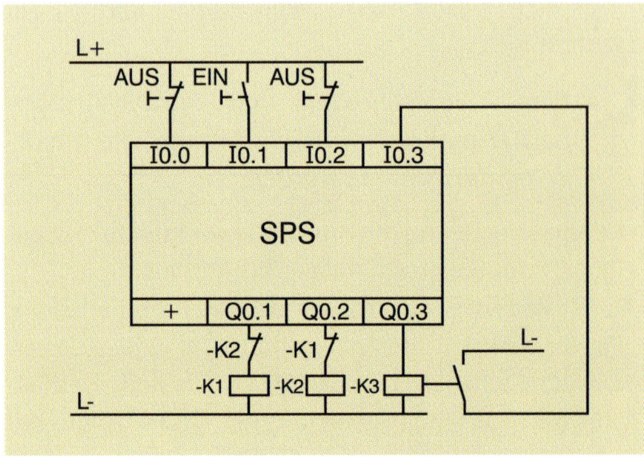

226.2 Beispiel für Verriegelung und Folgekontakte

Die Selektivität bei Überstrom-Schutzeinrichtungen ist dann erfüllt, wenn bei einem Anlagenfehler nur die dem Fehler unmittelbar vorgeschaltete Überstrom-Schutzeinrichtung anspricht.

Personenschutz

Die Anlage muss als Personenschutz den Schutz gegen direktes Berühren und den Schutz bei indirektem Berühren besitzen. Das Schutzleitersystem mit dem Schutzleiter PE muss alle Körper der Anlage und Maschinen verbinden. Der Schutzleiter darf nicht durch Schaltgeräte oder Entfernen eines Anlagenteils unterbrochen werden.

Anlagenschutz

Die Anlagenteile benötigen den Schutz gegen Überstrom, Übertemperatur, Über- und Unterspannung sowie gegen mechanische Zerstörung. Abb. 226.1 zeigt den Schutz eines Antriebsmotors des Transportbandes.

Bei der **Verdrahtung** der Betriebsmittel und Maschinen muss der Schutzleiter gegen Selbstlösen gesichert sein. Er darf nur an einen Klemmanschlusspunkt angeschlossen werden. Flexible Leitungen sind mit Adernendhülsen zu versehen. Lötzinn darf nicht verwendet werden.

Steuerung

Die Versorgung des **Steuerstromkreises** ist durch einen Transformator mit getrennten Wicklungen vorzusehen. Der Nennwert der Steuerspannung darf 250 V nicht überschreiten. Steuerkreise mit Gleichspannung müssen über einen eigenen Transformator oder über eine getrennte Wicklung des Wechselstrom-Steuertransformators gespeist werden.

Für die **Steuerfunktionen** sind folgende Sicherheits- und Verriegelungsvorschriften zu beachten.

Drahtbruchsicherheit

Ein Drahtbruch an einem Sensor darf eine Anlage nicht in Betrieb setzen oder deren Stillsetzung verhindern. Dieses wird erreicht, indem alle AUS-Funktionen durch Öffnerkontakte und alle EIN-Funktionen durch Schließerkontakt ausgelöst werden.

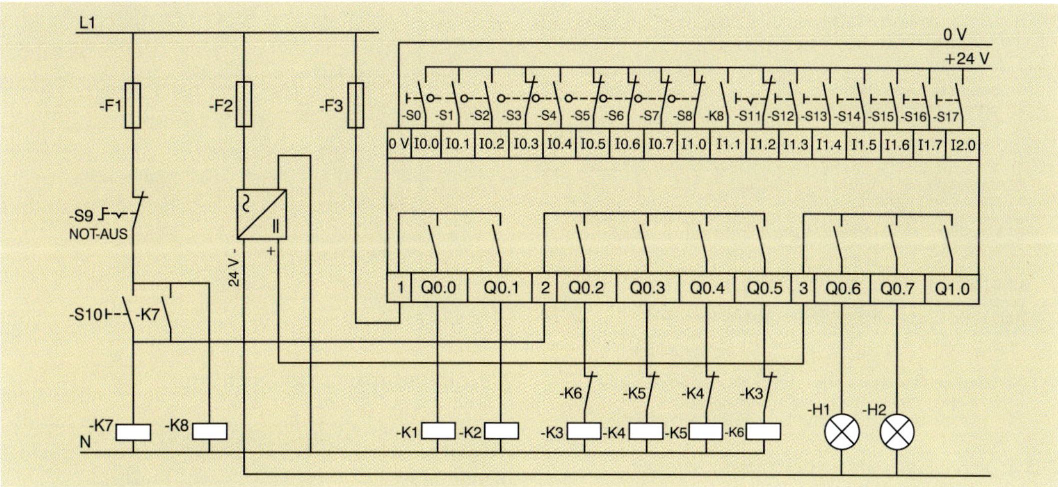

227.1 NOT-AUS-Einrichtung

Verriegelungen

Damit gegensätzliche Funktionen, z. B. Rechts-Linkslauf als Wendeschaltung bei Motoren, nicht zu Gefahrenzuständen führen, müssen diese an den Ausgängen der SPS durch Kontakte verriegelt werden. Abb. 226.2 zeigt den Öffnerkontakt K2 als Verriegelung für K1. Die gleiche Forderung gilt für die Motorschutzeinrichtung F2 vor dem Schütz K3.

Folgekontakte

Wenn eine Steuerfunktion von dem Schaltzustand eines Schützes abhängt, dann muss der Schützkontakt als Rückmeldung am Eingang der SPS abgefragt werden. In Abb. 226.2 erfüllt der Kontakt K3 diese Forderung.

NOT-AUS-Funktion

Die NOT-AUS-Funktion wird durch den Schalter (Abb. 227.2) ausgelöst. Er muss mechanisch selbstständig verrasten.

Mit der NOT-AUS-Einrichtung werden direkt alle Antriebe und Stellgeräte vom Netz getrennt, durch deren Weiterbetrieb gefährliche Zustände für Personen und Anlagenteile entstehen.
Nicht abgeschaltet werden alle Einrichtungen, durch deren Abschaltung Personen oder Anlagenteile gefährdet werden können.
Meldungen dürfen nicht abgeschaltet werden.
Beim Entriegeln des NOT-AUS-Schalters darf die Anlage nicht automatisch weiterarbeiten.

Diese Anforderungen erfüllt die NOT-AUS-Einrichtung (Abb. 227.1). Die Ausgänge der SPS sind in Gruppen mit eigenen Spannungsversorgungen aufgeteilt. So bilden die Adressen Q0.0 und Q0.1 eine Gruppe mit dem direkten Anschluss an L1 zur Steuerung der Schmiermittelpumpen als Hilfsaggregate. Sie dürfen nicht abgeschaltet werden.

227.2 NOT-AUS-Schalter

Die Adressen Q0.2 bis Q0.5 bilden die 2. Gruppe. Über sie werden Antriebe geschaltet, die vom Netz getrennt werden müssen.

Die Meldelampen mit Q0.6 und Q0.7 bilden die 3. Gruppe mit der 24 V-Gleichspannungsversorgung. Sie darf durch die NOT-AUS-Funktion nicht abgeschaltet werden.

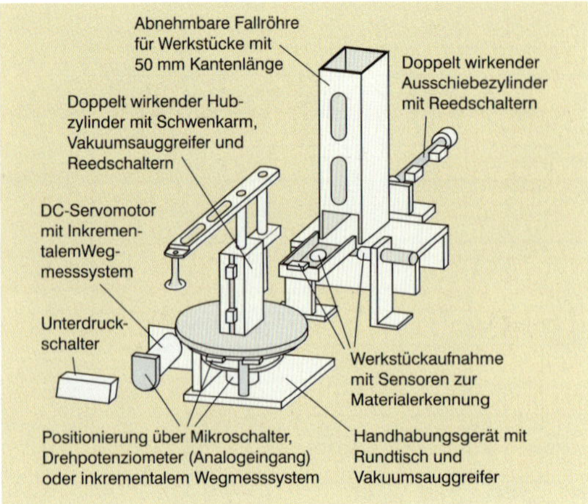

228.1 Technologieschema Beschickungseinheit

8.5 Anlagendokumentation

Zur Anlagendokumentation der Fertigungsstraße gehören:

- das Technologieschema der Gesamtanlage sowie der Teilsysteme,
- das Steuerprogramm mit Zuordnungslisten, Belegungsplänen und Klemmplänen,
- Stromlaufpläne,
- pneumatische Anschlusspläne,
- Inbetriebnahmevorschriften,
- Wartungspläne.

Abb. 228.1 zeigt das Technologieschema der Beschickungseinheit. Aus ihm ist die Anordnung der Funktionsgruppen und -elemente wie Pneumatikzylinder oder DC-Servomotor ersichtlich. Eine detaillierte Teilzeichnung von der Spannvorrichtung Drehtisch (Abb. 228.2) stellt dar, wie die Riemenspannung geprüft oder nachgestellt wird.

Um die Prozessfunktionen im Programm zu verfolgen, benötigt man die Zuordnungsliste (Abb. 228.3) in der den Betriebsmitteln die jeweilige Adresse zugeordnet ist. Diese Liste erstellt das SPS-Programm als Deklarationstabelle und kann ausgedruckt werden.

Die Abbildungen 228.4 und 228.5 zeigen Anschlusspläne für die elektrischen Betriebsmittel und die Pneumatikelemente. Sie müssen stets dem aktuellen Stand entsprechen. Deshalb muss jede Änderung an der Anlage in den Plänen dokumentiert werden.

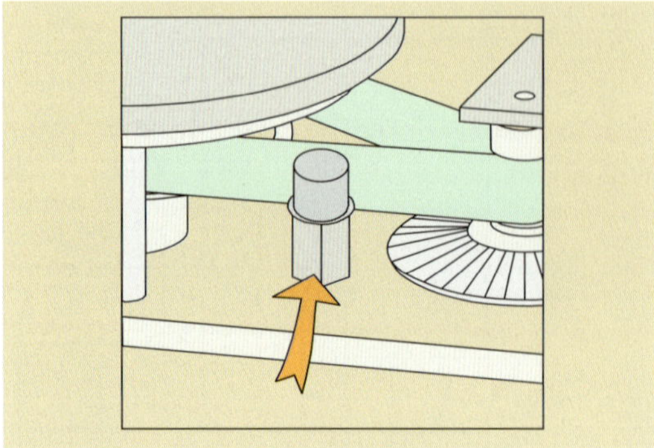

228.2 Riemenspanner am Drehtisch

ZUORDNUNGSLISTE			
Baugruppe:	SPS:		Bl.Nr.:
Benennung	Bez.	SPS-Adr.	AS-I-Adr.
Start-Taster	S3	I67.6	E69.2
Manu/Auto	S4	I66.3	E69.0
Vakuum EIN	Y3	Q67.2	A68.2
Vakuum AUS	Y4	Q67.3	A68.3

228.3 Zuordnungsliste Saugarm

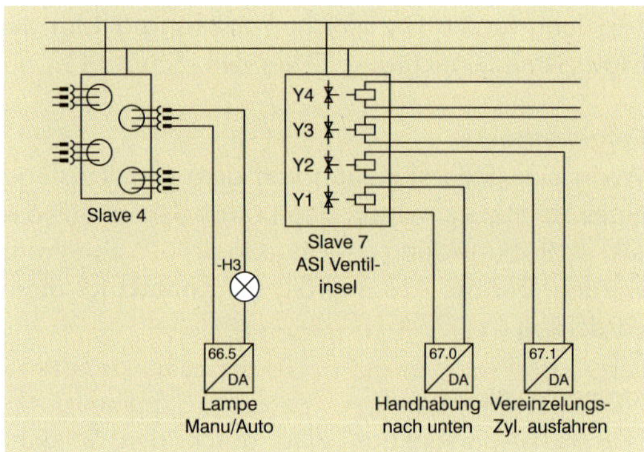

228.4 Ausschnitt aus elektrischem Anschlussplan

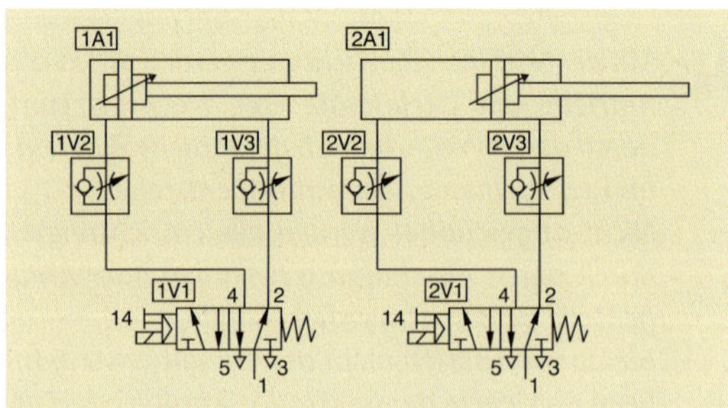

228.5 Ausschnitt aus dem Pneumatikplan

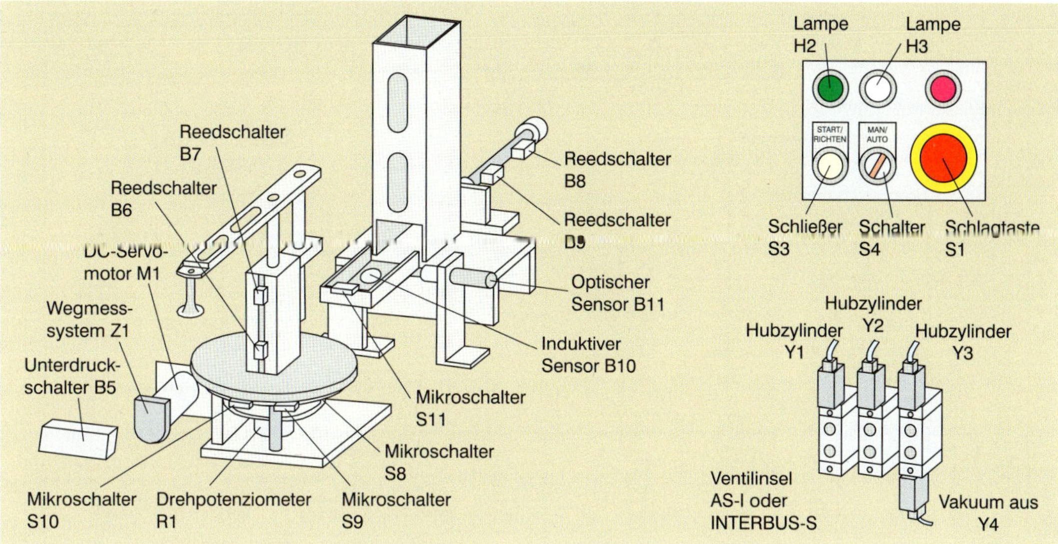

229.1 Technologieschema für die Beschickungsanlage

8.6 Inbetriebnahme

Die Inbetriebnahme eines mechatronischen Systems soll an der Einrichtung **Beschickungseinheit** erläutert werden. Ziel der Inbetriebnahme ist, gemäß den Projektierungsunterlagen und der technischen Dokumentation das System in Betrieb zu nehmen.

Bei der Inbetriebnahme geht man von folgenden Arbeitsschritten aus:

Herstellen aller notwendigen Verbindungen
Damit Energie-, Signal- und Datenfluss gewährleistet sind, müssen alle pneumatischen, hydraulischen und elektrischen Verbindungen durch eine Sichtkontrolle überprüft werden. Die mechanischen und pneumatischen Elemente müssen dicht und kraftschlüssig verbunden sein. Die Verschlauchung und elektrische Verdrahtung werden auf richtige Verlegung und Anschluss überprüft.

Justieren mechanischer Komponenten
Der Transport der Werkstücke im Stapelmagazin mit seinem Fallrohr und seinem Ausfahrzylinder ist zu überprüfen. Ist der Transport nicht flüssig, muss nachjustiert werden. Diese Kontrolle erfolgt anschließend für die Übergabe zum Handhabungsgerät.

Justieren der Sensoren und Schalter
Abb. 229.1 zeigt das Technologieschema mit allen Sensoren und Schaltern. Sie legen Anfahrpositionen fest und geben ihre Betätigungssignale an die Steuerung weiter.
Da die Betätigung der Sensoren im dynamischen Prozessablauf erfolgt, wird das Justieren während des Materialflusses vorgenommen.

Einstellen der pneumatischen Arbeitselemente
Dazu gehört die Einstellung der Ausfahrgeschwindigkeit des Ausschiebezylinders über die Drosselung der Luftmenge. Für hydraulische Arbeitselemente gilt Entsprechendes.

Laden des Anwenderprogramms in die SPS
Nach dem Laden des Anwenderprogramms wird der Programmablauf getestet. Dazu gehört:
- die Signalabfrage aller Eingangssignale im Betrieb Status,
- die Ansteuerung aller Aktoren im Betrieb Steuern,
- die Überprüfung aller Meldungen und Sicherheitseinrichtungen, z. B. NOT-AUS-Funktion,
- das Testen des Programmablaufs mit Anfahren der Grundstellung und Ablauf nach den prozessabhängigen Ablaufschritten.

Abschließend wird die Inbetriebnahme dokumentiert.

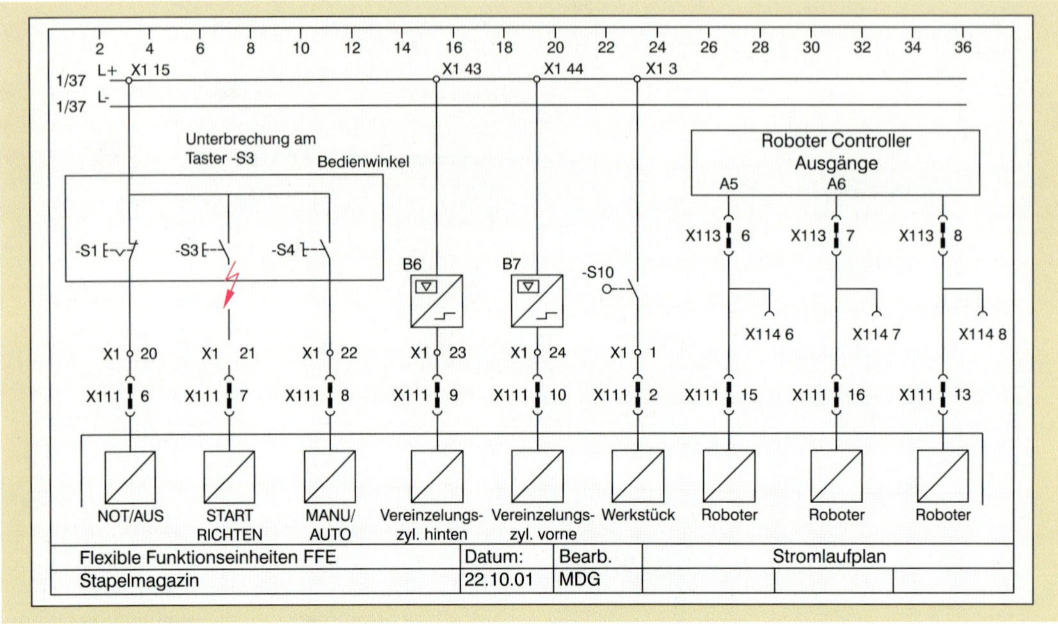

230.1 Stromlaufplan der Beschickungseinheit

8.7 Fehlersuche

Neben der Inbetriebnahme sind die Instandhaltung und die Fehlersuche einer der wichtigsten Aufgabenbereiche in der Anlagenbetreuung, da nicht funktionierende Fertigungseinheiten hohe Kosten verursachen. Noch wichtiger als bei der Inbetriebnahme ist bei der Fehlersuche eine systematische Vorgehensweise, um schnell und zielsicher den Fehler zu lokalisieren.

Bei der Fehlersuche unterscheidet man zwischen **Inbetriebnahmefehlern** und **Instandhaltungsfehlern**. Die Inbetriebnahmefehler können beispielsweise falsche Verdrahtung, Verschlauchung oder Programmfehler sein.

Bei einem Instandhaltungsfehler geht man davon aus, dass die Anlage bereits ordnungsgemäß gearbeitet hat und somit keine Betriebsfehler aufgetreten sind.

Solche Betriebsfehler können als Ursache haben:

- einen Drahtbruch,
- ein defektes Element (Ventil, Sensor usw.),
- eine mechanische Ursache oder
- einen Programmabsturz.

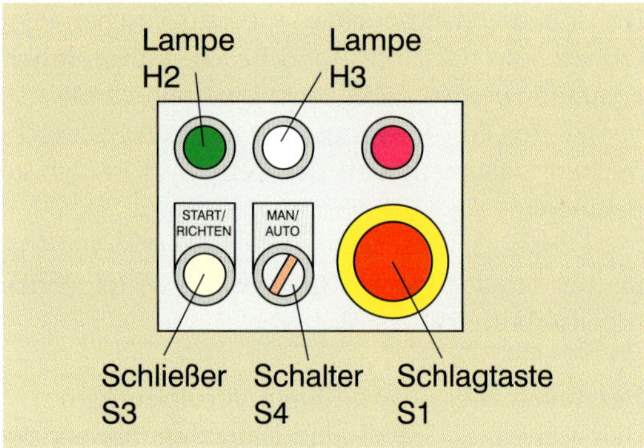

230.2 Melde- und Betätigungseinheit

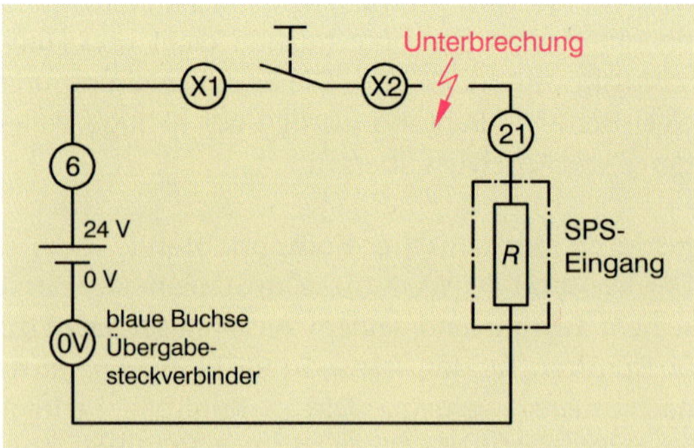

230.3 Ersatzschaltbild für den Strompfad 7

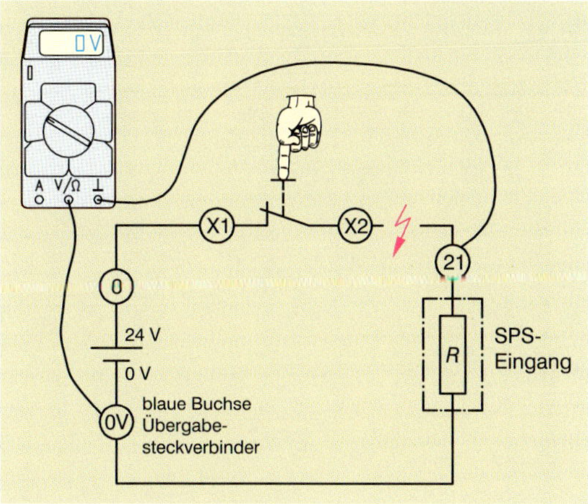

231.1 Erste Spannungsmessung

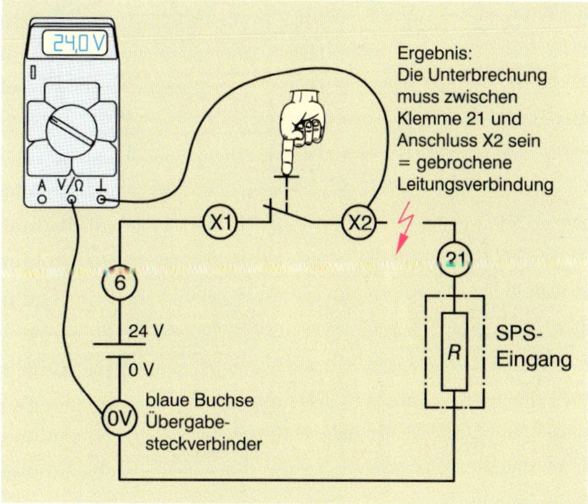

231.2 Zweite Spannungsmessung

Um den Fehler zu erkennen, sollte eine systematische Fehlersuche erfolgen, die drei Bereiche erfasst:
- die Fehlererkennung, die Fehlerbeschreibung,
- die Fehlereingrenzung und
- die Fehlerbehebung.

An der Beschickungsanlage ist ein Instandsetzungsfehler aufgetreten, der mit der vorliegenden Dokumentation (Abb. 230.1) lokalisiert werden soll.

Fehlererkennung, Fehlerbeschreibung

Nach dem Einschalten der Druckluftversorgung und der SPS leuchtet die grüne Lampe H2 für die Funktion Richten (Abb. 230.2) auf. Das bedeutet, die Beschickungseinheit steht ordnungsgemäß in der Grundstellung. Über den Taster S3 kann der Materialfluss jedoch nicht gestartet werden. Die grüne Lampe erlischt nicht.

Fehlereingrenzung

Vor der Fehlersuche wird eine Fehlerhypothese aufgestellt.

Mechanisch
1. ***Besteht ein mechanischer Defekt des Tasters S3?***

Elektrisch
1. ***Schaltet der Taster S3 ordnungsgemäß? Durchgangsprüfung an den Schaltkontakten.***
2. ***Kommt das Spannungssignal über den Taster an der SPS an? Eine Sicht- und Spannungsprüfung.***

Nachdem ein mechanischer oder Kontaktfehler ausgeschlossen wird, soll eine Spannungsmessung erfolgen. Aus dem Stromlaufplan Abb. 230.1 ist der zugehörige Strompfad 7 für die Fehlfunktion herauszufinden. Dieser Strompfad ist als Stromkreis in Abb. 230.3 dargestellt.

Durch zwei Spannungsmessungen (Abb. 231.1 und Abb. 231.2) ist der Fehler geortet: ein Drahtbruch zwischen der Klemme 21 und dem Anschluss X2.

Fehlerbeseitigung

Die Fehlerbeseitigung wird mit Datum und Unterschrift dokumentiert.

Ursache und Behebung
Die Leitung in der Aderendhülse am Anschluss X2 am Taster S3 ist gebrochen. Die Leitung neu mit Aderendhülse versehen und angeschlossen. Die Kontrolle der Funktion ergab kein Fehlverhalten.

Aufgaben

1 *Welchem Zweck dient eine Anlagendokumentation?*

2 *Nennen Sie Unterlagen, die zu einer Anlagendokumentation gehören!*

3 *Beschreiben Sie die Arbeitsvorgänge einer Inbetriebnahme!*

4 *Wie ist bei einer systematischen Fehlersuche vorzugehen?*

5 *Wie ist die Fehlerbeseitigung zu dokumentieren?*

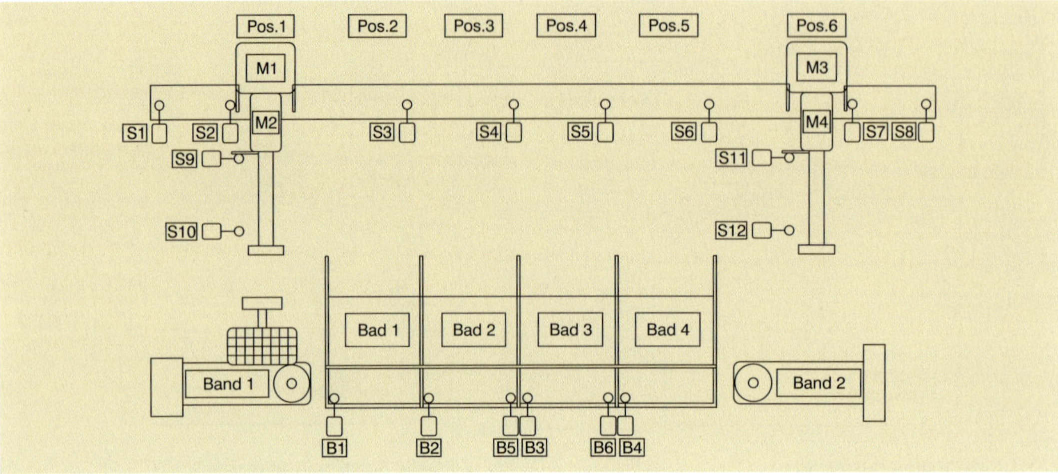

232.1 Technologieschema des mechatronischen Systems Galvanikanlage

8.8 Antriebssysteme

In der Galvanikanlage (Abb. 232.1) werden Metallteile veredelt. Antriebseinrichtungen fördern die zu galvanisierenden Werkstücke vom Band 1 zu den Bädern und abschließend auf das abführende Band 2. Während die Fahrmotoren M1 und M3 die Positionen 1 bis 6 anfahren, fördern die Hubmotoren die Werkstücke in die Bäder.

Das Anfahren der Motoren erfolgt über ein stetiges Erhöhen der Geschwindigkeit bis zum eingestellten Endwert. Beim Bremsvorgang wird die Geschwindigkeit kontinuierlich bis zum Stillstand verringert. Dadurch werden ruckartige Bewegungen, ein Schlenkern der Werkstücke und das Überfahren der Position verhindert. Beim Heben der Werkstücke aus den Bädern fährt der Hubmotor langsam, damit ein Abtropfen erfolgen kann.

Die unterschiedlichen Fahrgeschwindigkeiten werden durch Verstellen der Motordrehzahl erzielt. Dazu besitzt die Transporteinrichtung (Abb. 232.2) einen Drehstrommotor mit einem Frequenzumrichter. Das Zusammenwirken von Motor und Transportband als Last zeigt die Motor- und die Lastkennlinie in Abb. 232.3.

Die elektrische Leistung P aus dem Netz setzt der Motor in ein mechanisches Drehmoment M an seiner Welle um, mit dem das Förderband angetrieben wird.

232.2 Transportsystem Förderband

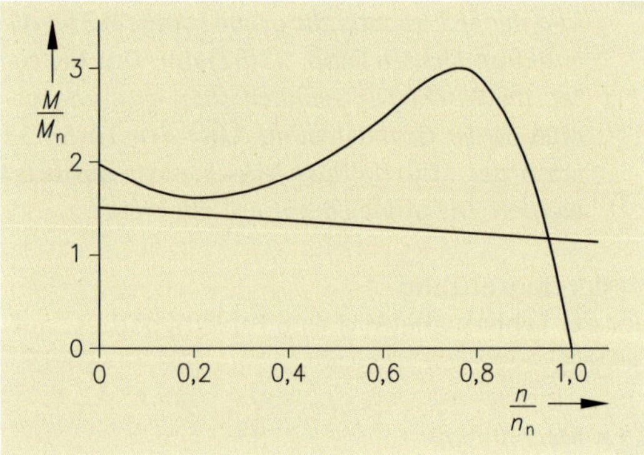

232.3 Motor- und Lastkennlinie

$$P = \frac{M \cdot 2\pi n}{60}$$

***P* Leistung in W**
***M* Drehmoment in Nm**
***n* Drehzahl in Umdrehungen je Minute**

8.8.1 Drehzahlstellung

Die Drehzahl des Drehstrommotors wird über die Frequenz der Anschlussspannung eingestellt. Bei einer kleinen Frequenz dreht der Motor mit niedriger Drehzahl, durch Erhöhen der Frequenz steigt proportional die Drehzahl an.
Diese Drehzahlsteuerung übernimmt der Frequenzumrichter, indem er aus der festen Netzfrequenz eine variable Anschlussfrequenz bildet. Abb. 233.1 zeigt die Gruppe Frequenzumrichter mit Drehstrommotor.

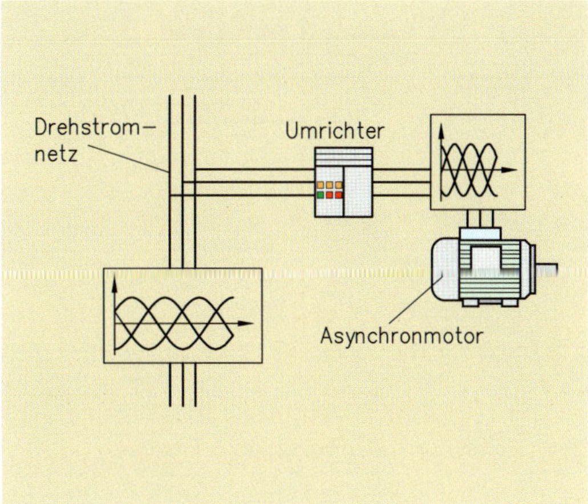

233.1 Frequenzumrichter mit Drehstrommotor

8.8.2 Frequenzumrichter

Der Frequenzumrichter (Abb. 233.2) ist eingangsseitig an die Netzspannung U = 230 V mit fester Netzfrequenz f = 50 Hz angeschlossen. Die Gleichrichterschaltung (1) bildet aus der Wechselspannung eine Gleichspannung. Der anschließende Zwischenkreis (2) mit dem Zwischenkreiskondensator (4) und der Zwischenkreisdrossel (3) glättet die Gleichspannung zur Zwischenkreisspannung U_Z. Ein Wechselrichter (5) formt daraus eine dreiphasige Wechselspannung mit variabler Spannung U_S und variabler Frequenz f_S.

Der dargestellte Wechselrichter besitzt als Leistungstransistoren IGBTs (Isolated Gate Bipolar Transistors). Alternativ werden für höhere Leistungen ab 40 kW abschaltbare Thyristoren (GTOs) eingesetzt.
Über eine Steuerspannung U_{St} von 0 bis 10 V wird die Ausgangsfrequenz f_S verstellt. Die Ausgangsspannung U_S wird durch ein internes Steuerprogramm angepasst.

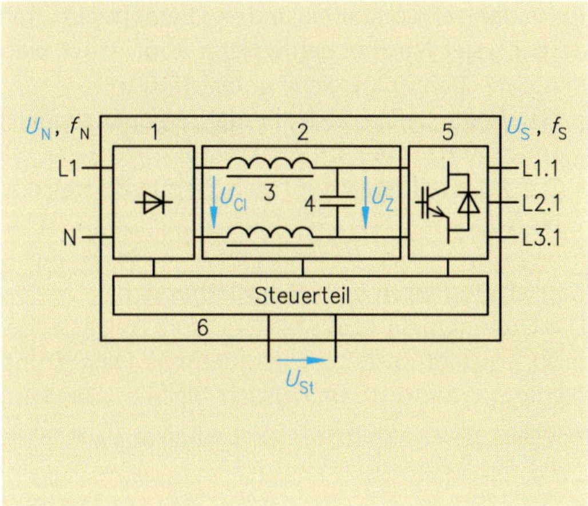

233.2 Funktionsblöcke des Frequenzumrichters

Ausgangsspannung und Ausgangsstrom des Umrichters

Ein **Pulswechselrichter (PWR)** erzeugt die Ausgangsspannung und den Motorstrom in Abb. 233.3. Sein Steuerprinzip beruht auf einem sinusbewerteten Impulsmuster, bei dem das Puls-Pausen-Verhältnis so verändert wird, dass eine sinusförmige Ausgangsspannung erzeugt wird. Der Motorstrom hat eine verzerrte Sinusform.

Bei niedriger Ausgangsfrequenz ist die Stromverzerrung größer als bei höherer. Diese Verzerrung führt zu störenden Motorgeräuschen und einer verstärkten Störstrahlung. Beide Störungen können durch höhere Pulsfrequenzen bis zu 25 kHz vermindert werden.

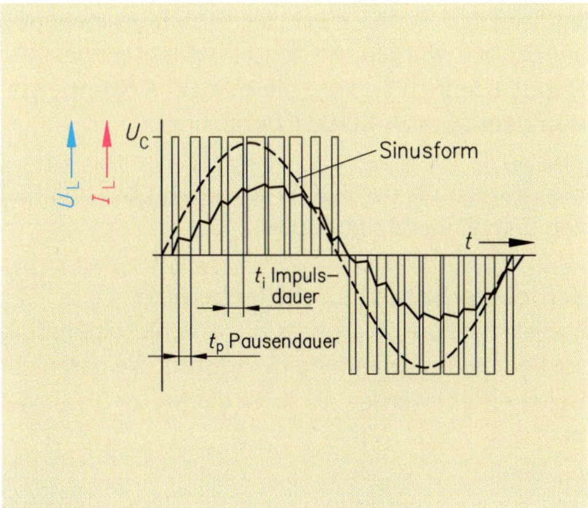

233.3 Impulsmuster des Pulswechselrichters

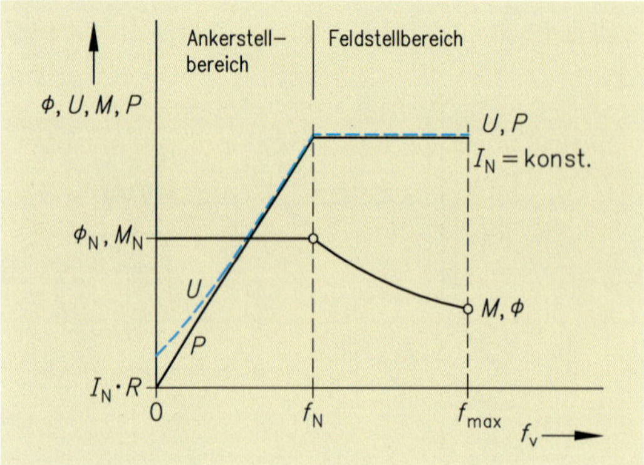

234.1 Betriebsverhalten bei variabler Frequenz

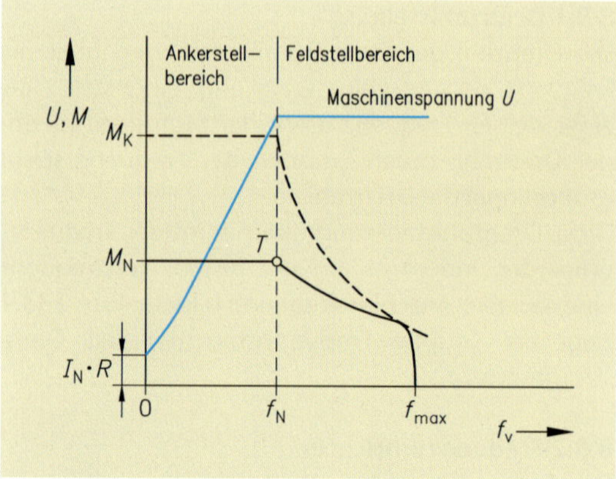

234.2 Momentverhalten bei variabler Frequenz

8.8.3 Betriebsverhalten

Der Drehstrommotor besitzt durch die Ansteuerung mit variabler Frequenz ein anderes Betriebsverhalten als bei fester Netzfrequenz. Nach Abb. 234.1 werden zwei Drehzahlbereiche unterschieden:

- Der **Ankerstellbereich** für den Frequenzbereich von $f = 0$ Hz bis $f = f_n$;
- Der **Feldstellbereich** für den Frequenzbereich f_n bis f_{max}.

Betriebsverhalten im Ankerstellbereich

Das Drehmoment M des Motors ist im Ankerstellbereich konstant, wenn der magnetische Fluss Φ und damit der Motorstrom I gleich bleiben. Das wird erreicht, wenn die Anschlussspannung U_s proportional zur Frequenz f erhöht wird.

Da im unteren Frequenzbereich der Ohm'sche Widerstand R der Motorwicklung nicht vernachlässigt werden kann, muss die Anschlussspannung angehoben werden. In den Einstellunterlagen des Frequenzumrichters wird dieses als ***I* · *R*-Kompensation** oder auch als **BOOST** bezeichnet.

Die Einstellhöhe der BOOST-Spannung ist abhängig von dem eingesetzten Motor.

Betriebsverhalten im Feldstellbereich

Im Feldstellbereich erreicht die Anschlussspannung die Bemessungsspannung des Motors. Sie darf nicht weiter erhöht werden, da sonst der Motor gefährdet ist.

Eine Frequenzerhöhung über die Bemessungsfrequenz f_n führt zur Herabsetzung der Momente M und M_K. Nach Abb. 234.2 erreicht die Kippmomentenkennlinie die Momentenkennlinie bei der Frequenz f_{max}. Eine weitere Frequenzerhöhung führt zum Stillstand des Motors.

8.8.4 Steuerfunktionen

Der in der Antriebseinrichtung eingesetzte Frequenzumrichter besitzt weitere Zusatzfunktionen. Als Steuerfunktionen sind integriert:

- Eine **Rampenfunktion**. Damit kann das langsame Anfahren oder das Abbremsen eingestellt werden. Wird z. B. eine Frequenzänderung von f_1 = 50 Hz auf f_2 = 20 Hz in t = 3s eingestellt, dann bremst der Motor kontinuierlich innerhalb der drei Sekunden von der hohen auf die niedrige Drehzahl ab.

- Eine **Widerstandsbremsung**. Besitzt der Antrieb eine große Schwungmasse, dann treibt diese den Motor beim Bremsen an. Der Motor wird zum Generator. Der Frequenzumrichter schaltet die Anschlussspannung auf einen Bremswiderstand, sodass der Motor schneller abbremst.

- Eine **Regelfunktion**. Über diese Regelfunktion kann die Motordrehzahl oder der Motorstrom geregelt werden.

- Eine **Drehzahlsollvorgabe**. Sie kann entweder als Spannungswert von 0 bis 10 V, als Stromwert von 0 bis 20 mA oder 4 bis 20 mA eingestellt werden.

Zusätzlich ist eine Feldbusschnittstelle für den Profibus oder den Interbus vorgesehen.

EXKURS Leistungsteil der Frequenzumrichter

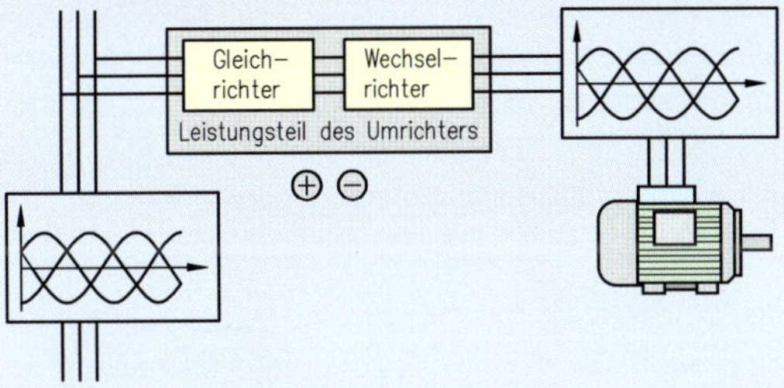

Energiefluss über den Frequenzumrichter

Die Abbildung zeigt den Energiefluss aus dem Drehstromnetz über den Frequenzumrichter zu dem Drehstrommotor. In dieser Energieflusskette setzt der Gleichrichter den Drehstrom des Netzes in Gleichstrom mit der Zwischenkreisspannung um.

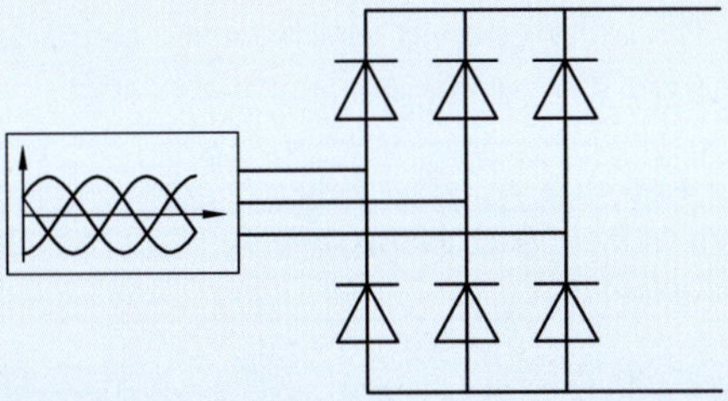

Gleichrichterschaltung

Aus der Zwischenkreisspannung des Gleichrichters formt der Wechselrichter einen Drehstrom mit variabler Frequenz und variabler Motoranschlussspannung.

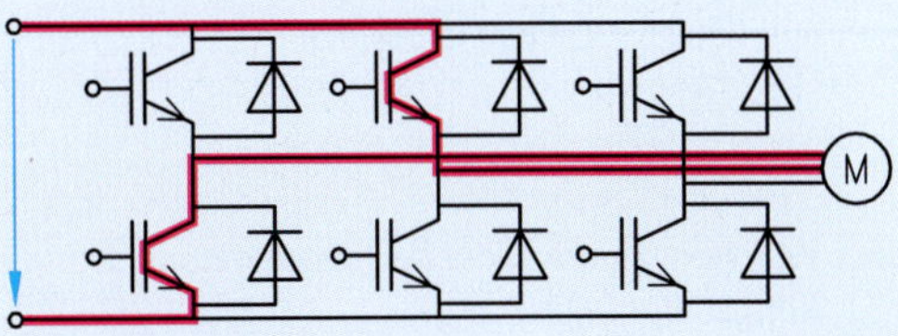

Wechselrichterschaltung

Der Wechselrichter
Die Wechselrichterschaltung zeigt den Leistungsteil. Wesentliche Bauteile sind

- der Transistor,
- die Motorinduktivität,
- die Diode.

Der Transistor kann in dem Wechselrichter als Schalter betrachtet werden. Mit einem kleinen Basisstrom wird der Transistor leitfähig. Zusätzlich hat er ein Leitungsverhalten, dass der Strom nur in einer Richtung fließen kann.

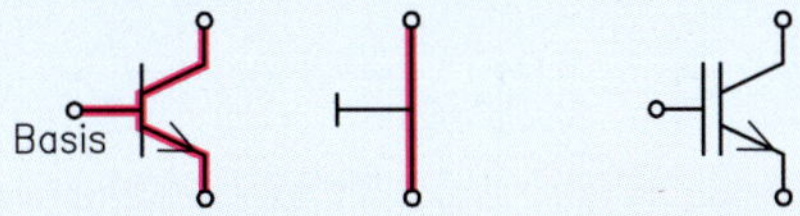

a) Schalttransistor (bipolarer Typ) b) IGBT

Schalttransistoren im Wechselrichter

Im Wechselrichter werden spezielle Transistoren, die IGBTs (isolated gate bipolar transistor), eingesetzt. Sie werden durch eine Spannung U_B am Gate (vergleichbar mit der Basis) angesteuert. Diese Steuerart stellt der Doppelstrich am Schaltsymbol dar.

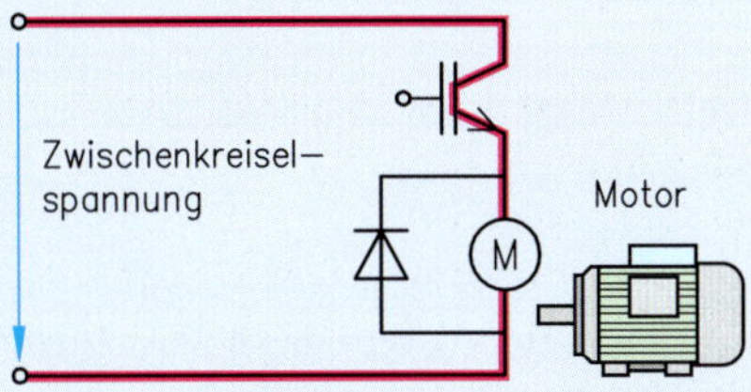

Schaltkreis für den Motor

Der Transistor schaltet den Motor. Dieser besitzt das Verhalten einer Induktivität (Spule). Beim Anlegen der Spannung steigt der Stromfluss verzögert an, weil das entstehende Magnetfeld in der Spule den Stromanstieg hemmt.

Wird der Transistor abgeschaltet, dann muss eine Möglichkeit geschaffen werden, dass der Motorstrom weiterfließt, weil die Energie des Magnetfeldes im Motor abgebaut werden muss.

Dazu wird die Diode parallel zum Motor benötigt. Sie sperrt, wenn der Transistor leitet, und leitet, wenn der Transistor sperrt. Man bezeichnet sie als **Freilaufdiode.**

EXKURS Leistungsteil der Frequenzumrichter (Fortsetzung)

a) Hohe Ausgangsspannung

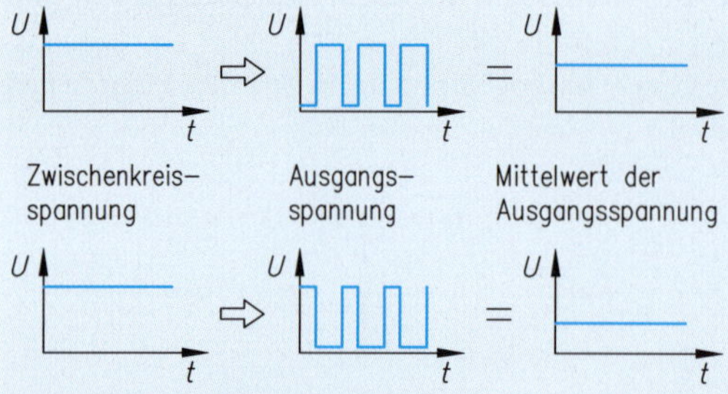

b) Niedrige Ausgangsspannung

Stellung der Ausgangsspannung

Pulsbreitensteuerung

Um eine variable Ausgangsspannung als Motorspannung zu erreichen, werden die Transistoren ständig ein- und ausgeschaltet. Die Spannungshöhe wird durch Verändern der Breite der Spannungspulse variiert.

Dieses Steuerverfahren wird als **Pulsbreitenmodulation (PBM)** oder auch als **Pulsweitenmodulation (PWM)** bezeichnet.

Die Abbildung zur Stellung der Ausgangsspannung zeigt zwei Einstellungen. Während in der Abbildung a) ein breiter Puls und eine schmale Pause eine hohe Ausgangsspannung ergeben, ist in der Abbildung b) der Puls schmal und die Pause breit. Die Ausgangsspannung ist klein.

Das Ein- und Ausschalten erfolgt mit fester Frequenz. Typische Werte sind 2,5 bis 10 kHz. Durch kontinuierliches Verändern der Pulsbreite und durch zusätzliches Invertieren der Zwischenkreisspannung kann eine sinusförmige Ausgangsspannung erzeugt werden.

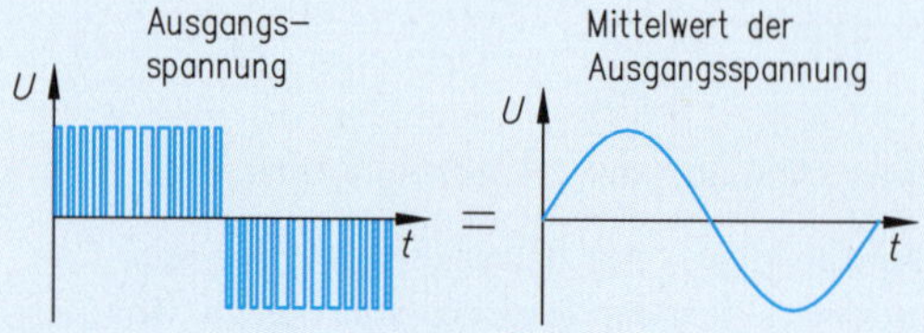

Sinusförmige Ausgangsspannung

Die Steuerung der Transistoren für den sinusförmigen Drehstrom übernimmt vielfach ein Mikrocontroller. Sein Programm erzeugt eine variable Ausgangsfrequenz und eine variable Ausgangsspannung.

Die Zuordnung zwischen Frequenz und Ausgangsspannung ist motorabhängig und der *U*/*f*-Kennlinie zu entnehmen.

Für eine Umkehr der Drehrichtung beim Drehstrommotor wird die Schaltfolge der Transistoren so verändert, dass eine Drehfeldänderung erzielt wird.

Aufgaben

1 *Wie wird mit einem Frequenzumrichter die Drehzahl eines Drehstrommotors verändert?*

2 *Erläutern Sie die Begriffe BOOST oder I · R-Kompensation beim Frequenzumrichter!*

3 *Beschreiben Sie die Funktionselemente eines Frequenzumrichters!*

4 *Erläutern Sie das Betriebsverhalten eines Drehstrommotors mit Frequenzumrichter im Ankerstellbereich und im Feldstellbereich!*

5 *Welchem Zweck dient bei Frequenzumrichtern die Rampenfunktion?*

6 *Beschreiben Sie die Funktion einer Widerstandsbremsung beim Frequenzumrichter!*

7 *Erläutern Sie das Steuerverfahren der Pulsbreitenmodulation!*

8 *Welche Funktion hat die Freilaufdiode im Leistungsteil des Wechselrichters?*

9 *Wie wird eine Drehrichtungsumkehr mit dem Wechselrichter erzielt?*

8.8.5 Inbetriebnahme eines Frequenzumrichters

Für die Inbetriebnahme eines Frequenzumrichters (Abb. 237.1) sind folgende Schritte vorzunehmen:

- Elektrische Installation
- Einschalten der Netzspannung
- Eingabe der Motordaten
- Einschalten des Frequenzumrichters im Probebetrieb
- Anpassung an die Betriebsbedingungen

Elektrische Installation

Der Frequenzumrichter ist an eine Netzspannung von 400 V, 50 Hz angeschlossen. Damit der Umrichter vom Netz getrennt werden kann, wurde ein Hauptschalter installiert.

Eingeben der Motordaten

Abb. 237.2 zeigt das Typenschild eines Drehstromasynchronmotors für unterschiedliche Anschlussbedingungen. Während die linken Werte für europäische Netze gelten, sind die rechten für US-Netze angegeben. Die Unterschiede gelten insbesondere für die Bemessungsfrequenzangabe 50 Hz (60 Hz) und die Bemessungsspannung 400 V (460 V).

Die linken Typenschildwerte zeigen für den Motor zwei Anschlussspannungen, 230 V für eine Dreieckschaltung oder 400 V für eine Sternschaltung. Da der Frequenzumformer an 400 V angeschlossen wurde, ist die Sternschaltung zu wählen. Die notwendige Klemmbrettschaltung zeigt Abb. 237.3.

Parametrieren des Frequenzumrichters

Die Motordaten für die Parametrierung des Frequenzumrichters sind dem Typenschild zu entnehmen.

- Nennfrequenz, $f = 50$ Hz
- Nennspannung, $U = 400$ V in Sternschaltung
- Nennleistung, $P = 0{,}18$ kW
- Nennstrom, $I = 0{,}57$ A
- Leistungsfaktor $\cos\varphi = 0{,}75$
- Nenndrehzahl, $n = 1350\ \text{min}^{-1}$

Entsprechend der Parametrierung für den Umrichter sind diese Bemessungsgrößen mithilfe des Bedienfeldes (Abb. 237.4) einzugeben.
Zur Parametrierung des Frequenzumrichters sollte die Betriebsanleitung hinzugezogen werden.

237.1 Netzanschluss des Frequenzumformers

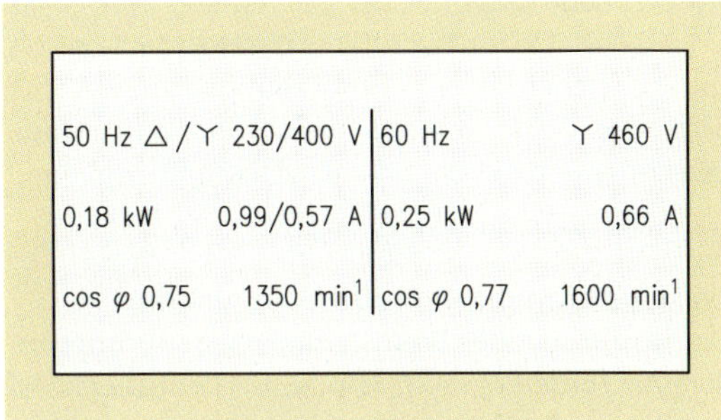

237.2 Typenschild eines Asynchronmotors

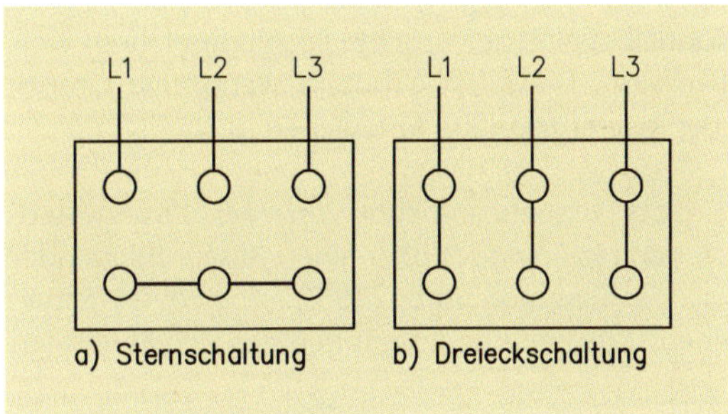

237.3 Klemmbrettschaltung

237.4 Bedienfeld eines Frequenzumrichters

Probebetrieb

Nach der Eingabe und der Speicherung der Bemessungsgrößen für den Asynchronmotor erfolgt der Probelauf. Eine gewählte Frequenz, z. B. 10 Hz, wird auf dem Display angezeigt. Der Motor läuft mit dieser Umdrehungsfrequenz. Sie lässt sich durch die Taste höher Δ oder tiefer ∇ verändern. Diese Funktion wird auch als **Motorpotenziometer** bezeichnet.

Wird der Umrichter mit der Sollfrequenz von 10 Hz eingeschaltet, dann benötigt er die **Hochlaufzeit** bis zum Erreichen dieser Umdrehungsfrequenz. Sie wird über eine interne Geschwindigkeitsrampe berechnet und gilt dann für alle Einschaltvorgänge.

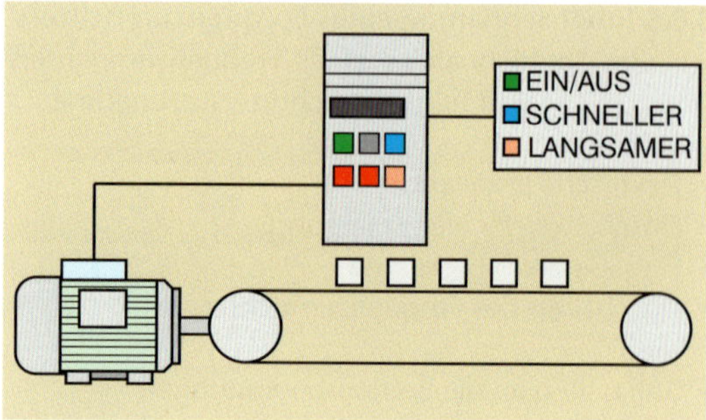

238.1 Förderantrieb mit Frequenzumrichter

Anpassung an die Betriebsbedingungen

Die Hochlauf- oder Bremszeiten müssen insbesondere für Förderantriebe (Abb. 238.1) entsprechend den Betriebsbedingungen eingestellt werden.
Über das Bedienfeld kann ein Einrichtbetrieb angewählt werden, für den mit der Taste JOG der Antrieb manuell in eine gewünschte Position gefahren werden kann. Dieses ist geboten, wenn eine Grund- oder Referenzposition festzulegen ist.

Wird der Frequenzumrichter von einer SPS angesteuert, dann kann dieses über einen Busanschluss oder über die Klemmen (Abb. 238.2) erfolgen. Die Schalter entsprechen den Ausgängen der SPS. Es können

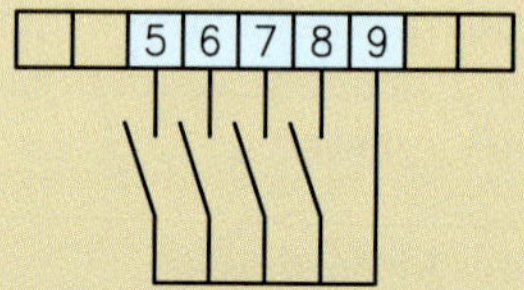

Nr.	Funktion
0	Eingang unwirksam
1	Einschalten mit Drehrichtung rechts
2	Einschalten mit Drehrichtung links
...	
6	Anwahl einer Festfrequenz
...	
10	Fehlermeldung quittieren
11	Frequenz erhöhen
12	Frequenz verringern
...	

238.2 Klemmleiste für die Digitaleingänge

EXKURS Steuerleitung

Steuerleitungen müssen abgeschirmt werden. Die Abschirmung ist mit einem Bügel am Gehäuse des Frequenzumrichters anzuschließen.

Bei sehr langen Steuerleitungen und bei analogen Signalen können Störsignale auftreten. Die Störungen entstehen als 50/60 Hz-Brummschleifen durch die Netzleitung, wenn diese zusammen mit der Steuerleitung verlegt wird. In diesem Fall kann es erforderlich sein, die Abschirmung aufzutrennen und einen Kondensator von 100 nF zwischen Abschirmung und Gehäuse zu schalten.

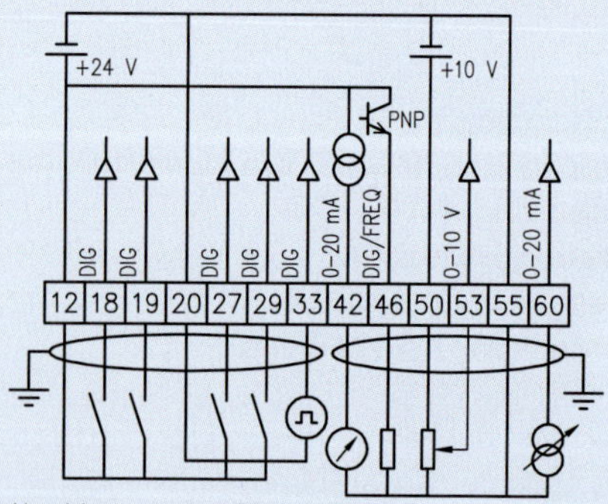

Abschirmung der Steuerleitungen

EXKURS

Gleichstrom-Servomotoren

Gleichstrom-Scheibenläufer-Motor

Gleichstrom-Servo-Antriebe

Gleichstrom-Servo-Antriebe dienen der stufenlosen Einstellung von Fahrgeschwindigkeiten oder Drehzahlen. Sie bestehen aus dem Gleichstrommotor, dem Stromrichter und der Last. Der Stromrichter steuert den Gleichstrommotor mit einer stufenlos einstellbaren Gleichspannung U_D.

Die Drehzahl n eines Gleichstrom-Servomotors ist proportional der Anschlussspannung U_D.

Der Gleichstrom-Servomotor

Der Gleichstrom-Servomotor wird als Antrieb für Transportsysteme und Werkzeugmaschinen eingesetzt. Dieser Motor besitzt eine Permanenterregung (Erregung durch Dauermagnet). Für besonders hohe Dynamik werden **Schlankläufermotoren** oder **Scheibenläufermotoren** eingesetzt, die eine kleine Schwungmasse besitzen.

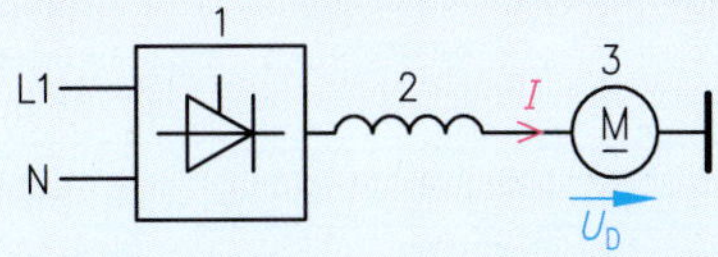

a) Steuerschaltung für den DC–Servomotor

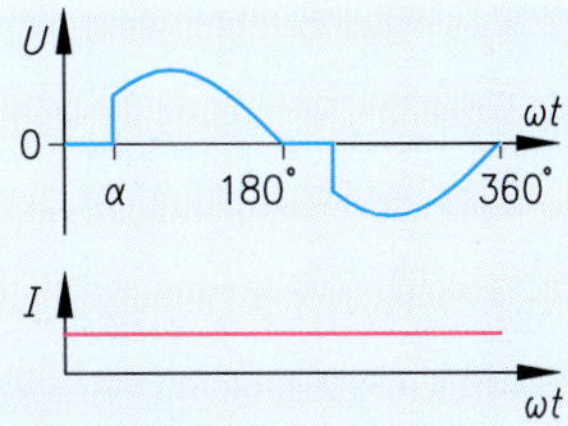

b) Stom– und Spannungsverlauf

Stromrichterschaltung

Ansteuerung eines Gleichstrom-Servomotors

Die Ansteuerung der Servomotoren erfolgt über eine Stromrichterschaltung (Abb. a) oben). Über den gesteuerten Stromrichter (1) wird die Eingangswechselspannung gleichgerichtet. Die Höhe der Gleichspannung U_D bestimmt der Steuerwinkel α. Er kann zwischen den Werten 0° und 180° verändert werden.

Je kleiner der Steuerwinkel α, umso größer ist die Gleichspannung U_D.

Damit der Servomotor ruhig läuft, wird der Motorstrom geglättet. Dafür wird die **Glättungsdrossel** (2) eingesetzt. Sie muss so ausgelegt sein, dass eine annähernd konstante Stromstärke I (Abb. b) oben) erzielt wird.

Der Stromrichter besitzt eine Steuereinrichtung, über die die Drehrichtung verändert, die Motorstromstärke begrenzt oder eine Drehzahlregelung eingestellt werden kann.

Aufgaben

1. *Welche Bemessungsgrößen werden zur Parametrierung eines Frequenzumrichters benötigt und wo sind diese dokumentiert?*
2. *Wann ist für den Drehstrommotor eine Stern- und wann eine Dreieckschaltung zu wählen?*
3. *Weshalb sind die Steuerleitungen für Frequenzumrichter abgeschirmt zu verlegen?*
4. *Wodurch unterscheiden sich die europäischen und die US-Netze?*
5. *Beschreiben Sie die Funktionseinheiten einer Stromrichterschaltung für einen Gleichstrom-Servomotor!*
6. *Beschreiben Sie das Prinzip der Drehzahlstellung bei einem Gleichstrom-Servomotor!*
7. *Robotermotore müssen ein gutes dynamisches Betriebsverhalten besitzen. Welche Motore eignen sich dafür besonders gut?*
8. *Welchem Zweck dient die Glättungsdrossel in der Stromrichterschaltung?*

ÜBERBLICK Weitere Antriebe

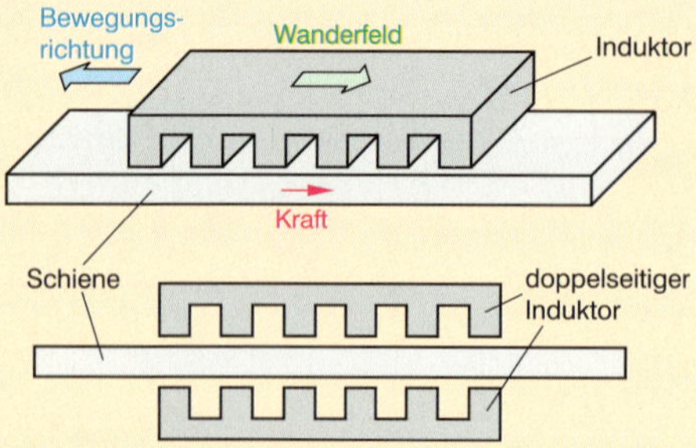

Linearmotor

Direktantriebe

Unter einem Direktantrieb versteht man ein Antriebssystem, bei welchem die Drehmoment- oder Kraftübertragung ohne mechanische Übertragungselemente erfolgt. Typische Direktantriebe sind der **Torquemotor**, der **Spindelmotor** und der **Linearmotor**.

Der Linearmotor

Ein Linearmotor entsteht durch Abwicklung eines rotativen Drehstrommotors und besteht aus dem Primär- und Sekundärteil. Das Primärteil trägt die Wicklung – das Sekundärteil (Reaktionsteil) ist je nach Ausführung mit Kurzschlussstäben (Asynchronmotor) oder mit Permanentmagneten (Synchronmotor) ausgeführt. Durch die Aneinanderreihung von Sekundärteilsegmenten kann eine beliebige Verfahrstrecke erzielt werden.

Bedingt durch den direkten Einbau in die Maschine entfallen mechanische Übertragungselemente.
Dadurch ergeben sich entscheidende Vorteile:

- deutlich höhere Geschwindigkeiten und Beschleunigungen,
- Positionierungsgenauigkeiten von bis zu 0,1 µm,
- hohe statische und mechanische Laststeifigkeit,
- sehr gute Gleichlaufeigenschaften,
- Realisierung sehr großer Verfahrwege.

Anwendungsbereiche im Maschinenbau sind Rundtischantriebe, Werkstückachsen, Fräs- und Schleifspindeln sowie Zustellachsen.
Weitere Anwendungsbereiche sind Türantriebe oder Fahrzeugantriebe wie beim Transrapid.

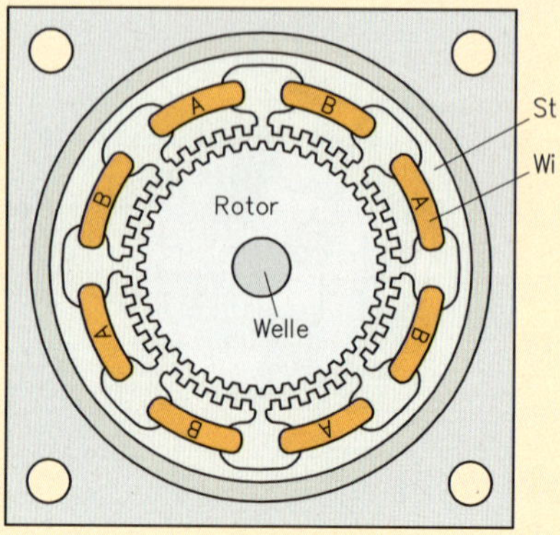

Schrittmotor

Schrittmotoren

Der Schrittmotor wird als Antrieb für Transportsysteme, Werkzeugmaschinen oder Roboter eingesetzt. Angesteuert wird er von einem Schrittgenerator, dessen Schrittfrequenz kontinuierlich verändert wird. Ein Ansteuerimpuls dreht den Rotor um jeweils einen Winkelschritt weiter.

Besitzt der Schrittmotor im Ständer 8 Wicklungen und hat der Läuferumfang 50 Zähne, dann wird der Rotor um 7,2° pro Schritt oder 50 Schritte pro Umdrehung gedreht.

Die Schrittzahl pro Umdrehung kann durch

- Erhöhung der Wicklungszahl im Ständer,
- dem Versatz der Verzahnung im Läufer und
- der Anwendung unterschiedlicher Erregungsmethoden (Doppelerregung oder Halbschritterregung)

verändert werden.

Schrittmotoren ermöglichen Schrittfrequenzen bis 40 000 Schritte pro Sekunde. Da bei dieser hohen Schrittzahl der Motor wegen seiner Schwungmasse nicht von einem Schritt auf den folgenden abgebremst werden kann, muss eine Start- oder Stopprampe eingerichtet werden. Die Start-/Stoppfrequenz liegt bei etwa 2 000 Schritten pro Sekunde.

Im unteren Drehzahlbereich bis etwa 20 Schritte pro Sekunde erfolgt die Drehbewegung ruckartig. Erst durch Erhöhen der Schrittfrequenz wird die Drehbewegung durch die Schwungmasse gleichförmiger.

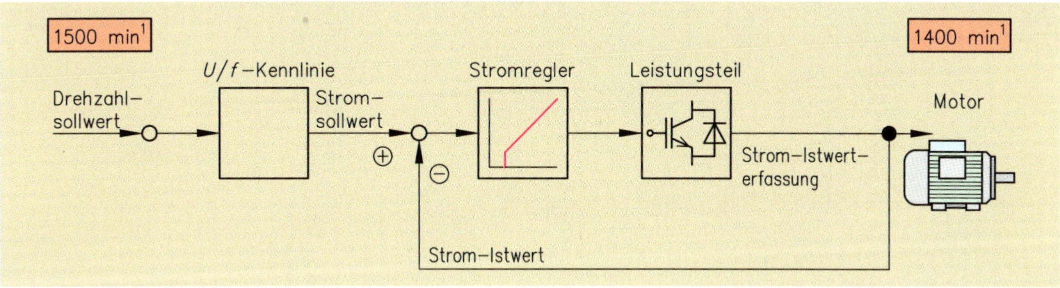

241.1 Drehzahlsteuerung eines Drehstrommotors

8.9 Steuern und Regeln

Innerhalb des Antriebssystems stellt die Drehzahlsteuerung (Abb. 241.1) eine selbstständige Funktionsgruppe dar. Der Drehzahlsollwert von 1 500 min^{-1} wird mithilfe der *U*/*f*-Kennlinie in einen Stromsollwert umgesetzt. Der folgende Schaltungsteil bildet den Stromregler. Dieser vergleicht den Stromsollwert mit dem vom Motor aufgenommenen Stromistwert. Das Vergleichsergebnis verarbeitet der Stromregler zur Stellgröße für das Leistungsteil des Motors. Die Motordrehzahl liegt bei Belastung unterhalb des vorgegebenen Wertes. Da sie nicht geregelt wird, spricht man von einem **gesteuerten Drehzahlbetrieb** mit geschlossenem Stromregler.

In der Schaltung (Abb. 241.1) wird über den Stromregler die Stromgröße und somit das Drehmoment geregelt. Zusätzlich begrenzt der Stromregler während des Anlaufs den Motorstrom auf seinen Zulässigen maximalen Wert.

Soll die Motordrehzahl für alle Belastungsfälle konstant gehalten werden, ist ein zusätzlicher Drehzahlregler Abb. 241.2 einzusetzen. Dafür muss ein Gebersystem am Motor den Drehzahlistwert erfassen. Er wird mit dem Drehzahlsollwert verglichen und das Ergebnis dem Drehzahlregler zugeführt, der ihn als Stromsollwert an den folgenden Stromregler weiterführt.

Über diesen geschlossenen Drehzahlregelkreis wird jede Drehzahländerung vom Drehzahlvergleicher erfasst und zur Korrektur an den Regler weitergegeben. Somit entspricht die Motordrehzahl immer dem vorgegebenen Sollwert.

Kaskadenregelung

Die Drehzahlregelung (Abb. 241.2) wird als Drehzahlregelung mit unterlagerter Stromregelung bezeichnet. Sie bildet eine Kaskadenregelung mit dem Drehzahlregler als Führungsregler und dem Stromregler als Folgeregler.

In dem Reglersymbol ist jeweils das Übertragungsverhalten der Regler dargestellt. Beide Regler haben ein PI-Verhalten. Sie regeln schnell und besitzen keine bleibende Regelabweichung. Ihre Kennwerte sind der Proportionalbeiwert K_P und die Nachstellzeit T_n.

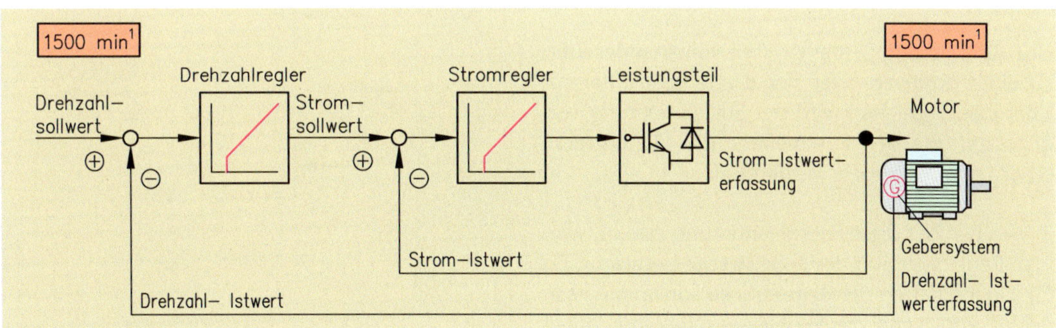

241.2 Drehzahlregelung eines Drehstrommotors

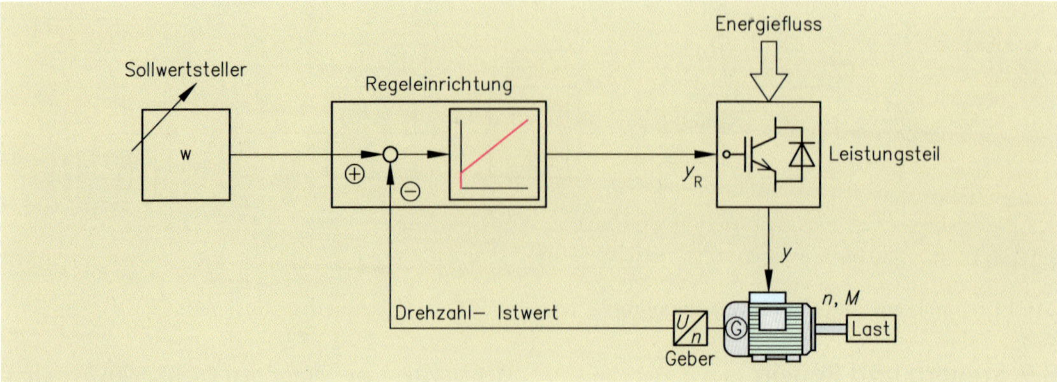

242.1 Regelkreis eines Antriebssystems

8.9.1 Regelkreisverhalten

In Abb. 242.1 ist ein Antriebssystem mit einem Drehzahlregler dargestellt. Der Sollwertsteller gibt die Solldrehzahl vor. In der Regeleinrichtung wird dieser mit der Istdrehzahl zur Stellgröße Y_R verarbeitet. Diese steuert das Leistungsteil, welches wiederum den Energiefluss und die Drehzahl des Motors so einstellt, dass die tatsächliche Motordrehzahl der eingestellten Solldrehzahl entspricht.

Notwendig für diesen Regelvorgang ist eine kontinuierliche Drehzahlerfassung am Motor durch ein Gebersystem, welches den Drehzahlistwert in eine Strom- oder Spannungsgröße für den Regler umsetzt.

Die Regeleinrichtung (Abb. 242.2) besitzt einen Vergleicher und ein Regelglied. Der Vergleicher bildet aus der Führungsgröße w und der Rückführgröße r die Regeldifferenz e. Das Regelprinzip eines geschlossenen Regelkreises ist so festgelegt, dass eine Regeldifferenz von $e = 0$ angestrebt wird. Dann entspricht die Regelgröße x der Führungsgröße w.

Eine Abweichung beider Größen voneinander führt zu einer positiven oder negativen Regeldifferenz. Über das Vorzeichen wird der Stelleinrichtung vorgegeben, ob der Energiefluss der Regelstrecke erhöht oder verringert werden soll.

In welcher Zeit diese Energieänderung erfolgt, wird vom Regelglied und der Regelstrecke bestimmt. Da die Eigenschaften der Regelstrecke konstruktiv festgelegt sind, kann die Regeleigenschaft nur durch das Regelglied beeinflusst werden.

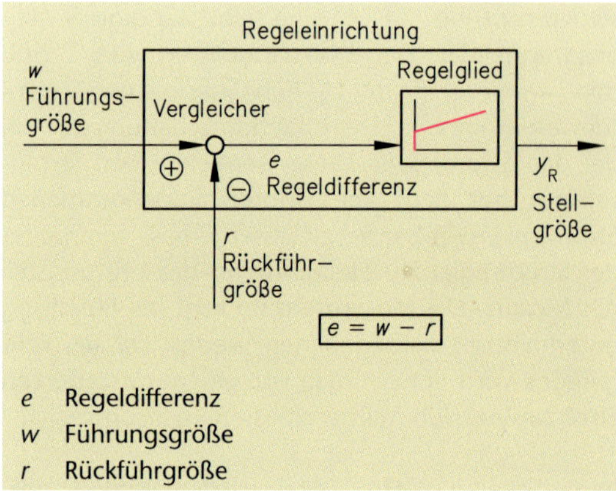

242.2 Regeleinrichtung

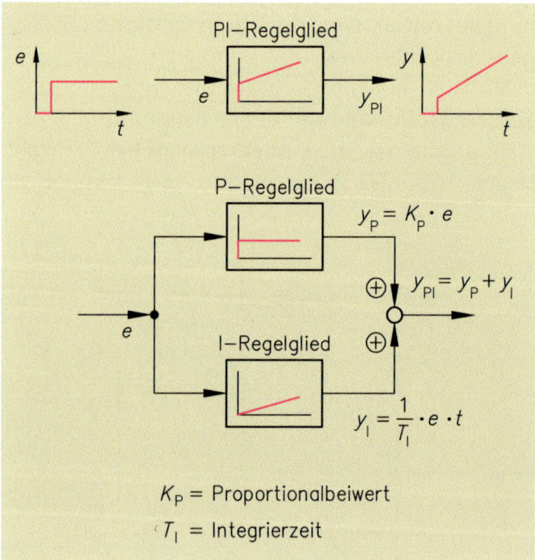

242.3 Übertragungsverhalten von Regelgliedern

Abb. 242.3 zeigt das Übertragungsverhalten des PI-Regelgliedes, wie es auch für die Drehzahlregelung eingesetzt wurde. Das PI-Regelglied bildet ein zusammengesetztes Regelverhalten aus dem P-Regelglied und dem I-Regelglied.

P-Regelglied

Das P-Regelglied hat ein **proportionales** Übertragungsverhalten. Seine Ausgangsgröße Y_P verändert sich proportional zur Eingangsgröße *e*. Als Kenngröße dient der **Proportionalbeiwert K_P**. Er kann kleiner als 1 sein, dann liegt Dämpfung vor, ist er größer als 1, dann verstärkt er das Eingangssignal. Regler mit P-Regelgliedern sind zeitunabhängig und reagieren schnell auf jede Störung. Ihr Nachteil ist eine prinzipielle bleibende Regelabweichung zwischen dem Sollwert und dem Istwert. Wie Abb. 243.1 zeigt, kann durch Erhöhen von K_P die Regelabweichung verringert, aber nicht aufgehoben werden.

I-Regelglied

Die Regelabweichung durch das P-Regelglied wird durch das I-Regelglied aufgehoben. Eine weitere Eigenschaft dieses Regelgliedes ist sein zeitabhängiges Verhalten. Seine Ausgangsgröße y_I steigt zeitproportional an, bei einem Sprung der Eingangsgröße.

PI-Regelglied

Das PI-Regelglied des Drehzahlreglers ist eine additive Zusammenschaltung des P- und des I-Regelgliedes. Es vereint somit die Eigenschaften beider Regelglieder. Auf eine sprunghafte Änderung der Eingangsgröße *e* reagiert das PI-Regelglied unverzögert mit dem P-Anstieg. Dem folgt das zeitabhängige I-Verhalten.

Den Vorteil dieses PI-Regelgliedes zeigt Abb. 243.2. Der P-Anteil führt zu dem steilen Anstieg und einem kurzen Überschwingen, der I-Anteil stellt die Ausgangsgröße auf den Sollwert ein, sodass keine Regelabweichung auftritt.

Über die Kennwerte K_P (Proportionalbeiwert) und T_n (Nachstellzeit) wird das Übertragungsverhalten eingestellt. Für ein träges Regelverhalten ist der K_P-Wert klein und der T_n-Wert hoch einzustellen. Wird dagegen K_P erhöht und T_n verringert, führt das zu einem schnellen Verhalten mit großem Überschwingen. Die Drehzahlregelung des Antriebs kann dabei zu Schwingungen führen.

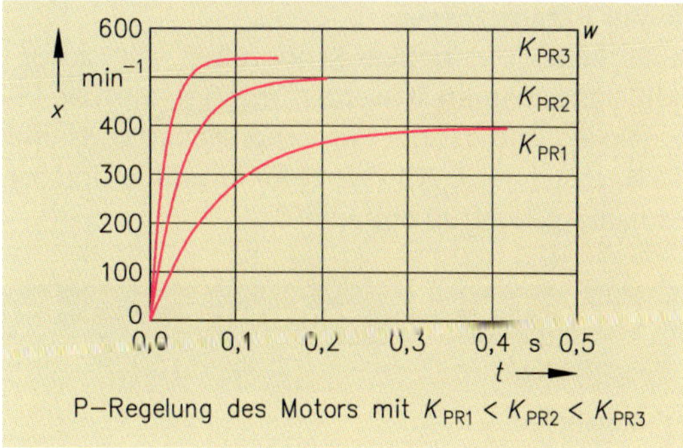

243.1 P-Regler mit bleibender Regelabweichung

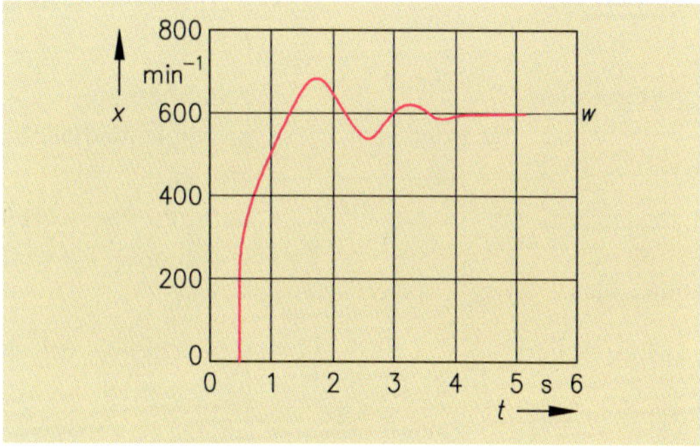

243.2 Regelverhalten des PI-Reglers

8.9.2 Einstellen eines Reglers

Für die Antriebseinheit sollen der Drehzahl- und der Stromregelkreis eingerichtet werden. Dies geschieht in folgenden Einstellschritten:

- den Regelkreis strukturieren,
- die Regler konfigurieren,
- die Regler parametrieren,
- die Regelkreise optimieren,
- den Regler bedienen.

Regelkreis strukturieren

Als Regelkreisstruktur kann ein einschleifiger oder mehrschleifiger Regelkreis gewählt werden. Besitzt der Antrieb nur den Stromregler, dann ist der Regelkreis einschleifig. Für die Kaskadenregelung mit Strom- und Drehzahlregler ist er mehrschleifig.

Regler konfigurieren

Unter dem Konfigurieren ist die Auswahl der Regeltypen zu verstehen (z. B. Zweipunktregler oder stetiger Regler). Es gehört auch die Wahl des Regelgliedes dazu. Für die Antriebsregler wären das die PI-Regelglieder.

Regler parametrieren

Jedes Regelglied besitzt Kenngrößen, die ausgewählt und eingestellt werden müssen. Für das PI-Regelglied sind das der Proportionalbeiwert K_P und die Nachstellzeit T_n. Die Werte für K_p und T_n sind der Betriebsanleitung zu entnehmen.

Optimieren des Regelverhaltens

Die eingestellten Parameterwerte bestimmen das Regelverhalten. Damit die Ausregelung schnell und das Überschwingen nicht zu groß ist, müssen die Parameterwerte angepasst werden. So ist das gewünschte optimale Regelverhalten zu erzielen.

ÜBERBLICK Reglerarten

Regelglieder	Eigenschaften	Einsatz
P-Regelglied 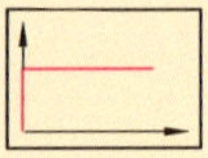 K_P Proportionalbeiwert	• zeitunabhängig, • schnell, • bleibende Regelabweichung, • zu großer K_P-Wert kann zur Instabilität führen.	Gut geeignet für: • Druckregelkreis, • Drehzahlregelkreis, • Positionsregelkreis.
I-Regelglied 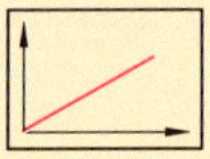 T_I Integrierzeit	• zeitabhängig, • besitzt keine bleibende Regelabweichung, • beruhigt das Regelverhalten, • je kleiner T_I, umso schneller das Regelverhalten.	• Ein I-Regler wird allein selten eingesetzt. • Bei einer I-Regelstrecke darf ein I-Regler nicht eingesetzt werden, da der Regelkreis instabil wird.
D-Regelglied 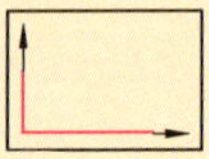 T_D Differenzierzeit	• sehr schnelles Regelverhalten, • neigt schnell zur Instabilität, • besitzt eine bleibende Regelabweichung.	• Wird als Einzelregler nicht eingesetzt.
PI-Regelglied 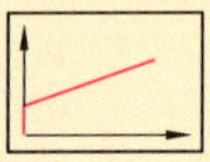 K_P Proportionalbeiwert T_n Nachstellzeit	• Regelverhalten aus P- und I-Eigenschaften, • schnell und ohne bleibende Regelabweichung.	Gut geeignet für: • Durchflussregelkreis, • Drehzahlregelkreis, • Temperaturregelkreis.
PID-Regelglied 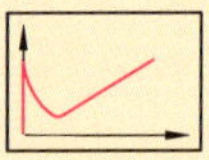 K_P Proportionalbeiwert T_n Nachstellzeit T_D Vorhaltezeit	• besitzt die Vorteile aller drei Regelglieder, • für schwer zu regelnde Regelkreise geeignet, • schwer einstellbar.	Eine hohe Regelgüte wird erreicht für: • Temperaturregelkreis, • Druckregelkreis, • Durchflussregelkreis, • Drehzahlregelkreis.

Aufgaben

1 *Welche Funktion hat der Stromregler bei einer Drehzahlstellung mit Stromregler?*

2 *Ein Antriebssystem besitzt eine Drehzahlregelung mit unterlagerter Stromregelung. Beschreiben Sie den Signalverlauf von dem Sollwertsteller bis zum Leistungsteil!*

3 *Beschreiben Sie die Funktion des Vergleichers in einer Regeleinrichtung!*

4 *Erläutern Sie die Funktionselemente eines Antriebssystems!*

5 *Wie muss die Frequenz f des Leistungsteils verändert werden, wenn der Vergleicher eine negative Regeldifferenz bildet?*

6 *Ein Regelkreis besitzt einen P-Regler und hat deshalb eine bleibende Regelabweichung. Beschreiben Sie eine Möglichkeit, um diese aufzuheben!*

7 *Ein PI-Drehzahlregler hat ein großes Überschwingverhalten. Durch welche Einstellungsänderung wird der Regelkreis beruhigt?*

8 *Bescheiben Sie das Einstellen eines Reglers!*

EXKURS Gebersysteme für Antriebe

Gebersysteme

Unter Geber, Drehgeber oder Gebersysteme wird in der Antriebstechnik ein Gerät zur Erfassung des Drehzahlistwertes oder des Lageistwertes verstanden. Sie werden in der Regel am Ende der Motorwelle montiert.
Es gibt unterschiedliche Geber. Häufig eingesetzt werden:

- der optische Rechteckimpulsgeber und
- der Resolver.

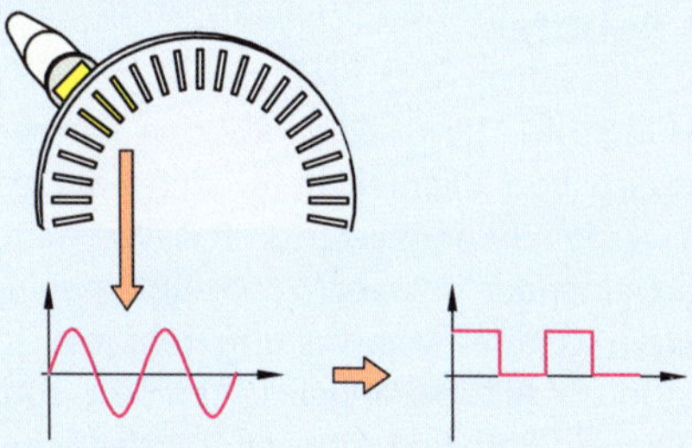

Optischer Rechteckimpulsgeber

Rechteckgeber

Eine Lichtquelle (z. B. eine Leuchtdiode) durchleuchtet eine Glasscheibe, auf der ein Strichmuster aufgebracht ist.
Dreht die Scheibe, dann entstehen Hell-Dunkel-Signale, die von Fotoelementen in sinusförmige elektrische Signale umgesetzt werden. Sie werden im Geber in Rechecksignale umgewandelt.

Aus der Summe der Impulse wird die Drehzahl ermittelt, indem für eine Zeitspanne (einige ms) die Impulse gezählt werden. Die Impulse pro Zeiteinheit ergeben die Drehzahl.

Eine zweite Strichspur auf der Glasscheibe ist um 90° phasenverschoben oder um ein Viertel der Signalperiode versetzt. Je nach Drehrichtung ist somit der Zählimpuls um 90° dem zweiten Impuls nach- oder voreilend. Daraus lässt sich die Drehrichtung ermitteln.

Zur Positionserfassung wird nach dem Einschalten des Antriebs ein Referenzpunkt angefahren, von dem aus die Impulse gezählt werden. Die Anzahl der Impulse ist ein Maß für die Position. Da der Wert jeweils um eins erhöht wird, bezeichnet man diese Positionsgeber als Inkrementalgeber.

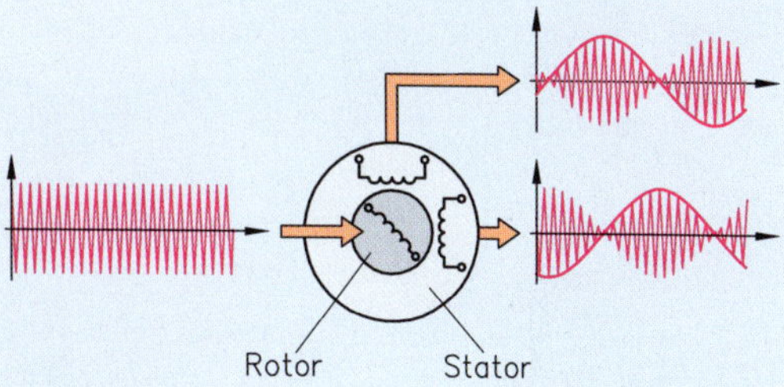

Resolverprinzip

Resolver

Der Resolver arbeitet nach dem Prinzip eines Transformators. Eine Trägerfrequenz f_T wird der Rotorwicklung zugeführt. Durch die Drehung des Rotors wird diese Trägerfrequenz auf den Stator übertragen. Zwei Statorwicklungen sind um 90° räumlich versetzt, sodass ihre Signale als Hüllkurve um diesen Winkel phasenverschoben sind.

Aus der Frequenz f_H der Hüllkurve wird die Drehzahl abgeleitet, aus den versetzten Statorsignalen die Drehrichtung. Die Abbildung zeigt einen rechtsdrehenden Rotor, weil das obere Statorsignal um 90° gegenüber dem unteren voreilend ist.

Resolver sind robuste und preisgünstige Gebersysteme. Sie benötigen keinen großen Wartungsaufwand, weil keine Verschleißteile vorhanden sind.
Allerdings werden deutlich weniger Impulse pro Umdrehung erzeugt als beim optischen Rechteckgeber, sodass bei kleinen Drehzahlen die Genauigkeit schlechter ist.

246.1 Roboter beim Be- und Entladen von Werkzeugmaschinen

246.2 Gelenkarmroboter

8.10 Roboter

Abbildung 246.1 zeigt einen Roboter innerhalb der Produktion von Kleinteilen für den Fahrzeugbau. Dabei werden die angelieferten Teile von dem Roboter nacheinander in zwei Werkzeugmaschinen zur jeweiligen weiteren Verarbeitung gebracht.
Der Roboter greift die angelieferten Teile von oben. Zum Be- und Entladen muss er von der Seite in die Werkzeugmaschine greifen. Von dem Roboter ist also eine besondere Gelenkigkeit gefordert.
Aus diesem Grunde wird ein Gelenkarmroboter verwendet (Überblick Roboter). Er kann die zu bearbeitenden Teile unabhängig von Form und Größe in jede mögliche Position bringen.

8.10.1 Kinematik

Zur Kinematik gehören der Sockel, alle Arme und Gelenke, und – mit Ausnahme der Antriebe – alle mechanischen Teile des Roboters.
Abb. 246.2 zeigt einen sechsachsigen Gelenkarmroboter (auch Knickarmroboter genannt). Die sechs Achsen werden in drei Hauptachsen (A1, A2, A3) und drei Nebenachsen (A4, A5, A6) unterschieden.

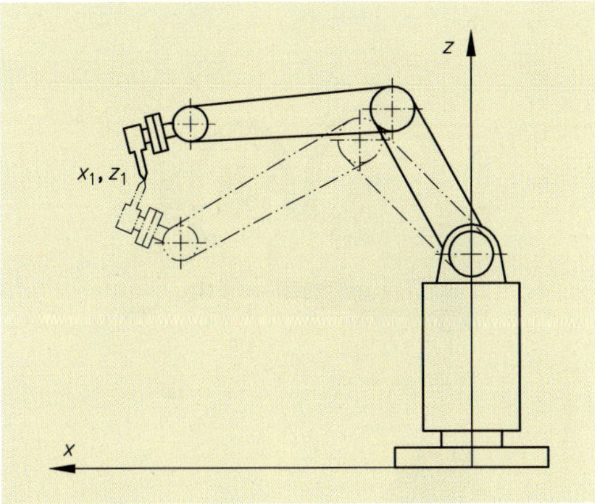

247.1 Position und Orientierung des Effektors

Mit den Hauptachsen werden die Nebenachsen, auch Handachsen genannt, im Arbeitsraum positioniert. Durch die zusätzlichen Bewegungsmöglichkeiten der Nebenachsen kann der Effektor (Greifer, Werkzeug) im Raum so orientiert werden, wie es für die Bearbeitungs- oder Handhabungsaufgabe erforderlich ist.
Abb. 247.1 verdeutlicht das anhand eines spitzen Werkzeuges. In beiden Darstellungen nimmt die Werkzeugspitze die gleiche Position bei unterschiedlichen Orientierungen ein.

Freiheitsgrade

Der zum Be- und Entladen der Werkzeugmaschinen verwendete Roboter kann die von ihm aufgenommenen Kleinteile in jede mögliche Position im Raum bewegen. Dazu sind sechs Freiheitsgrade der Bewegung, d. h. sechs voneinander unabhängige Bewegungsrichtungen erforderlich. Abb. 247.2 verdeutlicht das.
Drei Freiheitsgrade werden für die Position benötigt, z. B. mit den Koordinaten X, Y und Z. Drei weitere Freiheitsgrade ermöglichen durch Rollen (D), Nicken (E) und/oder Gieren (P) die Orientierung des Werkstückes.

Nicht für alle Handhabungsaufgaben ist eine sechsachsige Roboterkonfiguration erforderlich. So werden z. B. für die Bestückung von Computerplatinen die Freiheitsgrade Nicken und Rollen nicht benötigt, da die Bauteile immer senkrecht von oben auf die Platine gebracht werden (Exkurs: Schwenkarmroboter).

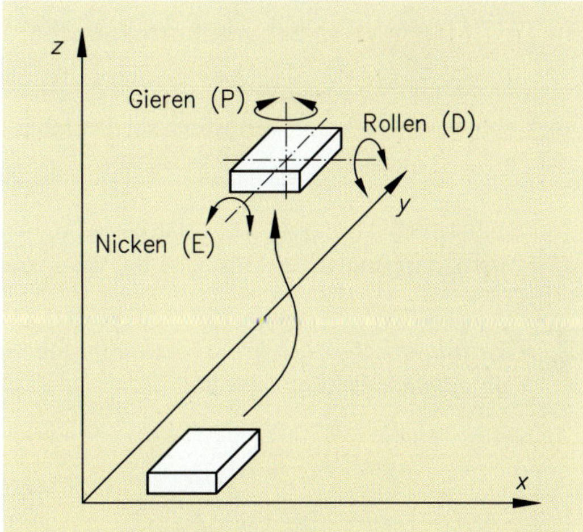

X, Y, Z: Bezugskoordinatensystem
D, E, P: Körpereigenes Koordinatensystem

247.2 Freiheitsgrade

Der beschriebene Gelenkarmroboter ist mit sechs Drehachsen ausgestattet. Diese werden als rotatorische Achsen bezeichnet.

Rotatorische Achsen (R-Achsen) führen Drehbewegungen aus.

Roboter mit drei rotatorischen Hauptachsen besitzen eine RRR-Kinematik. Aus der Kinematik der Hauptachsen ergibt sich entsprechend Abb. 247.3 der Arbeitsraum des Roboters.

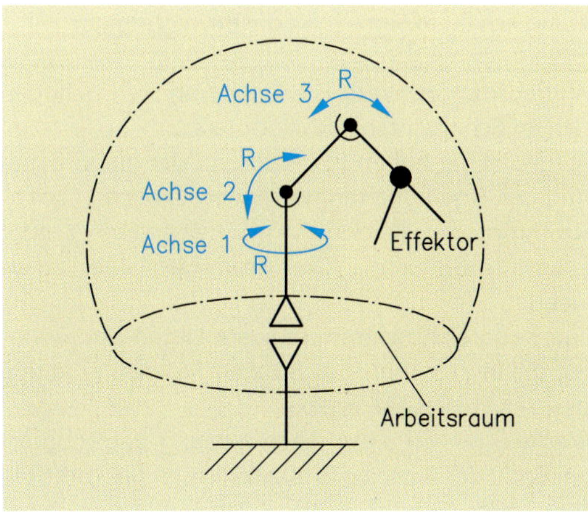

247.3 Kinematik und Arbeitsraum

EXKURS **Schwenkarmroboter**

Schwenkarmroboter weisen – wie in der nebenstehenden Abbildung – meist nur vier Achsen auf. Die Hauptachsen A1, A2 und A3 und die Nebenachse A4.

Die Hauptachsen A1 und A2 sind rotatorische Achsen (R-Achsen), die Hauptachse A3 ist eine translatorische Achse:

Translatorische Achsen (T-Achsen) führen geradlinige Bewegungen aus.

Aufgrund dieser Hauptachsen besitzt der Schwenkarmroboter eine RRT-Kinematik.

Für die Orientierung dient die Nebenachse A4 mit dem Freiheitsgrad Gieren zum Drehen des Werkstücks.

Schwenkarmroboter eignen sich aufgrund ihrer Kinematik besonders gut für Montagearbeiten, z. B. zum Einlegen, Einpressen, Bohren usw. Gegenüber Gelenkarmrobotern verfügen Schwenkarmroboter über eine höhere Genauigkeit.

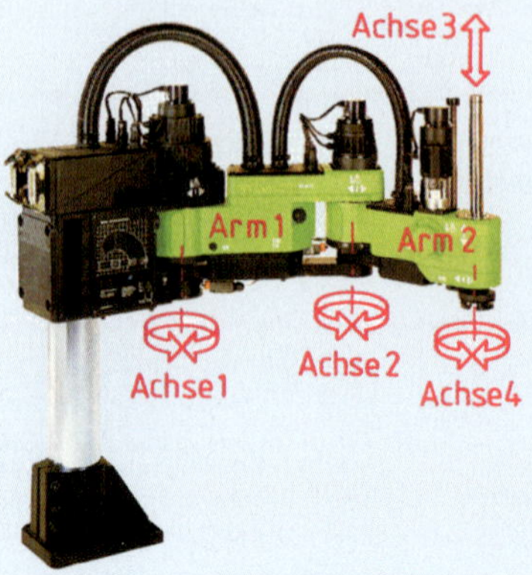

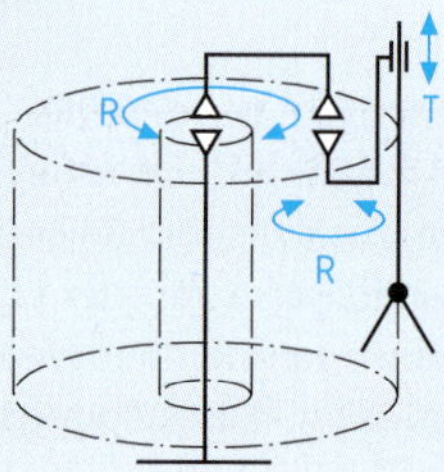

8.10.2 Antriebe und Messsysteme

Die Antriebe eines Roboters befinden sich im Sockel und an den Achsen. Abb. 248.1 zeigt das elektrische Antriebsaggregat einer Achse.

Antrieb und Bremse

Die Steuerung des Motors erfolgt über eine Servoeinheit. Diese setzt die Signale, die sie von der Steuerung erhält, in Signale für die Bewegung der Antriebsmotoren um. Die Servoeinheiten befinden sich im Schaltschrank des Roboters.

Aufgrund der hohen Präzision und der guten dynamischen Eigenschaften werden vorwiegend Gleichstrommotoren (Gleichstrom-Scheibenläufer) oder Drehstrommotoren (Drehstrom-Hohlläufer) verwendet.

Nur Roboter für extrem schwere Lasten und Roboter, die in explosionsgeschützten Räumen arbeiten, besitzen Hydraulikantriebe.

Bremsen dienen dazu, die Bewegung des Roboters am Ende der Bewegung abzubremsen und bei Stillstand oder Notausschaltung den Roboter in seiner Position festzuhalten.

Messsysteme

Über die Messsysteme werden die aktuelle Geschwindigkeit und die Positionen aller Achsen erfasst. Zur Erfassung der Geschwindigkeit dienen i. d. R. Tachogeneratoren. Position werden z. B. über induktive Winkelmesssysteme oder absolute Winkelcodierer erfasst. Die Geber der Messsysteme befinden sich meist an den Antrieben.

248.1 Antriebsaggregat einer Roboterachse

8.10.3 Effektor

Zum Be- und Entladen von Werkzeugmaschinen muss der Roboter mit einem Effektor ausgestattet sein, der das zu handhabende Kleinteil aufnimmt, während der Bewegung hält und am Ziel ablegt. In der Regel geschieht das mit einem Greifer.

Abb. 249.1 zeigt einen Greifer. Die Greiferbacken werden über einen pneumatischen Antrieb geöffnet und geschlossen. Dadurch besitzt der Greifer die erforderliche Kraft, um die handzuhabenden Werkstücke sicher zu halten. Bei Druckabfall sichert eine Feder die Selbsthaltung des Werkstücks.

Der für die Orientierung des Greifers entscheidende Punkt ist meist der Mittelpunkt zwischen den Greiferbacken. Er wird als **T**ool **C**enter **P**oint, kurz **TCP** bezeichnet.

249.1 Greifer

ÜBERBLICK Effektoren

Der am Handgelenk des Roboters befestigte Effektor ist der Teil des Roboters, mit dem die eigentliche Handhabung durchgeführt wird. Da jede Handhabungsaufgabe einer speziellen Lösung bedarf, werden als Effektoren unterschiedliche Greifer oder spezielle Werkzeuge eingesetzt.

Greifer und Werkzeuge

Die meisten Greifer werden pneumatisch angetrieben. Daneben gibt es Greifer mit hydraulischen oder elektrischen Antrieben. Zur Handhabung leichter Werkstücke werden Vakuumgreifer eingesetzt. Die Zahl der Werkzeuge, die als Effektor zur Werkstückbearbeitung eingesetzt werden, ist praktisch unbegrenzt. Typisch sind

- Bohr-, Fräs-, Schleif- und Polierwerkzeuge
- Schweißbrenner und Schweißzangen
- Spritzpistolen und Dosiereinrichtungen

Effektorwechselsysteme

Um den Roboter möglichst flexibel und wirtschaftlich einzusetzen, werden Effektorwechselsysteme genutzt. Sie ermöglichen den automatischen Wechsel von Effektoren. Dadurch können Roboter in einem Arbeitszyklus mehrere unterschiedliche Aufgaben durchführen.

Tool Center Point

Der Tool Center Point (TCP) ist der Bezugspunkt für die Programmierung des Roboters. Der TCP befindet sich z. B. in der Mitte des Greifers oder an der Spitze der Schweißflamme.

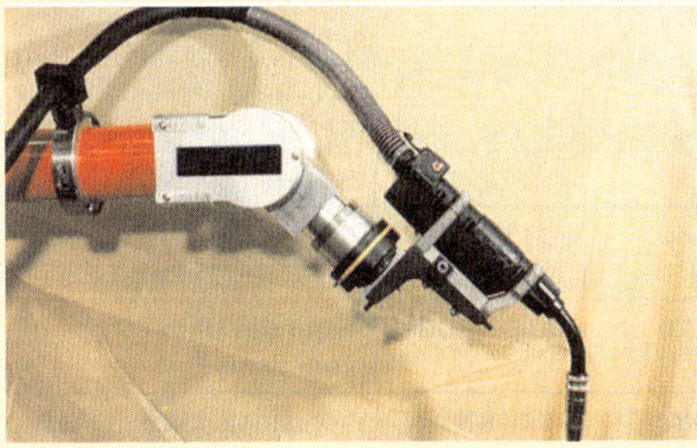

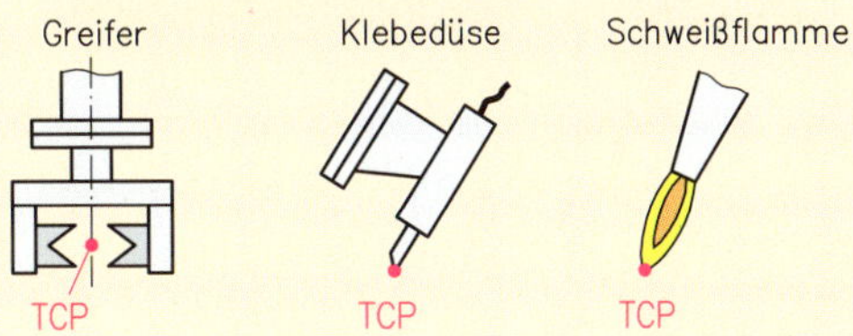

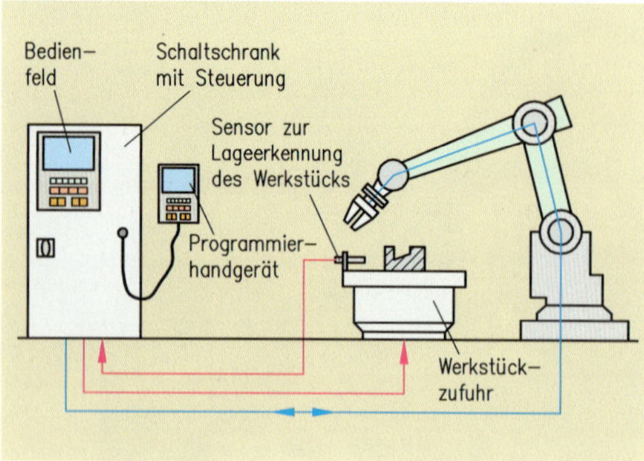

250.1 Komponenten eines Robotersystems

250.2 Werkstückträger

8.10.4 Robotersystem

Bei der bisherigen Ausführung wurde nur der Roboter zum Be- und Entladen von Werkzeugmaschinen betrachtet. Tatsächlich aber ist der Roboter nur eine Komponente in einem Robotersystem. Weitere Komponenten sind entsprechend Abb. 250.1: Steuerung, Peripherie, Sensoren und – im Bild nicht dargestellt – Sicherheitseinrichtungen.

Steuerung

Nach der Bearbeitung eines Kleinteils in einer Werkzeugmaschine erhält die Steuerung des Roboters die Information, dass das Teil entladen werden soll. Neben dieser Information erhält die Steuerung weitere Informationen von Sensoren, Peripheriegeräten und Sicherheitseinrichtungen – und gegebenfalls von einem übergeordneten Rechner. Diese Informationen werden so verarbeitet, dass der Roboter nach dem vorgegebenen Programm bewegt wird.

Die Steuerung ist in einem Schaltschrank untergebracht, der sich außerhalb des Gefahrenbereichs des Roboters befindet. Damit der Bediener mit der Steuerung kommunizieren kann, enthält der Schaltschrank ein Bedienfeld mit Monitor.

Zur Erleichterung der Arbeit mit dem Roboter besitzen Steuerungen ein Programmierhandgerät (Abb. 251.1). Es ermöglicht die Programmierung in der Nähe des Effektors, z. B. zur genauen Positionierung.

Die Steuerung arbeitet dabei im Hand- bzw. Einrichtbetrieb, d. h., die einzelnen Achsen des Roboters können mithilfe des Tastenfeldes oder eines Steuerknüppels bewegt werden.

Wird nach abgeschlossener Programmierung das Roboterprogramm automatisch abgearbeitet und ständig wiederholt, arbeitet die Steuerung im Automatikbetrieb.

Peripheriegeräte

Die wesentliche Aufgabe der Peripheriegeräte ist es, dem Roboter die zu bearbeitenden Werkstücke zuzuführen, sie während der Bearbeitung zu fixieren und nach der Bearbeitung aus dem Arbeitsbereich des Roboters abzuführen. Häufig verwendete Peripheriegeräte sind:

- Transporteinrichtungen für Werkstücke und Paletten (Abb. 250.2)
- Einrichtungen für das Vereinzeln und Orientieren der Werkstücke
- Werkstück- und Palettenspeicher
- Einrichtungen zum Halten und Bewegen der Werkstücke während der Bearbeitung

Sensoren

In Robotersystemen dienen Sensoren meist dazu,

- das Vorhandensein eines Werkstückes zu melden,
- die Position eines Werkstückes zu erfassen,
- Werkstücke zu identifizieren und/oder
- Werkstücke zu vermessen.

Für diese Aufgaben werden unterschiedliche Sensoren eingesetzt: mechanische Taster, Drucksensoren, induktive oder kapazitive Näherungsschalter, Lichtschranken, Laserscanner oder Bildverarbeitungssysteme (Videosysteme).

251.1 Programmierhandgerät

8.10.5 Programmierung

Beim Aufnehmen von Werkstücken und beim Be- und Endladen der Werkzeugmaschinen arbeitet der Roboter nach einem Programm, in dem die Reihenfolge der einzelnen Arbeitsschritte festgelegt ist.

So muss z. B. vor der Aufnahme eines Werkstückes der Greifer geöffnet werden. In der richtigen Orientierung wird der Greifer geschlossen und somit das Werkstück eingespannt. Anschließend bewegt der Roboter das Werkstück in eine Werkzeugmaschine usw.

Für jeden dieser Schritte gibt es entsprechende Befehle, die aneinander gereiht das Programm zur Steuerung des Roboters bilden. Die Abarbeitung des Programms kann beliebig oft wiederholt werden. Wie wird programmiert?

Teach in-Programmierung

Beim Programmieren wird der Greifer mithilfe des Programmierhandgerätes (Abb. 251.1) zu den Punkten bewegt, die für den Bewegungsablauf wichtig sind. Dazu gehören u. a. Punkte, an denen die Bewegungsrichtung geändert wird, oder Punkte, an denen Werkstücke aufgenommen oder abgelegt werden.

Befindet sich der Roboter in der gewünschten Position, z. B. in der genau eingestellten Orientierung zur Aufnahme eines Werkstückes, wird diese Position unter einer Adresse in der Steuerung gespeichert.

Der Bahnverlauf zwischen den aufgenommenen Punkten wird von der Steuerung des Roboters bestimmt. Man spricht daher von einer **Punkt-zu-Punkt-Steuerung** (Übersicht Steuerungsarten).

Programm

Abb. 251.2 zeigt einen Programmausschnitt. Er enthält neben den im Teach in-Verfahren aufgenommenen Punkten weitere Anweisungen, u. a. über Geschwindigkeiten und Wartezeiten während des Automatikbetriebes.
Diese Anweisungen werden unter Einbindung der Positionsadressen am Bedienfeld des Roboters oder an einem PC editiert. Neben der Teach in-Programmierung gibt es weitere Verfahren (Überblick Programmierverfahren).

APPRO pos1, 50	;Greifer bis auf 50 mm an Position pos1 heranfahren
SPEED 20	;Normalgeschwindigkeit (100 %) auf 20 % reduzieren
MOVES pos1	;Position pos1 geradlinig anfahren
DELAY 0.5	;0,5 Sekunden warten
CLOSEI	;Greifer schließen
DEPARTS 50	;Greifer aus der momentanen Position 50 mm geradlinig zurückbewegen
MOVE pos2	;Position pos2 anfahren

251.2 Ausschnitt aus einem Programm

ÜBERBLICK Steuerungsarten

Punkt-zu-Punkt-Steuerung

Hier wird der Bahnverlauf zwischen den nach dem Teach in-Verfahren aufgenommenen Punkten von der Steuerung des Roboters bestimmt. Anwendung findet diese Steuerungsart u. a. beim Be- und Entladen von Maschinen, beim Palettieren, bei der Montage oder beim Bestücken.

Point to Point (PTP):

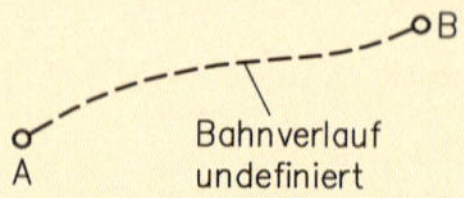

Bahnsteuerung

Hier bewegt sich der Effektor zwischen den im Teach-in-Verfahren aufgenommnenen Punkten auf einer genau definierten Bahn, z. B. einer Geraden oder einem Kreisbogen. Das ist für viele Handhabungsaufgaben wie beim Schweißen oder Auftragen von Klebern erforderlich.

Continuous Path (CP):

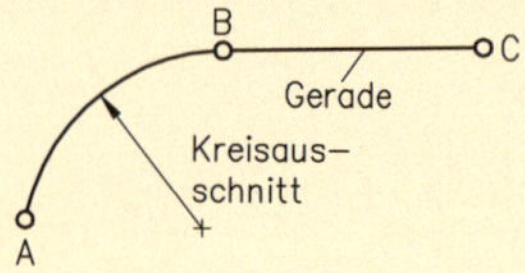

Vielpunktsteuerung

Hier wird durch viele aufgenommene Punkte der Bahnverlauf genau definiert. Das ist immer dann erforderlich, wenn eine definierte Bahn, die sich nicht oder nur schwer mathematisch beschreiben lässt, abgefahren werden muss. Ein Beispiel dafür ist das Lackieren im Playback-Verfahren (Übersicht Programmierverfahren).

Multi Point (MP):

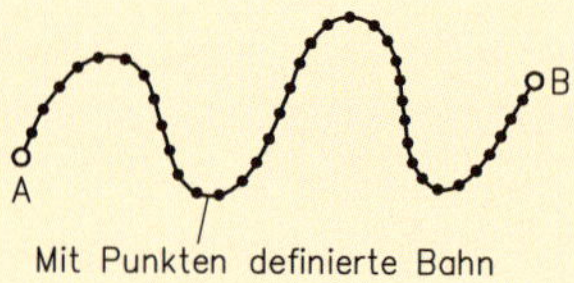

ÜBERBLICK Programmierverfahren

Teach in-Programmierung	Playback-Programmierung	Offline-Programmierung
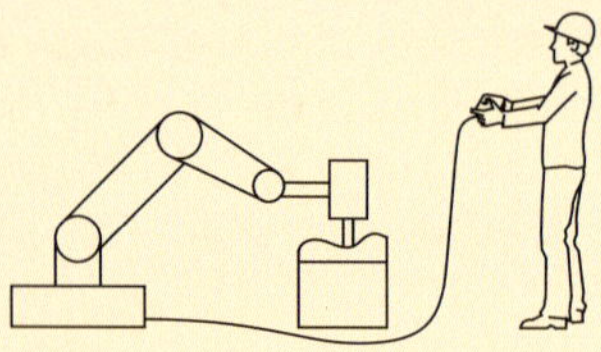	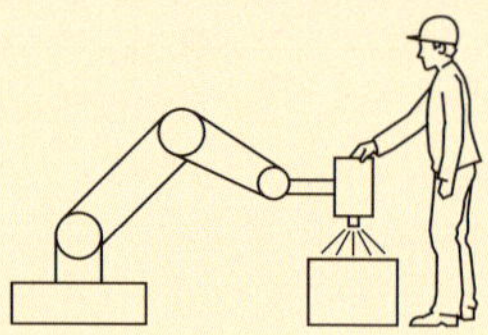	
Die Programmierung erfolgt mithilfe des Programmierhandgerätes. Damit wird der Effektor zu den Punkten bewegt, die für den automatischen Bewegungsablauf wichtig sind, z. B. Punkte, an denen sich die Bewegungsrichtung ändert. Die Koordinaten dieser Punkte werden gespeichert. Im Automatikbetrieb werden sie abhängig vom Programm nacheinander angefahren.	Zum Programmieren wird bei abgeschalteten Antrieben die gewünschte Bahn durch das Führen des Effektors mit der Hand abgefahren. Die Steuerung speichert in sehr kurzen Zeitabständen die Koordinaten der Bahnpunkte. Im späteren Automatikbetrieb wird die Bahn in ihrem gesamten Verlauf genau so abgefahren. Man spricht hier von der Vielpunktsteuerung.	Bei diesem Verfahren wird das gesamte Programm mit allen erforderlichen Daten an einem Programmierarbeitsplatz erstellt. Vorzugsweise dienen dazu CAD-Arbeitsplätze, die eine Simulation der Roboterzelle mit beweglichem Roboter ermöglichen. Somit können Bewegungsabläufe und Kollisionen am Bildschirm simuliert, analysiert und optimiert werden.
• Einfache Methode • Roboter wird zur Programmierung benötigt • Hoher Zeitaufwand	• Einfachste Methode • Roboter wird zur Programmierung benötigt • Überwiegend Lackierarbeiten	• Roboter ist während der Programmierung einsetzbar • Oft ist eine Teach in-Nachprogrammierung erforderlich

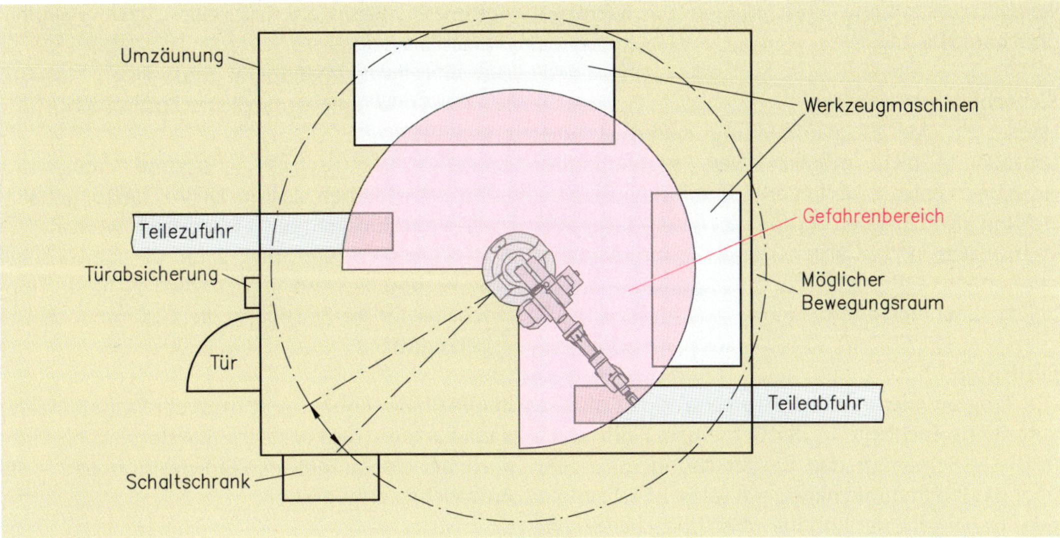

253.1 Roboterzelle

8.10.6 Sicherheit

Beim Be- und Entladen von Werkzeugmaschinen führt der Roboter schnelle und kraftvolle Bewegungen aus. Deshalb besteht durch ihn eine besondere Gefahr, wenn Personen während des Betriebs ungehindert in den Gefahrenbereich des Roboters gelangen können. Grundsätzlich gilt:

Bei der Arbeit mit einem Roboter oder in der Nähe eines Roboters besteht Lebensgefahr, wenn

- ***Sicherheitseinrichtungen fehlen oder versagen oder***
- ***Sicherheitsmaßnahmen missachtet werden.***

Sicherheitseinrichtungen

Zu wichtigen Sicherheitseinrichtungen gehören die Umzäumung des Roboters und die Begrenzung des Bewegungsbereichs.

Umzäunung

Eine Umzäunung aus starkem Metallgitter verhindert, dass Personen in den Gefahrenbereich des Roboters gelangen.

Die Umzäunung schützt auch vor Gefahren, die dadurch auftreten können, dass z. B. durch eine Störung der Effektor ein Werkstück während einer schnellen Bewegung loslässt und aus dem Arbeitsbereich des Roboters schleudert.

Abb. 253.1 zeigt die Roboterzelle zum Be- und Entladen von Werkzeugmaschinen. Die Zelle kann nur durch eine elektrisch verriegelte Tür betreten werden. Beim Öffnen der Tür müssen der Roboter und alle Peripheriegeräte stehen bleiben. Ein Wiedereinschalten der Anlage bei geöffneter Tür darf nicht möglich sein.

Weiterhin müssen außerhalb und innerhalb der Umzäumung Not-Aus-Schalter angebracht sein, mit denen die Anlage unmittelbar abgeschaltet und zum Stillstand gebracht werden kann.

Begrenzung des Bewegungsbereichs

Eine wichtige Sicherheitsforderung ist die Begrenzung des Bewegungsraumes des Roboters. Wie Abb. 253.1 zeigt, ist der Arbeitsbereich des Roboters auf den Raum begrenzt, der benötigt wird, um die zugeführten Werkstücke aufzunehmen, die Werzeugmaschinen damit zu be- und entladen und die bearbeiteten Teile zur Teileabfuhr abzulegen. Dieser eingeschränkte Bewegungsbereich des Roboters ist der Gefahrenbereich.

Der anwendungsspezifisch begrenzte Bewegungsbereich des Roboters wird als Gefahrenbereich bezeichnet.

In den meisten Fällen erfolgt diese Begrenzung durch mechanische Anschläge. Allerdings sind auch steuerungstechnische Einrichtungen zur Raumbegrenzung erlaubt.

Sicherheitsmaßnahmen

Häufig ist eine Programmierung außerhalb der Umzäunung nicht möglich. Der Programmierer muss beim Teach in-Verfahren z. B. zur genauen Einstellung der Orientierung für die Aufnahme eines Werkstückes in den Arbeits- und Gefahrenbereich des Roboters eintreten. Dazu sind besondere Sicherheitsmaßnahmen erforderlich.

Einrichten

Die Programmierung des Roboters erfolgt durch autorisierte Fachleute in der Betriebsart Einrichten. In dieser Betriebsart darf die Steuerung nur noch über das Programmierhandgerät (Abb. 251.1) erfolgen. Dabei wird der Roboter über Tippschalter mit einer – gegenüber der Normalgeschwindigkeit im Automatikbetrieb – deutlich reduzierten Geschwindigkeit bewegt. Die Betriebsarten Einrichten und Automatik müssen z. B. über einen Schalter eindeutig wählbar sein.

Das Programmierhandgerät muss einen Not-Aus-Schalter und eine zusätzliche Zustimmungstaste enthalten.

- Bei Not-Aus müssen alle Achsen und Peripheriegeräte sofort stehen bleiben. Ein im Effektor gehaltenes Werkstück darf nicht losgelassen werden.
- Der Roboter führt nur dann die gewünschte Bewegung aus, wenn zusätzlich zu dem Tippschalter für die Bewegung die Zustimmungstaste betätigt ist.

Innerhalb der Roboterzelle muss der Programmierer darauf achten, dass er solche Standorte wählt, die – auch bei einem Fehlverhalten des Roboters – ein Ausweichen ermöglichen.

Diese Ausführungen geben nur einen Überblick und entsprechen nicht den vollständigen Sicherheitsvorschriften für den Umgang mit Robotern.

Aufgaben

1 *Erläutern Sie den Aufbau eines Gelenkarmroboters!*

2 *Bescheiben Sie anhand eines Beispiels, was man unter der Positionierung und unter der Orientierung des Effektors versteht!*

3 *Erläutern Sie, was man bei einem Roboter unter den Freiheitsgraden versteht!*

4 *Welche Bewegungen werden durch rotatorische und translatorische Achsen ausgeführt?*

5 *Wodurch unterscheidet sich ein Gelenkarmroboter von einem Schwenkarmroboter?*

6 *Beschreiben Sie den Arbeitsraum eines Roboters mit RRT-Kinematik!*

7 *Welche Roboterkomponente wird als Effektor bezeichnet?*

8 *Begründen Sie, warum in der Praxis unterschiedliche Effektoren eingesetzt werden! Nennen Sie Beispiele!*

9 *Begründen Sie mithilfe eines Beispiels, warum Effektorwechselsysteme die Flexibilität und Wirtschaftlichkeit eines Robotorsystems erhöhen!*

10 *Jeder Effektor besitzt einen Tool Center Point. Erläutern Sie seine Bedeutung!*

11 *Nennen Sie die Komponenten, die zu einem Robotersystem gehören!*

12 *Erläutern Sie, was man unter der Peripherie eines Roboters versteht!*

13 *Beschreiben Sie das Teach in-Programmierverfahren!*

14 *Erläutern Sie Vor- und Nachteile der unterschiedlichen Programmierverfahren für Roboter!*

15 *Wodurch unterscheidet sich eine Punkt-zu-Punkt-Steuerung von einer Bahnsteuerung?*

16 *Erläutern Sie, welche Gefahren beim Umgang mit Robotern bestehen oder auftreten können!*

17 *Was versteht man unter dem Gefahrenbereich eines Roboters?*

18 *Beschreiben Sie wichtige Sicherheitseinrichtungen, die eine Roboterzelle aufweisen muss!*

19 *Erläutern Sie Sicherheitsmaßnahmen, die beim Programmieren des Roboters zu beachten sind!*

ÜBERBLICK **Bauarten von Robotern (Auswahl)**

Portalroboter	Schwenkarmroboter	Gelenkarmroboter
Roboter für Palletier- und Lagerarbeiten	Montageroboter, wird auch als SCARA[1] bezeichnet	Universalroboter, für fast alle Anwendungen geeignet
Beispiel: 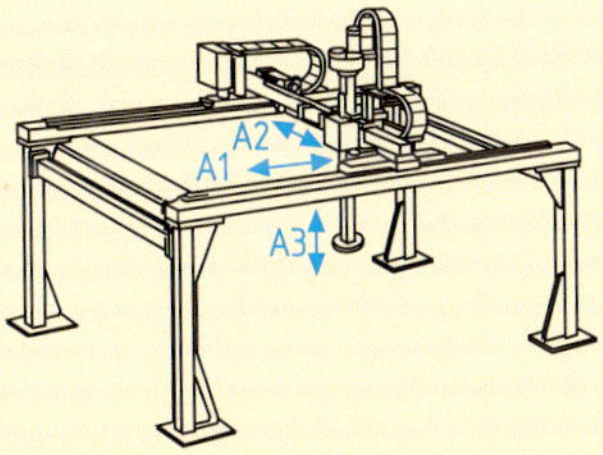 	Beispiel: 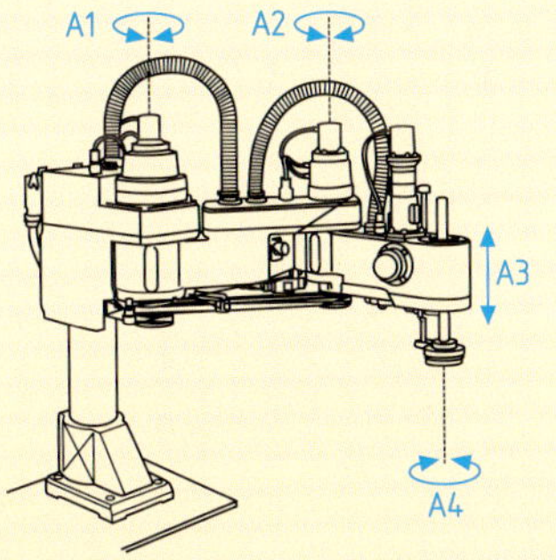 	Beispiel: 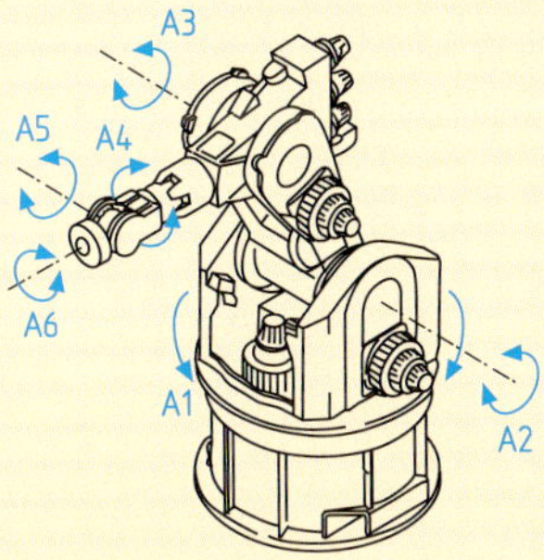
TTT-Kinematik 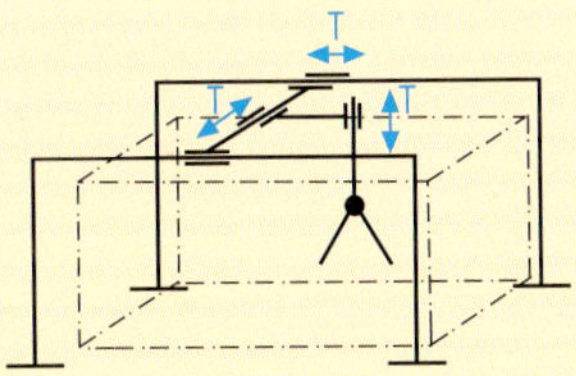 	RRT-Kinematik 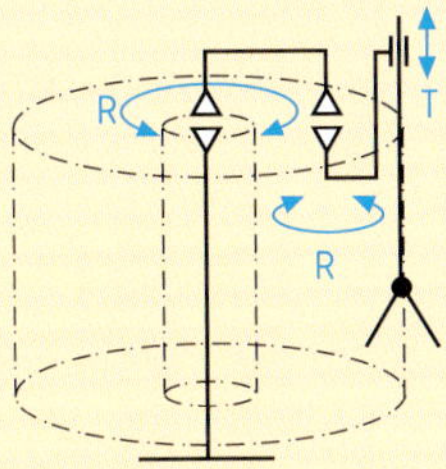 	RRR-Kinematik 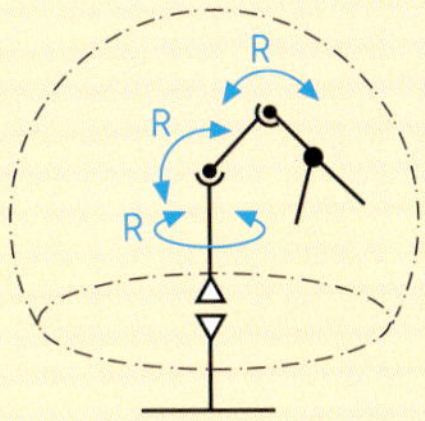
Hauptachsen: drei translatorische Achsen (T) **Nebenachsen:** ein bis zwei rotatorische Achsen (R)	**Hauptachsen:** zwei rotatorische Achsen (R) und eine translatorische Achse (T) **Nebenachsen:** meist eine rotatorische Achse (R)	**Hauptachsen:** drei rotatorische Achsen (R) **Nebenachsen:** meist drei rotatorische Achsen (R)
Vorteile: • sehr großer Arbeitsraum • hohe Genauigkeit	**Vorteile:** • hohe Genauigkeit • hohe Fügekräfte in senkrechter Richtung	**Vorteile:** • große Beweglichkeit • großer Arbeitsraum
Haupteinsatzgebiete: • Palettieren • Verpacken • Be- und Entladen • Einlegen	**Haupteinsatzgebiete:** • Einlegen, Einpressen • Schrauben • Bohren, Fräsen • Beschichten • Prüfen	**Haupteinsatzgebiete:** • Punkt- und Bahnschweißen • Lackieren • Kleben • Entgraten • Beschichten • Be- und Entladen

[1] Roboter in der Horizontalschwenkarm-Bauweise werden auch als **SCARA** bezeichnet: **S**elective **C**omliance **A**ssembly **R**obot **A**rm („Montageroboter mit ausgewählter Nachgiebigkeit").

ÜBERBLICK Handhabungssysteme

Einteilung der Handhabungssysteme

Handhabungssysteme werden unterteilt in

- frei programmierbare Geräte: Roboter, häufig als Industrieroboter bezeichnet
- fest programmierte Geräte: Einlegegeräte, auch Pick and Play-Geräte genannt
- handgesteuerte Geräte: Manipulatoren und Teleoperatoren

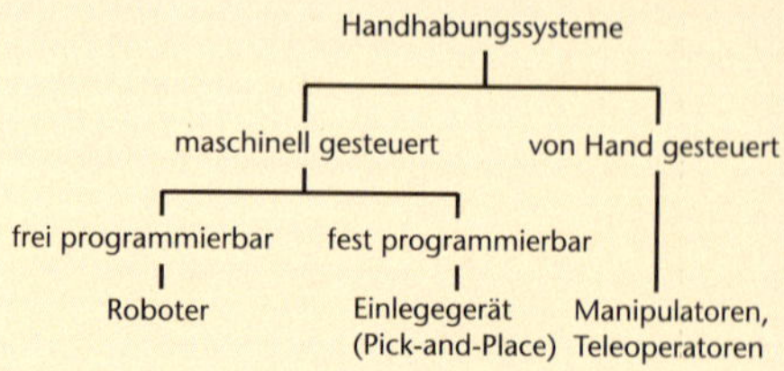

Roboter

Nach der deutschen Definition (VDI-Richtlinie 2 860) sind Industrieroboter universell einsetzbare Bewegungsautomaten mit mehreren Achsen. Die Bewegungen der Achsen sind hinsichtlich der Abfolge der Bewegungen und des Verlaufs der Bewegung – ohne mechanische Eingriffe – frei programmierbar. Die Anzahl der Achsen beträgt üblicherweise drei bis sechs.

Zur Ausführung von Fertigungs- und/oder Handhabungsaufgaben sind Roboter mit Greifern oder Werkzeugen ausgestattet.

Zur Erkennung von Lage- und Bauteilzuständen kann der Roboter mit Sensoren ausgerüstet werden, die es ermöglichen, den Bewegungsablauf in Abhängigkeit von diesen Sensoren zu steuern.

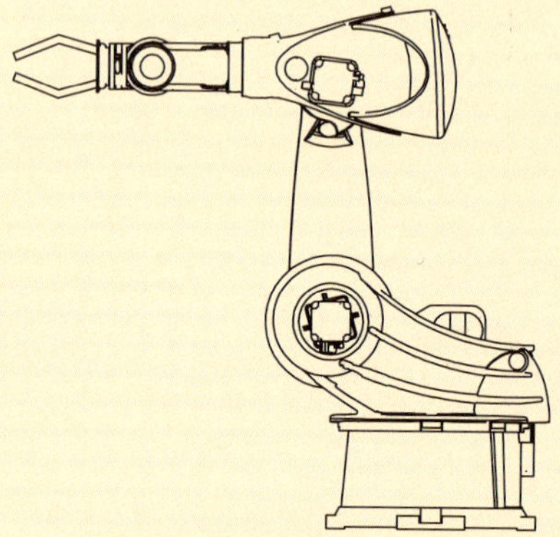

Einlegegeräte

Einlegegeräte – häufig auch Pick and Play-Geräte genannt – sind Bewegungsautomaten, die für die Ausführung einfacher linearer Bewegungen und/oder einfacher Drehbewegungen z. B. in der Serienfertigung eingesetzt werden. Dazu sind sie mit elektrischen und/oder pneumatischen Antrieben ausgestattet.

Der Bewegungsablauf ist nicht frei programmierbar.

In der einfachsten Ausführung werden alle Teilbewegungen durch Grenztaster oder mechanische Anschläge in den Endlagen begrenzt.

Für spezielle Anwendungen wird z. B. die Y-Achse programmierbar ausgeführt, die X-Achse und der Greifer werden pneumatisch gesteuert.

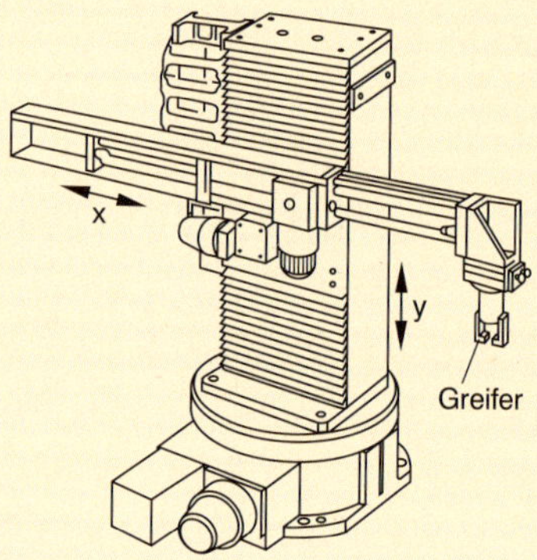

Manipulatoren und Teleoperatoren

Manipulatoren und Teleoperatoren dienen dazu, schwere Lasten zu bewegen oder Gegenstände in einer gesundheitsschädigenden Umgebung zu handhaben.

- Manipulatoren werden direkt von Hand gesteuert, z. B. zum Handhaben schwerer Schmiedewerkstücke an Schmiedepressen.
- Teleoperatoren sind fernbediente Manipulatoren, die z. B. in radioaktiven Räumen oder unter Wasser eingesetzt werden.

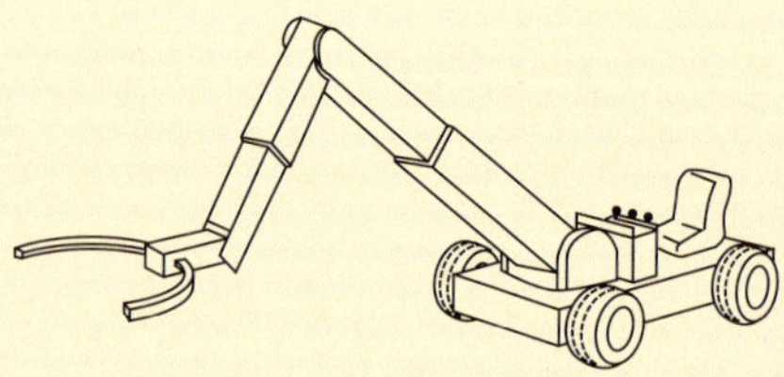

257.1 Roboter in einer Montagezelle

8.11 Positionierung

Abb. 257.1 zeigt einen Roboter bei der Montage von Steckdosen. Da die Bauteile mit einer minimalen Toleranz positioniert werden müssen, bestehen sehr hohe Anforderungen an die Genauigkeit, mit der der Roboter arbeitet.

Zur genauen Positionsbestimmung vergleicht die Robotersteuerung auf dem Weg zu einer Zielposition ständig die angestrebte Position mit der momentanen Position. Dabei wird über die Drehposition eines jeden Motors die momentane Position des zugehörigen Gelenkes errechnet. Mit den Positionen aller Gelenke lässt sich die Position des Effektors berechnen.

Die Zielposition ist erreicht, wenn die aktuelle mit der angestrebten Position übereinstimmt. Wie wird die jeweils aktuelle Position des Motors ermittelt?

8.11.1 Absolute Winkelmessung

Mit der absoluten Winkelmessung wird der Drehwinkel der Motorachse mithilfe einer optischen Abtastung direkt elektronisch abgelesen. Somit kann zu jedem Zeitpunkt exakt die Position einer Achse ermittelt werden.

Die Drehwinkelmessung erfolgt mit einer Codescheibe entsprechend Abb. 257.2. Jedem Codewert auf der Scheibe entspricht eine Position. Realisiert werden die Codemuster durch lichtdurchlässige Stellen (z. B. logisch 1) und lichtundurchlässige Stellen (z. B. logisch 0).

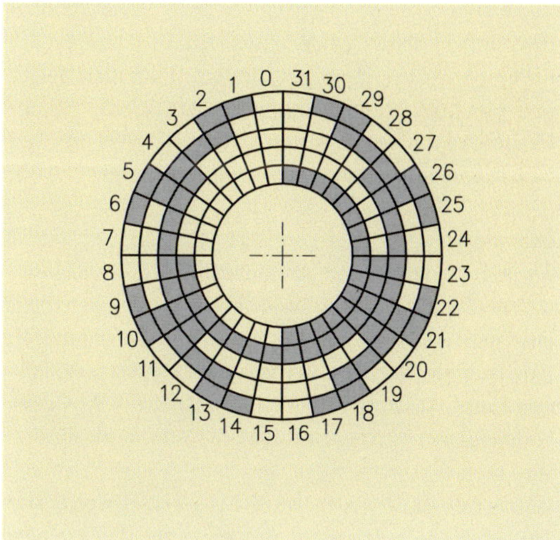

257.2 Fünfstellige Cray-Codescheibe

Abb. 257.3 zeigt den prinzipiellen Aufbau eines absoluten Winkelmesssystems. Die opto-elektronische Abtastung erfolgt mit Lichtschranken. Als Lichtquellen dienen i. d. R. Infrarot-LEDs, als Empfänger Infrarot-Fototransistoren. Die empfangenen Lichtsignale entsprechen der Winkelstellung der Codescheibe und somit dem Drehwinkel der Motorachse.

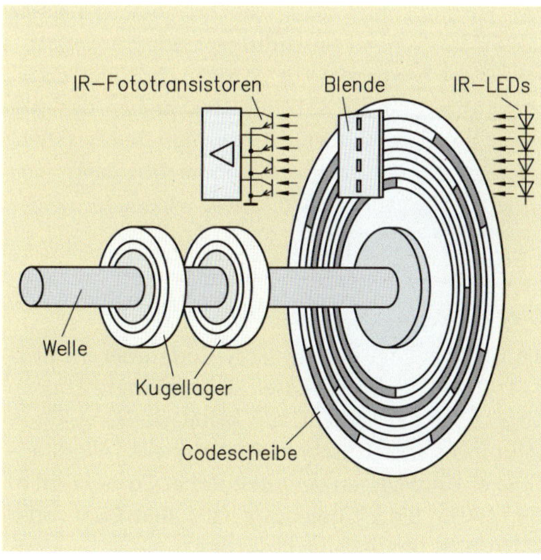

257.3 Prinzip der absoluten Winkelmessung

EXKURS Binäre Codes

Ein Code ist eine eindeutige Zuordnung z. B. zwischen zwei Zahlensystemen. So stellt der Dualcode eine Zuordnung zwischen Dualzahlen und Dezimalzahlen dar. Neben dem Dualcode wurden weitere binäre Codes entwickelt, die für bestimmte Aufgaben besser geeignet sind. Bedeutsam sind die BCD-Codes bei der binären Verschlüsselung von Dezimalzahlen und der Gray-Code bei der Weg- und Winkelmessung.

BCD-Codes

Als BCD-Codes werden alle binären Codes bezeichnet, die zur Darstellung der zehn Ziffern des dezimalen Zahlensystems dienen (**BCD**: **B**inär **C**odierte **D**ezimalzahl). Jede Dezimalziffer (0 bis 9) wird durch vier Bit verschlüsselt. Eine 4-Bit-Gruppe nennt man **Tetrade**. 4-Bit-Codes werden daher auch als tetradische Codes bezeichnet.

Unter den BCD-Codes ist der **8–4–2–1-Code** der gebräuchlichste. Bei diesem Code werden die Dualzahlen verwendet, die den Dezimalziffern 0 bis 9 entsprechen. In Anlehnung an die Bewertung der Stellen im dualen Zahlensystem ($2^3, 2^2, 2^1, 2^0$) lautet die Bezeichnung 8–4–2–1-Code.
Ein anderer BCD-Code ist z. B. der **Aiken-Code**. Dieser Code wird gemäß seiner Stellenbewertung (2^1, $2^2, 2^1$, 2^0) auch als 2–4–2–1-Code bezeichnet.

Der Gray-Code

Ein Vergleich mit dem BCD-Code ergibt: Im Gray-Code ändert sich beim Übergang von einem Codewort auf das nächste immer nur ein Bit. Ein Code mit dieser Eigenschaft wird als **einschrittiger Code** bezeichnet.
Der BCD-Code dagegen ist ein **mehrschrittiger Code**. Beim Übergang von 0111 auf 1000 ändern sich alle vier Bit. Dadurch können z. B. beim Abtasten des Drehwinkels von der Codescheibe beim Übergang von einem Messschritt zum nächsten kurzzeitig falsche Messwerte entstehen.

Dezimalzahl	BCD-Codes: 8–4–2–1-Code	BCD-Codes: Aiken-Code 2–4–2–1-Code	Gray-Code
	$2^3, 2^2, 2^1, 2^0$	$2^1, 2^2, 2^1, 2^0$	GRAY
0	0 0 0 0	0 0 0 0	0 0 0 0
1	0 0 0 1	0 0 0 1	0 0 0 1
2	0 0 1 0	0 0 1 0	0 0 1 1
3	0 0 1 1	0 0 1 1	0 0 1 0
4	0 1 0 0	0 1 0 0	0 1 1 0
5	0 1 0 1	1 0 1 1	0 1 1 1
6	0 1 1 0	1 1 0 0	0 1 0 1
7	0 1 1 1	1 1 0 1	0 1 0 0
8	1 0 0 0	1 1 1 0	1 1 0 0
9	1 0 0 1	1 1 1 1	1 1 0 1
10			1 1 1 1
11			1 1 1 0
12			1 0 1 0
13			1 0 1 1
14			1 0 0 1
15			1 0 0 0

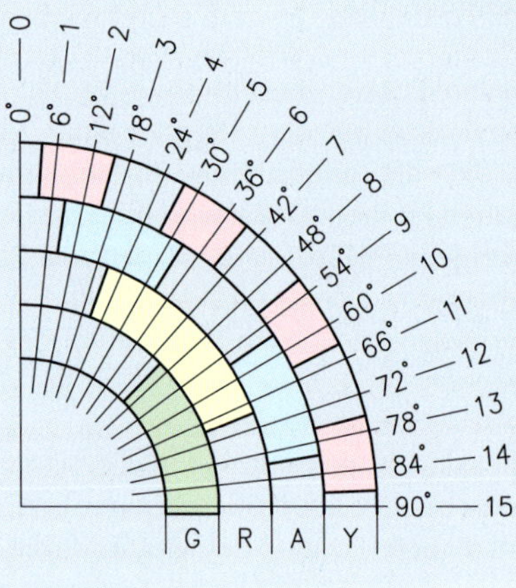

BCD- und Gray-Codes

Die Codscheiben sind im Gray-Code oder im BCD 8–4–2–1-Code verschlüsselt (Exkurs Binäre Codes). Gegenüber dem BCD-Code bietet der Gray-Code aufgrund seiner Einschrittigkeit Vorteile. Allerdings muss er zur weiteren Verarbeitung in Computern in die übliche Binär-Codierung, d. h. den Dual- oder BCD-Code, umgewandelt werden.

Singleturn-Drehgeber

Bei den bisher beschriebenen Messsystemen wird der gesamte Messbereich mit einer Codierscheibe erfasst, also über einen Drehwinkel von 360°. Diese Geber bezeichnet man als Singleturn-Drehgeber.
Bei den meisten Robotern wird die Bewegung einer Achse durch mehrere Umdrehungen des zugehörigen Motors bewirkt. Dazu müssen die direkt am

259.1 Winkelcodierer

Code	Gray oder BCD
Messschritt	2,6 Bogenminuten
max. Schrittzahl pro Umdrehung	8 192
max. Anzahl der Umdrehungen	8 192
Betriebsdrehzahl	12 000 min^{-1}
Positionsbildungszeit	0,5 ms
Lagerlebensdauer	3,6 x 10^9 Umdrehungen
Betriebstemperatur	–40 bis +100 °C
Spannungsbereich	10 bis 32 V
max. Betriebsstrom	150 mA

259.2 Kenndaten eines Winkelcodierers

Motor angebrachten Messsysteme mehrere Umdrehungen des Motors erfassen.

Multiturn-Drehgeber

Bei einem Multiturn-Drehgeber sind zwei oder mehrere durch Singleturn-Drehgeber gebildete Stufen über ein Umsetzungsgetriebe miteinander verbunden.

Dabei erfasst die erste Stufe die Drehwinkel jeweils einer Umdrehung. Die zweite Stufe erfasst die Anzahl der Umdrehungen der ersten Stufe, eine dritte Stufe die Anzahl der Umdrehungen der zweiten Stufe usw.

Beispiel: Die Auflösung der ersten Stufe beträgt 4 096 Messschritte pro Umdrehung.

Die Auflösung der zweiten Stufe beträgt 1024 Schritte pro Umdrehung.

Das heißt:

Die zweite Stufe kann 1024 Umdrehungen der ersten Stufe zählen.

Somit können maximal 4 096 x 1 024 = 4 194 304 Schritte oder Positionen ermittelt werden.

Kenndaten

Abb. 259.1 zeigt einen Multiturn-Drehgeber. Ein Auszug aus dem zugehörigen Datenblatt ist in Abb. 259.2 wiedergegeben.

Neben dem vorgestellten Beispiel gibt es z. B. Drehgeber mit einer Auflösung von bis zu 24 Bit und max. 134 217 728 Schritten. Die Übertragung der Messwerte kann je nach Ausführung seriell oder parallel erfolgen.

Wegmesssysteme

Mit dem beschriebenen Funktionsprinzip lassen sich auch lineare Wegmesssysteme realisieren. Dabei wird der Code auf einem Lineal angebracht. Diese Wegmesssysteme haben bei Robotern jedoch keinerlei Bedeutung.

Für Linearachsen werden generell – wie bei den Drehachsen – die Messsysteme auf dem Motor angeordnet. Dabei wird der lineare Weg über den Winkel ermittelt.

Weitere Messsysteme für Roboter

In Robotern wird neben dem beschriebenen absoluten Verfahren das inkrementale Messverfahren angewendet. Beide Verfahren sind digitale Verfahren. Daneben nimmt das analog arbeitende Resolver-Verfahren an Bedeutung zu (Überblick Winkelmesssysteme für Roboter).

8.11.2 Digitale und analoge Messverfahren

Neben den digitalen gibt es verschiedene analoge Verfahren (Überblick: Analoge Weg- und Winkelmesssysteme). Diese haben mit Ausnahme des Resolver-Verfahrens als Drehgeber in Robotern praktisch keine Bedeutung. Gegenüber digitalen Verfahren unterscheiden sie sich grundsätzlich in folgenden Punkten:

Digitale Messsysteme geben Ausgangssignale ab, die in der Steuerung direkt weiterverarbeitet werden können. Die Ausgangssignale der analogen Systeme müssen dagegen erst in digitale Signale umgesetzt werden.

Im Unterschied zur gestuften Messwerterfasung bei digitalen Systemen erfassen analoge Systeme die Messwerte kontinuierlich.

ÜBERBLICK Winkelmesssysteme für Roboter

Absoluter Aufnehmer	Inkrementaler Aufnehmer	Resolver
Absolutes optisch-digitales Verfahren zur Winkel- oder Wegmessung	Relatives optisch-digitales Verfahren zur Winkel- oder Wegmessung	Absolutes elektrisch-analoges Verfahren zur Winkelmessung
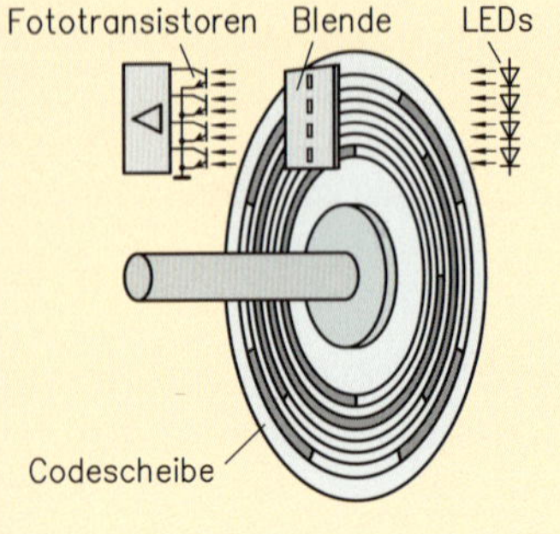	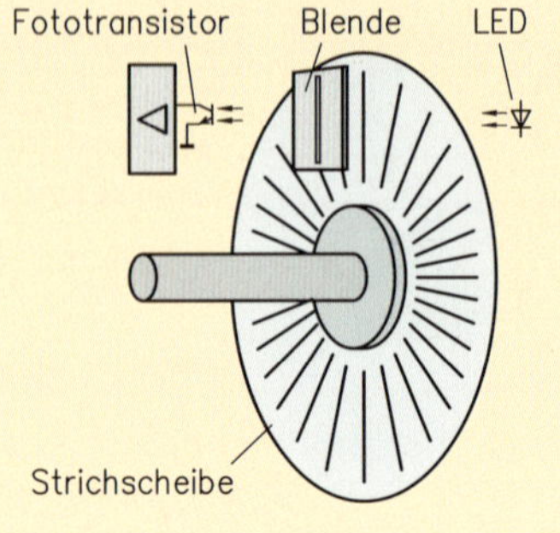	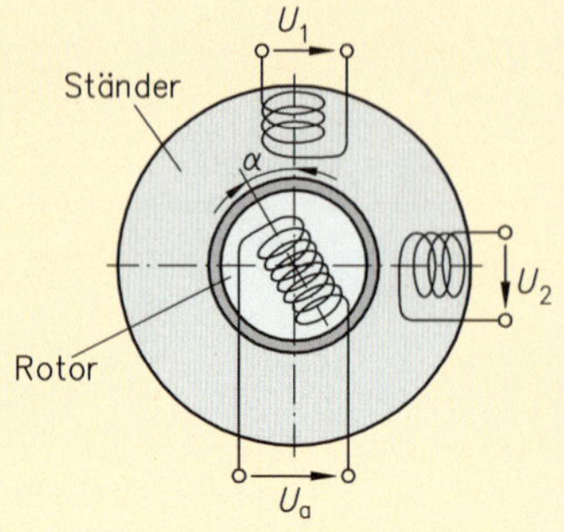
Eine Codescheibe (oder ein Codelineal) wird in einem optischen Abtastsystem bewegt. Die Einteilung auf der Scheibe (Lineal) entspricht dem Messwert des Winkels (Weges) im Dual- oder Graycode. Mit einer digitalen Auswerteschaltung wird der Winkel (Weg) direkt bestimmt.	Eine Strichscheibe (oder ein Strichlineal) z. B. aus Glas mit lichtundurchlässigen Strichen und lichtdurchlässigen Lücken wird innerhalb einer Lichtschranke bewegt. Die empfangenen Lichtimpulse steuern einen Zähler. Der Zählerstand entspricht der Winkeländerung (Wegänderung), d. h., es wird der relative Winkel (Weg) bestimmt.	In die Rotorwicklung wird durch die Statorwicklungen eine Spannung U_a induziert. Abhängig vom Drehwinkel α des Rotors weist die induzierte Spannung einen entsprechenden Phasenverschiebungswinkel auf. Der Drehwinkel des Rotors und der damit verbundenen Roboter-Motorachse wird somit direkt bestimmt.
Störempfindlichkeit: gering (durch absolute Auswertung) **Wärmeempfindlich:** ja (durch Elektronik) **Vibrationsempfindlich:** ja (durch Elektronik) **Alterung:** ja (durch Fotodetektoren)	**Störempfindlichkeit:** hoch (durch inkrementale Auswertung) **Wärmeempfindlich:** ja (durch Elektronik) **Vibrationsempfindlich:** ja (durch Elektronik) **Alterung:** ja (durch Fotodetektoren)	**Störempfindlichkeit:** sehr gering **Wärmeempfindlich:** ja (durch Elektronik) **Vibrationsempfindlich:** nein **Alterung:** nein

Aufgaben

1 *Erläutern Sie, wozu in Robotern Winkelmesssysteme eingesetzt werden!*

2 *Erläutern Sie die Funktionsweise eines absoluten Winkelmesssystems!*

3 *Beschreiben Sie, welchen Vorteil der Gray-Code gegenüber dem Dualcode aufweist!*

4 *Erläutern Sie, wodurch sich die inkrementale Messung von der absoluten Messung unterscheidet!*

5 *Mit inkrementalen Messsystemen werden relative Messungen durchgeführt. Was bedeutet das?*

6 *Welche Vorteile weist das Resolver-Messverfahren auf?*

7 *Analoge Messsysteme unterscheiden sich von digitalen Systemen. Nennen Sie Unterscheidungsmerkmale!*

8 *Wodurch unterscheiden sich analoge Wegmesssysteme?*

ÜBERBLICK Analoge Weg- und Winkelaufnehmer

Potenziometrische Aufnehmer	Differenzialspulen-Aufnehmer	Ultraschall-Aufnehmer
Weg- und Winkelmessung	Wegmessung	Abstandsmessung
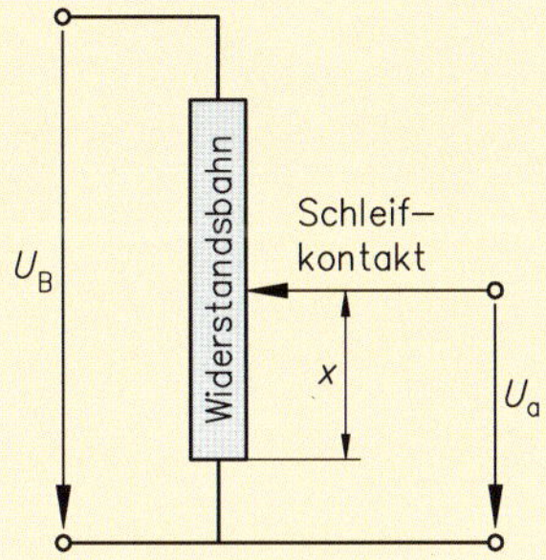	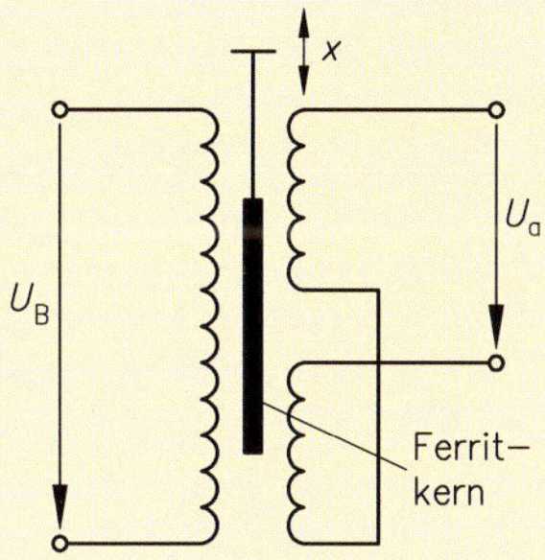	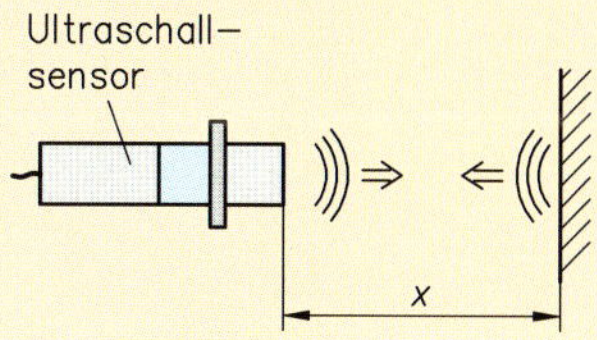
Potenziometrische Wegaufnehmer arbeiten wie linear veränderbare Widerstände: Ein Schleifkontakt wird über eine Widerstandsbahn geschoben. Je nach Auslenkung (Weg *x*) stellt sich ein entsprechender Widerstandswert ein. Die Ausgangsspannung U_a am Schleifer ist proportional zur Position (Weg *x*) des Schleifers.	Diese Wegaufnehmer werden auch als LVDT bezeichnet: Linear-Variable-Differenzial-Transformatoren. Ein Ferritkern bewegt sich berührungslos zwischen einer Primärwicklung und zwei gegenphasig angeschlossenen Sekundärwicklungen eines Transformators. Abhängig von der Position des Ferritkerns stellt sich eine Ausgangsspannung U_a ein, die dem Weg *x* proportional ist.	Dieses Messverfahren dient der Erfassung von Abständen. Der Ultraschallsensor sendet Schallimpulse aus, die von einem Gegenstand reflektiert werden. Die reflektierten Signale werden durch den Sensor registriert. Die Zeit vom Aussenden des Schallimpulses bis zum Empfang des reflektierten Signals ist ein Maß für den Abstand *x* zwischen dem Sensor und dem Gegenstand.
Die Widerstandsbahn besteht aus einem speziellen Material, das eine hohe Auflösung und eine hohe Vorschubgeschwindigkeit ermöglicht. Der Potenziometerabgriff besteht aus mehreren, auf unterschiedliche mechanische Frequenzen abgestimmten Federn, damit auch bei Vibrationen ein sicherer Kontakt gegeben ist.	Der sich zwischen den Spulen berührungslos bewegende Ferritkern arbeitet praktisch verschleißfrei. Induktive Wegaufnehmer sind sehr robust. Sie eignen sich sowohl für den Einsatz bei hohen Vibrationen und starken Beschleunigungen wie auch überall dort, wo z. B. durch Schmutz, Öl oder Wasser widrige Umgebungsbedingungen herrschen.	Abstandsmessungen mit Ultraschallsensoren werden vorwiegend zur Erfassung von Objekten im Meter-Bereich eingesetzt. Zu beachten ist, dass die Objekte nur einen bestimmten Neigungswinkel aufweisen dürfen, damit das reflektierte Signal den Sensor wieder erreichen kann.
Potenziometrische Wegaufnehmer gibt es in Ausführungen als Linear- und Drehpotenziometer zur Weg- und Drehwinkelmessung z. B. bei Koordinatentischen.	Induktive Wegaufnehmer werden u. a. eingesetzt • zum Messen von Schwingungen bei Prüfständen • zur Neigungsmessung von Positioniertischen	Ultraschall-Wegaufnehmer werden u. a. eingesetzt • zum Erfassen großer Werkstücke, z. B. auf Förderbändern • zur Abstandsmessung bei fahrerlosen Transportfahrzeugen, um Kollisionen zu vermeiden
• Messbereiche: 5 mm bis 4 m; 0° bis 360° • max. Genauigkeit: 10 µm	• Messbereiche: 0,5 mm bis 1,2 m; 0° bis 360° • max. Genauigkeit: < 1 µm	• Messbereiche: 10 mm bis 30 m • max. Genauigkeit: 1 mm

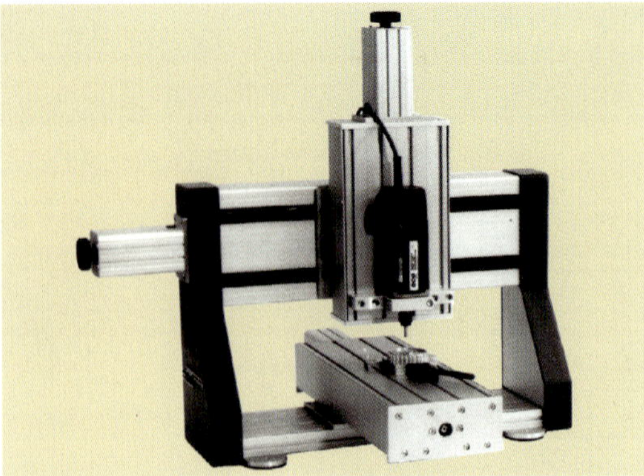

262.1 Portalsystem für eine Bohreinheit

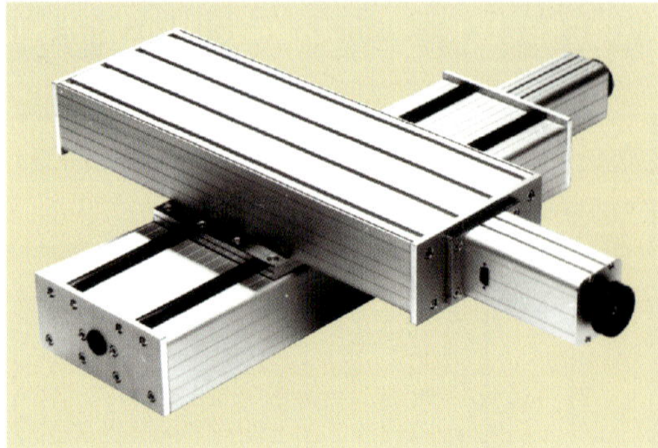

262.2 Kreuztisch aus linearen Vorschubeinheiten

8.12 Lineare Vorschubsysteme

Abb. 262.1 zeigt ein Portalsystem für eine Bohreinheit. Sie arbeitet dreidimensional und benötigt dafür lineare Vorschubeinheiten in X-, Y- und Z-Richtung. Die Vorschubeinheiten auf Abb. 262.2 werden von Schrittmotoren über einen spielfreien Kugelgewindetrieb angetrieben. Seine Positionsreproduzierbarkeit beträgt $\pm$ 0,01 mm bei einem maximalen Drehmoment von 1 Nm und einer maximalen Geschwindigkeit von 250 mm/s. Anstelle eines Schrittmotors kann auch ein DC-Servomotor eingesetzt werden.

8.12.1 Lineare Vorschubeinheiten

Die lineare Vorschubeinheit kann als **Wellenschlitten** oder als **Laufwagen** ausgeführt werden.

Wellenschlitten

Der Wellenschlitten (Abb. 262.3) wird von einem Kugelumlauf (1) geführt. Die tragenden Kugeln laufen jeweils zwischen zwei geschliffenen Stahlstiften und der Führungswelle. Die spielfreie Einstellung erfolgt mittels selbstsichernder Stellschrauben (2). Dabei werden die Kugelreihen und die Wellen gegeneinander angestellt und somit vorgespannt. Die Kugelumlenkung (3) besteht aus glasfaserverstärkten Umlenkteilen.

Als Basisträger (4) dient ein Aluminium-Strangpressprofil mit einer T-Nute zur Befestigung der Linearführung. In dem Profil sitzt eine Präzisionsstahlwelle als Führungsschiene (5). Zur Befestigung eines Transportschlittens besitzt der Wellenschlitten T-Nuteneinzüge (7) beziehungsweise Befestigungsgewinde. Die Kugelumläufe besitzen beidseitig eine Abschmiermöglichkeit (6).

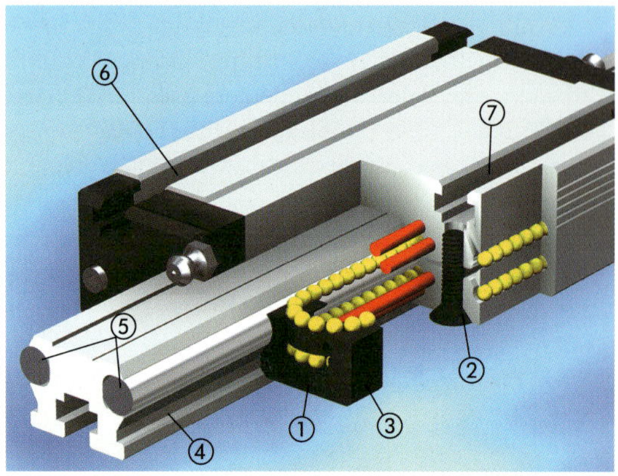

262.3 Wellenschlitten

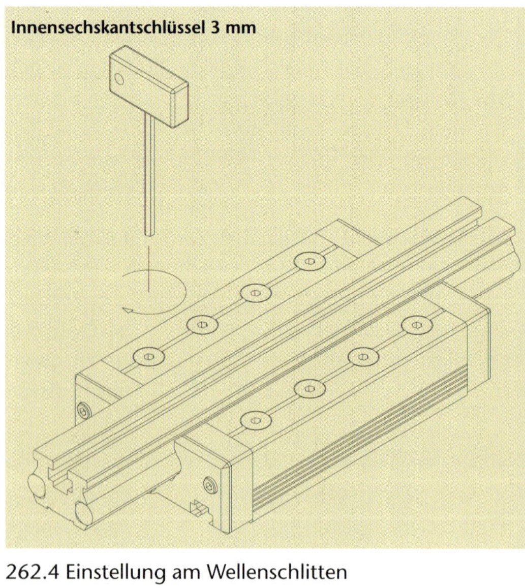

262.4 Einstellung am Wellenschlitten

Die Einstellung der Wellenschlitten erfolgt durch Anziehen der Stellschrauben an der Unterseite (Abb. 262.4).
Das Anziehen hat kreuzweise zu erfolgen, damit keine Querverspannung auftritt. Durch Erhöhen der Vorspannung können Steifigkeit, Momentenbelastung und Führungsgenauigkeit erhöht werden. Die Gebrauchsdauer wird dagegen verringert.

Wellenschlitten eignen sich besonders gut zum Aufbau von komplexen Mehrachsenanlagen für Bearbeitungssysteme wie die Bohreinheit in Abb. 262.1.

Laufwagen

Der Laufwagen (Abb. 263.1) besitzt Laufrollen (4 + 5), die ähnlich einem zweireihigen Kugellager arbeiten. Als Führungsschiene dient auch hier die Präzisionsstahlwelle (2). Zur Einstellung eines spielfreien Laufs dienen die exzentrischen Laufrollen (3). Im Bedarfsfall kann das Laufspiel nachgestellt werden.
Die geschliffene Befestigungsplatte (1) dient gleichzeitig zur Aufnahme der Laufrollen sowie eines Transportschlittens. Hierfür besitzt sie mehrere Gewindebohrungen zur Befestigung.

Die Einstellung der Laufrollen (Abb. 263.2) erfolgt zuerst mit dem Innensechskant. Das Drehmoment ist so zu wählen, dass Spielfreiheit und ein leichter Lauf zwischen den gegenüberliegenden Laufrollen gewährleistet ist. Danach ist die Sechskantmutter anzuziehen, wobei die Laufrollen mit dem Innensechskant auf der eingestellten Position gehalten werden.

Abschließend ist zu kontrollieren, dass der Laufwagen sich leichtgängig verschieben lässt und sich alle Laufrollen drehen.

Laufwagen stellen eine hochwertige Transporteinheit dar, die vorzugsweise zum schnellen Positionieren zum Einsatz kommt.

Abb. 263.3 zeigt eine Ausführung mit besonders hoher Festigkeit. Dafür sorgen insbesondere die Aluminiumprofile mit einer sehr hohen Biege- und Verdrehsteifigkeit.

Wie die Abbildung zeigt, sind diese Vorschubsysteme sowohl als Wellenschlitten als auch als Laufwagen ausgeführt.

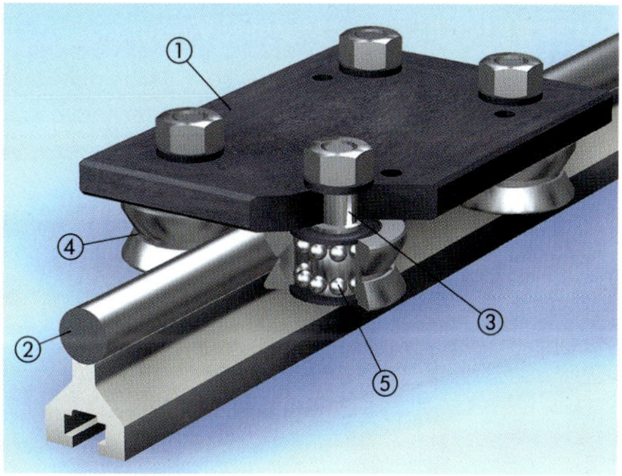

263.1 Laufwagen

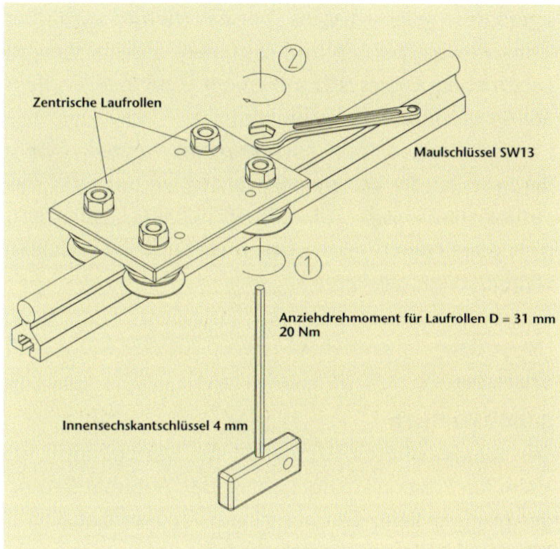

263.2 Einstellen des Laufwagens

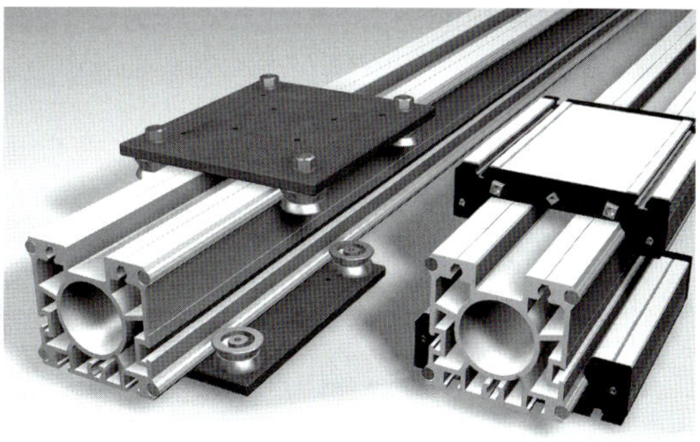
263.3 Vorschubsysteme hoher Festigkeit

ÜBERBLICK Lineare Vorschubsysteme und Drehsysteme

Kugelgewindespindel

Als Vorschubsystem für den Wellenschlitten oder den Laufwagen wird die Kugelgewindespindel eingesetzt. In dem Spannblock mit einer Fußbefestigung sitzt die Kugelgewindemutter. In dieser läuft spielfrei die Kugelgewindespindel. Es gibt Spindeln mit unterschiedlicher Gewindesteigung. Von der Steigung ist die Größe der Kraftübertragung (Tragzahl) abhängig. Eine kleine Steigung hat eine größere Tragzahl.

Die Gewindespindel besitzt ein freies Wellenende zum Anschluss des Antriebsmotors über eine Wellenkupplung.

Zahnriementrieb

Die Abbildung zeigt einen Zahnriementrieb für den Vorschub des Wellenschlittens. Der Zahnriemen wird über Umlenkrollen geführt und von dem Zahnriemenrad angetrieben. Dieses sitzt auf einem Stahlritzel, an dem der Antriebsmotor befestigt wird.

Der Zahnriemen kann nachgespannt werden, indem der Exzenter der Umlenkrolle verstellt wird. In das Vorschubsystem sind Überfahrendschalter integriert, sodass ein Fahren gegen den mechanischen Anschlag verhindert werden kann.

Dieser Zahnriementrieb ist ebenso für den Laufwagen einsetzbar.

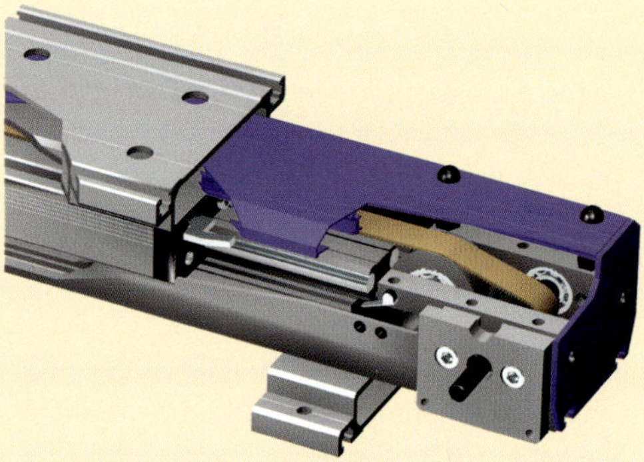

Rundschalttisch

Der Rundschalttisch ist sowohl für Bearbeitungs- als auch für Positionieraufgaben in der Automatisierung geeignet. Er kann darüber hinaus im Handlings- und Montagebereich eingesetzt werden.

Der Rundtisch wird über einen Schrittmotor oder einen DC-Servomotor und einem Übersetzungsgetriebe angetrieben. Zur Positionierung besitzt er einen integrierten Encoder mit einer Winkelteilung von bis zu 0,1 grd.

Des Weiteren besitzt er eine Magnetbremse, um für besondere Anwendungen das Haltemoment zu erhöhen.

8.13 Getriebe und Kupplungen

Das Transportband der Galvanikanlage (Abb. 232.2) wird von einen Drehstrommotor angetrieben, dessen Drehzahl über einen Frequenzumrichter stufenlos einstellbar ist. Daher wird der Antriebsmotor über einen Zahnriemen direkt mit der Antriebswelle des Transportbandes verbunden.

Stufengetriebe

Zahnriemen und Riemenscheiben stellen ein **einstufiges Zugmittelgetriebe** dar, das zur Übertragung der Bewegungsenergie durch **Formschluss** und damit ohne **Schlupf** überträgt. Es dient zur Änderung von Drehzahl und Drehmoment.
Eine Änderung der Drehrichtung ist bei diesem Zugmittelgetriebe durch eine Drehrichtungsänderung des Antriebsmotors möglich.
Zugmittel übertragen eine Drehbewegung von einer Welle auf eine andere bei größeren Achsabständen. Als Zugmittel werden neben Zahnriemen auch Keilriemen, Flachriemen oder Ketten eingesetzt.

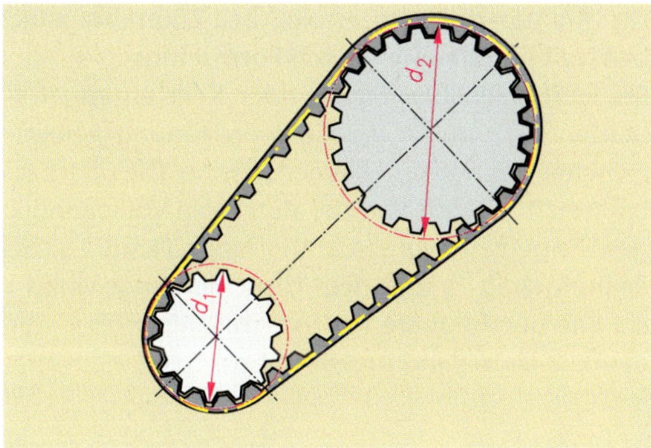

265.1 Zahnriemengetriebe

EXKURS Übersetzungen

Einstufige Getriebe übertragen die Drehbewegung von einer Welle auf die andere in einem bestimmten Übersetzungsverhältnis. Dabei bleibt die **Umfangsgeschwindigkeit** v der beiden Räder gleich (ohne Schlupf).

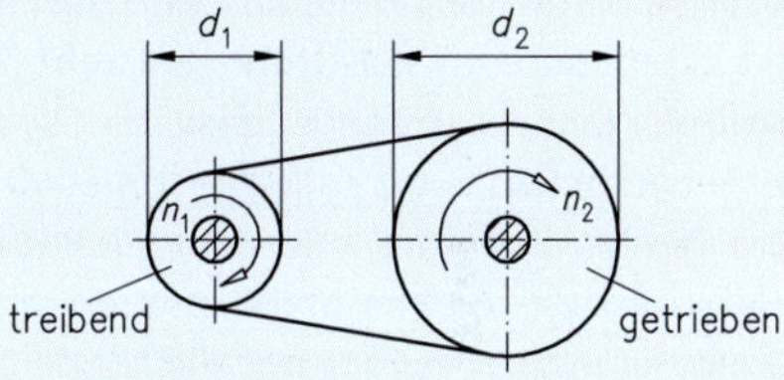

$$v_1 = v_2$$
$$d_1 \cdot \pi \cdot n_1 = d_2 \cdot \pi \cdot n_2$$
$$\frac{n_1}{n_2} = \frac{d_2}{d_1}$$

$$v = d \cdot \pi \cdot n$$

v Umfangsgeschwindigkeit in m/min, m/s
d Durchmesser in mm
n Drehzahl in 1/min

Das Verhältnis der Drehzahl des antreibenden Rades n_1 zum getriebenen Rad n_2 bezeichnet man als das **Übersetzungsverhältnis i.**

$$i = \frac{n_1}{n_2} = \frac{d_2}{d_1}$$

Mehrstufige Getriebe übertragen die Drehbewegung über mehrere Wellen mit unterschiedlichen Übersetzungsverhältnissen. Dabei ist die **Drehzahl *n*** der Räder auf einer Welle gleich groß.
Daher ergibt das Verhältnis zwischen erstem Rad n_1 und letztem Rad n_4 das Produkt aus den beiden einzelnen Übersetzungsverhältnissen i_1 und i_2.

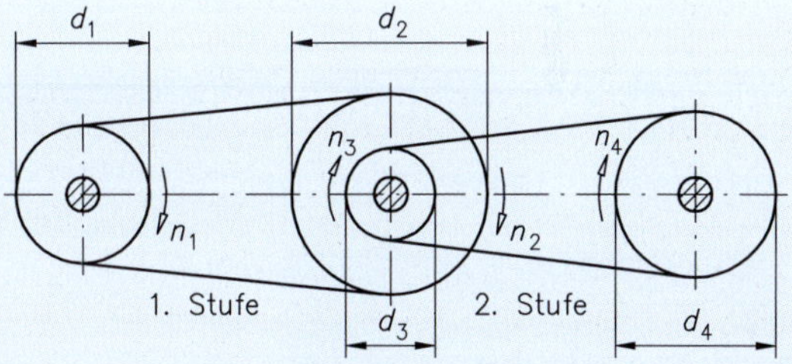

$$i_1 = \frac{n_1}{n_2} \qquad i_2 = \frac{n_3}{n_4}$$
$$n_2 = n_3$$

Das **Gesamtübersetzungsverhältnis** i_{ges} eines Getriebes ist das Produkt aller Einzelübersetzungen.

$$i_{ges} = i_1 \cdot i_2 \cdot i_3 \cdot \ldots \cdot i_n$$

Die Kraftübertragung erfolgt bei Zugmittelgetrieben durch **Kraft**- oder durch **Formschluss**.
Bei kraftschlüssigen **Flach**- oder **Keilriemen**getrieben entsteht durch die Riemenspannung Reibung zwischen Riemen und Riemenscheibe. Die übertragbare Kraft F hängt von der durch die Vorspannung des Riemens hervorgerufenen Normalkraft F_N, der Reibungskraft F_R und dem Umschlingungswinkel β ab. Die übertragbare Kraft nimmt mit größer werdendem Umschlingungswinkel zu.

$$F_R = \mu_H \cdot F_N$$

F_R Reibkraft in N
μ_H Haftreibungszahl
F_N Normalkraft in N

Der ziehende Riemenstrang wird als **Lasttrum** bezeichnet, der gezogene als **Leertrum**. Durch stärkere Dehnung im Lasttrum entsteht ein **Dehnschlupf**, der dazu führt, dass die Drehzahl des getriebenen Rades geringfügig (bis etwa 2 Prozent) geringer ist als die des antreibenden Rades.
Kraftschlüssige Riementriebe dienen als Überlastschutz für Antriebe oder nachfolgende Maschinen, da der Riemen bei Überbelastung rutschen kann.
Formschlüssige Zugmittelgetriebe übertragen Drehbewegungen schlupffrei durch **Zahnriemen** oder **Ketten**. Zahnriemen werden bei Steuerantrieben eingesetzt, wenn die Übertragung der Drehbewegung bei gleich bleibendem Übersetzungsverhältnis erfolgen muss. Ketten sind unempfindlich gegenüber starker Verschmutzung und hohen Temperatu-

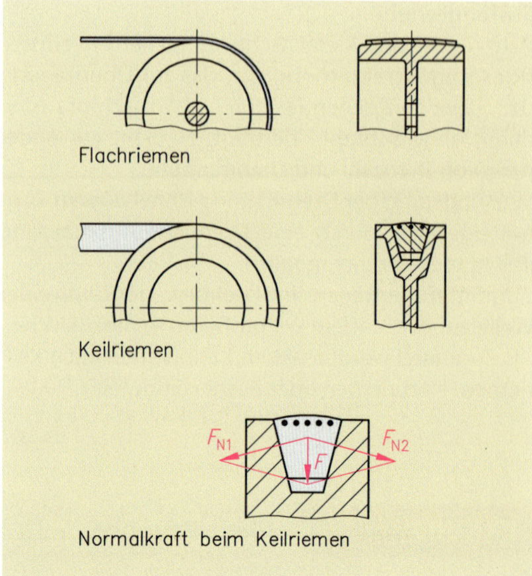

266.1 Flach- und Keilriemen

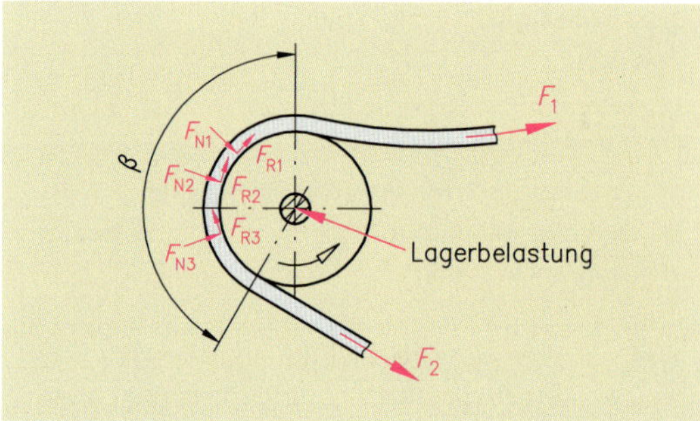

266.2 Umschlingungswinkel und Kräfte am Riementrieb

ÜBERBLICK Zugmittelgetriebe

	Flachriemengetriebe	Keilriemengetriebe	Zahnriemengetriebe	Kettengetriebe
Umfangskraft	mittel	sehr hoch	hoch	hoch
Umfangsgeschwindigkeit	bis 100 m/s	bis 50 m/s	bis 80 m/s	bis 40 m/s
mögl. Übersetzungsverhältnisse	max. 6 : 1	max. 10 : 1	max. 15 : 1	über 15 : 1
Übertragung der Drehbewegung	kraftschlüssig, mit großem Schlupf	kraftschlüssig, mit Schlupf	formschlüssig	formschlüssig
Schwingungsdämpfung	gut	gut	gut	gering
Einsatzbeispiele	Generatorantriebe	Werkzeugmaschinen	Steuerantriebe	Fahrrad, Hebezeuge

Der Rundschalttisch (vgl. Seite 264) wird von einem DC-Servomotor angetrieben. Die Drehbewegung des Servomotors wird über ein **Zahnradgetriebe** auf den Tisch übertragen.

Der Motor liegt außerhalb des Tisches und die Motorwelle hat nicht die gleiche Richtung wie die Welle des Rundtisches. Da die beiden Wellen sich kreuzen, wird hier ein **Schraubenradgetriebe** eingesetzt.

Mit diesem Schraubenradgetriebe werden Drehrichtung, Drehzahl und Drehmoment verändert.

Zahnradgetriebe übertragen Drehbewegungen formschlüssig. Für die Berechnung der Übersetzungen werden die **Teilkreisdurchmesser *d*** der einzelnen Zahnräder herangezogen, die sich in einem Punkt berühren.

Der Teilkreisdurchmesser eines Zahnrades ergibt sich aus dem **Modul *m*** und der ganzzahligen **Zähnezahl *z*** eines Rades. Der Modul ist die Grundgröße für die Zahnradberechnung und in der Modulreihe nach DIN 780 festgelegt.

$$m = \frac{d}{z}$$

m Modul in mm
d Teilkreisdurchmesser in mm
z Zähnezahl

Da Teilkreisdurchmesser und Zähnezahl proportional zueinander sind, lässt sich aus dem Verhältnis der Zähnezahlen ebenfalls das Übersetzungsverhältnis ermitteln.

$$i = \frac{n_1}{n_2} = \frac{d_2}{d_1} = \frac{z_2}{z_1}$$

267.1 Schraubenradgetriebe

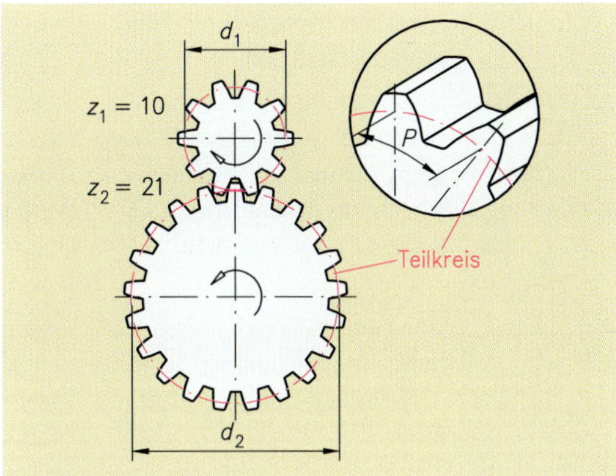

267.2 Teilkreisdurchmesser und Teilung

Die Summe der Teilkreisradien ergibt bei außenverzahnten Rädern den **Abstand** der beiden Wellen.

$$a = \frac{d_1 + d_2}{2}$$

a Achsabstand in mm
d_1, d_2 Teilkreisdurchmesser in mm

ÜBERBLICK **Grundformen von Zahnradgetrieben**

Wellen liegen parallel zueinander	Wellen schneiden sich	Wellen kreuzen sich	
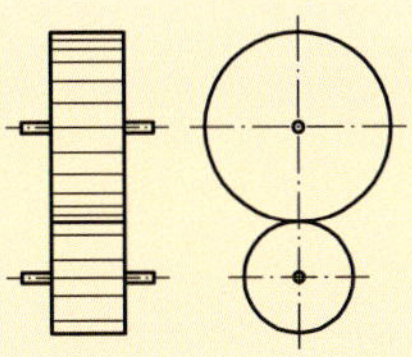	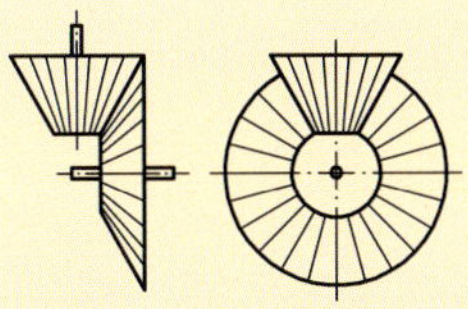	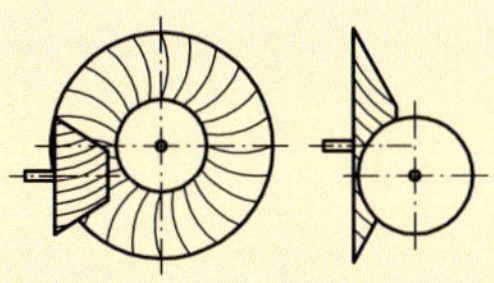	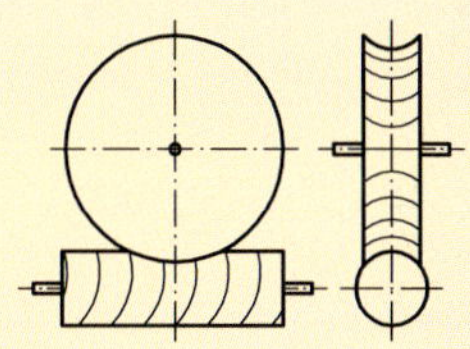
Stirnradgetriebe	Kegelradgetriebe	Schraubenrädertrieb	Schneckentrieb

ÜBERBLICK Getriebe

<table>
<tr><td>Zugmittelgetriebe</td><td>Übertragung einer Drehbewegung von einer Welle auf eine andere, bei einem Achsabstand, der größer ist als die Summe der Radien von An- und Abtriebsrad. Meist verbunden mit Drehzahländerung.</td><td>Übertragen der Drehbewegung der Pedalbewegung auf das Hinterrad eines Fahrrads.</td><td>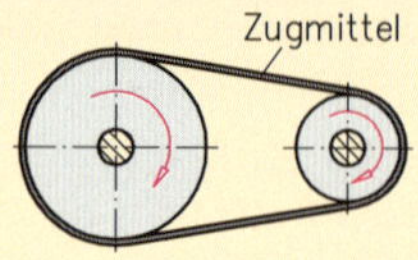
</td></tr>
<tr><td>Zahnradgetriebe</td><td>Übertragung einer Drehbewegung von einer Welle auf eine andere, verknüpft mit der Umkehrung der Drehrichtung. Meist angewendet zur Änderung der Drehzahl.</td><td>Umformung der Drehzahl und Drehrichtung von der Antriebseinheit auf die Arbeitseinheit in einem Drehmaschinengetriebe.</td><td>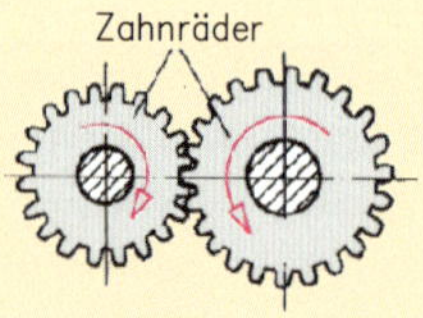
</td></tr>
<tr><td>Schraubengetriebe</td><td>Umwandlung einer Drehbewegung in eine geradlinige Bewegung, wobei die geradlinige Bewegung der Drehbewegung jederzeit proportional ist.</td><td>Schlittenbewegung an der Drehmaschine.
Umformung der Drehbewegung an der Spindel in geradlinige Bewegung des Schlittens.</td><td>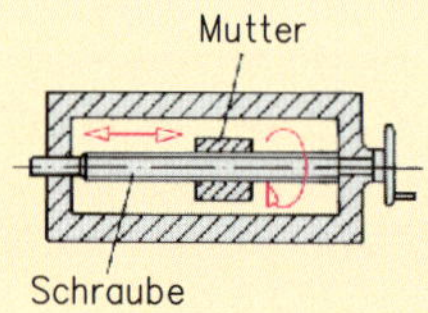
</td></tr>
<tr><td>Gelenkgetriebe</td><td>Umwandlung einer Drehbewegung in eine geradlinige Hin- und Herbewegung oder umgekehrt.</td><td>Umformung der geradlinigen Kolbenbewegung eines Verbrennungsmotors in die Drehbewegung der Kurbelwelle.</td><td>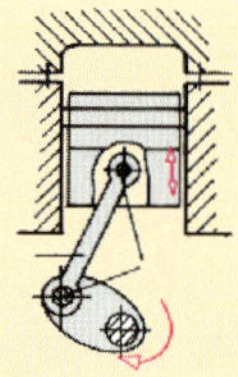</td></tr>
<tr><td>Kurvengetriebe</td><td>Umwandlung einer Drehbewegung in eine andere Bewegung nach bestimmter Gesetzmäßigkeit.</td><td>Umwandlung der Drehbewegung der Nockenwelle in geradlinige Hubbewegung der Ventilsteuerung im Kraftfahrzeug.</td><td>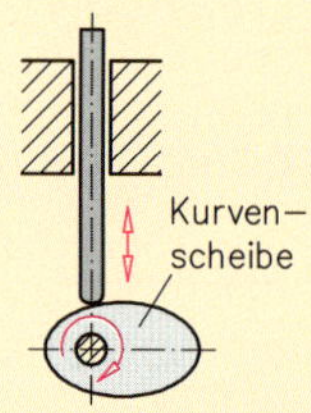
</td></tr>
<tr><td rowspan="2">Stufenlose Getriebe</td><td rowspan="2">Stufenloses Verändern von Drehzahlen im Stillstand oder unter Last</td><td>Reibradgetriebe:
Kraftschlüssige Übertragung von Drehmomenten durch verstellbare Reibräder</td><td>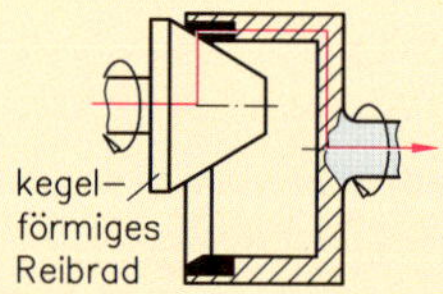
</td></tr>
<tr><td>Umschlingungsgetriebe mit Lamellenkette:
Formschlüssige Übertragung von Drehmomenten durch eine Lamellenkette zwischen axial verstellbaren Kegelscheibenpaaren</td><td>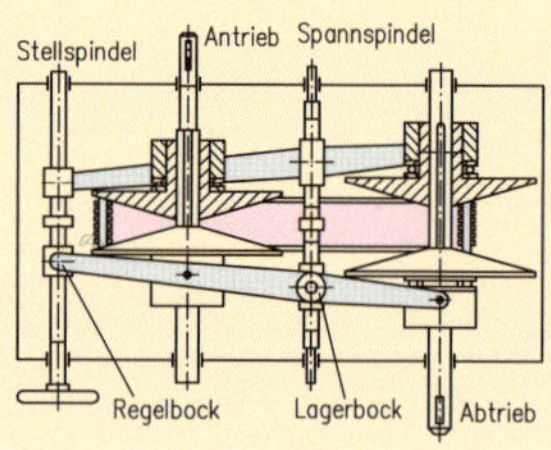
</td></tr>
</table>

ÜBERBLICK Kupplungen

Kupplungen übertragen Drehmomente von einem Wellenende auf ein anderes. Sie dienen

- zur Trennung/Verbindung von Energieübertragungselementen (Antrieb-Getriebe; Welle-Zahnrad)
- zum Schutz gegen Überlastung
- zur Dämpfung von Stößen
- zum Ausgleich von Querverlagerung, Längenänderung oder Winkelbeugung
- zur leichteren Montage von Energieübertragungseinheiten

Nicht schaltbare Kupplungen

Starre Kupplungen	**Schalenkupplung** Kraftschlüssige Kupplung zur Übertragung kleinerer Drehmomente bei fluchtenden Wellen	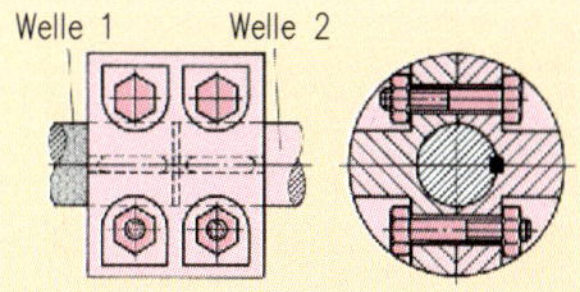
	Klauenkupplung Formschlüssige Kupplung zur Übertragung größerer Drehmomente mit Möglichkeit zum Längenausgleich	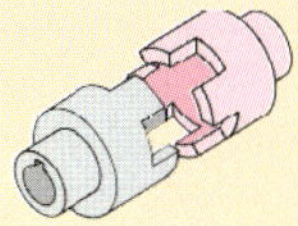
Elastische Kupplungen	**Periflex®-Kupplung** Formschlüssige elastische Kupplung mit Gummiwulst zum Ausgleich von Längenänderungen, Querversatz und Winkelbeugung und zur Dämpfung von Stößen	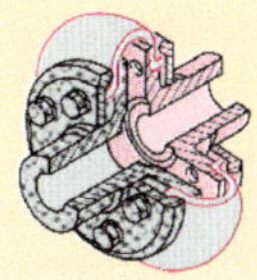

Schaltbare Kupplungen

Im Stillstand schaltbar	**Klauenkupplung** Formschlüssige Kupplung (s. o.) mit einer auf einem Wellenende verschiebbaren Kupplungshälfte	
Unter Last schaltbar	**Lamellenkupplung** Kraftschlüssige Kupplung mit Lamellen, die wechselweise mit den jeweiligen Kupplungshälften verbunden sind. Bei eingekuppelten, gegeneinander gepressten Lamellen wird das Drehmoment durch Reibung übertragen. Die Kupplungen können hydraulisch, elektromagnetisch oder mechanisch geschaltet werden.	 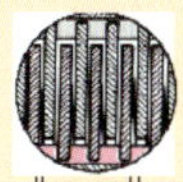 Lamellen entkuppelt  Lamellen gekuppelt

Aufgaben

1 *Was verstehen Sie unter einem Zugmittelgetriebe?*

2 *Beschreiben Sie die Unterschiede zwischen einem Zugmittelgetriebe mit Flachriemen und mit einem Zahnriemen!*

3 *Warum wird für einen Fahrradantrieb kein Riementrieb gewählt?*

4 *Beschreiben Sie den Unterschied zwischen einem Kegelrad- und einem Schraubenradgetriebe!*

5 *Vergleichen Sie Zugmittelgetriebe und Zahnradgetriebe miteinander! Nennen Sie dazu Anwendungsbeispiele!*

6 *Bei einem Zahnradgetriebe (Modul $m = 0{,}8$ mm) ist ein beschädigtes Rad auszuwechseln. Berechnen Sie für das neue Rad Teilkreisdurchmesser und Zähnezahl, wenn das Übersetzungsverhältnis $i = 2{,}617$ und der Teilkreisdurchmesser des unbeschädigten Rades 37,6 mm beträgt!*

7 *Welches Getriebe ist geeignet, eine Drehbewegung in eine Längsbewegung umzuwandeln?*

8 *Erläutern Sie das Grundprinzip stufenlos verstellbarer Getriebe!*

9 *Eine nicht schaltbare Kupplung soll einen Elektromotor mit einem Förderband für Schüttgut verbinden. Wählen Sie eine geeignete Kupplung aus!*

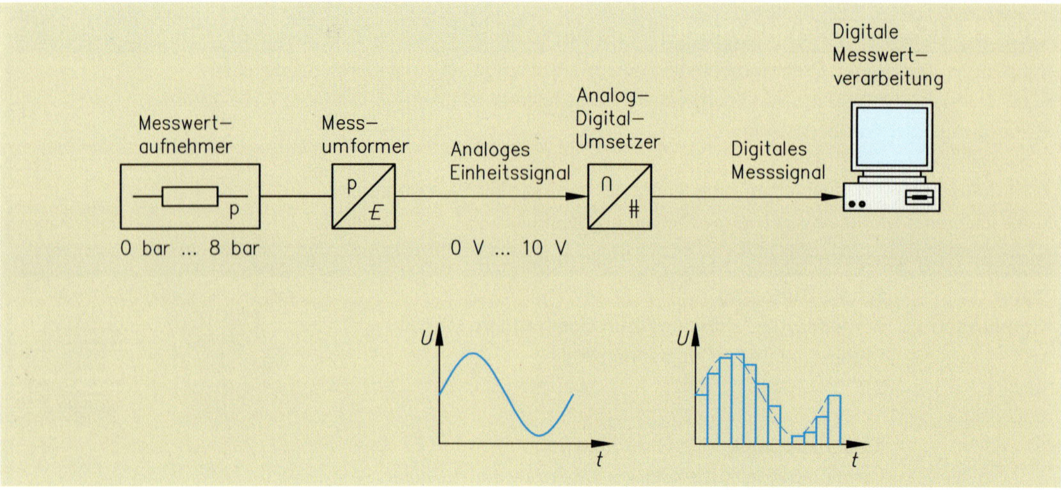

270.1 Messkette für die Druckaufnahme

9 Der Informationsfluss in mechatronischen Systemen

9.1 Signalverarbeitung bei der Messsignalübertragung

Bei der Überwachung des Druckes in einem Behälter muss die aufzunehmende Größe Druck in eine für die Übertragung und Verarbeitung geeignete elektrische Größe umgeformt werden. Für die digitale Verarbeitung der Messwerte in einem Computer müssen analoge Messsignale in digitale umgesetzt werden.

Abb. 270.1 zeigt eine Messkette für die Aufnahme des Druckes. Die Messkette enthält die von der Aufnahme bis zur Verarbeitung der Messwerte erforderlichen Funktionseinheiten: Messwertaufnehmer, Messumformer, Analog-Digital-Umsetzer und einen Computer zur Verarbeitung und Auswertung der Messwerte.

9.1.1 Aufnahme der Messwerte

Die Aufnahme des Druckes (Exkurs Drücke) erfolgt über einen Drucksensor mit Dehnungsmessstreifen, kurz DMS genannt. Abb. 270.2 zeigt einige Bauformen. Je nach Bauart der Aufnehmer wirkt der Druck auf einen Tubus oder auf eine Membran. An der dem Messmedium abgewandten Seite befindet sich ein Dehnungsmessstreifen.

Abb. 270.3 zeigt einen Dehnungsmessstreifen. Er besteht aus einem Leiter, der als Messgitter auf einem Träger angeordnet ist. Als Messgittermaterialien werden Konstantan, Nickel-Chrom-Legierungen oder Halbleitermaterialien verwendet. Als Träger dient eine Kunststofffolie, die z. B. auf die Membran des Drucksensors geklebt wird.

270.2 Drucksensoren

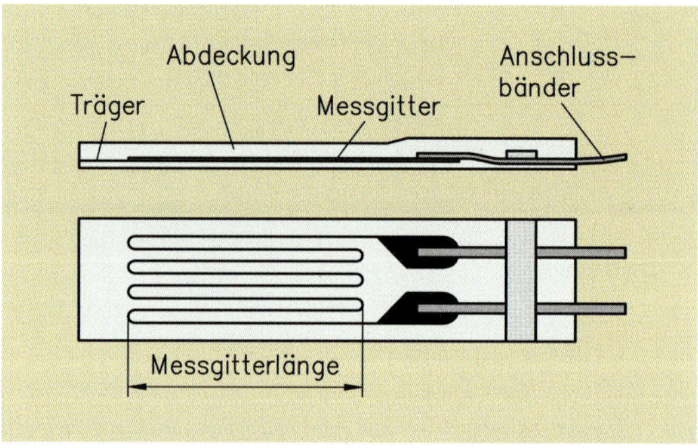

270.3 Aufbau eines DMS

EXKURS **Drücke**

Druck ist festgelegt als Kraft je Fläche: $p = F/A$.
Angegeben wird der Druck in N/m^2, Pa (Pascal) oder bar.
Dabei gilt: $1 \text{ bar} = 10^5 \text{ Pa} = 10^5 \text{ N/m}^2$

Der Bezugsdruck bestimmt den Druck
Damit der Druck als Messgröße dargestellt werden kann, muss ein Bezugspunkt festgelegt werden:
Legt man als Bezugspunkt den Drucknullpunkt des Vakuums fest, dann stellt der Messwert den **Absolutdruck** p_{abs} dar.
Wählt man den umgebenden **Atmosphärendruck** $p_{amb} \approx 1$ bar als Bezugspunkt, dann werden **Überdrücke** p_e gemessen. Damit ergibt sich auch der **Differenzdruck** Δp.

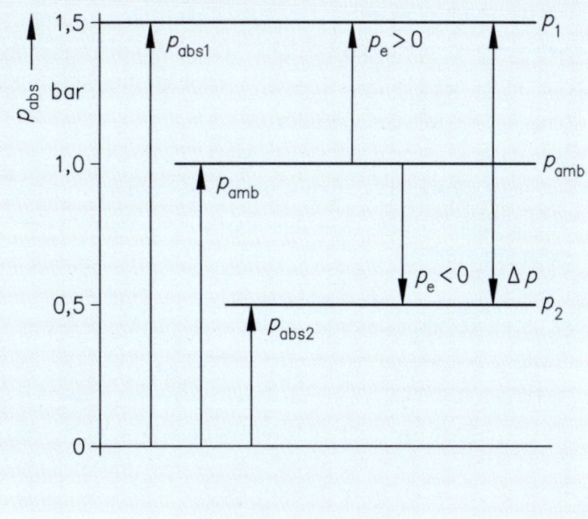

Werden die Leiter des Dehnungsmessstreifens durch Verformung der Membran gestreckt oder gestaucht, ändern sich Länge und Querschnitt. Daraus folgt eine Widerstandsänderung, mit der die Kräfte bzw. Drücke erfasst werden, die diese Formänderung bewirken.

Die Widerstandsänderung von Dehnungsmessstreifen (DMS) ermöglicht die Messung von Kräften und Drücken.

Wird ein Dehnungsmessstreifen gedehnt, erhöht sich sein Widerstand; wird er gestaucht, verringert sich sein Widerstand.
In mechatronischen Systemen wird meist der Überdruck (Exkurs Drücke) gemessen. Dabei dient der Atmosphärendruck als Bezugsgröße.
Bei Drucksensoren, die ihre Messung auf den Drucknullpunkt des Vakuums beziehen, befindet sich hinter der Membran eine evakuierte Vergleichskammer. Dadurch ist der von diesen Druckaufnehmern angezeigte Druck ein Absolutdruck.

9.1.2 Messumformer

Der Messumformer (Abb. 271.1) besteht aus einem Druck-Spannungs-Wandler (P-U-Wandler) und einem Verstärker. Abb. 271.2 verdeutlicht das.
Mit dem Wandler wird der Druck über den dadurch beeinflussten Widerstand des DMS in eine entsprechende elektrische Spannung umgewandelt (Exkurs Druck-Spannungs-Wandlung).

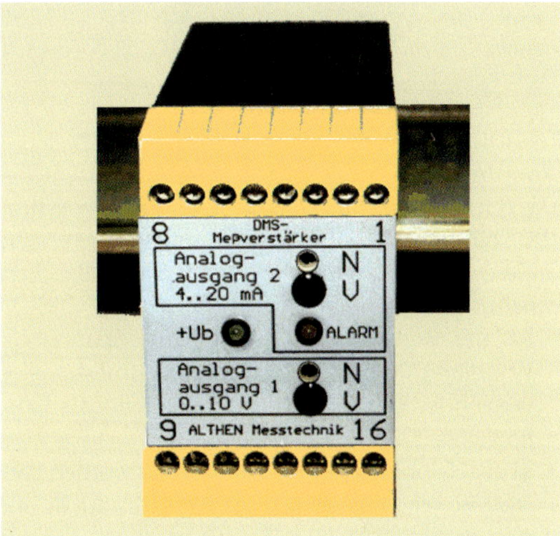

271.1 Messumformer (auch Messverstärker genannt)

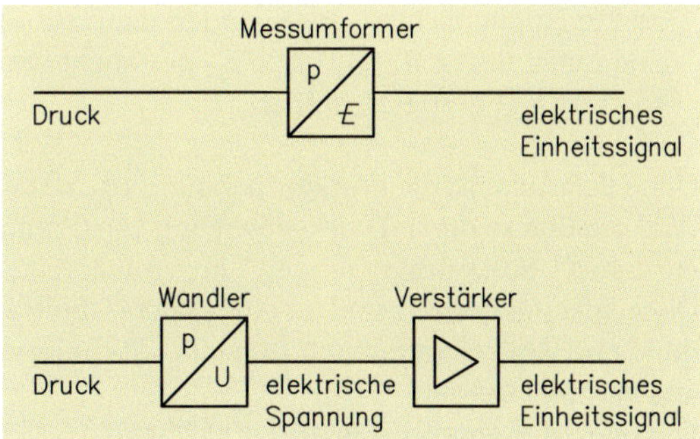

271.2 Messumformer: Wandler und Verstärker

EXKURS **Druck-Spannungs-Wandlung**

Die Wandlung des auf einen DMS wirkenden Druckes in eine entsprechende elektrische Spannung erfolgt mithilfe einer Messbrücke. Die nebenstehende Abbildung zeigt das Prinzip der Viertelbrücke.

Die dem Druck entsprechende Brückenspannung U_{AB} wird an den Punkten A und B abgegriffen. Wie entsteht diese Spannung?

In einer Reihenschaltung verhalten sich die Teilspannungen wie die Widerstände. Somit liegt bei einer Betriebsspannung $U_B = 10$ V an jedem der Widerstände R_3 und R_4 ($R_3 = R_4$) eine Teilspannung von 5 V an. Am Punkt B besteht daher ein konstantes Potenzial von 5 V.

In dem mit Punkt A verbundenen Brückenzweig befindet sich der DMS. Ohne Belastung beträgt der Widerstand es DMS 120 Ω. Da der Widerstand R_1 auch den Wert 120 Ω aufweist, beträgt das Potenzial am Abgriff A ebenfalls 5 V. Ohne Belastung des DMS gilt: $U_{AB} = 0$ V.

Viertelbrücke:

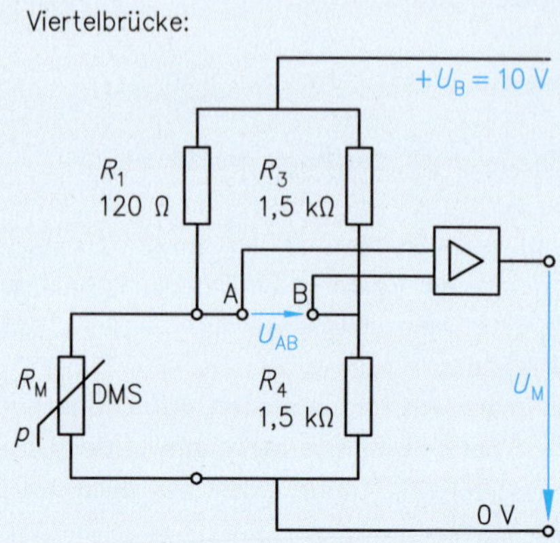

Wird der DMS gestreckt, steigt sein Widerstandswert. Dadurch fällt am DMS eine höhere Spannung ab als am Widerstand R_1. Also erhöht sich das Potenzial am Punkt A. Die Messspannung U_{AB} nimmt einen positiven Wert an.

Anordnung der Messstreifen

Die durch die Verformung der Dehnungsmessstreifen auftretenden Widerstandsänderungen sind außerordentlich gering. Daher werden Brückenschaltungen verwendet:

- Bei der Viertelbrücke (Exkurs Druck-Spannungs-Wandlung) wird nur ein Dehnungsmessstreifen verwendet. Diese Brücke weist die geringste Empfindlichkeit auf.
- In der Halbbrücke (Abb. 272.1 oben) werden zwei DMS so eingesetzt, dass z. B. R_{M1} gestaucht und R_{M2} gestreckt werden. Dadurch erhöht sich die Empfindlichkeit der Brücke.
- Die Vollbrücke (Abb. 272.1 unten) liefert die größte Empfindlichkeit. Hier werden die DMS so eingesetzt, dass z. B. R_{M1} und R_{M4} gestaucht und R_{M2} und R_{M3} gestreckt werden.

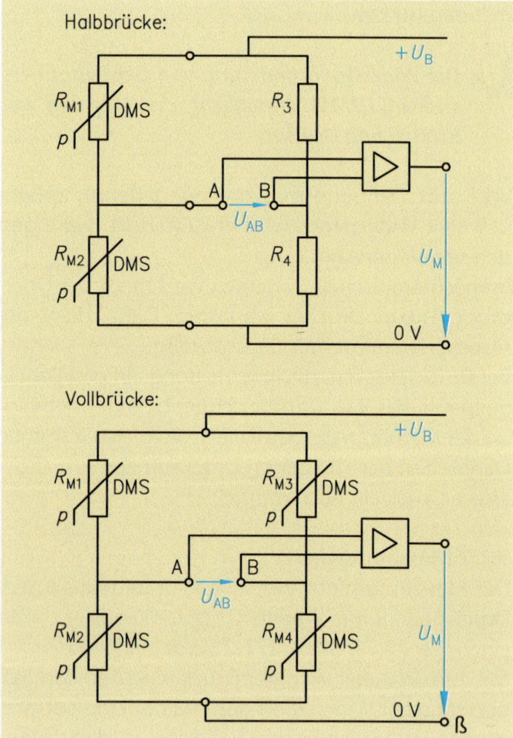

272.1 Halb- und Vollbrücke

Ohne Belastung ist die Brückenspannung $U_{AB} = 0$ V. Wird die Brücke durch Druckeinwirkung verstimmt, entstehen Brückenspannungen im mV-Bereich. Diese Spannungswerte sind für eine sichere Übertragung und Weiterverarbeitung zu gering. Sie müssen also verstärkt werden.

Von dem Messumformer in Abb. 271.2 wird ein Einheitssignal ausgegeben. Was bedeutet das?

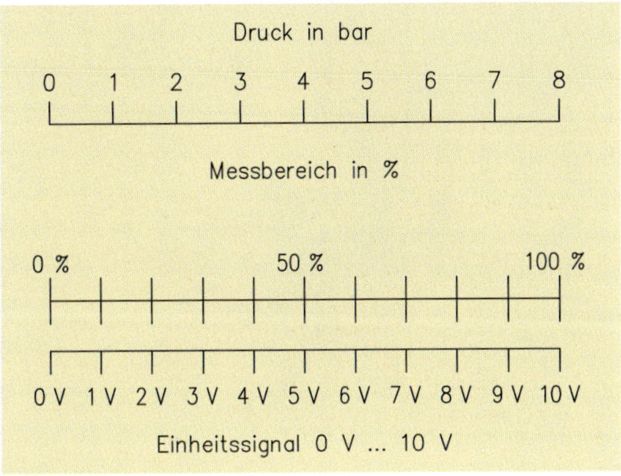

273.1 Einheitssignal 0 V ... 10 V

Einheitssignale

Einheitssignale sind Signale, deren Minimal- und Maximalwert durch Normung festgelegt sind. Nach dem Eingangsbeispiel entsprechend Abb. 270.1 wird der Druckbereich 0 bar bis 8 bar in das Einheitssignal 0 V bis 10 V umgeformt.

Wie Abb. 273.1 zeigt, wird dabei dem unteren Druckwert von 0 bar der Gleichspannungswert 0 V zugeordnet. Er entspricht 0 % des Messbereichs. Dem oberen Druckwert von 8 bar wird die Spannung 10 V zugeordnet. Dieser Wert entspricht 100 % des Messbereichs.

Neben diesem Einheitssignal gibt es weitere: 2 V bis 10 V, 0 mA bis 20 mA, 4 mA bis 20 mA und 0,2 bar bis 1 bar (Übersicht Einheitssignale).

Aufgaben

1. *Beschreiben Sie, wodurch sich der Absolutdruck vom Überdruck unterscheidet!*
2. *Bestimmen Sie den Absolutdruck, wenn ein Überdruck von 0,5 bar gemessen wird (p_{amb} = 1,0 bar)!*
3. *Was versteht man unter der Bezeichnung DMS?*
4. *Erläutern Sie die Funktion eines Messumformers!*
5. *Begründen Sie, warum bei Anwendung der Halb- oder der Vollbrücke die Empfindlichkeit der Brücke erhöht wird!*
6. *Die auf einen Träger wirkende Kraft soll mit einer Vollbrücke gemessen werden. Wie müssen die DMS auf dem Träger angeordnet sein?*
7. *Erläutern Sie, welchen Vorteil das Einheitssignal 2 V bis 10 V gegenüber dem Einheitssignal 0 V bis 10 V bietet!*

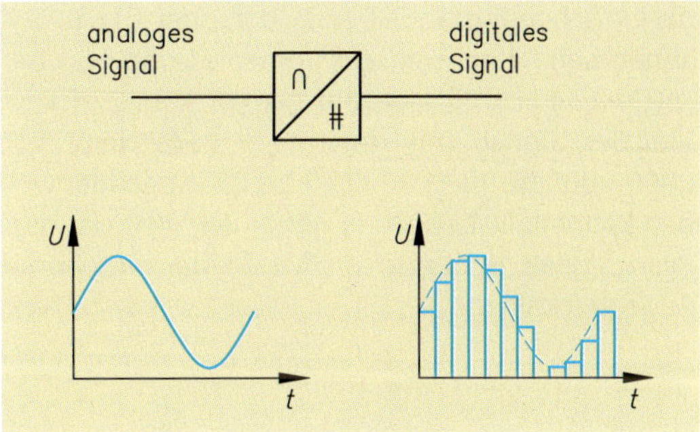

273.2 Analoge und digitale Signale

9.1.3 Analoge und digitale Signale

Für die weitere Verarbeitung gemäß Abb. 270.1 muss das analoge Einheitssignal in ein digitales Signal umgesetzt werden. Das ist erforderlich, da die Auswertung der Messsignale in einem Computer erfolgt. Dieser kann nur in digitaler Form vorliegende Informationen verarbeiten.

Analoge Signale

Ein analoges Signal stellt eine physikalische Größe in Abhängigkeit von der Zeit dar. Physikalische Größen wie der in eine elektrische Spannung umgewandelte Druck können innerhalb ihrer physikalischen Grenzen jeden beliebigen Wert annehmen. Dadurch erfolgt der Zeitablauf und somit die Änderung der dargestellten physikalischen Größe kontinuierlich (Abb. 273.2).

Digitale Signale

Ein digitales Signal ist der Augenblickswert einer physikalischen Größe. Sie wird als ganze Zahl in einem beliebigen Zahlensystem gemessen und dargestellt. Somit ist die Digitalisierung des Druckverlaufs die Aneinanderreihung von Augenblickswerten (Abb. 273.2).

Ein anschauliches Beispiel ist die Digitaluhr. Sie kann nur bestimmte Werte anzeigen, z. B. im Minutentakt. Im Unterschied zu einer analogen Uhr kann jedoch kein Ablesefehler entstehen, da die digitale Anzeige selbst in der letzten Stelle eindeutig ist. Eine Änderung kann nur stufig erfolgen. Wie werden digitale Signale gebildet?

In einem Computer werden binäre (zweiwertige) Signale verarbeitet. Der Informationsgehalt eines solchen Signals wird als Bit bezeichnet. Ein Bit kann die logischen Zustände 0 (z. B. 0 V) oder 1 (z. B. 5 V) annehmen. Durch die Zusammenfassung von beispielsweise acht Bit entsteht gemäß Abb. 274.1 ein digitales Signal, mit dem $2^8 = 256$ Werte von 0000 0000 bis 1111 1111 (0 bis 255) gebildet werden können. Dabei gilt: Je höher der Wert des digitalen Signals ist, umso größer ist der zugehörige Augenblickswert.

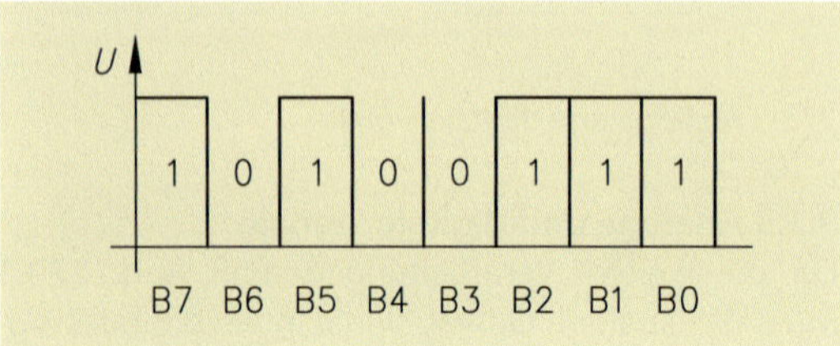

274.1 Digitales Signal

Analog-Digital-Umsetzung

Abb. 274.2 zeigt einen 8-Bit-Analog-Digital-Umsetzer, auch AD-Umsetzer oder kurz ADU genannt. Abb. 274.3 enthält das zugehörige Anschlussbild. An den Eingang U_{IN} wird das dem gemessenen Druckwert entsprechende analoge Einheitssignal 0 V bis 10 V geschaltet. An den Ausgängen B0 bis B7 wird das umgesetzte digitale Signal abgegriffen.

Ein Analog-Digital-Umsetzer (AD-Umsetzer) setzt analoge Eingangssignale in digitale Ausgangssignale um.

Die Anschlüsse + 24 V und 0 V dienen der Spannungsversorgung. Über den Eingang H (Hold) wird der Umsetzer gesteuert:

- Liegt am Eingang H ein Low-Pegel (0 V), wird ein Umsetzungsvorgang gestartet.
- Liegt am Eingang H ein High-Pegel (+ 24 V), wird das Ergebnis der letzten Analog-Digital-Umsetzung gespeichert.

Kenndaten

Abb. 274.4 zeigt einen Auszug aus dem Datenblatt. Entsprechend der Kennzeichnung als 8-Bit-Umsetzer enthält das Ausgabesignal 8 Bit, d. h., es besteht aus einem Datenwort, das sich aus 8 logischen Nullen und Einsen zusammensetzt. Dabei entspricht eine logische 0 dem L-Pegel (Low-Pegel), der mit 0 V ausgegeben wird. Eine logische 1 wird mit einem H-Pegel (High-Pegel) ausgegeben, d. h. mit der Spannung 17 V.

274.2 Analog-Digital-Umsetzer

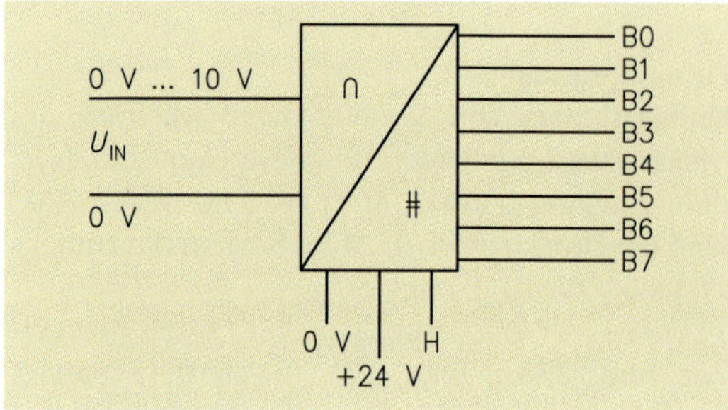

274.3 Anschlussbild

Betriebsspannung:	24 V
Eingangssignal:	0 V ... 10 V
Ausgangssignal:	8 Bit
Ausgabepegel:	H-Pegel: 17 V (logisch 1)
	L-Pegel: 0 V (logisch 0)
LSB:	39 mV
max. Fehler:	± 1/2 LSB
Umsetzungszeit:	≤ 4 µs

274.4 Datenblattauszug

LSB

Das **LSB** beträgt laut Datenblatt 39 mV. LSB steht für **L**east **S**ignificant **B**it (niederwertigstes Bit = Bit B0 = Bit 2^0). Was bedeutet das?

Bei der Analog-Digital-Umsetzung kann nicht für jeden möglichen analogen Wert ein entsprechender digitaler Wert gebildet werden. Abb. 275.1 zeigt den Anfangs- und den Endbereich der Übertragungskennlinie.

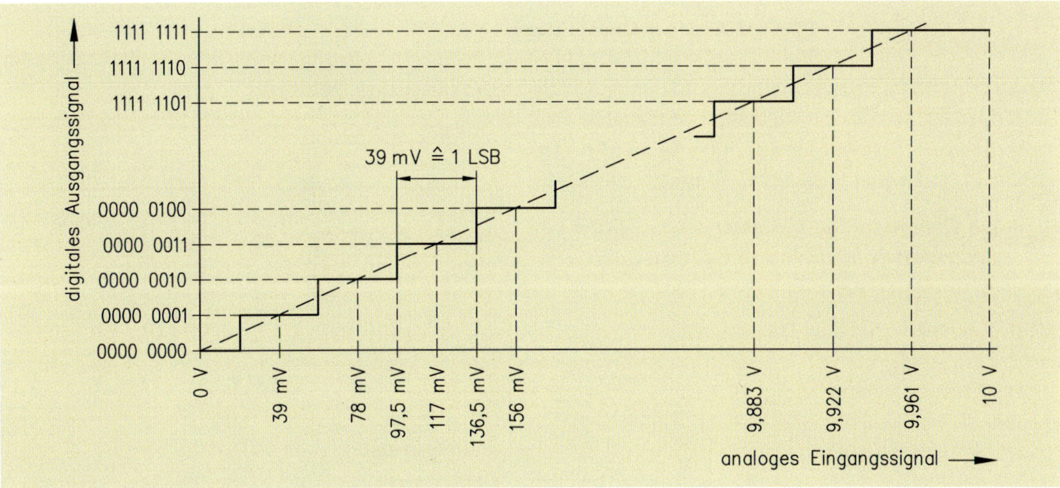

275.1 Übertragungskennlinie eines Analog-Digital-Umsetzers

$U_{LSB} = U_M / 2^n$

U_{LSB} Spannungsänderung je Stufe in V
U_M analoger Messbereich in V
n Anzahl der Bit des Umsetzers

Beispiel: Welchem Spannungsbereich entspricht das LSB eines 8-Bit-Umsetzers bei einem Messbereich von 0 V bis 10 V?
Lösung: Geg.: $U_M = 10$ V, $n = 8$; ges.: U_{LSB}

$U_{LSB} = U_M / 2^n$
$U_{LSB} = 10\text{ V} / 2^8 = 10\text{ V} / 256$
$U_{LSB} = 39{,}2$ mV
$U_{LSB} \approx$ **39 mV**

275.2 Berechnung des LSB

Die Kennlinie verläuft stufig. So wird z. B. das digitale Signal 0000 0011 für den analogen Spannungsbereich von 97,5 mV bis 136,5 mV, also für einen Spannungsbereich von 39 mV ausgegeben. Dieser Spannungsbereich entspricht dem LSB. Abb. 275.2 zeigt, wie es berechnet wird.

Maximaler Fehler

Weiterhin gibt das LSB die maximale Ungenauigkeit des umgesetzten Signals an. Laut Datenblatt beträgt sie ± ½ LSB.

Wie Abb. 275.1 zeigt, entspricht das digitale Signal 0000 0011 – idealerweise – der analogen Spannung von 117 mV. Bezogen auf diesen Wert kann das analoge Signal maximal ± 19,5 mV abweichen. Das entspricht ± ½ LSB. Wie lässt sich die Genauigkeit erhöhen?

Auflösung

Ein 8-Bit-Umsetzer hat eine Auflösung von 8 Bit. Damit kann ein Messbereich von 0 V bis 10 V in $2^8 =$ 256 digitale Signale von 0000 0000 bis 1111 1111 aufgeteilt werden. Das LSB entspricht der Spannung 39 mV.

Bei einem kleineren Messbereich, z. B. von 0 V bis 5 V ergibt die Berechnung: $U_{LSB} = 19{,}5$ mV. Der maximale Fehler beträgt ± 9,75 mV. Durch die Verringerung des Messbereiches hat sich die Genauigkeit erhöht.

Da die Messbereiche in der Regel festgelegt sind, muss – sofern eine höhere Genauigkeit erforderlich ist – ein Umsetzer mit einer höheren Auflösung verwendet werden. Handelsüblich sind neben 8-Bit-Umsetzern z. B. Umsetzer mit einer Auflösung von 12 Bit (12-Bit-Umsetzer). Bei einem Messbereich von 0 V bis 10 V ergibt die Berechnung: $U_{LSB} = 2{,}44$ mV. Das bedeutet:

Je höher die Auflösung eines Umsetzers ist, umso höher ist die Genauigkeit.

EXKURS Digital-Analog-Umsetzung

Wird mit einem Computer eine analoge Baugruppe angesteuert, so müssen die vom Computer erarbeiteten digitalen Signale in analoge Signale umgesetzt werden. Das geschieht mit einem Digital-Analog-Umsetzer (ADU).

Ein Digital-Analog-Umsetzer setzt digitale Eingangssignale in analoge Ausgangssignale um.

Die nebenstehenden Abbildungen zeigen Auszüge aus dem Datenblatt eines 8-Bit-DA-Umsetzers.

- Die Betriebsspannung beträgt 24 V.
- Über die Eingänge B0 bis B7 wird das digitale Signal an den Umsetzer übergeben.
- Das entsprechende analoge Ausgangssignal befindet sich im Bereich von 0 V bis 10 V; es wird über U_{OUT} abgegriffen.
- Mit einem L-Pegel am Anschluss H (Hold) wird eine Umsetzung durchgeführt.
- Mit einem H-Pegel am Anschluss H (Hold) wird das digitale Signal gespeichert.

Liegt an den digitalen Eingängen das Signal 0000 0001 an, beträgt – aufgrund des analogen Spannungsbereichs von 0 V bis 10 V – die Ausgangsspannung U_{OUT} = 39 mV. Diese Spannung entspricht dem LSB, also dem niederwertigen Bit B0 = Bit 2^0. Mit jeder Erhöhung am digitalen Eingang um 1, erhöht sich die Ausgangsspannung um diesen Betrag. Das bedeutet: U_{OUT} erhöht sich nicht stetig, sondern stufig. Der höchste Spannungswert wird bei dem digitalen Signal 1111 1111 ausgegeben und beträgt 9,961 V.

Digital-Analog-Umsetzer:

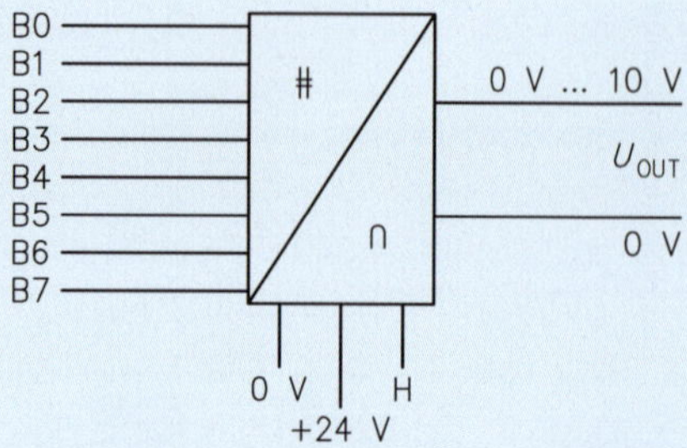

Betriebsspannung:	24 V
Eingangssignal:	8 Bit
Eingabepegel:	L-Pegel: 0 V
	H-Pegel: 12 bis 24 V
Ausgangssignal:	0 V bis 10 V
LSB:	39 mV
Umsetzungszeit:	≤ 30 µs

Digitales Eingangssignal B7 … B0	Analoge Ausgangsspannung
0 0 0 0 0 0 0 0	0 V
0 0 0 0 0 0 0 1	0,039 V
0 0 0 0 0 0 1 0	0,078 V
0 0 0 0 1 1 1 1	0,586 V
0 0 0 1 0 0 0 0	0,635 V
1 0 0 0 0 0 0 0	5,000 V
1 1 0 0 0 0 0 0	7,500 V
1 1 1 1 1 1 1 1	9,961 V

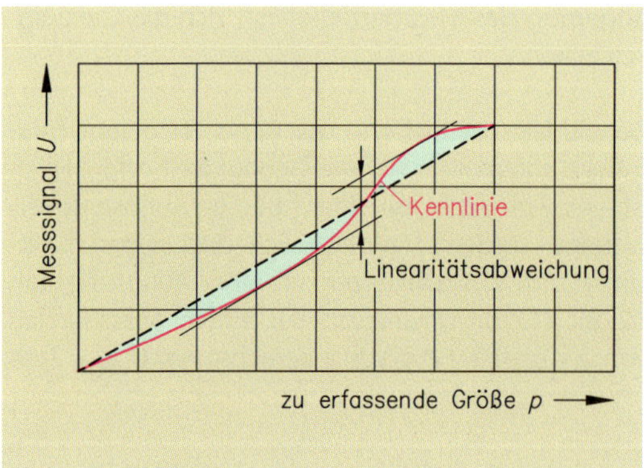

276.1 Linearisierung

9.1.4 Messsignalauswertung

Im Rechner werden die Messdaten z. B. protokolliert und beim Überschreiten von Grenzwerten Aktionen wie z. B. Druck ablassen und Alarm anzeigen initiiert. Außerdem führt der Rechner oft eine Linearisierung der Messsignale und eine Ausfall- und Kabelbruchüberwachung durch.

Meist ist ein proportionaler, d. h. linearer Zusammenhang zwischen der zu erfassenden Größe (Druck) und dem Messsignal gewünscht. In der Praxis kommt es jedoch zu Abweichungen. Diese werden mithilfe geeigneter Software an den idealen Verlauf der Kennlinie angepasst. Abb. 276.1 zeigt ein Beispiel.

<table>
<tr><th>ÜBERBLICK</th><th colspan="4">Signalverarbeitung in Sensoren</th></tr>
<tr><td rowspan="7">Aufzunehmende Größe, z. B. die Kraft</td><td>Erfassen der Größe mit einem physikalischen Prinzip: Verformung (Kraft)</td><td>Wandeln der nicht elektrischen Größe in eine elektrische Größe: Messbrücke mit DMS (Kraft)</td><td>Verstärken und anpassen der Messsignale: Einheitssignale, Störsignale kompensieren, usw.</td><td>Analog-Digital-Umsetzung: Analoges Messsignal in ein digitales Messsignal umsetzen</td></tr>
<tr><td>Basissensor</td><td></td><td></td><td></td></tr>
<tr><td colspan="2">Der Sensor ist ein separates Bauelement. Die Signalaufbereitung erfolgt in externen Funktionseinheiten.</td><td></td><td></td></tr>
<tr><td colspan="3">Analoger Sensor</td><td></td></tr>
<tr><td colspan="3">Die Signalaufbereitung erfolgt im Sensor. Das Ausgangssignal (Messsignal) kann – sofern es nicht digitalisiert werden muss – direkt verarbeitet werden.</td><td></td></tr>
<tr><td colspan="4">Digitaler Sensor</td></tr>
<tr><td colspan="4">Hier erfolgt auch die Digitalisierung des Messsignals innerhalb des Sensors. Dadurch ist eine direkte Kommunikation mit einem Mikroprozessor (z. B. in einem Automatisierungsgerät oder Industrie-PC) möglich.</td></tr>
<tr><td rowspan="2">Eine oder mehrere aufzunehmende Größen</td><td colspan="4">„Intelligenter" Sensor</td></tr>
<tr><td colspan="4">Diese auch als One-Chip-Sensor bezeichneten Baugruppen sind als IC (Integrierter Schaltkreis) ausgeführt und enthalten einen Mikroprozessor. Dadurch können neben der Verstärkung und Anpassung u. a. Regelfunktionen übernommen, Ausfall- und Kabelbruchüberwachungen durchgeführt und Kennlinien linearisiert werden</td></tr>
</table>

Die Ausfall- und Kabelbruchüberwachung erfolgt mithilfe des lebenden Nullpunktes (Life Zero). Empfängt der Rechner bei einem Einheitssignal von 2 V bis 10 V (Überblick Einheitssignale) einen Wert von 0 V, liegt ein Ausfall des Sensors oder ein Kabelbruch vor.

Aufgaben

1 *Beschreiben Sie, wodurch sich analoge Signale von digitalen Signalen unterscheiden!*

2 *Erläutern Sie die Funktion eines Analog-Digital-Umsetzers!*

3 *Begründen Sie, warum in der Messkette nach Abb. 270.1 ein Analog-Digital-Umsetzer erforderlich ist!*

4 *Was bedeutet die Abkürzung LSB?*

5 *Beschreiben Sie, welche Bedeutung das LSB für die Digital-Analog-Umsetzung hinsichtlich der Übertragungskennlinie (Abb. 275.1) und des maximalen Fehlers bei der Umsetzung hat!*

6 *Bestimmen Sie den maximalen Fehler eines 10-Bit-Analog-Digital-Umsetzers für einen Messbereich von 0 V bis 8 V!*

7 *Begründen Sie, warum die Übertragungskennlinie eines Analog-Digital-Umsetzers stufig verlaufen muss!*

8 *Entnehmen Sie aus der Übertragungskennlinie in Abb. 275.1, für welchen analogen Spannungsbereich das digitale Signal 1111 1111 ausgegeben wird!*

9 *Nach einer Analog-Digital-Umsetzung wird das digitale Signal 00 10 0111 ausgegeben. Berechnen Sie, welcher analoge Spannungsbereich diesem digitalen Signal entspricht!*

10 *Beschreiben Sie anhand eines Beispiels die Funktion eines Digital-Analog-Umsetzers!*

11 *Skizzieren Sie den Verlauf der Übertragungskennlinie eines Digital-Analog-Umsetzers!*

12 *Erläutern Sie, was man bei der Messdatenerfassung unter der Linearisierung der Kennlinie versteht!*

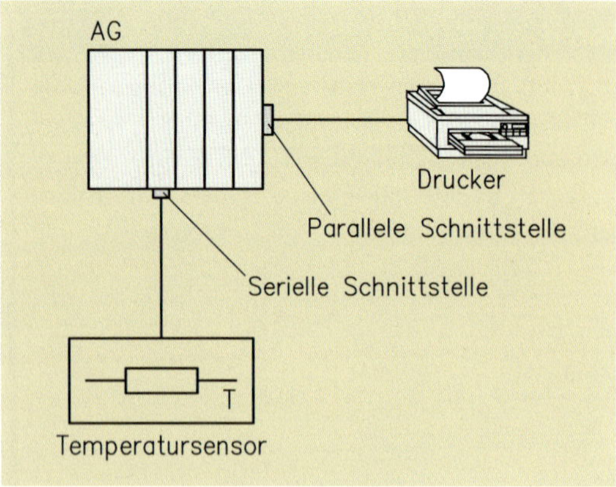

278.1 Prozess- und Systemschnittstellen

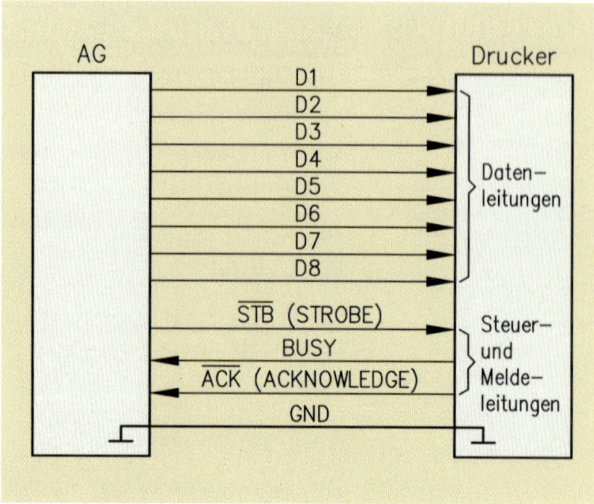

278.2 Prinzip der parallelen Datenübertragung

9.2 Schnittstellen

Abb. 278.1 zeigt ein Automatisierungsgerät, an das ein Temperatursensor und ein Drucker angeschlossen sind. Der Anschluss der Peripheriegeräte erfolgt über Schnittstellen. Allgemein gilt:

Schnittstellen dienen dazu, Daten verarbeitende Systeme untereinander und mit Peripheriegeräten zu verbinden.

Die Schnittstellen, die zum Anschließen der Prozessgeräte dienen, z. B. zum Anschluss eines Sensors an ein Automatisierungsgerät (Abb. 278.1), bezeichnet man als Prozessschnittstellen. Bei Schnittstellen innerhalb eines Datenverarbeitungssystems, z. B. zum Anschluss eines Druckers an ein Automatisierungsgerät, spricht man von Systemschnittstellen.

Über beide Arten von Schnittstellen werden die Daten entweder parallel oder seriell übertragen. Daher unterscheidet man zwischen parallelen und seriellen Schnittstellen. Für den Anschluss eines Druckers an ein Automatisierungsgerät – bzw. ganz allgemein an einen Computer – wird meist eine parallele Schnittstelle verwendet.

9.2.1 Parallele Schnittstelle

Abb. 278.2 zeigt das Prinzip. Mit acht Datenleitungen D1 bis D8 werden die Daten byteweise bitparallel übertragen. Das heißt:

Bei der parallelen Datenübertragung werden z. B. 8 Bit (1 Byte) gleichzeitig übertragen.

Acht Bit reichen aus, um ein alphanumerisches Zeichen an den Drucker zu übergeben. Dabei muss allerdings sichergestellt sein, dass ein Zeichen immer erst dann gesendet wird, wenn das vorherige vom Drucker bereits übernommen worden ist. Dazu ist eine Steuerung der Datenübertragung erforderlich.

Handshake

Abb. 278.2 zeigt drei Steuer- und Meldeleitungen, die auch als Handshake-Leitungen bezeichnet werden. Sie dienen der Übertragung von Steuersignalen vom Automatisierungsgerät zum Drucker und von Meldesignalen in umgekehrter Richtung vom Drucker zum Automatisierungsgerät.

Abb. 279.1 zeigt den Ablauf für die Übertragung eines Datenwortes:

Zunächst meldet das Automatisierungsgerät dem Drucker, dass ein Datenwort an ihn übergeben wird: $\overline{\text{STB}}$-Signal = L-Pegel (STB: Strobe).

Nach der Übernahme des Datenwortes wird dieses im Drucker weiterverarbeitet. Während dieser Zeit meldet der Drucker, dass er beschäftigt ist: BUSY-Signal = H-Pegel.

Ist der Drucker wieder bereit, ein Datenwort zu übernehmen, wird das BUSY-Signal inaktiv (L-Pegel). Außerdem quittiert der Drucker den Empfang des Datenwortes mit dem $\overline{\text{ACK}}$-Signal (ACK: Acknowledge).

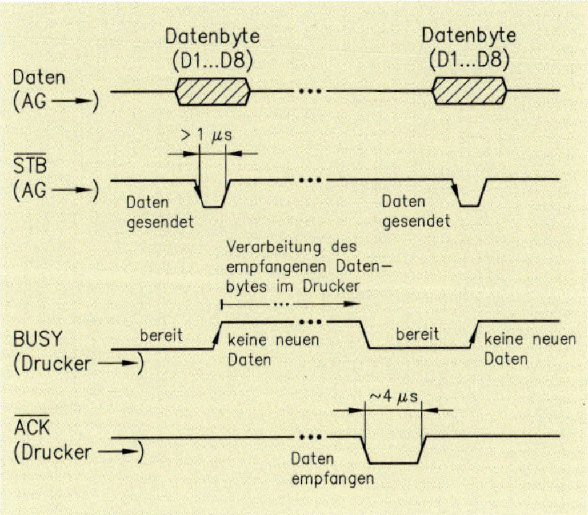

279.1 Handshake-Verfahren

Übertragungsgeschwindigkeit und Leitungslänge

Da die Bit gleichzeitig und nicht nacheinander übertragen werden, erfolgt die parallele Datenübertragung sehr schnell. So sind beim Anschluss von Druckern Übertragungsraten von mehr als 100 KByte pro Sekunde möglich. Allerdings treten wegen der gegenseitigen Beeinflussung der parallel geführten Datensignale bei längeren Übertragungswegen Störungen auf. Daher empfehlen viele Hersteller eine maximale Kabellänge von 2 Metern.

Steckverbindung

Die Verbindung zwischen Automatisierungsgerät und Drucker erfolgt über ein Kabel mit Steckern. Häufig werden dabei ein 25-poliger Subminiatur-D-Stecker auf der Computerseite und ein 36-poliger AMP-Stecker auf der Druckerseite verwendet (Abb. 279.3).

Belegung der Druckerschnittstelle

Abb. 279.2 zeigt die Anschlussbelegung der 25-poligen Subminiatur-D-Buchse. Über zusätzliche Steuer- und Meldeleitungen erfolgt z. B. eine Aktivierung des Druckers durch das Automatisierungsgerät mit der Steuerleitung Select. Oder der Drucker zeigt mit der Meldeleitung Paper Empty an, dass kein Papier vorhanden ist.

Die Masseleitungen dienen zur Abschirmung der Datenleitungen D1 bis D8. Dazu ist jeweils eine Masseleitung mit einer Datenleitung verdrillt.

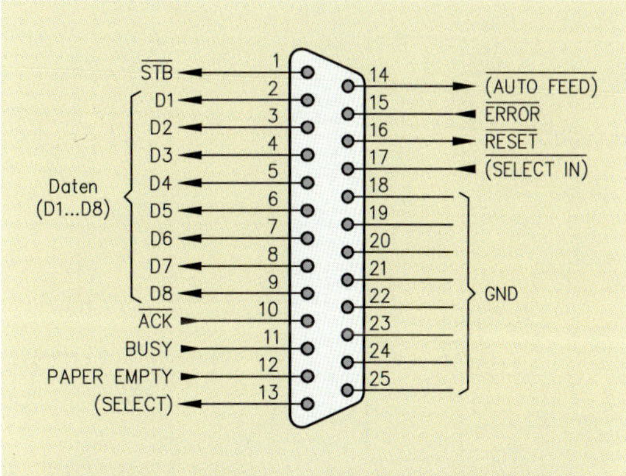

Steuersignale (zum Drucker)		Meldesignale (vom Drucker)	
$\overline{\text{STB}}$	Datenübergabe	BUSY	Wartesignal
(SELECT)	Drucker Aktivieren	$\overline{\text{ACK}}$	Quittierung
$\overline{\text{(AUTO FEED)}}$	automatischer Zeilenvorschub nach Zeilenende ein-/ausschalten	$\overline{\text{ERROR}}$	Fehlermeldung
		PAPER EMPTY	Papier zu Ende
$\overline{\text{RESET}}$	Drucker rücksetzen (initialisieren)	$\overline{\text{(SELECT IN)}}$	Drucker nicht aktiv geschaltet

279.2 Belegung der 25-poligen Subminiatur-D-Buchse

Die von dem Druckerhersteller Centronics entwickelte parallele Schnittstelle hat sich als Standard durchgesetzt, sie wird deshalb oft als **Centronics-Schnittstelle** bezeichnet. Im PC werden die parallelen Schnittstellen mit **LPT** (**L**ine **P**rin**T**er) bezeichnet: LPT1, LPT2 usw.

Die parallele Schnittstelle arbeitet mit TTL-Pegeln.

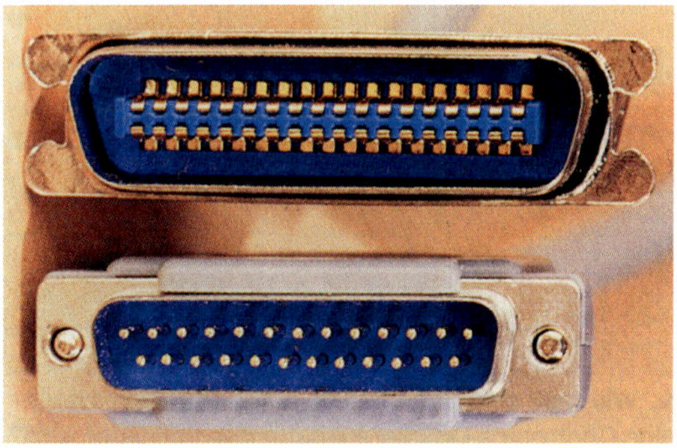

279.3 36-poliger AMP-Stecker (oben) und 25-poliger Subminiatur-D-Stecker (unten)

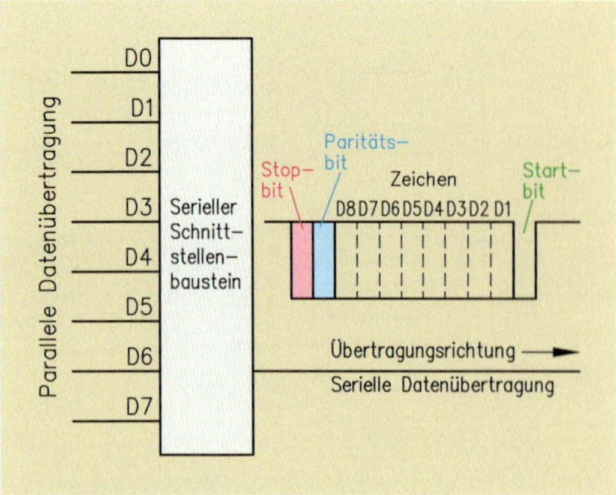

280.1 Prinzip der seriellen Datenübertragung

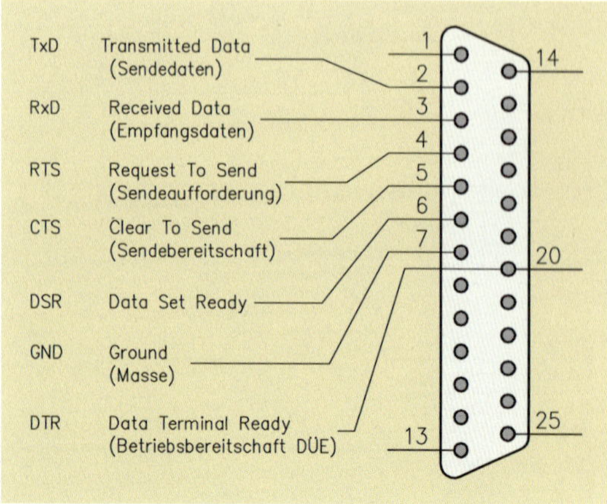

280.2 Wichtige Anschlüsse der V.24-Schnittstelle

9.2.2 Serielle Schnittstelle

Der Temperatursensor in Abb. 278.1 ist über eine serielle Schnittstelle an das Automatisierungsgerät angeschlossen. Das bedeutet: Die Daten des Sensors werden seriell an das Automatisierungsgerät übertragen. Diese Übertragungsart ergibt sich zwangsläufig immer dann, wenn aufgrund einer größeren Entfernung die parallele Datenübertragung nicht möglich ist. Und das ist bei den in einem Prozess befindlichen Aktoren und Sensoren in der Regel der Fall.

Serielle Datenübertragung

Die von einem Temperatursensor abgegebenen analogen Signale werden in digitale Signale umgesetzt und über eine serielle Schnittstelle an das Automatisierungsgerät gesendet. Abb. 280.1 verdeutlicht das.

Bei der seriellen Datenübertragung werden die Daten zeitlich nacheinander über eine Datenleitung übertragen.

In Automatisierungsgeräten, Computern usw. erfolgt die Verarbeitung der Datenbit parallel. Für eine serielle Übertragung müssen sie daher beim Sender mithilfe eines Schnittstellenbausteins in einen seriellen Bitstrom umgewandelt werden. Dabei werden noch weitere Bit hinzugefügt: ein Startbit, ein oder zwei Stoppbit und eventuell ein Paritätsbit.

An dem Startbit erkennt der Empfänger den Anfang eines seriellen Datenwortes, an dem Stoppbit das Ende. Mit dem Paritätsbit ist eine einfache Fehlererkennung möglich (Exkurs Paritätsprüfung).

Beim Empfänger, d. h. im Automatisierungsgerät, wird der serielle Bitstrom wieder von den zusätzlichen Bit befreit. Die seriell vorliegenden Daten werden in die parallele Form umgewandelt und weiterverarbeitet.

V.24-Schnittstelle

Die meistverwendete serielle Schnittstelle ist die V.24-Schnittstelle. Statt V.24 wird häufig die Bezeichnung RS 232 C verwendet.

Unter V.24 versteht man die Empfehlungen des internationalen Ausschusses CCITT/ITU-T (Comité Consultatif International Télégraphique et Téléphonique/International Telecommunication Union – Telecommunications Standards), unter RS 232 C die den V.24-Empfehlungen entsprechende amerikanische Norm (EIA: Electronics Industry Association). Der Buchstabe C steht für die dritte Version. Die deutsche, den V.24-Empfehlungen entsprechende Norm lautet DIN 66 020.

Abb. 280.2 zeigt wichtige Anschlüsse der V.24-Schnittstelle. Die Anschlussnummern beziehen sich auf eine 25-polige Subminiatur-D-Steckverbindung. Über Pin 2 (TxD) werden die Daten gesendet und über Pin 3 (RxD) empfangen. Die mit RTS, CTS, DSR und DTR bezeichneten Anschlüsse bzw. Leitungen dienen zur Steuerung der Datenübertragung. Wie wird sie realisiert?

EXKURS **Paritätsprüfung**

Bei dem 7-Bit-ASCII-Code (Exkurs ASCII-Code) weist das höchstwertige Bit, das MSB, stets den Wert 0 auf. Es kann daher für eine Paritätsprüfung genutzt werden. Entsprechend wird dieses Bit als Parity-Bit bezeichnet.

Mit dem Parity-Bit werden die logischen Zustände 1 in einem Zeichen so ergänzt, dass die Anzahl der Einsen gerade (even) oder ungerade (odd) ist. Dadurch ergibt sich eine einfache Möglichkeit der Fehlererkennung bei der Datenübertragung.

Wird z. B. der Buchstabe „a" ($61_{16} = 0110\ 0001_2$) übertragen und sind Sender und Empfänger auf gerade Parität eingestellt, wird im Sender zu den drei Einsen im Codewort für „a" eine vierte Eins als Paritätsbit gestellt, damit die Anzahl der Einsen geradzahlig wird.

Ist die Anzahl der Einsen im Datenwort bereits geradzahlig, wie beim Buchstaben „c" ($63_{16} = 0110\ 0011_2$), erhält das Paritätsbit den Wert 0.

Der Empfänger prüft die ankommenden Datenwörten nur darauf, ob sie – bei gewählter gerader Parität – eine gerade Anzahl von Einsen aufweisen. Ist das nicht der Fall, gibt er eine Fehlermeldung aus.

Bei eingestellter ungerader Parität erhält das Paritätsbit immer dann den Wert Eins, wenn dadurch die Anzahl der Einsen ungeradzahlig wird.

Bei Verwendung des erweiterten 8-Bit-ASCII-Codes wird bei Anwendung der Paritätsprüfung ein neuntes Bit als Parity-Bit hinzugefügt.

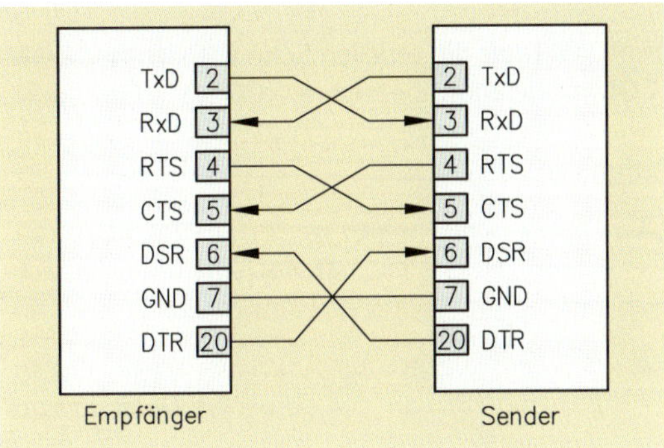

281.1 Datenübertragung mit Steuersignalen

Handshake-Verfahren

Mit den Leitungen TxD, RxD und GND lässt sich eine so genannte Drei-Draht-Verbindung aufbauen. Sie ermöglicht eine gesteuerte Datenübertragung mit einem Software-Handshake, z. B. dem XON/XOFF-Protokoll.

Entsprechend Abb. 281.1 werden dabei die Daten vom Sender über TxD gesendet und beim Empfänger über RxD empfangen. Kann der Empfänger keine weiteren Daten übernehmen, sendet er das Ausschalt-Steuerzeichen XOFF (Exkurs ASCII-Code) über den Anschluss TxD. Der Sender empfängt dieses Steuerzeichen über RxD. Ist der Empfänger wieder zur Datenaufnahme bereit, sendet er das Einschalt-Steuerzeichen XON.

Beim XON/XOFF-Protokoll kann der Datenfluss zu beliebiger Zeit durch den Datenempfänger angehalten und wieder gestartet werden.

Eine gesteuerte Datenübertragung lässt sich auch mit einem RTS/CTS- oder einem DTR/DSR-Hardware-Handshake durchführen. Dazu stehen entsprechende Leitungen zur Verfügung (Abb. 281.1). So wird z. B. beim RTS/CTS-Handshake über CTS dem Empfänger mitgeteilt, dass der Sender Daten bereitstellt. Über RTS fordert der Empfänger den Sender auf, die Daten zu übermitteln.

Steckverbindung

Zur V.24-Schnittstelle gehören insgesamt 25 Anschlüsse. Als Verbindungsglieder dienen 25-polige Subminiatur-D-Stecker bzw -Buchsen. In der Praxis werden jedoch meist weniger Anschlüsse benötigt. Daher sind viele Geräte – sowohl in industriellen Bereichen wie für den Anschluss an einen PC – mit 9-poligen Subminiatur-D-Steckern oder -Buchen ausgestattet. Abb. 282.1 zeigt die Belegung.

Übertragungsgeschwindigkeit und Leitungslänge

Im Unterschied zur parallelen Schnittstelle sind mit der V.24-Schnittstelle erheblich längere Übertragungsdistanzen – von mehr als 100 Metern ohne Signalverstärkung – möglich. Allerdings ist bei der

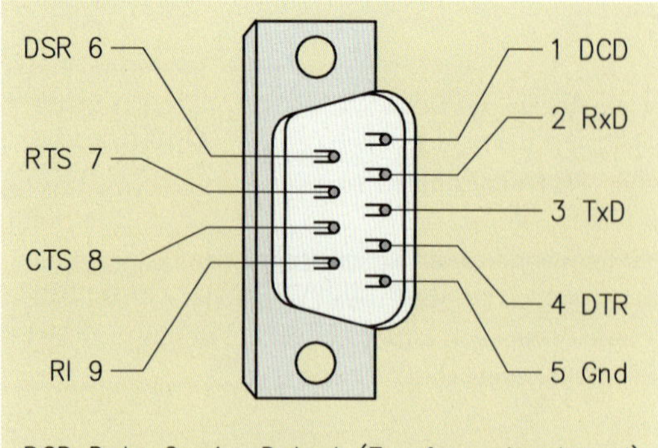

282.1 Belegung der 9-poligen Steckverbindung

seriellen Übertragung die Übertragungsgeschwindigkeit geringer. Typische Werte sind 2 400, 4 800, 9 600 oder 19 200 bit/s. Dabei gilt jedoch:

Je länger die Übertragungsdistanz ist, umso niedriger muss die Übertragungsgeschwindigkeit sein.

Übertragungs- und Schrittgeschwindigkeit

Die Übertragungsgeschwindigkeit wird häufig in **Baud** angegeben. Ein typischer Wert ist z. B. 9 600 Baud. Dabei wird die Einheit Baud mit der Einheit bit/s gleichgesetzt. Baud = 1/s ist aber die Einheit für die Schrittgeschwindigkeit v_S, z. B. v_S = 9 600 Baud; bit/s dagegen die Einheit für die Übertragungsgeschwindigkeit $v_Ü$, z. B. $v_Ü$ = 9 600 bit/s. Da ein Schritt mehrere Bit enthalten kann, ist eine Gleichsetzung von vornherein nicht möglich – außer wenn feststeht, dass jeder Schritt einem Bit entspricht. Ist dies der Fall, dann trifft zu, dass bei der Angabe 9 600 Baud tatsächlich 9 600 Bit/s übertragen werden.

Die elektrischen Eigenschaften

Die elektrischen Eigenschaften der V.24-Schnittstelle sind in den Empfehlungen V.28 ausgeführt. Entsprechend Abb. 282.2 wird eine logische 0 mit einer Spannung im Bereich von 3 V bis 15 V übertragen, eine logische 1 mit einer Spannung von –3 V bis –15 V.

Für die Übertragung der Steuer- und Meldesignale gilt: Der Zustand EIN wird mit einer Spannung im

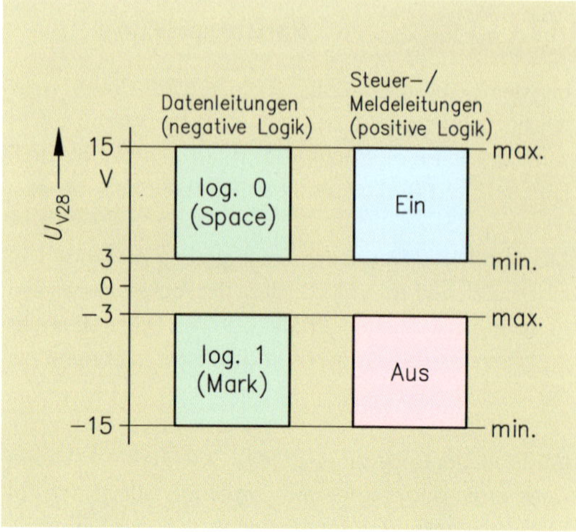

282.2 Pegel bei der seriellen Datenübertragung

Bereich 3 V bis 15 V, der Zustand AUS mit einer Spannung von –3 V bis –15 V übertragen.

Im PC werden die seriellen Schnittstellen mit **COM** (**COM**munication) bezeichnet: COM1, COM2 usw.

Aufgaben

1 *Welche Schnittstellen werden als Prozessschnittstellen, welche als Systemschnittstellen bezeichnet?*

2 *Erläutern Sie, wodurch sich die serielle Datenübertragung von der parallelen Datenübertragung unterscheidet!*

3 *Beschreiben Sie bei der parallelen Datenübertragung die Funktion der Handshake-Signale anhand der Übertragung eines Datenwortes!*

4 *Welche Funktion haben bei der seriellen Datenübertragung das Start- und das Stoppbit?*

5 *Beschreiben Sie den Ablauf einer seriellen Datenübertragung mithilfe des XON/XOFF-Protokolls!*

6 *Erläutern Sie, wodurch sich ein Hardware-Handshake von einem Software-Handshake grundsätzlich unterscheidet?*

7 *Beschreiben Sie, wodurch sich bei der seriellen Datenübertragung die Einheiten Baud und bit/s unterscheiden!*

8 *Stellen Sie Vor- und Nachteile der parallelen und der seriellen Datenübertragung gegenüber!*

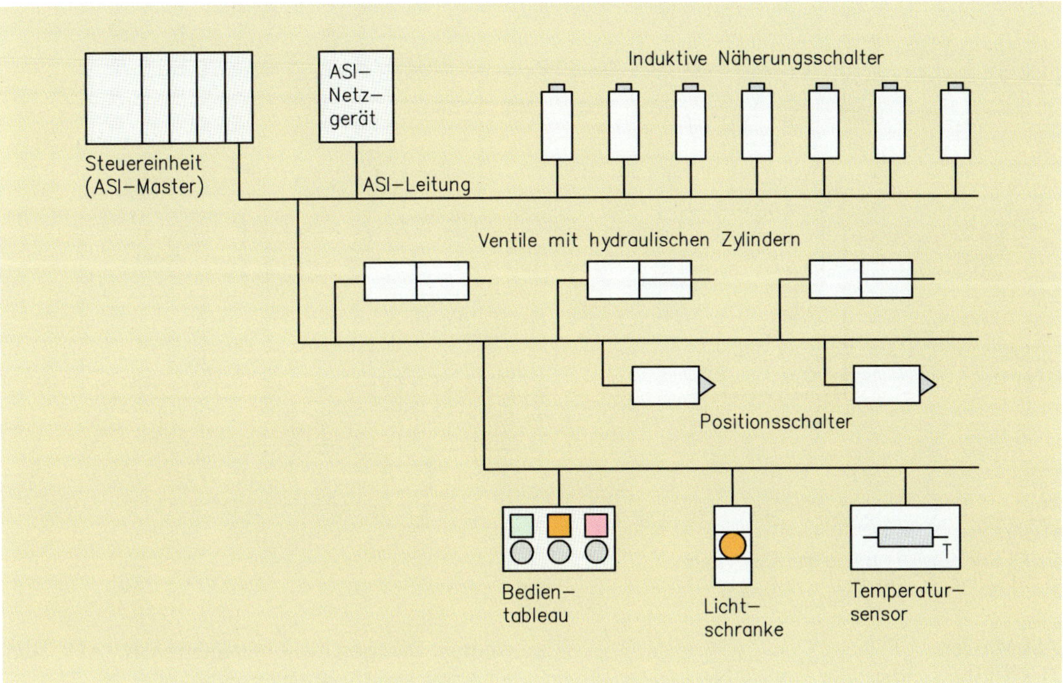

283.1 AS-Interface für den Anschluss von Sensoren und Aktoren

9.3 Aktor-Sensor-Interface

In moderenen Fertigungsanlagen ist eine Vielzahl von Sensoren und Aktoren erforderlich. So werden z. B. die automatisierten Arbeitsabläufe in Transportsystemen mithilfe von Näherungsschaltern, Antrieben, Bedientableaus und Leuchtmeldern gesteuert und angezeigt. Abb. 283.1 zeigt ein Beispiel.
Der Anschluss der induktiven Näherungsschalter, der Ventile und der Bedien- und Anzeigebaugruppen an die Steuerung erfolgt über ein Aktor-Sensor-Interface. Dieses wird häufig auch als AS-Interface oder als ASI-Bus bezeichnet.

9.3.1 Ein Netz für Sensoren und Aktoren

Bei dem AS-Interface handelt sich um ein Vernetzungssystem für einfache, meist binäre Aktoren und Sensoren im unteren Feldbereich. Die Aktoren und Sensoren werden direkt an eine standardisierte ASI-Busleitung angeschlossen und mit der Steuerung verbunden.
Das AS-Interface ersetzt somit die umfangreiche Parallelverdrahtung, die entsteht, wenn jeder einzelne Sensor und Aktor über eine separate Leitung an die Steuereinheit angeschlossen wird.

Das AS-Interface arbeitet nach dem Master-Slave-Prinzip. Das bedeutet: Nur der Master steuert die als Slaves arbeitenden Aktoren und Sensoren über die ASI-Leitung an.
Über diese zweiadrige Leitung erfolgt neben der Datenübertragung auch für einen großen Teil der Sensoren und Aktoren die Versorgung mit Hilfsenergie. Dazu wird ein spezielles Netzteil eingesetzt.

Beim AS-Interface werden über dieselbe Leitung Daten übertragen und Aktoren und Sensoren mit Spannung versorgt.

An eine ASI-Leitung können ein Master und bis zu 31 Slaves angeschlossen werden. Ein ASI-Slave kann die Signale von bis zu vier Sensoren und Aktoren verarbeiten. Somit können bei einem Vollausbau mit 31 Slaves bis zu 31 x 4 = 124 Binärelemente angesprochen werden. Bei Verwendung spezieller Koppelmodule kann die Anzahl weiter erhöht werden.

9.3.2 Master und Slaves

Abb. 284.1 zeigt den prinzipiellen Aufbau des ASI-Systems. Der Master, alle Slaves und ein Netzgerät sind an eine Zweidraht-Busleitung angeschlossen.

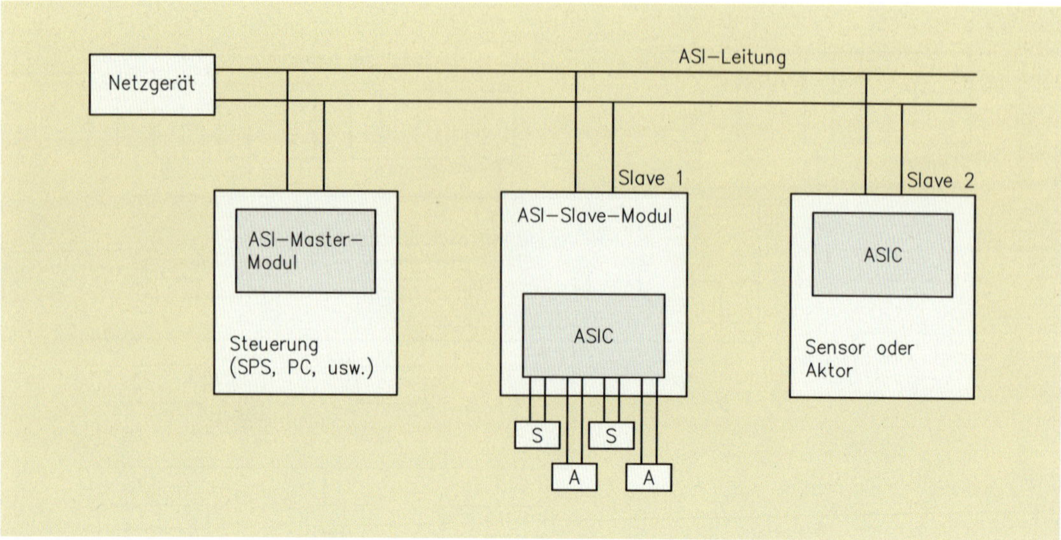

284.1 Prinzipieller Aufbau des ASI-Systems

ASI-Master

Der Master sendet über das ASI-Netz Daten an ein Slave oder fordert von einem Slave Daten an. Das bedeutet:

Der Master übernimmt die gesamte Abwicklung des Datenverkehrs im ASI-Netz.

Weiterhin stellt der Master die Verbindung zur Steuerung her. Dazu ist die Steuerung mit einem Master-Modul ausgestattet. Die Steuerung kann z. B. eine speicherprogrammierbare Steuerung (SPS), eine numerische Steuerung (NC) oder ein Industrie-PC sein.

ASI-Slaves

Abb. 284.1 zeigt zwei Slaves für den Einsatz im ASI-Netz: Ein ASI-Slave-Modul für den Anschluss konventioneller Aktoren und Sensoren (Slave 1) und einen Sensor/Aktor für den direkten Anschluss an die ASI-Leitung (Slave 2).

ASI-Slave-Module

Slave 1 in Abb. 284.1 zeigt ein ASI-Slave-Modul zum Anschluss herkömmlicher Sensoren (S) und Aktoren (A). Die Daten, die z. B. von einem Positionsschalter (Abb. 283.1) in konventioneller Ausführung geliefert werden, können nicht direkt über den ASI-Bus gesendet werden. Sie müssen vorher umgewandelt werden. Dies geschieht mit einem ASIC. **ASIC** steht für **A**pplication **S**pecific **I**ntegrated **C**ircuit.

Konventionelle Sensoren/Aktoren werden über ein ASI-Slave-Modul an die ASI-Leitung angeschlossen.

ASI-Slave-Module ermöglichen es, das große Spektrum heute verfügbarer konventioneller Sensoren und Aktoren zu nutzen. So können über Slave 1 je zwei konventionelle Sensoren (S) und Aktoren (A) angeschlossen werden.

Aktoren/Sensoren mit integriertem ASIC

Slave 2 zeigt einen so genannten „intelligenten" Sensor bzw. Aktor. Diese Sensoren oder Aktoren besitzen ein ASIC. Das heißt:

Aktoren/Sensoren mit integriertem ASIC werden direkt an die ASI-Leitung angeschlossen.

So werden z. B. in einem induktiven Näherungsschalter mit integriertem ASIC die Ausgangssignale so aufbereitet, dass sie direkt in die ASI-Leitung eingespeist und vom Master weiterverarbeitet werden können.
Ein integriertes ASIC kann nur einen Sensor oder Aktor verwalten und nicht wie ein ASI-Slave-Modul z. B. zwei Sensoren und zwei Aktoren.

ÜBERBLICK ASI-Slaves

Slave-Module für den Anschluss konventioneller Sensoren/Aktoren

Digitales Modul

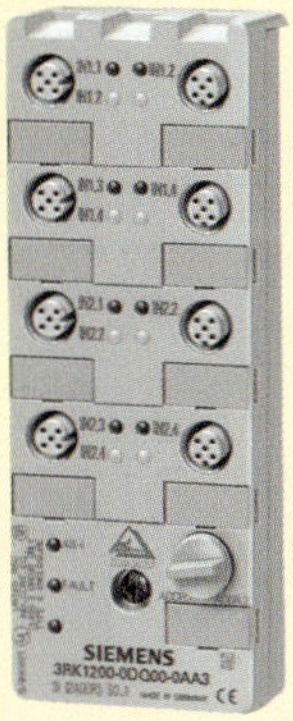

Digitales Ein-Ausgabemodul:
- Anschlussmöglichkeit für vier Sensoren und vier Aktoren
- M12-Standardanschlüsse für Sensoren und Aktoren

Analoges Modul

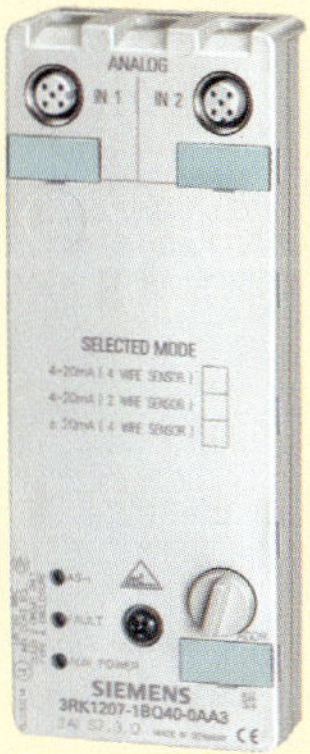

Analoges Eingabemodul:
- z. B. für den Anschluss von zwei Widerstandsthermometern
- Die Messwerte werden im Modul linearisiert
- Ausführungen für Zwei- oder Vierdrahtsensoren

Pneumatisches Modul

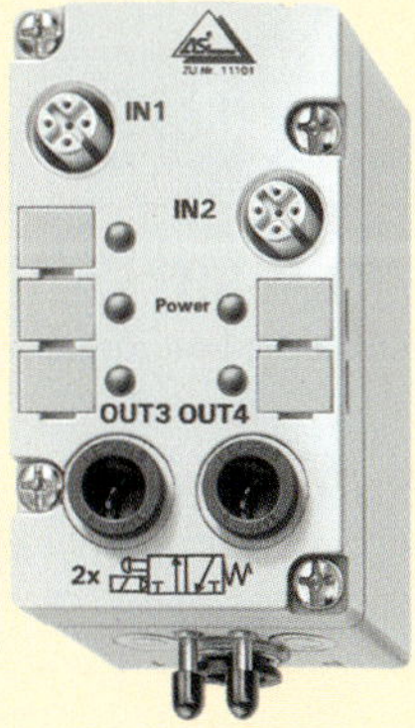

Ein-Ausgabemodul:
- 2 digitale Eingänge zum Anschluss von zwei Sensoren
- 2 pneumatische Ausgänge, zur direkten Ansteuerung pneumatischer Antriebe geeignet

Aktoren/Sensoren für den direkten Busanschluss

Induktiver Näherungsschalter

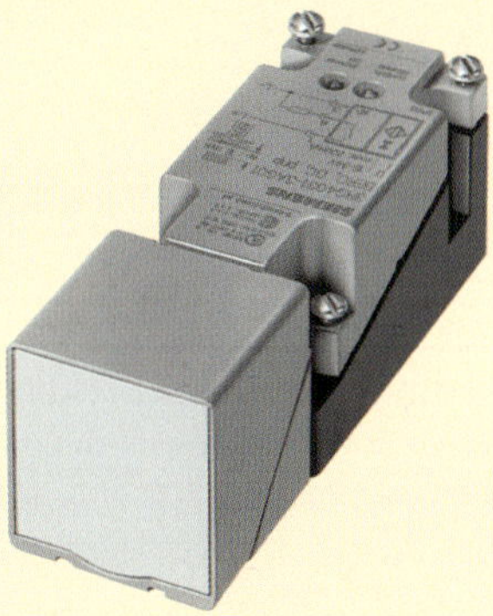

Induktiver Näherungsschalter:
- arbeitet berührungs- und kontaktlos
- praktisch ohne mechanischen Verschleiß
- weitgehend unempfindlich gegenüber Umwelteinflüssen

Fotoelektrischer Näherungsschalter

Fotoelektrischer Näherungsschalter:
- z. B. als Reflexionslichtschranke mit max. 6 m Reichweite oder als
- Einweg-Lichtschranke mit einer max. Reichweite von 50 m zwischen Sender und Empfänger

Befehlsgerät

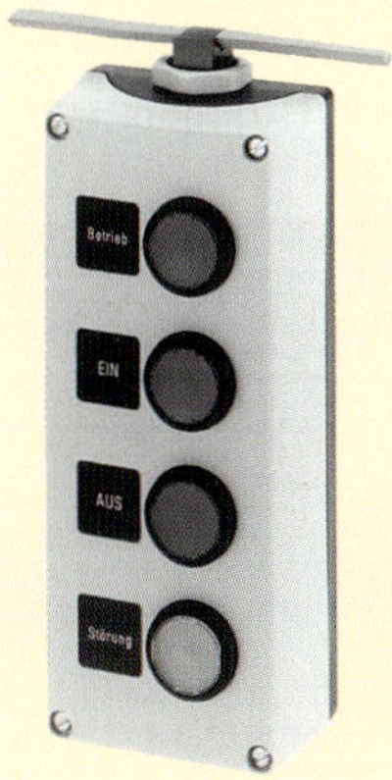

Befehlsgerät:
- in Standard- oder kundenspezifischen Ausfertigungen
- mit 2, 3, 4 oder 6 Befehlsstellen

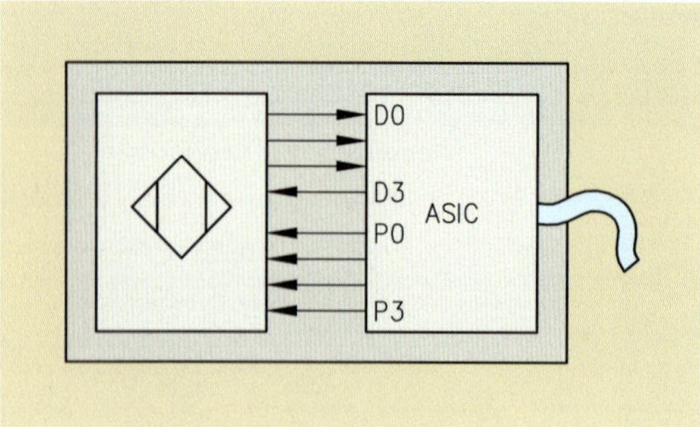

286.1 Sensor mit integriertem ASI-Modul

Allerdings bieten Sensoren/Aktoren mit integriertem ASIC applikationsspezifische Abfrage- und Parametriermöglichkeiten. So stehen z. B. bei einem induktiven Näherungsschalter entsprechend Abb. 286.1 vier Datenbits D0 bis D3 zur Konfiguration des Sensors zur Verfügung:

D0 für das Schaltsignal des Sensors
D1 für die Vorausfallmeldung des Sensors
D2 für das Bereitschaftssignal des Sensors
D3 für ein Testsignal zum Sensor.

Weiterhin stehen vier Parameterbit P0 bis P3 zur Verfügung. Mit ihnen kann z. B. vom Master aus der Tastabstand des Sensors verändert werden. Bei Aktoren können z. B. Ein- und Ausschaltverzögerungen programmiert werden.

9.3.3 ASI-Leitungen

Für die ASI-Vernetzung stehen entsprechend Abb. 286.2 unterschiedliche Leitungen zur Verfügung.

ASI-Leitungen	
Farbe	**Verwendung, Übertragung von:**
gelb	Daten und Hilfsspannung
schwarz	Hilfsspannung für Modulausgänge
rot	230 V Hilfsspannung

286.2 ASI-Leitungsfarben

Eine ASI-Leitung zur Übertragung von Daten und Hilfsenergie

Diese „eigentliche" ASI-Leitung ist eine ungeschirmte zweiadrige gelbe Leitung entsprechend Abb. 286.3. Sie versorgt die Sensoren und Aktoren gleichzeitig mit Daten und Energie. Durch die geometrische Form der Leitung kann sie nur seitenrichtig gepolt in das Master-Modul und die Slave-Module eingelegt werden. Beim Einlegen wird der Kontakt über Kontaktspitzen (Vampir-Kontakte) ohne Leitungsunterbrechung hergestellt. Abb. 286.4 verdeutlicht das.

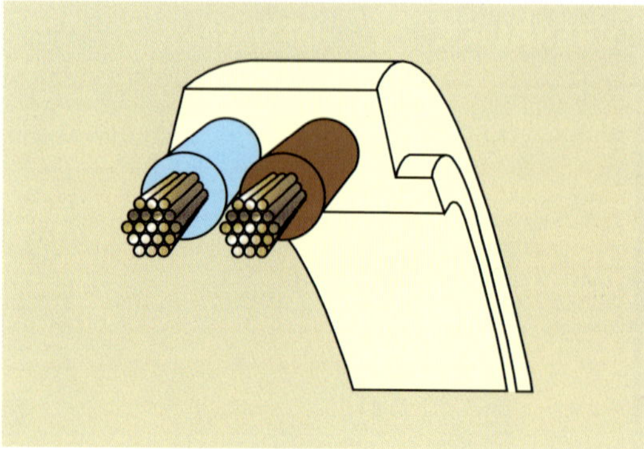

286.3 ASI-Leitung

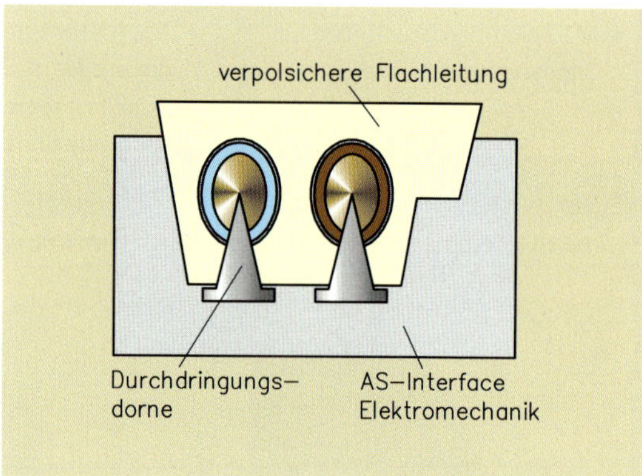

286.4 ASI-Anschluss

Aufgrund des Spannungsabfalles auf der Leitung ist die Gesamtleitungslänge auf 100 m beschränkt. Pro Slave darf ein Strom von maximal 100 mA aufgenommen werden. Der durch das Netzgerät gelieferte Gesamtstrom ist auf 2 A begrenzt. Benötigt ein Aktor einen höheren Strom, ist eine zusätzliche Versorgung vor Ort möglich.

Leitungen zur Übertragung von Hilfsenergie

Zur zusätzlichen externen Hilfsspannungszuführung für die Ausgänge von Aktoren ist eine schwarze Leitung vorgesehen. Module mit einer Hilfsspannung von 230 V werden über eine rote ASI-Leitung versorgt.

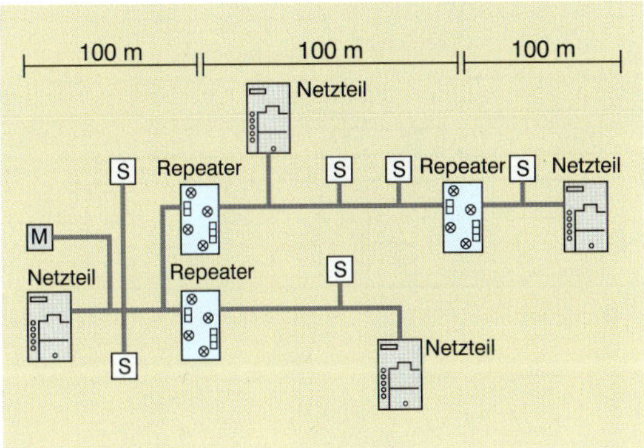

287.1 Repeater (M: Master, S: Slave)

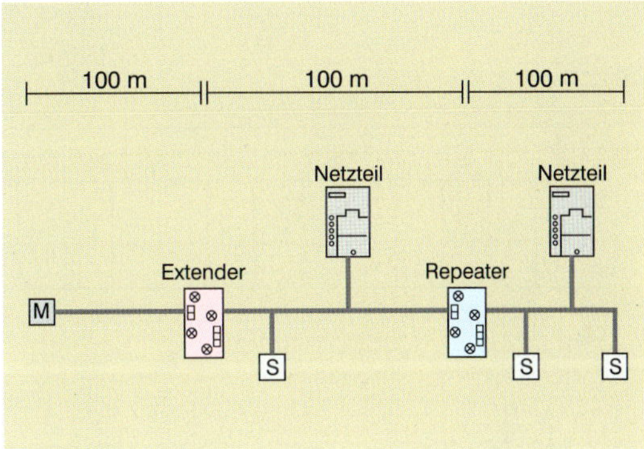

287.2 Extender (M: Master, S: Slave)

9.3.4 ASI-Netz

Die Topologie des ASI-Netzes ist – wie Abb. 287.1 zeigt – wählbar: Stern-, Baum- oder Liniennetze sind möglich. Allerdings ist die räumliche Ausdehnung des Netzes durch maximale Leitungslängen begrenzt.

Grundsätzlich beträgt die Länge eines Leitungsstranges 100 m. Man spricht dabei von einem ASI-Segment. Durch den Einsatz von Repeatern und Extendern lässt sich das ASI-Netz vergrößern.

Repeater

Repeater dienen dazu, eine ASI-Leitung um weitere 100 m zu verlängern. Das heißt:

Mit einem Repeater werden zwei ASI-Segmente aneinander gereiht.

Die über Repeater verlängerte Gesamtleitungsstranglänge darf maximal 300 m betragen. Abb. 287.1 verdeutlicht das.

Dabei gilt:

- Auf beiden Seiten eines Repeaters dürfen Slaves eingesetzt werden.
- In jeder Verlängerung durch einen Repeater ist eine Stromversorgung, d.h. die Installation eines Netzteils, erforderlich.
- In einer Reihe dürfen maximal zwei Repeater eingesetzt werden, da die maximale Leitungsstranglänge 300 m beträgt.
- Durch Repeater werden die ASI-Leitungssegmente galvanisch getrennt.
- Für jede Strangseite wird die ASI-Spannung getrennt angezeigt..

Extender

Abb. 287.2 verdeutlicht die Funktion eines Extenders innerhalb des ASI-Netzes.

Mit einem Extender lässt sich der Abstand zwischen dem Master und dem ASI-Segment vergrößern.

Dabei gilt:

- Der maximale Abstand zwischen dem Master und dem ASI-Segment beträgt 100 m.
- Slaves dürfen nur auf der vom Master abgewandten Seite des Extenders angeschlossen werden.
- Eine Stromversorgung ist nur auf der vom Master abgewandten Seite des Extenders erforderlich.
- Durch den Extender erfolgt keine galvanische Trennung der Leitungsstränge.
- Die ASI-Spannung wird angezeigt.

9.3.5 ASI-Übertragungssystem

Die Kommunikation zwischen dem Master und den Slaves erfolgt immer nur zwischen dem Master und einem der maximal 31 Slaves. Dabei sendet der Master ein Telegramm, das die Adresse des gewünschten Slave enthält. Der angesprochene Slave antwortet innerhalb einer dafür vorgesehenen Zeit. Abb. 288.1 verdeutlicht das.

Eine ASI-Nachricht besteht aufeinander folgend stets aus einem Masteraufruf, einer Masterpause, einer Slaveantwort und einer Slavepause. Alle Masteraufrufe bestehen aus 14 Bit, alle Slaveantworten aus 7 Bit. Die einzelnen Bit werden nacheinander, das heißt seriell, über den ASI-Bus gesendet. Ein Bit steht jeweils für die Zeit von 6 μs an.

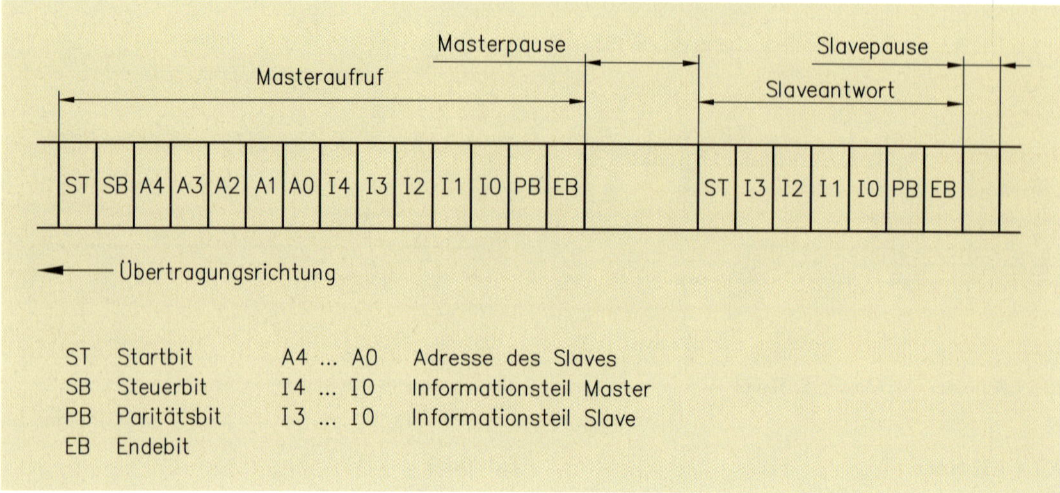

288.1 ASI-Telegramm

Für die Masterpause gilt, dass sie mindestens 3 und maximal 10 Bitzeiten lang sein darf.

Ist der Slave synchronisiert, kann er bereits nach 3 Bitzeiten mit dem Senden der Slaveantwort beginnen. Anderenfalls benötigt er 5 Bitzeiten. Erfolgt nach 10 Bitzeiten noch keine Slaveantwort, beginnt der Master mit dem nächsten Aufruf.

Die Slavepause beträgt nur eine Bitzeit.

Ist die maximal mögliche Anzahl von 31 Slaves angeschlossen, ergibt sich mit einer Bitzeit von 6 µs eine Zykluszeit von etwa 5 ms. Die Zykluszeit passt sich der Anzahl der angeschlossenen Slaves an. So beträgt sie z. B. bei 6 Slaves ca. 1 ms.

Bei fehlerhafter oder fehlender Slaveantwort wird die Nachricht an diesen Slave sofort wiederholt. Die Zykluszeit verlängert sich dadurch nur unerheblich. Wenn die direkte Wiederholung des Masteraufrufs zu einem zweiten Fehler führt, wird dieser an die Ablaufkontrollebene gemeldet, die dann die weitere Fehlerbehandlung übernimmt.

ASI-Telegramm
Das Startbit kündigt den Anfang eines Datenwortes an und hat stets den Zustand logisch 0. Nach einem Steuerbit folgen fünf Adressbit, mit denen die Slaves mit den Adressen 0 (00000_2) bis 31 (11111_2) angesprochen werden. Anschließend folgt der Informationsteil: 5 Bit vom Master zum Slave, 4 Bit vom Slave zum Master. Das Paritätsbit dient zur Überprüfung der Übertragung. Das Endebit zeigt das Ende des übertragenen Datenwortes an und hat stets den Wert logisch 1.

Aufgaben

1 *Wie lautet die genaue Bezeichnung für das AS-Interface?*

2 *Erläutern Sie, für welche Anwendungsbereiche das AS-Interface besonders geeignet ist!*

3 *Wodurch unterscheiden sich im ASI-System Master und Slaves?*

4 *Beschreiben Sie, wodurch sich der Anschluss eines konventionellen Sensors vom Anschluss eines Sensors mit integriertem ASIC unterscheidet!*

5 *Welche Bedeutung hat die unterschiedliche Farbkennzeichnung der ASI-Leitungen?*

6 *Welche Topologien (Netzformen) können mit dem AS-Interface realisiert werden?*

7 *Erläutern Sie die Funktionen von Repeatern und Extendern im ASI-Netz!*

8 *Welche Zykluszeit ergibt sich bei 10 angeschlossenen Slaves, wenn die Masterpause jeweils 5 Bitzeiten beträgt?*

9 *Beschreiben Sie den Aufbau des ASI-Telegramms!*

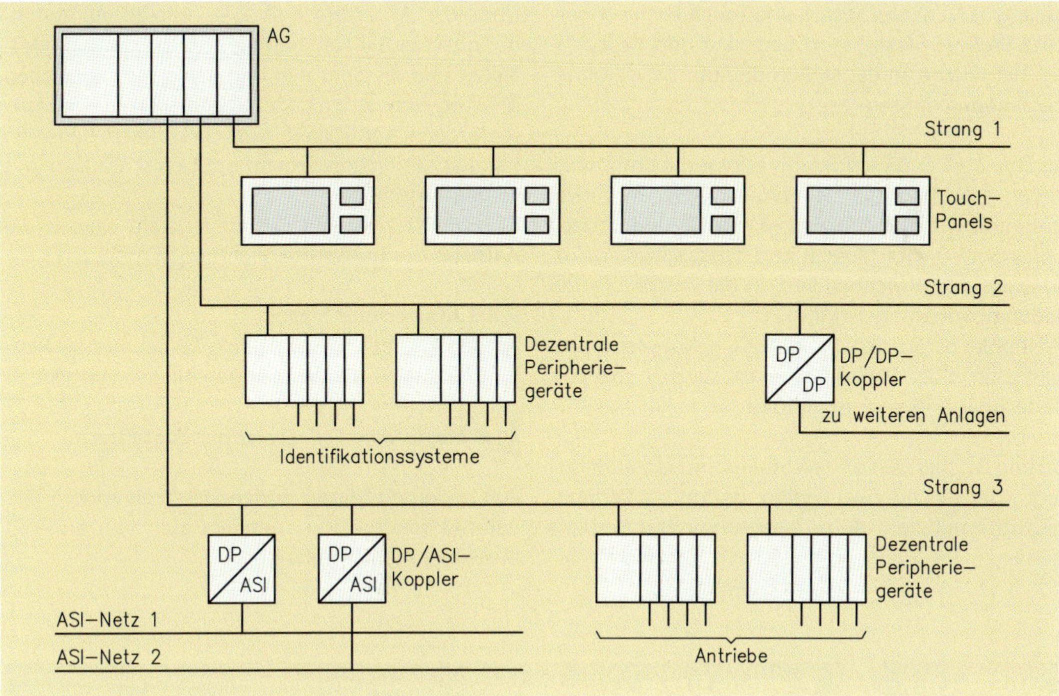

289.1 Automatisierung mit dem Profibus

9.4 Profibus

Abb. 289.1 zeigt einen Ausschnitt aus der Steuerung für die automatisierte Radmontage in der Automobilproduktion. Die Räder werden per Lkw angeliefert und vom Abladeplatz direkt ans Band gefördert. Dort kommen sie montagegerecht an: in der richtigen Reihenfolge und an der richtigen Seite des Bandes.

Die Kommunikation zwischen dem Steuergerät und den Aktoren und Sensoren erfolgt über den Profibus-DP. **Profibus** ist die Abkürzung für **Pro**cess **Fi**eld **Bus** (Prozess-Feld-Bus), **DP** steht für **D**ezentrale **P**eripherie.

Der Profibus ist geeignet für den Einsatz von der Leitebene bis hinunter zu der Aktor/Sensor-Ebene. Eingesetzt wird er vorwiegend zur Vernetzung von komplexeren Geräten in der Feldebene. Der Profibus ist in der EN 50 170 genormt. Was ist mit dezentraler Peripherie gemeint?

9.4.1 Dezentrale Peripherie

Beim konventionellen Aufbau von Automatisierungsanlagen werden die Ein- und Ausgabe-Baugruppen direkt in das Automatisierungsgerät gesteckt. Das führt zu umfangreichen Verdrahtungen mit hohem Verkabelungsaufwand und einer geringen Flexibilität bei Änderungen oder Ergänzungen.

Bei einem dezentralen Aufbau werden die Ein- und Ausgabe-Baugruppen zu den Sensoren und Aktoren vor Ort verlagert. Man spricht dabei von dezentralen Peripheriegeräten. Die Verbindung zwischen den Peripheriegeräten und dem steuernden Automatisierungsgerät erfolgt über direkte Kabelverbindungen oder – wie in dem hier aufgezeigten Beispiel – über einen Feldbus.

Strangbildung

Entsprechend Abb. 289.1 werden die Slaves von dem als Master arbeitenden Automatisierungsgerät über drei Busstränge angesprochen. Durch diese Strangbildung

- kann die Anzahl der anschließbaren Peripheriegeräte erhöht werden.
- lassen sich einzelne Produktionsbereiche unabhängig voneinander handhaben.

Strang 1: An diesen Strang sind Touch Panels (Überblick Profibus-Slaves) zum Bedienen und Beobachten der Anlage an das steuernde Automatisierungsgerät angeschlossen.

Strang 2: Über diesen Strang erfolgt die Kommunikation zwischen der Steuerung (AG) und zwei dezentralen Peripheriegeräten, an die Identifikationssysteme angeschlossen sind. Diese sorgen dafür, dass das jeweils richtige Rad an die entsprechende Montageposition gelangt.
Weiterhin ist an den Strang 2 ein Koppler angeschlossen, über den der Signalaustausch zu einer benachbarten Steuerung erfolgt.

Strang 3: Über den dritten Strang sind ein AS-Interface-Koppler und zwei weitere dezentrale Peripheriegeräte mit dem Automatisierungsgerät verbunden.

Über die AS-Interface-Koppler erfolgt die Anbindung zweier ASI-Netze an die Steuerung. An die ASI-Netze sind die Sensoren angeschlossen, mit denen der Weg eines jeden Rades über die Rollen- und Kettenförderer kontrolliert wird. Bei diesen Sensoren handelt es sich vorwiegend um Lichtschranken und Näherungsschalter.
Über die dezentralen Peripheriegeräte werden die Antriebe der Transporteinrichtungen gesteuert.

9.4.2 Master und Slaves

An den Profibus können aktive Teilnehmer als Master und passive als Slaves angeschlossen werden.

Master sind Teilnehmer mit Zugriffsrecht.

Das bedeutet: Master dürfen Daten an andere Teilnehmer senden und können Daten von anderen Busteilnehmern empfangen.

ÜBERBLICK Profibus-Slaves

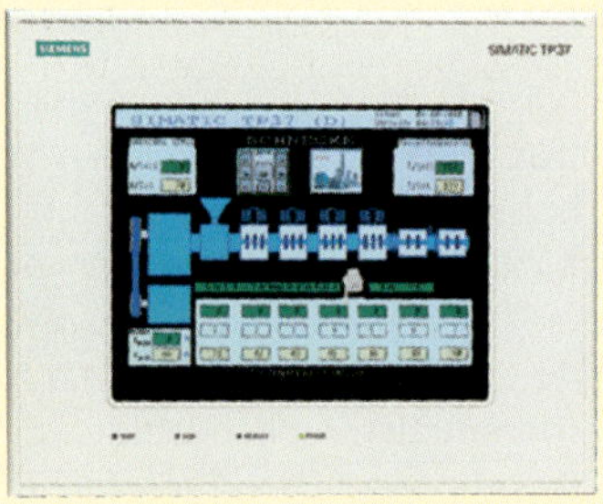

Touch Panel

Das Touch Panel dient zur komfortablen Überwachung und Bedienung im maschinennahen Bereich.
Die Bedienung erfolgt über einen berührungssensitiven Bildschirm. Mithilfe des grafikorientierten LC-Displays ist eine realitätsnahe Gestaltung der Anzeige möglich. Funktionen sind u. a.:

- Anzeige von Prozesswerten
- Grenzwertüberwachung für Prozesswertefelder
- Prozessbilder mit statischen Bildelementen
- Verwaltung von Betriebs- und Störungsmeldungen

Dezentrales Peripheriegerät

Die nebenstehende Abbildung zeigt ein modular aufgebautes Peripheriegerät zur dezentralen Signalerfassung und Signalweitergabe.

Auf die Ein- und Ausgänge des dezentralen Peripheriegerätes kann vom Anwenderprogramm im Automatisierungssystem so zugegriffen werden wie auf die Ein- und Ausgänge des Zentralgerätes.
Das Gerät kann maximal acht Peripheriebaugruppen aufnehmen. Der maximale Adressraum beträgt je 128 Byte für Eingänge und für Ausgänge.

ÜBERBLICK Profibus-Slaves (Fortsetzung)

DP/DP-Koppler

Der Profibus DP/DP-Koppler dient dazu, zwei DP-Netze miteinander zu verbinden.

Übertragen werden Daten vom DP-Master des einen Netzes (Ausgangsdaten) zum DP-Master des anderen Netzes (Eingangsdaten) und umgekehrt. Der Koppler verfügt über zwei voneinander unabhängige Schnittstellen, mit denen die Ankopplung an beide Netze erfolgt.

DP/AS-Interface-Koppler

Der in der nebenstehenden Abbildung gezeigte Koppler ist ein Profibus-DP-Slave und ein AS-Interface-Master in einer Baugruppe.

Entsprechend der ASI-Spezifikation können bis zu 31 ASI-Slaves angesteuert werden. Ebenfalls erfolgt die Überwachung der Versorgungsspannung auf der ASI-Leitung.
Das Profibus-Netz und das ASI-Netz werden unabhängig voneinander betrieben, wodurch eine übergeordnete Koordination möglich ist.

Slaves dagegen dürfen nur nach Aufforderung durch einen aktiven Teilnehmer Daten mit diesem austauschen. Das heißt:

Slaves sind Teilnehmer ohne Zugriffsrecht.

Die Einteilung, ob ein Gerät aktiv oder passiv ist, hängt vom jeweiligen Gerät ab. Einfache Geräte, z. B. Motorsteuerungen, sind normalerweise passiv. SPS-Steuerungen sind in der Regel aktiv, können jedoch je nach Anforderung auch passiv sein.

Jeder Busteilnehmer benötigt eine Adresse. Zur Verfügung stehen die Teilnehmeradressen 1 bis 126. Davon sind die Adressen 1 bis 31 für Master vorgesehen, die Adresse 0 ist für ein Programmiergerät reserviert.
Insgesamt können also 127 Teilnehmer angeschlossen werden. Dabei ist die Anzahl der Master auf 32 begrenzt.
Bei Anwendungen, die nicht zeitkritisch sind, kann die Anzahl der aktiven Teilnehmer erhöht werden.

9.4.3 Kommunikationsstrukturen

Die Kommunikation zwischen Master und Slave kann nach unterschiedlichen Verfahren erfolgen.

Mono-Master-System

Im hier vorgestellten Beispiel entsprechend Abb. 289.1 steuert nur ein Master die angeschlossenen Slaves. In einem solchen Fall spricht man von einem Mono-Master-System.

Das Mono-Master-System arbeitet nach dem Master-Slave-Verfahren.

Abb. 292.1 verdeutlicht das. Nur der Master ist aktiver Teilnehmer; er steuert den gesamten Nachrichtentransfer:

- Der Master schaltet Daten auf den Bus, die von einem Slave übernommen werden oder
- der Master fordert von einem Slave Daten an, die der Slave auf den Bus schaltet.

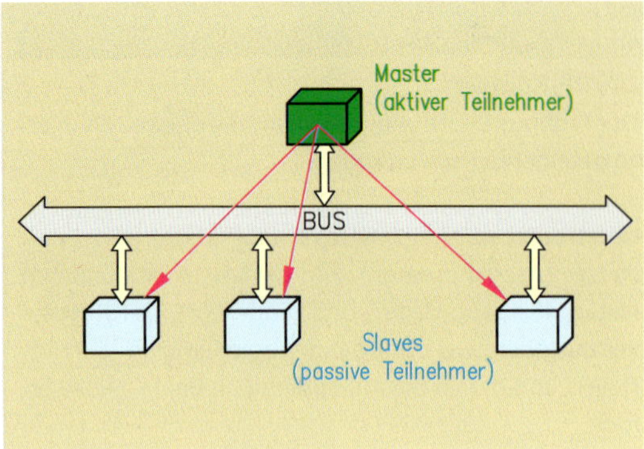

292.1 Mono-Master-System

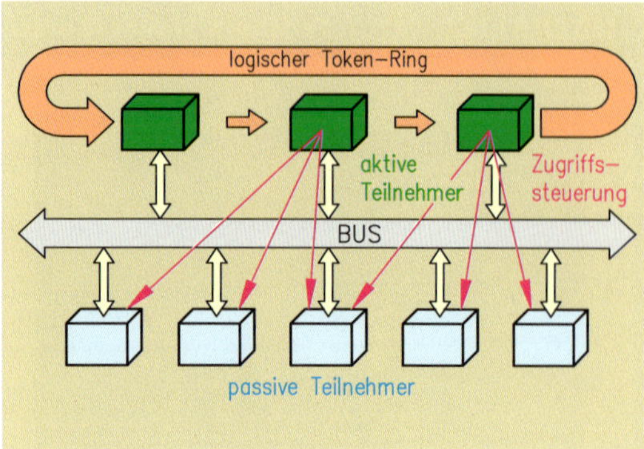

292.2 Multi-Master-System

Multi-Master-System

Sind mehrere Master an den Bus geschaltet, spricht man von einem Multi-Master-System.

Das Multi-Master-System arbeitet nach dem Token-Passing-Verfahren.

Abb. 292.2 zeigt das Prinzip. Alle Master sind aktive Teilnehmer, die Slaves sind passive Teilnehmer.

Die Master steuern den Nachrichtentransfer:

- Die Master können – über das Bus-Zugriffsverfahren Token-Passing – untereinander Daten austauschen und
- die Master können – wie beim Master-Slave-System – mit den Slaves kommunizieren.

In einem Multi-Master-System bilden die Master einen logischen Token-Ring. Der kontrollierte Buszugriff erfolgt mittels einer hybriden Buszugriffsmethode: Dezentral wird das Token-Passing (Exkurs Token-Passing) eingesetzt, zentral das Master-Slave-Verfahren.

9.4.4 Leitungen und Busanschluss

Als Übertragungsmedium können eine geschirmte und verdrillte Zweidrahtleitung oder ein Lichtwellenleiter verwendet werden. Beide Medien können in einem Netz enthalten sein.

Zweidrahtleitung

Die Leitungslänge ist von der Übertragungsgeschwindigkeit abhängig. Abb. 292.3 verdeutlicht das. Je höher die Übertragungsgeschwindigkeit ist, umso kürzer ist die Leitungslänge.

Übertragungsgeschwindigkeit	Max. Leitungslänge pro Segment
9,6–19,2–93,75 kbit/s	1 200 m
187,5 kbit/s	1 000 m
500 kbit/s	400 m
1,5 Mbit/s	200 m
3–6 – 12 Mbit/s	100 m

292.3 Übertragungsgeschwindigkeiten

Bei Verwendung einer Kupferleitung kann die Leitungslänge pro Segment bei Übertragungsgeschwindigkeiten von 9,6, 19,2 oder 93,75 kbit/s bis zu 1 200 m betragen.
Bei Übertragunggeschwindigkeiten von 3, 6 oder 12 Mbit/s darf die Segmentlänge nur noch maximal 100 m betragen.

Mit einem Repeater kann z. B. ein Bussegment von 1 200 m um weitere 1 200 m verlängert werden. Maximal können bis zu 10 Bussegmente in Reihe liegen. Somit beträgt die maximale Leitungslänge 12 km.

Die Profibus-Slaves erkennen automatisch die am aktiven Teilnehmer gewählte Übertragungsgeschwindigkeit.

Während des Betriebes können Teilnehmer an- oder abgesteckt werden, ohne die Datenübertragung an die anderen Teilnehmer zu beeinflussen. So können z. B. in einem Fehlerfall Teilnehmer ausgetauscht werden oder mobile Fahrzeuge während des Betriebes an den Bus an- oder abgekoppelt werden.

EXKURS Token-Passing

Mit Token-Passing (passing: vorübergehen, weitergeben) wird ein Bus-Zugriffsverfahren bezeichnet. Dabei wird über den Bus ein Datenwort (Zeichen) gesendet, das eine Sonderberechtigung aufweist. Dieses Zeichen wird Token genannt. Der Busteilnehmer, der das Token gerade hat, darf an den gewünschten Empfänger senden.

Hat ein Busteilnehmer gesendet, gibt er das Token an den nächsten Busteilnehmer, damit dieser senden kann. Will dieser Teilnehmer nicht senden, gibt er das Token weiter. Der letzte Teilnehmer im Bus gibt das Token wieder an den ersten Teilnehmer.

Das Token kreist also im Bus von Teilnehmer zu Teilnehmer. Man spricht in diesem Fall von einem logischen Ring.

Die Zeit, die jeder Busteilnehmer senden darf, ist begrenzt, z. B. 1 ms lang. Bei 20 Busteilnehmern steht das Token jedem Teilnehmer somit mindestens alle 20 ms zur Verfügung. Senden nicht alle Teilnehmer, steht das Token in kürzeren Zeitabständen zur Verfügung.

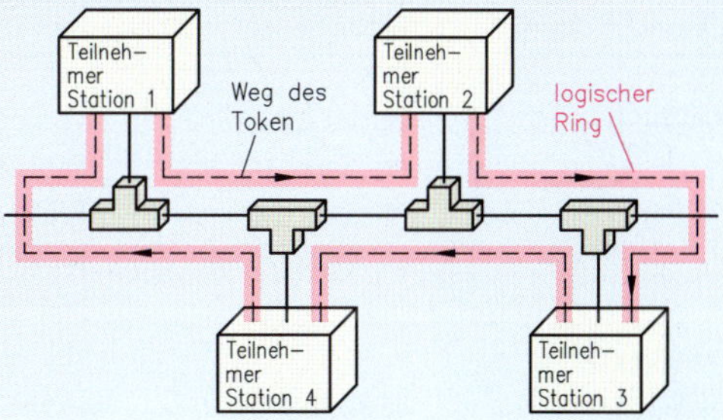

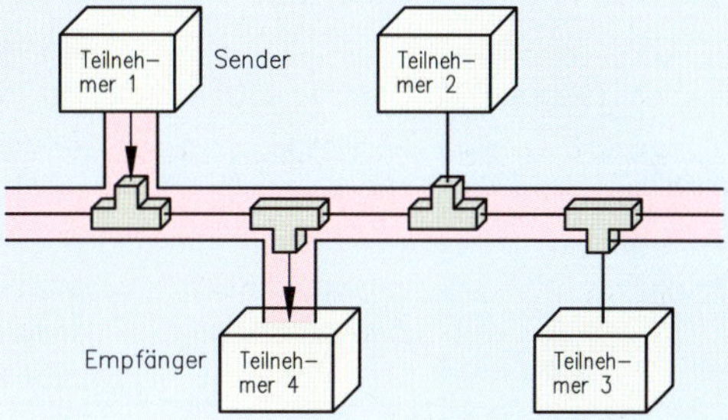

Lichtwellenleiter

Bei einer Übertragungsgeschwindigkeit von z. B. 187,5 kbit/s kann ein optisches Bussegment bis zu 2,8 km lang sein, bei 1 500 kbit/s nur noch 500 m.

Busanschluss

Der Anschluss eines Busteilnehmers an den Bus erfolgt über einen Busanschlussstecker. Abb. 293.1 zeigt ein Beispiel. Der Stecker enthält eine 9-polige Subminiatur-D-Buchse als Schnittstelle für den Busteilnehmer.

Zum Anschluss der Busanschlussstecker an die Busleitung wird diese aufgetrennt. Die Verbindung mit dem Stecker erfolgt über je zwei Klemmen für die ankommende und die abgehende Busleitung. Somit kann der Stecker auch an den Segmentenden als Busabschluss eingesetzt werden.

Busabschluss

Der Busanschlussstecker besitzt einen integrierten Busabschlusswiderstand. Dieser sorgt für definierte Pegel während der Übertragung und unterdrückt Reflexionen auf der Leitung. Dazu muss der Abschlusswiderstand jeweils an das Ende eines Bussegmentes geschaltet werden.

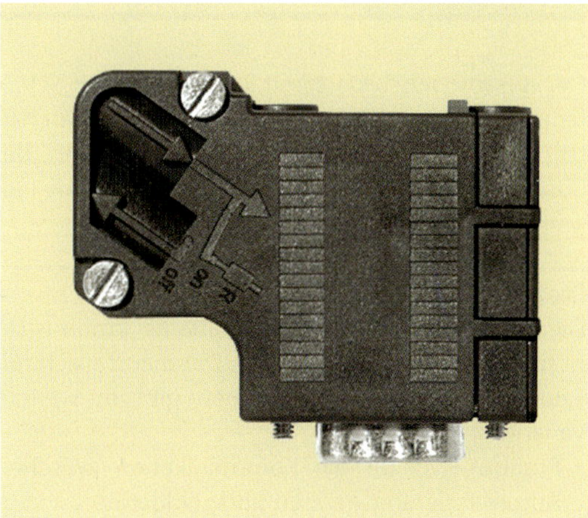

293.1 Busanschlussstecker

ÜBERBLICK Feldbusse

	AS-Interface	Profibus	Interbus-S	CAN-Bus
Bezeichnung	Aktor-Sensor-Interface	Process Field Bus		Controller Area Network
Anwendungsbereich	Vernetzung binärer Sensoren und Aktoren (unterste Feldbusebene)	Vernetzung von Sensoren, Aktoren, Feldgeräten und dezentraler Peripherie	Vernetzung von Sensoren, Aktoren und einfachen Ein- und Ausgabegeräten	Vernetzung im Automobil, in der Automatisierungstechnik, in Haushaltsgeräten
Norm		EN 50 170	DIN 19 258	ISO/DIS 11 898
Netztopologie	Linie, Baum	Linie, Stern Ring (opt. Netz)	Ring	Linie
Übertragungsrate	167 kbit/s	elektr. bis 12 Mbit/s opt. bis 1 500 kbit/s	500 kbit/s	bis 1 Mbit/s
Teilnehmeranzahl	1 Master und 31 Slaves	127 (Master und Slaves)	256	physikalisch: ca. 30 logisch: 2 032
Buslänge (ohne Repeater)	100 m	elektr. bis 1 200 m opt. bis 2 800 m	400 m	1 000 m
Medium	ungeschirmte Zweidrahtleitung	geschirmte Zweidrahtleitung Lichtwellenleiter	geschirmte Zweidrahtleitung	Zweidrahtleitung Lichtwellenleiter
Kommunikationsstruktur	Master-Slave	Master-Slave Multi-Master	Master-Slave	Multi-Master
Datenfeldlänge	max. 4 Bit	246 Byte	Protokoll	max. 8 Byte
Bus-Zugriffsverfahren	Master-Slave mit zyklischem Polling	Master-Slave Token-Passing	TDMA	durch Prioritäten festgelegt
ISO-Schichten	1, 2, 7	1, 2, 7	1, 2, 7	1, 2, 7

Der Busabschlusswiderstand kann mit einem Schalter auf dem Busanschlussstecker zu- oder abgeschaltet werden. Die Zuschaltung erfolgt, wenn der Busanschlussstecker an einem Bussegmentende eingesetzt ist.

Profibus-Varianten

Die hier vorgestellte Profibus-Variante Profibus-DP ist für den schnellen, zyklischen Datenaustausch mit Feldgeräten ausgelegt. Daneben gibt es weitere Varianten:

- Profibus-FMS für die Kommunikation zwischen Automatisierungsgeräten und Feldgeräten.
- Profibus-PA für die Anwendungen in der Prozessautomatisierung im eigensicheren Bereich.

Neben dem Profibus und dem AS-Interface gibt es eine Vielzahl weiterer Feldbusssysteme, die sich durch ihre Kenndaten und Anwendungsbereiche unterscheiden (Überblick Feldbusse).

Aufgaben

1. *Wie lautet die genaue Bezeichnung des Profibusses?*
2. *Erläutern Sie, was man unter einem dezentralen Peripheriegerät versteht!*
3. *Welche Vorteile bietet die Strangbildung beim Aufbau eines Profibussystems?*
4. *Beschreiben Sie unterschiedliche Profibus-Slaves!*
5. *Wie viele Teilnehmer (Master und Slaves) können an ein Profibussystem angeschlossen werden?*
6. *Beschreiben Sie, wodurch sich bezüglich der Zugriffsverfahren das Master-Slave-System von dem Multi-Master-System unterscheidet!*
7. *Was versteht man beim Token-Passing unter einem logischen Ring?*
8. *In welcher Weise beeinflussen sich beim Profibus Leitungslänge und Übertragungsrate?*
9. *Erläutern Sie die Unterschiede zwischen dem AS-Interface und dem Profibus anhand wesentlicher Merkmale!*

EXKURS ISO/OSI-Referenzmodell

Begriff, Bedeutung

Um zwischen den Netzen eine herstellerunabhängige Datenkommunikation zu gewährleisten, sind international gültige Vereinbarungen und Regeln erforderlich. Diese Regeln bestimmen, wie Nachrichten zu codieren, zu adressieren, zu sichern und im zeitlichen Ablauf zu übertragen sind.

Daher werden von internationalen Normungsgremien wie der ISO (International Standard Organization) Normungsvorschläge für die Datenübertragung und den Kommunikationsablauf erarbeitet.

Die ISO hat in einem OSI-Referenzmodell (Open System Interconnection: offenes Kommunikationssystem) grundsätzlich die Architektur aller möglichen Netze, unabhängig von Anwendungen, von den Endgeräten und von der Vernetzung, beschrieben.

Obwohl in der Praxis die Implementierungen oft vom OSI-Modell abweichen, stellt es ein Modell zur Analyse und Strukturierung von Netzwerken dar.

Aufbau

Nach dem OSI-Referenzmodell erfolgt die Abwicklung der Kommunikation über sieben Arbeitsebenen bzw. Schichten. Daher wird das OSI-Referenzmodell häufig als OSI-Schichtenmodell bezeichnet.

Jede Schicht stellt Dienste für die darüber liegende Schicht bereit und nutzt Dienste der darunterliegenden Schicht. Dabei gilt folgende Einteilung:

- Die Schichten 1 bis 4 sind die transportierenden Schichten. Sie befassen sich mit dem physikalischen Datentransport bis zu den physikalischen Endpunkten der Systeme.
- Die Schichten 5 bis 7 sind die anwendungsorientierten Schichten. Sie befassen sich mit der Handhabung der Schnittstellen.

Bei der Datensendung werden die Schichten in der Reihenfolge 7 bis 1, beim Datenempfang in der Reihenfolge 1 bis 7 durchlaufen. Die folgende Abbildung verdeutlicht das.

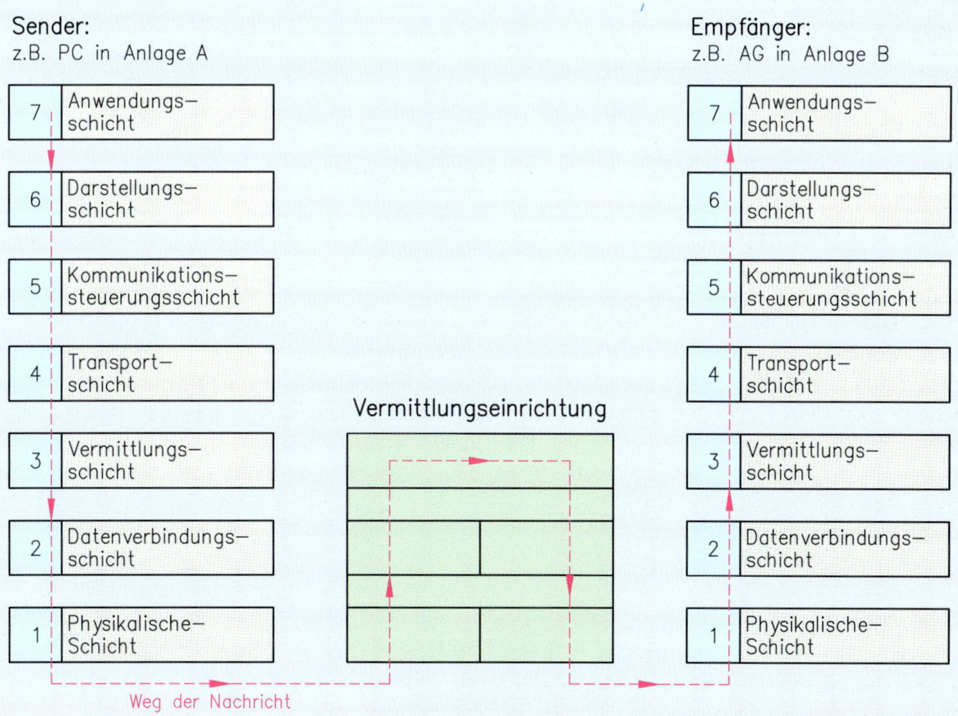

EXKURS **ISO/OSI-Referenzmodell (Fortsetzung)**

Schicht	Bezeichnung	Aufgaben
7	**Anwendungsschicht** Application Layer	**Die Bedeutung der Daten festlegen** Die Anwendungsschicht bezieht sich auf die Verarbeitung von Programmanwendungen im Netzbetrieb; sie ermöglicht die Verbindung einer Anwendung, wie z. B. E-Mail, zum Netzwerk. Nicht gemeint sind mit Anwendungsschicht Anwenderapplikationen wie z. B. Textverarbeitungsprogramme.
6	**Darstellungsschicht** Presentation Layer	**Nachrichten codieren und decodieren** In dieser Schicht erfolgt beim Sender die Anpassung von Daten für die Datenübertragung. Dazu werden Daten umgewandelt, komprimiert, verschlüsselt und geprüft. Beim Empfänger erfolgen diese Vorgänge in umgekehrter Richtung.
5	**Kommunikations-steuerungsschicht** Session Layer	**Die Aufforderungsphase und Abschlussphase bei der Datenübertragung durchführen** Diese Schicht dient der Kommunikation zwischen unterschiedlichen Netzwerkknoten. Über entsprechende Software werden Zugangskontrollen durchgeführt, Dialogfehler bearbeitet und der Transfer der Daten gesteuert.
4	**Transportschicht** Transport Layer	**Die Datenverbindung aufbauen und die Daten in Blöcke einteilen** Die Transportschicht dient einer zuverlässigen und fehlerfreien Übertragung der Daten. Dazu werden Verbindungen aufgebaut und freigegeben. Fehlende, fehlgeleitete und falsch sortierte Datenpakete werden behandelt. Die Transportschicht bildet die Grenze zwischen dem Anwendungssystem und dem Transportsystem.
3	**Vermittlungsschicht** Network Layer	**Den Datenweg auswählen** Die Vermittlungsschicht wird auch als Netzwerkschicht bezeichnet. In ihr wird zur Kommunikation zwischen beliebigen Rechnern im Netz die Wegwahl (Routing) gesteuert und der Auf- und Abbau der Netzverbindungen verwaltet.
2	**Datenverbindungs-schicht** Data Link Layer	**Den Zugriff auf das Datennetz steuern und Fehler überwachen** Die Datenverbindungsschicht wird auch als Sicherungsschicht bezeichnet. Sie sichert eine möglichst fehlerfreie Übertragung zwischen den Netzwerkknoten, bildet aus dem Bitstrom Datenrahmen, kontrolliert den Zugriff zum Kommunikationsmedium und behebt Bit-Übertragungsfehler.
1	**Physikalische Schicht** Physical Layer	**Datensignale erzeugen und aufnehmen und über Leitungen und Steckverbindungen übertragen** Die physikalische Schicht wird auch als Bitübertragungsschicht bezeichnet. Diese unterste Schicht bezieht sich auf die Netzwerkhardware wie Kabel, Adapter, Hubs usw. In ihr werden die Bitsequenzen in ein für die Datenübertragung geeignetes Format umgewandelt. Dabei werden unterschiedliche Übertragungsarten unterstützt und mechanische, elektrische und funktionale Eigenschaften definiert.

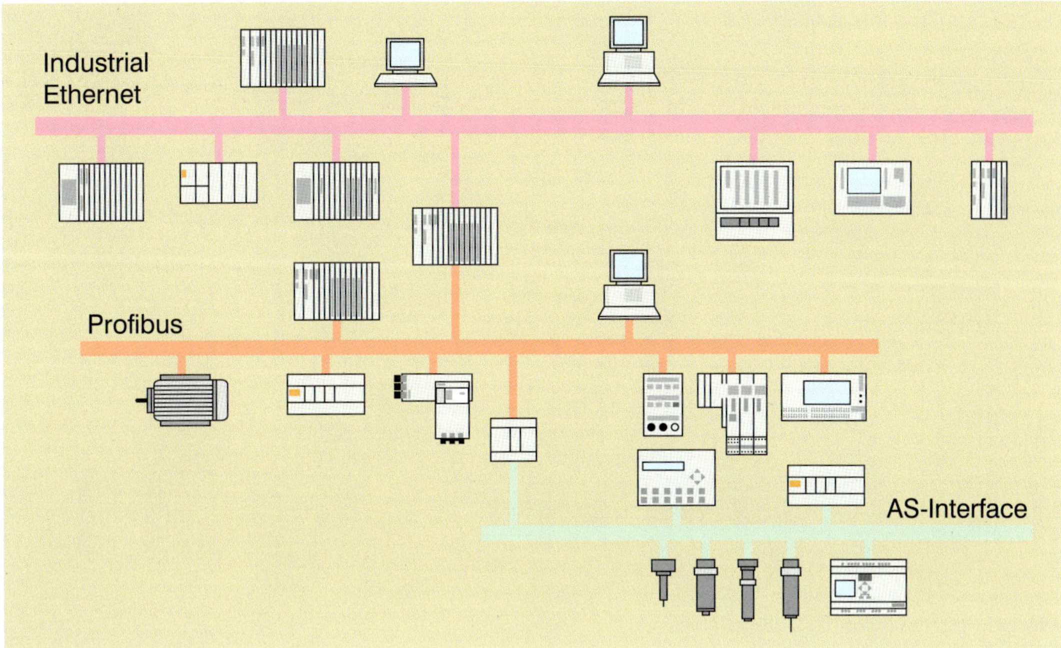

297.1 Netzebenen

9.5 Ethernet

Zur Steuerung komplexer Fertigungsbereiche z. B. in der Automobilproduktion sind leistungsstarke Netze für den Datenaustausch über unterschiedliche Netzebenen zwischen verschiedenen Automatisierungsstationen und Anlagenteilen erforderlich. Abb. 297.1 verdeutlicht das.

Über die Koppelung der unterschiedlichen Netzebenen Industrial Ethernet, Profibus und AS-Interface ist eine durchgängige Kommunikation von der Steuerebene bis hinunter zur untersten Feldebene gegeben. Dabei vernetzt

- das Industrial Ethernet Bereiche oder Zellen mit vielen Teilnehmern,
- der Profibus Feldbereiche oder Zellen mit wenigen Teilnehmern und
- das AS-Interface Sensoren und Aktoren.

9.5.1 Industrial Ethernet

Über das Industrial Ethernet erfolgt die Verbindung der Automatisierungssysteme untereinander und mit Personalcomputern. Dabei werden über dieses Netz z. B. für die Hauptverwaltung bestimmte statistische Daten über die Tagesproduktion ebenso wie Steuersignale für Maschinen und Roboter übertragen.

Weiterhin ist aus dem Ethernet heraus eine weltweite Kommunikation durch die Koppelung über WAN wie ISDN oder Internet möglich.

Standard

Bei dem Industrial Ethernet handelt es sich um ein Netz, das nach dem internationalen Ethernet-Standard IEEE 802.3 für den industriellen Bereich ausgelegt ist. **IEEE** steht für das amerikanische Standardisierungsgremium **I**nstitute of **E**lectrical and **E**lectronics **E**ngineers (Institut der elektrischen und elektronischen Ingenieure).

In der Ausführung 802.3 werden die Topologie, das Übertragungsmedium, die Übertragungsgeschwindigkeit und das Zugriffsverfahren CSMA/CD beschrieben und vorgegeben.

Übertragungsgeschwindigkeit

Die Übertragungsgeschwindigkeit des Industrial Ethernet beträgt 10 Mbit/s. Andere Ethernet-Versionen weisen Übertragungsgeschwindigkeiten von 100 Mbit/s oder 1 Gbit/s auf.

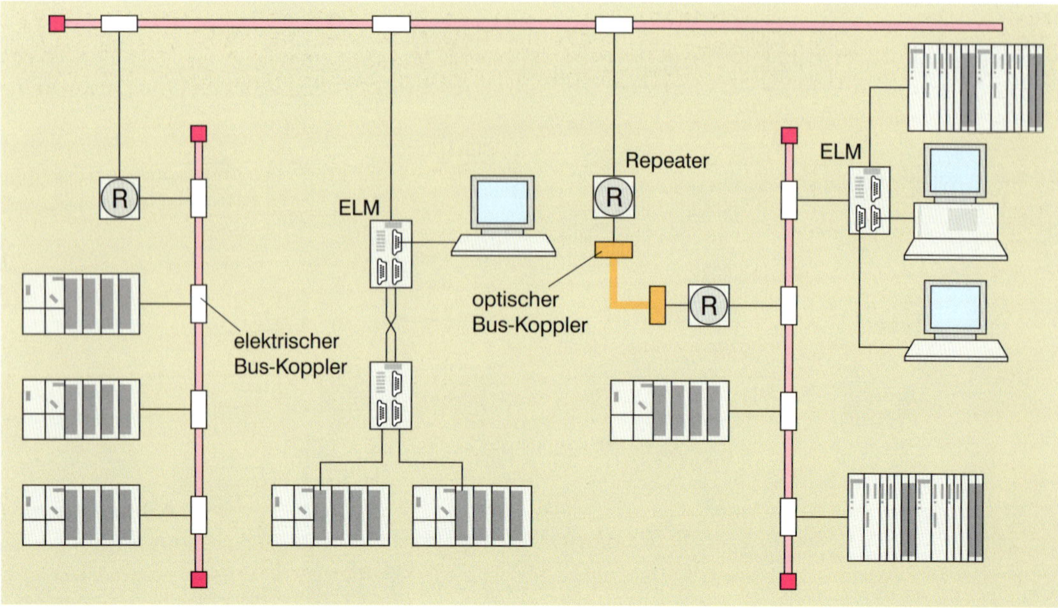

298.1 Elektrisches Industrial-Ethernet-Netz

Das Industrial Ethernet kann als elektrisches Netz, optisches Netz oder gemischtes Netz aufgebaut werden.

9.5.2 Elektrisches Netz

Abb. 298.1 zeigt ein elektrisches Netz. Es enthält die für elektrische Ethernet-Netze möglichen Topologien Linie und Stern.

Das Netz besteht aus einzelnen Bussegmenten mit einer maximalen Segmentlänge von jeweils 500 m. Ein Bussegment kann bis zu 100 Buskoppler (Transceiver) zum Anschluss der Endgeräte enthalten. Reicht die Segmentlänge nicht aus, können über Repeater weitere Segmente hinzugefügt werden.

Leitungen

Die Bussegmente werden mit Koaxialleitungen gebildet. Für den Anschluss der Endgeräte werden meist kostengünstige Twisted-Pair-Leitungen eingesetzt (Überblick Ethernet-Leitungen).

Repeater

Mit Repeatern lässt sich das Industrial-Ethernet-Netz um zusätzliche Bussegmente erweitern. So kann mit jedem Repeater ein weiteres Bussegment von bis zu 500 m Länge an das Ethernet-Netz angekoppelt werden. Zum Verbinden von zwei Netz-Segmenten sind neben einem Repeater weiterhin noch zwei Buskoppler erforderlich. Die Entfernung zwischen Repeater und Buskoppler darf maximal 50 m betragen.

Durch die Bildung einer Remote-Repeater-Konfiguration lassen sich über eine Glasfaserleitung (LWL-Leitung) erheblich größere Entfernungen zwischen zwei Bussegmenten realisieren. Wie Abb. 298.1 zeigt, sind hierzu zwei Repeater und zusätzlich zwei optische Buskoppler erforderlich. Die Länge der LWL-Leitung darf maximal 1 000 m betragen.

Buskoppler

Der Buskoppler enthält die Elektronik, die zur Ankoppelung eines Endgerätes an die Busleitung erforderlich ist. Außerdem trennt er das Netz galvanisch von dem angeschlossenen Endgerät.

Buskoppler enthalten in der Regel ein oder zwei Schnittstellen zum Anschluss ebenso vieler Endgeräte. Sollen weitere Endgeräte an einen Buskoppler angeschlossen werden, so kann das mithilfe von Schnittstellenvervielfachern erfolgen. Sie ermöglichen z. B. den Anschluss von fünf oder acht Endgeräten.

ÜBERBLICK **Ethernet-Leitungen**

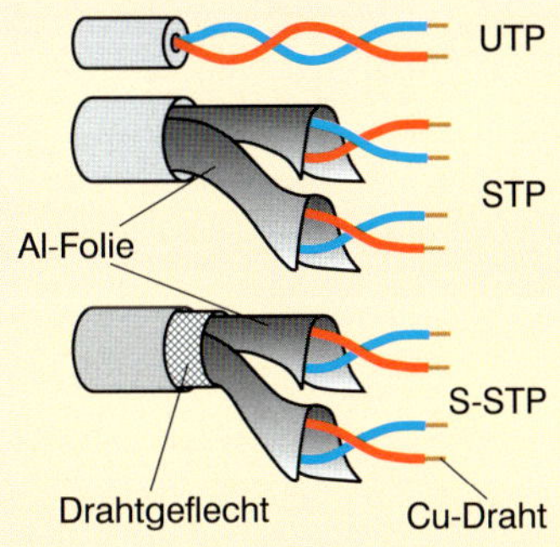

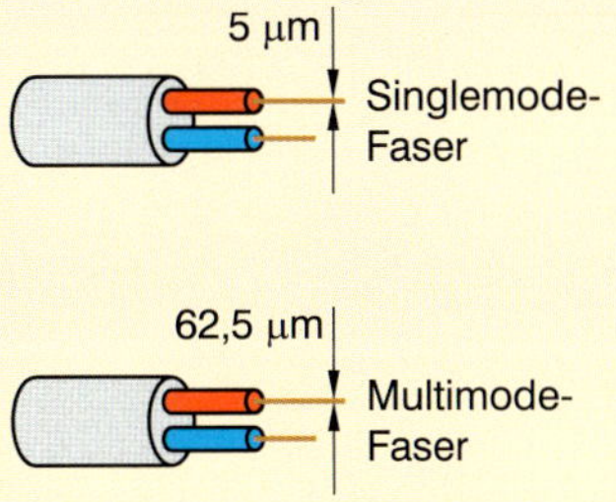

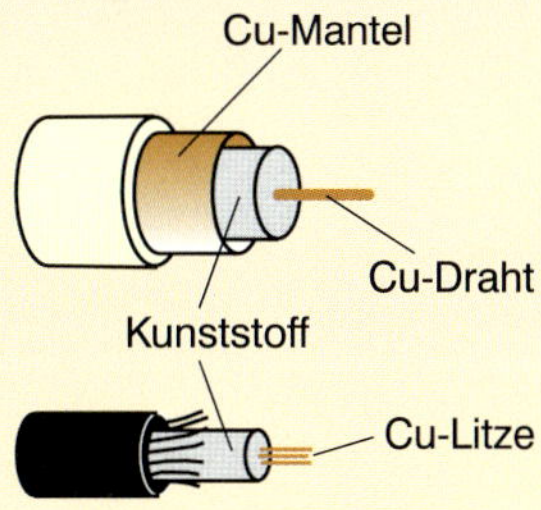

Twisted-Pair-Leitungen	Lichtwellenleiter (LWL)	Koaxialleitungen
Twisted-Pair-Leitungen gibt es in unterschiedlichen Ausführungen, z. B.: **UTP**: **U**nshielded **T**wisted **P**air (ungeschirmtes verdrilltes Paar). **STP**: **S**hielded **T**wisted **P**air (geschirmtes verdrilltes Paar). Wie UTP aufgebaut, jedoch pro Adernpaar geschirmt. **S-STP**: **S**creened **STP** (geschirmte STP). Wie STP, jedoch mit zusätzlichem Gesamtschirm.	**L**icht**w**ellen**l**eiter **LWL**, auch als Glasfaserleitungen bezeichnet, gibt es in zwei Ausführungen: **Singelmodefaser** Dünne Faser, durch die Infrarotstrahlung oder Licht ohne Reflexion am Fasermantel übertragen wird. **Multimodefaser** Eine dickere Faser, bei der es Vielfachreflexionen gibt.	Koaxialleitungen werden in den folgenden Ausführungen eingesetzt: **Thick-Wire-Ethernet** Dicke gelbe Leitung mit massivem Innendraht und einem Kupfer-Blechmantel (Cu-Blechmantel). **Thin-Wire-Ethernet** Dünne schwarze Leitung mit einer inneren Drahtlitze und einem Cu-Geflechtmantel.
Besonders geeignet für den Einsatz im Endgerätebereich, z. B. von einem Link Module zum Teilnehmer.	Besonders hohe Qualitäten bezüglich Datenschutz und -sicherheit. Verlegung wegen Anschlusskosten nur selten bis zum Endgerät.	Der Anteil der Koaxialleitungen ist rückläufig, da sich eine Mischung aus Twisted-Pair und Glasfaser bei der Wartung vorteilhaft auswirkt.
Leitungslängen: bis 100 m	Leitungslängen: bis 4 500 m	Leitungslängen: Thick Wire bis 500 m, Thin Wire bis 180 m

Electrical Link Module

Ein Electrical Link Module, kurz ELM genannt, dient zum Anschluss von Endgeräten an eine Koaxialleitung und/oder zum Aufbau von Twisted-Pair-Netzen.

Ein ELM enthält gemäß Abb. 299.1 drei 9-polige Subminiatur-D-Buchsen zum Anschluss von maximal drei Endgeräten über Twisted-Pair-Leitungen.

Über eine gekreuzte Twisted-Pair-Verbindung (Abb. 298.1) können zwei ELMs zusammengeschaltet werden. Auf diese Weise oder durch die Kaskadierung von ELMs lassen sich Twisted-Pair-Netze aufbauen. Bei der Kaskadierung werden zwei Buchsen des ELM für den Anschluss der Busleitung benötigt, an die dritte Buchse kann ein Endgerät angeschlossen werden. Die Entfernung zwischen zwei ELMs darf maximal 100 m betragen.

299.1 Electrical Link Module

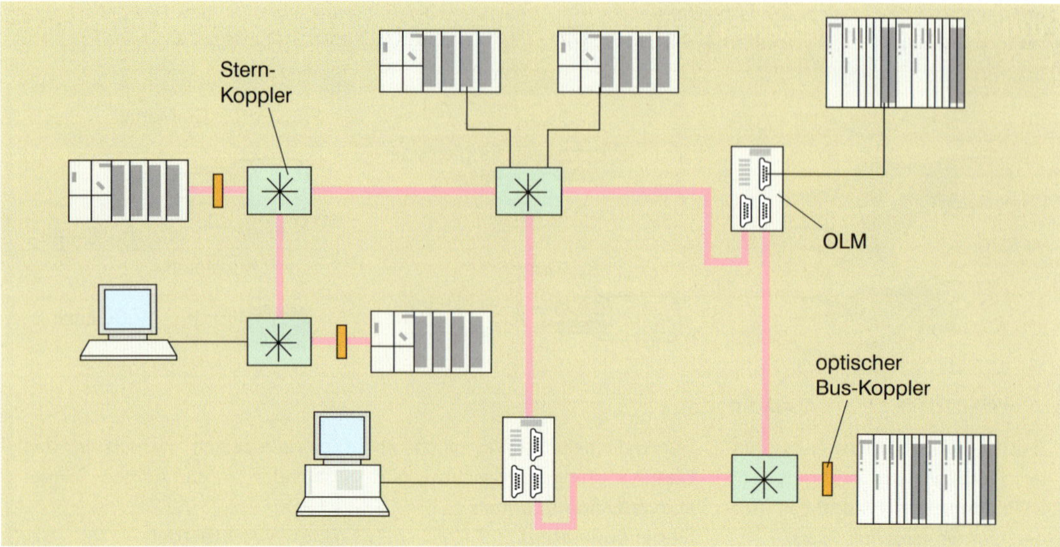

300.1 Optisches Industrial-Ethernet-Netz

9.5.3 Optisches Netz

Abb. 300.1 zeigt den Aufbau eines optischen Netzes. Es kann in den Topologien Linie, Stern oder Ring realisiert werden. Die maximale Reichweite beträgt 4,5 km.

Im Unterschied zum elektrischen Netz kann das optische Netz in Ringtopologie aufgebaut werden. Dadurch erhöht sich die Ausfallsicherheit des Netzes, da beim Bruch eines Lichtwellenleiters (LWL) die Kommunikation aufrechterhalten werden kann.

Leitungen

Optische Netze werden mit Lichtwellenleitern aufgebaut (Exkurs Lichtwellenleiter). Der Anschluss der Endgeräte erfolgt – wie beim elektrischen Netz – meist über Twisted-Pair-Leitungen. Bei einer optischen Vernetzung bis zum Endgerät muss ein optischer Buskoppler eingesetzt werden.

Sternkoppler, Optical Link Module

Sternkoppler und Optical Link Module (OLM) dienen zum Aufbau der Netzstruktur und zum Anschluss der Endgeräte.

Sternkoppler bilden Stern- bzw. Verzweigungspunkte für das optische Netz mit der Möglichkeit zum Anschluss von Endgeräten über Twisted-Pair-Leitungen. Durch einen modularen Aufbau können verschiedene Netzkonfigurationen realisiert werden. So kann ein Koppler z. B. eine Interfacekarte für den Anschluss von zwei oder vier LWL-Segmenten und eine Interfacekarte für den Anschluss von drei Endgeräten über Twisted-Pair-Leitungen enthalten.

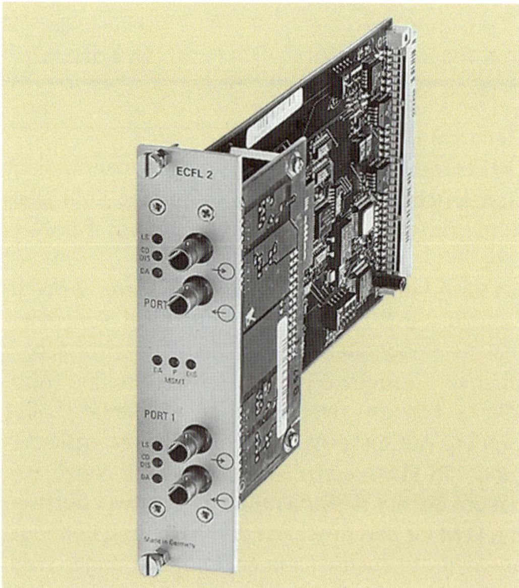

300.2 Twisted-Pair-Interfacekarte

ÜBERBLICK Lichtwellenleiter

Lichtwellenleiter (LWL) dienen zur optischen Übertragung von digitalen Daten. Dabei arbeitet der Sender meist mit einer Laserdiode und der Empfänger mit einer Fotodiode. Für den LWL wird oft der Begriff Faser verwendet.

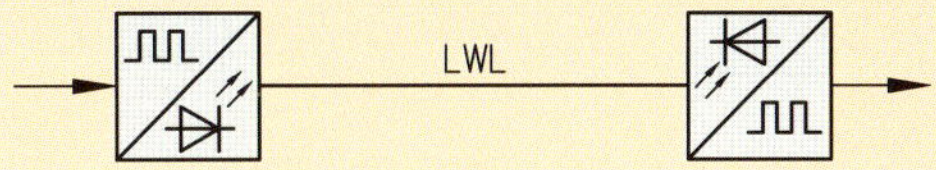

Multimodefaser

Bei der Multimodefaser führt die Totalreflexion am Übergang vom Kern zum Fasermantel zu einem zickzackförmigen Verlauf der Strahlen im Kern. Je nach Einfallswinkel pflanzt sich das Licht auf vielen verschiedenen Bahnen innerhalb des Kerns fort.

Das nebenstehende Bild veranschaulicht die Ausbreitungsbahnen. Die einzelnen Lichtsignale werden als **Moden** bezeichnet. Die Moden mit kürzeren Wegstrecken durchlaufen den Lichtwellenleiter schneller als diejenigen mit längeren Ausbreitungswegen.

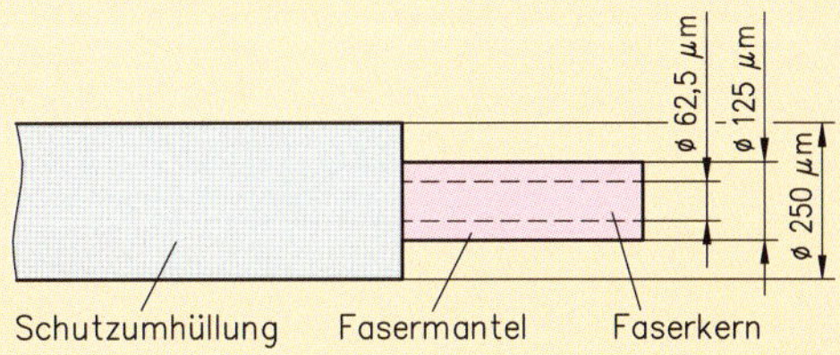

Als Folge davon entstehen unterschiedliche Laufzeiten, die sich am Ende des Übertragungsweges als Impulsverbreiterung bemerkbar machen. Dies bezeichnet man als Modendispersion. Sie begrenzt die Länge des Übertragungsweges. Daher werden Multimodefasern vorwiegend für kürzere Strecken, z. B. in Gebäuden, eingesetzt.

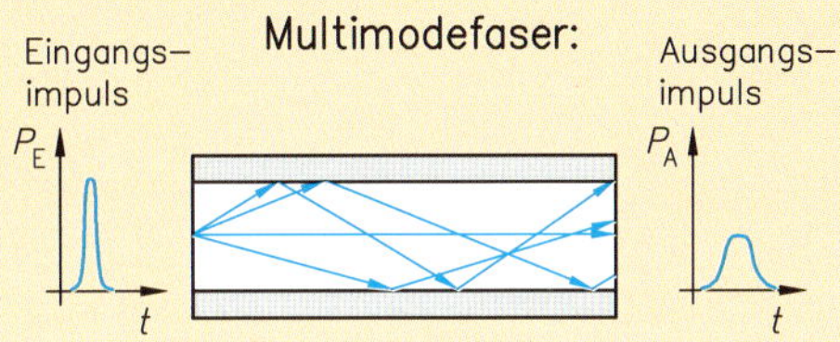

Singlemodefaser

Eine Multimodefaser hat z. B. einen Kerndurchmesser von 62,5 µm. Wird der Durchmesser des Kerns auf etwa 5 bis 10 µm verringert, ist nur noch ein Ausbreitungsweg der Strahlung möglich. Man spricht dann von einer Singlemodefaser.

Bei der Singlemodefaser tritt keine Modendispersion (Impulsverbreiterung) auf. Deshalb sind mit diesem Lichtwellenleiter längere Übertragungswege möglich.

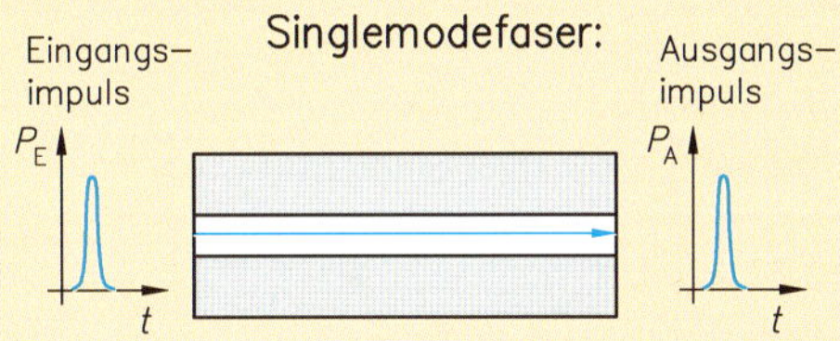

Ein Optical Link Module besitzt – analog zum ELM (Abb. 299.1) – drei 9-polige-Subminiatur-D-Buchsen zum Anschluss von Endgeräten über Twisted-Pair-Leitungen.

Optische und elektrische Netze lassen sich zu gemischten Netzen vereinen. Auf diese Weise können die Vorteile und Konfigurationsmöglichkeiten beider Netztypen genutzt werden.

9.5.4 CSMA/CD

Der Ethernet Standard IEEE 802.3, der die Grundlagen der Übertragungstechnik festlegt, schreibt als Zugriffsverfahren das CSMA/CD-Verfahren vor. Dieses Verfahren reglementiert den Sendezugriff der an das Netz angeschlossenen Endgeräte und ermöglicht es, dass Datenkollisionen erkannt und beseitigt werden.

CSMA/CD steht für

- **C**arrier **S**ense: Abhören der Leitung durch die Endgeräte
- **M**ultiple **A**ccess: mehrfacher Zugriff der Endgeräte
- with **C**ollision **D**etection: Erkennen und Beseitigen von Datenkollisionen.

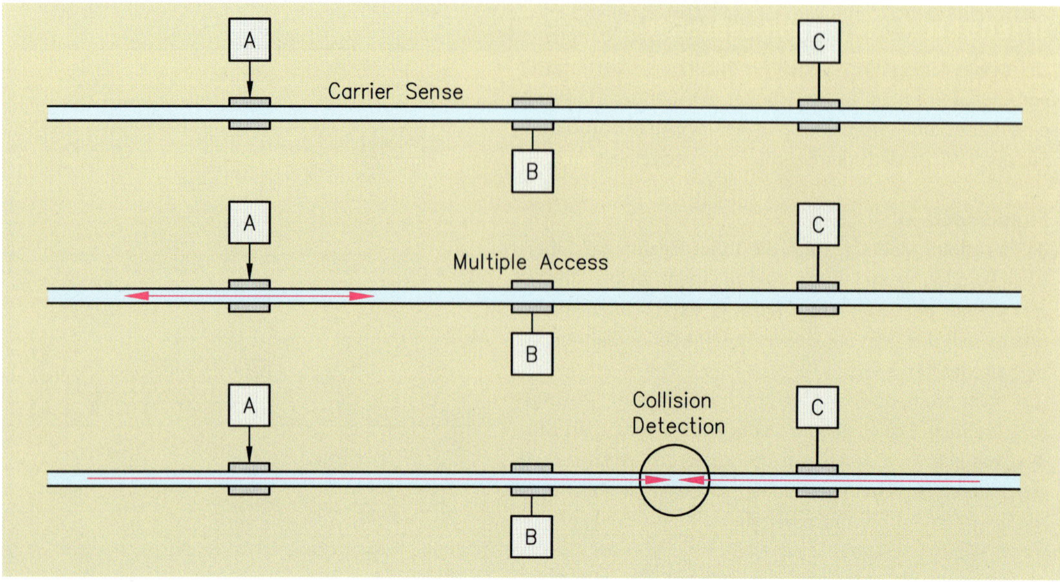

302.1 CSMA/CD

Datenkollisionen treten dann auf, wenn zwei oder mehrere Endgeräte gleichzeitig Daten senden. Die dabei aufeinander treffenden Signale zerstören sich gegenseitig.

Um die Zahl der Kollisionen zu reduzieren und eine wirksame Fehlerbehandlung zu ermöglichen, besitzt das CSMA/CD-Verfahren zwei Routinen: eine für das Senden von Daten und eine zum Erkennen von Kollisionen. Abb. 302.1 verdeutlicht das.

Der Netzzugriff

Mit dieser Routine ist festgelegt, dass Endgeräte nur dann senden dürfen, wenn die Leitung frei ist. Dazu „hören" alle Endgeräte das Netz ab und erkennen so, ob Daten gesendet werden.

Werden Daten gesendet, erkennt das Endgerät anhand der Zieladresse, ob es die Daten in Empfang nehmen muss. Werden keine Daten gesendet, kann das Endgerät selbst senden.

Kollisionserkennung

Beginnen zwei oder mehrere Endgeräte zur selben Zeit mit der Datensendung, greift die Routine zur Kollisionserkennung ein. Die beteiligten Endgeräte erkennen die Kollision und brechen den Sendevorgang sofort ab.

Jedes Endgerät wartet nun eine zufällig ermittelte Zeit ab und startet dann die Senderoutine erneut. Dieser Vorgang wird so lange wiederholt, bis sich eines der Endgeräte durchsetzt.

CSMA/CD ist das am häufigsten eingesetzte Verfahren zur Regelung der Zugriffe auf ein Netzwerk.

Aufgaben

1 *Erläutern Sie die Netzformen (Topologien), die sich mit Industrial-Ethernet aufbauen lassen?*

2 *Beschreiben Sie, welchen Vorteil die Topologie Ring gegenüber der Topologie Linie bietet!*

3 *Erläutern Sie, was man unter einer Remote-Repeater-Konfiguration versteht und wozu sie eingesetzt wird!*

4 *Wozu werden Twisted-Pair-Leitungen eingesetzt?*

5 *Stellen Sie den möglichen Aufbau eines Twisted-Pair-Netzes dar!*

6 *Beschreiben Sie anhand praktischer Beispiele den Einsatz des Industrial-Ethernet gegenüber den Feldnetzen Profibus und AS-Interface!*

7 *Erläutern Sie den Netzzugriff und die Kollisionserkennung bei CSMA/CD!*

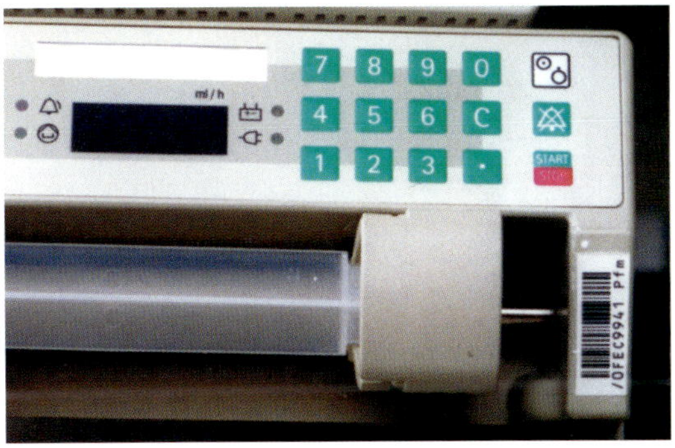

303.1 Barcode zur Geräteidentifikation

303.2 Code 2/5

9.6 Betriebliche Datenerfassungssysteme

Geräte werden – wie Waren allgemein – mit Barcodes versehen. Abb. 303.1 zeigt ein Beispiel. Durch die Codierung lässt sich jedes Gerät mithilfe eines Lesegerätes identifizieren. Dadurch können z. B. Geräte in der Endphase der Produktion automatisiert kundenspezifisch gestaltet werden.

Die Codes werden aufgedruckt oder mittels Etiketten auf dem Gerät aufgebracht. Je nach Anwendung gibt es unterschiedliche Barcodes.

9.6.1 Barcode

Barcodes, auch Strichcodes genannt, sind Binärcodes für eine maschinelle Erkennung mittels Lesestift oder Laserscanner. Die Zeichen setzen sich aus Strichen oder Balken (Bars) und Lücken zusammen.

Der Barcode stellt binäre Informationen mithilfe einer Strichcodierung dar.

Code 2/5

In industriellen Anwendungen wird häufig der Code 2/5 – auch 2-aus-5-Code genannt – verwendet. Abb. 303.2 zeigt den Code für die Verschlüsselung der Zahl 97.

Entsprechend der Codetabelle in Abb. 303.3 wird jede Dezimalziffer 0 bis 9 mit fünf Bit verschlüsselt. Dabei haben immer zwei Bit den Wert 1 und drei Bit den Wert 0. Das erklärt die Bezeichnung des Codes: 2-aus-5.

Die weitere Analyse der Codetabelle zeigt, dass die Ziffer 9 mit der Bitfolge 01010 verschlüsselt wird. Der Vergleich mit dem Code in Abb. 303.2 ergibt, dass eine 0 einem schmalen Strich und eine 1 einem breiten Strich entspricht. Das heißt: Im Code 2/5 wird jede Ziffer mit zwei breiten und drei schmalen Strichen verschlüsselt.

Die Lücken sind gleich schmal und tragen keine Information. Die breiten Striche sind zwei- bis dreimal so breit wie die schmalen Striche. Der Informationsteil ist durch ein Start- und ein Stoppzeichen begrenzt.

Mit dem Code 2/5 werden nur Ziffern verschlüsselt. Die Informationsdichte des Codes ist relativ gering. Das bedeutet: Bei mehrstelligen Zahlen ergibt sich ein breiter physikalischer Code.

Zeichen	Code 2/5				
0	0	0	1	1	0
1	1	0	0	0	1
2	0	1	0	0	1
3	1	1	0	0	0
4	0	0	1	0	1
5	1	0	1	0	0
6	0	1	1	0	0
7	0	0	0	1	1
8	1	0	0	1	0
9	0	1	0	1	0
Start	1	1	0		
Stopp	1	0	1		
0: schmaler Strich, 1: breiter Strich					

303.3 Codetabelle des Codes 2/5

ÜBERBLICK Barcodes

Bezeichnung	2/5 Interleaved	Code 39	EAN 13-Code	Codebar
Einsatz	Industrie	Industrie	Handel	Pharmabereiche
Codierung	Ziffern 0 bis 9	Ziffern 0 bis 9, Buchstaben A bis Z, 7 Sonderzeichen	Ziffern 0 bis 9	Ziffern 0 bis 9, Buchstaben A bis D, 6 Sonderzeichen
Aufbau	Die Ziffern werden durch Striche und Lücken verschlüsselt. Eine Ziffer besteht aus 5 Elementen: 2 breite und 3 schmale Striche bzw. Lücken. Die erste Ziffer wird dargestellt mit 5 Strichen, die zweite mit 5 Lücken, die jeweils den Strichen der ersten Ziffer folgen.	Jedes Zeichen besteht aus 9 Elementen: 5 Striche und 4 Lücken. Dabei sind jeweils 3 Elemente breit und 6 Elemente schmal (mit Ausnahme der Sonderzeichen).	Der Barcode besteht aus zwei Hälften mit jeweils 6 Ziffern. Jede Ziffer besteht aus 7 Elementen. Zur Codierung werden 3 Zeichensätze A, B und C verwendet. Die linke Hälfte des Codes wird mit den Zeichensätzen A und B, die rechte Hälfte immer mit C codiert.	Jedes Zeichen besteht aus 7 Elementen: 4 Strichen und 3 Lücken. Dabei werden entweder 2 oder 3 breite und 5 oder 4 schmale Elemente zur Darstellung eines Zeichens verwendet.
Vorteil	Hohe Informationsdichte	Zusätzliche Darstellung aller Buchstaben	Hohe Informationsdichte	Zusätzliche Darstellung von Buchstaben und Sonderzeichen.
Nachteil	Geringe Toleranzen, da alle Lücken Informationen tragen.	Sehr breiter physikalischer Barcode durch sehr niedrige Informationsdichte.	Geringe Toleranzen	Breiter physikalischer Barcode durch niedrige Informationsdichte.

9.6.2 Codeleser

Zum Lesen von Barcodes auf Förderbändern werden vorwiegend Laserscanner verwendet.

Laserscanner

Abb. 304.1 zeigt das Prinzip des Laserscanners. Der feine Lichtstrahl des Lasers wird über einen rotierenden Polygonspiegel (Vieleckspiegel) auf den Barcode gelenkt. Der Laserstrahl läuft dabei über das Barcodemuster hinweg. Das reflektierte Licht wird über das Poligonspiegelrad und einen Ablenkspiegel an eine Fotodiode übertragen. Dabei entsteht ein Impulsverlauf, der dem Strich-Lücken-Muster der Codierung entspricht.

Mithilfe einer elektronischen Schaltung wird der Impulsverlauf so aufbereitet, dass er zur weiteren Verarbeitung an den Computer übergeben werden kann.

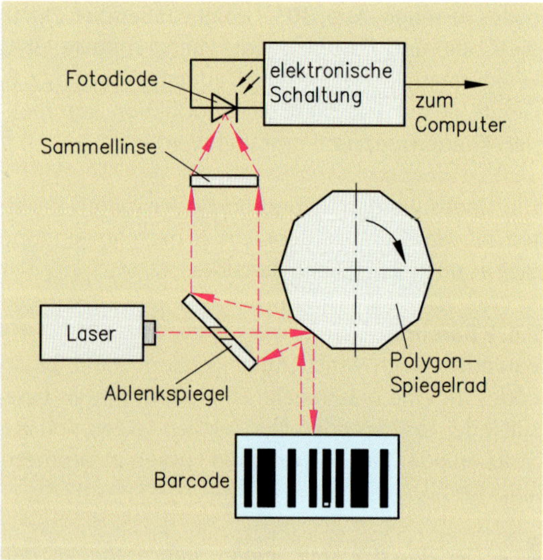

304.1 Prinzip des Laserscanners

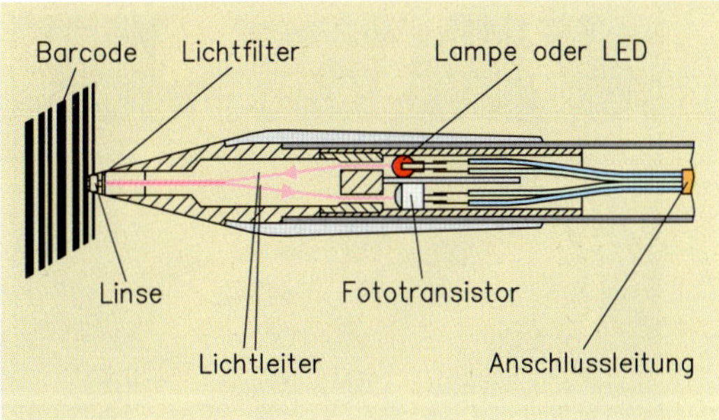

305.1 Lesestift

Laserscanner können Barcodes im Abstand von 100 mm bis 3 m lesen. Objekte, die Barcodes enthalten, dürfen sich mit einer Geschwindigkeit bis zu 2,5 m/s bewegen. Mit entsprechender Decodiersoftware können praktisch alle Barcodes gelesen werden.

Lesestift

Neben Laserscannern werden häufig Lesestifte eingesetzt. Diese arbeiten mit einer rot strahlenden oder einer infrarot strahlenden Lichtquelle. Das reflektierte Licht wird über einen Fototransistor erfasst. Der so entstandene Impulsverlauf wird in einem Rechner weiterverarbeitet.

Kameralesegeräte

Als Kameralesegeräte werden Videokameras eingesetzt, die als Zeilen- oder Matrixkameras arbeiten. Diese Kameras sind mit einem CCD-Chip ausgestattet, durch den z. B. 2 048 Pixel oder 1 024 x 1 024 Pixel für eine Zeilen- bzw. Matrixverarbeitung zur Verfügung stehen.

9.6.3 Identifikationssysteme mit mobilen Datenspeichern

In flexiblen Fertigungssystemen werden häufig Identifikationssysteme mit Datenspeichern verwendet. Dazu befindet sich auf dem Werkstückträger ein mobiler elektronischer Speicher. Abb. 305.2 zeigt ein Beispiel.

Beim Vorbeifahren an einem am Transportband angebrachten Lesegerät können die gespeicherten Informationen, z. B. über das Werkstück, das sich auf dem Werkstückträger befindet, gelesen werden.

Neben Lesegeräten sind auch Schreib-Lesegeräte installiert, mit denen neue Informationen in den

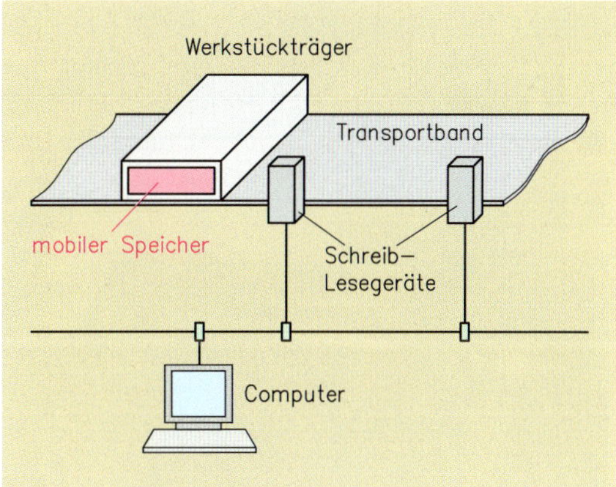

305.2 Identifikationssystem

Speicher geschrieben werden können. Das Lese- bzw. Schreib-Lesegerät ist an einen Personalcomputer oder ein Automatisierungsgerät angeschlossen. Die Energieversorgung des Speichers erfolgt mit einer kleinen Batterie mit einer hohen Lebensdauer von etwa zehn Jahren. Eine andere Möglichkeit bietet die Versorgung mit Energie durch induktive Kopplung während des Schreib- oder Lesezugriffs. In diesem Fall ist der Speicher eine Kombination aus RAM und EEPROM.

Die Speicherkapazität mobiler Datenspeicher liegt abhängig vom verwendeten Speichertyp zwischen 64 Byte und 8 kByte.

Der Abstand zwischen dem mobilen Datenspeicher und dem Schreib-Lesegerät darf maximal 50 mm betragen. Die Signalübertragung erfolgt mithilfe der Pulscodemodulation.

Aufgaben

1 *Erläutern Sie, was man unter einem Barcode versteht!*

2 *Beschreiben Sie, wie in dem Barcode Code 2/5 die Ziffer 5 verschlüsselt wird!*

3 *Nennen Sie Unterscheidungsmerkmale von Barcodes!*

4 *Erläutern Sie die Funktionsweise eines Laserscanners!*

5 *Wodurch zeichnen sich Identifikationssysteme mit mobilen Datenspeichern aus?*

306.1 Kalander und Kalanderwalze

10 Planen der Montage und Demontage

Die Walzen des Kalanders, eines Walzengerüsts zur Bearbeitung von Papier, Stoffen oder Folien, werden nach vorgeschriebenen Intervallen ausgetauscht und überarbeitet. Die Montage und Demontage der Walzen erfolgt nach den Vorgaben und Plänen der Herstellerfirma.

Dabei fallen folgende Tätigkeiten an:

- Maschinenteile, Anschlüsse zur elektrischen Energieversorgung, zu pneumatischen und hydraulischen Bauteilen und zur Versorgung mit Heizmedien werden montiert oder demontiert;
- Walzen werden mit Hebezeugen transportiert;
- nach dem Einbau werden die Walzen möglicherweise justiert und ihre Lage geprüft;
- Öle und Heizmedien, die abgelassen werden, müssen wieder aufbereitet oder entsorgt werden.

Für eine Reihe dieser Tätigkeiten sind zudem besondere Arbeitsschutzmaßnahmen zu treffen und Richtlinien zu beachten.

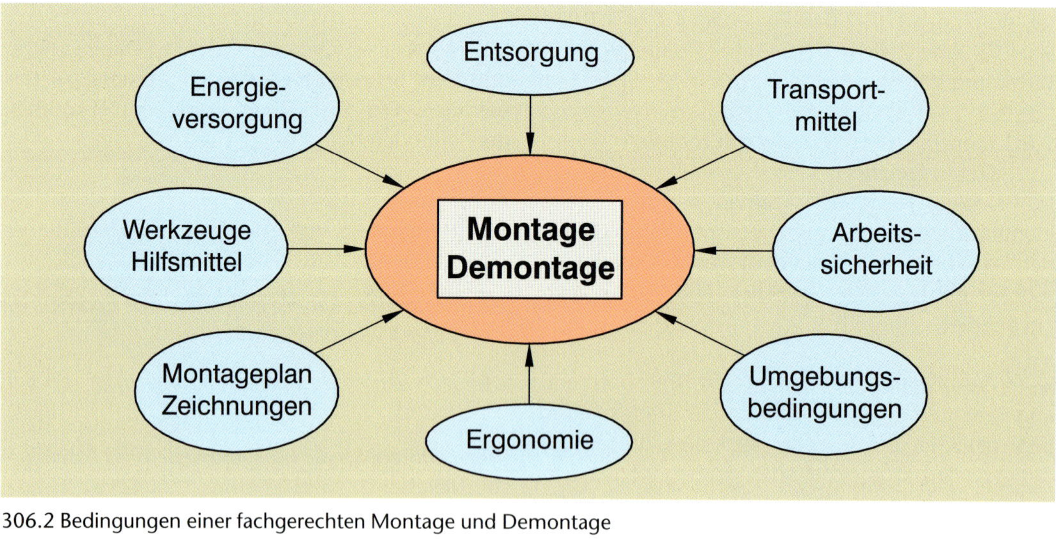

306.2 Bedingungen einer fachgerechten Montage und Demontage

10.1 Montagetätigkeiten

10.1.1 Absichern und Einrichten des Montageplatzes

Bei der Aufstellung des Kalanders sind bereits die erforderlichen **Wartungs-** und **Reparaturflächen** berücksichtigt worden. Je nach Bauart des Kalanders müssen vor oder neben dem Gestell ausreichend große Flächen zur Montage und Demontage der Walzen zur Verfügung stehen. Darüber hinaus müssen **Ablageflächen** für Maschinenteile und Werkzeuge möglichst in der Nähe der Maschine geschaffen werden, ohne allerdings den Bewegungsraum einzuschränken.

Die genannten Flächen gehören zu dem **Gefahrenbereich**, der gesichert und gekennzeichnet werden muss. Das gilt insbesondere während der Transporttätigkeiten.

Gemäß den Unfallverhütungsvorschriften müssen Gefahrenbereiche und Hindernisse, die vorübergehend bestehen, durch ein rot-weißes Band abgesperrt werden. Dauerhafte Gefahrenstellen und Hindernisse sind durch gelb-schwarze Streifen zu kennzeichnen. Darüber hinaus sind **Verbots-**, **Warn-** und **Gebotszeichen** mit den entsprechenden Aussagen anzubringen (vgl. Überblick: Sicherheitskennzeichen).

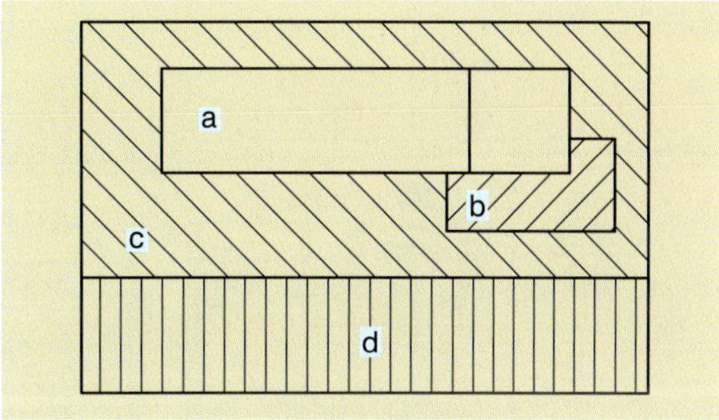

307.1 Funktionsflächen: a Kalander, b Bedienfläche, c Wartungs-/Reparaturfläche, d Ablagefläche

10.1.2 Demontieren

Die Oberwalze des Kalanders wird mit Lagergehäusen und Lagern aus dem Gestell ausgehoben. Hierzu müssen eine Reihe vorbereitender Maßnahmen getroffen werden, die der Hersteller in seinen Montage-/Demontageanweisungen vorgibt. Die Reihenfolge der Maßnahmen ist dabei einzuhalten.

An erster Stelle steht dabei immer die Außerbetriebnahme der Anlage und aller Aggregate sowie die Sicherung gegen Wiedereinschalten.

ÜBERBLICK **Sicherheitskennzeichen (Auswahl) nach BGV A8 (VBG 125)**

Verbotszeichen		Warnzeichen		Gebotszeichen	
 Nichts abstellen oder lagern	 Nicht schalten	 Warnung vor Gefahrenstelle	 Warnung vor Quetschgefahr	 Vor Arbeiten frei schalten	 Gehörschutz benutzen
 Zutritt verboten	 Für Fußgänger verboten	 Warnung vor Rutschgefahr	 Warnung vor schwebender Last	 Vor dem Öffnen Netzstecker ziehen	 Schutzhelm benutzen
 Dauerhafte Gefahrenstelle			 Vorübergehende Gefahrenstelle		

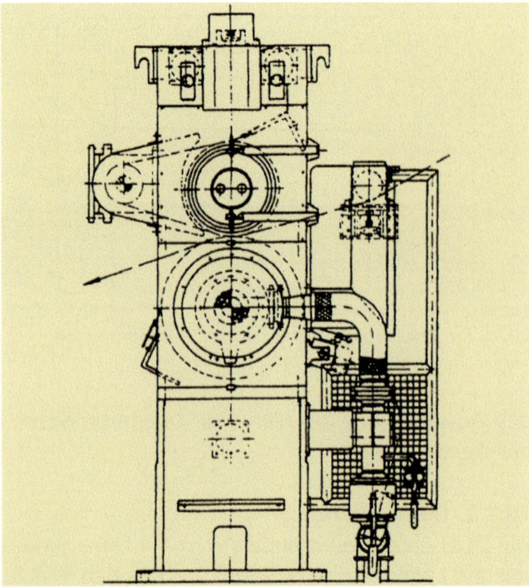

308.1 Seitenansicht des Kalanders mit Antrieb und Anschlüssen

Bevor die Ausbauhaken eingehängt werden können, müssen folgende Arbeitsschritte durchgeführt werden:

- Schnellkupplungen der Hydraulikanschlüsse zur Lagerschmierung und zum Anstellen der Walzen trennen
- Elektro-Anschlussleitungen aller Überwachungseinrichtungen trennen
- Druckluftanschlüsse zur Randzonenanblasung trennen
- Schutzeinrichtungen und Verkleidungen aller Antriebseinrichtungen demontieren
- Flanschkupplung der Antriebswelle abschrauben und Antriebswelle ablegen (je nach Antriebsart)
- Zahnriemen entspannen und seitlich von der Riemenscheibe herunterziehen (je nach Antriebsart)
- Ventile für Zu- und Ablauf der Heizmedien schließen und Flanschverbindungen trennen

Erst jetzt wird die Traverse mit den Ausbauhaken eingehängt und auf Spannung gebracht, um die Walze mit Lagergehäusen und Lagern zu lösen und abheben zu können. Hierzu werden auf jeder Seite der Walze vier Zylinderschrauben ISO 4762-M36x200-8.8, mit denen die Lagergehäuse im Gestell befestigt sind, gelöst.

⚠ Die Hydraulikanlage, die Lagerschmierung, die Wärmeübertragungsanlage und den Antrieb ausschalten und gegen unbefugtes und ungewolltes Wiedereinschalten sichern!

⚠ Bevor die Walze entleert oder die Leitungen getrennt werden, muss das Heizmedium bis unter 50 °C abgekühlt sein! Es besteht die Gefahr des Verbrühens!

⚠ Bei allen Arbeiten sind eventuell austretende Medien, besonders Öle, mit geeigneten Gefäßen aufzufangen!

308.2 Warnhinweise des Herstellers

Schnellkupplungen für Hydraulikanschlüsse können je nach Ausführung unter Druck und ohne Leckölverluste getrennt oder verbunden werden. Die Montageanweisungen sehen aus Sicherheitsgründen trotzdem vor, die Hydraulikanlage drucklos zu machen.

308.3 Schnellkupplung

Elektrische Zuleitungen müssen, falls erforderlich, freigeschaltet, gegen Wiedereinschalten gesichert und auf Spannungsfreiheit geprüft werden.

Bei der **Demontage von Maschinenteilen**, z. B. Abdeckungen, Antriebswelle und Lagergehäuse, müssen geeignete Werkzeuge, z. B. Schraubenschlüssel mit den erforderlichen Schlüsselweiten, und gekennzeichnete Behälter zur Aufnahme von Schrauben, Muttern, Scheiben und Lagerstellen für andere Bauteile zur Verfügung stehen.

Nach dem Ablegen und Sichern der Walze auf einer geeigneten Unterlage können Lagergehäuse und Lager von der Walze abgezogen werden.
Hierzu sind folgende Arbeitsschritte erforderlich:

- Abschrauben der Lagerdeckel (Pos. 1 in Abb. 309.1) mit jeweils 6 Zylinderschrauben ISO 4762-M12x45–8.8 (Pos. 2) und Entfernen der innen liegenden O-Ringe DIN 3771-RDR 440x5B (Pos. 3)
- Abziehen der Lagergehäuse (Pos. 4) mit einem Abzieher
- Entfernen der Sicherungsringe für Wellen DIN 471–260x5 (Pos. 5)
- Abziehen der Pendelrollenlager DIN 635–23152B (Pos. 6) mit einem Abzieher

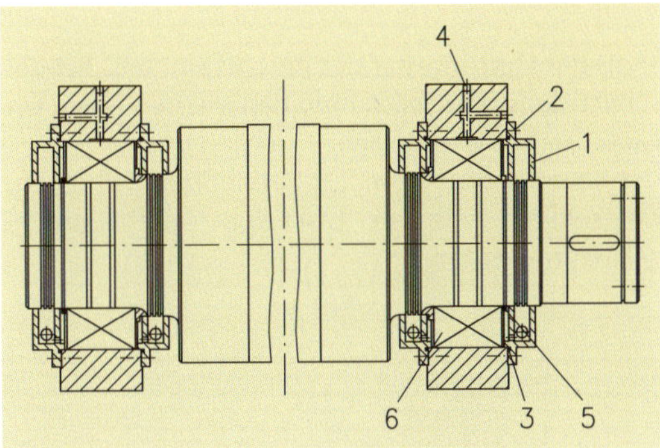

309.1 Walze mit Lagern und Lagergehäusen

10.1.3 Transportieren

Zum Ausheben der Walzen aus dem Kalander werden Krane eingesetzt. In der Fertigungshalle steht dazu ein **Brückenkran** zur Verfügung. Brückenkrane, meist als Deckenkrane ausgelegt, können schwere Lasten über größere Entfernungen innerhalb einer Halle transportieren.

In den Kranhaken, das so genannte **Tragmittel**, wird eine Traverse (vgl. Abb.309.3) als **Lastaufnahmemittel** eingehangen, die bei Walzen, großen Maschinen- oder Anlagenteilen ein zu starkes Spreizen der Bänder, Ketten oder Drahtseile verhindern

309.2 Deckenkran

soll. Der Einsatz von Traversen verringert zudem die erforderliche Hallenhöhe.
An der Traverse hängt ein besonderer Ausbauhaken, der in eine Ringnut an der Walze eingreift.

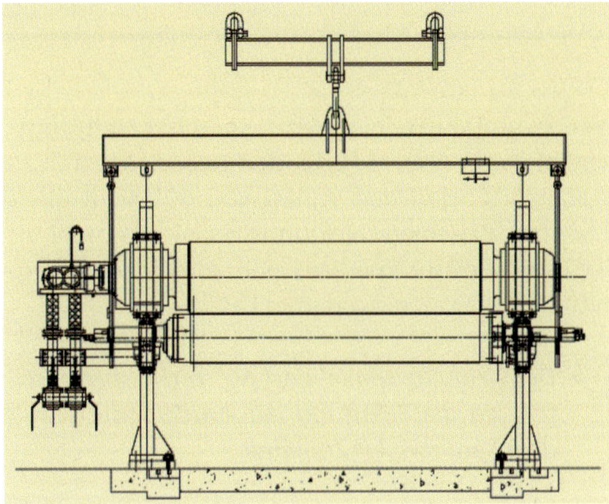
309.3 Ausheben der Walze

Zum Anschlagen der Walze können auch Lasthebebänder aus Kunststoffgewebe eingesetzt werden, die die Oberfläche der Walze schonen.

Verbindungen von Anschlagmitteln mit Ösen dürfen nicht durch Verknoten hergestellt werden!

Zustand und Belastbarkeit der Anschlagmittel sind vor jedem Gebrauch zu prüfen!

Beschädigte und nicht gekennzeichnete Anschlagmittel dürfen nicht verwendet werden!

ÜBERBLICK Anschlagmittel

Drahtseil	Kette	Lasthebeband
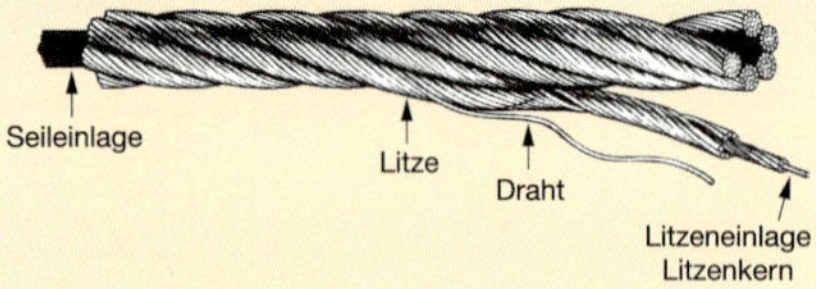		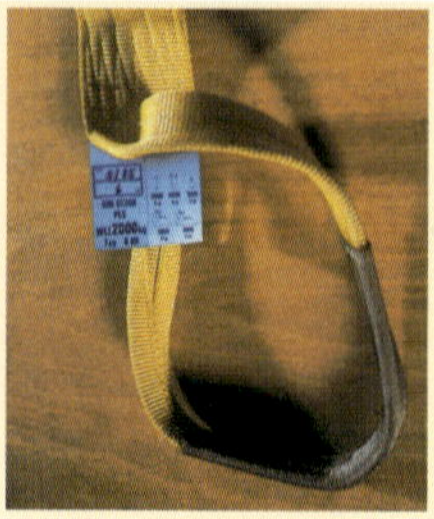
Bei einem Drahtseil werden einzelne Stahldrähte zu einer Litze und die Litze wiederum um eine Einlage aus Fasermaterial zu dem Drahtseil geschlagen. Die Einlage ist mit Schmiermittel getränkt, um die Reibung der einzelnen Drähte zu verringern. Drahtseile eignen sich für Lasten mit glatten, öligen oder rutschigen Oberflächen.	Die Kettenglieder von Rundstahlketten werden gebogen und verschweißt. Anschlagketten sind wärmebehandelt und vorgereckt. Die innere Länge eines Kettengliedes darf nicht länger sein als das Dreifache des Durchmessers, um das Verbiegen der Kette zu verhindern. Ketten werden für scharfkantige und heiße Lasten eingesetzt.	Das Polyesterhebebeband, erkennbar am blauen eingenähten Etikett, ist ein aus Poyesterfasern gewebtes Band. Es werden auch Fasern aus Polyamid (grünes Etikett) und Polypropylen (braunes Etikett) verwendet. Hebebänder eignen sich für Lasten mit glatten, empfindlichen Oberflächen.

Wird keine Traverse eingesetzt, so ist der **Neigungswinkel** (vgl. Abb. 310.1) der Anschlagmittel zu beachten. Er darf den Winkel von 60° nicht überschreiten. Bei einem Neigungswinkel von mehr als 60° ist die Belastung in jedem Strang des Anschlagmittels größer als die gesamte Last.

Der Neigungswinkel darf 60° nicht überschreiten, da die Belastung der Anschlagmittel mit dem Spreizwinkel zunimmt.

Ein **Kantenschutz** ist erforderlich, wenn das zu transportierende Maschinenteil scharfkantig ist. Das ist dann der Fall, wenn der Radius der Kante kleiner ist als der Durchmesser des Anschlagmittels. Bei der Verwendung von Seilen ist in den meisten Fällen ein Kantenschutz erforderlich.

Der Kantenschutz kann aus Rundhölzern bestehen, die seitlich zwischen Last und Anschlagmittel geklemmt werden.

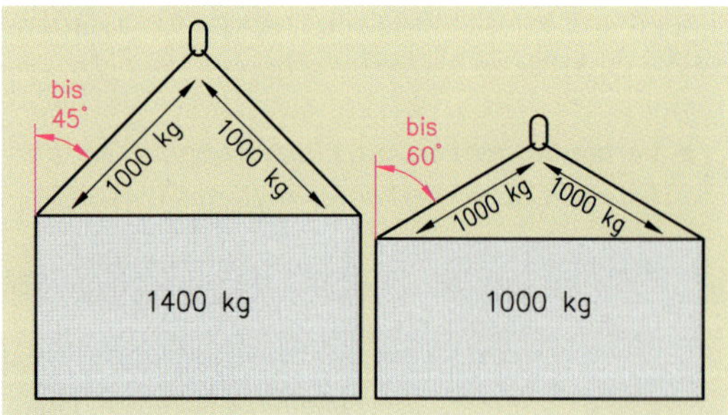

310.1 Neigungswinkel bei Ketten, Seilen und Bändern

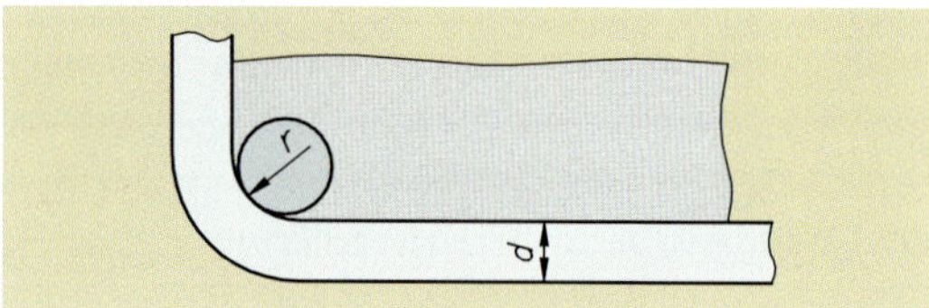

310.2 Kantenradius und Anschlagmittel

Jeder 4. Arbeitsunfall ist ein Transportunfall!

Deshalb:

- ***Krane und Stapler dürfen nur von ausgebildeten und eingewiesenen Fachkräften bedient werden!***
- ***Anschlagmittel dürfen nicht beschädigt sein!***
- ***Nicht unter schwebende Lasten treten!***
- ***Zeichen zum Bewegen der Last müssen unmissverständlich und verabredet sein!***

ÜBERBLICK	**Schäden an Anschlag- und Tragmitteln**		
Drahtbrüche	Litzenseile dürfen nach DIN 3088 nicht mehr verwendet werden, wenn die Zahl der Drahtbrüche auf einer Länge von $3 \cdot d$ (Seildurchmesser) $\Rightarrow$ 4 $6 \cdot d$ $\Rightarrow$ 6 $30 \cdot d$ $\Rightarrow$ 16 erreicht	**Aufgeweiteter Haken**	
Quetschungen		**Verbogenes Kettenglied**	
Knicke	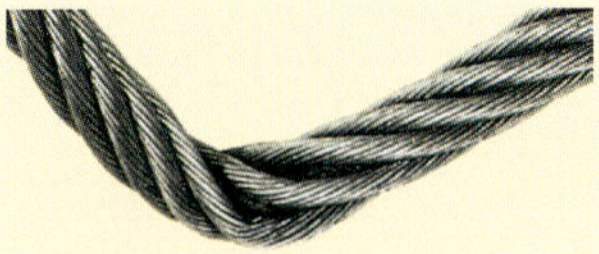	**Risse in Bändern**	

Ist der Ausbauhaken in die Ringnut der Walze eingehängt, muss der Anschläger, wenn er den Kran nicht selbst bedient, den Gefahrenbereich verlassen und dem Kranführer eindeutige Zeichen zum Bewegen der Last geben. Dieses geschieht häufig durch Handzeichen, wenn keine sprachliche Verständigung möglich ist. Die im Überblick „Handzeichen" dargestellten Zeichen sind nicht vorgeschrieben, haben sich in der Praxis aber bewährt.
Das Ausrichten und Schwenken der schwebenden Last soll mit Leitseilen erfolgen, die an einer Seite der Last befestigt sind. Das Ablegen der Walzen auf speziellen Böcken oder geeigneten Unterleghölzern darf erst dann erfolgen, wenn alle Personen den Gefahrenbereich verlassen haben. Keile verhindern das Wegrollen der Walzen (vgl. Abb. 311.1).

311.1 Sicherung durch Keile

Aufgaben

1 *Erstellen Sie einen Arbeitsplan zur Vorbereitung der Demontage einer Kalanderwalze! Fertigen Sie dazu eine maßstäbliche Skizze zur Einrichtung des Montageplatzes bei einer Grundfläche des Kalanders von 6 x 1 m!*

2 *Mit welchen Warn-, Verbots- und Gebotszeichen würden Sie die Montagestelle absichern?*

3 *Nennen Sie Maßnahmen zur Trennung der verschiedenen Energieversorungseinrichtungen an Maschinen und Anlagen!*

4 *Zählen Sie alle Werkzeuge auf, die Sie zur oben beschriebenen Demontage der Walze benötigen!*

5 *Nennen Sie Einsatzbereiche von Drahtseilen, Ketten und Bändern als Anschlagmittel!*

6 *Die Anschlagpunkte einer Walze haben einen Abstand von 5 m. Wie groß ist der Abstand zwischen Kranhaken und Walze bei einem Neigungswinkel des Anschlagmittels von 45°?*

7 *Weisen Sie rechnerisch nach, dass die Belastung in einem Strang des Anschlagmittels bei 60° Neigungswinkel gleich der gesamten Last ist!*

8 *Ermitteln Sie die maximale Belastbarkeit einer Kette am S235, wenn keine dauerhafte Verformung eintreten darf und die Kettenglieder einen Durchmesser von 8 mm haben!*

9 *Beschreiben Sie alle Arbeitsschritte, Hilfsmittel und Maßnahmen zum Krantransport eines großen Maschinenteils in einer Fabrikhalle!*

ÜBERBLICK Handzeichen

Benennung	Bedeutung	Zeichen		
		Erklärung	Bild	vereinfachte Darstellung
Achtung	Hinweis auf nachfolgende Handzeichen	Arm gestreckt mit nach vorn gekehrter Handfläche hochhalten		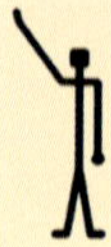
Halt	Beenden eines Bewegungsablaufes	Beide Arme seitwärts waagerecht ausstrecken Anmerkung: Im Bedarfsfall kann das Zeichen auch einarmig gegeben werden		
Halt – Gefahr	Schnellstmögliches Beenden eines Bewegungsablaufes	Beide Arme seitwärts waagerecht ausstrecken und abwechselnd anwinkeln und strecken		
Auf	Einleiten einer senkrechten Aufwärtsbewegung	Mit nach oben zeigender Hand mit dem Arm Kreisbewegungen ausführen		
Ab	Einleiten einer senkrechten Abwärtsbewegung	Mit nach unten zeigender Hand mit dem Arm Kreisbewegungen ausführen		
Abfahren	Einleiten oder Fortsetzen einer Fahrbewegung gemäß einem vorlaufenden Richtungssignal	Arm hochgestreckt mit nach vorn gestreckter Handfläche seitlich hin- und herbewegen		
Richtungsangabe	Einleiten einer Bewegung in eine bestimmte Richtung	Den der Bewegungsrichtung zugeordneten Arm anwinkeln und seitlich hin- und herbewegen		
Herkommen	Einleiten einer Bewegung in Richtung des Einweisers	Mit beiden Armen mit zum Körper gerichteten Handflächen heranwinken		
Entfernen	Einleiten einer Bewegung vom Einweiser weg	Mit beiden Armen mit vom Körper weggerichteten Handflächen wegwinken Anmerkung: Im Bedarfsfall kann das Zeichen auch einarmig gegeben werden		

10.1.4 Fügen

Durch Fügeverfahren werden bei der Montage einzelne Elemente zu Baugruppen und Systemen zusammengebaut.

Bei der Montage der Kalanderwalze werden Bauteile durch **Schrauben**, **Pressen** und durch **Welle-Nabe-Verbindungen** gefügt (vgl. Kap. 2).
Die einzelnen Arbeitsschritte zur Montage erfolgen in umgekehrter Reihenfolge zur Demontage.

Dazu werden zunächst die neuen Lager auf die Welle gepresst.
Auf den Innenring des Pendelrollenlagers wirkt durch die sich drehende Walze eine Umfangslast, weshalb der Innenring radial und axial fest auf der Walze sitzen muss. Der Lagerring hat ein Passmaß aus dem Übergangs- oder Übermaßtoleranzfeld, d. h., der Innendurchmesser des Lagerringes kann geringfügig kleiner sein als der Durchmesser der Welle (vgl. Exkurs: Toleranzen und Passungen).

EXKURS Toleranzen und Passungen

Werkstücke werden aus Kostengründen mit der **nötigen** Genauigkeit gefertigt. Zunehmende Genauigkeit steigert die Fertigungskosten erheblich. Daher werden alle Maße mit der nötigen **Toleranz** versehen. Werden keine einzelnen Angaben zur Maßtoleranz gemacht, so genügt die Angabe der Allgemeintoleranz nach DIN ISO 2768.
Werden Bauteile gefügt, so wird eine Angabe der entsprechenden **Passung** vorgenommen. Bauteile können mit **Spiel-**, **Übergangs-** oder **Übermaßpassung** gefügt werden. Bei Spielpassungen haben beide Bauteile das gleiche **Nennmaß**, das zulässige **Höchstmaß** der Welle ist aber geringer als das **Mindestmaß** der Bohrung. Bei Übermaßpassungen ist das Höchstmaß der Welle immer größer als das Mindestmaß der Bohrung, sodass eine Presspassung entsteht. Übergangspassungen können Spiel oder ein Übermaß haben.
Toleranzen werden entweder als Zahlenwerte neben dem Nennmaß angegeben, z. B.

$Ø\,50^{0,025}_{0}$, $Ø\,50^{-0,025}_{-0,050}$, $Ø\,40^{0,011}_{-0,005}$

oder durch **ISO-Toleranzkurzzeichen,**

$Ø\,50^{H7}$, $Ø\,50^{f7}$, $Ø\,40^{j6}$

Die Buchstaben kennzeichnen die Lage des Toleranzfeldes, die Zahlen geben die Toleranzfeldgröße in Abhängigkeit vom Nennmaß an. Großbuchstaben werden für Bohrungen verwendet, kleine Buchstaben für Wellen.
Zur Vereinfachung der Passungsauswahl wird für Bohrungen und Wellen häufig das Toleranzfeld H oder h vorgegeben und für das andere Passungsteil eine entsprechende Spiel-, Übergangs- oder Übermaßpassung ausgewählt. Man bezeichnet diese Art der Passungsauswahl als System **Einheitsbohrung** oder **Einheitswelle**.

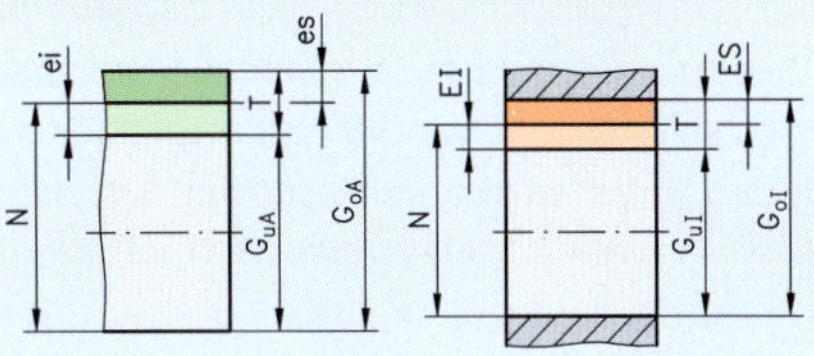

N	Nennmaß	G_O	Höchstmaß der Welle	ES	oberes Abmaß der Bohrung
T	Maßtoleranz	G_U	Mindestmaß der Welle	EI	unteres Abmaß der Bohrung
		es	oberes Abmaß der Welle	G_o	Höchstmaß der Bohrung
		ei	unteres Abmaß der Welle	G_u	Mindestmaß der Bohrung

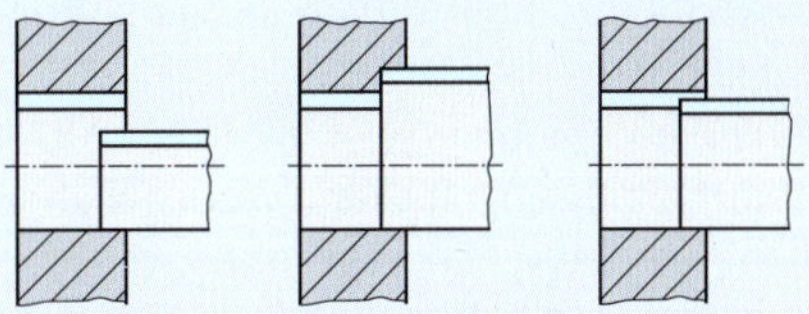

Spielpassung Übermaßpassung Übergangspassung

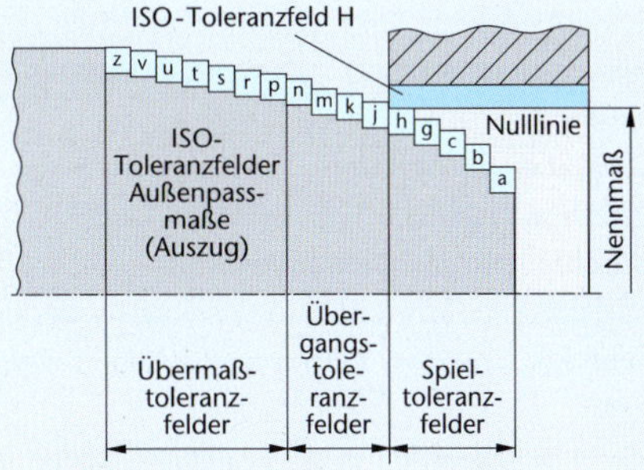

ISO-Passsystem Einheitsbohrung (EB)

Die Lager werden daher im Wärmeofen auf etwa 80 °C erwärmt, um leichter aufgezogen werden zu können. Beim Abkühlen schrumpfen die Lagerringe und pressen sich auf die Welle.
Die Lagergehäuse lassen sich leichter auf die gefetteten Außenringe aufschieben, da hier wegen der vorherrschenden Punktlast ein Spiel- oder Übergangspassmaß vorhanden ist.

Vor der Montage der Lagerdeckel sind neue O-Ringe zur Abdichtung der Lager einzulegen. Die Schrauben zur Befestigung der Lagerdeckel müssen jetzt in einer bestimmten Reihenfolge angezogen werden, um die Dichtung nicht zu beschädigen (vgl. Abb. 314.2). Um ein Verspannen von Lagerdeckel und Dichtung zu vermeiden, werden alle Schrauben mit einem Drehmoment von 90 Nm angezogen. Hierzu wird ein automatisch auslösender Drehmomentschlüssel verwendet. Das gewünschte Drehmoment wird eingestellt und kann nicht überschritten werden, da der Drehmomentschlüssel bei Erreichen des Wertes ausrastet.

Die Walze mit Lagern und Lagergehäusen kann jetzt wieder mit dem Kran auf den Ständer gehoben und eingebaut werden.
Die Ausrichtung der Lagergehäuse auf dem Ständer erfolgt mithilfe von Montageplatten, die an dem Ständer befestigt werden, um so beim Absenken die Lagergehäuse leichter in die richtige Position bringen zu können.
Die Zylinderschrauben ISO 4762-M36x200–8.8 zur Befestigung müssen mit einem vorgegebenen Drehmoment von 1400 Nm angezogen werden. Hierzu ist ein hydraulisch betätigtes Werkzeug erforderlich.

- Entgraten und Beseitigungen von Unebenheiten
- Schraubenlöcher und Verbindungsflächen säubern
- Teile ausrichten und Lage der Schraubenlöcher überprüfen
- Schrauben leicht fetten
- Befestigen mit zwei Schrauben zur Lagefixierung
- Einschrauben aller Schrauben
- Anziehen der Schrauben in der vorgegebenen Reihenfolge und mit dem vorgegebenen Drehmoment
- Kontrolle der Lage der verbundenen Teile

314.1 Arbeitshinweise zur Herstellung von Schraubenverbindungen

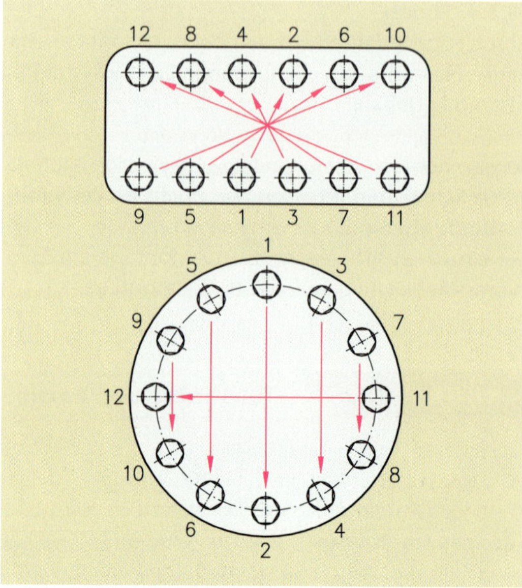

314.2 Anziehreihenfolge bei Flanschen mit Dichtung

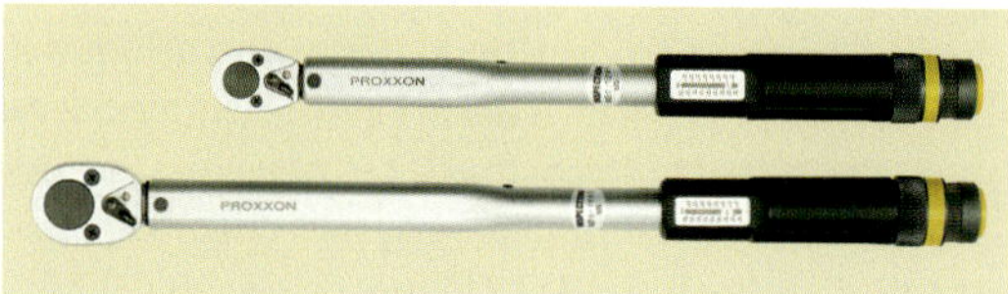
314.3 Drehmomentschlüssel

Aufgaben

1 *Welche Fügeverfahren eignen sich zur Montage von Lagern mit Presspassungen?*

2 *Erläutern Sie mithilfe von Skizzen die unterschiedlichen Passungsarten!*

3 *Nennen Sie vorbereitende Maßnahmen zur Lagermontage!*

4 *Lagerhersteller empfehlen wegen der Kondenswasserbildung nicht das Abkühlen der Lager vor dem Zusammenbau. Erläutern Sie den Zusammenhang!*

5 *Erstellen Sie eine Tabelle mit den Größen Nennmaß, Höchstmaß, Mindestmaß, oberes Abmaß, unteres Abmaß und Toleranz für folgende Maße:* $12^{0,012}_{0,001}$, $85^{-0,036}_{-0,071}$, $60^{\;0,012}_{-0,007}$, 30^{H6}, 90^{s8}.

6 *Was versteht man unter dem System Einheitswelle/Einheitsbohrung?*

7 *Skizzieren Sie die Reihenfolge, in der Sie einen abgedichteten Flansch mit acht Schrauben anziehen!*

EXKURS Ein- und Ausbau von Wälzlagern

Wälzlager sind Präzisionsprodukte zum Tragen und Führen von rotierenden Bauteilen, die einen einwandfreien Lauf garantieren sollen. Dies ist nur mit einem sorgfältigen Einbau gewährleistet.

Voraussetzung für eine einwandfreie Montage ist eine weitgehend staubfreie und trockene Umgebung, da sich Verunreinigungen nachteilig auf den Lauf und damit auf die Lebensdauer der Lager auswirken. Darüber hinaus sind folgende grundlegende Anforderungen zu erfüllen:

- Vor der Montage sind alle Fügeflächen an Welle und Gehäuse zu entgraten und zu reinigen.
- Welle und Gehäusebohrung müssen vor der Montage auf Maß-, Form- und Lagegenauigkeit überprüft werden.
- Zum Schutz vor Korrosion und Verunreinigungen sind Lager mit mineralölhaltigen Stoffen konserviert und verpackt. Sie sollen erst unmittelbar vor der Montage der Verpackung entnommen werden. Nur in besonderen Fällen sind die Lager vor dem Einbau vom Korrosionsschutzmittel zu reinigen.
  Die Lager werden vor dem Einbau leicht geölt oder gefettet.

Die Lagerringe werden durch Pressen, Dehnen oder Schrumpfen auf der Welle oder in der Gehäusebohrung montiert (vgl. Fügen).

Kleinere Lagerringe werden überwiegend durch Pressen montiert. Dazu werden hydraulische Pressen mit geeigneten Vorrichtungen eingesetzt oder die Lagerringe werden durch Hammerschläge auf eine geeignete Hülse aufgezogen.

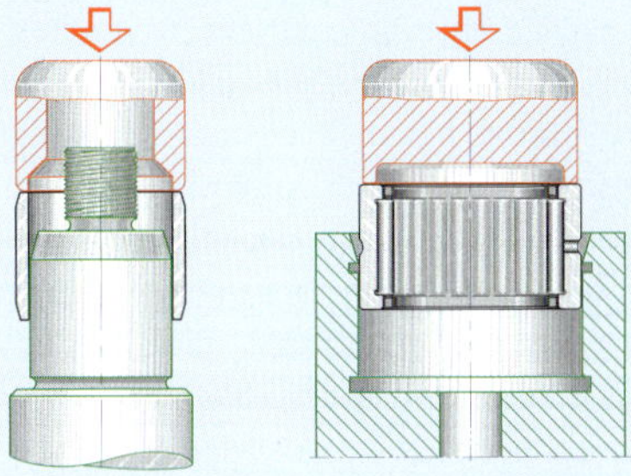

Aufziehen von Lagerringen durch geeignete Hülsen

Auf keinen Fall dürfen Kräfte auf die Wälzkörper ausgeübt werden, und direkte Schläge auf die Lagerringe sind unbedingt zu vermeiden!

Größere Lager werden vor der Montage im Ölbad, im Wärmeschrank oder durch Induktion bis etwa 80 °C erwärmt und anschließend auf die Welle geschoben, wo sie abkühlen und durch Schrumpfung einen festen Sitz erhalten.

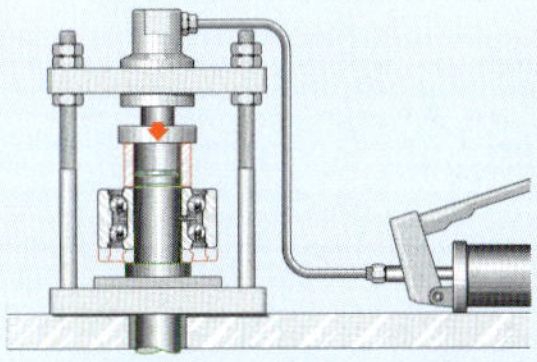

Hydrauliche Lagerpresse

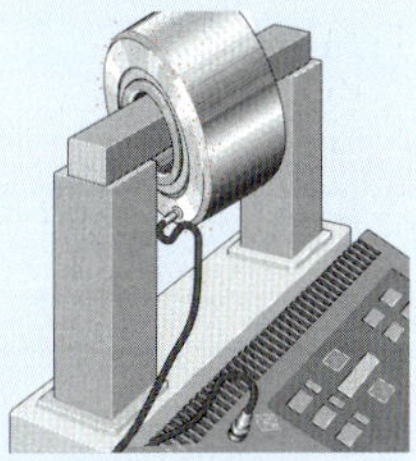

Induktionsgerät

Auf keinen Fall dürfen Lager mit offener Flamme erwärmt werden, da die Erwärmung unkontrolliert ist und an einzelnen Punkten zu hoch sein kann.

Die Demontage von Lagern sollte bereits bei der konstruktiven Gestaltung der Bauteile berücksichtigt werden. So erlauben vorhandene Nuten, Lagerringe mithilfe von Abziehern zu demontieren. Das ist insbsondere dann notwendig, wenn die Lager wieder verwendet werden sollen und nicht beschädigt werden dürfen.

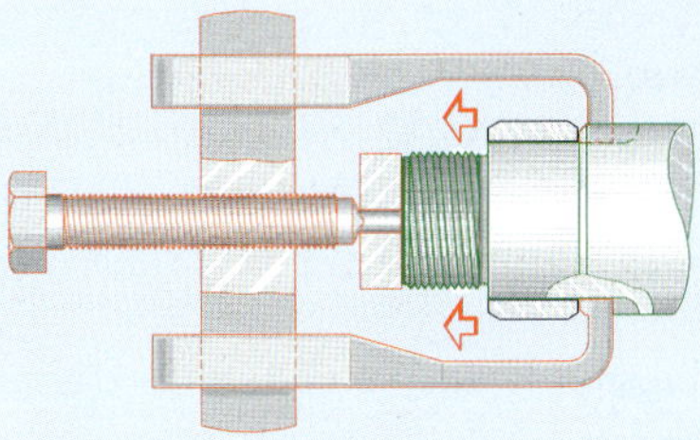

Abzieher

EXKURS Prüfen durch Lehren

Neben dem Messen (vgl. Exkurs: Messen von Längen und Winkeln) dient das **Lehren** zum Prüfen von Werkstücken. Lehren verkörpern immer ein bestimmtes Maß oder eine bestimmte Form. Die Prüfung gleicher Maße und Formen an Werkstücken kann mit Lehren schneller durchgeführt werden.
Lehren zeigen Abweichungen von einer vorgegebenen Form oder von einem vorgegebenen Maß.

Maßlehren

Fühlerlehren werden zum Einstellen und Prüfen kleiner Abstände zwischen Maschinenteilen, z. B. zum Prüfen der Lagerluft bei Wälzlagern, eingesetzt. Dabei verkörpern einzelne Lehrenblätter unterschiedliche Abstände.

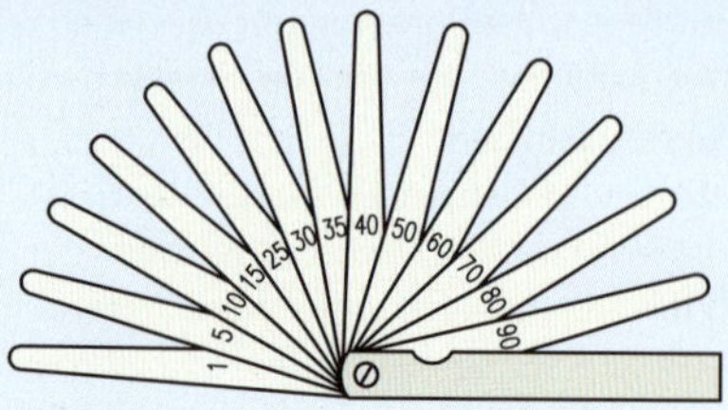

Grenzlehren verkörpern das zulässige Höchstmaß und das zulässige Mindestmaß. Sie dienen dazu, Innen- und Außenmaße innerhalb zulässiger Toleranzen zu prüfen.
Grenzlehrdorne sind Lehren für Innenmaße. Sie besitzen eine Gutseite und eine Ausschussseite. Die Gutseite verkörpert den zulässigen Mindestdurchmesser.
Gleitet die Gutseite des Grenzlehrdorns durch das Eigengewicht in die Bohrung und passt die Ausschussseite nicht in die Bohrung, liegt die Bohrung innerhalb der zulässigen Toleranz.

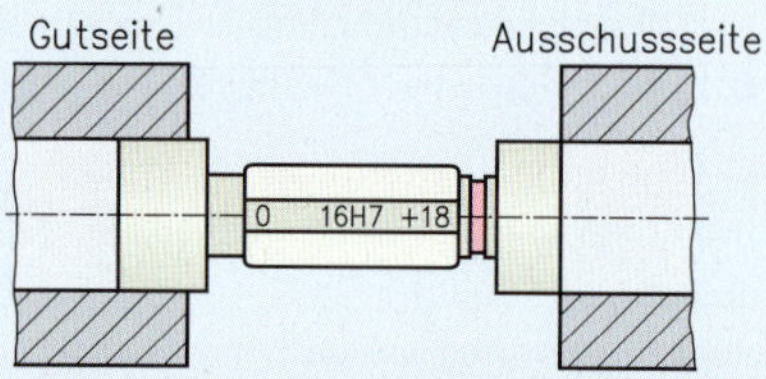

Grenzrachenlehren sind Lehren für Außenmaße. Die Gutseite verkörpert hier das Höchstmaß.
Lässt sich die Gutseite der Grenzrachenlehre über das Werkstück schieben und die Ausschussseite nicht, liegen die Abmessungen des Werkstücks innerhalb der zulässigen Toleranz.

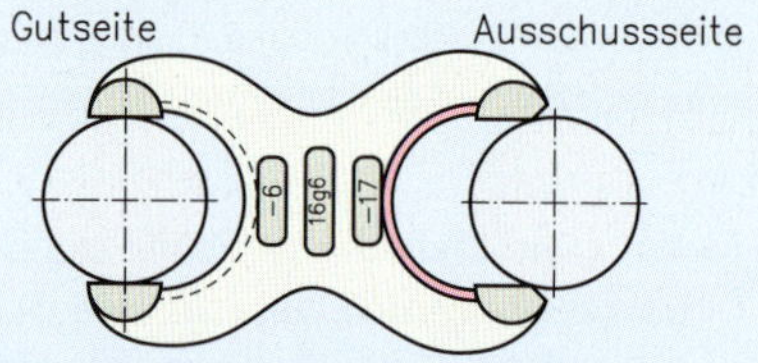

Formlehren

Winkellehren verkörpern bestimmte Winkel (z. B. 90°). Sie zeigen nach dem Lichtspaltverfahren, ob der geforderte Winkel an einem Werkstück vorhanden ist.

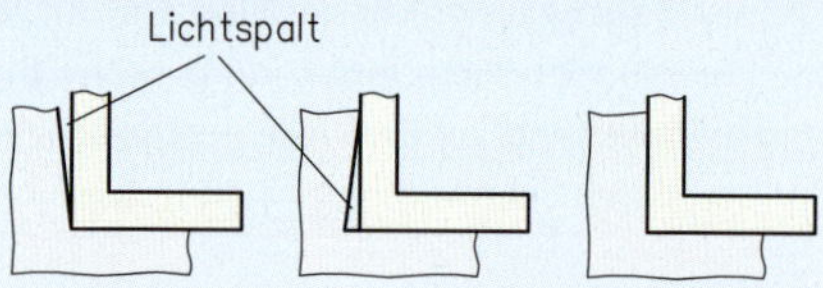

Wird der Winkel auf eine Kante gestellt, lässt sich auch die Ebenheit einer Oberfläche prüfen. Hierzu wird auch ein **Haarlineal** eingesetzt. Abweichungen von der Ebenheit können in welligen, hohlen oder balligen Flächen bestehen.

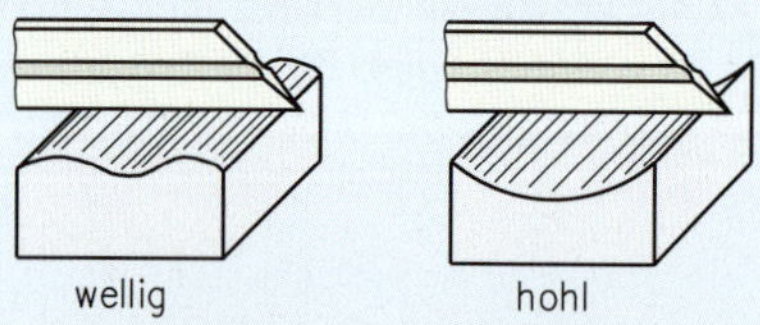

Zur Prüfung von Innen- oder Außenradien werden **Radienlehren** eingesetzt.

Gewindelehren dienen zum Vergleich von Steigung und Flankenwinkel eines Gewindes mit der Lehre.
Gewindegrenzlehrdorne und **-ringe** dienen zur Prüfung der Gewindefunktion von Innen- und Außengewinden.

10.1.5 Justieren

Bei der Montage der Kalanderwalze im Rahmen der Wartung ist in der Regel kein erneutes Justieren nötig, da die gleichen Bauteile wieder in ihre ursprüngliche Lage gebracht werden. Allerdings fallen Justierarbeiten beim erstmaligen Aufstellen des Kalanders an. Sie dienen dazu, Elemente und Baugruppen maß- und lagegenau aneinander zu fügen.

Der Umfang von Justierarbeiten hängt von der Fertigungsgenauigkeit der Bauteile ab. Höhere Fertigungskosten bei höherer Genauigkeit und Mehrarbeit durch Justieren müssen dabei abgewogen werden.

Bei der Montage neuer Maschinen und Anlagen sind immer Anpassungsarbeiten erforderlich, da veränderte Umgebungsbedingungen zu Veränderungen der Maßhaltigkeit führen können oder z. B. Fundamente nicht mit der gleichen Genauigkeit gefertigt werden können wie Maschinenteile.
Die häufigsten Justierarbeiten sind das **Fügen mit Ausgleichsbauteilen** und das **Einstellen**.

Distanzringe, **-scheiben** oder **-bleche** in unterschiedlicher Dicke (bis 0,05 mm) eignen sich, vorgegebene Abstände von Bauteilen herzustellen oder Höhenunterschiede beim Aufstellen von Maschinen auszugleichen.

Maschinen sind häufig mit **Einstellelementen** versehen, die z. B. die lagegenaue Justage auf einem Fundament ermöglichen. So lässt sich über Einstellschrauben die Höhe der Aufstellpunkte verändern, um Parallelität, Rechtwinkligkeit oder Neigung (vgl. Form- und Lagetoleranzen) der Maschine einzustellen.

Abb. 317.1 zeigt Einstellelemente zum Höhenausgleich vor und nach dem Ausrichten der Maschine.

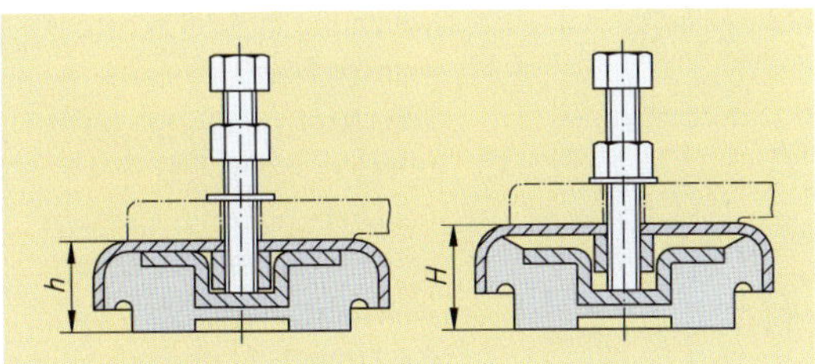

317.1 Einstellelemente zum Höhenausgleich

10.1.6 Prüfen

Die Einhaltung der vorgegebenen Maße innerhalb der zulässigen Toleranz bei der Fertigung oder Überarbeitung einer Walze garantiert noch keine einwandfreie Funktion. Im Kalander werden verschiedene Materialien mit hoher Genauigkeit gewalzt oder geprägt, wobei die Oberflächenform der Walze und die genaue Lage der Walzen zueinander ausschlaggebend für die Fertigungsqualität sind. Daher sind neben der Prüfung der **Maßhaltigkeit** auch Prüfungen zur **Form** und zur **Lage** erforderlich.

Form- und Lagetoleranzen

Wie bei der Bemaßung werden auch bei der Bezeichnung der Form und der Lage eines Bauteils Toleranzen angegeben, die die zulässigen Abweichungen von der idealen Form und Lage festlegen. So darf die tatsächliche **Zylinderform** der Walze zwischen zwei angenommenen koaxialen Zylindern mit einem Abstand von $t = 0{,}05$ mm liegen.

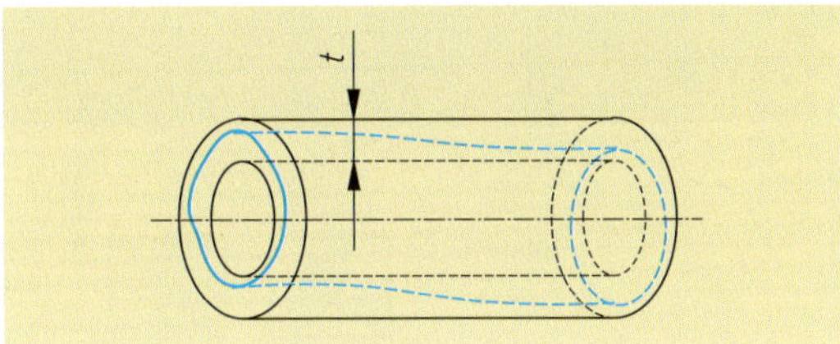

317.2 Toleranz der Zylinderform

Die Angabe dieser Formtoleranz erfolgt in der Zeichnung durch das jeweilige Symbol sowie der Toleranzangabe und durch einen Bezugspfeil, der auf die tolerierte Form weist (vgl. Abb. 317.3).

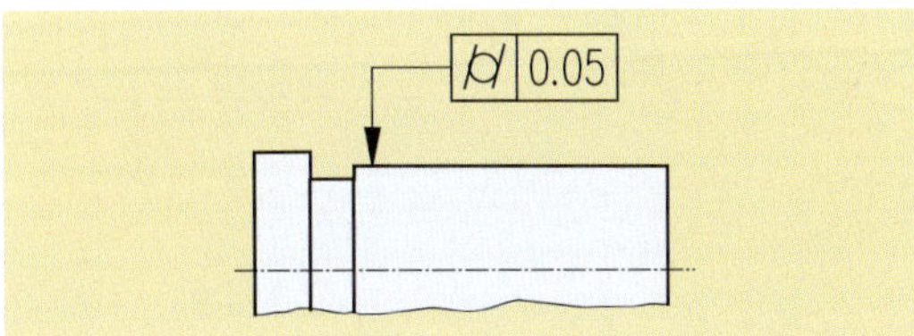

317.3 Zeichnungsangabe zur tolerierten Zylinderform

Neben der Form der Walze ist der **Rundlauf** der Walze von Bedeutung.

Diese und weitere Form- und Lagetoleranzen werden zusammen mit der Zeichnungsangabe in der **Norm DIN ISO 1101** angegeben (vgl. Überblick: Form- und Lagetoleranzen).

ÜBERBLICK Form- und Lagetoleranzen

Formtoleranzen (Auswahl)

Symbol	tolerierte Eigenschaft	Beispiel: Zeichnungseintrag	Beispiel: Erklärung der Toleranz	
—	Geradheit	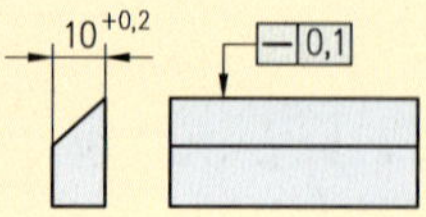	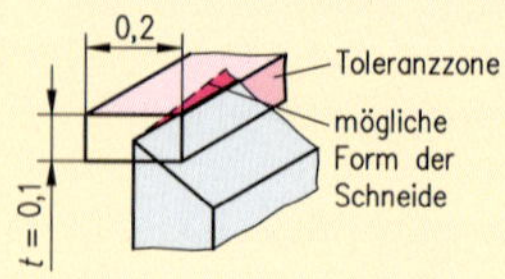	Die Ist-Schneide muss zwischen zwei parallelen Ebenen vom Abstand $t = 0{,}1$ mm liegen. Durch die Maßtoleranz ergibt sich effektiv ein Quader.
▱	Ebenheit		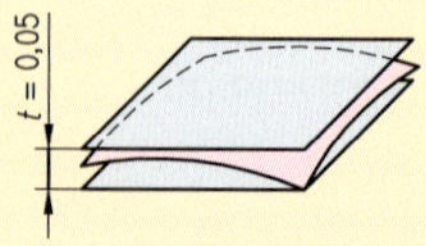	Die Ist-Fläche muss zwischen zwei parallelen Ebenen vom Abstand $t = 0{,}05$ mm liegen.
○	Rundheit (Kreisform)	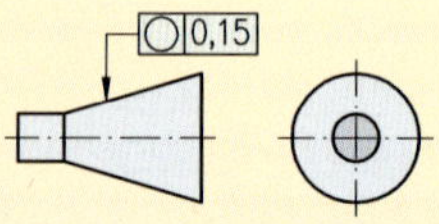	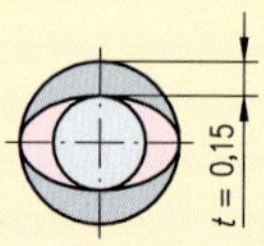	Der Ist-Umfang jedes Querschnittes muss zwischen den konzentrischen Kreisen vom Abstand $t = 0{,}15$ mm liegen.

Lagetoleranzen (Auswahl)

Symbol		tolerierte Eigenschaft	Beispiel: Zeichnungseintrag	Beispiel: Erklärung der Toleranz	
//	Richtungstoleranzen	Parallelität	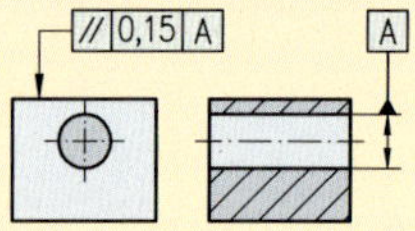	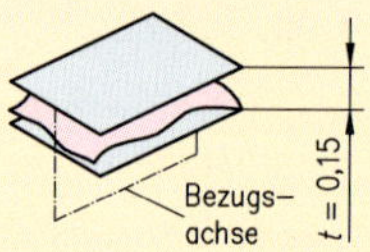	Die tolerierte Fläche muss zwischen zwei zur Bezugsachse A parallelen Ebenen vom Abstand $t = 0{,}15$ mm liegen.
⊥	Richtungstoleranzen	Rechtwinkligkeit	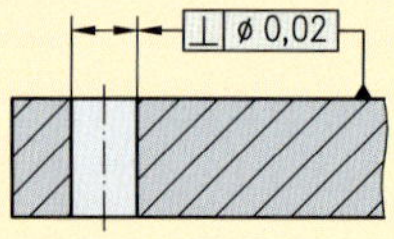	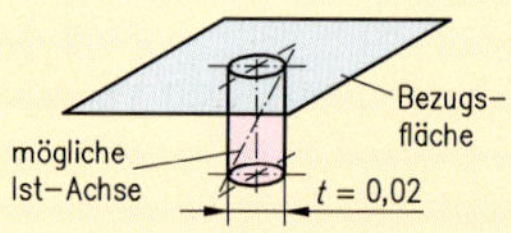	Die Ist-Achse der Bohrung muss in einem Zylinder vom Durchmesser $t = 0{,}02$ mm liegen. Der Zylinder steht senkrecht zur Bezugsfläche.
∠	Richtungstoleranzen	Neigung	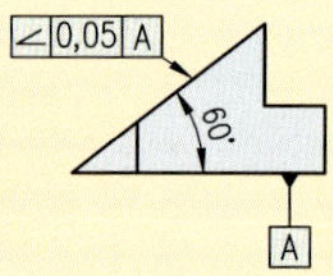	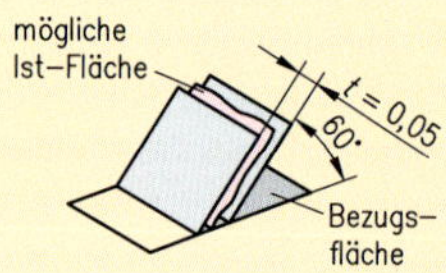	Die tolerierte Fläche (Ist-Fläche) muss zwischen zwei parallelen Ebenen vom Abstand $t = 0{,}05$ mm liegen.
↗	Lauftoleranzen	Rundlauf	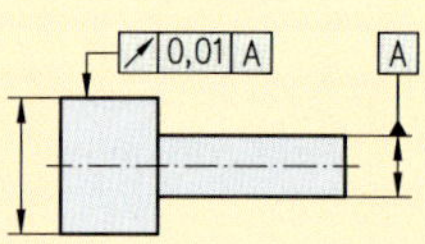	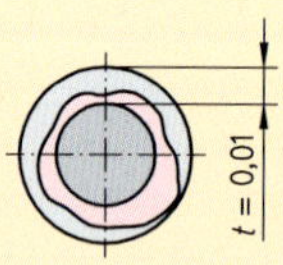	Bei Drehung um die Bezugsachse A darf die Rundlaufabweichung in jeder achssenkrechten Messebene die Toleranz $t = 0{,}01$ mm nicht überschreiten.
↗	Lauftoleranzen	Planlauf	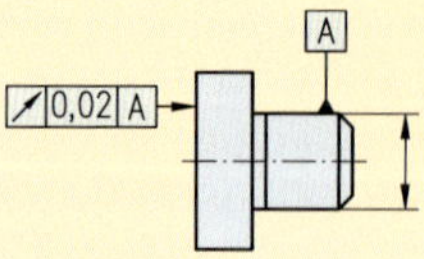	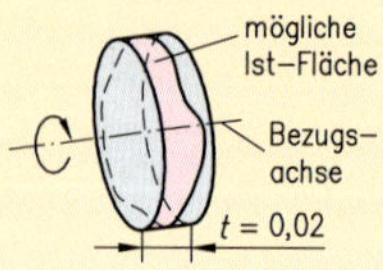	Bei Drehung um die Bezugsachse A darf die Planlaufabweichung die Toleranz $t = 0{,}02$ mm nicht überschreiten.

Zur Messung der Form- und Lageabweichungen sind Vorrichtungen erforderlich. So muss die Zylinderform der Walze über einen Taster mit Messsystem erfasst und aufgezeichnet werden (vgl. Abb. 319.2). Die Differenz zwischen den ermittelten Werten darf den zulässigen Wert t = 0,05 mm nicht überschreiten.

Abnahme von Maschinen

Im Anschluss an die Maschinenmontage muss eine Abnahme der Maschine erfolgen. Hierbei erfolgt z. B. auch die Prüfung des Rundlaufs der Walze, die im Rahmen der **Genauigkeitsprüfungen** bei der Abnahme der Anlage stattfindet. In Anlehnung an die Abnahmeprüfungen für Werkzeugmaschinen (vgl. DIN ISO 230-1) werden hier geometrische Prüfungen der Eigenschaften Geradheit, Ebenheit, Parallelität, Rechtwinkligkeit und Rundlauf durchgeführt.

Die Prüfung wird in einem Abnahmeprotokoll dokumentiert (vgl. Abb. 319.1), in dem der Gegenstand der Prüfung, Prüfmittel, Toleranz und Prüfergebnis festgehalten werden.

Die **praktische Prüfung** findet im Probelauf statt, bei dem alle Funktionen der Maschine getestet werden. Hierbei werden Probestücke hergestellt, die kontinuierlich nach Form- und Maßhaltigkeit und Qualität überprüft werden.

319.2 Prüfen einer Walze

Aufgaben

1 *Nennen Sie Anwendungsbeispiele für das Justieren mit Ausgleichsbauteilen und durch Einstellen!*

2 *Welche Bedeutung hat die nebenstehende Zeichnungsangabe?*

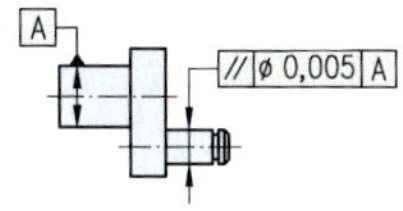

3 *Worin besteht der Unterschied zwischen Geradheit und Ebenheit?*

4 *Erstellen Sie einen Arbeitsplan zum Ablauf einer Rundlaufprüfung!*

Prüfprotokoll
Kalanderprüfung
Werkzeugmaschinen AG

Lfd. Nr.	Prüfgegenstand	Prüfmittel	Abweichungen		
			Soll im µm	Ist in µm	Überschreitung in µm
1	...				
2	Rundlauf der Walze	Messuhr, Halterung	50	20	–
3	...				

Die Prüfung erfolgte auf der Grundlage der DIN ISO 230-1 und gilt für den Zustand zum Zeitpunkt der Prüfung.

Prüfer: M. Genau
Datum: 20.05.2002

319.1 Beispiel für ein Prüfprotokoll

10.2 Montage von Baugruppen

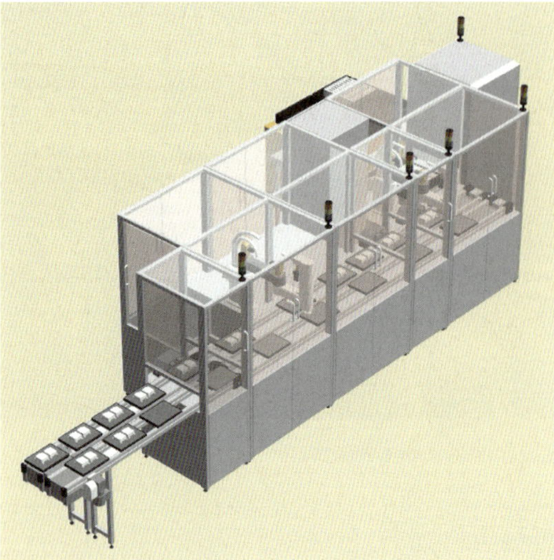

320.1 Montageanlage

Neben Montage, Demontagevorgängen zu Wartungs- und Instandsetzungsarbeiten im Maschinen- und Anlagenbau dienen Montagetätigkeiten dazu, in Einzel-, Serien- und Massenfertigung aus einzelnen Elementen Gruppen, Einrichtungen und fertige Systeme herzustellen.
Abb. 320.1 zeigt eine Montageanlage mit einzelnen automatisierten Montagetellen. Auf Werkstückträgern werden die einzelnen Werkstücke (Elemente) über eine Bandanlage zu den Montagestationen befördert, wo sie bearbeitet werden. Zuerst werden die Werkstücke gebohrt, bevor sie in der nächsten Montagezelle, in der sich eine Schraubstation befindet, zusammen mit weiteren Elementen zu einer Baugruppe gefügt werden. Durch weitere Montageschritte entsteht eine Baugruppe höherer Ordnung. Den letzten Montageschritt zur Fertigstellung einer Einrichtung oder eines Systems nennt man Endmontage (vgl. Abb. 320.2).

Die Montage von Baugruppen setzt sich im Wesentlichen aus folgenden Tätigkeiten zusammen:

- **Handhaben:** Speichern von kleinen Werkstücken und Verbindungselementen in Griffkästen am Montageplatz oder in Magazinen der Montagestationen; Bewegen des Werkstücks von einer Montagestation zur nächsten und zur Herstellung der montagegerechten Lage und Ausrichtung der Werkstücke; Sichern der Lage durch Festhalten oder durch Spannmittel
- **Fügen:** Verschrauben der Werkstücke; Einsatz verschiedener Fügeverfahren mit Kraft-, Form- oder Stoffschluss
- **Prüfen:** Feststellen der Maßhaltigkeit, der Form, der Lage und der Funktion des montierten Werkstücks

Die Reihenfolge der Montageschritte wird durch
- die **Funktion** der einzelnen Elemente (Aufgabenbezug),
- den **Eigenschaften** einzelner Elemente (Objektbezug) und
- die **wirtschaftlich sinnvolle Abfolge** (Organisation) der Montageschritte

bestimmt.

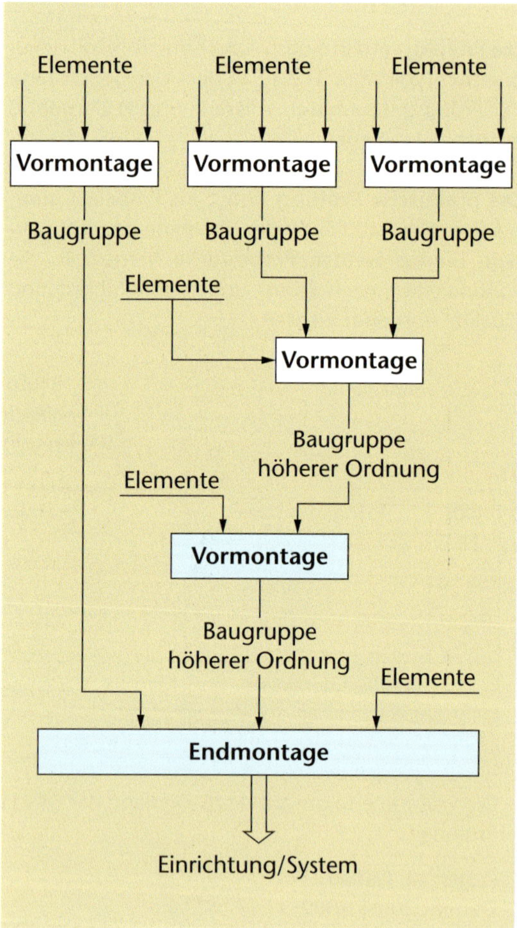

320.2 Vom Element zum fertigen Produkt

10.3 Arbeitsgestaltung

321.1 Montageplatz

Bei hohem Grad der Arbeitsteilung in Montageprozessen hat die **Gestaltung der Montageplätze** eine große Bedeutung. Monotone Tätigkeiten führen zur Ermüdung und durch immer gleiche Bewegungen zu falscher Körperhaltung. Zudem verringern sie die Motivation der Beschäftigten.

Nach einem Kriterienkatalog zur humanen Arbeitsgestaltung, der in der DIN EN ISO 9 241 – 2 aufgelistet ist, sind Arbeitsaufgaben gut gestaltet, wenn

- die Erfahrungen und Fähigkeiten der Benutzer berücksichtigt werden,
- sie die Entfaltung unterschiedlicher Fertigkeiten, Fähigkeiten und Tätigkeiten gestatten,
- sie Arbeitsschritte von der Planung bis zur Kontrolle ermöglichen,
- der Arbeitende seinen Beitrag am Gesamten erkennt,
- ein angemessener Handlungsspielraum besteht,
- ausreichende Rückmeldung erfolgt,
- vorhandene und neue Fertigkeiten weiterentwickelt werden können.

Die Schaffung von teilautonomen Montage- oder Fertigungsinseln mit **Gruppenarbeitsplätzen** ohne unmittelbare Bindung an Arbeitstakte, an denen die Beschäftigten regelmäßig den Arbeitsplatz wechseln können, zeigt Möglichkeiten zur Erweiterung der Tätigkeiten (Jobenrichment, Jobenlargement) am Montageplatz. Dabei ist die Gruppe selbst für die Besetzung der Montageplätze und Planung der Montagetätigkeiten verantwortlich. Die Steigerung der Produktivität bei hoher Flexibilität der Produktion ist eine Folge hiervon.

Auch Umgebungseinflüsse wie Lärm, Klima, Beleuchtung und eine ergonomische Arbeitsplatzgestaltung beeinflussen die Arbeitsbedingungen.
So kann **Lärm** gesundheitsschädlich sein und Stress auslösen. Bei Schallpegeln ab 80 dB (A) ist bei dauernder Belastung eine Schädigung des Gehörs möglich. Eine Erhöhung des Schallpegels um 3 dB bedeutet etwa eine Verdoppelung der Schallintensität, weshalb die zulässige Einwirkzeit halbiert werden sollte.

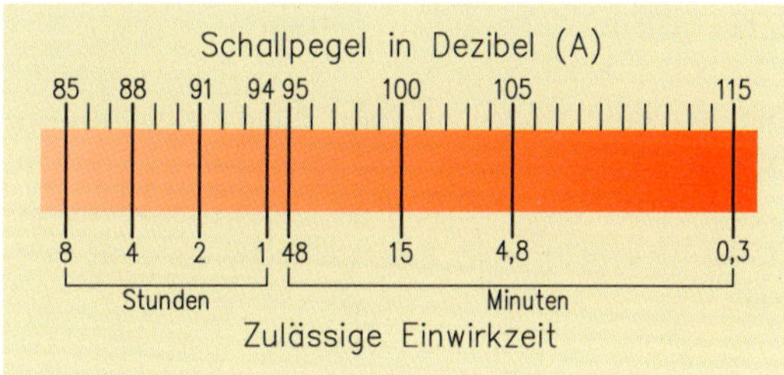

321.2 Zulässige Lärmeinwirkzeit

Ab einem bewerteten Schallpegel von 85 dB (A), bei dem unter anderem auch die Einwirkzeit berücksichtigt wird, sind Gehörschützer zur Verfügung zu stellen und ab 90 dB (A) und bei bestimmten Arbeitsverfahren ist das Tragen von Gehörschützern vorgeschrieben (vgl. BGV B3 (VBG 121)).

Zum Vergleich:

starker Straßenlärm	etwa 80 dB
Schleifmaschine	etwa 100 dB
Düsenjet beim Start	etwa 130 dB

Die richtige **Beleuchtung** am Arbeitsplatz dient der Arbeitssicherheit. Mit zunehmender Beleuchtungsstärke nimmt auch die Sehleistung, die Konzentration und die Aufmerksamkeit zu.
Neben der Beleuchtungsstärke spielen die Verteilung der Beleuchtung im Raum, die Blendung, die Lichtrichtung und die Lichtfarbe eine wichtige Rolle.

Die Beleuchtungsstärke wird in Lux (lx) gemessen. 1 Lux ist die Beleuchtungsstärke eines Lichtstroms von 1 Lumen auf 1 m² Fläche.

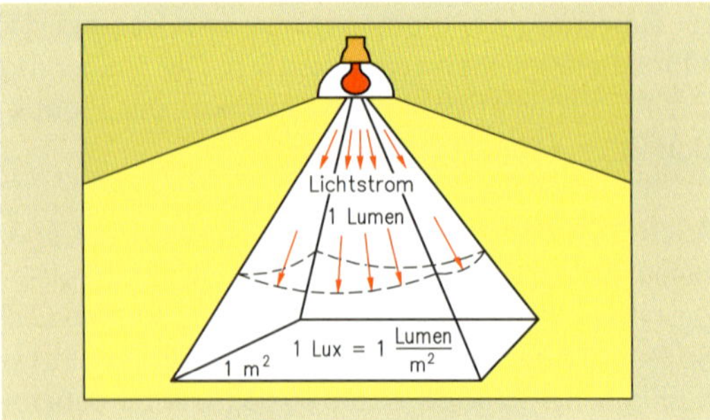

322.1 Definition der Beleuchtungsstärke

Die Beleuchtungsstärke von Tageslicht kann bis zu 2 000 lx bei bedecktem Himmel und bis zu 100 000 lx bei hellem Sonnenschein betragen.

Die folgende Übersicht zeigt Nennbeleuchtungsstärken für verschiedene Räume und Tätigkeiten. Dabei dürfen die Unterschiede in der Beleuchtungsstärke innerhalb eines Raumes nicht zu groß werden.

Räume und Tätigkeiten	Nennbeleuchtungsstärke in Lux
Verkehrswege für Personen	50
Arbeitsplätze in verfahrenstechnischen Anlagen	100
Reparaturwerkstätten für Radio, Fernsehen, Apparate und Maschinen	300
Montage kleiner Motoren und Maschinen	500
Werkzeug-, Lehren- und Vorrichtungsbau	1000

322.2 Beleuchtungsstärken

Das **Klima** in der Arbeitsumgebung wird durch Temperatur, Luftfeuchtigkeit und Luftgeschwindigkeit bestimmt. Ein für den Menschen behagliches Klima ist erreicht, wenn kein Wunsch nach Veränderung einer der Klimafaktoren besteht. Dabei ist die Behaglichkeit nicht objektiv feststellbar, sondern richtet sich nach Geschlecht, Alter, Verfassung und Arbeitsintensität. Für bestimmte Tätigkeiten lassen sich Behaglichkeitsbereiche angeben (vgl. Tab. 322.3).

	Temp. in °C	Rel. Luftfeuchte in %	Luftgeschw. in m/s
leichte körperliche Arbeit	17 bis 22	40 bis 70	0,2
schwere körperliche Arbeit	15 bis 21	30 bis 70	0,4

322.3 Behaglichkeitsbereiche

Bei der **ergonomischen Gestaltung** von Arbeitsplätzen sind die unterschiedlichen Größen der Menschen zu berücksichtigen. Nach DIN 33 402 werden die Körpergrößen von 90 Prozent der erwachsenen Bevölkerung zur Arbeitsplatzgestaltung herangezogen.

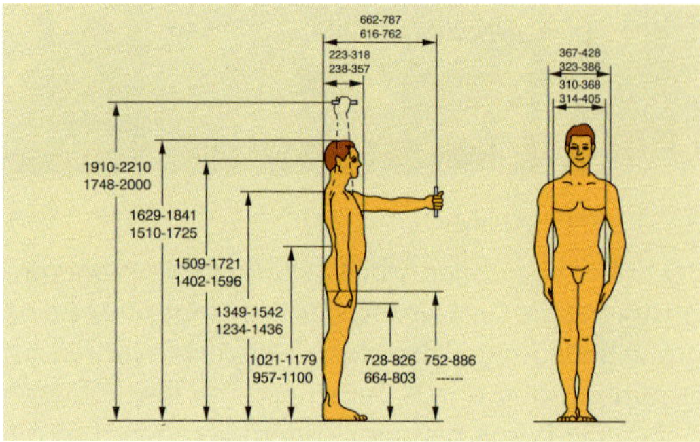

322.4 Körpermaße nach DIN 33 402 für 16- bis 60-jährige Männer (oben) und Frauen (unten)

An Arbeitsplätzen, die von Männern und Frauen in gleichem Maße genutzt werden, sind daher Verstellmechanismen vorzusehen, um die unterschiedlichen Körpermaße auszugleichen.

Auch die Anordnung von Werkzeugen, Werkstücken und Stellteilen im Greifraum (Abb. 322.5) eines Montageplatzes richtet sich nach der Körpergröße der Beschäftigten, nach Rechts- oder Linkshändigkeit und der Häufigkeit der Bewegungen.

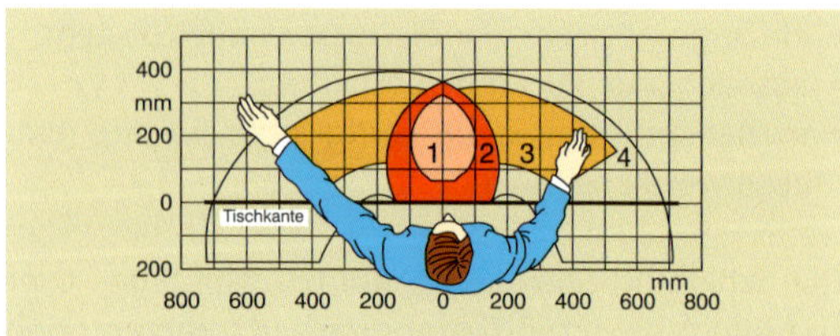

322.5 Greifraum eines Montageplatzes

10.4 Umweltschutz

Bei Wartungsarbeiten am Kalander muss Hydrauliköl entleert werden. Das Öl muss in einem geeigneten Gefäß aufgefangen werden und einer Aufarbeitung zugeführt werden. Nach der **Altölverordnung (AltölV)** sollen Getriebe- und Motorenöle wie mineralische Turbinen-, Maschinen- und Hydrauliköle aufgearbeitet werden, wenn bestimmte Schadstoffkonzentrationen nicht überschritten werden und die Öle nicht mit anderen Ölen oder Abfällen vermischt werden.
Zur Entsorgung dieser und anderer Stoffe bestehen eine Reihe weiterer Vorschriften:

- Abfallbestimmungsverordnung
- Gefahrstoffverordnung
- Chemikaliengesetz
- Technische Regeln für Gefahrstoffe
- Verpackungsverordnung
- Batterieverordnung
- Elektro-/Elektronikaltgeräteverordnung

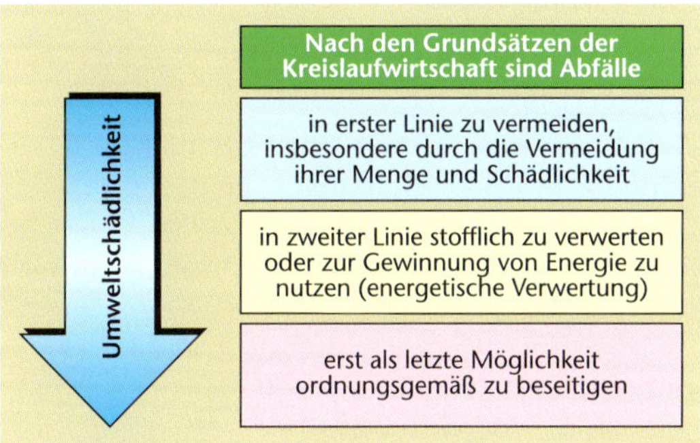

323.1 Grundsätze der Kreislaufwirtschaft (§ 4 KrW-/AbfG)

Grundlegend ist das **Kreislaufwirtschafts- und Abfallgesetz**, dessen Ziel es ist, natürliche Ressourcen zu schonen und die umweltverträgliche Beseitigung von Abfällen zu sichern.
Ist die Vermeidung von Abfällen bei der Herstellung und dem Gebrauch von Produkten nicht möglich, so müssen Abfälle wieder verwertet oder entsorgt werden. Eine Wiederverwertung, Aufbereitung oder umweltgerechte Entsorgung ist jedoch nur möglich, wenn Stoffe getrennt werden. Hierzu dient ein **Kennzeichnungsschlüssel**, der branchen- und prozessabhängig viele Stoffe auflistet. Die Betriebe sind verpflichtet, über diese Stoffe Buch zu führen.

Abfallschlüssel	Abfallart
12	**Abfälle aus Prozessen der mechanischen Formgebung**
120109	Bearbeitungsemulsionen, halogenfrei
13	**Ölabfälle**
130106	ausschließlich mineralische Hydrauliköle
130202	nicht chlorierte Maschinen-, Getriebe- und Schmieröle
15	**Verpackungen, Aufsaugmassen, Wischtücher, Filtermaterialien, Schutzkleidung**
150201	Aufsaug- und Filtermaterialien, Wischtücher und Schutzkleidung
16	**Abfälle, die nicht anderswo im Katalog aufgeführt sind**
160201	Transformatoren und Kondensatoren, die PCB oder PCT enthalten
160202	andere gebrauchte elektronische Geräte (gedruckte Schaltungen)
160601	Bleiakkumulatoren

323.2 Abfallschlüssel nach Europäischem Abfallkatalog (EAK) (Auswahl)

Aufgaben

1 *Wählen Sie ein technisches System aus und zerlegen Sie es in sinnvolle Baugruppen, die unabhängig voneinander vormontiert werden können! Nennen Sie zu jeder Baugruppe auch deren Funktion!*

2 *Welche Veränderungen können sich bei der Automatisierung eines Montageplatzes für den Menschen ergeben?*

3 *Beschreiben Sie die Ist-Situation an Ihrem Arbeitsplatz bezüglich der genannten Kriterien zur humanen Arbeitsgestaltung! Entwickeln Sie, wo nötig, Verbesserungsvorschläge!*

4 *Benennen Sie Einflussfaktoren auf die Arbeitsbedingungen!*

5 *Wann ist das Tragen von Gehörschützern vorgeschrieben?*

6 *Aus welchen Gründen ist die richtige Beleuchtung am Arbeitsplatz wichtig?*

7 *Stellen Sie die Körpermaße nach DIN 33 402 für Ihre Klasse/Ausbildungsgruppe fest und vergleichen Sie diese mit den Normangaben! Welche Maßnahmen werden in Ihrem Betrieb zum Ausgleich unterschiedlicher Körpergrößen getroffen?*

8 *Nennen Sie das erste Ziel nach den Grundsätzen der Kreislaufwirtschaft!*

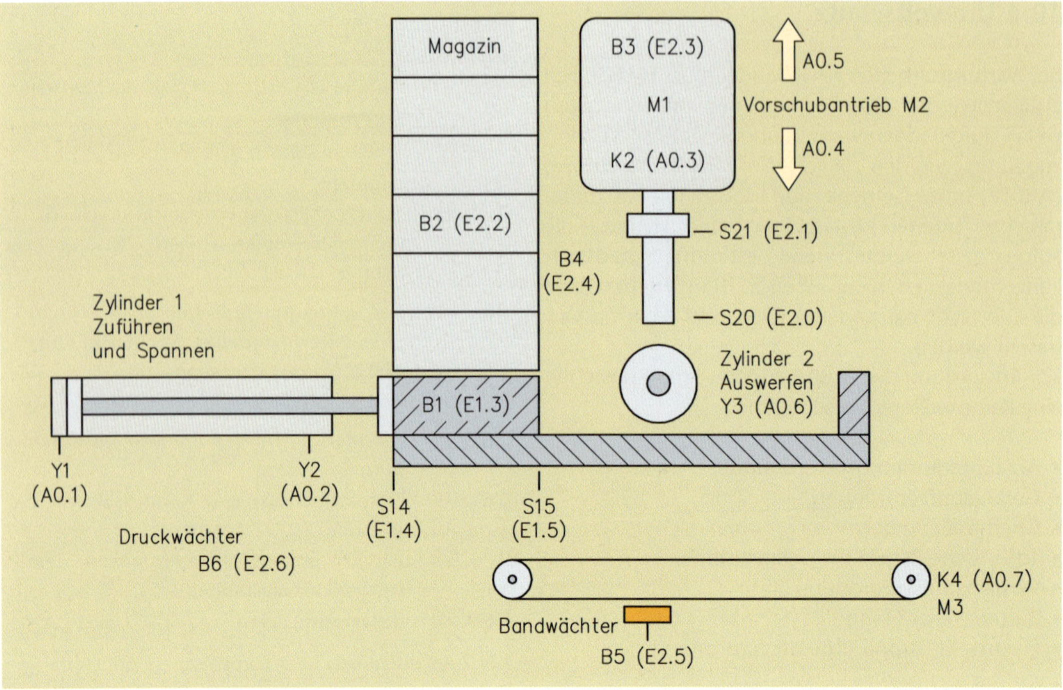

324.1 Technologieschema einer Bohrstation

11 Inbetriebnahme, Fehlersuche und Instandsetzung

11.1 Inbetriebnahme einer Bohrstation

Die Inbetriebnahme, Fehlersuche und Instandsetzung eines mechatronischen Systems soll am Beispiel einer Bohrstation (Abb. 324.1) erarbeitet werden.

Die Bohrstation hat die Aufgabe, Werkstücke in vollautomatisierten Arbeitsgängen zu bohren. Die einzelnen Arbeitsschritte sollen mithilfe einer SPS gesteuert werden.

Die Bohrstation besteht aus einem Magazin, einem Pneumatikzylinder als Zuführer, der gleichzeitig die Aufgabe des Spannens mit übernimmt und einem weiteren Pneumatikzylinder als Auswerfer.

Als Antriebe kommen Asynchronmotoren zum Einsatz. Der Bohrantrieb besteht aus einem frequenzgesteuerten Drehstromasynchronmotor. Als Antrieb für den Vorschub dient ebenfalls ein frequenzgesteuerter Asynchronmotor, der als Vorschubantrieb ausgelegt ist. Das Förderband wird über einen Asynchronmotor mit Getriebe angetrieben. Bei der Bohrstation handelt es sich um eine typische Ablaufsteuerung mit fünf Steuerschritten:

1. Werkstück zuführen und spannen
↓
2. Bohrer abwärts und bohren
↓
3. Bohrer aufwärts
↓
4. Spannvorrichtung lösen
↓
5. Werkstück auswerfen

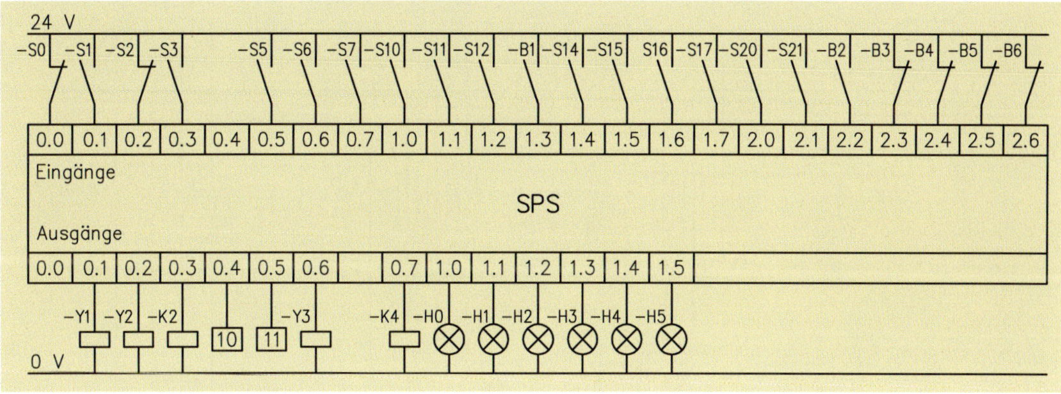

325.1 Anschlussplan für die SPS

B	E/A	Kommentar
S0	E0.0	Not-Aus
S1	E0.1	Einschalter, Taster, Schließer
S2	E0.2	Ausschalter, Taster, Öffner
S3	E0.3	Hand-Automatik, Automatik = 1
S5	E0.5	Spannz. vor, Taster, Schließer
S6	E0.6	Spannz. zurück, Taster, Schließer
S7	E0.7	Bohrer abwärts, Taster, Schließer
S10	E1.0	Bohrer aufwärts, Taster, Schließer
S11	E1.1	Bohrantrieb Ein, Taster, Schließer
S12	E1.2	Auswerfen, Taster, Schließer
B1	E1.3	Werkstück vorhanden, ind. Sensor
S14	E1.4	Spannzylinder eingefahren
S15	E1.5	Spannzylinder ausgefahren
S16	E1.6	Auswurfzylinder ausgefahren
S17	E1.7	Auswurfzylinder eingefahren
S20	E2.0	Bohrer unten, Endschalter
S21	E2.1	Bohrer oben, Endschalter
B2	E2.2	Magazin leer, ind. Sensor
B3	E2.3	Temperaturwächter
B4	E2.4	Bohrer vorhanden, ind. Sensor
B5	E2.5	Bandwächter, kap. Sensor
B6	E2.6	Druckwächter
Y1	A0.1	Spannzylinder ausfahren
Y2	A0.2	Spannzylinder einfahren
K2	A0.3	Bohrantrieb
Y3	A0.6	Auswerfen
K4	A0.7	Förderband
H0	A1.0	Werkstück fehlt
H1	A1.1	Magazin leer
H2	A1.2	Temperatur Bohrantrieb
H3	A1.3	Bohrer fehlt
H4	A1.4	Förderband gerissen
H5	A1.5	Druck Spannzylinder

325.2 Zuordnungsliste für die Bohrstation

Die Anschlussplan (Abb. 325.1) und die Zuordnungsliste (Abb. 325.2) sind wesentliche Bestandteile der Anlagendokumentation. Vor der Inbetriebnahme der Bohrstation muss sich der Inbetriebnehmer eingehend mit diesen Dokumenten vertraut machen. Selbstverständlich sollte er auch den genauen Funktionsablauf der Steuerung und die Bedeutung der Fehlermeldungen kennen.

Die sechs Fehlermeldungen (Alarme) werden auf die Meldelampen H0 bis H5 ausgegeben.

Die Inbetriebnahme hat die Aufgabe, die Bohrstation aus dem Ruhezustand nach Montageende in den funktionsfähigen Dauerbetriebszustand zu überführen.

Die Arbeitsschritte der Inbetriebnahme sind nicht beliebig, sondern an sachlogische Notwendigkeiten gebunden: Eine Steuerung kann im Automatikbetrieb nicht funktionieren, wenn ein oder mehrere Einzelschritte fehlerhaft sind.

Reihenfolge der Inbetriebnahme:

1. Prüfung der elektrischen Ausrüstung nach VDE 0113
2. Pneumatik
3. Steuerung (SPS)
   a) Handbetrieb
   b) Automatikbetrieb
4. Simulation der Fehlermeldungen

Aufgaben

1 *Beschreiben Sie anhand des Technologieschemas (Abb. 324.1) die Funktion der Steuerung.*

2 *Begründen Sie die Reihenfolge der Inbetriebnahme.*

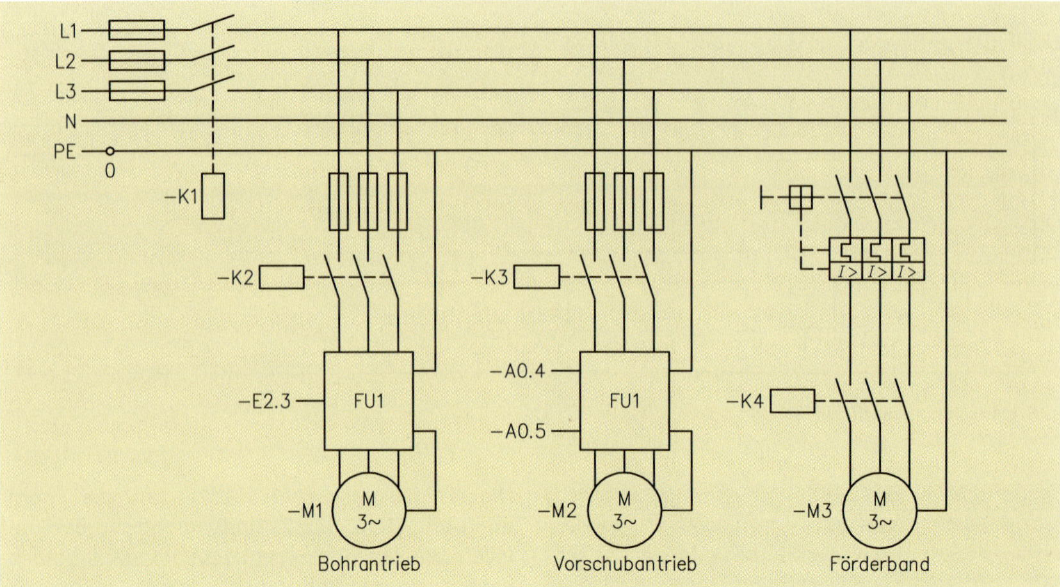

326.1 Elektrischer Schaltplan der Bohrstation

11.2 Prüfung der elektrischen Ausrüstung von Maschinen nach VDE 0113

Abb. 326.1 zeigt den elektrischen Schaltplan der Bohrstation. Vor der Inbetriebnahme müssen die Schutzmaßnahmen nach VDE 0113 Teil 1 (EN 60204-1) überprüft werden. Vorgeschrieben sind folgende Teilprüfungen:

- Sichtprüfung
- Messung der Durchgängigkeit des Schutzleitersystems
- Messung des Schleifenwiderstandes bei Anlagen > 30 m
- Messung des Isolationswiderstandes
- Prüfung der Spannungsfestigkeit
- Messung der Restspannung
- Funktionsprüfung

Die Messergebnisse sind in geeigneter Form zu protokollieren. Offizielle Formularvorlagen liegen nicht vor.

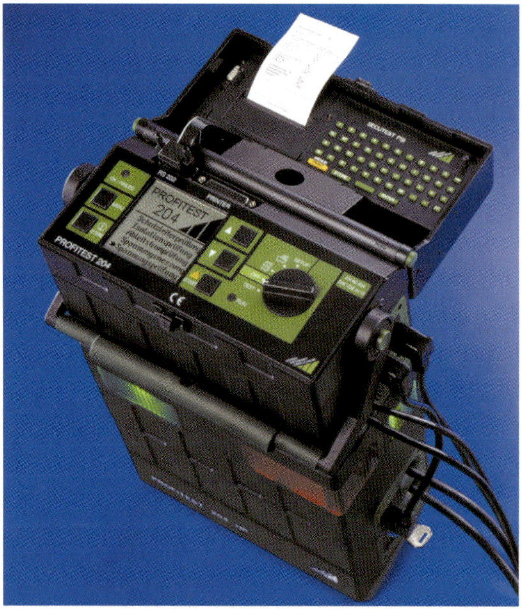

326.2 MetraMaschine 204 für die Prüfung der Schutzmaßnahmen nach VDE 0113

Abb. 326.2 zeigt ein Prüfgerät, mit dem sich die aufgezählten Messungen durchführen lassen. Das Prüfgerät MetraMaschine 204 verfügt über ein Hochspannungsmodul zur Überprüfung der Spannungsfestigkeit. Die Montage auf einen speziellen Transportwagen verschafft dem Gerät die notwendige Mobilität. Die Bedienung erfolgt menügesteuert über Tasten. Eine integrierte RS-232-Schnittstelle ermöglicht die Fernsteuerung über den PC. Alle wichtigen Funktionen können auch über die in den Prüfspitzen integrierte Bedieneinheit gestartet werden. Lampen signalisieren den Fortschritt der Messungen.

Das Gerät kann bis zu 2 800 Messwerte abspeichern. Das Messprotokoll wird automatisch erstellt und über den integrierten Drucker ausgegeben. Es ist aber auch möglich, die Messwerte auf den PC zu übertragen, um sie dort weiter auszuwerten.

11.2.1 Sichtprüfung

Die Sichtprüfung verfolgt den Zweck äußerliche Mängel und Schäden an den elektrischen Betriebsmitteln aufzudecken. Zu überprüfen ist, ob die Leitungsisolation an irgendeiner Stelle beschädigt ist. Alle Leitungen einschließlich des Schutzleiters (PE) müssen daraufhin untersucht werden, ob sie einwandfrei verlegt und fachgerecht angeschlossen sind. Außerdem ist der vorgeschriebene Querschnitt des Schutzleiters zu kontrollieren. Bei allen drei Motoren (Bohr-, Vorschub- und Förderbandantrieb) sollte der Motoranschlusskasten geöffnet werden, um folgende Prüfungen vorzunehmen:

- Ist der Kabelschuh des Schutzleiters eventuell auf Farbe geschraubt?
- Sind die Schraubverbindungen fest?
- Sind die PG-Verschraubungen passend?
- Sind an allen Schutzleiterverbindungen die Markierungen angebracht?

Außerdem ist noch zu überprüfen, ob

- die Ausführung der elektrischen Ausrüstung mit der technischen Dokumentation übereinstimmt,
- eine sichere galvanische Trennung zwischen Last- und Steuerstromkreisen besteht,
- an den Motorschutzschaltern der richtige Wert (= Bemessungsstrom der Motoren) eingestellt wurde,
- alle Schmelzsicherungen den richtigen Wert haben.

11.2.2 Messung der Durchgängigkeit des Schutzleitersystems

Abb. 327.1 zeigt das Messprinzip der Schutzleiter-Durchgangsprüfung. Ein Sicherheitstransformator transformiert die 230-V-Netzspannung auf etwa 25 V. Die Anlage ist spannungsfrei zu schalten. Die gemeinsamen Prüfspitzen aus SELV-Stromquelle und Spannungsmesser (4-Pol-Messung) werden ausgehend vom Messpunkt 0 an die Messpunkte 1, 2, 3 (Abb. 326.1) und an allen anderen Schutzleiteranschlüssen (Schaltschranktüren, Schaltschrank usw.) gehalten. Über einen Stellwiderstand ist jeweils ein Strom von 10 A einzustellen. Der Messvorgang sollte 10 s andauern.

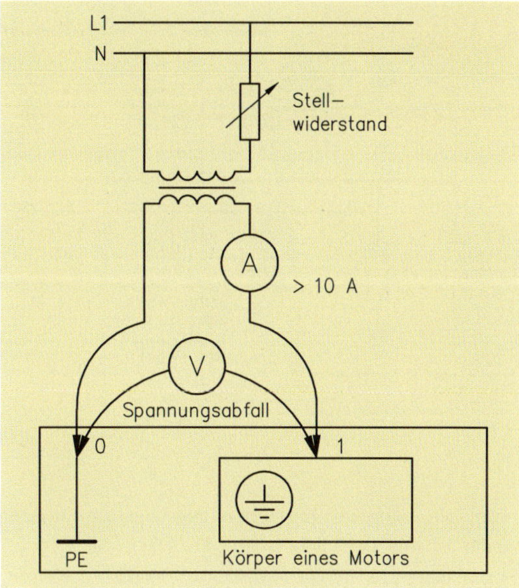

327.1 Schutzleiter-Durchgangsprüfung

Die gemessenen Werte zwischen der PE-Klemme (in der Messschaltung der Messpunkt 0) und den anderen Messpunkten 1, 2 und 3 dürfen die in der Tabelle 327.2 angegebenen nicht überschreiten.

Kleinster Querschnitt des Schutzleiters für den zu prüfenden Zweig	Max. zulässiger Spannungsfall
1,0 mm²	3,3 V
1,5 mm²	2,6 V
2,5 mm²	1,9 V
4,0 mm²	1,4 V
> 6 mm²	1,0 V

327.2 Spannungsgrenzwerte zwischen PE-Klemme und Prüfpunkten

Die Überprüfung der Durchgängigkeit des Schutzleitersystems ist deshalb wichtig, weil im Falle eines Körperschlusses in einem Motor oder Frequenzumrichter bei einer Unterbrechung des Schutzleiters kein Personenschutz mehr existieren würde.
Da bei großen Maschinen (> 30 m) die oben beschriebene Methode nicht mehr praktikabel ist, kann auch eine Schleifenimpedanz-Messung durchgeführt werden.

EXKURS

Messen der Schleifenimpedanz

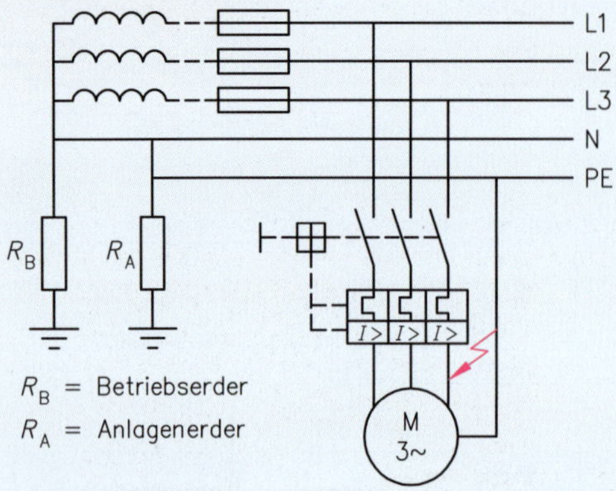

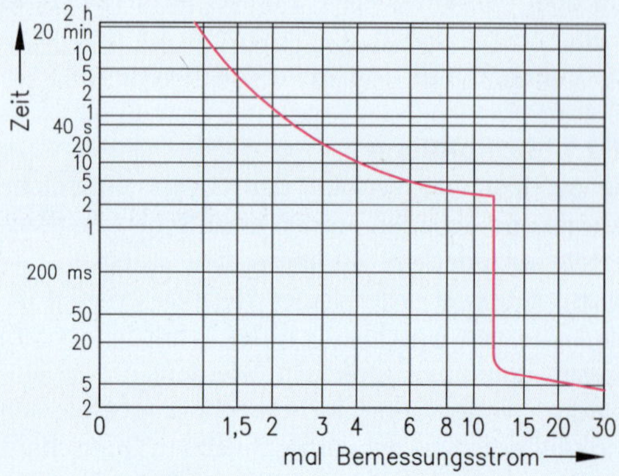

Die Abb. zeigt einen Kurzschluss zwischen dem Außenleiter L3 und dem Schutzleiter PE. Nach der Auslösekennlinie muss ein Auslösestrom von 12 I_N fließen. Wenn der Motor einen Nennstrom von 5 A aufnimmt, wären das 60 A. Ob diese Stromstärke erreicht wird, wird durch die Schleifenimpedanz des Netzes bestimmt.

Für die Situation (Fehlerschleife) kann folgendes Ersatzschaltbild angegeben werden:

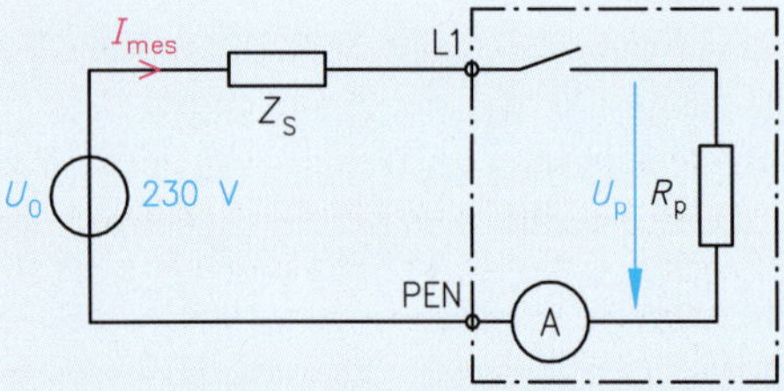

Das Ersatzschaltbild der Fehlerschleife besteht aus einer Spannungsquelle (U_0 = 230 V) und der so genannten Schleifenimpedanz Z_S. Diese Impedanz setzt sich aus der Impedanz der Transformatorwicklung, dem Ohm'schen Widerstand des Außenleiters und dem Ohm'schen Widerstand des PEN-Leiters zusammen. Sie kann näherungsweise als Ohm'schen Widerstand angenommen werden.

Die Schleifenimpedanz-Messung ist nur in TN-Systemen anwendbar. Sie wird unter Spannung durchgeführt. Die gesamte elektrische Ausrüstung ist vollständig an die Energieversorgung angeschlossen (Gefahrensituation!).

Für die messtechnische Ermittlung des Schleifenwiderstandes gibt es besondere Messgeräte. Diese Messgeräte arbeiten nach folgendem Prinzip:

Zuerst wird die Leerlaufspannung U_0 (= Quellenspannung) gemessen.

Danach wird die Leitung zwischen L3 und PEN mit einem Prüfwiderstand R_P belastet und dann die Spannung U_P an diesem Widerstand sowie der Strom I_{mes} gemessen.

Aus der Spannungsdifferenz $U_0 - U_P$ und dem gemessenen Strom I_{mes} kann der Schleifenwiderstand aus

$$Z_S = \frac{U_0 - U_P}{I_{mes}}$$

ermittelt werden.

Das Messgerät zeigt einen Wert von 1,7 Ω an. Für den Schleifenwiderstand gilt die Bedingung

$$Z_S \leq \frac{U_0}{I_a}$$

Setzt man die Quellenspannung von 230 V und den Auslösestrom von 60 A in die Formel ein, so erhält für man für den maximal zulässigen Schleifenwiderstand einen Wert von:

$$Z_S \leq \frac{230\ \text{V}}{60\ \text{A}} = 3{,}83\ \Omega$$

Der geforderte Wert wird also deutlich unterschritten.

11.2.3 Messung des Isolationswiderstandes

Die Bohrstation ist spannungsfrei zu schalten. Der Steuerstromkreis und alle Frequenzumrichter müssen vom Hauptstromkreis getrennt werden. Gemessen wird der Isolationswiderstand an den Zuleitungen der Schütze K2, K3 und K4 jeweils zwischen L1-PE, L2-PE und L3-PE (Abb. 326.1). Die Messspannung sollte mindestens 500 V DC betragen. Der Isolationswiderstand darf einen Wert von 1 MΩ nicht unterschreiten.

EXKURS **Messen des Isolationswiderstandes**

Bei der Inbetriebnahme von mechatronischen Systemen muss nach VDE 0113 (Maschinenrichtlinie) der Isolationswiderstand zwischen den Leitungen des Leistungskreises und dem Schutzleiter gemessen werden.

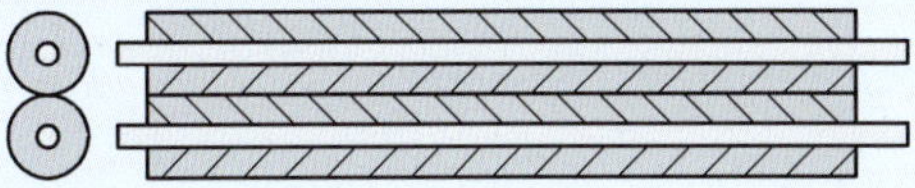

Zwischen den Strom führenden Leitern befindet sich das Isolationsmaterial. Das Isolationsmaterial ist kein idealer Isolator, es hat zwar einen sehr hohen, aber dennoch endlichen Widerstand. Deshalb kann für jede Leitung ein einfaches Ersatzschaltbild angegeben werden.

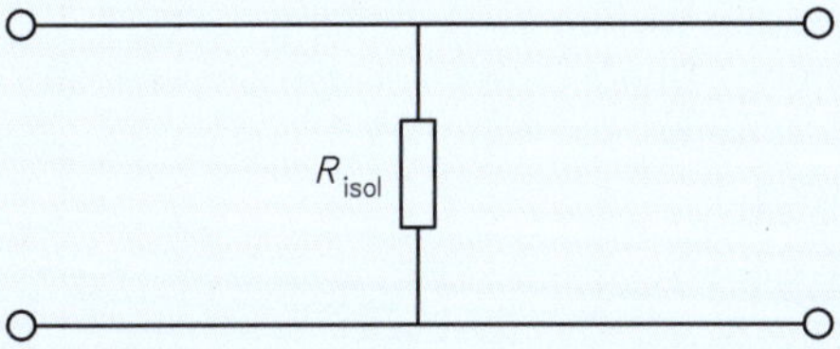

Das Isolationsmaterial wird durch einen Ohm'schen Widerstand im Querzweig der Leitung symbolisiert.

Durch thermische und mechanische Beanspruchungen sowie durch äußere Einflüsse können Isolationsfehler auftreten. **Isolationsfehler** sind deshalb besonders ernst zu nehmen, weil sie **Brände oder Fehlfunktionen** auslösen können.

Um solche Gefahren auszuschließen, ist bei der Erst- und Wiederholungsprüfung eine Messung der Isolationswiderstände durchzuführen. Für die Messung des Isolationswiderstandes gibt es besondere Messgeräte.

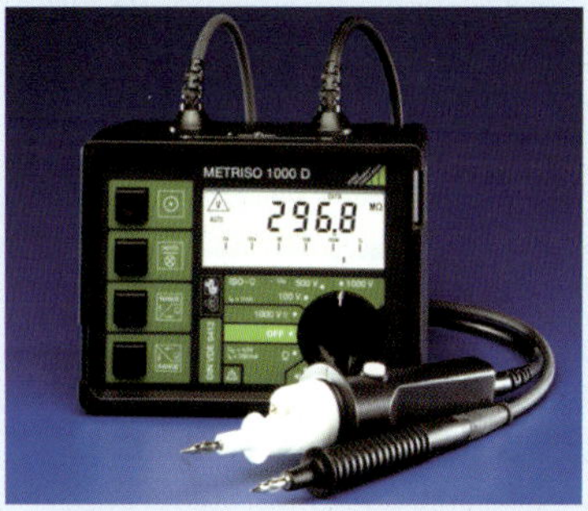

Das Messprinzip eines Isolationswiderstandsmessgerätes zeigt die folgende Abbildung.

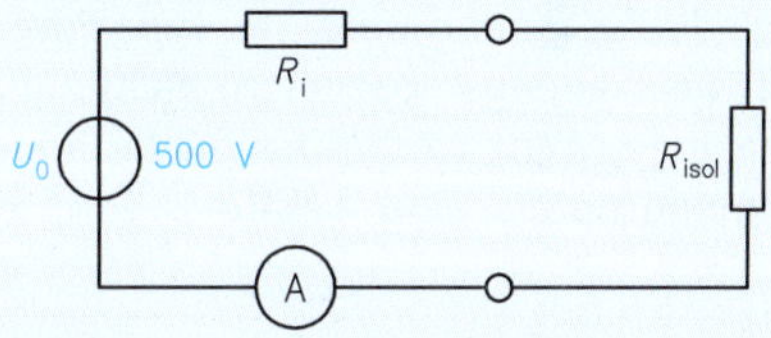

Die spannungsfrei geschaltete Leitung wird an eine Gleichspannungsquelle mit U_0 = 500 V angeschlossen. Durch gleichzeitige Messung des Stroms kann der Isolationswiderstand wie folgt ermittelt worden:

$$R = \frac{U_0 - I_{mes} R_i}{I_{mes}}$$

Der Isolationswiderstand muss zwischen den Leitern des Leistungskreises und dem Schutzleiter gemessen werden. Die Leitungen sind vor der Messung spannungsfrei zu schalten.

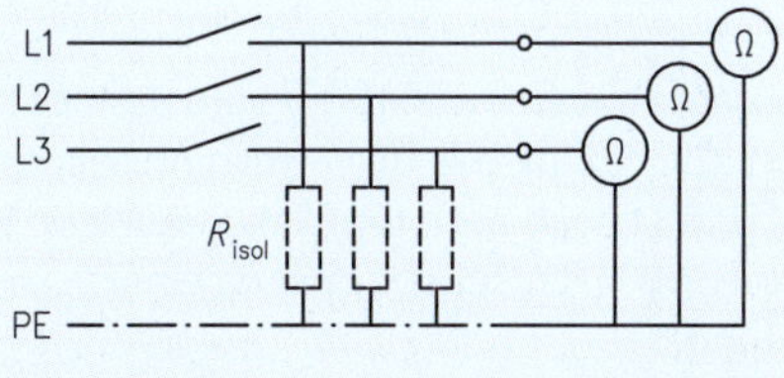

Der Isolationswiderstand muss größer als 1 MΩ sein.

11.2.4 Prüfung der Spannungsfestigkeit

Bei der Montage der elektrischen Ausrüstung können Metallspäne in die Leitungsisolation eindringen. Diese Metallspäne oder auch abgespleißte Einzeldrähte können die Luftstrecke zwischen den Leitern unzulässig verringern. Um solche Mängel aufzudecken, wird eine Prüfspannung von mindestens 1 000 V für die Dauer von 1 s zwischen den Außenleitern L1, L2, L3 und dem Schutzleiter angelegt. Die Einspeisung der Prüfspannung erfolgt direkt hinter dem Schütz K1 (Abb. 326.1).

Mit dieser Spannungsprüfung sollen nicht die verwendeten Betriebsmittel selbst geprüft werden, sondern nur die Spannungsfestigkeit der Leitung des Hauptstromkreises. Würde man die Betriebsmittel an die hohe Prüfspannung von 1 000 V anschließen, so könnten diese zerstört werden. Deshalb muss diese Prüfung ebenfalls bei abgeschalteter Anlage erfolgen. Alle elektronischen Steuerungen und die Frequenzumrichter müssen vom Netz getrennt werden.

Damit die Prüfspannung unter der kapazitiven Last des Prüflings (Leitungskapazitäten) nicht auf unzulässig niedrige Werte zusammenbricht, muss die Prüfspannungsquelle eine Leistung von 500 VA haben.

Wegen der hohen Prüfspannung muss bei der Überprüfung der Spannungsfestigkeit mit äußerster Vorsicht vorgegangen werden.

11.2.5 Messung der Restspannung

Die Frequenzumrichter des Bohr- und Vorschubantriebes enthalten Kondensatoren, die sich während des Betriebes auf gefährlich hohe Spannungen aufladen. Die Norm fordert, dass die Spannungen an berührbaren aktiven Teilen 5 s nach dem Abschalten der Versorgungsspannung auf einen Wert von unter 60 V gesunken sind.

Beispielsweise hat eine mit 400 V aufgeladene Kapazität von $C = 5{,}2\ \mu F$ mit dem Isolationswiderstand von $R = 10\ M\Omega$ noch nach fünf Sekunden eine Spannung von 360 V (entspricht in etwa einer 1 km langen Leitung).

Gemessen wird mit einem hochohmigen Spannungsmesser an den berührbaren Kontakten der beiden Frequenzumrichter und des Motorschutzschalters (Abb. 330.1).

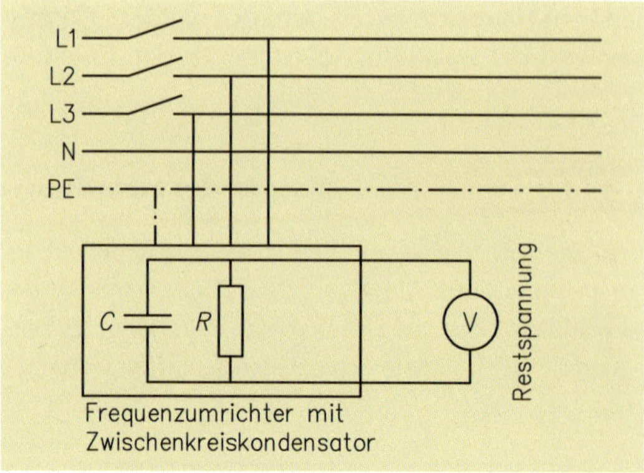

330.1 Messung der Restspannung

11.2.6 Funktionsprüfung

Die Bohrstation wird mit dem Hauptschalter S1 eingeschaltet. Um die Funktion der Antriebe zu prüfen, muss die Betriebsart „Handbetrieb" gewählt werden. Durch Betätigung der entsprechenden Taster auf dem Bedienfeld wird die Funktion des Bohr-, des Spindel- und des Förderbandantriebes nacheinander getestet.

Besonders wichtig ist die Prüfung der NOT-AUS-Einrichtung. Durch Druck auf den Schalter S0 (Abb. 330.2) muss die Bohrstation vom Netz getrennt werden.

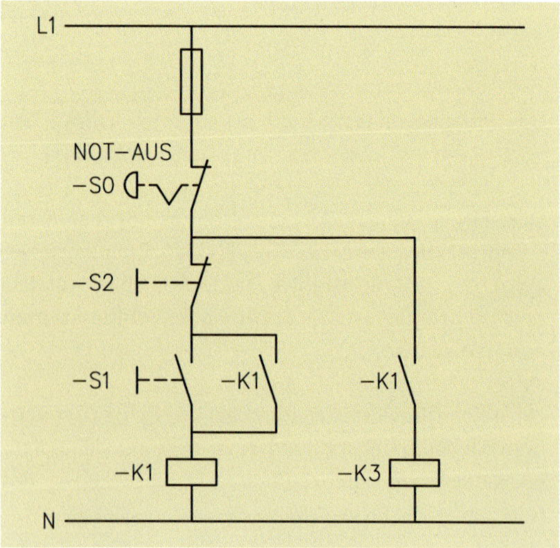

330.2 Steuerstromkreis der Bohrstation

Prüfprotokoll für die Abnahme von elektrischen Maschinen

Prüfung der elektrischen Sicherheit der Ausrüstung elektrischer Maschinen gemäß
DIN VDE 0113 / EN 60204-2 / IEC 204-1

Allgemeine Maschinen und Abnahmedaten:
Geprüfte Anlage : Bohrstation
Protokollnummer : 1
Verwendetes Prüfgerät : Profitest 204
Prüfdatum : 24.10.2000
Prüfer :

Das hier vorliegende Prüfprotokoll bestätigt die sachgemäße Durchführung aller im Rahmen o. g. Normen vorgeschriebenen Prüfungen bei der Abnahme o. g. Anlage.
Die Prüfung wurde von Elektrofachkräften durchgeführt, die der DIN VDE 0105 Teil 1/5.75, Punkt 3.2.1 genügen.

Die geprüfte Anlage erfüllt in allen Punkten die Anforderungen nach
DIN VDE 0113 / EN 60204-2 / IEC 204-1

______________,den ______________ ______________________________
Ort Unterschrift

Anlage: Messprotokolle

Anlage 1: Überprüfung der durchgehenden Verbindung des Schutzleiters

Die durchgehende Verbindung des Schutzleiters zu allen berührbaren metallischen Teilen der Maschine/Anlage durch Besichtigung und Prüfung wird bestätigt.

- Die Prüfung wurde durchgeführt zwischen der Anschlussklemme des Schutzleiters und allen berührbaren metallischen Gehäuseteilen und Komponenten der Maschine oder Anlage.
- Die Prüfung erfolgte mit Wechselstrom der Netzfrequenz mit einer Stromstärke von mindestens 10 A und einer Leerlaufspannung von weniger als 24 V effektiv. Die Prüfdauer sowie der Grenzwert des dabei zulässigen Spannungsfalls über den Schutzleiter sind bei den einzelnen Messpunkten aufgeführt.

Insgesamt durchgeführte Schutzleiterprüfungen: 3
Prüfpunkte mit ungenügendem Prüfergebnis: keine

Prüfung Nr.	Spannungsfall	Schutzleiterwiderstand	Prüfdauer	Grenzwert	Notiz
1.	0,52 V	52 mΩ	10 s	1,0 V	Motor 1
2.	0,61 V	61 mΩ	10 s	1,0 V	Motor 2
3.	0,85 V	85 mΩ	10 s	1,0 V	Motor 3

Die geprüfte Anlage erfüllt in allen Punkten die Anforderungen nach
DIN VDE 0113 / EN 60204-2 / IEC 204-1

______________, den ______________ ______________________________
Ort Unterschrift

331.1 Prüfprotokoll nach VDE 0113 mit Anlage zur Überprüfung des Schutzleiters

Anlage 2: Überprüfung des Isolationswiderstandes

Die Messung des Isolationswiderstandes erfolgte zwischen dem Schutzleiteranschluss und den Phasen-Anschlüssen bei der vom Netz getrennten Maschine oder Anlage.
Der Grenzwert sowie die Nennprüfspannung ist bei den einzelnen Messungen vermerkt.
Bei allen Prüfungen wurde ein eingeschwungener Messwert am Prüfgerät abgewartet.

Insgesamt durchgeführte Isolationsprüfungen: 3

Prüfpunkte mit ungenügendem Prüfergebnis: keine

Auflistung aller Prüfpunkte:

Prüfung Nr.	Isolationswiderstand	Nennprüfspannung	Grenzwert	Notiz
1.	2,92 GΩ	1,00 kV	1,0 MΩ	Phase L1-PE
2.	1,47 GΩ	1,00 kV	1,0 MΩ	Phase L2-PE
3.	2,23 GΩ	1,00 kV	1,0 MΩ	Phase L3-PE

Die geprüfte Anlage erfüllt in allen Punkten die Anforderungen nach
DIN VDE 0113 / EN 60204-2 / IEC 204-1

Kommentar: ....
....
....
....
....
....

______________, den______________ ______________________________
Ort Unterschrift

332.1 Prüfprotokoll zur Überprüfung des Isolationswiderstandes

Aufgaben

1 *Welche Mängel können durch die Sichtprüfung aufgedeckt werden?*

2 *Welcher Zweck wird mit der Überprüfung der Durchgängigkeit des Schutzleitersystems verfolgt?*

3 *Warum ist die Überprüfung des Isolationswiderstandes wichtig?*

4 *Wie groß muss der Isolationswiderstand mindestens sein?*

5 *Beschreiben Sie das Messverfahren zur Bestimmung des Schleifenwiderstandes.*

6 *Warum darf der Schleifenwiderstand einen bestimmten Grenzwert nicht überschreiten?*

7 *Warum wird die Spannungsfestigkeit der elektrischen Ausrüstung von Maschinen überprüft?*

8 *Warum muss die Restspannung an berührbaren aktiven Teilen 5 s nach dem Ausschalten unter 60 Volt liegen?*

9 *Was ist bei der Funktionsprüfung besonders zu beachten?*

10 *Beschreiben Sie am Beispiel der Bohrstation die Prüfung der elektrischen Ausrüstung nach VDE 0113. Kennzeichnen Sie die Messpunkte in Abb. 326.1.*

11 *Beschreiben Sie den Aufbau und die Angaben des Prüfprotokolls nach VDE 0113. Sind die Angaben vollständig?*

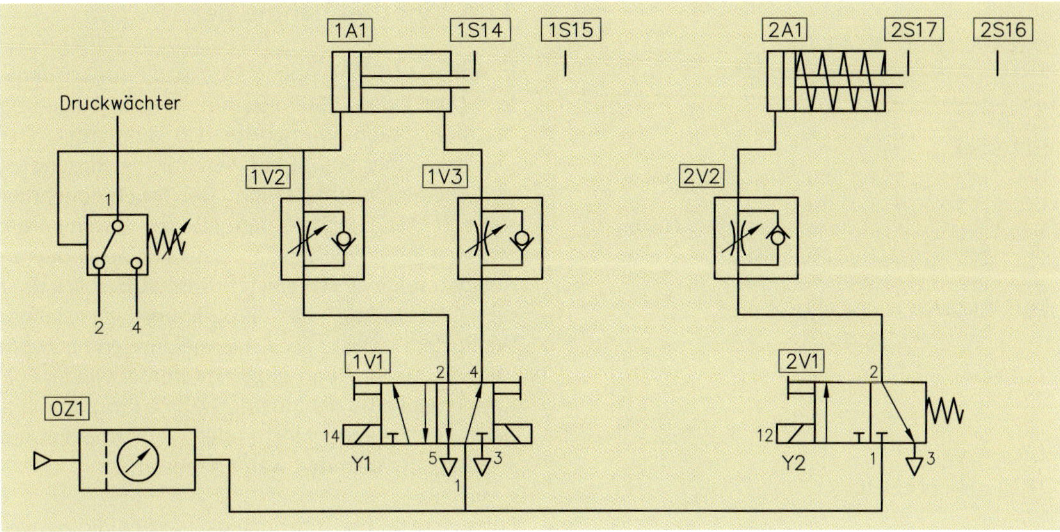

333.1 Pneumatikschaltplan der Bohrstation

11.3 Inbetriebnahme der Pneumatik

Nach der Prüfung der elektrischen Ausrüstung wird die Pneumatik (Abb. 333.1) in Betrieb genommen.

Die Aktorik der Pneumatik besteht aus einem doppelt wirkenden Zylinder 1A1 (Spannen) und einem einfach wirkenden Zylinder 2A1 (Auswerfen). Der doppelt wirkende Zylinder wird über ein 5/2-Wegeventil (1V1) und der einfach wirkende Zylinder über ein 3/2-Wegeventil (2V1) angesteuert. An den drei Drosselrückschlagventilen lassen sich die Kolbengeschwindigkeiten eingestellen. Der Druckwächter überwacht den Spanndruck des Spannzylinders. An der Wartungseinheit wird der Luftdruck eingestellt. Die Anlage ist drucklos und spannungsfrei zu schalten. Alle drei Drosselrückschlagventile müssen geschlossen werden. Die Zylinderkolben beider Zylinder sind in Grundstellung zu bringen. Das Magazin darf noch nicht bestückt sein.

In den Inbetriebnahmeunterlagen wird für den Spannzylinder ein Anpressdruck von 2 000 N gefordert. Leider fehlt die Angabe des Luftdrucks. Dieser muss also nachträglich berechnet werden.

1. Einstellen des Luftdrucks
Der Durchmesser des Kolbens von Zylinder 1A1 (Abb. 333.1) beträgt 6 cm. Daraus errechnet sich der Luftdruck zu:

$$p = \frac{4 \cdot F}{\pi \cdot d^2} \Rightarrow p = \frac{4 \cdot 2\,000\ \text{N}}{\pi \cdot (6\ \text{cm})^2} \Rightarrow p = 7\ \text{bar}$$

An dem Druckregler der Wartungseinheit ist also ein Luftdruck von 7 bar einzustellen.

2. Geschwindigkeit Spannzylinder – vor
Als Nächstes wird Y1 des 5/2-Wege-Ventils von Hand betätigt und das Drosselrückschlagventil 1V3 so weit aufgedreht, bis eine akzeptable Kolbengeschwindigkeit erreicht ist.

3. Geschwindigkeit Spannzylinder – zurück
Bei der Rückführung des Kolbens von Zylinder 1A1 geht man entsprechend vor. Y2 wird von Hand betätigt; gleichzeitig öffnet man das Drosselrückschlagventil 1V2 so lange, bis hier ebenfalls eine akzeptable Kolbengeschwindigkeit erreicht ist.

4. Geschwindigkeit Auswurfzylinder – vor
Die Kolbengeschwindigkeit des einfach wirkenden Zylinders 2A1 wird nach manueller Betätigung von Y3 des 3/2-Wegeventils mit dem Drosselrückschlagventil 2V2 genauso eingestellt wie oben beschrieben.

Aufgaben

1 *Beschreiben Sie die Inbetriebnahme der Pneumatik.*

2 *Welche Probleme können bei der Inbetriebnahme der Pneumatik vorkommen?*

```
ORGANIZATION_BLOCK OB1
TITLE = "Zyklisches Hauptprogramm"

BEGIN
NETWORK    //Nr.:1
UN   E0.3  //Hand-Automatik, Automatik =1
CC   FC1   //Handbetrieb
U    E0.3  //Hand-Automatik, Automatik =1
CC   FC2   //Automatikbetrieb
UC   FC 3  //Fehlermeldungen
END_ORGANIZATION_BLOCK
```

334.1 Funktionsaufrufe im OB1

```
FUNCTION FC1
TITLE = Handbetrieb

BEGIN
NETWORK    //Nr.:1
TITLE= Spannzylinder vor
U    E0.5  //Spannzylinder vor, Schliesser
UN   E0.6  //Spannzylinder zurueck, Schliesser
=    A 0.1 //Spannzylinder ausfahren

NETWORK    //Nr.:2
TITLE= Spannzylinder zurueck
U    E0.6  //Spannzylinder zurueck, Schliesser
UN   E0.5  //Spannzylinder vor, Schliesser
=    A0.2  //Spannzylinder einfahren

NETWORK    //Nr.:3
TITLE= Bohrantrieb ein
U    E1.1  //Bohrantrieb ein/aus
=    A0.3  //Bohrantrieb ein
NETWORK    //Nr.:4
TITLE= Spindelantrieb abwaerts
U    E0.7  //Bohrer abwaerts, Taster, Schliesser
UN   E 1.0 //Bohrer aufwaerts, Taster, Schliesser
=    A0.4  //Bohrer abwaerts

NETWORK    //Nr.:5
TITLE= Spindelantrieb aufwaerts
U    E1.0  //Bohrer aufwaerts, Taster, Schliesser
UN   E0.7  //Bohrer abwaerts, Taster, Schliesser
=    A0.5  //Bohrer aufwaerts

NETWORK    //Nr.:6
TITLE= Auswerfen
U    E1.2  //Auswurfzylinder ein
=    A0.6  //Auswerfen
END_FUNCTION
```

334.2 AWL des SPS-Programms für Handbetrieb

11.4 Inbetriebnahme der SPS

In Abb. 334.1 und Abb. 334.2 ist die Anweisungsliste (AWL) des SPS-Programms für die Steuerung der Bohrstation im Handbetrieb aufgelistet. Der Quelltext einer SPS ist ein wesentlicher Bestandteil der Anlagendokumentation. Der Inbetriebnehmer sollte bei kleineren mechatronischen Systemen die SPS-Quelltexte vollständig verstehen; bei größeren Anlagen sollte er sich einen präzisen Überblick über die Grobstruktur des Programms verschaffen. Wenigstens sollte er alle Fehlermeldungen nachvollziehen können. Denn es kommt immer wieder vor, dass in der Phase der Inbetriebnahme Programmänderungen durchgeführt oder Fehlermeldungen ergänzt oder geändert werden müssen.

Entsprechend der Funktionalität werden die zu erledigenden Steueraufgaben auf drei Funktionen aufgeteilt (Abb. 334.3):

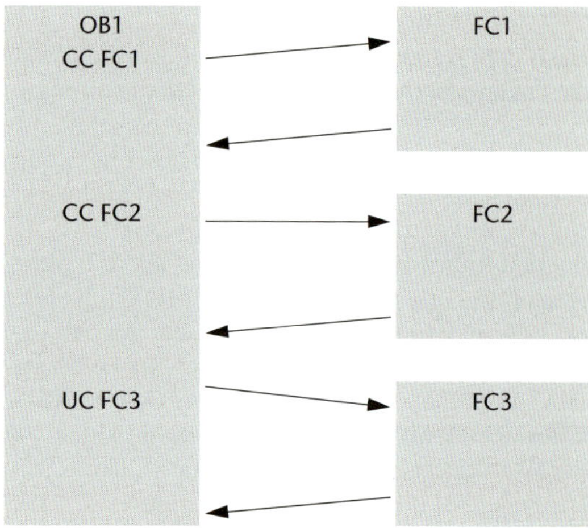

334.3 Struktur des SPS-Quelltextes

Die Funktion FC1 ist für den Handbetrieb zuständig. Sie wird aufgerufen, wenn der Eingang E0.3 den logischen Zustand „0" hat.

Die Funktion FC2 ist für den Automatikbetrieb zuständig. Sie wird aufgerufen, wenn der Eingang E0.3 den logischen Zustand „1" hat.

Die Fehlermeldungen sind in der Funktion FC3 abgelegt. Diese Funktion wird unbedingt aufgerufen.

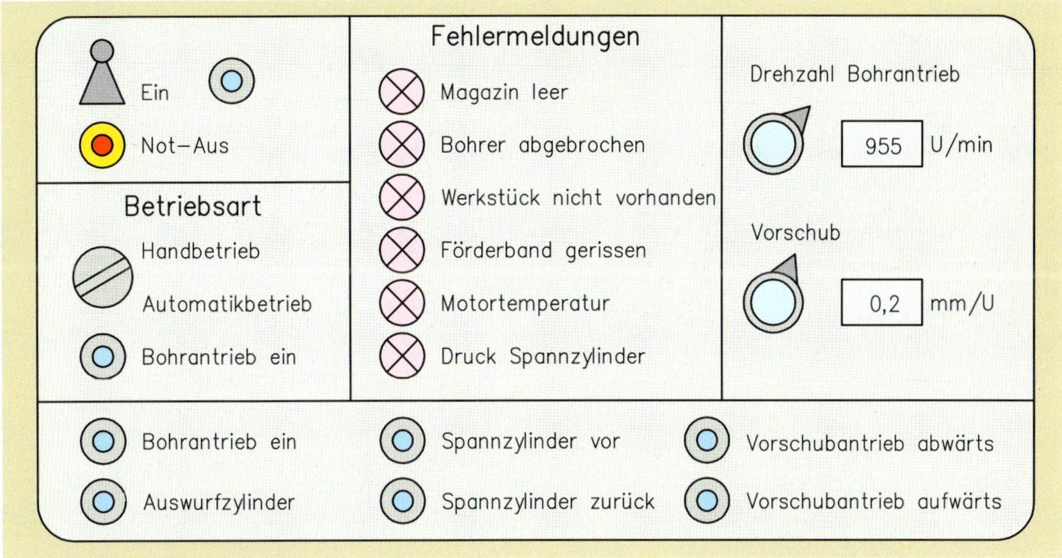

335.1 Bedienfeld der Bohrstation

11.4.1 Handbetrieb

Abb. 335.1 zeigt das Bedienfeld der Bohrstation. Das Bedienfeld ist in vier Bereiche eingeteilt. Oben links befinden sich der Einschalter und der Not-Aus-Schalter. Direkt darunter kann zwischen der Betriebsart „Handbetrieb" und „Automatikbetrieb" gewählt werden. Die noch nicht eingefahrene Neuanlage kann und darf auch nicht in der Betriebsart „Automatik" betrieben werden. Die erste Inbetriebnahme erfolgt immer im Handbetrieb. Für die Betriebsart „Handbetrieb" ist der Betriebswahlschalter auf Handbetrieb zu stellen. Es wird davon ausgegangen, dass die zwei Frequenzumrichter schon fertig parametriert sind.

Das SPS-Programm wird vom Laptop in das Automatisierungsgerät übertragen (Abb. 335.2).

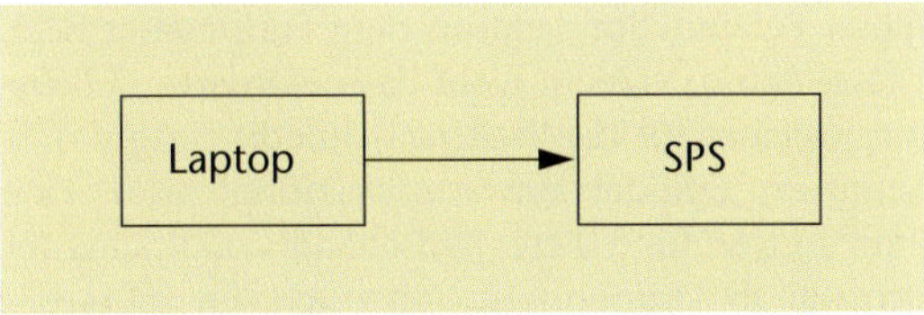

335.2 Übertragen des SPS-Programms in die SPS

Ohne Werkstück und bei ausgeschaltetem Bohrantrieb lässt man den Spannzylinder vorfahren. Danach werden die Taster „Vorschubantrieb abwärts" und „Vorschubantrieb aufwärts" gedrückt. Zum Schluss lässt man den Spannzylinder zurück- und den Auswurfzylinder ausfahren.

Wenn alle Funktionen in Ordnung sind, dann muss die Drehrichtung des Bohrantriebs überprüft werden. Dazu wird der Bohrantrieb eingeschaltet. Dreht sich der Motor M1 links herum, sind zwei Außenleiter zu vertauschen.

Drehzahl einstellen

Das Material der zu bohrenden Werkstücke besteht aus unlegiertem Stahl mit einem Kohlenstoffgehalt von 0,2 bis 0,4 Prozent. Der Bohrer hat einen Durchmesser von $d = 10$ mm. Für diese Daten entnimmt man aus einem Tabellenbuch eine Schnittgeschwindigkeit von 30 m/min. Daraus errechnet sich die einzustellende Drehzahl wie folgt:

$$n = \frac{v_c}{d \cdot \pi} = 955 \frac{1}{\text{min}}$$

Vorschub einstellen

Für die oben genannten Daten entnimmt man aus einem Tabellenbuch einen Wert von 0,2 mm/U.

Der ermittelte Vorschub darf auf keinen Fall überschritten werden, weil sich sonst die Standzeit zu stark verringern würde.

```
FUNCTION FC2
TITLE = Automatikbetrieb
BEGIN
NETWORK        //Nr.:1
TITLE = Grundstellung
U  E1.3        //Werkstueck vorhanden
U  E1.4        //Spannzylinder eingefahren
U  E1.7        //Auswurfzylinder eingefahren
U  E2.1        //Bohrer oben
S  M0.0        //Grundstellung und Start
U  M0.1        //Schritt 1, Spannen
R  M0.0        //Grundstellung und Start
NETWORK        //Nr.:2
TITLE= Spannen
U  M0.0        //Grundstellung und Start
U  E0.1        //Steuerung Ein, Schliesser
U  E1.3        //Werkstueck vorhanden
S  M0.1        //Schritt 1, Spannen
U  M0.4        // Schritt 4, Spannfutter loesen
R  M0.1        //Schritt 1, Spannen
NETWORK        //Nr.:3
TITLE= Vorschubantrieb abwaerts
U  M0.1        //Schritt 1, Spannen
U  E1.5        //Spannzylinder ausgefahren
U  E2.1        //Bohrer oben
S  M0.2        //Schritt 2, Vorschubantrieb abwaerts
U  M0.3        //Schritt 3, Vorschubantrieb aufwaerts
R  M0.2        //Schritt 2, Vorschubantrieb abwaerts
NETWORK        //Nr.:4
TITLE=Vorschubantrieb aufwaerts
U  M0.2        //Schritt 2, Vorschubantrieb abwaerts
U  E2.0        //Bohrer unten
S  M0.3        //Schritt 3, Vorschubantrieb aufwaerts
U  M0.4        // Schritt 4, Spannfutter loesen
R  M0.3        //Schritt 3, Vorschubantrieb aufwaerts
NETWORK        //Nr.:5
TITLE = Spannfutter loesen
U  M0.3        //Schritt 3, Vorschubantrieb aufwaerts
U  E2.1        //Bohrer oben
S  M0.4        //Schritt 4, Spannfutter loesen
U  M0.5        //Schritt 5, Auswerfen
R  M0.4        //Schritt 4, Spannfutter loesen
NETWORK        //Nr.:6
TITLE = Auswerfen
U  M0.4        //Schritt 4, Spannfutter loesen
U  E1.4        //Spannzylinder eingefahren
S  M0.5        //Schritt 5, Auswerfen
U  E1.6        //Auswurfzylinder ausgefahren
R  M0.5        //Schritt 5, Auswerfen
NETWORK        //Nr.:7
TITLE= Befehlsausgabe
U  M0.1        //Schritt 1, Spannen
=  A0.1        //Spannzylinder ausfahren
U  M0.2        //Schritt 2, Vorschubantrieb abwaerts
=  A0.4        //Bohrer abwaerts
U  M0.3        //Schritt 3, Vorschubantrieb aufwaerts
=  A0.5        //Bohrer aufwaerts
U  M0.4        //Schritt 4, Spannfutter loesen
=  A0.2        //Spannzylinder einfahren
U  M0.5        //Schritt 5, Auswerfen
=  A0.6        //Auswerfen
U  E0.1        //Steuerung Ein, Schliesser
=  A0.3        //Bohrantrieb Ein
=  A0.7        //Foerderband Ein
END_FUNCTION
```

336.1 AWL für Automatikbetrieb

11.4.2 Automatikbetrieb

Listing 336.1 enthält den Funktionsbaustein AWL für den Automatikbetrieb. Vor der Inbetriebnahme muss sich der Inbetriebnehmer mit dem Quelltext der Steuerung intensiv auseinander setzen. Er sollte ihn detailliert verstehen. Denn anhand des Quelltextes kann nachvollzogen werden, aus welchem Grund (Weiterschaltbedingung) der Steuervorgang unterbrochen wird. Im Netzwerk 1 wird die Grundstellung der Aktoren abgefragt. Damit der jeweils nächste Schritt aktiviert werden kann, müssen die Weiterschaltbedingungen erfüllt sein. Der letzte Schritt wird durch den Endschalter E1.6 des Auswurfzylinders zurückgesetzt.

Bei der Inbetriebnahme im Automatikbetrieb geht man wie folgt vor: Das Magazin wird mit Werkstücken aufgefüllt und die Anlage im Automatikbetrieb gestartet. Alle Aktoren müssen sich in Grundstellung befinden. Bis zum 2. Schritt „Vorschubantrieb abwärts" arbeitet die Anlage problemlos. Das Werkstück wird gebohrt. Doch nach dem Bohren bewegt sich der Bohrer nicht mehr nach oben. Die Anlage ist sofort über „Not-Aus" abzuschalten. Die Ursache dieser Fehlfunktion liegt an dem Endschalter E2.0. Dieser Sensor erzeugt nicht das geforderte „1"-Signal, welches für die Weiterschaltbedingung des 3. Schrittes „Spindel aufwärts" benötigt wird. Eine Funktionsprüfung dieses Endschalters zeigt, dass der Schalter in Ordnung ist. Offensichtlich muss der Endschalter E 2.0 weiter nach oben positioniert werden.

Ein anschließender Test zeigt, dass die Anlage im Automatikbetrieb jetzt einwandfrei arbeitet.

```
FUNCTION FC3
TITLE = Fehlermeldungen
BEGIN
NETWORK      //Nr.:1
TITLE = Werkstueck
U     E1.4   //Spannzylinder eingefahren
U     E2.2   //Sensor, Magazin leer
UN    E1.3   //Werkstueck vorhanden
=     A1.0   //Werkstueck fehlt
NETWORK      //Nr.:2
TITLE= Magazin
UN    E2.2   //Sensor, Magazin leer
=     A1.1   //Magazin leer
NETWORK      //Nr.:3
TITLE= Temperatur Bohrantrieb
UN    E2.3   //Temperaturwaechter, Bohrantrieb
=     A1.2   //Temperatur Bohrantrieb
NETWORK      //Nr.:4
TITLE= Foerderband
UN    E2.5   //Bandwaechter
=     A1.4   //Foerderband gerissen
NETWORK      //Nr.:5
TITLE= Druck Spannzylinder
UN    E2.6   //Druckwaechter
U     E1.5   //Spannzylinder ausgefahren
=     A1.5   //Druck Spannzylinder
END_FUNCTION
```

337.1 AWL der Fehlermeldungen

11.4.3 Simulation der Fehlermeldungen

Listing 337.1 zeigt die Anweisungsliste der Fehlermeldungen. Störungen und Fehler werden von Sensoren erfasst und auf bestimmte SPS-Ausgänge gegeben und durch Meldelampen auf dem Bedienfeld (Abb. 335.1) angezeigt. Bei der Inbetriebnahme von mechatronischen Systemen ist die Überprüfung der Fehlermeldungen besonders wichtig. Denn anhand der Fehlermeldungen kann der Bediener oder Instandsetzer auftretende Störungen und Fehler gezielt beheben.

Die Anlage wird auf Handbetrieb geschaltet. Alle Fehlermeldungen werden künstlich ausgelöst, indem an dem entsprechenden Sensor das Signal erzeugt wird, welches er im Fehler- oder Störfall annehmen soll. Dabei arbeitet man entweder eine Checkliste ab oder orientiert sich an der AWL (Abb. 337.1) des SPS-Programms.

Werkstück fehlt

Es kann mitunter vorkommen, dass ein Werkstück im Magazin klemmt und nicht bis zum Anschlag des Spannzylinders durchrutscht. In diesem Fall erscheint nicht die Störmeldung „Magazin leer", sondern die Fehlermeldung „Werkstück fehlt". Simuliert wird die Fehlermeldung „Werkstück fehlt", indem man das Magazin mit Werkstücken füllt, den Magazinschacht von unten mithilfe eines Bleches blockiert und dann das Werkstück vom Anschlag des Spannzylinders entfernt. Jetzt muss die Meldelampe „Magazin leer" am Bedienfeld aufleuchten.

Magazin leer (E2.2)

Alle Werkstücke werden aus dem Magazinschacht entfernt. Der induktive Sensor muss jetzt ein „0"-Signal erzeugen.

Temperatur Bohrantrieb (E2.3)

Nach längerer Betriebsdauer wird der Bohrer stumpf. Das Drehmoment des Bohrantriebs erhöht sich. Was wiederum eine Erhöhung der Temperatur zur Folge hat. Für diesen Fall wird direkt vom Frequenzumrichter auf den Eingang E2.3 ein „0"-Signal gesendet.

Bohrer abgebrochen (E2.4)

Wenn der Bohrer aus dem Spannfutter entfernt wird, muss die entsprechende Meldelampe leuchten.

Förderband unterbrochen (E2.5)

Der kapazitive Bandwächter liefert im Fehlerfall ein „0"-Signal. Zur Überprüfung der Fehlermeldung wird hier ebenfalls die Verbindung zur SPS unterbrochen.

Druck Spannzylinder (E2.6)

Wenn der Spanndruck einen unzulässig kleinen Wert einnimmt, kann von der Anlage eine Gefahr ausgehen. Das Werkstück kann sich aus den Spannbacken lösen und durch die Gegend geschleudert werden. Um diese Gefahr zu vermeiden, überwacht ein Druckwächter den Spanndruck des Spannzylinders 1A1 Ist der Druck zu klein, liefert der Druckwächter ein „0"-Signal.

Aufgaben

1 *Beschreiben Sie detailliert den Ablauf der Inbetriebnahme der SPS.*

2 *Welche Probleme können bei der Inbetriebnahme im Automatikbetrieb vorkommen?*

3 *Warum ist bei der Inbetriebnahme die Überprüfung der Fehlermeldungen wichtig?*

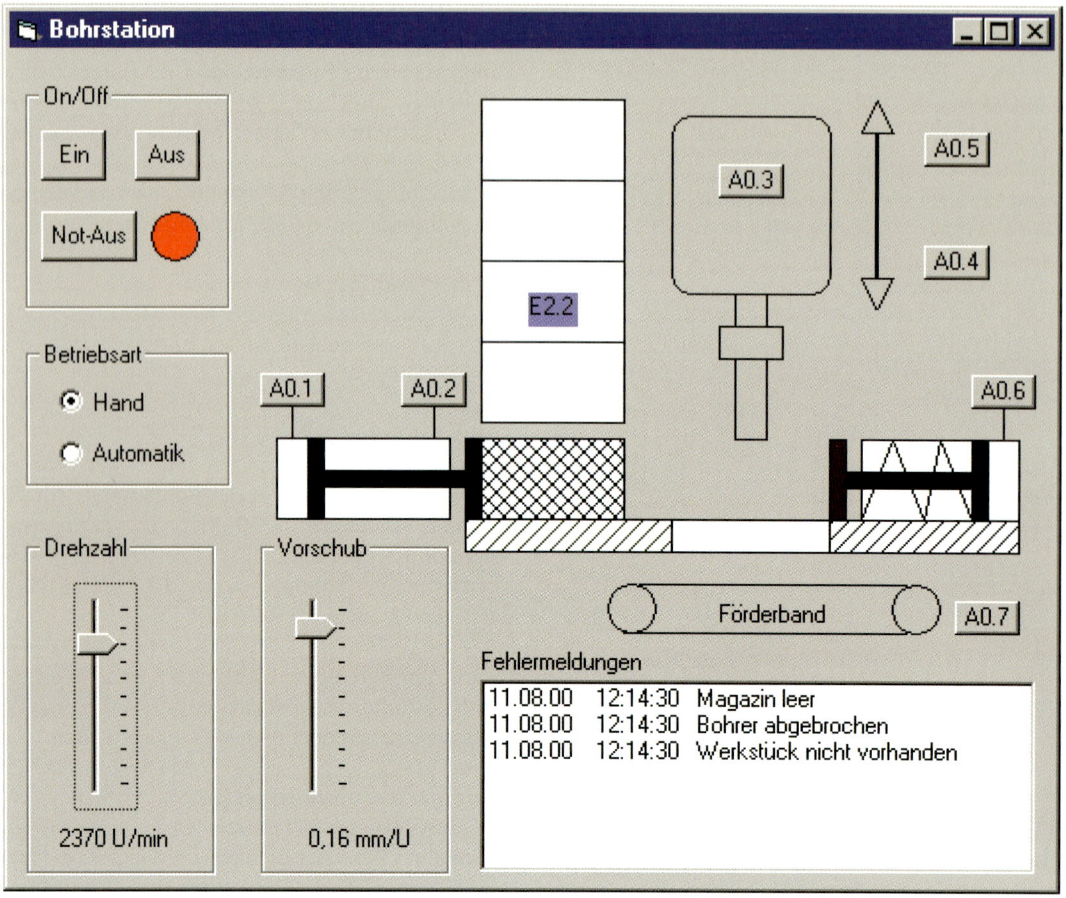

338.1 Prozessvisualisierung der Bohrstation

11.5 Inbetriebnahme mit Prozessvisualisierung

Die neueren Versionen der Bohrstation sollen mit einer Prozessvisualisierung und einer Soft-SPS ausgestattet werden. Abb. 338.1 zeigt eine mit Visual-Basic erstellte Prozessoberfläche.

Bei der Prozessvisualisierung werden alle Taster als Befehlsschaltflächen ausgelegt. Die Wahl der Betriebsart erfolgt über Optionsschaltflächen. Die Einstellung der Bohrerdrehzahl und des Spindelantriebvorschubs wird mit Schiebereglern (Slider) durchgeführt.
Eine wesentliche Neuerung und Verbesserung gegenüber der mechanischen Lösung (Bedienfeld, Abb. 335.1) besteht in der Visualisierung der Anlage. Das Technologieschema ist in die Bedienoberfläche integriert. Mit diesem Zugewinn an Anschaulichkeit erhält der Inbetriebnehmer und Bediener einen besseren Überblick über die gesamte Funktion und den aktuellen Betriebszustand der Bohrstation.

Eine weitere Verbesserung besteht in der Ausgabe der Fehlermeldungen. Fehler und Störungen erscheinen in der Visualisierungsoberfläche als Text und nicht mehr als bloße optische Anzeige durch Leuchtmelder. Den Fehlermeldungen vorangestellt sind das Datum und der Zeitpunkt ihres Auftretens. Da die Fehlermeldungen als Textdatei vorliegen, lassen sie sich in einer Datenbank abspeichern. Eine spätere statistische Auswertung ermöglicht eine Aussage darüber, welche Fehler und Störungen am häufigsten auftreten. Mit diesen Angaben kann die Anlage dann gezielt optimiert werden.

Bei der Inbetriebnahme über die Prozessvisualisierung geht man im Prinzip genauso vor wie bei der Inbetriebnahme über das Bedienfeld:

1. Anlage einschalten
2. Option Handbetrieb auswählen
3. Magazin leeren
4. A0.1 anklicken, Spannzylinder fährt aus
5. A0.3 anklicken, Bohrantrieb einschalten
6. Drehrichtung des Bohrantriebes überprüfen
7. A0.4 anklicken, Spindelantrieb abwärts
8. A0.5 anklicken, Spindelantrieb aufwärts
9. A0.2 anklicken, Spannzylinder zurück
10. A0.6 anklicken, Auswurfzylinder ausfahren
11. Drehrichtung des Förderbandantriebes überprüfen

Wenn die Anlage im Handbetrieb funktionsgerecht arbeitet, wird sie im Automatikbetrieb getestet.

Zuvor müssen noch die Drehzahl des Bohrantriebes und der Vorschub des Spindelantriebes mithilfe der Schieberegler eingestellt werden.

Wenn die Steuerung bei einem bestimmten Schritt nicht weiterläuft, muss das Sensorsignal überprüft werden, das für die Weiterschaltbedingung zuständig ist. Welcher Sensor das ist, entnimmt man aus der Anweisungsliste (Abb. 336.1). Eventuell muss dann dieser Sensor nachjustiert oder, falls er defekt ist, ausgetauscht werden.

Zum Schluss der Inbetriebnahme werden wieder die Fehlermeldungen überprüft.

Programmtechnisch realisiert werden die Fehlermeldungen, indem aus dem Listing 339.1 alle Ausgänge durch Merker ersetzt werden. Das Visualisierungsprogramm fragt über eine DLL-Schnittstelle (DLL = Dynamik Link Library) ab, ob ein bestimmter Merker gesetzt ist, und ruft gegebenenfalls dann den entsprechenden Textfile auf und gibt ihn in einem Textfenster aus (Listing 339.1).

Die sechs Fehlermeldungen werden den Merkern M10.0 bis 10.5 zugeordnet. Im Visual-Basic-Programm wird nun ausgewertet, welches Bit des Merkerbytes gesetzt ist. Das Bit „0“ wird dem Fehler 1 zugewiesen, das Bit „1“ dem Fehler 2 usw. Die Nummer der Fehlermeldung wird über die „Select Case“-Anweisung erfasst (Zeile 11 bis 24 im VB-Quelltext).

```
1:  Sub Fehlermeldungen()
2:  Dim Fehlernummer As Integer
3:  Zeit$ = Date & "   " & Time
4:  Fehler1$ = "  Magazin leer"
5:  Fehler2$ = "  Bohrer abgebrochen"
6:  Fehler3$ = "  Werkstueck nicht vorhanden"
7:  Fehler4$ = "  Foerderband gerissen"
8:  Fehler5$ = "  Motortemperatur"
9:  Fehler6$ = "  Druck Spannzylinder"
10: Fehlernummer = Merkerbit
11: Select Case Fehlernummer
12: Case Is = 1
13: lstFehler.AddItem Zeit$ & Fehler1$
14: Case Is = 2
15: lstFehler.AddItem Zeit$ & Fehler2$
16: Case Is = 3
17: lstFehler.AddItem Zeit$ & Fehler3$
18: Case Is = 4
19: lstFehler.AddItem Zeit$ & Fehler4$
20: Case Is = 5
21: lstFehler.AddItem Zeit$ & Fehler5$
22: Case Is = 6
23: lstFehler.AddItem Zeit$ & Fehler6$
24: End Select
25: End Sub
```

339.1 VB-Prozedur für Fehlermeldungen

Bei der Überprüfung der Fehlermeldungen stellt sich heraus, dass die Fehlermeldung „Druck Spannzylinder“ im Fehlerausgabefenster der Visualisierungsoberfläche nicht erscheint. Offenbar wurde die Eingabe dieser Fehlermeldung vom Programmierer vergessen. Der Inbetriebnehmer muss den Eintrag nachholen. Dazu öffnet er den Visual-Basic-Editor und gibt in Zeile 9 der Prozedur folgenden Quelltext ein:

```
Fehler6$ = "  Druck Spannzylinder"
```

Anschließend wird das VB-Programm neu compiliert und die Fehlermeldung noch einmal getestet.

Aufgaben

1 *Beschreiben Sie die Vorteile einer Prozessvisulisierung für den Inbetriebnehmer und den Bediener.*

2 *Schreiben Sie eine AWL für eine paarweise Endschalterabfrage (Vorschubantrieb) und formulieren Sie die dazugehörige Fehlermeldung.*

3 *Informieren Sie sich in der Fachliteratur über den prinzipiellen Aufbau von Visualisierungsfenstern.*

4 *Durch welche Farben werden die Prozesszustände Laufend, Gestoppt und Warnung gekennzeichnet?*

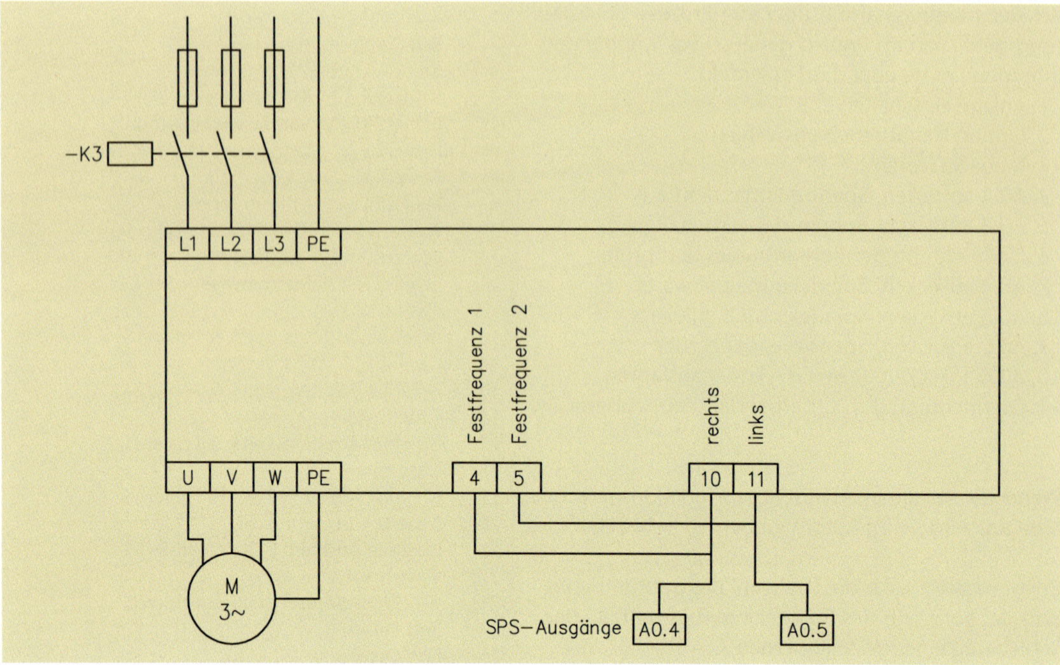

340.1 Anschlussplan Frequenzumrichter Vorschubantrieb

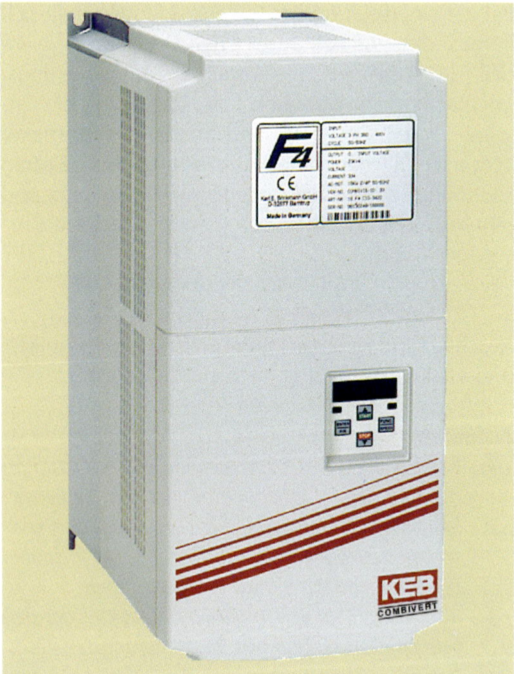

340.2 Frequenzumrichter

11.6 Parametrierung eines Frequenzumrichters

Der Frequenzumrichter für den Vorschubantrieb soll für einen festen Bohrdurchmesser von 12 mm parametriert werden. Die Drehzahl des Motors M2 muss also auf einen Wert eingestellt werden, der einen Vorschub von 0,16 mm/U bewirkt.

Abb. 340.1 zeigt den Anschlussplan des Vorschubantrieb. Der SPS-Ausgang A0.4 ist an Klemme 10 des Frequenzumrichters angeschlossen. Wenn an dieser Klemme ein „1"-Signal anliegt, dann dreht sich der Motor M2 rechts herum. Die Spindel bewegt sich abwärts. Der SPS-Ausgang A0.4 liegt gleichzeitig noch auf Klemme 4. Wenn an dieser Klemme ein „1"-Signal anliegt, dann dreht sich der Motor mit einer konstanten Drehzahl, die über den Parameter CP11 eingestellt werden muss.

Über Klemme 11 wird der Linkslauf aktiviert, also die Aufwärtsbewegung des Bohrers. Gleichzeitig wird über Klemme 5 eine höhere Festfrequenz (Parameter CP12) für die Aufwärtsbewegung eingestellt.

Berechnung der Motordrehzahl für den Vorschub

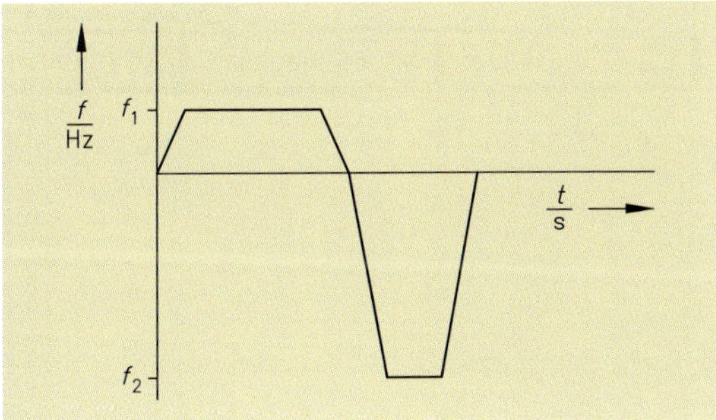

341.1 Fahrbahnkurve für den Vorschubantrieb

Bei der Parametrierung muss die in Abb. 341.1 dargestellte Fahrbahnkurve realisiert werden.
Die Spindel hat eine Steigung von $h = 0{,}5$ mm. Der auf die Drehzahl des Bohrantriebes bezogene Vorschub hat einen Wert von $v_r = 0{,}16$ mm/U. Pro Umdrehung darf sich der Bohrer also nur 0,16 mm abwärts bewegen. Die Drehzahl des Bohrantriebes beträgt laut Tabellenbuch etwa 2 400 1/min (= 40 1/s). Aus diesen beiden Daten lässt sich die translatorische Vorschubsgeschwindigkeit v_t des Bohrers berechnen.

$$v_t = v_r \cdot n \Rightarrow v_t = 0{,}16\ \text{mm} \cdot 40\frac{1}{\text{s}} \Rightarrow v_t = 6{,}4\ \frac{\text{mm}}{\text{s}}$$

Aus der translatorischen Geschwindigkeit v_t und der Spindelsteigung lässt sich die erforderliche Drehzahl für den Motor M2 berechnen.

$$n = \frac{v_t}{h} \Rightarrow n = \frac{6{,}4\ \frac{\text{mm}}{\text{s}}}{0{,}5\ \text{mm}} \Rightarrow n = 12{,}8\ \frac{1}{\text{s}}$$

$$n = 768\ \frac{1}{\text{min}}$$

Aus der geforderten Motordrehzahl und der Polpaarzahl p = 4 wird die Drehfeldfrequenz des Motors M2 berechnet.

$$f_1 = p \cdot n \Rightarrow f_1 = 4 \cdot 12{,}8\ \frac{1}{\text{s}} \Rightarrow f_1 = 51{,}2\ \text{Hz}$$

Diese Frequenz wird über den Parameter CP11 eingegeben. Für die Aufwärtsbewegung (Festfrequenz 2) wird eine etwa vierfache Geschwindigkeit gewählt (also 200 Hz).
Als Beschleunigungs- und Verzögerungszeiten werden jeweils 1 s über die Parameter CP6 und CP7 eingegeben.

Parameterwerte

Anzeige	Parameter	Einstellung
CP5	Eckfrequenz	50 Hz
CP7	Beschleunigungszeit	1 s
CP8	Verzögerungszeit	1 s
CP11	Festfrequenz1	51,2
CP12	Festfrequenz2	200 Hz
CP18	Schlupfkompensation	1 %

341.2 Parametereinstellungen für Vorschubantrieb

Einstellen der Parameter

341.3 Display für die Eingabe der Parameterwerte

Die Parameternummern und die Parameterwerte werden im LED-Display (Abb. 341.3) ausgewählt und eingegeben.
Mit der Funktionstaste wird zwischen den Parametern und den Parameternummern gewechselt.
Mit UP und DOWN wird die Parameternummer eingestellt; bei veränderbaren Parametern wird der Wert geändert.
Die meisten Parameterwerte werden beim Verändern sofort übernommen und gespeichert. Bei einigen Parametern muss durch ENTER der eingestellte Wert gespeichert werden. Ist dies der Fall, dann erscheint hinter der letzten Stelle ein Punkt.

Aufgaben

1. *Begründen Sie, warum Frequenzumrichter parametriert werden müssen.*
2. *Beschreiben Sie den Vorgang der Parametrierung.*
3. *Parametrieren Sie den Frequenzumrichter für den Bohrantrieb mit einer Festfrequenz.*

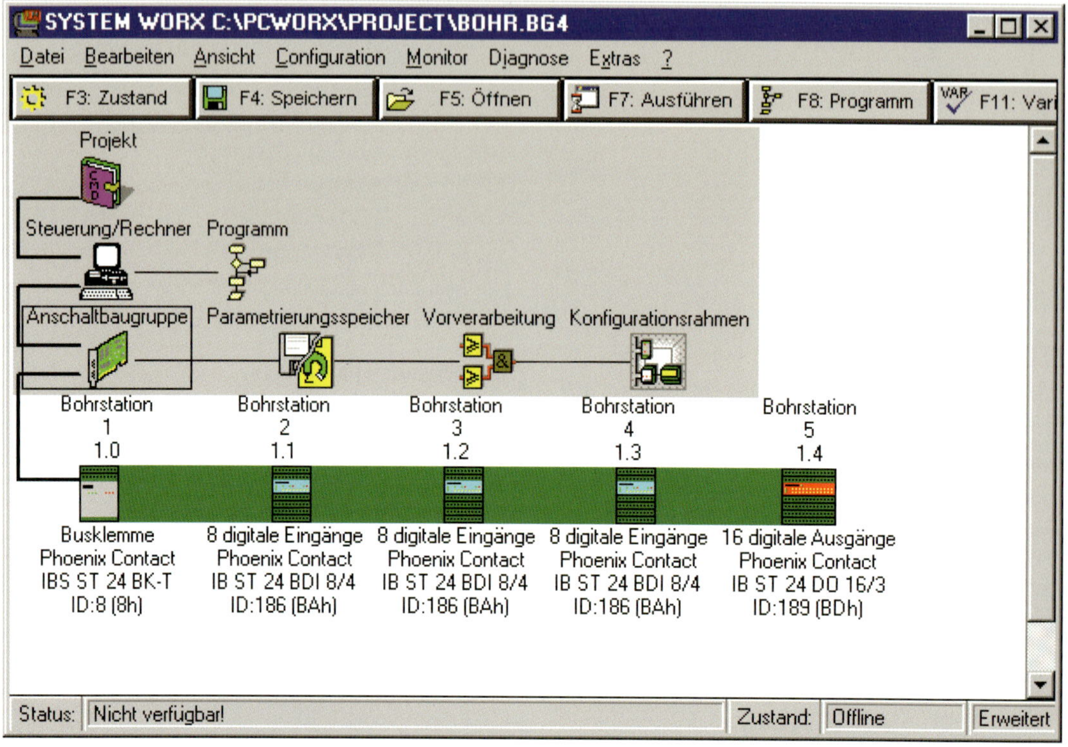

342.1 Buskonfiguration der Bohrstation

11.7 Inbetriebnahme eines Bussystems

Eine Produktvariante der Bohrstation soll mithilfe eines Bussystems gesteuert werden. Abb. 342.1 zeigt die Buskonfiguration für den Interbus. Die Konfiguration des Busses kann mit der Software SYSTEM WORX entweder automatisch oder manuell durchgeführt werden.

Existiert der Hardwareaufbau aller Busteilnehmer bereits, so kann der Busaufbau über das Kontextmenü „Konfigurationsrahmen -> Neu Einlesen" automatisch eingelesen werden. Alle Busteilnehmer wie Busklemmen, Eingabe- und Ausgabemodule werden von der Software SYSTEM WORX selbstständig erkannt und registriert.

Der Vorteil der manuellen Vorgehensweise besteht darin, dass man unabhängig von einer existierenden Hardwarekonfiguration den Busaufbau projektieren kann.

Die in Abb. 342.1 dargestellte Buskonfiguration der Bohrstation besteht aus einer Anschaltbaugruppe, einer Busklemme, drei digitalen Eingabemodulen mit je acht Eingängen- und einem digitalen Ausgabemodul mit 16 Ausgängen. Bei der Anschaltbaugruppe handelt es sich um eine intelligente PC-Karte, die alle notwendigen Steuerfunktionen ausführt. Sie wertet die Eingangssignale des digitalen Eingabemoduls aus, verknüpft diese Signale gemäß der Anweisungen des Steuerprogramms und gibt die Ergebnisse der Verknüpfungen an das digitale Ausgabemodul aus. Die Anschaltbaugruppe (Steuerung) kann nicht direkt mit dem Ein- und Ausgabemodul kommunizieren. Zwischen der Anschaltbaugruppe und den Ein- und Ausgabemodulen muss immer eine Busklemme geschaltet sein.

11.7.1 Konfiguration der Busteilnehmer

Um den Busaufbau mit der Software SYSTEM WORX manuell zu erstellen, sind folgende Arbeitsschritte auszuführen:

1. Anschaltbaugruppe markieren
2. Im Kontextmenü (rechte Maustaste) „Einfügen mit Beschreibung" auswählen. Es öffnet sich der Dialog „Einfügen mit Teilnehmerbeschreibung" (Abb. 343.1).

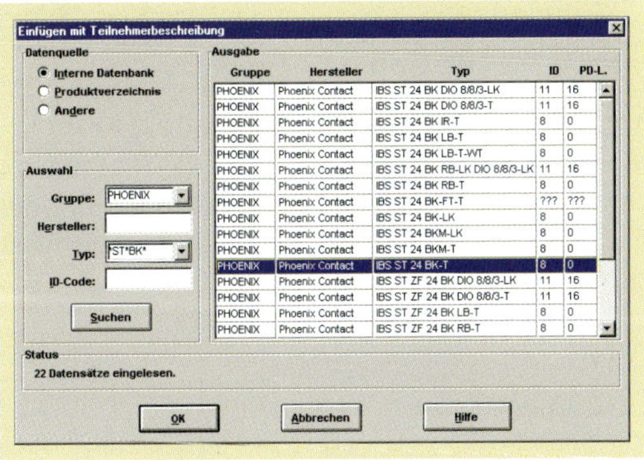

343.1 Dialog „Einfügen mit Teilnehmerbeschreibung"

3. Aus der Teilnehmerdatenbank (Abb. 343.1) die Busklemme „IBS ST 24 BK-T" auswählen und OK anklicken. Jetzt öffnet sich der Dialog „Teilnehmerbeschreibung einfügen" (Abb. 343.2).

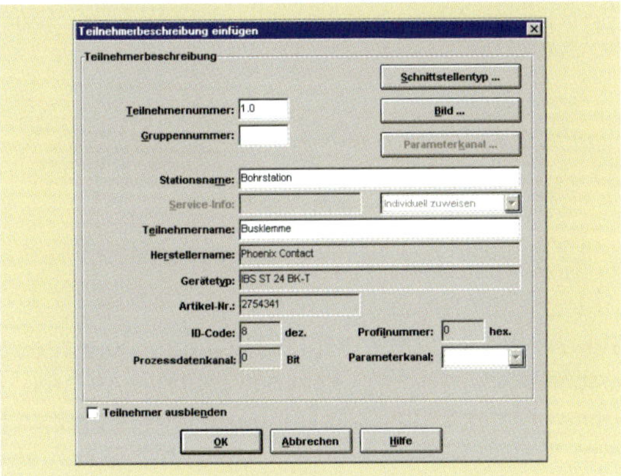

343.2 Dialog „Teilnehmerbeschreibung einfügen"

4. Im Dialog „Teilnehmerbeschreibung einfügen" (Abb. 343.2) den Stationsnamen „Bohrstation", den Teilnehmernamen „Busklemme" eintragen und OK anklicken. Das Symbol für die Busklemme wird jetzt in die Programmoberfläche von SYSTEM WORX eingefügt.

5. In den nun folgenden Schritten werden die Ein- und Ausgabemodule nacheinander eingefügt. Dazu muss die Busklemme markiert, das Kontextmenü augerufen und der Menüpunkt „Einfügen mit Beschreibung" auswählt werden. Es öffnet sich der Dialog „Auswahl der Anschlussschnittstelle" (Abb. 343.3).

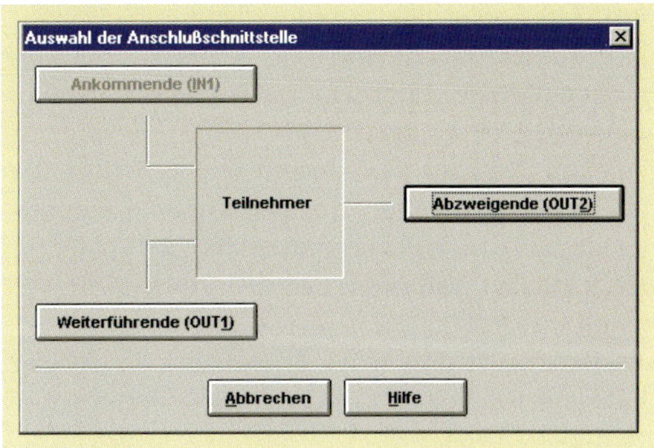

343.3 Dialog „Auswahl der Anschlussschnittstelle"

6. Aus dem Dialog „Auswahl der Anschlussschnittstelle" (Abb. 343.3) die Befehlsschaltfläche „Abzweigende (OUT2)" anklicken.
7. Im folgenden Dialog „Einfügen mit Teilnehmerbeschreibung" das digitale Eingabemodul „IB ST 24 BDI 8/4" auswählen.
8. Im nun folgenden Dialog „Teilnehmerbeschreibung" den Stationsnamen „Bohrstation" und den Teilnehmernamen „8 digitale Eingänge" eingeben.
9. Den Vorgang 8 noch 2-mal wiederholen.
10. Um das digitale Ausgabemodul „IB ST 24 BDO 16/3–250" einzufügen, geht man entsprechend vor.

11.7.2 Parametrierung der Ein- und Ausgabemodule

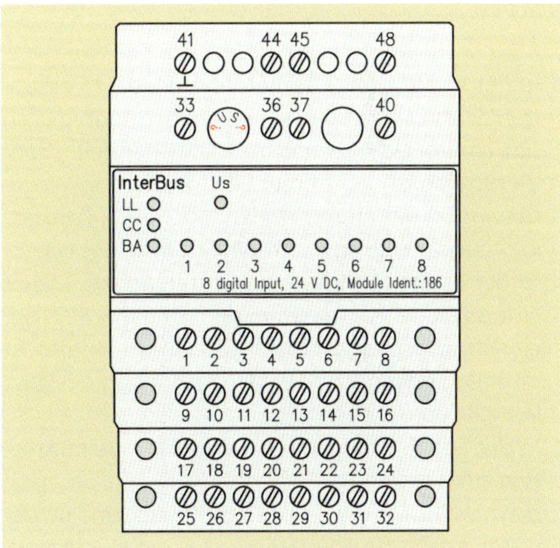

343.4 Draufsicht eines digitalen Eingabemoduls
(Quelle: Datenblatt 5152c PHOENIX CONTACT S. 1)

Abb. 343.4 zeigt die Draufsicht eines digitalen Eingabemoduls für acht Eingänge. Anders als bei einer herkömmlichen SPS sind für die einzelnen Eingänge keine Variablennamen (z. B. E0.1, E0.2 usw.) fest vorgegeben. Deshalb muss jedem physikalischen Eingang ein so genannter Prozessdatenname zugeordnet werden. Diese Prozessnamen müssen später mit den globalen Variablen des SPS-Programms verknüpft werden.

Die Parametrierung eines Busteilnehmers soll am Beispiel eines digitalen Eingabemoduls beschrieben werden:

1. Teilnehmer 1.1 markieren (Abb. 342.1)
2. Mit rechter Maustaste Kontextmenü aufrufen und den Menüpunkt „Prozessdaten" aufrufen. Es erscheint der Dialog „Prozessdaten von Teilnehmer 1.1" (Abb. 344.1).

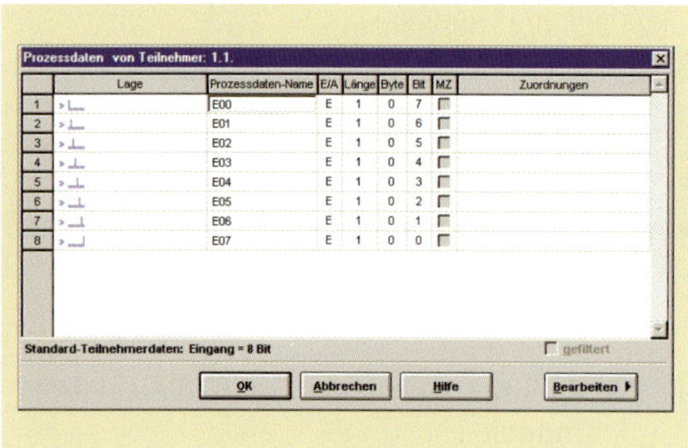

344.1 Prozessdaten von Teilnehmer 1.1

3. In der Spalte „Prozessdaten-Name" „E07" eintragen. Die nächste Spalte „E/A" zeigt an, ob es sich um einen Eingang oder Ausgang handelt. Standardmäßig ist hier immer „E" für Eingang vorgegeben. Da es sich um ein Eingabemodul handelt, kann dieser Eintrag auch nicht geändert werden.
4. In der Spalte „Länge" eine „1" eingeben. Dieser Eintrag bedeutet, dass für den Eingang E07 nur ein Bit abgefragt werden soll. Dieser Eintrag ist deshalb notwendig, weil standardmäßig ein Wert von „8" vorgegeben ist.
5. In der Spalte „Bit" eine „0" eingeben. Beim Anlegen eines neuen Prozessdaten-Namens oder nach dem Verlassen der Spalte „Bit" erscheint in der ersten Spalte die physikalische Lage des Eingangs. Der Prozessdaten-Name E07 ist also mit der Klemme 8 (Abb. 343.4) des digitalen Eingabemoduls verknüpft.

11.7.3 Parametrierung ausführen

In der Programmoberfläche von SYSTEM WORX (Abb. 342.1) wird die Anschaltbaugruppe mit der linken Maustaste markiert und das Kontextmenü (Abb. 344.2) aufgerufen.

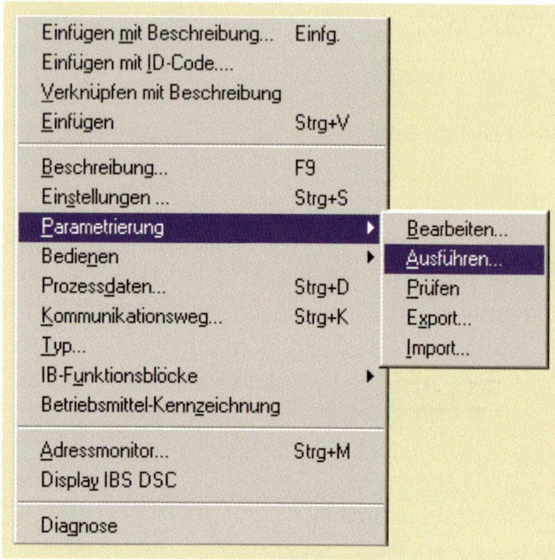

344.2 Kontextmenü der Anschaltbaugruppe

Durch Anklicken von „Parametrierung – Ausführen" erscheint der Dialog „Parametrierung ausführen". Hier wird der Eintrag „Anlauf **ohne** Vorverarbeitung und Anwenderprogramm" ausgewählt. Durch klicken auf OK wird die von SYSTEM WORX vorgenommene Parametrierung zur Anschaltbaugruppe übertragen. Der Anschaltbaugruppe sind damit alle neu angelegten Prozessdatenbeschreibungen bekannt.

Aufgaben

1. *Beschreiben Sie den Unterschied zwischen Konfiguration und Parametrierung der Busteilnehmer.*
2. *Beschreiben Sie die einzelnen Arbeitsschritte der Parametrierung.*
3. *Warum müssen die Ein- und Ausgabemodule eines Bussystems parametriert werden?*
4. *Worin besteht der Unterschied zwischen den globalen Variablen des Steuerprogramms und den Prozessdatennamen?*

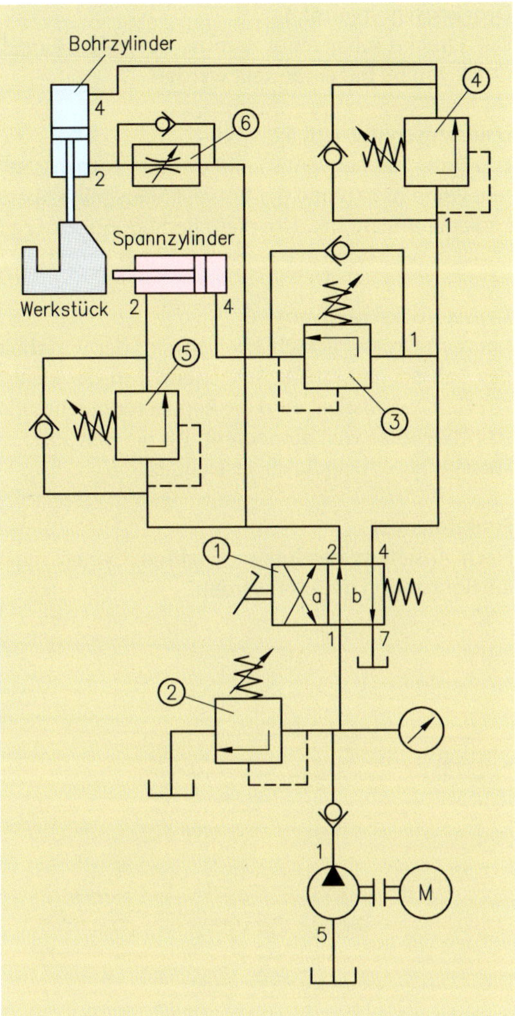

345.1 Hydraulischer Schaltplan der Bohrstation

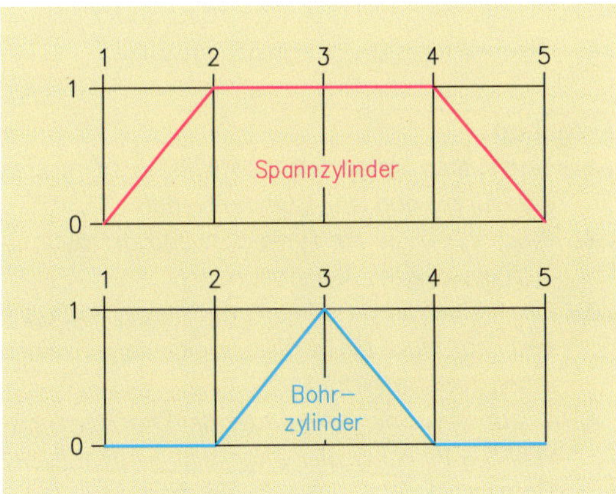

345.2 Weg-Schritt-Diagramm der Bohrstation

11.8 Inbetriebnahme einer hydraulisch gesteuerten Bohrstation

Die in Abb. 345.1 dargestellte hydraulisch gesteuerte Bohrstation soll in Betrieb genommen werden. Mit dieser hydraulischen Variante der Bohrstation lassen sich im Vergleich zu der pneumatisch gesteuerten Bohrstation größere Bohrdurchmesser realisieren.

Die Vorgehensweise bei der Inbetriebnahme setzt die genaue Kenntnis der hydraulischen Steuerungungsmechanismen voraus. Wie aus dem Weg-Schritt-Diagramm (Abb. 345.2) zu entnehmen ist, muss der Kolben des Spannzylinders ausgefahren sein, bevor der Kolben des Bohrzylinders ausfährt. Umgekehrt gilt: Der Kolben des Spannzylinders darf erst dann wieder einfahren, wenn der Bohrvorgang beendet ist.

Da die Abfolge der einzelnen Steuerschritte von Druckzuschaltventilen abhängig ist, ist bei der Inbetriebnahme besondere Sorgfalt einzufordern.

11.8.1 Funktionsbeschreibung

Die Steuerfunktion wird vom 4/2-Wegeventil und dem Druckzuschaltventil übernommen.

Grundstellung (b)

Die Kolben des Spann- und Bohrzylinders sind eingefahren.

Betätigung des Fußpedals

Das 4/2-Wegeventil nimmt Schaltstellung a ein. Das Hydrauliköl fließt vom Anschluss 1 über Anschluss 4 zu den Druckzuschaltventilen 3 und 4. Damit der Kolben des Spannzylinders ausfährt, bevor der Bohrvorgang einsetzt, muss im Druckzuschaltventil 3 ein kleinerer Druck als im Druckzuschaltventil 4 eingestellt sein. Ist der Kolben des Spannzylinders vollständig ausgefahren, baut sich der Druck in der Zuleitung zum Bohrzylinder wieder auf. Beim Überschreiten des Grenzdrucks schaltet das Druckzuschaltventil 4 durch. Der Kolben des Bohrzylinders fährt aus. Das Drosselrückschlagventil 6 reguliert die Vorschubgeschwindigkeit des Bohrers.

Bohrer in Endlage

Hat der Kolben des Bohrzylinders seine Endlage erreicht, muss das Fußpedal zurückgenommen werden. Das 4/3-Wegeventil nimmt jetzt wieder die Grundstellung b ein. Das Hydrauliköl fließt von

Anschluss 1 über Anschluss 2 des 4/3-Wegeventils zum Drosselrückschlagventil 6. Der Kolben des Bohrzylinders bewegt sich nach oben in Grundposition. Hat der Kolben des Bohrzylinders seine obere Endlage erreicht, baut sich der Druck in der Leitung wieder auf. Beim Erreichen des Grenzdrucks schaltet das Druckzuschaltventil 5 durch. Der Kolben des Spannzylinders fährt jetzt wieder in seine Grundposition zurück.

11.8.2 Inbetriebnahme

Die Inbetriebnahme beginnt mit einer Sichtprüfung der Anlage.
In der Spannvorrichtung darf sich kein Werkstück befinden. Befindet sich ein Bohrer im Bohrfutter, so ist dieser zu entfernen. Durch Einschalten der Hydraulikpumpe wird die Anlage unter Druck gesetzt. Jetzt werden alle Leitungen nach eventuell vorhandenen Leckstellen untersucht. Sind Leckstellen vorhanden, so ist die Anlage wieder drucklos zu schalten. Die Leckstellen müssen ausgebessert werden. Danach erfolgt eine erneute Überprüfung der Dichtigkeit. Jetzt kann mit der Einstellung der Ventile begonnen werden.

Ventil	Druck in bar
Druckbegrenzungsventil 2	80
Druckzuschaltventil 3	50
Druckzuschaltventil 4	60
Druckzuschaltventil 5	70

346.1 Parameter der Druckzuschaltventile

Druckbegrenzungsventil 2

Das Druckbegrenzungsventil 2 hat die Aufgabe, die Anlage vor Überdruck zu schützen. Ab einem bestimmten, am Ventil einzustellenden Druck schaltet das Ventil durch und leitet das Hydrauliköl direkt in den Tank zurück. Aus den Inbetriebnahmeunterlagen geht hervor (Abb. 346.1),dass bei diesem Ventil ein Druck von 80 bar einzustellen ist.

Druckzuschaltventil 3

Damit der Kolben des Spannzylinders immer einen zeitlichen Vorlauf vor der Aktion des Bohrzylinders hat (Sicherheit!), muss der Grenzdruck des Druckzuschaltventils 3 immer kleiner eingestellt werden als der Grenzdruck des Druckzuschaltventils 4. Das Druckzuschaltventil 3 wird auf einen Grenzdruck von 50 bar eingestellt.

Druckzuschaltventil 4

Das Druckzuschaltventil 4 muss auf einen Grenzdruck von 60 bar eingestellt werden.

Druckzuschaltventil 5

Das Druckzuschaltventil 5 darf erst dann durchschalten, wenn der Kolben des Bohrzylinders seine obere Endlage erreicht hat. Um diese Bedingung sicher zu erfüllen, wird sein Grenzwert auf 70 bar eingestellt.

Drosselrückschlagventil 6

Mit dem Drosselrückschlagventil wird der Vorschub des Bohrers eingestellt. Ausgehend von der kleinsten Geschwindigkeit wird die Regulierungsschraube schrittweise so weit aufgedreht, bis die gewünschte Vorschubgeschwindigkeit erreicht ist.

Funktionstest

Nach Abschluss der Inbetriebnahmearbeiten muss die Bohrstation getestet werden.

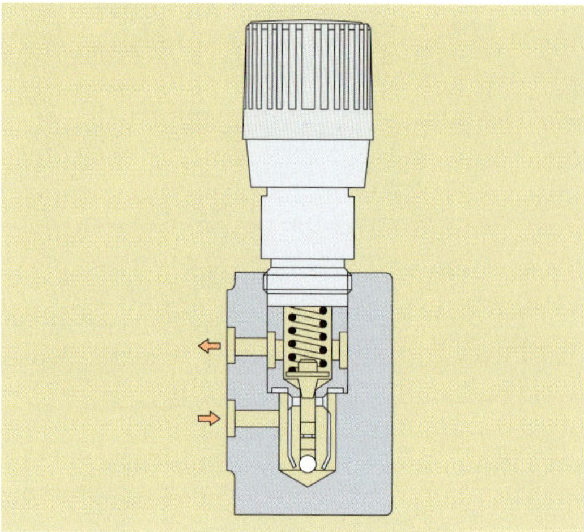

346.2 Hydraulisches Druckbegrenzungsventil

Aufgaben

1 *Beschreiben Sie die Funktionsweise des Druckbegrenzungs- und Druckzuschaltventils.*

2 *Beschreiben Sie die Funktionsweise der hydraulisch gesteuerten Bohrstation.*

3 *Beschreiben Sie die Inbetriebnahme der Hydraulik und begründen Sie die Reihenfolge der einzelnen Inbetriebnahmeschritte.*

4 *Warum muss der Grenzdruck des Druckzuschaltventils 3 immer kleiner eingestellt werden als der Grenzdruck des Druckzuschaltventils 4?*

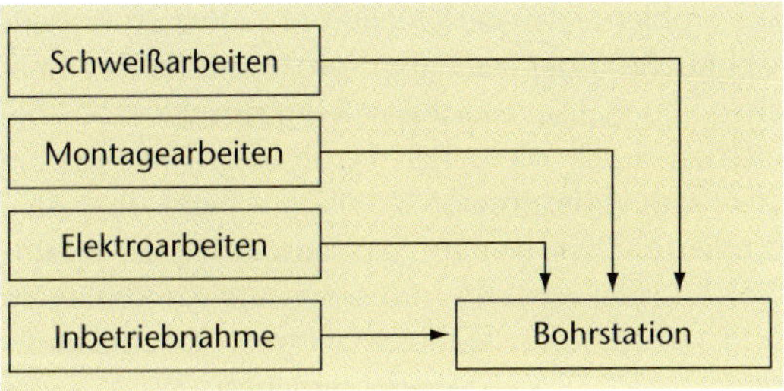

347.1 Arbeitsteilung bei der Montage

11.9 Qualitätssicherung

Bei der Inbetriebnahme der Bohrstation wurde davon ausgegangen, dass die elektrische Installation und der übrige Aufbau fehlerfrei sind. Diese idealisierte Annahme gilt in der Praxis leider so nicht. Bei der Inbetriebnahme komplexer mechatronischer Systeme kommen immer wieder Probleme vor, die über das Parametrieren, Einstellen und Testen hinausgehen. Gemeint sind die unterschiedlichsten Fehler, die sich bei der Herstellung der Bohrstation einschleichen.

11.9.1 Probleme der Arbeitsteilung

Bei der Fertigung und Montage der Bohrstation verrichten Mechatroniker Schlosserarbeiten, Montagearbeiten und elektrische Installationsarbeiten (Abb. 347.1). Das Gestell der Bohrstation muss geschweißt, Befestigungslöcher müssen gebohrt und der übrige mechanische Aufbau muss montiert werden. Bei diesen Arbeiten können folgende Fehler vorkommen:

- Das Gestell ist nicht winklig,
- die Bohrungen oder Bohrabstände sind nicht maßgerecht ausgeführt,
- die mechanischen Komponenten sind versetzt montiert,
- die Führung des Vorschubantriebs klemmt.

Bei der Montage der pneumatischen Komponenten, der Endschalter und Sensoren können sich ebenfalls Fehler einschleichen:

- undichte Druckluftanschlüsse
- schadhafte Druckluftschläuche
- Einbau defekter Ventile und Sensoren
- verkantete Montage der Pneumatikzylinder
- lockere Verschraubungen

Die Elektroarbeiten haben die Aufgabe die elektrische Installation auszuführen. Von den Sensoren sind Leitungen zu den SPS-Eingängen zu verlegen. Die Aktoren müssen an die SPS-Ausgänge angeschlossen werden. Bei dem Verlegen der Leitungen für den Energiekreis muss der Mechatroniker besonders auf den ordnungsgemäßen Anschluss des Schutzleiters achten. Beim Umgang mit Leitungen muss er vor allem darauf achten, dass die Leitungsisolation nicht beschädigt wird. Folgende Fehler sind bei der Durchführung dieser Installationsarbeiten denkbar:

- Vertauschen von Anschlüssen zwischen Sensor und SPS-Eingängen
- Vertauschen von Anschlüssen zwischen SPS-Ausgängen und Aktoren
- Weglassen von Verbindungen
- lockere Anschlüsse
- Kabelbruch
- Verbiegen von Steckkontakten beim Anbringen der Steckverbindungen

Die einzelnen Fehler werden in der Regel von den einzelnen Teilarbeitern nicht bemerkt oder auch bewusst nicht zur Kenntnis genommen. Alle Teilarbeiter verlassen sich auf den Inbetriebnehmer. Dieser trägt schließlich die Gesamtverantwortung für die ordnungsgemäße Übergabe des mechatronischen Systems an den Kunden. Unabhängig davon, mit welcher Präzision und Gewissenhaftigkeit (Qualität) seine Vorgänger gearbeitet haben, muss der Inbetriebnehmer jede Anlage in einen funktionstüchtigen Zustand versetzen. Er muss bei der Inbetriebnahme alle Fehler suchen und auch beseitigen. Je mehr Fehler seine Vorgänger gemacht haben, desto aufwändiger gestaltet sich die Inbetriebnahme. Der Aufwand der Inbetriebnahme ist im Wesentlichen von der Qualität der geleisteten Vorarbeiten abhängig. Fehlendes Qualitätsbewusstsein bei allen Teilarbeitern verteuert die Inbetriebnahme erheblich. Um diesen Mangel konstruktiv zu überwinden, muss bei allen Teilarbeitern ein Qualitätsbewusstsein erzeugt werden.

11.9.2 Qualitätszirkel

Bei Bedarf treffen sich alle am Herstellungsprozess Beteiligten und berichten über die Probleme, die bei der Durchführung ihrer Arbeiten vorkamen.

Vor jeder Sitzung werden ein Diskussionsleiter und ein Protokollführer neu benannt. Alle Teilnehmer solcher Qualitätszirkel sollen beide Funktionen turnusmäßig übernehmen, damit sich längerfristig keine Hierarchien herausbilden können. Solche Hierarchien führen oft zu Machtkonzentrationen, die das für eine konstruktive Zusammenarbeit notwendige Vertrauen untergraben.

In der Einführungsphase muss allen Teilnehmern vermittelt werden, dass die Komplexität von mechatronischen Systemen mit zur Fehleranfälligkeit beiträgt.

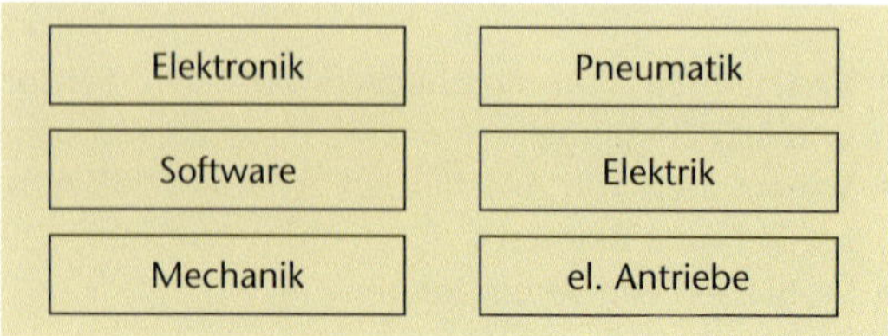

348.1 Teilsysteme der Bohrstation

Das mechatronische System besteht aus den in Abb. 348.1 dargestellten Teilsystemen.

Jedes Teilsystem ist für sich genommen schon anfällig für Fehler oder Qualitätsmängel. Je komplexer die einzelnen Teilsysteme sind und je mehr Teilsysteme vorhanden sind, desto größer ist die Wahrscheinlichkeit, dass Fehler oder Qualitätsmängel vorkommen.

Dieser Tatbestand verlangt ein ausgeprägtes Qualitätsbewusstsein bei allen Herstellern, Lieferanten und Teilarbeitern. Qualität beruht auf den zwei Säulen: Mensch und Technik (Abb. 348.2).

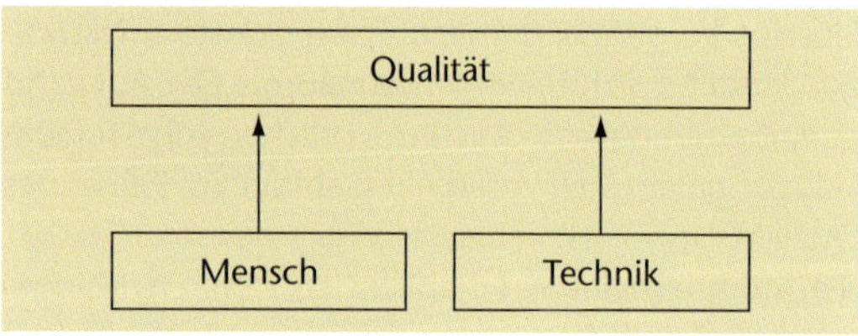

348.2 Säulen der Qualität

Eine an feste Qualitätsstandards gebundene Technik ist zwar eine notwendige Vorraussetzung für Qualität, sie ist aber noch keine sichere Garantie dafür, dass das Endprodukt auch die geforderten Qualitätsstandards erfüllt. Letztendlich ist der Mensch immer noch der entscheidende Faktor bei der Realisierung von Qualität. Untersuchungen haben gezeigt, dass alle Probleme mit der Qualität nur etwa 20 Prozent technische oder technisch-organisatorische Ursachen haben. Die restlichen 80 Prozent der Probleme werden durch Menschen verursacht. Verfügen die am Produktionsprozess Beteiligten nicht über eine fundierte Qualifikation, ein ausgeprägtes Verantwortungsbewusstsein und eine gute Kondition, so sind elementare Voraussetzungen für qualitativ hochwertige Produkte nicht gegeben.

Qualitätsbewusstsein kann nicht verordnet werden. Qualitätszirkel sollen durch die Vermittlung der Einsicht in die Notwendigkeit, Qualität zu produzieren, dazu beitragen, dass jeder Mitarbeiter an seinem Arbeitsplatz qualitätsorientiert denkt und handelt. Er soll ein Bewusstsein davon entwickeln, dass jeder Abnehmer seines Arbeitsergebnisses auch sein Kunde ist.

Wenn ein Kunde nicht zufrieden ist, dann geht er zur Konkurrenz. Im System der Arbeitsteilung heißt das oft: innere Kündigung und verstärkte Demotivation. Deshalb ist die Förderung der Motivation eine der wichtigsten Aufgabe des Qualitätszirkels. Vertrauen, Fairness, Ermutigung und Offenheit des Gesprächs sind die unabdingbaren Voraussetzungen für die Motivation des Einzelnen.

Daneben ist die Fähigkeit zur Selbstkritik eine weitere wichtige Voraussetzung für die Realisierung von Qualität. Nur die Einsicht in die eigene Unzulänglichkeit fördert die Bereitschaft, an sich selbst zu arbeiten. Eine gegenseitige Schuldzuweisung, wie sie oft in der Anlaufphase von Qualitätszirkeln zu beobachten ist, ist auf Dauer destruktiv, weil sie die Einsichtsfähigkeit in die eigene Unzulänglichkeit blockiert.

Hat sich schließlich ein Klima der Offenheit und kollegialen Unterstützung herausgebildet und gefestigt, dann steigt mit der Qualität auch die Arbeitszufriedenheit. Der Inbetriebnehmer kann sich auf wesentliche Aufgaben konzentrieren. Was wiederum eine Kostensenkung für die Inbetriebnahme zur Folge hat.

Aufgaben

1 *Welche Qualifikationen und Haltungen sollen in Qualitätszirkeln vermittelt werden?*

2 *Warum leistet eine gegenseitige Schuldzuweisung keinen Beitrag zur Verbesserung der Qualität?*

Inbetriebnahmeabschlussbericht

1. Zustand der Bohrstation zu Beginn der Inbetriebnahme
Die Anlage musste vor der Inbetriebnahme zum Teil von Metallspänen gesäubert werden.

2. Zeitlicher Ablauf der Inbetriebnahme

Maßnahme	durchgeführt
Prüfen der elektrischen Ausrüstung von Maschinen nach VDE 0113	ja
Inbetriebnahme der Pneumatik	ja
Inbetriebnahme der SPS (Handbetrieb; Automatikbetrieb)	ja
Parametrierung Frequenzumrichter Bohrantrieb	ja
Parametrierung Frequenzumrichter Spindelantrieb	ja

3. Ergebnisse des Probebetriebes
Die Anlage läuft im Hand- und Automatikbetrieb einwandfrei.

4. Schwierigkeiten bei der Inbetriebnahme
Der Frequenzumrichter für den Spindelantrieb war defekt.
Kabeldreher beim Drucksensor
Beim Frequenzumrichter für den Bohrantrieb war der PE-Leiter nicht angeschlossen.
Der Getriebemotor für das Förderband war nicht fest angeschraubt.

5. Maßnahmen zur Problemlösung
Der defekte Frequenzumrichter wurde ausgetauscht.
Alle anderen Mängel wurden behoben.

6. Vorschläge zur Qualitätsverbesserung
Vor der Übergabe an den Inbetriebnehmer sollte die Anlage gründlich gereinigt werden.

Unterschrift Inbetriebnehmer:______________________________

349.1 Inbetriebnahmeabschlussbericht für die Bohrstation

11.10 Inbetriebnahmeabschlussbericht

In Abb. 349.1 ist ein mögliches Beispiel für einen Inbetriebnahmeabschlussbericht dargestellt.

Der Inbetriebnahmeabschlussbereicht leistet neben der rechtlichen Absicherung des Inbetriebnehmers auch einen wichtigen Beitrag zur Qualitätssicherung, weil er eine Häufung von Schwachstellen aufdeckt. Bei der Auswertung mehrerer Inbetriebnahmeabschlussberichte können gezielte Maßnahmen zur Problembeseitigung getroffen werden.

Der Inbetriebnahmeabschlussbericht beschreibt den allgemeinen Zustand des mechatronischen Systems vor der Inbetriebnahme.

Wenn die Anlage z. B. stark oder auch nur teilweise verschmutzt ist, sollte dieser Mangel dokumentiert werden. Andere optisch sichtbare Mängel sollten ebenfalls festgehalten werden (Punkt 1).

Mit der Checkliste zum zeitlichen Ablauf der im einzelnen durchgeführten Maßnahmen sichert sich der Inbetriebnehmer gegenüber seinen Vorgesetzten rechtlich ab (Punkt 2).

Die Dokumentation des Probebetriebes belegt, dass die Bohrstation einwandfrei funktioniert (Punkt 3).

Die Dokumentation der Schwierigkeiten lässt Rückschlüsse auf die Schwachstellen bei der Fertigung, Montage oder auch der Qualität von Kaufteilen zu (Punkt 4).

Durch das Aufzählen der Maßnahmen zur Problemlösung belegt der Inbetriebnehmer, dass er alle noch offenen Probleme beseitigt hat (Punkt 5).

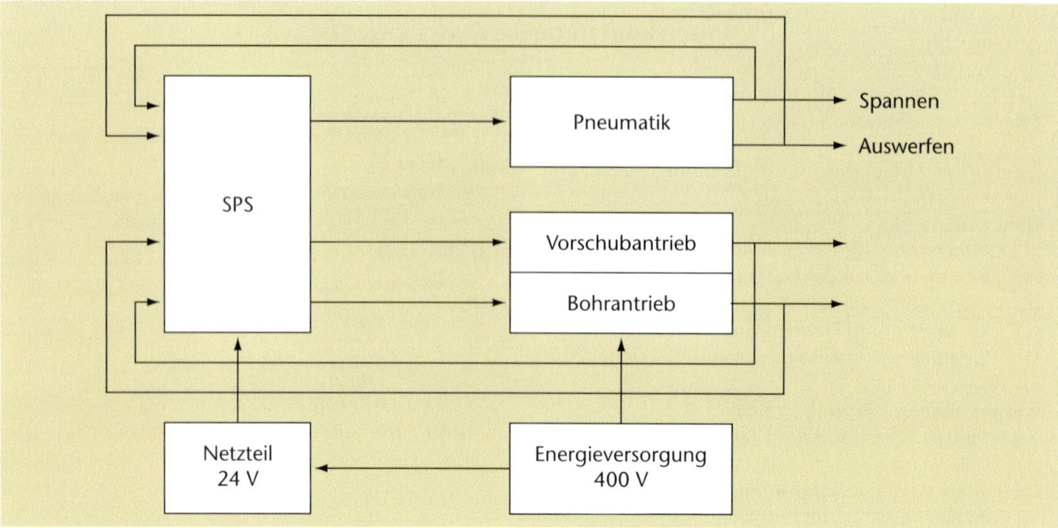

350.1 Teilsysteme der Bohrstation

11.11 Allgemeine Grundsätze der Fehlersuche

Abb. 350.1 zeigt die Bohrstation in der systemtechnischen Darstellung als Wirkschaltplan. Das Gesamtsystem „Bohrstation" besteht aus den Teilsystemen SPS, Pneumatik, Vorschubantrieb, Bohrantrieb und Netzteil. Die Teilsysteme kommunizieren über die Signalleitungen miteinander. Es ist leicht einzusehen, dass die gesamte Anlage ausfällt, wenn nur ein Teilsystem defekt ist oder auch nur eine Signal- oder Energieleitung unterbrochen ist.

Leider kommt es in der Praxis immer wieder vor, dass ein mechatronisches System ganz oder teilweise ausfällt. Die Ursache für einen solchen Ausfall einer Anlage ist ein Fehler.

Die Aufgabe des Instandsetzers (Mechatronikers) ist es, diesen Fehler zu suchen und zu beheben. Bei der Fehlersuche ist zu beachten, dass man nicht unsystematisch nach Versuch und Irrtum vorgeht. Bloßes Herumprobieren und wahlloses Austauschen von einzelnen Komponenten kann zwar zufällig auch einmal zum Erfolg führen, in der Regel ist ein solches Vorgehen aber zum Scheitern verurteilt. Eine erfolgreiche Fehlersuche beruht zwar auch auf praktischen Erfahrungen, die Systematik der planmäßigen und überlegten Handlung darf dabei aber nicht vernachlässigt werden.

11.11.1 Arbeitsplan zur Instandsetzung

Eine Instandsetzung erfolgt nach einem geordneten Arbeitsplan:

1. Dem Instandsetzer wird der Störfall gemeldet.

2. Der Instandsetzer erarbeitet sich anhand der Anlagendokumentation die Funktionsweise des mechatronischen Systems.

3. Der Instandsetzer analysiert den Istzustand der Anlage. Der mögliche Fehlerort (Teilsystem, Komponente) wird näher eingekreist.

4. Der Instandsetzer listet mögliche Fehlerursachen auf (Hypothesenbildung) und beginnt mit der Fehlersuche.

5. Der Instandsetzer beseitigt den Fehler, indem er die defekte Komponente oder das defekte Teilsystem austauscht.

6. Der Instandsetzer führt eine Funktionsprüfung durch und nimmt die Anlage wieder in Betrieb.

7. Der Fehler wird in einem Schadensbericht beschrieben.

8. Alle durchgeführten Veränderungen müssen in der Anlagendokumentation eingetragen werden.

11.11.2 Analyse der Funktionsweise

Das Verständnis der genauen Funktionsweise einer Anlage ist die erste Voraussetzung für eine erfolgreiche Fehlersuche. Die Analyse eines mechatronischen Systems erfolgt in drei Schritten:

1. Aus welchen Teilsystemen besteht das Gesamtsystem?
2. Welche Funktionen erfüllen die einzelnen Teilsysteme?
3. Wie arbeiten die einzelnen Teilsysteme zusammen (Ablauf der Steuerung)?

Hat man sich die Struktur der Anlage anhand des Blockschaltbildes (Bild 350.1) erarbeitet, ortet man die räumliche Lage aller Teilsysteme einschließlich aller Sensoren und Aktoren in der realen Anlage.

Der Instandsetzer muss die Schaltsymbole aus den Schaltplänen der Anlagendokumentation den realen Komponenten der Anlage eindeutig zuordnen können, damit er alle für die Fehlersuche notwendigen Messungen durchführen kann.

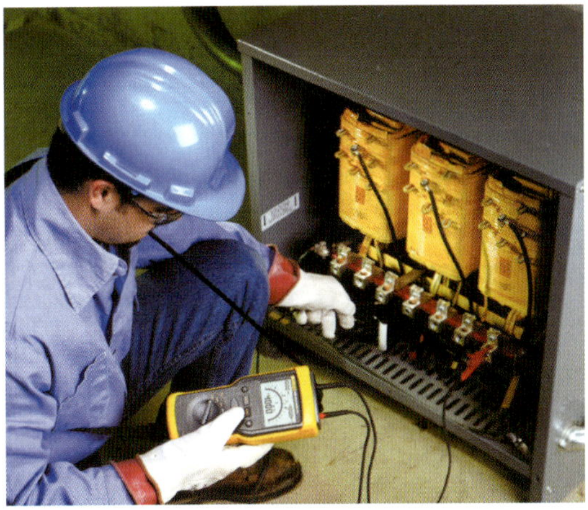

351.1 Instandsetzer bei der Fehlersuche

11.11.3 Analyse des Istzustandes

Die Analyse des Istzustandes erfasst alle sichtbaren Funktionsmerkmale. Folgende Aspekte sind zu berücksichtigen:

1. Der Instandsetzer sucht nach sichtbaren Beschädigungen.
2. Welche Fehlermeldungen werden durch das Diagnosesystem angezeigt?
3. Tritt der Fehler dauerhaft oder sporadisch auf?
4. Der Instandsetzer testet die Anlage im Handbetrieb und stellt fest, bei welchem Steuerschritt der Fehler auftritt.

11.11.4 Mögliche Fehlerursachen

Fehler können in den Teilsystemen SPS, Frequenzumrichter, Pneumatik und Signalfluss vorkommen. Einfache Fehler liegen vor bei:

- Spannungs- oder Druckluftausfall
- Endschalter oder Sensor verstellt.

Die Erfahrung zeigt, dass

- mechanische Fehler durch Verstellen und Verschmutzung am häufigsten auftreten,
- sporadische Ausfälle oft durch Umwelteinflüsse (Temperatur, Luftfeuchte, Störstrahlungen durch Frequenzumrichter) verursacht werden,
- Fehler in der Steuerelektronik selten sind,
- Fehler in der Leistungselektronik dagegen häufiger auftreten.

Allerdings sollte auch berücksichtigt werden, dass auch seltene Fehler einmal vorkommen können.

Fehler
Unter einem Fehler versteht man die Nichterfüllung einer vorgegebenen Forderung durch einen Merkmalswert (DIN 31 051).

Störung
Eine Störung ist eine unbeabsichtigte Unterbrechung der Funktionserfüllung einer Betrachtungseinheit (DIN 31 051).

Instandsetzung
Instandsetzung umfasst alle Maßnahmen zur Wiederherstellung des Soll-Zustandes von technischen Mitteln eines Systems (DIN 31 051).

351.2 Begriffsbestimmung: Fehler, Störung, Instandsetzung

Aufgaben

1. *Beschreiben Sie die Vorgehensweise bei der systematischen Fehlersuche.*
2. *Warum ist es bei der Fehlersuche wichtig, die genaue Funktionsweise des Systems zu kennen?*
3. *Welche möglichen Fehlerursachen sind denkbar?*
4. *Worin besteht der Unterschied zwischen Fehler und Störung?*

EXKURS Strommessung mit dem Zangenstrommessgerät

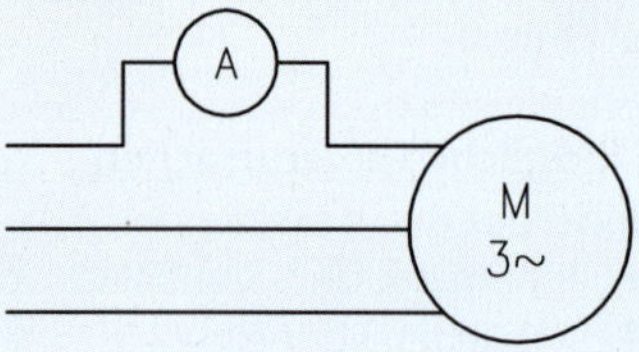

Strommessung durch Auftrennen des Stromkreises

Bei der Inbetriebnahme und Fehlersuche müssen oft Ströme gemessen werden. Dazu muss nach der herkömmlichen Methode der Stromkreis unterbrochen werden. Die Unterbrechung des Stromkreises ist nicht nur umständlich und zeitaufwendig, sondern auch mit Gefahren verbunden, wenn hohe Ströme zu messen sind. Ideal wäre eine berührungslose Strommessung, bei der der Leiter nicht mehr unterbrochen werden muss.

Mit einem Zangenstrommessgerät ist eine solche berührungslose Strommessung möglich.

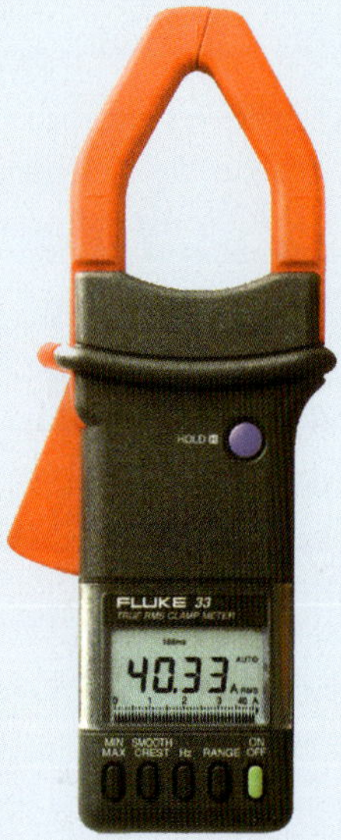

Funktionsweise
Die berührungslose Strommessung ist möglich, weil der Zangenstrommesser nicht den Strom direkt, sondern die magnetische Flussdichte des stromdurchflossenen Leiters misst. Da die Leiterstromstärke direkt proportional zur magnetischen Flussdichte ist, kann im Messgerät durch eine Auswertelektronik die Leiterstromstärke ermittelt werden.

Anforderungen
Zangenstrommesser sollten auch den Effektivwert von nicht sinusförmigen Stromverläufen messen können. Außerdem sollten sie über einen Analogausgang verfügen, damit man sie an ein Oszilloskop anschließen kann.

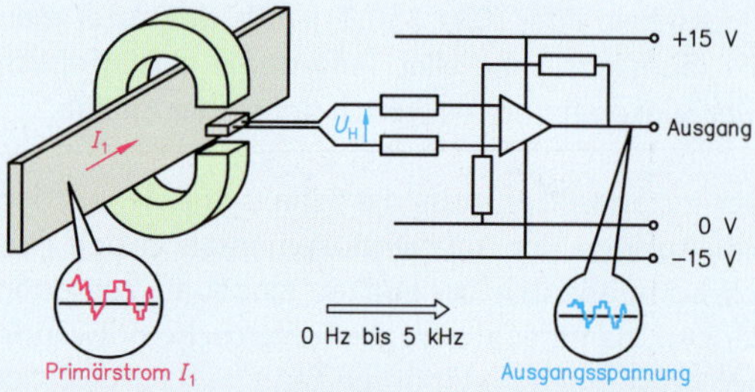

Handhabung und Auswahl
Vor der Durchführung der Strommessung ist eine geeignete Stelle im Messstromkreis zu suchen. Die Messumgebung muss genügend Platz für die Aufnahme der Messzange hergeben. Beide Zangenhälften müssen sich leicht um den Strom führenden Leiter schließen lassen. Es darf sich entweder nur der Hin- oder nur der Rückleiter in der Messzange befinden. Der Aufbau der Messzange ist so konzipiert, dass die Lage des Leiters in der Messzange das Messergebnis nicht beeinflusst. Die Messbereichsumschaltung und die Nullpunkteinstellung erfolgen automatisch.

Bei der Auswahl von Zangenstrommessern sollte auch beachtet werden, dass die Geräte über einen Schutzring verfügen, der das Abgleiten der Hand beim Messvorgang verhindert.

Im Handel sind Zangenstromwandler erhältlich, die man an ein Multimeter anschließen kann. Unterschiedliche Größen und Ausführungsformen der Zangen ermöglichen den Zugang zu engen Messstellen.

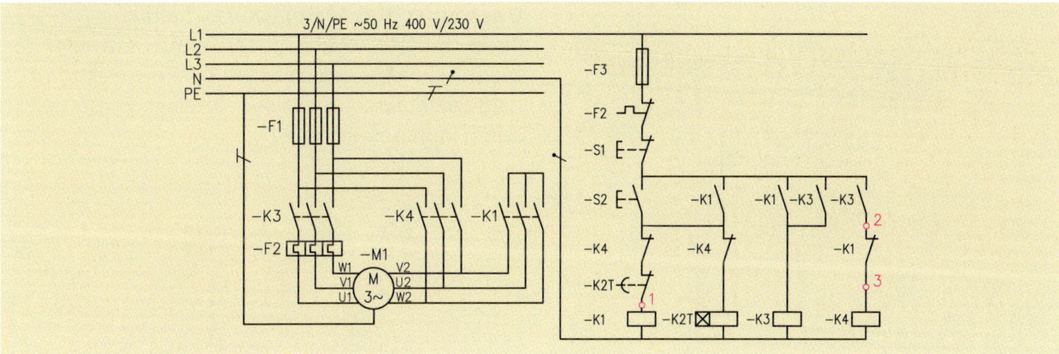

353.1 Stern-Dreieck-Schaltung

11.12 Fehlersuche in Schützschaltungen

Abb. 353.1 zeigt die Stern-Dreieckschaltung eines Kompressors für die Drucklufterzeugung. Die Stern-Dreieckschaltung hat die Aufgabe, den Anlaufstrom des Kompressors zu verringern.

11.12.1 Fehlerbild

Bei einem Wiederanlauf des Kompressors wird der Asynchronmotor nicht mehr nach der vorgesehenen Hochlaufzeit in Dreieck geschaltet. Eine zielgerichtete Fehlerdiagnose erfordert eine Funktionsanalyse. Während des Hochlaufvorgangs werden die Ständerwicklungen des Motors über das Sternschütz K1 in Stern geschaltet. Nachdem der Motor seine Solldrehzahl erreicht hat, schaltet das Zeitrelais K2T und trennt das Sternschütz K1 vom Netz. Gleichzeitig wird das Dreieckschütz K4 über den Öffner des Hilfskontaktes von K1 zugeschaltet. Der Motor hat jetzt sein volles Drehmoment.

11.12.2 Hypothesenbildung

Fehler in Schützschaltungen können durch Windungsschlüsse oder Kontaktversagen entstehen. Schützkontakte können infolge eines ungewöhnlichen Überstroms durch Verschweißen der Kontaktflächen „kleben" bleiben. Wenn die Kontaktflächen durch Abbrand oder mechanischen Verschleiß so weit abgetragen sind und dadurch die Kontaktabstände zu groß werden, wird der Stromfluss unterbrochen.

Als mögliche Fehlerquellen kommen in Betracht:

1. Zeitrelais K2T defekt
2. Öffner von K2T defekt
3. Dreieckschütz K4 defekt
4. Schließer von K3 im Strompfad 5 defekt
5. Öffner von K1 im Strompfad 5 defekt

11.12.3 Fehlersuche

Die möglichen Fehlerquellen werden nach und nach ausgeschlossen. Gemessen werden die Spannungen mit einem Vielfachmessgerät an den in Abb. 353.1 eingezeichneten Messpunkten.

Messpunkt 1 im Strompfad 1

Nach der vorgesehenen Hochlaufzeit zeigt der Spannungsmesser 0 Volt an. Das Zeitrelais schaltet also vorschriftsmäßig. Weder der Öffner von K2T noch das Zeitrelais selbst sind defekt.

Messpunkt 2 im Strompfad 5

Im Messpunkt 2 wird überprüft, ob der Schließer von K3 den Strompfad zum Dreieckschütz K4 durchschaltet. Während des Hochlaufvorgangs wird die volle Spannung von 230 Volt angezeigt. Der Schließer von K3 stellt also einen sicheren Kontakt her.

Messpunkt 3 im Strompfad 5

Das Vielfachmessgerät zeigt nach dem Durchschalten von K2T keine Spannung an. Der Kontakt des Öffners von K1 ist defekt (Abbrand oder mechanischer Verschleiß der Kontaktflächen). Wegen dieser Unterbrechung des Strompfades 5 kann das Dreieckschütz K4 nicht anziehen.

Aufgaben

1 *Der Kompressor lässt sich nicht einschalten. Welcher Fehler könnte vorliegen?*

2 *Jedes Mal, wenn der Motor eingeschaltet wird, spricht die Sicherung F1 an. Welcher Fehler könnte vorliegen?*

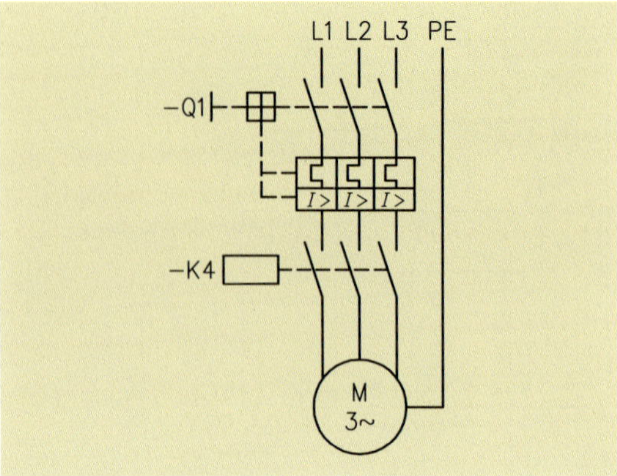

354.1 Asynchronmotor des Förderbandantriebes

11.13 Fehlersuche an einem Asynchronmotor

Dem Instandsetzer wird eine Störung des Förderbandantriebes der Bohrstation gemeldet. Das Förderband wird von einem im Dreieck geschalteten Asynchronmotor angetrieben. Vor Ort erfasst der Instandsetzer das genaue Fehlerbild.

11.13.1 Fehlerbild

Der Asynchronmotor des Förderbandantriebes (Abb. 354.2) läuft nach dem Einschalten nur zögernd an und brummt. Nach kurzer Zeit löst die Schutzeinrichtung aus.

11.13.2 Hypothesenbildung

Das beschriebene Fehlerbild deutet auf

- eine festgebremste Motorwelle
- einen defekten Motorschutzschalter
- eine Unterbrechung **einer** Motorzuleitung
- einen Wicklungsschaden

hin.

Bei der Fehlersuche muss der Instandsetzer die Fehlerhypothesen Schritt für Schritt überprüfen und die einzelnen Hypothesen so lange nach und nach ausschließen, bis er den Fehler gefunden hat.

Durchdrehen der Motorwelle von Hand

Der Instandsetzer trennt die Motorwelle vom Getriebe und dreht die Motorwelle von Hand durch. Da sich die Motorwelle leicht durchdrehen lässt, liegt kein mechanischer Fehler vor.

Überprüfen des Motorschutzschalters

Bei dem Motorschutzschalter könnte entweder der thermische Überstromauslöser oder der elektromagnetische Kurzschlussauslöser in einer Phase defekt sein (Einphasenbetrieb).

354.2 Getriebemotor mit winkelförmigem Kraftfluss

Der Motor wird mit dem Schütz K4 vom Netz getrennt. Zwischen den drei Außenleitern wird die Spannung gemessen.

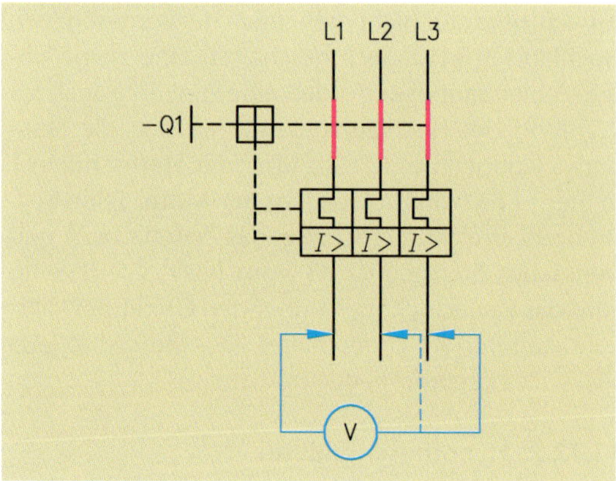

354.3 Messschaltung zur Überprüfung des Motorschutzschalters

Da für alle drei Außenleiterspannungen jeweils ein Wert von 400 V gemessen wurde, ist die Hypothese „Motorschutzschalter defekt" auszuschließen.

Überprüfung der Zuleitung

Im Klemmenkasten des Asynchronmotors werden die Brücken entfernt. Das Motorschütz K4 wird eingeschaltet. An den Klemmen U1, V1 und W1 werden die Klemmenspannungen gemessen.

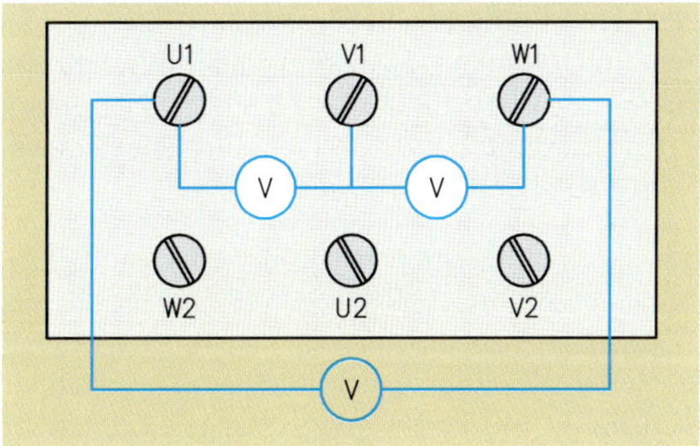

355.1 Messschaltung zur Überprüfung der Zuleitung

Es wird nur eine Spannung (400 V) zwischen den Außenleitern L1 und L3 gemessen. Das Motorschütz K4 ist also defekt, weil es die Zuleitung von L2 unterbricht. Obwohl der Fehler gefunden wurde, müssen noch die Wicklungswiderstände überprüft werden, weil durch den Ausfall einer Phase eine Ständerwicklung beschädigt sein könnte.

Überprüfung der Wicklungswiderstände

Mit dem Widerstandsmessbereich eines Vielfachmessgerätes werden alle drei Ohm'schen Wicklungswiderstände der Ständerwicklungen gemessen.

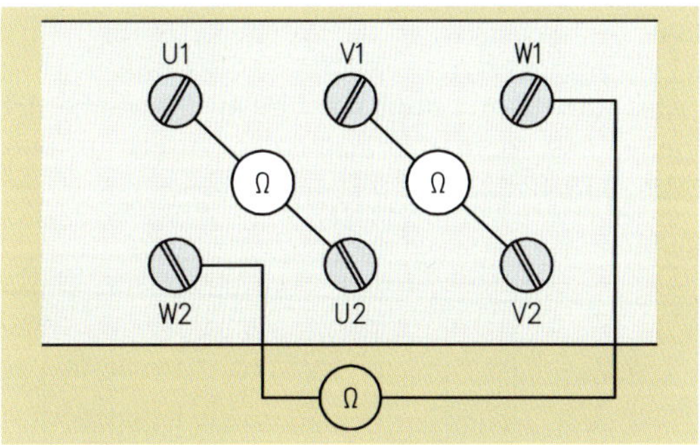

355.2 Messschaltung zur Überprüfung der Wicklungswiderstände

Bei der Widerstandsmessung ist unbedingt darauf zu achten, dass sie bei spannungsfreiem, abgeschaltetem Motor erfolgt.

Da die genauen Widerstandswerte der einzelnen Ständerwicklungen nicht bekannt sind, kann ein Wicklungsschaden nur durch Vergleich der drei Ständerwicklungswiderstände gefunden werden.

Das Ergebnis der Messung ergibt, dass die Wicklung zwischen W1 und W2 einen deutlich kleineren Wert hat als die anderen Wicklungen.

11.13.3 Ereignisablaufanalyse (EAA)

Die oben dargestellte Fehlersuche kann übersichtlich durch einen Ereignisablaufplan beschrieben werden.

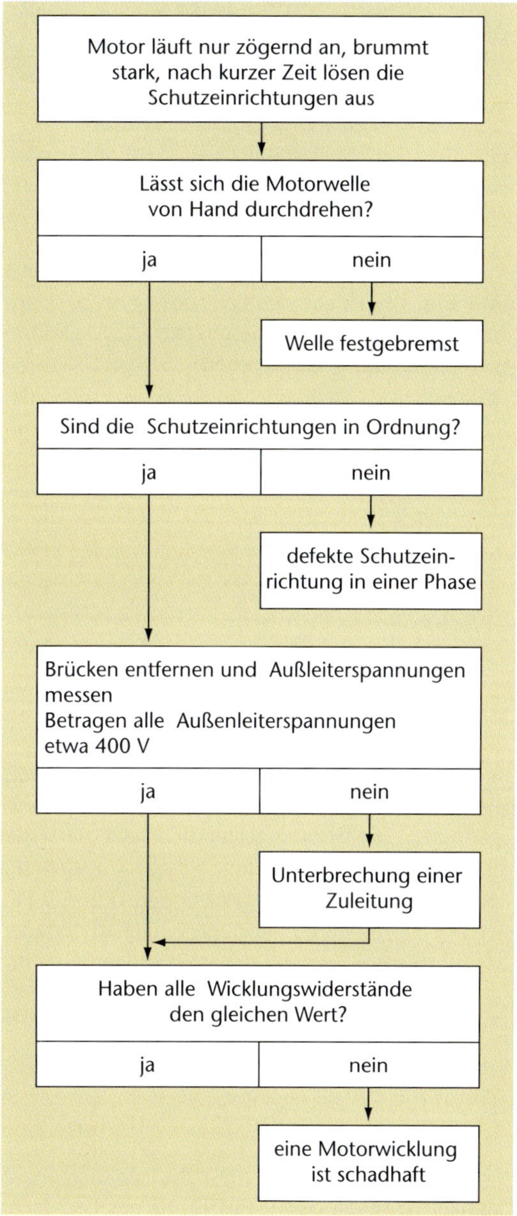

11.13.4 Analyse der Fehlerursache

356.1 Schadensbild einer 4-poligen Drehstrom-Ständerwicklung nach Überlastung durch einen 2-Leiterschluss in Dreieckschaltung

Abb. 356.1 zeigt das Schadensbild des Förderbandantriebes. Man sieht deutlich, dass eine Wicklung durch Überhitzung stark geschädigt ist. Wie konnte es zu diesem Schaden kommen?

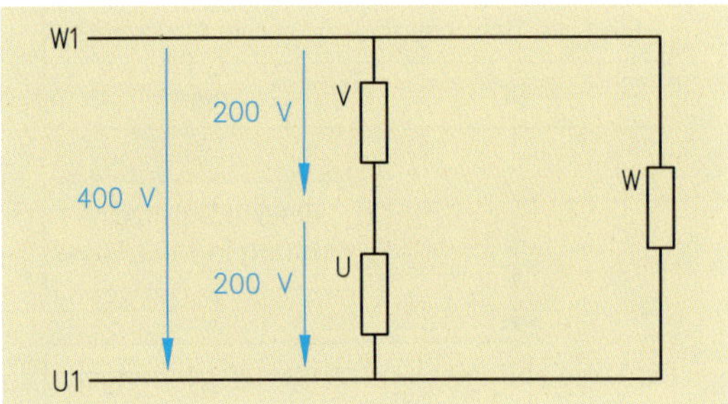

356.2 Stromaufnahme bei 2-Leiterbetrieb

Beim Ausfall einer Netzleitung (Abb. 356.2) liegt jeweils an den Wicklungen U und V die halbe Nennspannung. Die Ströme teilen sich jetzt nach der Stromteilerregel wie folgt auf: 1/3 I_N : 2/3 I_N. In der Reihenschaltung aus den Wicklungen U und V fließen nur 1/3 I_N; in der Wicklung W fließen dagegen 2/3 I_N. Da aber jeder der drei Wicklungsstränge nur für $\frac{1}{\sqrt{3}}$ fache des Nennstroms (0,58 I_N) ausgelegt ist, liegt eine dauernde Überlast von 0,67/0,58 = 1,16 I_N vor.

Berücksichtigt man noch, dass das Motorschutzrelais nach (DIN VDE 0660 Teil 102) auf das 1,32-fache des Nennstroms eingestellt werden darf, dann können im Strang W 1,32 · 0,67 I_N = 0,88 I_N vorkommen. Verglichen mit den zulässigen Stromstärken von 0,58 I_N ergibt sich somit eine Überlast von 0,88/0,58 = das 1,5fache des Nennstroms.

Ein dauerhaft überhöhter Stromfluss in der Ständerwicklung W führt zu gefährlichen Temperaturüberhöhungen. Im 2-Leiterbetrieb können bei Dreieckschaltung der Wicklungsstränge Wicklungstemperaturen von bis zu 140 Prozent der zulässigen Grenzwerte vorkommen. Infolge einer dauerhaft unzulässig hohen Übertemperatur kommt es im Motorinnenraum zu einer Überhitzung der Ständerwicklungen. An der Stelle mit der größten lokalen Übertemperatur schmilzt die Isolation gegenüberliegender Windungen. In der Ständerwicklung W entsteht ein Windungsschluss (Abb. 356.3). Dadurch verringert sich der induktive Widerstand der Wicklung, was wiederum eine weitere Stromerhöhung zur Folge hat.

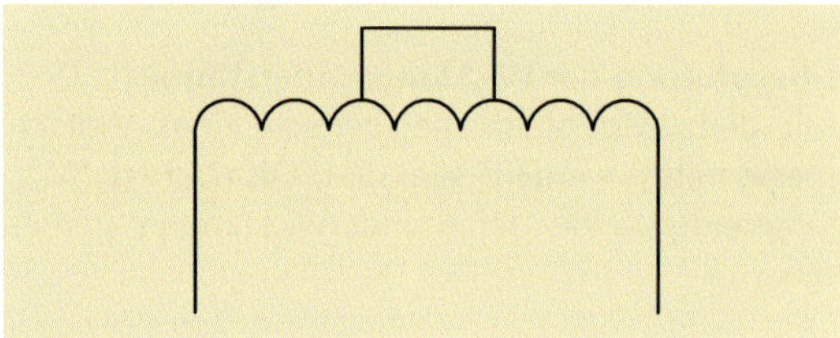

356.3 Prinzipdarstellung eines Windungsschlusses

Wie stark der Leiterstrom beim 2-Leiterbetrieb gegenüber dem Normalbetrieb ansteigt, zeigt Abb. 356.4

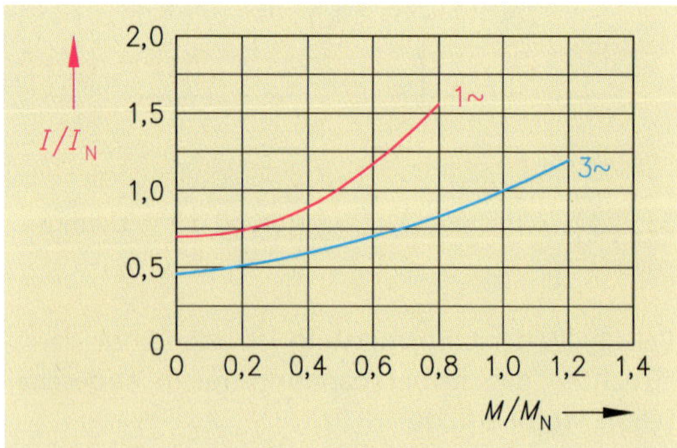

356.4 Relativer Motorstrom in der Zuleitung (I/I_N) bei verschiedenen Belastungen (M/M_N), bezogen auf den Bemessungswert im ungestörten Betrieb
3~ bei 3-Leiterbetrieb, 1~ bei 2-Leiterbetrieb

11.13.5 Zusammenhang zwischen Windungsschluss und Wicklungstemperatur

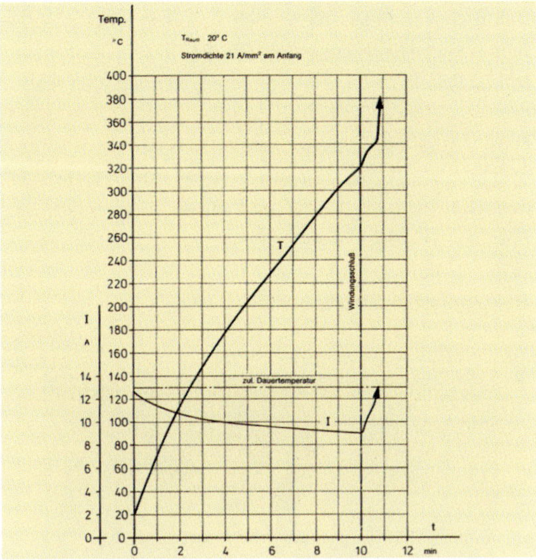

357.1 Heizung einer Drehstromwicklung bis zum Windungsschluss

Aus Abb. 357.1 geht hervor, dass es ab einer Wicklungstemperatur von über 320 °C zu einem Windungsschluss kommt. Beim Betrieb von Asynchronmotoren ist auch zu beachten, dass eine dauernde Übertemperatur von nur 10 °C die Lebensdauer des Motors auf die Hälfte reduziert.

EXKURS **Fehlerstatistik**

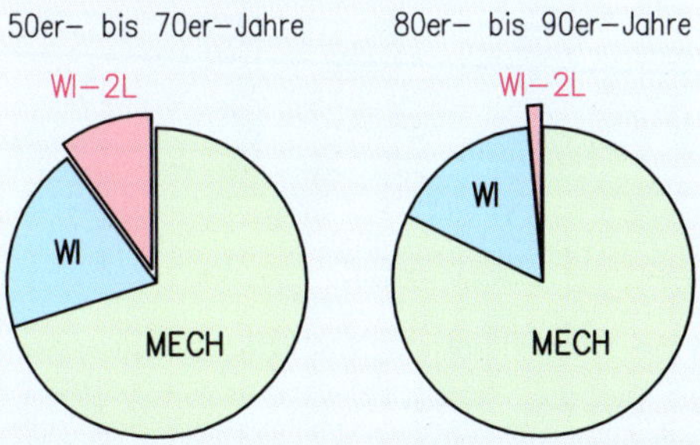

Mechanische Schäden (Mech, vorwiegend Lagerschäden) kommen am häufigsten vor. Der Anteil der Wicklungsschäden (WI) geht in den 80er-Jahren zurück. Noch stärker sinken die Wicklungsschäden (WI-2L) durch 2-Leiterbetrieb.

11.13.6 Instandsetzung

Der defekte Asynchronmotor des Förderbandantriebes wird gegen einen neuen Motor (0,55 kW, I_N = 1,5 A, Baugröße 71) ausgetauscht. Bei der Montage des Motors sind folgende Punkte zu beachten:

- Die Wellenenden müssen gründlich von Korrosionsschutzmitteln gereinigt werden,
- Motor und Arbeitsmaschine sind sorgfältig auszurichten,
- Stöße und Schläge auf das Wellenende sind zu vermeiden.

Beim Anschließen des Motors ist zu beachten:

- Die Querschnitte der Leitungen sind zu überprüfen,
- die Klemmbrücken müssen richtig angeordnet werden (Dreieckschaltung!),
- Anschlüsse und Schutzleiter sind fest zu verschrauben,
- Wicklungsanschlüsse sind im Klemmkasten zu überprüfen,
- die Anschlusskleinteile müssen entsprechend Abb. 357.2 montiert werden.

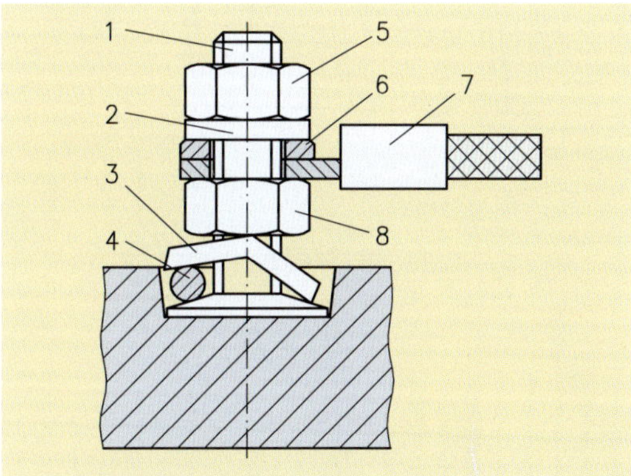

357.2 Anordnung der Anschlusskleinteile:
1 Anschlussbolzen, 2 Federring, 3 Anschlussscheibe, 4 Motorableitung, 5 obere Mutter, 6 Unterlegscheibe, 7 externer Anschluss, 8 untere Mutter

Um einen Motorschaden durch Phasenausfall zu vermeiden, soll der eingebaute Motorschutzschalter gegen ein Motorschutzrelais mit Phasenausfallschutz ausgetauscht werden. Vor der Durchführung der Instandsetzungsmaßnahme ist zu entscheiden, ob ein elektromechanischer oder ein elektronischer Phasenausfallschutz gewählt werden soll.

EXKURS **Phasenausfallschutz**

Thermischer Phasenausfallschutz

Thermische Motorschutzrelais bieten einen preiswerten Schutz gegen Zerstörung des Asynchronmotors infolge von Nichtanlauf, Überlastung und Phasenausfall.

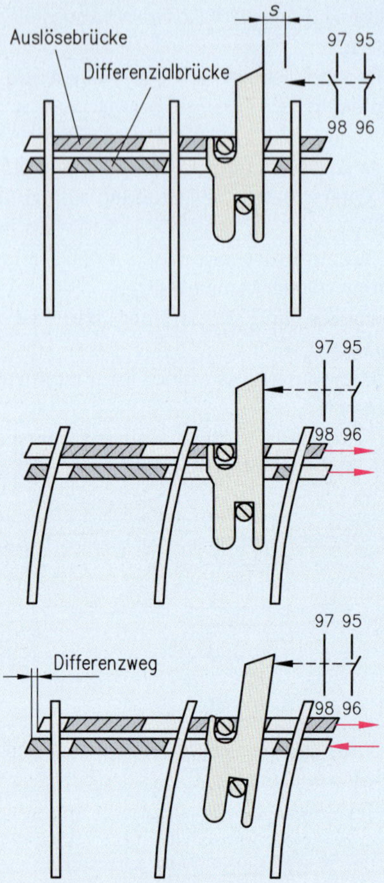

Prinzip des thermischen Motorschutzes mit Bimetall

Der Mechanismus eines thermischen Motorschutzes mit Phasenausfallschutz besteht aus drei Bimetallen (1), einer Auslösebrücke (2), einer Differenzialbrücke (3) und einem Auslösehebel (4).

Über die Hilfsschützkontakte 95–96 wird im Fehlerfall das Motorschütz abgeschaltet. Im Normalbetrieb sind die Hilfsschützkontakte 95–96 geschlossen, weil alle drei Bimetalle nicht durchgebogen sind. Bei dreiphasiger Überlast biegen sich alle drei Bimetalle nach rechts und verschieben so die Auslösebrücke und die Differenzialbrücke ebenfalls nach rechts, sodass der Auslösehebel den Hilfsschützkontakt 95–96 öffnet. Das Motorschütz fällt ab und trennt den Motor allpolig vom Netz.

Beim Ausfall einer Phase bewegt sich nur die Auslösebrücke nach rechts, der obere Hebelarm des Auslösehebels kippt nach rechts und öffnet so ebenfalls die Kontakte 95–96.

Elektronischer Phasenausfallschutz

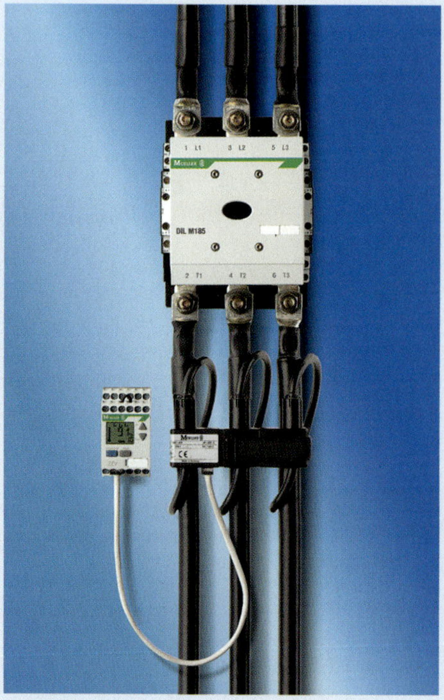

Elektronisches Motorschutzrelais ZEV

Externe Stromwandler erfassen den aktuellen Motorstrom aller drei Phasen. Ein Mikroprozessor wertet die gemessenen Stromstärken aus und trennt bei unsymmetrischer Last, Phasenausfall oder Überlast den Motor allpolig vom Netz. Bei Phasenausfall zeigt das Display an, welche Phase ausgefallen ist.

Mit nur einem Gerätetyp können Motorströme zwischen 1 und 820 A erfasst werden.

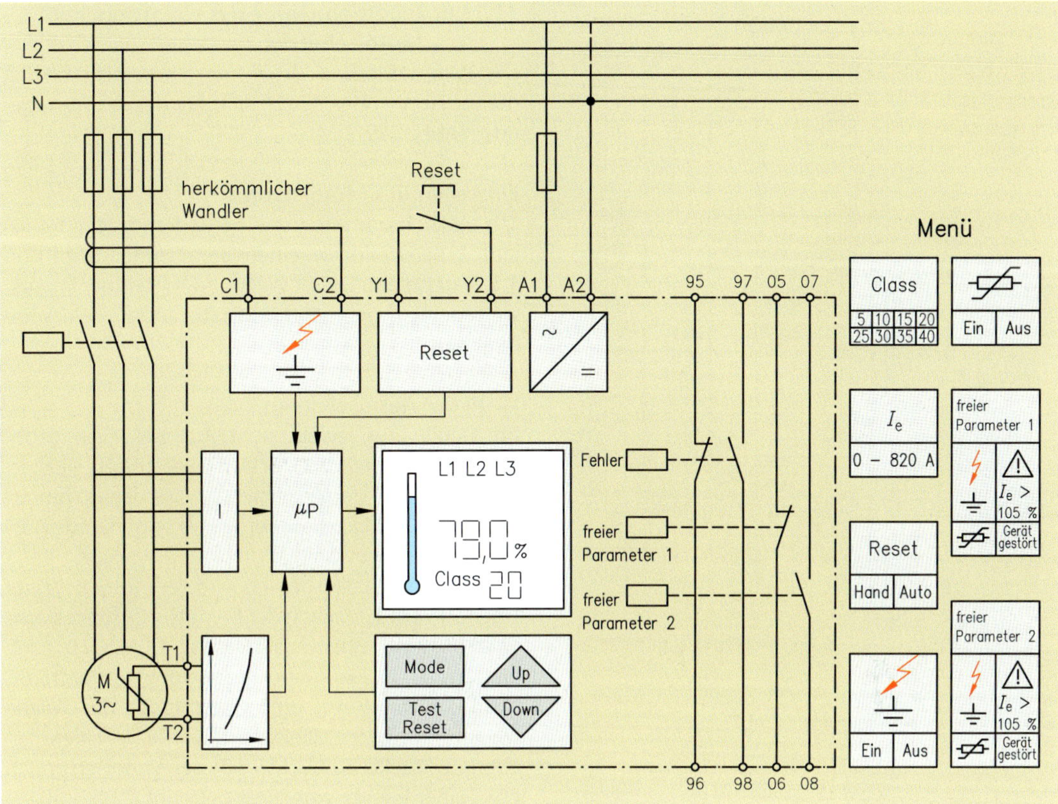

359.1 Anschlussbild des Motorschutzrelais ZEV mit Display-Darstellung

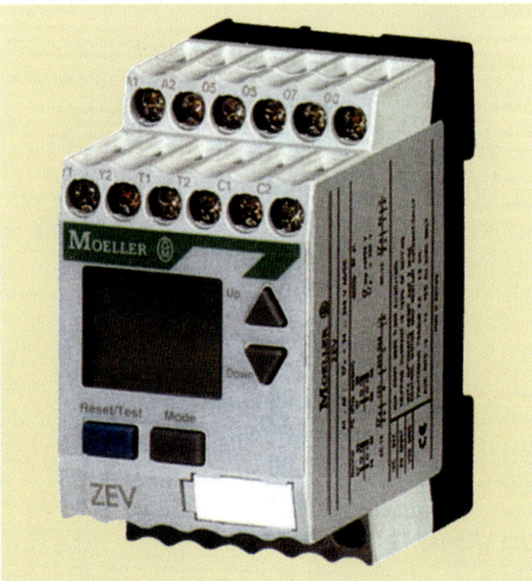

359.2 Elektronisches Motorschutzrelais ZEV

11.13.7 Installation des Motorschutzes

Unter Abwägung aller Vor- und Nachteile soll als neuer Motorschutz das elektronische Motorschutzrelais ZEV (Abb. 359.2) eingesetzt werden. Bei der Installation geht man wie folgt vor: Die drei Motorzuleitungen werden pro Phase durch die Durchstecköffnungen der Durchstecksensoren (Stromsensoren) geführt und an die Klemmen des Asynchronmotors angeschlossen. Das Auswertegerät (Abb. 359.2) wird auf den Durchstecksensor aufgeclipst. Dadurch wird auch die elektrische Verbindung zwischen Auswertegerät und Durchstecksensor hergestellt. Die Versorgungsspannung des Motorschutzrelais wird an die Klemmen A1 und A2 angeschlossen. Das Gerät ist für Werte zwischen 24 V und 240 V AC oder DC ausgelegt. Die Öffner (95–96) werden in Reihe zum Motorschütz geschaltet. Bei einem Überstrom oder einem Phasenausfall öffnet sich der Schließer. Das Motorschütz schaltet den Motor allpolig ab.

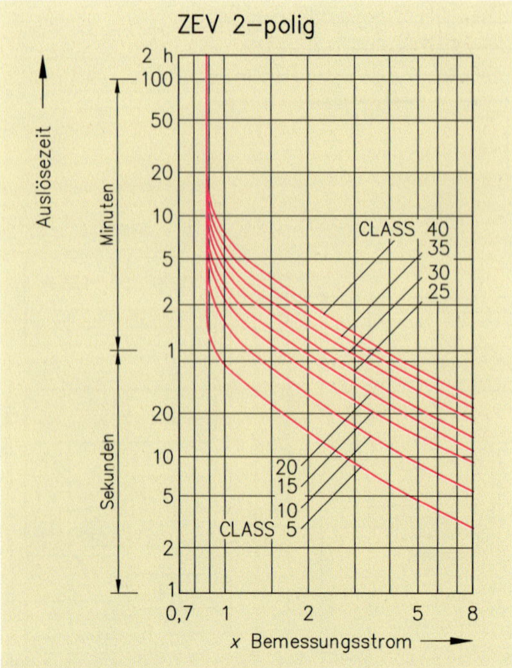

360.1. Auslösekennlinien eines elektronischen Motorschutzrelais bei 2-poliger Auslösung

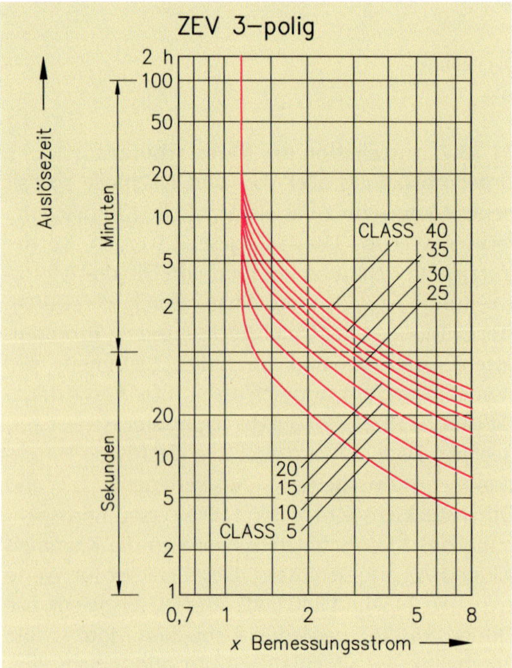

360.2. Auslösekennlinien eines elektronischen Motorschutzrelais bei 3-poliger Auslösung

11.13.8 Inbetriebnahme des elektronischen Motorschutzes

Die Parametrierung des Motorschutzrelais erfolgt menügeführt über das LC-Display des Auswertegerätes (Abb. 359.2).

Einstellen des Motorstroms

Der Asynchronmotor des Förderbandantriebes ist laut Typenschild für einen Bemessungsstrom von 1,5 A ausgelegt. Dieser Wert wird mittels der im Auswertegerät angebrachten Tastatur (Abb. 359.2) eingegeben.

Wahl der Auslösekurven

Im Gerät sind jeweils acht Auslösekurven (Abb. 360.1 und Abb. 360.2) für den ungestörten 3-Leiterbetrieb und für den gestörten 2-Leiterbetrieb hinterlegt. Die Auslösekurven werden als so genannte Auslöseklassen angewählt.

Im gestörten 2-Leiterbetrieb wird der Motor bei einer Überlast vom 1,5fachen der Bemessungsstromstärke (2,25 A) und einer Auslöseklasse CLASS 10 nach weniger als 30 Sekunden allpolig vom Netz getrennt (Abb. 360.1). Würde im 3-Leiterbetrieb der gleiche Überstrom (2,25 A) fließen, so würde bei einer gleichen Auslöseklasse (CLASS 10) der Motor erst nach etwa einer Minute vom Netz getrennt (Abb. 360.2).

Der Unterschied zwischen 2-poliger und 3-poliger Auslösung besteht darin, dass bei der 2-poligen Auslösung das Abschalten des Motors bereits bei Stromstärken vom 0,9fachen des Bemessungsstroms erfolgt. Bei 3-poliger Auslösung erfolgt dagegen das Abschalten erst nach einer Stromstärke vom 1,2fachen des Bemessungsstroms.

Durch die Wahl der Auslöseklasse kann die Empfindlichkeit der Auslösung eingestellt werden. Je höher die Auslöseklasse gewählt wird, desto später trennt das Motorschutzrelais den Motor bei einem Phasenausfall oder bei einem Überstrom vom Netz. Für den Förderbandantrieb wird die Auslöseklasse CLASS 10 eingestellt. Die dargestellten Auslösekurven und -zeiten beziehen sich auf den kalten Betriebszustand. Für den warmen Betriebszustand reduzieren sich die Auslösezeiten um etwa 30 Prozent.

Das Display des Auswertegerätes zeigt ständig den tatsächlich fließenden Motorstrom in Prozent des eingestellten Bemessungsstroms an.

ÜBERBLICK **Fehlersuche an Asynchronmotoren**

Fehlerbild	mögliche Ursache	Maßnahmen
Motor läuft nicht an	keine Spannung, zwei oder drei Außenleiter unterbrochen	Überstromschutzorgane, Zuleitung und Klemmen prüfen
Motor läuft nicht an, Brummgeräusche	• ein Außenleiter unterbrochen • Gegenmoment zu groß • Netzspannung zu niedrig	• Überstromschutzorgane und Leitungen prüfen • Motor abkuppeln und im Leerlauf prüfen • Netzspannung messen
Motor läuft im Leerlauf einwandfrei, läuft aber unter Last nicht hoch	• ein Außenleiter unterbrochen • Kurzschlussstäbe des Läufers defekt	• Überstromschutzorgane und Zuleitung prüfen • Läufer ausbauen und überprüfen
Motor erwärmt sich im Leerlaufbetrieb ungewöhnlich stark	• Dreieck- statt Sternschaltung • Netzspannung zu hoch • Kühlung mangelhaft	• Schaltung korrigieren • Netzspannung überprüfen • Luftwege reinigen
Motor erwärmt sich bei Belastung ungewöhnlich stark	• zu hohes Lastmoment • Spannung zu hoch oder zu niedrig • eine Zuleitung unterbrochen (Zweileiterbetrieb) • Läufer schleift am Ständer	• Motorströme messen • Motorströme und Spannungen messen • Unterbrechung der Zuleitung beheben • Luftspalt kontrollieren
lokale Erwärmung des Motorgehäuses	Windungsschluss einer Ständerwicklung	Wicklungswiderstände der Ständerwicklungen messen, defekte Ständerwicklung erneuern lassen
Motor läuft normal, nach kurzer Zeit schaltet der thermische Auslöser ab	Auslösestrom zu klein eingestellt	richtigen Wert einstellen
Schutzeinrichtungen lösen trotz entfernter Brücken aus	Körperschluss, Erdschluss, Wicklungsschluss	Isolationsmessung
Lagergeräusche	Lager defekt	Lager austauschen

Aufgaben

1 *Welche Fehlermöglichkeiten gibt es beim Asynchronmotor?*

2 *Warum ist eine Übertemperatur der Ständerwicklungen gefährlich?*

3 *Was ist ein Windungsschluss?*

4 *Welche Folgen hat ein Windungsschluss?*

5 *Wodurch kann ein Windungsschluss entstehen?*

6 *Worin besteht der Unterschied zwischen einem Windungs- oder einemWicklungsschluss?*

7 *Was würde passieren, wenn der Getriebemotor des Förderbandantriebes für einen längeren Zeitraum mechanisch überlastet würde?*

8 *Warum kann bei Dreieckschaltung eine Ständerwicklung auf das 1,5fache des Bemessungsstroms belastet werden, wenn ein Motorzuleiter unterbrochen wird?*

9 *Warum müssen bei der Widerstandsmessung der Ständerwicklung in Dreieckschaltung die Brücken entfernt werden?*

10 *Beschreiben Sie die Arbeitsschritte, die notwendig sind, um den Getriebemotor des Förderbandantriebes auszuwechseln.*

11 *Was ist beim Austausch des Getriebemotors alles zu berücksichtigen?*

12 *Wie funktioniert ein thermischer Phasenausfallschutz?*

13 *Stellen Sie Vor- und Nachteile des thermischen und des elektronischen Phasenausfallschutzes gegenüber.*

14 *Beschreiben Sie die Installation und die Inbetriebnahme des elektronischen Motorschutzrelais ZEV.*

15 *Worin besteht der Unterschied zwischen der 2-poligen und der 3-poligen Auslösekurve?*

16 *Worin besteht der Unterschied zwischen der Auslösekurve CLASS 10 und CLASS 40?*

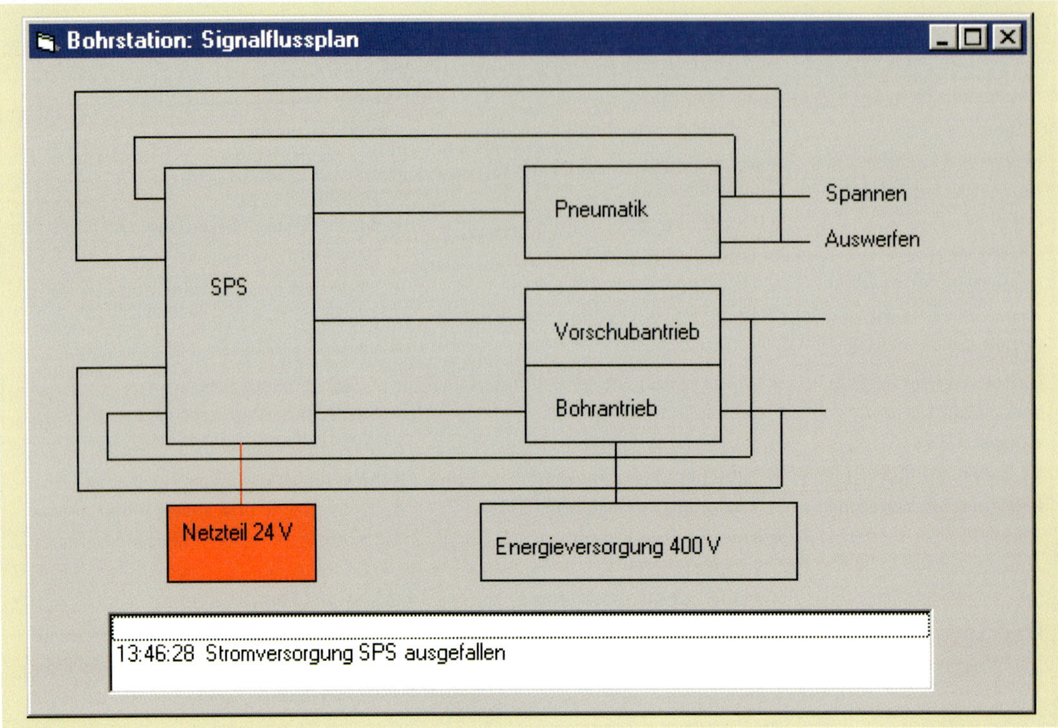

362.1 Prozessabbild der Bohrstation

362.2 Stromversorgung für SPS

11.14 Fehlersuche in Gleichrichterschaltungen

Abb. 362.1 zeigt die Visualisierungsoberfläche des Diagnosesystems der Bohrstation. Dargestellt werden alle Teilsysteme mit den dazugehörigen Signalflüssen. Im Fehlerfall wird das ausgefallene Teilsystem rot unterlegt dargestellt. Ist eine Signalleitung unterbrochen, so wird diese ebenfalls im Signalflussplan rot dargestellt. Zusätzlich zur farblichen Markierung gibt die Prozessvisualisierung noch einen Meldetext aus.

Während des Betriebs fällt die Anlage plötzlich aus. Die Prozessvisualisierung meldet den Fehler „Stromversorgung SPS ausgefallen“. Der herbeigerufene Instandsetzer hat für die Fehlersuche nur ein Vielfachmessgerät zur Verfügung. Außerdem hat er kein Ersatznetzteil mitgebracht.

Weil die Produktion aus Kostengründen möglichst schnell wieder aufgenommen werden muss, muss er das defekte Netzteil reparieren.

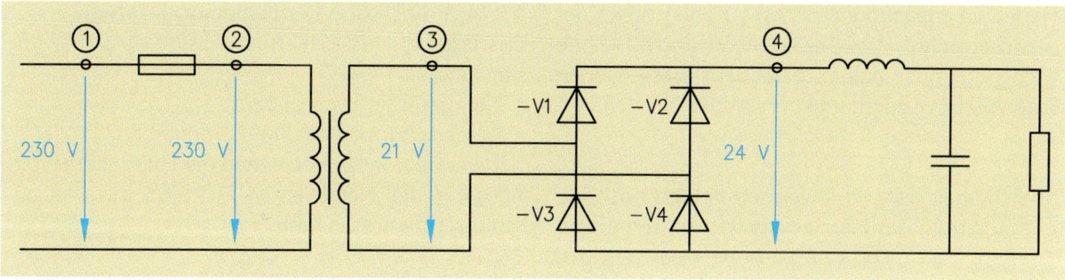

363.1 Messschaltung zur Fehlersuche in Gleichrichterschaltungen

11.14.1 Fehlersuchstrategie

Der Instandsetzer überprüft mit dem Spannungsmesser des Vielfachmessgerätes, ob am Gleichspannungsausgang des Netzteiles die geforderte Spannung von 24 V anliegt. Das Messgerät zeigt keine Spannung an. Als Erstes überlegt sich der Instandsetzer, welche Bauteile des Netzteils defekt sein könnten. Als mögliche Fehlerursachen kommen infrage:

- Netzzuleitung unterbrochen
- Sicherung defekt
- Transformator defekt
- eine oder zwei Dioden defekt
- Windungsschluss der Glättungsdrossel
- Windungsunterbrechung der Glättungsdrossel
- Glättungskondensator defekt

Im nächsten Schritt überlegt sich der Instandsetzer, in welcher Reihenfolge er die einzelnen möglichen Fehlerursachen nacheinander ausschließen und identifizieren kann. Um die Fehlersuche übersichtlich und leicht nachvollziehbar zu gestalten, bietet sich die Verfolgung der Energieflussrichtung als Wegweiser für die Abarbeitung der einzelnen Fehlerhypothesen an.

Messpunkt 1: Überprüfen der Netzspannung
Das Gehäuse des Netzteils wird geöffnet. Da am Messpunkt 1 die volle Netzspannung von 230 V anliegt, kann eine Unterbrechung der Zuleitung ausgeschlossen werden.

Messpunkt 2: Überprüfen der Sicherung
Da auch hinter der Sicherung die volle Netzspannung gemessen wird, kann eine defekte Sicherung als Ursache des Fehlers ebenfalls ausgeschlossen werden.

Messpunkt 3: Transformatorausgang
Da der Transformator die geforderte Ausgangsspannung auf der Sekundärseite von 21 V liefert, scheidet ein defekter Transformator als Fehlerursache aus.

Messpunkt 4: Gleichrichterausgang
Am Gleichrichterausgang liegt keine Spannung an. Als Ursache kommen hier nur defekte Gleichrichterdioden zwischen V1 und V4 oder V2 und V3 infrage. Mit dem Durchgangsprüfer des Vielfachmessgerätes werden die Dioden V1 bis V4 überprüft. Dazu müssen ein Anschluss der Sekundärwicklung des Transformators und der Glättungskondensator vom Gleichrichter getrennt werden, damit parallele Strompfade das Messergebnis nicht verfälschen.

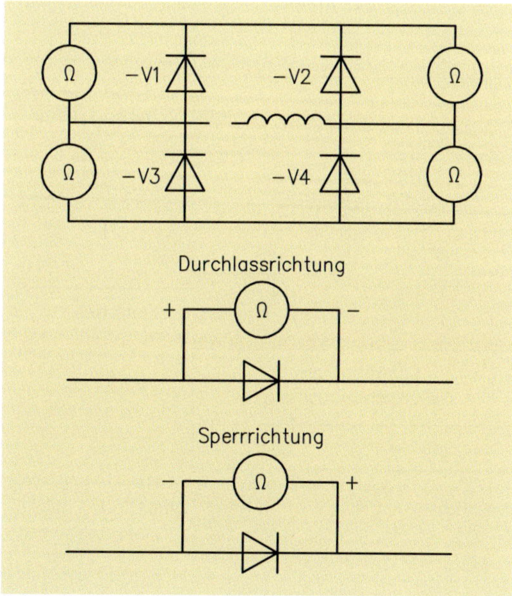

363.2 Messschaltung zur Überprüfung der Gleichrichterdioden

Bei der Überprüfung der vier Dioden stellt der Instandsetzer fest, dass die Dioden V1 und V2 keinen Durchgang mehr haben. Nachdem diese Dioden ausgetauscht wurden, funktioniert das Netzteil wieder.

Zur Sicherheit wird im laufenden Betrieb noch der Ausgangsstrom des Netzteils gemessen, um auszuschließen, dass nicht eine zu hohe Belastung den Ausfall der Dioden verursacht haben könnte.

Ein Ereignisablaufplan beschreibt die oben beschriebene Fehlersuche zusammenfassend:

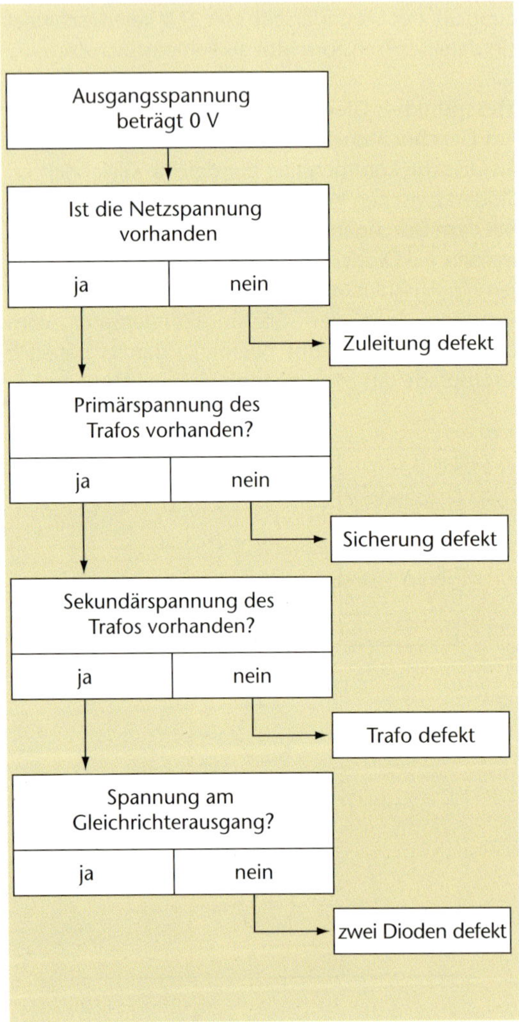

364.1 Ereignisablaufplan für die Fehlersuche an einer Gleichrichterschaltung

11.14.2 Reflexion der Fehlersuchstrategie

Das Ergebnis der Fehlersuche zeigt, dass man die Messungen

- Netzspannung vorhanden?
- Primärspannung des Trafos vorhanden?

hätte einsparen können, wenn man ausgehend vom Ausgang des Netzteiles in Richtung des Netzanschlusses gemessen hätte.

Die erstgenannte Fehlersuchstrategie, die den Fehler entsprechend der Energiefluss- oder Signalflussrichtung verfolgt, wird **Vorwärtsverfolgung** genannt. Sucht man in umgekehrter Richtung vom Ausgang des Netzteiles in Richtung des Netzanschlusses, heißt die Strategie **Rückwärtsverfolgung**. Welche Strategie die günstigste ist, lässt sich nicht immer sicher voraussagen oder stellt sich erst dann heraus, wenn der Fehler tatsächlich gefunden wurde.

Bei Gleichrichterschaltungen, so zeigt die Erfahrung, ist meistens immer nur eine Diode defekt. Deshalb kann man bei der Fehlersuche die Spannung direkt hinter dem Gleichrichter messen. Der Glättungskondensator muss vorher abgeklemmt werden. Misst man nur die Hälfte der vorgesehenen Ausgangsspannung, dann ist nur eine Diode defekt (Sperrschicht unterbrochen). Die Schaltung wirkt dann wie eine Einweggleichrichtung. Sollten die beiden Dioden V1 und V4 (oder V2 und V3) ihre Ventilwirkung verloren haben, entsteht ein Kurzschluss, sodass die Netzsicherung durchschmilzt.

Bei der Fehlersuche sollte man ein komplexes System immer in einzelne Teilsysteme (TS, Abb. 364.2) zerlegen. Das fehlerhafte Teilsystem ist dann identifiziert, wenn an seinem Ausgang ein fehlerhaftes Ausgangssignal gemessen wird.

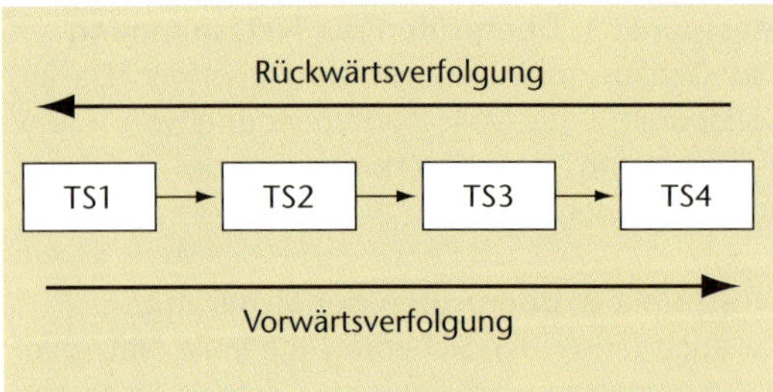

364.2 Fehlersuchstrategie Vorwärts- und Rückwärtsverfolgung

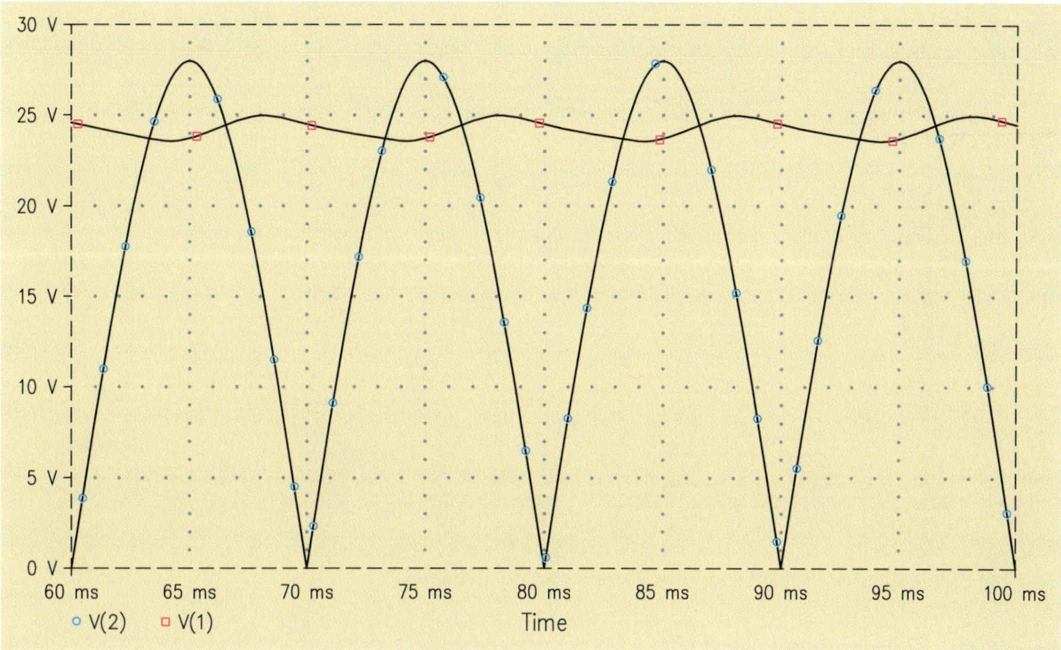

365.1 Mit PSPICE simulierte Fehlerbilder einer Zweipuls-Brückenschaltung

11.14.3 Fehlerdiagnose mit Oszilloskop

Eine Fehlerdiagnose der Gleichrichterausgangsspannung mit dem Oszilloskop hat gegenüber dem Vielfachmessgerät den Vorteil, dass man schon anhand der Kurvenformen relativ sicher auf die Fehlerursachen schließen kann. Damit die folgenden Ausführungen leicht nachvollzogen werden können, sollen am Beispiel der häufig eingesetzten Zweipuls-Brückenschaltung mögliche Fehlerquellen und -bilder mithilfe des weit verbreiteten Simulationsprogramms PSPICE simuliert und untersucht werden.

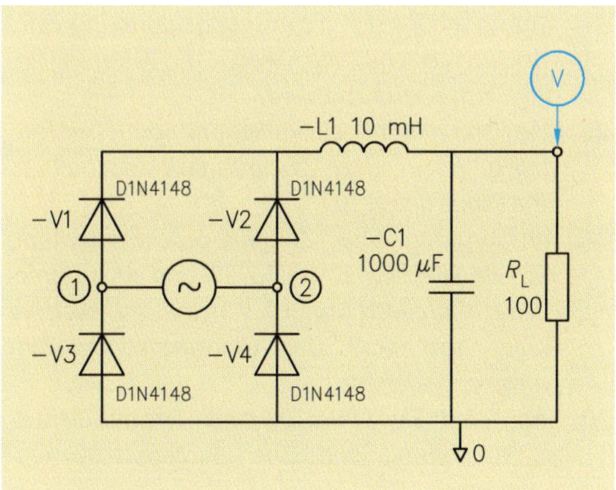

365.2 Simulationsschaltung

11.14.4 Analyse der Fehlerbilder

Abb. 365.1 und 366.1 zeigen die mit PSPICE simulierten Fehlerbilder. Dargestellt sind die Signalverläufe der Gleichrichterausgangsspannung für die drei Fehler:
defekter Glättungskondensator V(2),
überbrückte Glättungsdrossel V(3) und
ausgefallene Diode V(4).

Fehlerfreie Schaltung V(1)

Die Ausgangsspannung hat eine geringe Welligkeit. Die Spannungsdifferenz zwischen größtem und kleinstem Wert beträgt etwa 1,5 V. Je kleiner dieser Wert ist, desto höher ist die Güte der Gleichrichtung. Die Frequenz der Ausgangsspannung beträgt erwartungsgemäß 100 Hz. Alle Abweichungen von diesen Daten deuten auf einen Fehler hin.

Defekter Glättungskondensator V(2)

Ein defekter Glättungskondensator ist am einfachsten zu identifizieren, weil bei diesem Fehler die Glättungswirkung vollständig verloren geht. Wenn zum Glättungskondensator ein Widerstand von etwa 100 kΩ in Reihe geschaltet wird, dann ergibt sich das Fehlerbild von Kurve V(2). Die Ausgangsspannung zeigt den Verlauf einer mit der Frequenz von 100 Hz pulsierenden Gleichspannung.

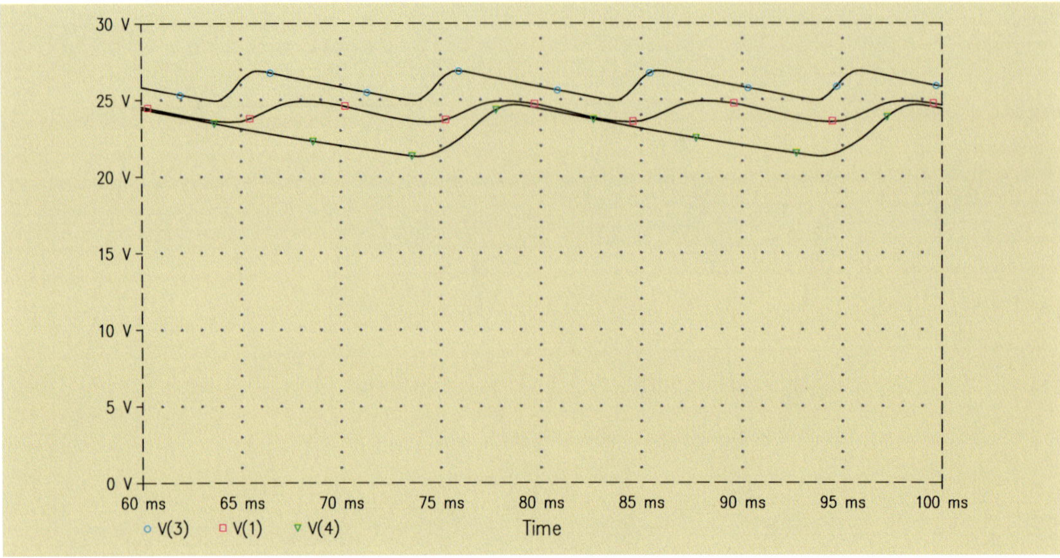

366.1 Mit PSPICE simulierte Fehlerbilder einer Zweipuls-Brückenschaltung

Überbrückte Glättungsinduktivität V(3)

Abb. 366.1 zeigt den Verlauf der Ausgangsspannung einer Zweipuls-Brückenschaltung bei überbrückter (also defekter) Glättungsindiktivität und einer defekten Diode. Die mittlere Kurve stellt den fehlerfreien Verlauf dar.Eine überbrückte Glättungsinduktivität bewirkt eine Erhöhung der Ausgangsspannung von etwa 2 V. Die Schwächung der Glättung zeigt sich kaum. Die Welligkeit hat nur geringfügig zugenommen. Die Differenz zwischen der höchsten und niedrigsten Momentanspannung beträgt etwa 2 V, sie hat also gegenüber dem fehlerfreien Fall um 0,5 V zugenommen.

Ein eventuell auftretender Windungsschluss der Glättungsinduktivität verringert deren Induktivität. Dieser Fehler ist an der oszilloskopierten Ausgangsspannung nur sehr schwer zu erkennen, weil die Glättungsinduktivität nur einen geringen Anteil an der Glättung hat.

Ausgefallene Diode V(4)

Verliert eine Diode ihre Ventilwirkung durch Leitungsunterbrechung, dann ergibt sich ein Spannungsverlauf nach Kurve V(4). Die Ausgangsspannung verringert sich gegenüber dem fehlerlosen Betrieb nur geringfügig. Deutlich zu erkennen ist dagegen die Verdopplung der Periodendauer von 10 ms auf 20 ms.

Aufgaben

1 *Nennen Sie mögliche Fehlerursachen in Gleichrichterschaltungen.*

2 *Beschreiben Sie die Fehlersuche für den Fall, dass am Ausgang der Gleichrichterschaltung keine Spannung vorhanden ist.*

3 *Welchen Nachteil hat die Fehlersuche in Gleichrichterschaltungen mit dem Vielfachmessgerät?*

4 *Wie wird mit dem Vielfachmessgerät überprüft, ob eine Diode defekt ist?*

5 *Welche beiden Fehlermöglichkeiten gibt es bei Dioden?*

6 *Beschreiben und erklären Sie die Spannungsverläufe der Gleichrichterausgangsspannung für alle möglichen Fehler.*

7 *Warum erhöht sich die Ausgangsspannung einer Gleichrichterschaltung, wenn die Glättungsinduktivität überbrückt wird?*

8 *Wie kann man mit einem Spannungsmesser feststellen, ob in einer Zweipuls-Brückenschaltung eine Diode defekt ist?*

9 *Am Ausgang einer Zweipuls-Brückenschaltung wird ein Effektivwert von 15,7 V und ein arithmetischer Mittelwert von 10 V gemessen. Welcher Fehler liegt vor? Der Glättungskondensator wurde abgeklemmt.*

10 *Simulieren Sie Fehler in einer Dreipuls-Mittelpunktschaltung und einer Sechspuls-Brückenschaltung.*

```
FUNCTION FC2
TITLE = Automatikbetrieb
BEGIN
NETWORK      //Nr.:1
TITLE = Grundstellung
U  E1.3      //Werkstueck vorhanden
U  E1.4      //Spannzylinder eingefahren
U  E1.7      //Auswurfzylinder eingefahren
U  E2.1      //Bohrer oben
S  M0.0      //Grundstellung und Start
U  M0.1      //Schritt 1, Spannen
R  M0.0      //Grundstellung und Start
NETWORK      //Nr.:2
TITLE= Spannen
U  M0.0      //Grundstellung und Start
U  E0.1      //Steuerung Ein, Schliesser
U  E1.3      //Werkstueck vorhanden
S  M0.1      //Schritt 1, Spannen
U  M0.4      //Schritt 4, Spannfutter loesen
R  M0.1      //Schritt 1, Spannen
NETWORK      //Nr.:3
TITLE= Vorschubantrieb abwaerts
U  M0.1      //Schritt 1, Spannen
U  E1.5      //Spannzylinder ausgefahren
U  E2.1      //Bohrer oben
S  M0.2      //Schritt 2, Vorschubantrieb abwaerts
U  M0.3      //Schritt 3, Vorschubantrieb aufwaerts
R  M0.2      //Schritt 2, Vorschubantrieb abwaerts
NETWORK      //Nr.:4
TITLE=Vorschubantrieb aufwaerts
U  M0.2      //Schritt 2, Vorschubantrieb abwaerts
U  E2.0      //Bohrer unten
S  M0.3      //Schritt 3, Vorschubantrieb aufwaerts
U  M0.4      // Schritt 4, Spannfutter loesen
R  M0.3      //Schritt 3, Vorschubantrieb aufwaerts
NETWORK      //Nr.:5
TITLE = Spannfutter loesen
U  M0.3      //Schritt 3, Vorschubantrieb aufwaerts
U  E2.1      //Bohrer oben
S  M0.4      //Schritt 4, Spannfutter loesen
U  M0.5      //Schritt 5, Auswerfen
R  M0.4      //Schritt 4, Spannfutter loesen
NETWORK      //Nr.:6
TITLE = Auswerfen
U  M0.4      //Schritt 4, Spannfutter loesen
U  E1.4      //Spannzylinder eingefahren
S  M0.5      //Schritt 5, Auswerfen
U  E1.6      //Auswurfzylinder ausgefahren
R  M0.5      //Schritt 5, Auswerfen
NETWORK      //Nr.:7
TITLE= Befehlsausgabe
U  M0.1      //Schritt 1, Spannen
=  A0.1      //Spannzylinder ausfahren
U  M0.2      //Schritt 2, Vorschubantrieb abwaerts
=  A0.4      //Bohrer abwaerts
U  M0.3      //Schritt 3, Vorschubantrieb aufwaerts
=  A0.5      //Bohrer aufwaerts
U  M0.4      //Schritt 4, Spannfutter loesen
=  A0.2      //Spannzylinder einfahren
U  M0.5      //Schritt 5, Auswerfen
=  A0.6      //Auswerfen
U  E0.1      //Steuerung Ein, Schliesser
=  A0.3      //Bohrantrieb Ein
=  A0.7      //Foerderband Ein
END_FUNCTION
```

367.1 AWL der Bohrstation für Automatikbetrieb

11.15 Fehlersuche in Steuerungen

Während des laufenden Betriebes tritt an der Bohrstation plötzlich eine Störung auf. Das Werkstück wird vom Auswurfzylinder nicht mehr ausgeworfen. Die Anlage arbeitet danach nicht mehr weiter.

Bevor der Instandsetzer mit der Fehlersuche beginnt, lässt er sich vom Anlagenbediener den Ablauf der Störung beschreiben. Außerdem muss er sich folgende Dokumentationen beschaffen:

- Technologieschema der Bohrstation
- Anschlussplan für die SPS
- Zuordnungsliste
- AWL für den Hand- und Automatikbetrieb
- Pneumatikschaltplan

Anhand der AWL für den Automatikbetrieb (Abb. 367.1) identifiziert der Instandsetzer mögliche Fehlerursachen. Da die Anlage im 5. Steuerschritt (Auswerfen) ihren Betrieb einstellt, kann der Fehler nur von schadhaften Komponenten verursacht worden sein, die entweder die Bedingungen für die Ausführung des 5. Steuerschrittes vorgeben (Sensoren, SPS-Eingänge) oder die geforderte Aktion auslösen (Ausgang, Stellglied, Antrieb).

Die Weiterschaltbedingungen hängen vom Endschalter S14 (E1.4, Spannzylinder eingefahren) und von dem Endschalter S21 (E2.1, Bohrer oben) ab (Abb. 367.1). Das Ausfahren des Auswurfzylinders wird vom SPS-Ausgang A0.6 veranlasst. Der Ausgang A0.6 steuert die Spule des 3/2-Wegeventils des Auswurfzylinders an.

11.15.1 Eingrenzung des Suchraumes

Der Suchbereich für den möglichen Fehler kann sich demnach auf folgende Komponenten beschränken:

- Endschalter S14 oder S21 defekt
- Signalleitungen zu den SPS-Eingängen E1.4 und E2.1 unterbrochen
- Leitung zwischen SPS-Ausgang A0.6 und 3/2-Wegeventil unterbrochen
- 3/2-Wegeventil defekt
- Auswurfzylinder defekt
- Unterbrechung oder Verstopfung der Druckluftleitung des Auswurfzylinders

Bei der Fehlersuche überprüft der Instandsetzer so lange die einzelnen Fehlerursachen, bis er den Fehler gefunden hat. Ob ein Signal am Ein- oder Ausgang einer SPS anliegt, kann zwar an den Leuchtdioden erkannt werden. Weil diese aber defekt sein können, müssen die Signalzustände der Sensoren und Aktoren trotzdem überprüft werden.

Endschalter S14 und S21 überprüfen

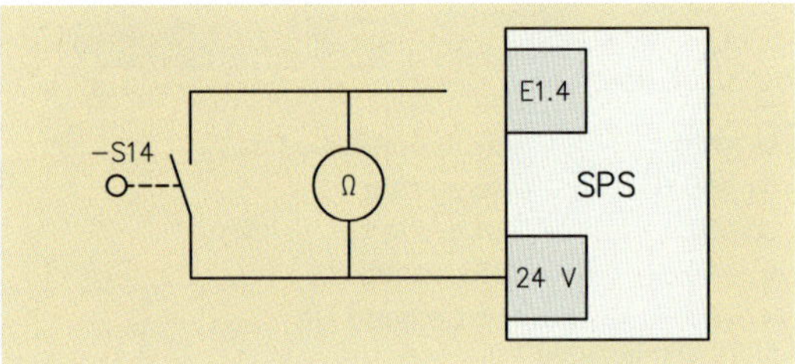

368.1 Messschaltung zur Überprüfung des Eingangssignals E1.4

Im spannungslosen und drucklosen Zustand wird mit dem Durchgangsprüfer geprüft, ob eine Leitungsunterbrechung zwischen Enschalter S14 oder S21 und SPS-Eingang vorliegt oder ob einer der beiden Endschalter defekt ist. Die Endschalter müssen jeweils von Hand betätigt werden.

Überprüfen des Ausgangssignals A0.6

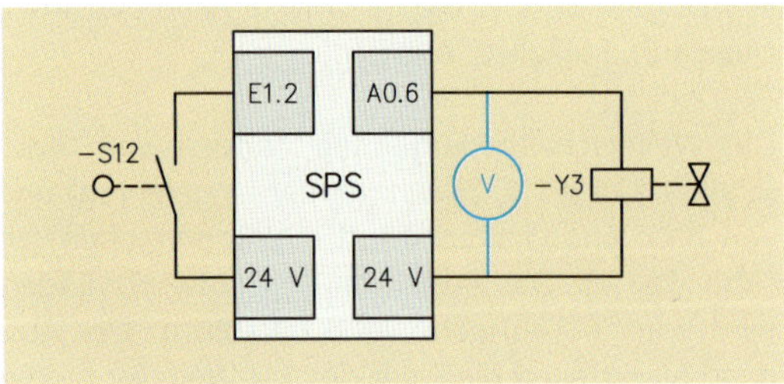

368.2 Messschaltung zur Überprüfung von A0.6

Die Anlage wird auf Handbetrieb geschaltet.

An der Spule des 3/2-Wegeventils wird ein Spannungsmesser angeschlossen. Bei Betätigung des Tasters S12 zeigt der Spannungsmesser eine Spannung von etwa 24 V an. Der SPS-Ausgang liefert also das richtige Signal. Eine Unterbrechung der Steuerleitung zwischen SPS-Ausgang A0.6 und dem 3/2-Wegeventil oder ein defekter SPS-Ausgang kann also ausgeschlossen werden. Als Nächstes muss das 3/2-Wegeventil überprüft werden.

Überprüfen des 3/2-Wegeventils

Die Druckluft muss eingeschaltet sein. Das 3/2-Wegeventil wird von Hand betätigt. Da der Auswurfzylinder jetzt ausfährt, kommt eigentlich nur noch eine defekte Spule als Fehlerquelle infrage. Der Spulenwiderstand wird mit einem Widerstandsmessgerät überprüft. Da das Widerstandsmessgerät einen sehr hohen Wert anzeigt, muss davon ausgegangen werden, dass das 3/2-Wegeventil aufgrund der defekten Spule nicht mehr funktionstüchtig ist.

368.3 Messschaltung zur Überprüfung des Spulenwiderstandes

11.15.2 Instandsetzung

Die Anlage muss spannungs- und druckfrei geschaltet werden. Das defekte 3/2-Wegeventil wird gegen ein neues Ventil ausgetauscht. Danach wird die Bohrstation zunächst im Handbetrieb und anschließend im Automatikbetrieb getestet.

Für die Instandsetzung ist die Einhaltung folgender Arbeitsschritte sinnvoll und zweckmäßig:

1. Bohrstation spannungsfrei und druckfrei schalten
2. Spulenstecker vom 3/2-Wegeventil abziehen
3. Druckluftanschlüsse vom 3/2-Wegeventil trennen
4. defektes Ventil losschrauben
5. neues Ventil festschrauben
6. Spulenstecker aufstecken
7. Druckluftschläuche anschließen
8. Anlage zunächst im Handbetrieb und dann im Automatikbetrieb testen

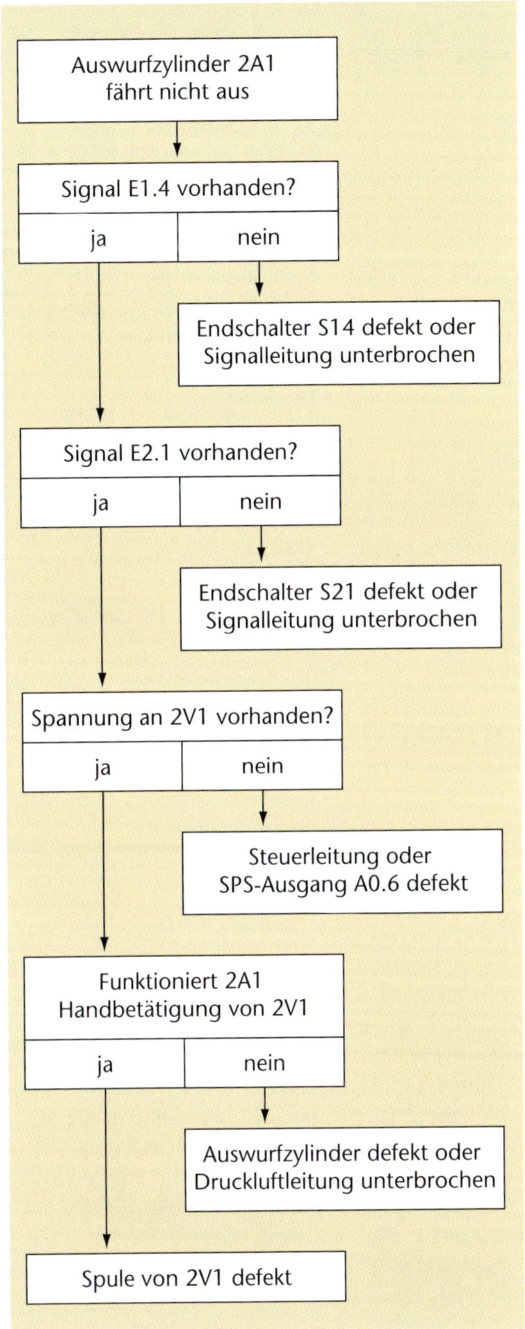

369.1 Ereignisablaufplan für Fehlersuche

Der Ereignisablaufplan von Abb. 369.1 fasst die oben beschriebene Fehlersuche noch einmal anschaulich zusammen.

11.15.3 Allgemeine Checkliste zur Fehlersuche

Wenn bekannt ist, bei welchem Schritt die Bohrstation stehen geblieben ist, dann lassen sich alle möglichen Fehler relativ leicht eingrenzen. Anhand der AWL (Abb. 367.1) kann der Instandsetzer diejenigen Sensoren und Aktoren identifizieren, die eventuell defekt sein könnten. Entweder ist der Sensor defekt, der für die Weiterschaltbedingung desjenigen Schrittes verantwortlich ist, bei dem die Anlage stehen geblieben ist, oder ein Aktor dieses Schrittes ist defekt.

In der Praxis kommt es leider häufig vor, dass der Maschinenbediener sich den Steuerschritt, bei dem die Anlage stehen geblieben ist, nicht merkt. Er schaltet die Anlage ab und ruft den Instandsetzer. Dieser kann dann nicht mehr genau aus dem vorliegenden Zustand der Anlage schließen, bei welchem Schritt die Steuerung stehen geblieben ist. Eine Rekonstruktion des Störfalls ist aus folgendem Grund nicht mehr möglich: Die Anlage läuft im Automatikbetrieb beim Wiedereinschalten nicht wieder an, weil zu Beginn eines neuen Steuerzyklusses jedes Mal die Grundstellung (AWL, Abb. 367.1) neu abgefragt wird. Von den drei Endschaltern S14 (E1.4), S17 (E1.7), S21 (E2.1) und dem induktiven Sensor B1 (E1.3) braucht wegen der UND-Verknüpfung nur ein Endschalter oder der Sensor defekt zu sein, um den Anlauf der Anlage zu verhindern.
Für eine systematische Fehlersuche empfiehlt sich dann folgender Weg:

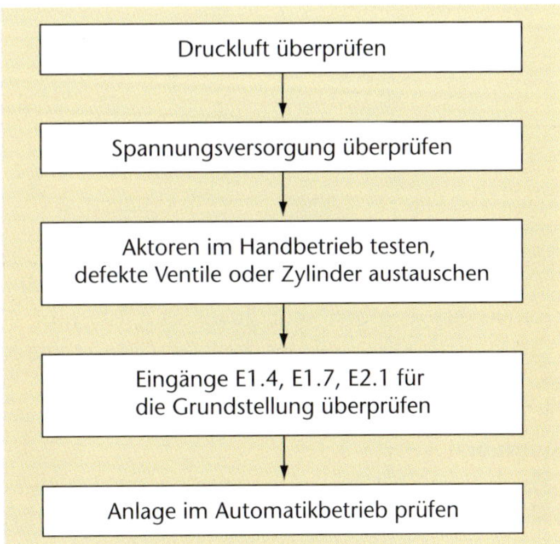

369.2 Checkliste zur Fehlersuche

ÜBERBLICK **Fehlersuche in Steuerungen**

Fehlerbild	mögliche Ursache	Maßnahmen
Auswurfzylinder fährt nicht aus (Handbetrieb)	3/2-Wegeventil defekt Drosselrückschlagventil defekt Druckluftverbindung unterbrochen Druckluftleitung verstopft SPS-Ein- oder Ausgänge defekt	3/2-Wegeventil austauschen Ventil austauschen Verbindung herstellen Leitung säubern o. austauschen SPS austauschen
doppelt wirkender Zylinder fährt nicht aus oder ein (Handbetrieb)	5/2-Wegeventil defekt ein Drosselrückschlagventil defekt eine Druckluftverbindung unterbrochen eine Druckluftverbindung verstopft SPS-Ein- oder Ausgänge defekt	5/2-Wegeventil austauschen Ventil austauschen Verbindung wieder herstellen Leitung säubern o. austauschen SPS austauschen
Steuerung bleibt im i-ten Schritt stehen (Automatikbetrieb)	defekte Sensoren oder defekte Endschalter, die den i-ten Schritt einleiten unterbrochene Signalleitungen	Sensor austauschen Verbindung weder herstellen
Steuerung läuft im Automatikbetrieb nicht an	Versorgungsspannung fehlt Druckluft nicht vorhanden ein oder mehrere Sensoren, die die Grundstellung überprüfen, defekt oder verschmutzt Signalleitung unterbrochen SPS-Ausgänge defekt	Sicherungen erneuern Druckluftversorgung überprüfen Sensoren säubern Verbindung wieder herstellen SPS austauschen
Spannkraft des Spannzylinders zu gering	undichte Druckluftleitung Zylinderdichtung schadhaft	Leitung austauschen Zylinderdichtung erneuern
Spannzylinder fährt zu schnell aus	Drosselrückschlagventil falsch eingestellt oder defekt	Drosselrückschlagventil nachstellen oder austauschen
Auswurfzylinder fährt nicht ein	Rückstellfeder defekt	neue Feder einbauen oder Zylinder austauschen

370.1 Fehlersuchtabelle für SPS-Steuerung mit Pneumatik

EXKURS **Zuverlässigkeit von Steuerungen (SPS)**

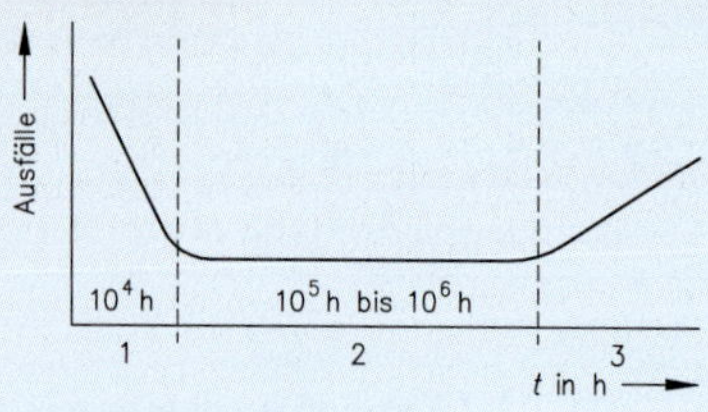

Obwohl eine SPS im Vergleich zu elektromechanischen Steuerungen sehr zuverlässig ist, gibt es dennoch hin und wieder Ausfälle. Unterschieden wird zwischen Frühausfällen (Bereich 1), Zufallsausfällen (Bereich 2) und Verschleißausfällen (Bereich 3). Die Frühausfälle haben ihre Ursache in Material- und Fertigungsmängeln. Mit zunehmender Lebensdauer einer SPS steigen die auf Verschleiß beruhenden Ausfälle (Bereich 3) an. Dennoch ist die SPS sehr zuverlässig: Nur etwa 5 Prozent aller Fehler werden durch eine defekte SPS verursacht. Die restlichen 95 Prozent der Fehler treten in der Peripherie (Ventile, Zylinder) auf.

Aufgaben

1 *Welche Fehler können in Steuerungen vorkommen?*

2 *Beschreiben Sie die Fehlersuche für das Fehlerbild „Werkstück wird nicht ausgeworfen".*

3 *Welche Fehler kommen am häufigsten vor?*

4 *Welche Rolle spielt die Verschmutzung bei Störungen?*

5 *Wie kann die Funktionsfähigkeit von Endschaltern überprüft werden?*

6 *Wie kann man überprüfen, ob ein induktiver Sensor defekt ist?*

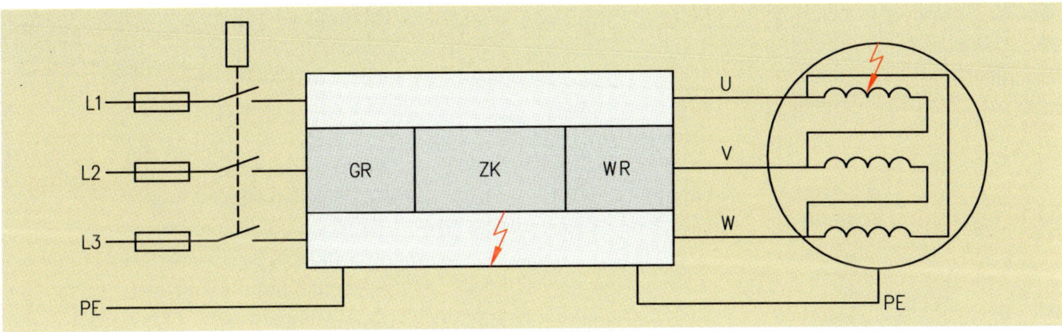

371.1 Erdschluss beim Frequenzumrichter (GR Gleichrichter, ZK Zwischenkreis, WR Wechselrichter)

11.16 Frequenzumrichter

Während des laufenden Betriebes geht der Bohrantrieb in den fehlerhaften Betriebszustand „Stillstand" über. Auf dem Display des Frequenzumrichters erscheint die Fehlermeldung F-03. Laut Fehlerliste des Herstellers (Abb. 372.1) handelt es sich um einen Erdschluss. Der Erdschluss kann entweder am Motor oder am Frequenzumrichter entstanden sein. Bei einem Erdschluss handelt es sich um eine leitende Verbindung zwischen einem spannungsführenden Leiter (Außenleiter) und geerdeten Teilen des Frequenzumrichters oder des Asynchronmotors. Ein Erdschluss entsteht durch einen Isolationsfehler. Bei einem vollkommenen (direkten) Erdschluss ist der Übergangswiderstand zwischen der schadhaften Isolation und dem geerdeten Teil (Gehäuse des Frequenzumrichters oder Motors) sehr klein. Es fließt ein hoher Fehlerstrom. Bei einem unvollkommenen (indirekten) Erdschluss ist der Übergangswiderstand zwischen der schadhaften Isolation und dem geerdeten Teil groß. Es fließt nur ein kleiner Fehlerstrom. Bei einem Erdschluss ist die Summe der in den Frequenzumrichter fließenden Ströme nicht mehr null. In einem der drei Außenleiter fließt ein kleinerer Strom als in den beiden anderen Außenleitern. Der Frequenzumrichter verfügt über eine Einrichtung, die ständig überwacht, ob alle drei Leiterströme auch betragsmäßig gleich sind. Ist dies nicht mehr der Fall, dann wird der Motor allpolig von der Spannungsversorgung getrennt (Sofortabschaltung). Auf dem Display erscheint eine herstellerspezifische Fehlernummer (hier F-03).

11.16.1 Überprüfen des Motors

Alle drei Außenleiter werden abgeklemmt. Zwischen den drei Außenleitern und dem Motorgehäuse wird mit dem Widerstandsmessgerät überprüft, ob ein Fehlerwiderstand vorhanden ist (Abb. 371.2). Da dies nicht der Fall ist, muss jetzt der Frequenzumrichter überprüft werden.

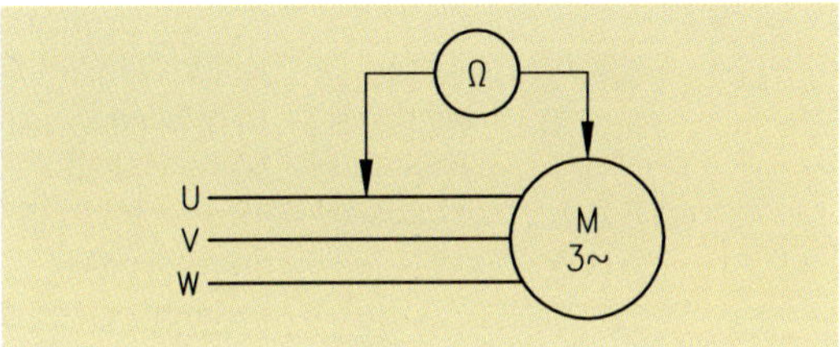

371.2 Erdschluss am Motor

11.16.2 Überprüfen des Frequenzumrichters

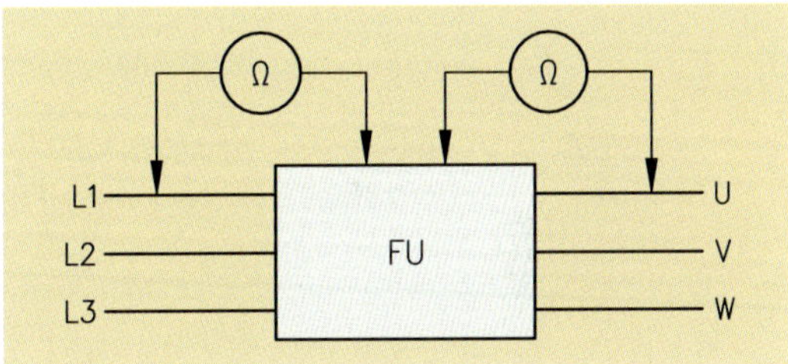

371.3 Erdschluss am Frequenzumrichter

Zwischen allen drei Eingangs- und Ausgangsleitungen und dem Gehäuse (oder PE-Anschluss) des Frequenzumrichters wird der Widerstand mit einem Widerstandsmessgerät gemessen. Beim Außenleiter L2-Gehäuse zeigt das Messgerät einen Wert von etwa 2 kΩ an. Dieser Wert des Fehlerwiderstandes deutet auf einen unvollkommenen Erdschluss im Frequenzumrichter hin. Der Frequenzumrichter muss ausgetauscht und die Anlage wieder neu in Betrieb genommen werden.

Nr.	Bezeichnung	Reaktion	Mögliche Ursache	Maßnahme
00	Kein Fehler			
01	Überstrom	Sofortabschaltung	Kurzschluss am Ausgang zu großer Motor defekte Endstufe	Kurzschluss entfernen kleineren Motor anschließen
03	**Erdschluss**	Sofortabschaltung	Erdschluss am Motor Erdschluss am Umrichter	Motor austauschen Frequenzumrichter austauschen
07	Überspannung Zwischenkreis	Sofortabschaltung	Zwischenkreisspannung zu hoch	Verzögerungsrampen verlängern Zuleitung zu Bremswiderstand prüfen Daten des Bremswiderstandes prüfen
08	**Drehzahlüberwachung**	Sofortabschaltung	Stromregler arbeitet an der Stellgrenze wegen: mechanischer Überlast Phasenausfall am Netz Phasenausfall am Motor	Last verringern Strombegrenzung überprüfen Verzögerungsrampen verlängern Netzphasen überprüfen Motorzuleitung prüfen
11	Übertemperatur	Schnellstopp mit Verriegelung	Thermische Überlastung des Umrichters	Last verringern ausreichende Kühlung sicherstellen
17 24	Systemstörung	Sofortabschaltung	Umrichter-Elektronik evtl. durch EMV-Einwirkung gestört	Erdanbindung überprüfen Schirmung überprüfen
31	Temperaturfühler (TF)	Schnellstopp mit Verriegelung	Motor zu heiß TF des Motors nicht oder falsch angeschlossen Verbindung zwischen Umrichter und TF unterbrochen	Motor abkühlen lassen und Fehler zurücksetzen Anschlüsse zwischen Umrichter und TF überprüfen
34	Rampe-Time-out	Sofortabschaltung	Überschreiten der eingestellten Schnellstopp-Rampenzeit	Schnellstopp-Rampenzeit verlängern
43	RS-485 Time-out	Schnellstopp ohne Verriegelung	Kommunikation zwischen PC und Umrichter unterbrochen	Verbindung zwischen PC und Umrichter überprüfen
45	Initialisierung	Sofortabschaltung	EEPROM nicht oder falsch parametriert	Werkeinstellung aufrufen, Reset durchführen und neu parametrieren
47	Systembus Time-out	Schnellstopp ohne Verriegelung	Fehler bei Kommunikation mit Systembus	Systembusverbindung überprüfen
85	Kopieren	keine	Fehler beim Kopieren von Parametern	Verbindung zwischen PC und Umrichter prüfen

372.1 Fehlerliste für einen Frequenzumrichter (Auswahl)

11.16.3 Drehzahlüberwachung

Eine andere Fehlermeldung, die neben der mechanischen Überlast auch den Phasenausfall berücksichtigt, ist der Fehler F-08.

Wird dieser Fehler gemeldet, dann muss zunächst geprüft werden, ob der Motor mechanisch nicht zu stark belastet wurde. Ist dies nicht der Fall, dann wird im laufenden Betrieb mit der Strommesszange überprüft, ob ein Leiter ausgefallen ist. Die Strommessungen müssen sowohl auf der Frequenzumrichtereingangsseite als auch auf der Frequenzumrichterausgangsseite durchgeführt werden.

Aufgaben

1 *Was ist ein Erdschluss?*

2 *Wie wird ein Erdschluss festgestellt?*

3 *Wie reagiert der Frequenzumrichter bei einem Erdschluss?*

4 *Beschreiben Sie die Fehlersuche bei einem Erdschluss.*

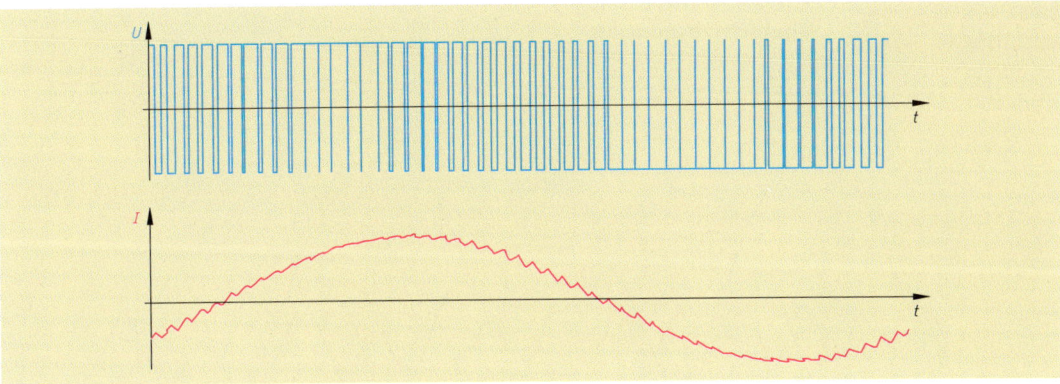

373.1 Pulsweitenmodulierte Ausgangsspannung und Ausgangsstrom eines Frequenzumrichters

	B2	B6	PWM
k	$100 I_k / I_1$ in %	$100 I_k / I_1$ in %	$100 U_k / U_1$ in %
3	33,33	–	–
5	20,00	20,00	–
7	14,29	14,29	26,19
9	11,11	–	115,71
11	9,09	9,09	26,17
13	7,69	7,69	–
15	6,67	–	16,12
17	5,88	5,88	44,89
19	5,26	5,26	44,97
21	4,76		17,66
23	4,35	4,35	13,12
25	4,00	4,00	25,74
27	3,70	–	21,89
29	3,45	3,45	24,04
31	3,22	3,22	2,42
33	3,03	–	15,71
35	2,86	2,86	12,25
37	2,70	2,70	10,23

373.2 Strom- und Spannungsoberschwingungen von Frequenzumrichtern (Die Prozentangaben beziehen sich auf die Amplitude der Grundschwingung)

Elektrische Geräte und Anlagen müssen so betrieben werden, dass sie keine unzulässig hohen Störungen aussenden. Ferner sind sie so aufzubauen, dass sie gegen die Einstrahlung fremder Störquellen geschützt sind.

373.3 Grundsätzliche Aussage des EMV-Gesetzes

11.17 Elektomagnetische Verträglichkeit (EMV)

Nach einer Umbaumaßnahme an der Bohrstation wird in unregelmäßigen Zeitabständen eine Störmeldung „Magazin leer" ausgegeben, obwohl das Magazin noch ausreichend bestückt ist. Eine Besichtigung der Leitungsführung deckt eine nicht EMV-gerechte Installation auf. Die Signalleitung des induktiven Sensors B2 wurde dicht neben der Leitung zwischen Frequenzumrichter und Bohrantrieb verlegt. Der Installateur hatte nicht beachtet, dass geschaltete Leistungsleitungen starke Störer sind.

Frequenzumrichter erzeugen eingangsseitig Stromoberschwingungen und ausgangsseitig Spannungsoberschwingungen. Oberschwingungen entstehen immer dann, wenn der Strom- oder Spannungsverlauf nicht sinusförmig ist. Nach Abb. 373.1 ist die pulsweitenmodulierte Ausgangsspannung des Frequenzumrichters nicht sinusförmig. In Tabelle 373.2 sind die einzelnen Amplituden der durch Gleichrichtung (B2, B6) erzeugten Stromoberschwingungen und der durch die Pulsweitenmodulation (PWM) erzeugten Spannungsoberschwingungen aufgelistet.

Aus der Tabelle geht deutlich hervor, dass die Spannungsoberschwingungen viel stärker ins Gewicht fallen als die Stromoberschwingungen. Diese hochfrequenten Oberschwingungen können die Steuerelektronik durch Abstrahlung hochfrequenter elektromagnetischer Wellen oder andere Koppelmechanismen stören. Um solche Störungen zu verhindern, müssen bei der Installation der elektrischen Anlage besondere Maßnahmen berücksichtigt werden.

EXKURS **Oberschwingungen**

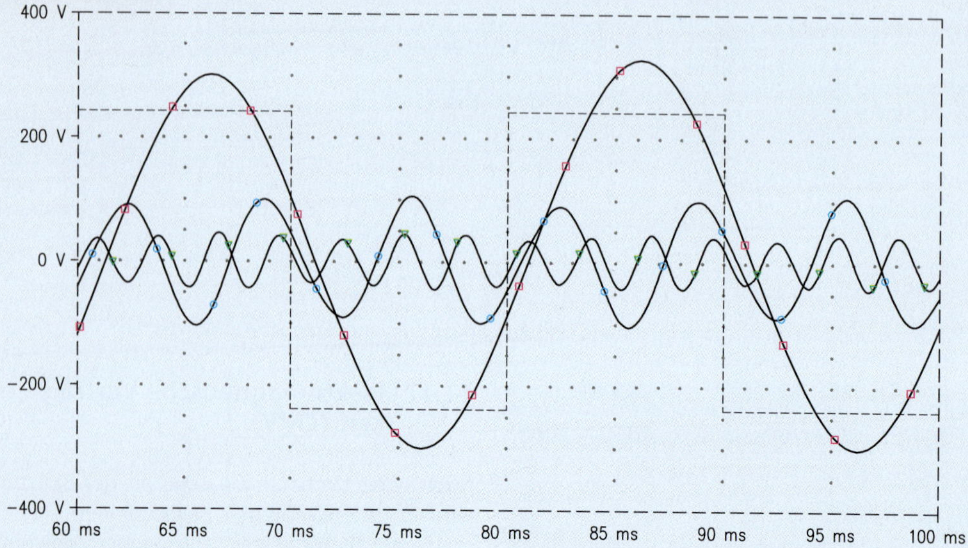

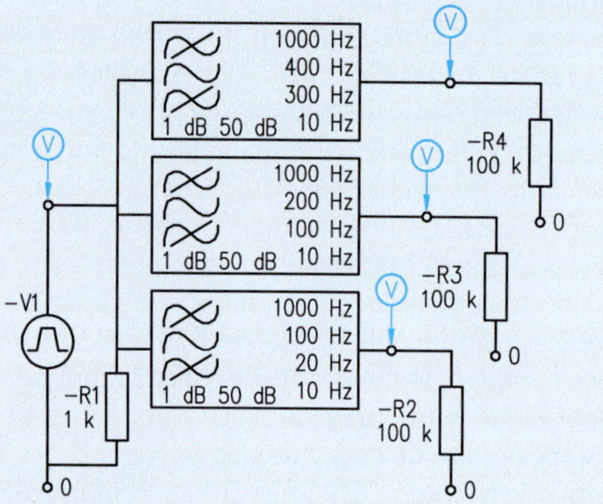

Der französische Mathematiker Fourier (1768 bis 1830) hat herausgefunden, dass sich jede nicht sinusförmige und periodische Funktion durch eine Summe von Sinusschwingungen mit dem ganzzahligen Vielfachen der Grundfrequenz (z. B. 50 Hz) nachbilden lässt. Diese mathematische Erkenntnis kann mithilfe eines Versuches empirisch bestätigt werden. Die Messschaltung besteht aus einer Spannungsquelle, die ein periodisches Rechtecksignal mit einer Frequenz von 50 Hz erzeugt. Drei Bandpässe filtern drei sinusförmige Spannungen mit den Frequenzen 50 Hz, 150 Hz und 350 Hz heraus. Diese einzelnen Spannungen nennt man auch 1. Harmonische oder Grundschwingung, 3. Harmonische und 5. Harmonische. Die Grundschwingung hat immer die Frequenz des nicht sinusförmigen Ausgangssignals. Alle Schwingungen, deren Frequenz oberhalb der Grundschwingung liegen, werden Oberschwingungen genannt. Bei einer rechteckförmigen Spannung beträgt die Frequenz der Oberschwingungen immer ein ungeradzahliges Vielfaches der Grundschwingung (3, 5, 7, 9, 11 usw.). Die Amplituden betragen: U_1 = 305,6 V, U_3 = 101,87 V und U_5 = 61,12 V. Auffällig ist, dass die Amplituden der Harmonischen mit ihrem Kehrwert (1/3, 1/5 usw.) abfallen. Umgekehrt kann durch die Addition einzelner Teilschwingungen nachgewiesen werden, dass die obige Analyse richtig war.

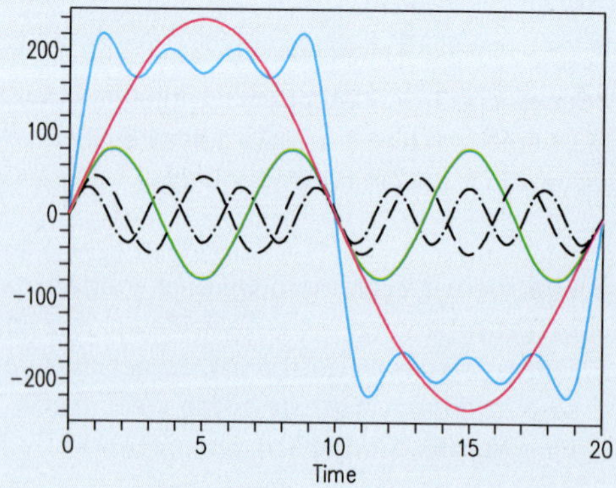

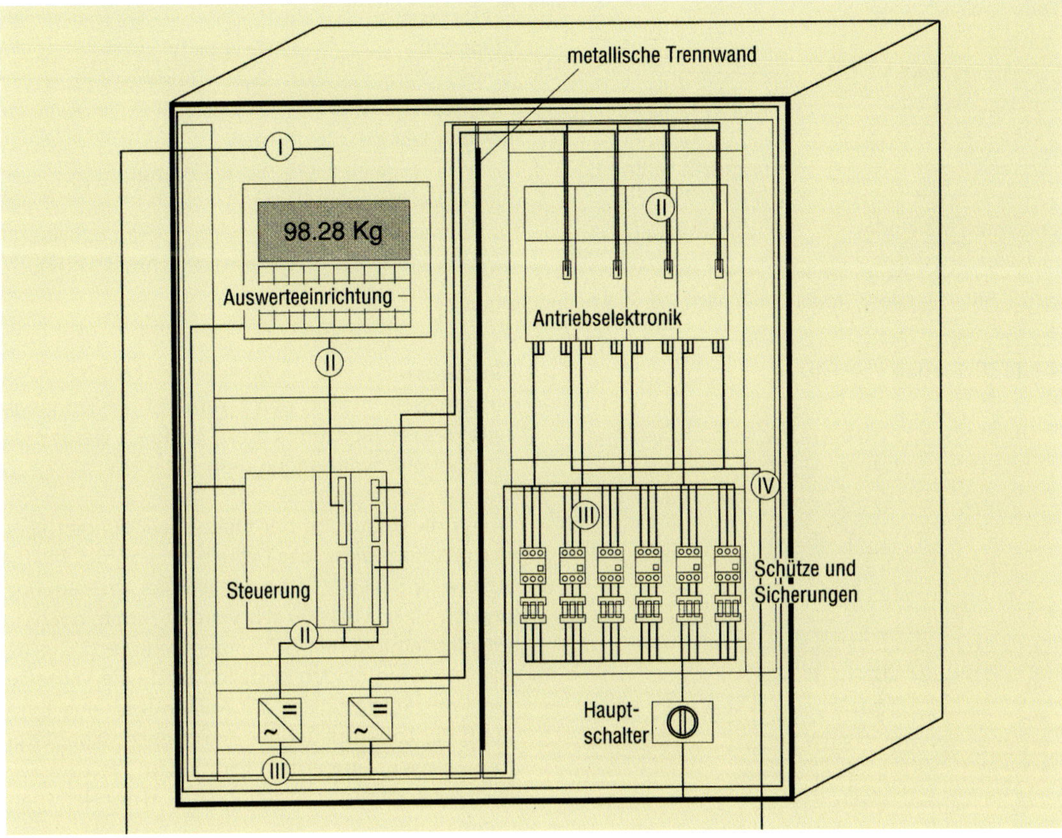

375.1 Geräteanordnung im Schaltschrank

11.17.1 Schaltschrankaufbau

Eine EMV-gerechte Installation der elektrischen Anlage beginnt bei der richtigen Auswahl des Schaltschrankes. Um zu verhindern, dass die Steuerelektronik und die Kleinsignalleitungen durch (elektro)magnetische Einstrahlung gestört werden, kommen nur Stahl-Schaltschränke infrage.

Die Geräte dürfen nicht beliebig im Schaltschrank angeordnet werden. Abb. 375.1 zeigt die richtige Platzierung der Geräte. Im linken Schaltschrankfeld werden diejenigen Komponenten (Auswerteinrichtung, Steuerelektronik) untergebracht, die gegenüber elektromagnetischer Störeinstrahlung empfindlich sind. Im rechten Schaltschrankfeld befinden sich die Geräte, von denen die Störungen ausgehen (Frequenzumrichter).

Besonders wichtig ist, dass zwischen den empfindlichen Komponenten und den Störquellen eine metallische Trennwand angebracht wird. Diese Trennwand soll das Eindringen von elektromagnetischer Störeinstrahlung in den empfindlichen Bereich verhindern.

Der Abstand zwischen der Auswerteinrichtung und der Steuerung sollte möglichst kurz sein. Kurze Signalleitungen sind weniger störanfällig als lange Leitungen (Antennenwirkung). Die Wahrscheinlichkeit, dass Signale mit schwachen Pegeln gestört werden, sinkt mit der Reduzierung des Leitungsweges.

Je nach der Empfindlichkeit der Komponenten gegenüber der elektromagnetischen Beeinflussung und der Intensität der Störquellen können die elektrischen Komponenten in vier Gruppen eingeteilt werden (Abb. 376.1).

Die empfindlichen Geräte der Gruppe I und II müssen getrennt von den Störquellen der Gruppe III und IV in einem separaten Schaltschrankfeld untergebracht werden.

Störsenken		Störquellen	
Gruppe I (sehr empfindlich)	**Gruppe II** (empfindlich)	**Gruppe III** (Störer)	**Gruppe IV** (starke Störer)
analoge Sensoren	Kleinsignal-Leitungen	Steuerleitungen für induktive Last	Zuleitungen zu Schweißanlagen
Messleitungen	Kleinsignal-Schaltleitungen	gefilterte Umrichterausgangsleitung	Leistungskreise
kapazitive Näherungsschalter	Kleinsignal-Versorgungen	Netzleitung	geschaltete Leistungsleitungen (Frequenzumrichter)

376.1 Einteilung der Komponenten nach Störsenken und Störquellen

11.17.2 Einbau von Filtern

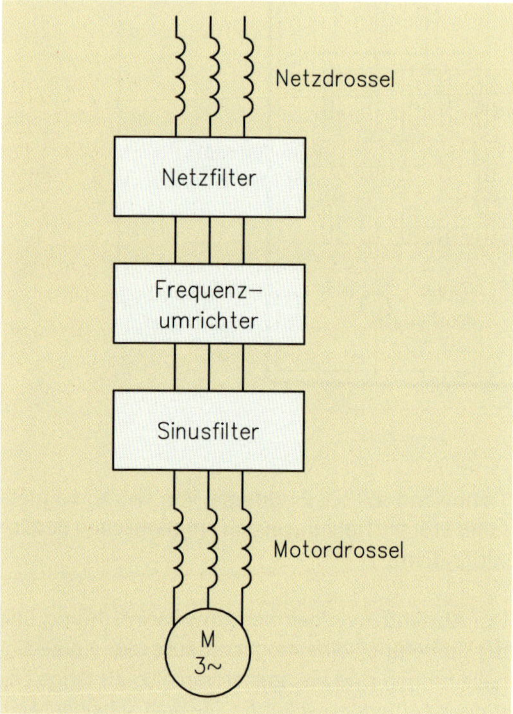

376.2. Entstörkomponenten bei Umrichtern

Die EMV-gemäße Anordnung der Geräte im Schaltschrank verhindert nur, dass die Geräte der Gruppe III und IV die Geräte der Gruppe I und II stören. Nicht verhindert wird, dass die durch die Frequenzumrichter erzeugten Störungen in die äußere Umgebung gelangen. Diese Störungen dringen durch die Netzleitung in das Versorgungsnetz und über die Motorleitung nach außen.
Um diese leitungsgebundenen und abgestrahlten Störungen zu reduzieren, werden spezielle Filterschaltungen eingesetzt (Abb. 376.2).

Netzdrossel
Netzdrosseln glätten den Strom auf der Eingangsseite des Frequenzumrichters. Dadurch werden die Stromoberschwingungen reduziert.

Durch die Reduktion der Oberschwingungen kann der Leistungsfaktor des Umrichters von 0,5 bis 0,6 auf etwa 0,8 bis 0,9 verbessert werden. Im Frequenzbereich 10 kHz bis 300 kHz werden zudem noch die leitungsgebundenen Störungen reduziert. Zusätzlich zu diesen beiden Vorteilen wird eine Verbesserung der Störfestigkeit der Anlage und eine Erhöhung der Lebensdauer der Zwischenkreiskondensatoren erreicht. Außerdem vermindern Netzdrosseln auch die Kommutierungseinbrüche in der Netzspannung.

Netzfilter
Das Netzfilter vermindert die durch den Gleichrichter des Frequenzumrichters erzeugten Störungen auf der Netzleitung. Für die Einhaltung der europäischen EMV-Normen ist der Einbau dieses Filters erforderlich.

Sinusfilter
Das Sinusfilter erzeugt aus der rechteckförmigen pulsweitenmodulierten Ausgangsspannung des Frequenzumrichters eine annähernd sinusförmige Ausgangsspannung. Der Anteil der Spannungsoberschwingungen wird dadurch stark vermindert, sodass das Störpotenzial abnimmt.

Motordrossel
Die Motordrossel bewirkt eine Glättung des Motorstroms und reduziert damit auch Oberschwingungen auf der Ausgangsseite. Durch den Einsatz einer Motordrossel lässt sich gleichzeitig auch die vorzeitige Alterung der Wicklungsisolation von Drehstrommotoren vermeiden.

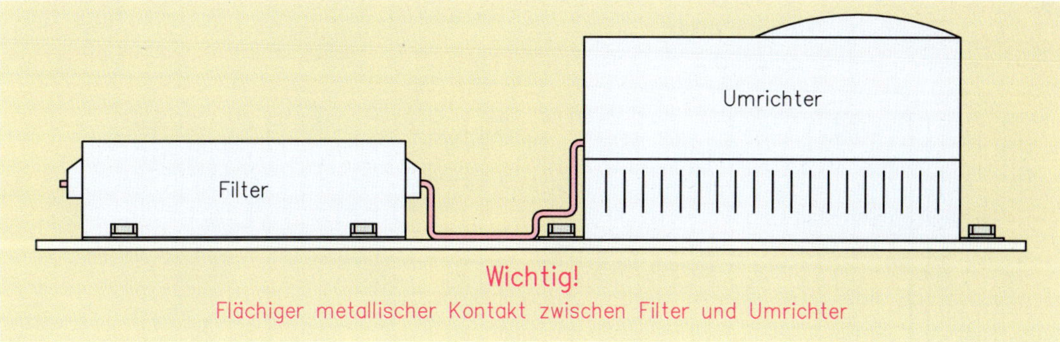

377.1 Einbau eines Netzfilters

11.17.3 Einbau eines Netzfilters

Damit die Vorgaben der EMV-Normen eingehalten werden, soll in den Schaltschrank der Bohrstation ein Netzfilter eingebaut werden.

Abb. 377.1 zeigt die Anordnung von Netzfilter und Frequenzumrichter. Das Netzfilter muss mit einem kleinstmöglichen Abstand zum Frequenzumrichter montiert werden. Besonders wichtig ist eine HF-gerechte Erdung. Die Gehäuse des Filters und des Umrichters müssen beide elektrisch gut leitend mit der Montageplatte verbunden sein. Der Kontakt zwischen Filter und Montageplatte muss großflächig sein. Wird dieser Grundsatz nicht beachtet, dann kann die Filterwirkung im Extremfall bei hohen Frequenzen teilweise oder sogar vollständig aufgehoben werden (Abb. 377.2).

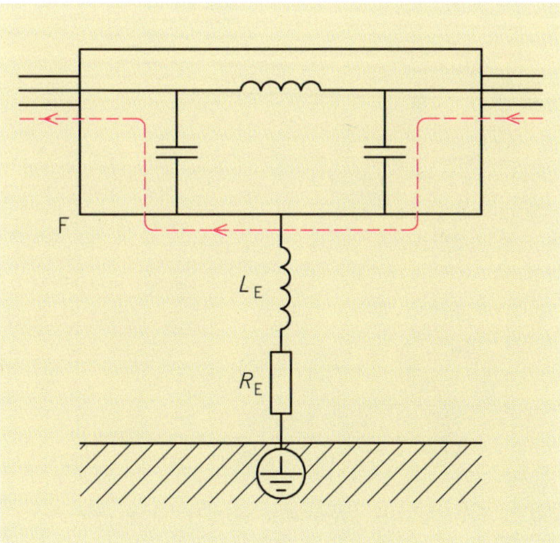

377.2 Ersatzschaltbild für Filterung mit schlechter Erdung

Das Ersatzschaltbild (Abb. 377.2) verdeutlicht den Sachverhalt einer schlechten Erdung. Bei ungenügendem Kontakt zwischen Filter und Montageplatte wirkt die Verbindung zwischen Ableitkondensatoren und Montageplatte wie eine Reihenschaltung aus einem induktiven Blindwiderstand und einem Ohm'schen Widerstand. Mit zunehmender Frequenz erhöht sich dieser Widerstand und verhindert damit, dass die Oberschwingungsströme zur Erde abgeleitet werden. Die Wirkung der Induktivität im Längszweig des Filters wird somit aufgehoben, weil die hochfrequenten Störströme jetzt über den in Abb. 377.2 gestrichelt gezeichneten Weg fließen.

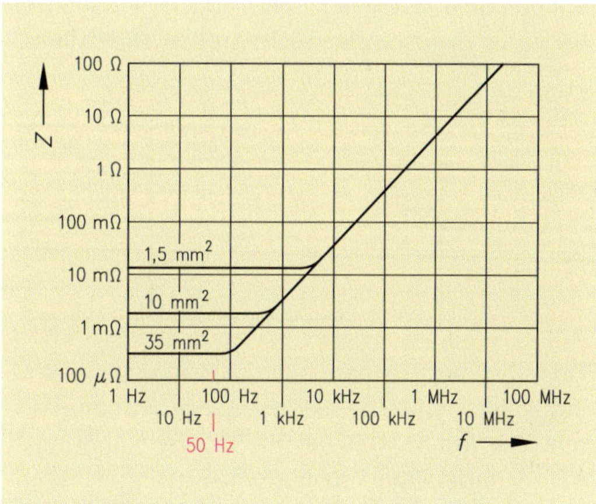

377.3 Impedanz eines Kupferleiters von 1 m Länge in Abhängigkeit von der Frequenz

Würde man einen Kupferleiter (Länge 1 m) als Erdverbindung einsetzen, so hätte man bei Frequenzen oberhalb von 10 MHz schon eine Impedanz von etwa 100 Ohm (Abb. 377.3).

EXKURS Tiefpassfilter

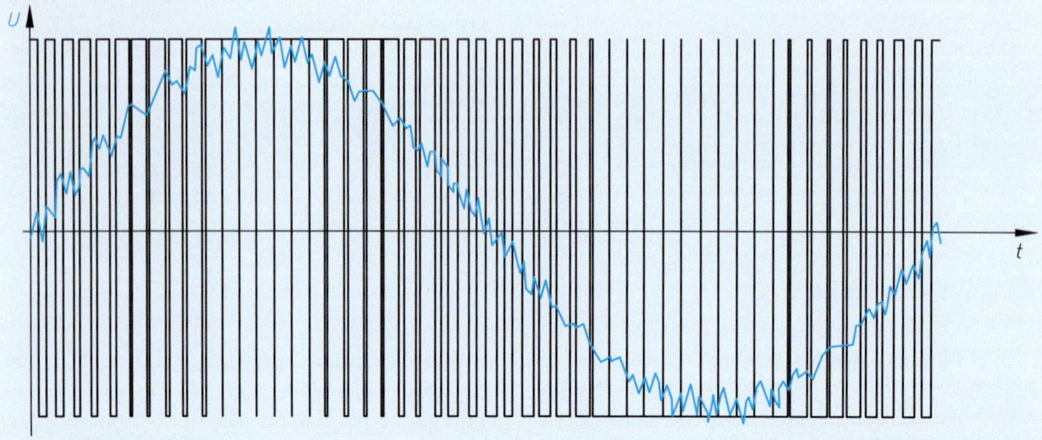

Durch den Einsatz eines Ausgangsfilters (Sinusfilter) lassen sich die Oberschwingungen der Ausgangsspannung eines Frequenzumrichters erheblich reduzieren. Am Ausgang des Sinusfilters hat die Spannung einen nahezu sinusförmigen Verlauf. Da alle Schwingungen oberhalb der Grundschwingung unterdrückt werden müssen, kommen als Siebschaltungen nur Tiefpässe infrage. Tiefpässe lassen die niedrigen Frequenzen der Eingansspannung U_1 fast unbehindert passieren. Bei hohen Frequenzen haben sie dagegen einen sehr großen Widerstand.

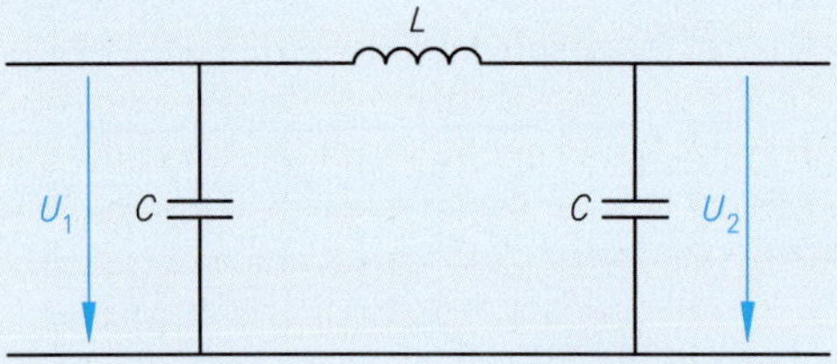

Ein einfacher Tiefpass hat im Längszweig eine Induktivität und im Querzweig zwei Kondensatoren. Die Induktivität hat für Oberschwingungen mit niedriger Frequenz nur einen geringen Wechselstromwiderstand. Für Oberschwingungen mit hohen Frequenzen hat sie dagegen einen hohen Widerstand. Je höher die Frequenz der Eingangsspannung U_1 ist, desto größer ist auch der induktive Widerstand der Längsspule. Mit zunehmender Frequenz wird die Amplitude der Ausgangsspannung U_2 gedämpft.

Der Kondensator im Querzweig des Filters schließt alle Oberschwingungen mit hohen Frequenzen kurz, sodass sie erst gar nicht zum Motor gelangen können. Ab einer bestimmten Frequenz, der so genannten Grenzfrequenz f_g, bei der der induktive Blindwiderstand den gleichen Wert des kapazitiven Blindwiderstands hat, wird die Ausgangsspannung U_2 stark gedämpft.

Die Induktivität und die Kapazität eines Tiefpasses kann aus dem Abschlusswiderstand R und der Grenzfrequenz f_g wie folgt berechnet werden:

$$L = \frac{0{,}3183 \cdot R}{f_g} \qquad C = \frac{0{,}1592}{f_g \cdot R}$$

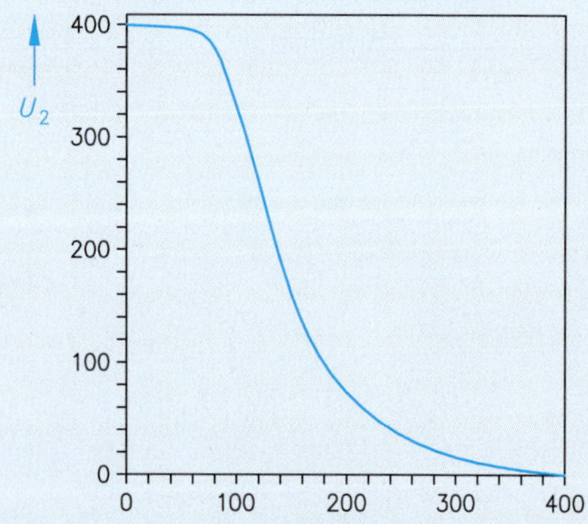

Mit zunehmender Frequenz von U_1 sinkt die Ausgangsspannung U_2 (f_g = 100 Hz).

Leitungsgruppe	Störer	Empfindlich	Beispiel
I (sehr empfindlich) Empfänger	–	++	• Leitungen für analoge Kleinsignale • Messleitungen
II (empfindlich) Empfänger	o	+	• Leitungen für digitale Kleinsignale (z. B. Busleitungen) • Schaltleitungen für Kleinsignale (24 V-Binärschalter ...) • Versorgungen von Kleinsignalen (10 V, 24 V)
III (Störer) Sender	+	o	• Steuerleitungen für induktive Last (entstört) • entstörte Leistungsleitungen (Schütze, Bremsen ...) • Netzleitung (nicht geschaltet)
IV (starke Störer) Sender	++	–	• Zuleitungen zu Schweißanlagen • Leistungskreise • elektronische Drehzahlsteller • Ausgangsleitungen von Frequenzumrichtern

379.1 Einteilung der Leitungen in Gruppen (II, IV) und Störsenken (I, II), trifft zu (++), trifft nicht zu (–), neutral o

11.17.4 Auswahl und Verlegung der Leitungen

Nach Tabelle 379.1 werden die Leitungen in die beiden Obergruppen der Störquellen (III, IV) und der Störsenken (I, II) eingeteilt. Die Obergruppen der Störquellen werden wiederum in die beiden Untergruppen „Störer" und „starke Störer" unterteilt. Die Obergruppe der Störsenken wird in die beiden Untergruppen „sehr empfindlich" und „empfindlich" unterteilt. Bei der Verkabelung der Bohrstation dürfen nicht abgeschirmte Leitungen der Gruppen III und IV nicht zusammen mit ungeschirmten Leitungen der Gruppen I und II zusammen verlegt werden. Energieleitungen der Gruppen III und IV, die von hochfrequenten Strömen durchflossen werden, wirken wie Sendeantennen. Diese Antennen strahlen die Störstrahlungen ab, während die Leitungen der Gruppen I und II diese Störungen empfangen, falls nicht geeignete Maßnahmen ergriffen werden, dies zu verhindern.

Damit alle Leitungen der Bohrstation im selben Kabelkanal verlegt werden können, werden sowohl für die Steuerleitungen als auch für die Leistungsleitungen zwischen Frequenzumrichtern und Motoren geschirmte Leitungen verwendet.

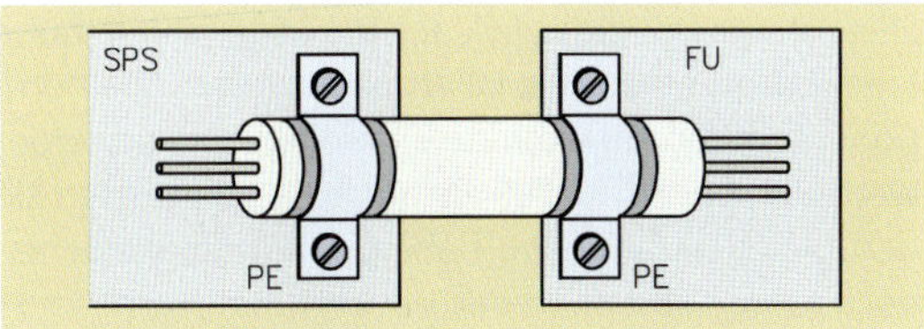

379.2 Beidseitige Erdung des Steuerkabels

Bei der Anschluss von geschirmten Leitungen ist besonders darauf zu achten, dass die Schirmung beidseitig und flächig mit Kabelbügeln geerdet wird. Bei der Erdung ist außerdem zu berücksichtigen, dass verzwirbelte Enden des Schirmes (so genannte Pigtails) vermieden werden.

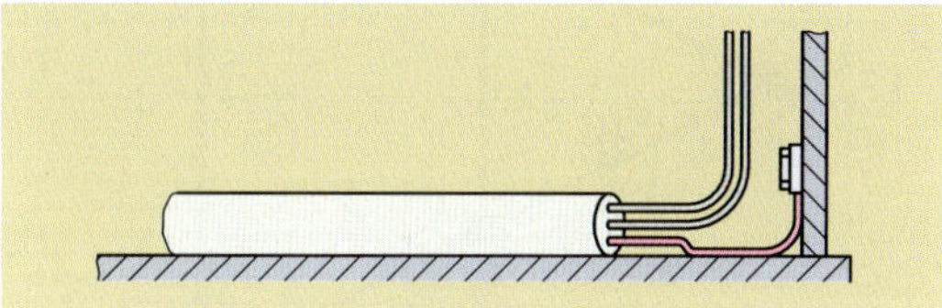

379.3 Erdung nicht benutzter Leitungen

Nicht benutzte Leitungen müssen an beiden Seiten geerdet werden (Abb. 379.3).

Allgemeine Verkabelungsregeln

- Ungeschirmte Leitungen der Gruppen I und II dürfen nicht mit Leitungen der Gruppen III und IV im gleichen Kabel oder gleichen Bündel untergebracht sein.
- Bei Steuerleitungen vermindert die Verdrillung von Hin- und Rückleiter die Störeinkopplung.
- Werden einzelne Leitungen innerhalb eines Kabels nicht benutzt, so müssen diese an beiden Enden geerdet werden.
- Die Länge aller parallel verlaufenden Leitungen muss auf das absolute Minimum begrenzt werden.
- Werden geschirmte Kabel benutzt, so dürfen alle Leitungsgruppen im selben Kabelkanal verlegt werden.
- Bei abgeschirmten Kabeln müssen die Schirme beidseitig geerdet werden. Es ist darauf zu achten, dass die Schirme flächig aufgelegt werden.
- Leitungen der Gruppen I und II und der Gruppen III und IV dürfen sich nur rechtwinklig kreuzen.

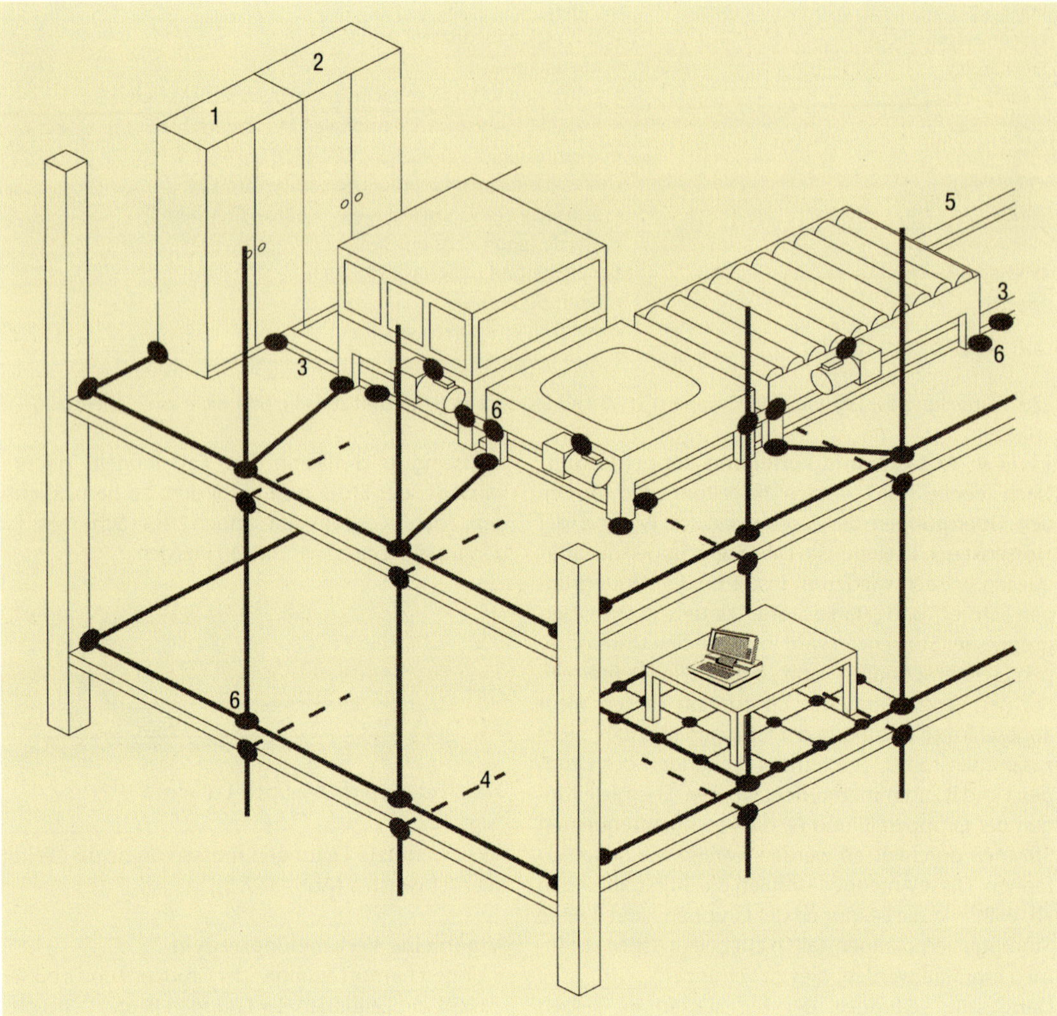

380.1 Erdungsnetz einer elektrischen Anlage
1 Schaltschrank Leistungsteil, 2 Schaltschrank Kleinspannungen, 3 Kabelkanal Leistungskomponenten, 4 verschweißte Eisenarmierung, 5 Kabelkanal Kleinspannungen, 6 Erdverbindung

11.17.5 Erdung

Ein EMV-gerechtes Erdungskonzept und dessen sachgerechte Umsetzung gilt in der Fachwelt als das wichtigste Entstörmittel. Abb. 380.1 zeigt das Erdungsnetz einer elektrischen Anlage. Der Erdungsleiter wird vermascht entlang des tragenden Stahlgerüstes verlegt. Erdleitungen schützen nur gegen elektromagnetische Beeinflussung, wenn sie vermascht sind. In regelmäßigen Abständen muss der Erdleiter elektrisch gut leitend mit dem Gestell verbunden werden (6).

Dies ist notwendig, weil der Schutzleiter für hohe Frequenzen eine hohe HF-Impedanz hat. Alle Komponenten der Anlage müssen niederohmig geerdet werden. Sowohl für NF als auch für HF müssen sie den gleichen Erdbezug haben. Die Kontaktflächen der Erdung dürfen weder verschmutzt noch verölt oder lackiert sein.

Eine nachlässige oder unzweckmäßige Kontaktierung der Erdung macht alle anderen EMV-Maßnahmen unwirksam.

EXKURS **Koppelmechanismen**

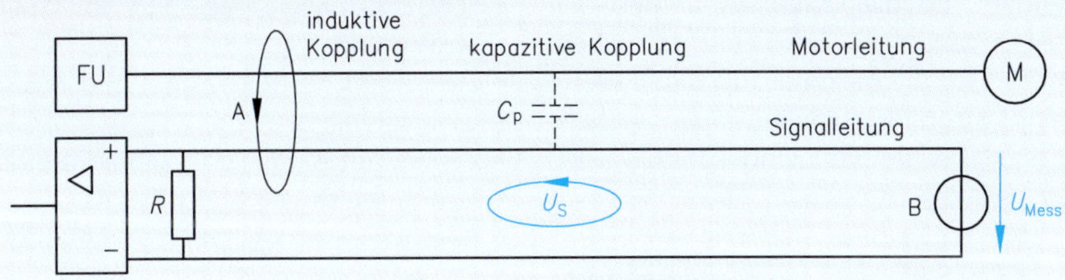

Kapazitive Kopplung
Die Motorzuleitung und die Signalleitung haben eine Parasitärkapazität C_P. Diese Kapazität ist wesentlich von der gemeinsamen Leitungslänge und dem Abstand beider Leiter abhängig. Je länger der gemeinsame Leitungsverlauf und je kleiner der Abstand zwischen den beiden Leitungen ist, desto größer ist auch die Parasitärkapazität. Wenn sich die Motorspannung ΔU ändert, dann „erzeugt" diese Spannungsänderung auf der Signalleitung einen Störstrom I_S:

$$I_S = C_p \cdot \frac{\Delta U}{\Delta t}$$

Der Störstrom wird wesentlich durch die Steilheit der Motorspannung bestimmt. Je kleiner Δt ist, desto größer ist auch der Störstrom. Der Störstrom könnte im Eingangswiderstand der SPS einen Spannungsfall verursachen und so fälschlicherweise ein in Wirklichkeit nicht intendiertes Eingangssignal vortäuschen.

Induktive Kopplung
Bei der induktiven Kopplung muss die Signalleitung zusammen mit dem Eingangswiderstand des Operationsverstärkers eine geschlossene Leiterschleife bilden. Wenn sich in der Motorleitung der Strom ändert, dann wird in der Leiterschleife zwischen Sensorspannungsquelle U_{Mess} und dem Operationsverstärkereingangswiderstand eine Störspannung U_S induziert. Diese Spannung ist abhängig von der Leiterschleifenfläche A, vom Abstand r (Motorleitung – Flächenmittelpunkt der Leiterschleife) und der Motorstromänderung ΔI_{Motor}. Es gilt näherungsweise folgender Zusammenhang.

$$U_S = \frac{\mu_0 \cdot A \cdot \Delta I_{Motor}}{2 \cdot \pi \cdot r \cdot \Delta t}$$

Ein SPS-Eingang könnte durch diese Störspannung ein „1"-Signal empfangen, obwohl der Sensor dieses gar nicht liefert.

Galvanische Kopplung
Eine galvanische Kopplung kann bei hohen Frequenzen und gemeinsamer Masseleitung von Motor und Sensor an der Impedanz der Masseleitung einen Spannungsfall U_s induzieren. Dieser Spannungsfall kann am SPS-Eingang ein Eingangssignal vortäuschen.

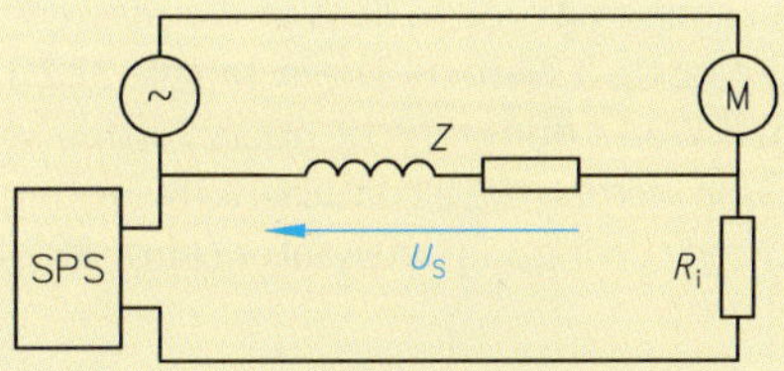

Strahlung
Frequenzumrichter erzeugen Störspannungen, die im HF-Bereich (bis 100 MHz) liegen. Die Motorleitung wirkt als Sendeantenne, wenn die Leitungslänge ein Zehntel der Wellenlänge überschreitet. Entsprechendes gilt für den Empfang von Störungen bei der Signalleitung (= Empfangsantenne). Würde beispielsweise die Störspannung eine Frequenz von $f = 10$ MHz haben, dann würde bei der zugehörigen Wellenlänge von $\lambda = 10$ m die Motorleitung ab einer Länge von $l = 1$ m bereits als Sendeantenne merklich Störsignale abstrahlen.

Einschätzung des Störpotenzials
Da beim Frequenzumrichter die Ausgangsspannung fast rechteckförmig, der Stromverlauf dagegen nahezu sinusförmig ist, hat die kapazitive Kopplung wegen des kleinen Δt das weitaus größere Störpotenzial.

11.17.6 Überprüfung der EMV-Maßnahmen

Nach Abschluss der Neuinstallation muss der Installateur überprüfen, ob die EMV-Maßnahmen den Vorgaben der einschlägigen Normen entsprechen. In Tabelle 382.1 sind die maximal zulässigen Werte für die einzelnen Stromoberschwingungen aufgelistet, die in das öffentliche Netz eingespeist werden dürfen.

k	Klasse A I_k in A	Klasse B I_k in A
3	2,30	3,45
5	1,14	1,71
7	0,77	1,155
9	0,40	0,6
11	0,33	0,495
13	0,21	0,315

382.1 Höchstzulässiger Oberschwingungsstrom nach EN 61 000–3–2

Nach der EN 61 000–3–2 müssen alle Geräte mit einem Leiterstrom von < 16 A in die Klassen A, B, C oder D eingeteilt werden. Die in Tabelle 382.1 angegebenen Werte dürfen nicht überschritten werden. Gemessen werden die Stromoberschwingungen mit dem Oberschwingungsanalysator (Abb. 382.2).

382.2 Oberschwingungsanalysator

Leistungsstarke Oberschwingungsanalysatoren verfügen oft über folgende Optionen:

- Echt-Effektivwert Messung für Spannung und Stromstärke
- Ermittlung des Klirrfaktors und des Oberschwingungsgehaltes
- Wirkleistungs-, Schein-, Blindleistungsmessung
- Ermittlung des Leistungsfaktors
- Anzeige bis zur 31. Oberschwingung
- Phasenwinkel zwischen Grundschwingung und Oberschwingung
- Anzeige in Signalform, numerische Anzeige und Spektraldarstellung
- Erfassung von MIN-, MAX- und Mittelwerten
- Speicher für acht komplette Messdatensätze
- Optisch isolierte RS-232 Schnittstelle

Die Stromaufnahme erfolgt über eine Stromzange, die extern an den Oberschwingungsanalysator angeschlossen wird. Gemessen wird direkt hinter dem Hauptschalter. Es müssen von allen drei Phasen die Stromoberschwingungen erfasst werden. Der Installateur oder Instandsetzer sollte sich darüber im Klaren sein, dass er alleine letztendlich die Verantwortung dafür trägt, ob die Anlage die Grenzwerte der Stromoberschwingungen auch tatsächlich einhält.

Aufgaben

1 *Welche zwei Hauptaussagen macht das EMV-Gesetz?*

2 *Was versteht man unter EMV?*

3 *Was sind Oberschwingungen?*

4 *Wie entstehen Oberschwingungen?*

5 *Beschreiben Sie einen EMV-gerechten Schaltschrankaufbau.*

6 *Durch welche Maßnahmen kann verhindert werden, dass eine Komponente Störstrahlungen in die Umgebung abgestrahlt?*

7 *Durch welche Maßnahmen kann verhindert werden, dass eine Komponente Störstrahlungen empfängt?*

8 *Beschreiben Sie die Wirkungsweise der einzelnen Koppelmechanismen?*

9 *Wie ändert sich die Impedanz eines Kupferleiters bei hohen Frequenzen?*

10 *Beschreiben Sie die Wirkungsweise eines Tiefpasses.*

11 *Welchen Stellenwert hat eine EMV-gerechte Erdung?*

12 *Wer ist letztendlich verantwortlich für eine EMV-gerechte Installation und Einhaltung der EMV-Normen?*

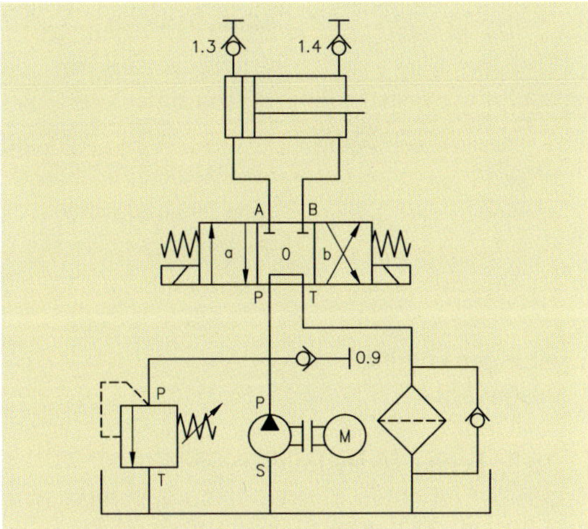

383.1 Hydraulikplan der Hebebühne

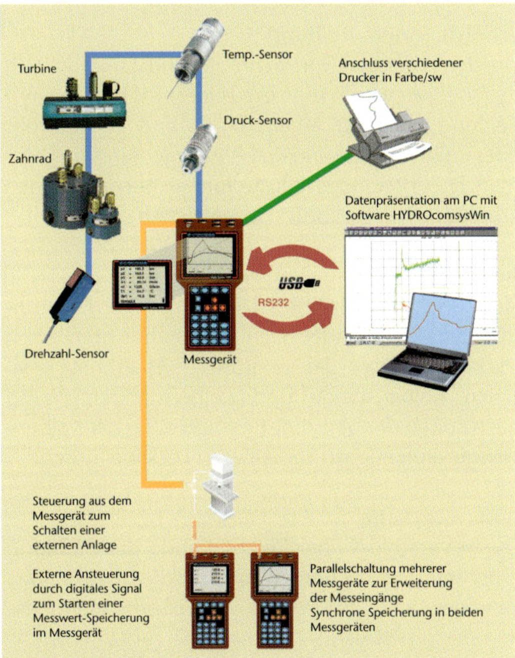

383.2 Druckmessgerät

Messstelle	M0.9		M1.3		M1.4	
	Soll	Ist	Soll	ist	Soll	Ist
Ausfahren	9	**59**	4,5	**54,5**	3	3
Endlage	100	100	100	100	0	0
Einfahren	15,6	**65,6**	6	6	11,5	**61,5**
Endlage	100	100	0	0	100	100

383.3 Auswertetabelle (M Messpunkte, Werte in bar)

11.18 Fehlersuche an einer hydraulischen Hebebühne

Eine hydraulische Hebebühne ist nicht mehr in der Lage, die maximale Last zu heben. Statt der vorgesehenen 1000 kg, bleibt der Hydraulikzylinder ab einer Masse von 600 kg stehen.

Bevor der Instandsetzer mit der Fehlersuche beginnt, muss er vorab folgende Prüfungen durchführen:

- durch Sichtprüfung feststellen, ob es in der Anlage äußere Leckagen gibt,
- Überprüfen des Flüssigkeitsstandes im Vorratsbehälter,
- Überprüfen des Filters auf Sauberkeit.

Sollten sich bei der ersten Besichtigung schon Abweichungen vom Sollzustand zeigen, so hat der Instandsetzer alle entdeckten Mängel zu beheben.
Die systematische Fehlersuche beginnt mit der Funktionsanalyse der Anlage. Anhand des Hydraulikschaltplans (Abb. 383.1) ortet der Instandsetzer alle wichtigen Messstellen an der realen Anlage.
Die Serviceunterlagen sollten neben dem Hydraulikschaltplan auch eine Messwerttabelle (Abb. 383.2) mit den Sollwerten der Drücke für die im Hydraulikschaltplan angegebenen Messpunkte enthalten.

Das Druckmessgerät (Abb. 383.2) wird an die Messstelle M0.9 angeschlossen. Beim Herstellen der Messverbindung zwischen Druckmessgerät und Druckmessstelle muss darauf geachtet werden, dass zuerst immer die Prüfschlauchleitung an das Druckmessgerät und danach an die Druckmessstelle angeschlossen wird. Das Lösen der Prüfschlauchleitung erfolgt in umgekehrter Reihenfolge. Nach Anschluss des Druckmessgerätes an die Messstelle M0.9 wird die Anlage eingeschaltet und das Wegeventil in Schaltstellung a gebracht. Alle Messungen sind ohne Last durchzuführen. Der Instandsetzer trägt die Messwerte für die Vorgänge Aus- und Einfahren des Hydraulikzylinders in Spalte „Ist" der Tabelle (383.3) ein. Die Drücke der Messstelle M0.9 für die Schaltstellungen obere und untere Endlage des Wegeventils sind ebenfalls in diese Tabelle einzutragen.

Für die anderen Messstellen erfasst der Instandsetzer ebenfalls die Drücke und trägt sie in die Tabelle (Abb. 383.3) ein.

Fehlerbild	Mögliche Ursache	Maßnahme
maximale Last nicht verschiebbar (ohne Last messen)	Reibung im Zylinder zu hoch Leitung zwischen Wegeventil und Eingang Zylinderbodenseite defekt Leitung zwischen Wegeventil und Behälter defekt	Zylinder austauschen Leitung austauschen Leitung austauschen
Hubzeit zu lang (mit Last messen)	innere Leckage im Zylinder innere Leckage im Wegeventil	Zylinder austauschen Wegeventil austauschen

384. 1 Fehlersuchtabelle für die hydraulische Hebebühne

11.18.1 Auswerten der Druckmessungen

Aus dem Vergleich der Drucksollwerte mit den Istwerten kann auf den Fehler geschlossen werden.

Messstelle M0.9 (Ausfahren)

Beim Ausfahren des Zylinders darf an der Messstelle M0.9 der Druck nur 9 bar betragen (Abb. 383.1). Er hat aber real einen Wert von 59 bar (Abb. 383.3). Dieser Wert ist viel zu hoch, weil das Ausfahren des Zylinders ohne Last erfolgt.

Messstelle M1.3 (Ausfahren)

Des Weiteren fällt auf, dass an der Messstelle M1.3 statt der erforderlichen 4,5 bar ein Druck von 54,5 bar gemessen wurde. Dieser Wert ist ebenfalls viel zu hoch. Er liegt, ebenso wie bei der Messstelle M0.9, um 50 bar über dem zulässigen Wert.

Messstellen M0.9 und M1.4 (Einfahren)

Beim Einfahren des Zylinders wird an deren Messstellen M0.9 und M1.4 ein um 50 bar erhöhter Druck gemessen (M0.9: 65,6 statt 15 bar, M1.4: 61,5 statt 11,5 bar).

Sowohl für das Aus- als auch für das Einfahren wird ein Druck benötigt, der 50 bar über dem normalen Wert liegt. Als Fehler kommt nur ein schadhafter Hydraulikzylinder infrage. Aufgrund einer erhöhten inneren Reibung des Zylinderkolbens muss gegenüber dem Normalbetrieb ein um 50 bar größer Druck aufgebracht werden, um den Zylinder ausbeziehungsweise einzufahren.

11.18.2 Instandsetzung

Der schadhafte Hydraulikzylinder ist auszutauschen. Folgende Arbeitsschritte sind dabei einzuhalten:

1. Anlage drucklos schalten
2. Druckleitungen losschrauben
3. defekten Hydraulikzylinder ausbauen
4. neuen Hydraulikzylinder einbauen
5. Druckleitungen anschließen
6. Leitungen entlüften
7. Anlage testen

11.18.3 Fehler an Hydraulikzylindern

Neben der erhöhten inneren Reibung verursachen auch innere und äußere Leckagen Fehlfunktionen in einer hydraulischen Anlage.

Erhöhte innere Reibung

Durch Eindringen von Schmutz und Staub in den Zylinderinnenraum kann es zu einer erhöhten inneren Reibung zwischen Arbeitskolben und Zylinderrohr oder Kolbenstange und Kolbenstangenführung kommen. Diese Reibungsverluste können nur durch einen erhöhten Hydraulikdruck ausgeglichen werden.

Äußere Leckage

Durch Verschleiß oder Beschädigungen von Dichtungen, die den Zylinder nach außen abdichten, kann Hydrauliköl über die vergrößerte Spaltbreite zwischen Kolbenstange und Kolbenstangenführung nach außen dringen. Eine Beschädigung der Kolbenstange kann ebenso zur äußeren Leckage führen.

Innere Leckage

Durch Verschleiß oder Beschädigung der Dichtung zwischen Zylinderinnenwand und Arbeitskolben kann verstärkt Öl durch die vergrößerte Spaltbreite von der druckbeaufschlagten Seite zur Unterdruckseite des Zylinders fließen. Die Folge ist eine Verlängerung der Hubzeit.

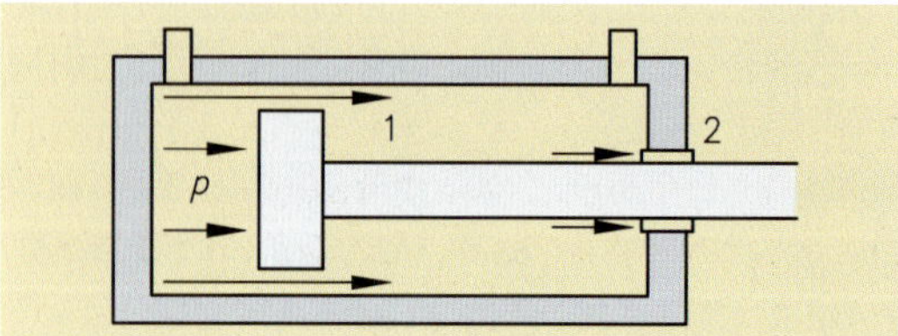

384.2 Innere (1) und äußere (2) Leckage

ÜBERBLICK **Fehler in hydraulischen Systemen**

Komponente	Fehler	Auswirkung auf die Anlage
Elektromotor	Ausfall der Stromversorgung Windungsschaden Lagerschaden Übertemperatur	Anlage fällt aus
Hydropumpe	Schaden an den Verdrängungskörpern Lagerschaden	erhöhte Druckverluste verminderte Volumenstromversorgung steigende Stromaufnahme des Motors erhöhte Geräuschemmision erhöhte Lagertemperaturen
4/3-Wegeventil	Windungsschluss Windungsunterbrechung Verschleiß Verschmutzung Federbruch	Ventil schaltet eventuell nicht Ventil schaltet nicht wie oben wie oben nur eine Schaltstellung
Hydraulikzylinder	erhöhte innere Leckage äußere Leckage ungelöste Luft erhöhte innere Reibung	Verringerung der Hubkräfte Verlängerung der Hubzeiten Ölverlust Belastung der Umwelt Alterung des Öls Zerstörung von Dichtungen Ruckgleiten (Stick-Slip-Effekt)
Tank	verstopfte Behälterlüftung Korrosion der Behälterinnenwand Abblätterung des Schutzanstriches	Saugdruckabfall der Hydraulikpumpe Kavitation Verschmutzung und Verstopfung von Ventilen erhöhter Verschleiß sämtlicher Bauteile wie oben
Druckbegrenzungsventil	zerstörter Ventilsitz	Anlage fällt aus
Filter	zugesetzte Filterfläche	erhöhter Druckabfall

11.18.4 Fehler am 4/3-Wegeventil

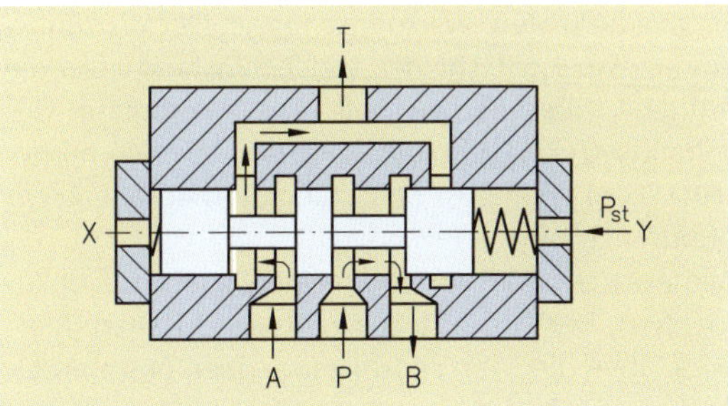

385.1 4/3-Wege-Längsschieber

Das 4/3-Wegeventil (Abb. 385.1) der Hebebühne lenkt den Weg des Flüssigkeitsstroms. Je nach Schaltstellung des Kolbens wird die Last gehoben, gehalten oder abgesenkt. Durch gealtertes oder verschmutztes Öl kann es zwischen Steuerschieberkolben und der Buchse des Ventils zu einer unzulässig hohen Reibung kommen, sodass das Ventil nicht mehr richtig schaltet. Setzen sich Späne aus der Anlage zwischen Steuerkante und Kolben fest, dann wird die Bewegung des Kolbens ebenfalls blockiert. Durch Verschleiß der Steuerkanten erhöht sich der Leckstrom zwischen gegeneinander abgesperrten Druckkammern. Es kann so zu einem unkontrollierten Durchfluss des Hydrauliköls kommen.

Aufgaben

1 *Welche Fehler können an Hydraulikzylindern auftreten?*

2 *Beschreiben Sie den Unterschied zwischen äußerer und innerer Leckage.*

3 *Was ist beim Anschluss eines Druckmessgerätes an die Messstellen zu beachten?*

4 *Beschreiben Sie die grundsätzliche Methode, wie an hydraulischen Anlagen Fehler gesucht werden.*

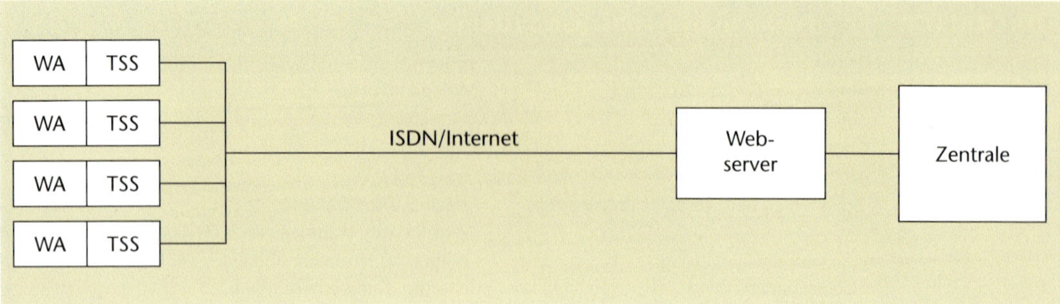

386.1 Wirkschaltplan einer Ferndiagnose

11.19 Ferndiagnose

Abb. 386.1 zeigt das Blockschaltbild eines komplexen Ferndiagnosesystems. Mehrere Hundert auf die gesamte Bundesrepublik großflächig verteilte Autowaschanlagen sollen von einer einzigen Zentrale aus überwacht werden. Das komplette Ferndiagnosesystem besteht aus den SPS-gesteuerten Waschanlagen (WA), den jeweils direkt daran angebundenen Teleservice-Stationen (TSS), dem Telefonnetz (ISDN) und der räumlich davon getrennten Zentrale.

11.19.1 Autowaschanlage (WA)

Jede Autowaschanlage wird konventionell durch eine SPS gesteuert. Neben der Steueraufgabe erfasst die SPS auch alle ungewöhnlichen Betriebszustände und sich anbahnende Störungen. Die Statusmeldungen werden an bestimmte SPS-Merker übergeben.

11.19.2 Teleservice-Station (TSS)

Die Teleservice-Station (TSS) arbeitet als Schnittstelle zwischen SPS und Telefonnetz. Sie fragt die Statusmerker der Fehlermeldungen (SPS) in regelmäßigen Abständen daraufhin ab, ob irgendwelche Störungen vorliegen. Wichtige Statusmeldungen betreffen z. B.:

- Hochdruckpumpenstatus
- Bürstenantriebsstatus
- Wassermangel
- Filterverstopfung
- Endschalter

Die TSS gibt alle Störmeldungen und wichtige Betriebsdaten an die Zentrale weiter. Daten mit nicht so hoher Dringlichkeit werden zunächst zwischengespeichert und nach einer Sammelphase zu festen Zeitpunkten an die Zentrale übertragen.

11.19.3 Zentrale

Die Zentrale ist die Sammelstelle für alle Daten, die die Teleservice-Stationen der einzelnen Waschanlagen über das Telefonnetz senden. Sie hat im Einzelnen folgende Aufgaben zu erledigen:

- Kommunikationsverbindungen zu den Steuerungen der Waschanlagen auf- oder abbauen
- Kommunikationsgeräte (TSS, Web-Kameraserver) auf der Anlagenseite überwachen
- Störbenachrichtigungen an die Betreiber der Anlagen via SMS, E-Mail oder Fax senden.

Der Betreiber der Waschanlage (Tankstellenpächter) kann selbst auch Initiative ergreifen und sich über seine Operatorstation in die Zentrale einwählen und dort wichtige Informationen über seine Waschanlage abrufen.

Die Zentrale verfügt auch noch über ein so genanntes Wartungsmanagement-Werkzeug. Dieses Werkzeug generiert aus einer von der Teleservice-Station gesendeten Störmeldung eine an den zuständigen Service gerichtete Wartungsanfrage. Der Wartungseinsatzplaner entscheidet, welcher Instandsetzer die Aufgabe übernehmen soll. Die Erledigung des Instandsetzungsauftrages wird der Zentrale mitgeteilt. Diese veranlasst dann die automatische Rechnungserstellung.

Alle Wartungsfälle werden in einer Datenbank dokumentiert. Der Instandsetzer kann sich so einen Überblick über die Wartungshistorie einer bestimmten Anlage verschaffen.

Aufgaben

1 *Welche Vorteile haben Ferndiagnosesysteme?*

2 *Beschreiben Sie die Wirkungsweise des Ferndiagnosesystems für Autowaschanlagen?*

3 *Beschreiben und erläutern Sie die Aufgaben der Zentrale.*

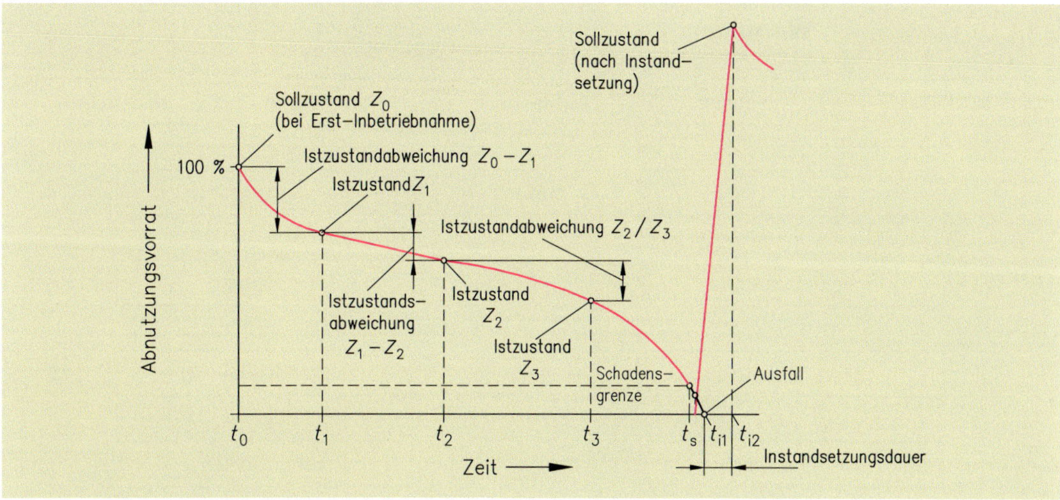

387.1 Abnutzungsdiagramm

12 Vorbeugende Instandhaltung

12.1 Instandhaltung

Abb. 387.1 zeigt den so genannten **Abnutzungsvorrat** eines mechatronischen Systems, z. B. einer CNC-Maschine, in Abhängigkeit von der Zeit. Unter Abnutzungsvorrat ist nach DIN 31 051 der Vorrat der möglichen Funktionserfüllung eines technischen Systems zu verstehen. Die Alltagserfahrung zeigt, dass Maschinen keine unbegrenzte Lebensdauer haben. Nach einer gewissen Zeit kommt es zwangsläufig zu Funktionsstörungen oder sogar zu Totalausfällen. Die Ursache hierfür liegt in der zwar langsam, aber stetig verlaufenden Abnutzung einzelner Maschinenelemente während des laufenden Betriebes. Wellen, Lager und Führungen unterliegen dem **Verschleiß** durch Reibung. Überlastung der Werkstoffe, Korrosion sowie Materialermüdung tragen ebenso zur Abnutzung bei.
Zum Zeitpunkt der Erstinbetriebnahme beträgt der Abnutzungsvorrat 100 Prozent. Bis zum Ausfall der Maschine nimmt der Abnutzungsvorrat ständig ab. Der aktuelle Abnutzungsvorrat wird zum Zeitpunkt der **Inspektion** festgestellt. Der Ausfall der Maschine wird meistens nur durch ein einziges Bauteil, die **Schwachstelle** des Systems, verursacht.

Durch regelmäßige Wartung lässt sich die Lebensdauer einer Maschine erhöhen und der Zeitpunkt ihres Ausfalls hinauszögern.

Durch **Instandsetzung** wird der ursprüngliche Zustand der Maschine wieder hergestellt. Der Abnutzungsvorrat beträgt jetzt wieder 100 Prozent. Durch Verbesserung der Werkstoffe, bessere Materialpaarung oder Änderung der Schmiernuten kann sich der neue Abnutzungsvorrat gegenüber seinem ursprünglichen Zustand erhöhen.

Unter **Instandhaltung** fallen nach DIN 31 051 alle Maßnahmen zur Bewahrung und Wiederherstellung des Soll-Zustandes eines technischen Systems. Die Feststellung und Beurteilung des Ist-Zustandes des Systems ist ebenso eine Maßnahme der Instandhaltung. Maßnahmen der Instandhaltung sind:
- Inspektion,
- Wartung und
- Instandsetzung

Die Instandhaltung hat die Aufgabe, die Abnutzung zu erkennen und positiv zu beeinflussen. Die sich in periodischen Abständen wiederholenden Inspektionen und Wartungen von Maschinen sind wichtige Maßnahmen der Vorbeugung gegenüber Betriebsstörungen und -ausfällen. Die besondere Bedeutung solcher Vorbeugemaßnahmen begründet sich durch die Vermeidung von Nutzungsausfällen, denn diese verursachen hohe Kosten.
Bei der Instandhaltung wird zwischen ausfallbedingter **Strategie** (Feuerwehrstrategie), zeitabhängiger Strategie (Präventivstrategie) und zustandsbedingter Strategie (technische Diagnostik) unterschieden.

EXKURS **Wartung**

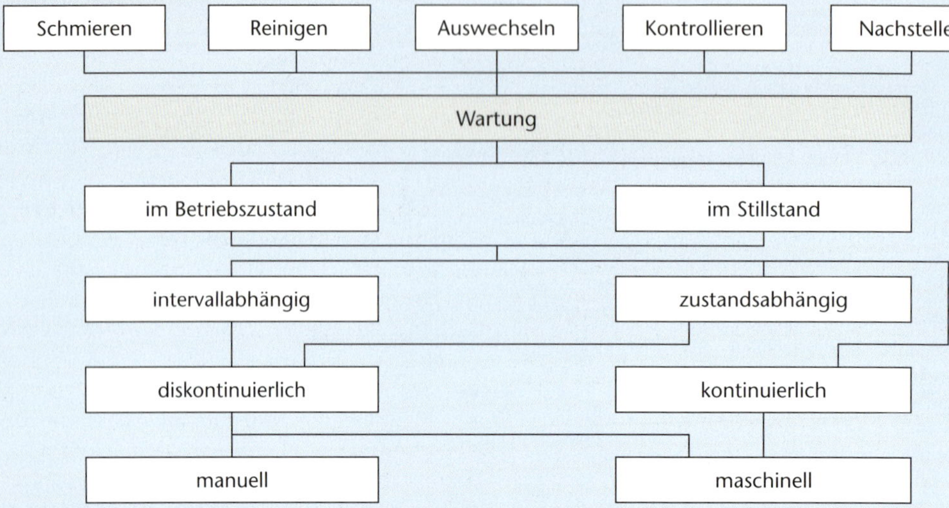

Die Wartung ist eine der wichtigsten vorbeugenden Instandhaltungsmaßnahmen. Unter Wartung versteht man die Bewahrung des Soll-Zustandes von technischen Systemen. Die Wartung ist eine vorbeugende Maßnahme, die Maschinenausfälle oder Maschinenschäden verhindern oder mindern soll.

Wartungsdurchführung
Wartungsarbeiten werden nach den Vorschriften des Herstellers in bestimmten Zeitabständen durchgeführt. Die Wartungsarbeiten können **intervallabhängig** oder auch **zustandsabhängig** durchgeführt werden. Typische Wartungsarbeiten sind:

- Schmieren der Aggregate
- Reinigen der Anlage
- Nachfüllen oder Wechseln von Öl oder Kühlmittel
- Kontrollieren von Flüssigkeitsständen
- Auswechseln von Dichtungen und Filtern
- Ablassen von Kondensat
- Systemdruck der Hydraulik und Pneumatik überprüfen
- Sicherheitseinrichtungen kontrollieren
- Führungen nachstellen

Schmieren
Unter Schmieren versteht man das Zuführen von Schmierstoff an die vorgesehenen Schmierstellen.

Reinigen
Unter Reinigen versteht man das Entfernen von Fremdstoffen (Schmutz) durch Absaugen, Scheuern oder Anwenden von Lösungsmitteln.

Auswechseln
Unter Auswechseln versteht man das Ersetzen von Hilfsstoffen (z. B. Hydrauliköl) oder Bauelementen (z. B. Lager).

Nachstellen
Unter Nachstellen versteht man die Beseitigung einer Abweichung mithilfe der dafür vorgesehenen Einrichtung.

Wartungspläne

Intervall	Gegenstand	Arbeiten
täglich	Schutztüren	auf Funktion und Beschädigung überprüfen
wöchentlich	Schaltschrank	Filtermatten kontrollieren
monatlich	Hydraulik	auf Leckage prüfen
halbjährlich	Leitungen	Sichtkontrolle

Die Durchführung der Wartungsarbeiten erfolgt nach Wartungsplänen.

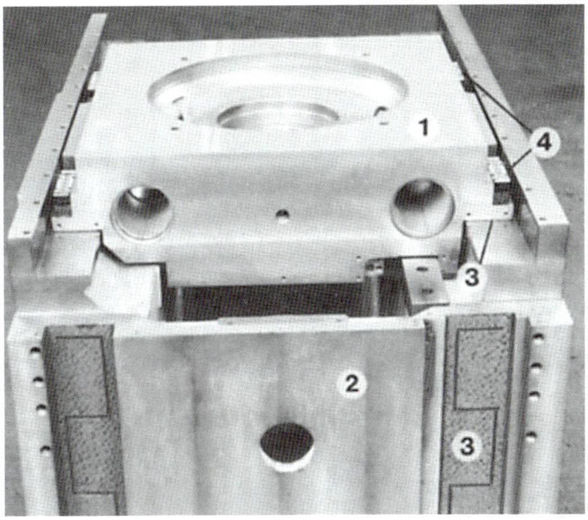

389.1 Führungen eines Frässchlittens

12.2 Abnutzung durch Verschleiß

Abb. 389.1 zeigt die Führungen des Frässchlittens auf dem Maschinenständer einer CNC-Fräsmaschine. Während des Betriebes bewegt sich der Frässchlitten ständig hin und her. Obwohl die Führungsbahnen gehärtet sind und die Zentralschmierung ständig dafür sorgt, dass es zu keiner Festkörperreibung zwischen den Reibflächen kommt, findet mit zunehmender Betriebsdauer eine zwar geringe, aber dennoch wirksame Abnutzung der Führungen durch Verschleiß statt.

Nach DIN 50 320 ist Verschleiß definiert als der fortschreitende Materialverlust der Oberfläche eines festen Körpers, hervorgerufen durch mechanische Ursachen, d. h. Kontakt und Relativbewegung eines festen, flüssigen oder gasförmigen Gegenkörpers.

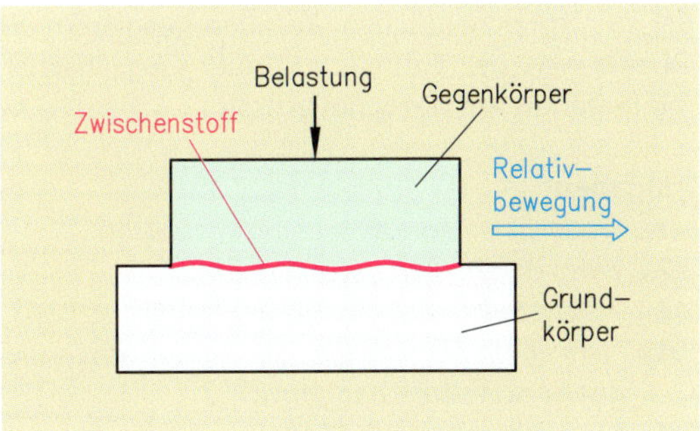

389.2 Reibung zwischen ebenen Flächen

Der Verschleiß vergrößert mit der Zeit allmählich das Führungsspiel des Frässchlittens. Dadurch verschlechtert sich die Maßgenauigkeit der zu fertigenden Werkstücke. Abb. 389.2 verdeutlicht diesen Zusammenhang.

Die Reibflächen sind nicht ideal glatt und eben, wie es uns der bloße Augenschein vortäuscht. Im mikroskopischem Bereich haben sie eine gewisse Rauigkeit. Durch die ständige Bewegung des Frässchlittens kommt es auch bei reiner Flüssigkeitsreibung zu einer gewissen Materialabnutzung, weil die Partikel des Schmiermittels ständig gegen die herausragenden Rauigkeitshügel der Reibelemente stoßen.

Einflussgrößen der Verschleißvorgänge sind die Normalkraft F_N, die Geschwindigkeit v des Führungsschlittens, die Stoff- und Formeigenschaft der Reibelemente (Oberflächenhärte, Rauigkeit), die Eigenschaft des Schmierstoffes und der Betriebsdauer t_B. Das jeweils besondere Ausmaß dieser Einflussgrößen ist bei der vorbeugenden Instandhaltung zu berücksichtigen.

Durch Vergrößerung der Normalkraft geht die Flüssigkeitsreibung in eine Mischreibung über. Unter Flüssigkeitsreibung versteht man die vollständige Trennung beider Reibelemente durch den Schmierstoff. Mischreibung liegt dann vor, wenn Flüssigkeits- und Festkörperreibung gleichzeitig vorkommen. Bei der Festkörperreibung haben beide Reibkörper unmittelbaren Kontakt zueinander. Auch nur kurzfristige Festkörper- oder Mischreibung ist im Interesse einer langen Lebensdauer eines mechatronischen Systems unbedingt zu vermeiden. Das heißt:

- Die Maschine darf nicht überlastet werden,
- das Schmiermittel muss in regelmäßigen Abständen ausgetauscht werden;
- es dürfen nur geeignete Schmiermittel verwendet werden;
- bei Mehrschichtbetrieb sind die Wartungsintervalle kürzer zu wählen (Einfluss der Betriebsdauer!);
- Anlaufvorgänge sind zu minimieren.

Der Verschleiß wird durch vier verschiedene Verschleißmechanismen hervorgerufen:

- Adhäsion
- Abrasion
- Oberflächenzerrüttung
- tribochemische Reaktion

Alle vier Verschleißmechanismen kommen bei der Gleitreibung vor, wenn der Schmierfilm zu dünn wird.

12.2.1 Adhäsion

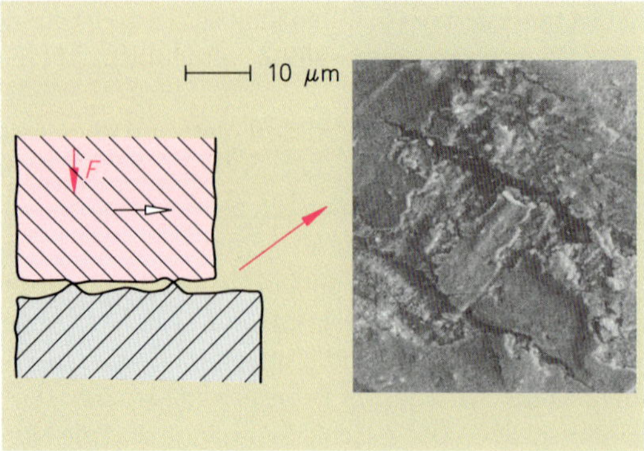

390.1 Adhäsion (Haftverschleiß)

Der adhäsive Verschleiß (Haftverschleiß) entsteht, wenn sich die Reibpartner ohne Zwischenstoff (Schmiermittel) gegeneinander bewegen. Bei hohem Druck oder hohen Geschwindigkeiten versagen die Oberflächenfilme der Reibpartner. Es kommt dann zu atomaren Bindungen zwischen Grund- und Gegenkörper. Die sich lösenden Partikel bleiben oft am härteren Gleitpartner haften. Bei großflächigen Verbindungen spricht man auch vom „Fressen".

12.2.2 Abrasion

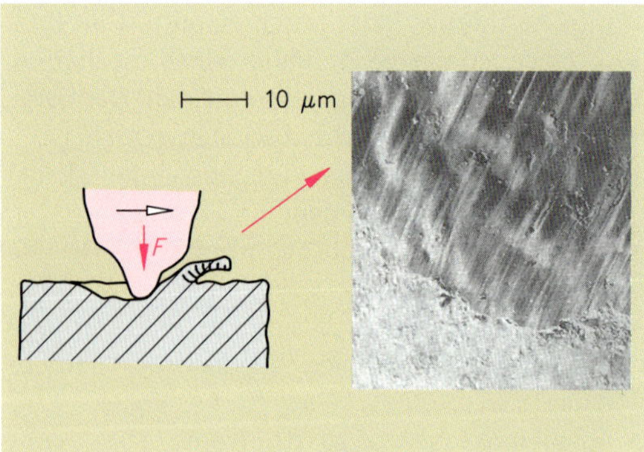

390.2 Abrasion

Unter abrasivem Verschleiß versteht man eine Zerspanung im Mikrobereich. Bei der Abrasion kommt es zu Ritzungen und Mikrozerspanung des Grundkörpers durch die harten Rauheitshügel des Gegenkörpers. Harte Partikel im Zwischenstoff (verunreinigtes Öl) können die gleiche Wirkung hervorrufen.

12.2.3 Oberflächenzerrüttung

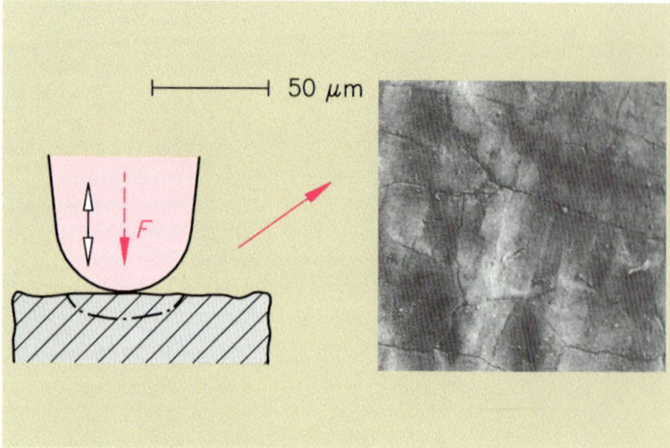

390.3 Oberflächenzerrüttung

Oberflächenzerrüttung kommt durch ständige stoßartige Bewegungen der Reibpartner zustande. Dieser Verschleißmechanismus kann bei der Fräsmaschine dann vorkommen, wenn die Führungen des Frässchlittens nicht mehr ruckfrei gleiten (stick-slip).

12.2.4 Tribochemische Reaktion

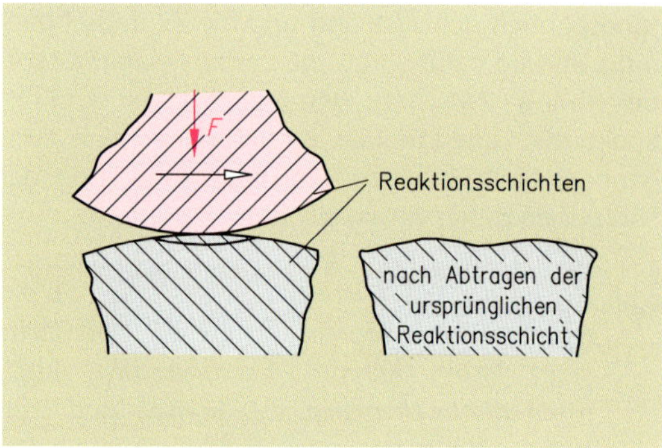

390.4 Tribochemische Reaktion

Bei der tribochemischen Reaktion reagieren die Oberflächen der Grund- und/oder Gegenflächen mit Bestandteilen des Schmierstoffes.

Aufgaben

1. *Wodurch wird die Abnutzung verursacht?*
2. *Was versteht man unter Verschleiß?*
3. *Welche Rolle spielt die Reibung beim Verschleiß?*
4. *Nennen und beschreiben Sie die vier verschiedenen Verschleißmechanismen.*
5. *Wodurch kann vorzeitiger Verschleiß verhindert werden?*

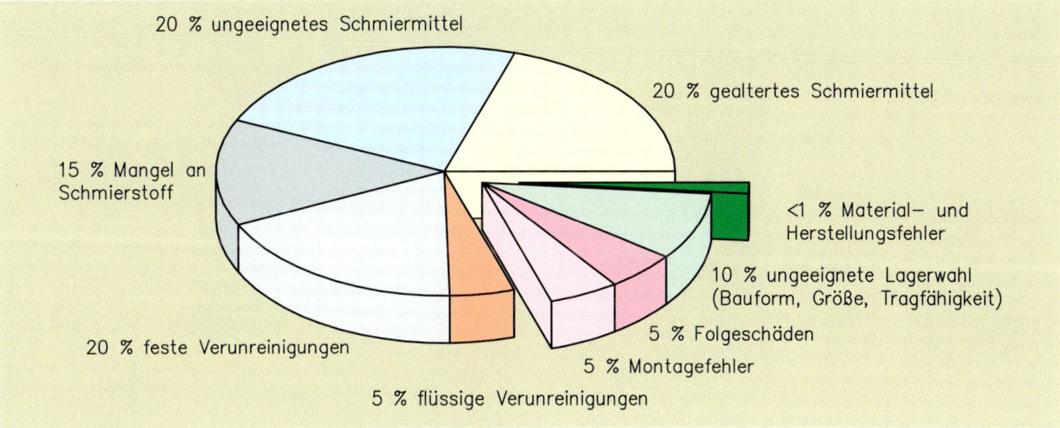

391.1 Ausfallursachen für Wälzlager

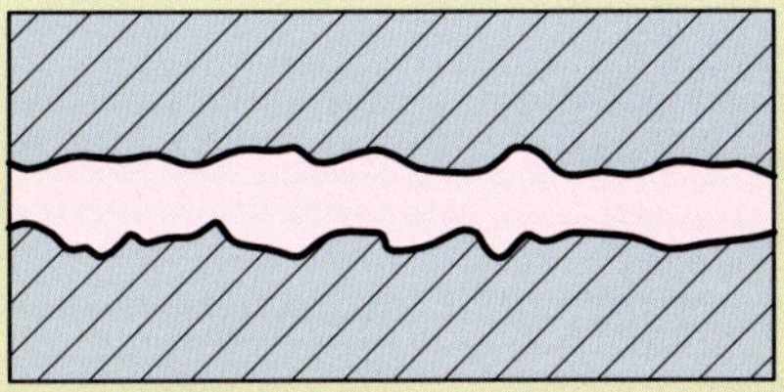

a) Vollschmierung
Die Oberflächen werden durch einen tragenden Ölfilm völlig getrennt.

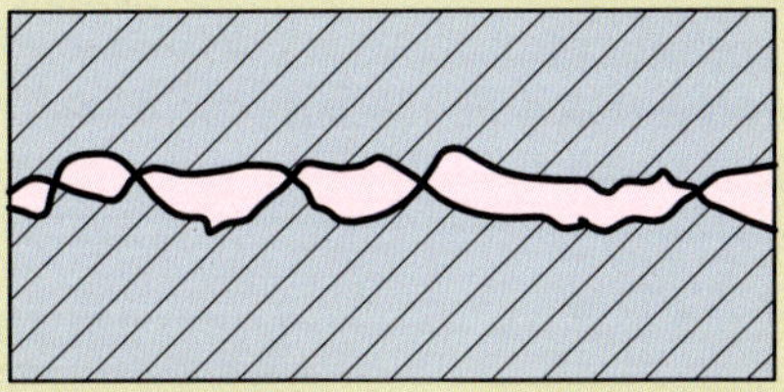

b) Teilschmierung
Sowohl der tragende Ölfilm, als auch der Grenzfilm sind von Bedeutung.

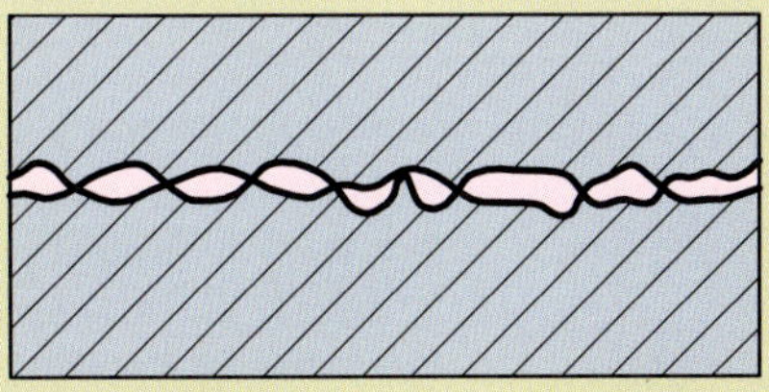

c) Grenzschmierung
Das Verhalten hängt in erster Linie von den Eigenschaften des Grenzfilms ab.

391.2 Schmiermechanismus

12.3 Schmiermittel

Aus Abb. 391.1 geht hervor, dass 55 Prozent aller Wälzlagerschäden auf fehlerhafte Schmierung zurückzuführen sind. Jeweils 20 Prozent der Ausfälle wurden durch ungeeigneten oder gealterten Schmierstoff ausgelöst. Bei 15 Prozent der Ausfälle war der Mangel an Schmierstoff die Ursache für den Ausfall des Lagers. Diese Schwachstellenanalyse zeigt, wie wichtig Schmierarbeiten für alle Instandhaltungsaktivitäten sind, bei denen Reibung eine Rolle spielt.

12.3.1 Aufgaben des Schmiermittels

Die Hauptaufgabe des Schmiermittels besteht darin, die metallische Berührung zwischen zwei Gleitflächen zu verringern. Dadurch lassen sich die Reibung und der Verschleiß auf ein Minimum reduzieren. Bei der Vollschmierung (391.2 a) werden die Oberflächen vollständig voneinander getrennt. Zwischen den Gleitflächen bildet sich ein Schmierfilm aus. Durch den Schmierfilm verringert sich z. B. für die Reibung von Stahl auf Stahl die Reibzahl von μ = 0,18 (= Trockenreibung) auf μ = 0,07 (= Flüssigkeitsreibung). Es liegt fast reine Flüssigkeitsreibung vor. Dieser Schmierzustand sollte im Sinne einer langen Lebensdauer stets angestrebt werden. Bei der Teilschmierung (391.2 b) kommt es aufgrund einer zu geringen Schmierfilmdicke in Teilbereichen zu Festkörperkontakten. Bei hohen Drücken und Temperaturen kommt es zu Reaktionen zwischen Zusätzen des Schmierstoffes und den metallischen Oberflächen (391.2 c).

Schadensbild	Ursache	Kommentar
Geräusch	Schmierstoffmangel	Stellenweise Festkörperberührung, kein zusammenhängender, tragender und dämpfender Schmierfilm.
	ungeeigneter Schmierstoff	Zu dünner Schmierfilm, weil das Öl oder das Grundöl des Fettes eine zu geringe Viskosität hat. Bei Fett kann die Verdickerstruktur ungünstig sein. Teilchen wirken geräuschanregend.
	Verunreinigungen	Schmutzteilchen unterbrechen Schmierfilm und erzeugen Geräusche.
Käfigverschleiß	Schmierstoffmangel	Stellenweise Festkörperberührung, kein zusammenhängender, tragender Schmierfilm.
	ungeeigneter Schmierstoff	Zu geringe Viskosität des Öls oder Grundöls ohne Verschleißschutzzusätze, kein Grenzschichtaufbau.
Verschleiß an Rollkörpern, Laufbahnen, Bordflächen	Schmierstoffmangel	Stellenweise Festkörperberührung, kein zusammenhängender, tragender Schmierfilm. Tribokorrosion bei oszillierenden Relativbewegungen, Gleitmarkierungen.
	ungeeigneter Schmierstoff	Zu geringe Viskosität des Öls oder Grundöls. Schmierstoff ohne Verschleißschutzzusätze oder EP-Additive (bei hoher Belastung oder hoher Gleitung).
	Verunreinigungen	Feste, harte Teilchen oder flüssige, korrosiv wirkende Medien.
Ermüdung	Schmierstoffmangel	Stellenweise Festkörperberührung und hohe Tangentialspannungen an der Oberfläche. Verschleiß.
	ungeeigneter Schmierstoff	Zu geringe Viskosität des Öls oder Grundöls. Schmierstoff enthält Stoffe, deren Viskosität sich bei Druck nur geringfügig erhöht, beispielsweise Wasser. Unwirksame Additive.
	Verunreinigungen	Harte Teilchen werden eingewalzt und führen zu Stellen hoher Pressung. Korrosive Medien verursachen Korrosionsstellen, von denen Ermüdung bevorzugt ausgeht.
Hohe Lagertemperatur, verfärbte Lagerteile	Schmierstoffmangel	Stellenweise Festkörperberührung, kein zusammenhängender, tragender Schmierfilm.
	ungeeigneter Schmierstoff	Hohe Reibung und hohe Temperatur wegen stellenweiser Festkörperberührung.
	Verunreinigungen	Bei mittleren oder hohen Drehzahlen hohe Schmierstoffreibung, insbesondere bei plötzlicher Schmierstoffzufuhr.
geschädigter Schmierstoff	ungeeigneter Schmierstoff	Einsatztemperatur höher als die für den Schmierstoff zulässige Temperatur (Bildung von Rückständen).
	zu lange Einsatzzeit	Nachschmierintervall oder Schmierstoff-Wechselfrist zu lang.
	Verunreinigungen, Veränderungen des Schmierstoffs	Von außen in den Lagerraum eingedrungene oder aus dem Lagerverschleiß stammende Teilchen. Reaktionen zwischen Schmierstoff und Lagermaterial.

392.1 Schäden von Wälzlagern durch mangelhafte Schmierung

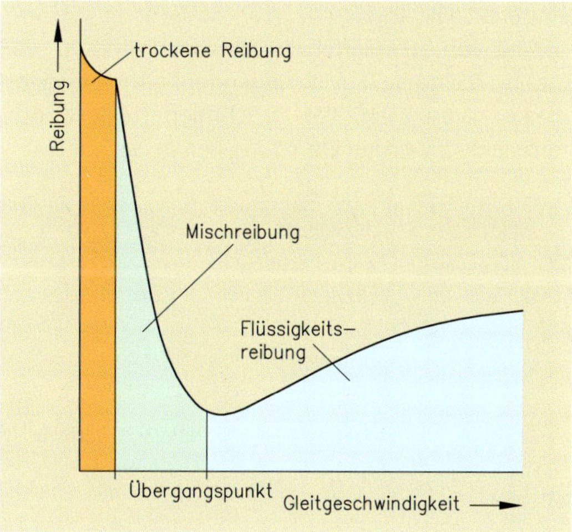

393.1 Stribeck-Kurve

Die so genannte Stribeck-Kurve (Abb. 393.1) beschreibt den Verlauf der Reibung in Abhängigkeit von der Gleitgeschwindigkeit *v*. Im Stillstand ($v = 0$) beträgt der Abstand zwischen den Gleitflächen $d = 0$ mm. Die Reibpartner haben direkten Kontakt zueinander (Bereich III, Festkörperreibung). Mit zunehmender Geschwindigkeit geht die Festkörperreibung in die Mischreibung über. Der Abstand *d* liegt in der Größenordnung der Rautiefen *R*. Der Schmierfilm ist noch nicht vollständig ausgeprägt. Bei weiterem Anstieg der Gleitgeschwindigkeit *v* breitet sich der Schmierfilm vollständig über die Gleitflächen aus. Der Abstand *d* zwischen den Reibpartnern ist größer als die Summe aller Rautiefen *R*. Bei dieser Flüssigkeitsreibung sind beide Reibpartner durch den Schmierfilm lückenlos voneinander getrennt. Mit weiterem Anstieg der Gleitgeschwindigkeit steigt auch die Reibung leicht an.

Aus der Stribeck-Kurve ist zu entnehmen, dass der Verschleiß einer Maschine bei jedem Anlaufvorgang am größten ist.

12.3.2 Schmieröle

Bei den Schmierstoffen unterscheidet man zwischen Schmierölen und Schmierfetten. Die Viskosität ist der wichtigste Kennwert eines Schmieröls.

Viskosität

Unter Viskosität versteht man die Zähflüssigkeit eines Öls. Anhand einer einfachen Messmethode kann der Begriff der Viskosität anschaulich erklärt werden.

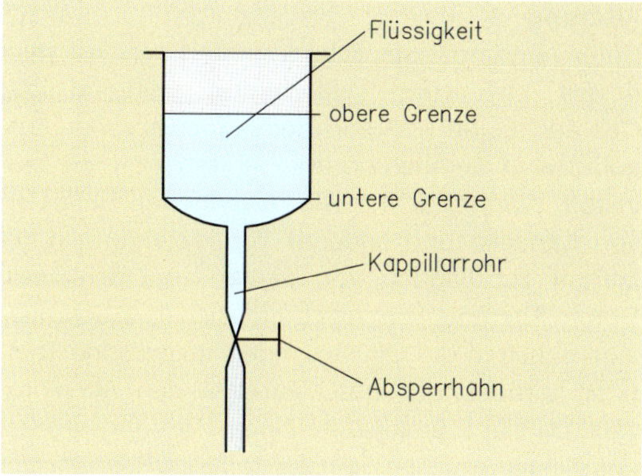

393.2 Kapillarviskosimeter

Die Ermittlung der Viskosität erfolgt mithilfe eines Kapilarviskosimeters (Abb. 393.2). Das Öl wird bis zur oberen Grenzmarke in das Gefäß gefüllt. Zum Zeitpunkt der Öffnung des Absperrventils wird eine Zeitmessung gestartet. Beim Erreichen der unteren Grenzmarke wird die Zeitmessung gestoppt. Die Auslaufzeit ist ein Maß für die Viskosität des Öls. Je größer die Auslaufzeit, desto größer die Viskosität. Die Viskosität kann mit folgender Formel berechnet werden:

$$\nu = K \cdot t_K$$

ν kinematische Viskosität in mm^2/s
K Gerätekonstante in mm^2/s^2
t_k Durchflusszeit in s

Die Viskosität der Industrieöle ist nach ISO in 18 Klassen eingeteilt.

Viskositätsklasse	Viskositätsbereich bei 40 °C in mm²/s
ISO VG 68	61,2 ... 74,8
ISO VG 100	90,0 ... 110
ISO VG 150	135 ... 165
ISO VG 220	198 ... 242
ISO VG 320	288 ... 352
ISO VG 460	414 ... 506

393.3 Viskositätsklassen nach DIN 51 519, ISO 3 448 (Auszug)

Die Viskosität eines Öls sinkt mit zunehmender Temperatur.

Alterung
Unter Alterung eines Schmiermittels versteht man dessen chemische Veränderung während des Gebrauchs und während der Aufbewahrung. Ausgelöst wird die Alterung durch Reaktionen mit Sauerstoff, Wärme, Licht sowie katalytischen Einflüssen von Metallen und anderen Verunreinigungen. Es kommt zur Bildung von Säuren und Schlamm. Durch Alterung verschlechtern sich die Schmiereigenschaften des Öls. Besonders unzulässige Temperaturerhöhungen beschleunigen den Altersprozess. Da alle Schmierstoffe einem Alterungsprozess unterliegen, müssen Schmierstoffe im Rahmen der Wartungsarbeiten regelmäßig gewechselt werden.

Verunreinigung
Durch Eindringen von Wasser oder festen Fremdstoffen kann die Schmierfähigkeit zum Teil erheblich eingeschränkt werden. Wasser beschleunigt die Alterung des Öls und die Korrosion der Werkstoffe.

Feste Fremdstoffe können Ölbohrungen und Filter verstopfen. Metallische Fremdpartikel beschleunigen häufig die Oxidation des Öls. Speziell in Wälzlagern führen feste Fremdstoffe zu Laufgeräuschen, Verschleiß und vorzeitiger Ermüdung. Harte Teilchen verursachen besonders an Stellen mit hohen Gleitanteilen abrasiven Verschleiß. Der Verschleiß steigt etwa proportional zur Härte, zur Partikelgröße und Konzentration der Teilchen. Zur Verminderung der Konzentration von Fremdstoffen sind folgende Maßnahmen zu treffen:

- Lagerumgebungsstelle gründlich **reinigen**
- bei der Montage, Inbetriebnahme und Wartung auf **Sauberkeit** achten
- Öl vor Wechsel **filtern**

12.3.3 Schmierfette
Bei großflächigen Reibpartnern und kleinen Relativbewegungen verwendet man Schmierfette. Schmierfette haben den Vorteil, dass sie an den Lagern haften und so das Eindringen von Wasser und Verunreinigungen weitgehend verhindern.

Schmierfette sind feste oder halbflüssige Produkte einer Mischung aus einem flüssigen Schmierstoff und einem eindickenden Stoff. Als Eindickmittel verwendet man Metallsalze von Fettsäuren (Metallseifen). Schmierfette werden nach Konsistenzklassen eingeteilt. Die Konsistenz ist ein Maß für die Verformbarkeit von Schmierfetten. Sie wird in Klassen von 000 bis 6 eingeteilt. Mit steigender Nummer wächst die Konsistenz (Tab. 394.1). Schmierfette der Konsistenzklasse 2 werden am häufigsten verwendet.

Konsistenzklasse	Konsistenz	Verwendung
000	dickem Öl ähnlich	Getriebefette
00	halb fließend	
0	sehr weich	
1	weich	
2	**salbenartig**	Wälzlagerfette
3	beinahe fest	Gleitlagerfette
4	fest	
5	sehr fest	Blockfette
6	sehr fest	

394.1 Konsistenzklassen von Schmierfetten

Grundsätze einer korrekten Schmierung
Bei der Schmierung sind unbedingt folgende Grundsätze einzuhalten:

- Der gealterte oder verunreinigte Schmierstoff muss restlos entfernt werden,
- es dürfen nur die vom Hersteller empfohlenen Schmierstoffe verwendet werden,
- die vorgeschriebene Schmierstoffmenge ist unbedingt einzuhalten,
- der neue Schmierstoff muss frei von Verunreinigungen sein,
- bei der Schmierung ist darauf zu achten, dass keine Fremdstoffe in die Schmierstelle eindringen.

Werden diese Grundsätze nicht eingehalten, so ist mit einem vorzeitigen Ausfall der Anlage zu rechnen.

Aufgaben
1. *Welche Aufgaben haben Schmierstoffe?*
2. *Beschreiben Sie den Verlauf der Stribeck-Kurve.*
3. *Welche Arten von Schmierstoffen gibt es?*
4. *Warum müssen im Rahmen von Wartungsarbeiten Schmierstoffe gewechselt werden?*
5. *Was versteht man unter Viskosität?*
6. *Wie kann die Viskosität eines Öls bestimmt werden?*
7. *Welcher Zusammenhang besteht zwischen Viskosität und Temperatur?*
8. *Welche Folgen kann ungeeigneter Schmierstoff für ein Wälzlager haben?*

12.4 Wartung einer CNC-Fräsmaschine

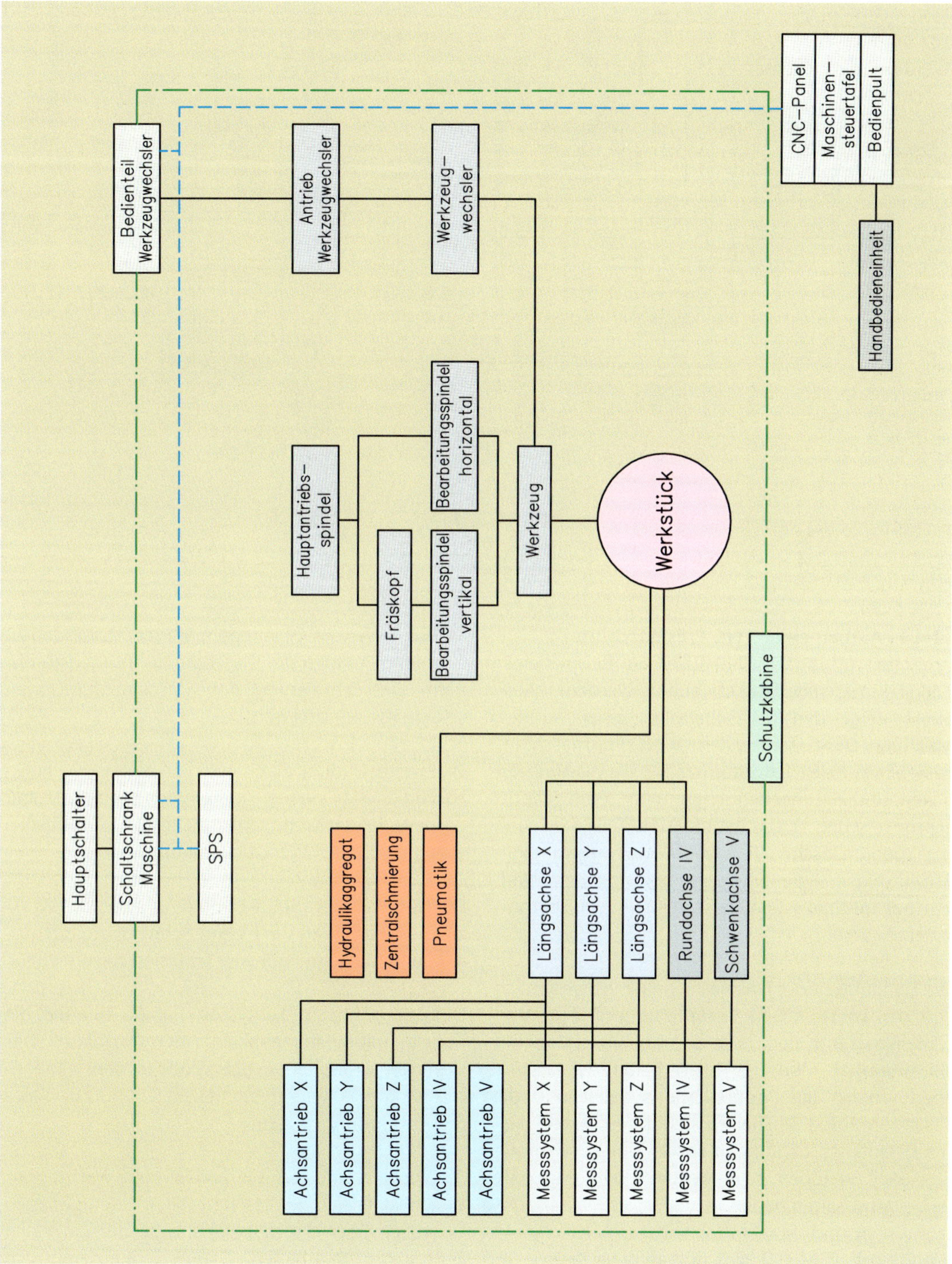

395.1 Wirkschaltplan einer CNC-Fräsmaschine

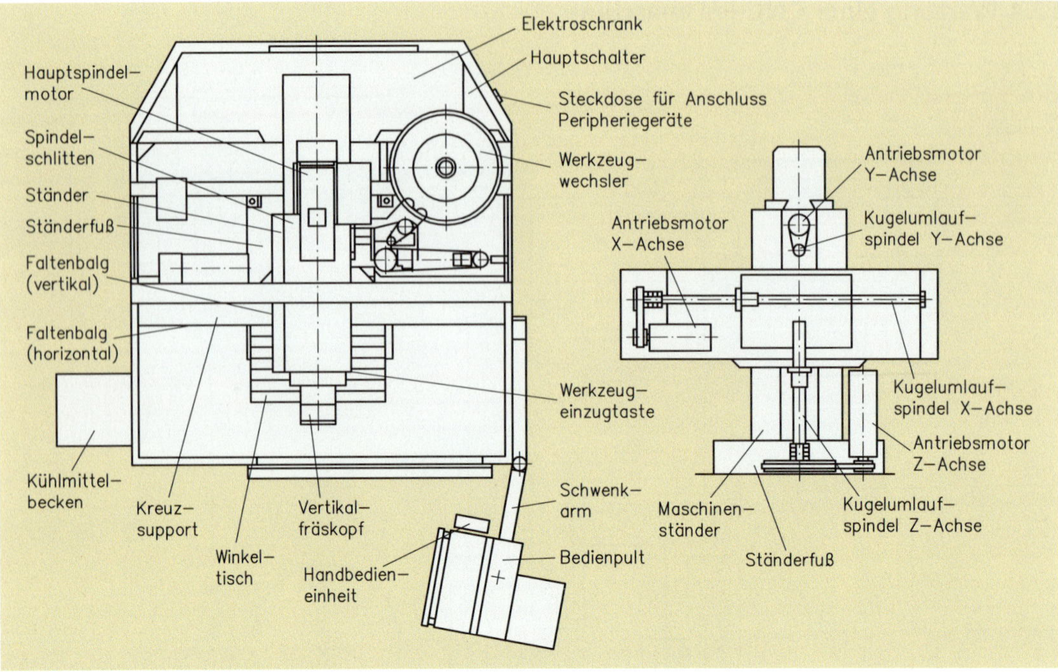

396.1 Draufsicht einer CNC-Fräsmaschine (a), Achsen und Vorschubantriebe (b)

12.4.1 Aufbau einer CNC-Fräsmaschine

Typische Wartungsarbeiten sollen am Beispiel einer CNC-Fräsmaschine beschrieben werden. Abb. 396.1 zeigt den Wirkschaltplan einer solchen Maschine. Das Gesamtsystem „CNC-Fräsmaschine" besteht aus vielen Teilsystemen. Für die Wartungsarbeiten sind die mechanischen Teilsysteme (Längsachsen x, y und z), das hydraulische Teilsystem und das pneumatische Teilsystem von vorrangiger Bedeutung, weil diese Systeme besonders empfindlich auf mechanischen Verschleiß und Verschmutzung reagieren.

Die Genauigkeit der Fräsmaschine hängt wesentlich von der konstruktiven Gestaltung und dem **Verschleißzustand** der Tischführung (mechanisches Teilsystem) ab. Über das Reibverhalten der Gleitflächen werden die Positioniergenauigkeit und die Gleichförmigkeit kleiner Vorschubgeschwindigkeiten beeinflusst. Führungen sollten über eine große Steifigkeit verfügen, verschleißarm sein und gute Reibeigenschaften haben.

Die Fräsmaschine hat zwei hydraulische Kreise. Die **Zentralschmieranlage** hat die Aufgabe, über ein Mehrleitersystem Öl in regelmäßigen Abständen zu einzelnen Punkten der Maschinenführungen zu fördern. Die Schmierung der Maschinenführungen erfolgt also automatisch.

Ein zweiter Hydraulikkreis wird von einem Hydraulikaggregat mit einem Druck von etwa 120 bar gespeist. Dieser Kreis dient zum Lösen der vertikalen und horizontalen Werkzeugspannvorrichtung.

Die **Kühlschmieranlage** hat die Aufgabe, das Werkzeug und das Werkstück beim Schneidvorgang ausreichend mit Schneidöl oder Emulsion zu versorgen.

Das **pneumatische Teilsystem** hat die Aufgabe, die Kegelaufnahme der Vertikalspindel auszublasen. Des Weiteren soll es einen Überdruck in dem Längenmesssystem aufbauen, damit kein Schmutz in dieses System eindringen kann.

Als Vorbereitung auf alle anfallenden Wartungsarbeiten sollte sich der Mechatroniker einen genauen Überblick über die räumliche Lage der einzelnen Teilsysteme verschaffen. Dadurch reduzieren sich die anfallenden Wartungszeiten.

12.4.2 Wartung der Betriebsmittel und Aggregate

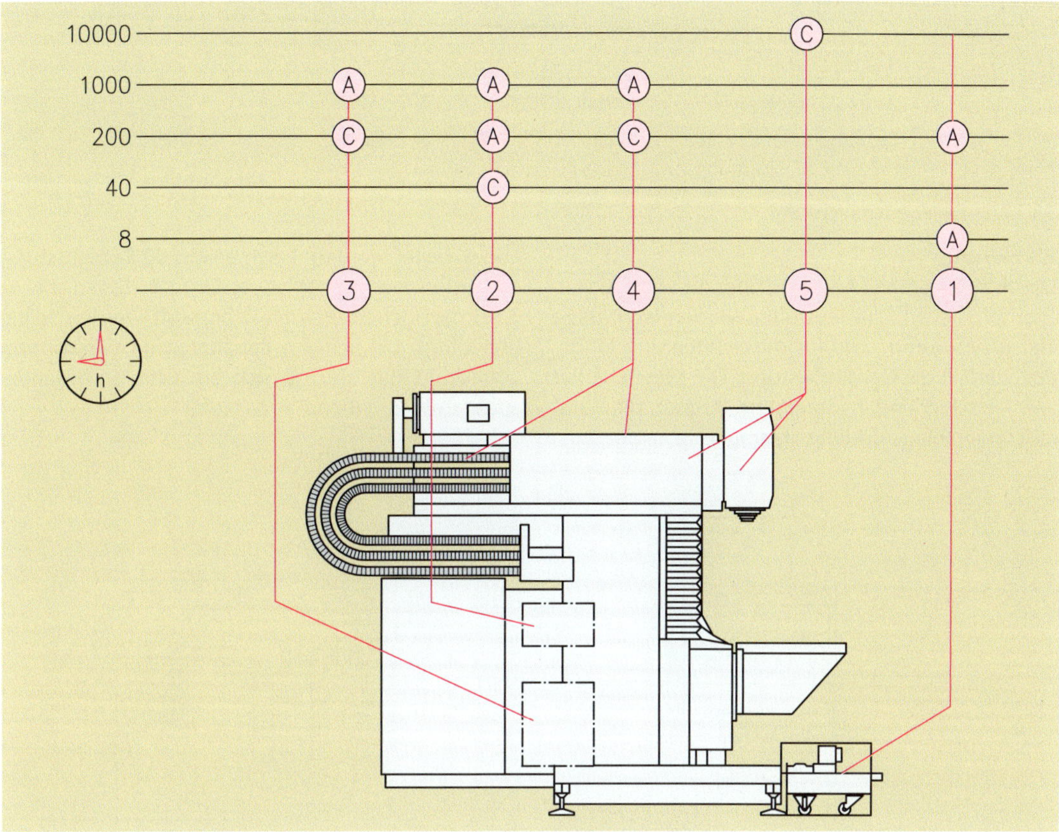

397.1 Allgemeiner Schmierplan

Intervall in Betriebsstunden	Nummer im Schmierplan	Index	Beschreibung der Wartungsmaßnahmen	Menge
8 h	1	A	Kühlschmierstoffbehälter möglichst voll halten	150 l
40 h	2	C	Ölstand im Zentralschmiergerät kontrollieren	
200 h	1 2 3 4	A A C C	Kühlschmierstoff auswechseln, Behälter reinigen Öl in das Zentralschmiergerät auffüllen Ölstand im Hydraulikaggregat kontrollieren Ölstand im Getriebe kontrollieren Ölstand im Spindelschlitten kontrollieren	150 l max. 2,7 l
1 000 h	2 3 4	A A A A	Öl in das Zentralschmiergerät auffüllen Öl in das Hydraulikaggregat auffüllen Öl im Getriebe auswechseln Öl im Spindelschlitten auswechseln	max. 2,7 l max. 10 l
10 000 h	5		Überprüfung Fräskopf und horizontales Spindellager	

397.2 Wartungsmaßnahmen an einer CNC-Fräsmaschine

Schmierstelle		Schmierstoffempfehlung		
Nummer im Schmierplan	Benennung	Sorte bei Erstbefüllung	Viskositätsbereich in cSt bei 40 °C	Viskositätsklasse ISO
4	Hauptgetriebe	Mobil DTE 24	30cSt/40°	VG 32
3	Hydraulikaggregat	Mobil DTE 24	30cSt/40°	VG 32
2	Zentralschmieraggregat Universal-Einbaurundtisch	Esso Febis K 220 Mobil Gear 629	212cSt/40°	VG 220

398.1 Empfohlene Schmierstoffe

Schmierung

Tabelle 398.1 enthält Angaben über die vom Hersteller empfohlenen Schmierstoffe. Werden nicht diese oder gleichwertige Öle für die Schmierung eingesetzt, verfällt die Gewährleistung. Die Maschine hat zwei verschiedene hydraulische Kreise: die Zentralschmieranlage und das Hydraulikaggregat.

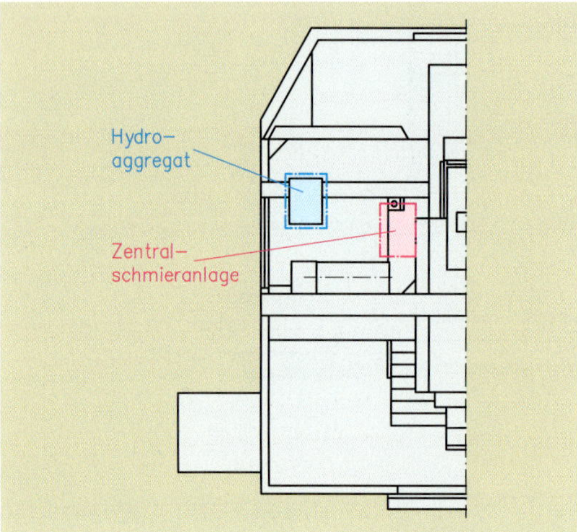

398.2 Zentralschmieranlage, Hydroaggregat

Bei der Zentralschmieranlage handelt es sich um eine Verbrauchsschmieranlage. Diese Anlage fördert über ein Mehrleitersystem in regelmäßigen Abständen Öl zu zahlreichen Punkten der Maschinenführungen. Die Schmierung erfolgt vollautomatisch. Die Dosierung der Schmiermengen wird vom Hersteller eingestellt.

Das Hydroaggregat erzeugt einen Druck von etwa 120 bar zum Lösen der vertikalen und horizontalen Werkzeugspannvorrichtung.

Zentralschmierung

Bevor mit den Wartungsarbeiten an der Zentralschmierung begonnen wird, muss die Maschine abgeschaltet werden. Nach etwa 200 Betriebsstunden oder nach Bedarf muss Öl (z. B. Esso Febis K 220) nachgefüllt werden. Überprüft werden sollte unbedingt, ob sich am Behältergrund Ölschlamm abgelagert hat und ob sich am Filter Rückstände angesammelt haben.

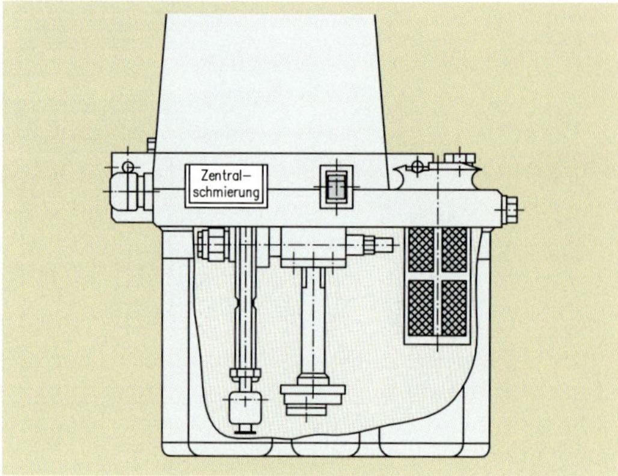

398.3 Zentralschmieraggregat

Werden bei einer Inspektion Verunreinigungen festgestellt, so ist das Öl vollständig zu wechseln. Dazu geht man wie folgt vor:

1. Schutzdeckel entfernen
2. Imbusschrauben lösen
3. Ölbehälter abnehmen
4. Filter vorsichtig lösen
5. Messingring nach oben herausziehen
6. altes Öl entfernen und sachgerecht entsorgen

Behälter und Filter werden nun mit Waschbenzin oder Petroleum gereinigt und anschließend mit einem sauberen, fusselfreien Lappen abgetrocknet. Danach wird das Filter eingebaut und der Ölbehälter sowie der Schutzdeckel wieder angeschraubt. Nach dem Auffüllen mit neuem Öl ist die Maschine wieder betriebsbereit.

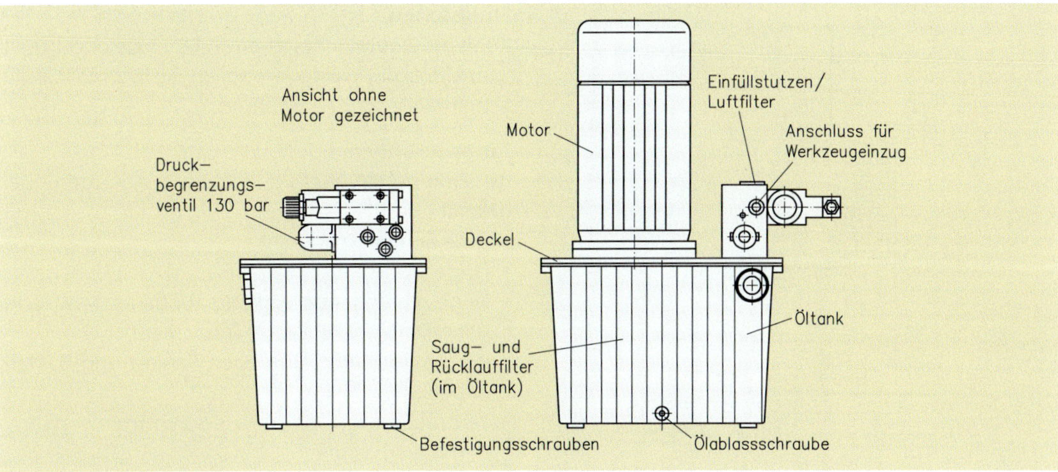

399.1 Hydraulikaggregat

Hydraulikaggregat

Abb. 399.1 zeigt das Hydraulikaggregat. Es besteht im Wesentlichen aus dem Motor, dem Öltank, dem Einfüllstutzen mit Luftfilter und dem Druckbegrenzungsventil. Durch Entfernen der Ölablassschraube kann das Altöl abgelassen werden.

Ob eine Verschmutzung des Hydrauliköls vorliegt, kann durch Sichtprüfung am Schauglas festgestellt werden. Befunde und mögliche Ursachen zeigt Tabelle 399.2.

Befund	Verunreini-gung	mögliche Ursache
Dunkelfärbung	Qxidations-produkte	versäumter Ölwech-sel
milchige Trübung	Wasser o. Schaum	Wassereinbruch Lufteintritt
Wasser-abscheidung	Wasser	Wassereinbruch
Luftbläschen	Luft	Lufteintritt (undichte Saug-leitung)
Schwebende oder abgesetzte Verunreinigun-gen	feste Fremdstoffe	Abrieb, Schmutz, Alterungsprodukte
Geruch nach verbranntem Öl	Alterungs-produkte	Überhitzung

399.2 Öldiagnose

Eine erhöhte Öltemperatur kann ein Anzeichen für eine mögliche Verschmutzung des Hydrauliköls sein.

Bei der Inspektion und Wartung des Hydroaggregates sind folgende Kontrollen durchzuführen:

- Ölstand regelmäßig kontrollieren
- Öltemperatur regelmäßig überwachen

Wechseln des Hydrauliköls

Durch das Eindringen von Schmutz und durch innere Reibung steigt mit zunehmender Betriebsdauer der Verschmutzungsgrad des Hydrauliköls. Deshalb muss es in Abhängigkeit von der Betriebsdauer gewechselt werden. Um das Hydrauliköl zu wechseln, geht man wie folgt vor:

1. Maschine abschalten
2. Hydraulikkreis über Druckbegrenzungsventil drucklos machen
3. Ölablassschraube aufdrehen
4. Ölbehälter vollständig entleeren
5. neues Hydrauliköl über die Einlassschraube einfüllen (max. 10 l)

Der Saug- und Rücklauffilter hat die Aufgabe, die sich im Öl ansammelnden Schmutzpartikel herauszufiltern. Unter normalen Betriebsbedingungen braucht er nicht ausgewechselt zu werden. Der Luftfilter ist regelmäßig zu überprüfen und gegebenenfalls auszutauschen. In hydraulischen Anlagen sind funktionstüchtige Filter besonders wichtig, weil der größte Teil aller vorzeitigen Ausfälle auf verschmutztes Hydrauliköl zurückzuführen ist.

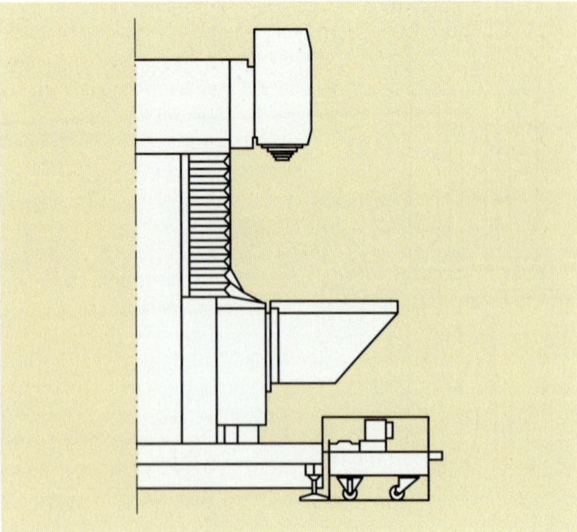

400.1 Kühlmittelanlage

Wechseln des Kühlschmierstoffes

Der Kühlmittelbehälter befindet sich vor dem Ständerfuß. Sein Fassungsvermögen beträgt 150 Liter. Das Flüssigkeitsniveau liegt zwischen 90 mm und 170 mm ab Wannenboden. Eingeschaltet wird die Kühlmittelpumpe auf dem Bedienpult. Den Volumenstrom des Kühlmittels reguliert man über den Kugelhahn in der rechten Seitentüre der Verschalung.

Für Wartungsarbeiten wird das Kühlmittelbecken an den Handgriffen nach vorne gezogen.

Beim **Umgang** mit Kühlschmierstoffen sind folgende Punkte zu beachten:

- Hautkontakt vermeiden
- Schutzhandschuhe tragen
- fettfreie Hautschutzmittel anwenden
- ölverschmutzte Haut mit Wasser und hautschonendem Reinigungsmittel säubern
- ausgewaschene Hautfette durch fetthaltige Hautsalbe ersetzen
- ölgetränkte Kleidungsstücke sofort ablegen
- keine verölten Putzlappen mitführen
- ölverschmutzte Lappen in feuersicherem, geschlossenem Behälter unterbringen (Brandgefahr)

Bei der **Auswahl** des Schneidöls oder der Emulsion ist auf die Verträglichkeit der Kühlschmiermittel mit den Bettbahnölen und dem Kunststoffbelag der Führungen zu achten. Außerdem darf das Kühlschmiermittel nicht zur Korrosion benetzter Maschinenteile führen.

Emulsionen

Kühlemulsionen bestehen aus wasserlöslichem Schneidöl und Wasser. Sie sollen die Wärme von der Schnittstelle schnell abführen.

Anforderungen

An Emulsionen werden folgende Anforderungen gestellt:

- gute Emulgierbarkeit
- lange Standzeit
- keine schädigende Wirkung auf benetzte Maschinenteile (Metalle, Lacke, Elastomere)
- Widerstandsfähigkeit gegen Fäulnis und Bakterienbefall
- verbrauchte Emulsion muss durch Trennverfahren demulgierbar sein

Konzentrat	Ölanteil	Mischverhältnis
Emulsol EPT (Aral) Sarol 445 EP (Aral)	20 % 20 %	1:20 bis 1:50
Sintolin (Belluco)	20 %	4:3 bis 1:15
Blasocut 2000 (Blaser)	62 %	1:3 bis 1:10

400.2 Mischverhältnis für emulgierbares Konzentrat

Mischen

In den Kühlmittelbehälter darf nur fertig gemischte Emulsion gefüllt werden. Beim Mischen der Emulsion geht man wie folgt vor: Kaltes Wasser in saubere Behälter füllen. Konzentrat dem Wasser in dünnem Strahl unter ständigem Rühren zumischen. Mögliche Mischverhältnisse sind in Tabelle 400.2 angegeben (z. B. 1 Anteil Konzentrat, 20 Anteile Wasser). Die Emulsion darf nicht in verzinkten Behältern aufbewahrt und mit anderen Fabrikaten gemischt werden. Das aufschwimmende Lecköl muss permanent entfernt werden. Bei starker Verschmutzung ist der Kühlschmierstoff zu wechseln.

Wechseln

Beim Wechseln des Kühlschmierstoffes sind folgende Arbeitsgänge zu verrichten:

1. alten Kühlschmierstoff aus dem System entfernen
2. Späneschlamm und Ablagerungen aus dem Kühlmittelbehälter entfernen
3. Behälter mit heißem Sodawasser spülen (2 kg Soda auf 50 l Wasser)
4. Sodawasser entfernen und mit sauberem Leitungswasser nachspülen
5. neuen Kühlschmierstoff in den Behälter füllen
6. alten Kühlschmierstoff fachgerecht entsorgen

ÜBERBLICK **Meldungen der CNC-Steuerung**

Fehlermeldung	Ursache	Abhilfe	Auswirkung
Zentralschmierung fehlerhaft	Schmierdruck wurde zum zweiten Mal nicht ereicht	Ölstand prüfen, Schmierleitung überprüfen	interner NC-Stopp
Überlauf Schmutzwasser	Schmutzwasserüberlauf im Späneförderer	Schwimmschalter S410 und Rücklaufpumpe überprüfen	interner NC-Stopp
Übertemperaturkontrolle	die maximal zulässige Temperatur im Getriebe oder Fräskopf wurde überschritten	Maschine abkühlen lassen	interner NC-Stopp
Fehler HS-Schmierung	Niveau oder Druck im Schmieraggregat ist nicht in Ordnung	Schmieraggregat der HS-Spindel kontrollieren	interner NC-Stopp
Fehler Niveau Kühlsystem	Das minimale Füllniveau im Reinwassertank des Produktionspaketes wurde unterschritten	Kühlmittel auffüllen	interner NC-Stopp
Fehler Durchflussüberwachung	Die Durchflussüberwachung der Werkzeuginnenkühlung hat angesprochen	Kühlmittel nachfüllen, Kühlmittelleitung und Durchflusswächter überprüfen	interner NC-Stopp
Fehler HS-Kühlung	Temperatur, Durchfluss, Motorschutzschalter oder Niveau Kühlsystem nicht in Ordnung	Kühlaggregat der HS-Spindel kontrollieren	interner NC-Stopp
HS-Vorschmierung läuft	Die Vorschmierung der HS-Spindel läuft	Die Spindel kann während der Vorschmierzeit maximal 10 Minuten nicht gestartet werden.	interner NC-Stopp
Schutztüre schließen	Versuch, bei offener Schutztüre mit der Taste LEISTUNG-EIN/AUS die Antriebe einzuschalten	Schutztüre schließen	Betriebsmeldung
Zentralschmierung prüfen	Zentralschmierung leer oder Schmierdruck nicht erreicht	Öl nachfüllen	Betriebsmeldung
Zentralschmierung läuft	Es wurde ein Schmierimpuls ausgelöst		Betriebsmeldung
Kühlmittel ausgeschaltet	Kühlmittel wurde in der Automatikbetriebsart mit der Kühlmitteltaste ausgeschaltet		Betriebsmeldung
Fehler HS-Schmierung	Niveau oder Druck im Schmieraggregat nicht in Ordnung	Schmieraggregat der HS-Spindel kontrollieren	Betriebsmeldung

In der Tabelle sind diejenigen Meldungen aufgelistet, die auf eine anstehende Wartungsarbeit hinweisen. Bei den NC-Stopp-Meldungen handelt es sich um Meldungen, die einen internen NC-Stopp auslösen. Damit ein Weiterarbeiten nach der Fehlerbehebung möglich ist, müssen diese Meldungen mit der CE-Taste gelöscht werden. Betriebsmeldungen informieren den Maschinenbediener über den Maschinenzustand.

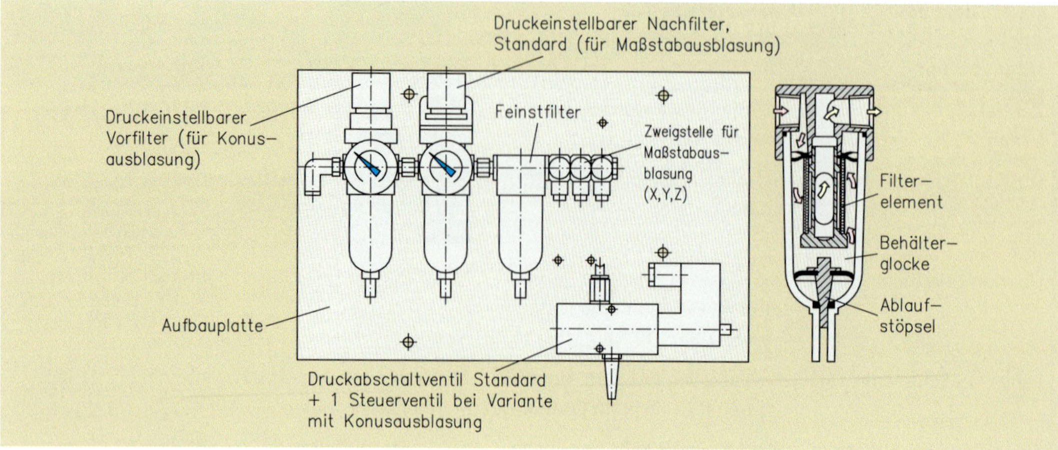

402.1 Wartungseinheit mit vorgeschaltetem Ventil

Wartung der Druckluftaufbereitungseinheit

Die pneumatische Anlage hat folgende Aufgaben:

- Kegelaufnahme der Vertikalspindel ausblasen
- Überdruck in den Längenmesssystemen aufbauen, um das Eindringen von Schmutz zu vermeiden

Druckluft muss möglichst wasser-, staub- und schmutzfrei sein. Wartungseinheiten sollten regelmäßig kontrolliert werden. Hat sich Kondensat angesammelt, ist dieses abzulassen. Die Filter der Wartungseinheit halten Staubpartikel zurück, sie müssen in regelmäßigen Zeitabständen je nach Zustand gesäubert oder gewechselt werden.

Die Wartung an der Wartungseinheit ist einmal jährlich durchzuführen. Bei schlechter Luftqualität und schlechtem Zustand der Geräte ist das Wartungsintervall zu verkürzen. Beim Reinigen der Behälter und der Filter sind folgende Arbeitsschritte einzuhalten:

Demontage

1. Luftzufuhr zur Wartungseinheit unterbrechen
2. Behälterglocke über das Regelgewinde lösen
3. Filterelement über das Regelgewinde lösen
4. Filterelement, Behälterglocke mit Seifenwasser waschen und mit Pressluft ausblasen
5. Das Filterelement ist auszutauschen, wenn sich ein Luftmangel an der Zweigstelle für die Maßstabausblasung bemerkbar macht.

Montage

1. Filterelement mit aufgesetzten O-Ringen in ihre Gewinde einschrauben
2. Ablaufstöpsel in Behälterglocke und einsetzen, dabei auf Gängigkeit und Zentrierung achten
3. Behälterglocke in die Grundeinheit einschrauben
4. Luftzufuhr zur Wartungseinheit herstellen
5. Druckanzeige kontrollieren. Der druckeinstellbare Vorfilter für die Konusausblasung muss auf einen Druck von 5 bar eingestellt werden. Der duckeinstellbare Nachfilter ist auf einen Druck von 0,5 bar einzustellen.

Aufgaben

1 *Warum müssen die Schmiermittel in regelmäßigen Zeitabständen gewechselt werden?*

2 *Warum muss das Hydrauliköl gewechselt werden?*

3 *Welche Schäden können durch verschmutztes Hydrauliköl entstehen?*

4 *Nennen Sie einige Befunde der Öldiagnose für das Hydraulikaggregat.*

5 *Beschreiben Sie den Aufbau des Schmierplans für die CNC-Fräsmaschine.*

6 *Beschreiben Sie die Arbeitsgänge, die beim Wechseln des Hydrauliköls einzuhalten sind?*

7 *Warum sollten die vom Hersteller empfohlenen Schmierstoffe eingesetzt werden?*

8 *Beschreiben Sie die Wartungsarbeiten für die Zentralschmierung.*

9 *Welche Aufgabe hat der Kühlschmierstoff?*

10 *Wie wird das Kühlschmiermittel gewechselt?*

11 *Beschreiben Sie die Wartungsarbeiten an der Druckluftaufbereitungseinheit.*

12.4.3 Mechanische Wartungsarbeiten

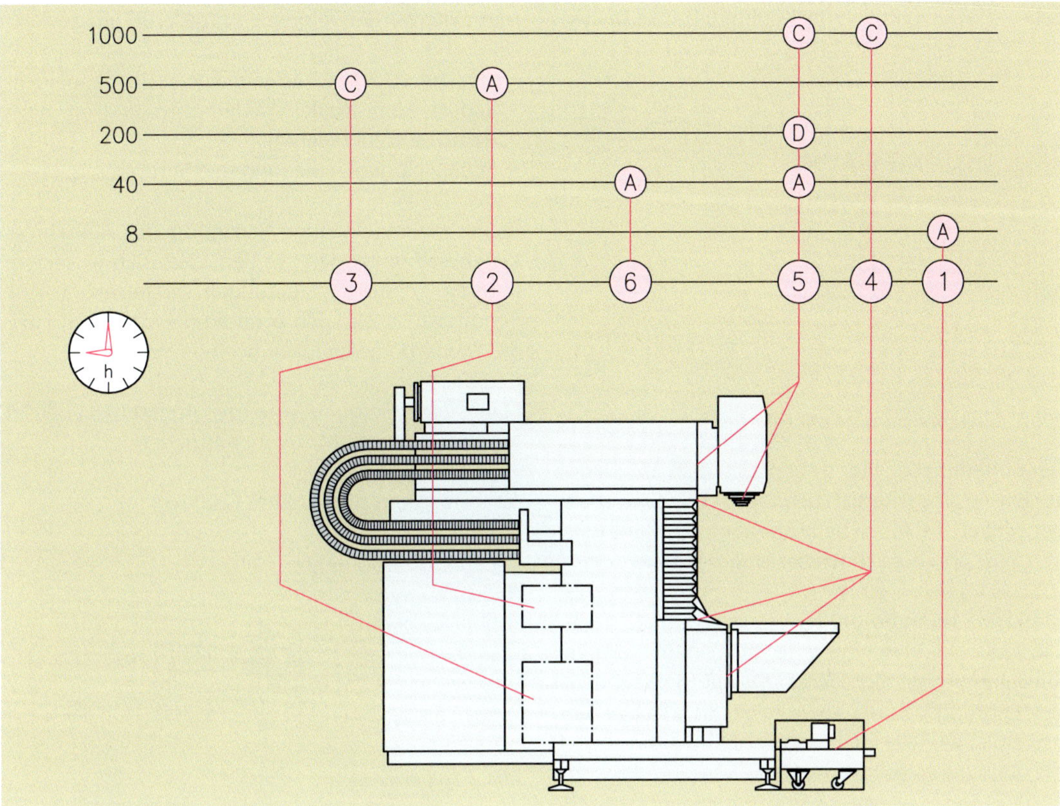

403.1 Wartungsplan für eine CNC-Fräsmaschine

Wartungsintervall in Betriebsstunden	Nummer im Wartungsplan	Index	Auszuführende Arbeit
8 h	1	A	Filtersieb für Kühlschmieranlage reinigen
40 h	6 5	A A	Maschine reinigen (keine Druckluft verwenden) Scheiben reinigen
200 h	5	D	Spannzangen
500 h	3 2	C A	Kontrolle der Schlauchanschlüsse des - Zentralschmiersystems - Hydrauliksystems Reinigen der Behälter der Wartungseinheit
1 000 h	5 4	C C	Werkzeugaufnahmekegel auf Beschädigung kontrollieren Rundlauf der Frässpindel prüfen (horizontal und vertikal) Zustand der Führung und der Abstreifer kontrollieren und Abstreifer eventuell wechseln

403.2 Auszuführende Wartungsarbeiten

Filtersieb für Kühlschmiermittel reinigen

Das Filtersieb für das Kühlschmiermittel hat die Aufgabe, Schmutzpartikel vom Kühlmittel fern zu halten.

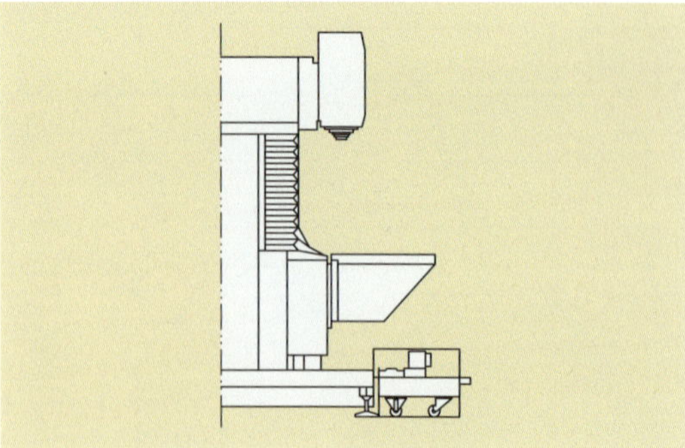

404.1 Kühlschmieranlage mit Filtersieb

Der Kühlmittelbehälter steht neben dem Ständerfuß am Boden. Das Filtersieb befindet sich vor dem Pumpeneinlauf. Es muss herausgenommen, gründlich gereinigt und danach wieder eingesetzt werden.

Maschine reinigen (40 h)

Die gesamte Maschine wird mit einem sauberen Putzlappen gründlich gereinigt. Auf die Sauberkeit der Führungsbahnen sowie aller Sichtfenster und beweglichen Teile ist besonders zu achten. Durch die Reinigung soll verhindert werden, dass sich unnötig viel Schmutz auf der Maschinenoberfläche ansammelt. Dieser Schmutz könnte über die Führungen und andere Öffnungen in das Zentralschmiersystem oder in den Hydrauliköltank eindringen und das Öl verunreinigen.

Aufnahmekegel reinigen (40 h)

404.2 Aufnahmekegel

Der Aufnahmekegel ist eine Vorrichtung zur Aufnahme des Fräsers. An das Spannsystem einer Fräsmaschine werden folgende Anforderungen gestellt:

- Planlauf und Rundlaufgenauigkeit der Schneiden
- Radiale und axiale Wiederholgenauigkeit nach dem Werkzeugwechsel
- Steifigkeit gegen Biegung und Verdrehung

Durch die regelmäßige Reinigung des Aufnahmekegels soll verhindert werden, dass sich in seinem Inneren Schmutzablagerungen festsetzen. Solche Schmutzablagerungen könnten die radiale und axiale Wiederholgenauigkeit beeinträchtigen.

Nach der Reinigung wird der Aufnahmekegel im Inneren dünn mit Molykote bestrichen.

Spannzangen nachstellen (200 h)

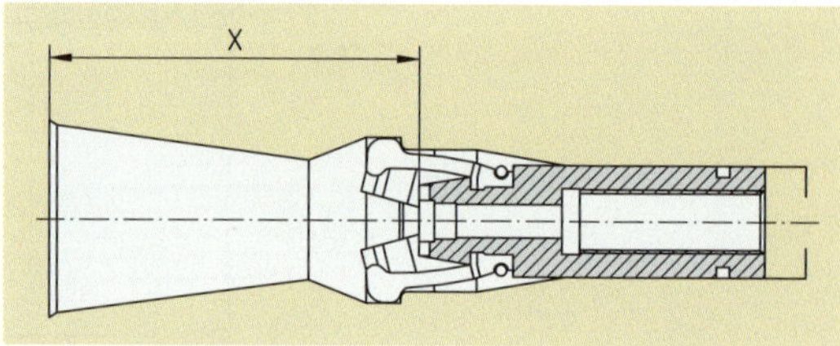

404.3 Spannzange

Das Einstellmaß X ist auf der Zange eingraviert:
X = 91,4 mm ± 0,1 mm bei DIN 2 080-OR
X = 92,9 mm ± 0,1 mm bei DIN 69 871/872
X = 82,9 mm ± 0,1 mm bei ANSI B5.50

Die Einstellung ist wie folgt durchzuführen:
1. Taste Leistung EIN drücken
2. Werkzeugtaste so lange drücken, bis das Maß eingestellt ist
3. Spannzange auf das Maß ± 0,1 mm mit Montagewerkzeug einstellen und blockieren

Kontrolle der Schläuche (500 h)

Die Dichtigkeit der Schläuche des Zentralschmier- und Hydrauliksystems kann durch Verschleiß und Alterungsprozesse stark beeinträchtigt werden.
Durch die Kontrolle der Schläuche und Schlauchanschlüsse sollen undichte Stellen frühzeitig erkannt werden. Ölverlust im Zentralschmiersystem könnte einen erhöhten Verschleiß (Mischreibung) der Führungen zur Folge haben.

Prüfen des Spannnutenabstandes

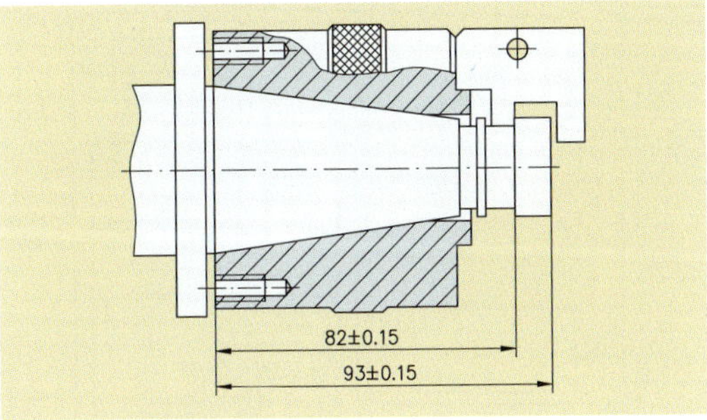

405.1 Werkzeugsteilkegel

Die Spannute wird mit zwei Prüflehren kontrolliert. Die Maße sind aus Abb. 405.1 zu entnehmen.

Führungen der Linearachsen nachstellen

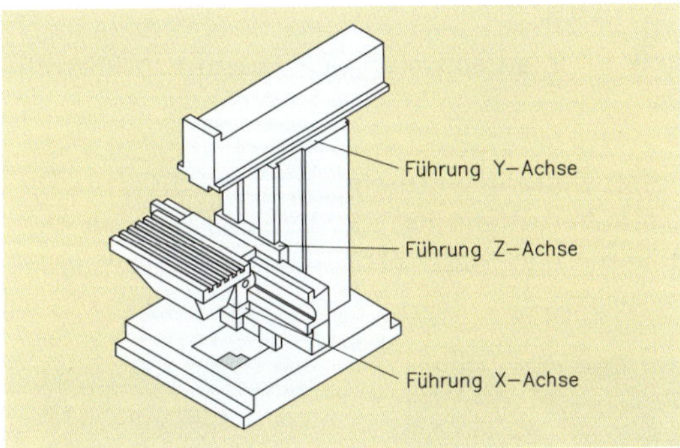

405.2 Führungen der *X*- und *Y*-Achse

Wenn sich die Maßhaltigkeit der gefertigten Werkstücke verschlechtert, müssen die Linearführungen nachgestellt werden.

Auswechseln des vertikalen Faltenbalgs

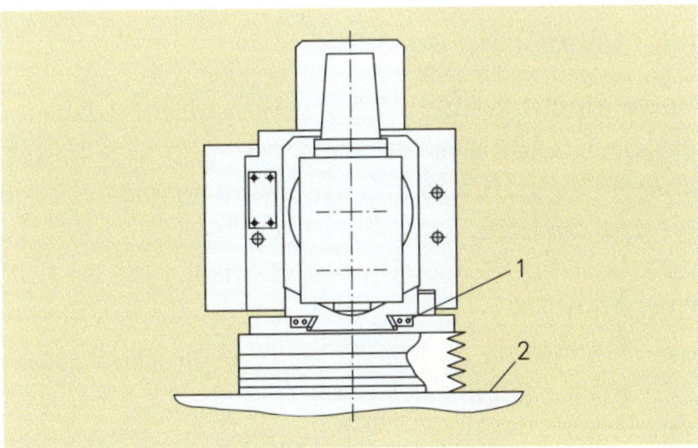

405.3 Vertikaler Faltenbalg

Die Führungsabdeckungen sollen verhindern, dass Schmutz und Späne in die Führungen dringen. Wenn die Führungsabdeckungen beschädigt oder verschlissen sind, müssen diese ausgewechselt werden.

Ausbau des vertikalen Faltenbalgs

1. *Z*-Achse nach oben fahren
2. die Senkschrauben (2) lösen
3. *Z*-Achse nach unten fahren
4. die Linsenschrauben (1) aus der Balghalterung entfernen
5. Faltenbalg von Balghalter trennen

Einbau des vertikalen Faltenbalgs

Der Einbau des vertikalen Faltenbalgs erfolgt in umgekehrter Reihenfolge.

Auswechseln der horizontalen Faltenbälge

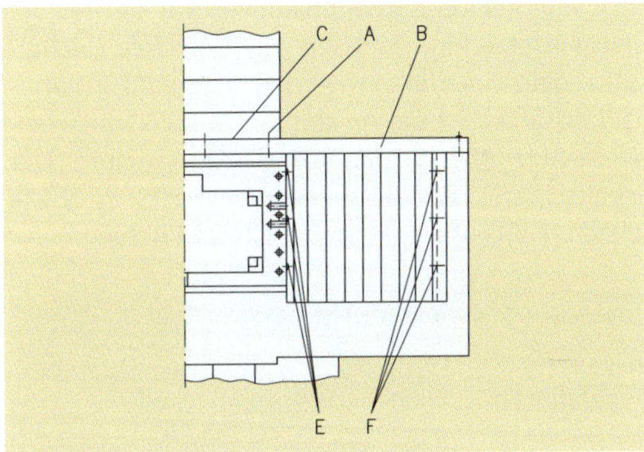

405.4 horizontale Faltenbälge

Ausbau

1. vertikalen Faltenbalg (A) unten lösen
2. Kreuzsupportabdeckung (B) und Abstreifer (C) lösen
3. Schrauben am Aufspanntisch (E) lösen
4. Faltenbalg nach vorne ziehen und die Schrauben (F) lösen
5. Faltenbalg entfernen

Einbau

Der Einbau der horizontalen Faltenbälge erfolgt in umgekehrter Reihenfolge.

Aufgabe

1 *Beschreiben und begründen Sie die mechanischen Wartungsarbeiten.*

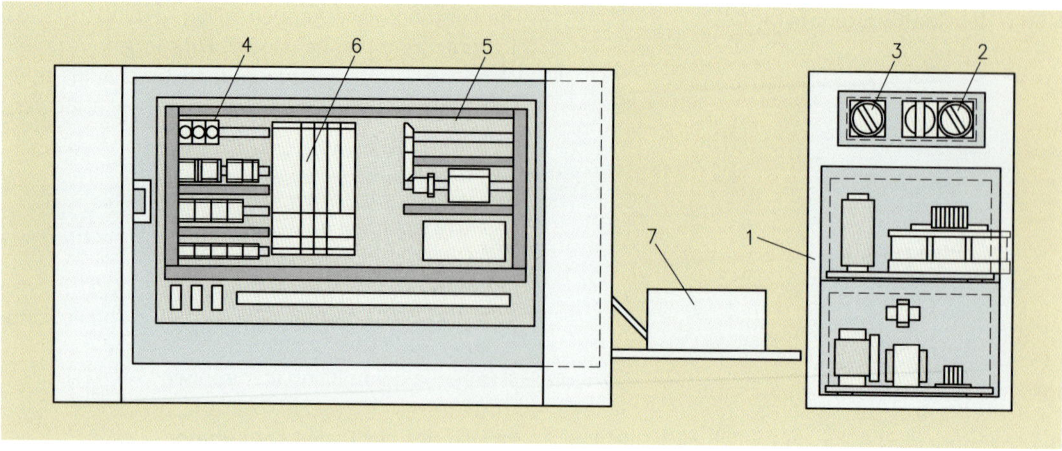

406.1 Schaltschrank der CNC-Fräsmaschine
1 Traforaum, 2 Hauptschalter, 3 Sicherheitsschalter, 4 Montageplatte Leistungsteil, 5 Montageplatte Steuerteil, 6 Versorgungsmodul mit Hauptspindel und Achsenantriebsmodulen, 7 CNC-Steuerung

12.4.4 Elektrische Wartungsarbeiten

Bei Instandhaltungsarbeiten am elektrischen Teil der CNC-Fräsmaschine müssen die üblichen Sicherheitsregeln eingehalten werden. Vor jeder Instandhaltungsarbeit ist die Anlage über den Hauptschalter 2 (Abb. 406.1) spannungslos zu schalten. Der Schaltschrank befindet sich an der Rückseite sowie seitlich rechts und links an der CNC-Maschine.

Intervall	Auszuführende Arbeit
nach Wartungsarbeiten	Not-Aus-Schalter nach jedem Anfahren der Referenzpunkte testen
wöchentlich	Bildschirm des Bedienpults mit Anti-Statik-Tuch oder Fensterreinigungsmittel reinigen
jährlich	Pufferbatterie der Logikeinheit ersetzen Halterungen der Steckverbinder und Klemmschraubverbindungen überprüfen

406.2 Allgemeiner Wartungsplan

Leitungen und Halterungen

Alle Leitungen und Halterungen auf festen Sitz kontrollieren. Lose Leitungen befestigen und bei beschädigter Isolation austauschen.

Im Schaltschrank Steckerverbindungen und Steuerkarten auf festen Sitz überprüfen. Lose Komponenten befestigen. Alle Klemmschraubverbindungen sind auf ihren einwandfreien Zustand zu überprüfen.

Puffer-Batterie wechseln

Die Pufferbatterie hat die Aufgabe, die CNC-Programme und Maschinenparameter bei Netzausfall zu speichern.

406.3 Einbauort der Pufferbatterie

Ausgetauscht werden müssen drei Mignon-Zellen, leak-prof (LR6). Die Batterien befinden sich hinter einer PG-Verschraubung im Stromversorgungsteil der Logikeinheit.

Aufgaben

1. *Beschreiben und begründen Sie die elektrischen Wartungsarbeiten.*
2. *Warum muss die Pufferbatterie jährlich ausgewechselt werden?*

EXKURS **Instandsetzung**

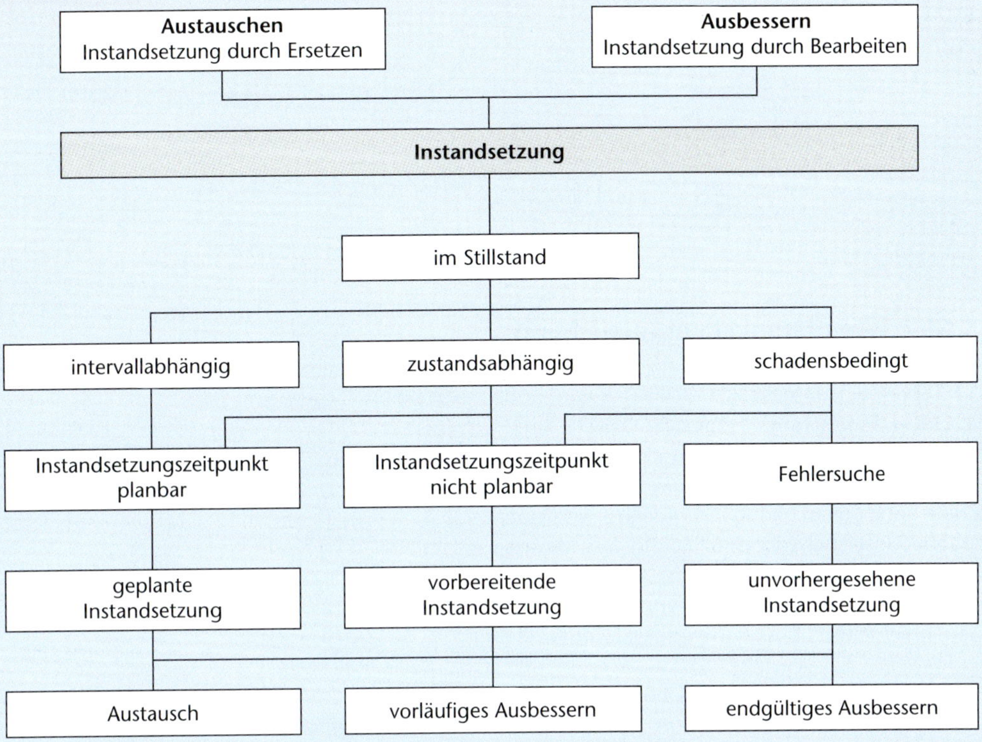

Unter Instandsetzung (früher Reparatur) versteht man alle Maßnahmen zur Wiederherstellung des Soll-Zustandes eines technischen Systems.

Die Instandsetzung unterteilt sich in die Bereiche:

- Instandsetzung durch Ersetzen
- Instandsetzung durch Bearbeiten

Bei der Instandsetzung durch Ersetzen werden defekte Teilsysteme oder Bauteile ausgetauscht. Kann der Soll-Zustand durch Ausbessern des defekten Bauteil wieder hergestellt werden, spricht man von Instandsetzung durch Bearbeitung.

Durch Instandsetzung werden neue Abnutzungsvorräte geschaffen.

Grundsätzlich müssen alle Instandsetzungsarbeiten unter Einhaltung der üblichen Sicherheitsvorschriften während des Stillstandes der Anlage durchgeführt werden. Instandsetzungsarbeiten werden entweder nach einem fest vorgegebenen Zeitintervall (z. B. Betriebszeit), nach dem Zustand der Anlage oder unmittelbar nach einem Schadensfall durchgeführt. Es kann durchaus vorkommen, dass der gewünschten Soll-Zustand nicht sofort erreicht werden kann, weil z. B. bestimmte Ersatzteile nicht verfügbar sind. In diesem Fall handelt es sich dann um ein vorläufiges Ausbessern.

Die **vorbeugende Instandsetzung** wird unabhängig vom Zustand der Abnutzung nach einer bestimmten Laufzeit der Maschine durchgeführt. Diese Art von Instandsetzung ist ein Beitrag zur Qualitätssicherung und -verbesserung, weil sie durch standardisierte Instandsetzungsintervalle für den gesamten Maschinenpark eine gleich bleibende Maßhaltigkeit der Werkstücke garantiert.

Nach der Durchführung einer Instandsetzung haben grundsätzlich eine Funktionsprüfung und eine Abnahme zu erfolgen.

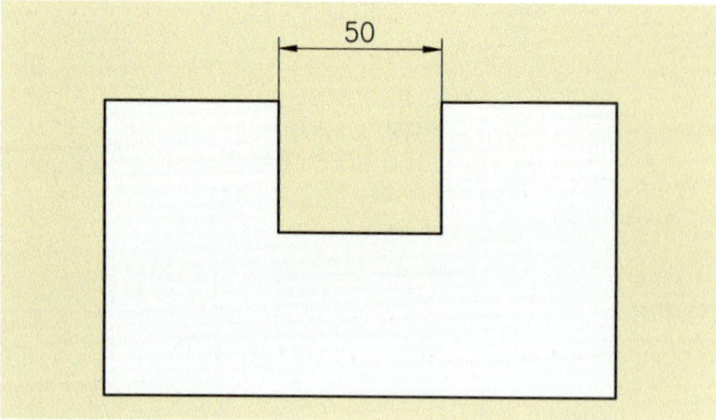

408.1 Werkstück

12.5 Maschinenfähigkeitsuntersuchung

Das in Abb. 408.1 dargestellte Werkstück wird von einer CNC-Fräsmaschine hergestellt. Nach einer Wartungsmaßnahme (Nachstellen der Führungen des Frässchlittens) soll überprüft werden, ob die Maschine noch genau genug fertigt. Dazu wird eine statistische Untersuchung des wichtigsten Maßes, der Innenweite des Durchbruchs, durchgeführt. Anhand der Auswertung kann dann entschieden werden, ob eine Nachbesserung erfolgen muss.

Der laufenden Fertigung werden in Folge 50 Werkstücke entnommen. In Tabelle 408.2 sind die 50 Messwerte dieser Werkstücke aufgelistet.

50,009	50,018	50,019	50,023	50,024
50,026	50,027	50,028	50,028	50,029
50,031	50,031	50,031	50,032	50,032
50,033	50,034	50,034	50,035	50,035
50,035	50,035	50,035	50,035	50,035
50,035	50,036	50,036	50,036	50,037
50,037	50,037	50,037	50,038	50,038
50,038	50,038	50,039	50,039	50,041
50,042	50,043	50,043	50,044	50,045
50,046	50,047	50,051	50,052	50,061

408.2 Stichprobe mit $n = 50$ Messwerten

Da die Darstellung in Tabellenform nicht sehr aussagekräftig ist, sollen die Messwerte in einem Balkendiagramm dargestellt werden. Dazu müssen die Messwerte in Klassen (Bereiche) eingeteilt werden. Die Berechnung der Klassenweite w erfolgt mit der Formel:

$$w = \frac{x_{max} - x_{min}}{\sqrt{n}}$$

w Klassenweite
n Anzahl der Messwerte
x_{max} maximaler Messwert
x_{min} minimaler Messwert

Berechnung der Klassenweite

$$w = \frac{50{,}07\text{ mm} - 50{,}00\text{ mm}}{7}$$

$$w = 0{,}01\text{ mm}$$

Die sieben Klassenweiten werden in die Tabelle 408.3 eingetragen.

Klassengrenze untere	obere	Strichliste						n_i
50,00	50,01	I						1
50,01	50,02	II						2
50,02	50,03	IIIII	II					7
50,03	50,04	IIIII	IIIII	IIIII	IIIII	IIIII	IIIII	30
50,04	50,05	IIIII	II					7
50,05	50,06	II						2
50,06	50,07	I						1

408.3 Strichliste für die Häufigkeitsverteilung

Aus der Tabelle 408.2 wird nun ermittelt, wie oft ein Messwert innerhalb einer bestimmten Klasse vorkommt. Die Auswertung der Häufigkeit erfolgt mit Unterstützung einer Strichliste. Mithilfe der Tabelle 408.3 wird dann das Balkendiagramm erstellt.

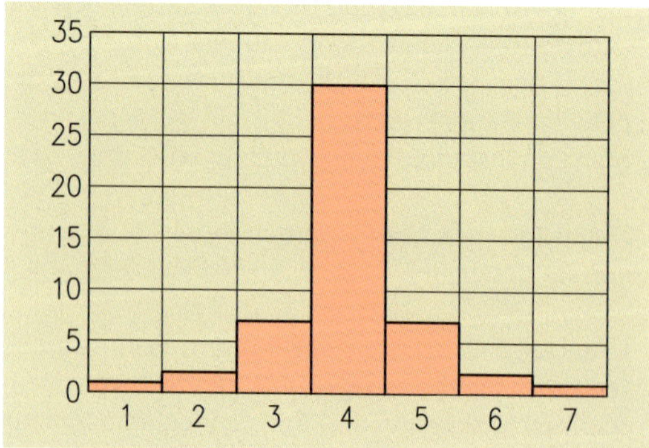

408.4 Balkendiagramm der Messreihe

Das Balkendiagramm der Messreihe hat die typische Struktur normalverteilter Messreihen. Die Messwerte häufen sich um den arithmetischen Mittelwert. Links und rechts vom Mittelwert nimmt die Anzahl der Messwerte (= Häufigkeit) nach und nach ab. Das Balkendiagramm visualisiert die Häufigkeitsverteilung der Messwerte einer Messreihe. Anstatt anzugeben, wie oft ein Messwert innerhalb einer Klasse vorkommt (absolute Häufigkeit), kann die Häufigkeitsverteilung auch in Prozent angegeben werden (relative Häufigkeit).

12.5.1 Normalverteilung

Würde man sehr viele Messwerte (theoretisch unendlich viele) auswerten, dann würde man die Normalverteilungskurve (auch Gauß'sche Glockenkurve genannt) erhalten (Abb. 409.1).

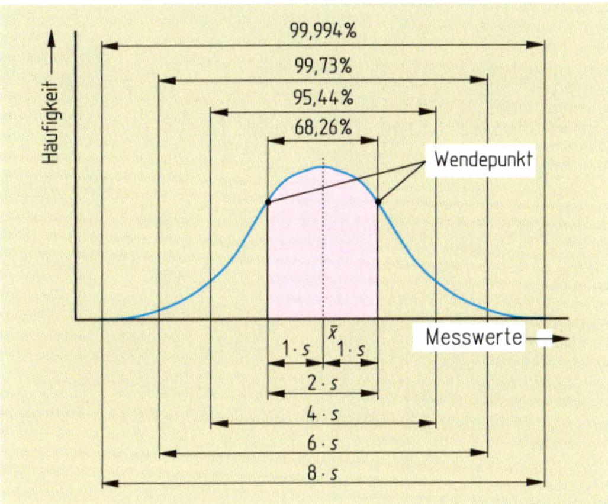

409.1 Normalverteilung von Messwerten

Der höchste Punkt der Kurve (Maximum) heißt arithmetischer Mittelwert $\bar{x}$. Den Abstand zwischen einem Wendepunkt und der Maximumstelle nennt man Standardabweichung s. Die Standardabweichung ist ein Maß für die Streuung der Messwerte. Je breiter die „Glocke" ausfällt, desto größer ist auch die Streuung. Eine Vergrößerung der Streuung deutet auf eine Verschlechterung der Maßgenauigkeit hin. Mit der Vergrößerung der Standardabweichung wird mehr Ausschuss produziert.

Wenn die Standardabweichung einen bestimmten Wert überschreitet, muss die Maschine gewartet werden. Oft beschränken sich die Wartungsarbeiten auf das Nachstellen der Führungen des Frässchlittens.

Anhand der Normalverteilung kann vorausgesagt werden, wie viel Prozent der Messwerte in einem bestimmten Wertebereich liegen. Für den Fall, dass die Messwerte normalverteilt sind, gilt folgender Zusammenhang:

zwischen $x + 1 \cdot s$ und $x - 1 \cdot s$ liegen 68,26 %
zwischen $x + 2 \cdot s$ und $x - 2 \cdot s$ liegen 95,44 %
zwischen $x + 3 \cdot s$ und $x - 3 \cdot s$ liegen 99,73 %
zwischen $x + 4 \cdot s$ und $x - 4 \cdot s$ liegen 99,994 %
der Messwerte.

12.5.2 Maschinenfähigkeit ermitteln

Ob die CNC-Fräsmaschine eine Fertigungsaufgabe mit der notwendigen Maßgenauigkeit erfüllen kann, wird mit einer Maschinenfähigkeitsuntersuchung nachgewiesen. Die Maschinenfähigkeit c_m (machine capability) ist die Fähigkeit, ein Werkstück mit einer bestimmten Mindestanforderung zu fertigen. Bei der Ermittlung der Maschinenfähigkeit geht man wie folgt vor:

1. Maschine auf Toleranzmitte einstellen
2. dem Fertigungsprozess mindestens 50 Teile entnehmen
3. Messwerte ermitteln und in eine Tabelle eintragen.
4. Maschinenkennwerte berechnen
5. berechnete Maschinenkennwerte mit Mindestanforderungen vergleichen

Die Streuung wird mit dem Maschinenkennwert c_m beurteilt:

$$c_m = \frac{OGW - UGW}{6 \cdot s_{ges}} \qquad c_m > 1{,}67$$

OGW oberer Grenzwert
UGW unterer Grenzwert
s_{ges} Standardabweichung aller Messwerte

Die Lage (Mittelwert) **und** die Streuung werden mit dem Maschinenkennwert c_{mk} beurteilt:

$$c_{mk} = \frac{Z_{krit}}{3 \cdot s_{ges}} \qquad c_{mk} > 1{,}33$$

$$Z_{krit} = OGW - \bar{x} \quad \text{oder} \quad Z_{krit} = \bar{x} - UGW$$

Für Z_{krit} muss der kleinste Wert gewählt werden.

Die für die Berechnung der Maschinenfähigkeit benötigte Standardabweichung s_{ges} kann mithilfe eines Tabellenkalkulationsprogramms aus den Messwerten der Tabelle 408.2 berechnet werden. Man erhält

$s_{ges} = 0{,}00880$ mm.

Setzt man die Grenzwerte

$OGW = 50{,}1$ mm und
$UGW = 50{,}00$ mm

in die obige Formel ein, dann erhält man:

$$c_m = \frac{OGW - UGW}{6 \cdot s_{ges}}$$

$$c_m = \frac{50{,}1\ \text{mm} - 50{,}00\ \text{mm}}{6 \cdot 0{,}00880\ \text{mm}}$$

$$c_m = 1{,}89$$

Da dieser Wert größer als 1,67 ist, ist die Maschine fähig, die gestellten Anforderungen zu erfüllen.

Für die Beurteilung der Prozesslage muss aus den Messwerten (Tabelle 408.2) der arithmetische Mittelwert berechnet werden. Der arithmetische Mittelwert wird berechnet, indem man alle 50 Messwerte addiert und durch die Anzahl dividiert. Mit einem Tabellenkalkulationsprogramm erhält man:

$\bar{x} = 50{,}0354$ mm

Für die Lage des Prozesses ergibt sich folgender Kennwert:

$$c_{mk} = \frac{\bar{x} - UGW}{3 \cdot s_{ges}}$$

$$c_{mk} = \frac{50{,}0354\ \text{mm} - 50{,}00\ \text{mm}}{3 \cdot 0{,}00880\ \text{mm}}$$

$$c_{mk} = 1{,}34$$

Dieser Wert ist größer als 1,33. Damit ist nachgewiesen, dass die Maschine auch hinsichtlich der Prozesslage die Anforderungen erfüllt.

Beispiele
Der Prozess ist zentriert.
$c_m = 5{,}00$; $c_{mk} = 5{,}00$

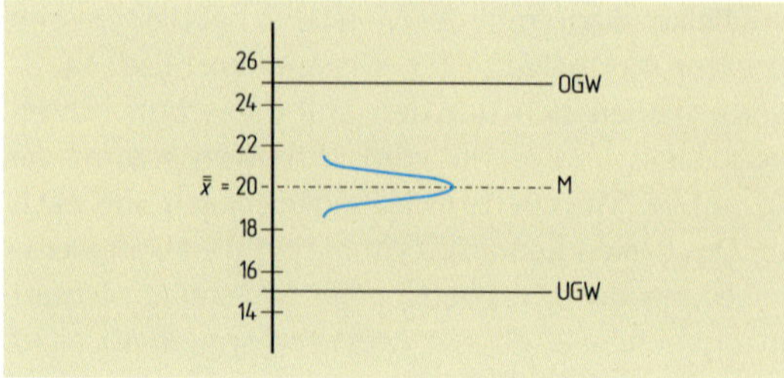

Der Prozess ist nicht optimal zentriert.
$c_m = 1{,}67$; $c_{mk} = 1{,}33$

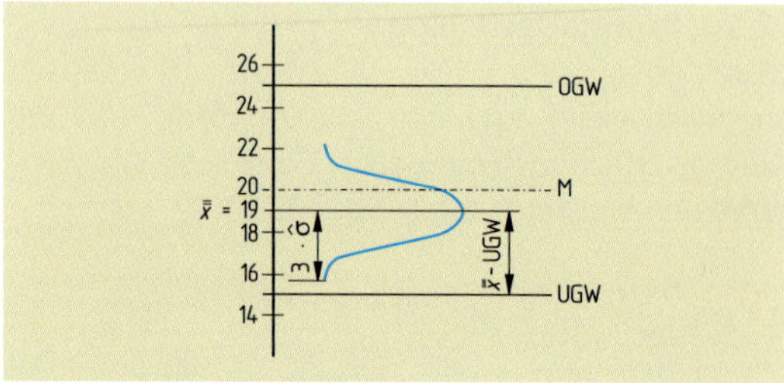

Die Prozessstreuung muss verkleinert werden.
$c_m = 0{,}71$; $c_{mk} = 0{,}71$

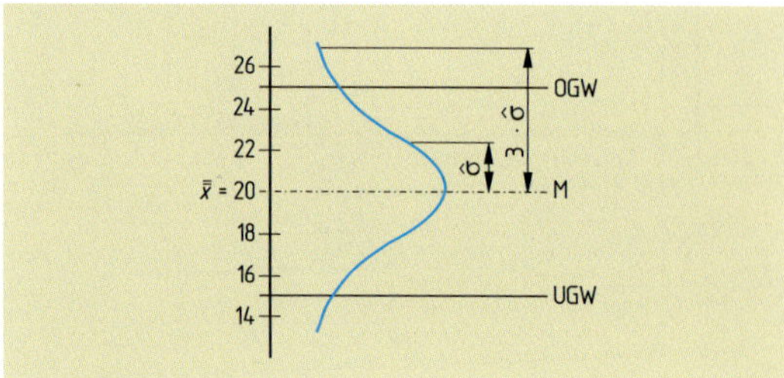

Aufgaben

1 *Beschreiben Sie den Verlauf der Normalverteilung.*

2 *Was versteht man unter arithmetischem Mittelwert?*

3 *Wie wird der arithmetische Mittelwert berechnet?*

4 *Was versteht man unter Standardabweichung?*

5 *Was versteht man unter Maschinenfähigkeit?*

6 *Wie wird die Maschinenfähigkeit ermittelt?*

7 *Worin kann die Ursache liegen, wenn sich im Laufe der Betriebsdauer die Standardabweichung vergrößert?*

8 *Welche Wartungsmaßnahme ist an der CNC-Fräsmaschine zu ergreifen, wenn sich die Standardabweichung im Laufe der Betriebsdauer vergrößert?*

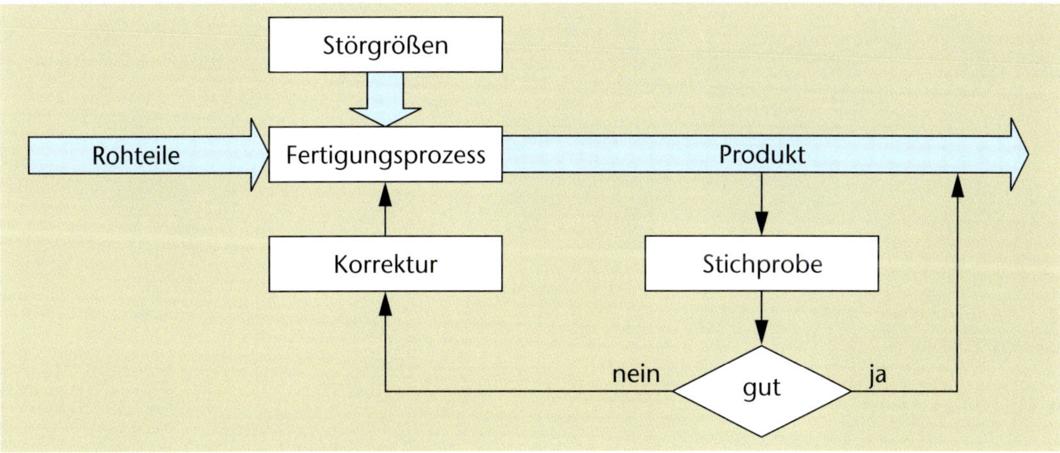

411.1 Regelkreis der statistischen Prozessregelung

12.6 Statistische Prozessregelung

Damit sichergestellt ist, dass rechtzeitig geeignete Instandhaltungsmaßnahmen eingeleitet werden, soll die Fertigung an der CNC-Fräsmaschine mithilfe einer Qualitätsregelkarte überwacht werden. Qualitätsregelkarten sind ein wichtiges Instrument der statistischen Prozessregelung. Abb. 411.1 zeigt den Regelkreis der statistischen Prozessregelung (SPC **S**tatistical **P**rocess **C**ontrol). Rohteile sind die Eingangsgrößen des Fertigungsprozesses. Während des Fertigungsprozesses wirken Störgrößen auf die Fertigung ein:

Störquelle	mögliche Ursache
Mensch	Verantwortungsgefühl, Kondition, Qualifikation
Maschine	Rundlauf, Steifigkeit, Positionsgenauigkeit, Verschleißzustand, Geradheit
Material	Festigkeit, Spannungen, Gefüge
Methode	Fertigungsverfahren, Prüfmethode
Management	Qualitätsziele, Qualitätspolitik
Mitwelt	Schwingungen, Temperatur, Feuchte, Gase, Schmutz
Messbarkeit	Temperatur, Messgenauigkeit

411.2 7M Störgrößen des Fertigungsprozesses

Diese sieben Störgrößen beeinträchtigen die Maßgenauigkeit des zu fertigenden Werkstückes. Oft verursachen sie auch ein Überschreiten der Toleranzgrenzen.

Um den Ausschuss möglichst gering zu halten oder zukünftig sogar ganz zu vermeiden, werden statistische Verfahren der Messwertaufbereitung eingesetzt. Anhand dieser Verfahren kann auch ermittelt werden, wann die Maschine gewartet oder das Werkzeug gewechselt werden muss.

Dem Fertigungsprozess werden in regelmäßigen Zeitabständen Stichproben (in der Regel ein Stichprobenumfang von $n = 5$) entnommen. Von den einzelnen Werkstücken wird das zu untersuchende Maß gemessen und in die Spalte einer Tabelle eingetragen. Dieser Vorgang wird 25- bis 30-mal wiederholt. Für jede der Spalten müssen nun der arithmetische Mittelwert und die Standardabweichung berechnet werden. Der arithmetische Mittelwert und die Standardabweichung werden in Qualitätsregelkarten als Streckenzüge eingetragen.

Durch die Visualisierung der statistischen Kennwerte kann der Fertigungsprozess einfach und effektiv überwacht werden. Anhand der Kurvenverläufe (Run, Trend, Überschreiten der Eingriffgrenzen) kann entschieden werden, ob in den Prozess eingegriffen werden muss und welche Korrekturmaßnahmen eventuell zu ergreifen sind. Der Grundgedanke der statistischen Prozessregelung besteht darin, korrigierend in den Fertigungsprozess einzugreifen, bevor Ausschuss entsteht.

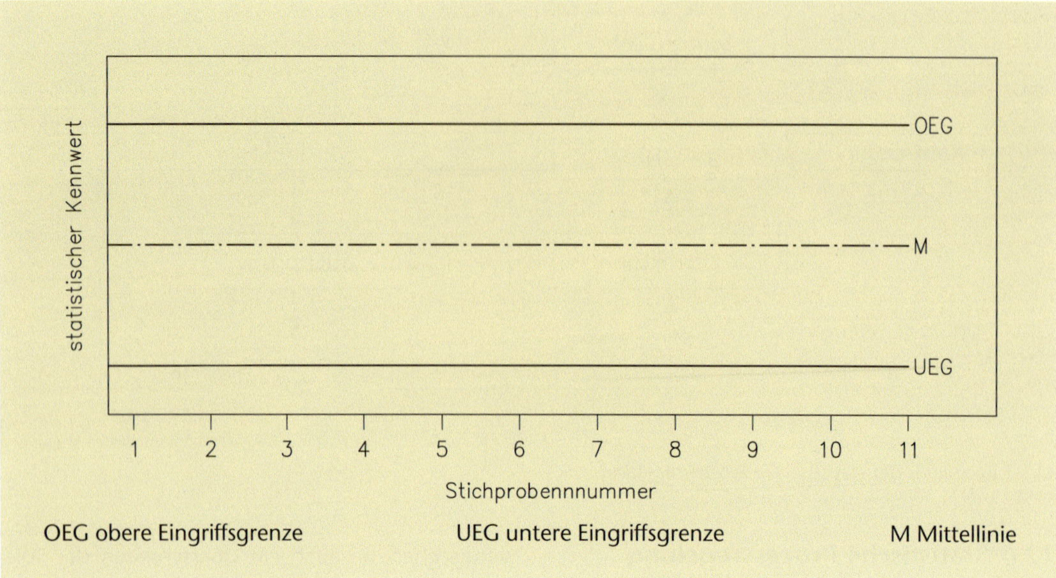

412.1 Aufbau einer Qualitätsregelkarte

12.6.1 Aufbau einer Qualitätsregelkarte

Auf der waagerechten Achse werden entweder die Zeitpunkte der durchgeführten Stichproben oder die Stichprobennummern aufgetragen. Die senkrechte Achse enthält den Wertebereich der zu überwachenden statistischen Kenngröße (z. B. Mittelwert, Standardabweichung). Die Lage der Mittellinie M ergibt sich aus dem Mittelwert der Mittelwerte aller Stichproben (Gesamtmittelwert):

$$\bar{\bar{x}} = \frac{\bar{x}_1 + \bar{x}_2 + \bar{x}_3 + \bar{x}_4 + \bar{x}_5}{5}$$

Eine obere Eingriffsgrenze (OEG) und eine untere Eingriffsgrenze (UEG) begrenzen den Bereich, in dem die statistischen Kennwerte streuen dürfen. Die Eingriffsgrenzen erfassen 99,73 Prozent des Zufallsstreubereichs. Der ungestörte Prozess bewegt sich zufallsverteilt innerhalb der unteren und oberen Eingriffsgrenzen. Werden die Eingriffsgrenzen überschritten, so liegen keine zufallsbedingten, sondern systematische Einflüsse vor. Systematische Einflüsse entstehen durch Werkzeug- oder Maschinenverschleiß.

Eine Mittelwertkarte muss immer zusammen mit einer Standardabweichungskarte (oder einer Spannweitenkarte) geführt werden, damit neben der Prozesslage (Lage der Mittelwerte relativ zur Mittellinie) auch die Streuung des Fertigungsprozesses erfasst wird.

12.6.2 Berechnung der Eingriffsgrenzen

Die obere und untere Eingriffsgrenze für die **Mittelwertkarte** werden mit folgenden Formeln berechnet.

$$OEG_{\bar{x}} = \bar{\bar{x}} + 1{,}427 \cdot \bar{s}$$
$$UEG_{\bar{x}} = \bar{\bar{x}} - 1{,}427 \cdot \bar{s}$$

$\bar{\bar{x}}$ Gesamtmittelwert aller Stichproben
$\bar{s}$ Mittelwert der Standardabweichungen aus den einzelnen Stichproben

Die Berechnungsvorschrift für die obere Eingriffsgrenze der **Standardabweichungskarte** lautet:

$$OEG_s = 2{,}089 \cdot \bar{s}$$

Die Formeln gelten für einen Stichprobenumfang von $n = 5$. Die untere Eingriffsgrenze UEG_s ist bei einem Stichprobenumfang für $n \leq 5$ gleich Null.

12.6.3 Prozessverlauf

	Stichproben									
	1	**2**	**3**	**4**	**5**	**6**	**7**	**8**	**9**	**10**
x_1	49,80	49,90	49,91	49,71	50,41	50,42	50,06	50,04	50,01	49,56
x_2	49,88	49,78	49,91	49,69	49,76	50,13	50,19	50,42	49,96	49,74
x_3	49,80	49,66	50,21	50,08	50,29	50,13	50,41	49,93	49,85	50,48
x_4	50,45	49,66	49,83	49,58	49,88	49,93	50,33	50,18	49,90	49,56
x_5	50,48	50,15	50,13	49,96	49,79	49,60	49,52	50,00	49,77	49,89
x_q	50,081	49,830	49,999	49,803	50,024	50,041	50,105	50,114	49,901	49,846
s	0,351	0,203	0,165	0,209	0,300	0,303	0,353	0,191	0,095	0,380

413.1 Messwerte aus 10 Stichproben

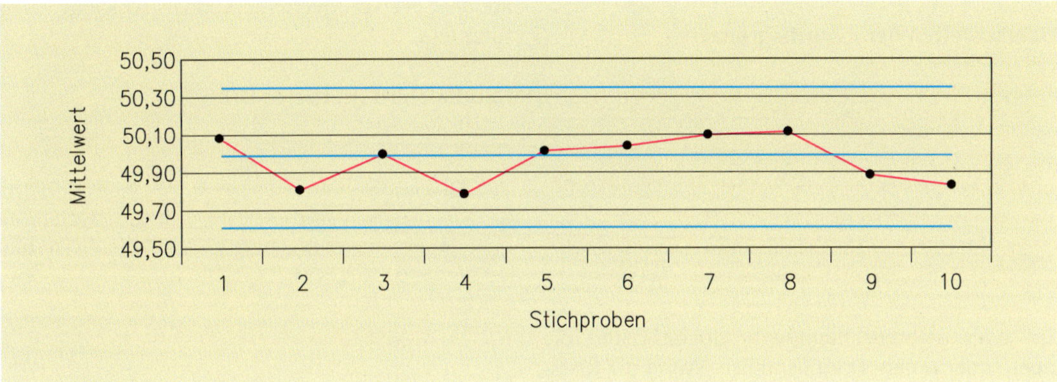

413.2 Mittelwertkarte mit ungestörtem Verlauf

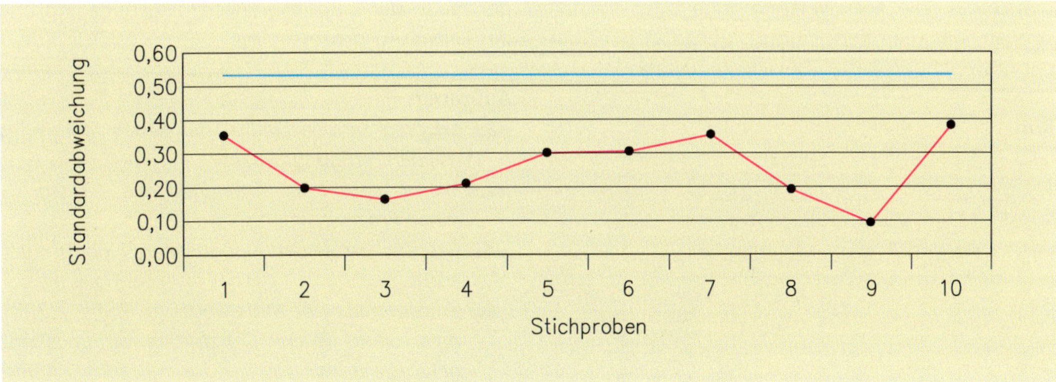

413.3 Standardabweichungskarte mit ungestörtem Verlauf

Sowohl in der Mittelwertkarte als auch in der Standardabweichungskarte liegen alle Kennwerte innerhalb der Eingriffsgrenzen. Der Fertigungsprozess ist also stabil (= natürlicher Verlauf).

12.6.4 Stabilitätskriterien

Anhand statistischer Kriterien lässt sich beurteilen, ob der zu untersuchende Fertigungsprozess stabil verläuft. Mögliche Stabilitätsverletzungen sind:

- Überschreiten der unteren oder oberen Eingriffsgrenze
- sieben aufeinander folgende Kennwerte (Mittelwert oder Standardabweichung) oberhalb oder unterhalb der Mittellinie (Run)
- sieben aufeinander folgende Kennwerte mit steigender oder fallender Tendenz (Trend)

Die aufgezählten Verletzungen der Stabilitätsregeln gelten sowohl für die Mittelwertkarte als auch für die Standardabweichungskarte.

Überschreiten der Eingriffsgrenzen

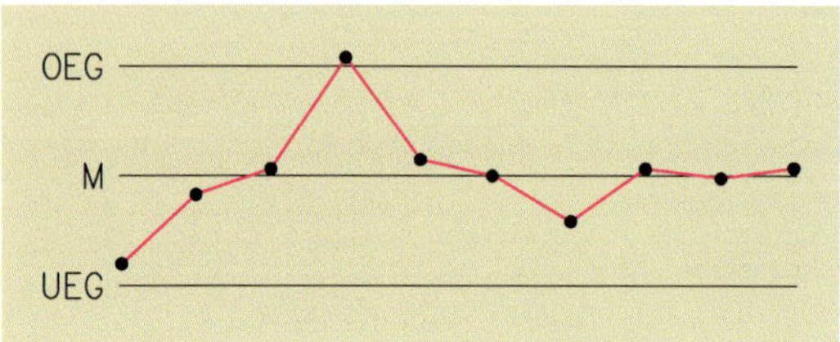

Ein oder mehrere Kennwerte überschreiten die obere oder untere Eingriffsgrenze. Wenn die Messwerte für alle 25 Stichproben gleichmäßig sowohl nach oben als auch nach unten vom Sollwert abweichen, macht sich das in der Mittelwertkarte nicht bemerkbar. Die Messwerte können aber so stark streuen, das die obere Eingriffsgrenze in der Standardabweichungskarte überschritten wird.

Run

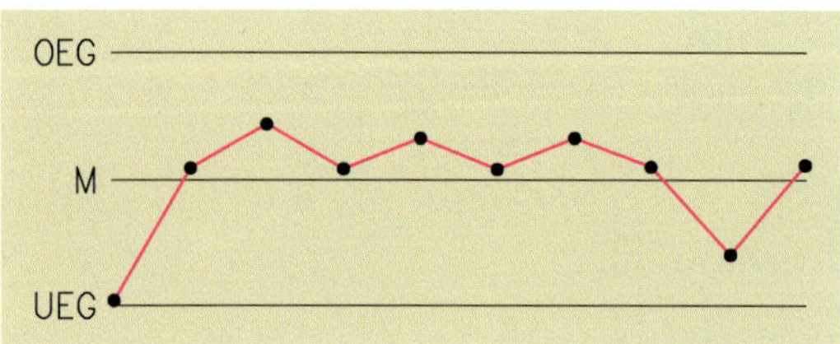

Wenn sieben oder mehr aufeinander folgende Kennwerte oberhalb oder unterhalb der Mittellinie liegen, liegt ein Run vor. Als Ursache für einen Run kommen z. B. Werkzeugverschleiß, Umstellen auf ein anderes Material oder eine neue Maschine infrage.

Trend

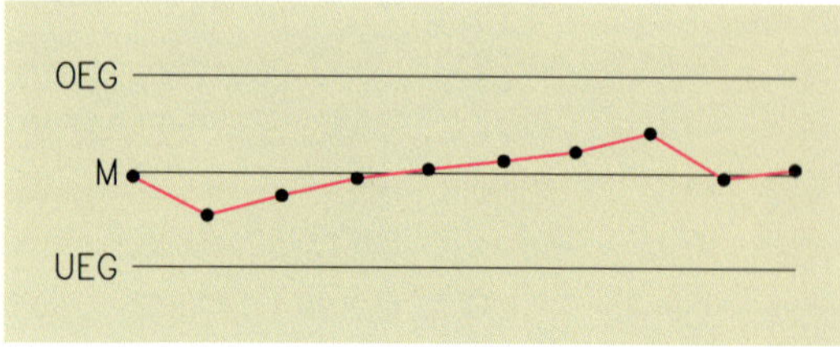

Unter einem Trend versteht man eine kontinuierlich an- oder absteigende Folge von sieben oder mehr Kennwerten. Mögliche Ursachen für einen Trend können Werkzeugverschleiß oder schlechte Wartung sein.

Middle Third (mittleres Drittel)

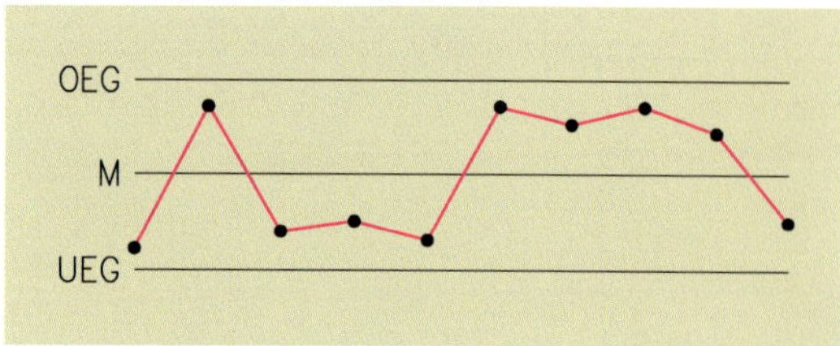

Nach den Gesetzmäßigkeiten der Normalverteilung müssen im mittleren Drittel zwei Drittel der Kennwerte liegen. Befinden sich zwei Drittel der Werte in der Nähe der Eingriffsgrenzen, liegt eine Störung des Fertigungsprozesses vor.

Aufgaben

1. *Erklären Sie den Einfluss der sieben Störgrößen auf den Fertigungsprozess.*
2. *Worin besteht der Grundgedanke der statistischen Prozessregelung?*
3. *Beschreiben Sie den Aufbau einer Qualitätsregelkarte.*
4. *Warum muss eine Mittelwertkarte immer zusammen mit einer Standardabweichungskarte geführt werden?*
5. *Beschreiben Sie mögliche Stabilitätsverletzungen.*
6. *Wie wirkt sich ein vergrößertes Führungsspiel der Schlittenführung auf den Verlauf der Standardabweichungen in der Standardabweichungskarte aus?*

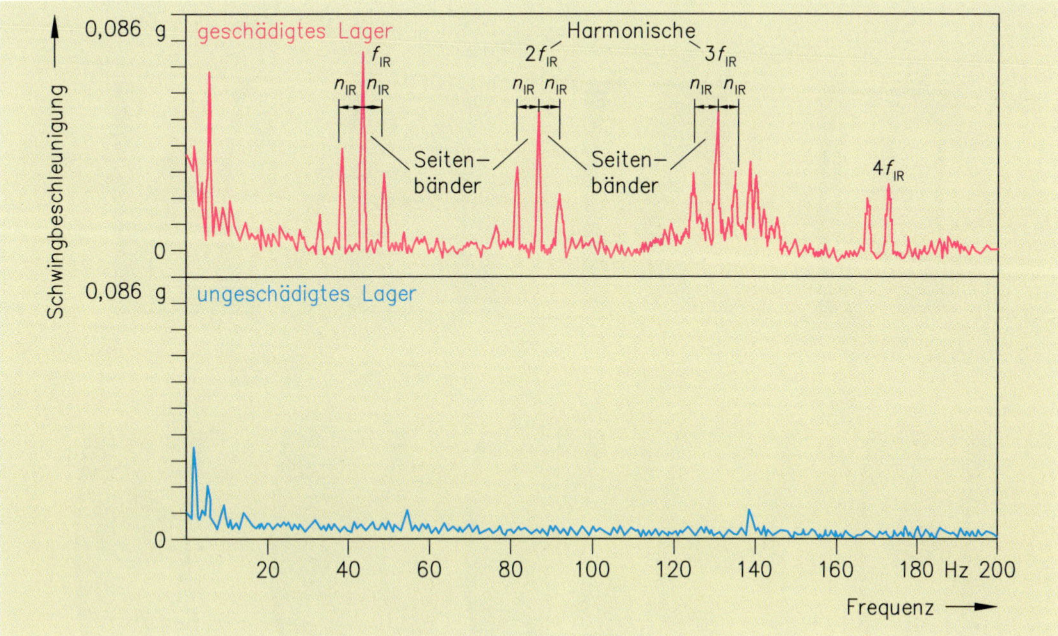

415.1 Frequenzspektrum eines Hüllkurvensignals von einem geschädigten (oben) und einem ungeschädigten Wälzlager (unten), $g = 9{,}81$ m/s² (Erdbeschleunigung)

415.2 Mechatroniker bei der Diagnose von Wälzlagern

Lagergeräusch	Ursachen
pfeifendes Geräusch	zu kleine Betriebsluft
rumpelndes Geräusch	Verschmutzung zu große Betriebsluft beschädigte Rollflächen

415.3 Hörbare Schäden bei Wälzlagern

12.7 Diagnose von Wälzlagern

12.7.1 Schwingungsmessverfahren

Abb. 415.2 zeigt einen Mechatroniker bei einer typischen Inspektionsarbeit. Er ermittelt mit einem Schwingungsmessverfahren, der so genannten **Hüllkurvendedektion** (HKD), den Betriebszustand eines Wälzlagers.

Das Messsystem besteht aus einem handelsüblichen Laptop, einer Analysesoftware, einer PC-Karte und einem Beschleunigungssensor. Beim Messvorgang wird der Beschleunigungssensor direkt an das Lagergehäuse gehalten. Die Messsoftware wertet die Schwingungen aus. Anhand der Kurvenverläufe kann festgestellt werden, ob das Lager noch intakt oder schon geschädigt ist. Abb. 415.1 zeigt den typischen Schwingungsverlauf eines geschädigten und eines ungeschädigten Lagers. Das intakte Lager hat bei einer Frequenz von etwa 5 Hz eine erhöhte Schwingungsamplitude. Danach verläuft das Signal fast gleichförmig ohne Oberschwingungen. Ein geschädigtes Lager hat einen ganz anderen Schwingungsverlauf. Auf der Frequenzachse erscheinen in regelmäßigen Abständen erhöhte Schwingungsamplituden.

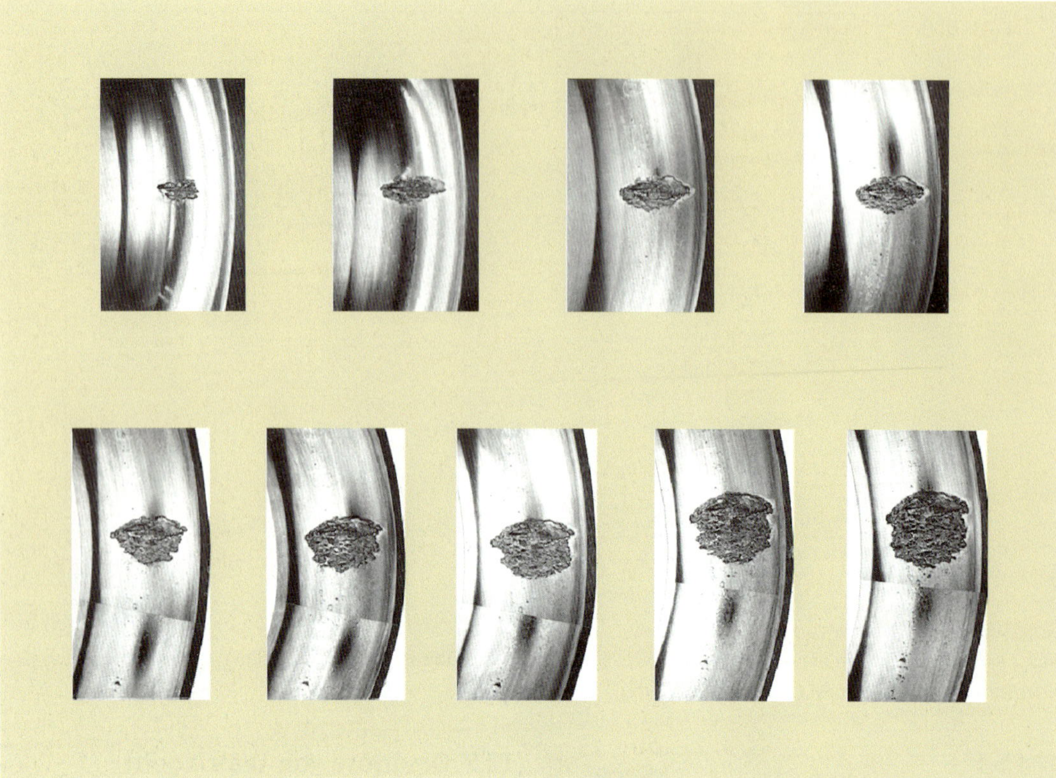

416.1 Entwicklung eines Ermüdungsschadens in einer Schrägkugellagerinnenlaufbahn

12.7.2 Schadensentwicklung

Abb. 416.1 zeigt die Entwicklung eines Ermüdungsschadens.

Das Schwingungsmessverfahren ist besonders gut geeignet, solche Schäden festzustellen. Der Fortschritt der Schädigung wurde in regelmäßigen Inspektionsintervallen ermittelt.

Wenn bei einer Inspektion durch das Schwingungsmessverfahren ein Lagerschaden erkannt wird, dann stellt sich die Frage, ob das Lager sofort ausgetauscht werden muss. Die Beantwortung dieser Frage hängt von den situativen Bedingungen ab. Bei verminderter Arbeitsgenauigkeit einer Werkzeugmaschine ist die Dringlichkeit eines Wechsels von der geforderten Qualität abhängig. Können die Werkstücke noch mit brauchbarer Qualität gefertigt werden, ist ein sofortiger Lagertausch nicht unbedingt nötig. Verschlechtert sich dagegen die Maßgenauigkeit über das noch tolerierbare Maß hinaus, so ist ein sofortiger Lagerwechsel unumgänglich.

Für die vorbeugende Instandhaltung ist es wichtig zu wissen, dass die bei der Inspektion festgestellten Lagerschäden nicht zu einem spontanen Ausfall der Maschine führen. Das charakteristische Merkmal von Lagerschäden ist, dass sich das Betriebsverhalten der Maschine **allmählich** verschlechtert. Deshalb muss im Rahmen einer vorbeugenden Instandhaltung der optimale Zeitpunkt des Lagerwechsels abgeschätzt werden. Bei mäßiger Belastung schreitet ein Lagerschaden nur langsam fort. Mit zunehmender Schadensgröße steigt dagegen die Ausbreitungsgeschwindigkeit des Schadens überproportional an.

Aufgaben

1 *Beschreiben Sie das Schwingungsmessverfahren.*

2 *Welchen Stellenwert hat das Schwingungsmessverfahren innerhalb der vorbeugenden Instandhaltung?*

3 *Wie erkennt man an den Schwingungsverläufen, ob ein Wälzlager beschädigt ist?*

EXKURS **Inspektion**

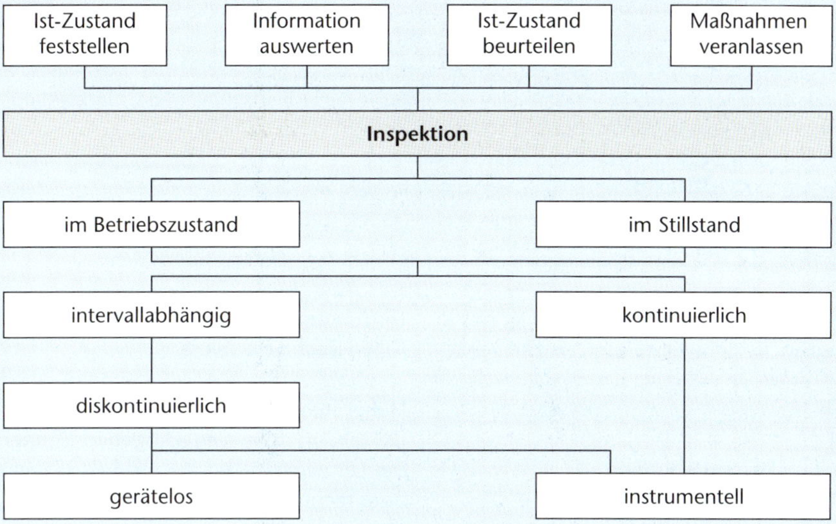

Die Inspektion ist eine Maßnahme zur Feststellung und Beurteilung des Ist-Zustandes eines technischen Systems. Der Ist-Zustand des Systems wird mit einem vorgegebenen Toleranzbereich verglichen (Auswertung). Ist der Ist-Zustand nicht mehr akzeptabel (Beurteilung), müssen die erkannten Mängel beseitigt werden (Veranlassung).

Inspektionsintervalle

Eine Inspektion erfolgt auf der Grundlage eines Inspektionsplans. Die **Inspektionsintervalle** beruhen in der Regel auf Erfahrungswerten. Werden sie überschritten, so steigt die Wahrscheinlichkeit eines Totalausfalls an. Es entstehen unnötig hohe Kosten durch den Produktionsausfall. Bei unnötig kurzen Inspektionsintervallen entstehen ebenfalls zusätzliche Kosten durch den erhöhten Inspektionsaufwand.

Inspektionsauswertung

Inspektionen richten ihr besonderes Augenmerk auf Verschleißerscheinungen anfälliger Bauteile. Die systematische **Auswertung** der durchgeführten Inspektionen erlaubt die Festlegung des richtigen Zeitpunktes des Austausches verschleißanfälliger Bauteile. Weiterhin beinhaltet die Inspektionsauswertung auch eine Schwachstellenanalyse des Gesamtsystems. Im Einzelnen geht es darum,

- Schwachstellen aufzudecken,
- betriebliche Zusammenhänge und Einflüsse zu erkennen,
- Ursachen der Schwachstellen zu ermitteln,
- Schwachstellen zu beseitigen.

Inspektionsdurchführung

Die Inspektion beginnt mit der Auftragserteilung. Vor Ort angekommen, wird als Erstes die Anlage gründlich gereinigt. Ölverschmutzungen, Schmiere, Späne oder Staub sind gründlich zu beseitigen. Durch Besichtigung werden offensichtliche Mängel und der Gesamtzustand der Anlage erfasst. Sinnlich erfahrbare Abweichungen vom Normalbetrieb wie z. B. Überhitzung der Elektromotoren, Vibration, lockere Bauteile oder außergewöhnliche Geräusche deuten auf die Dringlichkeit einer Instandsetzung hin. Kann ein entdeckter Mangel nicht sofort behoben werden, so wird dies durch einen Anhänger kenntlich gemacht. Dieser Anhänger enthält Angaben über den Fehlerort und eine kurze Problembeschreibung.

Nach Beendigung der Inspektion hat der mit der Inspektion beauftragte Mechatroniker dem Betriebspersonal die Freigabe der Anlage mitzuteilen. Die Anlage darf natürlich nur dann freigegeben werden, wenn keine gravierenden Mängel festgestellt wurden.

13 Übergabe von mechatronischen Systemen an Kunden

Nach der Betätigung eines NOT-AUS-Tasters für das Transportsystem wird die gesamte Anlage ausgeschaltet. Alle Maschinen sind im NOT-AUS-Betrieb; d. h., die Antriebsmotoren des Transportsystems sind ausgeschaltet. Das Wiedereinschalten der Anlage am Zentralpult erfolgt durch: 1. „NOT-AUS"-Quittierung aller Maschinen; 2. „AUTOMATIK START MASCHINEN"; 3. Am Zentralpult wird durch grüne Meldeleuchten angezeigt, ob sich die einzelnen Stationen und Maschinen in Grundstellung befinden; 4. Sind alle Stationen in Grundstellung, weiter mit „AUTOMATIK START TRANSPORT-SYSTEM"; 5. Sind eine oder mehrere Stationen nicht in Grundstellung, muss zunächst per Schlüsselschalter in „HAND" umgeschaltet werden; 6. Nun können die jeweiligen Stationen an den zugehörigen Steuerpulten in Grundstellung gefahren werden; 7. Anschließend erfolgt am Zentralpult das Umschalten in „AUTOMATIK", danach weiter mit „FEHLER-QUITTIERUNG".

418.1 Beschreibung des Wiedereinschaltvorganges nach NOT-AUS in einem Transportsystem

Die Beschreibung des Wiedereinschaltvorganges in diesem „Langtext" ist schwer zu lesen und zu verstehen.

Gründe sind
- das Fehlen von Hervorhebungen,
- „Bandwurmsätze" und
- eine mangelnde Übersichtlichkeit.

Die Folgen derartiger Langtexte auf den Leser sind in Abb. 418.2 zusammengefasst.

418.2 Die Lernwirksamkeit von Langtexten ist gering

13.1 Technische Dokumentation

Fachleute neigen in hohem Maße dazu, Zusammenhänge als selbstverständlich vorauszusetzen, da sie über Detailwissen und Fachinformationen verfügen. Beides besitzen die Leser nicht, die neu informiert werden.

Hinzu kommt neben Zeitdruck und Stress in vielen Fällen noch Leseunlust.

Daher steht oder fällt der Erfolg mit technischen Produkten im schnellen Umgehen-Können, d. h. mit der Lernwirksamkeit der produktbegleitenden Texte oder technischen Dokumentationen.

Die Hauptaufgabe einer Dokumentation ist einfach und klar in Abb. 418.3 zusammengefasst:

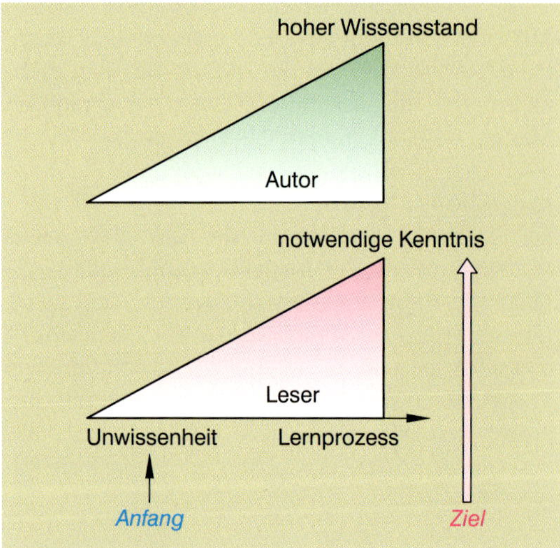

418.3 Der Wissensvorsprung eines Autors wird durch richtig aufbereitete Informationen geringer

Aufgabe von Texten oder Informationen ist das Überbrücken des Wissens-Gefälles zwischen Autor und Leser.

Konventionelle Langtexte sind nicht geeignet, den „Noch-nicht-Wissenden" leicht verständlich Detail-

wissen und Fachvokabular zu vermitteln.
Es fehlen **„emotionale Anreize"**.

Emotionale Reize
Wenn es um Entscheidungen geht, handeln Menschen nach Abb. 419.1 vorrangig emotional; in Extrem-Situationen wird bis zu 80 Prozent des Handelns durch Emotionen diktiert.

Auch in Texte eingebaute emotionale Anreize, d. h. **anschauliche Visualisierungen**, verbessern

- die Lesemotivation,
- das nachhaltige Behalten,
- das Verstehen und
- das sichere Reagieren.

Fachtexte müssen daher so gestaltet werden, dass sie emotionalisieren und das Gehirnpotential ausnutzen.

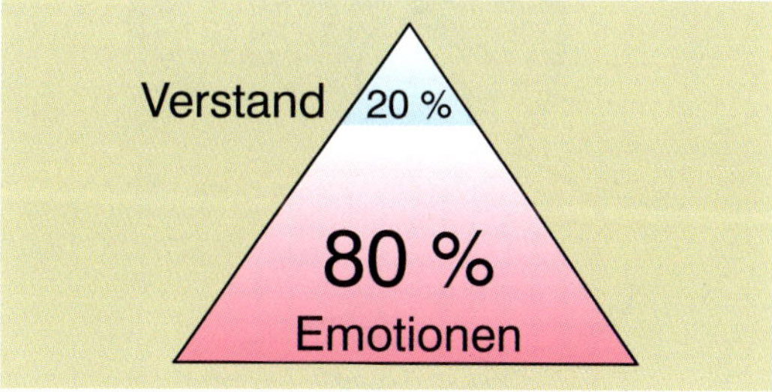

419.1 Emotionale Anreize in Texten beeinflussen Lesefreudigkeit und Aufnahmeintensität positiv

EXKURS **Funktion des Gehirns**

Die **linke** Gehirnhälfte ist u. a. zuständig für Verstand und Vernunft. Sie denkt logisch und objektiv. Sie verarbeitet Worte und Texte nacheinander, d. h. digital.
Ihr **Nachteil**: Sie denkt relativ langsam und ist bis an die Grenzen ihrer Kapazität überfordert.

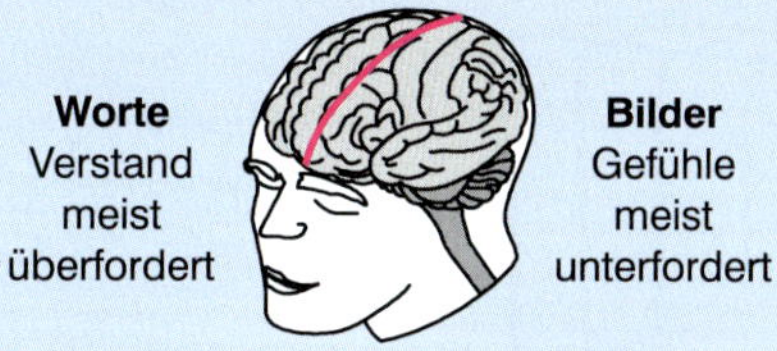

Die **rechte** Gehirnhälfte ist u. a. zuständig für Gefühl, Intuition und Kreativität. Sie denkt emotional und subjektiv. Sie verarbeitet Bildhaftes ganzheitlich, d. h. analog.
Ihr **Vorteil**: Sie denkt schnell, spontan und ist unterfordert.
Diese Hälfte besitzt noch viel freie Kapazität.

Emotionale Anreize in technischen Texten bewirken eine Kettenreaktion: Es werden Leistungsreserven in der rechten Gehirnhälfte mobilisiert, wie stärkeres Wollen und kreative Einfälle.
Von hier aus gehen dann starke Impulse an die linke Gehirnhälfte für interessiertes Lesen, leichteres Verstehen, festeres Behalten, kooperatives Reagieren und besseres Können.
Sinnvolles Bewältigen steigender Anforderungen erfordert ein Ausschöpfen des Gehirnpotenzials, d. h. einen Ausgleich durch gezieltes Verlagern der Kapazitäten bei dem, der Texte schreibt, und bei dem, der sie liest.

- Weg von der überlasteten, langsamen linken Gehirnhälfte.
- Hin zur aufnahmefähigen, schnelleren rechten Gehirnhälfte durch **emotionale Anreize**.

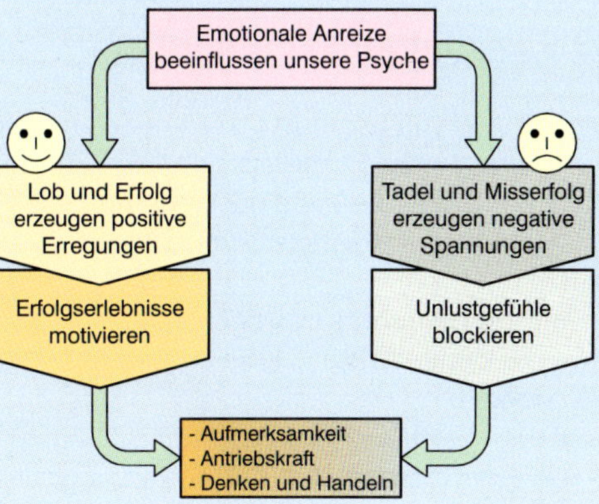

Neuwissen lässt sich besonders motiviert, schnell und sicher im Langzeitgedächtnis speichern, wenn **Verknüpfungen** zu bereits Bekanntem und **Leseanreize** angeboten werden.
Sind Verknüpfungen nicht erkennbar, entsteht ein Gefühl des Misserfolgs; das Neuwissen bleibt nur im Kurzzeitgedächtnis und wird schnell wieder vergessen.
Beim heutigen Informationsüberfluss erfordert auch der beste Inhalt entsprechende **Eyecatcher**, d. h. emotionale Anreize, um die Lernbereitschaft zu wecken.

420.1 Langtexte verunsichern den Leser

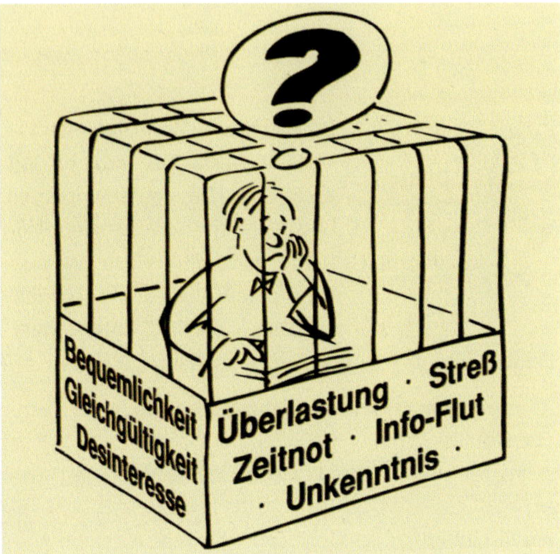

420.2 Hürden, die das Lesen hindern

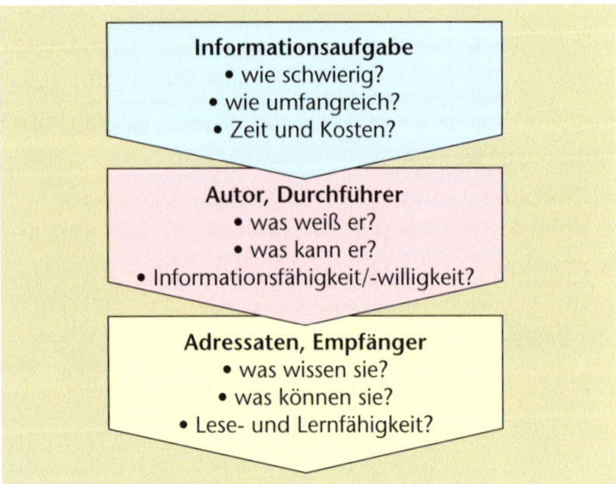

420.3 Autoren als Dolmetscher

13.2 Texte erfolgreich gestalten

Nach Abb. 420.1 und 420.2 erschweren zwei Bereiche den Erfolg von Texten:

- die „**Sendeschwäche**" des Verfassers und
- die „**Empfangsschwäche**" bei den Lesern.

Der erste Problembereich ist leicht zu überwinden; auf den zweiten ist der Einfluss geringer. Er lässt sich jedoch mit gezielten emotionalen Anreizen positiv beeinflussen.

Sendeschwäche des Verfassers

Häufige Fehler bei der Erstellung von Texten sind:
Mangelnde Orientierung an den Adressaten:

- Zu wenig Orientierung an der Aufnahmefähigkeit und der Aufnahmebereitschaft
- Zu viel/zu wenig vorausgesetzt
- Schreibstil ohne emotionale Anreize

Schwer verständliche Texte:

- Schachtelsätze mit Satzklammerm
- Mangelnde Sachlogik
- Unpräzise Aussagen und zu viel Fachjargon

Textgestaltung ohne Lese- und Lernhilfen:

- Mangel an Überschaubarkeit
- Mangel an typographischen Textbildern
- Zu wenig anschauliche Abbildungen.

Empfangsschwäche des Lesers

Kommunikationshürden sind beispielsweise Überlastung, Unverständnis, Desinteresse oder auch Trägheit. Mit emotionalen Anreizen lässt sich das Gefühl des Lesen-**Müssens** hin zum interessierten Lesen-**Wollen** verändern.

13.3 Der Informationstransfer

Der Verfasser von Texten ist ein Dolmetscher zwischen dem Anliegen des Herstellers eines technischen Produktes und den Interessen der Leser (Abb. 420.3).
Er bestimmt die geeignete Darbietungsart in Abhängigkeit:

- vom Schwierigkeitsgrad der Aufgabe,
- vom eigenen Wissen, Können und Einfühlungsvermögen,
- von der Lesebereitschaft der Adressaten und
- von einem vertretbaren Kosten-Leistungs-Verhältnis.

Nach der Betätigung eines NOT-AUS-Tasters sind die Antriebsmotoren und Maschinen ausgeschaltet.
Das Wiedereinschalten der Anlage am Zentralpult erfolgt durch:
- „**NOT-AUS-Quittierung**" aller Maschinen und „**AUTOMATIK START MASCHINEN**"
- „**AUTOMATIK START TRANSPORTSYSTEM**", wenn am Zentralpult alle grünen Meldeleuchten an sind. Alle einzelnen Stationen und Maschinen befinden sich in Grundstellung.
- „**HAND-Umschaltung**" per Schlüsselschalter, wenn **nicht alle** grünen Meldeleuchten an sind.
- **Anfahren der Grundstellung** der jeweiligen Stationen an den zugehörigen Steuerpulten.
- „**AUTOMATIK START TRANSPORTSYSTEM**"
- „**FEHLERQUITTIERUNG**"

421.1 Leserorientierte Textstruktuierung des Wiedereinschaltvorganges nach NOT-AUS

Leser	Eigenschaften	Anteil
Die Aktiven 	• fleißig • interessiert • aufgeschlossen • ehrgeizig	20 %
Die Passiven 	• bequem • desinteressiert • überheblich • überlastet	20 %
Die Neutralen 	• informierbar • belehrbar • leicht zu motivieren, wenn sie Vorteile oder Nutzen erkennen	60 %

421.2 Die Neutralen als größter Anteil lassen sich leicht durch gehirngerechte Texte motivieren

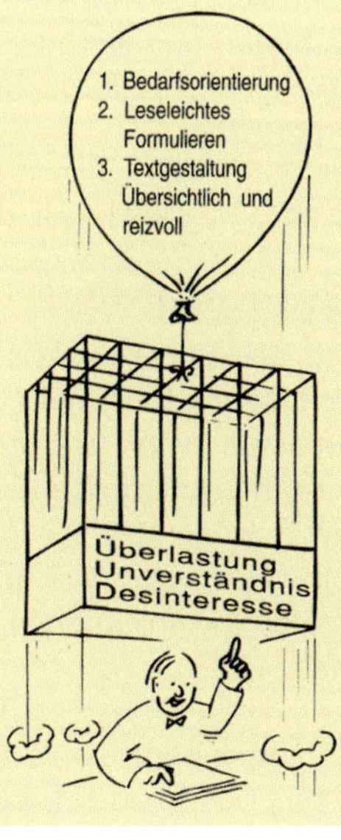

421.3 Die Wirkung einer Textstruktuierung

13.4 Gehirngerechte Texte

Wird der **leserorientierte** Text in Abb. 421.1 mit dem Langtext auf Seite 418 verglichen, dann hat sich die Attraktivität des Textes erhöht: Durch typographisches Gestalten (Fettdruck und Leitzeichen) sind emotionale Anreize geschaffen worden.
Aus dem Kreis der Leser, die leicht zu motivieren sind (etwa 80 Prozent), ergibt sich (Tab. 421.2):

Wer informieren will, muss durch Emotionieren die Aufnahmebereitschaft erhöhen.

Bei der Erarbeitung eines mit „Anreizen" ausgestalteten Textes sind die drei Punkte aus Abb. 421.3 zu beachten.

Punkt 1: **Bedarfsorientierung**
Das Zielen auf Probleme, Interessen, Gewohnheiten, Bedarf und Aufnahmefähigkeit motiviert den Leser. Daher
- Orientieren am Bedarf des Adressaten
- Konzentrieren auf das Wesentliche
- Weglassen des Entbehrlichen

Punkt 2: **Leseleichtes Formulieren**
Mit dem gezielten Einsetzen von Lesehilfen werden Leser motiviert zu interessiertem, gründlichem Lesen und schnellem Verstehen. Daher
- interessant, instruktiv, eindeutig formulieren
- kurz und treffend ausdrücken
- Verständlichmacher einsetzen

Punkt 3: **Textgestaltung**
Visualisierende Anschaulichmacher erhöhen die Attraktivität der Texte, das leichtere Erfassen und das festere Behalten. Daher Texte
- anschaulich anordnen
- übersichtlich und lerngerecht gestalten
- sachlogisch zuordnen

Wiedereinschalten am Zentralpult erfolgt durch:
- „NOT-AUS-Quittierung" aller Maschinen ...
- „AUTOMATIK START TRANSPORT-SYSTEM", wenn am Zentralpult alle ...
- „HAND-Umschaltung" per ...
- Anfahren der Grundstellung der ...
- „AUTOMATIK START TRANSPORTSYSTEM" und ....

422.1 Textauszug des Wiedereinschaltvorganges

Textbild	Beispiel
Schriftgröße	Schriftgröße
Schriftart	Schriftart
Gesperrt	G e s p e r r t
Großbuchstaben	GROßBUCHSTABEN
Kursiv	*kursiv*
Fett	**Fett**
Farbe	Farbe

422.2 Textbilder erleichtern das Erfassen

Wiedereinschalten am Zentralpult erfolgt durch:	
Aktion	Reaktion
• NOT-AUS-Quittierung	• Anlage kann eingeschaltet werden
• AUTOMATIK-START MASCHINEN	• **Alle** grünen Meldeleuchten an: **Alle** Stationen und Maschinen in Grundstellung ⇒ Weiter mit **Punkt 4**
	• Eine oder mehrere **nicht** in Grundstellung: ⇒ Weiter mit **Punkt 5**
• AUTOM.-START TRANSPORT-SYSTEM	• Anlage läuft
• HANDUM-SCHALTUNG mit Schlüsselschalter	• Anfahren der einzelnen Stationen in die Grundstellung
• AUTOMATIK einschalten	• FEHLERQUITTIERUNG möglich
• FEHLER-QUITTIERUNG • AUTOM.-START TRANSPORT-SYSTEM	• Anlage läuft

422.3 Das Wesentliche wird zugeordnet und erfasst

13.5 Typographisches Gestalten

Leitzeichen sind die einfachsten Lese- und Lernhilfen. Mit ihnen lassen sich entsprechend Tafel 422.1 komplexe Sachverhalte auflockern. Von allen Elementen der typographischen Textgestaltung sind dies die häufigsten: ◆; •; –.

Leitzeichen

Falls diese Leitzeichen noch nicht anderweitig belegt sind, können sie z. B. so einsetzt werden:
- Das Zeichen „◆" kann z. B. bei einer Folge von Betätigungsschritten eingesetzt werden, wenn jeder einzelne Schritt ein in sich abgeschlossener Hauptsatz ist (Tafel 422. 1)
- Das Zeichen „•" kann bei Aufzählungen eingesetzt werden:
  - Grüne Lampe leuchtet, wenn ...
  - Rote Lampe leuchtet, wenn ...
  - Summer ertönt, wenn ...
- Das Zeichen „–" ist zu verwenden, wenn ein Hauptsatz in eine Folge von Nebensätzen aufgefächert wird:
  Beim Festschrauben der Bodenplatte
  – die Wendelleitung ausrichten,
  – auf Rechts- und Linksgewinde achten,
  – die Muttern nicht verkanten.

Textbilder

Langtexte ohne Strukturelemente erschweren leichtes, schnelles und sicheres Erfassen. Das Einerlei des Textes wirkt monoton und ermüdend. Das lesende Auge ist dankbar für jede Auflockerung; z. B. Unterstreichen oder **Fettdruck**.

Weitere Möglichkeiten zeigt Tabelle 422.2.

Tabellarisches Darstellen

Tabellen sind ein bewährter und schneller Weg zum übersichtlichen Straffen weitschweifiger Texte.
Die Zusammenfassung von Daten oder **Wartungs-** und **Instandhaltungsanleitungen** erfolgt meistens in Tabellenform.
Darüber hinaus auch alle Beschreibungen von Handlungsabläufen wie Anleitungen, Anweisungen, Vorschriften (Tab. 422.3).

Bei sonstigen Beschreibungen ist die Anwendung der tabellarischen Darstellung nur begrenzt möglich.

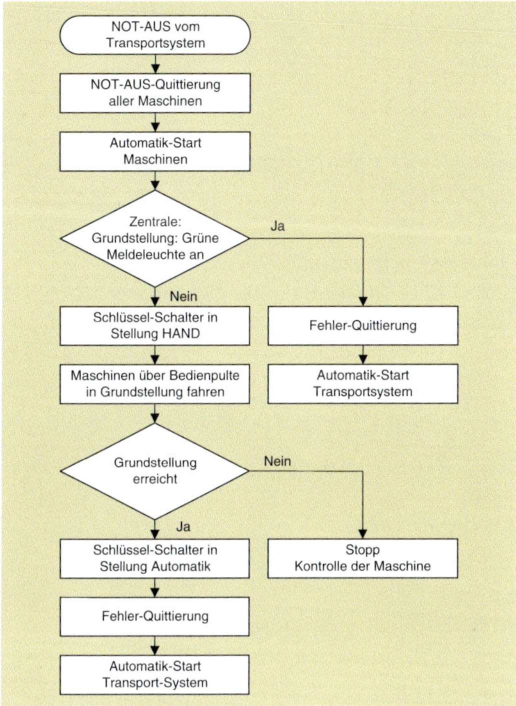

423.1 Das Flussdiagramm des Wiedereinschaltvorganges ermöglicht ein sicheres Handeln

13.6 Textarmes Gestalten

Bilder/Diagramme mit Text

Die Kombination von Diagrammen und Text (Abb. 423.1) oder Bildern spricht unterschiedliche Lerntypen an:

- Das Bild/Diagramm spricht das **visuelle** Gedächtnis und
- der Text das **analytische** Gedächtnis an.

In der Kombination erleichtern und beschleunigen sie das Verstehen und Behalten von Texten, schaffen umfassende Assoziationen, zeigen das Wesentliche, einen Sachverhalt, ein Prinzip, eine perspektivische Anordnung oder Zusammenhänge.

Ihre Ziele sind:

- das Hervorheben des jeweils Wichtigsten
- das Weglassen von Unwichtigem.

In der Kombination Bild/Diagramm mit Text erfüllt der Text folgende Funktionen:

- Er interpretiert, was nicht sofort für jeden erkennbar ist,
- er steuert den Deutungsprozess und
- er beschränkt sich auf das Wesentliche.

ÜBERBLICK **Varianten des textarmen Gestaltens**

Bilder mit Text

Kontrollieren der Bandspannung

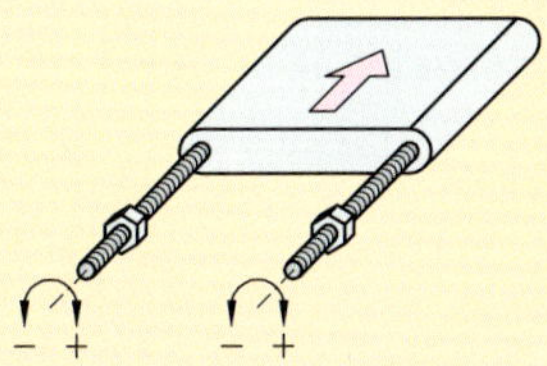

Mechanische Anzeige	Bandspannung	Korrektur (L/R)
⬆	richtig	
⬆	zu gering	+ +
⬆	zu hoch	– –

Vorteile: Geringerer Textumfang bewirkt u. a.:

- Schnelles und leichtes Orientieren
- Alles Wesentliche ist zu erfassen
- Zusammenhänge sind schnell erkennbar

Textlose Abbildungen

Belichtungsregelung in Abhängigkeit vom Kontrast

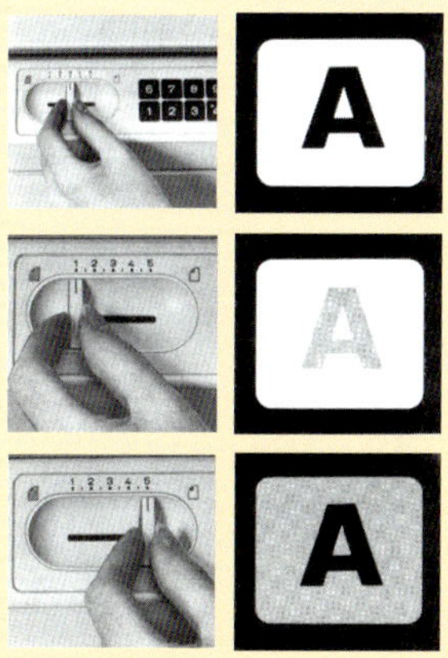

Vorteile: Zusätzlich zu den Vorteilen „Bilder mit Text":

- Eindeutige Darstellung von Handlungen
- Sprachbarrieren entfallen
- Weltweite Verständigung

Beim Plotter handelt es sich um einen Trommelplotter mit einer Rollenbreite von 957 mm und den Zeichengeschwindigkeiten 18 cm/s und 55 cm/s. Die Zeichengenauigkeit beträgt 0,05 mm. Es sind vier Zeichenstiftaufnahmen vorhanden, die wahlweise mit Kugelschreiberminen der Strichstärke 0,25 mm in vier Farben oder mit Tuschezeichnern der Strichstärken 0,25 mm, 0,55 mm, 0,50 mm und 0,70 mm bestückt werden können. Bis zu 16 verschiedene Linienbreiten können durch Einfach- oder Mehrfachbewegungen der Stifte erzeugt werden. Als Zeichnungsträger stehen Papier, Transparentpapier oder Folie zur Verfügung. Da die Zeichnungen vor dem Plotten gedreht und/oder im Maßstab verändert werden können, wird eine optimale Flächenausnutzung des Zeichnungsträgers ermöglicht. Tuschezeichnungen auf Transparentpapier oder Folie geben mikrofilmfähige Originale.	**Art:** Trommelplotter **Rollenbreite:** 927mm **Zeichengenauigkeit/Zeichengeschwindigkeit:** 0,05 mm; 18 cm/s; 55 cm/s **Zeichenstifthalter:** 4 Aufnehmer, wahlweise zu bestücken • mit Kugelschreiber-Minen in vier Farben der Strichstärke 0,25 mm • mit Tuschezeichnern der Strichstärken 0,25 mm, 0,55 mm, 0,50 mm, 0,70 mm **Linienbreiten:** bis zu 16 verschiedene Breiten, erzeugt durch Einfach- oder Mehrfachbewegungen der Stifte **Zeichnungsträger:** Papier, Transparentpapier, Folie **Optimale Flächenausnutzung** des Zeichnungsträgers • durch Drehen der Zeichnungen und/oder • durch Verändern des Maßstabes vor dem Plotten **Mikrokopierfähige Originale** durch Tuschezeichnungen auf Transparentpapier oder Folie

424.1 Produktinformation eines Plotters

Aufgaben

1 *Vergleichen Sie die beiden Produktinformationen des Plotters (Tafel 424.1) in Bezug auf*
- *Leseanreiz*
- *schnelles Erfassen des Wesentlichen*
- *Textorientierung*
- *Textumfang*

2 *Welche typographischen Gestaltungselemente wurden eingesetzt?*

3 *Straffen und gestalten Sie den Text weiter!*

4 *Die nachfolgenden zwei Kurzanleitungen im konventionellen Satzbau beschreiben jeweils das Wesentliche ungenau:*

In jeder Elektroverdrahtung besteht sehr häufig die Aufgabe, von verschraubten Stromschienen, Leistungsschaltern in Stromversorgungen kleinere Leitungsquerschnitte abzuzweigen, z. B. zur Messung der anliegenden Spannung, aber auch zur direkten Stromabnahme.

Mittels zwei Zugstangen werden die Kräfte von den Lasträdern auf die zwei Rollen, die unter dem Rahmen aufliegen, übertragen.
- *Welche wesentlichen Informationen werden gegeben?*
- *Formulieren Sie die Sätze sachlogisch!*

5 *Die nachfolgende Bedienungsanleitung ist verwirrend, provoziert u. U. Fehlhandlungen, wenn schnelles Handeln erforderlich ist.*
- *Gestalten Sie die Information des folgenden Textes in einer Form, in der Sie nur die **fett** gedruckten Begriffe verwenden!*

__Ventil__ 1 ist stets geschlossen. Es wird nur beim Ein__tanken__ betätigt.

Ventil 2a und 2b sind stets geöffnet, sie werden nur für __Reparatur__zwecke benötigt.

Ventil 11 ist das Hauptventil für den Betreiber, bei __Entnahme__ stets geöffnet, bei __Betriebsruhe__ oder __Störungen__ geschlossen.

Ventil 27 ist stets geschlossen, es wird nur beim Eintanken betätigt.

Ventil 30 ist in der Regel geschlossen; es kann jedoch zur schnellen __Druckreduzierung__ ins Freie geöffnet werden. Normalerweise wird es beim Eintanken benötigt.

13.7 Technische Dokumentationen

Die „**Technische Dokumentation**" ist ein Oberbegriff für produktbegleitende Benutzerinformationen; so ist z. B. die **Bedienungsanleitung** für einen Mikrowellenherd in Abb. 425.1 auch eine technische Dokumentation.

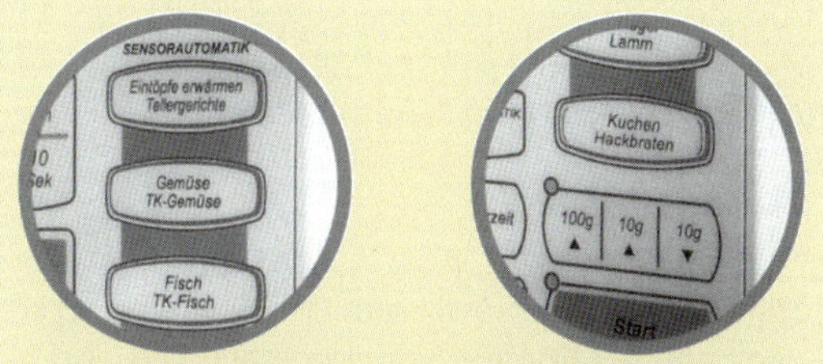

Das Arbeitsprinzip aller drei Sensortypen (Gewichtssensor, Gewichtsverlustsensor oder Feuchtigkeitssensor) ist identisch: Für verschiedene Zubereitungsarten sind optimale Leistungen bereits auf die Lebensmittel abgestimmt. Der Sensor erkennt den Garzustand, misst die Restfeuchtigkeit im Garraum und die Mikrowelle berechnet die erforderliche Zeit. Und Sie brauchen nur noch das gewünschte Programm zu wählen. So einfach kann Kochen sein.

Die Gewichtsautomatik-Programme bestimmen nach Eingabe des Gewichts der Lebensmittel die genaue Garzeit. So lassen sich beste Kochergebnisse ganz einfach erzielen.

425.1 Technische Dokumentationen informieren über das Produkt, den Umgang mit dem Produkt oder über das Verhalten der Nutzer

Es wird zwischen „**interner**" und „**externer**" Dokumentation unterschieden:

Interne Dokumentationen sind z. B. Anweisungen des Unternehmers an seine Belegschaft, Konstruktions- und Fertigungsunterlagen, Pflichtenhefte und Qualitätssicherungsdokumente.

Externe Dokumentationen sind die so genannten Benutzerinformationen, also Betriebsanleitungen, Gebrauchsanweisungen, Hinweise usw.

Dokumentationsart und -inhalte

Dokumentations**inhalte** werden oft mit Dokumentations**arten** verwechselt. So ist z. B. eine Montageanleitung möglicherweise Bestandteil einer Betriebsanleitung und keine eigenständige Dokumentationsart.

Tabelle 425.2 beschreibt auszugsweise einige Dokumentationsarten mit ihren Inhalten:

Art	mögliche Inhalte
Werbeprospekt	Informationen überwiegend werblich, technische Daten vorhanden
Produktinformation	ausführliche Information über ein Produkt, weniger werblich, detaillierte Beschreibung, mit technischen Daten
Datenblatt	Beschreibung über ein bestimmtes Produkt, keine Werbeaussagen, mit umfangreichen technischen Daten
Kurzanleitung	**Sofortanleitung**: Handlungsanweisungen sind direkt umsetzbar, einzelschrittorientiert, keine Lernfunktion, geringer Umfang
Gebrauchsanleitung	**anwendungsorientierte** Sofortanleitung mit geringer Lernfunktion, für einfache Gebrauchsgegenstände mit geringem Bedienaufwand.
Bedienungsanleitung	**benutzerorientierte** Lernanleitung für Produkte mit mittlerem bis hohem Bedienaufwand, mögl. mit Aufstell-/Inbetriebnahmeanleitung, ggf. auch kleinere Fehlerbehebung durch den Benutzer/Anwender.
Betriebsanleitung	**produktorientierte** Lernanleitung, mit umfangreichem Bedienaufwand, mögl. mit Installations-/Inbetriebnahmeanleitung, Wartungs-/Pflegehinweisen, technischen Daten, Nachschlageteil, Fehlersuch-/Selbsthilfe

425.2 Unfallpläne sind auch Dokumentationen

Tafel 425.3 fasst die Inhalte zusammen:

Anleitungen
- Zusammenbau
- Montage
- Inbetriebnahme
- Pflege
- Fehlersuche
- Entsorgung
- Aufstellung
- Installation
- Bedienung
- Wartung
- Reparatur

Listen/Pläne
- Wartungsplan
- Prüfanweisung
- Checkliste
- Ersatzteile
- Zubehör
- Techn. Daten
- Selbsthilfe
- Fehlermeldungen
- Systemmeldungen
- Fachwörterverzeichnis

Beschreibungen
- Produktbeschreibung
- Leistungsbeschreibung
- Funktionsbeschreibung

Aufforderungen
- Sicherheitshinweise
- Warnungen
- Beschränkungen

Darstellungen
- Fotos
- Strichzeichnungen
- Detailzeichnungen
- Explosionsdarstellungen
- Diagramme
- Organigramme
- Tabellen
- Blockschaltbilder
- Anschlusspläne
- Symbole

425.3 Inhalte von Dokumentation

Gesetzliche und vertragliche Anforderungen
Durch Gesetze oder Vorschriften wie
- das Produkthaftungsgesetz,
- die EG-Richtlinie „Maschinen"
- Gesetz über technische Arbeitsmittel § 3 (Gerätesicherheitsgesetz) oder die
- DIN V 66 055, DIN EN 292, DIN 60 204–1, DIN 31 000VDE 0100 usw.

ist der Hersteller oder Einführer von technischen Systemen verpflichtet, Betriebsanleitungen mitzuliefern und Sicherheitsvorschriften zu beachten.

Grundlagen der Erstellung
Grundlage für das Erstellen Technischer Dokumentationen ist die DIN V 8 418, deren Gliederung und einzelne Kapitel in Tafel 426.1 aufgelistet sind.

- Anwendungsbereich
- Zweck
- Gestaltung
- Inhalt mit Angaben
  - über das Erzeugnis
  - zum Einsatzort
  - über Transportieren, Lagern, Aufstellen, Anbringen und Abbauen
  - Für das Nutzen/Betätigen (DIN 32 541)
  - zum Instandhalten (DIN 31 051)
  - zum Kundendienst
- Anhang und Erläuterungen

426.1 Gliederung einer Anleitung nach DIN V 8 418

Die Norm weist auch deutlich darauf hin, dass Benutzerinformationen **leicht verständlich** sein sollen.

Nicht Gegenstand dieser Norm sind die Sicherheitshinweise. Sie sind den o. g. einschlägigen Vorschriften zu entnehmen.

13.7.1 Arbeitstechnik beim Erstellen Technischer Dokumentationen

Stammblatt anlegen
Mindestens eine Seite Papier sofort „körperlich" erstellen als Keimzelle für das Entstehen einer Dokumentation. Wenn nichts einfällt, mindestens Titel aufschreiben (Abb. 426.2). Sonst
- stichpunktartig gliedern oder
- bereits vorhandene Textmodule einsetzen.

426.2 Falls keine Idee vorhanden ist, die Problemlösung verschieben

Intuition ist der Schlüssel zum Erfolg: Ideen und kreative Impulse sammeln, vom logischen Verstand her auf ihre Realisierbarkeit überprüfen. Das heißt,

1. Ideen sammeln:
Alles, was spontan einfällt, zunächst ungeordnet unter den Titel eintragen (Abb. 426.3).

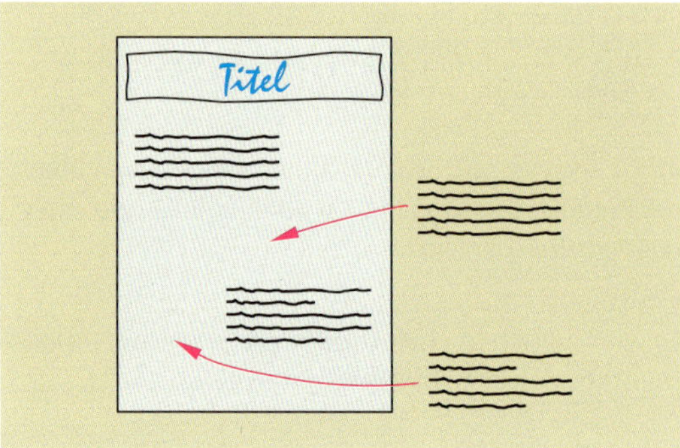

426.3 Die Struktur wird durch den Inhalt deutlich

2. Informationen beschaffen
- über Erzeugnis und Hersteller (Aussagen, Bilder)
- über Anwender (Lernverhalten/Infobedarf)
- über Mitbewerber (was ist gut, was ist schlecht?)
- über Vorschriften/Normen/Bestimmungen
- über Sicherheit/Entsorgung

Die wichtigsten Informationsquellen sind erfahrene Kolleginnen/Kollegen. Hier besteht die Möglichkeit, dass die notwendigen Informationen bereits in „aufgearbeiteter" Form vorliegen.

Weitere Quellen sind in Tafel 427.1 zusammengestellt:

- Auswertung ähnlicher Projekte
- interne Informationssysteme (Bibliothek, abteilungsbezogene Literatur)
- Daten/Informationen von Lieferanten
- Fachzeitschriften/Spezialsoftware
- externe Datenbanken (Literaturrecherche)
- CD-ROM (DIN, VDI usw.)
- Online-Recherche über Modem
- Fachbehörden
- Verbände/Interessenorganisationen
- Schulen/Institute

427.1 Ein großer Teil von erforderlichen Informationen ist immer verfügbar

3. Konzipieren und Strukturieren
- Gliedern nach Sachthemen entsprechend der DIN V 8 418
- Inhaltliche Schwerpunkte herausarbeiten
- Überschriften und Untertitel festlegen
- Bilder, Tabellen, Schaltpläne usw. festlegen (Abb. 427.2)

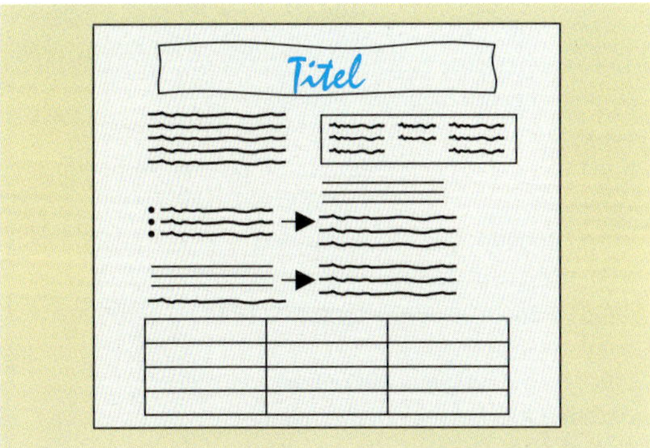

427.2 Die Struktur der Dokumentation ist festgelegt

Zwei Möglichkeiten bieten sich nach Tafel 427.3 bei der Strukturierung an:
- Die **systematische Vorgehensweise** ist dadurch gekennzeichnet, dass eine Aufgabe analytisch durch formale Schritte gelöst wird.
- Die **intuitive Vorgehensweise** wird oft als Brainstorming bezeichnet. Innerhalb einer Gruppe werden durch wechselseitige Assoziationen Lösungsalternativen umrissen, ohne detailliert ihre Praktikabilität zu untersuchen.

SYSTEMATISCHE VORGEHENSWEISE:
- Definition/Eingrenzung des Aufgabe
- Analyse der Ausgangssituation
- Ordnen/Strukturieren der Einflussfaktoren
- Aufzeigen von Lösungen für Teilbereiche Kombination verschiedener Teillösungen
- Bewertung der Gesamtlösungen
- Auswahl der „optimalen" Lösung
- Abschätzung potenzieller Auswirkungen

INTUITIVE VORGEHENSWEISE:
- Auswahl motivierter Kollegen (max. 10)
- kein Zeitlimit festlegen (Sitzung abbrechen, wenn nichts Neues mehr kommt!)
- entspanntes Klima/keine Formalitäten
- Führung eines „Protokolls" (für alle sichtbar)
- keine Kritik/vorschnelle Bewertung von Vorschlägen

427.3 Die Dokumentation bestimmt die Strategie

Dokumentationserstellung

Nachdem die Informationsbeschaffung abgeschlossen ist, muss der Text nach Abb. 427.4 **formuliert**, **gestaltet** und **kontrolliert** werden.

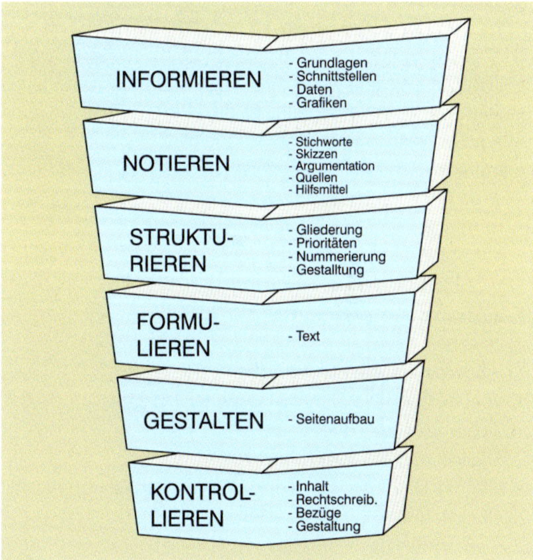

427.4 Klare Dokumentationen sichern den Erfolg

In der Planungsphase einer Dokumentation sind fachlich versierte Personen von den Ergebnissen zu überzeugen. Bei der Fertigstellung des Textes muss die Formulierung und die Gestaltung der Zielgruppe angepasst werden.

Insbesondere die praktische Erfahrung des Nutzers (Tab. 428.1) ist bei der Erstellung der Dokumentation zu berücksichtigen.

Breite Akzeptanz wird erreicht, wenn die Ergebnisse entsprechend Abb. 428.2 **nachvollziehbar**, **eindeutig**, **anschaulich** und **leicht verständlich** sind.

428.2 Viele Worte verwirren

Fremd-personal	nicht ständiges Personal ⇒ keine oder geringe Produktkenntnisse und Berufserfahrungen voraussetzbar
Lager-/Fertigungs-personal	keine Produktkenntnisse voraussetzbar; in der Regel jedoch Berufserfahrungen
Nicht eingewiesener Nutzer	keine Produktkenntnisse voraussetzbar; keine/geringe Berufserfahrungen
Eingewiesener Nutzer	fachbezogene Produktkenntnisse; keine/geringe Berufserfahrungen
Aufsteller/Montage-personal	fachbezogene Produktkenntnisse; Berufserfahrungen voraussetzbar
Instandhaltungspersonal	fachbezogene Produktkenntnisse; umfangreiche Berufserfahrungen voraussetzbar
Kundendienst-personal	umfangreiche Produktkenntnisse u. umfangreiche Berufserfahrungen voraussetzbar

428.1 Handlungsabläufe können knapp beschrieben werden, wenn sie die alltägliche Erfahrung nutzen

ÜBERBLICK – Ablauf und inhaltliche Gestaltung bei der Texterstellung

Ablauf

- Schriftordnung festlegen und einhalten
  > Zeitersparnis, keine Umformatierung
- frühzeitig Literaturverzeichnis erstellen und aktualisieren
  > dadurch eindeutige Verweise im Text
- frühzeitig „allgemeine" Teile erstellen
  > Problembereiche werden erkannt
  > „Zwischenbericht" ist kurzfristig zu erstellen
- auch „halb fertige" Texte schreiben und Lücken kennzeichnen
  > Bearbeitungsbedarf ist nicht zu übersehen
- von Bildern, Diagrammen usw. eine Arbeits- und eine Sicherheitskopie anfertigen
  > keine zeitaufwendige Suche
- alle mit EDV erstellten Textbausteine, Grafiken usw. mit einer Kennung versehen
  > erleichtert das Auffinden
- beim Korrekturlesen von Texten immer die Vorlage danebenlegen
  > nur die Änderungen werden gelesen
- nur mit **einem** Korrekturexemplar arbeiten
  > es gibt nur **einen** aktuellen Stand
- Kontrolle (Namen, Daten usw.) bei Textbausteinen/Grafiken, die übernommen werden
  > erspart nachträgliche Korrekturen

Inhalt

- einheitlicher Stil innerhalb des Berichtes
- kurze Sätze
- durchgehend gleiche Begriffe für gleiche Sachverhalte verwenden
- keine Umgangssprache verwenden
- jede Aussage begründen/belegen
- Informationen sollten zielgerichtet sein; nicht abschweifen
- präzise, eindeutig ausdrücken und darstellen
- Bezüge/Querverweise deutlich nennen
- Quellen angeben
- positive Ausdrucksweise verwenden und nicht aufführen, was nicht gemacht wurde
- den „roten Faden" nicht verlieren
- kapitelbezogen ausgewogene Textmengen
- eindeutige Empfehlung geben und nachvollziehbare Ergebnisse darstellen
- Aussagen durch Grafiken verdeutlichen
- Grafiken/Tabellen sollten selbsterklärend sein
- prägnante Begriffe wählen
- Text muss ohne Beilagen oder Anlagen lesbar und verständlich sein
- Detailberechnungen oder -tabellen in den Anhang
- Zahlen sinnvoll formatieren oder runden

Optische Medien

Der folgende Langtext ist ein Text, der für eine Präsentation nicht geeignet ist:

> Abhängig von Thema, Ziel und Zielgruppe wird der Inhalt der Präsentation in drei Stufen aufbereitet: Nach dem Sammeln und Ordnen möglicher Inhalte zum Thema der Präsentation werden die relevanten Informationen selektiert und dann zu einem vom Umfang her bearbeitbaren Maß komprimiert.

In Abb. 429.1 ist der gleiche Inhalt grafisch aufbereitet dargestellt:

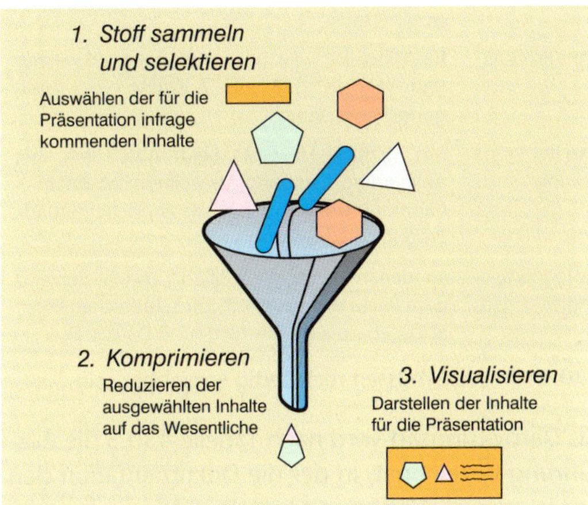

429.1 Selektieren – Komprimieren – Visualisieren

Bei der grafischen Umsetzung von Text werden nur maßgebende Parameter und Bedingungen dargestellt.

Endredaktion

Endredaktion bedeutet die Kontrolle der „fertigen" Dokumentation vor der Übergabe.
Tippfehler, eine falsche Seitenzahl oder das Vertauschen von zwei Diagrammen mindern den Wert der Dokumentation erheblich.

Wichtige Punkte für die Endredaktion:

- ✓ Alle Punkte bearbeitet und die Ergebnisse entsprechend dargestellt?
- ✓ Hinweise der inhaltlichen Gestaltung berücksichtigt?
- ✓ Seitenaufbau/optischer Eindruck? (Achtung bei automatischem Zeilen-/Seitenumbruch und Silbentrennung mit Textverarbeitungsprogrammen)
- ✓ Literatur-, Abkürzungs-, Beilagenverzeichnis?
- ✓ Tippfehler/richtige Seitenzahlen?
- ✓ Richtige Verweise auf Kapitel, Abbildungen, Beilagen usw.?
- ✓ Richtige Bild-/Tabellenbeschriftungen?
- ✓ Widersprüchliche Aussagen in unterschiedlichen Kapiteln?
- ✓ Richtige Berechnung „wichtiger" Zahlen?
- ✓ Gleiche Aussage von Text und Bild?
- ✓ Nachvollziehbare Vorgehensweise?

429.2 Zeitnehmen ist für die Endredaktion wichtig

ÜBERBLICK Grafische Umsetzungsmöglichkeiten

Aufgabe	Grafische Umsetzung
• Verfahrensbeschreibung	⇒ Technologieschema/Wirkschaltplan
• Beschreibung zeitlicher Abläufe	⇒ Terminplan/Ablaufplan
• Standortbeschreibung	⇒ Lageplan/Fotomontage
• räumliche Zusammenhänge	⇒ modifizierter Lageplan/Fotomontage
• Handlungsanweisung	⇒ schlagwortartige Prioritätenliste
• Beschreibung von Alternativen	⇒ schematische Darstellung/ Tabelle mit charakteristischen Daten
• Wertetabellen	⇒ geeignete Diagramme
• technische Zeichnung	⇒ Grund-, Verfahrensfließbild
• Beschreibung von Abhängigkeiten	⇒ Wirkschaltplan
• Beschreibung von Hierarchien	⇒ Organigramm
• Beschreibungen von Randbedingungen/Voraussetzungen/Grundlagen	⇒ strukturierte Auflistung
• Bewertung von Alternativen	⇒ Tabelle mit Bewertungskritenen (+/–)
• Ergebnisbeschreibung	⇒ Auflistung von Schlagworten

in der bescheinigt wird, dass die Anforderungen der EG-Richtlinie erfüllt sind.

13.8.3 Die EG-Richtlinie „Maschinen"

Nach der EG-Richtlinie „Maschinen" dürfen nur noch solche Maschinen angeboten und verkauft werden, die den Anforderungen der EG-Richtlinie vollständig entsprechen. Der Konformitätsnachweis des Herstellers ist dessen Erklärung, dass die von ihm hergestellte und verkaufte Maschine mit den Anforderungen der EG-Richtlinie übereinstimmt.

Dies wird nach außen sichtbar gemacht durch das vorgeschriebene **„CE-Zeichen"** an der Maschine nach Abb. 432.1.

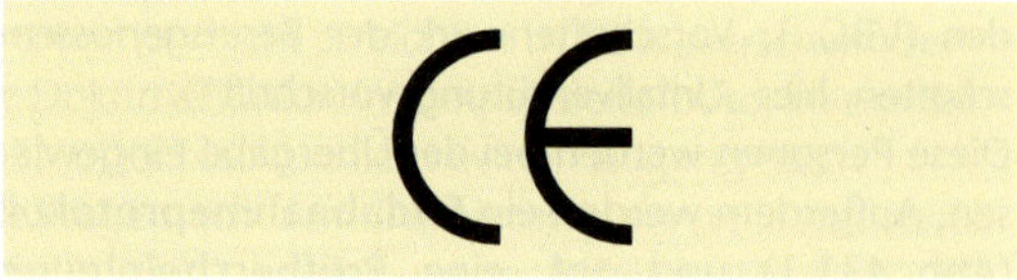

432.1 Ohne CE-Zeichen ist ein Vertrieb von Maschinen und Anlagen in der EG nicht möglich

ÜBERBLICK **Konformitätserklärung**

EG-Konformitätserklärung

Im Sinne der EG-Maschinenrichtlinie 89/392/EWG, Anhang II A

Hiermit erklären wir, dass die nachstehend bezeichnete Maschine in ihrer Konzipierung und Bauart sowie in der von uns in Verkehr gebrachten Ausführung der grundlegenden Sicherheits- und Gesundheitsanforderung der EG-Richtlinie Maschinen entspricht.
Bei einer mit uns nicht abgestimmten Änderung der Maschine verliert diese Erklärung ihre Gültigkeit.

Bezeichnung der Maschine: Koordinaten-Nieteinrichtung mit N200
Maschinentyp: C1077
Maschinen-Nr.: N200004-1759/96

Einschlägige EG-Richtlinien: EG-Richtlinie Maschinen (89/392/EWG) i. d. F. 93/68/EWG
EG-Niederspannungsrichtlinie (73/23/EWG) i. d. F. 93/68/EWG

Angewandte harmonisierte Normen insbesondere: DIN EN 292-1, Sicherheit von Maschinen, Geräten und Anlagen
DIN EN 292-2, Sicherheit von Maschinen, Geräten und Anlagen
DIN EN 60 204.1, elektr. Ausrüstung für Industriemaschinen
....

Die Messung des Lärmpegels am Einlegeplatz beträgt 78 dB(A).

Angewandte nationale Normen und technische Spezifikationen insbesondere: ....
....

F. Hämerling
....
(Unterschrift des Herstellers)

Angaben zum Unterzeichner
....

Abb. 1

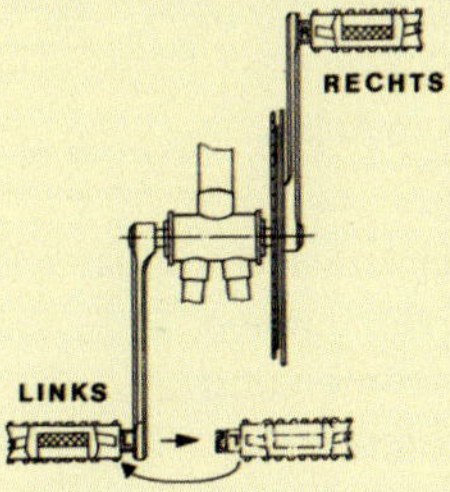

Abb. 2

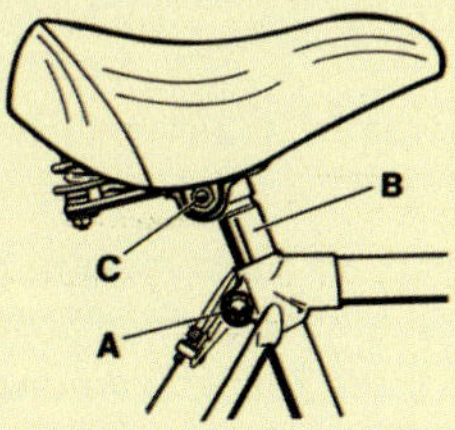

Abb. 3

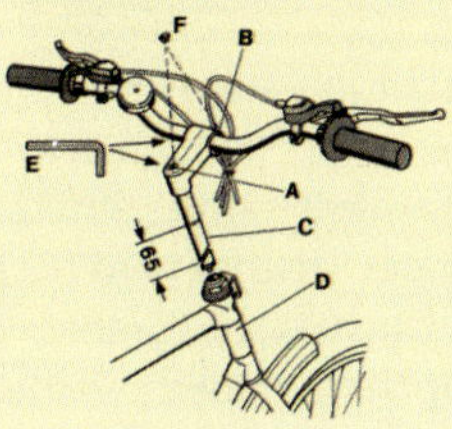

Abb. 4

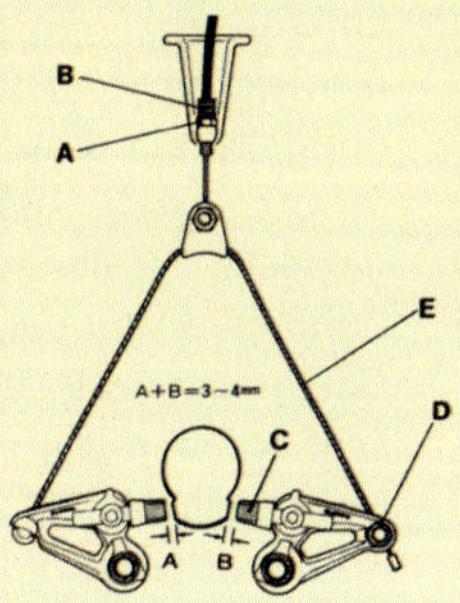

Allgemeines

- Kein abschirmender Kettenkasten; Fahrsicherheit: Hosenklammern usw.
- Verkehrstüchtigkeit prüfen; Empfehlung?
- Luftdruck in der Bereifung; Empfehlung?
- Scheinwerfer, Schlussleuchte usw. sauber halten
- Beseitigung von Fehlern oder Schäden; Fachmann?
- Zulässige Belastung: Gepäckträger 10 kg; Gesamtbelastung 100 kg
- Laut StVZO: komplette Ausstattung;. technische Anforderungen der Teile nach Bauartprüfung nach § 22a der StVZO.
- Wartung, Beheben von Defekten/Pannen.

Montage/Betriebsanleitung

- Pedalen (Abb. 1): lose nach innen eingeschraubt; mit R/mit L markierte Pedal richtig einschrauben
- Richtige Sattelhöhe: Einstellen der Sattelhöhe (Abb. 2)
- Richtige Lenkereinstellung nach Abb. 3
- Felgenbremsen (Abb. 4) von Zeit zu Zeit justieren. Kontermutter (A) lösen, Justierschraube (B) so weit zurück, dass eine gute Bremswirkung bei Betätigung Bremshebel erreicht wird. (Abstand Bremsblock (C) und Felge (2 mm)); evtl. Kabelseele (E) nachspannen: Kontermutter zurückdrehen, Justierschraube einschrauben; Lösen der Klemmschraube (D) und Bremsblöcke zusammendrücken (wie weit?). Kabelseele strammziehen und Klemmschraube festdrehen; Bremswirkung prüfen

433.1 Informationssammlung zur Erstellung einer Technischen Dokumentation

Aufgabe

Für die Erstellung einer Technischen Dokumentation eines All-Terrain-Bike wurden die angegebenen Informationen nach Tabelle 433.1 gesammelt.

1 *Erstellen Sie*
- *eine Kurzanleitung zur Montage*
- *eine Bedienungsanleitung!*

2 *Entwickeln Sie aus der folgenden Sicherheitsanweisung für eine Stanzmaschine Anleitungen für*
- *Fremdpersonal*
- *eingewiesene Benutzer*
- *Instandhaltungspersonal*

Auszug aus der Sicherheits-Anweisung:

Es ist nicht erlaubt, bei Materialzufuhrstörungen per Hand eine Korrektur während des Betriebes der Maschine vorzunehmen. Es ist dem Bedienungspersonal streng untersagt, in die Öffnung des Säulengestells einzugreifen und Werkzeugwechsel vorzunehmen.

Bei Erstellung eines Abstapelwerkzeuges ist ein Sicherheitsabstand von mindestens 25 mm einzuhalten. Reparaturen/notwendige Montagen dürfen nur bei ausgeschalteter Maschine vom Wartungspersonal durchgeführt werden.

Wenn Erdungsbrücken entfernt werden, ist nach VDE 0115/1.78 Abschnitt 8.41 eine Isolationsüberwachung nachVDE 0110/5.75 60f (2) erforderlich.

13.9 Präsentationstechnik

Präsentieren bedeutet informieren, überzeugen und motivieren.

Für das Gelingen einer Präsentation sind folgende Bereiche besonders zu beachten:
- Inhaltliches Konzept einschließlich Präsentationsgliederung
- Optische Medien
- Sprachliche Kompetenz
- Überzeugendes Argumentieren
- Einwandbehandlung

Die Randbedingungen der Präsentation (Teilnehmer, Zeitrahmen, Darstellungsart usw.) müssen möglichst genau erfragt werden, um die Vorbereitung gezielt an die Bedingungen anpassen zu können.

13.9.1 Inhaltliches Konzept

Die schrittweise durchzuführende Entwicklung des inhaltlichen Konzepts ist an der Zielsetzung der Präsentation zu orientieren. Die in Liste 434.1 zusammengefassten Gesichtspunkte sind dabei behilflich.

Prüfkriterien für den Inhalt

- **Nutzenargumentation einsetzen**:
  Welche Vorteile bringen die Ideen, Lösungen oder Produkte den Zuhörern
- Prinzip der **Anschaulichkeit beachten**
  Erhöhte Verständlichkeit, einprägsame Vermittlung, mehr Aufmerksamkeit
- **Zuhörer** durch ergänzende, auflockernde Elemente **aktivieren**:
  Fragen/Überraschungen/Diskussion/Optische Medien/Cartoons/Humor/Begeisterung/Rhetorik
- Die Ausführungen müssen für die **„Welt der Zuhörer“** verständlich sein
- **Schwerpunkte setzen** und prüfen, ob die Inhalte in der begrenzten Zeit vermittelt werden können
  Mindestziel muss erreicht werden, Kernargumente „rüberzubringen“
- Das **Präsentationskonzept** gliedern:
  Einleitung, Hauptteil, Schluss und Überleitung in die Aussprache
- **Behauptungen** und Zahlen **absichern**:
  Wer behauptet, ist beweispflichtig

434.1. Das Dargebotene muss verstanden, akzeptiert werden und in guter Erinnerung bleiben

Bei der Zielbestimmung wird festgelegt, was bei den Adressaten erreicht werden soll. Sie sollen „dort abgeholt werden, wo sie stehen“.

Liste 434.2 zeigt unterschiedliche Zielsetzungen.

Präsentationsziele

- Problembewusstsein wecken
- Informieren und erklären
- Akzeptanz schaffen
- Motivieren
- Überzeugen
- Entscheidung herbeiführen
- Verkaufen

434.2 Das Ziel ist abhängig vom Anlass

Daher ist es ratsam, bei der Entwicklung einer Präsentation in zwei Schritten vorzugehen:
- die Zielbestimmung vornehmen und
- den „besten“ Weg definieren.

Präsentationsgliederung

- **Einleitung:**
  Am Beginn jeder Veranstaltung steht die Begrüßung; sie ist sachlich oder persönlich. Im zweiten Schritt wird Aufmerksamkeit und Interesse geweckt: Die Bedeutung des Themas wird für die Zuhörer erkennbar, das Thema abgegrenzt, die Gliederung (z. B. auf Flipchart notiert) verdeutlicht und der Fahrplan des Vortrags skizziert.
- **Hauptteil:**
  Im Hauptteil wird das Thema systematisch vorgestellt. Hier müssen die Ideen, Argumente und Informationen überzeugend und einprägsam vorgetragen, mögliche Einwände vorwegnehmend entkräftet und die Zuhörer unter Einsatz optischer Hilfsmittel gewonnen werden. Dabei ist zu beachten, wie viel „Stoff“ den Zuhörern zugemutet werden kann **(weniger ist oft mehr).**
- **Schlussteil:**
  Der erste Eindruck ist entscheidend – der letzte bleibt. Daher wird das Wesentliche in Form eines Fazits zusammengefasst. War ein Ziel, die Teilnehmer zu konkretem Tun zu veranlassen, folgt der Appell, ggf. ein knapper Blick in die Zukunft. Ist eine Aussprache geplant, erfolgt die Überleitung in die Aussprache. In jedem Fall soll den Teilnehmern für ihr Kommen gedankt und die Veranstaltung mit einer Grußformel abgeschlossen werden.

Ein optisches Medium bewirkt
• eine erhöhte Verständlichkeit, • mehr Aufmerksamkeit und Interesse, • eine einprägsamere Vermittlung des Wesentlichen, • ein besseres Behalten, • eine Reduzierung der durchschnittlichen Präsentationsdauer um etwa 30 %, • eine schnellere Entscheidung, die zu treffen ist und • einen schnelleren Konsens als bei nur verbalen Darbietungen.

435.1 Der Präsentierende wird mit Medien fachkundiger und professioneller wahrgenommen

GESTALTUNGSHINWEISE		
• pro Folie nur einen Sachverhalt darstellen • kurze Worte/Sätze verwenden • Schlüsselwörter statt Sätze • pro Folie max. 6 bis 8 Zeilen • pro Folie max. 50 Worte • Zahlen runden • max. 30 Zahlen pro Folie		
SCHRIFTHÖHE		
Überschriften: 10 mm (30 Punkt)		
normaler Text: 8 mm (25 Punkt)		
Unterpunkte: 6 mm (20 Punkt)		
Minimalhöhe: 5 mm (15 Punkt)		
FARBWAHL		
Hintergrund	**Schrift**	**Lesbarkeit**
weiß	schwarz	sehr gut
weiß	grün	sehr gut
gelb	schwarz	sehr gut
weiß	rot	sehr gut
schwarz	gelb	gut
blau	weiß	gut
weiß	blau	gut
grün	weiß	mäßig gut
gelb	rot	mäßig gut
rot	weiß	mäßig gut
blau	schwarz	schlecht
gelb	weiß	schlecht

435.2 Hinweise für alle Präsentationsmedien

Leistungsfähige Softwarepakete	
• Harvard Graphics	• PictureIt
• Chart-Master	• Freelance Plus
• Corel Draw	• Mirage
• Aldus Persuasion	• PowerPoint

435.3 Auch Computerlaien können mit einer dieser Software komplette Präsentationen entwickeln

13.9.2 Optische Medien

Bei der Wahl geeigneter Medien kommt es darauf an, im Hinblick auf die Zielsetzung und die Zuhörer das Optimum zu finden. Die optische Unterstützung eröffnet viele Chancen und Vorteile. Die wichtigsten sind in Liste 435.1 zusammengefasst.

Oft werden die Präsentationsziele schon über handgefertigte Folien, Flipcharts, Schwarz-Weiß-Folien vom Kopierer, Grafiken vom Plotter oder mit der Pinnwand erreicht.

Zur Verfügung stehen aber auch andere Ausgabemöglichkeiten, die zusätzliche Chancen für die Präsentation eröffnen. Dazu gehören:

- die computergestützte Anfertigung von Folien, Dias oder Hard-Copies
- die Präsentation am Desktop
- die integrierte Präsentations-Show
- die LCD-Präsentation
- Beamer
- die Großbildpräsentation

Computerunterstützung

Aus Sicht des Präsentierenden liegt der Hauptnutzen eines Computers darin,

- dass die Daten, Zahlen und Textinformationen rasch in perfekte – auch farbige – Grafiken umgesetzt werden können und
- eine Reihe interessanter Ergänzungen zur Verfügung stehen.

Unabhängig von der Erstellung der Medien erreichen diese beim Einsatz nur dann die optimale Wirkung, wenn sie bestimmten Kriterien genügen. In Tabelle 435.2 sind einige Gestaltungshinweise angegeben.

Heutige Grafiksoftware (Tabelle 435.3) erlaubt es, bis hin zum fertigen, optisch hochwertigen Dia, zur Folie oder zum Hand-out eigenständig eine Präsentation zu entwickeln.

Doch bei allem Bemühen um gute Medien ist Folgendes zu beachten:

> Bei Routineveranstaltungen, z. B. innerhalb des eigenen Unternehmens oder bei Veranstaltungen, wo es nicht auf Imagewirkung, Werbung und Professionalität ankommt, werden angestrebte Ziele auch über handgefertigte Folien, Flipcharts, Schwarz-Weiß-Folien vom Kopierer, Grafiken vom Plotter oder mit der Pinnwand erreicht.

13.9.3 Sprachliche Kompetenz

Beim Sprechen und Argumentieren wird nicht nur der sachliche Inhalt vermittelt (Abb. 436.1). Die Art des Auftretens, die Mimik und Gestik, die Optik und die Stimme geben immer auch Aufschluss über die Glaubwürdigkeit, Sicherheit, Seriosität, kurz: über die **Persönlichkeit** des Vortragenden.

436.1 Die „Stimmungslage" bestimmt wesentlich das Auftreten

Weit über 50 Prozent der Informationen werden unbewusst über die Körpersprache vermittelt.

Daher ist es wichtig zu wissen, welche körpersprachlichen Signale bei der Präsentation mit **sicherem Auftreten** und welche mit unsicherem Auftreten in Verbindung gebracht werden.

Wirkungsvolles Sprechen

Eine gute Sprechtechnik setzt neben einer ruhigen Atmung den gezielten Einsatz von Sprechpausen voraus.

Sprechpausen vor wichtigen Gedanken erhöhen die Überzeugungskraft der Argumentation.

Man spricht von der **Doppelpunkttechnik**, wenn kurze Sprechpausen einfügt werden.
Sprechpausen

- gliedern, machen aufmerksam, erzeugen Spannung, regen zum Denken an,
- helfen dem Vortragenden, sich auf den kommenden Gedanken innerlich vorzubereiten und
- helfen den Zuhörern, das Neue zu durchdenken.

Stimmlicher Ausdruck

Die Überzeugungskraft einer Präsentation wird auch durch die Stimme beeinflusst (Abb. 436.2).

436.2 Auch mit 80 Phon ist man noch keine Autorität

Präsentationen werden geschwächt, wenn das Sprechen zu langsam oder zu schnell, zu laut, aber auch zu leise, „nuschelig" oder stockend erfolgt.

Daher ist Folgendes zu beachten:

- **Wechseln der Lautstärke:**
Durch Laut- oder Leisesprechen einzelner Silben und Wörter oder durch Dehnung von Vokalen werden Dynamik und Rhythmus des Vortrags bestimmt.
- **Variieren des Tempos:**
Tempoveränderungen fördern die Farbigkeit und die Lebendigkeit des Vortrags. Tempoverzögerungen erzeugen Spannung oder lassen schwierige Gedankengänge besser verstehen. Tempobeschleunigungen reißen mit.
- **Förderung der stimmliche Resonanz:**
Eine tiefe und volltönende Stimme wirkt im Allgemeinen überzeugender als eine „zu hoch sitzende" Stimme.
- **Flüssigkeit im Denk-Sprechen:**
Wenn mitten im Satz ein bestimmtes Wort nicht einfällt, ist es besser den Satz abzubrechen und von vorn zu beginnen. Z. B.: „Lassen Sie mich besser formulieren"... Dabei ist das betreffende Wort zu vermeiden.

436.3 Die Stimme ist ein Teil der Persönlichkeit

ÜBERBLICK **Praxistipps zum sicheren Auftreten bei Präsentationen**

Sicherheitsgesten	Unsicherheitsgesten
• **Gute Gesamtverfassung** Z. B. geordnete äußere Form; aufrechte Haltung; gute Spannung; Tiefenatmung	• **Schlechte Gesamtverfassung:** Z.B. nachlässige, schiefe oder gekrümmte Haltung; Überspanntheit; flacher Atem
• **Sicherer Stand** Schwerpunkt auf beiden Beinen	• **Hin- und Herpendeln:** Z. B. Aufstützen; hochgezogene Schultern
• **Gestik im positiven Bereich,** D. h., zwischen Hüftlinie und Schultern; ausholende Armbewegungen	• **Keine oder zu wenig Gestik** im negativen Bereich: D. h., Hände bleiben am Körper oder werden versteckt
• **Offener, ruhiger Blickkontakt** „Mit den Augen führen!" • Konzentrierte, gelassene und positive Grundeinstellung/Selbstkontrolle	• **Kein Blickkontakt;** Z. B.. unsteter, hektischer Blick, Tendenz zur Fahrigkeit und Hektik, die oft mit „Übersprunghandlungen" einhergeht, d. h. Finger am Mund, Spielen mit Gegenständen u. a.
• **Freundlich-gewinnende Mimik**	• **Verbissene, verspannte Mimik**
• **Auf rhetorischer Ebene:** Z. B. gute Artikulation, mäßiges Grundtempo; Pausentechnik; wechselnde Lautstärke; Tempovariation; Verständlichkeit; freier Vortrag; Engagement und Dynamik; Begeisterung	• **Auf rhetorischer Ebene:** Z. B. zu leises Sprechen; „Nuscheln"; Schnellsprechen; keine Pausen; Füllsel (öh, ah, ...); Monotonie und Verlegenheitspausen, Festklammern am Konzept; keine innere Beteiligung; Mangel an Vitalenergie und Begeisterung
• **Gute Übereinstimmung von Form und Inhalt** D. h. Rhetorik, Körpersprache/Optik und hohes Maß an Glaubwürdigkeit	• **Mangelhafte Übereinstimmung von Form und Inhalt** D. h., geringes Maß an Glaubwürdigkeit

13.9.4 Überzeugendes Argumentieren

Beim Argumentieren ist eine Situation, wie sie in Abb. 437.1 dargestellt ist, zu vermeiden.

437.1 Diese Argumentation hat wenig Sinn

Überzeugendes Argumentieren setzt voraus, dass zielgerichtet und zeitsparend der Standpunkt dargelegt wird.

Die so genannte **Fünfsatztechnik** kann dabei unterstützen.

„Fünf Sätze" sind gedankliche Baupläne, die es erlauben, in fünf Denkschritten (daher: Fünfsatz) kurz, logisch folgerichtig, einprägsam und zielgerichtet zu argumentieren.

Eine Möglichkeit ist die in Abb. 437.2 dargestellte „Standpunktformel".

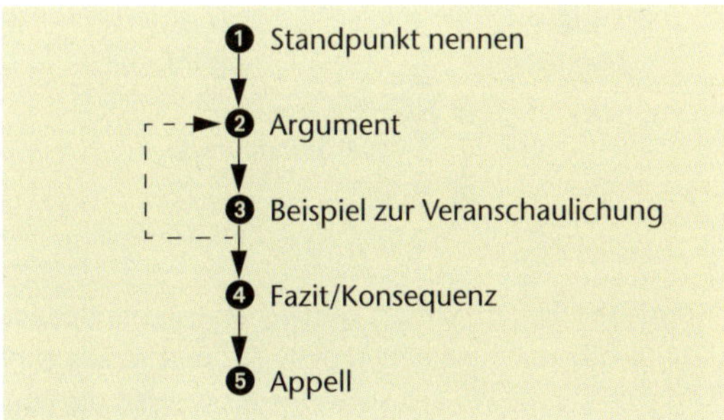

437.2 Mit der „Standpunktformel" begründet der Vortragende, warum er für oder gegen etwas ist

Die Standpunktformel dient vor allem dazu, dem Gesprächspartner deutlich zu machen, was der **eigene Standpunkt** ist. Es wird bewusst darauf verzichtet, sich mit Gegenargumenten auseinander setzen.

13.9.5 Einwandbehandlung

Wer überzeugen will, muss sich – anders als in Abb. 438.1 dargestellt – wirkungsvoll mit Einwänden und anderen Auffassungen auseinander zu setzen.

438.1 Einwände als Chance begreifen

Nicht nur die Qualität der Argumente („Sachebene") ist wichtig, sondern auch die Art und Weise, wie in der Diskussion mit abweichenden Auffassungen und Kritik umgegangen wird („Beziehungsebene").

Das Phasenkonzept in Abb. 438.2 zeigt, wie Einwände psychologisch richtig und wirkungsvoll behandelt werden können.

Dabei ist vor allem darauf zu achten, dass unnötige Spannungen vermieden, das Gespräch im Gleichgewicht gehalten und Akzeptanz beim Gegenüber aufgebaut werden.

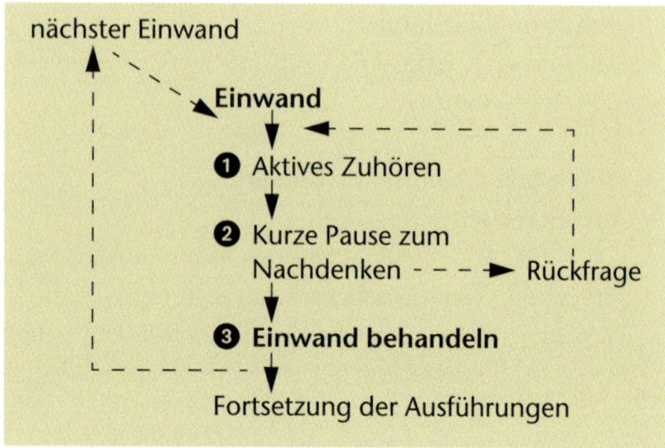

438.2 Sachbezogene Einwände sind positive Signale,weil sie Interesse bekunden

Einwände als Chance begreifen: Zuhören, den anderen ausreden lassen, bedingt zustimmen und den Einwand behandeln.

ÜBERBLICK Fünfsatztechnik

Dialektischer Fünfsatz	Problenlösungsformel
❶ Thema nennen Pro: ❷ 1 bis 2 Argumente → Contra: ❸ 1 bis 2 Argumente ❹ Fazit/Konsequenz (Eigener Standpunkt) ↓ ❺ Appell	❶ Lage-Analyse (Fakten, Probleme) ↓ ❷ Ursachen-Analyse ↓ ❸ Ziel-Bestimmung ↓ ❹ Maßnahmen-/Lösungsvorschläge ↓ ❺ Appell
Beim dialektischen Fünfsatz wird der eigene Standpunkt schrittweise durch Abwägung von Für und Wider entwickelt. Falls die Pro-Seite überwiegt, werden die Stufen 2 und 3 ausgetauscht.	Die Problemlösungsformel diagnostiziert zunächst eine Störung/ein Problem in einer Anlage/einem Unternehmensbereich. Danach werden Ursachen genannt, Zielvorstellungen dargelegt und Maßnahmen vorgeschlagen, um das Ziel zu erreichen.

EXKURS **Präsentationen durchführen und Tipps bei unerwarteten Störungen**

Eröffnung	Hauptteil	Schluss
• Achten Sie auf ein gepflegtes Äußeres; eine dem Anlass entsprechende Kleidung wählen. • Entspannen Sie sich und gewinnen Sie die notwendige innere und äußere Ruhe. • Beginnen Sie pünktlich. • Nehmen Sie Blickkontakt mit den Teilnehmern auf, bevor Sie sprechen. Die Teilnehmer fühlen sich angesprochen. • Eröffnen Sie laut und deutlich die Präsentation: Begrüßung, Vorstellung, Thema, Anlass/Ziel, „Fahrplan", Einstieg in den Hauptteil.	• Sprechen Sie frei (durchaus mit Unterstützung eines Stichwortmanuskriptes). • Wecken Sie mit einer kurzen Inhaltsandeutung Interesse und springen Sie ohne langatmige Einleitung ins Thema. • Vermeiden Sie verschleiernde Redewendungen (man, würde sagen, würde meinen). • Machen Sie aus Ihren Zuhörern Teilnehmer. • Investieren Sie in Gestik.	• Wählen Sie einen packenden Abschluss. • Fassen Sie die wichtigsten Fakten oder Botschaften in wenigen Sätzen zusammen. • Appellieren Sie an die Teilnehmer, wenn Sie sie zu einem konkreten Tun auffordern wollen; bieten Sie Ihre Hilfe an. • Vermeiden Sie Schlussformulierungen wie „damit bin ich am Ende" oder „kommen wir zum Schluss". • Bedanken Sie sich bei den Teilnehmern für ihre Aufmerksamkeit.

Unerwartete Störungen	
Teilnehmer kommen zu spät:	Bleiben Sie ruhig; ein kurzer Blickkontakt als Begrüßung ist ausreichend.
Teilnehmer stellen während des Vortrages Fragen:	Gehen Sie gezielt auf Fragen zum Ablauf, Thema oder zur inhaltlichen Klarstellung ein.
Teilnehmer stellen Fragen, die Sie nicht beantworten können:	Geben Sie zu, dass Sie die Antwort nicht kennen oder bitten Sie um Bedenkzeit und verweisen Sie auf die Pause oder geben Sie die Frage an denjenigen weiter, der sie beantworten kann.
Ein Teilnehmer stellt eine sehr spezielle Frage:	Nehmen Sie auch diese Fragen offen auf und verweisen Sie den Fragenden auf ein persönliches Gespräch in der Pause.
Teilnehmer führen Gespräche:	Versuchen Sie, durch Blickkontakt die Aufmerksamkeit zurückzugewinnen. Stört das Gespräch, fragen Sie: „Ist Ihre Frage für alle interessant?"
Es kommen unsachliche/aggressive Beiträge:	Bleiben Sie sachlich, ohne starke Emotionen zu zeigen. Verweisen Sie auf mögliche unterschiedliche Sichtweisen eines Sachverhaltes und bieten Sie ein Gespräch unter vier Augen an.
Es kommen „Killerphrasen":	Gehen Sie darauf nicht direkt ein, da die Beiträge unsachlich sind. Bieten Sie an, in der Pause darüber zu reden.
Ein Teilnehmer drängt sich in den Vordergrund:	Durch Fragen weitere Teilnehmer mit einbeziehen.
Sie versprechen sich:	Fahren Sie ohne Entschuldigung fort mit Ihrem Vortrag oder korrigieren Sie sich, um ggf. Missverständnisse zu vermeiden.
Bestimmte Begriffe fallen Ihnen nicht ein:	Umschreiben Sie den Sachverhalt oder beginnen Sie durch eine kurze Zusammenfassung nochmals.
Es entstehen technische Pannen:	Entweder verzichten Sie auf das Medium oder beheben in einer kurzen Pause die Panne.

Art des Diagramms / Information	Aufzählung	Datenzuordnung	Absolute Werte	Anteile eines Ganzen	Organisationsstruktur	Aufbau, Zusammensetzung	Entwicklungsverläufe	Gegenüberstellung	Abläufe
Liste	✓		✓						
Tabelle		✓							
Kurven							✓		✓
Säulen			✓					✓	
Balken			✓					✓	
Kreise				✓					
Organigramm					✓	✓			
Aufbau					✓	✓			
Ablauf							✓		✓

440.1 Entscheidungsmatrix für darzustellende Informationen in Diagrammen

Aufgaben

1 *Erstellen Sie für die nachfolgenden Beispiele mithilfe der Entscheidungsmatrix in Tabelle 440.1 Diagramme zur Visualisierung.*

a) Einen Ablaufplan für eine Präsentation mit folgenden Vorgaben:
- ***Was:** Begrüßung ⇒ Anlass, Thema, Ziel ⇒ Fahrplan*
- ***Wer:** Klaus ⇒ Inge ⇒ Klaus*
- ***Womit:** Folie 1 ⇒ Flip 1 ⇒ Folie 2*
- ***Dauer:** 2 Min. ⇒ 3 Min. ⇒ 3 Min.*

b) Eine Darstellung der Stoffe in einem Pkw:
- *64 % Stahl und Eisen; 16 % Kunststoffe; 5,5 % Benzin/Öl/Fett; 4 % Gummi; 3,1 % Glas; 2,5 % Leichtmetall; 1,6 % NE-Metalle; 1,3 % Elektrik/Kabel; 1,1 % Dämmstoff; 0,9 % Lack; 0,2 % Sonstiges*

c) Eine Gliederung für Metalle:
- *Metalle: Eisen-Werkstoffe und Nichteisen-Metalle*
- *Eisen-Werkstoffe: Stähle (z. B. Baustahl, Werkzeugstahl, Vergütungsstahl) und Eisen-Gusswerkstoffe (z. B. Gusseisen, Temperguss, Stahlguss)*
- *Nichteisen-Metalle: Schwermetalle (z. B. Kupfer, Zink, Blei) und Leichtmetalle (z. B. Aluminium, Magnesium, Titan)*

2 *Visualisieren Sie für die Präsentation einer Universaldrehmaschine die aufgeführten Baugruppen in Abb. 440.2 mithilfe einer Strichzeichnung, so dass der grundsätzliche Aufbau verdeutlicht wird!*

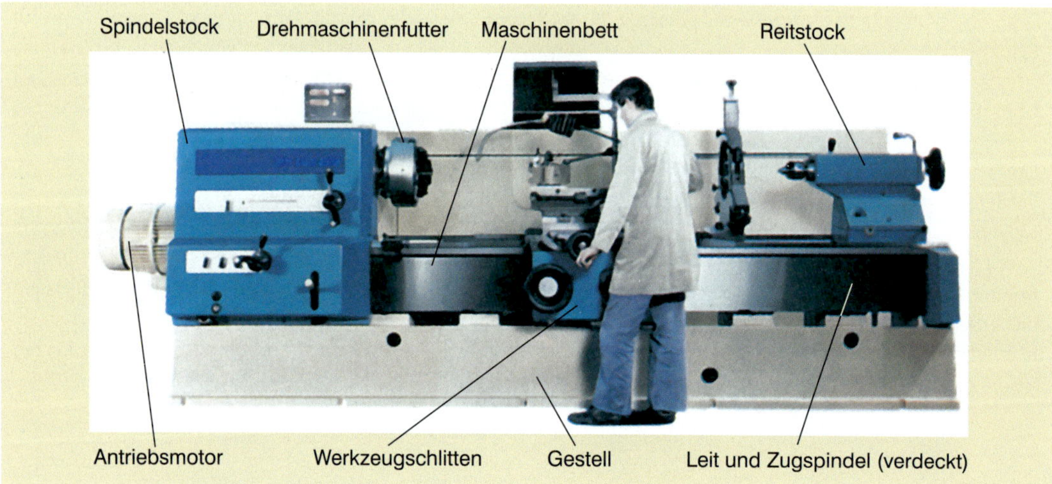

440.2 Leit- und Zugspindeldrehmaschine

Sachwortverzeichnis

T

Bildquellenverzeichnis

9.1 Manfred Bracht, Hannover · 24.2 Robert Bosch GmbH, Leinfelden-Echterdingen · 25 Robert Bosch GmbH, Leinfelden-Echterdingen · 26.1 Robert Bosch GmbH, Leinfelden-Echterdingen · 26.2 Robert Bosch GmbH, Leinfelden-Echterdingen · 29.1 be/barmatic Parksysteme GmbH, Duisburg · 40.2 Trumpf Werkzeugmaschinen GmbH + Co. KG, Ditzingen · 40.3 Amada GmbH, Haan · 41 Mitte, rechts Becker Laser- und Wasserstrahlschneiden, Limbach · 42.1 KASTO Maschinenbau GmbH & Co., Achern · 44.2 Alzmetall GmbH & Co. KG, Altenmarkt · 48.2 Weiler Werkzeugmaschinen, Emskirchen · 48.3 Iscar Hartmetall GmbH, Ettlingen · 52.1 Küenle Antriebssysteme, Hemmingen · 61.1 Küenle Antriebssysteme, Hemmingen · 83.1 Klöckner-Moeller, Bonn · 85.1 Fluke Deutschland GmbH, Kassel · 88.1 Johann Peter Vanek, Esslingen · 89.1 Johann Peter Vanek, Esslingen · 90 oben Nordwestliche Eisen- und Stahl-Berufsgenossenschaft, Hannover · 90.1 S. Siedle & Söhne GmbH, Furtwangen · 109.2 Bogenschütz GmbH, Bamberg · 110 oben Felten und Guilleaume AG, Köln · 117.1 Groninger & Co. GmbH, Crailsheim · 118 unten, rechts Siemens AG, Bremen · 121.2 links Paul Arzberger, Wolfenbüttel · 123 rechts, unten Robert Bosch GmbH, Leinfelden-Echterdingen · 127. 1 Rationator-Maschinenbau GmbH, Hillesheim · 128.2 links Paul Arzberger, Wolfenbüttel · 132.1 links Festo KG, Esslingen · 144.1 Linus Beilschmidt, Witten · 144.2 Linus Beilschmidt, Witten · 147.1 Linus Beilschmidt, Witten · 149.1 Linus Beilschmidt, Witten · 152.1 Linus Beilschmidt, Witten · 157.1 Siemens AG, München · 206.1 Memmert GmbH + Co. KG, Schwabach · 209.3 Phoenix Contact, Blomberg · 213.3 M. K. JUCHHEIM GmbH & Co, Fulda · 215.1 ADIRO Automatisierungstechnik GmbH, Esslingen · 216.1 ADIRO Automatisierungstechnik GmbH, Esslingen · 216.2 ADIRO Automatisierungstechnik GmbH, Esslingen · 216.3 ADIRO Automatisierungstechnik GmbH, Esslingen · 217.1 ADIRO Automatisierungstechnik GmbH, Esslingen · 217.2 ADIRO Automatisierungstechnik GmbH, Esslingen · 217.3 ADIRO Automatisierungstechnik GmbH, Esslingen · 218 ADIRO Automatisierungstechnik GmbH, Esslingen · 220 Phoenix Contact, Blomberg · 239 links ASEA BROWN BOVERI, Lampertheim · 245 oben, links Hohner Elektrotechnik GmbH, Werne · 246.1 KUKA Roboter GmbH, Augsburg · 246.2 KUKA Roboter GmbH, Augsburg · 248 oben ROBERT BOSCH GMBH, Waiblingen · 248.1 INFRANOR GmbH, Berlin · 249.1 Linus Beilschmidt, Witten · 249 unten Reis GmbH & Co. Maschinenfabrik, Obernburg · 249 unten ROBERT BOSCH GMBH, Waiblingen · 250.2 Linus Beilschmidt, Witten · 251.1 KUKA Roboter GmbH, Augsburg · 257.1 Bosch Rexroth AG, Stuttgart · 259.1 Max Stegmann GmbH, Donaueschingen · 262.1 isel automation KG, Eiterfeld · 262.2 isel automation KG, Eiterfeld · 262.3 isel automation KG, Eiterfeld · 262.4 isel automation KG, Eiterfeld · 263.1 isel automation KG, Eiterfeld · 263.2 isel automation KG, Eiterfeld · 263.3 isel automation KG, Eiterfeld · 264 isel automation KG, Eiterfeld · 270.2 HOTTINGER BALDWIN MESSTECHNIK GmbH, Darmstadt · 271.1 ALTEN GmbH, Kelkheim · 274.2 Weidmüller GmbH & Co., Paderborn · 285 Siemens AG, München · 290 Siemens AG, München · 291 Siemens AG, München · 293.1 Siemens AG, München · 299.1 Siemens AG, München · 300.2 Siemens AG, München · 302.2 Siemens AG, München · 303.1 Linus Beilschmitdt, Witten · 306.1 Eduard Küsters Maschinenfabrik GmbH & Co. KG, Krefeld · 308.1 Eduard Küsters Maschinenfabrik GmbH & Co. KG, Krefeld · 308.3 Indunorm Hydraulik GmbH, Duisburg · 309.2 Wilhelm Spies GmbH & Co. KG, Solingen · 309.3 Eduard Küster Maschinenfabrik GmbH & Co. KG, Krefeld · 310 oben Schriftenreihe der Vereinigung der Metall-Berufsgenossenschaften · 311 oben Schriftenreihe der Vereinigung der Metall-Berufsgenossenschaften · 311.1 Schriftenreihe der Vereinigung der Metall-Berufsgenossenschaften · 312 Schriftenreihe der Vereinigung der Metall-Berufsgenossenschaften · 314.3 Proxxon GmbH, Niersbach · 315 INA Wälzlager Schaeffler oHG, Herzogenaurach · 319.2 Eduard Küsters Maschinenfabrik GmbH & Co. KG, Krefeld · 320.1 Wacker Konstruktionen, Schönaich · 321.1 Schriftenreihe der Vereinigung der Metall-Berufsgenossenschaften · 326.2 GOSSEN-METRAWATT GMBH, Nürnberg · 329 oben GOSSEN-METRAWATT GMBH, Nürnberg · 340.2 Karl E. Brinkmann GmbH, Barntrup · 341.3 Karl E. Brinkmann GmbH, Barntrup · 351.1 Fluke Deutschland GmbH, Kassel · 352 links, unten Fluke Deutschland GmbH, Kassel · 354.2 SEW EURODRIVE GmbH & Co, Bruchsal · 358 rechts Möller GmbH, Bonn · 359.2 Möller GmbH, Bonn · 362.2 PHOENIX CONTAKT · 375.1 SEW EURODRIVE GmbH & Co, Bruchsal · 375.1 SEW EURODRIVE GmbH & Co, Bruchsal · 382.2 Fluke Deutschland GmbH, Kassel · 383.2 HYDROTECHNIK GmbH, Limburg · 389.1 Hermann Pfauter GmbH & Co., Ludwigsburg · 395.1 MIKRON AG, Nidau · 396.1 MIKRON AG, Nidau · 397.1 MIKRON AG, Nidau · 398.2 MIKRON AG, Nidau · 398.3 MIKRON AG, Nidau · 399.1 MIKRON AG, Nidau · 400.1 MIKRON AG, Nidau · 402.1 MIKRON AG, Nidau · 403.1 MIKRON AG, Nidau · 404.1 MIKRON AG, Nidau · 404.2 Veit Steinkamp, Lübbecke · 404.3 MIKRON AG, Nidau · 405.1 MIKRON AG, Nidau · 405.2 MIKRON AG, Nidau · 405.3 MIKRON AG, Nidau · 405.4 MIKRON AG, Nidau · 406.1 MIKRON AG, Nidau · 406.3 Veit Steinkamp, Lübbecke · 415.2 FAG Kugelfischer Georg Schäfer AG, Schweinfurt · 416.1 FAG Kugelfischer Georg Schäfer AG, Schweinfurt · 418.2 Günther W. Reichert, Mespelbrunn · 420.1 Günther W. Reichert, Mespelbrunn · 420.2 Günther W. Reichert, Mespelbrunn · 421.3 Günther W. Reichert, Mespelbrunn · 428.2 Günther W. Reichert, Mespelbrunn · 436.1 Erik Liebermann, Hagen Riegsee · 436.2 Erik Liebermann, Hagen Riegsee · 437.1 Erik Liebermann, Hagen Riegsee · 438.1 Erik Liebermann, Hagen Riegsee